Dr. Tobias Weltner

Scripting mit Windows PowerShell 3.0 – Der Workshop

W0051874

Dr. Tobias Weltner

Scripting mit Windows PowerShell 3.0 – Der Workshop

Dr. Tobias Weltner: Scripting mit Windows PowerShell 3.0 – Der Workshop
Microsoft Press Deutschland, Konrad-Zuse-Str. 1, 85716 Unterschleißheim
© 2013 O'Reilly Verlag GmbH & Co. KG

15 14 13 12 11 10 9 8 7 6 5 4 3 2 1
15 14 13

Druck-ISBN 978-3-86645-687-7, PDF-ISBN 978-3-84834-002-6
EPUB-ISBN 978-3-84831-155-2, MOBI-ISBN 978-3-84832-180-3

© 2013 O'Reilly Verlag GmbH & Co. KG
Balthasarstr. 81, 50670 Köln
Alle Rechte vorbehalten

Fachlektorat: Thomas Irlbeck, München (www.datentechnik-irlbeck.de)
Korrektorat: Judith&Dorothee Klein, Siegen
Satz und Layout: Gerhard Alfes, mediaService, Siegen (www.mediaservice.tv)
Umschlaggestaltung: Hommer Design GmbH, Haar (www.HommerDesign.com)
Gesamtherstellung: Kösel, Krugzell (www.KoeselBuch.de)

Inhaltsverzeichnis

Teil D
PowerShell-Entwickler 637

Einführung

Diese Einführung enthält wichtige Informationen zu PowerShell und zum Gebrauch dieses Buchs, also sollten Sie diese vielleicht nicht überspringen.

Wer braucht eigentlich PowerShell?

In einer Welt, die eigentlich schon alles hat, ist es höchst ungewöhnlich, dass ein Unternehmen wie Microsoft zig Millionen US-Dollar in Entwicklungsarbeit investiert, um eine vollkommen neuartige Skript- und Automationssprache zu entwickeln: *Windows PowerShell*. Dass dies dennoch geschehen ist, hat mit Ihnen zu tun. Wieso genau, offenbart ein Blick auf PowerShell aus verschieden hohen Umlaufbahnen.

Moderne Lernkurve

Wer ganz nah um PowerShell kreist, vielleicht gerade selbst vor der PowerShell-Konsole sitzt, sieht vor allem Befehle, die Cmdlets. Sie funktionieren in etwa wie in anderen Konsolen (Shells). Allerdings unterstützt PowerShell so viele davon und ist auf so einheitliche Weise erweiterbar, dass man mit ganz geringen Grundkenntnissen fast alles damit administrieren kann. Noch wichtiger: Weil alle Cmdlets genau denselben Grundregeln folgen, kann man das Wissen auch leicht auf andere Aufgabenbereiche und Cmdlets anwenden.

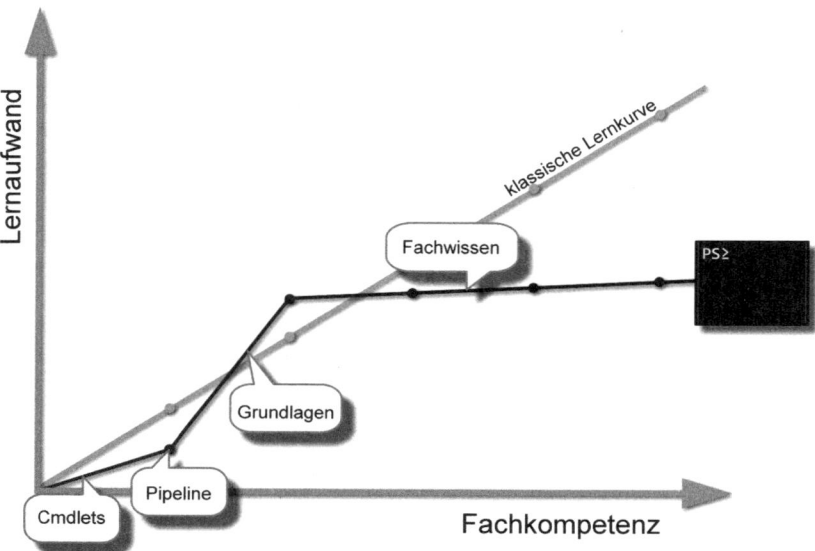

Abbildung E.1   Die PowerShell-Lernkurve ist nicht linear, sondern baut auf gemeinsamen Standards auf

PowerShell baut also auf Standards auf. Die ersten Schritte mit Cmdlets sind noch sehr einfach und benötigen kaum PowerShell-Kenntnisse. Auch der Umgang mit der PowerShell-Pipeline ist noch relativ einfach. Dann aber stößt man an eine Steilwand, die autodidaktisch oft nur schwer zu meistern ist. Hier werden die Grundlagen gelegt. Hier beschäftigt man sich mit Operatoren, Objekten und der wahren Natur von PowerShell. Genau diese Steilwand meistern Sie mit diesem Buch.

Sobald die Grundlagen einmal gelegt sind, flacht die Lernkurve stark ab, und alles wird gut: Ob Sie mit Microsoft Exchange ein Postfach anlegen, mit SharePoint eine Site veröffentlichen oder einfach nur Protokolldateien parsen oder Server verwalten wollen – Ihr PowerShell-Wissen befähigt Sie dazu, über den Tellerrand zu blicken und Ihre PowerShell-Erfahrung auch in ganz anderen IT-Bereichen einzusetzen. Entscheidend ist nun nur noch Ihr Fachwissen im jeweiligen Bereich.

Sie müssen also schon selbst wissen, *warum* Sie ein Exchange-Postfach anlegen oder eine Sharepoint-Website umbenennen wollen – *wie* das geschieht, ist aber dank der gemeinsamen PowerShell-Standards nun keine Frage mehr. *Get-ADUser*, *Get-Mailbox* und *Get-VM* beschaffen Ihnen mit denselben PowerShell-Grundkenntnissen Active Directory-Benutzerkonten, Exchange Server-Mailboxen oder VMware virtuelle Maschinen. Kennen Sie erst einmal ein Cmdlet, dann kennen Sie alle.

Computer – ich/ich – Computer: PowerShell als Fremdsprache

Entfernt man sich etwas von PowerShell und betrachtet die Technik mit mehr Abstand, verschwimmen die einzelnen Befehle zu etwas Neuem: einer Sprache. Tatsächlich benimmt sich PowerShell in vielen Aspekten genau wie eine Fremdsprache, wie Spanisch oder Italienisch etwa, nur dass Sie sich diesmal nicht mit dem Eisverkäufer unterhalten, sondern mit Ihrem Computer. Auch der Lernprozess, den Sie mit diesem Buch vor sich haben, verläuft ganz ähnlich.

Zuerst steht Vokabelpauken auf dem Plan, und schon nach wenigen Minuten werden Sie mit den ersten Vokabeln bereits einfache Aufgaben lösen. Tatsächlich werden einige Administratoren nie wirklich über diese Stufe hinauswachsen, weil es für sie vielleicht unökonomisch ist. Viele Urlauber kommen sehr gut mit ein paar Brocken Landessprache aus, um Wein, Käse und Baguette zu bestellen sowie nach Preis und Uhrzeit zu fragen. Nicht anders ist das in der IT. Hier zählt erst einmal nur, was essentiell ist, um eine Aufgabe zu lösen. Dieser erste Lernschritt bildet gleichzeitig den *Schwierigkeitsgrad 1* (**Einsteiger**) und bildet **Teil A** dieses Buchs (Kapitel 1–4).

Nach dem Vokabelpauken folgen Grammatik und Satzbau, und so ist das auch bei PowerShell. Sie lernen die PowerShell-Pipeline kennen, mit der Sie einzelne Wörter (Befehle) in geschliffene Ausdrücke verwandeln. Wer diese Grammatik beherrscht, kann plötzlich sehr viel differenziertere Aufgaben lösen und ist nicht mehr allein auf die Wortbrocken des Grundwortschatzes angewiesen. Auch hier gilt: Nicht jeder wird fließend PowerShell sprechen lernen, doch werden Sie auf jeden Fall fließend PowerShell verstehen lernen und dann die Ausdrücke anderer PowerShell-Sprechender mühelos nachvollziehen und für eigene Zwecke anpassen können. Der Satzbau entspricht *Schwierigkeitsgrad 2* (**Fortgeschrittene**) und bildet **Teil B** dieses Buchs mit den Kapiteln 5 bis 9.

Nachdem Sie die Sprache beherrschen, wird bei Ihnen mit einiger Wahrscheinlichkeit der Wunsch aufkommen, nicht nur Vorhandenes zu konsumieren, sondern auch zu produzieren. Sie werden eigene Funktionen und Skripts schreiben und als Module exportieren, also den Literaturmarkt von PowerShell vergrößern. Damit helfen Sie anderen, die auf einer anderen Stufe der PowerShell-Lernkurve stehen geblieben sind, denn Ihre Module sind im Grunde nichts weiter als neue Vokabeln, die auch von denjenigen rasch einsetzbar sind, die über das erste Vokabellernen nicht hinausgehen wollten. Alles zu diesem Thema entspricht *Schwierigkeitsgrad 3* (**PowerShell-Entwickler**) und findet sich in **Teil D** mit den Kapiteln 16 bis 22.

Der Olymp der PowerShell-Sprache ist natürlich die Poesie, bei der Sie mit den Nuancen der Sprache spielen, ihre unterschwelligen Stärken betonen und Lösungen schaffen, die über das hinauswachsen, was mit Alltagsausdrücken möglich ist. Nicht jeder wird Ihre Poesie verstehen, und manche PowerShell-Poesie liegt eigentlich im Grenzbereich zu anderen Sprachen und Lösungen. Dieses sanfte Grundverständnis für die Natur von PowerShell ist aber enorm wichtig, weil es auch bei ganz normalen und vollkommen unesoterischen Aufgabenstellungen den Kitt bildet, um mit den vorhandenen Befehlen die gesuchte Lösung zu erstellen. Deshalb ist dieses Thema zwischen Satzbau und Skriptbau bereits in **Teil C** mit den Kapiteln 10 bis 15 untergebracht. Der *Schwierigkeitslevel 4* (**PowerShell-Profi**) ist für viele möglicherweise etwas schwere Kost, doch muss man dieses Kapitel nicht von vorn bis hinten durchlesen oder gar auswendig kennen. Es genügt zu wissen, dass es diese Techniken gibt, falls man auf normalem Wege einmal nicht weiterkommt.

Schließlich finden Sie in **Teil E** mit den Kapiteln 23 bis 28 noch ganz spezielle erwähnenswerte PowerShell-Techniken wie Remotezugriffe oder Hintergrundjobs, die für Benutzer aller Schwierigkeitsgrade gleichermaßen spannend und interessant sind.

Eine strategische Plattform

Entfernt man sich noch etwas weiter von PowerShell, rücken plötzlich andere Prioritäten in den Vordergrund und PowerShell erscheint wiederum in neuem Licht. PowerShell ist lösungsorientiert, ja, aber es ist auch eine strategische Plattform, deren Bedeutung andere Automationssprachen weit überstrahlt. Tatsächlich ist PowerShell eine neuartige zweite Benutzeroberfläche, wenn auch so andersartig als die gewohnte Maus-Fenster-Klick-Oberfläche, dass man dies zuerst gar nicht wahrnimmt. Microsoft hat nicht nur eine Skript- und Automationssprache entwickelt, um VBScript ins .NET-Zeitalter zu überführen oder die antiquierte Befehlszeile zu renovieren, sondern um eine langfristige Lösung zu schaffen für ein Problem, das viele heute vielleicht noch gar nicht wahrnehmen:

Unsere IT-Landschaft wird immer komplexer und muss sich immer höheren Anforderungen stellen, ökonomischen genau wie regulatorischen. Gleichzeitig steht nicht zu erwarten, dass qualifiziertes Fachpersonal in gleichem Maße aus dem Boden sprießt wie die Nachfrage danach steigen wird. Administratoren müssen also vielseitiger werden. Versuchen Sie heutzutage, einen SQL Server-Spezialisten mit der Administration von Exchange zu betrauen, dürfte die Katastrophe absehbar sein. Da aber beide Produkte über PowerShell verwaltbar sind, ist es mit PowerShell sehr viel leichter, auch in anderen IT-Bereichen Verantwortung zu übernehmen.

Hier werden die Parallelen zur grafischen Benutzeroberfläche besonders deutlich: Während man Maus, Fenster und Menüs als Selbstverständlichkeit intuitiv bedient und sich auf die Eigenarten der Programme konzentriert, gilt Ähnliches für PowerShell: Der Einsatz der Sprache selbst – der Cmdlets, Pipeline, Erweiterungsmodule – gehört zu den Selbstverständlichkeiten, über die man bald nicht mehr bewusst nachdenkt.

Administratoren müssen nicht nur vielseitiger werden, sondern sich auch die Arbeit erleichtern, um die nötigen Freiräume dafür zu schaffen. Das bei Kuckucksuhren und Schokoladenkonfekt begehrte Prädikat »handgemacht« verliert in der IT langsam, aber sicher seinen Charme. Eine durchgehend manuelle Administration kostet zu viel Zeit, ist zu fehleranfällig und entspricht nicht modernen juristischen und regulatorischen Dokumentationsansprüchen.

Da die Aufgaben in der IT aber vielerorts noch nicht einmal annäherungsweise standardisiert sind, werden viele Aufgaben nur mit maßgeschneiderten Skripts automatisierbar sein. Auch hier bildet PowerShell einen ökonomischen Standard. PowerShell-Skripts sind für alle IT-Bereiche einsetzbar, lösen also auf Wunsch das bunte Sammelsurium aus Perl, VBScript, KiXtart, Stapeldateien (Eingabeaufforderung) etc. ab, konsolidieren also die Automation. PowerShell-Skripts sind einheitlich dokumentierbar, signierbar und integriert in die Standardsicherheitsmechanismen von Windows.

Nicht zu unterschätzen ist dabei die Modularisierbarkeit. Während früher Berater und externe Firmen Skriptauftragslösungen erstellt haben, welche die Aufgaben zwar erledigten, aber kaum verständlich, nachvollziehbar, wartbar oder weiterverwertbar waren, bestehen solche Auftragslösungen bei PowerShell aus Erweiterungsmodulen mit den gewünschten neuen »Vokabeln«. Der eigentliche Workflow ist davon getrennt, und Ihr Unternehmen kann diese Vokabeln künftig auch in ganz anderem Zusammenhang nutzen, um mit dem Computer zu »sprechen« und Aufgaben zu lösen.

Schließlich lebt PowerShell längst nicht nur in der interaktiven PowerShell-Konsole, sondern steht als direkte Programmierschnittstelle zur Verfügung. Viele Softwarehersteller nutzen PowerShell bereits als interne Skriptsprache, und künftig wird die Automationsoberfläche PowerShell immer stärker mit der grafischen Oberfläche Windows verschmelzen. Schon heute liefern viele Dialogfelder und Assistenten zum Schluss den PowerShell-Code, der das bewerkstelligt, was Sie im Dialogfeld zusammengeklickt haben.

Abbildung E.2 verdeutlicht nicht nur den PowerShell-Zyklus, sondern bildet auch den roten Faden durch dieses Buch. PowerShell ist in diesem Buch in drei große Abschnitte eingeteilt:

- **Einsteiger** Sie haben noch nie von PowerShell gehört und/oder wollen ohne Programmierung schnell Ergebnisse erzielen

- **Fortgeschritten** Sie möchten mehr Einfluss haben und sich nicht mit dem abfinden, was Cmdlets Ihnen liefern, und setzen deshalb die PowerShell-Pipeline ein, um Befehlsergebnisse Schritt für Schritt in die richtige Form zu bringen

- **PowerShell-Entwickler** Sie wollen selbst neue Befehle und sogar eigene Module schreiben, und Sie wollen direkt auf die Low-Level-Funktionen des Betriebssystems zugreifen

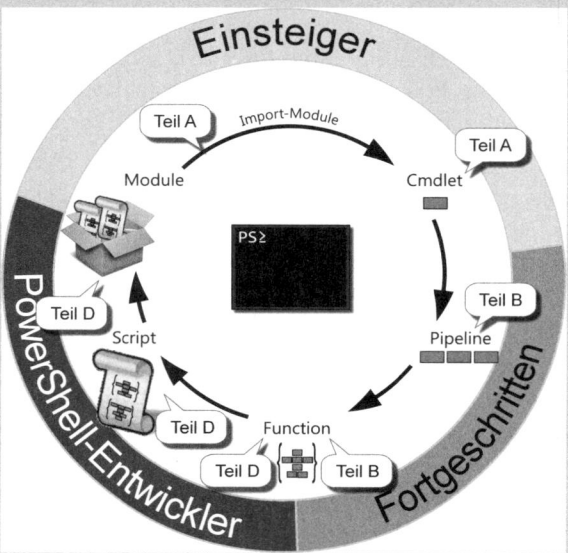

Abbildung E.2   PowerShell-Zyklus: Selbst komplexe Skripts werden über Module wieder zu einfachen Cmdlets

Der Einsteigerbereich grenzt links direkt an den (sehr viel komplexeren) PowerShell-Entwicklerbereich: Während es ganz einfach ist, vorhandene Module zu importieren, um neue PowerShell-Befehle zu nutzen, ist das Erstellen ganz neuer eigener Module nicht so einfach und liegt im Reich der PowerShell-Entwickler.

Auch der Fortgeschrittenen-Bereich stößt an den PowerShell-Entwicklerbereich an: Wohingegen es für einen fortgeschrittenen PowerShell-Anwender leicht ist, Abläufe als eigene Funktionen zu gestalten, bedarf es noch etwas mehr Fachwissen, um aus diesen kleinen Funktionen echte und vollwertige Skript-Cmdlets zu machen.

Die Übergänge sind also fließend und sie sind offen: Sie können jederzeit von einem Bereich in einen anderen wechseln und Abbildung E.2 zeigt jeweils, welcher Buchteil den entsprechenden Teil des PowerShell-Zyklus behandelt.

Plattformübergreifende Technik

Entfernt man sich noch einmal ein Stück weiter von PowerShell, treten plötzlich auch andersartige Systeme in den Blickwinkel. Was Sie nun verschwommen sehen, ist zwar heute noch weitgehend Vision, aber die ersten Grundzüge der Umsetzung sind bereits erkennbar. Während PowerShell zurzeit noch eine reine Windows-Technik ist, wird es damit mittelfristig auch möglich, plattformübergreifend andere Systeme zu verwalten und einzubinden. Schon heute ist dies mit einer Technik namens *WSMan* möglich.

Persönliche Entwicklung

Schließlich kann PowerShell auch eine Karriereentscheidung sein. Wann immer Sie eine Aufgabe lösen, stehen dahinter unsichtbare Motivationen. Die offensichtlichste ist natürlich, die Aufgabe gut zu erledigen, denn dafür werden Sie (wahrscheinlich) bezahlt. Ebenso wichtig ist aber auch, was die Lösung dieser Aufgabe sonst noch für Sie bedeutet und wie sie in Ihre Lebensbilanz einfließt. Wer sich Tag für Tag durch Dialogfelder klickt, kann zwar enorm erfolgreich Aufgaben lösen, entwickelt seine Fähigkeiten aber nicht weiter, und wenn das Dialogfeld eines Tages nicht mehr da ist, gilt das vielleicht auch für den eigenen Arbeitsplatz. Zwar wird es immer gute Gründe für Klicklösungen geben, aber sobald Sie eine Aufgabe mehr als einmal durchführen müssen, sollten Sie über PowerShell nachdenken.

Es mag Sie anfangs etwas mehr Zeit kosten, die Lösung damit zu automatisieren, aber bedenken Sie: Jede Extraminute, die Sie hier investieren, investieren Sie eigentlich in Ihre persönliche Fortbildung. Auch ein Arbeitgeber sollte dies als Chance verstehen und Freiräume dafür gestatten. Denn mit jeder erfolgreich gemeisterten PowerShell-Lösung wächst Ihre Sprachfertigkeit. Wer PowerShell am Ende fließend spricht, ist allerbestens aufgestellt für moderne IT-Landschaften. Falls doch mal etwas schiefgeht, mag es Sie trösten, dass das wiederholte Schlagen mit der Stirn auf die Schreibtischoberfläche pro Stunde immerhin 68 Kalorien verbraucht.

Gerade falls Sie vorher noch nie geskriptet haben, sehen Sie PowerShell als Chance: Wer den Zug vielleicht zu VBScript-Zeiten vor zehn Jahren verpasst hat und sich nun etwas abgehängt vorkommt, kann heute auf einen neuen Zug aufspringen. Mit diesem Buch haben Sie alles, was Sie wissen müssen, und können sich natürlich auch zurückgezogen im stillen Kämmerlein und bei eigenem Tempo in PowerShell einarbeiten – um dann plötzlich und unerwartet als neuer Skriptguru das Rampenlicht zu betreten.

Wie Sie dieses Buch nutzen

Dieses Buch ist in mehrere Teile gegliedert, von denen Sie ja schon gehört haben. Es setzt keinerlei Grundkenntnisse voraus, zumindest wenn Sie von vorn beginnen zu lesen. Wer unter Zeitdruck steht, kann aber auch quer einsteigen, und wer noch weniger Zeit hat, findet in jedem Kapitel Zusammenfassungen, in denen die jeweils wichtigsten Inhalte für Krisenzeiten zusammengefasst sind.

Die PowerShell-Beispiele im Buch sind jeweils in einer anderen Schriftart formatiert. Damit Sie leichter erkennen, welche Eingaben von Ihnen erwartet werden, wird bei allen Eingaben die PowerShell-Eingabeaufforderung »PS>« vorangestellt. Diese Eingabeaufforderung kann bei Ihnen auch anders aussehen und sollte in den Beispielen natürlich nicht mit eingegeben werden.

Viele PowerShell-Codebeispiele sind sehr kurz und können mit geringem Aufwand schnell eingetippt werden. Umfangreichere Beispiele sind mit einer Listingunterschrift gekennzeichnet. Unter dem dort genannten Dateinamen finden Sie die Codebeispiele auch in den Begleitmaterialien, die Sie hier herunterladen können: *http://www.microsoft-press.de/support/9783866456877* oder *http://msp.oreilly.de/support/2262/767*.

Noch mehr Unterstützung

Falls bei der Arbeit mit diesem Buch Fragen auftauchen oder Sie Anregungen haben, besuchen Sie mich: *http://www.powertheshell.com*. Oder senden Sie mir eine Nachricht an *tobias.weltner@email.de*.

Dieses Buch ist stark geformt worden durch meine jahrelange Arbeit als PowerShell-Trainer für Unternehmen im Mittelstand und Großkundensegment. An dieser Stelle möchte ich mich bei dieser Gruppe bedanken: den vielen Administratoren, Projektleitern, Consultants und anderen IT-Profis, die mich mit ihren vielen äußerst konkreten und praxisnahen Fragen immer wieder erden und dafür sorgen, dass dieses Buch sehr praxisnah geraten ist.

Abbildung E.3   Ein großes Dankeschön an meine Kursteilnehmer für viele gute Ideen und Anregungen!

Falls Sie ebenfalls Interesse haben, an einem meiner PowerShell-Trainings teilzunehmen, beispielsweise einem Bootcamp, einem Umsteigerseminar oder bei einer Inhouseveranstaltung direkt vor Ort, dann freue ich mich über Ihre E-Mail. Sie erreichen mich für Anfragen und Details unter *tobias.weltner@email.de*.

Bevor ich Ihnen nun endlich viel Spaß mit PowerShell wünsche, geht noch ein großes Dankeschön an meinen Fachlektor Thomas Irlbeck, der dieses Buch mit allergrößtem Sachverstand und mit größter Sorgfalt lektoriert hat. Seine zahlreichen guten Anregungen und Ergänzungen sind ein wichtiger Teil dieses Buchs geworden.

Herzlichst Ihr
Dr. Tobias Weltner

Teil A

Einführung

In diesem Teil:

Kapitel 1

PowerShell kennenlernen

In diesem Kapitel:

Wer PowerShell lediglich oberflächlich kennengelernt hat, beschreibt diese oft lapidar als »Konsole mit anderem Prompt«. Tatsächlich hauste die weltweit wohl modernste Skript- und Automationssprache bis vor kurzem exklusiv in einem minimalistischen Textkonsolenfenster.

Puristen und IT-Profis freuen sich vielleicht darüber, dass es die klassische PowerShell-Konsole in PowerShell 3.0 noch immer gibt. Alle anderen sind erleichtert, dass PowerShell 3.0 nun endlich mit PowerShell ISE (*Integrated Scripting Environment*) ein zweites, zeitgemäßes und hochmodernes Entwicklungssystem – bestehend aus Editor, Konsole, Debugger und einigem mehr – mitliefert, das dem Namen auch gerecht wird. Zwar gehörte PowerShell ISE bereits bei PowerShell 2.0 zum Lieferumfang, wurde aber nun erheblich erweitert und verbessert. PowerShell ISE ist allerdings ein optionales Extra, das im Gegensatz zur klassischen Konsole auf Computern mit Windows Server-Betriebssystem zuerst nachinstalliert werden muss. Windows-Clients stellen PowerShell ISE dagegen von Anfang an zur Verfügung.

Wie beim Kitesurfen, Bergsteigen und jeder anderen anspruchsvollen Beschäftigung sollten Sie zuerst Ihre Ausrüstung kennenlernen, bevor Sie damit arbeiten. Bei PowerShell besteht diese Ausrüstung wahlweise aus der klassischen Konsole oder ihrem neuen modernen Konsolenpendant. Beide lernen Sie in diesem Kapitel kennen. Damit sind Sie dann bestens gerüstet für die folgenden Kapitel, in denen schrittweise und systematisch der Inhalt dieser Konsolen, also die besonderen Fähigkeiten von PowerShell, in den Vordergrund rückt.

PowerShell starten

Weil die klassische PowerShell-Konsole im Gegensatz zu PowerShell ISE zur Windows-Grundausstattung gehört und deshalb immer vorhanden ist, beginnen Sie Ihren Rundgang mit ihr. Um sie zu starten, öffnen Sie mit ▣+Ⓡ das *Ausführen*-Fenster und geben darin ein: **powershell** ⏎ .

Bei Windows 8 funktioniert dies ebenso, aber die offizielle Möglichkeit ist eine andere: Tippen Sie einfach im Startbildschirm, den Sie per ▣ erreichen, **PowerShell** ein (auch wenn kein Suchfeld zu sehen ist, können Sie sofort lostippen, das Feld wird dann automatisch eingeblendet). Noch während Sie den Befehlsnamen eingeben, sucht Windows nach Anwendungen und zeigt die Kachel *Windows PowerShell*. Klicken Sie darauf, um die Konsole zu starten (Abbildung 1.1).

Abbildung 1.1   PowerShell vom Startbildschirm in Windows 8 aus starten

Wenige Sekunden später präsentiert sich die hochmoderne, objektorientierte PowerShell-Konsole. Sehr eindrucksvoll ist das Erlebnis indes anfangs nicht, denn zunächst erscheint nur ein hässliches schwarzes oder blaues Konsolenfenster. Darin begrüßt Sie die Eingabeaufforderung, die mit »PS« beginnt und dahinter den Pfadnamen des aktuellen Ordners anzeigt. Außerdem blinkt eine Einfügemarke und ermuntert Sie mit dem Charme der 1980er-Jahre dazu, erste Befehle einzugeben.

HINWEIS Mittlerweile gibt es drei Versionen von PowerShell, die alle aufeinander aufbauen. Dieses Buch handelt von der aktuellsten PowerShell Version 3.0, was Sie inspirieren sollte, die Version Ihrer PowerShell kurz zu prüfen. Dazu geben Sie in die Konsole ein:

```
PS> $PSVersionTable

Name                          Value
----                          -----
PSVersion                     3.0
WSManStackVersion             3.0
SerializationVersion          1.1.0.1
CLRVersion                    4.0.30319.17626
BuildVersion                  6.2.8370.0
PSCompatibleVersions          {1.0, 2.0, 3.0}
PSRemotingProtocolVersion     2.2
```

Hinter *PSVersion* findet sich die Version Ihrer PowerShell. Steht hier nicht »3.0«, dann sollten Sie sich baldigst das (kostenfreie) Update für PowerShell 3.0 herunterladen und installieren. Es steht ab Windows 7/Windows Server 2008 zur Verfügung. Wer noch mit älteren Windows-Versionen arbeitet, kann PowerShell 3.0 nicht einsetzen. Weil PowerShell 3.0 nur eine Erweiterung von PowerShell 2.0 ist, funktioniert der überwiegende Teil der Codebeispiele in diesem Buch allerdings auch dort. Ein besonders einfacher Weg, die Version Ihrer PowerShell zu prüfen, ist übrigens ein Blick auf das Copyright, das beim Start der Konsole erscheint:

Copyright-Jahr	PowerShell-Version
2006	PowerShell Version 1.0. Diese Version ist veraltet und sollte unbedingt mindestens auf PowerShell 2.0 aktualisiert werden.
2009	PowerShell Version 2.0. Sie ist fester Bestandteil von Windows 7/Windows Server 2008R2 und steht als Update für Windows XP, Vista sowie Windows Server 2003 und 2008 zur Verfügung.
2011	Betaversion von PowerShell 3.0. Diese Version sollte unverzüglich auf die endgültige Version PowerShell 3.0 aktualisiert werden.
2012	PowerShell Version 3.0. Diese Version ist fester Bestandteil von Windows 8 und Windows Server 2012. Kostenfreie Updates stehen für Windows 7 und Windows Server 2008R2 zur Verfügung.

Tabelle 1.1 PowerShell-Versionen identifizieren

PowerShell einrichten

Bevor Sie sich mit der Frage beschäftigen, was die blinkende Einfügemarke in der Konsole von Ihnen eigentlich erwartet, richten Sie PowerShell zuerst noch etwas besser ein. So können Sie dann auch gleich die moderne Konsolenalternative »ISE« ausprobieren.

Dazu klicken Sie das PowerShell-Symbol in der Taskleiste mit der rechten Maustaste an und wählen im Kontextmenü *Dieses Programm an Taskleiste anheften*. Ziehen Sie das Symbol danach in der Taskleiste mit der Maus an den äußersten linken Rand, sodass es das erste Symbol in der Taskleiste ist. Schließen Sie die PowerShell-Konsole und öffnen Sie sie danach erneut mit einem Klick auf das angepinnte Symbol in der Taskleiste.

HINWEIS   Spätestens nach diesem zweiten Start sollte sich ein blaues Konsolenfenster öffnen. Windows speichert Einstellungen wie Farbe oder Bildschirmpuffergröße der Konsole in Verknüpfungen. Starten Sie *powershell.exe* direkt, öffnet sich ein nacktes schwarzes Konsolenfenster. Wird PowerShell über seine offizielle Verknüpfung gestartet, ist die Konsole blau und auch andere Konsoleneinstellungen haben sich jetzt geändert. Die blaue PowerShell-Konsole verfügt zum Beispiel über einen Konsolenpuffer mit 3.000 anstelle der sonst üblichen 300 Zeilen.

Möchten Sie die Feineinstellungen der Konsole sehen (oder ändern), klicken Sie auf das Symbol ganz links in der Titelleiste des geöffneten Konsolenfensters. Im Kontextmenü wählen Sie *Eigenschaften* und können nun Farben, Schriftart und -größe sowie die Einstellungen des Konsolenpuffers (*Fensterpuffergröße*) selbst festlegen (Abbildung 1.2). Ändern Sie beispielsweise die Breite des Konsolenpuffers, wenn Sie das Konsolenfenster breiter ziehen möchten, als es sein aktuelles Maximum zulässt.

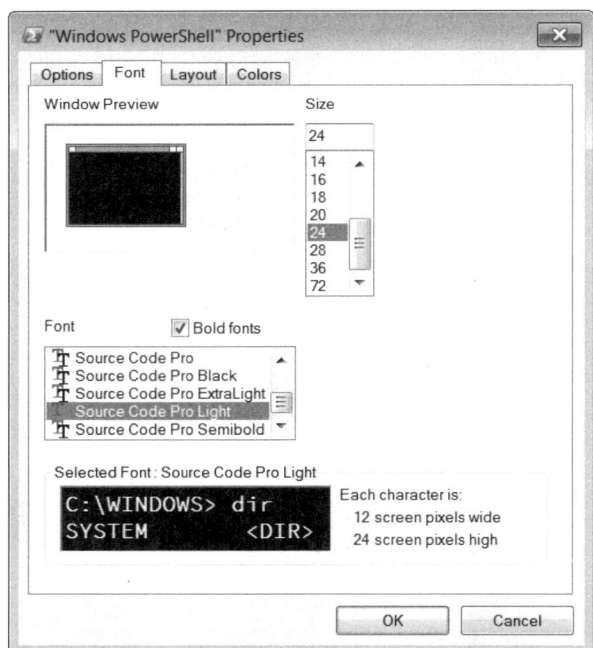

Abbildung 1.2 Im *Eigenschaften*-Dialog der Konsole ändern Sie unter anderem Schriftarten und Farben

Wenn Sie genau hingeschaut haben, entdecken Sie in Abbildung 1.2 übrigens weitaus mehr Schriftarten, als höchstwahrscheinlich in Ihrer Konsole zur Verfügung stehen. Denn der Autor hat eine Reihe zusätzlicher Schriftarten installiert. Entscheidend dabei ist jedoch, dass die Konsole nur handverlesene Schriftarten zur Auswahl anbietet, denn nur wenige Schriftarten sind konsolengeeignet. Damit eine Schriftart in der Konsole angezeigt werden kann, müssen alle Zeichen dieselbe Breite aufweisen (nichtproportionale Schriftart). Auf Seite 37 werden Sie beispielsweise die kostenfreie Schriftart *Source Code Pro* kennenlernen, die auch in der PowerShell-Konsole gute Dienste leistet.

Nachrüsten allein bringt allerdings nichts. Neue Schriften müssen außerdem von Hand in der Registrierungsdatenbank im folgenden Schlüssel eingetragen werden, damit die Konsole sie beachtet: *HKLM\SOFTWARE\Microsoft\Windows NT\CurrentVersion\Console\TrueTypeFont* (Abbildung 1.3).

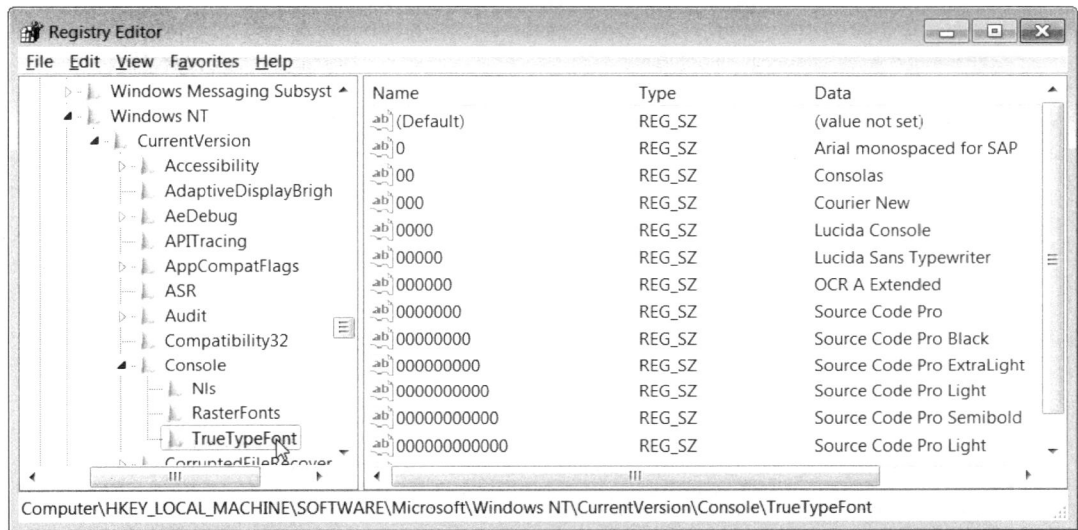

Abbildung 1.3   Weitere Schriftarten für die Konsole verwendbar machen

Sie werden schon im nächsten Kapitel erfahren, wie PowerShell selbst Einträge in der Registrierungsdatenbank vornehmen kann. Einstweilen hilft aber auch eine gute alte *REG*-Datei. Dazu öffnen Sie den standardmäßigen Windows-Texteditor *Notepad* (der laut Fenstertitel eigentlich schlicht *Editor* heißt), zum Beispiel durch Eingabe von **notepad** in der PowerShell-Konsole. Geben Sie dann den folgenden Text ein:

```
Windows Registry Editor Version 5.00

[HKEY_LOCAL_MACHINE\SOFTWARE\Microsoft\Windows NT\CurrentVersion\Console\TrueTypeFont]
"0"="Arial monospaced for SAP"
"00"="Consolas"
"000"="Courier New"
"0000"="Lucida Console"
"00000"="Lucida Sans Typewriter"
"000000"="OCR A Extended"
"0000000"="Source Code Pro"
"00000000"="Source Code Pro Black"
"000000000"="Source Code Pro ExtraLight"
"0000000000"="Source Code Pro Light"
"00000000000"="Source Code Pro Semibold"
```

Speichern Sie die Datei dann als *konsolenschriften.reg* und klicken Sie doppelt auf die Datei, um die Definitionen in die Registrierungsdatenbank einzutragen. Achten Sie darauf, dass die Datei wirklich *konsolenschriften.reg* heißt und nicht etwa *konsolenschriften.reg.txt*. Letztere würde bei einem Doppelklick die Datei nur erneut im Editor öffnen.

ACHTUNG   Änderungen mit dem Registrierungs-Editor sollten nur mit aller Vorsicht geschehen, da Sie schnell durch eine unbedachte Änderung etwas am System verstellen könnten. Im schlimmsten Fall kann es dazu führen, dass das Betriebssystem nicht mehr wie gewünscht reagiert. Die oben abgedruckte *REG*-Datei ergibt nur Sinn, wenn Sie die gleichen Schriftarten auch bereits installiert haben. Die Schrift *Source Code Pro* sollte also schon heruntergeladen und installiert worden sein, wie es auf Seite 37 beschrieben ist. Führen Sie die Änderungen daher nur durch, wenn Sie bereits Erfahrungen mit dem Registrierungs-Editor haben.

Durch die vorhin erfolgte Aufnahme in die Taskleiste ist PowerShell ab sofort nicht nur mit einem einzigen Klick erreichbar, sondern auch per Tastatur: Ist das Symbol zum Beispiel das vierte Symbol in der Taskleiste, erreichen Sie PowerShell mit ⊞+4. Wenn Sie das PowerShell-Symbol wie vorhin beschrieben an den linken Rand der Taskleiste verschoben haben, sodass es das erste Symbol darin bildet, verfügen Sie zum Start von PowerShell über die eindeutige Tastenkombination ⊞+1.

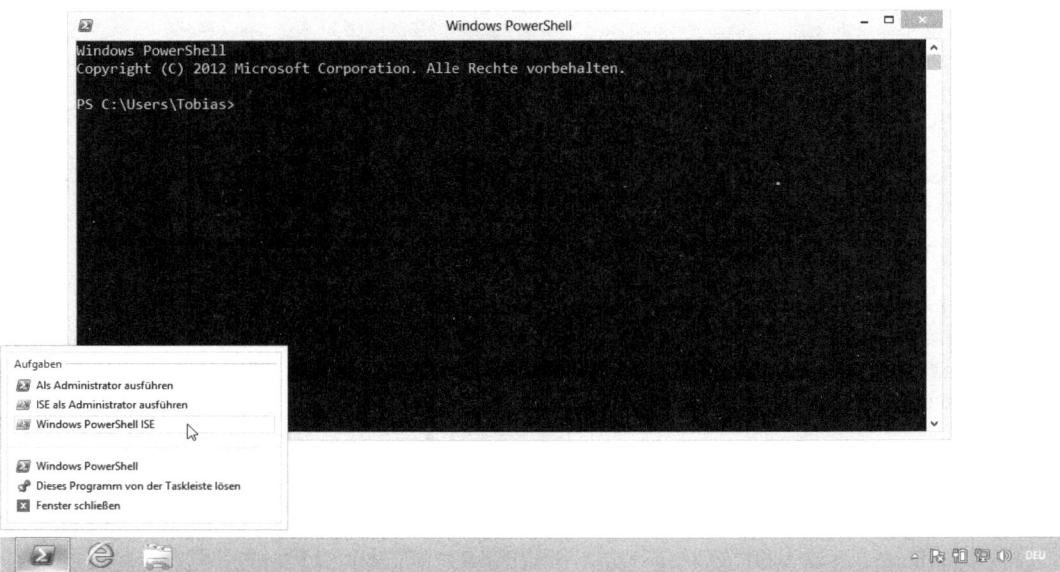

Abbildung 1.4   Sprungliste von PowerShell öffnen

Mit einem Rechtsklick auf das PowerShell-Symbol öffnen Sie die Sprungliste (Abbildung 1.4), die weitere wichtige Befehle anbietet:

Befehl	Beschreibung
Als Administrator ausführen	Öffnet die interaktive PowerShell-Konsole mit allen Rechten
ISE als Administrator ausführen	Öffnet den PowerShell-Editor mit allen Rechten. Dieser Eintrag fehlt, wenn das ISE-Feature noch nicht aktiviert wurde (auf Servern).

Tabelle 1.2   Befehle in der PowerShell 3.0-Sprungliste

Befehl	Beschreibung
Windows PowerShell ISE	Öffnet den integrierten PowerShell-Skripteditor. Dieser Eintrag fehlt, wenn das ISE-Feature noch nicht aktiviert wurde (auf Servern).
Windows PowerShell	Öffnet die interaktive PowerShell-Konsole ohne besondere Rechte

Tabelle 1.2 Befehle in der PowerShell 3.0-Sprungliste *(Fortsetzung)*

HINWEIS   Die Sprungliste wird erst angezeigt, nachdem PowerShell mindestens einmal gestartet wurde. In Power-Shell 3.0 wurden die Befehle in der Sprungliste gegenüber Version 2.0 leicht modifiziert. Der Eintrag *Systemmodule importieren* wurde gestrichen. Er öffnet in PowerShell 2.0 eine PowerShell-Konsole mit sämtlichen Befehlserweiterungen. Dies ist bei PowerShell 3.0 nicht mehr notwendig, weil PowerShell nun Befehlserweiterungen automatisch bei Bedarf nachlädt. Der Befehl *Windows PowerShell-Hilfe* wurde ebenfalls entfernt, denn PowerShell 3.0 liefert keine Hilfedatei mehr mit. Stattdessen lädt man die jeweils aktuellste Hilfe bei Bedarf aus dem Internet.

Moderne ISE-Konsole starten

Auch die moderne Alternative zur altbackenen PowerShell-Konsole wird jetzt vorgestellt. So erkennen Sie am besten die Unterschiede und können sich danach für Ihre Lieblingsumgebung entscheiden. PowerShell ISE wird entweder über die PowerShell-Sprungliste mit dem Kontextmenübefehl *Windows PowerShell ISE* oder direkt aus einer geöffneten klassischen PowerShell-Konsole heraus mit diesem Befehl gestartet:

```
PS> ise ⏎
```

Beides gelingt allerdings nur, wenn ISE bereits installiert ist, denn anders als die Konsole ist sie ja ein optionales Extra und fehlt zunächst auf Computern mit Windows Server-Betriebssystem. Um dieses Feature nachträglich zu aktivieren, gestaltet sich der Weg über die grafische Benutzeroberfläche als sehr klickintensiv. Schneller geht es mit dem passenden PowerShell-Befehl. Den allerdings müssen Sie in einer PowerShell-Konsole mit vollen Administrator-Rechten eingeben.

Starten Sie daher eine PowerShell-Konsole entweder über die Sprungliste mit *Als Administrator ausführen*, oder halten Sie Strg + ⇧ gedrückt, bevor Sie das PowerShell-Symbol in der Taskleiste anklicken. Danach geben Sie diesen Befehl ein:

```
PS> Add-WindowsFeature -Name PowerShell-ISE ⏎
```

Der Befehl *Add-WindowsFeature* steht nur auf Servern zur Verfügung. Er stammt aus der Befehlserweiterung *Servermanager*, die auf Windows-Clients fehlt. Die Erweiterung kann auf Servern auch manuell nachgeladen werden:

```
PS> Import-Module ServerManager ⏎
```

Nachdem PowerShell ISE erfolgreich nachgerüstet ist, erscheinen die Einträge für den ISE-Editor in der Sprungliste erst, wenn alle geöffneten PowerShell-Fenster geschlossen und die PowerShell-Konsole danach erneut geöffnet wird.

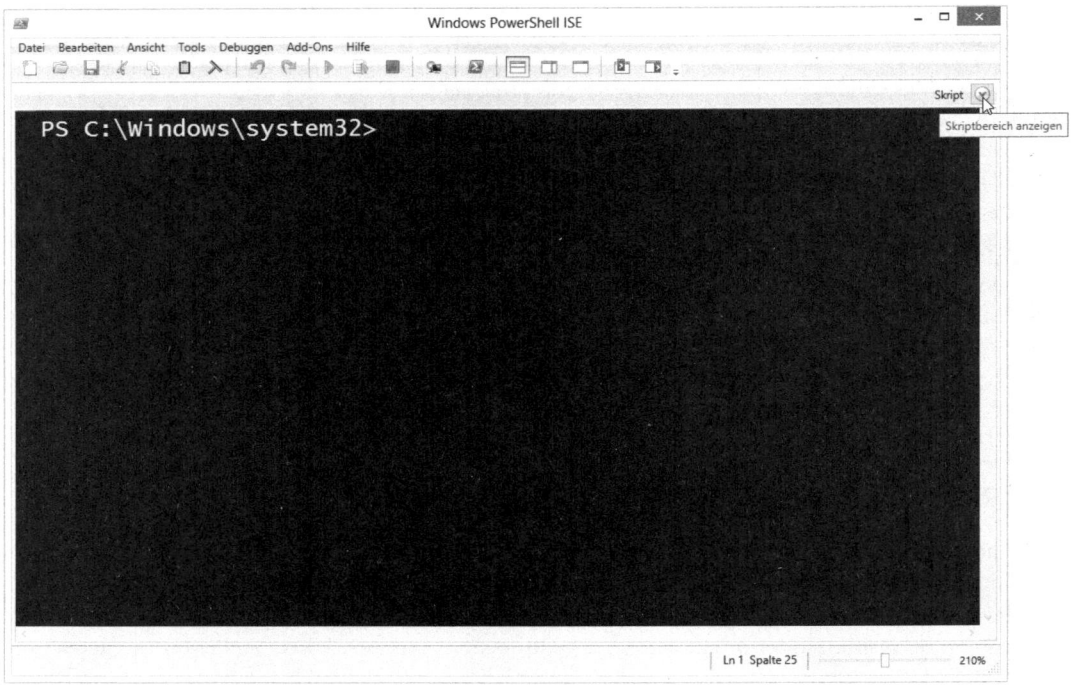

Abbildung 1.5   PowerShell ISE als moderner Konsolenersatz

Weil PowerShell ISE nicht nur ein moderner Ersatz für die interaktive Konsole ist, sondern auch als Skripteditor dient, sieht das Fenster möglicherweise bei Ihnen etwas anders aus als in Abbildung 1.5. Mit der *v*-Schaltfläche in der oberen rechten Ecke blenden Sie den Skriptbereich ein und aus. Im Augenblick sollten Sie den Skriptbereich im versteckten Zustand belassen. Über ⌷Strg⌷+⌷R⌷ kann der Skriptbereich besonders schnell und gänzlich mauslos wieder sichtbar und unsichtbar gemacht werden.

Besonders hilfreich sind auch die Schaltflächen in der Symbolleiste, mit denen Sie den interaktiven Konsolenteil wahlweise unten oder an der Seite anzeigen oder bei Bedarf auch ganz ausblenden, um maximalen Platz zur Eingabe von Skripts zu haben (Abbildung 1.6).

Abbildung 1.6   Über die Werkzeugleiste kann die interaktive PowerShell-Konsole ein- und ausgeblendet werden

Mit dem Schieberegler am unteren rechten Fensterrand variieren Sie nahtlos die Schriftgröße. Ohne Maus verwenden Sie dazu ⌷Strg⌷+⌷+⌷ und ⌷Strg⌷+⌷-⌷.

Möchten Sie auch die Schriftart ändern, rufen Sie *Tools/Optionen* auf. Im Dialogfeld aktivieren Sie die Option *Nur Festbreitenschriftart*, denn PowerShell ISE kommt zwar im Unterschied zur Konsole auch mit schicken Proportionalschriftarten zurecht, aber weil hier die Schriftzeichen unterschiedlich breit sind (einem *m* wird zum Beispiel mehr Platz eingeräumt als einem *i*), führt dies zu Problemen bei Ergebnistabellen. Die Spalten werden dort nicht pixelweise positioniert, sondern durch reines Auffüllen mit Leerzeichen ausgerichtet, was aber nur funktionieren kann, wenn alle Buchstaben und anderen Zeichen gleich breit sind. Bei Proportionalschrift verschieben sich die Spalten dann entsprechend und laufen im einfachsten Fall nicht mehr schnurgerade und im schlimmsten Fall wird die Tabelle sogar zeilenweise regelrecht optisch durcheinandergewürfelt, sodass man nichts mehr vernünftig ablesen kann.

Im Listenfeld *Schriftfamilie* sehen Sie jetzt alle Schriftarten mit fester Zeichenbreite. Die Schriftart, die Sie auswählen, gilt sowohl für den interaktiven Konsolenbereich als auch den Skripteditor. Nicht alle Schriftarten, die die Liste anbietet, sind wirklich gut zu gebrauchen. Eine besonders gut lesbare Schriftart heißt »Consolas«. Die Schriftart »Lucida Console« ist die Standardschriftart.

TIPP Der Schriftenhersteller Adobe bietet eine besonders gut lesbare Schriftart namens »Source Code Pro« zum kostenlosen Download an: *http://sourceforge.net/projects/sourcecodepro.adobe/*. Nachdem Sie diese Schriftart heruntergeladen und mit Administratorrechten installiert haben, steht sie Ihnen auch in PowerShell ISE zur Verfügung (aber wie vorhin erwähnt, nicht in der Konsole, hier muss zunächst der Registrierungs-Editor bemüht werden, siehe Seite 33).

Abbildung 1.7 Andere Schriftart für ISE auswählen

Auch wenn das Dialogfeld viele kosmetische Anpassungsmöglichkeiten bereithält: Sie sollten sich einstweilen auf die Auswahl der Schriftart beschränken und vor allem nicht die Farbeinstellungen ändern. Die Farben haben besondere Bedeutungen, die im weiteren Verlauf dieses Buchs noch eine Rolle spielen. Wer die Farben ändert, riskiert nicht nur unlesbare Ausgaben. Auch die Farbbenennungen in diesem Buch stimmen dann nicht mehr überein. Notfalls stellt die Schaltfläche *Standard wiederherstellen* in der linken unteren Ecke des Dialogfelds die Ausgangseinstellungen wieder her.

> **TIPP**   PowerShell ISE erhält in der Taskleiste ihr eigenes Symbol. Um ISE künftig direkt per Klick zu starten, klicken Sie mit der rechten Maustaste auf das Symbol von ISE in der Taskleiste und wählen *Dieses Programm an Taskleiste anheften*. Danach schieben Sie es nach links neben das Symbol der PowerShell-Konsole und können nun per Klick entscheiden, ob Sie die klassische Konsole oder lieber ISE öffnen möchten.

Erste Schritte mit PowerShell

Nachdem die PowerShell-Konsole und der ISE-Editor bequem eingerichtet sind, wird es Zeit, PowerShell auch tatsächlich in Aktion zu erleben. Die Ausführung von Befehlen funktioniert in der klassischen Konsole und in ISE grundsätzlich auf die gleiche Weise: Sie geben einen Befehl ein, schicken ihn mit einem entschlossenen Druck auf ⏎ ab und warten dann gespannt, was als Nächstes geschieht.

Wichtige Vorsichtsmaßnahmen

Damit das, was dann als Nächstes geschieht, keine unschöne Überraschung wird, sind ein paar vorausschauende Vorsichtsmaßnahmen ratsam. Dass man an der Schaltkanzel eines Kernkraftwerks nicht einfach den Zeigefinger an die Lippen legt und dann beherzt auf irgendeinen Knopf drückt, ist den meisten durchaus bewusst. Aber auch PowerShell ist so etwas wie die Hauptschaltkanzel Ihres Computers, mit der Sie alle seine Funktionen und Einstellungen steuern. Wer hier wahllos unbekannte Befehle »ausprobiert«, lebt ähnlich riskant. Mit nur zwei simplen Vorsichtsmaßnahmen entschärfen Sie indes das Potenzial karrierelimitierender Fehleingaben erheblich:

1. **Keine Administratorrechte**   Starten Sie PowerShell ohne spezielle Administratorrechte! So sind alle Einstellungen gesperrt, die das System ernstlich in Bedrängnis brächten. Ist die Windows-Benutzerkontensteuerung aktiv, passiert das automatisch (sofern Sie nicht über die Sprungliste auf vollen Administratorrechten bestehen). Ob PowerShell mit vollen Administratorrechten arbeitet, zeigt die Titelleiste des Fensters. Dort steht dann das Wort »Administrator :«. Auf Servern ist die Windows-Benutzerkontensteuerung indes meist ausgeschaltet, sodass PowerShell hier stets mit vollen Rechten startet und Sie entsprechend besser für erste Tests und die Einarbeitung in PowerShell ein eingeschränktes Benutzerkonto einrichten und verwenden sollten.

2. **Simulationsmodus**   Schalten Sie einen versteckten Simulationsmodus für noch mehr Schutz (und Einschränkung) ein. Er bewirkt, dass PowerShell Änderungen am Computer nur simuliert, aber nicht ausführt. Dieser Schutz erstreckt sich auf die eingebauten PowerShell-Befehle, nicht aber auf klassische Konsolenbefehle wie beispielsweise *shutdown.exe*. So wird der Simulationsmodus eingeschaltet:

```
PS> $WhatIfPreference = $true  [↵]
```

Er gilt nur für die PowerShell-Instanz, in der der Befehl eingegeben wurde, und auch nur, bis diese Instanz wieder geschlossen wird.

Befehle eingeben

Mit der PowerShell-Konsole erteilen Sie PowerShell direkte Befehle und erhalten ebenso postwendend die entsprechenden Antworten oder Fehlermeldungen. Es ist also das genaue Gegenstück zu klickintensiven grafischen Oberflächen. Ähnlich wie die klassische Eingabeaufforderung reagiert das Konsolenfenster nur auf Texteingaben, die mit [↵] abgeschlossen werden. Symbole oder Menüs fehlen. PowerShell wird fast ausschließlich über die Tastatur bedient. Hier die wichtigsten weiteren Grundregeln:

- **Groß- und Kleinschreibung**   Diese spielt bei Befehlen keine Rolle. PowerShell ist also nicht *case sensitive*. Bei Argumenten, also Informationen, die Sie einem Befehl zusätzlich mit auf den Weg geben, kann die Groß- und Kleinschreibung dagegen sehr wohl entscheidend sein.

- **Abbrechen und löschen**   Möchten Sie einen Befehl vorzeitig abbrechen, drücken Sie [Strg]+[C]. Um die aktuelle Eingabe zu löschen, drücken Sie [Esc]. Möchten Sie den Inhalt des Konsolenfensters löschen, verwenden Sie den Befehl *cls*.

Im Fenster sehen Sie die Eingabeaufforderung. Sie beginnt mit »PS«, und dahinter steht der Pfadname des Ordners, in dem Sie sich gerade befinden. Eine blinkende Einfügemarke wartet auf Ihre ersten Eingaben. Sie werden gleich erfahren, welche Befehle PowerShell versteht. Trotzdem können Sie die Eingabe natürlich schon einmal ausprobieren. Geben Sie zum Beispiel ein:

```
PS> hallo  [↵]
```

Sobald Sie [↵] drücken, wird Ihre Eingabe an PowerShell geschickt.

Fehlermeldungen sind Freunde

Weil PowerShell den Befehl *hallo* allerdings noch nie gehört hat und auch sonst die üblichen menschlichen Sympathiebekundungen nicht versteht, kassieren Sie eine Fehlermeldung in Rot, mit der PowerShell das Malheur kommentiert:

```
hallo : Die Benennung "hallo" wurde nicht als Name eines Cmdlet, einer Funktion, einer Skriptdatei
oder eines ausführbaren Programms erkannt. Überprüfen Sie die Schreibweise des Namens, oder ob der
Pfad korrekt ist (sofern enthalten), und wiederholen Sie den Vorgang.
In Zeile:1 Zeichen:1
+ hallo
+ ~~~~~
    + CategoryInfo          : ObjectNotFound: (hallo:String) [], CommandNotFoundException
    + FullyQualifiedErrorId : CommandNotFoundException
```

Fehlermeldungen sind zwar üblicherweise eher unerfreulich, doch sollten Sie sich schon einmal daran gewöhnen, sie *nicht* routinemäßig zu ignorieren. Oft verraten sie bei PowerShell tatsächlich den Grund des Problems, und auch in diesem Beispiel ist das, was die Fehlermeldung zu sagen hat, recht treffend: Die Benennung »hallo«, also das, was Sie als Befehl an PowerShell geschickt haben, war kein ausführbarer Befehl. Ausführbare Befehle sind gemäß Fehlermeldung Cmdlets, Funktionen, Skriptdateien oder ein ausführbares Programm.

Den kryptischen Teil nach dem Klartext dürfen Sie freundlich ignorieren. Er verrät erfahrenen PowerShell-Skriptentwicklern bei Bedarf noch mehr über die Natur des Fehlers und wo genau er aufgetreten ist. Spannend wird dieser Teil erst, wenn Sie umfangreichere PowerShell-Skripts starten.

Ergebnisse empfangen

Geben Sie dagegen einen gültigen Befehl ein, dann wirft PowerShell fröhlich die erwarteten Ergebnisse aus. Möchten Sie zum Beispiel sehen, welche Dateien und Ordner sich in Ihrem aktuellen Ordner befinden, dann geben Sie ein: *dir* ⏎.

Sie erhalten eine mehr oder weniger lange Textliste, und es drängt sich das Gefühl auf, dass der Ordnerinhalt in einem normalen Explorer-Fenster mit seinen bunten Symbolen viel einfacher zu erfassen ist. Grundsätzlich kommuniziert PowerShell mit Ihnen auf Textbasis. Dass PowerShell mehr kann als ein Explorer-Fenster, zeigt der nächste Befehl, der sämtliche laufenden Prozesse auflistet:

```
PS> Get-Process  ⏎
```

Die Stärke von PowerShell ist also nicht unbedingt die Darstellung der Informationen, sondern vielmehr ihre ungeheure Flexibilität. Fast alle Belange und Informationen Ihres Computers lassen sich von hier aus steuern und anzeigen. Wenn auch »nur« als Textdarstellung und mithilfe von Textbefehlen. Mit dem Befehl *cls* löschen Sie zum Beispiel das Konsolenfenster, wenn Sie frisch beginnen wollen. Und mit *exit* beenden Sie PowerShell.

IntelliSense-Unterstützung im ISE-Editor

Deutlich wird auch der Preis, den PowerShell für die schnelle und direkte Steuerung verlangt: Sie müssen die Befehle schon kennen, die Sie ausführen wollen. Auswendig zu lernen brauchen Sie sie deshalb aber dennoch nicht, jedenfalls wenn es sich beim Befehl um einen der PowerShell-Befehle handelt. ISE blendet IntelliSense-artige Auswahlmenüs ein, sobald Sie ein Schlüsselzeichen wie »-« eingeben.

Das IntelliSense-Menü kann auch manuell jederzeit über Strg + Leertaste geöffnet werden.

TIPP   Ob ISE IntelliSense-Menüs anzeigen soll, bestimmen Sie über *Tools/Optionen* auf der Registerkarte *Allgemeine Einstellungen* im Bereich *IntelliSense*.

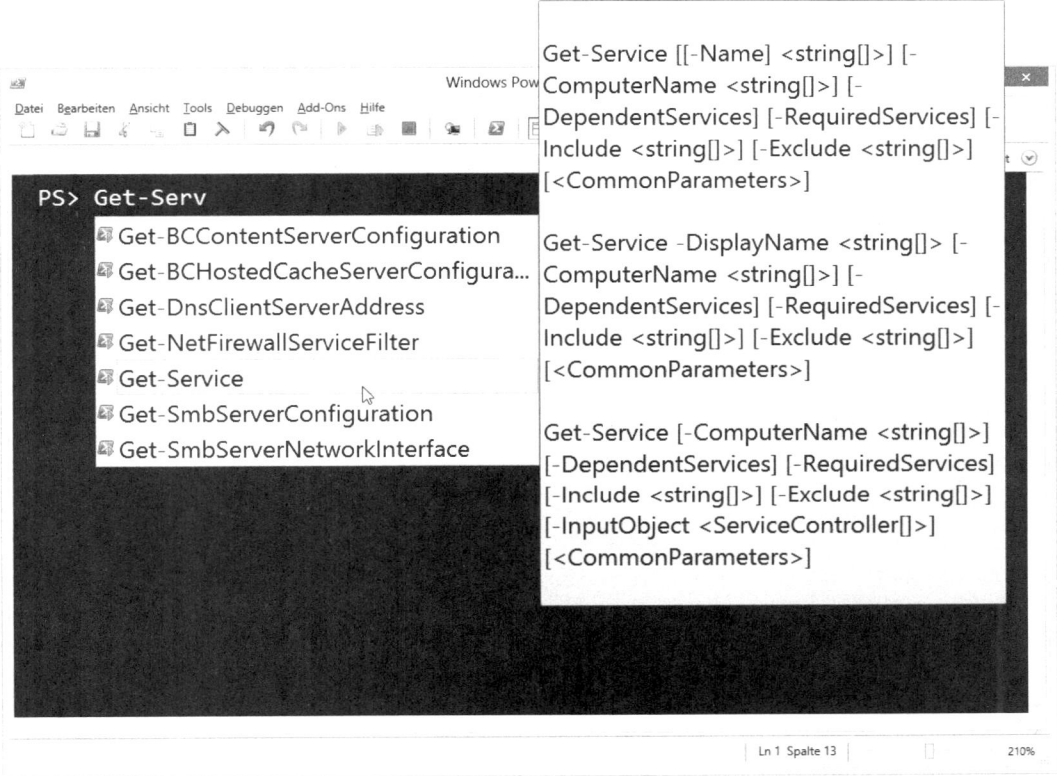

Abbildung 1.8 Moderne IntelliSense-artige Vervollständigung in ISE

Autovervollständigung in der PowerShell-Konsole

Solche praktischen Menüs fehlen in der kargen klassischen PowerShell-Konsole. Hier steht – immerhin – eine zwar weniger schicke, aber inhaltlich identische Autovervollständigung zur Verfügung. Ein Druck auf ⇥ genügt, um die aktuelle Eingabe zu vervollständigen. Drücken Sie die Taste mehrmals, um weitere Vorschläge zu erhalten. ⇧+⇥ blättert einen Vorschlag zurück, falls Sie zu schnell waren.

Die Autovervollständigung über ⇥ steht übrigens auch in ISE bereit und vervollständigt dann sofort, ohne dass sich ein Auswahlmenü einblendet. Dafür öffnet die Konsole mit F7 ein praktisches Hilfsmenü, in dem die letzten Eingaben abrufbar sind. Dieses Menü fehlt in ISE, weil es ein Konsolenfeature ist, das in allen Konsolen zur Verfügung steht.

Farbcodierungen in ISE

Die aktuelle Befehlszeile von ISE wird im Gegensatz zur Konsole farbcodiert, erscheint also »bunt«. Das dient nicht nur der Unterhaltung: Die Farben verdeutlichen, wie PowerShell Ihre Eingaben interpretiert, und leisten damit eine extrem nützliche Hilfestellung. Viele Eingabefehler lassen sich mithilfe der Farbcodierung besser verstehen.

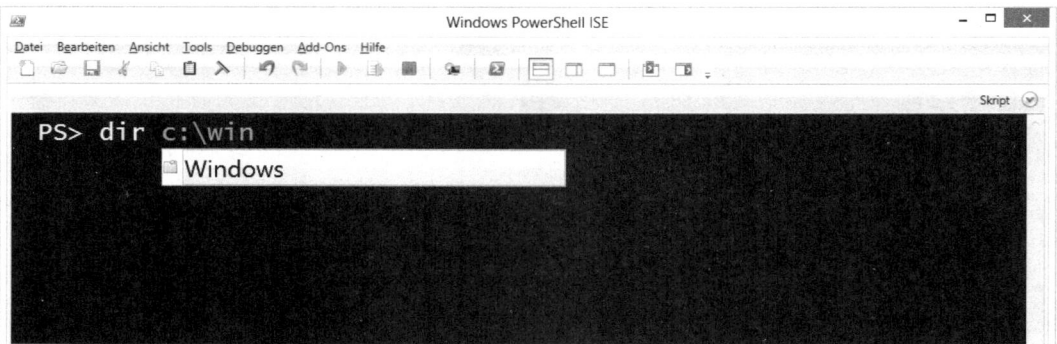

Abbildung 1.9   Farbcodierungen zeigen, wie PowerShell Ihre Eingaben versteht

Geben Sie in ISE beispielsweise ein:

```
PS> dir C:\Windows  ⏎
```

Das IntelliSense-Menü unterstützt Sie bei der Eingabe des Pfadnamens, und die Befehlszeile selbst wird in mehreren Farben dargestellt. Der Befehl *dir* erscheint weiß. Der Pfadname dagegen wird in pink angezeigt. Weiße Befehlsworte repräsentieren also stets Befehle, und pinke Elemente entsprechen Argumenten (Zusatzinformationen), die Sie einem Befehl anfügen. Syntaxfehler werden während der Eingabe mit einer roten Wellenlinie unterstrichen, und wenn Sie den Mauszeiger auf diese Linie bewegen und kurz warten, verrät ein Tooltip-Fenster, was mit der Eingabe noch nicht stimmt.

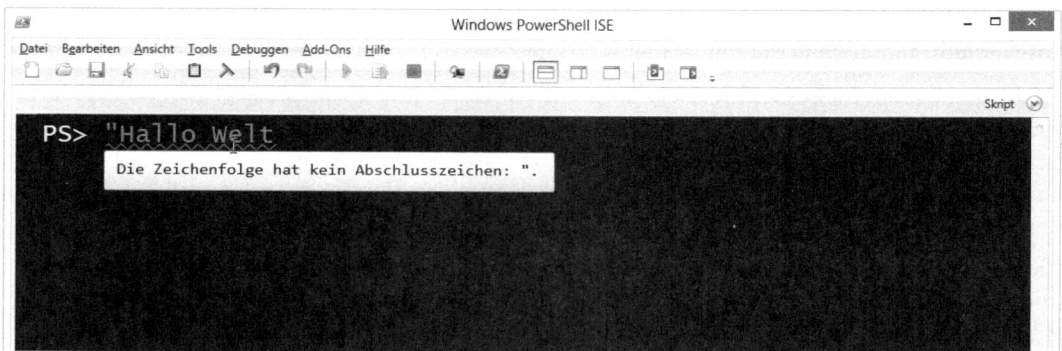

Abbildung 1.10   Syntaxfehler werden rot unterstrichen, und PowerShell nennt die Fehlerursache

Natürlich kennen Sie jetzt noch nicht alle Sprachelemente von PowerShell, doch es wird deutlich, dass die Farbcodierung helfen kann, Fehler zu finden. Die Farben unterscheiden sich etwas zwischen Konsole und Skriptbereich, was der unterschiedlichen Hintergrundfarbe dieser Bereiche geschuldet ist

(Tabelle 1.3). Über *Tools/Optionen* lassen sich die Farbzuweisungen im Zweig *Skriptbereichtoken* und *Konsolentoken* einsehen und auch ändern (Abbildung 1.7).

Typ	Konsole	Skriptbereich
Attribut	hellblau	blau
Befehl	hellcyan	dunkelblau
Befehlsargument	violett	violett
Befehlsparameter	ocker	navyblau
Kommentar	hellgrün	dunkelgrün
Gruppenstart	weiß	schwarz
Gruppenende	weiß	schwarz
Schlüsselwort	hellcyan	dunkelblau
Backtick (Zeilenfortsetzung)	weiß	schwarz
Schleifenbezeichnung	hellcyan	dunkelblau
Objekteigenschaft oder -methode	weiß	schwarz
Zahl	ocker	pink
Operator	grau	grau
Semikolon	weiß	schwarz
Zeichenfolge	violettrot	dunkelrot
Datentyp	dunkelgrün	grünblau
Variable	orangerot	orangerot

Tabelle 1.3 Farbcodierung der Befehlselemente in ISE

Rechnen mit PowerShell

Spektakuläre Befehle sind an sich etwas Schönes, haben aber den Nachteil, dass sie bei fehlendem Hintergrundwissen auch spektakulär scheitern können. Um gefahrlos zunächst einmal die Befehlseingabe und das Verhalten der Konsolen ausprobieren zu können, wenden Sie sich einfach den integrierten Rechenfunktionen von PowerShell zu. In den folgenden Kapiteln ist noch genug Zeit, sich mit den teils machtvollen Befehlen von PowerShell anzufreunden. PowerShell unterstützt alle Grundrechenarten, und ein Ausgabebefehl ist überflüssig, sodass Sie Ihre Rechenaufgaben direkt in die Konsole eingeben können:

```
PS> 100 * 58 / 5.9 ↵
983,050847457627
```

Wenn Sie genau hinschauen, werden Sie entdecken: Bei der Code*eingabe* verwendet PowerShell als Dezimaltrennzeichen ausschließlich den Punkt. Das ist wichtig, damit Code länderübergreifend ausgeführt werden kann. Bei der Text*ausgabe* der Rechenergebnisse wird als Dezimaltrennzeichen dagegen das in den regionalen Einstellungen Ihres Landes vorgesehene Zeichen benutzt – in Deutschland also ein Komma.

HINWEIS   Das Komma hat bei der Code*eingabe* ebenfalls eine feste Bedeutung: es bildet Listen (oder im Programmierdeutsch: Arrays bzw. Felder):

```
PS> 1,2,3 ↵
1
2
3

PS> 1,2,3 * 3 ↵
1
2
3
1
2
3
1
2
3
```

Runde Klammern funktionieren genau wie in der Mathematik und führen zuerst die Anweisungen in den Klammern aus:

```
PS> 3+5*10 ↵
53

PS> (3+5)*10 ↵
80
```

Sogar hexadezimale Zahlen sind erlaubt und werden mit dem Präfix *0x* gekennzeichnet. PowerShell wandelt sie dann automatisch in Dezimalzahlen um:

```
PS> 0xff ↵
255
```

Die in der IT üblichen Größenordnungen wie *KB*, *MB*, *GB*, *TB* und *PB* dürfen ebenfalls eingesetzt werden, wenn sie einer Zahl ohne Leerzeichen folgen:

```
PS> 1MB ↵
1048576

PS> 8.9TB ↵
9785653487206,4

PS> 0x8eKB ↵
145408
```

Zahlenreihen werden über den Operator »..« erzeugt und können – jedenfalls von fortgeschrittenen Anwendern – über Typkonvertierungen auch in andere Datentypen verwandelt werden. Im folgenden Beispiel wird eine Zahlenfolge von 65 bis 90 generiert, was den ASCII-Codes der Buchstaben »A« bis »Z« entspricht. Durch die Umwandlung in ein Array vom Typ *Char* (einzelnes Zeichen) entsteht daraus eine Buchstabenliste:

```
PS> 65..90  ↵
PS> [Char[]](65..90)  ↵
```

Sogar mit Texten – die stets in einfachen Anführungszeichen stehen – kann »gerechnet« werden:

```
PS> 'Hallo' + 'Welt'  ↵
HalloWelt
```

```
PS> 'Hallo' * 10  ↵
HalloHalloHalloHalloHalloHalloHalloHalloHalloHallo
```

Kurz und knapp...

Alle Eingaben müssen mit ↵ abgesendet werden, damit PowerShell etwas ausführt. Verwenden Sie den Befehl *cls* (oder *Clear-Host*), wenn Sie den Inhalt der Konsole löschen wollen. Möchten Sie einen Befehl vorzeitig abbrechen, drücken Sie Strg+C. Diese Tastenkombination bricht fast immer den laufenden Befehl ab. Nur wenn PowerShell die Kontrolle vorübergehend an andere Befehle abgegeben hat und beispielsweise auf eine Netzwerkantwort wartet, kann sich der Abbruch etwas verzögern. Eine ganz andere Funktion hat Strg+Untbr. Diese bricht nicht nur den aktuellen Befehl ab, sondern auch PowerShell. Die Konsole wird geschlossen.

Mit ⇆ wird die automatische Vervollständigung aktiviert, die versucht, die aktuelle Eingabe zu vervollständigen – zum Beispiel den Beginn eines Befehlsnamens oder eines Dateipfades. Sind mehrere Vervollständigungen möglich, drücken Sie mehrmals auf ⇆. In ISE kann die Autovervollständigung auch über Strg+Leertaste als modernes Menü angezeigt werden. Dies geschieht automatisch, wenn bestimmte Schlüsselzeichen wie »-« eingegeben werden. Neben Befehlen unterstützt PowerShell die mathematischen Grundrechenarten, hexadezimale Zahlen, Arrays und die in der IT üblichen Größenordnungen wie *KB* oder *GB*.

Unvollständige und mehrzeilige Eingaben

Mitunter kann die PowerShell-Konsole ein Lähmungszustand befallen. Dies tritt nur in der klassischen Konsole auf. Die moderne ISE ist dagegen immun. Ist der Lähmungszustand eingetreten, führt die PowerShell-Konsole einfach keinen Befehl mehr aus. Dieser Zustand ist an einem klaren Symptom erkennbar: Die Eingabeaufforderung ändert sich und zeigt nun statt eines Pfadnamens an: »>>«. Ursache ist der primitive Mehrzeilenmodus der Konsole, der in diesem Fall aktiviert worden ist. PowerShell versteht Ihre Eingaben darin nicht mehr als einzelne Zeilen, sondern als Teil eines mehrzeiligen Texts. Was die Frage aufwirft, wie (und warum) dieser Mehrzeilenmodus überhaupt aktiviert wurde – und wie man wieder heil aus ihm herauskommt.

Aktiviert wird der Modus immer dann, wenn das, was Sie eingeben, noch nicht vollständig ist. Geben Sie beispielsweise einen Text in Anführungszeichen ein, ohne auch die abschließenden Anführungszeichen anzufügen, dann geht die PowerShell-Konsole davon aus, dass der Text in der nächsten Zeile fortgesetzt werden soll – und aktiviert von ganz alleine den Mehrzeilenmodus.

```
"Hallo  ↵
>> Dies ist mein kleines Tagebuch.  ↵
>> Ich schreibe jetzt einen mehrseitigen Text ↵
```

```
>> Das geht so lange, bis ich die Lust verliere."⏎
>>⏎

Hallo
Dies ist mein kleines Tagebuch.
Ich schreibe jetzt einen mehrseitigen Text
Das geht so lange, bis ich die Lust verliere.
```

Erst wenn Sie das Abschlusszeichen eingeben (und dann noch *zweimal* ⏎ drücken), akzeptiert PowerShell die mehrzeilige Eingabe. Sinnvoll ist das Ganze im Alltag nur in wenigen Ausnahmefällen und führt viel häufiger zu Irritationen. Falls PowerShell also plötzlich nicht mehr auf Ihre Befehle zu reagieren scheint und der verräterische »>>«-Prompt erscheint, drücken Sie am besten Strg+C und brechen ab. Drücken Sie danach ↑, um die letzte Eingabe zurückzubekommen, und vervollständigen Sie Ihre Eingabe.

In ISE kann Ihnen der Mehrzeilenmodus nicht in die Quere kommen, weil es ihn hier nicht gibt. ISE ist ja bereits ein vollwertiger Skripteditor, und Sie bräuchten lediglich den Skriptbereich mit dem *v*-Symbol aus Abbildung 1.5 einzublenden, um komfortabel mehrzeiligen Text und Code zu erfassen. Deshalb quittiert die Konsole in ISE fehlende Anführungszeichen und andere paarweise vorkommende Sonderzeichen mit einem aussagekräftigen Fehler:

```
PS> "Hallo ⏎

Die Zeichenfolge hat kein Abschlusszeichen: ".
    + CategoryInfo          : ParserError: (:) [], ParentContainsErrorRecordException
    + FullyQualifiedErrorId : TerminatorExpectedAtEndOfString
```

PROFITIPP   Tatsächlich enthält die Konsole von ISE doch einen (versteckten) Mehrzeilenmodus. Möchten Sie eine weitere Zeile erfassen, drücken Sie ⇧+⏎. Eine weitere leere Zeile erscheint. Damit sind auch in ISE Eingaben wie diese möglich:

```
PS> "Hallo ⇧+⏎
dies ist ein mehrzeiliger Text ⇧+⏎
mit UMSCHALT+ENTER lassen sich weitere Zeilen hinzufügen ⇧+⏎
Auch hier muss der Text am Ende ordentlich mit einem Anführungszeichen abgeschlossen werden" ⏎

Hallo
dies ist ein mehrzeiliger Text
mit UMSCHALT+ENTER lassen sich weitere Zeilen hinzufügen
Auch hier muss der Text am Ende ordentlich mit einem Anführungszeichen abgeschlossen werden
```

Tippfehler vermeiden und Eingaben erleichtern

Ganz gleich für welche PowerShell-Konsole Sie sich entscheiden: PowerShell ist und bleibt textbasiert, und jedes Zeichen eines Befehls ist basisdemokratisch gleich wichtig. Fehlt eines, funktioniert gar nichts. Deshalb sind Tippfehler bei PowerShell so wie bei jeder anderen textbasierten Skriptsprache die populärste Ursache für Frustration. Dagegen hilft am besten konsequente Tippfaulheit, denn wer weniger tippt, tippt auch weniger verkehrt – und schneller geht es auch noch.

Autovervollständigung

Nutzen Sie also wann immer möglich die Autovervollständigung und lassen Sie diese den Großteil der Tipparbeit erledigen. Nebenbei erhalten Sie damit eine wertvolle Kontrollinstanz, denn falls die Autovervollständigung keine Resultate liefert, liegt vielleicht bereits ein Tippfehler in dem Text vor, den Sie bis dahin eingegeben haben. Die Autovervollständigung hat weitere praktische Tricks auf Lager und ist insbesondere bei langen Pfadnamen hilfreich. Geben Sie zum Beispiel ein:

```
PS> C:\p ⇆
```

Bei jedem Druck auf ⇆ schlägt PowerShell jetzt einen neuen Ordner oder eine neue Datei vor, der bzw. die mit »C:\p« beginnt. Je mehr Zeichen Sie also selbst eingeben, desto weniger Auswahlmöglichkeiten werden angeboten, und in der Praxis sollten Sie wenigstens vier oder fünf Zeichen eintippen, um nicht lästig viele Vorschläge zu erhalten. Falls die Vorschläge nach einem Druck auf ⇆ nicht sofort angezeigt werden, haben Sie einen Augenblick Geduld. Gerade wenn die Vorschlagliste lang ist, kann es eine oder zwei Sekunden dauern, bis PowerShell alle infrage kommenden Vorschläge gesammelt hat und dann den ersten anzeigt.

Pfadnamen vervollständigen

Enthält ein Pfadname Leerzeichen, stellt die Autovervollständigung den Pfad automatisch in Anführungszeichen. Wollen Sie sich in einen Unterordner vortasten, genügt es, hinter dem abschließenden Anführungszeichen einen weiteren »\« anzufügen und ⇆ zu drücken – schon geht die Autovervollständigung weiter:

```
PS> & 'C:\Program Files\Common Files'\ ⇆
```

Hat die Autovervollständigung einen Pfadnamen in Anführungszeichen gesetzt, fügt sie außerdem am Zeilenanfang ein »&« ein. Dieser spezielle Operator sorgt dafür, dass der Text in Anführungszeichen sich wie ein Befehl verhält, also genauso, als wäre ein Pfad ohne Anführungszeichen geschrieben worden. Und warum? Weil Text in Anführungszeichen andernfalls eben nichts weiter ist als das: Text. Er würde ohne »&« einfach nur kommentarlos wieder ausgegeben. Sogar Platzhalterzeichen sind in Pfadnamen erlaubt. Geben Sie zum Beispiel ein: *C:\pr*m* ⇆, dann schlägt PowerShell den Ordner *C:\Program Files* vor.

Befehlszeilen erneut verwenden

Eine zweite wichtige Methode zur Tippfehlervermeidung ist die Befehlshistorie. Oft sitzt der erste eingegebene Befehl nicht auf Anhieb richtig und Sie erhalten eine Fehlermeldung, oder der Befehl macht (noch) nicht das, was Sie sich eigentlich vorgestellt haben. Wenn Sie an Ihrem Befehl ein wenig feilen und ihn verbessern wollen, dann brauchen Sie ihn nicht komplett neu einzugeben.

Drücken Sie stattdessen ↑, um den zuletzt eingegebenen Befehl zurückzuholen. Danach können Sie diesen Befehl verändern oder verbessern, bevor Sie ihn mit ↵ erneut an PowerShell senden. Drücken Sie ↑ mehrmals, wenn Sie vorvorherige oder noch ältere Eingaben erneut verwenden wollen. Mit ↓ wandern Sie in der Liste wieder zurück.

TIPP   Hier kann die klassische Konsole ausnahmsweise einmal punkten: Mit F7 zeigt sie ein Menü der letzten Eingaben an, aus dem sich eine Eingabe auswählen lässt, um sie weiterzubearbeiten. Zu guter Letzt wird mit Alt+F7 die Liste geleert, falls Sie sich einer neuen Aufgabe zuwenden möchten. Solche Listen bietet ISE nicht, kann aber wenigstens mit *Get-History* die alten Eingaben sichtbar machen.

Befehlsnamen autovervollständigen

Geben Sie den Anfang eines Befehls ein und drücken ⇆, wird sein Name vervollständigt. Bei Cmdlets, die stets aus einem Doppelnamen bestehen, funktioniert das besonders dann schnell und zielgerichtet, wenn Sie zunächst den ersten Namensteil angeben, dann den Bindestrich hinzufügen und danach vom zweiten Namensteil zumindest ein paar Buchstaben eingeben.

Jedes Mal, wenn Sie danach ⇆ drücken, wird Ihnen ein neuer infrage kommender Befehl vorgeschlagen. Im ISE-Editor funktioniert dies dank der IntelliSense-Menüs sehr viel intuitiver, und ISE öffnet nach dem Bindestrich sofort das IntelliSense-Menü, das mit jedem weiteren eingegebenen Zeichen seine Auswahl weiter einschränkt.

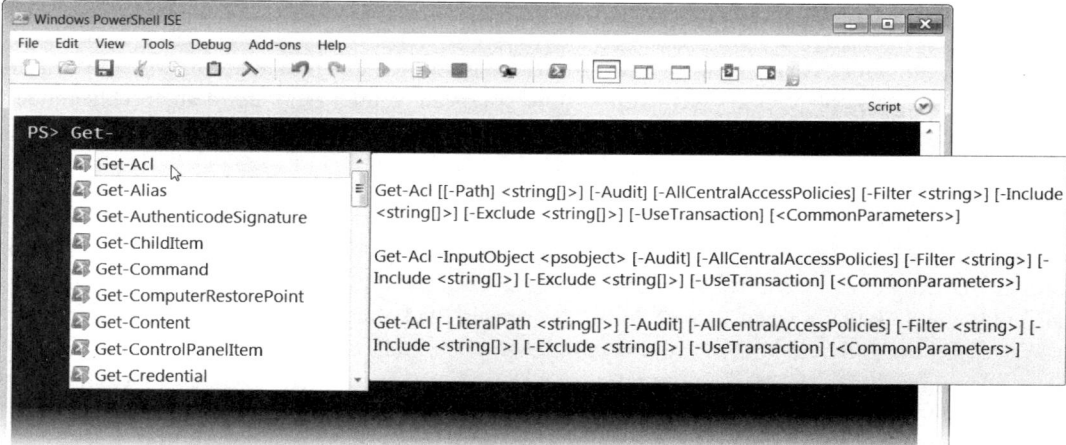

Abbildung 1.11   Befehlsnamen werden im ISE-Editor per IntelliSense vervollständigt

Parameter-Autovervollständigung

Die meisten Cmdlets erwarten Zusatzinformationen von Ihnen, die Sie über Parameter eingeben. Jeder Parameter beginnt mit einem Bindestrich. Sobald Sie also hinter einem Cmdlet-Namen einen Bindestrich eingeben, würde ⇆ Ihnen die verfügbaren Parameter vorschlagen. Der ISE-Editor verrichtet dies mit seinem IntelliSense-Menü vollautomatisch.

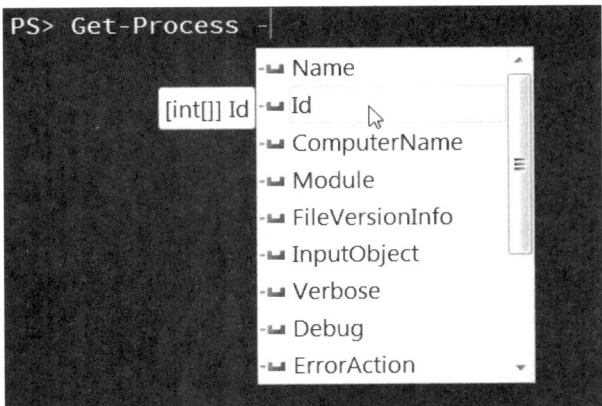

Abbildung 1.12 Parameternamen werden im ISE-Editor vorgeschlagen

Argument-Autovervollständigung

Häufig kann PowerShell sogar Vorschläge zu dem machen, was ein Parameter von Ihnen verlangt. Wieder werden die Vorschläge per ⇆ angefordert oder in ISE automatisch als IntelliSense-Menü vorgeschlagen.

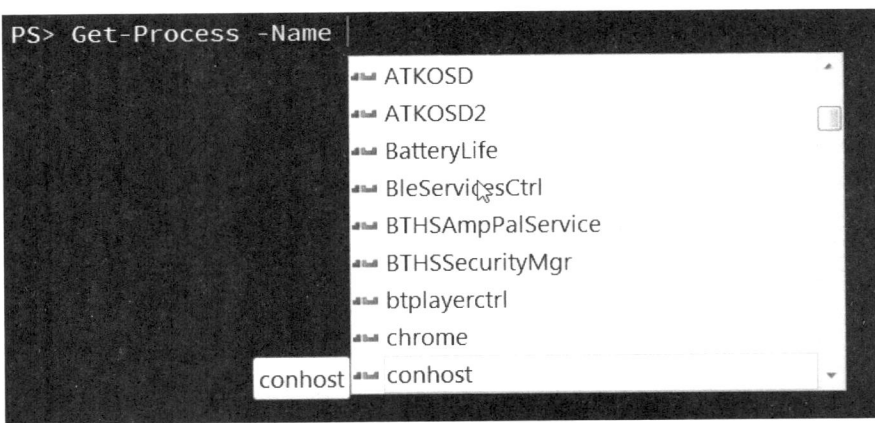

Abbildung 1.13 Sogar Argumente für einzelne Parameter werden von PowerShell häufig vervollständigt

Die Argument-Autovervollständigung ist neu in PowerShell 3.0. Sie hat natürliche Grenzen: Falls ein Parameter die erwartete Eingabe nicht festgelegt hat, sondern beliebigen Text akzeptiert, schaltet PowerShell um in die Pfadnamen-Autovervollständigung. Ob Pfadnamen für den Parameter indes wirklich sinnvoll sind, hängt vom Parameter ab und steht auf einem anderen Blatt.

Kurz und knapp...

Seien Sie faul und ersparen Sie sich Tipparbeit (und damit auch lästige Tippfehler)! Mit ⌐↑⌐ und ⌐↓⌐ gelangen Sie zurück zu Befehlsfolgen, die Sie schon einmal eingegeben haben. Möchten Sie also einen Befehl nachträglich ändern oder erweitern, verwenden Sie die Pfeiltasten, um zu dem jeweiligen Befehl zurückzukehren, anstatt den gesamten Befehl neu einzugeben.

Mit ⌐⇆⌐ aktivieren Sie die eingebaute Autovervollständigung. Diese kann Befehlsnamen, Pfadnamen und andere Eingaben für Sie vervollständigen. Drücken Sie die Taste mehrmals, zeigt PowerShell bei jedem Druck einen anderen Vorschlag. Liefert ⌐⇆⌐ keine Vorschläge, kann PowerShell Ihre gegenwärtige Eingabe nicht vervollständigen, aber einen Versuch war es sicher wert. In ISE steht außerdem das IntelliSense-Menü zur Verfügung, das über ⌐Strg⌐+⌐Leertaste⌐ Eingabevorschläge nicht sofort einfügt, sondern zuerst in einem Kontextmenü anbietet. Wollen Sie die gesamte aktuelle Zeile löschen, drücken Sie ⌐Esc⌐. Möchten Sie im Mehrzeilenmodus die aktuelle Zeile zwar nicht ausführen, aber auch nicht verlieren, drücken Sie ⌐Strg⌐+⌐C⌐.

PowerShell-Hilfe aus dem Internet nachladen

PowerShell ist außerordentlich gut dokumentiert, allerdings nicht von Anfang an. Die Hilfetexte für PowerShell müssen (einmalig) mit *Update-Help* aus dem Internet nachgeladen werden. Dazu ist normalerweise nur ein einziger Befehl (sowie eine funktionierende Internetverbindung) notwendig: *Update-Help*. Dieser Befehl muss allerdings in einer PowerShell-Konsole mit vollen Administratorrechten eingegeben werden:

```
PS> Update-Help ⌐↵⌐
```

Sie sehen nun, wie PowerShell versucht, den Updateserver zu erreichen und von ihm dann die nötigen Hilfetexte empfängt. Nach wenigen Sekunden sollte die Hilfe auf Ihrem Computer einsatzbereit sein. Ob das der Fall ist, überprüfen Sie anschließend am besten mit folgendem Befehl:

```
PS> Get-Help about ⌐↵⌐
```

Ist alles in Ordnung, sollten Sie nun die vielen verschiedenen Hilfethemen sehen, über die Sie *Get-Help* informieren kann. Die Hilfe wird im nächsten Kapitel eine wichtige Rolle spielen.

Hilfe in anderer Sprache installieren

Falls die Hilfe bei Ihnen nicht installiert wurde, dann stehen die Hilfetexte eventuell nicht in Ihrer Sprache zur Verfügung. Bei Drucklegung dieses Buchs bot Microsoft zum Beispiel noch keine deutsche Hilfe zum Download an. Dummerweise verwendet PowerShell in diesem Fall aber auch nicht ersatzweise wenigstens die englische Hilfe, sondern gar keine.

Mit einem kleinen Kniff kann man aber auch die (stets verfügbaren) englischsprachigen Hilfetexte aktivieren – oder verfügbare Hilfen in anderen Sprachen. Dazu laden Sie zunächst in einer Konsole mit vollen Administratorrechten diese Hilfe herunter. Die englischsprachige Hilfe wird zum Beispiel so geladen:

```
PS> Update-Help -UICulture en-us -Force  ⏎
```

Anschließend müssen die englischsprachigen Hilfetexte noch in den deutschen Hilfeordner kopiert werden. Das kann PowerShell für Sie tun. Hier ist ein kleines Skript, das Sie in den ISE-Editor eingeben und dann mit F5 ausführen können (jedenfalls, wenn Sie es vorher nicht speichern).

WICHTIG   Weil das Skript volle Administratorrechte benötigt, müssen Sie ISE dafür mit vollen Rechten starten. Wissen Sie noch, wie? Falls nicht, blättern Sie kurz zurück zu Seite 34.

```
# requires full administrative permissions
# run in a PowerShell with elevated rights!

Update-Help -UICulture en-us -Force
$CurrentCulture = $Host.CurrentUICulture.Name
if ($CurrentCulture -ne 'en-us')
{
  if ( (Test-Path $PSHOME\$CurrentCulture) -eq $false)
  {
    $null = New-Item $PSHOME\$CurrentCulture -ItemType Directory
  }
  Copy-Item $PSHOME\en-us\* -Destination $PSHOME\$CurrentCulture -ErrorAction SilentlyContinue
}
```

Listing 1.1 Das Skript *install_help.ps1*

Hilfe ohne Internetzugang installieren

Wie Sie sehen, liegen die Hilfedateien eigentlich in Dateiform im Windows-Ordner. Jetzt wird auch klar, wie man Systeme ohne eigenen Internetzugang mit der PowerShell-Hilfe ausstatten kann: Laden Sie die Hilfedateien auf einem anderen Computer herunter und kopieren Sie sie dann auf den Computer ohne Internetzugang. Falls Sie im Unternehmen selbst Betriebssysteme verteilen und installieren, haben Sie außerdem die Möglichkeit, die Hilfetexte bereits ins Image des Betriebssystems mit aufzunehmen.

Klassische Konsole oder moderner ISE-Editor?

Wahrscheinlich juckt es Ihnen inzwischen in den Fingern, endlich die vielen PowerShell-Befehle in Aktion zu erleben. Gleich geht es los, versprochen. Weil Sie aber künftig viel Zeit damit verbringen werden, Befehle in die PowerShell-Konsole einzugeben, an Befehlszeilen zu feilen, sie zu erweitern, zu korrigieren oder per Zwischenablage in andere Programme zu kopieren, sollten Sie noch kurz ein paar Eigenarten der PowerShell-Konsole kennen – um dann eine Entscheidung zu treffen: Möchten Sie lieber mit der klassischen PowerShell-Konsole oder mit dem neuartigen ISE-Editor arbeiten? Dieser Abschnitt soll noch ein paar wichtige Unterschiede in der Bedienbarkeit hervorheben:

Während sich der ISE-Editor an die Standards moderner Windows-Anwendungen hält und beispielsweise die Einfügemarke per Klick an eine neue Position versetzt oder mit bewährten Tastenkombinationen wie Strg+C und Strg+V markierten Text in die Zwischenablage kopiert und daraus wieder einfügt, verhält sich die klassische Konsole etwas eigentümlicher. Ihre Spielregeln stammen aus den 1980er-Jahren. An sie muss man sich erst wieder gewöhnen.

Bei der klassischen Konsole lässt sich die blinkende Einfügemarke ausschließlich per Tastatur über ⎡←⎤ und ⎡→⎤ bewegen. Auch der zuschaltbare Turbo (durch Gedrückthalten von ⎡Strg⎤) macht diese Marotte nicht viel angenehmer. Erstaunlicherweise lässt sich dennoch Text in der Konsole per Maus markieren – und zwar blockweise. Möchten Sie einen auf diese Weise markierten Text in die Zwischenablage verfrachten, erwartet die Konsole dafür ⎡↵⎤ oder einen Rechtsklick. Ein Rechtsklick fügt auch Text aus der Zwischenablage wieder ein. Sollte in der klassischen Konsole eingegebener Text schon vorhandenen Text einfach überschreiben, dann ist der Überschreibemodus aktiv. Mit ⎡Einfg⎤ kann man ihn testweise ein- und vor allen Dingen auch schnell wieder ausschalten – nützlich ist er nämlich fast nie. Eine der wenigen Ausnahmen: Sie überarbeiten in einem zurückgeholten Befehl Werte mit fester Länge, etwa Zahlenwerte. Dann können Sie diese bequem überschreiben und müssen nicht nachträglich die einzelnen bestehenden Zeichen mühsam per ⎡Entf⎤ löschen.

TIPP   Auch im ISE-Editor gibt es ein paar verborgene Tricks: Halten Sie ⎡Alt⎤ gedrückt, bevor Sie etwas markieren, dann markiert ISE block- und nicht zeilenweise, also ähnlich wie in der Konsole. Falls die Einfügemarke in der ISE-Konsole einmal nicht im Befehlseingabefeld blinkt, geben Sie einfach den gewünschten Befehl trotzdem ein: Die Einfügemarke springt dadurch automatisch zurück an die richtige Stelle. Sie können auch ⎡Esc⎤ drücken, wenn Sie die aktuelle Befehlszeile zuerst löschen wollen.

Sie haben erste Erfahrungen sowohl mit der klassischen PowerShell-Konsole als auch mit der modernen Konsole des ISE-Editors gesammelt. Zeit, die besonderen Vorzüge beider Konsolen gegenüberzustellen. ISE punktet bei der Benutzerfreundlichkeit und eignet sich besonders für Anwender, die anspruchsvolleren PowerShell-Code entwickeln oder PowerShell erlernen wollen.

Die klassische Konsole ist dagegen zuverlässig auf allen Windows-Systemen einschließlich Servern verfügbar, benötigt wenig Speicherplatz und muss gegebenenfalls nicht als optionales Extra nachinstalliert werden. Als »echte« Konsole unterstützt sie im Gegensatz zu ISE auch Konsolenbefehle, die interaktive Eingaben erfordern (wie *nslookup.exe*) oder in sonstiger Weise eine echte Konsole benötigen. Im harten Alltagsbetrieb eines Rechenzentrums oder einer Unternehmens-IT stellt sie deshalb das primäre PowerShell-Werkzeug dar. Eine detaillierte Übersicht der jeweiligen Vorzüge liefert Tabelle 1.4.

	klassische Konsole	Konsole in ISE	siehe auch Seite
Steht auf Clients zur Verfügung	ja	ja	35
Steht auf Servern zur Verfügung	ja	nein, erst nach Installation des Features »PowerShell ISE«	39
Autovervollständigung	ja	ja	39
IntelliSense-Menüs	nein	ja	41
Farbcodierung der Eingabe	nein	ja	41

Tabelle 1.4 Unterschiede zwischen klassischer PowerShell-Konsole und moderner Konsole in ISE

	klassische Konsole	Konsole in ISE	siehe auch Seite
Anzeige von Syntaxfehlern	nein	ja	51
Mausunterstützung bei der Eingabe	nein	ja	51
Zeilenweises Markieren	nein	ja	51
Blockweises Markieren	ja	ja	45
Mehrzeilenmodus	ja	ja	54
Unicode-Zeichensatz	nein	ja	53
Unterstützung sämtlicher Konsolenbefehle	ja	nein, interaktive Konsoleneingaben nicht möglich	53
Unterstützung für PowerShell 2.0	ja	nein	35

Tabelle 1.4 Unterschiede zwischen klassischer PowerShell-Konsole und moderner Konsole in ISE *(Fortsetzung)*

Einschränkungen in ISE

ISE ist zwar die modernere PowerShell-Umgebung, aber hierfür ist ein Preis fällig. ISE stellt keine echte Konsolenanwendung dar, sondern simuliert die Konsole nur. In den meisten Fällen geht das gut, aber sobald ein Konsolenbefehl die Funktionen der echten Konsole benötigt, ist der Befehl in ISE nicht ausführbar.

Betroffen sind alle Konsolenbefehle, die über die Konsole interaktive Eingaben vom Benutzer erwarten. Solche Anwendungen würden in der simulierten Konsole von ISE »ewig« auf diese Eingaben warten, weil sie die Eingaben des Benutzers nicht empfangen können. Befehle, die nicht kompatibel zur simulierten ISE-Konsole sind, listet die folgende Variable *$psUnsupportedConsoleApplications* auf:

```
PS> $psUnsupportedConsoleApplications ↵

wmic
wmic.exe
cmd
cmd.exe
diskpart
diskpart.exe
edit.com
netsh
netsh.exe
nslookup
nslookup.exe
powershell
powershell.exe
```

Die Liste ist nicht vollständig und umfasst nur die gebräuchlichsten Konsolenbefehle. Geben Sie in ISE einen gesperrten Konsolenbefehl ein, erscheint ein entsprechender Hinweis:

```
PS> nslookup ↵

"nslookup" kann nicht gestartet werden. Interaktive Konsolenanwendungen werden nicht unterstützt.
```

```
Verwenden Sie das Start-Process-Cmdlet oder "PowerShell.exe starten" im Menü "Datei" zum Ausführen
der Anwendung.
Verwenden Sie $psUnsupportedConsoleApplications zum Anzeigen/Ändern der Liste blockierter
Konsolenanwendungen, oder rufen Sie die Onlinehilfe auf.
At line:0 char:0
```

Treffen Sie in ISE einmal auf einen nicht gesperrten Konsolenbefehl, der auf interaktive Konsoleneingaben wartet, äußert sich das darin, dass ISE nicht mehr reagiert (und neu gestartet werden muss). Hier ein Beispiel eines nicht gesperrten Konsolenbefehls, der in ISE dennoch scheitert:

```
PS> choice  ↵
```

PROFITIPP   Fortgeschrittene Benutzer können die Liste der gesperrten Konsolenanwendungen in ISE um eigene Fundstücke erweitern:

```
PS> $psUnsupportedConsoleApplications.Add('choice')  ↵
PS> $psUnsupportedConsoleApplications.Add('choice.exe')  ↵
```

Die Erweiterung der Liste gesperrter Anwendungen gilt allerdings nur für die aktuelle Sitzung. Um die Liste dauerhaft zu erweitern, müssen diese Anweisungen innerhalb eines Profilskripts ausgeführt werden. Profilskripts funktionieren wie Autostart-Skripts und werden von PowerShell beim Start automatisch ausgeführt. Sie erfahren mehr darüber in Kapitel 4.

ISE beherbergt stets PowerShell 3.0. Die klassische Konsole kann dagegen wahlweise auch mit PowerShell 2.0 betrieben werden, zum Beispiel, um ältere Skripts mit Kompatibilitätsproblemen auszuführen. So schalten Sie die klassische PowerShell-Konsole um auf PowerShell 2.0:

```
PS> powershell -version 2.0  ↵

Windows PowerShell
Copyright (C) 2009 Microsoft Corporation. All rights reserved.
PS>
```

Einschränkungen der klassischen Konsole

Abgesehen von der spröden Bedienerfreundlichkeit weist die klassische PowerShell-Konsole lediglich ein einziges technisches Manko auf, das in Ländern wie China oder Taiwan allerdings nicht gerade klein ist: die fehlende Unterstützung für Unicode-Zeichensätze.

Erweiterte Zeichensätze lassen sich nur in ISE einsetzen, was übrigens einer der wesentlichen Gründe für ihre Entwicklung war. Seien wir also froh über die Unicode-Bedürfnisse der Chinesen, die damit die Entwicklung der modernen ISE-Konsole mit ihren vielen anderen Vorzügen maßgeblich vorangetrieben haben.

Testen Sie Ihr Wissen!

Die folgenden Aufgaben helfen Ihnen zu testen, wie gründlich das Wissen dieses Kapitels bereits auf Sie übergegangen ist. Falls Sie Aufgaben noch nicht lösen können, schauen Sie sich die entsprechenden Abschnitte in diesem Kapitel zuerst noch einmal an, bevor Sie zum nächsten Kapitel wechseln.

Aufgabe Starten Sie die PowerShell-Konsole! Lösung Seite 30.

Aufgabe Überprüfen Sie, ob Sie PowerShell Version 3.0 oder eine ältere Version von PowerShell nutzen! Lösung Seite 31.

Aufgabe Sie wollen das Konsolenfenster breiter machen, doch wenn Sie versuchen, das Fenster mit der Maus zu vergrößern, gelingt dies nur bis zu einer bestimmten Größe. Warum? Wie kann man dieses Größenlimit ändern? Lösung Seite 32.

Aufgabe Wie ändert man die Schriftart und -größe in der PowerShell-Konsole? Lösung Seite 33.

Aufgabe Starten Sie die PowerShell-Konsole mit vollen Administrator-Rechten! Lösung Seite 34.

Aufgabe Starten Sie den ISE-Editor. Lösung Seite 35.

Aufgabe Blenden Sie den Konsolenbereich in ISE ein und aus. Lösung Seite 36.

Aufgabe Wie kann die Schriftart und -größe im ISE-Editor angepasst werden? Lösung Seite 36.

Aufgabe Wie kann der Simulationsmodus aktiviert werden? Lösung Seite 38.

Aufgabe Wie brechen Sie einen Befehl vorzeitig ab? Lösung Seite 39.

Aufgabe Wie aktivieren Sie die Autovervollständigung? Lösung Seite 40.

Aufgabe Was bedeuten die unterschiedlichen Farben bei der Eingabe von Code im ISE-Editor? Lösung Seite 42.

Aufgabe Was ist passiert, wenn die Konsole als Eingabeaufforderung »>>« anzeigt und nicht mehr auf Eingaben reagiert? Lösung Seite 45.

Aufgabe Welche Einschränkungen gelten für Befehle, die in ISE eingegeben werden? Lösung Seite 53.

Zusammenfassung

In Zeiten verspielter Benutzeroberflächen bietet PowerShell einen schnellen und direkten Weg, um Windows Befehle zu erteilen und Aufgaben zu automatisieren. Die aktuelle Version von PowerShell lautet 3.0 und steht in Windows 8 sowie Windows Server 2012 sofort zur Verfügung. Bei Windows 7 sollte PowerShell 3.0 baldmöglichst (kostenfrei) nachgerüstet werden. Bei Windows XP und Windows Vista ist dagegen nur PowerShell 2.0 verfügbar.

PowerShell steht entweder als klassische Konsole oder innerhalb des modernen PowerShell-Editors ISE zur Verfügung. ISE muss bei Server-Betriebssystemen allerdings zuerst als Windows-Feature ausgewählt werden und ist nicht vorinstalliert. Dafür bietet ISE gegenüber der klassischen Konsole moderne Eingabehilfen wie IntelliSense-Menüs und erleichtert die Texteingabe, weil sich das Tool wie ein normaler Editor verhält.

Möchte man Befehle abschicken, gibt man diese ein und drückt ⏎. Die Groß- und Kleinschreibung spielt dabei keine Rolle. Mit Strg+C kann man einen Befehl vorzeitig abbrechen. Über ⇆ wird die eingebaute Autovervollständigung aktiv, die bei jedem Tastendruck eine infrage kommende Eingabe vorschlägt. Mit ⇧+⇆ gelangt man zum vorherigen Vorschlag zurück. Innerhalb von ISE erscheinen Vorschläge dagegen meist automatisch als IntelliSense-Menü. Mit Strg+Leertaste blendet man dieses Menü manuell ein, falls man es zu schnell geschlossen hat.

ISE färbt Eingaben ein, solange ein Befehl noch nicht abgeschickt wurde, und zeigt damit an, wie PowerShell die Eingabe interpretiert. So werden Befehle und Argumente in unterschiedlichen Farben angezeigt, und wer die Bedeutung der Farben kennt, kann seine Eingaben mit einem schnellen Blick auf Richtigkeit überprüfen.

PowerShell gibt Resultate sofort aus. Ein spezieller Ausgabebefehl ist nicht nötig. Auch unterstützt die Konsole einfache Rechenaufgaben, bei denen die in der IT üblichen Größenordnungen wie *KB* oder *GB* direkt (ohne Leerzeichen) an eine Zahl angefügt werden können. Mit dem Präfix *0x* markiert man hexadezimale Zahlen, und »..« liefert einen Zahlenbereich, zum Beispiel *1..49*. Das allerdings funktioniert nur, wenn man wirklich genau zwei Punkte angibt. Die klassische PowerShell-Konsole richtet sich an den rauen Alltag hektischer Rechenzentren und wird vornehmlich über Tastaturkürzel gesteuert (Tabelle 1.5).

Taste	Bedeutung
Alt + F7	Löscht den aktuellen Befehlsspeicher
Bild ↑ , Bild ↓	Ruft den ersten bzw. den letzten Befehl ab, den Sie in dieser Sitzung verwendet haben
↵	Die eingegebene Zeile zur Ausführung an PowerShell senden (oder markierten Text in Zwischenablage kopieren)
Ende	Einfügemarke an das Ende der Zeile setzen
Entf	Das Zeichen rechts von der Einfügemarke löschen
Esc	Die aktuelle Zeile löschen
F1	Den zuletzt verwendeten Befehl zeichenweise eingeben
F2	Wie F1 , fügt aber bis zu dem Zeichen ein, das dem eingegebenen Zeichen entspricht. Angenommen, der letzte Befehl lautete Get-Process -name "Notepad" und die Einfügemarke befindet sich ganz links. Dann wird nach einem Druck auf F2 und der Eingabe des Anführungszeichens " der Befehl Get-Process -name eingefügt.
F3	Den zuletzt verwendeten Befehl nochmals ausführen
F4	Löscht alle Zeichen rechts von der Einfügemarke bis zum angegebenen Zeichen
F7	Zuletzt eingegebene Befehle als Menü einblenden
F8	Zeigt Befehle aus dem Befehlsspeicher an, die mit den Zeichen beginnen, die Sie in der Zeile bereits eingegeben haben
F9	Öffnet ein Menü, in das Sie die Kennzahl eines Befehls Ihres Befehlsspeichers eingeben können, um diesen Befehl abzurufen. Die Kennzahlen der Befehle im Befehlsspeicher erfahren Sie mit F7 .
← , →	Einfügemarke ein Zeichen nach links oder rechts bewegen
↑ , ↓ , F5 , F8	Zuletzt eingegebene Befehle zurückholen
Pos1	Einfügemarke an den Anfang der Zeile setzen
Rück	Das Zeichen links von der Einfügemarke löschen
Strg + C	Befehlsausführung abbrechen
Strg + Ende	Alle Zeichen von der aktuellen Position bis zum Ende der Zeile werden gelöscht

Tabelle 1.5 Wichtige Tastenkombinationen in der klassischen PowerShell-Konsole

Taste	Bedeutung
`Strg` + `←`, `Strg` + `→`	Einfügemarke wortweise nach links oder rechts bewegen
`Strg` + `Pos1`	Alle Zeichen von der aktuellen Position bis zum Anfang der Zeile werden gelöscht
`⇆`	Aktuelle Eingabe automatisch vervollständigen, falls möglich

Tabelle 1.5 Wichtige Tastenkombinationen in der klassischen PowerShell-Konsole *(Fortsetzung)*

Die Konsole von ISE unterstützt die meisten wichtigen Tastenkombinationen der klassischen Konsole und darüber hinaus weitere (Tabelle 1.6).

Taste	Bedeutung
`Bild ↑`, `Bild ↓`	Ruft den ersten bzw. den letzten Befehl ab, den Sie in dieser Sitzung verwendet haben
`↵`	Die eingegebene Zeile zur Ausführung an PowerShell senden
`Ende`	Einfügemarke an das Ende der Zeile setzen
`Entf`	Das Zeichen rechts von der Einfügemarke löschen
`Esc`	Die aktuelle Zeile löschen
`F1`	Hilfe zum aktuellen Befehl anfordern
`←`, `→`	Einfügemarke ein Zeichen nach links oder rechts bewegen
`↑`, `↓`	Zuletzt eingegebene Befehle zurückholen
`Pos1`	Einfügemarke an den Anfang der Zeile setzen
`Rück`	Das Zeichen links von der Einfügemarke löschen
`Strg` + `-`	Schrift verkleinern
`Strg` + `+`	Schrift vergrößern
`Strg` + `C`	Befehlsausführung abbrechen (oder markierten Text in die Zwischenablage kopieren)
`⇧` + `↵`	Mehrzeilenmodus aktivieren (Fortsetzung der aktuellen Befehlszeile in einer neuen Zeile)
`Strg` + `Leertaste`	IntelliSense aktivieren (Autovervollständigungsmenü anzeigen)
`Strg` + `←`, `Strg` + `→`	Einfügemarke wortweise nach links oder rechts bewegen
`Strg` + `R`	Skriptbereich ein- und ausblenden
`Strg` + `U`	Markierten Text in Kleinbuchstaben umwandeln
`Strg` + `V`	Inhalt der Zwischenanlage einfügen
`Strg` + `⇧` + `U`	Markierten Text in Großbuchstaben umwandeln
`⇆`	Aktuelle Eingabe automatisch vervollständigen, falls möglich

Tabelle 1.6 Wichtige Tastenkombinationen der Konsole im ISE-Editor

Kapitel 2

Cmdlets – die PowerShell-Befehle

Kein Mensch würde ein Videospiel sofort im höchsten Level beginnen und hätte Spaß daran, ständig nach wenigen Sekunden vom Gegner besiegt zu werden. Auch PowerShell kann man durchaus wie ein Videospiel sehen. Damit nicht zu vieles gleichzeitig auf Sie einprasselt, soll hier PowerShell für die Dauer dieses Buchs einfach selbst in ein Videospiel verwandelt und in Stufe 1 begonnen werden.

Zwar gibt es in PowerShell keinen Schalter für einen bestimmten Spielelevel. In diesem Buch aber schon: eine gewisse thematische Zurückhaltung und Eingrenzung nämlich. Im Rahmen dieses Kapitels konzentrieren wir uns ausschließlich auf ein Thema: PowerShell-Cmdlets. Mehr nicht. Das genügt auch, denn mit nur wenig Wissen rund um Cmdlets haben Sie bereits Zugriff auf rund 50 Prozent dessen, was PowerShell so mächtig macht.

Im Verlauf der nächsten Kapitel lernen Sie dann auch die übrigen »Videospiel-Level« kennen und werden am Ende des Buchs jedes PowerShell-Skript mühelos verstehen und mit diesem Wissen auch den mächtigsten »Gegner« überwinden – bzw. die anspruchsvollsten Automatisierungsaufgaben meistern. Lassen Sie uns also schrittweise vorgehen.

Abbildung 2.1 dient Ihnen dabei als Navigationssystem. Der Kreis symbolisiert das PowerShell-Ökosystem mit all seinen Funktionalitäten und wird in den folgenden Kapiteln nach und nach gefüllt. Augenblicklich befinden Sie sich also in Level 1, und alles, was darin wichtig ist, sind die eingebauten PowerShell-Befehle, die Cmdlets (sprich: »Commandlets«) – sonst nichts.

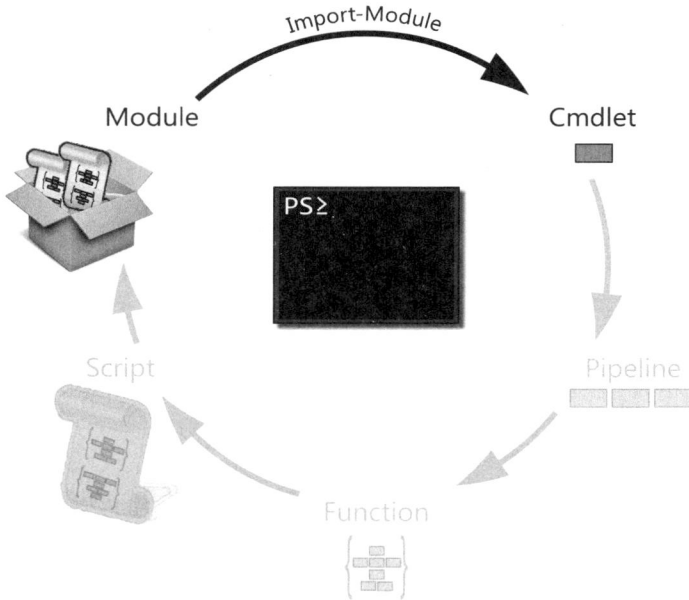

Abbildung 2.1   Erster Teil des PowerShell-Ökosystems: Cmdlets einsetzen

Alles, was Sie über Cmdlets wissen müssen

Die PowerShell-Befehle werden *Cmdlet* genannt (sprich: »Commandlet«). Es sind im Grunde jeweils eigenständige, fertige Problemlösungen. Falls es für Ihre Aufgabe also bereits das passende Cmdlet gibt, sind Sie beinahe schon fertig und brauchen überhaupt keinen komplizierten Skriptcode. Die Herausforderung in diesem Kapitel lautet also:

»Wie findet man das passende Cmdlet für eine bestimmte Aufgabe und wie wird ein gefundenes Cmdlet dann eingesetzt?«

So verschieden die Aufgabenbereiche der einzelnen Cmdlets auch sind: Sie alle folgen denselben Regeln. Kennen Sie ein Cmdlet, dann kennen Sie alle, denn die Handhabung unterscheidet sich nicht:

- **Namensgebung**   Alle Cmdlets tragen einen Doppelnamen. Der erste Namensteil ist ein Verb, also eine Tätigkeit wie zum Beispiel *Get*. Dieses Verb verrät, was das Cmdlet tun wird. Der zweite Teil ist ein Substantiv (Nomen), also ein Tätigkeitsbereich wie zum Beispiel *Service*. Er verrät, worauf sich das Cmdlet auswirkt und ist sozusagen sein Familienname. Beide Namensteile sind üblicherweise englisch und singular (Einzahl).

- **Parameter**   Hinter dem Cmdlet-Namen folgen zusätzliche Informationen, mit denen Sie dem Cmdlet genauere Anweisungen geben, was es genau durchführen soll. Die meisten Parameter sind optional, also freiwillig. Manche Parameter sind auch zwingend. Ohne solche Parameter kann das Cmdlet seine Arbeit nicht beginnen. Parameter sind der einzige Weg, wie Sie die Funktionsweise eines Cmdlets steuern und anpassen.

- **Hilfe**   Alle Cmdlets bringen eine eigene ausführliche Hilfe mit, die erklärt, was das Cmdlet genau für Arbeiten durchführt, welche Parameter es unterstützt und wofür die Parameter gut sind. Häufig enthält die Hilfe auch konkrete Codebeispiele, mit denen man experimentieren kann und die als Ausgangspunkt für eigene Aufrufe dienen können.

- **Autovervollständigung**   PowerShell unterstützt Sie mit den Autovervollständigungsfunktionen aus dem letzten Kapitel. Auf Wunsch vervollständigt PowerShell Cmdlet-Namen, Parameter und auch Parameterinhalte.

HINWEIS   Cmdlets sind übrigens nicht fester Bestandteil von PowerShell. Sie alle leben in separaten Modulen. Das erklärt auch, warum es zum Beispiel bei Windows 8 mehr Cmdlets gibt als bei Windows 7: Das neue Betriebssystem bringt einfach ein paar zusätzliche Module mit weiteren Cmdlets mit. Auch wenn Sie PowerShell-fähige Software installiert haben, stockt diese möglicherweise das Repertoire an vorhandenen Cmdlets auf.

Module sind allerdings im Augenblick nicht wichtig. Sie lesen am Ende dieses Kapitels mehr darüber. Im Augenblick genügt es vollauf, sich mit den Cmdlets zu beschäftigen, die bereits vorhanden sind.

Cmdlets für eine Aufgabe finden

Faulheit hängt eng zusammen mit *Effizienz*. Wer faul ist, wird es vermeiden, Arbeit doppelt zu machen. Cmdlets sind fix und fertige Lösungen für vielfältige Aufgaben. Um Aufgaben schnell und einfach zu lösen, suchen Sie also zuerst nach einem bereits vorhandenen, passenden Cmdlet. Wer gut und schnell Cmdlets lokalisieren kann, ist bereits auf bestem Wege, ein effizienter PowerShell-Benutzer zu werden.

Damit die Suche nach Befehlen auch Spaß macht, werden Sie sofort praktische Probleme lösen. Sie erhalten deshalb jeweils eine Aufgabe, die mit PowerShell gelöst werden soll. Danach suchen (und finden) Sie das passende Cmdlet auf verschiedene Arten und setzen das Cmdlet dann sofort zur Problemlösung ein.

HINWEIS   Als Vorgabe sucht PowerShell 3.0 Cmdlets in allen vorhandenen PowerShell-Modulen. Für den Alltag ist das prima, denn wenn Sie zusätzliche PowerShell-Befehlserweiterungen (Module) besitzen, zum Beispiel für *Microsoft Exchange* oder als Teil von Windows 8, dann werden auch die darin enthaltenen Cmdlets ganz automatisch einbezogen und gefunden. Allerdings unterscheiden sich die Suchergebnisse jetzt von Computer zu Computer, abhängig davon, welche PowerShell-Module jeweils vorhanden sind. Im Rahmen dieses Buchs sollen die Suchergebnisse deshalb beschränkt werden auf die PowerShell-Befehle, die auf *jedem* Computer vorhanden sind.

Das ist nicht nur wichtig für die folgenden Beispiele, die ja bei Ihnen genau dieselben Resultate liefern sollen wie im Buch. Es wird auch wichtig, wenn Sie damit beginnen, eigene PowerShell-Skripts zu schreiben und sicherstellen möchten, dass die Cmdlets, die Sie einsetzen, auch auf dem Zielsystem vorhanden sind – dass Ihre Skripts also überall laufen und nicht nur auf bestimmten Systemen.

Um die Suche auf nur solche Cmdlets zu beschränken, die zur Grundausstattung von PowerShell 3.0 gehören, geben Sie unmittelbar nach dem Start einer neuen PowerShell-Instanz diese Anweisung ein:

```
PS> $PSModuleAutoLoadingPreference = 'none'
PS> Get-Module Microsoft.PowerShell* -ListAvailable | Import-Module
```

Bei PowerShell 2.0 können Sie sich diesen Schritt sparen, weil es hier keine automatische Nachladefunktion für Module und zusätzliche Cmdlets gibt.

Suche nach Tätigkeit oder Tätigkeitsbereich

»Ein Computer stürzt häufiger ab. Um die Ursache zu ergründen, sollen die letzten 15 Fehlerereignisse aus dem Ereignisprotokoll des Systems ausgelesen werden.«

Um diese Aufgabe zu lösen, benötigen Sie ein Cmdlet, das Einträge aus einem Ereignisprotokoll lesen kann. Für die Suche machen Sie sich zunutze, dass wie vorhin erwähnt der Name jedes Cmdlets aus einer Tätigkeit (dem Verb) und einem Tätigkeitsbereich (dem Nomen, englisch *noun*) besteht.

Um ein Cmdlet zu suchen, verwenden Sie die »Mutter aller Cmdlets«, nämlich das Cmdlet *Get-Command*. Dieses Cmdlet findet alle übrigen Cmdlets (und leider auch alle sonstigen Befehle, die in PowerShell ausgeführt werden können, was anfangs zu einer latenten Datenflut führt):

```
PS> Get-Command

CommandType     Name                                            ModuleName
-----------     ----                                            ----------
(…)
Cmdlet          Add-AppxPackage                                 Appx
Cmdlet          Add-AppxProvisionedPackage                      Dism
Cmdlet          Add-BitsFile                                    BitsTransfer
Cmdlet          Add-CertificateEnrollmentPolicyServer           PKI
```

```
Cmdlet          Add-Computer                              Microsoft.PowerShell.Management
Cmdlet          Add-Content                               Microsoft.PowerShell.Management
Cmdlet          Add-History                               Microsoft.PowerShell.Core
Cmdlet          Add-JobTrigger                            PSScheduledJob
Cmdlet          Add-KdsRootKey                            Kds
Cmdlet          Add-Member                                Microsoft.PowerShell.Utility
(…)
```

Fast augenblicklich ergießt sich eine Informationsflut in die PowerShell-Konsole. Dass das geschehen würde, hätten Sie bereits aus dem Namen des Cmdlets schließen können. Cmdlets, die mit der Tätigkeit *Get* beginnen, liefern Informationen, und dies meistens nicht zu knapp. Der Tätigkeitsbereich *Command* verrät, dass dieses Cmdlet Informationen über Befehle liefert.

Get-Command ist ohne weitere Filterkriterien also nicht besonders nützlich, weil es einfach zu viele Informationen liefert. Um gezielter zu suchen, übergeben Sie einen genaueren Steckbrief des gesuchten Cmdlets:

```
PS> Get-Command -Verb Get -Noun *Event*

CommandType     Name                                      ModuleName
-----------     ----                                      ----------
Cmdlet          Get-Event                                 Microsoft.PowerShell.Utility
Cmdlet          Get-EventLog                              Microsoft.PowerShell.Management
Cmdlet          Get-EventSubscriber                       Microsoft.PowerShell.Utility
Cmdlet          Get-WinEvent                              Microsoft.PowerShell.Diagnostics
```

Mit dem Parameter *-Verb* haben Sie *Get-Command* beauftragt, nur nach Cmdlets zu suchen, die Informationen liefern, also das Verb *Get* im Namen tragen. Und mit dem Parameter *-Noun* haben Sie sich nur Cmdlets gewünscht, die im zweiten Namensteil (*noun*) das Wort *Event* enthalten. *Event* sollte im Tätigkeitsbereich eines Cmdlets vorkommen, das sich mit dem Ereignisprotokoll beschäftigt. Die beiden Parameter haben also das Suchergebnis verfeinert und zeigen, wie man einem Cmdlet durch Parameter seine Wünsche mitteilt.

Woher aber sollen Sie wissen, dass *Get-Command* die Parameter *-Verb* und *-Noun* unterstützt? Zwar werden Sie gleich noch sehr viel genauer erfahren, wie man herausfindet, welche Parameter ein Cmdlet anbietet, aber eigentlich kennen Sie bereits mindestens einen Weg: Nutzen Sie die Autovervollständigung!

Alle Parameternamen beginnen stets mit »-«, sodass Sie mit der klassischen Autovervollständigung über ⭾ schon einmal alle Parameter anzeigen lassen können, die ein Cmdlet unterstützt:

```
PS> Get-Command - ⭾
```

In der Konsole von PowerShell ISE steht Ihnen darüber hinaus auch IntelliSense zur Verfügung, sobald Sie hinter einem Cmdlet »-« eingeben (Abbildung 2.2).

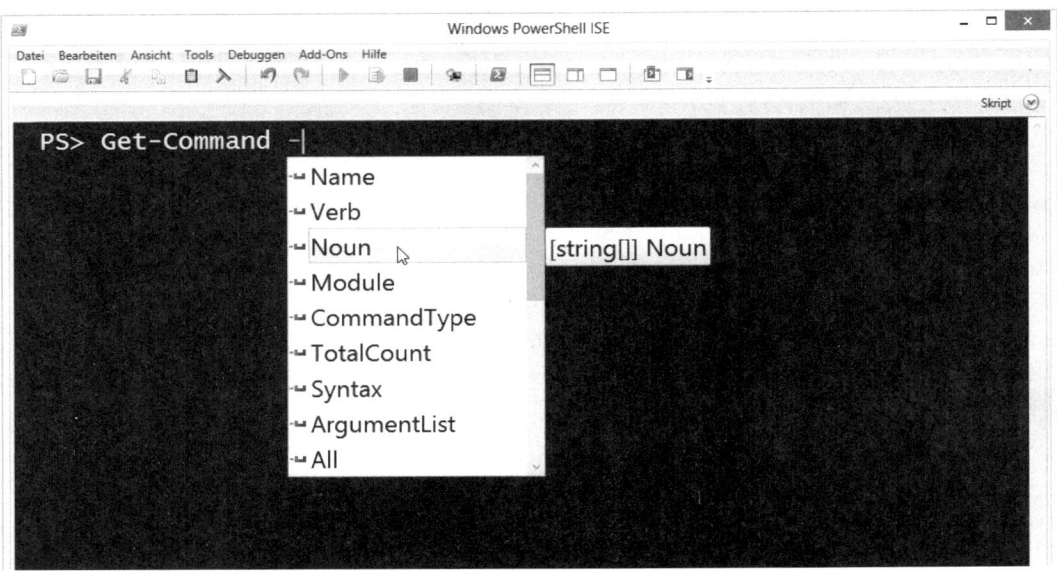

Abbildung 2.2   Die Konsole von PowerShell ISE zeigt die Parameter eines Cmdlets als Popup-Menü an

Get-Command hatte im Beispiel vier Ergebnisse geliefert, was die Frage aufwirft, welches dieser Cmdlets die gestellte Aufgabe lösen kann. Meist fällt bereits ein Cmdlet ins Auge wie hier *Get-EventLog*. Falls Sie im Zweifel sind, ob es das Richtige ist, verrät jedes Cmdlet mithilfe des Parameters »-?«, was es tut:

```
PS> Get-EventLog -?
```

HINWEIS   Sollten Sie eine nur unvollständige Hilfestellung bekommen, dann haben Sie die optionale Hilfe von PowerShell offenbar noch nicht installiert und sollten noch einmal kurz ins vorangegangene Kapitel zurückblättern.

Jetzt, wo Sie ein Cmdlet gefunden haben, das die Aufgabe lösen kann, soll es auch eingesetzt werden. Natürlich tippen Sie nicht den vollständigen Cmdlet-Namen ein. Es genügt, *Get-Ev* einzugeben und danach die Eingabe durch zweimaliges Drücken auf ⇥ zu vervollständigen. Das dient übrigens nicht etwa nur der Tippfaulheit, sondern ist eine wichtige Sofortkontrolle: Falls die Autovervollständigung nämlich nicht funktioniert, stimmt etwas nicht mit der Eingabe.

Geben Sie hinter dem Cmdlet-Namen keine weiteren Informationen an, erscheint allerdings umgehend eine Nachfrage, jedenfalls dann, wenn Sie den Befehl mit ↵ abschicken:

```
PS> Get-EventLog
Cmdlet Get-EventLog an der Befehlspipelineposition 1
Geben Sie Werte für die folgenden Parameter an:
LogName:
```

Sie wissen jetzt: Der Parameter *-LogName* war nicht optional (freiwillig), sondern zwingend nötig. *Get-EventLog* muss schon mindestens wissen, welches Protokoll es auslesen soll. Entweder liefern Sie den Wert für den Parameter nach, oder Sie brechen mit ⌈Strg⌉+⌈C⌉ ab und versuchen den Aufruf noch einmal, diesmal mit dem zwingend erforderlichen Parameter:

```
PS> Get-EventLog -LogName System
```

```
Index Time         EntryType   Source         InstanceID Message
----- ----         ---------   ------         ---------- -------
 1097 Sep 07 12:09 Information Microsoft-Windows...    19 Installation erfolgreich:...
 1096 Sep 07 12:09 Information Microsoft-Windows...    17 Installationsbereit: Die ...
 1095 Sep 07 12:09 Information Microsoft-Windows...    17 Installationsbereit: Die ...
```

Allerdings ergießt sich auch diesmal wie schon bei *Get-Command* eine Informationsflut. Eigentlich wollten Sie nur die letzten 15 Ereignisse sehen, und auch nur Fehlerereignisse, jedenfalls aber nicht sämtliche Ereignisse. Einzig: Woher soll das Cmdlet das wohl wissen? Sie haben Ihre Wünsche ja nicht kundgetan.

Verrichtet ein Cmdlet ungefähr, was es soll, aber noch nicht exakt so, wie Sie es möchten, ist nun also wieder das Feintuning an der Reihe, bei dem Sie über Parameter dem Cmdlet genauer beschreiben, was Sie von ihm möchten:

```
PS> Get-EventLog -LogName System -Newest 15 -EntryType Error
```

So erhalten Sie die 15 aktuellsten Einträge und auch nur die vom Typ *Error* (Abbildung 2.3).

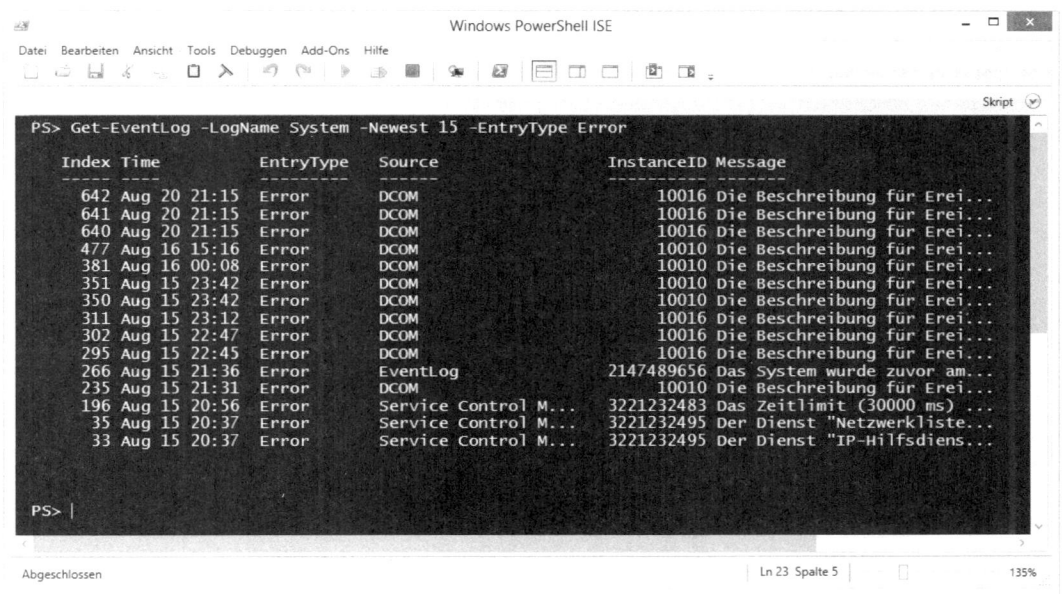

Abbildung 2.3   Die letzten 15 Fehlerereignisse aus dem System-Ereignisprotokoll anzeigen

PROFITIPP   Ohne Parameter liefern die meisten Cmdlets erst einmal zu viele Informationen. Möchten Sie die Ergebnisse eines Cmdlets einschränken, dann schauen Sie sich die Ergebnisse doch mal genauer an: Diese sind fast immer in Spalten unterteilt.

Um nun also nach dem Inhalt einer Spalte zu filtern, suchen Sie nach einem Parameter, der so heißt wie die Spalte. Dem übergeben Sie das Filterkriterium, also das, wonach Sie suchen. Im Beispiel von eben verrät der Inhalt der Spalte *Entry-Type*, um was für ein Ereignis es sich handelt. Um die Ausgabe auf Fehler zu beschränken, ist also der Parameter *-Entry-Type Error* der passende. Manche Parameter unterstützen auch mehrere Argumente, die dann kommasepariert angegeben werden. Diese Zeile findet die letzten 20 Fehler und Warnungen:

```
PS> Get-EventLog -LogName System -EntryType Error, Warning -Newest 20
```

Andere Parameter unterstützen Platzhalterzeichen. Diese Zeile findet alle Fehler und Warnungen, in deren *Message*-Teil das Wort *Dienst* vorkommt:

```
PS> Get-EventLog -LogName System -EntryType Error, Warning -Message *Dienst*

    Index Time          EntryType  Source          InstanceID Message
    ----- ----          ---------  ------          ---------- -------
      196 Aug 15 20:56  Error      Service Control M...  3221232483 Das Zeitlimit (30000 ms) ...
       35 Aug 15 20:37  Error      Service Control M...  3221232495 Der Dienst "Netzwerkliste...
       33 Aug 15 20:37  Error      Service Control M...  3221232495 Der Dienst "IP-Hilfsdiens...
```

Hin und wieder existiert gar kein Parameter für eine Ergebnisspalte. Einen gesetzlichen Anspruch darauf gibt es nämlich nicht. Es liegt ganz beim Entwickler des Cmdlets, für welche Ergebnisspalten er einen Parameter zur Filterung einbaut. Im aktuellen PowerShell-Videospiel-Level 1 sind Sie dem Cmdlet-Entwickler ausgeliefert und können nur das durchführen, was das Cmdlet und seine Parameter anbieten. Später werden Sie auch in der Lage sein, selbst die Ergebnisse nach beliebigen Kriterien zu filtern.

Herzlichen Glückwunsch, Sie haben soeben die erste Aufgabe mit PowerShell gemeistert! Die Euphorie wird höchstens noch getrübt, weil die Ergebnisse etwas derangiert sind. Ausgerechnet die interessante Spalte *Message* ist abgeschnitten.

Leider ist die Konsole nicht breit genug, um alle Ergebnisse vollständig anzuzeigen. Deshalb nimmt sich PowerShell die Freiheit, die Spalteninhalte zu kürzen. Wer das nicht so gut findet, kann die Ergebnisse aber auch mehrzeilig untereinander schreiben oder in ein separates Ausgabefenster leiten. Das funktioniert bei allen Cmdlets auf gleiche Weise, nämlich indem Sie das Ergebnis mit »|« (AltGr + < oder Strg + Alt + <) an einen Ausgabebefehl Ihrer Wahl leiten:

```
PS> Get-EventLog -LogName System -EntryType Error,Warning -Message *Dienst* | Format-Table -Wrap
PS> Get-EventLog -LogName System -EntryType Error,Warning -Message *Dienst* | Out-GridView
```

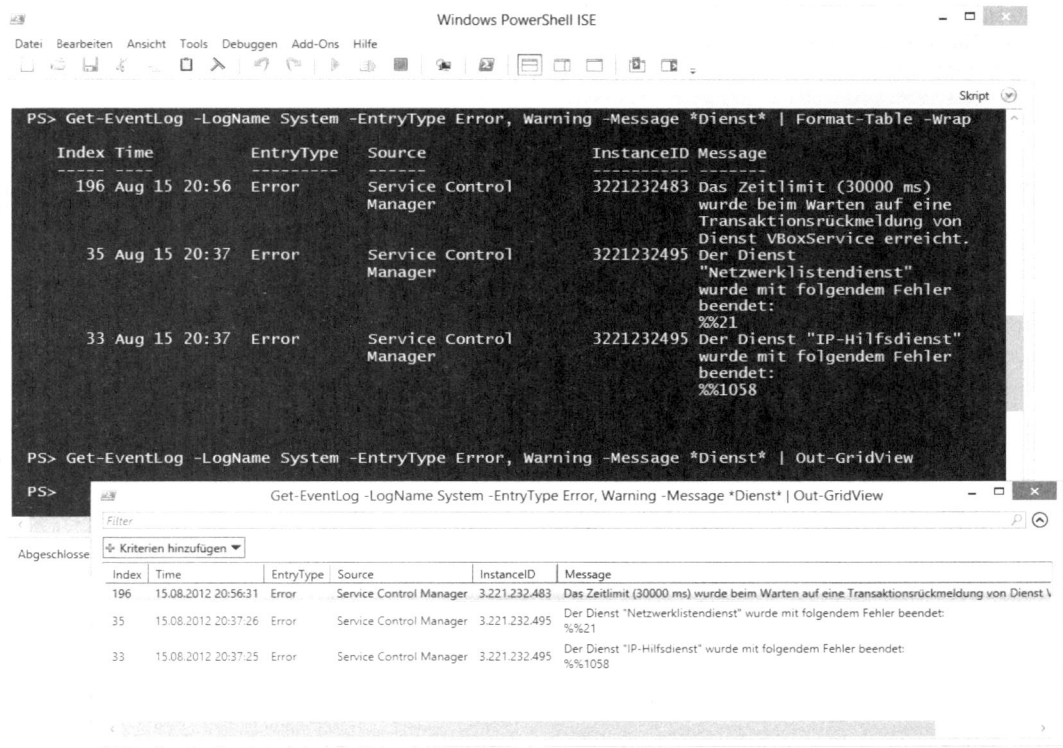

Abbildung 2.4   Ergebnisse vollständig anzeigen

HINWEIS   Das Cmdlet *Out-GridView* steht nur zur Verfügung, wenn ISE installiert wurde (siehe dazu letztes Kapitel).

Mit ISE nach Cmdlets suchen

»Benötigt werden die Lottozahlen der nächsten Woche, also sechs Zahlen zwischen 1 und 49, bei denen keine Zahl doppelt vorkommen darf.«

Das gesuchte Cmdlet für diese Aufgabe soll Zufallszahlen generieren. Das englische Wort für *Zufall* lautet *Random*. Diesmal soll das Cmdlet mit einem besonderen Assistenten von ISE gesucht werden. Dazu öffnen Sie ISE, falls Sie nicht schon damit arbeiten. Dann drücken Sie $\boxed{\text{Strg}}$+$\boxed{\text{F1}}$.

Ein Fenster öffnet sich (und wer genau hinsieht, erkennt, dass die Tastenkombination selbst gar kein Fenster öffnet, sondern lediglich in der ISE-Konsole den Befehl *Show-Command* abgesetzt hat. Es ist also eigentlich dieser Befehl, der das Fenster öffnet, und der kann auch direkt aufgerufen werden, übrigens sogar in der klassischen PowerShell-Konsole).

Geben Sie das Suchwort **Random** ins Feld *Name* ein. Noch während Sie das Suchwort eintippen, wird die Liste der verfügbaren Cmdlets ausgedünnt, und schnell kristallisiert sich heraus, dass *Get-Ran-*

dom das gesuchte Cmdlet sein muss. Das Fenster kann aber noch mehr und ist Ihnen dabei behilflich, das Cmdlet mit Parametern zu füttern. Dazu klicken Sie auf *Get-Random*. Im unteren Teil des Fensters sehen Sie nun alle Parameter, die das Cmdlet unterstützt, und können den Parametern Werte zuweisen.

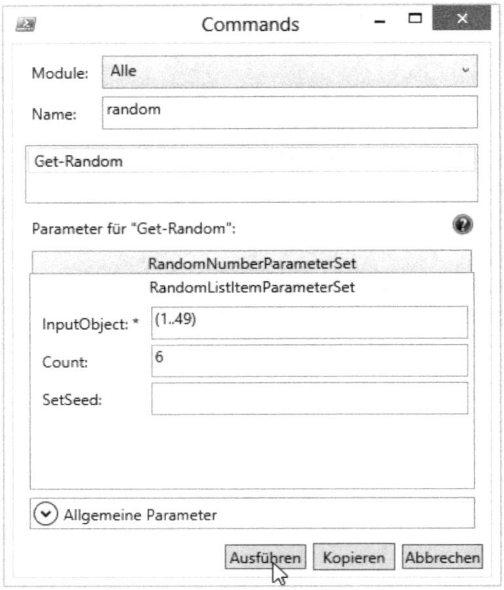

Abbildung 2.5   Die Parameter eines Cmdlets mit Assistentenunterstützung festlegen

Oberhalb der Parameter finden sich Registerkarten. Sie zeigen die unterschiedlichen Parametersätze an, die ein Cmdlet versteht. Parametersätze sind Gruppen von Parametern, die in Kombination verwendet werden können. Die Namen dieser Parametersätze haben übrigens keine tiefere Bedeutung.

Weil der Parametersatz *RandomNumberParameterSet* zwar Minimal- und Maximalgrenzen festlegen kann, aber nicht mehrere Zufallszahlen generiert, klicken Sie die andere Registerkarte namens *RandomListItemParameterSet* und schauen sich dessen Parameter an.

Hier fällt sofort der Parameter *Count* ins Auge, dem Sie sogleich die Anzahl der gewünschten Zufallszahlen zuweisen, also 6. Maximal- und Minimalwerte kann man hier allerdings nicht festlegen. Stattdessen fällt der Parameter *InputObject* auf, der zudem mit einem Sternchen als zwingend erforderlich gekennzeichnet ist. Ihm weist man die Zahlen zu, die in das digitale »Lottoziehgerät« gelegt werden sollen.

Entweder kochen Sie sich einen Kaffee und geben die möglichen Lottozahlen dann in aller Seelenruhe als (relativ lange) kommaseparierte Liste ein. Oder Sie erinnern sich an das vorangegangene Kapitel. Mit »..« liefert PowerShell Zahlenreihen. »1..49« erzeugt also die Zahlen 1 bis 49. Damit auch wirklich diese Zahlenreihe (und nicht etwa der Ausdruck »1..49« selbst) in das Ziehgerät gelangt, setzen Sie den Ausdruck noch in runde Klammern. Vielleicht erinnern Sie sich noch an die entsprechende Passage aus dem letzten Kapitel: Runde Klammern funktionieren bei PowerShell genauso wie in der

Mathematik: PowerShell wertet zuerst das aus, was in den runden Klammern steht, und fährt dann mit dem Ergebnis des Ausdrucks fort.

Ein Klick auf *Ausführen* generiert den kompletten Befehlsaufruf, der danach in der Konsole erscheint und die Lottozahlen generiert. Ob es wirklich die der nächsten Ziehung sind, muss allerdings vermutlich bezweifelt werden. Jedenfalls sind es sechs und keine kommt doppelt vor. Mission erfüllt.

```
PS> Get-Random -InputObject (1..49) -Count 6
32
17
33
14
30
41
```

HINWEIS   Nun gut, vollkommen intuitiv war der Name des Parameters *-InputObject* nicht, und dass er das digitale Lottoziehgerät füllt, war nirgends beschrieben. Auch die runden Klammern um »1..49« waren keine Selbstverständlichkeit. Deshalb bietet das Fenster eine kleine unscheinbare Schaltfläche mit einem Fragezeichen darauf. Klickt man diese an, öffnet sich ein Extrafenster mit all den Detailinformationen zum Cmdlet und seinen Parametern. Sogar Beispielcode liefert es, der spätestens jetzt klarstellt, wie die Parameter eingesetzt werden.

Show-Command ist nicht nur eine Hilfe bei der Suche nach einem unbekannten Cmdlet. Es hilft Ihnen auch, die Parameter eines schon bekannten Cmdlets auszufüllen. Dazu übergeben Sie *Show-Command* den Namen des Cmdlets, dessen Parameter Sie sehen und festlegen möchten:

```
Show-Command -Name Get-EventLog
```

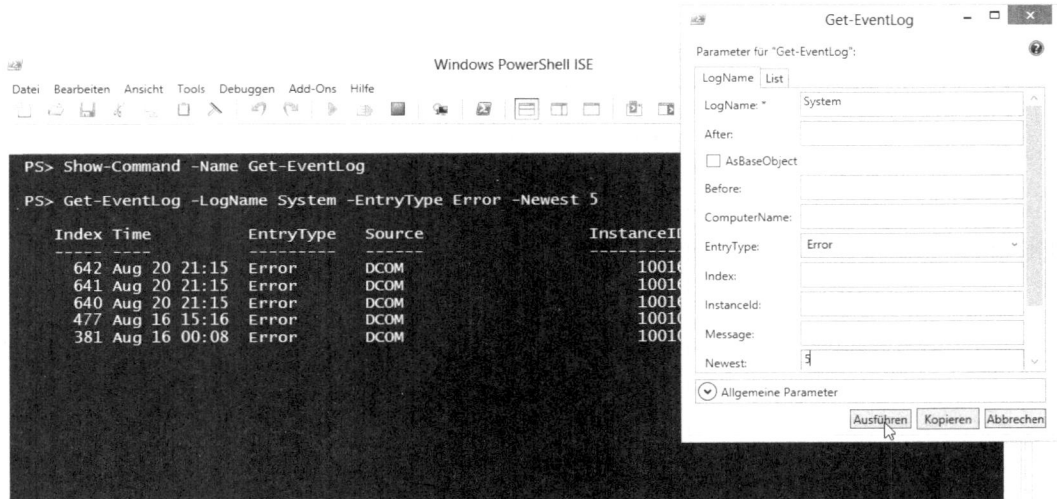

Abbildung 2.6   Parameter eines Cmdlets per Dialogfeld ausführen

In der vorherigen Aufgabe hatten Sie mit *Get-EventLog* Fehlereinträge im System-Ereignisprotokoll gefunden. Abbildung 2.6 zeigt, wie Sie diese Parameter auch mit Dialogfeldunterstützung hätten festlegen können.

Das Dialogfeld zeigt nun auch an, dass es noch einen zweiten Parametersatz namens *List* gibt. Wechseln Sie zu diesem Parametersatz und aktivieren hier beispielsweise das Kontrollkästchen *List*, sieht der generierte Befehl so aus:

```
PS> Get-EventLog -List

  Max(K) Retain OverflowAction      Entries Log
  ------ ------ --------------      ------- ---
  20.480      0 OverwriteAsNeeded     1.077 Application
  20.480      0 OverwriteAsNeeded         0 HardwareEvents
     512      7 OverwriteOlder            0 Internet Explorer
  20.480      0 OverwriteAsNeeded         0 Key Management Service
                                            Security
  20.480      0 OverwriteAsNeeded     1.099 System
  15.360      0 OverwriteAsNeeded     1.071 Windows PowerShell
```

Get-EventLog kann also zweierlei durchführen: entweder die Einträge eines bestimmten Protokolls auflisten oder die Namen aller vorhandenen Ereignisprotokolle nennen. Jede Funktion wird über einen eigenen Parametersatz abgebildet, und insgesamt verhält sich *Get-EventLog* so wie die meisten Cmdlets: Es ist »schmal, aber tief«, kann also genau einen sehr speziellen Themenbereich abdecken, diesen dafür aber gründlich.

Mit der Hilfe nach Cmdlets suchen

Dass beinahe alle Cmdlets über eigene Hilfedateien verfügen, haben Sie bereits erlebt. Jedes Cmdlet unterstützt den Parameter -?, mit dem man eine Kurzhilfe abrufen kann. Voraussetzung dafür ist also, dass man den Namen des gesuchten Cmdlets bereits kennt (und dass Sie wie im letzten Kapitel gezeigt die Hilfeinhalte mit *Update-Help* aus dem Internet heruntergeladen haben).

Die Hilfe kann aber auch Befehle für Sie finden, die Sie noch *nicht* kennen. Bevor Sie erfahren, wie das funktioniert, schauen Sie sich zunächst an, wie die Hilfe bei Cmdlets funktioniert, die Sie schon kennen. Hinter der Hilfe steckt das Cmdlet *Get-Help*, und sobald Sie mit dem Parameter -? die Kurzhilfe eines Cmdlets abrufen, verrät diese am Ende, mit welchen weiteren Befehlen Sie noch mehr Informationen erhalten können:

```
PS> Get-Process -?

NAME
    Get-Process
(…)
HINWEISE
    Zum Aufrufen der Beispiele geben Sie Folgendes ein: "get-help Get-Process -examples".
    Weitere Informationen erhalten Sie mit folgendem Befehl: "get-help Get-Process -detailed".
    Technische Informationen erhalten Sie mit folgendem Befehl: "get-help Get-Process -full".
    Geben Sie zum Abrufen der Onlinehilfe Folgendes ein: "get-help Get-Process -online"
```

Wer sich also für die Praxisbeispiele zu einem Cmdlet interessiert, verwendet *Get-Help* mit dem Parameter -*Examples*:

```
PS> Get-Help -Name Get-Process -Examples
```

Damit die vielen Informationen nicht blitzschnell an Ihnen vorbeisausen, sondern seitenweise angezeigt werden, ersetzen Sie *Get-Help* durch *help*. Jetzt wird stets nur eine Bildschirmseite gefüllt, und erst wenn Sie fertiggelesen haben, blättert ein Druck auf [Leertaste] zur nächsten Seite um. Mit [Strg]+[C] kann man die Ausgabe vorzeitig abbrechen.

TIPP   Wer die Hilfe zu einem Cmdlet lieber parallel in einem separaten Fenster anzeigen möchte, setzt *-Show-Window* ein (was PowerShell 3.0 voraussetzt). In diesem Fall kann der Hilfetext allerdings nicht mehr mit den übrigen Parametern auf bestimmte Bereiche wie beispielsweise die Codebeispiele eingegrenzt werden (die Parameter werden nicht etwa ignoriert, sondern müssen unbedingt weggelassen werden, sonst wird eine Fehlermeldung ausgegeben), sondern wird immer komplett angezeigt (Abbildung 2.7).

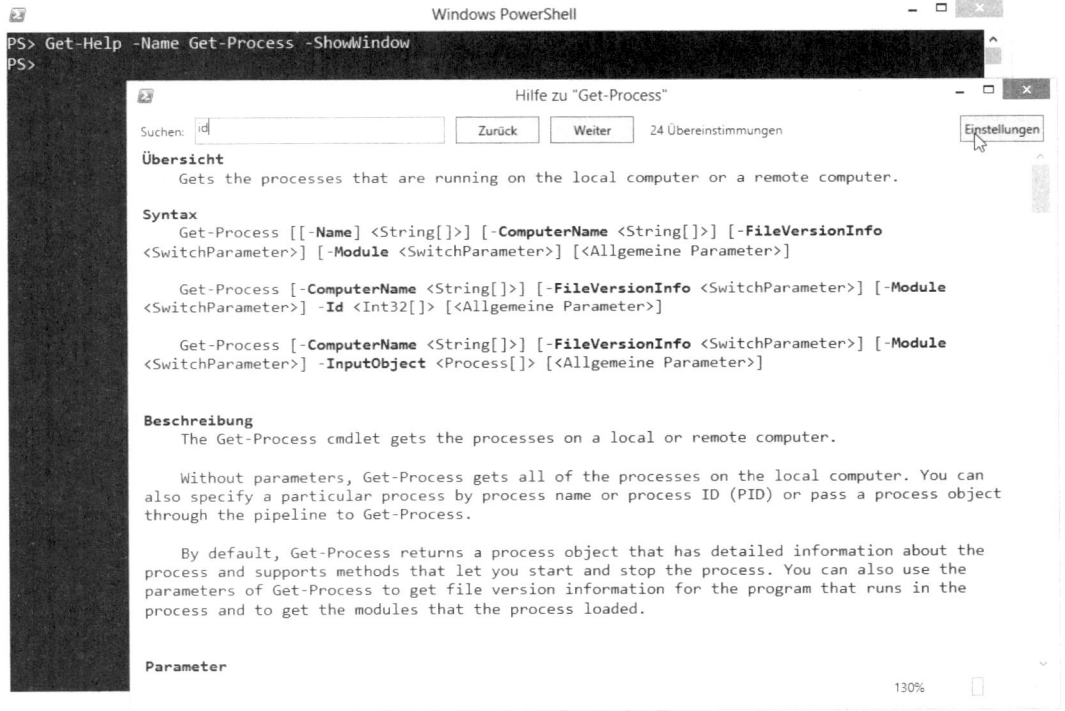

Abbildung 2.7   Hilfe in einem separaten Fenster anzeigen

Durch die Volltextsuche finden Sie Informationen schnell: Geben Sie ein Stichwort ins *Suchen*-Feld am oberen Fensterrand ein, werden alle Vorkommnisse gelb markiert. Mit dem Schieberegler am rechten unteren Fensterrand lässt sich die Schriftgröße genau wie in ISE stufenlos anpassen. Außerdem kann über die Schaltfläche *Einstellungen* in der rechten oberen Ecke die Anzeige auf bestimmte Inhalte begrenzt werden. Aktivieren Sie darin beispielsweise nur die Kontrollkästchen *Syntax* und *Beispiele*, dann erhalten Sie eine Kurzübersicht über die Parameter, die ein Cmdlet unterstützt, sowie die Praxisbeispiele, die das Cmdlet im Einsatz demonstrieren.

Um unbekannte Cmdlets aufzuspüren, übergeben Sie *Get-Help* anstelle eines bestimmten Cmdlet-Namens einfach ein Suchwort. Möchten Sie zum Beispiel wissen, welche Cmdlets Windows-Dienste steuern, verwenden Sie als Suchwort *service*:

```
PS> Get-Help -Name service

Name                          Category  Module                Synopsis
----                          --------  ------                --------
Get-Service                   Cmdlet    Microsoft.PowerShell.M... Gets the servic...
New-Service                   Cmdlet    Microsoft.PowerShell.M... Creates a new W...
New-WebServiceProxy           Cmdlet    Microsoft.PowerShell.M... Creates a Web s...
Restart-Service               Cmdlet    Microsoft.PowerShell.M... Stops and then ...
Resume-Service                Cmdlet    Microsoft.PowerShell.M... Resumes one or ...
Set-Service                   Cmdlet    Microsoft.PowerShell.M... Starts, stops, ...
Start-Service                 Cmdlet    Microsoft.PowerShell.M... Starts one or m...
Stop-Service                  Cmdlet    Microsoft.PowerShell.M... Stops one or mo...
Suspend-Service               Cmdlet    Microsoft.PowerShell.M... Suspends (pause...
```

Prompt listet *Get-Help* alle Cmdlets auf, in deren Hilfethema das Suchwort gefunden wurde. Weil *Get-Help* im Gegensatz zu *Get-Command* Zugriff auf die detaillierten Hilfetexte zu den einzelnen Cmdlets hat, erscheint in der Spalte *Synopsis* auch gleich zuvorkommenderweise die Kurzbeschreibung der einzelnen Cmdlets. Leider ist ausgerechnet diese Spalte wegen Platzmangel nicht vollständig lesbar. Sie haben schon einige Möglichkeiten kennengelernt, das Problem abgeschnittener Spalten zu beheben. Leiten Sie das Ergebnis zum Beispiel an *Format-Table* oder *Out-GridView* weiter (Abbildung 2.8).

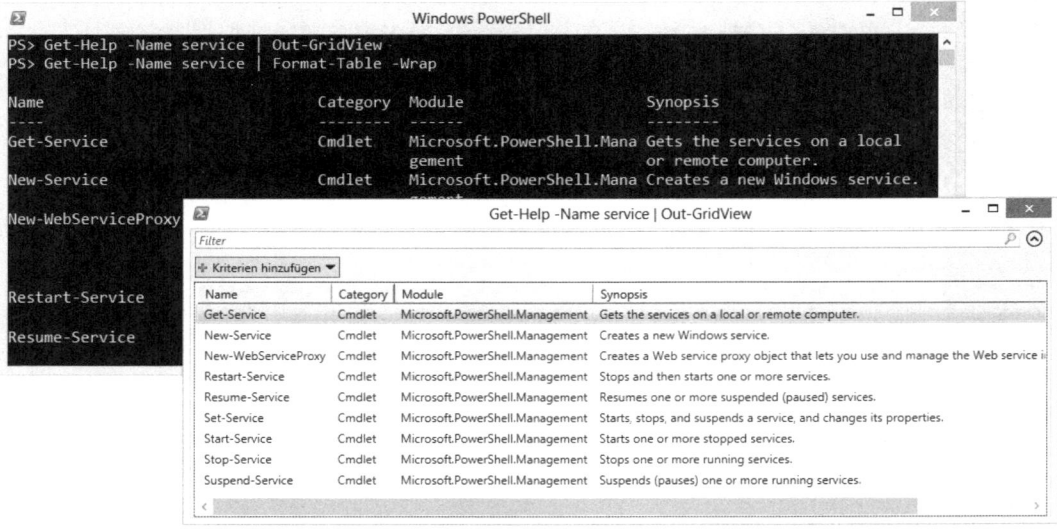

Abbildung 2.8   Cmdlets mit der eingebauten Hilfe finden und mit Kurzbeschreibung anzeigen

Kann *Get-Help* nur ein einziges infrage kommende Cmdlet finden, zeigt es im Übrigen sofort dessen Hilfe an. *Get-Help* findet Cmdlets auch auf andere Weise. Suchen Sie zum Beispiel nach allen Cmdlets, die einen bestimmten Parameter wie *-ComputerName* unterstützen (und also höchstwahrscheinlich remotefähig sind), setzen Sie *Get-Help* mit dem Parameter *-Parameter* ein:

```
PS> Get-Help -Name * -Parameter ComputerName


Name                       Category  Module         Synopsis
----                       --------  ------         --------
Invoke-Command             Cmdlet    Microsoft.PowerShell.Core Runs commands on local and r...
New-PSSession              Cmdlet    Microsoft.PowerShell.Core Creates a persistent connect...
Disconnect-PSSession       Cmdlet    Microsoft.PowerShell.Core Disconnects from a session.
Connect-PSSession          Cmdlet    Microsoft.PowerShell.Core Reconnects to disconnected s...
(…)
```

Get-Help kann zudem auch allgemeine Hilfethemen durchsuchen, die nicht für ein bestimmtes Cmdlet gelten, sondern Informationen zu allgemeinen PowerShell-Themen anbieten. Möchten Sie beispielsweise mehr zu Operatoren erfahren, suchen Sie nach dem Stichwort *operator*:

```
PS> Get-Help -Name operator


Name                       Category  Module         Synopsis
----                       --------  ------         --------
about_Arithmetic_Operators HelpFile                 Describes the operators that...
about_Assignment_Operators HelpFile                 Describes how to use operato...
about_Comparison_Operators HelpFile                 Describes the operators that...
about_Logical_Operators    HelpFile                 Describes the operators that...
about_Operators            HelpFile                 Describes the operators that...
about_Operator_Precedence  HelpFile                 Lists the Windows PowerShell...
about_Type_Operators       HelpFile                 Describes the operators that...
```

Diesmal erhalten Sie die Namen sämtlicher allgemeiner Hilfethemen (die Spalte *Category* meldet hierfür diesmal *HelpFile* und nicht *Cmdlet*), die Operatoren beschreiben. Operatoren stehen übrigens in Kapitel 7 im Rampenlicht und können höchst erstaunliche Dinge bewerkstelligen.

Um Hilfestellung zu einem der speziellen Themen zu bekommen, geben Sie den Namen der Hilfe (oder einen eindeutigen Teil davon) an und verwenden am besten *help* anstelle von *Get-Help*, um mit ⌜Leertaste⌟ bequem seitenweise umblättern zu können:

```
PS> help -Name about_Comparison_Operators
PS> help -Name Comparison
```

Da alle allgemeinen Hilfethemen mit »about_« beginnen und der *Category* »HelpFile« entsprechen, könnten Sie alle diese Themen auch auf einem der folgenden beiden Wege auflisten:

```
PS> Get-Help -Name about_*
PS> Get-Help -Category HelpFile
```

Befehl	Hilfedatei	Beschreibung
help compari ⏎	*about_Comparison_Operators*	Vergleichsoperatoren
help wildcard ⏎	*about_Wildcards*	Platzhalterzeichen
help special ⏎	*about_Special_Characters*	Sonderzeichen
help regular ⏎	*about_Regular_Expressions*	Reguläre Ausdrücke
help redir ⏎	*about_Redirection*	Umleitung

Tabelle 2.1 Schnellabruf ausgewählter PowerShell-Themenkomplexe

Befehl	Hilfedatei	Beschreibung
help quot ⏎	*about_Quoting_Rules*	Anführungszeichen
help parsing ⏎	*about_Parsing*	Befehlsparsing
help escape ⏎	*about_Escape_Characters*	Textsonderzeichen
help common ⏎	*about_CommonParameters*	allgemeine Parameter

Tabelle 2.1   Schnellabruf ausgewählter PowerShell-Themenkomplexe *(Fortsetzung)*

Kurz und knapp...

Die eingebauten PowerShell-Befehle heißen *Cmdlets*. Ein Cmdlet bildet die kleinste Befehlseinheit, welche PowerShell kennt, und jedes Cmdlet ist spezialisiert auf einen ganz bestimmten Aufgabenbereich. Cmdlets tragen immer Doppelnamen, die aus einer Tätigkeit und einem Tätigkeitsbereich bestehen, sodass man den Namen eines Cmdlets oft herleiten kann. Die Mutter aller Cmdlets heißt *Get-Command*, denn dieses Cmdlet liefert Ihnen die Namen aller übrigen Cmdlets und sonstigen Befehle. Mit diesem Cmdlet kann man über seine Parameter *-Verb* und *-Noun* gezielt nach anderen Cmdlets suchen.

In ISE steht darüber hinaus das Cmdlet *Show-Command* zur Verfügung, das ein Suchfenster öffnet (eine Nutzung von *Show-Command* in der Konsole ist auch möglich). Klickt man darin ein Cmdlet an, werden dessen Parameter als Eingabefelder angezeigt und lassen sich bequem ausfüllen. Häufig unterstützen Cmdlets mehrere Parametersätze, also Gruppen von zusammengehörigen Parametern, die dann auf separaten Registerkarten angezeigt werden. Mit einem Klick auf *Ausführen* wird der Befehl mit den von Ihnen angegebenen Parametern zusammengebaut, in die Konsole geschrieben und ausgeführt.

Show-Command kann auch direkt dabei helfen, die Parameter eines bestimmten Cmdlets zu erforschen und auszufüllen. Dazu geben Sie hinter *Show-Command* den Namen des Cmdlets an. Möchten Sie das Cmdlet-Suchfenster dauerhaft einblenden, wählen Sie in ISE *Ansicht/Befehls-Add-On anzeigen*.

Schließlich kann auch *Get-Help* dazu verwendet werden, Cmdlets (und allgemeine PowerShell-Hilfethemen) zu finden. Voraussetzung dafür ist, dass die Hilfeinhalte mindestens einmal erfolgreich mit *Update-Help* aus dem Internet geladen wurden. Dann allerdings liefern die Ergebnisse von *Get-Help* im Gegensatz zu *Get-Command* auch gleich Kurzbeschreibungen der gefundenen Befehle zurück.

Mit Parametern Wünsche formulieren

Erst wenn Sie dem Cmdlet mit Parametern genauer mitteilen, was Sie eigentlich wollen, schöpfen Cmdlets ihr wahres Potenzial aus. Parameter sind übrigens der *einzige* Weg, das Verhalten eines Cmdlets zu beeinflussen.

Falls ein Cmdlet also bereits ohne Parameter ungefähr das vollbringt, was Sie wollen, aber eben noch nicht ganz genau perfekt, dann schauen Sie sich seine Parameter genauer an, zum Beispiel mithilfe der Autovervollständigung oder der Hilfe zum Cmdlet. Sehr häufig findet sich der richtige Parameter, damit das Cmdlet die gestellte Aufgabe noch besser lösen kann.

Parameter wecken das volle Potenzial der Cmdlets

Was Parameter aus einem unscheinbaren Cmdlet herausholen können, zeigt zum Beispiel *Get-Date*. Ohne Parameter liefert es das aktuelle Datum und die Uhrzeit und wirkt nicht unbedingt spektakulär:

```
PS> Get-Date
```

```
Montag, 10. September 2012 11:03:40
```

Cmdlets sind wie bereits erwähnt »schmal, aber tief«, also Spezialisten für ein bestimmtes Fachgebiet, das sie dann bis in alle Ecken und Winkel lösen. Das gilt auch für *Get-Date*. Es ist Ihr Universalbefehl für alle Aufgaben rund um Datum und Zeit. Welche Lösungen *Get-Date* anbietet, wird einzig durch seine Parameter gesteuert. Einen anderen Weg gibt es nicht. Die Autovervollständigung, die Hilfe oder IntelliSense in ISE zeigen diese Parameter an (Abbildung 2.9).

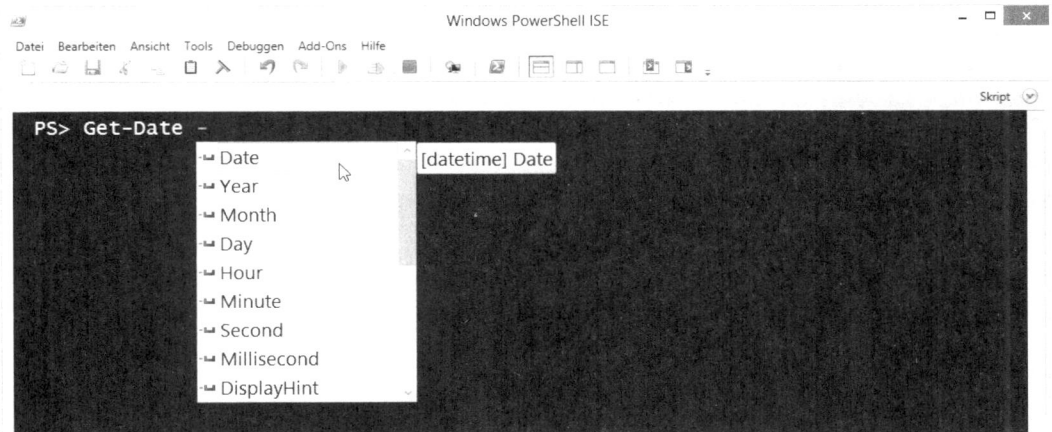

Abbildung 2.9   Parameter eines Cmdlets anzeigen

Falls *Get-Date* also Ihre Aufgabe meistern kann, gibt es dafür einen oder mehrere passende Parameter. Alle folgenden Aufgaben können mit *Get-Date* und seinen Parametern gelöst werden. Widerstehen Sie möglichst dem Drang, nach der jeweiligen Aufgabe sofort die Lösung zu lesen. Ich kann Sie daran zwar nicht hindern, aber cleverer ist, die Lösung zuerst selbst zu suchen. Als Hilfsmittel haben Sie ja bereits die Cmdlet-Hilfe (*Get-Help*) kennengelernt, die Ihnen zahlreiche Beispiele und alle Beschreibungen zu unbekannten Parametern liefert:

```
PS> help -Name Get-Date -Examples            # zeigt die Codebeispiele für Get-Date an
PS> help -Name Get-Date -Parameter DisplayHint # ruft die Hilfe für den Parameter "DisplayHint" ab
```

```
PS> help -Name Get-Date -ShowWindow          # zeigt die gesamte Hilfe zu Get-Date in einem
                                             # durchsuchbaren
                                             # Extrafenster an
```

Nur das Datum oder nur die Zeit ausgeben

»Get-Date soll nur das aktuelle Datum ausgeben, aber nicht die Zeit (oder umgekehrt).«

Der Parameter *-DisplayHint* sorgt dafür, dass *Get-Date* nur das Datum, nur die Uhrzeit oder beides zur Ausgabe bringt:

```
PS> Get-Date -DisplayHint Date
Montag, 10. September 2012

PS> Get-Date -DisplayHint Time
11:29:37
```

Welche Werte der Parameter *-DisplayHint* akzeptiert, zeigt die Hilfe an:

```
PS> Get-Help -Name Get-Date -Parameter DisplayHint

-DisplayHint <DisplayHintType>
    Determines which elements of the date and time are displayed.

    Valid values are:
    -- Date: displays only the date
    -- Time: displays only the time
    -- DateTime: displays the date and time
```

Sie können die erlaubten Werte auch der Fehlermeldung entnehmen, die Sie erhalten, wenn Sie einen unsinnigen Wert angeben:

```
PS> Get-Date -DisplayHint Unsinn

Get-Date : Der Parameter "DisplayHint" kann nicht gebunden werden. Der Wert "Unsinn" kann nicht in
den Typ "Microsoft.PowerShell.Commands.DisplayHintType" konvertiert werden. Fehler: "Der
Bezeichner "Unsinn" kann keinem gültigen Enumeratornamen zugeordnet werden. Geben Sie einen der
folgenden Enumeratornamen an, und wiederholen Sie den Vorgang: Date, Time, DateTime."
```

In ISE werden die erlaubten Werte sogar als IntelliSense-Menü angezeigt:

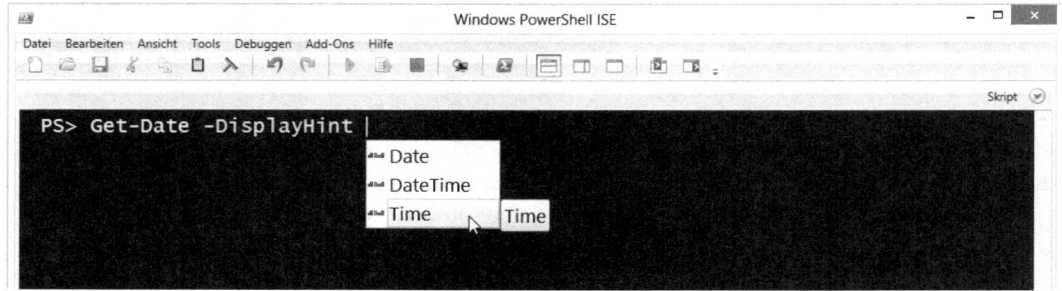

Abbildung 2.10   Erlaubte Werte eines Parameters als IntelliSense-Menü in ISE anzeigen

Den Wochentag eines bestimmten Datums errechnen

»Geben Sie den heutigen Wochentag (oder den Wochentag eines beliebigen anderen Datums) aus. Stellen Sie zum Beispiel fest, an welchem Tag Sie geboren wurden und ob Sie möglicherweise ein Sonntagskind sind.«

Der Parameter *-Format* legt fest, in welchem Format *Get-Date* das Datum und die Uhrzeit ausgibt. Die Hilfe zum Parameter *-Format* sagt dazu:

```
PS> Get-Help -Name Get-Date -Parameter Format

-Format <String>
    Displays the date and time in the Microsoft .NET Framework format indicated by the format
    specifier. Enter a format specifier. For a list of available format specifiers, see
    "DateTimeFormatInfo Class" in the MSDN (Microsoft Developer Network) library at
    http://go.microsoft.com/fwlink/?LinkId=143638.
```

Die gültigen Formatbezeichner werden zwar nicht aufgeführt, dafür aber ein Link zu einer Webseite: *http://go.microsoft.com/fwlink/?LinkId=143638.* Sie listet im unteren Teil eine umfangreiche Tabelle mit den Platzhalterzeichen der einzelnen Datums- und Zeitinformationen auf. Oder Sie blättern vor zu Kapitel 7 und schauen sich den Abschnitt über den Formatierungsoperator »-f« an. Dort finden Sie die Tabellen mit allen erlaubten Platzhalterzeichen.

HINWEIS   Die Groß- und Kleinschreibung dieser Platzhalterzeichen ist wichtig. Das Platzhalterzeichen *m* steht zum Beispiel für Minuten, während *M* den Monat repräsentiert – ein nicht ganz unerheblicher Unterschied.

Der Wochentag wird vom Platzhalterzeichen *d* (für *day*) repräsentiert:

```
PS> Get-Date -Format d
10.09.2012
PS> Get-Date -Format dd
10
PS> Get-Date -Format ddd
Mo
PS> Get-Date -Format dddd
Montag
```

Je mehr Platzhalterzeichen Sie also angeben, desto ausführlicher wird die Ausgabe, und *dddd* meldet schließlich den vollständigen Wochentag. Das funktioniert genauso mit den übrigen Platzhalterzeichen, die die Webseite auflistet. Sie können auch kombiniert werden, um beispielsweise einen Zeitstempel für Dateinamen zu generieren:

```
PS> Get-Date -Format 'yyyy-MM-dd HH-mm-ss-fff'
2012-09-10 11-47-20-375
```

Als Vorgabe verwendet *Get-Date* das aktuelle Datum und die aktuelle Uhrzeit. Möchten Sie ein anderes Datum (wie zum Beispiel Ihren Geburtstag) verwenden, geben Sie dieses Datum mit dem Parameter *-Date* an, und zwar am besten im kulturneutralen Format, das unabhängig von bestimmten regionalen Ländereinstellungen immer richtig interpretiert wird. Der Wochentag des 5. September 1968 berechnet sich also so:

```
PS> Get-Date -Format dddd -Date 1968-09-05
Donnerstag
```

Die aktuelle Kalenderwoche anzeigen

»Ermitteln Sie die aktuelle Kalenderwoche für das heutige Datum oder ein beliebiges anderes Datum.«

Mit dem Parameter *-UFormat* lässt sich die Ausgabe ganz ähnlich wie mit *-Format* speziell formatieren. Allerdings unterstützt *-UFormat* eine andere Liste von Platzhaltern, zu denen auch die Kalenderwoche gehört. Die Hilfe schreibt dazu:

```
PS> Get-Help -Name Get-Date -Parameter UFormat

-UFormat <String>
    Displays the date and time in UNIX format. For a list of the format specifiers, see the Notes
    section.
```

Die erlaubten Platzhalterzeichen werden im Abschnitt *HINWEISE* der Hilfe angezeigt. Um diesen Abschnitt zu sehen, muss die Hilfe komplett angezeigt werden:

```
Get-Help -Name Get-Date —Full

(…)
HINWEISE
        (…)
        Uformat Values:
        The following are the values of the UFormat parameter. The format for the command is:

        Get-Date -UFormat %<value>

        For example,
        Get-Date -UFormat %d

        Date-Time:
        Date and time - full
        (default) (Friday, June 16, 2006 10:31:27 AM)
        c      Date and time - abbreviated (Fri Jun 16 10:31:27 2006)

        Date:
        D      Date in mm/dd/yy format (06/14/06)
        x      Date in standard format for locale (09/12/07 for English-US)

        Year:
        C      Century (20 for 2006)
        Y      Year in 4-digit format (2006)
        y      Year in 2-digit format (06)
        G      Same as 'Y'
        g      Same as 'y'

        Month:
        b      Month name - abbreviated (Jan)
        B      Month name - full (January)
        h      Same as 'b'
        m      Month number (06)

        Week:
        W      Week of the year (00-52)
        V      Week of the year (01-53)
        U      Same as 'W'
```

```
Day:
a    Day of the week - abbreviated name (Mon)
A    Day of the week - full name (Monday)
u    Day of the week - number (Monday = 1)
d    Day of the month - 2 digits (05)
e    Day of the month - digit preceded by a space ( 5)
j     Day of the year - (1-366)
w    Same as 'u'

Time:
p    AM or PM
r    Time in 12-hour format (09:15:36 AM)
R    Time in 24-hour format - no seconds (17:45)
T    Time in 24 hour format (17:45:52)
X    Same as 'T'
Z    Time zone offset from Universal Time Coordinate (UTC) (-07)

Hour:
H    Hour in 24-hour format (17)
I     Hour in 12 hour format (05)
k    Same as 'H'
l     Same as 'I' (Upper-case I = Lower-case L)

Minutes & Seconds:
M    Minutes (35)
S    Seconds (05)
s    Seconds elapsed since January 1, 1970 00:00:00 (1150451174.95705)

Special Characters:
n    newline character (\n)
t    Tab character (\t)
```

Die aktuelle Kalenderwoche liefert also der Platzhalter »%V«:

```
PS> Get-Date -UFormat %V
```

Und falls Sie die Kalenderwoche eines anderen Datums benötigen, geben Sie das Datum wieder mit dem Parameter *-Date* an. Die Kalenderwoche des 8. Juli 1967 bestimmen Sie so:

```
PS> Get-Date -UFormat %V -Date 1967-07-08
28
```

Das Datum vor 48 Stunden berechnen

»Berechnen Sie das Datum und die Uhrzeit von vor genau 48 Stunden, und rufen Sie damit die Fehlerereignisse und Warnungen der letzten 48 Stunden aus dem System-Ereignisprotokoll ab.«

Es findet sich kein Parameter, mit dem eine bestimmte Zeitmenge vom aktuellen Datum abgezogen werden kann. Ein Blick in die Beispiele des Cmdlets zeigt aber ein interessantes Codebruchstück:

```
Get-Help -Name Get-Date –Examples

(…)
------------------------- EXAMPLE 5 -------------------------
    PS C:\>$a = Get-Date
```

```
PS C:\>$a.IsDaylightSavingTime()
True
```
(…)

Offensichtlich ist es möglich, das Ergebnis von *Get-Date* in einer Variablen zu speichern und danach mit ».« auf weitere Befehle zuzugreifen. Jedenfalls spricht das Beispiel auf diese Weise den Befehl *IsDaylightSavingTime( )* an, der offenbar feststellt, ob das Datum in die Sommerzeit fällt.

Sie sehen daran einerseits, dass die Codebeispiele der Hilfe keinerlei Rücksicht nehmen auf unsere Videospiel-Level in diesem Buch und unter Umständen auch Techniken zeigen, die Sie noch gar nicht kennengelernt haben. Andererseits können Sie solche Beispiele durchaus aufgreifen und mit dem bereits gesammelten Wissen kombinieren.

Sie wissen bereits, dass PowerShell eine Autovervollständigung besitzt, die in ISE sogar häufig automatisch als IntelliSense-Menü angezeigt wird. Wenn Sie das Codebeispiel in ISE eingeben, werden Sie schnell feststellen, wie man herausfindet, dass das von *Get-Date* gelieferte Ergebnis einen Befehl namens *IsDaylightSavingTime( )* enthält (und welche sonstigen Befehle es noch gibt).

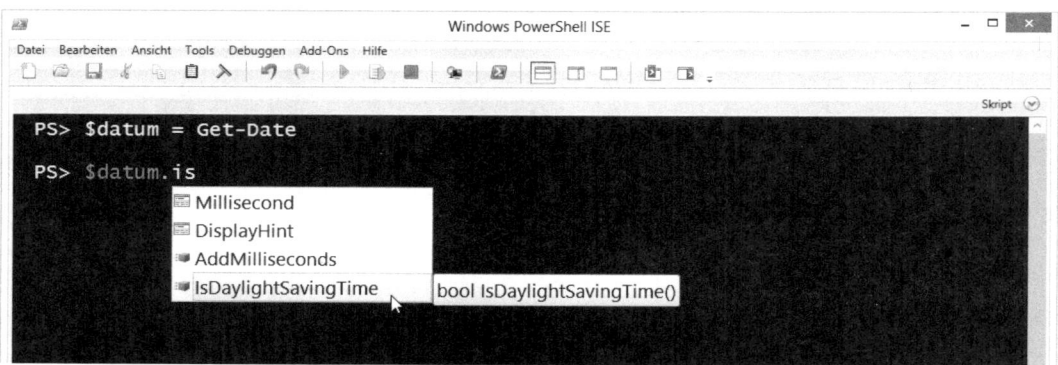

Abbildung 2.11   Versteckte Befehle im Ergebnis von *Get-Date* anzeigen

Das IntelliSense-Menü zeigt nicht nur den Befehl *IsDaylightSavingTime* an, sondern auch andere Befehle, die die Zeichen *is* enthalten, die Sie eingegeben haben. Verdächtig interessant ist zum Beispiel *AddMilliseconds* (der ebenfalls *is* enthält, nur eben nicht an seinem Anfang).

Löschen Sie die Zeichen *is* wieder, sodass hinter der Variablen *$datum* nur noch ein Punkt steht, dann zeigt die Liste sämtliche Befehle an. Falls sich das IntelliSense-Menü schon wieder geschlossen haben sollte, drücken Sie [Strg]+[Leertaste], um es wieder zu öffnen.

Geben Sie nun *Add* ein, zeigt das IntelliSense-Menü alle Befehle mit diesem Schlüsselbegriff, und *AddDays* ist genau das, wonach Sie suchen. Im QuickInfo dahinter steht, wie der Befehl eingesetzt wird: Er erwartet eine Zahl mit Nachkommastellen (Datentyp *double*) und liefert ein neues Datum zurück (Datentyp *datetime*).

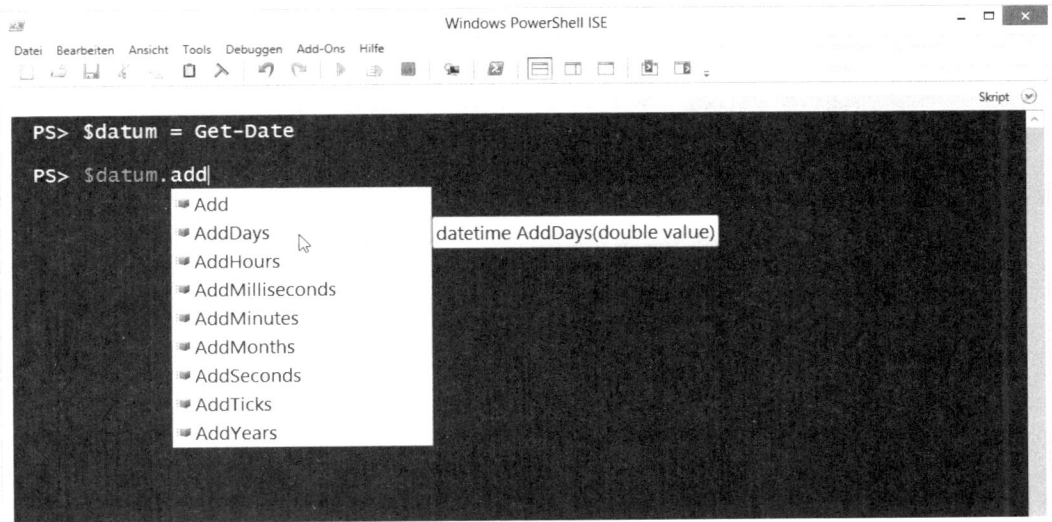

Abbildung 2.12   Alle Befehle zum Hinzufügen (oder Abziehen) von Zeitmengen anzeigen

Zwar befinden wir uns hier definitiv nicht mehr im PowerShell-Videospiellevel 1, aber wirklich schwierig ist der neue Befehl trotzdem nicht; kennt man ihn erst, kann man damit künftig jederzeit schnell und einfach relative Datumsangaben berechnen lassen:

```
PS> $datum = Get-Date
PS> $datum.AddHours(-48)
```

Samstag, 8. September 2012 12:24:29

Und wer sich aus dem ersten Kapitel noch an die Bedeutung der runden Klammern erinnert, kann das auch in einer einzelnen Zeile ganz ohne Variablen formulieren:

```
PS> (Get-Date).AddHours(-48)
```

Samstag, 8. September 2012 12:24:29

Damit lassen sich jetzt auch die Fehler und Warnungen der letzten 48 Stunden auslesen, unabhängig davon – und ohne hardcodiertes Datum – wann dieser Code ausgeführt wird:

```
PS> Get-EventLog -LogName System -EntryType Error,Warning -After (Get-Date).AddHours(-48)
```

HINWEIS   Falls die Zeile keine Ergebnisse liefert, gab es vielleicht gar keine Fehler und Warnungen in den letzten 48 Stunden. Um das zu überprüfen, wiederholen Sie den Aufruf einfach ohne den Parameter *-After*.

Drei universelle Parametertypen

Alle Parameter eines Cmdlets lassen sich auf drei grundlegende Parametertypen zurückführen. Ganz gleich also, welche Parameter ein Cmdlet unterstützt: Jeder dieser Parameter lässt sich eindeutig einem der drei Parametertypen in Tabelle 2.2 zuordnen.

Parametername	Argument	Typ
-ParameterName	Wert	Benannter Parameter
-Parameter		Switch-Parameter
	Wert	Positionaler Parameter

Tabelle 2.2　Die drei grundsätzlichen PowerShell-Parametertypen

Im Grunde handelt es sich bei den drei Parametertypen und die drei denkbaren Kombinationsmöglichkeiten aus Parametername und Argument.

Benannte Parameter

Am häufigsten begegnet Ihnen der »benannte Parameter«: Er ist immer ein Schlüssel-Wort-Paar. Dieses Paar besteht aus dem Parameternamen, der immer am Bindestrich vor seinem Namen erkannt werden kann, und dem ihm zugewiesenen Wert, also seinem »Argument«. Im folgenden Befehlsaufruf finden sich zwei benannte Parameter. Dem Parameter -*LogName* wird das Argument *System* zugewiesen und dem Parameter -*EntryType* wird das Argument *Error* zugewiesen:

```
PS> Get-EventLog -LogName System -EntryType Error
```

Solcher Code ist selbstbeschreibend, also gut lesbar, weil durch den vorangestellten Parameternamen klar ist, was die Argumente bedeuten. Auch ist der Code besonders robust. Die Reihenfolge der Parameter spielt bei benannten Parametern nämlich keine Rolle. Entsprechend leistet dieser Befehlsaufrufe mit anderer Parameterreihenfolge genau dasselbe wie das zurückliegende Beispiel:

```
PS> Get-EventLog -EntryType Error -LogName System
```

Einmal verstanden findet sich dieses Grundprinzip bei allen Cmdlet-Aufrufen wieder. Der folgende Befehl listet alle Protokolldateien aus dem Windows-Ordner auf und setzt dazu erneut zwei benannte Parameter ein:

```
PS> Get-ChildItem -Path c:\windows -Filter *.log
```

Switch-Parameter

Manchmal ist es überflüssig, einem Parameter einen Wert zu übergeben. Immer dann, wenn ein Parameter ähnlich wie ein Lichtschalter nur entweder ein- oder ausgeschaltet werden soll, kommt der Switch-Parameter zum Einsatz. Er funktioniert genau wie ein benannter Parameter, nur hat er kein Argument.

Gibt man einen Switch-Parameter an, gilt er als eingeschaltet (aktiviert). Lässt man ihn weg, gilt er als ausgeschaltet (deaktiviert). Falls Sie also die Protokolldateien nicht nur im Windows-Ordner suchen möchten, sondern auch in allen seinen Unterordnern, dann schalten Sie die Rekursion mit dem Switch-Parameter -*Recurse* ein:

```
PS> Get-ChildItem -Path c:\windows -Filter *.log -Recurse
```

Verzichten Sie auf die Angabe des Parameters, wird entsprechend ohne Rekursion nur im angegebenen Ordner gesucht.

> **HINWEIS** Es kann durchaus sein, dass dieses Beispiel (genau wie einige der folgenden) neben den gewünschten Resultaten auch Fehlermeldungen ausgeben. Ein Grund dafür könnte sein, dass die Rekursion auch Unterordner untersuchen will, auf die Sie gar keine Zugriffsberechtigungen besitzen. Sie erfahren gleich, wie störende Fehlermeldungen unterdrückt werden können. Ignorieren Sie die Fehlermeldungen einstweilen einfach freundlich.

Damit auch versteckte Dateien gefunden werden, fügen Sie den Switch-Parameter *-Force* hinzu:

```
PS> Get-ChildItem -Path c:\windows -Filter *.log -Recurse -Force
```

Weil Switch-Parameter genau wie benannte Parameter eindeutig benannt sind, spielt auch bei ihnen die Reihenfolge keine Rolle.

Switch-Parameter gibt es bei vielen Cmdlets. *Get-Process* listet normalerweise alle laufenden Prozesse auf:

```
PS> Get-Process
```

Geben Sie den Switch-Parameter *-FileVersionInfo* an, schaltet das Cmdlet in einen anderen Modus und zeigt jetzt die den Prozessen zugrunde liegenden Dateien (samt ihrer Versionen) an.

```
PS> Get-Process -FileVersionInfo
```

Auch bei *Get-EventLog* ist Ihnen bereits ein Switch-Parameter begegnet: Der Parameter *-List* schaltet das Cmdlet in den Listmodus, bei dem nicht mehr die Einträge eines bestimmten Ereignisprotokolls ausgegeben werden, sondern die Namen der vorhandenen Ereignisprotokolle:

```
PS> Get-EventLog -List
```

Positionale Parameter

Was aber geschieht, wenn Sie einem Cmdlet einfach nur nackte Argumente übergeben, ohne sie einem bestimmten Parameter zuzuweisen? In diesem Fall übernimmt PowerShell die Aufgabe, das Argument an einen bestimmten Parameter zu binden. Wie bei allen Aufgaben, die Sie aus der Hand geben und an andere delegieren, verlieren Sie dabei die Kontrolle und müssen sich darauf verlassen, dass PowerShell Ihr Argument an den richtigen (nämlich den von Ihnen gewünschten) Parameter übergibt. Deshalb können positionale Parameter leicht zu Fehlern führen. Außerdem sind sie auch schlechter lesbar, weil ohne Angabe des Parameternamens nicht mehr klar zu erkennen ist, welche Bedeutung ein bestimmtes Argument überhaupt hat.

Gedacht sind positionale Parameter deshalb für erfahrene PowerShell-Anwender und auch nur für Code, der keine lange Lebensspanne hat – also für Direkteingaben beispielsweise, wenn es schnell gehen muss. Positionale Parameter haben jedenfalls in Skripts absolut nichts zu suchen (wenngleich sie dort nicht ausdrücklich verboten sind), denn Skripts müssen auch nach Wochen und Monaten noch lesbar und nachvollziehbar sein. Hier sind Beispiele für Befehlsaufrufe, die positionale Parameter einsetzen:

```
PS> Get-Service spooler
PS> Get-ChildItem c:\windows *.log
PS> Get-EventLog System
```

Positionale Parameter bieten grundsätzlich keinerlei neue Funktionen und sind lediglich Abkürzungen für benannte Parameter. Entsprechend können positionale Parameter *immer* in benannte Parameter umgewandelt werden. Die drei Aufrufe hätten also auch mit benannten Parametern formuliert werden können:

```
PS> Get-Service -Name Spooler
PS> Get-ChildItem -Path c:\windows -Filter *.log
PS> Get-EventLog -LogName System
```

Was die Frage aufwirft, woher PowerShell überhaupt weiß, welchen Parametern ein positionales Argument zugeordnet werden soll. Wie leitet PowerShell also ab, dass das unbenannte Argument *spooler* ausgerechnet an den Parameter *Name* gebunden werden soll? Dazu kann jedes Cmdlet seinen Parametern Positionsnummern zuteilen. Bei *Get-Service* trägt der Parameter *Name* die Position 1. Ihm wird also das erste unbenannte Argument zugewiesen:

```
PS> Get-Help -Name Get-Service -Parameter Name

-Name <String[]>
(…)
    Erforderlich?               false
    Position?                   1
    Standardwert                All services
    Pipelineeingaben akzeptieren?true (ByPropertyName, ByValue)
    Platzhalterzeichen akzeptieren?true
```

> **TIPP**   Die Hilfe zum Parameter verrät Ihnen nebenbei auch, ob ein Parameter zwingend nötig ist. Muss ein Parameter eingegeben werden, so wie der Parameter *-LogName* bei *Get-EventLog*, dann steht hinter »Erforderlich?« der Wert *true*:
>
> ```
> PS> Get-Help -Name Get-EventLog -Parameter LogName
>
> -LogName <String>
>     (…)
>     Erforderlich?               true
>     Position?                   1
>     (…)
> ```
>
> Sie haben auch schon gesehen, was geschieht, wenn Sie einen erforderlichen Parameter nicht angeben: Das Cmdlet fragt dann kurzerhand nach.

Bei *Get-ChildItem* trägt der Parameter *Path* die Position 1 und der Parameter *Filter* die Position 2. Gibt man zwei unbenannte Argumente also genau in dieser Reihenfolge an, werden sie an die richtigen Parameter gebunden.

```
PS> Get-Help -Name Get-ChildItem -Parameter Path

-Path <String[]>
    (…)
    Position?                   1
    (…)

PS> Get-Help -Name Get-ChildItem -Parameter Filter
```

```
-Filter <String>
    (…)
    Position?                    2
    (…)
```

Welche Parameter überhaupt eine Position tragen (und welche), verrät auch die Syntax eines Cmdlets, und zwar für alle Parameter auf einen Blick:

```
PS> Get-ChildItem -?

NAME
    Get-ChildItem
(…)
SYNTAX
    Get-ChildItem [[-Path] <String[]>] [[-Filter] <String>] [-Exclude <String[]>] [-Force
    [<SwitchParameter>]] [-Include <String[]>] [-Name [<SwitchParameter>]] [-Recurse
    [<SwitchParameter>]] [-UseTransaction [<SwitchParameter>]] [<CommonParameters>]

    Get-ChildItem [[-Filter] <String>] [-Exclude <String[]>] [-Force [<SwitchParameter>]]
    [-Include
    <String[]>] [-Name [<SwitchParameter>]] [-Recurse [<SwitchParameter>]] -LiteralPath <String[]>
    [-UseTransaction [<SwitchParameter>]] [<CommonParameters>]

    Get-ChildItem [-Attributes <FileAttributes>] [-Directory] [-File] [-Force] [-Hidden]
    [-ReadOnly] [-System] [-UseTransaction] [<CommonParameters>]
```

Positionale Parameter erkennt man daran, dass sie mit eckigen Klammern als »optional« gekennzeichnet sind, also für sich allein in eckigen Klammern stehen, ohne dass sich ihr Argument mit in dieser (innersten) eckigen Klammerebene befindet. Parameter ohne Argument, also Switch-Parameter, sind außerdem nie positional.Wie sich herausstellt, sind längst nicht alle Parameter mit einer Position versehen. Bei *Get-ChildItem* sind nur die Parameter *-Path* und *-Filter* positional verwendbar. Alle übrigen Parameter müssen benannt werden, wenn man sie verwenden will.

Bei *[-Exclude <String[]>]* etwa ist *-Exclude* nicht alleine eingeklammert, sondern das Argument *<String[]>* ist noch in der gleichen eckigen Klammerebene enthalten. Also erfüllt der Parameter nicht die Voraussetzungen eines positionalen Parameters.

Alle Parameter eines Cmdlets listet die Hilfe übrigens auf, indem für den Parameternamen das Platzhalterzeichen »*« angegeben wird:

```
PS> Get-Help Get-Process -Parameter *
```

Spätestens jetzt wird deutlich, dass Parameter, die keine Position zugewiesen bekommen haben, in der Hilfe als *named* (also *benannt*) bezeichnet werden.

TIPP   Weil positionale Parameter nur eine Abkürzung für schnelle Eingaben im hektischen Alltag sind, werden nur die am häufigsten benötigten Parameter üblicherweise mit einer Position versehen. Selbst wenn Sie sich also aus Stilgründen gegen die Verwendung positionaler Parameter entscheiden, identifizieren Sie bei einem unbekannten Cmdlet auf diese Weise schnell seine allerwichtigsten Parameter. Die allerwichtigsten Parameter eines Cmdlets sind stets mit einer Position versehen und/oder zwingend erforderlich.

Zwingend erforderliche Parameter lassen sich in der Syntax mit etwas Übung ebenfalls identifizieren:

```
PS> Get-EventLog -?

NAME
    Get-EventLog
    (…)

SYNTAX
    Get-EventLog [-LogName] <String> [[-InstanceId] <Int64[]>] [-After <DateTime>] [-AsBaseObject
    [<SwitchParameter>]] [-Before <DateTime>] [-ComputerName <String[]>] [-EntryType <String[]>]
    [-Index <Int32[]>] [-Message <String>] [-Newest <Int32>] [-Source <String[]>] [-UserName
    <String[]>] [<CommonParameters>]

    Get-EventLog [-AsString [<SwitchParameter>]] [-ComputerName <String[]>] [-List
    [<SwitchParameter>]] [<CommonParameters>]
```

Zunächst einmal stehen eckige Klammern [] immer für optional, also nicht zwingend erforderlich. Ist also der Parameter nicht als Einheit zusammen mit seinem Argument eingeklammert, muss er folglich angegeben werden.

Tatsächlich gibt es im Beispiel nur einen Pflichtparameter, nämlich -*Logname*. Es darf jetzt nicht irritieren, dass -*Logname* selbst in eckigen Klammern steht. Sein Argument ist nämlich nicht zusammen mit dem Parameter in eckige Klammern gesetzt. Das Argument steht vielmehr außerhalb. Das Argument muss also angegeben werden – ob jetzt positional oder zusammen mit dem Namen des Parameters, spielt keine Rolle. Faktisch ist der Parameter -*Logname* also ein Pflichtparameter.

Common Parameter – allgemeine Parameter für alle Cmdlets

Manche Problemstellungen betreffen eigentlich alle Cmdlets gleichermaßen. In den vorangegangenen Beispielen kam es etwa häufiger zu unerwünschten Fehlermeldungen:

Get-ChildItem hat Fehlermeldungen ausgegeben, als Sie mit -*Recurse* versucht haben, auf gesperrte Unterordner zuzugreifen. *Get-Process* hat Fehler ausgeworfen, als Sie den Versuch unternommen haben, über -*FileVersionInfo* ohne Administratorrechte Informationen über Prozesse anzuzeigen, die nicht Ihre eigenen waren. Und *Get-Service* hat Fehler produziert, als Sie mit -*Name* einen Dienstnamen angegeben haben, den es gar nicht gibt.

Fehlermeldungen sind zwar grundsätzlich hilfreich, weil sie auf ein potenzielles Problem hinweisen, aber in manchen Fällen möchte man (harmlose) Fehlermeldungen vielleicht auch einmal gern ignorieren. Dieser Wunsch betrifft alle Cmdlets bunt gemischt, weswegen es wenig Sinn hätte, wenn ein Cmdlet einen eigenen Parameter zur Fehlerunterdrückung anbieten würde. Der müsste dann ja bei jedem Cmdlet immer wieder aufs Neue eingebaut werden.

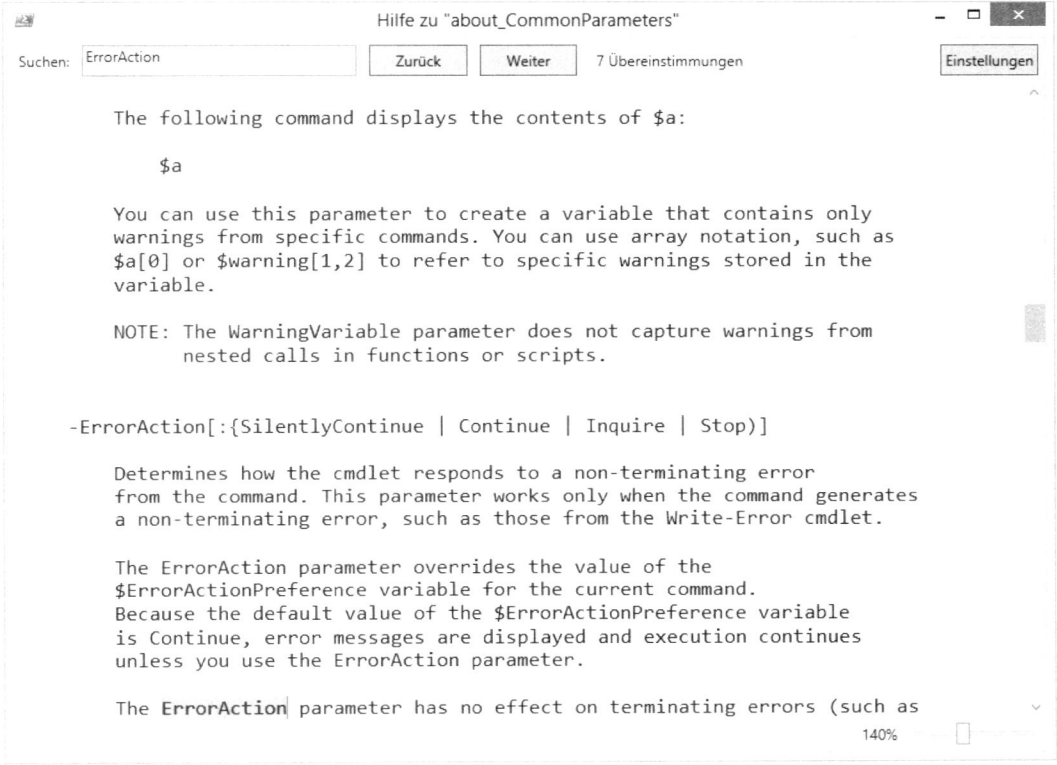

The following command displays the contents of $a:

    $a

You can use this parameter to create a variable that contains only
warnings from specific commands. You can use array notation, such as
$a[0] or $warning[1,2] to refer to specific warnings stored in the
variable.

NOTE: The WarningVariable parameter does not capture warnings from
      nested calls in functions or scripts.

 -ErrorAction[:{SilentlyContinue | Continue | Inquire | Stop)]

    Determines how the cmdlet responds to a non-terminating error
    from the command. This parameter works only when the command generates
    a non-terminating error, such as those from the Write-Error cmdlet.

    The ErrorAction parameter overrides the value of the
    $ErrorActionPreference variable for the current command.
    Because the default value of the $ErrorActionPreference variable
    is Continue, error messages are displayed and execution continues
    unless you use the ErrorAction parameter.

    The **ErrorAction** parameter has no effect on terminating errors (such as

Abbildung 2.13 Common Parameters in der Hilfe zeigen und nach »ErrorAction« suchen

Deshalb gibt es zusätzlich zu den eigenen Parametern eines Cmdlets noch die sogenannten »Common Parameter«. Wie ihr Name suggeriert, sind dies allgemeine Parameter, die in jedem Cmdlet zur Verfügung stehen. Der wichtigste Common Parameter heißt *-ErrorAction* und bestimmt, wie Cmdlets auf Fehler reagieren. Die Common Parameter werden im Hilfethema *about_commonParameters* beschrieben, das man sich am besten in einem separaten Fenster anzeigen lässt:

PS> e

Darin werden auch die beiden zweitwichtigsten Common Parameters genannt: *-WhatIf* und *-Confirm*. Mit ihnen kann man PowerShell-Befehle entschärfen und entweder nur simuliert ausführen oder bei jeder Einzelaktion sicherheitshalber nachfragen lassen. Unterstützt werden diese beiden »Risk Mitigation«-Parameter (Risikominderungsparameter) allerdings nur von Cmdlets, die auch tatsächlich Änderungen am Computer und seinen Einstellungen durchführen. Alle übrigen Common Parameter spielen im Alltag keine nennenswerte Rolle.

Allgemeiner Parameter	Typ	Beschreibung
-Verbose	Switch	So viele Informationen anzeigen wie möglich. Ohne diesen Parameter beschränkt sich das Cmdlet auf die Anzeige der wesentlichsten Informationen.
-Debug	Switch	Zusätzliche Warnungen und Fehlermeldungen ausgeben, die Programmierern helfen, Fehlerursachen zu finden
-ErrorAction	Wert	Legt fest, wie sich das Cmdlet bei einem Fehler verhalten soll. Erlaubte Werte: *Continue:* Fehler melden und fortsetzen *Stop:* Fehler melden und abbrechen *SilentlyContinue:* keinen Fehler melden, weitermachen *Inquire:* nachfragen Die Vorgabe wird mit der Variablen *$ErrorActionPreference* festgelegt und ist normalerweise auf *Continue* eingestellt.
-ErrorVariable	Wert	Name einer Variable, in der im Fehlerfall Informationen über den Fehler abgelegt werden

-OutVariable	Wert	Name einer Variablen, in der das Ergebnis des Cmdlets gespeichert werden soll. Dieser Parameter ist meist überflüssig, weil Sie das Ergebnis des Cmdlets auch direkt einer Variablen zuweisen können. Der Unterschied: Weisen Sie das Ergebnis einer Variablen zu, wird es nicht mehr in der Konsole ausgegeben:
		
		`$ergebnis = Get-ChildItem`
		
		Weisen Sie das Ergebnis *zusätzlich* einer Variablen zu, wird es in die Konsole ausgegeben *und* in einer Variablen gespeichert:
		
		`Get-ChildItem -OutVariable ergebnis`

-WarningAction	Wert	Bestimmt, was mit Warnungen geschehen soll, die ein Cmdlet ausgibt. Erlaubte Werte: *Continue:* Warnung ausgeben und fortsetzen (Vorgabe) *Stop:* Warnung ausgeben und abbrechen *SilentlyContinue:* Warnung unterdrücken, fortfahren *Inquire:* nachfragen Die Vorgabe wird mit der Variablen *$WarningPreference* festgelegt und ist normalerweise auf *Continue* eingestellt.
-WarningVariable	Wert	Name einer Variable, in welcher der Warnungstext eines Cmdlets gespeichert wird
-WhatIf	Switch	Simuliert einen Befehl nur, ohne ihn wirklich auszuführen. Dieser Switch-Parameter wird nur von Cmdlets unterstützt, die tatsächlich Änderungen am System vornehmen würden.
-Confirm	Switch	Fragt für jede Aktion eines Befehls zuerst nach, bevor der Befehl Änderungen vornimmt. Dieser Switch-Parameter steht nur bei Cmdlets zur Verfügung, die Änderungen am System vornehmen.

Tabelle 2.3 Allgemeine Parameter, die für (fast) alle Cmdlets gelten

Fehlermeldungen unterdrücken

Der »Common Parameter« -*ErrorAction* bestimmt, wie ein Cmdlet mit Fehlern umgehen soll. Möchte man Fehlermeldungen kurzerhand unterdrücken, weil man sicher weiß, dass die Fehlermeldungen keine Bedeutung für die Aufgabe haben, die man zu lösen hat, kann das Argument *SilentlyContinue* eingesetzt werden:

```
PS> Get-Process -FileVersionInfo -ErrorAction SilentlyContinue
```

Es funktioniert: Der Befehl liefert Informationen, aber verzichtet auf störende rote Fehlermeldungen für Prozesse, auf die er nicht zugreifen kann. Gleiches gilt, wenn Sie mit *Get-ChildItem* rekursiv nach Dateien suchen und dabei mögliche Zugriffsverletzungen auf Unterordner ignorieren möchten:

```
PS> Get-ChildItem -Path c:\windows -Filter *.ps1 -Recurse -Force -ErrorAction SilentlyContinue
```

Welche Argumente der Parameter *-ErrorAction* akzeptiert, verrät die Autovervollständigung (mit ⇥) oder IntelliSense in ISE.

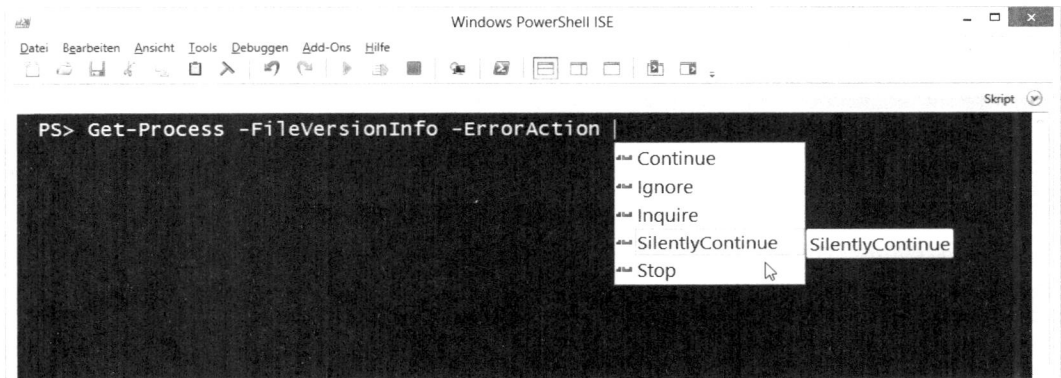

Abbildung 2.14 Fehlerbehandlung über Common Parameter *-ErrorAction* festlegen

Die Vorgabe lautet *Continue* (Fehler werden zwar angezeigt, führen aber nicht zum Abbruch des Befehls). Mit *Stop* kann das Verhalten im Fehlerfall auch verschärft werden: Das Cmdlet bricht dann beim ersten Fehler die Arbeit ab.

Kurz und knapp...

Parameter sind Zusatzinformationen, die Sie Cmdlets mit auf den Weg geben. Parameter folgen also immer durch Leerzeichen getrennt hinter dem Namen des Cmdlets.

Alle Parameter lassen sich auf einen von drei Grundtypen zurückführen:

- Benannte Parameter bestehen aus dem Parameternamen, der stets mit einem Bindestrich beginnt, und dem Argument, das diesem Parameter zugewiesen wird

- Switch-Parameter funktionieren genauso, nur wird ihnen kein Argument zugewiesen

- Eine Sonderrolle nehmen positionale Parameter ein, bei denen nur ein Argument (und kein Parametername) übergeben wird. Positionale Parameter sollen die Eingabe von Befehlen im Alltag erleichtern und richten sich nur an erfahrene PowerShell-Anwender, die bereits genau wissen, in welcher Reihenfolge ein Cmdlet die Argumente erwartet.

Zusätzlich zu den eigenen Parametern eines Cmdlets stehen außerdem in jedem Cmdlet die Common Parameter zur Verfügung. Mit *-ErrorAction* bestimmt man beispielsweise einheitlich für jedes Cmdlet, wie es im Fehlerfall reagieren soll.

Unvollständige Parameternamen

Haben Sie sich für benannte Parameter entschieden oder verwenden Switch-Parameter (die natürlich nie positional sein können), könnte man sich dennoch Schreibarbeit sparen. Parameternamen müssen nämlich nicht vollständig ausgeschrieben werden, solange das, was Sie angeben, eindeutig ist. Die folgende Zeile ist also erlaubt, weil *Get-ChildItem* nur einen Parameter kennt, der mit dem Buchstaben *r* beginnt:

```
PS> Get-ChildItem C:\Windows *.dll -r
```

Auch diese Zeile ist erlaubt:

```
PS> Get-ChildItem -pa C:\Windows -fi *.dll -r
```

Kürzen Sie Parameter zu stark, sodass sie nicht mehr eindeutig zugeordnet werden können, quittiert PowerShell das mit einer roten Fehlermeldung, in der die mehrdeutigen Parameternamen genannt werden:

```
PS> Get-ChildItem -pa C:\Windows -f *.dll -r

Get-ChildItem : Der Parameter kann nicht verarbeitet werden, da der Parametername "f" nicht
eindeutig ist. Mögliche Übereinstimmungen:  -Filter -Force.
```

Wie sich zeigt, gibt es zwei Parameter, die mit *f* beginnen, sodass *-f* nicht eindeutig ist.

Spätestens PowerShell 3.0 mit seiner exzellenten Autovervollständigung macht die Abkürzung von Parameternamen allerdings zu einem kontraproduktiven Feature, denn es kostet Sie nur einen lässigen Druck auf ⇆, um einen unvollständigen Parameternamen automatisch zu vervollständigen.

Parameter mit Aliasnamen abkürzen

Häufig benötigte Parameter können darüber hinaus mit sogenannten Aliasnamen versehen sein. Aliasnamen sind zusätzliche Kurznamen, unter denen man Parameter alternativ ansprechen kann. Sie haben schon den Parameter *-ErrorAction* kennengelernt, mit dessen Hilfe man Fehlermeldungen unterdrücken kann. Der Aliasname dieses Parameters lautet *-ea* (was man bei PowerShell 2.0 noch auswendig wissen musste, weil die Aliasnamen der PowerShell-Parameter in der Hilfe normalerweise nicht verraten werden. Aber in PowerShell 3.0 lassen sich die Parameter-Aliasnamen per Befehl ermitteln. Sie erfahren gleich, wie).

Die folgenden beiden Zeilen haben also identische Wirkung und sorgen dafür, dass alle Notepad-Instanzen geschlossen werden. Läuft kein Notepad, wird keine Fehlermeldung mehr ausgegeben:

```
PS> Stop-Process -Name Notepad -ErrorAction SilentlyContinue

PS> Stop-Process -Name Notepad -ea SilentlyContinue
```

PROFITIPP Tatsächlich kann man den letzten Aufruf noch sehr viel kürzer fassen, wenn man will. Mit dem folgenden Aufruf findet man heraus, ob es für das Cmdlet *Stop-Process* kürzere Aliasnamen gibt:

```
PS> Get-Alias -Definition Stop-Process

CommandType     Name
-----------     ----
Alias           kill -> Stop-Process
Alias           spps -> Stop-Process
```

Außerdem kann der Parametername verkürzt werden. Damit ergibt sich dieser Aufruf:

```
PS> kill -n Notepad -ea SilentlyContinue
```

Schließlich kann anstelle der Konstante *SilentlyContinue* auch dessen zugrunde liegender Zahlenwert angegeben werden, was den Aufruf zwar noch kürzer, dafür dann aber beinahe unleserlich macht:

```
PS> kill -n Notepad -ea 0
```

Die Aliasnamen eines Parameters sind wie bereits erwähnt normalerweise gut versteckt. Möchten Sie trotzdem wissen, über welche Aliasnamen ein Parameter angesprochen werden kann, setzen Sie die folgende etwas kryptische Zeile Code ein (und beschweren sich bitte nicht, dass darin Techniken vorkommen, die den aktuellen Videospiel-Level übersteigen und erst in den folgenden Kapiteln erklärt werden). Sie liefert eine Übersicht der Parameter von *Get-ChildItem* und der jeweils zugewiesenen Aliasnamen, jedenfalls dann, wenn Sie PowerShell 3.0 verwenden:

```
PS> (Get-Command -Name Get-ChildItem).Parameters.Values | Select-Object -Property Name, Aliases

Name             Aliases
----             -------
Path             {}
LiteralPath      {PSPath}
Filter           {}
Include          {}
Exclude          {}
Recurse          {s}
Force            {}
Name             {}
Verbose          {vb}
Debug            {db}
ErrorAction      {ea}
WarningAction    {wa}
ErrorVariable    {ev}
WarningVariable  {wv}
OutVariable      {ov}
OutBuffer        {ob}
UseTransaction   {usetx}
Attributes       {}
Directory        {ad, d}
File             {af}
Hidden           {ah, h}
ReadOnly         {ar}
System           {as}
```

Konflikte bei Parameternamen

Übrigens können Sie die Parametererkennung auch ausdrücklich abschalten. Nötig ist das nur im seltenen Fall, wenn ein Argument genauso lautet wie ein Parametername und deshalb ausdrücklich nicht als Parameter verstanden werden soll. Falls Sie also unbedingt mit *Write-Host* den Text *-BackgroundColor* ausgeben wollten, käme es normalerweise zu einem Konflikt:

```
PS> Write-Host -BackgroundColor
```

Write-Host : Fehlendes Argument für den Parameter "BackgroundColor". Geben Sie einen Parameter vom Typ "System.ConsoleColor" an, und versuchen Sie es erneut.

Hier könnten Sie die Parametererkennung mit zwei aufeinanderfolgenden Bindestrichen (--) ausdrücklich ausschalten. Alles, was diesen beiden Zeichen folgt (bis zum Zeilenende), wird nicht länger als Parameter erkannt:

```
PS> Write-Host -- -BackgroundColor
-BackgroundColor
```

Wirklich notwendig ist das allerdings nicht. Es hätte auch genügt, den Text einfach in Anführungszeichen zu setzen:

```
PS> Write-Host "-BackgroundColor"
-BackgroundColor
```

Parameter-Binding sichtbar machen

Die Abkürzungen und Tricks, die Sie in diesem letzten Abschnitt kennengelernt haben, sind zwar erlaubt, produzieren aber im Extremfall beinahe unleserlichen Code. Schauen Sie sich dazu die beiden folgenden Befehle an. Sie verrichten beide dasselbe und listen alle JPG-Bilder auf, die sich im Windows-Ordner oder einem seiner Unterordner befinden. Der erste Befehl schöpft alle Tricks zur Abkürzung aus, der zweite dagegen verzichtet auf Abkürzungen und Tricks und hält sich an alle Formalismen wie aus dem Lehrbuch. Welchen würden Sie leichter verstehen, wenn Sie ihm in einem Skript begegnen?

```
PS> Get-ChildItem -Path $env:windir -Filter *.jpg -Name -Recurse -ErrorAction SilentlyContinue
PS> ls -r $env:windir -n *.jpg -ea 0
```

Falls Sie genauer herausfinden möchten, wie PowerShell Ihre Parameter an ein Cmdlet bindet, greifen Sie zum Diagnose-Cmdlet *Trace-Command*. Diesem Cmdlet kann man einen Befehlsaufruf übergeben und dann nachvollziehen, in welcher Reihenfolge und auf welche Weise PowerShell die angegebenen Parameter den verfügbaren Parametern zuordnet. Analysieren Sie zum Beispiel die letzte (sehr kryptische) Beispielzeile von eben. Sie dürfen die Ausgabe mit ⌷Strg⌷+⌷C⌷ übrigens abbrechen, denn hier interessiert nur das initiale »ParameterBinding«, und der Befehl selbst benötigt wegen der rekursiven Suche doch geraume Zeit.

Der Analyseaufruf verrät, wie sich PowerShell hinter den Kulissen anstrengt, die übergebenen Argumente an die Parameter des Cmdlets zu binden. Jedes Analyseergebnis beginnt mit »DEBUG: ParameterBinding Information: 0 :«, weswegen dieses Präfix aus Platzgründen in der folgenden Liste entfernt wurde – also nicht wundern, wenn es bei Ihnen etwas anders aussieht:

```
PS> Trace-Command -psHost -Name ParameterBinding { ls -r $env:windir -n *.jpg -ea 0 }

BIND NAMED cmd line args [Get-ChildItem]
  BIND arg [True] to parameter [Recurse]
    COERCE arg to [System.Management.Automation.SwitchParameter]
      Parameter and arg types the same, no coercion is needed.
    BIND arg [True] to param [Recurse] SUCCESSFUL
  BIND arg [True] to parameter [Name]
    COERCE arg to [System.Management.Automation.SwitchParameter]
      Parameter and arg types the same, no coercion is needed.
    BIND arg [True] to param [Name] SUCCESSFUL
  BIND arg [0] to parameter [ErrorAction]
    COERCE arg to [System.Management.Automation.ActionPreference]
      Trying to convert argument value from System.Int32 to
System.Management.Automation.ActionPreference
        CONVERT arg type to param type using LanguagePrimitives.ConvertTo
        CONVERT SUCCESSFUL using LanguagePrimitives.ConvertTo: [SilentlyContinue]
    BIND arg [SilentlyContinue] to param [ErrorAction] SUCCESSFUL
BIND POSITIONAL cmd line args [Get-ChildItem]
  BIND arg [C:\Windows] to parameter [Path]
    Binding collection parameter Path: argument type [String], parameter type [System.String[]],
      collection type Array, element type [System.String], no coerceElementType
    Creating array with element type [System.String] and 1 elements
    Argument type String is not IList, treating this as scalar
    Adding scalar element of type String to array position 0
    BIND arg [System.String[]] to param [Path] SUCCESSFUL
  BIND arg [*.jpg] to parameter [Filter]
    BIND arg [*.jpg] to param [Filter] SUCCESSFUL
BIND cmd line args to DYNAMIC parameters.
  DYNAMIC parameter object: [Microsoft.PowerShell.Commands.GetChildDynamicParameters]
MANDATORY PARAMETER CHECK on cmdlet [Get-ChildItem]
CALLING BeginProcessing
CALLING EndProcessing
```

Fettgedruckt sind jeweils die erfolgreichen Bindungen hervorgehoben.

Cmdlets und virtuelle Laufwerke

Vermutlich ist es Ihnen noch gar nicht aufgefallen, aber PowerShell virtualisiert Laufwerke. Das bedeutet, dass nicht nur das Dateisystem als Laufwerk zur Verfügung steht, sondern allerhand weitere Informationsspeicher genauso navigierbar sind wie das Dateisystem.

PowerShell enthält eine Reihe von Cmdlets, die auf den ersten Blick für typische Dateisystemaufgaben gedacht sind. Allenfalls die Namensgebung ist etwas abstrakt, weil anstelle von *File* und *Folder* nur etwas nebulös von *Item* die Rede ist. Schauen Sie sich zunächst an, wie diese Cmdlets im Dateisystem verwendet werden.

Typische Dateisystemaufgaben meistern

Im Alltag müssen häufig Ordner angelegt oder Dateien von einem Ort an einen anderen kopiert werden. All diese Aufgaben werden von vier Cmdlet-Familien erledigt: *Item*, *Content*, *Path* und *Location*.

PROFITIPP   Falls Sie sich ein kleines Minihandbuch mit den Befehlen herstellen wollen, die im Dateisystem (und anderen virtuellen Rollen) gebraucht werden, kostet Sie das nur zwei Zeilen Code:

```
PS> Get-Command -Noun item*,content,path,location | Get-Help > $env:TEMP\referenz.txt
PS> Invoke-Item -Path $env:TEMP\referenz.txt
```

Was die Zeilen genau machen, wird Ihnen klarer, sobald Sie diesen Abschnitt gelesen haben. In jedem Fall öffnet sich nach wenigen Sekunden eine Textdatei, in der die komplette Hilfe für alle Cmdlets steht, die mit Laufwerken, Dateien und Ordnern zu tun haben. Jedenfalls dann, wenn Sie wie in Kapitel 1 beschrieben erfolgreich die PowerShell-Hilfe heruntergeladen haben. Andernfalls fehlen viele wertvolle Hilfeabschnitte.

Hier zuerst ein paar konkrete Beispiele, die alle den Cmdlet-Regeln folgen, die Sie inzwischen kennen, und Ihnen schon etwas vertraut vorkommen sollten:

```
# Inhalt einer Protokolldatei lesen
Get-Content -Path C:\Windows\WindowsUpdate.log

# Alle Protokolldateien aus dem Windows-Ordner auflisten:
Get-ChildItem -Path C:\Windows -Filter *.log -Recurse -ErrorAction SilentlyContinue -File

# Einen neuen Ordner anlegen:
New-Item -Path C:\BackupLogs -ItemType Directory -ErrorAction SilentlyContinue

# Überprüfen, ob ein Ordner oder eine Datei existiert:
Test-Path -Path C:\BackupLogs

# Alle Protokolldateien aus dem Windows-Ordner in einen Backup-Ordner kopieren
Get-ChildItem -Path C:\Windows -Filter *.log -Recurse -ErrorAction SilentlyContinue -File | Copy-
Item -Destination C:\BackupLogs -ErrorAction SilentlyContinue

# Ordner im Windows-Explorer öffnen:
Invoke-Item -Path C:\BackupLogs
```

Die Befehle erledigen bereits im Prinzip, was sie sollen, auch wenn vielleicht hier und dort noch eine rote Fehlermeldung dazwischenrutscht (spätestens in Kapitel 9 werden Sie auch störrische Fehlermeldungen im Griff haben).

Jedenfalls öffnet sich nach einiger Zeit der Ordner *c:\backuplogs* und zeigt die Kopien der gefundenen Protokolldateien an. Zumindest dann, wenn Sie im Code die Pfadnamen kontrolliert und angepasst haben. Falls bei Ihnen der Windows-Ordner nicht *C:\Windows* lautet, muss er natürlich geändert werden. Natürlich? Sollte ein Skript nicht selbst herausfinden, wo der Windows-Ordner sich befindet, damit es anschließend überall anstandslos ausgeführt werden kann?

Weitere »virtuelle Laufwerke« nutzen

So ist es auch. Neben den Cmdlets spielen bei PowerShell noch die vielfältigen virtuellen Laufwerke eine Rolle. Das Dateisystem ist nur ein kleiner Teil, und alle Cmdlets, die Sie gerade in Aktion gesehen haben, können auch (mehr oder weniger gut) auf völlig andere virtuelle Laufwerke zugreifen.

Eines davon heißt beispielsweise *env:* und liefert die Windows-Umgebungsvariablen. Möchten Sie den Inhalt dieses Laufwerks sehen, greifen Sie zum Cmdlet, das dafür bestimmt ist. Sie kennen es schon, denn es ist dasselbe wie im Dateisystem: *Get-ChildItem*:

```
PS> Get-ChildItem -Path env:\

Name                        Value
----                        -----
ALLUSERSPROFILE             C:\ProgramData
APPDATA                     C:\Users\Tobias\AppData\Roaming
CommonProgramFiles          C:\Program Files\Common Files
CommonProgramFiles(x86)     C:\Program Files (x86)\Common Files
CommonProgramW6432          C:\Program Files\Common Files
COMPUTERNAME                POWERSHELLPC
ComSpec                     C:\Windows\system32\cmd.exe
(…)
```

Der Windows-Ordner wird zum Beispiel von der Umgebungsvariable *windir* geliefert:

```
PS> Get-Item -Path env:\windir

Name                        Value
----                        -----
windir                      C:\Windows
```

Man könnte den Inhalt dieser Umgebungsvariable also zum Beispiel auf etwas verschlungenem Wege so ausgeben:

```
PS> (Get-Item -Path env:\windir).Value
C:\Windows
```

Notwendig ist das aber zum Glück nicht, denn auch die PowerShell-Variablen kommen mit den virtuellen Laufwerken zurecht. Sie müssen hierfür lediglich das Laufwerk vor den Variablennamen stellen:

```
PS> $env:windir
C:\Windows
```

HINWEIS　　Während *$windir* Ihre »eigene« Variable wäre, die Sie anlegen und dann damit tun und lassen könnten, was Ihnen gefällt, ist *$env:windir* das Element *windir* auf dem Laufwerk *env:*.

Nach gleichem Schema lassen sich sogar ganze Dateiinhalte lesen (auch wenn das weniger gebräuchlich ist). Die folgende Zeile gibt den Inhalt der Datei *WindowsUpdate.log* ganz ohne Einsatz von *Get-Content* aus:

```
PS> ${c:\windows\windowsupdate.log}
```

Die geschweiften Klammern sind nur erforderlich, weil der Pfadname Sonderzeichen enthält, die PowerShell sonst verwirren würden. Die Klammern sind optional und können bei den Umgebungsvariablen gefahrlos ebenfalls eingesetzt werden:

```
PS> ${env:windir}
C:\Windows
```

Die statische Pfadangabe »c:\windows« in den Befehlen von eben gerade lässt sich also durch *$env:windir* ersetzen. Das gibt Ihnen die Sicherheit, dass stets der richtige Windows-Ordner angesprochen wird.

Registrierungsdatenbank-Werte lesen und schreiben

Auch für die Registrierungsdatenbank existieren virtuelle Laufwerke (namens *HKCU:* und *HKLM:* für die Zweige *HKEY_CURRENT_USER* und *HKEY_LOCAL_MACHINE*). Sie können also Ihr Wissen aus dem Dateisystembereich fast ohne Reibungsverluste auch auf die Registrierungsdatenbank übertragen und dort beliebige Schlüssel und Werte anlegen, ändern oder auch löschen.

Genauso allerdings, wie Sie im Dateisystem nicht blind wüten sollten, gilt auch in der Registrierungsdatenbank vornehme Zurückhaltung. Es handelt sich bei ihr immerhin um den zentralen Datenspeicher für alle wichtigen Windows-Einstellungen. Man kann dort die erstaunlichsten (und teils undokumentierte) Einstellungen vornehmen und beim Betriebssystem nachdrückliche Wesensveränderungen hervorrufen.

In diesem Kapitel geht es also weniger darum, *warum* Sie Informationen in der Registrierungsdatenbank lesen oder ändern wollen oder sollten (diese Frage sollten Sie selbst beantworten können), sondern eher darum, *wie*. Solange Sie also das »Warum« nicht selbstbewusst vertreten können, sollten Sie die Finger von fremden Informationen lassen und lieber testweise eigene Schlüssel und Werte anlegen – so wie in den nachfolgenden Beispielen.

Schlüssel anlegen, auflisten, löschen

Die Registrierungsschlüssel in der Registrierungsdatenbank entsprechen in Analogie den Dateien und Ordnern im Dateisystem. Alles, was auf einem Laufwerk gespeichert ist, bezeichnet PowerShell allgemein als *Item*, was mittlerweile auch die etwas abstrakt gehaltenen Cmdlet-Namen erklärt. Es sind also stets immer wieder dieselben Cmdlets am Werk – bei der Arbeit mit Dateien und Ordnern ebenso wie beim Umgang mit der Registrierungsdatenbank:

```
# einen neuen Registrierungsschlüssel anlegen
PS> New-Item -Path HKCU:\Testschlüssel -Value 'Der Standardwert'

# einen Registrierungsschlüssel umbenennen
PS> Rename-Item -Path HKCU:\Testschlüssel -NewName Installationen

# auf einen bestimmten Registrierungsschlüssel zugreifen
PS> Get-Item -Path HKCU:\Installationen

# Schlüsselbäume einschließlich ihrer Werte von einem Ort zu einem anderen kopieren:
PS> Copy-Item -Path HKLM:\Software\Microsoft\Windows\CurrentVersion\Uninstall\* -Destination
HKCU:\Installationen -Recurse

# Unterschlüssel auflisten:
PS> Get-ChildItem -Path HKCU:\Installationen\

# Schlüssel samt Inhalt löschen:
PS> Remove-Item -Path HKCU:\Installationen -Recurse
```

```
# alle Schlüssel finden, die das Wort "PowerShell" enthalten:
PS> Get-ChildItem -Path HKLM:, HKCU: -Include *PowerShell* -Recurse -ErrorAction SilentlyContinue
```

TIPP   Am besten verfolgen Sie Ihre Experimente im grafischen Registrierungs-Editor, den Sie über den Befehl *regedit* auch direkt aus PowerShell heraus starten können. In der linken Spalte werden die Registrierungsschlüssel angezeigt. Die rechte Spalte zeigt die Registrierungswerte des Schlüssels an, der gerade in der linken Spalte markiert ist.

Sobald Sie Änderungen am Inhalt der Registrierungsdatenbank vornehmen, sollten Sie den Registrierungs-Editor durch resolutes Drücken auf F5 darauf aufmerksam machen, damit er seine Ansicht aktualisiert und die Änderungen auch sichtbar werden.

Werte hinzufügen, ändern und löschen

Die *Werte* der einzelnen Registrierungsschlüssel werden von PowerShell nicht als eigenständige Elemente des Laufwerks betrachtet. Sie gehören zu den jeweiligen Registrierungsschlüsseln. PowerShell nennt die Werte eines Registrierungsschlüssels deshalb nicht *Item*, sondern *ItemProperty*. Somit sind die entsprechenden Cmdlets mit *ItemProperty* im Namen zuständig, wenn Sie Werte anlegen, ändern oder löschen möchten:

```
# einen neuen Registrierungsschlüssel anlegen
PS> New-Item -Path HKCU:\Testschlüssel -Value 'Der Standardwert'

# Standardwert eines Schlüssels auslesen:
PS> (Get-ItemProperty -Path HKCU:\Testschlüssel).'(Default)'

# Standardwert eines Schlüssels nachträglich ändern:
PS> Set-ItemProperty -Path HKCU:\Testschlüssel -Name '(Default)' -Value 'Neuer Standardwert'

# einen DWORD-Wert hinzufügen
PS> Set-ItemProperty -Path HKCU:\Testschlüssel -Name Testwert1 -Value 12 -Type DWORD

# einen Binärwert hinzufügen:
PS> Set-ItemProperty -Path HKCU:\Testschlüssel -Name Testwert2 -Value (0..255) -Type Binary

# einen String hinzufügen
PS> Set-ItemProperty -Path HKCU:\Testschlüssel -Name Testwert3 -Value 'Test'

# einen Multi-String hinzufügen
PS> Set-ItemProperty -Path HKCU:\Testschlüssel -Name Testwert4 -Value 'Hello','World' -Type
MultiString

# alle Werte eines Schlüssels auf einmal lesen:
PS> Get-ItemProperty -Path HKCU:\Testschlüssel

# Wert eines Schlüssels löschen:
PS> Remove-ItemProperty -Path HKCU:\Testschlüssel -Name Testwert4

# einen bestimmten Wert lesen:
PS> (Get-ItemProperty -Path HKCU:\Testschlüssel).Testwert3

# Schlüssel samt Inhalt löschen:
PS> Remove-Item -Path HKCU:\Testschlüssel -Recurse
```

```
# Liste installierter Software anzeigen:
PS> Get-ItemProperty HKLM:\SOFTWARE\Microsoft\Windows\CurrentVersion\Uninstall\* | Select-Object
DisplayName, Publisher
```

PROFITIPP   Aufgrund eines Bugs, der sich bereits seit PowerShell 1.0 durch alle Versionen zieht, ist es nicht möglich, den Standardwert eines Registrierungsschlüssels mit *Remove-ItemProperty* zu entfernen. Falls dies dennoch unend-
lich wichtig für Sie sein sollte, müssten Sie dafür auf die Low-Level-.NET-Schnittstellen selbst zugreifen. Solche Zugriffe
sind Thema ab Kapitel 10 und daher noch ein klarer thematischer Vorgriff:

```
# Standardwert des Schlüssels HKCU:\Testschlüssel entfernen

# zuerst den übergeordneten Schlüssel öffnen:
PS> $key = Get-Item -Path HKCU:\

# dann den gewünschten Schlüssel mit Schreibrechten öffnen:
PS> $key2 = $key.OpenSubKey('Testschlüssel', 'ReadWriteSubTree')

# nun kann der Standardwert gelöscht werden:
PS> $key2.DeleteValue('')
```

Virtuelle Laufwerke und Provider verstehen

Hinter all den verschiedenen Laufwerken, die Sie gerade eingesetzt haben, stecken als gemeinsamer
Nenner die sogenannten *Provider* (oder auch *Anbieter*). Ein Provider ist in der Lage, den Inhalt eines
beliebigen Informationsspeichers wie ein Laufwerk erscheinen zu lassen.

Welche Provider es gibt, offenbart *Get-PSProvider*:

```
PS> Get-PSProvider

Name                 Capabilities                 Drives
----                 ------------                 ------
Alias                ShouldProcess                {Alias}
Environment          ShouldProcess                {Env}
FileSystem           Filter, ShouldProcess, C...  {C}
Function             ShouldProcess                {Function}
Registry             ShouldProcess, Transactions  {HKLM, HKCU}
Variable             ShouldProcess                {Variable}
```

In der Spalte *Drives* werden die Laufwerke genannt, die der jeweilige Provider zur Verfügung stellt.
Wie Sie sehen, ist der Provider *Environment* für das Laufwerk *env:* zuständig. Die klassischen Datei-
laufwerke werden vom Provider *FileSystem* betreut und der Zugang zur Registrierungsdatenbank
wird durch den Provider *Registry* ermöglicht.

TIPP   Der Name eines Laufwerks wird stets ohne den abschließenden Doppelpunkt angegeben. Wollen Sie
auf ein bestimmtes Laufwerk zugreifen, müssen Sie den Doppelpunkt also immer anfügen. Um beispielsweise alle digitalen Zertifikate zu sehen, die auf Ihrem Computer installiert sind, könnten Sie erneut auf das altbewährte *Get-ChildItem*
zugreifen:

```
PS> Get-ChildItem -Path cert:\ -Recurse
```

Denken Sie daran, dem Laufwerk ein »\« anzufügen, wenn Sie seinen Stammordner meinen. Ohne das »\« verwendet PowerShell stattdessen den aktuellen Pfad des Laufwerks und der kann auf einen ganz anderen Ort voreingestellt sein.

Die Spalte *Capabilities* ist ebenfalls interessant, denn sie verrät, was ein Provider leisten kann:

Capability	Beschreibung
ShouldProcess	Unterstützung für die allgemeinen Parameter -*WhatIf* und -*Confirm*, mit denen eine Aktion nur simuliert oder einzeln bestätigt werden muss
Filter	Unterstützung für schnelle und direkte Filterung. Nur bei Providern, die diese Fähigkeit haben, kann beispielsweise der Parameter -*Filter* des Cmdlets *Get-ChildItem* eingesetzt werden. Bei allen übrigen Providern muss *Get-ChildItem* auf das langsamere -*Include* ausweichen.
Credentials	Fähigkeit, Anmeldedaten zu erfragen und den Benutzer am Informationsspeicher, der hinter dem jeweiligen Laufwerk steckt, unter anderen Anmeldedaten anzumelden
Transactions	Fähigkeit, mehrere Änderungen zu einer sogenannten Transaktion zusammenzufassen, die dann in Gänze entweder tatsächlich durchgeführt oder ebenfalls in Gänze abgebrochen wird. Nur Provider, die Transaktionen unterstützen, können die Cmdlets der Familie *Transaction* nutzen, also beispielsweise mit *Start-Transaction* eine Transaktion beginnen und diese mit *Complete-Transaction* abschließen oder mit *Undo-Transaction* rückgängig machen.

Tabelle 2.4 Fähigkeiten eines Providers und was genau dahintersteckt

Provider sind genau wie Cmdlets übrigens kein fest verdrahteter Bestandteil von PowerShell, sondern werden genau wie Cmdlets von Modulen zur Verfügung gestellt.

Provider können also genauso wie Cmdlets nachgerüstet werden, und die Provider, die Sie gerade gesehen haben, gehören lediglich zur Grundausstattung von PowerShell. Sie werden gleich noch mehr über Module hören und können dann beispielsweise auch das Active Directory mit seiner Benutzerverwaltung als Laufwerk *AD:* und einen möglicherweise vorhandenen *Microsoft* SQL *Server* über das Laufwerk *SQL:* ansprechen.

Neue virtuelle Laufwerke

Ein virtuelles Laufwerk ist eigentlich lediglich ein versteckter Eintrag in PowerShell, der drei Dinge festlegt: den Namen des Laufwerks, den Provider, der für das Laufwerk zuständig sein soll, und das Stammverzeichnis (angegeben in der Pfadschreibweise des jeweiligen Providers).

Welche virtuellen Laufwerke es zurzeit gibt, meldet *Get-PSDrive*:

```
PS> Get-PSDrive

Name         Used (GB)    Free (GB) Provider      Root
----         ---------    --------- --------      ----
Alias                               Alias
C              89,62         11,54 FileSystem    C:\
Cert                                Certificate   \
Env                                 Environment
Function                            Function
HKCU                                Registry      HKEY_CURRENT_USER
HKLM                                Registry      HKEY_LOCAL_MACHINE
```

```
Variable                                        Variable
WSMan                                           WSMan
```

Möchten Sie ein weiteres virtuelles Laufwerk hinzufügen, verwenden Sie *New-PSDrive*. Die folgende Zeile liefert ein neues Laufwerk namens *Desktop:*, das auf Ihren Desktop eingestellt ist:

```
PS> New-PSDrive -Name Desktop -PSProvider FileSystem -Root $HOME\Desktop
PS> Get-ChildItem -Path Desktop:
```

Mit neuen Laufwerken gelangen Sie auch an Teile der Registrierungsdatenbank, die von den schon vorhandenen Laufwerken noch nicht abgedeckt werden. Die nächsten Zeilen fügen ein Laufwerk namens *HKU:* hinzu, das auf den Registrierungszweig *HKEY_USERS* verweist (und übrigens aus Gründen der Intimsphäre nur mit vollen Administratorrechten gelesen werden kann):

```
PS> New-PSDrive -Name HKU -PSProvider Registry -Root HKEY_USERS
PS> Get-ChildItem -Path HKU: -ErrorAction SilentlyContinue
```

Wie fast alle Änderungen an den PowerShell-Einstellungen ist die Lebenszeit Ihrer virtuellen Laufwerke allerdings beschränkt auf die aktuelle Sitzung. Sobald Sie PowerShell schließen und wieder öffnen, erinnert sich PowerShell an keine Ihrer Änderungen. In Kapitel 4 erfahren Sie, wie Sie Änderungen mithilfe eines Profilskripts dauerhaft verankern können.

PROFITIPP   Neue virtuelle Laufwerke dienen vor allem Ihrer Bequemlichkeit, sind aber nie wirklich erforderlich. Sie sorgen ja lediglich dafür, dass PowerShell weiß, welcher Provider für einen bestimmten Pfad zuständig ist.

Dasselbe können Sie auch ohne virtuelles Laufwerk mit einem kleinen Trick erreichen: Schreiben Sie vor einen Pfad den Namen des Providers, für den er bestimmt ist, und trennen Sie beide mit zwei Doppelpunkten. Den Zweig *HKEY_USERS* können Sie also auch so abfragen:

```
PS> Get-ChildItem -Path Registry::HKEY_USERS -ErrorAction SilentlyContinue
```

Wenn Sie mögen, verwenden Sie einfach nur den Providernamen und sehen so dessen Stammverzeichnisse:

```
PS> Get-ChildItem -Path Registry::

    Hive:

Name                          Property
----                          --------
HKEY_LOCAL_MACHINE
HKEY_CURRENT_USER
HKEY_CLASSES_ROOT
HKEY_CURRENT_CONFIG
HKEY_USERS
```

Der Standardwert eines Registrierungsschlüssels, der in der rechten Spalte des Registrierungs-Editors als *(Standard)* aufgeführt wird, ist übrigens eigentlich ein Wert ohne Namen. Bei PowerShell heißt er immer *(Default)*. Weil dieser Name Sonderzeichen enthält (nämlich die runden Klammern), muss er in Anführungszeichen gesetzt werden.

Möchten Sie zum Beispiel den Standardwert des Schlüssels *HKEY_CLASSES_ROOT\.ps1* lesen, der Ihnen verrät, ob eine – und falls ja, welche – Anwendung mit PowerShell-Skriptdateien verknüpft ist, schreiben Sie:

```
PS> (Get-ItemProperty Registry::HKEY_CLASSES_ROOT\.ps1).'(Default)'
```

Laufwerks-Cmdlets zusammengefasst

Damit PowerShell auf einheitliche Art mit beliebigen Laufwerkstypen arbeiten kann, verwendet es dazu einen abstrakten Ansatz, der begrifflich zwischen *Item* und *ItemProperty* unterscheidet sowie sich auf das Prinzip sogenannter *Container* stützt:

- **Item**   entspricht einem bestimmten Element eines Laufwerks, zum Beispiel einem Ordner oder einer Datei im Dateisystem oder einem Registrierungsschlüssel in der Registrierungsdatenbank

- **ItemProperty**   entspricht zusätzlichen Informationen eines Items, zum Beispiel den Werten eines Registrierungsschlüssels

- **Container**   entspricht einem Item, der weitere Items enthalten kann, zum Beispiel einem Ordner im Dateisystem oder einem Registrierungsschlüssel in der Registrierungsdatenbank

Für den Umgang mit diesen Elementen sind Cmdlets mit einem Tätigkeitsbereich zuständig, der den Begriff *Item* oder *ItemProperty* enthält. Viele davon kennen Sie bereits, denn Sie haben bereits häufig mit ihnen gearbeitet. Schauen Sie einmal in die Spalte *Alias*.

Cmdlet	Alias	Beschreibung
Clear-Item	*cli*	*Löscht den Inhalt eines Items, aber nicht das Item selbst*
Clear-ItemProperty	*clp*	*Löscht eine Item-Eigenschaft*
Copy-Item	*copy, cp, cpi*	*Kopiert ein Item an einen anderen Ort*
Copy-ItemProperty	*cpp*	*Kopiert eine Item-Eigenschaft an einen anderen Ort*
Get-ChildItem	*dir, gci, ls*	*Listet den Inhalt eines Containers auf*
Get-Item	*gi*	*Ruft ein bestimmtes Item ab*
Get-ItemProperty	*gp*	*Ruft die Eigenschaften eines bestimmten Items ab*
Invoke-Item	*ii*	*Führt die in Windows festgelegte Standardaktion für ein Item aus. Dateien können so beispielsweise mit dem zugeordneten Programm geöffnet werden.*
Move-Item	*mi, move, mv*	*Verschiebt ein Item an einen anderen Ort*
Move-ItemProperty	*mp*	*Verschiebt die Eigenschaften eines Items an einen neuen Ort*
New-Item	*ni*	*Legt ein neues Item an*
New-ItemProperty	*–*	*Legt eine neue Eigenschaft für ein vorhandenes Item an*
Remove-Item	*del, erase, rd, ri, rm, rmdir*	*Löscht ein oder mehrere Items. Platzhalterzeichen sind erlaubt*
Remove-ItemProperty	*rp*	*Löscht Eigenschaften eines Items*
Rename-Item	*ren, rni*	*Ändert den Namen eines Items*
Rename-ItemProperty	*rnp*	*Ändert den Namen einer Item-Eigenschaft*
Set-Item	*si*	*Ändert den Inhalt eines Items*
Set-ItemProperty	*sp*	*Ändert den Inhalt einer Item-Eigenschaft*

Tabelle 2.5 Cmdlets für PowerShell-Laufwerke

Viele dieser Cmdlets unterstützen Platzhalterzeichen im Parameter -*Path*. Diese dürfen auch mitten im Pfadnamen vorkommen. Die folgende Zeile sucht zum Beispiel – Administratorrechte vorausgesetzt – in allen Benutzerprofilen im jeweiligen Unterordner *Skripts* rekursiv nach PowerShell-Skripts:

```
PS> Get-ChildItem -Path C:\Users\*\Skripts -include *.ps1 -Recurse
```

Wollen Sie ausdrücklich keine Platzhalterzeichen verwenden, zum Beispiel, weil der Pfadname Platzhalterzeichen als Namensbestandteil enthält, greifen Sie anstelle von -*Path* zum Parameter -*LiteralPath*. Er nimmt Ihre Pfadangabe stets wörtlich.

In PowerShell-Laufwerken navigieren

Der aktuelle Ort auf einem Laufwerk, an dem Sie sich innerhalb der PowerShell-Konsole gerade befinden, wird im Prompt der Eingabeaufforderung genannt, es sei denn, Sie haben Ihren Prompt geändert. Den aktuellen Ordner ermitteln Sie auch mit *Get-Location*:

```
PS> Get-Location

Path
----
C:\Users\Tobias Weltner\Sources
```

Möchten Sie an einen anderen Ort im Dateisystem navigieren, verwenden Sie *Set-Location* oder den Alias *cd*:

```
# einen Ordner höher (relativ):
PS> cd ..

# in das Stammverzeichnis des aktuellen Laufwerks (relativ):
PS> cd \

# in einen fest angegebenen Ordner (absolut):
PS> cd C:\Windows

# Ordnername aus Umgebungsvariable beziehen (absolut):
PS> cd $env:windir

# Ordnername aus Variable beziehen (absolut):
PS> cd $HOME
```

Ist ein Pfadname nicht absolut (mit absolut ist gemeint, dass dieser mit dem Stammverzeichnis beginnt), sondern relativ, wertet PowerShell ihn stets relativ zu Ihrer augenblicklichen Position auf dem Laufwerk.

Zeichen	Bedeutung	Beispiel	Ergebnis
.	Aktueller Ordner	explorer .	Öffnet den aktuellen Ordner im Windows-Explorer. Alternative: Invoke-Item . oder kurz ii .
..	Übergeordneter Ordner	cd ..	Wechselt in den übergeordneten Ordner

Tabelle 2.6 Wichtige Sonderzeichen bei relativen Pfadangaben

Zeichen	Bedeutung	Beispiel	Ergebnis
\	Stammverzeichnis	cd \	Wechselt in den obersten Ordner eines Laufwerks
~	Basisverzeichnis	cd ~	Wechselt in den Ordner, den PowerShell anfangs automatisch anwählt

Tabelle 2.6 Wichtige Sonderzeichen bei relativen Pfadangaben *(Fortsetzung)*

PROFITIPP   Relative Pfadnamen werden von *Resolve-Path* in absolute Pfadnamen übersetzt werden, zum Beispiel so:

```
PS> Resolve-Path .\test.txt

Path
----
C:\Users\Tobias Weltner\test.txt
```

Wie die meisten anderen Cmdlets in diesem Abschnitt unterstützt auch *Resolve-Path* Platzhalterzeichen und kann dazu verwendet werden, Dateien zu finden:

```
PS> Resolve-Path -Path $env:windir\*.exe

Path
----
C:\Windows\explorer.exe
C:\Windows\fveupdate.exe
C:\Windows\HelpPane.exe
C:\Windows\hh.exe
C:\Windows\notepad.exe
C:\Windows\regedit.exe
(…)
```

Neue Cmdlets aus Modulen nachladen

Cmdlets sind extrem praktische Lösungen, wie Sie gesehen haben, und hat man erst das Cmdlet gefunden, das eine bestimmte Aufgabe lösen kann, braucht man sich im Grunde nur noch mit seinen Parametern auseinanderzusetzen.

Nun wäre es etwas zu viel verlangt, von PowerShell alle denkbaren Cmdlets für alle Probleme dieser Welt zu erwarten. Die Standard-Cmdlets von PowerShell bilden deshalb nur die Basisausstattung. Wenn Sie speziellere Aufgaben lösen möchten, beispielsweise Netzwerkkarten oder Benutzer in einem Active Directory verwalten, dann laden Sie die dafür zuständigen Cmdlets nach. Dies soll im Folgenden auf der Videospiellandkarte angeschaut werden (Abbildung 2.15).

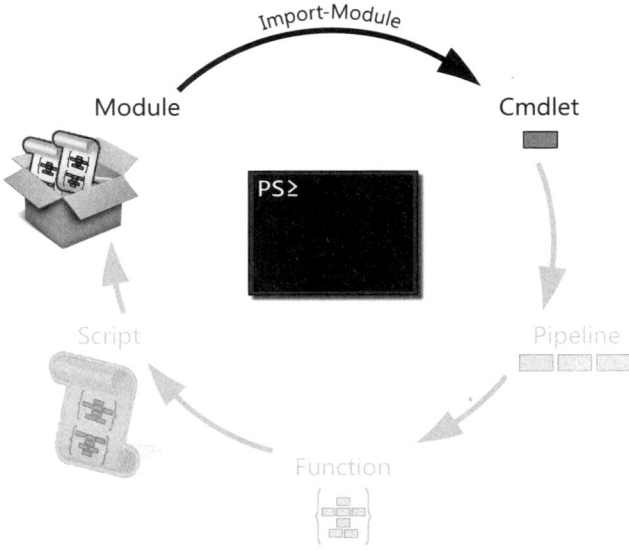

Abbildung 2.15 Neue Cmdlets mit *Import-Module* nachrüsten

Tatsächlich genügt ein einziger Befehl, nämlich *Import-Module*, um Ihr PowerShell-Ökosystem mit vielen neuen Cmdlets zu bereichern. Sie alle funktionieren nach genau denselben Regeln, die Sie gerade kennengelernt haben.

Alle Cmdlets entstammen Modulen

Cmdlets sind grundsätzlich in Modulen beheimatet. Das gilt auch für die Basis-Cmdlets, die Power-Shell selbst mitbringt. Um zu sehen, aus welchen Modulen ein Cmdlet eigentlich stammt, fragen Sie einfach *Get-Command*:

```
PS> Get-Command -CommandType Cmdlet

CommandType Name                      ModuleName
----------- ----                      ----------
Cmdlet      Add-Computer              Microsoft.PowerShell.Management
Cmdlet      Add-Content               Microsoft.PowerShell.Management
Cmdlet      Add-History               Microsoft.PowerShell.Core

Cmdlet      Add-Member                Microsoft.PowerShell.Utility

Cmdlet      Add-PSSnapin              Microsoft.PowerShell.Core

Cmdlet      Add-Type                  Microsoft.PowerShell.Utility

Cmdlet      Checkpoint-Computer       Microsoft.PowerShell.Management
Cmdlet      Clear-Content             Microsoft.PowerShell.Management
Cmdlet      Clear-EventLog            Microsoft.PowerShell.Management
Cmdlet      Clear-History             Microsoft.PowerShell.Core
(…)
```

In der Spalte *ModuleName* wird nun das Modul genannt, welches das jeweilige Cmdlet beherbergt. PowerShell bringt diese Module mit:

Name	PS	Bedeutung
AppLocker	2.0	Verwaltet AppLocker-Einstellungen (Softwareeinschränkung)
BitsTransfer	2.0	Zugriff auf den »Background Intelligent Transfer Service« (BITS)
CimCmdlets	3.0	Cmdlets der zweiten Generation für Zugriff auf WMI-Informationen
Microsoft.PowerShell.Diagnostics	2.0	Cmdlets zu Ereignisprotokollen und Performance-Countern
Microsoft.PowerShell.Host	2.0	Unterstützung für Start-/Stop-Transcript
Microsoft.PowerShell.Management	2.0	Cmdlets für die Verwaltung des Computers
Microsoft.PowerShell.Security	2.0	Cmdlets für Signaturen, NTFS-Berechtigungen und Anmeldeinfos
Microsoft.PowerShell.Utility	2.0	Cmdlets zur Formatierung von Ergebnissen
Microsoft.WSMan.Management	2.0	Cmdlets zur Verwaltung von Remotezugriffen über WSMan
PSScheduledJob	3.0	Cmdlets zur Verwaltung geplanter Aufgaben
PSWorkflow, PSWorkflowUtility	3.0	Cmdlets zur Arbeit mit Workflows
TroubleshootingPack	2.0	Cmdlets zur Arbeit mit Problemlöse-Assistenten

Tabelle 2.7 PowerShell-Module im Standardlieferumfang

Die aktuell geladenen Module zeigt *Get-Module*. Wenn Sie den Parameter *-ListAvailable* angeben, werden auch alle übrigen verfügbaren Module angezeigt. PowerShell findet automatisch alle Module, die sich an einem der üblichen Speicherorte für Module befinden. Was die Frage aufwirft, welche Orte das sind. Sie werden in der Umgebungsvariable *$env:PSModulePath* aufgelistet:

```
PS> $env:PSModulePath -split ';'
```

```
C:\Users\Tobias\Documents\WindowsPowerShell\Modules
C:\Windows\system32\WindowsPowerShell\v1.0\Modules\
```

Als Vorgabe verwendet PowerShell zwei Orte: Einer liegt in Ihrem persönlichen Benutzerprofil. Hier dürfen Sie beliebige Module hinterlegen, die Sie persönlich nutzen möchten. Der andere Ort befindet sich im Systemverzeichnis. Änderungen erfordern deshalb hier Administratorrechte. Dafür stehen die hier hinterlegten Module allen Benutzern zur Verfügung.

TIPP   Sie können die Umgebungsvariable *$env:PSModulePath* auch erweitern. So könnten Module direkt von einem USB-Stick oder einem zentralen Netzlaufwerk geladen werden.

Allerdings gibt es eine wichtige Einschränkung: Binäre Module (die also DLL-Bibliotheken enthalten) dürfen aus Sicherheitsgründen üblicherweise nicht über ein Netzwerk geladen werden. UNC-Pfadnamen auf einen Netzwerkshare scheiden hier deshalb genauso aus wie gemappte Netzlaufwerke.

Neue Module automatisch nachladen

Sofern sich ein Modul in einem der Ordner befindet, die in *$env:PSModulePath* genannt werden, dürfen Sie die darin enthaltenen Cmdlets sofort einsetzen. Sie brauchen zusätzliche Module in PowerShell 3.0 also nicht selbst zu laden. Das erledigt PowerShell für Sie.

Falls Sie beispielsweise Windows 8 oder Server 2012 in Verwendung haben, werden Sie vielleicht schon entdeckt haben, wie viele zusätzliche Cmdlets es dort gibt. Diese Betriebssystemgeneration ist nämlich inzwischen fast vollständig durch PowerShell-Cmdlets verwaltbar.

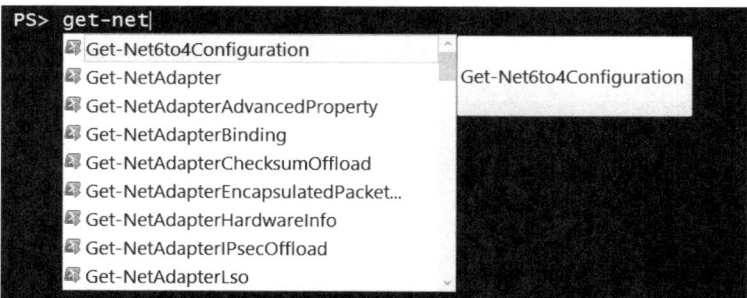

Abbildung 2.16   Windows 8/Server 2012 bringen viele weitere Cmdlets aus Zusatzmodulen mit

Die Verwaltung der Netzwerkkarten ist damit beispielsweise ein Kinderspiel, denn für fast alle Fragestellungen gibt es jetzt die entsprechenden Cmdlets:

```
PS> Get-NetAdapterStatistics
```

Name	ReceivedBytes	ReceivedUnicastPackets	SentBytes
Ethernet	430599313	352480	4545107

```
PS> Get-NetAdapterAdvancedProperty
```

Name	DisplayName	DisplayValue
Ethernet	Flusssteuerung	Rx- & Tx-aktiviert
Ethernet	Interruptüberprüfung	Aktiviert
Ethernet	IPv4-Prüfsummenabladung	Rx- & Tx-aktiviert
Ethernet	Großes Paket	Deaktiviert
Ethernet	Abladung großer Sendungen (...	Aktiviert
Ethernet	Priorität & VLAN	Priorität & VLAN ak...
Ethernet	Empfangspuffer	256
Ethernet	Übertragungsrate und Duplex...	Automatische Aushan...
Ethernet	TCP-Prüfsummenabladung (IPv4)	Rx- & Tx-aktiviert
Ethernet	Übertragungspuffer	512
Ethernet	UDP-Prüfsummenabladung (IPv4)	Rx- & Tx-aktiviert
Ethernet	Adaptives Inter-Frame-Spacing	Aktiviert
Ethernet	Interruptdämpfungsrate	Adaptiv
Ethernet	Lokal verwaltete Adresse	--
Ethernet	Anzahl der zusammengefügten...	128

```
PS> Get-NetIPAddress

IPAddress          : fe80::e1a2:d0c:f7fc:f49c%12
InterfaceIndex     : 12
InterfaceAlias     : Ethernet
AddressFamily      : IPv6
Type               : Unicast
PrefixLength       : 64
PrefixOrigin       : WellKnown
SuffixOrigin       : Link
AddressState       : Preferred
ValidLifetime      : Infinite ([TimeSpan]::MaxValue)
PreferredLifetime  : Infinite ([TimeSpan]::MaxValue)
SkipAsSource       : False
PolicyStore        : ActiveStore
```

PROFITIPP   Tatsächlich geht PowerShell 3.0 beim automatischen Modulimport so vor: Es durchsucht die in *$env:PSModulePath* genannten Ordner und schaut dann in der Manifestdatei des Moduls (sozusagen der »Begleitzettel« eines Moduls, der als Datei mit der Erweiterung *.psd1 im Modulordner liegt), welche Cmdlets das Modul liefert. Importiert wird das Modul aber noch nicht.

Die gefundenen Cmdlets bietet Ihnen PowerShell dann in seiner Autovervollständigung und in den IntelliSense-Menüs von ISE genauso an, als wären sie schon geladen.

Entscheiden Sie sich für ein noch nicht geladenes Cmdlet, importiert PowerShell automatisch mit *Import-Module* das betreffende Modul und lädt erst jetzt – also bei Bedarf – die Cmdlets dieses Moduls in den Speicher.

Möchten Sie diese automatische Suche deaktivieren, ist dafür diese Einstellung notwendig:

```
PS> $PSModuleAutoLoadingPreference = 'none'
```

Jetzt verhält sich PowerShell 3.0 wie sein Vorgänger PowerShell 2.0, und es können nur die Cmdlets verwendet werden, die aus einem ausdrücklich geladenen Modul stammen. Sie müssen nun also selbst mit *Import-Module* die Module nachladen, auf deren Cmdlets Sie zugreifen möchten. Geben Sie den Common Parameter *-Verbose* an, so werden die Cmdlets genannt, die dabei importiert werden:

```
PS> Import-Module BitsTransfer –Verbose

AUSFÜHRLICH: Cmdlet "Add-BitsFile" wird importiert.
AUSFÜHRLICH: Cmdlet "Complete-BitsTransfer" wird importiert.
AUSFÜHRLICH: Cmdlet "Get-BitsTransfer" wird importiert.
AUSFÜHRLICH: Cmdlet "Remove-BitsTransfer" wird importiert.
AUSFÜHRLICH: Cmdlet "Resume-BitsTransfer" wird importiert.
AUSFÜHRLICH: Cmdlet "Set-BitsTransfer" wird importiert.
AUSFÜHRLICH: Cmdlet "Start-BitsTransfer" wird importiert.
AUSFÜHRLICH: Cmdlet "Suspend-BitsTransfer" wird importiert.
```

Mit *Get-Command* können Sie aber auch später jederzeit auflisten, welche neuen Befehle aus dem Modul geladen wurden:

```
PS> Get-Command -Module BitsTransfer
```

Die Einstellung $PSModuleAutoLoadingPreference = 'none', die die Modulnachladeautomatik bei PowerShell 3.0 abschaltet, ist übrigens nicht ganz ungefährlich. PowerShell 3.0 lädt nämlich auch seine eigenen Module nur bei Bedarf. Wenn Sie also die Nachladefunktion abschalten, stehen Ihnen anders als bei früheren PowerShell-Versionen unter Umständen noch nicht einmal alle Basis-Cmdlets mehr zur Verfügung.

Sie müssten also zusätzlich von Hand die Basismodule mit *Import-Module* importieren. Das glauben Sie nicht? Probieren Sie die folgenden Zeilen in einer klassischen PowerShell-Konsole (nicht in ISE) aus:

```
PS> powershell -noprofile
PS> $PSModuleAutoLoadingPreference = 'none'
PS> cls

New-Object : Die Benennung "New-Object" wurde nicht als Name eines Cmdlet, einer Funktion, einer
Skriptdatei oder eines ausführbaren Programms erkannt. Überprüfen Sie die Schreibweise des Namens,
oder ob der Pfad korrekt ist (sofern enthalten), und wiederholen Sie den Vorgang.
(…)

PS> Import-Module 'Microsoft.PowerShell.Utility'
PS> cls
```

Wie praktisch neue Cmdlets aus weiteren Modulen sein können, zeigt das folgende Beispiel, das sich die Möglichkeit des BITS-Dienstes zunutze macht, um auch größere Dateien aus dem Internet herunterzuladen, hier zum Beispiel ein NASA-HD-Video (Größe: 567 MB):

```
# optional bei PowerShell 3.0, aber Pflicht bei PowerShell 2.0:
PS> Import-Module BITSTransfer
PS> $url = 'http://anon.nasa-global.edgesuite.net/HD_downloads/HD_Earth_Views.mov'
PS> Start-BitsTransfer $url $HOME\video1.wmv
PS> Invoke-Item $HOME\video1.wmv
```

Listing 2.1   Das Skript *download_video.ps1*

Sobald das Video heruntergeladen ist, startet Windows Media Player bzw. das in Windows entsprechend registrierte Standardprogramm, spielt es ab und beschert wundervolle Ansichten auf unseren Planeten (Abbildung 2.17).

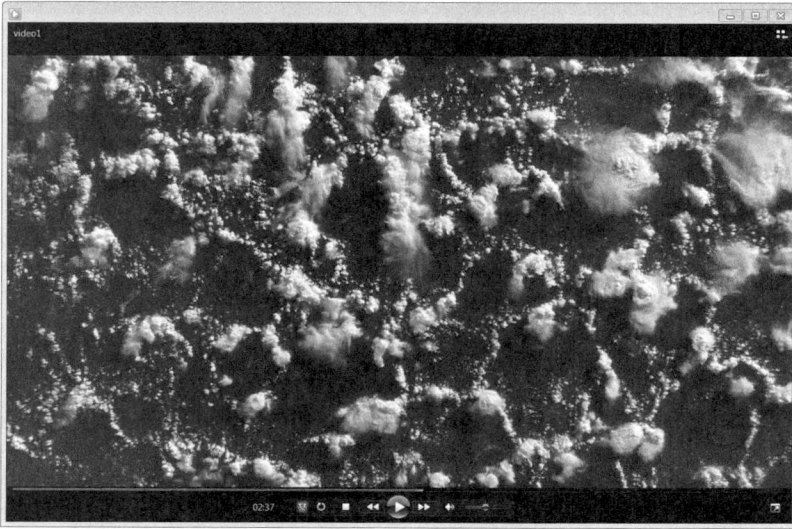

Abbildung 2.17   Ein NASA-Video: von PowerShell heruntergeladen und abgespielt

---

TIPP Es ist übrigens gar nicht so trivial, überhaupt Video-URLs im Internet zu Download-Demozwecken zu finden, denn meist wollen die Video-Anbieter natürlich genau diesen Download verhindern und die Videos nur strea-men. Eine gute Quelle für herunterladbares Demovideomaterial sind deshalb vor allem die öffentlichen Institutionen, beispielsweise die NASA: *http://www.nasa.gov/multimedia/hd/HDGalleryCollection_archive_1.html*.

Der Download wird im Vordergrund durchgeführt und läuft nur, solange auch PowerShell ausge-führt wird. Genauso gut hätten Sie den Download aber auch still im Hintergrund unabhängig von der PowerShell-Sitzung und über viele Tage verteilt ausführen lassen können – einfach nur durch den zusätzlichen Parameter *-Asynchronous*:

```
PS> Start-BitsTransfer 'http://www.idera.com/images/Tours/Videos/PowerShell-Plus-Learning-
Center.wmv' $HOME\video2.wmv -Asynchronous
```

JobId	DisplayName	TransferType	JobState	OwnerAccount
1365d9d6-938c-...	BITS Transfer	Download	Connecting	DEMO5\w7-pc9

Anschließend könnte PowerShell beendet und der Computer sogar heruntergefahren oder neu gestartet werden. Der Download wird dann bei Bedarf fortgesetzt. Mit *Get-BitsTransfer* schauen Sie bei Bedarf nach, wie weit der Download fortgeschritten ist:

```
PS> Get-BitsTransfer
```

JobId	DisplayName	TransferType	JobState	OwnerAccount
1365d9d6-938c-...	BITS Transfer	Download	Transferred	DEMO5\w7-pc9

Wenn Sie den asynchronen Modus verwenden, muss der Download mit *Complete-BitsTransfer* abge-schlossen werden – vorher stehen die heruntergeladenen Dateien nicht zur Verfügung. Verwenden Sie zum Beispiel eine Zeile wie diese, um alle Downloads abzuschließen:

```
PS> Complete-BitsTransfer (Get-BitsTransfer -AllUsers)
```

Die neuen Befehle des Moduls machen deutlich, dass mit jeder neuen Erweiterung auch Ihre Mög-lichkeiten wachsen, ohne dass sehr viel neues Wissen dazu nötig wäre. Die Cmdlets aus dem Modul *BitsTransfer* jedenfalls folgen genau denselben Regeln wie alle übrigen Cmdlets, die Sie schon kennen-gelernt haben.

HINWEIS Wenn Sie die Remoteserver-Verwaltungstools (RSAT) von Microsoft installieren, werden dabei die PowerShell-Module nicht automatisch mitinstalliert (Ausnahme: Windows 8, da kann der folgende Schritt entfallen). Wechseln Sie daher nach der Installation in die *Systemsteuerung* zu *Programme und Funktionen* und dann zu *Windows-Funktionen aktivieren oder deaktivieren* und aktivieren Sie unter *Remoteserver-Verwaltungstools* den Zweig *Featurever-waltungstools/Tools für Gruppen-richtlinienverwaltung* sowie *Rollenverwaltungstools/AD DS-/AD LSD-Tools/Active Directory Modul für Windows PowerShell*.

Auslaufmodell: Snap-Ins

Neben Modulen gibt es noch eine weitere, veraltete Form, um neue Cmdlets oder Provider nachzu-laden: die *PowerShell-Snap-Ins*, kurz PSSnapin.

Diese waren bei PowerShell 1.0 der einzige Weg, Cmdlets und Provider nachzurüsten. Bis PowerShell 2.0 nutzte sogar PowerShell selbst für seine eigenen Cmdlets diesen Weg. Deshalb gibt es bis heute noch Software und Anbieter, die PowerShell-Erweiterungen als Snap-In liefern. Dazu gehören auch Microsoft-Serverprodukte wie Microsoft Exchange Server und Microsoft SQL Server.

Im Gegensatz zu Modulen haben Snap-Ins aber lästige Beschränkungen: Sie müssen wie eine normale Software zuerst installiert werden und benötigen dafür sogar stets Administratorrechte, weil sich Snap-Ins im geschützten Zweig *HKEY_LOCAL_MACHINE\SOFTWARE\Microsoft\PowerShell \1\PowerShellSnapIns* in der Registrierungsdatenbank registrieren müssen. Bei Modulen ist all das nicht nötig. Entweder kopieren Sie diese an einen der Orte, die in *$env:PSModulePath* genannt sind, oder Sie geben bei *Import-Module* eben den Pfadnamen zum Modul an. Mehr ist nicht erforderlich.

Falls Sie nachprüfen möchten, ob es auf Ihrem Computer noch *Snap-Ins* gibt, schauen Sie mit *Get-PSSnapin* nach:

```
PS> Get-PSSnapin -Registered
```

Das Nachladen von Snap-Ins funktioniert fast genauso wie bei Modulen. Nur heißt das Cmdlet hierfür *Add-PSSnapin*. Ist ein Snap-In erst einmal geladen, verhält es sich genau wie Module und stellt die enthaltenen Cmdlets und Provider zur Verfügung.

Alias: Zweitname für Cmdlets

PowerShell baut Brücken in die Vergangenheit und nutzt dazu sogenannte »historische Aliase«. Diese helfen Anwendern, die bereits früher mit der Windows-Eingabeaufforderung oder in Unix-Shells gearbeitet haben oder heute noch damit arbeiten, schnell den passenden Befehl zu finden. Aliase funktionieren wie in Agententhrillern: »Daniel Craig *alias* James Bond«. Es sind also nur Zweitnamen, eine Illusion. Dank dieser Aliase funktionieren viele alte Befehle in PowerShell auf den ersten Blick fast wie früher:

```
PS> dir c:\windows
PS> md c:\newfolder
PS> ren c:\newfolder ordner_neu
PS> del c:\ordner_neu
```

Aliase sind keine neuen Befehle

Katerstimmung entwickelt sich höchstens, sobald Sie versuchen, mit diesen »alten« Befehlen handfest zu werden und komplexere Dinge anzustellen. Der folgende Befehl lieferte in klassischen Befehlskonsolen beispielsweise alle **.log*-Dateien aus dem Windows-Ordner und seinen Unterordnern, bei PowerShell dagegen eine rote Fehlermeldung:

```
PS> dir c:\windows /S

dir : Das zweite Pfadfragment darf kein Laufwerk oder UNC-Name sein.
Parametername: path2
```

Der Grund: *dir* ist gar kein eigenständiger Befehl und entspricht schon gar nicht dem alten »dir« aus einer normalen Windows-Eingabeaufforderung. *dir* ist lediglich ein Verweis auf das PowerShell-Cmdlet, das dem alten Befehl am nächsten kommt, nämlich *Get-ChildItem*.

Aliase können also dabei helfen, das zuständige neue Cmdlet zu finden. Danach allerdings müssen Sie sich mit diesem und seinen Parametern auseinandersetzen:

```
PS> dir c:\windows -Recurse -ErrorAction SilentlyContinue
```

Das muss nicht lästig sein, denn im Gegenzug erhalten Sie dafür natürlich wieder das komfortable IntelliSense (Abbildung 2.18).

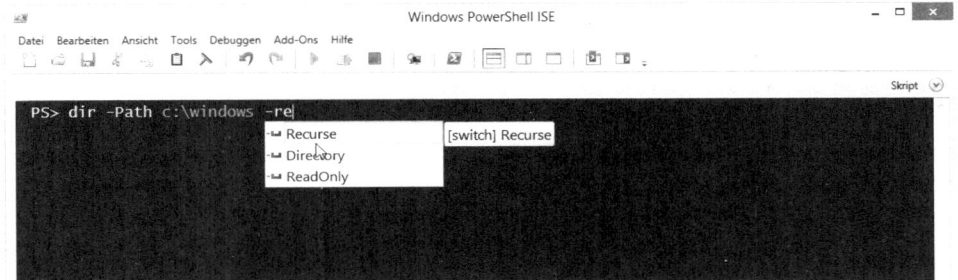

Abbildung 2.18   Aliase, die auf Cmdlets verweisen, liefern dieselbe umfangreiche IntelliSense-Unterstützung

Befehlstypen ermitteln

Möchten Sie alle Aliase sehen, die PowerShell mitbringt, verwenden Sie *Get-Alias* (oder das Laufwerk *Alias:*). *Get-Alias* kann Ihnen mit dem Parameter *-Definition* auch Aliase heraussuchen, die auf einen bestimmten Befehl verweisen. Die folgende Zeile findet alle Aliase für das Cmdlet *Get-ChildItem*:

```
PS> Get-Alias -Definition Get-ChildItem

CommandType     Name
-----------     ----
Alias           dir -> Get-ChildItem
Alias           gci -> Get-ChildItem
Alias           ls -> Get-ChildItem
```

Im Zweifelsfall deckt *Get-Command* auf, um was für einen Befehlstyp es sich jeweils handelt. So finden Sie zum Beispiel heraus, welche Befehlsarten hinter Aliasnamen in Wirklichkeit stecken:

```
PS> Get-Command -Name ipconfig, echo, dir, notepad, control, devmgmt, wscui, lpksetup

CommandType     Name
-----------     ----
Application     ipconfig.exe
Alias           echo -> Write-Output
Alias           dir -> Get-ChildItem
Application     notepad.exe
Application     control.exe
Application     devmgmt.msc
```

```
Application     wscui.cpl
Application     lpksetup.exe
```

Wie sich zeigt, sind *echo* und *dir* in Wirklichkeit Aliase (Verweise) auf die Cmdlets *Write-Output* und *Get-ChildItem*. Alle übrigen Befehle sind vom Typ *Application*, also eigenständige Programme mit der Dateierweiterung »*.exe*«.

Während Befehle vom Typ *Application* vollkommen autark sind und deshalb bei PowerShell exakt genauso funktionieren wie anderswo, richtet sich das Verhalten der Aliase nach dem Befehl, auf den sie in Wirklichkeit verweisen. Weil *dir* in Wirklichkeit auf das Cmdlet *Get-ChildItem* verweist und Sie also in Wirklichkeit Letzteres aufrufen, wenn Sie *dir* verwenden, gelten für *dir* dieselben Regeln, als hätten Sie *Get-ChildItem* geschrieben. Sie dürfen also nicht die Parameter des alten Befehls *dir* einsetzen, sondern müssen ausschließlich auf die Parameter des Cmdlets *Get-ChildItem* zurückgreifen.

Klassische Interpreterbefehle sind Cmdlets

Warum hat PowerShell Befehle wie *dir* und *echo* überhaupt in Aliase verwandelt und mit eigenen Cmdlets implementiert – und nicht einfach so gelassen, wie sie waren? Befehle wie *ipconfig* und *ping* funktionieren in PowerShell doch ebenfalls noch genauso wie früher.

Wenn ein Befehl eine eigenständige Anwendung ist, so wie *ipconfig* und *ping*, ändert sich ihr Verhalten in keiner Weise. PowerShell ruft genauso analog zur Eingabeaufforderung ja lediglich das entsprechend Programm auf. Die Befehle *dir* und *echo* (sowie einige weitere) waren allerdings nie eigenständige Anwendungen. Auch schon zu »DOS-Zeiten« (also vor ungefähr sehr langer Zeit) gab es keine Anwendung wie *dir.exe* oder *echo.exe*. Stattdessen waren *dir* und *echo* Teil des alten Befehlszeileninterpreters und können über diesen auch heute noch eingesetzt werden – auch von PowerShell aus:

```
PS> cmd.exe /c dir c:\windows
 Volume in Laufwerk C: hat keine Bezeichnung.
 Volumeseriennummer: 18D6-E089

 Verzeichnis von c:\windows

15.08.2012  20:41    <DIR>          .
15.08.2012  20:41    <DIR>          ..
26.07.2012  10:13    <DIR>          addins
26.07.2012  10:12    <DIR>          AppCompat
26.07.2012  12:27    <DIR>          apppatch
26.07.2012  09:22    <DIR>          assembly
(…)
```

Weil heute aber PowerShell der neue Befehlszeileninterpreter ist und nicht mehr *cmd.exe*, fallen alle integrierten alten Konsolenbefehle aus *cmd.exe* weg und wurden deshalb von PowerShell mit den eigenen Mitteln – also als Cmdlets – neu erfunden.

Da sich die meisten Befehle in der klassischen *cmd.exe* mit Dateihandling beschäftigt haben, kann man sich auch einen Großteil der historischen Aliase auf diese Weise sichtbar machen und erfährt auf einen Blick, wie die neuen Cmdlets für diese alten Befehle heißen. Jedenfalls, wenn man weiß, dass die Cmdlets für Dateihandling in der Regel in ihrem Substantiv die Schlüsselwörter *Item*, *Content* oder *Location* tragen:

```
PS> Get-Alias -Definition *-Item*, *-Content*, *-Location*

CommandType        Name
-----------        ----
(…)
Alias              copy -> Copy-Item
(…)
Alias              del -> Remove-Item
Alias              erase -> Remove-Item
(…)
Alias              move -> Move-Item
(…)
Alias              rd -> Remove-Item
Alias              ren -> Rename-Item
(…)
Alias              rmdir -> Remove-Item
(…)
Alias              cat -> Get-Content
(…)
Alias              type -> Get-Content
Alias              cd -> Set-Location
Alias              chdir -> Set-Location
```

PowerShell verwendet Aliase übrigens nicht nur, um erfahrenen Anwendern den Umstieg zu Power-Shell zu versüßen. Auch PowerShell-Anwender greifen im hektischen Alltag gern mal zu diesen Kurz-namen. *gps* ist beispielsweise viel schneller gezückt als *Get-Process*, wenn man kurz die laufenden Prozesse zu überprüfen hat.

Eigene Aliase anlegen

Sie dürfen auch gern eigene Aliase anlegen, wenn Sie möchten. Dazu setzen Sie *Set-Alias* ein. Die folgende Zeile legt einen neuen Alias namens *edit* an, der den Windows-Editor startet. Künftig startet also *notepad.exe*, sobald Sie den Befehl *edit* eingeben.

```
PS> Set-Alias -Name edit -Value notepad
```

Allerdings gilt Ihr neuer Alias nur in der aktuellen PowerShell-Sitzung, die ihn umgehend wieder vergisst, sobald Sie diese schließen. Eigene Aliase ergeben erst dann richtig Sinn, wenn Sie persönliche Einstellungen mithilfe eines Profilskripts speichern. Wie dies funktioniert, erfahren Sie in Kapitel 4.

Der Nutzen eigener Aliase ist ohnehin generell begrenzt. Denn PowerShell-Skripts, die von Ihnen definierte Aliase verwenden, funktionieren nicht auf anderen Computern. Eigene Aliase sind deshalb nur für PowerShell-Profis gedacht, die einen Großteil ihrer Zeit mit der interaktiven PowerShell-Konsole verbringen und ihre *ganz persönliche* Befehlsumgebung etwas tippfreundlicher gestalten möchten.

Es gibt noch einen Haken: Eigene Aliase können sogar das System beeinträchtigen. Denn sie tragen die höchste Befehlspriorität und gewinnen bei Namensgleichheiten immer. Mit Aliasen kann man also (gewollt oder nebenbei) andere Befehle schachmatt setzen oder »verbiegen«. Die Befehle verrichten dann plötzlich etwas ganz anderes. Die folgenden beiden Zeilen setzen den Befehl *ping* außer Kraft und starten stattdessen den Windows-Editor:

```
PS> Set-Alias -Name ping -Value notepad
PS> Set-Alias -Name ping.exe -Value notepad
```

Aliase sind im Übrigen reine Befehlsersetzungen. Die Befehlsparameter kann man nicht beeinflussen oder erweitern. Der Alias verhält sich daher in puncto Parameter exakt so wie das Original. Nur der reine Befehlsname kann mit einem Alias abgekürzt werden. Wer mehr will, sollte unauffällig zu Kapitel 8 vorblättern.

Zusammenfassend ist also festzustellen: Die in PowerShell integrierten Aliase sind praktisch und dürfen bedenkenlos eingesetzt werden, um Tipparbeit zu sparen oder in alter Gewohnheit mit klassischen Befehlsnamen zu arbeiten. Neue Aliase kann man zwar auf Wunsch mit *Set-Alias* oder *New-Alias* hinzufügen, aber sinnvoll ist das indes häufig nicht. Spätestens wenn Sie damit beginnen, PowerShell-Skripts zu schreiben, sollten Sie Aliase ausmustern und stattdessen ausschließlich die originalen Befehle verwenden.

Testen Sie Ihr Wissen!

Wenn Sie dieses Kapitel sorgfältig durchgearbeitet haben, sollten Sie die folgenden Aufgaben meistern können. Falls Sie auf Aufgaben treffen, die Sie nicht erfolgreich durchführen können, sollten Sie sich die angegebenen Abschnitte in diesem Kapitel noch einmal anschauen, bevor Sie zum nächsten Kapitel wechseln.

Aufgabe   Mit welchem Cmdlet kann man einen Dienst stoppen? Welche Tätigkeit muss der Befehl also ausführen? Schauen Sie im Zweifelsfall auf Seite 62 nach. Welchen Tätigkeitsbereich wählen Sie? Wie heißt das Cmdlet also?

Lösung   Da Sie einen Dienst stoppen wollen, lautet die Tätigkeit *Stop*. Der Tätigkeitsbereich entspricht dem englischen Namen für *Dienst*, also *Service*, sodass der Cmdlet-Name *Stop-Service* heißt. Selbst wenn Sie dies nicht gewusst hätten, würde die reine Tätigkeit Ihnen bereits weiterhelfen, indem Sie mit *Get-Command* alle Cmdlets auflisten, die diesen Tätigkeitsbereich verwenden:

```
PS> Get-Command -Verb Stop
```

CommandType	Name	ModuleName
Cmdlet	Stop-Computer	Microsoft.Powe...
Cmdlet	Stop-Job	Microsoft.Powe...
Cmdlet	Stop-Process	Microsoft.Powe...
Cmdlet	Stop-Service	Microsoft.Powe...
Cmdlet	Stop-Transcript	Microsoft.Powe...

Auch *Get-Help* kann hier helfen:

```
PS> Get-Help Stop
PS> Get-Help Service
```

Ob Sie einen Dienst tatsächlich stoppen *dürfen*, hängt von anderen Faktoren ab, also zum Beispiel Ihren Rechten und der Frage, ob andere Dienste von dem Dienst abhängig sind.

Aufgabe   Sie möchten eine Liste sämtlicher Hotfixes erhalten, die auf einem Computer installiert wurden. Mit welchem Cmdlet erhalten Sie die gesuchten Informationen?

Lösung   Wieder möchten Sie Informationen abrufen und deshalb lautet die Tätigkeit erneut *Get*. Da Sie Hotfixes auflisten möchten, heißt der Tätigkeitsbereich *HotFix* und das Cmdlet *Get-HotFix*. Selbst wenn

Ihnen für den Tätigkeitsbereich die Beschreibung *HotFix* nicht eingefallen wäre, hätten Sie dieses Cmdlet mithilfe der Autovervollständigung entdecken können. Dazu geben Sie ein: **Get-**. Direkt hinter dem Bindestrich drücken Sie mehrmals ⇆, um sich Vorschläge anzeigen zu lassen. Spätestens bei der Durchsicht der verfügbaren Cmdlets wären Sie früher oder später über *Get-HotFix* gestolpert.

Aufgabe   Obwohl *Stop-Process* ein Programm normalerweise ohne weitere Rückfragen beendet, läuft bei Ihnen eine Editor-Instanz, die sich partout nicht mit *Stop-Process* beenden lässt. Worin könnte die Ursache liegen?

Lösung   Wenn Ihr Windows-System die sogenannte Benutzerkontensteuerung verwendet, arbeitet die normale PowerShell-Konsole nicht mit vollen Berechtigungen und darf auch nicht auf andere Programme zugreifen, die mit vollen Rechten ausgeführt werden. Vermutlich wurde der Editor mit vollen Administratorrechten geöffnet, was beispielsweise auch geschieht, wenn man ihn aus einer PowerShell-Konsole heraus öffnet, die volle Administratorrechte besitzt. Um das Programm zu schließen, müssten Sie Ihren Befehl also in einer PowerShell-Konsole ausführen, die ebenfalls volle Administratorrechte besitzt.

Aufgabe   Starten Sie den Computer mithilfe eines Cmdlets neu. Wie könnte die dafür erforderliche Tätigkeit lauten? Wie heißt das passende Cmdlet?

Lösung   Die gesuchte Tätigkeit heißt diesmal *Restart* und das Cmdlet *Restart-Computer*. Das Verb *Restart* ist zwar neu, aber selbst wenn es Ihnen nicht eingefallen wäre, können Sie immer auch nach dem Tätigkeitsbereich suchen, also *Computer*.

Bevor Sie aber *Restart-Computer* mal testweise eingeben, sollten Sie zuerst weiterlesen: Nur Cmdlets mit der Tätigkeitsbeschreibung *Get* sind harmlos. Andere Cmdlets können einen Schaden anrichten, wenn man sie unüberlegt aufruft. Gerade eben *Restart-Computer* ist ein Beispiel dafür: Beim Neustart des Computers können etwa Daten in Programmen verloren gehen, die nicht rechtzeitig gespeichert wurden. *Restart-Computer* startet dabei den Computer neu, ohne eine Sicherheitsabfrage zu stellen! Wenn Sie den Befehl einmal gefahrlos ausprobieren wollen, so starten Sie ihn im Simulationsmodus:

```
Restart-Computer -WhatIf
```

Aufgabe   Finden Sie heraus, wie lange es noch bis Weihnachten oder bis zu Ihrem nächsten Geburtstag dauert. Wer mag, kann auch ausrechnen, seit wie vielen Tagen er bereits das Leben auf der Erde bereichert. Das dafür zuständige Cmdlet heißt *New-TimeSpan* und berechnet Zeitspannen. Wie muss es aufgerufen werden?

Lösung   *New-TimeSpan* berechnet die Zeitdifferenz zwischen einem angegebenen Startdatum und dem aktuellen Datum. Das Startdatum ist positional und steht an Position 1, sodass Sie lediglich ein Datum hinter dem Cmdlet anzugeben brauchen:

```
New-TimeSpan 24.12.2012
```

Die Zeitdifferenz wird in verschiedenen Einheiten zurückgeliefert, sodass Sie sich die passende Zeiteinheit daraus aussuchen können. Differenzen, die verglichen mit dem aktuellen Datum in der Zukunft liegen, erscheinen als negative Werte. Möchten Sie den Vergleich umdrehen, verwenden Sie anstelle des positionalen Parameters -*Start* den Parameter -*End*, geben also nicht das Startdatum des Vergleichs an, sondern das Enddatum:

```
PS> New-TimeSpan -End 24.12.2012
```

Erlaubt ist auch beides: Geben Sie sowohl Start- als auch Enddatum an, berechnet *New-TimeSpan* die Differenz zwischen diesen beiden Datumswerten.

Aufgabe   Sie möchten mehr über Platzhalterzeichen erfahren. Wie kann man die entsprechende Hilfe dazu abrufen? Denken Sie daran, dass PowerShell allgemeine Hilfethemen immer mit einem Namen versieht, der mit *about_* beginnt. Achten Sie darauf, englische Begriffe zu verwenden. Der englische Begriff für *Platzhalter* heißt *Wildcard*.

Lösung   Möchten Sie alle allgemeinen Hilfethemen sehen, die das Stichwort *Wildcard* enthalten, verwenden Sie *Get-Help* mit Platzhalterzeichen:

```
PS> Get-Help about_*wildcard*
```

Weil es nur ein einziges Thema mit diesem Stichwort gibt, wird sein Inhalt sofort aufgelistet, und Sie erhalten nützliche Informationen über den Einsatzbereich von Platzhalterzeichen. Suchen Sie nach einem Stichwort, das in mehreren Themen enthalten ist, listet *Get-Help* stattdessen die infrage kommenden Themen auf. Suchen Sie beispielsweise nach dem Stichwort *operator*, finden Sie mehrere Hilfethemen, welche die jeweiligen Operatoren dokumentieren, die PowerShell unterstützt:

```
PS> Get-Help about_*operator*
```

```
Name                      Category  Synopsis
----                      --------  --------
about_Arithmetic_Operators  HelpFile  Beschreibt die Operatoren, mit denen in Windows PowerShell
about_Assignment_Operators  HelpFile  Beschreibt, wie Variablen mithilfe von Operatoren Werte
about_Comparison_Operators  HelpFile  Beschreibt die Operatoren zum Vergleichen von Werten in
                                      Windows
about_logical_operators     HelpFile  Beschreibt die Operatoren zum Verbinden von Anweisungen in
                                      Windows
about_operators             HelpFile  Beschreibt die von Windows PowerShell unterstützten
                                      Operatoren.
about_type_operators        HelpFile  Beschreibt die Operatoren, die mit Microsoft .NET
                                      Framework-Typen
```

Aufgabe   Finden Sie heraus, welche Cmdlets den Tätigkeitsbereich *Stop* verwenden.

Lösung   Setzen Sie *Get-Command* mit dem Parameter *-Verb* ein:

```
PS> Get-Command -Verb Stop
```

Sie könnten auch Platzhalterzeichen verwenden, doch würde *Get-Command* dann nicht nur Cmdlets auflisten, sondern möglicherweise auch andere Befehlsarten:

```
PS> Get-Command Stop*
```

Einen anderen Weg nutzt *Get-Help*, denn auch dieses Cmdlet kann Befehle suchen:

```
PS> Get-Help Stop
```

Aufgabe   Finden Sie ein Cmdlet, mit dem Sie den Computer herunterfahren können. Überlegen Sie, ob Ihnen dafür eine Tätigkeit oder ein Tätigkeitsbereich einfällt, nach der bzw. nach dem man suchen könnte.

Lösung   Das Ergebnis von Get-Verb kann helfen, die passende Tätigkeit zu finden. Nachdem Sie vielleicht vergeblich nach einer Tätigkeit wie *Shutdown* gesucht haben, fällt Ihnen möglicherweise die Tätigkeit *Stop* ins Auge. Lassen Sie sich zeigen, welche Cmdlets diese Tätigkeit verwenden. Wie dies geschieht, haben Sie bereits in der vorangegangenen Aufgabe gesehen. *Stop-Computer* ist der Name des gesuchten Cmdlets. (Auch hier gilt, dass man es vermeiden sollte, den Befehl unüberlegt einzugeben.)

Falls Sie bei der Suche nach der Tätigkeit nicht fündig geworden sind, können Sie auch nach dem Tätigkeitsbereich suchen. Da Sie den Computer herunterfahren wollen, lassen Sie sich alle Cmdlets mit dem Tätigkeitsbereich *Computer* auflisten:

```
PS> Get-Command -Noun Computer

CommandType       Name                          ModuleName
-----------       ----                          ----------
Cmdlet            Add-Computer                  Microsoft.Powe...
Cmdlet            Checkpoint-Computer           Microsoft.Powe...
Cmdlet            Remove-Computer               Microsoft.Powe...
Cmdlet            Rename-Computer               Microsoft.Powe...
Cmdlet            Restart-Computer              Microsoft.Powe...
Cmdlet            Restore-Computer              Microsoft.Powe...
Cmdlet            Stop-Computer                 Microsoft.Powe...
```

Auch auf diesem Weg finden Sie schließlich *Stop-Computer* und entdecken nebenbei viele weitere interessante Cmdlets rund um die Computersteuerung. Es taucht das bereits bekannte Cmdlet *Restart-Computer* aus einer der letzten Aufgaben noch einmal auf, aber auch das Cmdlet *Restore-Computer,* mit dem Sie Ihren Computer auf einen Systemwiederherstellungspunkt zurücksetzen.

Aufgabe   Versuchen Sie, mit *Restart-Computer* nicht den eigenen Computer neu zu starten, sondern einen Remotecomputer. Wie können Sie die Parameter von *Restart-Computer* auflisten? Welcher Parameter ist für die Remotesteuerung zuständig? Wie kann man das Skript anhalten, bis der Remotecomputer erfolgreich neu gestartet ist?

Lösung   Die Parameter eines Cmdlets lassen sich beispielsweise über die Autovervollständigung anzeigen, indem Sie hinter dem Cmdlet-Namen ein Leerzeichen und einen Bindestrich angeben. Direkt hinter dem Bindestrich drücken Sie dann mehrmals ⇆, bis Sie den passenden Parameter gefunden haben. In ISE erscheinen die Parameter als IntelliSense-Menü. Oder Sie beauftragen *Get-Help*, alle Parameter eines Cmdlets aufzulisten. So erhalten Sie auch gleich eine detaillierte Beschreibung der Parameter:

```
PS> Get-Help Restart-Computer -Parameter *
```

Der gesuchte Parameter heißt *-ComputerName* und erwartet die IP-Adresse oder den Computernamen desjenigen Systems, das neu gestartet werden soll. Beachten Sie, dass für den Neustart Administratorrechte nötig sind und auf dem neu zu startenden System ungesicherte Daten verloren gehen können. Falls der Remotecomputer nicht neu startet, weil noch ungesicherte Daten auf die Speicherung warten, setzen Sie notfalls den Switch-Parameter *-Force* ein. Dann allerdings gehen ungesicherte Daten endgültig verloren. Bei PowerShell 3.0 ist der neue Parameter *-Wait* hinzugekommen. Geben Sie diesen an, wartet Ihr Skript, bis der Remotecomputer seinen Neustart abgeschlossen hat.

Aufgabe   Mit dem folgenden Cmdlet kann man einen neuen Ordner anlegen:

```
PS> e
```

Falls es diesen Ordner allerdings schon gibt, verursacht der Befehl eine Fehlermeldung:

```
PS> New-Item C:\neu -Type Directory
New-Item : Das Element mit dem angegebenen Namen C:\neu ist bereits vorhanden.
```

In diesem Beispiel kommt es Ihnen nur darauf an, den Ordner anzulegen. Existiert er schon, soll die Fehlermeldung nicht ausgegeben werden. Wie kann man ein Cmdlet beauftragen, keine Fehlermeldungen anzuzeigen?

Lösung   Jedes Cmdlet unterstützt neben den eigenen Parametern eine Reihe von allgemeinen Parametern (Common Parameter) wie zum Beispiel -*ErrorAction*. Übergibt man diesem Parameter den Wert *SilentlyContinue*, verschluckt das Cmdlet seine Fehlermeldung:

```
PS> New-Item C:\neu -Type Directory -ErrorAction SilentlyContinue
```

Aufgabe   Finden Sie heraus, ob bereits eine Instanz des Programms *Notepad* ausgeführt wird.

Lösung   Um alle laufenden Instanzen des Editors zu sehen, verwenden Sie *Get-Process*:

```
PS> Get-Process -Name notepad
```

Das Ergebnis sind entweder die gefundenen *Process*-Objekte oder eine Fehlermeldung, wenn kein Editor ausgeführt wird. Zuerst sollten Sie deshalb die Fehlermeldung mit dem Parameter -*ErrorAction* unterdrücken:

```
PS> Get-Process -Name notepad -ErrorAction SilentlyContinue
```

Da Sie nicht die einzelnen *Process*-Objekte erhalten, sondern nur die Anzahl der laufenden Notepad-Instanzen zählen möchten, verwenden Sie als Nächstes runde Klammern. Diese führen zuerst die Befehle innerhalb der Klammern aus, also die Liste der laufenden Notepad-Editoren. Anschließend können Sie die *Count*-Eigenschaft des Ergebnisses abfragen:

```
PS> (Get-Process notepad -ea SilentlyContinue).Count
```

Wird nur genau eine Instanz von Notepad ausgeführt (oder keine), kassieren Sie allerdings zumindest bei PowerShell 2.0 einen Fehler. *Get-Process* liefert nämlich als Ergebnis nur dann ein Array (mit einer *Count*-Eigenschaft) zurück, wenn es auch wirklich mehrere Einzelergebnisse zu kombinieren gibt. Läuft nur eine einzelne Notepad-Instanz, erhalten Sie das *Process*-Objekt direkt zurück (das keine *Count*-Eigenschaft besitzt), und läuft gar kein Notepad, erhalten Sie »nichts« zurück (sodass ebenfalls keine *Count*-Eigenschaft existiert).

Die Lösung: Schreiben Sie vor die öffnende runde Klammer ein @. Damit zwingen Sie PowerShell, das Ergebnis des Befehls auf jeden Fall in einem Array zu speichern, auch wenn es nur ein einziges oder gar kein Resultat gibt:

```
PS> @(Get-Process notepad -ea SilentlyContinue).Count
```

In PowerShell 3.0 ist dies nicht unbedingt notwendig, PowerShell 3.0 gibt auch ohne diese Maßnahme 0 oder 1 als Anzahl laufender Notepad-Instanzen korrekt zurück. Es schadet aber auch nicht, ganz im Gegenteil, gerade in Hinblick auf Abwärtskompatibilität von Skripts ist es sogar sinnvoll.

Wer mag, kann die vorangegangene Zeile auch mithilfe von Variablen in mehrere Zeilen aufteilen:

```
PS> $prozesse = @(Get-Process notepad -ea SilentlyContinue)
PS> $anzahl = $prozesse.Count
PS> "Es laufen derzeit $anzahl Instanzen von Notepad."
```

Aufgabe   Wie können Sie den Aufruf eines Befehls nur simulieren, sodass Sie zwar sehen, was geschehen würde, den Befehl (und die Änderungen, die er bewirkt) aber nicht ausführen?

Lösung   Verwenden Sie den Switch-Parameter -*WhatIf*. Dieser Parameter steht bei allen Cmdlets zur Verfügung, die das System verändern. Die folgende Zeile würde also zeigen, welche Dienste gestoppt würden, ohne die Dienste tatsächlich zu stoppen. Insbesondere wenn Sie Platzhalterzeichen verwenden, sollten Sie zuerst mit -*WhatIf* oder zumindest -*Confirm* überprüfen, ob die Platzhalterzeichen auch wirklich nur die gewünschten Elemente ausgewählt haben. Die folgende Zeile würde ohne -*WhatIf* beispielsweise lebenswichtige Dienste stoppen und damit Windows zum Absturz bringen:

```
PS> Stop-Service *ms* -WhatIf
```

Aufgabe   Lassen Sie sich die allgemeinen PowerShell-Hilfethemen anzeigen, welche die Verwendung von Parametern erklären. Denken Sie daran: *Get-Help* ist stets der Lieferant für Hilfeinformationen. Allgemeine Hilfethemen beginnen immer mit *about_*.

Lösung   Weil Sie nach dem Stichwort *parameter* innerhalb der allgemeinen Hilfethemen suchen, ist dieser Befehl gefragt:

```
PS> Get-Help about_*parameter*
```

```
Name                           Category  Synopsis
----                           --------  --------
about_CommonParameters         HelpFile  Beschreibt die Parameter, die mi...
about_functions_advanced_param... HelpFile  Erläutert, wie Funktionen, die d...
about_parameters               HelpFile  Beschreibt, wie in Windows Power...
```

Um die Hilfe zu einem der angezeigten Themen abzurufen, geben Sie den Namen an und verwenden am besten anstelle von *Get-Help* die Funktion *help*, damit die Informationen seitenweise angezeigt werden:

```
PS> help about_parameters
```

Aufgabe   Der folgende Befehlsaufruf verwendet drei positionale Parameter:

```
PS> New-PSDrive myHome FileSystem C:\Windows
```

Wandeln Sie den Befehl um und verwenden Sie anstelle positionaler Parameter nun benannte Parameter.

Lösung   Um herauszufinden, welche Parameter an welcher Position erwartet werden, beauftragen Sie zuerst *Get-Help*, die Parameter des Cmdlets *New-PSDrive* aufzulisten:

```
PS> Get-Help New-PSDrive -Parameter *
```

Wie sich herausstellt, trägt der Parameter -*Name* die Position 1, der Parameter -*PSProvider* die Position 2 und der Parameter -*Root* die Position 3. Damit ergibt sich der folgende Aufruf:

```
PS> New-PSDrive -Name myHome -PSProvider FileSystem -Root C:\Windows
```

Aufgabe   Sie wissen inzwischen, dass man Parameternamen abkürzen darf, solange sie dabei eindeutig bleiben (Seite 90). Schauen Sie sich diese Zeile an:

```
PS> Get-ChildItem -Path C:\Windows
```

Verkürzt man -*Path* auf -*p*, wirft PowerShell eine erstaunliche Fehlermeldung aus:

```
PS> Get-ChildItem -p C:\Windows
```

```
Get-ChildItem : Der Parameter kann nicht verarbeitet werden, da der Parametername "p" nicht
eindeutig ist. Mögliche Übereinstimmungen:  -Path -LiteralPath.
```

Die Fehlermeldung behauptet, der verkürzte Parametername *-p* wäre nicht eindeutig, weil er den Parametern *-Path* und *-LiteralPath* entspräche. Wieso das? Der Parameter *-LiteralPath* beginnt doch gar nicht mit dem Buchstaben *p*!

Lösung Parameternamen dürfen Aliasnamen verwenden. Sie haben das bereits bei *-ErrorAction* kennengelernt und auf Seite 90 gesehen, wie man diese Aliasnamen sichtbar macht. Der Parameter *-LiteralPath* verwendet den Aliasnamen *-PSPath*. Geben Sie also den verkürzten Parameternamen *-p* an, kann PowerShell nicht mehr eindeutig zuordnen, ob Sie den Parameter *-Path* oder den Aliasnamen *-PSPath* (der für *-LiteralPath* steht) meinen.

Aufgabe Sie möchten in der Registrierungsdatenbank im (noch nicht existenten) Schlüssel *HKCU\Software\Test* einen Eintrag namens *Testwert* vom Typ *DWORD* erstellen und darin den hexadezimalen Wert *7AFF* speichern. Wie gehen Sie vor? Tipp: Neue Registrierungsschlüssel legt man mit *New-Item* an. Neue Registrierungsdatenbank-Werte werden mit *New-ItemProperty* geschrieben. Schauen Sie sich gegebenenfalls die Hilfe und Beispiele zu diesen beiden Cmdlets mit *Get-Help* an.

Lösung Legen Sie zuerst den entsprechenden Schlüssel mit *New-Item* an:

```
PS> New-Item HKCU:\Software\Test
```

Legen Sie nun in diesem Schlüssel den gewünschten Wert mit *New-ItemProperty* an:

```
PS> New-ItemProperty HKCU:\Software\Test Testwert -Value 0x7AFF -Type DWORD
```

Aufgabe *Get-ChildItem* unterstützt bei genauerer Betrachtung zwei Parameter, deren Aufgabe sehr ähnlich zu sein scheint: *-Filter* und *-Include*. Tatsächlich funktionieren beide auf den ersten Blick gleich:

```
PS> Get-ChildItem C:\Windows -Filter *.dll -Recurse
PS> Get-ChildItem C:\Windows -Include *.dll -Recurse
```

Welcher Parameter ist der richtige? Gibt es vielleicht doch Unterschiede?

Lösung Zwischen den beiden Parametern gibt es erhebliche Unterschiede, die Sie erkennen, wenn Sie sich die Beschreibungen der Parameter ausgeben lassen:

```
PS> Get-Help Get-ChildItem -Parameter filter
PS> Get-Help Get-ChildItem -Parameter include
```

Der erste Unterschied: *-Include* funktioniert nur, wenn Sie zusätzlich *-Recurse* einsetzen. Die folgenden beiden Zeilen machen den Unterschied deutlich:

```
PS> Get-ChildItem C:\Windows -Filter *.dll
PS> Get-ChildItem C:\Windows -Include *.dll
```

Die zweite Zeile, die *-Include* verwendet, liefert ohne *-Recurse* keine Ergebnisse.

Außerdem: Der Parameter *-Filter* wird direkt vom Laufwerksprovider unterstützt und ist effizienter. Übersetzt heißt das: Falls *-Filter* verwendet werden kann, ist dieser Parameter wesentlich schneller. Das kann man mit *Measure-Command* sogar messen:

```
PS> Measure-Command { Get-ChildItem C:\Windows -Filter *.dll -Recurse -ea SilentlyContinue }
```

(…)
TotalSeconds   : 8,6436089
(…)

```
PS> Measure-Command { Get-ChildItem C:\Windows -Include *.dll -Recurse -ea SilentlyContinue }
```

(…)
TotalSeconds   : 36,6821738
(…)

Geben Sie *-Include* an, liefert *Get-ChildItem* intern zuerst alle Dateien ungefiltert. Bevor die Ergebnisse in die Konsole ausgegeben werden, filtert *-Include* sie (clientseitig) und sortiert alles aus, was nicht dem angegebenen Muster entspricht. *Filter* dagegen wird direkt an den Datenlieferanten übergeben, sodass dieser von vornherein (serverseitig) nur die gewünschten Informationen liefert. Das allerdings funktioniert eben nur, wenn der Datenlieferant eine solche Filterung auch unterstützt.

Der Parameter *-Include* wird also immer dann verwendet, wenn ein Provider den Parameter *-Filter* nicht unterstützt. Möchten Sie zum Beispiel in der Registrierungsdatenbank alle Schlüssel finden, die das Wort *PowerShell* enthalten, kann der schnelle Parameter *-Filter* nicht eingesetzt werden, weil der *Registry*-Provider diesen Filter nicht unterstützt:

```
PS> Get-ChildItem HKCU: -Filter *PowerShell* -Recurse
```

```
Get-ChildItem : Die Methode kann nicht aufgerufen werden. Der Anbieter unterstützt keine
Verwendung von Filtern.
```

Wenn das geschieht, greifen Sie auf *-Include* zurück:

```
PS> Get-ChildItem HKCU: -Include *PowerShell* -Recurse
```

TIPP   Der Parameter *-Include* unterstützt übrigens mehrere (kommaseparierte) Suchworte, während der Parameter *-Filter* stets nur nach einem Suchwort sucht.

Aufgabe   Sie möchten gern Ereignisprotokolleinträge aus dem *System*-Ereignisprotokoll im zeitlichen Verlauf sortieren. Schnell haben Sie herausgefunden, dass die entsprechende Information in der Spalte *Time* zu finden ist. Wenn Sie aber versuchen, nach dieser Spalte zu sortieren, ist das Ergebnis trotzdem unsortiert. Warum?

```
PS> Get-EventLog System | Sort-Object Time
```

Lösung   Tatsächlich besitzen die Ereignisprotokolleintrag-Objekte gar keine Eigenschaft namens *Time*. Diese Spalte wurde künstlich vom *Extended Type System* (ETS) hinzugefügt. Die tatsächlich vorhandenen Eigenschaften sehen Sie, wenn Sie das Ergebnis an Select-Object * weiterleiten:

```
PS> Get-EventLog System | Select-Object *
```

Dabei erkennen Sie, dass das Originalobjekt stattdessen die Eigenschaften *TimeGenerated* und *Time-Written* besitzt. Suchen Sie sich eine davon aus und sortieren Sie dann nach dieser Eigenschaft:

```
PS> Get-EventLog System | Sort-Object TimeGenerated
```

Aufgabe　Sie möchten die Liste der laufenden Prozesse nach der CPU-Belastung sortieren. Dazu haben Sie zuerst den Befehl *Get-Process* separat aufgerufen und festgestellt, dass die gesuchte Information in der Spalte *CPU(s)* zu finden ist. Anschließend haben Sie das Ergebnis von *Get-Process* nach dieser Spalte sortiert. Das Ergebnis ist aber eine Fehlermeldung. Warum wohl?

```
PS> Get-Process | Sort-Object CPU(s)

Die Benennung "s" wurde nicht als Name eines Cmdlet, einer Funktion, einer Skriptdatei oder eines
ausführbaren Programms erkannt. Überprüfen Sie die Schreibweise des Namens, oder ob der Pfad
korrekt ist (sofern enthalten), und wiederholen Sie den Vorgang.
```

Lösung　Auch hier gilt, dass die Spalte *CPU(s)* in Wirklichkeit ein Kunstprodukt ist. Die *Process*-Objekte enthalten diese Eigenschaft nicht. Leiten Sie das Ergebnis an Select-Object * weiter, erkennen Sie, dass die tatsächliche Eigenschaft *CPU* heißt:

```
PS> Get-Process | Sort-Object CPU
```

Aufgabe　*CloseMainWindow()* ist eine freundliche Aufforderung, das Programm zu beenden, und entspricht dem Schließen des Programmfensters. Befinden sich im Programm noch ungesicherte Informationen, erscheint das übliche Dialogfeld, und der Benutzer kann den Vorgang mit *Abbrechen* auch ablehnen. Wie können Sie sicherstellen, dass das Programm auch tatsächlich geschlossen wird?

Lösung　Rücksichtsloser als *CloseMainWindow()* geht *Stop-Process* vor. Hier wird sofort geschlossen und keine Gelegenheit gegeben, ungesicherte Arbeiten zu speichern. Beides kann man auch kombinieren. Die folgenden Zeilen ermitteln zuerst alle laufenden Instanzen des Editors. Danach wird an diese die Aufforderung versendet, zu schließen. Im Anschluss daran legt sich das Skript 15 Sekunden schlafen. Werden danach noch immer Prozesse aus *$prozesse* ausgeführt, schlägt das Skript mit dem Hammer *Stop-Process* zu:

```
PS> $prozesse = Get-Process notepad -ErrorAction SilentlyContinue
PS> $prozesse| ForEach-Object { $_.CloseMainWindow() } | Out-Null
PS> Start-Sleep -Seconds 15
PS> $prozesse | Where-Object { $_.hasExited -ne $true } | Stop-Process -ErrorAction
SilentlyContinue -WhatIf
```

Aufgabe　*Get-EventLog* liefert alle Einträge eines Ereignisprotokolls. Was allerdings kann man unternehmen, wenn man nur den ersten Eintrag mit einer bestimmten Ereignis-ID finden möchte?

Lösung　Sofern das Cmdlet Parameter liefert, welche die Ergebnisse entsprechend filtern, kann man diese verwenden, um die Ergebnisse einzuschränken. Die folgende Zeile würde beispielsweise nur den ersten (neuesten) Eintrag mit der Ereignis-ID 10000 liefern:

```
PS> Get-EventLog System -InstanceId 10000 -Newest 1
```

Aufgabe　Offenbar ist *Date* ein gültiger Befehl. Um was für einen Befehlstyp handelt es sich aber genau? Ist es eine Anwendung, ein Cmdlet oder etwas ganz anderes?

```
PS> Date
Dienstag, 29. Dezember 2009 10:37:37
```

Lösung　Dies ist eine Fangfrage, denn hier sehen Sie einen PowerShell-Bug, den man auch als Feature bezeichnen kann. Offiziell ist *Date* nämlich bei PowerShell unbekannt:

```
PS> Get-Command Date
```

```
Get-Command : Die Benennung "Date" wurde nicht als Name eines Cmdlet, einer Funktion, einer
Skriptdatei oder eines ausführbaren Programms erkannt. Überprüfen Sie die Schreibweise des Namens,
oder ob der Pfad korrekt ist (sofern enthalten), und wiederholen Sie den Vorgang.
```

Des Rätsels Lösung: Alle Cmdlets mit der Tätigkeit *Get* dürfen auch ohne Angabe der Tätigkeit eingegeben werden. Der Befehl *Date* entspricht also in Wirklichkeit dem Cmdlet *Get-Date*. Diese Abkürzung funktioniert für alle *Get*-Cmdlets. Probieren Sie beispielsweise diese Befehle:

```
PS> Service
PS> ChildItem
```

Diese Abkürzung ist aber nur dann möglich, wenn der Begriff nicht mit einer anderen Bedeutung belegt ist. Geben Sie also beispielsweise *Process* ein, um *Get-Process* aufzurufen, erhalten Sie stattdessen einen Doppelprompt, den Sie mit [Strg]+[C] abbrechen müssen. Das geschieht, weil *Process* ein reserviertes Schlüsselwort für einen sogenannten Process-Skriptblock ist, über den Sie später noch mehr erfahren. Aus solchen Gründen sollten Sie diese speziellen Abkürzungen zwar kennen, aber lieber darauf verzichten.

Aufgabe   Ein Hacker möchte gern den Alias *dir* verbiegen und dafür sorgen, dass stattdessen der angegebene Ordner gelöscht wird. Ist so etwas tatsächlich möglich?

Lösung   Auf den ersten Blick scheint das nicht möglich, weil die vordefinierten Aliasnamen schreibgeschützt zu sein scheinen. Versucht man, den Alias *dir* umzudefinieren, kommt es zu einem Fehler:

```
PS> Set-Alias dir del
Set-Alias : Die AllScope-Option kann aus dem Alias "dir" nicht entfernt werden.
```

Tatsächlich handelt es sich aber gar nicht um einen Schreibschutz, sondern um eine versteckte Option namens *AllScope*, welche die Gültigkeit der vordefinierten Aliasnamen betrifft. Um den Alias zu ändern, muss also lediglich diese Option auch für die neue Definition gesetzt werden. Da das ursprüngliche Ziel des Hackers sehr gefährlich ist, wird die Aliasänderung im folgenden Beispiel etwas entschärft: Der Alias startet künftig den Windows-Explorer:

```
PS> Set-Alias dir explorer.exe -Option AllScope
```

Ab sofort hat *dir* tatsächlich ein neues Verhalten und öffnet den angegebenen Ordner im Windows-Explorer, anstatt seinen Inhalt in die Konsole auszugeben. Ebenso gut hätte man den Alias aber auch so ändern können, dass er den angegebenen Ordner gelöscht oder anderweitig Schaden angerichtet hätte.

Allerdings müsste sich ein Hacker dafür schon in Ihre laufende PowerShell-Sitzung schleichen (beispielsweise während Sie das Mittagessen genießen und Ihren Computer nicht gesperrt haben) oder Zugriff auf eine der Profildateien erlangen. Wichtig ist die Erkenntnis: Aliasnamen können (fast) immer umdefiniert werden und sind deshalb nur auf denjenigen Systemen verlässlich, auf denen Sie Hausrecht haben. Das ist der Grund, warum Sie Aliasnamen nicht in Skripts und Funktionen verwenden sollten, die Sie künftig auf fremden Systemen ausführen lassen wollen.

Aufgabe   Manche vordefinierte Aliasnamen scheinen in der Tat schreibgeschützt zu sein. Der Alias *ise* startet beispielsweise den integrierten Skripteditor *PowerShell ISE*. Möchten Sie stattdessen lieber einen anderen Editor verwenden und den Alias ändern, kommt es zu einem Fehler:

```
PS> Set-Alias ise notepad
```

```
Set-Alias : Der Alias kann nicht geschrieben werden, da der Alias "ise" schreibgeschützt oder
konstant ist und daher nicht geschrieben werden kann.
```

Kann man solche Aliasnamen wirklich nicht umdefinieren?

Lösung   Mit etwas Kreativität ist auch der Schreibschutz kein Problem. Setzen Sie einfach den Switch-Parameter *-Force* ein. Jetzt darf der Alias überschrieben werden, erfordert allerdings wie in der letzten Aufgabe zusätzlich die Option *AllScope*:

```
PS> Set-Alias ise notepad -Force -Option AllScope
```

Aufgabe   Sie möchten dafür sorgen, dass einige wichtige Aliasnamen auf keinen Fall nachträglich geändert werden können. Haben Sie eine Idee, wie ein solcher Schutz realisiert werden könnte?

Lösung   PowerShell kennt eine versteckte Option, mit der man Aliasnamen (aber auch Variablen oder Funktionen) als Konstanten anlegen kann. Ist diese Option gesetzt, kann der Alias unter keinen Umständen mehr geändert oder gelöscht werden. Er bleibt so lange gültig, bis Sie PowerShell beenden. Sie könnten also alle wichtigen Aliasnamen in einer Ihrer Profildateien als Konstanten definieren. Um beispielsweise den Alias *dir* »fälschungssicher« zu machen, verwenden Sie diese Zeile:

```
PS> Set-Alias dir Get-ChildItem -Option Constant,AllScope
```

Der Alias kann nun nicht mehr verbogen werden:

```
PS> Set-Alias dir explorer -Option AllScope –Force
```

```
Set-Alias : Der Alias kann nicht geschrieben werden, da der Alias "dir" schreibgeschützt oder
konstant ist und daher nicht geschrieben werden kann.
```

Falls Sie sich gerade fragen, warum Microsoft seine mitgelieferten Aliasnamen nicht von vornherein als Konstanten definiert und so Missbrauch vorgebeugt hat, so liegt dies an der Grunddefinition des Begriffs *Missbrauch*, denn es kann durchaus sinnvoll sein, die vordefinierten Aliase zu ändern. Wären es von vornherein Konstanten, dann wären solche Änderungen ganz und gar ausgeschlossen.

Sie müssen also selbst tätig werden, wenn Sie die vordefinierten Aliasnamen vor nachträglichen Änderungen schützen wollen und wissen nun auch, was zu tun ist: Redefinieren Sie die Aliase wie eben gezeigt innerhalb einer der Profildateien. Wenn Sie ganz sichergehen wollen, verwenden Sie dazu eine der *AllUsers*-Profildateien, weil diese Vorrang vor den übrigen Profildateien haben und nur Administratoren darin Änderungen vornehmen dürfen. Mehr über Profildateien erfahren Sie in Kapitel 4.

Zusammenfassung

Die in PowerShell integrierten Befehle heißen Cmdlets und ihre Namen bestehen der besseren Auffindbarkeit wegen immer aus zwei Worten: einer normierten Tätigkeit (erlaubte Tätigkeiten liefert *Get-Verb*) und einem Tätigkeitsbereich.

Zwei Cmdlets sind besonders wichtig:

- **Get-Command**   Wissen Sie nicht, mit welchem Cmdlet sich Ihr Problem vielleicht lösen lässt, findet *Get-Command* es für Sie. Am besten verwenden Sie dessen Parameter *-Verb* und/oder

-Noun, um die Suche einzugrenzen und auf Cmdlets zu beschränken. In PowerShell 3.0 können Sie alternativ auch *Show-Command* eingeben. Dann öffnet sich ein Dialogfeld, das Ihnen bei der Suche der Cmdlets behilflich ist.

- **Get-Help**   Haben Sie ein Cmdlet gefunden, das vielleicht infrage kommt, liefert *Get-Help* seine Bedienungsanleitung und auch Codebeispiele. Eine kurze Übersicht zeigt auch der Parameter *-?* an, den jedes Cmdlet anbietet. Die volle Hilfe bietet indes sehr viel mehr. Bei PowerShell 3.0 steht darüber hinaus der Parameter *-ShowWindow* zur Verfügung, mit dem die vollständige Hilfe in einem separaten Fenster angezeigt wird. Diese Zeile liefert die Hilfe zu *Get-Random*:

```
Get-Help -Name Get-Random -ShowWindow
```

ACHTUNG   Die Hilfe ist nicht fester Bestandteil von PowerShell 3.0 und muss zuerst wie im letzten Kapitel gezeigt mit *Update-Help* aus dem Internet heruntergeladen werden. Andernfalls fehlen viele Hilfetexte und die Hilfe zeigt nur automatisch generierte syntaktische Zusammenfassungen an.

Die meisten Cmdlets akzeptieren zusätzliche Informationen, die sogenannten Parameter. Mit ihnen verraten Sie dem Cmdlet, was genau es tun soll. Parameter werden hinter dem Cmdlet-Namen durch Leerzeichen getrennt angegeben. Der Parametername wird stets mit einem Bindestrich eingeleitet. Hinter dem Parameternamen folgt dann getrennt durch ein Leerzeichen der Inhalt des Parameters, also das Argument. Manche Parameter unterstützen Jokerzeichen (wie beispielsweise »*«). Andere unterstützen mehrere Angaben, die dann als kommaseparierte Liste übergeben werden.

Nur wenn das Argument ein Text ist, wird dieser in Anführungszeichen (") gestellt. Nötig ist das allerdings auch nur dann, wenn der Text missverständliche Sonderzeichen enthält wie beispielsweise Leerzeichen oder Klammern. Zahlen und Variablen werden nicht in Anführungszeichen gestellt.

Es gibt drei Parametertypen: positionale und benannte Parameter sowie Switch-Parameter.

Parametername	Argument	Beispiel	Typ
angegeben	angegeben	-Path C:\Test	benannt
angegeben	–	-Force	Switch
–	angegeben	C:\Test	positional

Tabelle 2.8 Die drei wesentlichen Parametertypen

Jedes Cmdlet definiert seine eigenen Parameter, die in der Hilfe aufgelistet werden. Zusätzlich unterstützt jedes Cmdlet die allgemeinen »Common Parameter«. Hilfe zu diesen Parametern erhält man über diesen Befehl: help common.

Ist ein Parameter optional, kann man auf ihn verzichten und muss ihn nicht angeben. Zwingend erforderliche Parameter müssen dagegen immer angegeben werden, und wenn man dies vergisst, fragt PowerShell automatisch nach.

Häufig liefern Cmdlets zunächst viel zu viele Ergebnisse. Um die Ergebnisse zu filtern und auf bestimmte Daten zu beschränken, unterstützen zahlreiche Cmdlets Parameter, die genauso heißen wie die Spalten, in denen die Ergebnisse ausgegeben werden. Solche Parameter dienen dazu, die

Ergebnisse zu filtern. Es werden dann nun nur noch solche Ergebnisse geliefert, die dem Kriterium entsprechen, das Sie dem Parameter übergeben haben.

Normalerweise werden die Ergebnisse der Cmdlets direkt in die Konsole ausgegeben. Weil hier der Raum allerdings begrenzt ist, kann es sein, dass Spalten gekürzt werden müssen und die Ergebnisse dann unvollständig sind. Deshalb können Ergebnisse auch mit *Out-GridView* in einem separaten Fenster ausgegeben werden. Dazu »pipet« (sprich: »peipt«) man die Ergebnisse mit »|« an *Out-Grid-View*. Dieses Cmdlet ist auf Servern allerdings nur dann verfügbar, wenn der ISE-Editor installiert wurde.

Allen Cmdlets gemein sind die »Common Parameter«, und mit *-ErrorAction* kann bei jedem Cmdlet festgelegt werden, wie im Fehlerfall zu verfahren ist. Der Parameter *-ErrorAction SilentlyContinue* beispielsweise unterdrückt auf Wunsch sämtliche Fehlermeldungen.

In diesem Kapitel haben Sie fünf Sonderzeichen kennengelernt:

Sonderzeichen	Bedeutung
-	Der Bindestrich leitet einen Parameternamen ein. Alle Parameternamen beginnen mit einem Bindestrich.
()	Code, der *sofort* ausgeführt wird. PowerShell fährt dann mit den Ergebnissen des Codes fort.
{}	Code, der *nicht sofort* ausgeführt wird. Die geschweiften Klammern dienen also quasi als »Transportcontainer« für Code, den man an jemand anderen übergeben will – zum Beispiel an einen Parameter.
[]	Erste Bedeutung: Platzhalter, der für genau ein Zeichen steht, das aus den Zeichen bestehen darf, die innerhalb der eckigen Klammern angegeben werden. Zweite Bedeutung: Angabe der Indexposition eines Arrays: $array = 1..10; $array[0]
*	Platzhalterzeichen, das für beliebige und beliebig viele Zeichen steht
--	Schaltet die Parametererkennung aus, sodass der folgende Text als Argument und nicht als Parametername erkannt wird

Tabelle 2.9 PowerShell-Sonderzeichen, die in diesem Kapitel eingeführt wurden

Die folgenden Schlagworte standen in diesem Kapitel im Vordergrund:

Begriff	Beschreibung
Cmdlet	Interner PowerShell-Befehl
Parameter	Name einer Zusatzinformation, die man einem Cmdlet zuweisen kann
Argument	Wert, den man einem Parameter zuweist
Alias	Ersatzname. Solche gibt es für Parameternamen und für Cmdlets selbst. Sie haben zum Beispiel gesehen, dass der Parameter *-ErrorAction* durch den (kürzeren) Aliasnamen *-ea* ersetzt werden darf. Auch sperrige Cmdlet-Namen wie *Get-ChildItem* stehen über kürzere Aliasnamen zur Verfügung wie beispielsweise *dir* oder *ls*. Alle Aliasnamen für Cmdlets und andere Befehle werden mit dem Cmdlet *Get-Alias* aufgelistet.

Tabelle 2.10 Wichtige Schlagworte in diesem Kapitel

Kapitel 3

Anwendungen und Konsolenbefehle

In diesem Kapitel:

In einer perfekten Welt wären alle Automationsprobleme mit den Cmdlets aus dem letzten Kapitel lösbar, und dieses Buch wäre jetzt zu Ende. Ein skeptischer Blick auf Ihr Buch und die Fülle der noch ungelesenen Kapitel drängt den Verdacht auf, dass Cmdlets allein nicht genügen, um die Welt zu retten. Was zwar schade ist, aber es wäre vermutlich etwas zu viel verlangt, für jedes denkbare Problem ein dafür vorbereitetes und zugeschnittenes Cmdlet zu erwarten.

Cmdlets sind deshalb in PowerShell nicht das *einzige* Mittel, um Aufgaben zu lösen. Eine ganz andere Gruppe von Problemlösern sind die vielfältigen Windows-Programme und Konsolenbefehle wie zum Beispiel *ipconfig.exe*, *robocopy.exe* oder *icacls.exe*. Selbst wenn Sie von diesen noch nie gehört haben, werden Sie gleich erleben, dass PowerShell solche Anwendungen einfach wie weitere Befehlsbausteine betrachtet, die Sie gemeinsam mit Cmdlets einsetzen können. Solange also Cmdlets noch nicht die allumfassende Universallösung sind, wäre es kurzsichtig, die über viele Jahrzehnte gewachsene Fraktion der klassischen Konsolenbefehle auf das Altenteil zu schicken. Konsolenbefehle liefern ihre Informationen direkt als Text an PowerShell zurück:

```
PS> ipconfig

Windows-IP-Konfiguration

Ethernet-Adapter Ethernet:

   Verbindungsspezifisches DNS-Suffix: Speedport_W_921V_1_17_000
   Verbindungslokale IPv6-Adresse  . : fe80::e1a2:d0c:f7fc:f49c%12
   IPv4-Adresse  . . . . . . . . . . : 10.0.2.15
   Subnetzmaske  . . . . . . . . . . : 255.255.255.0
   Standardgateway . . . . . . . . . : 10.0.2.2
(…)

PS> echo Hallo
Hallo

PS> ping 127.0.0.1

Ping wird ausgeführt für 127.0.0.1 mit 32 Bytes Daten:
Antwort von 127.0.0.1: Bytes=32 Zeit<1ms TTL=128
Antwort von 127.0.0.1: Bytes=32 Zeit<1ms TTL=128
(…)
```

Windows-Anwendungen (mit eigenem Fenster) werden von PowerShell ebenfalls anstandslos ausgeführt, wodurch sich Windows-Funktionen, etwa die Systemsteuerung oder der Geräte-Manager (Abbildung 3.1), von PowerShell aus ohne Umwege durch verschlungene Menüs der grafischen Benutzeroberfläche direkt öffnen lassen (immer vorausgesetzt, man weiß, wie der passende Befehl gerade heißt):

```
PS> notepad
PS> control
PS> devmgmt
PS> wscui
PS> lpksetup
```

Programme starten

PowerShell startet externe Programme unbürokratisch, wenn Sie den Namen des Programms angeben:

```
PS> notepad
PS> regedit
PS> tracert www.microsoft.com
PS> driverquery
```

Handelt es sich um eine Windows-Anwendung, dann öffnet sie ihr Fenster und PowerShell setzt einfach seine Arbeit fort. Ist es dagegen eine Konsolenanwendung, dann teilt sie sich das Ausgabefenster mit PowerShell, weswegen PowerShell wartet, bis die Konsolenanwendung wieder beendet ist.

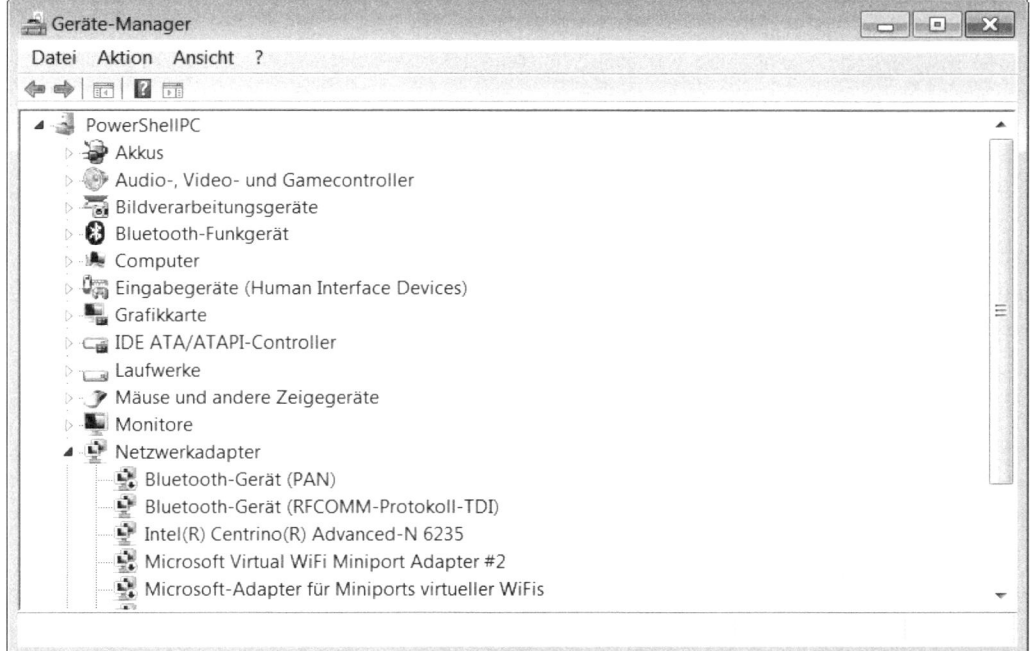

Abbildung 3.1   Mit Befehlen wie *devmgmt* einen schnellen Zugriff auf Systemdialoge des Betriebssystems erhalten

Manche Programme lassen sich von PowerShell überraschenderweise aber nicht starten, obwohl sie nachweislich vorhanden sind:

```
PS> iexplore
```

```
iexplore : Die Benennung "iexplore" wurde nicht als Name eines Cmdlet, einer Funktion, einer
Skriptdatei oder eines ausführbaren Programms erkannt. Überprüfen Sie die Schreibweise des Namens,
oder ob der Pfad korrekt ist (sofern enthalten), und wiederholen Sie den Vorgang.
(...)
```

Damit PowerShell ein Programm finden kann, muss es sich in einem der Ordner befinden, die in der Umgebungsvariablen *$env:Path* aufgelistet sind. Nur diese durchsucht PowerShell automatisch:

```
PS> $env:Path -split ';'
```

Liegt das Programm woanders, müssen Sie PowerShell schon verraten, wo genau. Dazu geben Sie den absoluten oder relativen Pfadnamen an, zum Beispiel so:

```
PS> & 'C:\Program Files\Internet Explorer\iexplore.exe'
PS> & 'C:\Program Files\Internet Explorer\iexplore.exe' www.powertheshell.com
```

TIPP   Nutzen Sie die Autovervollständigung, um Pfadnamen einzugeben:

```
PS> c:\pro [⇆]
PS> & 'C:\Program Files'\int [⇆]
PS> & 'C:\Program Files\Internet Explorer'\iexp [⇆]
PS> & 'C:\Program Files\Internet Explorer\iexplore.exe'
```

Die Autovervollständigung findet nicht nur die Pfadbestandteile (drücken Sie mehrmals [⇆], um alle Auswahlmöglichkeiten zu sehen). Sie achtet auch automatisch darauf, Pfadnamen in Anführungszeichen zu setzen, wenn darin Sonderzeichen wie Leerzeichen vorkommen. Weil ein Pfadname in Anführungszeichen zu reinem Text wird, würde PowerShell ihn nun allerdings nicht mehr als Befehl verstehen und einfach den Text ausgeben:

```
PS> 'C:\Program Files\Internet Explorer\iexplore.exe'
C:\Program Files\Internet Explorer\iexplore.exe
```

Deshalb stellt die Autovervollständigung außerdem noch den Call-Operator »&« vor den Text, wie es etwas weiter oben zu sehen war. Er sorgt dafür, dass der Text von PowerShell als Befehl verstanden wird, so als hätten Sie ihn direkt eingegeben. Können Sie nachvollziehen, was in diesem (zugegebenermaßen leicht skurrilen) Beispiel geschieht?

```
PS> $a = 'not'
PS> $b = 'epa'
PS> $c = 'D'
PS> & "$a$b$c"
```

Geben Sie einfach den Text ohne den *Call*-Operator aus. Dann wird sicher klarer, warum PowerShell den Windows-Editor gestartet hat:

```
PS> "$a$b$c"
notepaD
```

Wird ein Text in doppelte Anführungszeichen gefasst, ersetzt PowerShell alle darin vorkommenden Variablen durch ihren Inhalt. Die einzelnen Textbruchstücke werden so zu *notepaD* zusammengefügt, und der *Call*-Operator führt diesen Befehl aus. Die Groß- und Kleinschreibung wird von PowerShell dabei grundsätzlich ignoriert.

Auf Dauer ist die Eingabe langer Pfadnamen natürlich keine Lösung. Einfacher geht es auf eine der folgenden Arten: Sie könnten den Pfadnamen des Programms beispielsweise in einer eigenen Variable speichern und diese dann mit dem Call-Operator aufrufen:

```
PS> $ie = 'C:\Program Files\Internet Explorer\iexplore.exe'
PS> & $ie www.powertheshell.com
```

Oder Sie legen einen neuen Alias auf den Programmpfad an:

```
PS> Set-Alias -Name ie -Value 'C:\Program Files\Internet Explorer\iexplore.exe'
```

```
PS> ie www.powertheshell.com
```

Schließlich könnten Sie auch den Ordner, in dem sich das Programm befindet, in die Umgebungsvariable *$env:Path* aufnehmen:

```
PS> $env:Path += ';C:\Program Files\Internet Explorer\'
PS> iexplore www.powertheshell.com
```

Alle drei Varianten – Variable, Alias und Umgebungsvariable – wirken sich allerdings nur in der aktuellen PowerShell-Sitzung aus. Wer länger etwas von diesen Änderungen haben möchte, sollte sie im
Rahmen eines Profilskripts ausführen (siehe nächstes Kapitel).

Optionen für den Programmstart festlegen

Starten Sie eine Anwendung so wie oben, genügt dies für die meisten praktischen Situationen, aber
manchmal möchte man vielleicht dennoch von den Standardregeln abweichen. Vielleicht wollen Sie,
dass PowerShell wartet, bis eine bestimmte Windows-Anwendung ihre Aufgabe erledigt hat. Oder Sie
möchten ein Programm im Namen eines anderen Benutzers ausführen. In solchen Fällen greifen Sie
zu *Start-Process*.

Warten, bis ein Programm wieder beendet ist

Die folgende Zeile öffnet den Windows-Editor *synchron*. PowerShell wartet also so lange, bis der Editor geschlossen wird, bevor der Befehlsprompt zurückkehrt:

```
PS> Start-Process -FilePath notepad -Wait
```

Bei Konsolenanwendungen wartet PowerShell normalerweise ohnehin, bis der Konsolenbefehl seine
Arbeit erledigt hat. Möchten Sie einen Konsolenbefehl *asynchron* ausführen, also in seinem eigenen
Fenster sich selbst überlassen und nicht auf ihn warten, gehen Sie folgendermaßen vor:

```
PS> Start-Process -FilePath systeminfo
```

Ein zweites Konsolenfenster öffnet sich und darin wird der Befehl *systeminfo* parallel zu PowerShell
ausgeführt. Sobald *systeminfo* fertig ist, schließt sich das Fenster – zusammen mit allen Hoffnungen,
an die Resultate des Befehls zu gelangen. Die sind jetzt nämlich ebenfalls weg. Konsolenbefehle sollten
also nur dann in einem Extrafenster parallel ausgeführt werden, wenn sie lediglich etwas eigenverant-
wortlich erledigen sollen, aber keine Ergebnisse an PowerShell zurückliefern müssen.

Programme unter anderem Benutzernamen ausführen

Wollen Sie ein Programm im Namen eines anderen Benutzers ausführen, greifen Sie zu *-Credential*.
Die folgende Zeile startet den Windows-Editor als Benutzer *testfirma/testuser*:

```
PS> Start-Process -FilePath notepad.exe -WorkingDirectory C:\ -Credential testfirma/testuser -
LoadUserProfile
```

Ein Anmeldedialog erscheint, in den das passende Kennwort eingegeben wird. Danach startet Notepad unter dem Namen des angegebenen Benutzers.

PROFITIPP   Wann immer Sie *Start-Process* mit *-Credential* einsetzen, werden zwei andere Parameter essentiell: *-LoadUserProfile* lädt zusätzlich das Benutzerprofil des angegebenen Anwenders. Ohne das Benutzerprofil funktionieren manche Programme nicht. Ferner legt *-WorkingDirectory* fest, in welchem Ordner das Programm startet. Wählen Sie einen Ordner aus, auf den der angegebene Benutzer auch tatsächlich Zugriffsrechte hat. Andernfalls wird nämlich Ihr augenblicklicher Ordner als Arbeitsverzeichnis verwendet und die Chancen stehen sehr hoch, dass der Anwender darauf nun keinerlei Zugriffsrechte hat oder das Laufwerk dieses Ordners noch nicht einmal sieht (falls es ein persönliches Netzwerklaufwerk ist). In beiden Fällen würde der Aufruf scheitern und das Programm könnte nicht gestartet werden.

Start-Process bietet noch viele weitere Parameter, mit denen Sie zum Beispiel kontrollieren, wie eine Windows-Anwendung ihr Fenster anzeigt und ob die Anwendung Administratorrechte anfordern soll. Diese Zeile startet den Windows-Editor in einem maximierten Fenster mit Administratorrechten:

```
PS> Start-Process -FilePath Notepad -WindowStyle Maximized -Verb Runas
```

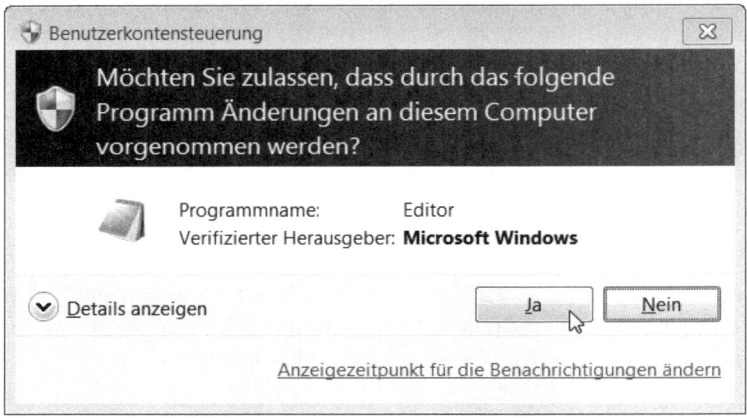

Abbildung 3.2   Programme von PowerShell aus mit vollen Administratorrechten starten

Start-Process kann Ihnen mit *-PassThru* auch das Prozessobjekt zurückliefern, sodass Sie Kontrolle über den gestarteten Prozess behalten und ihn später zum Beispiel jederzeit wieder schließen könnten. Diese Zeilen öffnen Notepad für genau 5 Sekunden und schließen es dann wieder:

```
PS> $prozess = Start-Process -FilePath Notepad -PassThru
PS> Start-Sleep -Seconds 5
PS> Stop-Process -InputObject $prozess
```

Nicht unterstützte Konsolenbefehle im ISE-Editor

Wie Sie aus Kapitel 1 bereits wissen, bietet PowerShell 3.0 eine echte Konsole (*powershell.exe*) und eine simulierte Konsole (*powershell_ise.exe*) mit vielen benutzerfreundlichen Erweiterungen. Die Simulation der Konsole in PowerShell ISE ist aber nicht allumfassend. Sie bietet den darin beherbergten Konsolenanwendungen zwar alle üblichen Ausgabemöglichkeiten, aber nur eingeschränkte Eingabekanäle.

Konsolenanwendungen, die über die Konsole interaktiv mit dem Benutzer in Verbindung treten wollen, treffen in ISE deshalb auf taube Ohren. Solche Konsolenanwendungen laufen zwar grundsätzlich, aber weil ISE die Eingaben des Benutzers nicht weiterleiten kann, warten die Konsolenanwendungen gewissermaßen ewig auf Benutzereingaben – was zu einer nicht mehr reagierenden ISE-Anwendung führt, die nur noch neu gestartet werden kann.

Damit das möglichst nicht passiert, enthält ISE eine Liste mit problematischen Konsolenanwendungen: *$PSUnsupportedConsoleApplications*:

```
PS> $psUnsupportedConsoleApplications
wmic
wmic.exe
cmd
cmd.exe
diskpart
diskpart.exe
edit.com
netsh
netsh.exe
nslookup
nslookup.exe
powershell
powershell.exe
```

Geben Sie einen gesperrten Befehl in ISE ein, weigert sich deshalb ISE möglicherweise mit einer stereotypen Hinweismeldung hartnäckig, den Befehl auszuführen (in der folgenden Ausgabe ab dem zweiten Versuch gekürzt abgedruckt):

```
PS> nslookup

"nslookup" kann nicht gestartet werden. Interaktive Konsolenanwendungen werden nicht unterstützt.
Verwenden Sie das Start-Process-Cmdlet oder "PowerShell.exe starten" im Menü "Datei" zum Ausführen
der Anwendung. Verwenden Sie $psUnsupportedConsoleApplications zum Anzeigen/Ändern der Liste
blockierter Konsolenanwendungen, oder rufen Sie die Onlinehilfe auf.

PS> wmic

"wmic" kann nicht gestartet werden. Interaktive Konsolenanwendungen werden nicht unterstützt.
Verwenden (…)

PS> cmd

"cmd" kann nicht gestartet werden. Interaktive Konsolenanwendungen werden nicht unterstützt.
Verwenden (…)
```

Derselbe Befehl würde in der klassischen PowerShell-Konsole hingegen einwandfrei funktionieren und höchstwahrscheinlich ein (nur kaum minder unangenehmes) interaktives Frage- und Antwortspiel mit Ihnen beginnen. Entscheidend ist, Konsolenbefehle wie *nslookup* sind, was vielleicht überraschen mag, nicht grundsätzlich in ISE gesperrt. Die Sperrung greift tatsächlich nur dann, wenn der Konsolenbefehl damit beginnt, Fragen zu stellen. Solange der Konsolenbefehl nicht interaktiv wird, sondern lediglich Informationen liefert, ist auch in ISE alles in Ordnung. Die meisten der gesperrten Konsolenbefehle funktionieren deshalb auch in ISE ausgezeichnet, sofern Sie diese nicht interaktiv einsetzen:

```
PS> nslookup www.powertheshell.com

Server:  speedport.ip
Address:  192.168.2.1

Name:    www.powertheshell.com
Address:  173.254.71.70
PS> wmic os get version
Version

6.2.9200
PS> cmd.exe /c dir %WINDIR%
(…)
```

Die Liste der gesperrten Anwendungen ist nicht vollständig. Sollten Sie über Konsolenbefehle stolpern, die nach ihrem Aufruf ISE lähmen, liegt der Verdacht nahe, dass sie auf Benutzereingaben warten, die nie zu ihnen gelangen. In diesem Fall könnten Sie die Anwendung nachträglich in die Sperrliste aufnehmen:

```
PS> $psUnsupportedConsoleApplications.Add('choice')
PS> $psUnsupportedConsoleApplications.Add('choice.exe')
```

Sinn ergibt das allerdings nur, wenn Sie diese Anweisungen im Rahmen eines Profilskripts ausführen, weil PowerShell Ihre gut gemeinte Erweiterung sonst beim Beenden sofort wieder vergessen würde. Profilskripts lernen Sie im nächsten Kapitel kennen.

Argumente an Anwendungen übergeben

Manchmal möchte man Anwendungen zusätzliche Informationen mit auf den Weg geben, ganz ähnlich wie bei Cmdlets. Sofern eine Anwendung die Angabe von Argumenten unterstützt, braucht man diese nur hinter den Befehlsnamen zu schreiben:

```
PS> explorer      # Default-Explorer öffnen
PS> explorer .    # Explorer im aktuellen Ordner öffnen
```

Der ».« repräsentiert hierbei den aktuellen PowerShell-Ordner. Er wird als Argument im zweiten Aufruf an den Windows-Explorer übergeben, damit dieser weiß, was er anzeigen soll. Ebenso gut hätten Sie auch einen beliebigen anderen Pfadnamen angeben können:

```
PS> explorer c:\windows        # Explorer im Windows-Ordner öffnen
PS> explorer $HOME             # Explorer im Benutzerprofil öffnen
PS> explorer $PSHOME           # Explorer im Stammverzeichnis von PowerShell öffnen
PS> control main.cpl           # Mauseinstellungen der Systemsteuerung öffnen
```

PowerShell besteht übrigens nicht auf die Dateierweiterung ».exe«, die alle Programme tragen. Wer in seinem Code gern klarstellen möchte, dass es sich bei einem Befehl um ein externes Programm handelt, sollte diese aber der guten Ordnung halber mit angeben:

```
PS> explorer.exe
PS> control.exe main.cpl
```

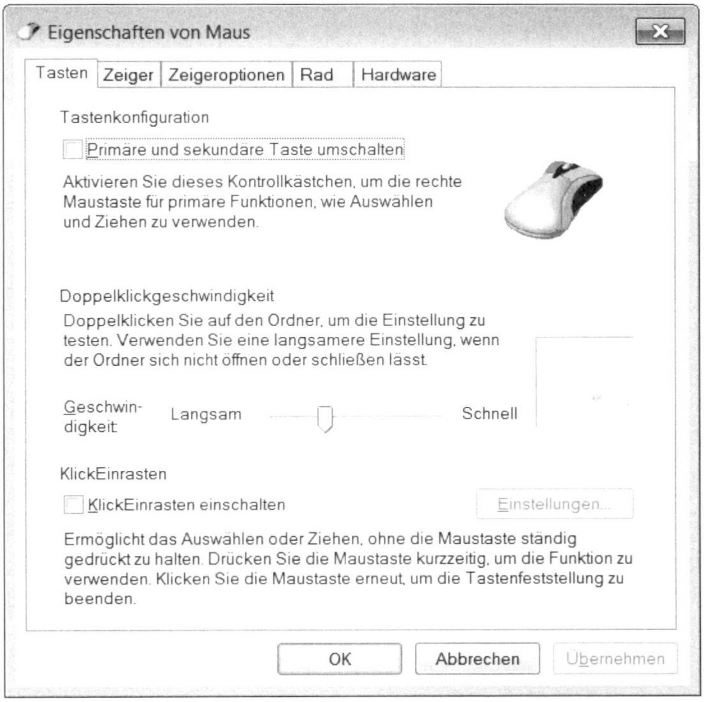

Abbildung 3.3 Anwendungen wie *control.exe* können Dialogfelder der Systemsteuerung anzeigen

Welche Argumente unterstützt eine Anwendung?

Welche Argumente eine Anwendung akzeptiert, weiß PowerShell leider nicht und kann dafür auch kein IntelliSense anbieten. Bei konsolenbasierten Programmen verrät aber meist der Parameter /?, welche Parameter es gibt.

Informationen über das System abrufen

Schauen Sie sich beispielsweise das nicht unbedingt weithin bekannte Konsolenwerkzeug *systeminfo.exe* an, das Teil von Windows ist:

```
PS> systeminfo /?

SYSTEMINFO [/S System [/U Benutzername [/P [Kennwort]]]] [/FO Format] [/NH]

Beschreibung:
    Mit diesem Programm wird die Betriebssystemkonfiguration für
    einen lokalen bzw. Remotecomputer, inklusive Service Packs, angezeigt.

Parameterliste:
    /S      System              Bestimmt das Remotesystem mit dem die Verbindung
                                hergestellt werden soll.
    /U      [Domäne\]Benutzer   Bestimmt den Benutzerkontext unter dem
```

```
                          der Befehl ausgeführt werden soll.
   /P       [Kennwort]    Bestimmt das Kennwort für den zugewiesenen
                          Benutzerkontext. Bei Auslassung, wird dieses
                          angefordert.
   /FO      format        Bestimmt das Format in dem die Ausgabe
                          angezeigt werden soll.
                          Gültige Werte: "TABLE", "LIST", "CSV".
   /NH                    Bestimmt, dass der "Spalten-Header" in der
                          Ausgabe nicht angezeigt werden soll.
                          Nur für Formate TABLE und CSV.
   /?                     Zeigt diese Hilfe an.

Beispiele:
   SYSTEMINFO
   SYSTEMINFO /?
   SYSTEMINFO /S System
   SYSTEMINFO /S System /U Benutzer
   SYSTEMINFO /S System /U Domäne\Benutzer /P Kennwort /FO TABLE
   SYSTEMINFO /S System /FO LIST
   SYSTEMINFO /S System /FO CSV /NH
```

HINWEIS   In diesem Kapitel können Sie Werkzeuge wie *systeminfo.exe* aufrufen, was schon ausgesprochen nützlich sein kann. Sobald Sie etwas mehr über PowerShell erfahren haben, lassen sich die Informationen aber auch direkt weiterverarbeiten. PowerShell könnte sie zum Beispiel in ein bequem durchsuchbares Dialogfeld verwandeln (Abbildung 3.4).

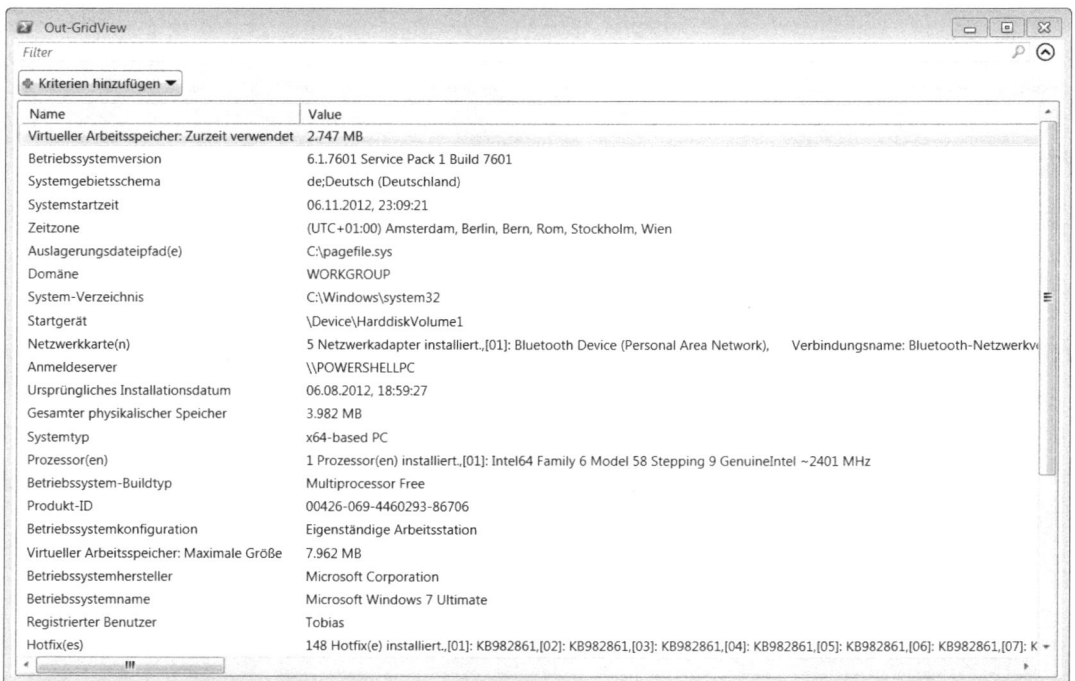

Abbildung 3.4   Rohdaten konsolenbasierter Befehle können von PowerShell als Dialogfeld aufbereitet werden

Falls Sie das neugierig macht, finden Sie schon einige Seiten später ein erstes Beispiel hierfür. Der PowerShell-Code, der das Fenster aus der Abbildung produziert, wird in Kapitel 5 vorgestellt.

Lizenzstatus von Windows überprüfen

Auch viele Skripts geben mit diesem Parameter Hilfestellung oder zeigen automatisch Informationen über die vorrätigen Parameter aus, wenn beim Aufruf falsche oder keine Parameter angegeben wurden. Hinter *slmgr* verbirgt sich zum Beispiel ein VBScript, das Teil von Windows ist und die Windows-Lizenzen verwaltet:

```
PS> Get-Command -Name slmgr

CommandType     Name                                        ModuleName
-----------     ----                                        ----------
Application     slmgr.vbs

PS> slmgr

Ungültige Kombination von Befehlszeilenparametern.

Windows-Software-Lizenzverwaltungstool
Syntax: slmgr.vbs [Computername [Benutzerkennwort]] [<Option>]
          Computername: Name des Remotecomputers (Standard: lokaler Computer)
          Benutzer:     Konto mit erforderlichen Rechten für Remotecomputer
          Kennwort:     Kennwort für das vorherige Konto

Globale Optionen:
/ipk <Product Key>
    Product Key installieren (ersetzt den vorhandenen Key)
/ato [Aktivierungs-ID]
    Windows aktivieren
/dli [Aktivierungs-ID | All]
    Lizenzinformationen anzeigen (Standard: aktuelle Lizenz)
/dlv [Aktivierungs-ID | All]
    Detaillierte Lizenzinformationen anzeigen (Standard: aktuelle Lizenz)
/xpr [Aktivierungs-ID]
    Ablaufdatum für aktuellen Lizenzstatus

Erweiterte Optionen:
/cpky
    Product Key aus Registrierung löschen (verhindert Offenlegungsangriffe)
(…)

PS> slmgr /dli

Name: Windows(R), Professional edition
Beschreibung: Windows(R) Operating System, RETAIL channel
Teil-Product Key: HMFDH
Lizenzstatus: Lizenziert
```

Falls *slmgr* seine Hilfetexte nicht in die Konsole ausgibt, sondern als Extrafenster anzeigt, liegt das an der Festlegung des Programms, das für VBScript zuständig ist und diese Skripts ausführt. Als Vorgabe ist dies nämlich *wscript.exe*, also der fensterbasierte Script Host von VBScript. Hier erscheinen mangels Konsole alle Ausgaben als Fenster, was auf Dauer reichlich lästig ist und zudem eine engere Zusammenarbeit zwischen VBScript und PowerShell im Wege steht. Besser ist, VBScript mit dem konsolenbasierten Scripthost *cscript.exe* zu assoziieren, wozu nur ein einziger Befehlsaufruf nötig ist (Administratorrechte vorausgesetzt):

```
PS> wscript //H:Cscript
```

Jetzt landen die Ausgaben des VBScript in der PowerShell-Konsole. Damit *cscript.exe* auch noch von der Anzeige der störenden Copyright-Meldung absieht, schicken Sie diesen Befehl hinterher:

```
PS> wscript
```

Ein Dialogfeld öffnet sich, in dem Sie das Kontrollkästchen *Logo anzeigen …* deaktivieren und auf *OK* klicken. Diese Einstellungen gelten übrigens dauerhaft, zumindest jedenfalls so lange, bis Sie mit *wscript //H:Wscript* wieder zum alternativen, ursprünglichen VBScript-Host zurückschalten.

Anders als bei Konsolenanwendungen und Skripts sind die unterstützten Argumente bei Windows-Anwendungen meist un(ter)dokumentiert und erfordern etwas Kaffee und viel Recherchezeit im Internet.

Argumentübergabe kann scheitern

Leider kommen Ihre Argumente nicht immer unbeschadet bei der Anwendung an, weil der Power-Shell-Parser die Eingabe zuerst begutachtet, um herauszufinden, was Sie beabsichtigen. Dabei kann es zu Missverständnissen kommen, zum Beispiel, wenn Ihre Argumente Sonderzeichen enthalten, die bei PowerShell eine besondere Bedeutung haben. Möchten Sie zum Beispiel den Windows-Explorer beauftragen, einen bestimmten Ordner anzuzeigen und darin eine Datei zu markieren, funktioniert in der klassischen Eingabeaufforderung *cmd.exe* (der aus dem *Ausführen*-Dialog, den Sie mit ⊞+R öffnen) dieser Befehl ganz ausgezeichnet:

```
explorer /select,c:\windows\system32\calc.exe
```

Geben Sie dagegen denselben Befehl in PowerShell ein, öffnet sich zwar auch der Windows-Explorer, zeigt aber weder den angegebenen Ordner an noch wird darin irgendeine Datei markiert:

```
PS> explorer /select,c:\windows\system32\calc.exe
```

Für den Parser ist alles, was Sie eingeben, PowerShell-Code. Das Komma legt bei PowerShell stets ein Array an. In Wirklichkeit wird *explorer.exe* also ein Textarray mit zwei Elementen übergeben, und weil das den guten alten Windows-Explorer etwas überfordert, präsentiert er nur seine Standardansicht. Häufig kann man solche Probleme schon dadurch lösen, dass man die Argumente aus den Klauen des Parsers befreit, indem man sie in Anführungszeichen stellt (und damit zu Text werden lässt, in dem der Parser nichts zu suchen hat):

```
PS> explorer '/select,c:\windows\system32\calc.exe'
```

Noch ein Weg, den Parser auszuschalten, ist *Start-Process*, wo die Argumente für ein Programm über einen separaten Parameter angegeben werden können:

```
PS> Start-Process -FilePath explorer.exe -ArgumentList '/select,c:\windows\system32\calc.exe'
```

Schließlich kann man den Parser auch ausdrücklich anweisen, die Finger vom Code zu lassen, indem man (bei PowerShell 3.0) den besonderen Parameter »--%« einsetzt. Sobald der Parser auf diesen Parameter trifft, ignoriert er den Rest der Zeile und verarbeitet diesen Teil so, wie er ist:

```
PS> explorer --% /select,c:\windows\system32\calc.exe
```

Weil das so ist, dürfen Sie nun allerdings in dem Teil, der »--%« folgt, keine Variablen mehr verwenden, denn dieser Teil wird jetzt konsequent wörtlich verstanden. Wer beispielsweise die Datei *powershell.exe* im Windows-Explorer hervorheben möchte, kommt nicht mehr auf diese Weise zum Ziel:

```
PS> explorer --% /select,$PSHOME\powershell.exe
```

Doppelte Anführungszeichen funktionieren dagegen:

```
PS> explorer "/select,$PSHOME\powershell.exe"
```

Welche Verpackungsart jeweils die beste ist, hängt vom jeweiligen Fall ab.

Ergebnisse von Anwendungen weiterverarbeiten

Einzelne externe Programme aufzurufen kann allein für sich schon durchaus nützlich sein, aber wenn Sie externe Programme in Skriptlösungen einbetten wollen, haben Sie vielleicht auch Interesse daran, die Ergebnisse dieser Programme in PowerShell zu empfangen und dort weiterzuverarbeiten.

Error Level auswerten

Konsolenbasierte Programme liefern meist einen numerischen Rückgabewert, den Error Level (Fehlerstufe). Was die zurückgemeldete Zahl bedeutet, bestimmt natürlich der Autor des Programms, und PowerShell liefert diese Zahl in der Variablen *$LASTEXITCODE* zur weiteren Auswertung an den Aufrufer – also Sie – zurück.

Möchten Sie zum Beispiel herausfinden, ob eine bestimmte IP-Adresse oder Webseite in Ihrem Netzwerk erreichbar ist, können Sie diese Adresse mit *ping.exe* »anpingen«, was man sich ein wenig so vorstellen kann wie das Echolot aus der Schifffahrt, mit dem sich zum Beispiel U-Boote orten lassen. Wird das ausgesendete Signal an der angegebenen IP-Adresse »reflektiert« und kommt zu Ihnen zurück, dann wissen Sie nicht nur, dass es die IP-Adresse gibt, sondern auch, wie lange das Signal für die Reise gebraucht hat (im Gegensatz zu U-Booten können Sie daraus allerdings nicht die Entfernung des Remotecomputers ableiten, sondern höchstens die Qualität und Übertragungsgeschwindigkeit Ihres Netzwerks):

```
PS> ping www.tagesschau.de

Ping wird ausgeführt für a1838.g.akamai.net [62.154.232.146] mit 32 Bytes Daten:
Antwort von 62.154.232.146: Bytes=32 Zeit=44ms TTL=60
Antwort von 62.154.232.146: Bytes=32 Zeit=34ms TTL=60
```

```
Antwort von 62.154.232.146: Bytes=32 Zeit=30ms TTL=60
Antwort von 62.154.232.146: Bytes=32 Zeit=29ms TTL=60

Ping-Statistik für 62.154.232.146:
    Pakete: Gesendet = 4, Empfangen = 4, Verloren = 0
    (0% Verlust),
Ca. Zeitangaben in Millisek.:
    Minimum = 29ms, Maximum = 44ms, Mittelwert = 34ms
```

Zwar könnten Sie den von *ping* gelieferten Text nun untersuchen und daraus entnehmen, ob die angegebene Adresse erreichbar ist oder nicht. Einfacher ist allerdings häufig, den (normalerweise unsichtbaren) numerischen Rückgabewert des Konsolenbefehls zu Rate zu ziehen. Bei *ping* lautet er 0, falls eine Antwort empfangen wurde, ansonsten 1.

```
PS> $LASTEXITCODE
0
```

Falls Sie nur am Rückgabewert eines Befehls interessiert sind, aber nicht an seiner Textausgabe, können Sie diese zum Beispiel an die besondere Variable *$null* weiterleiten, die alles, was man ihr übergibt, sofort wieder vergisst:

```
PS> ping.exe 10.10.10.10 -n 1 -w 500 > $null
PS> "Antwort erhalten (0) oder nicht (1): $LASTEXITCODE"
```

Wirkliche Begeisterungsstürme wird dies allein noch nicht auslösen, denn noch fehlen Ihnen die Mittel, um daraus hunderte oder tausende Webseiten oder IP-Adressen automatisiert anzupingen. Auch die Aussagekraft des Rückgabewerts ist nur so gut wie der Befehl, von dem er stammt, denn *ping* meldet auch dann freudig eine empfangene Antwort, wenn diese gar nicht vom adressierten Computer stammt, sondern lediglich von einem Router, der meldet, dass die IP-Adresse nicht in seinem Einzugsgebiet liegt:

```
PS> ping 169.254.1.2

Ping wird ausgeführt für 169.254.1.2 mit 32 Bytes Daten:
Antwort von 10.0.2.15: Zielhost nicht erreichbar.
(…)
Ping-Statistik für 169.254.1.2:
    Pakete: Gesendet = 4, Empfangen = 4, Verloren = 0
    (0% Verlust),

PS> $LASTEXITCODE
0
```

Außerdem verwenden viele Computer taktische Tarnkappen und antworten erst gar nicht auf den ausgesendeten Ping, um potenziellen Hausierern die Geschäftsgrundlage zu entziehen:

```
PS> ping www.microsoft.com

Ping wird ausgeführt für lb1.www.ms.akadns.net [64.4.11.42] mit 32 Bytes Daten:
Zeitüberschreitung der Anforderung.
(…)
Ping-Statistik für 64.4.11.42:
    Pakete: Gesendet = 4, Empfangen = 0, Verloren = 4
    (100% Verlust),

PS> $LASTEXITCODE
1
```

Fragen an Benutzer stellen mit choice.exe

Ob der numerische Rückgabewert eines Konsolenbefehls Ihnen helfen kann, ist also eine Einzelfall-
entscheidung. Nützlich ist er zum Beispiel bei *choice.exe*, einem (interaktiven) Konsolenbefehl, der
dem Anwender Fragen stellt. Der folgende Aufruf fragt den Anwender etwa, ob er den Computer neu
starten möchte (*/C* legt die erlaubten Antworten fest und */M* die Frage an den Anwender) und gibt
ihm für die Entscheidungsfindung 10 Sekunden Zeit (*/T*). Genügt das nicht, um den Anwender zu
einer Reaktion zu bewegen, antwortet er also nicht, wird die Defaultantwort (*/D*) verwendet, in diesem Fall vorsichtshalber die Antwort »N« für »Nein«.

```
PS> choice /C JN /T 10 /D N /M "Wollen Sie den Computer neu starten?"
Wollen Sie den Computer neu starten? [J,N]?N

PS> $LASTEXITCODE
2

PS> choice /C JN /T 10 /D N /M "Wollen Sie den Computer neu starten?"
Wollen Sie den Computer neu starten? [J,N]?J

PS> $LASTEXITCODE
1
```

ACHTUNG   *Choice.exe* ist ein interaktiver Konsolenbefehl und funktioniert deshalb, wie bereits anfangs in diesem
Kapitel dargelegt, nicht in ISE, sondern nur in der echten PowerShell-Konsole.

Der Befehl *choice.exe* startet den Computer in Wirklichkeit natürlich nicht neu, denn er stellt nur
(beliebige) Fragen, aber schon eher besorgniserregend scheint zu sein, dass nirgends angezeigt wird,
welche Auswahl der Benutzer getroffen hat. Diese ist nämlich unsichtbar und wird, wie Sie sich hoffentlich gerade denken, durch den Error Level in *$LASTEXITCODE* gemeldet. Die zurückgelieferte
Zahl steht für die mit */C* angegebene Auswahlmöglichkeit: eine 1 also für die erste Auswahlmöglichkeit und eine 2 für die zweite.

TIPP

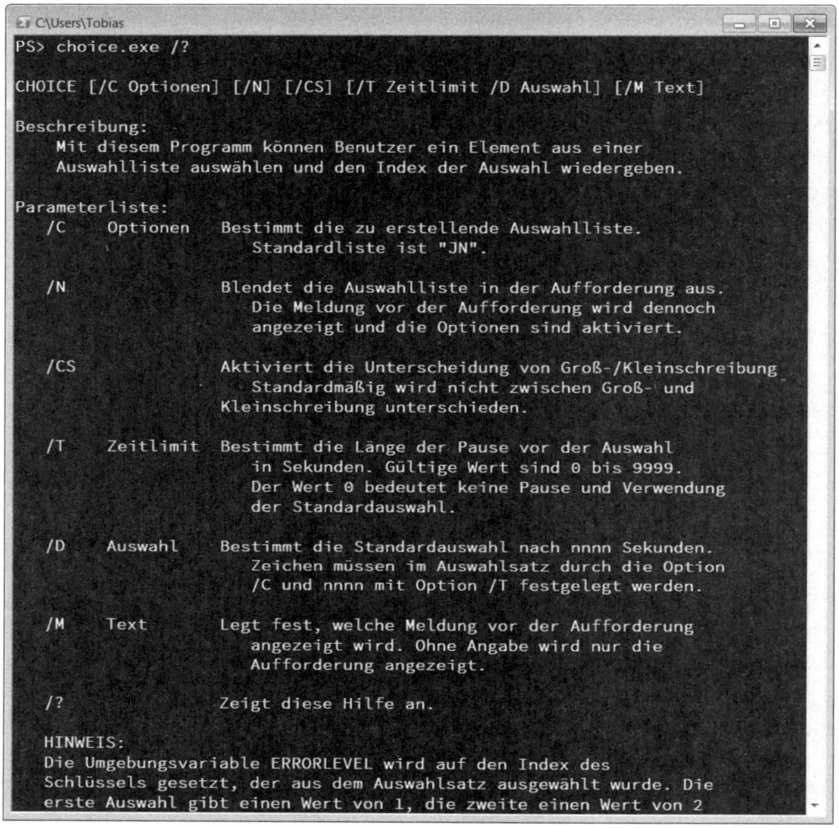

```
C:\Users\Tobias
PS> choice.exe /?

CHOICE [/C Optionen] [/N] [/CS] [/T Zeitlimit /D Auswahl] [/M Text]

Beschreibung:
    Mit diesem Programm können Benutzer ein Element aus einer
    Auswahlliste auswählen und den Index der Auswahl wiedergeben.

Parameterliste:
    /C      Optionen    Bestimmt die zu erstellende Auswahlliste.
                        Standardliste ist "JN".

    /N                  Blendet die Auswahlliste in der Aufforderung aus.
                        Die Meldung vor der Aufforderung wird dennoch
                        angezeigt und die Optionen sind aktiviert.

    /CS                 Aktiviert die Unterscheidung von Groß-/Kleinschreibung.
                        Standardmäßig wird nicht zwischen Groß- und
                        Kleinschreibung unterschieden.

    /T      Zeitlimit   Bestimmt die Länge der Pause vor der Auswahl
                        in Sekunden. Gültige Wert sind 0 bis 9999.
                        Der Wert 0 bedeutet keine Pause und Verwendung
                        der Standardauswahl.

    /D      Auswahl     Bestimmt die Standardauswahl nach nnnn Sekunden.
                        Zeichen müssen im Auswahlsatz durch die Option
                        /C und nnnn mit Option /T festgelegt werden.

    /M      Text        Legt fest, welche Meldung vor der Aufforderung
                        angezeigt wird. Ohne Angabe wird nur die
                        Aufforderung angezeigt.

    /?                  Zeigt diese Hilfe an.

HINWEIS:
Die Umgebungsvariable ERRORLEVEL wird auf den Index des
Schlüssels gesetzt, der aus dem Auswahlsatz ausgewählt wurde. Die
erste Auswahl gibt einen Wert von 1, die zweite einen Wert von 2
```

Abbildung 3.5   Interaktive Konsolenbefehle wie *choice.exe* funktionieren nur in echten Konsolenfenstern

Damit PowerShell auf die Ergebnisse eines anderen Befehls reagiert, also zum Beispiel wirklich den Computer neu startet, wenn der Anwender auf »J« drückt, benötigen Sie sogenannte Bedingungen. Dass Bedingungen aber nicht wirklich kompliziert sind, zeigt ihr Einsatz in diesem kleinen Skript:

```
choice /C JN /T 10 /D N /M "Wollen Sie den Computer neu starten?"
If ($LASTEXITCODE -eq 1) { Restart-Computer -WhatIf }
```

Sie erfahren mehr zu Vergleichsoperatoren und Bedingungen in Kapitel 7.

Vorsicht: Dieses Skript würde nun *wirklich* den Computer neu starten, wenn Sie die passende Antwort geben (zumindest dann, wenn Sie im Code hinter *Restart-Computer* den Simulationsmodus *-WhatIf* entfernen). Denken Sie daran: Da *choice.exe* als interaktiver Konsolenbefehl in ISE nicht funktioniert, wäre ein Skript, das ihn einsetzt, in ISE auch nicht ausführbar. Häufig ist das nicht weiter schlimm, weil ISE in der Regel nur für die Entwicklung von PowerShell-Code eingesetzt wird, der in freier Wildbahn später in einer echten PowerShell-Konsole läuft. Trotzdem sind Inkompatibilitäten etwas, das man besser vermeiden sollte.

Rückgabetext empfangen

PowerShell kann auch den Ergebnistext eines Konsolenbefehls oder Skripts empfangen und weiter auswerten – zumindest dann, wenn der Text in der PowerShell-Konsole ausgegeben wird. Erscheint der Text anderswo, zum Beispiel in einem separaten Konsolenfenster oder Dialogfeld, dann kommt PowerShell an solchen Text nicht heran.

Simpler Text

Um den Text eines Konsolenbefehls weiter auszuwerten, weist man ihn einfach einer Variablen zu. Wird der Befehl auf diese Weise ausgeführt, erscheint das Ergebnis nun nicht mehr in der Konsole. Dieses befindet sich stattdessen in der Variablen, die man sich wie einen universellen Aufbewahrungsbehälter vorstellen kann. Variablen werden mit $ am Namensanfang gekennzeichnet:

```
PS> whoami.exe
w8ps\tobias

PS> $username = whoami.exe
PS> $username
w8ps\tobias

PS> "Angemeldeter User: $username"
Angemeldeter User: w8ps\tobias
```

Mehrzeiliger Text

Liefert ein Befehl wie *whoami* (»Who am I?«, »Wer bin ich?«) nur eine Textzeile zurück, ist es also sehr simpel, diese Information in einer Variablen zu speichern und andernorts weiterzuverwenden. Etwas größer ist die Herausforderung, wenn ein Befehl mehrere Zeilen Text ausgibt:

```
PS> driverquery

Modulname      Anzeigename           Treibertyp    Linkdatum
===========    ====================  ============  =====================
1394ohci       OHCI-konformer 1394-Ho Kernel       26.07.2012 04:26:46
3ware          3ware                 Kernel        08.03.2012 21:33:45
ACPI           Microsoft ACPI-Treiber Kernel       26.07.2012 04:28:26
acpiex         Microsoft ACPIEx Drive Kernel       26.07.2012 04:25:57
acpipagr       ACPI-Prozessoraggregat Kernel       26.07.2012 04:27:16
AcpiPmi        ACPI-Energieanzeigetre Kernel       26.07.2012 04:27:33
(…)
```

Speichern Sie dieses Ergebnis in einer Variablen, wird daraus ein Array, und Sie greifen auf die einzelnen Zeilen über eckige Klammern zu. Das nächste Beispiel fischt sich die Zeilen 4 und 5 sowie die letzte Zeile heraus, denn die Nummerierung der Zeilen beginnt bei 0 und negative Indizes zählen von hinten:

```
PS> $ergebnis = driverquery
PS> $ergebnis[3,4,-1]

1394ohci       OHCI-konformer 1394-Ho Kernel       26.07.2012 04:26:46
3ware          3ware                 Kernel        08.03.2012 21:33:45
WUDFSensorLP   UMDF-Reflektordienst f Kernel       26.07.2012 04:26:06
```

Natürlich bringt es wenig, zufällig irgendwelche Zeilen aus dem Ergebnis herauszugreifen. Besser wäre, gezielt nach bestimmten Zeilen zu suchen, zum Beispiel nach allen Treiberinformationen, die das Schlüsselwort *net* enthalten. Ein Weg sind Vergleichsoperatoren, die Sie ausführlicher in Kapitel 7 lernen. Der Vergleichsoperator *-like* liefert nur die Textzeilen zurück, in denen ein bestimmtes Schlüsselwort vorkommt. Der erste Versuch schlägt allerdings noch fehl:

```
PS> driverquery -like '*net*'

FEHLER: Argument/Option ungültig - '-like'.
Geben Sie "DRIVERQUERY /?" ein, um die Syntax anzuzeigen.
```

Schuld ist ein Missverständnis, denn der Befehl *driverquery* denkt, dass Sie ihm den Parameter *-like* zugewiesen haben. Weil er diesen nicht kennt, beschwert er sich. Runde Klammern helfen, solche Missverständnisse zu vermeiden, weil Sie damit klarstellen, wer in welcher Reihenfolge ausgeführt werden soll. Im nächsten Aufruf klappt alles wunderbar, weil durch die runden Klammern zunächst *driverquery* ausgeführt und erst dann sein Ergebnis von *-like* gefiltert wird:

```
PS> (driverquery) -like '*net*'

b06bdrv      Broadcom NetXtreme II  Kernel       14.05.2012 23:42:24
ebdrv        Broadcom NetXtreme II  Kernel       13.05.2012 17:32:42
IPNAT        IP Network Address Tra Kernel       26.07.2012 04:23:01
Ndu          Windows Network Data U Kernel       26.07.2012 04:23:41
NetBIOS      NetBIOS Interface      File System  26.07.2012 04:28:19
NetBT        NetBT                  Kernel       26.07.2012 04:24:26
srvnet       srvnet                 File System  26.07.2012 04:23:17
tdx          NetIO-Legacy-TDI-Suppo Kernel       26.07.2012 04:24:58
```

Dasselbe Konzept kann man natürlich auch auf alle anderen Konsolenbefehle anwenden, die mehrzeiligen Text liefern. Die folgende Zeile listet alle laufenden Prozesse auf, die im Namen des gerade angemeldeten Benutzers laufen:

```
PS> (qprocess) -like ">$env:USERNAME*"

>tobias             console          1   2056  taskhostex.exe
>tobias             console          1   2152  explorer.exe
>tobias             console          1   2404  livecomm.exe
(…)
```

Ob das wirklich notwendig ist, steht auf einem anderen Blatt, denn bevor Sie mühsam die Ergebnisse eines Befehls verfeinern, sollten Sie zuerst schauen, ob der Befehl nicht von sich aus über einen seiner Parameter die gewünschten Ergebnisse liefert:

```
PS> qprocess /?

Zeigt Informationen über Vorgänge an.

QUERY PROCESS [* | Prozess-ID | Benutzername | Sitzungsname | /ID:nn |
              Programmname]
   [/SERVER:Servername]

   *                   Zeigt alle sichtbaren Prozesse an.
   Prozess-ID          Zeigt Prozesse anhand der Prozess-ID an.
   Benutzername        Zeigt alle Prozesse an, die zum Benutzer gehören.
```

```
Sitzungsname         Zeigt alle Prozesse der Sitzung an.
/ID:nn               Zeigt alle Prozesse der Sitzung "nn" an.
Programmname         Zeigt alle dem Programm zugeordnete Prozesse an.
/SERVER:Servername Der abzufragende Remotedesktop-Hostserver.

PS> qprocess $env:USERNAME

BENUTZERNAME          SITZUNGSNAME          ID    PID  ABBILD
>tobias               console                1   2056  taskhostex.exe
>tobias               console                1   2152  explorer.exe
>tobias               console                1   2404  livecomm.exe
(…)
```

HINWEIS   Natürlich müssen Sie keine Konsolenbefehle wie *qprocess.exe* einsetzen, wenn es für denselben Zweck bereits zivilisiertere Cmdlets wie *Get-Process* gibt. Aber auf die Nuancen kommt es an: *qprocess.exe* liefert beispielsweise auch den Eigentümer eines Prozesses sowie die Sitzung, in der der Prozess läuft – das leistet *Get-Process* nicht.

Mehrspaltiger Text

Sie verfügen jetzt erfolgreich über die Treiberinformationen, die das Schlüsselwort *net* enthalten, bzw. die Liste der laufenden Prozesse eines Benutzers. Aber die einzelnen Informationen in jeder Zeile sind immer noch nicht voneinander abgrenzbar. Einige Konsolenbefehle sind auf Wunsch bereit, ihre Informationen auch als kommaseparierte Listen auszugeben, auch *driverquery* gehört dazu (*qprocess* leider nicht, was aber, wenn Sie konsequent weiterlesen, auch kein Problem sein wird). Kommaseparierte Listen sind ideales Futter für PowerShell, weil dadurch die einzelnen Spalteninhalte eindeutig voneinander abgegrenzt sind und PowerShell die Informationen dann genauso komfortabel anzeigen kann wie die Ergebnisse seiner Cmdlets. Beliebige kommaseparierte Informationen müssen dann lediglich an *ConvertFrom-CSV* weitergeleitet werden, das die Umwandlungsarbeit übernimmt:

```
PS> driverquery /FO CSV

"Modulname","Anzeigename","Treibertyp","Linkdatum"
"1394ohci","OHCI-konformer 1394-Hostcontroller","Kernel ","26.07.2012 04:26:46"
"3ware","3ware","Kernel ","08.03.2012 21:33:45"
"ACPI","Microsoft ACPI-Treiber","Kernel ","26.07.2012 04:28:26"
"acpiex","Microsoft ACPIEx Driver","Kernel ","26.07.2012 04:25:57"
(…)

PS> driverquery /FO CSV | ConvertFrom-CSV

Modulname            Anzeigename              Treibertyp      Linkdatum
---------            -----------              ----------      ---------
1394ohci             OHCI-konformer 1394-Ho... Kernel         26.07.2012 04:26:46
3ware                3ware                    Kernel          08.03.2012 21:33:45
ACPI                 Microsoft ACPI-Treiber   Kernel          26.07.2012 04:28:26
acpiex               Microsoft ACPIEx Driver  Kernel          26.07.2012 04:25:57
(…)
```

Ein Vorteil dieser Umwandlung ist jetzt, dass Sie die Ergebnisse mit anderen Cmdlets weiterbearbeiten können. In Kapitel 5 lernen Sie alle Cmdlets kennen, die man typischerweise einsetzt, um die Ergebnisse zu sortieren, zu gruppieren oder zu filtern. Ein Cmdlet kennen Sie allerdings schon, das die nackten Textinformationen von *driverquery* quasi in ein komfortables grafisches Tool verwandelt:

Out-GridView. Mit dessen Hilfe können Sie anschließend über das Suchfeld am oberen Fensterrand sogar in Echtzeit filtern. Der gesamte Aufruf sieht nun folgendermaßen aus:

```
PS> driverquery /FO CSV | ConvertFrom-CSV | Out-GridView
```

Ein Klick auf die Spaltenüberschriften sortiert das Ergebnis außerdem galanterweise.

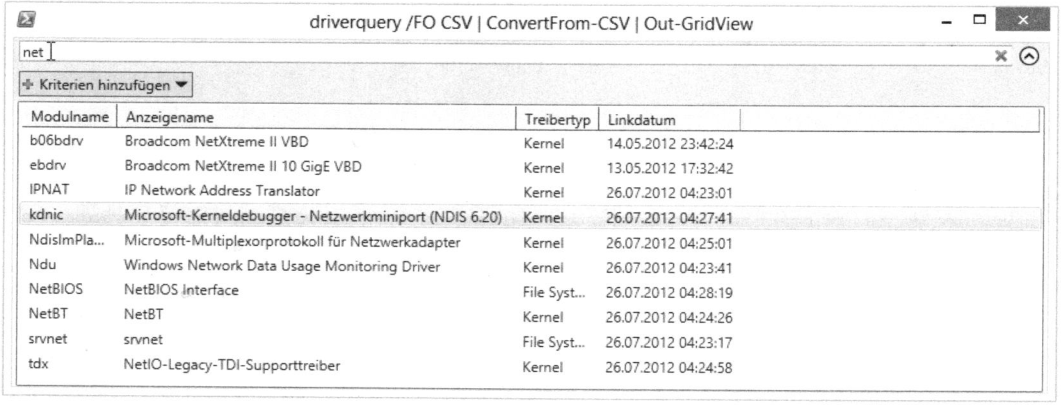

Abbildung 3.6   Die Textergebnisse eines Konsolenbefehls wurden hier unter Einsatz von *Out-GridView* in ein komfortables grafisches Werkzeug verwandelt

Wenn Sie nicht gerade unter enormem Zeitdruck stehen, sollten Sie an dieser Stelle zur Kaffeemaschine spurten, sich einen ausreichenden Vorrat schwarzes Gold sichern und dann mit den gerade vorgestellten Möglichkeiten experimentieren. Es lohnt sich! Hier sind für den Anfang eine Reihe weitere Konsolenbefehle, die alle den Parameter */FO CSV* unterstützen und also kommaseparierte Informationen zurückliefern:

```
PS> whoami /groups /fo CSV | ConvertFrom-CSV | Out-GridView
PS> tasklist /FO CSV | ConvertFrom-CSV | Out-GridView
PS> schtasks /FO CSV | ConvertFrom-CSV | Out-GridView
PS> systeminfo /FO CSV | ConvertFrom-CSV | Out-GridView
PS> getmac /FO CSV | ConvertFrom-CSV | Out-GridView
PS> openfiles /Query /S [NameEinesRemotecomputers] /FO CSV /V | ConvertFrom-CSV | Out-GridView
```

Wandeln Sie auch die Rohergebnisse dieser Befehle um und lassen Sie sie im grafischen Fenster anzeigen. Zuständig sind offensichtlich immer wieder dieselben beiden Befehle: *ConvertFrom-CSV* und *Out-GridView.* Deshalb sollten Sie sich etwas näher mit den Möglichkeiten beschäftigen, die diese beiden Cmdlets bieten. Werfen Sie einen Blick in ihre Hilfe:

```
PS> Get-Help -Name ConvertFrom-CSV -ShowWindow
```

Dann nämlich werden Sie auch mit Praxisproblemen wie diesem fertig:

```
PS> driverquery /V /FO CSV | ConvertFrom-CSV
ConvertFrom-CSV : Das Element "Status" ist bereits vorhanden.
```

Diese Fehlermeldung taucht (auf deutschen Systemen) auf, sobald Sie *driverquery* mit seinem Parameter */V* auffordern, besonders ausführliche Informationen auszuspucken. Vielleicht haben Sie schon einen Verdacht, was schiefgelaufen ist, und ein Blick auf die Spaltenüberschriften bestätigt: *driverquery* hat zwei Spalten genau denselben Namen zugewiesen. Konkret kommt *Status* ungeschickterweise doppelt vor. *ConvertFrom-CSV* braucht aber eindeutige Spaltennamen:

```
PS> $ergebnis = driverquery /V /FO CSV
PS> $ergebnis[0]
"Modulname","Anzeigename","Beschreibung","Treibertyp","Startmodus","Status","Status","Beenden
annehmen","Anhalten annehmen","Ausgelagerter Pool
(Bytes)","Code(Bytes)","BSS(Bytes)","Linkdatum","Pfad","Init(Bytes)"
```

Gegen diese Namenserzeugung können Sie wenig unternehmen. Offensichtlich haben die Übersetzer die englischen Spaltennamen *State* und *Status* freizügig auf gleiche Weise übersetzt. Eine Möglichkeit der Problemlösung gibt es aber doch: Entfernen Sie die Spaltennamen, die *driverquery* liefert, nachträglich und ersetzen Sie diese kurzerhand durch Ihre eigenen.

Damit lässt sich nicht nur das Problem der doppelten Spaltennamen beheben. Sie gewinnen auch gleich die Freiheit, Spalten so zu nennen, wie Sie wollen. Das ist nicht nur kosmetisch schön (störende Sonderzeichen wie Klammern lassen sich aus den Originalspaltennamen tilgen), sondern auch ein wichtiger Schritt zu kulturneutralen Daten (Daten also, die unabhängig von den Ländereinstellungen des Computers immer dieselben Spaltennamen tragen). So könnten Sie vorgehen:

```
PS> $spalten =
'Name','DisplayName','Description','Type','Startmode','State','Status','AcceptStop','AcceptPau
se','PagedPool','Code','BSS','LinkDate','Path','Init'
PS> driverquery /V /FO CSV | Select-Object -Skip 1 | ConvertFrom-CSV -Header $spalten | Out-
GridView
```

Mit Select-Object -Skip 1 entfernen Sie die erste Zeile des Ergebnisses, also die Originalspaltennamen. Stattdessen definieren Sie in der Variablen *$spalten* Ihre eigenen Spaltennamen und müssen dabei nur genauso viele (eindeutige) Namen angeben, wie es Spalten gibt. Ihre neuen Spaltennamen übergeben Sie dann mit dem Parameter *-Header* an *ConvertFrom-CSV*.

Schon funktioniert der Befehl auch auf deutschen Systemen und liefert nun länderunabhängig einheitliche Spaltennamen, die noch dazu keine Sonderzeichen mehr enthalten. *ConvertFrom-CSV* ist also eine äußerst vielseitige Allzweckwaffe, um Texte mit eindeutigen Trennzeichen in echte PowerShell-Objekte zu verwandeln. Dabei muss das Trennzeichen keineswegs ein Komma sein, und wie Sie gerade gesehen haben, sind auch Spaltenüberschriften nicht unbedingt erforderlich, weil Sie diese mit *-Header* nachliefern können.

So lassen sich mit verblüffend geringem Aufwand sogar handelsübliche Textprotokolldateien parsen. Im Windows-Ordner liegt beispielsweise die Datei *windowsupdate.log*, die Buch führt über sämtliche automatischen Updates, die das Betriebssystem anfordert, empfängt und installiert. Sie zu lesen ist kein Spaß, aber zumindest fällt dabei auf, dass die Einzelinformationen durch Tabulatoren voneinander getrennt werden.

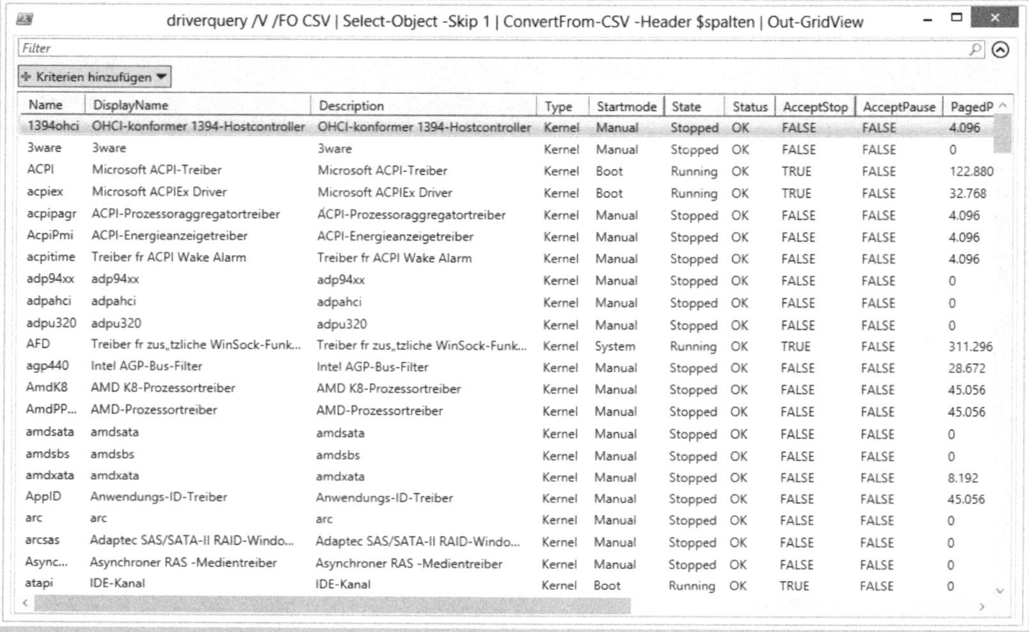

Name	DisplayName	Description	Type	Startmode	State	Status	AcceptStop	AcceptPause	PagedP
1394ohci	OHCI-konformer 1394-Hostcontroller	OHCI-konformer 1394-Hostcontroller	Kernel	Manual	Stopped	OK	FALSE	FALSE	4.096
3ware	3ware	3ware	Kernel	Manual	Stopped	OK	FALSE	FALSE	0
ACPI	Microsoft ACPI-Treiber	Microsoft ACPI-Treiber	Kernel	Boot	Running	OK	TRUE	FALSE	122.880
acpiex	Microsoft ACPIEx Driver	Microsoft ACPIEx Driver	Kernel	Boot	Running	OK	TRUE	FALSE	32.768
acpipagr	ACPI-Prozessoraggregatortreiber	ACPI-Prozessoraggregatortreiber	Kernel	Manual	Stopped	OK	FALSE	FALSE	4.096
AcpiPmi	ACPI-Energieanzeigetreiber	ACPI-Energieanzeigetreiber	Kernel	Manual	Stopped	OK	FALSE	FALSE	4.096
acpitime	Treiber fr ACPI Wake Alarm	Treiber fr ACPI Wake Alarm	Kernel	Manual	Stopped	OK	FALSE	FALSE	4.096
adp94xx	adp94xx	adp94xx	Kernel	Manual	Stopped	OK	FALSE	FALSE	0
adpahci	adpahci	adpahci	Kernel	Manual	Stopped	OK	FALSE	FALSE	0
adpu320	adpu320	adpu320	Kernel	Manual	Stopped	OK	FALSE	FALSE	0
AFD	Treiber fr zus„tzliche WinSock-Funk...	Treiber fr zus„tzliche WinSock-Funk...	Kernel	System	Running	OK	TRUE	FALSE	311.296
agp440	Intel AGP-Bus-Filter	Intel AGP-Bus-Filter	Kernel	Manual	Stopped	OK	FALSE	FALSE	28.672
AmdK8	AMD K8-Prozessortreiber	AMD K8-Prozessortreiber	Kernel	Manual	Stopped	OK	FALSE	FALSE	45.056
AmdPP...	AMD-Prozessortreiber	AMD-Prozessortreiber	Kernel	Manual	Stopped	OK	FALSE	FALSE	45.056
amdsata	amdsata	amdsata	Kernel	Manual	Stopped	OK	FALSE	FALSE	0
amdsbs	amdsbs	amdsbs	Kernel	Manual	Stopped	OK	FALSE	FALSE	0
amdxata	amdxata	amdxata	Kernel	Manual	Stopped	OK	FALSE	FALSE	8.192
AppID	Anwendungs-ID-Treiber	Anwendungs-ID-Treiber	Kernel	Manual	Stopped	OK	FALSE	FALSE	45.056
arc	arc	arc	Kernel	Manual	Stopped	OK	FALSE	FALSE	0
arcsas	Adaptec SAS/SATA-II RAID-Windo...	Adaptec SAS/SATA-II RAID-Windo...	Kernel	Manual	Stopped	OK	FALSE	FALSE	0
Async...	Asynchroner RAS -Medientreiber	Asynchroner RAS -Medientreiber	Kernel	Manual	Stopped	OK	FALSE	FALSE	0
atapi	IDE-Kanal	IDE-Kanal	Kernel	Boot	Running	OK	TRUE	FALSE	0

Abbildung 3.7 Eigene Spaltennamen verwenden und Namenskonflikte lösen

Um die rohen Textinformationen dieser Datei zu parsen, teilen Sie *ConvertFrom-CSV* also nur mit, dass das Trennzeichen diesmal nicht das Komma ist, sondern der Tabulator (ASCII-Code 9), und wie die einzelnen Spalten heißen sollen:

```
PS> $spalten = 'Datum', 'Uhrzeit', 'Code1', 'Code2', 'Kategorie', 'Meldung', 'Details',
'Code3', 'Code4', 'Code5', 'Code6', 'Code7', 'Code8', 'Quelle', 'Status', 'Mode', 'Produkt'
PS> $tab = [Char]9
PS> $Path = "$env:windir\windowsupdate.log"
PS> Get-Content $Path -Encoding UTF8 | ConvertFrom-CSV -Delimiter $tab -Header $spalten | Out-
GridView
```

Nur wenige Zeilen sind dafür nötig und diese lassen sich an sehr viele Szenarien anpassen. Ändern Sie dazu die Spaltennamen (und Anzahl der Spalten), das verwendete Trennzeichen und den Pfadnamen, und schon lassen sich auch ganz andere textbasierte Protokolldateien nach diesem Muster parsen.

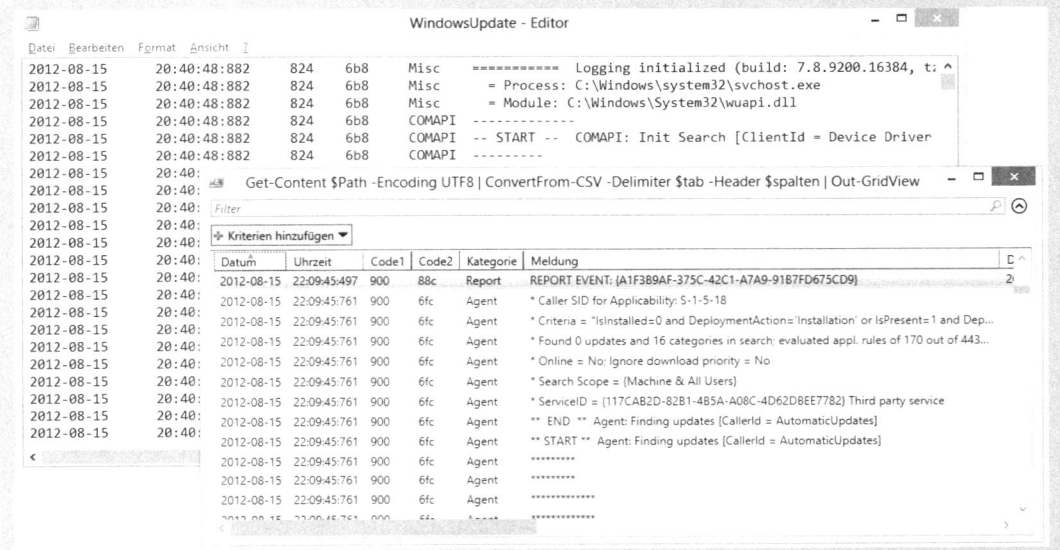

Abbildung 3.8 Rohe Textprotokolldatei und das geparste Resultat in PowerShell

Sind die Rohdaten erst einmal ins PowerShell-Format konvertiert, lassen sich die Daten nicht nur im Fenster von *Out-GridView* filtern oder per Klick auf eine Spalte sortieren. Jetzt stehen Ihnen auch sämtliche PowerShell-Cmdlets zur Verfügung, um die Daten zu filtern, zu analysieren und gezielt bestimmte Spalten auszugeben. Diese Cmdlets lernen Sie in Kapitel 5 kennen. Dass es sich lohnt, sich auf dieses Kapitel zu freuen, soll das nächste Beispiel demonstrieren.

```
PS> $spalten = 'Datum', 'Uhrzeit', 'Code1', 'Code2', 'Kategorie', 'Meldung', 'Details',
'Code3', 'Code4', 'Code5', 'Code6', 'Code7', 'Code8', 'Quelle', 'Status', 'Mode', 'Produkt'
PS> $tab = [Char]9
PS> $Path = "$env:windir\windowsupdate.log"
PS> Get-Content $Path -Encoding UTF8 | ConvertFrom-CSV -Delimiter $tab -Header $spalten | Where-
Object Quelle | Select-Object -Property Datum, Uhrzeit, Quelle, Status, Mode, Produkt | Out-
GridView
```

Es wählt mit *Select-Object* nur noch die Spalten aus, die wirklich interessant sind, und sorgt mit *Where-Object* dafür, dass nur noch die Zeilen berücksichtigt werden, in deren Spalte *Quelle* ein Wert steht. Das Ergebnis ist ein stark bereinigtes Protokoll, das jetzt nur noch die wichtigen Aktionen der Windows Update-Funktion anzeigt (Abbildung 3.9).

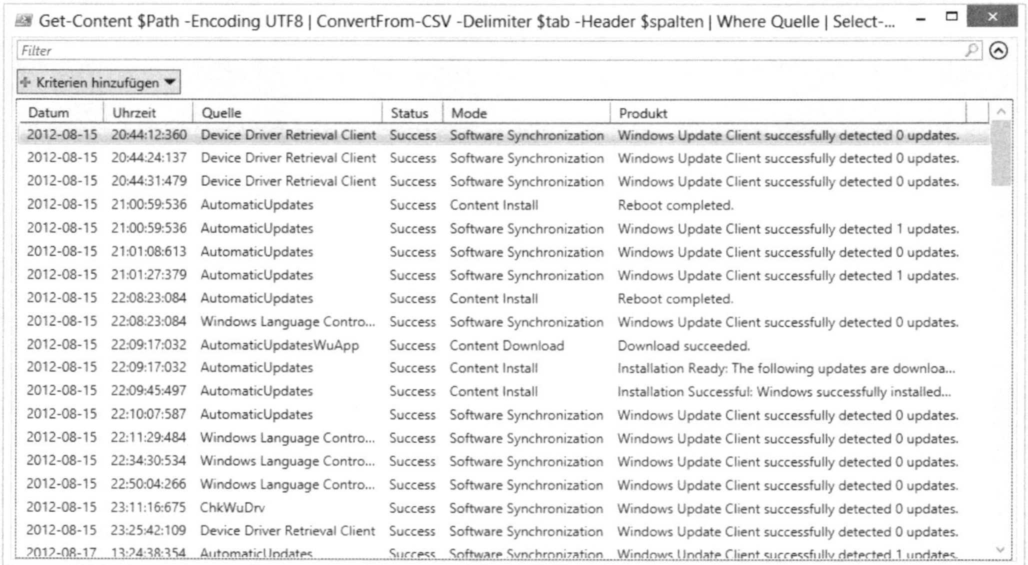

Datum	Uhrzeit	Quelle	Status	Mode	Produkt
2012-08-15	20:44:12:360	Device Driver Retrieval Client	Success	Software Synchronization	Windows Update Client successfully detected 0 updates.
2012-08-15	20:44:24:137	Device Driver Retrieval Client	Success	Software Synchronization	Windows Update Client successfully detected 0 updates.
2012-08-15	20:44:31:479	Device Driver Retrieval Client	Success	Software Synchronization	Windows Update Client successfully detected 0 updates.
2012-08-15	21:00:59:536	AutomaticUpdates	Success	Content Install	Reboot completed.
2012-08-15	21:00:59:536	AutomaticUpdates	Success	Software Synchronization	Windows Update Client successfully detected 1 updates.
2012-08-15	21:01:08:613	AutomaticUpdates	Success	Software Synchronization	Windows Update Client successfully detected 0 updates.
2012-08-15	21:01:27:379	AutomaticUpdates	Success	Software Synchronization	Windows Update Client successfully detected 1 updates.
2012-08-15	22:08:23:084	AutomaticUpdates	Success	Content Install	Reboot completed.
2012-08-15	22:08:23:084	Windows Language Contro...	Success	Software Synchronization	Windows Update Client successfully detected 0 updates.
2012-08-15	22:09:17:032	AutomaticUpdatesWuApp	Success	Content Download	Download succeeded.
2012-08-15	22:09:17:032	AutomaticUpdates	Success	Content Install	Installation Ready: The following updates are downloa...
2012-08-15	22:09:45:497	AutomaticUpdates	Success	Content Install	Installation Successful: Windows successfully installed...
2012-08-15	22:10:07:587	AutomaticUpdates	Success	Software Synchronization	Windows Update Client successfully detected 0 updates.
2012-08-15	22:11:29:484	Windows Language Contro...	Success	Software Synchronization	Windows Update Client successfully detected 0 updates.
2012-08-15	22:34:30:534	Windows Language Contro...	Success	Software Synchronization	Windows Update Client successfully detected 0 updates.
2012-08-15	22:50:04:266	Windows Language Contro...	Success	Software Synchronization	Windows Update Client successfully detected 0 updates.
2012-08-15	23:11:16:675	ChkWuDrv	Success	Software Synchronization	Windows Update Client successfully detected 0 updates.
2012-08-15	23:25:42:109	Device Driver Retrieval Client	Success	Software Synchronization	Windows Update Client successfully detected 0 updates.
2012-08-17	13:24:38:354	AutomaticUpdates	Success	Software Synchronization	Windows Update Client successfully detected 1 updates.

Abbildung 3.9 Das bereinigte Protokoll enthält nur noch die wichtigen Spalten mit relevanten Informationen

Sogar schwierige Fälle lassen sich mit der hier gezeigten Technik lösen. Der vorhin schon erwähnte Befehl *qprocess* etwa liefert alle laufenden Prozesse, aber anders als das Cmdlet *Get-Process* verrät *qprocess* auch den Benutzernamen und die Anmeldesitzung, was zum Beispiel bei der Terminalserververwaltung wichtig sein kann:

```
PS> qprocess
 BENUTZERNAME          SITZUNGSNAME       ID    PID  ABBILD
>tobias                console             1   2056  taskhostex.exe
>tobias                console             1   2152  explorer.exe
>tobias                console             1   2404  livecomm.exe
(...)
```

Das Problem bei diesem Ergebnis ist aber, dass die einzelnen Spalten nicht durch ein Trennzeichen abgegrenzt sind, sondern feste Spaltenbreiten verwenden. *ConvertFrom-CSV* kann solche Informationen nicht aufsplitten. Feste Spaltenbreiten bedeuten andererseits, dass ein Großteil der Spalte durch Leerzeichen aufgefüllt ist. Mit dem Operator *-replace* könnte der Text also passend gemacht werden (mehr zu diesem wirklich wunderbaren und machtvollen Operator erfahren Sie in Kapitel 7). Dazu werden alle Textstellen, die mindestens aus zwei Leerzeichen bestehen, durch ein einzelnes Komma ersetzt:

```
PS> (qprocess) -replace '\s{2,}', ','
 BENUTZERNAME,SITZUNGSNAME,ID,PID,ABBILD
>tobias,console,1,2056,taskhostex.exe
>tobias,console,1,2152,explorer.exe
>tobias,console,1,2404,livecomm.exe
```

Der Einsatz von *-replace* entspricht also quasi dem Parameter */FO CSV*, der von manchen Befehlen angeboten wird. Wo er fehlt, kann man sich jetzt mit *-replace* behelfen und die Ergebnisse doch noch erfolgreich an *ConvertFrom-CSV* senden:

```
PS> (qprocess) -replace '\s{2,}',','  | ConvertFrom-CSV | Out-GridView -Title "Laufende
Prozesse"
```

Auch hier steht es Ihnen natürlich frei, zusätzlich die Spaltennamen zu verändern, wie es vorhin gezeigt wurde.

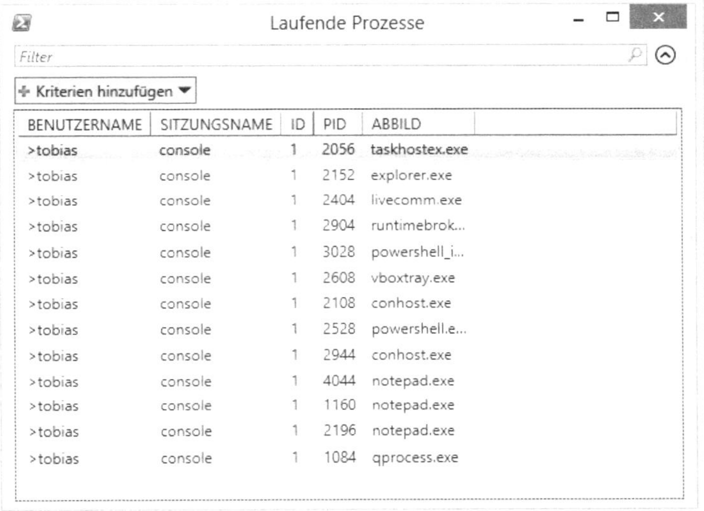

Abbildung 3.10 Rohergebnisse von *qprocess* in PowerShell-Objekte verwandeln

Textmuster finden

Eine letzte typische Herausforderung ist, im Textergebnis eines Befehls ein bestimmtes Textmuster aufzuspüren. Am Anfang dieses Kapitels haben Sie schon erfahren, dass der Befehl *ping* in *$LAST-EXITCODE* einen numerischen Rückgabewert liefert, der darüber informiert, ob *ping* ein Ergebnis empfangen hat oder nicht. Sie haben aber auch gesehen, dass diese Information eher unzuverlässig ist, weil auch eine Antwort vom Router als erfolgreiche Antwort gemeldet wird, obwohl das Zielsystem gar nicht erreichbar ist. Wenn also schon der Error Level nicht optimal geeignet ist, dann könnte man die Information vielleicht aus dem Textergebnis des Befehls ermitteln:

```
PS> $ergebnis = ping www.tagesschau.de /n 1 /w 1000
PS> $ergebnis

Ping wird ausgeführt für a1838.g.akamai.net [217.89.105.154] mit 32 Bytes Daten:
Antwort von 217.89.105.154: Bytes=32 Zeit=26ms TTL=60

Ping-Statistik für 217.89.105.154:
    Pakete: Gesendet = 1, Empfangen = 1, Verloren = 0
    (0% Verlust),
```

```
Ca. Zeitangaben in Millisek.:
    Minimum = 26ms, Maximum = 26ms, Mittelwert = 26ms
```

Die Frage ist, welcher Teil dieses Texts zuverlässig verrät, ob das Zielsystem erreicht wurde oder nicht. Sie könnten beispielsweise nach dem Stichwort *Antwort* suchen, aber dann wäre Ihr Code auf deutsche Systeme beschränkt. Der Text *0%* würde anzeigen, dass alle abgesendeten Pakete empfangen wurden, aber dann würden auch Routerantworten als erfolgreich betrachtet.

Sie sehen also, dass die Analyse und sorgfältige Auswahl des richtigen Suchkriteriums im Vordergrund stehen und maßgeblich darüber entscheiden, ob Ihre Lösung erfolgreich und portabel sein wird. Wenn das Zielsystem erreichbar ist, gibt *ping* stets aus, wie lange der Ping unterwegs war. Antwortete das Zielsystem nicht oder gab es eine abschlägige Antwort vom Router, fehlt diese Angabe. Gesucht werden also Geschwindigkeitsangaben im Rückgabetext, und zwar so, dass die Ländereinstellungen keine Rolle spielen. Gefunden werden soll folglich eine Zeile, in der die im Folgenden durch Fettdruck hervorgehobenen Bereiche vorkommen, wobei die Zahl natürlich beliebig gehalten sein muss:

```
    Minimum = 26ms, Maximum = 26ms, Mittelwert = 26ms
```

Damit lautet die Fragestellung:

Kommt in einer Zeile des Rückgabetexts von ping.exe ein Textmuster mindestens zweimal vor, das aus einem Leerzeichen, einem Gleichheitszeichen, einem weiteren Leerzeichen, einer mehrstelligen Zahl und dem Text »ms,« besteht?

Muster beschreibt man mit sogenannten »regulären Ausdrücken«: Steckbriefe, die beschreiben, was Sie suchen. Dazu bieten reguläre Ausdrücke drei Fahndungsmöglichkeiten: Platzhalter (die festlegen, welche Art von Information Sie suchen, also beispielsweise Leerzeichen oder Zahl), Quantifizierer (die festlegen, wie oft ein Muster vorkommt, also beispielsweise wie viele Stellen eine Zahl haben darf) und Anker (die feste Bestandteile suchen, zum Beispiel einen Wortanfang oder einen festen Text wie »ms,«). Das Muster für die gestellte Aufgabe sieht so aus:

```
PS> $muster = '(.*?\s=\s\d{1,8}ms,\s){2}'
```

Typischerweise verursachen reguläre Ausdrücke beim Erstkontakt Panikattacken, die aber üblicherweise nach Lektüre des Kapitels 7 wieder abflauen. Für den Moment genügt es zu wissen, dass dieses Muster genau das gesuchte Textmuster identifizieren kann. Um zu prüfen, ob das Muster in einer Zeile des Rückgabetexts vorkommt, setzten Sie den Operator *-match* ein:

```
PS> $ergebnis

Ping wird ausgeführt für a1838.g.akamai.net [217.89.105.154] mit 32 Bytes Daten:
Antwort von 217.89.105.154: Bytes=32 Zeit=26ms TTL=60

Ping-Statistik für 217.89.105.154:
    Pakete: Gesendet = 1, Empfangen = 1, Verloren = 0
    (0% Verlust),
Ca. Zeitangaben in Millisek.:
    Minimum = 26ms, Maximum = 26ms, Mittelwert = 26ms

PS> $ergebnis -match $muster
    Minimum = 26ms, Maximum = 26ms, Mittelwert = 26ms
```

Wie Sie sehen, funktioniert die Sache erstaunlich gut. Der Operator -*match* fischt aus den Textzeilen nur diejenigen heraus, die dem Muster entsprechen. Damit ist die Prüfung jetzt leicht: Es ist nur noch festzustellen, wie viele Zeilen -*match* zurückgeliefert hat. Sind es 0 Zeilen, war der Ping nicht erfolgreich. Ist es genau eine Zeile, war er erfolgreich und hat eine Antwort vom Zielsystem empfangen. Die Anzahl der Zeilen, die -*match* zurückgibt, findet sich in der Eigenschaft *Count*, denn das Ergebnis von -*match* ist ein Array. Jedes Array teilt in dieser Eigenschaft mit, wie viele Elemente es aufweist:

```
PS> $zeilen = $ergebnis -match $muster
PS> $zeilen.Count
1
```

PowerShell erwartet nicht, dass Sie sich dies alles im Alltag merken (geschweige denn, all diesen Code jedes Mal eingeben, wenn Sie eine IP-Adresse überprüfen möchten). Stattdessen kapselt man solchen Code üblicherweise als Funktion und bastelt sich so einen neuen selbstdefinierten Befehl, den man künftig genau wie Cmdlets einsetzen kann. Dass dieser im Hintergrund den Klassiker *ping.exe* einsetzt, sieht man der neuen Funktion von außen gar nicht an.

```
function Test-Online($URL=$env:COMPUTERNAME)
{
  $muster = '(.*?\s=\s\d{1,8}ms,\s){2}'
  $zeilen = (ping.exe $URL -n 1 -w 500) -match $muster
  ($zeilen.Count -gt 0 -and $zeilen -ne $false)
}
```

Solche Funktionen werden in Kapitel 8 ganz genau vorgestellt, und dort erfahren Sie auch, wie Sie Funktionen erstellen, die automatisch in allen Ihren PowerShell-Konsolen zur Verfügung stehen. Im Augenblick können Sie *Test-Online* erst einsetzen, sobald Sie den Code oben eingegeben und einmal ausgeführt haben. Schauen Sie doch mal, ob *Test-Online* funktioniert und bessere Resultate erzielt als die Auswertung des Error Levels am Anfang dieses Kapitels:

```
PS> Test-Online -URL www.tagesschau.de
True

PS> Test-Online -URL www.microsoft.com
False

PS> Test-Online -URL 169.254.1.2
False
```

Gegen den Stealth-Modus von *www.microsoft.com* ist *Test-Online* zwar nach wie vor machtlos, zeigt jetzt aber korrekt an, dass die angegebene IP-Adresse nicht erreichbar ist. Die Routerantwort jedenfalls kann *Test-Online* nicht länger irritieren.

Laufende Programme steuern oder beenden

Ist ein Programm erst einmal gestartet, hat PowerShell keine Kontrolle mehr darüber. Erst wenn das Programm Ergebnisse liefert, kann PowerShell diese wie oben gezeigt empfangen und auswerten. Es ist also zum Beispiel nicht (ohne Weiteres) möglich, einem gestarteten Programm weitere Eingaben zuzuweisen oder wie von Geisterhand Schaltflächen in Windows-Anwendungen zu betätigen. Allerdings verfügt PowerShell über eine Familie von Cmdlets, die laufende Programme zumindest in eingeschränktem Maße steuern und auch vorzeitig abbrechen können. Zuständig sind die Cmdlets aus der Familie *Process*, die Sie mit *Get-Command* oder bei installierter Hilfe auch mit *Get-Help* (dann einschließlich einer Kurzbeschreibung) abrufen können:

```
PS> Get-Command -Noun Process

CommandType     Name                                        ModuleName
-----------     ----                                        ----------
Cmdlet          Debug-Process                               Microsoft.PowerShell.Management
Cmdlet          Get-Process                                 Microsoft.PowerShell.Management
Cmdlet          Start-Process                               Microsoft.PowerShell.Management
Cmdlet          Stop-Process                                Microsoft.PowerShell.Management
Cmdlet          Wait-Process                                Microsoft.PowerShell.Management

PS> Get-Help Process | Select-Object -Property Name, Synopsis | Format-Table -Wrap

Name                              Synopsis
----                              --------
Debug-Process                     Debugs one or more processes running on the local
                                  computer.
Get-Process                       Gets the processes that are running on the local
                                  computer or a remote computer.
Start-Process                     Starts one or more processes on the local
                                  computer.
Stop-Process                      Stops one or more running processes.
Wait-Process                      Waits for the processes to be stopped before
                                  accepting more input.
```

Auf laufende Prozesse zugreifen

Get-Process listet die aktuell laufenden Prozesse (also Programme) auf. Als Ergebnis erhalten Sie die Prozessobjekte der laufenden Prozesse zurück und über diese können die Programme zumindest in einigen Bereichen von PowerShell gesteuert werden. Weil Sie natürlich vermutlich nicht sämtliche Prozesse ändern wollen, sondern einen ganz bestimmten, besteht die Herausforderung darin, den richtigen Prozess aus dem Ergebnis von *Get-Process* herauszufischen. Dieses Problem lässt sich allerdings galant umgehen, wenn Sie den Prozess selbst gestartet haben. Dann nämlich starten Sie den Prozess künftig einfach mit *Start-Process* und geben den Parameter *-PassThru* an. So liefert *Start-Process* das Prozessobjekt des Prozesses ganz von alleine an Sie zurück und Sie brauchen erst gar nicht zu *Get-Process* greifen:

```
PS> $prozess = Start-Process -FilePath notepad -PassThru
PS> $prozess

Handles  NPM(K)    PM(K)      WS(K) VM(M)   CPU(s)     Id ProcessName
-------  ------    -----      ----- -----   ------     -- -----------
     70       7     1244       6884    90     0,02   4044 notepad
```

Haben Sie den Prozess indes nicht selbst gestartet oder wollen *Start-Process* nicht einsetzen, können Sie das Prozessobjekt von *Get-Process* zum Beispiel unter Angabe der (eindeutigen und jeweils anderen) Prozess-ID abrufen:

```
PS> Get-Process -Id 4044
```

```
Handles  NPM(K)    PM(K)      WS(K) VM(M)   CPU(s)      Id ProcessName
-------  ------    -----      ----- -----   ------      -- -----------
     70       7     1244       6892    90     0,02    4044 notepad
```

Auch nach dem Namen eines Prozesses dürfen Sie suchen. Weil der aber nicht eindeutig ist, erhalten Sie nun eventuell mehrere Prozesse zurück:

```
PS> Get-Process -Name notepad

Handles  NPM(K)    PM(K)      WS(K) VM(M)   CPU(s)      Id ProcessName
-------  ------    -----      ----- -----   ------      -- -----------
     78       7     1244       6900    90     0,05    1160 notepad
     70       7     1240       6892    86     0,02    4044 notepad
```

<table>
<tr><td>**TIPP**</td><td>In Kapitel 5 erfahren Sie, wie Sie die Ergebnisse eines Cmdlets nach eigenen Kriterien filtern. So gewinnen Sie dann die Möglichkeit hinzu, Prozesse zum Beispiel auch aufgrund des Texts zu finden, der in der Titelleiste ihres Fensters angezeigt wird, oder Prozesse zu lokalisieren, die im Namen eines bestimmten Benutzers gestartet wurden.</td></tr>
</table>

Einstellungen laufender Prozesse ändern

PowerShell kann die Priorität eines Prozesses im laufenden Betrieb ändern und damit kontrollieren, wie viel Rechenzeit dem Prozess zur Verfügung gestellt wird. Dazu weisen Sie der Eigenschaft *Priority-Class* den gewünschten Wert zu. Im folgenden Beispiel wird der Windows-Editor gestartet. Seine Priorität ist anfangs »Normal«:

```
PS> $prozess = Start-Process -FilePath notepad -PassThru
PS> $prozess.PriorityClass
Normal
```

Um zu sehen, welche anderen Prioritäten zur Verfügung stehen, weisen Sie der Eigenschaft einen offensichtlich ungültigen Wert zu. Die Fehlermeldung, die daraufhin unweigerlich erscheint, listet die übrigen Einstellmöglichkeiten auf:

```
PS> $prozess.PriorityClass = 'test'
Ausnahme beim Festlegen von "PriorityClass": "Der Wert "test" kann nicht in den Typ
"System.Diagnostics.ProcessPriorityClass" konvertiert werden. Fehler: "Der Bezeichner "test" kann
keinem gültigen Enumeratornamen zugeordnet werden. Geben Sie einen der folgenden Enumeratornamen
an, und wiederholen Sie den Vorgang: Normal, Idle, High, RealTime, BelowNormal, AboveNormal.""
```

Um dem Prozess eine geringere Priorität zu geben, verwenden Sie also Folgendes:

```
PS> $prozess.PriorityClass = 'BelowNormal'
```

Die meisten modernen Computer verfügen über Multicore-Prozessoren, die also aus mehreren logischen Einzelprozessoren bestehen. Verfügt ein Computer über mehr als einen Prozessor, dann kann er mehrere Aufgaben gleichzeitig ausführen, indem die Aufgaben auf die unterschiedlichen Prozessoren verteilt werden. Welchem Prozessor ein Prozess zugeordnet werden kann, verrät die Eigenschaft *ProcessorAffinity*:

```
PS> $prozess.ProcessorAffinity
15
```

Das Ergebnis ist eine Bitmaske, wobei jedes Bit für einen Prozessor steht. Indirekt können Sie darüber nebenbei herausfinden, über wie viele Prozessoren ein Computer verfügt, weil Prozesse wie Notepad als Vorgabe allen Prozessoren zugewiesen werden. Lautet das Ergebnis also 1, steht nur ein Prozessor zur Verfügung. Ist das Ergebnis 15 (binär: »1111«), stehen vier Prozessoren zur Verfügung. Wollen Sie einen Prozess an einen bestimmten Prozessor binden, weisen Sie diesem die passende Bitmaske zu. Der folgende Aufruf würde Notepad mit dem Wert 4 (binär: »0100«) exklusiv an Prozessor 3 binden:

```
PS> $prozess.ProcessorAffinity = 4
```

Allerdings kassieren Sie erwartungsgemäß eine Fehlermeldung, falls Sie versuchen, einen Prozess an einen nicht vorhandenen Prozessor zu binden (was besonders diejenigen betrifft, deren Computer nicht über einen Multicore-Prozessor bzw. über mehrere Prozessoren verfügt und die deshalb auch keine Auswahlmöglichkeiten haben).

Auf laufende Prozesse warten

Hin und wieder kommt es vor, dass man auf andere Programme warten muss und erst dann fortsetzen will, wenn diese Programme ihre Arbeit erledigt haben. Starten Sie die Programme per *Start-Process* selbst, können Sie PowerShell mit dem Parameter *-Wait* sehr einfach warten lassen. Falls Konsolenbefehle eingesetzt werden, führt PowerShell diese ohnehin synchron aus, wartet also, bis die Befehle ausgeführt sind. Bei Programmen, die andere gestartet haben, greifen Sie stattdessen zu *Wait-Process*. Das Cmdlet wartet dann, bis das angegebene Programm beendet ist. Der folgende Code würde PowerShell zum Beispiel anhalten, bis alle Instanzen von *Microsoft Excel* geschlossen wurden:

```
PS> Wait-Process -Name Excel -ErrorAction Ignore
```

Falls gar kein *Excel* ausgeführt wurde, wartet PowerShell natürlich erst gar nicht, sondern setzt die Arbeit sofort fort. Damit in diesem Fall *Wait-Process* nicht meldet, dass es *Excel* nirgends finden konnte, werden Fehlermeldungen mit *-ErrorAction Ignore* ignoriert.

Prozesse vorzeitig abbrechen

Muss ein Prozess abgebrochen werden, kann dafür *Stop-Process* eingesetzt werden, was allerdings relativ ungehobelt vonstattengeht: Der Prozess wird sofort und ohne weitere Rückfragen beendet. Daten, die ein Anwender möglicherweise noch nicht gespeichert hat, gehen dabei verloren. Ein höflicherer Weg bei Windows-Anwendungen ist, den Prozess zunächst nur höflich aufzufordern, sich selbst zu beenden. Dem Prozess bleibt damit die Freiheit, dem Anwender noch anzubieten, seine Daten in Sicherheit zu bringen. Zuständig für diese Aufforderung ist die Methode *CloseMainWindow()*, die jedes Prozessobjekt unterstützt, das ein eigenes Anwendungsfenster betreibt. Der folgende Code öffnet zum Beispiel einen neuen Windows-Editor und speichert das zugehörige Prozess-Objekt in einer Variablen:

```
PS> $prozess = Start-Process -FilePath notepad -PassThru
```

Geben Sie nun beliebigen Text in den Editor ein, ohne ihn zu speichern. Danach fordern Sie den Prozess auf, sich zu schließen:

```
PS> $null = $prozess.CloseMainWindow()
```

Weil *CloseMainWindow()* zurückmeldet, ob es die Aufforderung an den gewünschten Prozess senden konnte oder nicht, wird diese im Augenblick unwichtige Randnotiz noch kurz in *$null* gespeichert, also vernichtet. Die Sache funktioniert: Es erscheint tatsächlich im Editor die übliche Nachfrage, ob der Anwender seine Daten speichern will, und anschließend beendet sich der Prozess. Allerdings hat der Anwender ein Schlupfloch: Klickt er auf *Abbrechen*, wird der Prozess nicht beendet. Ein Skript würde deshalb nach einer großzügigen Karenzzeit nachprüfen, ob der Prozess auch wirklich beendet wurde, und falls nicht, mit *Stop-Process* nachhelfen:

```
PS> $prozess.CloseMainWindow()
PS> $prozess | Wait-Process -Timeout 30 -ErrorAction Ignore
PS> $prozess | Stop-Process
```

Wait-Process gibt dem Anwender hier also maximal 30 Sekunden Zeit, ungesicherte Arbeiten zu speichern. Wenn der Prozess danach noch vorhanden ist, beendet *Stop-Process* ihn ohne Rücksicht auf Datenverluste.

Texteingaben an Konsolenbefehle senden

Zwar kann PowerShell nach dem Start eines Programms keine Daten mehr an dieses senden, aber über einen Kniff lassen sich Tastatureingaben von Konsolenbefehlen trotzdem automatisieren. Manche Konsolenbefehle erwarten zur Bestätigung bestimmte Tastendrücke oder Eingaben und können deshalb schlecht oder gar nicht unbeaufsichtigt eingesetzt werden. Der Befehl *format.com* zum Formatieren eines Laufwerks gehört dazu.

ACHTUNG Das Formatieren eines Laufwerks ist nicht gerade eine beiläufige Angelegenheit, und formatiert man aus Versehen das falsche Laufwerk, ist der Abend gelaufen. Für Automationslösungen gilt ganz besondere Vorsicht, weswegen Sie die an sich sinnvollen Sicherheitsabfragen nicht ohne Not außer Kraft setzen und sich gegebenenfalls lieber fragen sollten, ob die eine oder andere Aufgabe überhaupt vollautomatisch durchgeführt werden sollte. Die folgenden Beispiele formatieren das Laufwerk »I:« mit der Laufwerksbezeichnung *Volume*. Passen Sie die Angaben gegebenenfalls an Ihre Umgebung an.

```
format i: /FS:NTFS /Q
Der Typ des Dateisystems ist NTFS.
Geben Sie die aktuelle Volumebezeichnung für Laufwerk I: ein:
```

Zunächst werden Sie also aufgefordert, die aktuelle Laufwerksbezeichnung des Laufwerks einzugeben, um sicherzustellen, dass Sie das richtige Laufwerk meinen. Die Laufwerksbezeichnung eines Laufwerks wird im Windows-Explorer neben dem Laufwerksbuchstaben genannt. Das Laufwerk in diesem Beispiel trägt die Laufwerksbezeichnung *Volume*. Um diese Eingabe automatisiert vorzunehmen, legt man den Eingabetext vor Aufruf des Befehls in die Pipeline. So landet der Text im Tastaturpuffer. Sobald ein Konsolenbefehl eine Frage hat, schaut dieser in den Tastaturpuffer, und wenn dort schon etwas liegt, wird dieser Text als Eingabe akzeptiert.

```
"Volume" | format i: /FS:NTFS /Q
Der Typ des Dateisystems ist NTFS.
Geben Sie die aktuelle Volumebezeichnung für Laufwerk I: ein:
```

ACHTUNG: ALLE DATEN AUF DEM
FESTPLATTENLAUFWERK I: GEHEN VERLOREN!
Formatierung durchführen (J/N)?
ACHTUNG: ALLE DATEN AUF DEM
FESTPLATTENLAUFWERK I: GEHEN VERLOREN!
Formatierung durchführen (J/N)? PS>

Der Befehl akzeptiert die mitgelieferte Laufwerksbezeichnung zwar, doch anschließend folgt eine weitere Sicherheitsabfrage, bei der Sie *J* eingeben müssen, damit die Formatierung tatsächlich gestartet wird. Die PowerShell-Pipeline kann beliebig viele Zusatzinformationen an den folgenden Befehl liefern. Wie dies geschieht, haben Sie in den vorangegangenen Beispielen schon gesehen: Verwenden Sie ein Komma, um die Einzelinformationen in einem Array zu verpacken:

```
"Volume", "J" | Format i: /FS:NTFS /Q
```
Der Typ des Dateisystems ist NTFS.
Geben Sie die aktuelle Volumebezeichnung für Laufwerk I: ein:
ACHTUNG: ALLE DATEN AUF DEM
FESTPLATTENLAUFWERK I: GEHEN VERLOREN!
Formatierung durchführen (J/N)? Formatieren mit Schnellformatierung 14999 MB
Volumebezeichnung (32 Zeichen, EINGABETASTE für keine)? Struktur des Dateisystems wird erstellt.
Formatieren beendet.
       14,6 GB Speicherplatz insgesamt.
       14,6 GB sind verfügbar.

Das Beispiellaufwerk *I:* wurde nun erfolgreich unbeaufsichtigt formatiert, weil die erforderlichen Bestätigungen vorab in die Pipeline gelegt und so an den folgenden Befehl weitergereicht wurden.

PROFITIPP   Die Automation von Konsolenanwendungen wie *format.com* über die PowerShell-Pipeline ist nur ein Beispiel für ihre Flexibilität, nicht aber unbedingt in jedem Szenario der sinnvollste Weg. Zwar können Sie über die Pipeline Informationen an native Konsolenanwendungen weiterreichen, haben aber keinen Einfluss darauf, ob und wie diese Informationen vom Befehl weiterverarbeitet werden. Reagiert dieser unerwartet anders als geplant und erfordert andere Eingaben, kann der Aufruf scheitern. Auf einem englischen System würde *format.com* beispielsweise zur Bestätigung nicht *J*, sondern *Y* erwarten.

Testen Sie Ihr Wissen!

Die folgenden Aufgaben helfen Ihnen dabei zu kontrollieren, ob Sie die Inhalte dieses Kapitels bereits gut verstanden haben oder vielleicht noch etwas vertiefen wollen. Gleichzeitig lernen Sie viele weitere und teils spannende Anwendungsbeispiele sowie die typischen Fallstricke kennen.

Aufgabe   Können Sie sich vorstellen, was die folgende Zeile bewirkt?

```
PS> $env:Path += ";."
```

Lösung   Mit dieser Anweisung wird der Umgebungsvariablen *%Path%* Text hinzugefügt. Die Zeile fügt separiert durch ein Semikolon einen weiteren Ordner zur Liste der globalen Ordner hinzu. In diesem Fall allerdings handelt es sich nicht um einen bestimmten absoluten Ordnerpfad, sondern um einen relativen Pfad: ».« steht für den aktuellen Ordner. Durch diese Änderung führt PowerShell alle Befehle, die sich im aktuellen Ordner befinden, direkt und ohne relativen oder absoluten Pfad aus.

Wechseln Sie zum Beispiel in den Ordner mit den Windows-Zubehörprogrammen, können Sie anschließend *wordpad* eingeben und damit das Textverarbeitungsprogramm WordPad starten. Ohne die Erweiterung der *%Path%*-Umgebungsvariable hätten Sie mindestens den relativen Pfad .*wordpad* angeben müssen:

```
PS> cd "$env:ProgramFiles\Windows NT\Accessories"
PS> wordpad
```

Aufgabe   Ändern Sie die Umgebungsvariable *%Path%* so, dass Sie künftig *wordpad* durch Eingabe seines Namens starten können.

Lösung   Weil sich *wordpad.exe* nicht in einem der Ordner befindet, die in der Umgebungsvariablen *%Path%* aufgelistet sind, weiß PowerShell nicht, wo das Programm zu finden ist. Deshalb muss der Pfadname seines Ordners dieser Variablen hinzugefügt werden:

```
PS> $env:Path += ";$env:ProgramFiles\Windows NT\Accessories"
```

Danach kann WordPad jederzeit durch den Befehl *wordpad* gestartet werden. Falls Sie nicht wissen, in welchem Ordner sich ein bestimmtes Programm befindet, öffnen Sie bis inklusive Windows 7 das Startmenü und suchen Sie das Programm darin. Haben Sie es gefunden, genügt ein Rechtsklick und ein anschließender Klick auf *Eigenschaften*. Im *Eigenschaften*-Dialogfeld wird der Pfadname zum Programm genannt. In Windows 8 suchen Sie dagegen im Startbildschirm am besten nach dem Programm, indem Sie die ersten Zeichen des Namens eintippen (das funktioniert tatsächlich, obwohl zunächst kein Suchfeld sichtbar ist, dieses wird nach dem ersten Tastendruck automatisch eingeblendet). Sobald das Programm erscheint, klicken Sie mit der rechten Maustaste auf den Treffer und dann am Bildschirm unten auf *Speicherort öffnen*, woraufhin der Windows-Explorer in dem entsprechenden Verzeichnis gestartet wird. Der exakte Pfad wird erst dann sichtbar, wenn in die Adresszeile ganz rechts geklickt wird. Darüber kann der Pfad dann auch bequem per Zwischenablage kopiert werden.

Aufgabe   Starten Sie die Defragmentierung des Laufwerks C:\ mit dem Konsolenbefehl *defrag.exe*. Tipp: Hilfe zu diesem Nicht-PowerShell-Befehl erhalten Sie über *defrag /?*. Wie kann man nach Abschluss des Programms herausfinden, ob die Defragmentierung erfolgreich war?

Lösung   Der korrekte Aufruf zur Defragmentierung des Laufwerks C:\ lautet (seit Windows 7):

```
PS> defrag.exe C: /U
```

Allerdings erfordert dieser Befehl volle Administratorrechte. Verfügen Sie nur über eingeschränkte Rechte, starten Sie PowerShell als Administrator (beispielsweise per Rechtsklick auf eine PowerShell-Verknüpfung und wählen Sie *Als Administrator ausführen*). Die Analyse und Defragmentierung selbst kann sehr lange dauern. Während dieser Zeit ist die PowerShell-Konsole blockiert. Möchten Sie den Befehl vorzeitig abbrechen, drücken Sie ⌷Strg⌷+⌷C⌷.

Das Ergebnis des Befehls wird über einen Zahlenwert gemeldet, den PowerShell in der Variablen *$LASTEXITCODE* zurückliefert. Brechen Sie *defrag.exe* vorzeitig ab, lautet der Rückgabewert beispielsweise *1223*. Was genau die Rückgabewerte einzelner Befehle bedeuten, hängt vom jeweiligen Befehl ab. Nur ein Rückgabewert ist weitgehend standardisiert: *0* steht für erfolgreichen Abschluss.

Aufgabe   Beenden Sie alle laufenden Instanzen von Internet Explorer. Sie kennen dazu zwei Varianten, eine zuverlässige und eine freundliche. Setzen Sie beide Varianten ein. Fallen Ihnen Unterschiede auf? Tipp: Wie verhält sich Internet Explorer beim anschließenden Neustart?

Lösung   Der Prozessname von Internet Explorers lautet *iexplore*. Falls Sie den Prozessnamen nicht kennen, rufen Sie *Get-Process* auf, um sich alle laufenden Prozesse und ihre Prozessnamen anzeigen zu lassen. Um alle Instanzen von Internet Explorer sofort zu beenden, verwenden Sie *Stop-Process*:

```
PS> Stop-Process -Name iexplore
```

Weil das beendete Programm keine Gelegenheit hat, kontrolliert beendet zu werden, können dabei nicht nur ungesicherte Daten abhandenkommen, sondern auch andere Nebenwirkungen auftreten. Internet Explorer geht beim nächsten Start möglicherweise davon aus, dass es abgestürzt ist, und bietet an, die letzte Browsersitzung wiederherzustellen.

Beenden Sie Internet Explorer dagegen auf freundliche Weise, geschieht dasselbe, als wenn der Benutzer das Fenster von Internet Explorer regulär schließen würde. In den Standardvorgaben fragt Internet Explorer jetzt nach, ob Sie wirklich alle Registerkarten schließen wollen (sofern mehr als eine geöffnet ist). Die folgende Zeile funktioniert nur in PowerShell 3.0 (und auch nur dann fehlerfrei, wenn tatsächlich mindestens eine Instanz von Internet Explorer geöffnet ist):

```
PS> (Get-Process -Name iexplore -ErrorAction SilentlyContinue).CloseMainWindow()
```

Aufgabe   Sie möchten mithilfe von *Start-Process* den Registrierungs-Editor mit einem maximierten Fenster öffnen, aber der Befehl scheint nicht immer zu funktionieren:

```
PS> Start-Process regedit -WindowStyle Maximized
```

Die Fenstergröße ändert sich unter Umständen nicht. Warum?

Lösung   *Regedit* ist eine Single Instance-Anwendung, die nicht mehrmals parallel gestartet werden kann. Läuft sie bereits, bringt *Start-Process* das Fenster der Anwendung nur in den Vordergrund. Die Fenstergröße wird nicht geändert, denn das geschieht nur, wenn *Start-Process* eine Anwendung auch tatsächlich startet.

Aufgabe   Sie möchten mit dem Befehl *diskpart.exe* eine neue virtuelle Festplatte erstellen. Wie dies interaktiv funktioniert, wissen Sie bereits. Wie kann man eine neue virtuelle Festplatte mithilfe der PowerShell-Pipeline automatisiert und unbeaufsichtigt erstellen?

Lösung

```
$command= @"
create vdisk file="$path"
maximum=$maximum
type=$type
select vdisk file="$path"
attach vdisk create partition primary
assign letter=$letter
format quick label="$label"
"@$command | DiskPart
```

Aufgabe   Sie haben mit *Start-Process* gespielt und wollten eigentlich den Registrierungs-Editor synchron starten, sodass PowerShell wartet, bis die Anwendung wieder geschlossen wird. Allerdings kann es sein, dass *Start-Process* den Parameter *-Wait* ignoriert und eine Fehlermeldung auswirft:

```
PS> Start-Process regedit -Wait; "Fertig!"

Start-Process : Zugriff verweigert
Fertig!
```

```
PS> Get-Process regedit

Handles  NPM(K)    PM(K)      WS(K) VM(M)   CPU(s)      Id ProcessName
-------  ------    -----      ----- -----   ------      -- -----------
     72       9     5364       8912    78            5376 regedit

PS> Stop-Process -Name regedit

Stop-Process : Der Prozess "regedit (5376)" kann aufgrund des folgenden Fehlers nicht beendet
werden: Zugriff verweigert
```

Auch gelingt es nicht, eine laufende Instanz des Registrierungs-Editors mit *Stop-Process* zu beenden. Warum?

Lösung   Dieses Verhalten ist typisch für Programme, die besondere Rechte anfordern. Verfügt Ihre PowerShell-Konsole nicht über volle Administratorrechte, fordert *regedit* diese beim Start kurzerhand selbst an und besitzt danach *mehr* Rechte als die PowerShell-Konsole. Weil weniger privilegierte Anwendungen nicht auf höher privilegierte Anwendungen zugreifen dürfen, bricht folglich der Kontakt zwischen PowerShell und dem gestarteten Registrierungs-Editor ab. PowerShell kann weder den Status des Programms prüfen (weswegen *-Wait* scheitert) noch das Programm mittels *Stop-Process* beenden. Möchten Sie solche Probleme vermeiden, sorgen Sie dafür, dass es zwischen PowerShell und anderen Programmen nicht zu Rechteunterschieden kommt. Starten Sie die PowerShell-Konsole beispielsweise von vornherein mit vollen Administratorrechten. In diesem Fall unterbleibt beim Start von *regedit* die Rechteerhöhung und die Befehle führen nicht länger zu Zugriffsverletzungen.

Zusammenfassung

PowerShell ist eine lösungsorientierte Skriptsprache und bietet Ihnen deshalb zur Lösung von Aufgaben nicht nur die eigenen Cmdlets an, sondern erlaubt auch die Verwendung klassischer Konsolenbefehle oder den Aufruf von Windows-Anwendungen.

- **Konsolenbefehle**   liefern meist textbasierte Informationen zurück, die von PowerShell in Variablen gespeichert und weiterverarbeitet werden können. Konsolenbefehle, die interaktiv (während der Ausführung) über die Konsole mit dem Anwender in Kontakt treten, können nur in einer echten PowerShell-Konsole ausgeführt werden, aber nicht im ISE-Editor. Solche Anwendungen lassen sich deshalb in der Variablen *$psUnsupportedConsoleApplications* für ISE sperren. Den jeweils letzten numerischen Rückgabewert (Error Level) eines Konsolenprogramms empfängt PowerShell in der Variablen *$LASTEXITCODE*.

- **Anwendungen mit eigenem Fenster**   PowerShell kann solche Anwendungen zumindest starten und beenden, sodass sich Systemdialoge und häufig gebrauchte Anwendungen ohne viele Klicks schnell und direkt aufrufen lassen. PowerShell ist mit seiner Familie von »Process«-Cmdlets (Get-Command -Noun Process listet diese auf) dazu in der Lage, laufende Anwendungen zu verwalten, auf Anwendungen zu warten oder Anwendungen vorzeitig abzubrechen.

Systemprogramme, die meist im Windows-Ordner lagern, dürfen ohne Pfadangabe direkt ausgeführt werden. Dasselbe gilt für Programme, die in den übrigen Ordnern lagern, die von der Umgebungsvariable *$env:Path* genannt werden. Alle anderen Programme lassen sich nur starten, wenn Sie deren vollständigen (absoluten) oder relativen Pfadnamen angeben.

Zum Start einer Anwendung reicht es, dessen Namen bzw. Pfad in PowerShell einzugeben. Enthält der Pfad Sonder- oder Leerzeichen, muss er in Anführungszeichen gestellt und mit dem Call-Operator »&« aufgerufen werden. Die Autovervollständigung für Pfadnamen fügt automatisch Anführungsstriche und den Call-Operator hinzu, wenn diese nötig sind. Dazu muss der Pfadname lediglich mit ⌨ vervollständigt und nicht komplett selbst eingegeben werden. Mehr Kontrolle über den Programmstart bietet das Cmdlet *Start-Process*, mit dem für den Start zahlreiche Optionen angegeben werden können. Dateien, die mit einem Programm verknüpft sind, kann PowerShell ebenfalls öffnen. Dazu setzen Sie *Invoke-Item* ein und geben den Pfadnamen zum Dokument an, das geöffnet werden soll.

Damit haben Sie in den vorangegangenen Kapiteln bereits alle wesentlichen Befehlstypen kennengelernt, die Sie in PowerShell-Lösungen einsetzen können:

- **Alias** Kurzname für einen Befehl. Dient vor allem der Bequemlichkeit und Orientierung. Aliase sind niemals zwingend erforderlich, weil immer stattdessen auch der eigentlich zugrunde liegende Befehl verwendet werden kann. Diesen liefert beispielsweise *Get-Command*, zum Beispiel so: Get-Command -Name dir

- **Funktion** Selbstdefinierter neuer Befehl, der intern aus allen übrigen Befehlstypen zusammengesetzt sein kann. Funktionen sind Ihnen bisher nur am Rande begegnet und gehören eigentlich in den Bereich der PowerShell-Entwickler, den Sie in Teil D betreten. Dort werden Funktionen ausführlich erklärt.

- **Cmdlet** PowerShell-Befehl. Cmdlets stammen immer aus einem Modul oder PowerShell-Snap-In.

- **Anwendung** Konsolenbasierter Befehl oder Anwendung mit eigenem Fenster. Beide Typen tragen meist die Dateierweiterung *.EXE* und sind eigenständig, können also auch außerhalb von PowerShell gestartet werden.

- **PowerShell-Skript** Transportcontainer für beliebig viele Befehle (Cmdlet, Funktion, Alias usw., wie sie hier in dieser Aufzählung beschrieben werden). PowerShell-Skripts sind reine Textdateien mit der Erweiterung *.ps1*, die allerdings anfangs aus Sicherheitsgründen nicht ausführbar sind. Im nächsten Kapitel erfahren Sie mehr über Skripts und wie man damit eigene neue Befehle herstellt und Aufgaben automatisieren kann.

- **Andere assoziierte Dateien** Ist eine Datei mit einem ausführbaren Programm assoziiert, kann *Invoke-Item* die Datei öffnen. Alternativ kann PowerShell auch ausdrücklich eine andere Anwendung aufrufen und ihr den Namen der zu öffnenden Datei als Argument übergeben.

Den Typ eines Befehls ermittelt *Get-Command*. Gibt es mehrere gleichnamige Befehle, zeigt PowerShell 3.0 dann nur den relevanten Befehl an. Relevant ist derjenige Befehl, dessen Typ in der Auflistung von eben weiter oben steht.

```
PS> Get-Command help

CommandType     Name
-----------     ----
Function        help
```

Mit dem Parameter *-All* kann man sich alternativ alle Befehle anzeigen lassen. Hier zeigt sich, dass es eigentlich zwei Befehle namens »help« gibt, nämlich eine Funktion und eine Anwendung. Weil die

Funktion in der obigen Befehlstypenauflistung vor den Anwendungen steht, startet der Befehl *help* die Funktion und nicht die Anwendung.

```
PS> Get-Command help -All

CommandType     Name
-----------     ----
Function        help
Application     help.exe
```

Sie müssten schon *help.exe* angeben, um die Anwendung zu starten, und würden dann eine altertümliche Hilfe zur klassischen Eingabeaufforderung bekommen.

In diesem Kapitel sind Ihnen einige neue wichtige PowerShell-Sonderzeichen begegnet (der Vollständigkeit halber werden auch einige weitere Sonderzeichen noch mal aufgelistet):

Sonderzeichen	Beschreibung
,	Legt ein Array an
>	Leitet die Ausgabe eines Befehls um in eine Datei oder vernichtet die Ausgabe
$()	Definiert eine Direktvariable. Wird diese Variable abgerufen, wertet PowerShell zuerst den Ausdruck in den runden Klammern aus. Die Variable enthält also stets den Wert, den der Ausdruck in den Klammern dahinter aktuell ergibt.
&	Führt den Text hinter diesem Zeichen als Befehl aus. Damit lassen sich Pfadnamen ausführen, die Leerzeichen enthalten und deshalb in Anführungszeichen gestellt werden müssen.
@()	Verwandelt das Resultat des Ausdrucks in runden Klammern in ein Array. Normalerweise werden Resultate nur dann als Array geliefert, wenn es sich um mindestens zwei Einzelinformationen handelt. Mithilfe des @ erhalten Sie in jedem Fall ein Array, sodass Sie über einen eindeutigen und verlässlichen Datentyp verfügen, unabhängig davon, ob und falls ja, wie viele Informationen ein Befehl zur Laufzeit liefert.
" bzw. '	Steht Text in doppelten Anführungszeichen, werden darin enthaltene Variablen aufgelöst, also durch ihren Inhalt ersetzt. Verwenden Sie dagegen einfache Anführungszeichen, wird der Text wörtlich genau so wiedergegeben, wie Sie ihn angegeben haben, und es kommt zu keinen Ersetzungen.
{}	Definiert einen Skriptblock, also ausführbaren PowerShell-Code, der (im Gegensatz zu runden Klammern) *nicht sofort* ausgeführt wird
.	Repräsentiert innerhalb eines Pfadnamens den aktuellen Ordner. Außerdem kann ».« als Alternative zu & eingesetzt werden. Im Gegensatz zu & startet ».« ein PowerShell-Skript jedoch im globalen Kontext. Das heißt, alle im Skript definierten Variablen und Funktionen behalten ihre Gültigkeit, nachdem das Skript ausgeführt ist. Damit entspricht ».« in etwa einer *Include*-Anweisung, mit der externe Skriptbibliotheken eingelesen werden. Der Aufruf eines Skripts per ».« wird auch als *dotsourced* bezeichnet.
..	Liefert eine Zahlenfolge

Tabelle 3.1 Wichtige PowerShell-Sonderzeichen

Schließlich haben Sie einige wichtige vordefinierte Variablen kennengelernt:

Variable	Beschreibung
$_	Platzhalterzeichen für Objekte innerhalb der PowerShell-Pipeline, über die Sie in Kapitel 5 mehr erfahren
$env:xxx	Ruft die hinter dem Doppelpunkt angegebene Umgebungsvariable ab oder weist ihr einen neuen Wert zu
$HOME	Liefert den Pfadnamen des aktuellen Benutzerprofils. Dieser Ort (es ist das Basisverzeichnis) wird häufig verwendet, wenn neue Dateien angelegt werden müssen, weil der Benutzer in diesem Ordner immer Schreibrechte besitzt.
$LASTEXITCODE	Rückgabewert des letzten ausgeführten Befehls, sofern dieser einen Rückgabewert festlegt. Der Inhalt dieser Variablen entspricht dem Inhalt der Umgebungsvariablen %ERRORLEVEL% in Stapeldateien.
$null	Alle Informationen, die dieser Variablen zugewiesen werden, vernichtet PowerShell sofort. Darüber können beispielsweise unerwünschte Ausgaben von Befehlen unsichtbar gemacht werden.
$true, $false	Enthalten boolesche Werte für Ja (zutreffend) und Nein (nicht zutreffend)

Tabelle 3.2   Wichtige automatisch definierte PowerShell-Variablen

Kapitel 4

Eigene und fremde Skripts einsetzen

Bisher haben Sie Befehle in PowerShell interaktiv eingesetzt, also jeden Befehl einzeln eingegeben. Für kurze Befehle und Aufgaben ist das in Ordnung, aber es ist in der Praxis häufig viel zu mühsam, ständig dieselben Befehle zu schreiben. Viele Aufgaben können zudem nur mit sehr vielen Einzelbefehlen gemeistert werden, die kaum jemand manuell eintippen möchte.

Daher ist die Zeit gekommen, Skripts zu schreiben. Skripts sind nichts weiter als Textdateien, in die man die jeweiligen Einzelbefehle aufnimmt. Wird das Skript später von PowerShell ausgeführt, arbeitet es der Reihe nach die Befehle in der Skriptdatei von oben nach unten ab. Skripts sind damit ein reiner Befehlscontainer. Alles, was Sie interaktiv eingeben können, darf auch in einem Skript vorkommen.

In diesem Kapitel erfahren Sie, wie PowerShell-Skripts geschrieben werden und welche Sicherheitseinstellungen dabei bedacht werden müssen. Sie lesen auch, wie PowerShell-Skripts außerhalb von PowerShell gestartet werden, zum Beispiel als geplante Aufgabe, die dann regelmäßig unbeaufsichtigt jeden Morgen um 8 Uhr Routineaufgaben erledigt. Zu guter Letzt erfahren Sie endlich, wie sich PowerShell-Einstellungen dauerhaft einrichten lassen, sodass PowerShell sie beim Beenden nicht mehr vergisst.

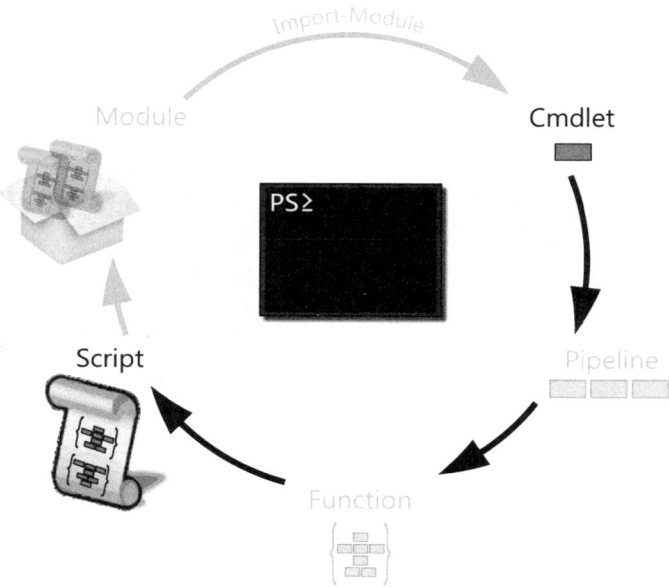

Abbildung 4.1   Skripts sind ein weiterer bedeutender Teil des PowerShell-Ökosystems

PowerShell-Skripts verfassen

Ein PowerShell-Skript verfassen Sie am besten mit dem integrierten ISE-Editor. PowerShell ISE stellt einen speziell für PowerShell-Code zugeschnittenen Texteditor zur Verfügung, in dem Sie alle Annehmlichkeiten wie IntelliSense-Menüs, Farbcodierung und Autovervollständigung nutzen können. Falls der Skripteingabebereich gerade nicht zu sehen ist, blenden Sie ihn ein: Klicken Sie entweder rechts oben auf das *v*-Symbol oder drücken Sie $\boxed{\text{Strg}}$+$\boxed{\text{R}}$.

Skriptcode eingeben

Geben Sie jetzt in diesen Texteditor, also den weißen Bereich, den PowerShell-Code ein, den Ihr Skript später ausführen soll, zum Beispiel diesen:

```
$geburtstag = Read-Host "Wie lautet Ihr Geburtsdatum?"
$alter = New-TimeSpan $geburtstag
$alter
$tage = $alter.Days
"Sie sind $tage Tage alt!"
```

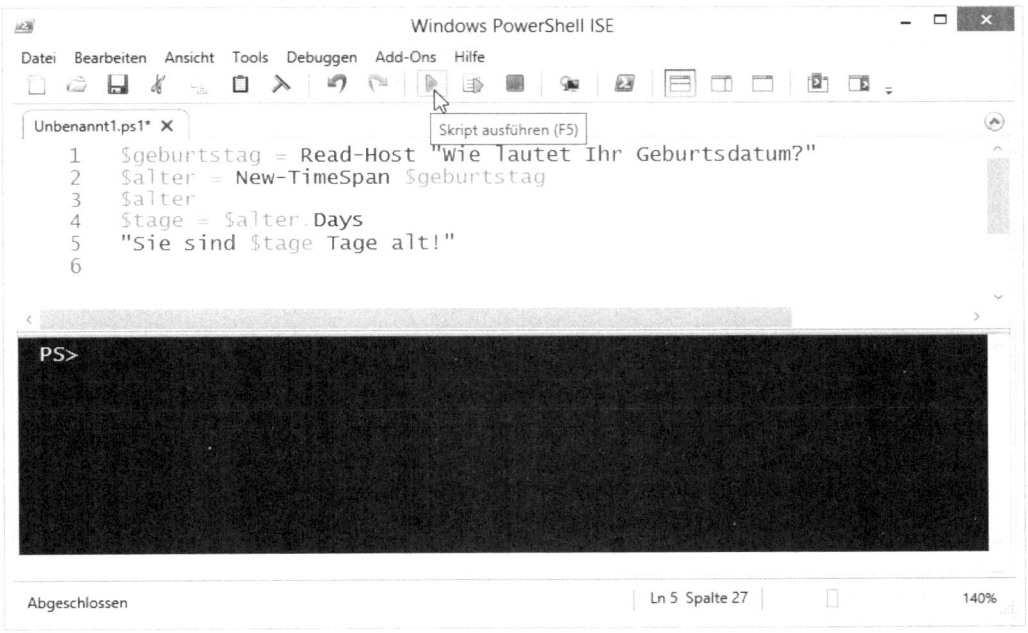

Abbildung 4.2   Ein kleines PowerShell-Skript im Skriptbereich von PowerShell ISE erstellen

Erlaubt sind alle Befehle, die auch interaktiv eingesetzt werden können. Tatsächlich werden Power-Shell-Skripts selten in einem Durchgang heruntergeschrieben. Meist probiert man einzelne Befehle zuerst in der interaktiven Konsole aus, und erst, wenn sie tun, was sie sollen, werden die Zeilen ins Skript aufgenommen.

TIPP   Möchten Sie die aktuell in der Konsole von ISE angezeigte Befehlszeile in Ihr Skript übernehmen, dann klicken Sie in die Zeile und drücken Strg + A . So wird die gesamte Zeile markiert. Nun drücken Sie Strg + C , um die Zeile in die Zwischenablage zu legen. Jetzt klicken Sie in Ihrem Skript an die Stelle, wo die Zeile eingefügt werden soll, und drücken Strg + V . Voilà! Schon ist die Zeile zu einem Teil Ihres Skripts geworden.

Eingabehilfen spüren Tippfehler auf

Noch während Sie den Skriptcode in den Editor eingeben, unterstützt dieser Sie mit IntelliSense und Farbcodierung. Insbesondere die Farbcodierung hilft dabei, Tippfehler schnell zu erkennen. Ist ein Wort im Skript nicht mit der erwarteten Farbe hinterlegt, stimmt etwas nicht, und Sie sollten Ihre Eingaben noch einmal mit zusammengekniffenen Augen untersuchen. Haben Sie vielleicht ein Anführungszeichen vergessen?

Farbe	Bedeutung
Rot	Variable
Blau	Befehl
Braun	Text
Grau	Operator
Schwarz	Objektbefehl

Tabelle 4.1 Die wichtigsten Farbcodierungen im ISE-Skriptbereich

Skript ausführen

Sobald Sie den Skriptcode eingegeben haben, speichern Sie Ihr Skript *noch nicht*! Solange ein Skript ungesichert ist und in seiner Registerkarte noch *Unbenannt…* steht, führt ISE es nicht als Skript aus, sondern einzeln Zeile für Zeile. So greifen die Sicherheitseinstellungen für Skripts nicht, die hier noch gar nicht besprochen wurden. Falls Sie das Skript dennoch speichern, kann es also passieren, dass sich PowerShell anschließend weigert, es auszuführen. Mit F5 oder per Klick auf die grüne Dreieck-schaltfläche wird das Skript ausgeführt. In der Konsole von ISE sehen Sie nun:

```
PS> $geburtstag = Read-Host "Wie lautet Ihr Geburtsdatum?"
$alter = New-TimeSpan $geburtstag
$alter
$tage = $alter.Days
"Sie sind $tage Tage alt!"

Wie lautet Ihr Geburtsdatum?:
```

ISE hat gerade Ihren Code einfach Zeile für Zeile im Mehrzeilenmodus in die Konsole eingefügt, in einer Art und Weise, als hätten Sie die Zeilen einzeln der Reihe nach von Hand eingetippt. Sobald alle Zeilen eingefügt sind, führt ISE den Code aus. Der fragt Sie sogleich mit *Read-Host* nach einem Geburtstag. Geben Sie ein Datum ein, berechnet PowerShell mit *New-TimeSpan* die Zeitdifferenz, gibt zuerst das Gesamtergebnis und danach einen lesefreundlicheren Text aus.

```
Wie lautet Ihr Geburtsdatum?: 12.6.1816

Days         : 71679
Hours        : 15
Minutes      : 32
Seconds      : 30
Milliseconds : 201
```

```
Ticks             : 61931215502010998
TotalDays         : 71679,647571772
TotalHours        : 1720311,54172253
TotalMinutes      : 103218692,503352
TotalSeconds      : 6193121550,2011
TotalMilliseconds : 6193121550201,1
```

```
Sie sind 71679 Tage alt!
```

Sicherheitseinstellungen und Ausführungsrichtlinien

Eigentlich war das, was Sie gerade ausgeführt haben, noch gar kein Skript. Zu einem Skript wird es erst, wenn Sie Ihren Code per Klick auf das Diskettensymbol oder mit $\boxed{\text{Strg}}$+$\boxed{\text{S}}$ speichern. Führen Sie das gespeicherte Skript nun noch einmal aus, verhält sich ISE anders. Entweder wird nun der Pfadname zu Ihrem Skript aufgerufen (und nicht mehr die einzelnen Befehlszeilen eingegeben). Oder Sie kassieren eine Fehlermeldung wie diese hier:

```
PS> C:\Users\Tobias\Documents\testskript.ps1
Die Datei "C:\Users\Tobias\Documents\testskript.ps1" kann nicht geladen werden, da die Ausführung
von Skripts auf diesem System deaktiviert ist. Weitere Informationen finden Sie unter
"about_Execution_Policies" unter "http://go.microsoft.com/fwlink/?LinkID=135170".
(...)
```

Anfangs sind PowerShell-Skripts aus Sicherheitsgründen nämlich blockiert und lassen sich erst ausführen, wenn Sie die Erlaubnis dazu in der *Ausführungsrichtlinie* (Execution Policy) erteilen. Das muss nur einmal geschehen, die neue Einstellung übersteht also auch einen Computerneustart. So erteilen Sie Windows die Erlaubnis, PowerShell-Skripts auszuführen:

```
PS> Set-ExecutionPolicy -Scope CurrentUser -ExecutionPolicy RemoteSigned -Force
```

Spätestens jetzt lässt sich Ihr Skript mit $\boxed{\text{F5}}$ anstandslos ausführen. Die Einstellung *RemoteSigned* hat den Schutz allerdings nur gelockert und nicht ganz aufgehoben. Skripts, die aus potenziell feindlichem Territorium wie dem Internet oder aus einem E-Mail-Anhang stammen, dürfen immer noch nicht ausgeführt werden (es sei denn, sie sind *gültig* digital signiert, was eine eher theoretische Möglichkeit ist). Wollen Sie die Blockierung ganz und gar aufheben, wählen Sie anstelle von *RemoteSigned* die Einstellung *Bypass*. Tatsächlich gibt es sogar fünf Sicherheitseinstellungen, die dieser Befehl sichtbar macht:

```
PS> Get-ExecutionPolicy -List
```

Scope	ExecutionPolicy
-----	---------------
MachinePolicy	Undefined
UserPolicy	Undefined
Process	Undefined
CurrentUser	Bypass
LocalMachine	RemoteSigned

PowerShell liest die Einstellungen von oben nach unten, und die erste, die nicht *Undefined* lautet, wird wirksam. Im vorliegenden Beispiel wäre die effektive Sicherheitseinstellung also *Bypass*. Bei einem fabrikfrischen System sind alle Sicherheitseinstellungen noch *Undefined*. In diesem Fall blockiert PowerShell die Ausführung von Skripts. Die fünf verschiedenen Sicherheitseinstellungen bieten die Möglichkeit, die Sicherheit auf verschiedenen Ebenen zu regeln:

Gültigkeitsbereich	Beschreibung
MachinePolicy	Wird von einer zentralen Gruppenrichtlinie für den gesamten Computers festgelegt und hat die höchste Priorität. Sie gilt für alle Benutzer dieses Computers. Diese Einstellung kann nachträglich nicht geändert werden.
UserPolicy	Wird von einer zentralen Gruppenrichtlinie für den Benutzer festgelegt. Sie gilt für den aktuellen Benutzer und kann von ihm nicht geändert werden.
Process	Gilt nur für die aktuelle PowerShell-Sitzung, zum Beispiel zu Testzwecken
CurrentUser	Hier wählt der Benutzer selbst seine Einstellung aus
LocalMachine	Gilt als Basiseinstellung für alle Benutzer, bis sie sich selbst eine andere Einstellung auswählen

Tabelle 4.2 Verschiedene Ebenen der Sicherheitseinstellung für Skripts

Für jede dieser Ebenen stehen die folgenden Einstellungen zur Verfügung. Die Ausführungsrichtlinie kann jeweils auf eine von sieben Einstellungen gesetzt werden:

Einstellung	Beschreibung
Unrestricted	Skripts und Konfigurationsdateien benötigen keine digitale Signatur. PowerShell warnt allerdings vor der Ausführung, wenn das Skript aus einer nicht vertrauenswürdigen Quelle stammt. Diese Einstellung birgt die höchsten Missbrauchsrisiken.
Restricted	PowerShell-Skripts (einschließlich Modulen und Formatierungsdateien) können nicht ausgeführt werden. PowerShell kann nur interaktiv verwendet werden. Dies ist die Vorgabe, jedoch in den meisten Fällen nicht praktikabel, weil jetzt noch nicht einmal mehr Profildateien ausführbar sind.
RemoteSigned	Skripts, die von einer nicht vertrauenswürdigen Quelle stammen (aus dem Internet heruntergeladen, auf einem Fileserver gespeichert, der kein Domänenmitglied ist), müssen mit einer gültigen digitalen Signatur versehen sein. Lokale Skripts und Profildateien benötigen keine Signatur. Diese Einstellung liefert in den meisten Fällen die beste Risiko-Nutzen-Abwägung.
AllSigned	Alle Skripts und Konfigurationsdateien müssen mit einer gültigen digitalen Signatur versehen sein. Stammt die Signatur von einem Herausgeber, der noch nicht als vertrauenswürdig anerkannt wurde, erscheint eine Abfrage. Diese Einstellung ist besonders sicher, erfordert aber eine rechtzeitig im Unternehmen etablierte Infrastruktur zur zuverlässigen Signierung erwünschter Skripts.
Default	Setzt die Standardausführungsrichtlinie (Restricted)
Bypass	PowerShell schaltet sämtliche mit der Ausführungsrichtlinie verbundenen Prüfungen aus, sodass alle Skripts grundsätzlich ohne Warnungen ausführbar sind. Diese Einstellung birgt die höchsten Risiken und ist für Umgebungen gedacht, die über andere Maßnahmen die Sicherheit von PowerShell-Skripts gewährleisten.
Undefined	Löscht die Einstellung aus dem Scope. Der folgende Befehl würde also eine auf Prozessebene vorübergehend festgelegte Richtlinie wieder entfernen: Set-ExecutionPolicy -Scope Process Undefined

Tabelle 4.3 Erlaubte Einstellungen für die PowerShell-Ausführungsrichtlinie

PROFITIPP   Die Einstellungen für *MachinePolicy* und *UserPolicy* werden üblicherweise in Unternehmen eingesetzt, die die Computereinstellungen über zentrale Gruppenrichtlinien in ihrem Active Directory verwalten. Sie spielen eine Sonderrolle, denn diese Einstellungen können nicht von Hand geändert werden. Deshalb ist es meistens keine gute Idee, die Sicherheitseinstellungen an dieser Stelle festzulegen, denn dann wären sie zwingend vorgeschrieben. Das ist zwar üblicherweise der Sinn der Gruppenrichtlinien, aber nicht in diesem Fall.

Die Ausführungsrichtlinie ist kein Mittel, um böse Hacker davon abzuhalten, PowerShell-Code auszuführen. Sie dient nur als freundlich gemeinter »Sicherheitsgurt«, damit überforderte Anwender nicht versehentlich Skriptcode ausführen, den sie nicht verstehen.

Spätestens fachlich versierte Administratoren und IT-Profis sollten immer selbst entscheiden dürfen, ob und von wo sie PowerShell-Skripts starten möchten. Auch sollte man die Bedeutung von PowerShell nicht unterschätzen. Wer »normalen« Anwendern die Ausführung von PowerShell-Skripts verbietet, kann PowerShell dann auch nicht als Login-Skript für diese Anwender nutzen. Auch gilt zu berücksichtigen, dass manch ein versierter Finanzmathematiker, Softwareentwickler oder Abteilungsleiter, der eigentlich gar nichts mit der Systemadministration zu tun hat, vielleicht trotzdem mit Power-Shell seine eigenen Aufgaben automatisieren möchte.

Deshalb ist es viel sinnvoller, im Gültigkeitsbereich (Scope) *LocalMachine* eine sichere Basiseinstellung vorzugeben, die dann gilt, bis der Anwender sich entscheidet, in *CurrentUser* eine andere Einstellung zu wählen. Das ist auch über Gruppenrichtlinien möglich, indem die Einstellung nicht als zwingende Gruppenrichtlinie, sondern als sogenannte Präferenz-Gruppenrichtlinie eingerichtet wird.

Skripts als Befehlserweiterung

PowerShell-Skripts können nicht nur Automationsaufgaben lösen, sondern auch als simple Befehlserweiterung eingesetzt werden. Dazu speichern Sie im Skript die Befehle, aus denen Ihr neuer Befehl bestehen soll. Um zu verstehen, was damit gemeint ist und wie das funktioniert, folgen Sie bitte ohne größere Widerworte den nächsten Beispielen, auch wenn diese anfangs reichlich konstruiert wirken. Am Ende entsteht ein verblüffend nützliches Ergebnis – versprochen! Verfassen Sie zum Beispiel das folgende simple Skript, das mithilfe von *robocopy.exe* alle *JPEG*-Bilder aus dem Windows-Ordner in einen anderen Ordner namens *c:\jpegs* kopiert:

```
robocopy $env:windir\ c:\jpegs\ *.jpg /R:0  /S /XD *winsxs*
```

Legen Sie einen neuen Ordner namens *c:\meinetools* an und speichern Sie das Skript darin unter dem Namen *Copy-File.ps1*. Dann starten Sie das Skript, um zu prüfen, ob es funktioniert und Sie alles richtig eingegeben haben. Am Ende sollten im Ordner *c:\jpegs* alle Bilder des Windows-Ordners liegen (wenn auch teilweise in tief verschachtelten Unterordnern, denn *robocopy* kopiert die Ordnerstruktur mit).

Skripts wie Befehle ausführen

Wenn Sie künftig noch einmal alle Bilder aus dem Windows-Ordner kopieren wollten, bräuchten Sie nun nur noch das Skript aufzurufen. Das allerdings würde bedeuten, dass Sie jedes Mal den gesamten Pfadnamen zu Ihrem Skript eingeben müssten. Wie Sie aus dem letzten Kapitel aber wissen, können

Sie sich diese Mühe sparen, wenn der Ordner, der das Skript enthält, Teil der Umgebungsvariable *$env:Path* ist. Also nehmen Sie ihn darin auf:

```
PS> $env:Path += ';c:\meinetools'
```

Ab sofort kann Ihr Skript aus PowerShell heraus allein über seinen Namen in Gang gesetzt werden:

```
PS> Copy-File
```

Skripts mit Parametern ausstatten

Ihr neuer »Befehl« namens *Copy-File* führt zwar das aus, was er soll, aber das, was er leistet, wird relativ selten gebraucht. Besser wäre, wenn Sie Quelle, Ziel und Dateityp von Fall zu Fall mit Parametern festlegen könnten, ganz so wie bei Cmdlets. Dazu müssen Sie Ihr Skript nur etwas ändern und Parameter hinzufügen. Parameter werden mit der Anweisung *param()* als kommaseparierte Liste festgelegt. Ihr Skript könnte zum Beispiel so aussehen:

```
param(
    [Parameter(Mandatory=$true,HelpMessage='Pfad zum Quellordner')]
    $Source,

    [Parameter(Mandatory=$true,HelpMessage='Pfad zum Zielordner')]
    $Destination,

    [Parameter(Mandatory=$true,HelpMessage='Auswahlfilter, zum Beispiel *.log')]
    $Filter
)

robocopy $Source $Destination $Filter /R:0  /S /XD *winsxs*
```

Listing 4.1 Ein einfacher neuer PowerShell-Befehl als Skript mit drei Parametern

Der *param()*-Block definiert in diesem Beispiel drei Parameter namens *$Source*, *$Destination* und *$Filter*. Vor jedem Parameter können Sonderwünsche folgen. Im Beispiel werden alle drei Parameter als zwingend deklariert und außerdem jeweils ein kleiner Hilfetext festgelegt. Bevor Sie sich Gedanken darüber machen, warum das wohl so sein muss, schauen Sie sich lieber zuerst das Ergebnis an. Dann wird vieles klarer. Dazu speichern Sie das geänderte Skript zuerst und rufen dann noch einmal *Copy-File* auf:

```
PS> Copy-File

Cmdlet copy-file.ps1 an der Befehlspipelineposition 1
Geben Sie Werte für die folgenden Parameter an:
(Geben Sie !? ein, um Hilfe zu erhalten.)
Source: !?
Pfad zum Quellordner
Source: c:\windows
Destination: c:\logfilebackup
Filter: !?
Auswahlfilter, zum Beispiel *.log
Filter: *.log
```

```
-------------------------------------------------------------------
  ROBOCOPY    ::      Robustes Dateikopieren für Windows
-------------------------------------------------------------------

  Gestartet: Wed Nov 07 10:54:55 2012
  Quelle : c:\windows\
    Ziel : c:\logfilebackup\

  Dateien : *.log
(...)
```

Erstaunlich, oder? Ihr kleines unscheinbares Skript verhält sich jetzt beinahe wie ein Cmdlet und kann den Konsolenbefehl *robocopy.exe* mit seiner komplizierten Parameterstruktur nun auf ganz einfache Weise dazu nutzen, beliebige Dateien von einem Ort an einen anderen zu kopieren. Tatsächlich verhält sich das Skript jetzt wirklich in vielerlei Hinsicht wie ein Cmdlet und kann auch mit benannten oder positionalen Parametern aufgerufen werden:

```
PS> Copy-File -Source $env:windir -Destination c:\Soundfiles -Filter *.wav
PS> Copy-File $env:windir c:\Soundfiles *.wav
```

Sogar die Autovervollständigung funktioniert (Abbildung 4.3).

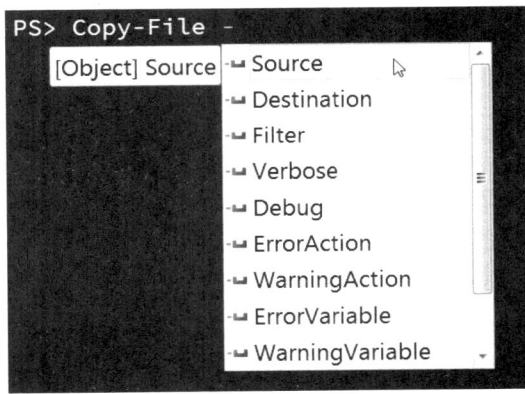

Abbildung 4.3 Ein Skript mit Parametern erhält in PowerShell IntelliSense-Unterstützung

IntelliSense offenbart, dass PowerShell neben den von Ihnen definierten Parametern automatisch auch die allgemeinen Cmdlet-Parameter hinzugefügt hat, auch wenn diese im Augenblick nicht benötigt werden.

HINWEIS Der *param()*-Block in diesem Beispiel zeigt alles, was für einfache Parameter notwendig ist. Sie können damit sowohl optionale als auch zwingende Parameter festlegen (ändern Sie für optionale Parameter den Wert *$true* in *$false*). Möchten Sie genauer verstehen, wie die Parameterdefinition funktioniert und die vielen weiteren Möglichkeiten kennenlernen, dann blättern Sie einfach kurz vor in Kapitel 18. Eigentlich sind Parameterdeklarationen nämlich hauptsächlich für PowerShell-Funktionen gedacht, doch wie Sie hier sehen, können auch Skripts damit ausgerüstet werden.

Ihr Skript hat nicht nur die Bedienung des sehr mächtigen Befehls *robocopy.exe* vereinfacht. Sie könnten nun natürlich außerdem Ihren neuen Befehl verfeinern und zum Beispiel Funktionalitäten hinzufügen, die *robocopy.exe* allein gar nicht leisten kann. Auf Wunsch könnten die kopierten Ergebnisdateien zum Beispiel aus den vielen Unterordnern automatisch auf die oberste Ebene verschoben werden (dadurch würde aus der hierarchischen Kopiermethode eine sogenannte »Flat Copy«). Oder Sie könnten den Zielordner nach erfolgreicher Kopieraktion zuvorkommend im Windows-Explorer öffnen. Nur können Sie all dies zum jetzigen Zeitpunkt noch nicht. Am Ende dieses Buchs allerdings schon.

Ein generelles Manko bleibt allerdings, dessen Sie sich bewusst sein sollten: Ihr neuer »Befehl« *Copy-File* kann nur dann ohne langen Pfadnamen direkt eingesetzt werden, wenn der Ordner, in dem das Skript *Copy-File.ps1* liegt, in *$env:Path* aufgeführt wird. Sie müssten also jedes Mal, wenn Sie Power-Shell starten, die folgende Anweisung durchführen:

```
PS> $env:Path += ';c:\meinetools'
```

Zwar ließe sich die Umgebungsvariable auch außerhalb von PowerShell mit der Windows-Systemsteuerung dauerhaft ändern, aber notwendig ist das nicht. Etwas später erfahren Sie nämlich, wie Sie alle lästigen Handgriffe mit Profilskripts automatisieren, die bei jedem Start von PowerShell ausgeführt werden sollen.

Rückgabewerte des Skripts festlegen

Wie Sie gerade gesehen haben, liefert ein Skript automatisch all das zurück, was die darin enthaltenen Befehle ausgeben. Etwas Besonderes brauchen Sie also nicht zu machen. Können Sie aber. Wenn Sie möchten, liefert Ihr Skript nämlich außerdem einen numerischen »Errorlevel« an den Aufrufer zurück, der diesen dann auswerten kann. Nützlich ist so etwas aber nur, wenn das Skript nicht von PowerShell selbst aufgerufen wird, sondern zum Beispiel aus Stapeldateien heraus oder vom Aufgabendienst des Betriebssystems. Der numerische Rückgabewert wird über das Schlüsselwort *Exit* festgelegt, das ganz am Ende des Skripts stehen muss. Anschließend bricht es nämlich ab:

```
Exit 123
```

Profilskripts – die Autostartskripts

Profilskripts sind ganz normale PowerShell-Skripts, die allerdings beim Start von PowerShell automatisch ausgeführt werden. Man kann hier also alle Anweisungen hinterlegen, die bei jedem Start von PowerShell ausgeführt werden sollen, beispielsweise:

- Eigene Aliase mit *Set-Alias* anlegen
- Eigene Laufwerke mit *New-PSDrive* anlegen
- Zusätzliche Module mit *Import-Module* nachladen
- Umgebungsvariablen ändern und erweitern
- PowerShell-Einstellungen wie Farben oder Größe des Befehlspuffers festlegen
- Eingabeaufforderung ändern

Auf diese Weise kann PowerShell ganz auf Ihre persönlichen Vorlieben eingerichtet werden.

> **HINWEIS** Auch für Profildateien gelten die Ausführungsrichtlinien. Erlauben diese die Ausführung von Power-Shell-Skripts nicht, werden auch die Profildateien nicht ausgeführt. In diesem Fall erscheint beim Start von PowerShell eine entsprechende Fehlermeldung, falls eine Profildatei vorhanden ist und wegen fehlender Rechte nicht ausgeführt werden kann.

Vier verschiedene Profilskripts – pro Host

Profilskripts existieren anfangs nicht, und das ist auch nicht weiter schlimm. PowerShell sucht beim Start vier verschiedene Skriptdateipfade, und wenn diese existieren, wird das jeweilige Skript ausgeführt – sonst eben nicht. Der wichtigste Profilskriptpfad findet sich in *$PROFILE*:

```
PS> $PROFILE
C:\Users\Tobias\Documents\WindowsPowerShell\Microsoft.PowerShell_profile.ps1
```

Er gilt nur für Sie persönlich und nur für den aktuellen PowerShell-Host. Fragen Sie also den Inhalt von *$PROFILE* nicht aus der PowerShell-Konsole ab, sondern aus ISE, sieht dieser anders aus:

```
PS> $PROFILE
C:\Users\Tobias\Documents\WindowsPowerShell\Microsoft.PowerShellISE_profile.ps1
```

Die PowerShell-Konsole und der ISE-Editor verfügen also über separate, jeweils eigene Profilskripts. Das ist eine gute Sache, denn vielleicht wollen Sie die PowerShell-Konsole anders einrichten als den ISE-Editor, und nicht jeder Befehl funktioniert in beiden Hosts gleich gut. *Start-Transcript* steht beispielsweise nur in der echten PowerShell-Konsole und nicht in ISE zur Verfügung.

Manche Einstellungen würden Sie aber vielleicht gern für alle Hosts gemeinsam festlegen. Im letzten Abschnitt haben Sie zum Beispiel erlebt, wie nützlich es sein kann, einen Ordner mit PowerShell-Skripts anzulegen und diesen in die Umgebungsvariable *$env:Path* aufzunehmen. Das sollte also sowohl in der klassischen Konsole als auch in ISE geschehen. Zwar könnten Sie die Anweisungen in beide Profildateien eintragen, aber für solche Fälle verwendet PowerShell eigentlich ein weiteres, host-unabhängiges Profilskript:

```
PS> $PROFILE.CurrentUserAllHosts
C:\Users\Tobias\Documents\WindowsPowerShell\profile.ps1
```

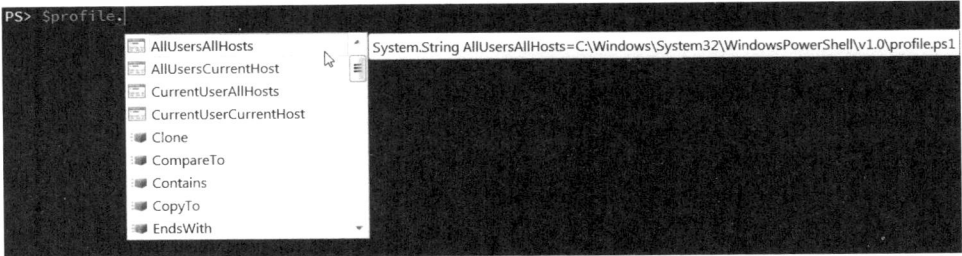

Abbildung 4.4 Die Variable *$PROFILE* liefert die Pfadnamen aller vier Profilskripts

Wenn Sie Einstellungen festlegen möchten, die nicht nur für Ihr eigenes PowerShell gilt, sondern auch für die anderer Benutzer, dann greifen Sie zu den übrigen Profilskripts:

```
PS> $PROFILE.AllUsersAllHosts
C:\Windows\System32\WindowsPowerShell\v1.0\profile.ps1
PS> $PROFILE.AllUsersCurrentHost
C:\Windows\System32\WindowsPowerShell\v1.0\Microsoft.PowerShell_profile.ps1
PS> $PROFILE.CurrentUserAllHosts
C:\Users\Tobias\Documents\WindowsPowerShell\profile.ps1
PS> $PROFILE.CurrentUserCurrentHost
C:\Users\Tobias\Documents\WindowsPowerShell\Microsoft.PowerShell_profile.ps1
```

Die Wahl des Profils bestimmt also, für wen die Anweisungen darin wirksam werden.

Profil	Beschreibung
AllUsersAllHosts	Anweisungen gelten für alle Benutzer Ihres Computers und für alle PowerShell-Anwendungen. Sie benötigen Administratorrechte, um diese Profildatei zu ändern.
AllUsersCurrentHost	Anweisungen gelten für alle Benutzer Ihres Computers, aber nur für *powershell.exe* und *PowerShell_ISE.exe*. Sie benötigen Administratorrechte, um diese Profildatei zu ändern.
CurrentUserAllHosts	Anweisungen gelten nur für Sie und für alle PowerShell-Anwendungen
CurrentUserCurrentHost	Anweisungen gelten nur für Sie und nur für den jeweiligen PowerShell-Host

Tabelle 4.4 Vier verschiedene Profilskripts können für Initialisierungsaufgaben eingesetzt werden

Falls mehrere Profilskripts existieren, werden sie in der Reihenfolge ausgeführt, in der sie in Tabelle 4.4 aufgeführt sind.

Profilskript anlegen und öffnen

Falls ein Profilskript noch nicht existiert, muss es zunächst angelegt werden, was nicht ganz trivial ist, weil dafür teilweise auch weitere Unterordner zu erstellen sind. Im vorangegangenen Abschnitt haben Sie bereits gesehen, wie Skripts Aufgaben erleichtern können (zum Beispiel den Umgang mit *robocopy.exe*). Daher soll im Folgenden kurz ein Skript gebastelt werden, mit dem sich Profilskripts besonders leicht anlegen und öffnen lassen. Speichern Sie das folgende Skript als *Set-ProfileScript.ps1* in Ihrem Ordner *c:\meinetools*, und überlegen Sie sich dabei schon einmal, was das Skript wohl tut.

```
param(
    $Path=$PROFILE.CurrentUserAllHosts
)

$vorhanden = Test-Path -Path $Path

if (-not $vorhanden)
{
    $null = New-Item -Path $Path -ItemType File -Force
}

ise -File $Path
```

Listing 4.2 Das Skript *Set-ProfileScript.ps1*

Damit Sie das Skript aus PowerShell allein mit seinem Namen aufrufen können, ist ein letztes Mal die Anpassung der Umgebungsvariable notwendig:

```
PS> $env:Path += ';c:\meinetools'
```

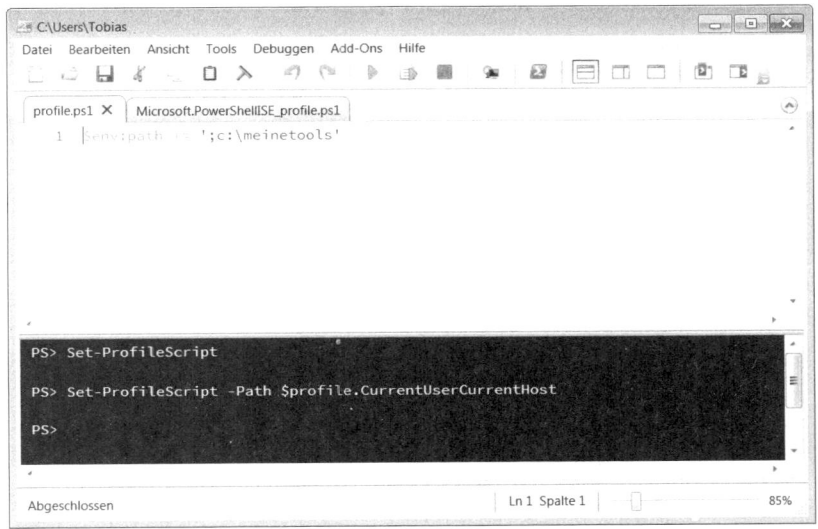

Abbildung 4.5 Mit dem selbstgeschriebenen Skript *Set-ProfileScript* beliebige Profilskripts in ISE öffnen

Danach rufen Sie Ihr Skript auf:

```
PS> Set-ProfileScript
```

Schon öffnet sich der ISE-Editor und zeigt das (vermutlich noch leere) Profilskript an. Das Skript *Set-ProfileScript* verfügt zwar über einen Parameter *-Path*, mit dem man das Profilskript angeben kann, aber diesmal handelt es sich um einen optionalen Parameter, der also freiwillig ist. Wird er nicht angegeben, gilt sein Vorgabewert. Als Vorgabe verwendet das Skript *$PROFILE.CurrentUserAllHosts*, also das Profilskript, das für alle PowerShells gilt. Geben Sie in das Profilskript nun die Änderung der Umgebungsvariable ein und speichern Sie es dann:

```
# Ordner mit eigenen Skript:
$env:Path += ';c:\meinetools'
```

Öffnen Sie nun eine neue PowerShell-Konsole (nicht ISE). Automatisch wird darin die Umgebungsvariable nun erweitert, sodass Ihre zusätzlichen »Skript-Befehle« darin sofort einsetzbar sind. Geben Sie ein:

```
PS> Set-ProfileScript -Path $PROFILE
```

Schon öffnet sich in ISE das Profilskript der Konsole, also das Profilskript, das sich nur auf die Konsole auswirkt. Falls Sie alle Ein- und Ausgaben der Konsole gern als Logdatei mitschneiden wollen, tragen Sie hier diesen Befehl ein:

```
Start-Transcript
```

Sobald Sie das Profilskript speichern und dann eine neue PowerShell-Konsole öffnen, wird der Mitschnitt automatisch aktiviert. In ISE geschieht dies nicht, denn Sie hatten den Befehl ja ins private

Profilskript der Konsole geschrieben (was ein kluger Schachzug war, da ISE wie erwähnt diesen Befehl auch nicht unterstützt). Ihr neuer »Befehl« *Set-ProfileScript* öffnet die passenden Profilskripts aber nicht nur, sondern legt sie auch an, falls sie noch nicht existieren. Dieser Teil ist der letzte fehlende Baustein, der üblicherweise in Skripts benötigt wird: eine Bedingung. Bedingungen sind bei Power-Shell stets nach diesem Muster gestrickt:

```
if (Bedingung)
{
  # dann diesen Code ausführen
}
```

Das ist schon alles. Den Rest erledigen Cmdlets: *Test-Path* prüft, ob ein Pfad existiert. *New-Item* schließlich kann eine Datei (einschließlich sämtlicher benötigter Ordner) in einem Zug anlegen. Möchte man keine Rückmeldungen, kann man das Ergebnis jedes Befehls an die spezielle Variable *$null* leiten. Sie vergisst sofort, was man ihr zuweist. Falls Sie mehr mit Bedingungen unternehmen möchten, können Sie auch sehr viel tiefer eintauchen (Kapitel 7).

Typische Profilskript-Aufgaben durchführen

Der folgende Code soll ein Beispiel dafür geben, wie sich PowerShell durch ein intelligentes Profilskript sehr viel zivilisierter verhält. Störend ist zum Beispiel, dass die Eingabeaufforderung stets den aktuellen Pfadnamen anzeigt und dadurch sehr viel Raum einnimmt. Besser wäre, wenn der aktuelle Pfadname stattdessen in der Titelleiste angezeigt würde. Auch Fehlermeldungen sind anfangs mitunter schwer lesbar wegen ihres schwarzen Hintergrunds. Besser wäre, wenn Fehlermeldungen stattdessen einen weißen Hintergrund verwenden würden.

Beides lässt sich ändern, wobei zunächst die Frage im Raum steht, welches Profilskript dafür am besten geeignet ist. Da beide Änderungen sowohl in der klassischen PowerShell-Konsole als auch in ISE nützlich sind, sollte das allgemeine Profilskript zum Zuge kommen.

Die gewünschten Änderungen setzen etwas Wissen voraus, das bisher noch nicht behandelt wurde. Hier geht es (noch) nicht darum, den folgenden Code zu verstehen, sondern nur, ihn erst einmal einzusetzen. Öffnen Sie also das Profilskript, zum Beispiel mit der eben erstellten kleinen Befehlserweiterung:

```
PS> Set-ProfileScript
```

Im ISE-Editor wird jetzt das Skript *profile.ps1* geöffnet. Darin tragen Sie unterhalb des bestehenden Inhalts ein:

```
function prompt
{
  'PS> '
  $Host.UI.RawUI.WindowTitle = Get-Location
}

$Host.PrivateData.ErrorBackgroundColor = 'White'
$MaximumHistoryCount = 30KB
```

Listing 4.3 Das Skript *profile.ps1*

Sobald Sie das Skript speichern und eine neue PowerShell-Instanz öffnen, ist der Prompt auf »PS>« zusammengeschmolzen, und ein unauffälliger Blick in die Titelleiste zeigt, dass der aktuelle Pfadname nun dort zu finden ist. Fehler werden wie gewünscht auf weißem Hintergrund präsentiert und zusätzlich wurde der PowerShell-Befehlspuffer auf 30.720 Einträge erweitert.

In den folgenden Kapiteln werden alle Bestandteile dieses Codes genau erklärt. Falls Sie schon jetzt wissen wollen, was es mit der Struktur *function* auf sich hat, blättern Sie unauffällig vor zu Kapitel 8. Wenn Sie sich wundern, wozu die einzelne Punkte in *$Host.UI.RawUI.WindowTitle* und *$Host.Private-Data.ErrorBackgroundColor* da sind, hält Kapitel 10 die Antworten bereit.

Kurz gesagt »überschreibt« das Skript die interne PowerShell-Funktion *prompt*, die für die Darstellung der Eingabeaufforderung zuständig ist und nach jedem ausgeführten Befehl automatisch aufgerufen wird. Das Schlüsselwort *function* legt fest, dass immer dann, wenn der Befehl *prompt* aufgerufen wird, der Skriptblock in den geschweiften Klammern ausgeführt werden soll. Erinnern Sie sich? Geschweifte Klammern stehen für Code, der nicht sofort ausgeführt wird. Und das stimmt: Er soll nicht sofort zur Ausführung gelangen, sondern eben erst, wenn jemand *prompt* aufruft.

Persönliche PowerShell-Anpassungen übertragen

Wenn Sie genau hingeschaut haben, befinden sich alle persönlichen PowerShell-Anpassungen in einem Ordner namens *WindowsPowerShell*, der in Ihrem *Dokumente*-Ordner untergebracht ist. Möchten Sie also Ihre Profilskripts sowie persönlichen Module (Kapitel 2) auf einen anderen Computer übertragen, dann kopieren Sie einfach den Ordner *WindowsPowerShell* auf einen USB-Stick und ziehen ihn auf dem anderen Computer in Ihren *Dokumente*-Ordner. Das ist alles. Schon verhält sich PowerShell auch dort so, wie Sie es gewohnt sind.

Damit auch Ihre persönlichen Skriptbefehle bei solch einem Umzug nicht verloren gehen, ist es deshalb keine gute Idee, sie in irgendeinem Ordner zu speichern. Der in den Beispielen verwendete Ordner *c:\meinetools* liegt ja außerhalb des *WindowsPowerShell*-Ordners und würde also nicht mitkopiert.

Legen Sie deshalb am besten alle Zusatzordner, die Sie in Zusammenhang mit PowerShell einrichten, im Ordner *WindowsPowerShell* an. So bleibt alles übersichtlich an einem Ort, was zusammengehört. Anstelle von *c:\meinetools* verwenden Sie also zum Beispiel den Ordner *"$HOME\Documents\WindowsPowerShell\MeineTools"*.

Skripts außerhalb von PowerShell starten

Möchten Sie PowerShell-Skripts aus Windows heraus starten, zum Beispiel über eine Verknüpfung auf dem Desktop, aus Stapeldateien heraus oder vollautomatisch als geplante Aufgabe, dann ist das gar nicht so einfach möglich. Anders als Stapeldateien und VBScript sind PowerShell-Skripts nämlich aus Sicherheitsgründen nicht mit einem ausführbaren Programm wie *powershell.exe* verknüpft.

Ein Doppelklick auf ein PowerShell-Skript öffnet folgerichtig auch höchstens einen Editor, führt das Skript aber nicht aus. Damit ein PowerShell-Skript ausführbar wird, muss es also manuell an *powershell.exe* übergeben werden. Dazu würde eigentlich die folgende Zeile genügen:

```
powershell.exe c:\pfad\zum\skript.ps1
```

Allerdings gehören zu einem sicheren und zuverlässigen Aufruf einige weitere Parameter, sodass der vollständige Aufruf so aussieht:

```
powershell.exe -noprofile -executionpolicy Bypass -file "c:\pfad\zum\skript.ps1"
```

Möchten Sie ein Skript beispielsweise per Verknüpfung auf dem Desktop starten, legen Sie dort per Rechtsklick und *Neu/Verknüpfung* eine neue Verknüpfung an und geben dann als Befehlszeile den eben genannten Befehl ein. Nur den Pfadnamen zu Ihrem Skript müssen Sie natürlich noch anpassen. Wenn Sie alles richtig gemacht haben, verwandelt sich das Symbol der Verknüpfung danach in ein blaues PowerShell-Icon, und wenn Sie die Verknüpfung doppelt anklicken, startet das Skript.

Es öffnet eine PowerShell-Instanz, also ein Konsolenfenster, und ehe Sie zweimal hinschauen können, ist das Fenster auch schon wieder zu. Sobald das Skript seine Arbeit erledigt hat, schließt sich Power-Shell nämlich. Möchten Sie das Fenster anschließend geöffnet halten, geben Sie entweder zusätzlich den Parameter *-NoExit* an (der vor *-File* stehen muss) oder Sie sorgen dafür, dass Ihr Skript nicht beendet wird. Fügen Sie ans Ende beispielsweise Read-Host 'EINGABETASTE drücken' ein, sodass das Skript darauf wartet, dass der Benutzer ⏎ die Eingabetaste drückt. Auch dieser Befehl ist erlaubt, der auf einen beliebigen Tastendruck wartet:

```
cmd.exe /c pause
```

HINWEIS   Wenn Sie ein PowerShell-Skript automatisiert über den Windows-Aufgabenplanung ausführen wollen, fragt diese Sie getrennt in zwei separaten Feldern nach einem ausführbaren Programm und nach dessen Argumenten. Das ausführbare Programm ist in diesem Fall *powershell.exe* und der Rest der Zeile von oben stellt dann dessen Argumente dar.

- **-noprofile**   Wie Sie gesehen haben, kann ein Profilskript die PowerShell-Umgebung grundlegend verändern. Möchten Sie sicherstellen, dass Ihr Skript in einer Standard-PowerShell-Umgebung ausgeführt wird, in der niemand Gelegenheit hatte, den Befehl *Get-ChildItem* beispielsweise über einen Alias in einen anderen Befehl zu verwandeln, ist dieser Parameter essentiell. Er beschleunigt den Start darüber hinaus.

- **-executionpolicy**   Wie Sie ebenfalls gesehen haben, dürfen Skripts erst ausgeführt werden, wenn die Ausführungsrichtlinie dies zulässt. Ist sie noch nicht konfiguriert, läuft Ihr Skript nicht. Damit Sie sich nicht darauf verlassen müssen, können Sie mit diesem Parameter selbst die Ausführungs-richtlinie bestimmen. Sie wird dann mit dem Gültigkeitsbereich (Scope) *Process* festgelegt, gilt also nur für diesen Aufruf. Falls die übergeordneten Scopes *MachinePolicy* und/oder *UserPolicy* die Skriptausführung zentral gesteuert ausdrücklich verbieten, hilft dieser Parameter allerdings auch nicht weiter.

- **-file**   Alles, was diesem Parameter folgt, wird als Pfadname zur Skriptdatei verstanden. Deshalb muss dieser Parameter stets der *letzte* Parameter sein. Setzen Sie den Pfadnamen am besten in Anführungszeichen, damit Leerzeichen im Pfadnamen nicht zu Problemen führen, und verwenden Sie stets die »normalen« Anführungszeichen und nicht die bei PowerShell üblicheren »einfachen«. Denken Sie daran: Der Befehl soll ja außerhalb von PowerShell ausgeführt werden, und dort werden einfache Anführungszeichen nicht verstanden.

PowerShell-Startoptionen

powershell.exe unterstützt noch zahlreiche weitere Parameter, die aber weniger gebräuchlich sind. Eine vollständige Übersicht erhalten Sie so:

```
PS> powershell.exe /?

PowerShell[.exe] [-PSConsoleFile <Datei> | -Version <Version>]
    [-NoLogo] [-NoExit] [-Sta] [-Mta] [-NoProfile] [-NonInteractive]
    [-InputFormat {Text | XML}] [-OutputFormat {Text | XML}]
    [-WindowStyle <style>] [-EncodedCommand <Base64EncodedCommand>]
    [-File <Dateipfad> <Argumente>] [-ExecutionPolicy <ExecutionPolicy>]
    [-Command { - | <script-block> [-args <arg-array>]
                  | <string> [<CommandParameters>] } ]

PowerShell[.exe] -Help | -? | /?

-PSConsoleFile
    Lädt die angegebene Windows PowerShell-Konsolendatei. Verwenden Sie "Export-Console" in Windows
    PowerShell, um eine Konsolendatei zu erstellen.

-Version
    Startet die angegebene Windows PowerShell-Version. Geben Sie eine Versionsnummer mit dem
Parameter ein,
    z. B. "-version 2.0".
·       NoLogo
    Blendet das Copyrightbanner beim Start aus.

-NoExit
    Verhindert ein Beenden nach dem Ausführen aller Startbefehle.

-Sta
    Startet die Shell unter Verwendung eines Apartments mit einem Thread. Ein Apartment mit einem
Thread
    (Single-Threaded Apartment, STA) ist Standard.

-Mta
    Startet die Shell mit einem Apartment mit mehreren Threads.

-NoProfile
    Lädt das Windows PowerShell-Profil nicht.

-NonInteractive
    Zeigt dem Benutzer keine interaktive Aufforderung an.

-InputFormat
    Beschreibt das Format der an Windows PowerShell gesendeten Daten. Gültige

    Werte: "Text" (Textzeichenfolgen) und "XML" (serialisiertes CLIXML-Format).

-OutputFormat
    Legt die Formatierung der Windows PowerShell-Ausgabe fest. Gültige Werte:

    "Text" (Textzeichenfolgen) und "XML" (serialisiertes CLIXML-Format).

-WindowStyle
    Legt den Fensterstil auf "Normal", "Minimized", "Maximized", "Hidden" fest.
```

-EncodedCommand
    Akzeptiert eine base-64-codierte Zeichenfolgenversion eines Befehls. Verwenden Sie diesen Parameter, um Befehle an Windows PowerShell zu senden, für die komplexe Anführungszeichen/ geschwungene Klammern erforderlich sind.

-File
    Führt das angegebene Skript im lokalen Gültigkeitsbereich aus (Eingabe eines Punkts vor dem Befehl), sodass die vom Skript erstellten Funktionen und Variablen in der aktuellen Sitzung verfügbar sind. Geben Sie den Skriptdateipfad und mögliche Parameter ein.

    "File" muss der letzte Parameter im Befehl sein, da alle Zeichen, die nach dem File- -Parameternamen eingegeben sind, als Skriptdateipfad gefolgt von den Skriptparametern interpretiert werden.

-ExecutionPolicy
    Legt die Standardausführungsrichtlinie für die aktuelle Sitzung fest und speichert diese in der $env:PSExecutionPolicyPreference-Umgebungsvariablen. Mit diesem Parameter wird die Windows PowerShell-Ausführungsrichtlinie, die in der Registrierung festgelegt ist, nicht geändert.

-Command
    Führt die angegebenen Befehle (und alle Parameter) so aus, als wären sie an der Windows PowerShell-Eingabeaufforderung eingegeben worden, und wird dann beendet, sofern nicht "NoExit" angegeben wurde.
    Der Wert von "Command" kann "-", eine Zeichenfolge oder ein Skriptblock sein.
    Beim Wert "-" wird der Befehlstext von der Standardeingabe gelesen.

    Wenn der Wert von "Command" ein Skriptblock ist, muss der Skriptblock in geschweifte Klammern ({}) eingeschlossen werden. Sie können einen Skriptblock nur angeben, wenn "PowerShell.exe" in Windows PowerShell ausgeführt wird. Die Ergebnisse des Skriptblocks werden als deserialisierte XML-Objekte und nicht als aktive Objekte an die übergeordnete Shell zurückgegeben.

    Wenn der Wert von "Command" eine Zeichenfolge ist, muss "Command" der letzte Parameter im Befehl sein, da alle nach dem Befehl eingegebenen Zeichen als Befehlsargumente interpretiert werden.

    Schreiben Sie eine Zeichenfolge zum Ausführen eines Windows PowerShell-Befehls im folgenden Format:
        "& {<Befehl>}"
    wobei die Anführungszeichen eine Zeichenfolge angeben und der Aufrufoperator (&) die Ausführung des Befehls veranlasst.

-Help, -?, /?
    Zeigt diese Meldung an. Wenn Sie in Windows PowerShell einen Befehl für "PowerShell.exe" eingeben, stellen Sie den Befehlsparametern einen Bindestrich (-) und keinen Schrägstrich (/) voran. In "Cmd.exe" können Sie einen Bindestrich oder einen Schrägstrich verwenden.

BEISPIELE
    PowerShell -PSConsoleFile SqlSnapIn.Psc1
    PowerShell -version 2.0 -NoLogo -InputFormat text -OutputFormat XML
    PowerShell -Command {Get-EventLog -LogName security}
    PowerShell -Command "& {Get-EventLog -LogName security}"

    # So verwenden Sie den Parameter "-EncodedCommand":
    $command = 'dir "c:\Programme" '
    $bytes = [System.Text.Encoding]::Unicode.GetBytes($command)
    $encodedCommand = [Convert]::ToBase64String($bytes)
    powershell.exe -encodedCommand $encodedCommand

PROFITIPP In PowerShell 3.0 ist parallel auch die ältere PowerShell 2.0 enthalten. Sie können also Skripts auch testweise in einer PowerShell 2.0-Umgebung ausführen, zum Beispiel, weil Sie überprüfen möchten, ob das Skript in dieser Umgebung fehlerfrei läuft. Um PowerShell 2.0 in PowerShell 3.0 zu öffnen, geben Sie in einer PowerShell-Konsole ein:

```
PS> powershell.exe -version 2.0
```

Der ISE-Editor verwendet immer PowerShell 3.0 und kann nicht auf PowerShell 2.0 umgestellt werden, weil sein IntelliSense und seine Farbcodierung auf Neuerungen von PowerShell 3.0 zugreifen.

Skript als geplante Aufgabe ausführen

Möchten Sie ein PowerShell-Skript regelmäßig automatisiert ausführen, legen Sie eine geplante Aufgabe an. Dazu öffnen Sie entweder die *Aufgabenplanung* in der *Systemsteuerung* unter *Verwaltung* und legen die Aufgabe assistentenunterstützt mit der grafischen Oberfläche an. Oder Sie greifen auf das Befehlszeilentool *schtasks.exe* zurück.

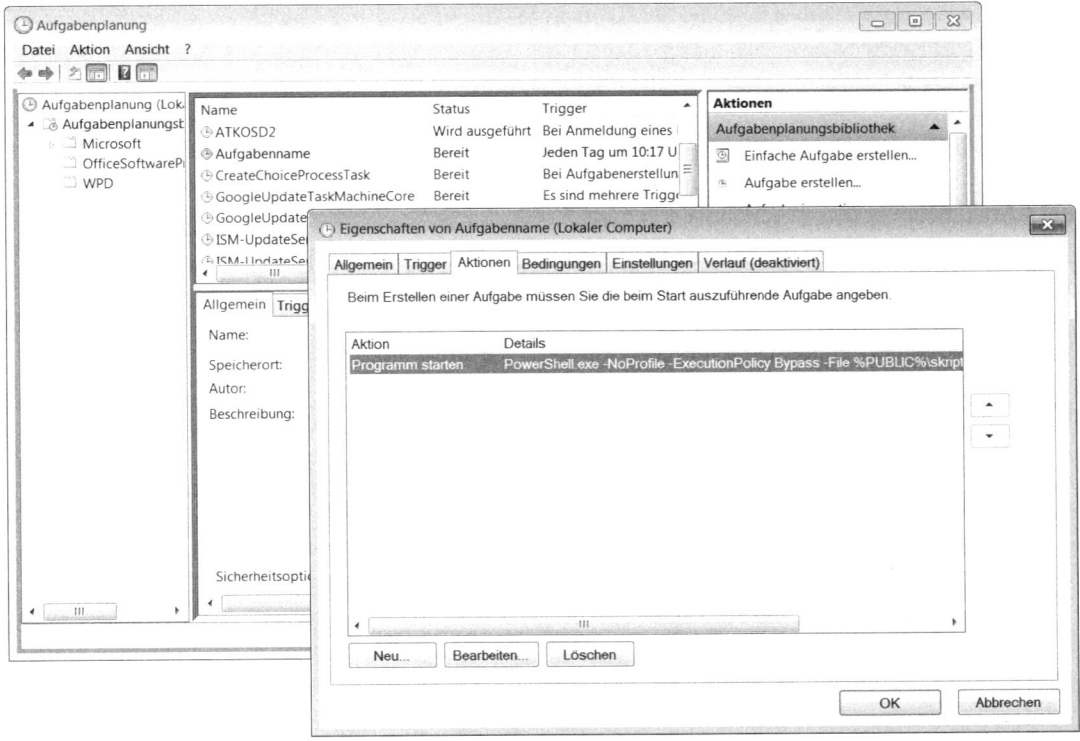

Abbildung 4.6 Die *Aufgabenplanung* zeigt die Ergebnisse des *schtasks.exe*-Befehlsaufrufs an

Mit *schtasks.exe* klassische Aufgaben einrichten

Die nächste Zeile richtet mithilfe von *schtasks.exe* eine neue Aufgabe ein (*/Create*), die ein Skript (*/TR*) automatisch täglich (*/SC*) im Kontext des aktuellen Benutzers ausführt, dabei die höchstmöglichen Privilegien gewährt (*/RL*) und erlaubt, dass die PowerShell-Konsole während der Ausführung sichtbar ist (*/IT*).

```
PS> schtasks /create /TN Aufgabenname /TR "PowerShell.exe -NoProfile -ExecutionPolicy Bypass -File
%PUBLIC%\skriptname.ps1" /IT /RL HIGHEST /SC DAILY
```

Passen Sie in der Zeile den Pfadnamen zu Ihrem Skript an. Speichern Sie das Skript am besten im Ordner für öffentliche Dokumente, damit die Aufgabenplanung auf jeden Fall auf die Skriptdatei zugreifen kann, falls Sie das Skript später unter einem anderen Benutzernamen ausführen lassen wollen. Dieser Ordner findet sich in der Umgebungsvariablen *$env:PUBLIC*:

```
PS> $env:PUBLIC
C:\Users\Public
```

Um die neu eingerichtete Aufgabe in der Aufgabenplanung zu begutachten, gehen Sie so vor:

1. Starten Sie die *Aufgabenplanung*. Das können Sie direkt aus PowerShell heraus tun: *taskschd.msc* ⏎ . Das Fenster *Aufgabenplanung* öffnet sich.

2. Ihre Aufgabe erscheint in der Aufgabenplanung, wenn Sie in der linken Spalte auf den Zweig *Aufgabenplanungsbibliothek* klicken, und kann dort testweise manuell gestartet werden. Klicken Sie dazu die Aufgabe mit der rechten Maustaste an und wählen Sie *Ausführen*. In den Spalten *Status*, *Letzte Laufzeit* und *Ergebnis der letzten Ausführung* erhalten Sie Rückmeldungen und können sehen, ob das Skript erfolgreich ausgeführt wurde.

Die Spalte *Ergebnis der letzten Ausführung* zeigt übrigens den numerischen Rückgabewert des Skripts an, also jenen Wert, den das Skript an seinem Ende mit der Anweisung *Exit* festlegt. Wenn Sie also ein Skript per Aufgabenplanung ausführen lassen wollen, sollten Sie auch wirklich mit *Exit* einen Rückgabewert festlegen, denn andernfalls bleibt die Spalte bedeutungslos.

TIPP   Haben Sie die Aufgabe angelegt oder verändert, nachdem die Aufgabenplanung geöffnet war, drücken Sie in der Aufgabenplanung F5 , um die Ansicht zu aktualisieren. Sollte die Aufgabe nicht wie gewünscht ausgeführt werden, prüfen Sie zuerst den Befehlsaufruf, indem Sie mit der rechten Maustaste auf die Aufgabe klicken und *Eigenschaften* wählen. Klicken Sie dann auf die Registerkarte *Aktionen* und auf *Bearbeiten*. Rufen Sie im Anschluss daran den dort hinterlegten Befehl aus einer PowerShell-Konsole heraus auf. In der Aufgabenplanung können Sie Aufgaben auch wieder löschen. Dies funktioniert auch mit *schtasks*:

```
PS> schtasks /Delete /TN Aufgabenname
```

Die Aufgabe, die Sie in diesem Beispiel angelegt haben, wird im Kontext desjenigen Benutzers ausgeführt, der die Aufgabe eingerichtet hat. Die Aufgabe gelangt also nur dann zur Ausführung, wenn dieser Benutzer angemeldet ist. Dafür kann die Aufgabe mit dem Desktop dieses Benutzers interagieren, also beispielsweise die PowerShell-Konsole und Meldungen darin anzeigen.

Möchten Sie ein Skript lieber unter einem anderen Benutzerkonto und dergestalt ausführen, dass das Skript auch zur Ausführung gelangt, wenn niemand angemeldet ist (ähnlich einem Dienst), weisen

Sie der Aufgabe ein passendes Benutzerkonto zu und legen in den Eigenschaften der Aufgabe fest, dass diese auch ausgeführt werden soll, wenn der Benutzer nicht angemeldet ist.

In diesem Fall allerdings wird die Aufgabe aus Sicherheitsgründen immer unsichtbar ausgeführt. Sie können dann also weder Meldungen ausgeben noch Benutzereingaben erfragen, und die Option /IT bleibt wirkungslos. Zudem müssen Sie darauf achten, dass der Benutzer, unter dessen Namen das Skript nun ausgeführt wird, auch tatsächlich Zugriffsrechte auf die Skriptdatei besitzt – die ja eventuell von einem ganz anderen Benutzer erstellt und gespeichert wurde.

Mit dem Modul *PSScheduledJob* in PowerShell 3.0 Aufgaben anlegen

In PowerShell 3.0 wurde ein neues Modul namens *PSScheduledJob* hinzugefügt. Es enthält insgesamt sechs Cmdlets mit dem Tätigkeitsbereich *ScheduledJob*, mit dem sich ebenfalls Skripts als geplante Aufgabe anlegen lassen. Anders als bei *schtasks.exe* sind diese Cmdlets allerdings ausschließlich für die Verwaltung von PowerShell-Skripts zuständig und ignorieren andere Aufgaben der Aufgabenplanung.

```
PS> Get-Command -Noun ScheduledJob | ft -AutoSize

CommandType  Name                      ModuleName
-----------  ----                      ----------
Cmdlet       Disable-ScheduledJob      PSScheduledJob
Cmdlet       Enable-ScheduledJob       PSScheduledJob
Cmdlet       Get-ScheduledJob          PSScheduledJob
Cmdlet       Register-ScheduledJob     PSScheduledJob
Cmdlet       Set-ScheduledJob          PSScheduledJob
Cmdlet       Unregister-ScheduledJob   PSScheduledJob
```

Nicht-PowerShell-Skripts öffnen

PowerShell kann natürlich auch fremde Skriptdateien öffnen und ausführen, zum Beispiel klassische Stapeldateien oder VBScript.

Stapel- oder Stapeldateien

Stapeldateien sind wohl die bekanntesten Skriptdateien, denn sie stammen quasi aus der IT-Steinzeit und werden wie alle guten Provisorien noch immer weitverbreitet zur Automation von Loginvorgängen und anderen Abläufen eingesetzt. Sie tragen die Dateierweiterung *.bat* oder *.cmd*. Darin dürfen alle Befehle enthalten sein, die auch in einer normalen Konsole interaktiv ausführbar sind. Die Dateierweiterungen *.bat* und *.cmd* sind mit dem Programm *cmd.exe* verknüpft, das ihren Inhalt ausführt. Legen Sie sich zum Beispiel eine solche Skriptdatei an:

```
PS> notepad $HOME\test.bat
```

Der Windows-Editor öffnet sich und bietet an, die angegebene Stapeldatei zu erstellen, weil sie noch nicht existiert. Stimmen Sie zu. Nun können Sie festlegen, welche Befehle die Stapeldatei ausführen soll.

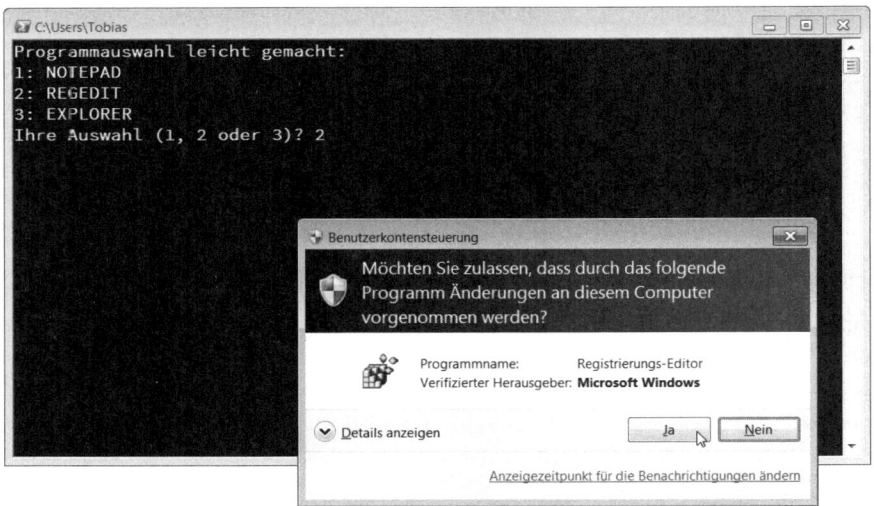

Abbildung 4.7   Eine klassische Stapeldatei realisiert Programmstartoptionen in PowerShell

Erlaubt sind alle Anwendungen (also Programme mit den Dateierweiterungen *.exe* und *.com*), alle
assoziierten Dateitypen (etwa Dateien mit den Dateierweiterungen *.vbs* oder *.bat*) sowie die von der
klassischen Konsole unterstützten Befehle (wie *dir* oder *cd*). Geben Sie in den Windows-Editor diesen
Text ein:

```
@ECHO OFF
CLS
ECHO Programmauswahl leicht gemacht:
ECHO 1: NOTEPAD
ECHO 2: REGEDIT
ECHO 3: EXPLORER
CHOICE /N /C:123 /M "Ihre Auswahl (1, 2 oder 3)?"
IF ERRORLEVEL ==3 GOTO THREE
IF ERRORLEVEL ==2 GOTO TWO
IF ERRORLEVEL ==1 GOTO ONE
GOTO END
:THREE
explorer.exe
GOTO END
:TWO
regedit.exe
GOTO END
:ONE
notepad.exe
:END
```

Speichern Sie die Datei und schließen Sie den Editor. Rufen Sie die Stapeldatei nun aus PowerShell
heraus auf:

```
PS> "$HOME\test.bat"
C:\Users\Tobias\test.bat

PS> & "$HOME\test.bat"
```

```
Programmauswahl leicht gemacht:
1: NOTEPAD
2: REGEDIT
3: EXPLORER
Ihre Auswahl (1, 2 oder 3)?
```

HINWEIS   Natürlich soll dieses Beispiel nur demonstrieren, wie PowerShell mit Stapeldateien umgeht. Es soll selbstverständlich kein Plädoyer dafür sein, die altertümlichen Stapeldateien noch im PowerShell-Zeitalter einzusetzen. Es gibt nichts, was Stapeldateien können, das PowerShell nicht besser kann. Falls Sie also bereits Stapeldateien einsetzen, die das erledigen, was sie sollen, oder falls Sie Stapeldateiexperte sind, können Sie Ihre Juwelen und Ihr Wissen auch in PowerShell weiterverwenden, jedenfalls so lange, bis Sie dieses Buch vollständig durchgearbeitet und in PowerShell Fuß gefasst haben. Dann nämlich würden Sie die obige Stapeldatei sicher baldigst durch PowerShell ersetzen. Das zeigt der entsprechende PowerShell-Code, der unbestritten wesentlich übersichtlicher und leichter zu betreuen ist:

```
# ACHTUNG: läuft NICHT in ISE, nur in der echten
# PowerShell-Konsole!
Clear-Host

'Programmauswahl leicht gemacht:
NOTEPAD
REGEDIT
EXPLORER'

CHOICE /N /C:123 /M 'Ihre Auswahl (1, 2 oder 3)?'

Switch ($LASTEXITCODE)
{
    1 { notepad }
    2 { regedit }
    3 { explorer }
}
```

Listing 4.4   Das Skript *Programmauswahl.ps1*

VBScript-Dateien ausführen

VBScript ist etwas intelligenter als die Stapeldateitechnik von eben und mindestens genauso verbreitet. VBScripts verwenden die Dateierweiterung *.vbs*, die mit dem Programm *wscript.exe* oder *cscript.exe* verknüpft ist. Wieder handelt es sich bei den Skripts um reine Textdateien, sodass Sie mit dem Windows-Editor ein kleines Testskript basteln können.

```
PS> notepad $HOME\test.vbs
```

Lassen Sie die Datei anlegen, und geben Sie dann den folgenden Code in den Editor ein:

```
zahl = InputBox("Geben Sie eine Zahl ein!")
WScript.Quit(zahl)
```

Speichern Sie die Änderungen, und rufen Sie anschließend das Skript aus PowerShell heraus auf:

```
PS> & "$HOME\test.vbs"
```

Das VBScript wird wie erwartet ausgeführt und zeigt ein Textfeld an, in das eine Zahl eingegeben werden kann. VBScripts lassen sich aber nicht nur von PowerShell aus aufrufen, sondern können auch

Informationen an PowerShell zurückliefern. Das Beispiel zeigt, wie ein VBScript einen numerischen Statuswert zurückgibt. Dazu wird die Zahl, die der Benutzer eingegeben hat, über *WScript.Quit()* an den Aufrufer zurückgeliefert, und PowerShell kann diesen Wert dann wiederum aus der Variablen *$LASTEXITCODE* lesen:

```
PS> "Sie haben eingegeben: $LASTEXITCODE"
```

Allerdings funktioniert dies nur, wenn das Skript mit dem konsolenbasierten Windows Script Host *cscript.exe* ausgeführt wird. Auf vielen Windows-Systemen ist stattdessen der fensterbasierte Windows Script Host *wscript.exe* aktiv. Dieser kann keine Rückmeldungen an PowerShell weitergeben und ist aus vielen weiteren Gründen für Automationsaufgaben schlecht geeignet. Deshalb sollten Sie VBScripts nicht mit dem automatisch assoziierten Programm starten, sondern explizit mit *cscript.exe*:

```
PS> cscript.exe -nologo "$HOME\test.vbs"
PS> "Sie haben eingegeben: $LASTEXITCODE"
```

Diese Art der Rückmeldung kann allerdings nur Ganzzahlen in einem festgelegten Wertebereich zurückliefern. Gibt der Benutzer im Testskript beispielsweise anstelle einer Zahl ein Wort ein, meldet das VBScript einen Fehler, weil die *Quit()*-Methode mit Buchstaben nichts anzufangen weiß.

Alternativ kann man von VBScripts deshalb auch beliebige Texteingaben empfangen. Dazu sind zwei Voraussetzungen zu beachten: Das Skript muss wie im letzten Beispiel auch explizit mit dem Windows Script Host *cscript.exe* gestartet werden, und alle Texte, die der Aufrufer (also PowerShell) empfangen soll, müssen mit *WScript.Echo()* in die Konsole geschrieben werden. Ändern Sie das VBScript also etwas um:

```
eingabe = InputBox("Geben Sie Ihren Namen an!")
WScript.Echo(eingabe)
```

Speichern Sie die Änderung, und rufen Sie das Skript erneut auf. Es gibt diesmal den eingegebenen Namen in die PowerShell-Konsole aus:

```
PS> cscript.exe -nologo "$HOME\test.vbs"
Tobias
```

Nun brauchen Sie das Ergebnis des Skripts lediglich noch in einer Variablen aufzufangen, um es anschließend nach Ihren Wünschen innerhalb von PowerShell weiterzuverarbeiten:

```
PS> $eingabe = cscript.exe -nologo "$HOME\test.vbs"
PS> "Sie heißen $eingabe"
```

Wie Sie sehen, lassen sich damit bereits vorhandene und bewährte VBScripts problemlos weiternutzen, und Sie können Ihre PowerShell-Lösungen sogar mithilfe von VBScript-Befehlen ergänzen. Gibt ein VBScript mehr als nur eine Textzeile in die Konsole aus, empfängt PowerShell sämtliche Textzeilen einzeln als Array (Variablenfeld). Geben Sie beispielsweise diesen VBScript-Code in den Editor ein:

```
set wmi = GetObject("winmgmts:")
set sammlung = wmi.ExecQuery("select * from Win32_Process")
for each process in sammlung
  WScript.Echo process.getObjectText_
next
```

Listing 4.5 VBScript *wmitest.vbs*

Sie wissen inzwischen, wie Sie dieses Skript ausführen und das Ergebnis in einer Variablen auffangen können:

```
PS> $ergebnis = cscript.exe -nologo "$HOME\test.vbs"
PS> $ergebnis.Count
PS> "Sie haben $($ergebnis.Count) Textzeilen empfangen."
PS> $ergebnis[0]
PS> $ergebnis[0..4]
PS> $ergebnis[-1]
```

Zusammenfassung

Möchten Sie Aufgaben in PowerShell automatisiert durchführen, ohne dazu viele einzelne Befehle eingeben zu müssen, werden Skripts eingesetzt. Der mitgelieferte ISE-Editor eignet sich hervorragend dazu, Skripts zu erstellen. PowerShell-Skripts sind einfache Textdateien mit der Erweiterung *.ps1*. Sie enthalten ähnlich wie klassische Stapeldateien die Befehle, die Sie ausführen möchten. PowerShell führt die Anweisungen in Skripts stets streng von oben nach unten aus.

Damit Skripts zur Ausführung gelangen können, muss die Ausführungsrichtlinie (Execution Policy) dies erlauben. Als Vorgabe sind Skripts zunächst gesperrt. Mit *Set-ExecutionPolicy* kann die Ausführung von Skripts einmalig oder dauerhaft zugelassen werden.

Sollen Skripts von außerhalb mit PowerShell ausgeführt werden, muss *powershell.exe* aufgerufen werden. Dieser Anwendung erteilt man dann mithilfe von Argumenten den Auftrag, ein PowerShell-Skript auszuführen. So können PowerShell-Skripts zum Beispiel als Verknüpfung per Doppelklick gestartet oder von der Windows-eigenen Aufgabenplanung regelmäßig unbeaufsichtigt ausgeführt werden.

Skripts können auch als simple Befehlserweiterung eingesetzt werden. Dazu speichert man die Skripts in einem Ordner, der in die Umgebungsvariable *$env:Path* aufgenommen wird. Über die Anweisung *param()* kann man Skripts mit Parametern ausstatten, die dann genauso funktionieren wie die Parameter bei Cmdlets und sogar von der Autovervollständigung unterstützt werden.

Skripts liefern alles zurück, was die in ihrem Inneren ausgeführten Befehle zurückgeben. Eine besondere Anweisung, um den Rückgabewert eines Skripts festzulegen, ist nicht nötig. Nur wenn das Skript auch einen numerischen *Errorlevel* an den Aufrufer zurückmelden soll, muss dieser am Ende des Skripts mit der Anweisung *Exit* festgelegt werden.

Eine besondere Form des Skripts ist das Profilskript, denn es wird – falls vorhanden – automatisch bei jedem PowerShell-Start ausgeführt. Mit Profilskripts können Sie Ihre PowerShell-Umgebung anpassen und darin alle Einstellungen vornehmen, die für jede PowerShell-Instanz gelten sollen. Die Variable *$PROFILE* nennt den Pfad zu den Profilskripts. Insgesamt existieren vier verschiedene Profilskripts, mit denen festgelegt wird, ob die Einstellungen darin nur für Sie oder alle Benutzer und nur für den aktuellen PowerShell-Host oder alle Hosts gelten sollen.

Auch ältere Skripttypen wie Stapeldateien oder VBScript-Dateien lassen sich in PowerShell ausführen. Deren Ergebnisse werden direkt an PowerShell geleitet und können von dort weiterverarbeitet werden.

Teil B

Fortgeschrittene Anwender

Kapitel 5

Die PowerShell-Pipeline

In diesem Kapitel:

Einzelne Befehle – Cmdlets ebenso wie externe Anwendungen – sind im Grunde genommen jeweils spezialisierte Problemlösungen. Gibt es genau den passenden Befehl für eine Aufgabe, dann lässt sich diese nun mit PowerShell lösen. Nur existiert eben nicht für alle denkbaren Aufgaben ein passender Befehl. In Videospiel-Level 1 waren Sie bis jetzt auf Gedeih und Verderb den verfügbaren Befehlen ausgeliefert. Nun sind Sie bereit, in Level 2 aufzurücken: Mit der PowerShell-Pipeline erhalten Sie zusätzlich die Möglichkeit, einzelne Befehle zu kombinieren und im Team gemeinsam einzusetzen. So lassen sich plötzlich auch Probleme lösen, für die es gar keinen einzelnen Spezialbefehl gibt. Abbildung 5.1 zeigt, wo Sie sich in diesem Kapitel im PowerShell-Ökosystem befinden.

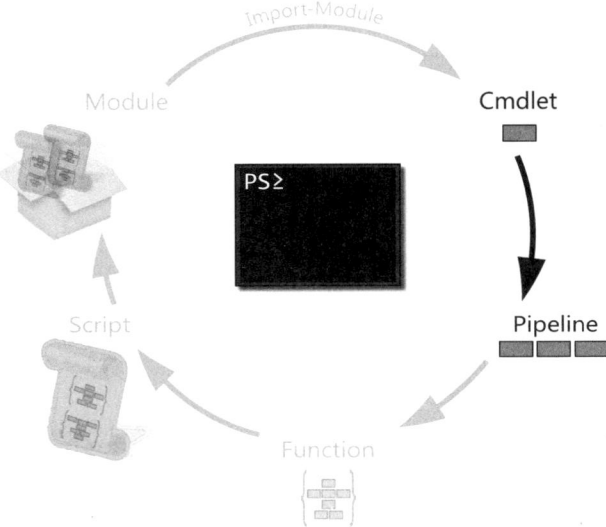

Abbildung 5.1   PowerShell-Level 2: Einzelne Befehle werden über die Pipeline kombiniert

Insgesamt werden sechs Cmdlets in diesem Kapitel im Rampenlicht stehen, mit denen sich fast alle Routineaufgaben in PowerShell formulieren lassen.

Aufbau der PowerShell-Pipeline

Die PowerShell-Pipeline funktioniert im Grunde genommen wie ein Fabrikförderband: Vorne wirft ein Befehl Rohdaten auf das Förderband, die dann an die folgenden Befehle weitergereicht und von ihnen bearbeitet werden. Jeder Folgebefehl funktioniert also quasi wie ein Industrieroboter, der schrittweise aus Altmetall am Ende des Tages Dosenöffner herstellt.

Abbildung 5.2   Die Pipeline funktioniert wie ein Fließband mit aufeinanderfolgenden Bearbeitungsschritten

Die einzelnen Befehle werden in der Pipeline mit »|« verkettet. Die Ergebnisse des Befehls werden also nicht mehr sofort in die Konsole ausgegeben, sondern an den nächsten Befehl weiterverfüttert. Erst wenn kein Befehl mehr folgt, gibt die Pipeline die Endergebnisse aus. Einige einfache Pipeline-Beispiele sind Ihnen in den vorangegangenen Kapiteln schon begegnet und sahen zum Beispiel so aus:

```
PS> Get-Process -Name notepad | Stop-Process
PS> driverquery.exe /FO CSV | ConvertFrom-CSV
```

Im ersten Beispiel liefert ein Cmdlet bestimmte Prozesse, die dann vom zweiten beendet werden. Und im zweiten Beispiel liefert ein Konsolenbefehl namens *driverquery.exe* kommaseparierte Daten, die dann vom folgenden Cmdlet in echte Objekte umgewandelt werden. Die Funktion der Pipeline als Datentransporteur ist bei diesen beiden Beispielen ziemlich offensichtlich.

TIPP   Nicht immer ist die Pipeline überhaupt erforderlich. Einen Prozess können Sie beispielsweise auch direkt mit *Stop-Process* beenden:

```
PS> Stop-Process -Name notepad
```

Prinzipieller Aufbau der Pipeline

Die Pipeline wird auch dazu eingesetzt, komplexere Probleme zu lösen, und dabei werden die Ergebnisse eines Befehls nicht einfach nur an den nächsten weitergereicht, sondern sollen schrittweise verändert werden, bis sie Ihren Wünschen entsprechen. Solche Pipelines sind im Grunde immer nach demselben Muster gestrickt:

Abbildung 5.3   Grundsätzlicher Aufbau jeder PowerShell-Pipeline

- **Datenbeschaffer**   Am Anfang jeder Pipeline steht ein Datenbeschaffer. Das ist typischerweise ein Cmdlet mit dem Verb *Get*, kann aber auch eine Variable sein, die bereits Daten enthält, oder ein externes Programm wie *ipconfig.exe*, das Textinformationen in die PowerShell-Konsole liefert.

- **Industrieroboter**   Im Herzen der Pipeline sind zwar alle Cmdlets erlaubt, die Daten über die Pipeline empfangen können, aber typischerweise findet man hier vor allem Cmdlets mit dem Substantiv *Object*. Es dürfen so viele Cmdlets im Herzen der Pipeline miteinander kombiniert werden wie nötig. Die Aufgabe der Cmdlets ist, die Rohdaten in eine passende Form zu bringen, also zum Beispiel zu filtern, zu sortieren oder zu verändern.

- **Ausgabe**   Am Ende der Pipeline folgt auf Wunsch ein Ausgabe-Cmdlet. Notwendig ist das nicht. Ohne ein Ausgabe-Cmdlet werden die Ergebnisse der Pipeline in die Konsole geschrieben oder können einer Variablen zugewiesen werden, genau wie bei Einzelbefehlen.

  Möchte man die Ergebnisse dagegen lieber in Textform anderenorts ausgeben, zum Beispiel in eine Datei umlenken, kommt ein Gespann aus zwei Cmdlets zum Einsatz, das die Verben *Format* (bestimmt das Layout) und *Out* (bestimmt das Ziel) trägt.

  Sollen die Daten lieber in Objektform an anderer Stelle ausgegeben werden, also mit weiterhin voneinander abgegrenzten Spalten, greift man zu Cmdlets mit dem Verb *Export* und kann die Ergebnisse dann beispielsweise als kommaseparierte Liste oder XML speichern.

Die sechs wichtigsten Pipeline-Befehle

Im Herzen der allermeisten anspruchsvolleren Pipelines kommen immer wieder dieselben sechs Cmdlets zum Einsatz. Sie bilden nämlich die üblichen Aufgaben ab wie zum Beispiel Sortieren, Filtern oder Gruppieren. Genau diese sechs Cmdlets werden Sie gleich in Aktion erleben.

Cmdlet	Aufgabe
Select-Object	Gibt Ihnen Kontrolle darüber, welche Ergebnisspalten angezeigt werden, und kann zusätzliche, normalerweise unsichtbare Spalten anzeigen. Gibt auf Wunsch nur die ersten *x* oder die letzten *x* Ergebnisse aus. *Select-Object* ist das wohl wichtigste Cmdlet, weil es Ihnen die Möglichkeit gibt, auf sämtliche Informationen zuzugreifen und nicht nur auf diejenigen, die PowerShell als Vorgabe anzeigt.
Where-Object	Filtert die Ergebnisse nach beliebigen Kriterien und kann so die Ergebnisse beschränken auf das, was Ihnen wirklich wichtig ist. Mit *Where-Object* lassen sich Ergebnisse also auch nach Kriterien filtern, für die das ursprüngliche Cmdlet keine Filterparameter bereitstellt.
Sort-Object	Sortiert die Ergebnisse nach einer beliebigen Spalte und kann doppelt vorkommende Ergebnisse entfernen
ForEach-Object	Übergibt die Ergebnisse des Vorgängerbefehls an Sie, sodass Sie mit einem eigenen Skriptblock die Ergebnisse nach Belieben umformen oder verändern können
Measure-Object	Zählt die Ergebnisse und kann numerische Ergebnisse statistisch auswerten, also zum Beispiel Maximalwert und Durchschnitt berechnen. Bei Texten berechnet *Measure-Object* die Zeichen- und Worthäufigkeit.
Group-Object	Analysiert Ergebnisse, indem es sie in Gruppen unterteilt

Tabelle 5.1 Die sechs wichtigsten Cmdlets in der PowerShell-Pipeline

Spalten auswählen mit Select-Object

Die allermeisten Cmdlets liefern Ergebnisse als Tabellen zurück und die Informationen darin sind in Spalten unterteilt:

```
PS> Get-Process

Handles  NPM(K)     PM(K)      WS(K) VM(M)   CPU(s)     Id ProcessName
-------  ------     -----      ----- -----   ------     -- -----------
     50       7      1692       7368    53     0,06   3052 conhost
    163      10      1204       3300    43             360 csrss
    144      11      1328      10500    47             416 csrss
    304      17      2692       8404    43            1484 dasHost
    121       8      1728       6172    57             824 dllhost
(…)


PS> Get-Service

Status   Name               DisplayName
------   ----               -----------
Stopped  AeLookupSvc        Anwendungserfahrung
Stopped  ALG                Gatewaydienst auf Anwendungsebene
Stopped  AllUserInstallA... Windows-Agent für die Installation ...
Stopped  AppIDSvc           Anwendungsidentität
Stopped  Appinfo            Anwendungsinformationen
(…)
```

Mit *Select-Object* gewinnen Sie die Freiheit, selbst diejenigen Spalten auszuwählen, die PowerShell anzeigen soll. So lassen sich überflüssige Spalten entfernen und auch die Reihenfolge der Spalten festlegen:

```
PS> Get-Process | Select-Object -Property ProcessName, Id

ProcessName     Id
-----------     --
conhost       3052
csrss          360
csrss          416
dasHost       1484
(…)

PS> Get-Service | Select-Object -Property DisplayName, Status

DisplayName                                            Status
-----------                                            ------
Anwendungserfahrung                                    Stopped
Gatewaydienst auf Anwendungsebene                      Stopped
Windows-Agent für die Installation aller Benutzer      Stopped
Windows-Audio-Endpunkterstellung                       Running
(…)
```

Exkurs: Formatierungssystem von PowerShell

Falls Sie sich gerade fragen, warum die Ergebnisse bei Ihnen nicht so schön aussehen und zwischen den Spalten unnötig viel Leerraum angezeigt wird (oder Spalten sogar verschwunden sind, die Sie eigentlich anzeigen wollten), dann wird ein Blick auf das interne Formatierungssystem von Power-Shell nötig, das offiziell *Extended Type System* (ETS) genannt wird.

Das ETS ist normalerweise unsichtbar und sorgt dafür, dass die Ergebnisse der Befehle als Text in der Konsole erscheinen. Es ist also zum Beispiel dafür zuständig, welche Spalten angezeigt werden, wie sie heißen und wie breit die Spalten sind. Sobald Sie jedoch *Select-Object* einsetzen, wird dieses Formatierungssystem außer Kraft gesetzt, denn Sie übernehmen damit die Kontrolle. PowerShell formatiert Ihre Daten jetzt nach diesen vier allgemeinen Regeln:

- **Spalten**   Es werden alle angezeigt

- **Bündigkeit**   Spalten, die Text enthalten, werden linksbündig ausgegeben, Zahlen dagegen rechtsbündig

- **Breite**   Alle Spalten werden gleichmäßig über die volle Breite der Konsole verteilt, weil die Pipeline in Echtzeit arbeitet und bei Ausgabe des ersten Datensatzes noch nicht wissen kann, welche weiteren Daten folgen und wie viel Platz für sie notwendig ist

- **Formatierung**   Bei vier oder weniger Spalten werden die Ergebnisse als Tabelle angezeigt, sonst als Liste, bei der jeder »Spalteninhalt« in einer eigenen Zeile steht

Sind Sie mit diesen Regeln nicht einverstanden, können Sie am Ende der Pipeline Ihre eigenen Formatierungsanweisungen geben. Zuständig sind die Cmdlets mit dem Verb *Format*.

- **Liste**   Um die Ergebnisse auf jeden Fall als Liste anzuzeigen, hängen Sie *Format-List* an. Das kann nützlich sein, um den Inhalt von ansonsten abgeschnittenen Spalten anzuzeigen.

- **Tabelle**   Um die Ergebnisse auf jeden Fall als Tabelle anzuzeigen, hängen Sie *Format-Table* an. Das wiederum kann nützlich sein, wenn Sie zwar mehr als vier Spalten ausgewählt haben, aber die

Spalten jeweils nur sehr schmal sind, sodass auch mehr als vier Spalten problemlos nebeneinander angezeigt werden können.

- **Spaltenbreite**   Und um die Spaltenbreiten zu optimieren, setzen Sie bei *Format-Table* den Switch-Parameter *-AutoSize* ein. Er schaltet den Echtzeitmodus der Pipeline ab (Sie müssen dann warten, bis alle Ergebnisse vorliegen, bevor Sie etwas sehen) und sammelt zunächst alle Ergebnisse. Danach kann PowerShell ermitteln, wie breit die einzelnen Spalten optimalerweise sein sollten:

```
PS> e
```

PROFITIPP   Freunden Sie sich nicht zu innig mit *Format-Table* und *Format-List* an! Der Einsatz dieser Cmdlets gilt als schlechte Programmierpraxis, und das völlig zu Recht. Sie können zu sehr unflexiblem Code führen, denn sobald Sie *Format-Table* oder *Format-List* einsetzen, werden Ihre Ergebnisse zu den allermeisten anderen Cmdlets inkompatibel:

```
PS> Get-Process | Format-List | Out-GridView
Out-GridView : Das Datenformat wird in "Out-GridView" nicht unterstützt.
```

Einsetzen darf man sie daher höchstens in der interaktiven Konsole, nie jedoch in Funktionen und Skripts. Da die Cmdlets sozusagen ein eigenes Formatierungssystem darstellen, gehören sie zudem immer an das Ende der Pipeline. In gutem Code ist das Formatierungssystem niemals ins Skript integriert, sondern es bleibt dem Aufrufer überlassen, wie er die Ergebnisse formatiert. Schließen Sie deshalb besser Frieden mit den automatischen vier Formatierungsregeln, und bestimmen Sie Tabellen- und Listendarstellung lieber regelkonform über die Anzahl der Eigenschaften, die Sie mit *Select-Object* auswählen. Genügt das nicht, erfahren Sie in Kapitel 17, wie Sie dem ETS auf professionelle Weise mitteilen, wie Ihre Daten zu formatieren sind.

Unsichtbare neue Spalten anzeigen

Select-Object kann die Spalten des Ergebnisses verringern, aber noch sehr viel interessanter ist der umgekehrte Weg: Es kann nämlich auch *mehr* Spalten anzeigen, als ursprünglich vorhanden waren. Um sämtliche Spalten der laufenden Prozesse anzuzeigen, geben Sie zum Beispiel das Platzhalterzeichen »*« an:

```
PS> Get-Process | Select-Object -Property *

__NounName          : Process
Name                : conhost
Handles             : 51
VM                  : 55554048
WS                  : 4837376
PM                  : 1753088
NPM                 : 6784
Path                : C:\Windows\system32\conhost.exe
Company             : Microsoft Corporation
CPU                 : 0,21875
FileVersion         : 6.2.9200.16384 (win8_rtm.120725-1247)
ProductVersion      : 6.2.9200.16384
Description         : Host für Konsolenfenster
Product             : Betriebssystem Microsoft® Windows®
Id                  : 3052
PriorityClass       : Normal
```

```
(...)
Handles                         : 142
VM                              : 44482560
WS                              : 1695744
(...)
```

Jetzt passiert zweierlei: Erstens wird die Konsole mit Daten überflutet und zweitens sind gar keine Spalten mehr zu sehen. Stattdessen ist das Ergebnis jetzt eine Liste. Wie Sie inzwischen wissen, entspricht das den allgemeinen Formatierungsregeln: Da jetzt mehr als vier Spalten pro Ergebnisobjekt vorhanden sind, schaltet das ETS in den Listenmodus. Wenn Sie genau hinsehen, werden tatsächlich nach wie vor alle laufenden Prozesse ausgegeben, aber eben aufgrund der vielen »Spalten« nun als Liste.

Wer den Filmklassiker »Die Matrix« kennt, erinnert sich an die Schlüsselszene: Der Protagonist Neo muss sich entscheiden: Die blaue Pille bringt ihn zurück in sein bisheriges Leben, das nur eine postapokalyptische Scheinwelt ist, und alles bleibt, wie es bisher für ihn verlaufen ist, oder er schluckt die rote Pille. Damit wird er die Wahrheit erfahren und in neue Welten vordringen. PowerShell befindet sich normalerweise in der postapokalyptischen Scheinwelt der »blauen Pille«, die durch das ETS simuliert wird: Die Ergebnisse der Cmdlets erscheinen als Text, und das ETS legt fest, welche Spalten angezeigt werden, wie breit diese sind und wie die Spalten heißen.

Die Wahrheit sieht allerdings anders aus, denn die allermeisten Cmdlets liefern gar keinen Text zurück, sondern Objekte, und Objekte enthalten meist unzählige Detailinformationen. Die rote Pille ist *Select-Object*, mit dem das ETS weitgehend abgeschaltet wird und Sie nun Zugriff auf alle Aspekte der wahren Objekte gewinnen. In der Regel bedeutet dies, dass Sie so wie im Beispiel oben zunächst einmal von einer Datenflut heimgesucht werden. Was aber nicht so schlimm ist: Sobald *Select-Object* Ihnen die wahre Welt und alle verfügbaren Informationen sichtbar gemacht hat, können Sie die Anzeige ja einfach wieder einschränken. Wählen Sie aus den verfügbaren Informationen einfach diejenigen aus, an denen Sie interessiert sind:

```
PS> Get-Process | Select-Object -Property Name, Description, MainWindowTitle, Company

Name                    Description            MainWindowTitle         Company
----                    -----------            ---------------         -------
audiodg
conhost                 Host für Konsolenfenster                       Microsoft Corporation
csrss                   Client-Server-Laufzeit...                      Microsoft Corporation
dasHost                 Device Association Fra...                      Microsoft Corporation
dllhost                 COM Surrogate                                  Microsoft Corporation
dwm                     Desktopfenster-Manager                         Microsoft Corporation
explorer                Windows-Explorer                               Microsoft Corporation
LiveComm                Communications Service                         Microsoft Corporation
lsass                   Local Security Authori...                      Microsoft Corporation
MsMpEng                 Antimalware Service Ex...                      Microsoft Corporation
powershell              Windows PowerShell     Windows PowerShell      Microsoft Corporation
powershell              Windows PowerShell     Administrator: Window... Microsoft Corporation
```

Plötzlich liefert dasselbe Cmdlet *Get-Process* ganz andere Informationen zurück. Mit *Select-Object* kann man also vielen Befehlen ganz neue Informationen entlocken und so sehr viel mehr Fragestellungen lösen.

> **TIPP**   Welche Informationen ein Befehl liefert, hängt unter anderem auch von Ihren Rechten ab. *Get-Process* liefert beispielsweise aus Datenschutzgründen viele Detailinformationen nur für Prozesse, die Sie selbst gestartet haben. Starten Sie PowerShell dagegen mit Administratorrechten, werden auch die Informationen zu fremden Prozessen ausgegeben.

Wenn Sie also herausfinden möchten, welche Informationen ein Befehl sonst noch liefert, setzen Sie die »rote Pille« ein und beauftragen *Select-Object*, alle Spalten anzuzeigen. Danach suchen Sie sich aus dieser Fülle von Informationen diejenigen aus, die tatsächlich angezeigt werden sollen.

Weil Sie die umfassende Gesamtansicht allerdings eigentlich nur als Hilfsmittel benötigen, um überhaupt herauszufinden, welche Informationen im Ergebnis sonst noch schlummern, genügt dafür eigentlich ein einzelnes Ergebnis. Fordern Sie *Select-Object* daher mit dem Parameter *-First 1* auf, auch nur das erste Ergebnis auszugeben. Die perfekte rote Pille sieht damit so aus (und zeigt hier exemplarisch das erste Ergebnis von *Get-Process* mit all seinen Eigenschaften an):

```
PS> Get-Process | Select-Object -Property * -First 1
```

Wahre Spaltennamen ermitteln

Weil *Select-Object* Ihnen die wahre Welt zeigt und nicht die simulierte Welt des ETS, erfahren Sie auf diese Weise auch die wahren Namen der Spalten. Das ETS hat nämlich die Freiheit, Spaltennamen umzubenennen und tut dies auch gelegentlich. Das führt dann leicht zu Problemen, wenn Sie damit beginnen, die Ergebnisse eines Befehls an einen anderen weiterzuleiten.

Get-Process liefert alle laufenden Prozesse, und in der Welt des ETS sieht die Ausgabe ungefähr so aus:

```
PS> Get-Process

Handles  NPM(K)    PM(K)     WS(K) VM(M)   CPU(s)     Id ProcessName
-------  ------    -----     ----- -----   ------     -- -----------
    144      10     1940      3228    89     0,02   2952 browserchoice
     50       7     1696      7384    53     0,02   2092 conhost
(…)
```

Würden Sie diese Ergebnisse an ein anderes Cmdlet weiterleiten und es zum Beispiel beauftragen, die Liste nach der Spalte »CPU(s)« zu sortieren, kassieren Sie einen Fehler:

```
PS> Get-Process | Sort-Object -Property CPU(s)
s : Die Benennung "s" wurde nicht als Name eines Cmdlet, einer Funktion, einer Skriptdatei oder
eines ausführbaren Programms erkannt. Überprüfen Sie die Schreibweise des Namens, oder ob der Pfad
korrekt ist (sofern enthalten), und wiederholen Sie den Vorgang.
```

Schuld ist hier der Parser, denn der Inhalt von runden Klammern wird immer zuerst ausgeführt. Entsprechend hat PowerShell die runden Klammern nicht als Teil des Spaltennamens gewertet, sondern ihren Inhalt ausgeführt. »s« ist aber natürlich kein gültiger Befehl. Aber auch wenn Sie den Spaltennamen in Anführungszeichen stellen, werden Sie zwar die Fehlermeldung los, aber das Ergebnis bleibt unsortiert:

```
PS> Get-Process | Sort-Object -Property 'CPU(s)'
```

Der Grund dafür ist, dass die Spalte in Wahrheit gar nicht »CPU(s)« heißt, sondern vom ETS nur so genannt wurde. Die Umbenennung soll Anwendern im Videospiel Level 1 helfen, die Resultate in dieser Spalte besser zu verstehen, indem die Maßeinheit angegeben wird (Sekunden). Anwender so wie Sie, die in Videospiel Level 2 bereits fortgeschritten sind und die Ergebnisse weiterverarbeiten möchten, bekommen dagegen durch diesen »Service« Probleme. Um die wahren Namen der Spalten herauszufinden, werfen Sie einen Blick in die Rote-Pille-Welt, wo das ETS keine Befugnisse hat. Die folgende Zeile listet alle Spalten auf, die mit »C« beginnen:

```
PS> Get-Process | Select-Object -Property C* -First 1

Company                                                    CPU Container
-------                                                    --- ---------
Microsoft Corporation                                         0,015625
```

Schnell wird klar, dass die Spalte in Wirklichkeit nicht »CPU(s)« heißt, sondern schlicht *CPU*. Sobald Sie den korrekten Namen angeben, funktioniert auch die Sortierung:

```
PS> Get-Process | Sort-Object -Property CPU
```

Als Faustregel gilt: Wenn hinter einem Spaltennamen weitere Angaben in runden Klammern folgen, sind diese Angaben in der Regel vom ETS hinzugefügt worden. Streichen Sie die runde Klammer samt Inhalt, erhalten Sie den echten Spaltennamen. Allerdings hat das ETS die Freiheit, Spalten auch völlig anders zu nennen. Sie wissen nun aber, wie Sie mit der roten Pille bei Bedarf jederzeit nachschauen und die tatsächlich vorhandenen Spalten mit ihren echten Namen ausfindig machen können.

HINWEIS   In diesem Kapitel wird bis jetzt von *Spalten* gesprochen, wenn die einzelnen Informationen eines Befehlsergebnisses gemeint sind. Da die meisten Cmdlets ihre Ergebnisse als Tabelle ausgeben und die Informationen darin in Spalten unterteilt sind, ist dieser Begriff anfangs sehr bildlich – aber leider ungenau. In der Listendarstellung gibt es überhaupt keine Spalten. Der Begriff *Spalte* ist also eigentlich nur für die Tabellendarstellung treffend, und gemeint sind eigentlich *Eigenschaften* (engl.: *Property*). Deshalb heißt der Parameter zum Auswählen von Spalten auch *-Property*.

Platzhalterzeichen verwenden

Select-Object verlangt nicht, dass Sie alle erwünschten Spalten ausschreiben. Sie haben ja bereits gesehen, dass der Parameter *-Property* Platzhalterzeichen unterstützt. So lassen sich mit wenig Tipparbeit ganze Gruppen von Spalten einblenden:

```
PS> Get-ChildItem -Path $env:windir | Select-Object -Property *Name*

PSChildName         BaseName          Name              FullName
-----------         --------          ----              --------
ABLKSR              ABLKSR            ABLKSR            C:\Windows\ABLKSR
addins              addins            addins            C:\Windows\addins
AppCompat           AppCompat         AppCompat         C:\Windows\AppCompat
AppPatch            AppPatch          AppPatch          C:\Windows\AppPatch
(…)

PS> Get-WmiObject -Class Win32_VideoController | Select-Object -Property Caption, *resolu*
```

```
Caption                          CurrentHorizontalResolution   CurrentVerticalResolution
-------                          ---------------------------   -------------------------
Intel(R) HD Graphics 4000                               1920                        1080

PS> Get-WmiObject -Class Win32_VideoController -Computer storage1 | Select-Object -Property
Caption, *resolu*

Caption                          CurrentHorizontalResolution   CurrentVerticalResolution
-------                          ---------------------------   -------------------------
Intel(R) 82945G Express Ch...                           1024                         768
```

Select-Object kann allerdings nicht nur Spalten auswählen, sondern mit *-ExcludeProperty* auch ausschließen. Allein: Es funktioniert nicht wie gedacht. Jedenfalls zeigt sich der folgende Befehl wenig
beeindruckt und wirft die Spalte *Name* trotzdem aus:

```
PS> Get-Service | Select-Object -ExcludeProperty Name
```

Der Parameter *-ExcludeProperty* funktioniert nur, wenn zugleich mit dem Parameter *-Property* Spalten ausgewählt wurden, was reichlich widersinnig erscheint: Warum sollte man zuerst Spalten auswählen, die man schließlich gleich wieder streicht? Sinnvoll ist das weitestgehend nur, wenn Platzhalterzeichen eingesetzt werden. Diese Zeile zeigt alle Spalten an, in denen das Wort *Name* vorkommt,
was bei Dateien fünf Spalten ergibt:

```
PS> Get-ChildItem -Path $env:windir -File | Select-Object -Property *Name* -First 2

PSChildName   : AsCDProc.log
BaseName      : AsCDProc
Name          : AsCDProc.log
DirectoryName : C:\Windows
FullName      : C:\Windows\AsCDProc.log

PSChildName   : AsChkDev.txt
BaseName      : AsChkDev
Name          : AsChkDev.txt
DirectoryName : C:\Windows
FullName      : C:\Windows\AsChkDev.txt
```

Möchte man alle Spalten bis auf *PSChildName* anzeigen, könnte man die unerwünschte Spalte jetzt
mit *-ExcludeProperty* entfernen:

```
PS> Get-ChildItem -Path $env:windir -File | Select-Object -Property *Name* -ExcludeProperty
PSChildName -First 2

BaseName        Name             DirectoryName     FullName
--------        ----             -------------     --------
AsCDProc        AsCDProc.log     C:\Windows        C:\Windows\AsCDPro...
AsChkDev        AsChkDev.txt     C:\Windows        C:\Windows\AsChkDe...
```

Besonders wichtig wird *-ExcludeProperty*, wenn Sie zur Auswahl der erwünschten Spalten Platzhalterzeichen einsetzen *müssen*, weil Sie gar nicht wissen, wie die Spaltennamen heißen. Jetzt ist *-Exclude-
Property* der einzige Weg, unerwünschte Spalten auszublenden.

Greifen Sie zum Beispiel mit *Get-ItemProperty* auf Registrierungsdatenbankeinträge zu, entsprechen
die Spalten den Registrierungswerten, und welche Registrierungsdatenbankwerte in einem Registrierungsschlüssel vorhanden sind, ist nicht immer bekannt (und häufig sogar genau die Fragestellung).

Leider listet *Get-ItemProperty* aber nicht nur die Namen der Registrierungswerte auf, sondern zusätzlich fünf weitere eigene Eigenschaften, die alle mit »PS« beginnen:

```
PS> Get-ItemProperty -Path 'HKLM:\Software\Microsoft\Windows NT\CurrentVersion'

SystemRoot            : C:\Windows
SoftwareType          : System
RegisteredOwner       : tobias.weltner@email.de
InstallDate           : 1345056046
(…)
BuildGUID             : ffffffff-ffff-ffff-ffff-ffffffffffff
PathName              : C:\Windows
PSPath                :
Microsoft.PowerShell.Core\Registry::HKEY_LOCAL_MACHINE\Software\Microsoft\Wi
                        ndows NT\CurrentVersion
PSParentPath          :
Microsoft.PowerShell.Core\Registry::HKEY_LOCAL_MACHINE\Software\Microsoft\Wi
                        ndows NT
PSChildName           : CurrentVersion
PSDrive               : HKLM
PSProvider            : Microsoft.PowerShell.Core\Registry
```

Entweder blenden Sie alle Spalten aus, die mit *PS* beginnen (und hoffen darauf, dass kein sonstiger Registrierungsdatenbankwert mit diesen Zeichen beginnt), oder Sie benennen die fünf unerwünschten Eigenschaften:

```
PS> Get-ItemProperty -Path 'HKLM:\Software\Microsoft\Windows NT\CurrentVersion' | Select-Object -
Property * -ExcludeProperty PS*
PS> Get-ItemProperty -Path 'HKLM:\Software\Microsoft\Windows NT\CurrentVersion' | Select-Object -
Property * -ExcludeProperty PSPath, PSParentPath, PSChildName, PSDrive, PSProvider
```

PROFITIPP   Ergebnisse von *Get-WmiObject* enthalten neben den Detailinformationen außerdem allgemeine Informationen, die stets mit zwei aufeinanderfolgenden Unterstrichen (__) beginnen und bei allen WMI-Ergebnissen (Windows-Verwaltungsinstrumentation) vorhanden sind. *Select-Object* unterstützt als Platzhalter auch Buchstabenbereiche, die alle Spalten ausschließen, die nicht mit diesen Buchstaben beginnen. Die folgende Zeile macht genau das und listet alle Netzwerkfreigaben auf:

```
PS> Get-WmiObject win32_Share | Select-Object -Property [a-z]*

PSComputerName  : W8PS
Status          : OK
Type            : 2147483648
Name            : ADMIN$
AccessMask      :
AllowMaximum    : True
Caption         : Remoteverwaltung
Description     : Remoteverwaltung
InstallDate     :
MaximumAllowed  :
Path            : C:\Windows
Scope           : System.Management.ManagementScope
Options         : System.Management.ObjectGetOptions
ClassPath       : \\W8PS\root\cimv2:Win32_Share
Properties      : {AccessMask, AllowMaximum, Caption, Description...}
SystemProperties : {__GENUS, __CLASS, __SUPERCLASS, __DYNASTY...}
```

```
Qualifiers        : {dynamic, Locale, provider, UUID}
Site              :
Container         :
(…)
```

Im Alltag wird man allerdings meist nur den kleineren Teil der verfügbaren Eigenschaften brauchen und diese deshalb lieber mit *-Property* benennen:

```
PS> Get-WmiObject -Class Win32_Share | Select-Object -Property Name, Description, Path

Name                        Description             Path
----                        -----------             ----
ADMIN$                      Remoteverwaltung        C:\Windows
C$                          Standardfreigabe        C:\
IPC$                        Remote-IPC
Users                                               C:\Users
```

Reine Spalteninhalte weitergeben

Normalerweise wählt *Select-Object* die Spalten aus, die Sie mit *-Property* angeben. Es kann aber auch den *Inhalt* einer bestimmten Spalte weiterreichen. Über diesen Satz werden Sie hoffentlich einen Augenblick grübeln – denn werden nicht auch sonst die Inhalte der angegebenen Spalten weitergereicht?

Die Frage ist, ob Sie eine bestimmte Spalte (mit ihrem Inhalt) weitergeben wollen oder nur den Inhalt. Woran sich unmittelbar die Frage anschließt, ob und warum solche Spitzfindigkeiten eigentlich wichtig sind. Schauen Sie sich dazu diesen Code an:

```
PS> Get-Process | Select-Object -Property Name -First 5

Name
----
conhost
csrss
dasHost
(…)

PS> Get-Process | Select-Object -ExpandProperty Name -First 5
conhost
csrss
dasHost
(…)
```

Sehen Sie den Unterschied? In der ersten Zeile wird mit dem Parameter *-Property* die Spalte *Name* ausgewählt. Sie enthält erwartungsgemäß die Namen der Prozesse, die *Get-Process* liefert. In der zweiten Zeile wird die Spalte *Name* stattdessen mit *-ExpandProperty* ausgewählt. Das Ergebnis sind wieder die Prozessnamen, aber diesmal ohne Spaltenüberschrift. Entfernt der Parameter *-ExpandProperty* trotz seines konträren Namens (*expand* heißt ja übersetzt nicht *entfernen*, sondern *erweitern* oder *aufklappen*) also lediglich die Spaltenüberschrift? Wer das glaubt, sollte sich das nächste Beispiel anschauen:

```
PS> Get-ChildItem $env:windir\system32\*.dll | Select-Object -Property VersionInfo -First 5

VersionInfo
-----------
File:           C:\Windows\system32\aaclient.dll...
File:           C:\Windows\system32\accessibilitycpl.dll...
File:           C:\Windows\system32\ACCTRES.dll...
File:           C:\Windows\system32\acledit.dll...
File:           C:\Windows\system32\aclui.dll...

PS> Get-ChildItem $env:windir\system32\*.dll | Select-Object -ExpandProperty VersionInfo -First 5

ProductVersion    FileVersion      FileName
--------------    -----------      --------
6.2.9200.16384    6.2.9200.1638... C:\Windows\system32\aaclient.dll
6.2.9200.16384    6.2.9200.1638... C:\Windows\system32\accessibilitycpl.dll
6.2.9200.16384    6.2.9200.1638... C:\Windows\system32\ACCTRES.dll
6.2.9200.16384    6.2.9200.1638... C:\Windows\system32\acledit.dll
6.2.9200.16384    6.2.9200.1638... C:\Windows\system32\aclui.dll
```

Der Parameter *-ExpandProperty* entfernt also keineswegs irgendwelche Spaltenüberschriften. Stattdessen nimmt er das Ergebnis der Spalte, die Sie angeben, und gibt dieses Ergebnis zurück. Im ersten Beispiel waren in der Spalte die Prozessnamen enthalten, also Text. Entsprechend war das Ergebnis eine reine Textliste, nämlich der Inhalt der Spalte *Name*.

Im zweiten Beispiel enthält die Spalte *VersionInfo* keinen Text, sondern weitere (untergeordnete) Objekte. Solange diese Objekte in der Spalte *VersionInfo* gefangen sind, ist PowerShell gezwungen, diese Objekte verkürzt als Text darzustellen (um überhaupt irgendwie den Spalteninhalt zu repräsentieren). Befreit man die Objekte dagegen mit *-ExpandProperty* aus ihrer Spalte, werden nun diese Objekte mit ihren jeweiligen Spalten angezeigt, also gewissermaßen erweitert (geöffnet), womit jetzt auch klar wird, warum der Parameter so heißt). Mit *-ExpandProperty* haben Sie damit ein weiteres Werkzeug, um Aufgaben zu lösen. So zeigt das Beispiel, wie man die Versionsnummern von Befehlsbibliotheken sichtbar machen kann. Man kann diesen technisch vielleicht etwas komplexen Hintergrund auch auf eine einfache Regel reduzieren:

»Möchten Sie mehrere Spalten auswählen, setzen Sie dazu den Parameter -Property *ein. Wollen Sie nur eine Spalte auswählen, wird dagegen der Parameter* -ExpandProperty *verwendet, denn wenn Sie nur eine Spalte auswählen, werden die ursprünglichen Spalten ja nicht mehr gebraucht, um die Informationen voneinander abzugrenzen.«*

Wie nützlich diese Möglichkeit ist, zeigt die nächste Aufgabe:

»Generieren Sie eine Liste sämtlicher Bilddateien, die sich im Windows-Ordner oder einem seiner Unterordner befinden!«

Das Cmdlet kann den Inhalt eines Ordners einschließlich seiner Unterordner durchsuchen. Es kann die Ergebnisse aber nicht als reine Textliste mit Pfadnamen ausgeben. Das macht aber nichts, denn *Select-Object* kann die Ergebnisse entsprechend umformen:

```
PS> Get-ChildItem -Path $env:windir -Filter *.jpg -Recurse -ErrorAction Ignore | Select-Object -
ExpandProperty FullName

C:\Windows\Microsoft.NET\Framework\v4.0.30319\ASP.NETWebAdminFiles\Images\ASPdotNET_logo.jpg
```

```
C:\Windows\Microsoft.NET\Framework\v4.0.30319\ASP.NETWebAdminFiles\Images\darkBlue_GRAD.jpg
C:\Windows\Microsoft.NET\Framework\v4.0.30319\ASP.NETWebAdminFiles\Images\help.jpg
(...)
C:\Windows\Web\Screen\img101.jpg
C:\Windows\Web\Screen\img103.jpg
(...)
C:\Windows\Web\Wallpaper\Theme1\img3.jpg
C:\Windows\Web\Wallpaper\Theme1\img4.jpg
(...)
```

TIPP   Mit *Select-Object* und *-ExpandProperty* rüsten Sie übrigens ganz leicht einen praktischen Befehlshistory-Viewer nach. *Get-History* liefert normalerweise die zuletzt eingegebenen Befehle in mehreren Spalten, wobei der eigentlich interessante Befehl in der Spalte *CommandLine* steht. Um also aus sämtlichen Befehlen, die Sie in der aktuellen PowerShell-Sitzung eingegeben haben, ein Skript zu basteln, genügt diese Zeile:

```
PS> Get-History | Select-Object -ExpandProperty CommandLine | Clip
```

Alle Befehle befinden sich jetzt in der Zwischenablage und können von dort zum Beispiel in den ISE-Editor eingefügt werden. Streicht man ein paar Zeilen, beispielsweise Fehlschläge, und behält nur die »guten Zeilen«, wird so aus einer kleinen interaktiven Praxissitzung in der Konsole vielleicht ein brauchbares Skript. Aber es geht sogar noch viel mehr, jedenfalls in PowerShell 3.0 (bei PowerShell 2.0 war *Out-GridView* noch nicht flexibel genug und unterstützt weder *-Title* noch *-PassThru*):

```
Get-History | Select-Object -ExpandProperty CommandLine | Out-GridView -Title 'Wählen Sie einen
Befehl!' -PassThru | clip
```

Hier werden alle bisher eingegebenen Befehle im GridView angezeigt und Sie können sich eine oder mehrere Zeilen ([Strg] beim Klicken gedrückt halten) aussuchen und dann im GridView auf *OK* klicken. Diese Zeilen werden dann wie eben in die Zwischenablage kopiert, sodass Sie eine ausgezeichnete Vorauswahl treffen können.

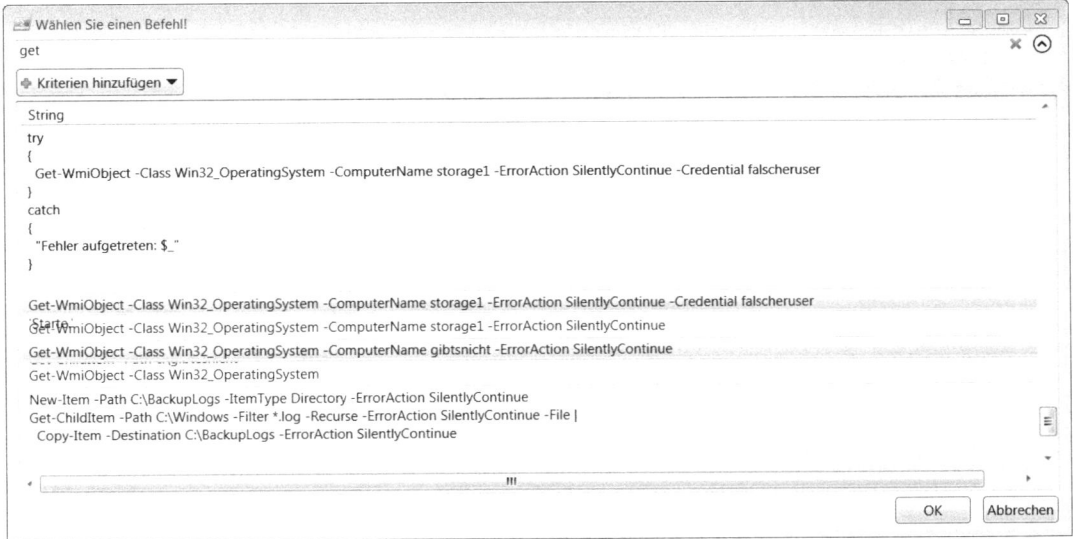

Abbildung 5.4   Ausgewählte Befehle aus der Historie direkt in den ISE-Editor einfügen

Sie können mit dem Textfeld am oberen Rand des GridViews übrigens die Befehlszeilen bequem nach einem Schlüsselwort filtern. In Abbildung 5.4 werden zum Beispiel nur Befehlszeilen angezeigt, die das Wort *Get* enthalten. Den Vogel aber schießt die folgende Funktion *Add-FromHistory* ab (zumindest im ISE-Editor von PowerShell 3.0). Mit dem Befehl *Add-FromHistory* bzw. dem Alias *afh* öffnet sich ein GridView, aus dem Sie Befehlszeilen auswählen können. Was Sie darin auswählen, wird sofort im ISE-Editor an der aktuellen Position der Einfügemarke in Ihren Skriptbereich eingefügt.

```
function Add-FromHistory
{
    $command = Get-History |
      Sort-Object -Property CommandLine -Unique |
      Sort-Object -Property ID -Descending |
      Select-Object -ExpandProperty CommandLine |
      Out-GridView -Title 'Wählen Sie einen Befehl!' -PassThru |
      Out-String

    $psISE.CurrentFile.Editor.InsertText($command)
}

try
{
$null = $pSISE.CurrentPowerShellTab.AddOnsMenu.Submenus.Add('Aus Befehlshistorie einfügen', {Add-
FromHistory},
'SHIFT+ALT+H')
} catch {}
Set-Alias -Name afh -Value Add-FromHistory -ErrorAction SilentlyContinue
```

Listing 5.1 Das Skript *Add-FromHistory.ps1*

Der neue Befehl *Add-FromHistory* befindet sich in ISE nun sogar im Menü *Add-Ons/Aus Befehlshistorie einfügen* und kann über ⇧+Alt+H jederzeit aufgerufen werden. Mehr zum Fehlerhandling (*try...catch*) erfahren Sie in Kapitel 9, und wie Erweiterungen für den ISE-Editor programmiert werden und was sich hinter der Variablen *$psISE* verbirgt, ist Thema in Kapitel 28.

Die ersten oder letzten Ergebnisse auswählen

Interessieren Sie sich nur für die ersten fünf Ergebnisse oder möchten gezielt das 8. Ergebnis herausgreifen, schauen Sie sich die übrigen Parameter von *Select-Object* an. Über *-First* und *-Last* liefert *Select-Object* die ersten bzw. letzten *x* Ergebnisse. Die folgende Zeile zeigt also nur die ersten fünf Zeilen der Protokolldatei *windowsupdate.log* an:

```
PS> Get-Content $env:windir\windowsupdate.log | Select-Object -First 5
2012-08-15      20:40:48:882    824     6b8     Misc    =========== Logging initialized
                                                        (build: 7.8...
2012-08-15      20:40:48:882    824     6b8     Misc    = Process: C:\Windows\system32\svchost.exe
2012-08-15      20:40:48:882    824     6b8     Misc    = Module: C:\Windows\System32\wuapi.dll
2012-08-15      20:40:48:882    824     6b8     COMAPI  -------------
2012-08-15      20:40:48:882    824     6b8     COMAPI  -- START --  COMAPI: Init Search
                                                        [ClientId = ...
```

Die Parameter dürfen kombiniert werden, sodass die nächste Zeile die ersten 5 und letzten 4 Zeilen der Textdatei liest:

```
PS> Get-Content $env:windir\windowsupdate.log | Select-Object -First 5 -Last 4
```

Auch eine bestimmte Zeile kann aus der Datei gepickt werden. Der Parameter -*Index*, dessen Index bei 0 beginnt, liest hier gezielt nur die erste, elfte und vierunddreißigste Zeile:

```
PS> Get-Content $env:windir\windowsupdate.log | Select-Object -Index 0,10,33
```

Mit -*Skip* können zudem die ersten *x* Ergebnisse ausgelassen werden. Das ist enorm praktisch, um beispielsweise die Spaltenüberschriften einer kommaseparierten Liste zu entfernen:

```
PS> systeminfo /FO CSV | Select-Object -Skip 1
```

Geliefert werden nun nur noch die eigentlichen kommaseparierten Daten, die man jetzt an eine vorhandene CSV-Datei anhängen könnte. Mit etwas Phantasie (und dem Operator -*split*) lassen sich die Einzelinformationen aber auch aufbrechen. Das Ergebnis ist eine Liste der Einzelinformationen, und weil bekannt ist, in welcher Reihenfolge der Befehl diese Informationen liefert, kann man nun gezielt (und sprachunabhängig) auf eine bestimmte Information zugreifen:

```
PS> $infos = systeminfo /FO CSV | Select-Object -Skip 1
PS> $einzelinfos = $infos -split '","'
PS> $betriebssystem, $architektur = $einzelinfos[1,13]
PS> "Sie betreiben $betriebssystem auf $architektur"
Sie betreiben Microsoft Windows 8 Pro auf x64-based PC
```

PROFITIPP Lassen sich eigentlich auch Zeilen am Ende eines Texts abschneiden? Die Entsprechung zu -*Skip* für das Auslassen der *x letzten* Zeilen eines Texts scheint zu fehlen. Es ist aber dennoch möglich. Schauen Sie sich beispielsweise diesen Befehl an, der die lokalen Benutzerkonten des Computers auflistet:

```
PS> net user

Benutzerkonten für \\W8PS
-------------------------------------------------------------------------
Administrator            Gast                     Tobias
willi
Der Befehl wurde erfolgreich ausgeführt.
```

Offensichtlich befinden sich die gesuchten Namen der Benutzerkonten in der Mitte. Am Anfang stehen stets 4 überflüssige Zeilen und am Ende sind es zwei. Den Datenmüll am Textanfang beseitigt -*Skip* erwartungsgemäß recht einfach:

```
PS> net user | Select-Object -Skip 4

Administrator            Gast                     Tobias
willi
Der Befehl wurde erfolgreich ausgeführt.
```

Die Zeilen am Ende entfernt -*Skip* ebenso einfach, jedenfalls dann, wenn Sie das Array mit den Textzeilen einfach vorübergehend umdrehen. Den dafür nötigen Befehl konnten Sie übrigens nicht erraten, denn er gehört zu den .NET-Lowlevel-Befehlen, die offiziell erst ab Kapitel 10 die Bühne betreten:

```
PS> $ergebnis = net user | Select-Object -Skip 4
PS> [Array]::Reverse($ergebnis)
PS> $ergebnis = $ergebnis | Select-Object -Skip 2
PS> [Array]::Reverse($ergebnis)
PS> $ergebnis

Administrator            Gast                     Tobias
willi
```

Was allerdings ungelöst bleibt (jedenfalls bis Kapitel 7), ist die Ausgabe von nur noch genau einem Namen pro Zeile.

Diese (simplen) Filterungen funktioniert natürlich auch bei anderen Cmdlets und werden hier häufig in Kombination mit der Sortierung eingesetzt, die Sie gleich ausführlicher kennenlernen. Diese Zeile ermittelt die vier größten Dateien aus dem Windows-Ordner:

```
PS> Get-ChildItem -Path $env:windir | Sort-Object -Property Length -Descending | Select-Object
-First 4

        Verzeichnis: C:\Windows
Mode                LastWriteTime     Length Name
----                -------------     ------ ----
-a---         26.07.2012     06:49    2380440 explorer.exe
-a---         13.09.2012     13:49    1152720 WindowsUpdate.log
-a---         26.07.2012     05:08     883712 HelpPane.exe
-a---         02.06.2012     16:34     316640 WMSysPr9.prx
```

PROFITIPP   *Select-Object* wurde in PowerShell 3.0 umfangreich optimiert, was interessant ist, weil diese Optimierung bei schlecht programmierten Cmdlets für Schwierigkeiten sorgen kann und dann besser abgeschaltet wird. In PowerShell 3.0 wurden nämlich nicht nur die nützlichen Parameter *-Index* und *-Skip* neu hinzugefügt. Auch wurde ein Mechanismus integriert, der die Ausführungsgeschwindigkeit bei Verwendung der Parameter *-First* oder *-Index* spürbar beschleunigt. Wie die Optimierung funktioniert, soll diese Zeile demonstrieren:

```
PS> Get-ChildItem -Path $env:windir -Filter *.txt -Recurse -ErrorAction SilentlyContinue | Select-
Object -First 5
```

Die Zeile selbst ist schnell durchschaut: Es werden die ersten fünf Textdateien im Windows-Ordner aufgelistet. Da rekursiv gesucht wird, können diese entsprechend in einem beliebigen Unterordner liegen. Die Ausführung dürfte in aller Regel kaum eine Sekunde in Anspruch nehmen.

In PowerShell 1.0 und 2.0 dagegen hätte derselbe Befehl mitunter Minuten benötigt. Hier war die Pipeline eine reine Einbahnstraße. An deren Anfang steht *Get-ChildItem*, das beauftragt wurde, rekursiv den gesamten Windows-Ordner zu durchsuchen. *Select-Object* war zwar nur an den ersten fünf Dateien interessiert, aber das kümmerte *Get-ChildItem* wenig. Selbst nachdem die fünf geforderten Dateien schon längst gefunden waren, arbeitete *Get-ChildItem* stur trotzdem den Rest des Ordnerbaums ab.

In PowerShell 3.0 hat *Select-Object* nun die Möglichkeit, entgegen der Einbahnstraße allen vorausgehenden Cmdlets mitzuteilen, dass es genug Daten erhalten hat und die Cmdlets ihre Arbeit nun einstellen können. Falls Sie einmal sehen wollen, welchen Einfluss das auf die Ausführungsgeschwindigkeit hat, schalten Sie die Optimierung mit *-Wait* aus:

```
PS> Get-ChildItem -Path $env:windir -Filter *.txt -Recurse -ErrorAction SilentlyContinue | Select-
Object -First 5 -Wait
```

Sie sehen: Selbst nachdem die fünf Dateien gefunden wurden, kehrt der PowerShell-Prompt für lange Zeit nicht zurück, denn *Get-ChildItem* ist noch viele Sekunden damit beschäftigt, den Rest des Ordnerbaums zu durchsuchen. Durch den Parameter *-Wait* hat *Select-Object* nicht das Signal gegeben, dass die vorausgehenden Cmdlets ihre Arbeit einstellen dürfen.

Was die Frage aufwirft, warum man diese praktische Optimierung jemals abschalten sollte. Dazu muss man verstehen, wie *Select-Object* das Signal zum Abbruch gibt: Technisch wird dies über eine besondere »Fehlermeldung« realisiert, denn nur Fehlermeldungen können entgegen der Fahrtrichtung in der Pipeline an vorausgehende Befehle gemeldet werden.

Und hier liegt die Crux: Hat ein Cmdlet entgegen der Konventionen sämtliche Fehlermeldungen abgefangen und wertet diese selbst aus, stößt es dabei unweigerlich auf das Abbruchsignal von *Select-Object* und reagiert darauf mit einer eigenen Fehlermeldung. Im Ergebnis funktioniert die Optimierung nun also gar nicht, weil das Signal vom unsauber programmierten Cmdlet neutralisiert wurde, und Sie erhalten außerdem verwirrende Fehlermeldungen. Wenn so etwas passieren sollte, schalten Sie die Optimierung deshalb einfach ab.

Ergebnisse filtern mit Where-Object

Zwar konnte *Select-Object* mit den Parametern *-First*, *-Last*, *-Skip* und *-Index* die Ergebnisse eines Befehls filtern, aber die Filterung orientierte sich ausschließlich an der *Position* des Ergebnisses, nicht an dessen *Inhalt*. Viel häufiger möchte man die Ergebnisse nach dem Inhalt filtern, und hierfür ist *Where-Object* zuständig. Es ist das zweitwichtigste (und am zweithäufigsten verwendete) Cmdlet in der Pipeline.

Where-Object: Nicht sehr effizient...

Bevor Sie sich mit *Where-Object* anfreunden, sollten Sie stets zuerst versuchen, seinen Einsatz zu vermeiden. Das ist nämlich oft problemlos möglich, wenn die vorausgehenden Cmdlets, die die eigentlichen Daten liefern, schon passende Filterparameter anbieten. Die folgenden Zeilenpaare liefern jeweils das gleiche Resultat:

```
PS> Get-ChildItem -Path $env:windir -Filter *.txt
PS> Get-ChildItem -Path $env:windir | Where Extension -eq .txt
PS> Get-Alias -Definition Get-ChildItem
PS> Get-Alias | Where Definition -eq Get-ChildItem
PS> Get-Command -Noun Service
PS> Get-Command | Where Noun -eq Service
```

Die erste Variante (ohne *Where-Object*) ist nicht nur kürzer, sondern teils erheblich schneller – insbesondere, wenn die Daten nicht wie hier lokal erhoben werden, sondern remote über das Netzwerk reisen müssen. Die beiden Varianten unterscheiden sich in der Art der Filterung:

- **Serverseitig (schnell)**   Im jeweils ersten Fall ruft das Cmdlet von vornherein nur die notwendigen Informationen ab

- **Clientseitig (langsam)**   Im jeweils zweiten Fall muss das vorausgehende Cmdlet zuerst sämtliche Daten beschaffen, und erst danach sortiert *Where-Object* die unerwünschten Ergebnissätze aus

...aber enorm praktisch!

Where-Object ist ein enorm praktischer Universalfilter, der immer dann eingesetzt wird, wenn der Datenlieferant selbst keine passenden Parameter zur Filterung anbietet. Dazu teilen Sie *Where-Object* mit, welches Kriterium die Daten erfüllen müssen.

Sie wählen also eine Spalte aus, deren Inhalt die Grundlage bilden soll, und greifen dann zu einem Vergleichsoperator. In ISE steht Ihnen dafür sogar mit `Strg`+`Leertaste` IntelliSense zur Verfügung (in der klassischen Konsole zumindest Autovervollständigung über `⇆`):

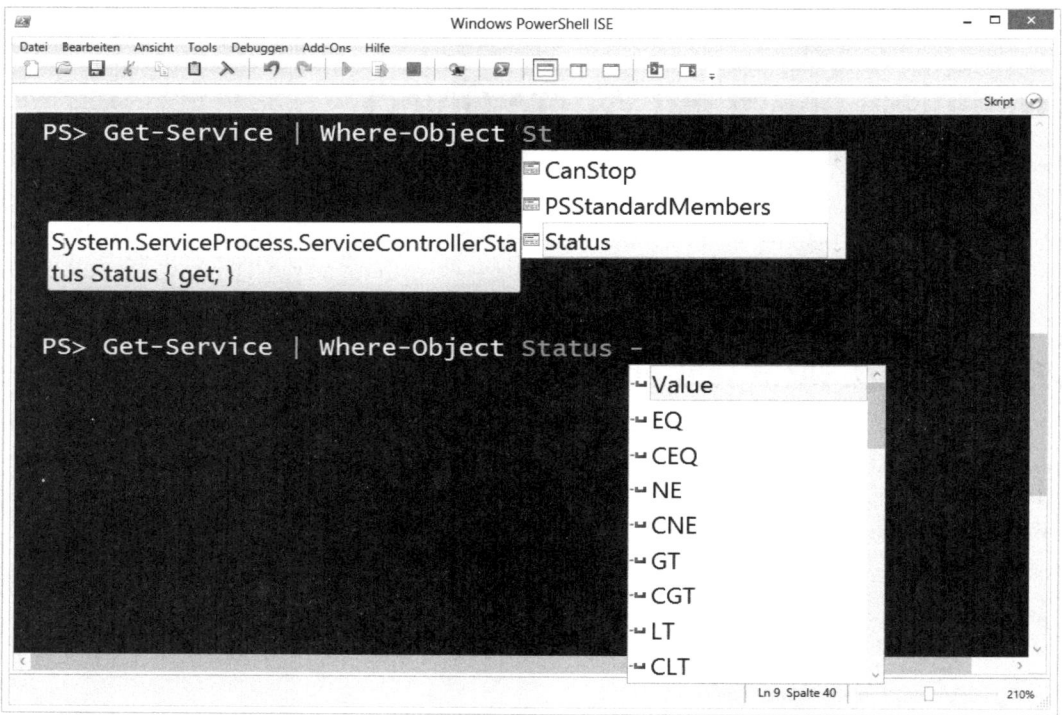

Abbildung 5.5   Autovervollständigung für Spaltennamen und Vergleichsoperatoren

Diese Zeile listet alle Dienste auf, die aktuell gestoppt sind:

```
PS> Get-Service | Where-Object Status -eq Stopped
```

Und diese Zeile findet alle Dateien im Windows-Ordner, die größer sind als 1 MB:

```
PS> Get-ChildItem -Path $env:windir -File | Where-Object Length -gt 1MB
```

Where-Object prüft also für jedes Ergebnisobjekt, ob in der angegebenen Spalte der erwartete Inhalt steht. Das, was Sie hinter *Where-Object* angeben, ist also eine Bedingung. Ist sie erfüllt, darf das Objekt passieren, andernfalls wird es herausgefiltert.

HINWEIS   Bedingungen verwenden Vergleichsoperatoren, die bestimmen, ob das Kriterium erfüllt ist oder nicht. Vergleichsoperatoren beginnen bei PowerShell immer mit einem Bindestrich. Dahinter folgt als Abkürzung, was der Operator vergleichen soll. *-lt* steht für *lower than*, also *kleiner als*. *-eq* prüft auf Gleichheit (*equal*), und *-gt* steht für *greater than*, also *größer als*. Die vollständige Übersicht über alle Vergleichsoperatoren liefert Kapitel 7 und natürlich die Hilfe:

```
PS> Get-Help -Name comparison -ShowWindow
```

Warum verwendet PowerShell eigentlich nicht die üblichen Vergleichsoperatoren =, > oder <? Dies liegt daran, dass diese Sonderzeichen schon anderweitig in Gebrauch sind: > und < stehen in der Konsole für Ein- und Ausgabeumleitungen (Redirection). Hier eine Ausgabeumleitung:

```
PS> Get-Process > $env:TEMP\ausgabe.txt
PS> Get-Service >> $env:TEMP\ausgabe.txt
PS> Invoke-Item -Path $env:TEMP\ausgabe.txt
```

Leere Elemente aussortieren

Ein beliebtes Einsatzgebiet von *Where-Object* ist, leere Elemente auszusortieren. Zum Beispiel liefert *Get-Process* sämtliche laufenden Prozesse. Nur echte Windows-Anwendungen besitzen ein Fenster, weswegen die Spalte *MainWindowTitle* auch nur bei diesen einen Inhalt hat. Dank *Where-Object* können Sie nun auch das folgende Problem meistern:

Erstellen Sie eine Liste der laufenden Windows-Anwendungen.

Get-Process liefert alle Prozesse, und *Where-Object* kann diejenigen aussortieren, bei denen *MainWindowTitle* leer ist. Das Ergebnis sind die gesuchten laufenden Windows-Anwendungen:

```
PS> Get-Process | Where-Object MainWindowTitle
```

Interessant, oder? Diesmal findet sich in der Bedingung hinter *Where-Object* überhaupt kein Vergleichsoperator. Wenn Sie nur prüfen wollen, ob eine Spalte *irgendwas* enthält, genügt es, nur den Spaltennamen anzugeben, der *irgendwas* enthalten soll. Die nächste Zeile liefert nur Prozesse, deren Hersteller angegeben ist:

```
PS> Get-Process | Where-Object Company | Select-Object -Property Name, Description, Company
```

Auch diese Zeile ist spannend:

```
PS> Get-WmiObject -Class Win32_NetworkAdapterConfiguration | Where-Object IPAddress
```

Sie ruft vom WMI-Dienst nur die Netzwerkkarteneinstellungen ab, bei denen eine IP-Adresse zugewiesen ist. Probieren Sie die Zeile einmal ohne *Where-Object* aus, und Sie werden erkennen, wie wertvoll es ist, mit *Where-Object* überflüssige Ergebnisse zu streichen.

Fortgeschrittene Syntax bietet noch mehr Möglichkeiten

Hätten Sie es geahnt? Bis jetzt haben Sie *Where-Object* mit der *vereinfachten* Syntax eingesetzt, die neu ist in PowerShell 3.0. Dass diese Syntax aber tatsächlich sehr einfach ist, jedenfalls im Vergleich zur klassischen Syntax, werden Sie spätestens zugestehen, wenn Sie nun auch noch diese kennenlernen.

Die klassische Syntax bietet deutlich mehr Filtermöglichkeiten und ist zudem abwärtskompatibel zu PowerShell 2.0. Falls Ihre Skripts also auch auf Windows XP, Vista oder Server 2003/2008 ausführbar sein sollen, müssen Sie die Neuerungen von PowerShell 3.0 vermeiden, also auch die vereinfachte Syntax. PowerShell 3.0 gibt es nämlich erst ab Windows 7 und Windows Server 2008 R2.

Bei der klassischen Syntax übergibt man *Where-Object* einen Skriptblock, also ein Stück PowerShell-Code. *Where-Object* führt diesen Code dann für jedes Ergebnisobjekt aus und prüft, ob der Code *$true* oder *$false* ergibt. Ist das Ergebnis *$true*, darf das Objekt durch die Pipeline. Andernfalls wird es herausgefiltert. Innerhalb des Skriptblocks repräsentiert die besondere Variable *$_* das gerade zu untersuchende Objekt. Zur Veranschaulichung finden Sie wieder jeweils zwei Zeilen, die genau dasselbe verrichten – einmal in der neuen vereinfachten Syntax und danach in der klassischen abwärtskompatiblen Schreibweise:

```
PS> Get-Service | Where-Object Status -eq Stopped
PS> Get-Service | Where-Object { $_.Status -eq 'Stopped' }
PS> Get-ChildItem -Path $env:windir -File | Where-Object Length -gt 1MB
PS> Get-ChildItem -Path $env:windir -File | Where-Object { $_.Length -gt 1MB }
```

Eigentlich sind die Unterschiede also gar nicht so dramatisch:

- Die Bedingung wird mit geschweiften Klammern in einen Skriptblock verpackt

- Vor den Spaltennamen, der ausgewertet werden soll, wird der Begriff »$_.« gestellt

- Alle Texte (wie zum Beispiel *Stopped* bei der Filterung der Dienste) müssen in Anführungszeichen gestellt werden

Wenn Sie sich damit anfreunden können, wird Ihr Code nicht nur abwärtskompatibel, sondern auch vielseitiger. Sie dürfen jetzt nämlich auch mehrere Bedingungen auf einmal angeben und können diese mit logischen Operatoren wie *-and*, *-or* und *-not* verknüpfen. Die nächste Zeile findet alle Bilddateien mit der Endung »*.bmp«* oder »*.jpg«*:

```
PS> Get-ChildItem -Path $env:windir -File -Recurse -ErrorAction SilentlyContinue | Where-Object {
$_.Extension -eq '.bmp' -or $_.Extension -eq '.jpg' }
```

In der vereinfachten Syntax sind lediglich logische »Und«-Verknüpfungen möglich, indem mehrere *Where-Object*-Anweisungen hintereinandergestellt werden. Eine »Oder«-Verknüpfung ist mit der vereinfachten Syntax dagegen nicht vorgesehen. Diese Anweisung liefert nur Prozesse, die eine Firmenangabe und eine Beschreibung haben:

```
PS> Get-Process | Where-Object Company | Where-Object Description | Select-Object Name, Company,
Description
```

Natürlich könnten die Ergebnisse wie immer über *Out-GridView* auch als Dialogfeld angezeigt und dann sogar durch Eingabe von Stichworten ins Textfeld durchsucht werden:

```
PS> Get-Process | Where-Object Company | Where-Object Description | Select-Object Name, Company,
Description | Out-GridView -Title Prozessliste
```

Die folgende Zeile schließlich sucht nach potenziellen Problemdiensten, also Diensten, die normalerweise automatisch starten, aber nicht (mehr) laufen:

```
PS> Get-WmiObject Win32_Service | Where-Object Started -eq $false | Where-Object StartMode -eq
Auto | Select-Object Name, DisplayName, StartMode, ExitCode
```

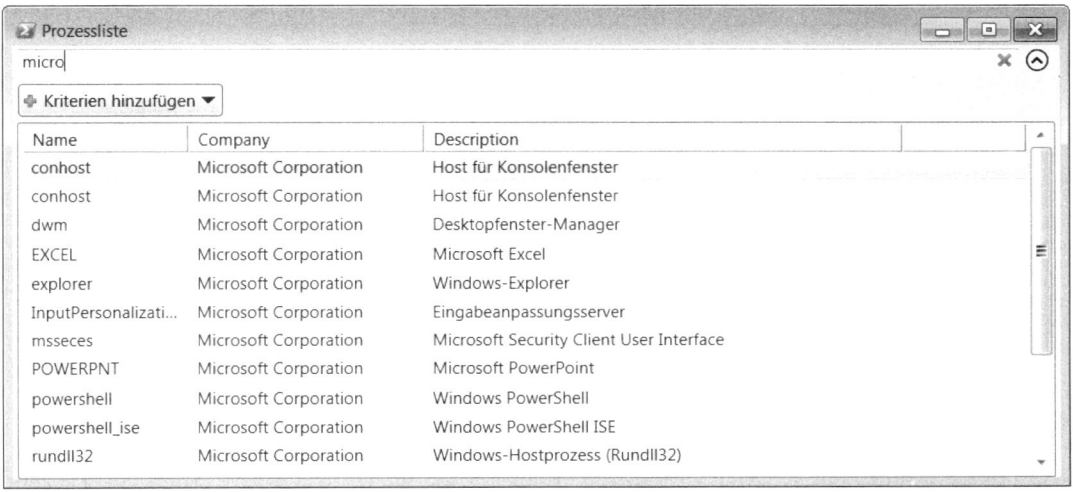

Abbildung 5.6 Alle Microsoft-Prozesse mit einer kurzen Funktionsbeschreibung als Extrafenster anzeigen

Die Ergebnisse sind natürlich nicht automatisch Problemdienste, denn ein Dienst kann zwar automatisch starten, hat aber vielleicht nur einige Optimierungsaufgaben durchzuführen und beendet sich danach wieder. Aber die folgende Aufgabe wird Ihnen jetzt sicher keine größeren Schwierigkeiten mehr bereiten:

»Erweitern Sie die Anweisung so, dass nur noch Dienste angezeigt werden, deren ExitCode nicht 0 ist!«

Richtig: Sie brauchen nur einen weiteren Filter einzubauen:

```
PS> Get-WmiObject Win32_Service | Where-Object Started -eq $false | Where-Object StartMode -eq
Auto | Where-Object ExitCode -ne 0 | Select-Object Name, DisplayName, StartMode, ExitCode
```

Seien Sie aber nicht enttäuscht, wenn die Zeile nun gar nichts mehr zurückliefert. In diesem Fall gibt es einfach keine problematischen Dienste – eine gute Nachricht!

TIPP   Erinnern Sie sich? Setzen Sie *Where-Object* nur ein, wenn es nicht anders geht. In den letzten Beispielen geht es aber anders (und effizienter).

Get-ChildItem unterstützt beispielsweise den Parameter *-Include*, mit dem sich ebenfalls nach mehreren Dateitypen suchen lässt:

```
PS> Get-ChildItem -Path $env:windir -File -Recurse -ErrorAction SilentlyContinue -Include *.bmp,
*.jpg
```

Vergessen Sie nur nicht, das Platzhalterzeichen »*« vor die Dateierweiterung zu schreiben, denn *-Include* sucht Ihren Begriff im gesamten Dateinamen (und funktioniert übrigens nur zusammen mit *-Recurse*).

Get-WmiObject schließlich kann Ergebnisse mit dem Parameter *-Filter* in seiner eigenen WQL-Abfragesprache filtern. Problemdienste finden Sie also auch so:

```
PS> Get-WmiObject Win32_Service -Filter 'Started=False AND StartMode="Auto" AND ExitCode!=0' |
Select-Object Name, DisplayName, StartMode, ExitCode
```

Die WQL-Abfragesprache ist also nicht PowerShell und verwendet andere Vergleichsoperatoren und Platzhalterzeichen, die sich an SQL orientieren. Möchten Sie beispielsweise über WMI alle Dienste abrufen, in deren Beschreibung (Eigenschaft *Description*) das Wort *Zertifikat* vorkommt, setzen Sie Platzhalterzeichen in WQL folgendermaßen ein:

```
PS> Get-WmiObject win32_service -Filter 'Description like "%zertifikat%"' | Select-Object Caption,
StartMode, State, ExitCode
```

Caption	StartMode	State	ExitCode
BitLocker-Laufwerkver...	Manual	Stopped	1077
Zertifikatverteilung	Manual	Stopped	1077
Kryptografiedienste	Auto	Running	0
Integritätsschlüssel-...	Manual	Stopped	1077
Konfiguration für Rem...	Manual	Stopped	1077

Dateiinhalte filtern

Mit der klassischen Syntax lassen sich auch primitive Daten filtern, also solche Daten, die gar keine Spaltennamen besitzen, die man in der vereinfachten Syntax hätte angeben können. Text zählt zu dieser Gruppe, und deshalb kann man den Inhalt von Textdateien mit der vereinfachten Syntax nicht filtern, mit der klassischen Syntax aber schon.

Das nächste Beispiel liefert alle Zeilen der Datei *windowsupdate.log*, in denen der Begriff »successfully installed« vorkommt (jedenfalls dann, wenn Sie sich beim Suchbegriff nicht vertippen und Windows mindestens ein automatisches Update empfangen und installiert hat). Das Ergebnis wird von *Out-GridView* angezeigt:

```
PS> Get-Content $env:windir\windowsupdate.log -Encoding UTF8 | Where-Object { $_ -like
'*successfully installed*' } | Out-GridView
```

Das Ergebnis ist zwar nicht perfekt, und in den ausgewählten Spalten befindet sich immer noch eine Menge überflüssiger Datenmüll. Aber die Zeile liefert bereits eine auf die wesentlichen Informationen reduzierte Ausgabe: Am Zeilenende steht jeweils, welches Update installiert worden ist. Mithilfe der übrigen noch folgenden Pipeline-Cmdlets lässt sich die Ausgabe gleich noch weiter verfeinern.

IP-Adressen bestimmen

Auch die folgende Aufgabe kann mit *Where-Object gelöst* werden:

»*Bestimmen Sie die IPv4-Adressen Ihrer Netzwerkadapter!*«

Die Rohdaten über die Netzwerkkartenkonfiguration kann *Get-WmiObject* aus WMI auslesen. Dabei repräsentiert die WMI-Klasse *Win32_NetworkAdapterConfiguration* allerdings Netzwerkkarten im weitesten Sinn und liefert auch allerhand »Miniport-Adapter« und andere Pseudonetzwerkkarten. Mit *Where-Object* können die Adapter herausgefiltert werden, die tatsächlich in ihrer Eigenschaft IPAddress einen Wert liefern, und dieser Wert kann danach ausgegeben werden:

```
PS> Get-WmiObject Win32_NetworkAdapterConfiguration | Where-Object IPAddress | Select-Object
IPAddress
```

```
IPAddress
---------
{10.128.206.50, fe80::81ba:9d60:8e5:cf93}
{192.168.56.1, fe80::b853:7e04:c9d5:b1fd}
```

Das Ergebnis sind die IP-Adressen, die jeweils einem Adapter zugewiesen sind. Da nur die IPv4-Adressen gewünscht sind, lässt man sich mit *-ExpandProperty* nur den Inhalt der Spalte *IPAddress* geben:

```
PS> Get-WmiObject Win32_NetworkAdapterConfiguration | Where-Object IPAddress | Select-Object -ExpandProperty IPAddress

10.128.206.50
fe80::81ba:9d60:8e5:cf93
192.168.56.1
fe80::b853:7e04:c9d5:b1fd
```

So erhält man eine Liste aller IPv4- und IPv6-Adressen. Diese kann jetzt mit einer weiteren *Where-Object*-Anweisung auf die reinen IPv4-Adressen reduziert werden. Diese erkennt man daran, dass innerhalb der IP-Adresse ein Punkt vorkommt:

```
PS> Get-WmiObject Win32_NetworkAdapterConfiguration | Where-Object IPAddress | Select-Object -ExpandProperty IPAddress | Where-Object { $_ -like '*.*' }

10.128.206.50
192.168.56.1
```

Ergebnisse sortieren mit Sort-Object

Sortieren ist eine Routineaufgabe, für die es ein eigenes Cmdlet namens *Sort-Object* gibt. Es sortiert problemlos primitive Daten wie Zahlenreihen oder Text und kann bei dieser Gelegenheit auf Wunsch auch gleich mit *-Unique* Dubletten entfernen:

```
PS> 'Hans', 'werner', 'Agnes', 'Tim' | Sort-Object

Agnes
Hans
Tim
werner

PS> 10,4,1,4,2 | Sort-Object

1
2
4
4
10

PS> 10,4,1,4,2 | Sort-Object –Unique

1
2
4
10
```

Gefällt Ihnen die Sortierreihenfolge nicht, drehen Sie diese mit *-Descending* einfach um. Die nächste Zeile liefert sechs Lottozahlen in umgedrehter Reihenfolge (die größten zuerst):

```
PS> 1..49 | Get-Random -Count 6 | Sort-Object –Descending

46
42
41
33
9
1
```

Cmdlet-Ergebnisse sortieren

Auch die Ergebnisse sämtlicher Cmdlets lassen sich mit *Sort-Object* sortieren. Weil die meisten Cmdlets allerdings Tabellen mit zahlreichen Spalten auswerfen, muss *Sort-Object* wissen, nach welcher Spalte es sortieren soll. Diese geben Sie ganz ähnlich wie bei *Select-Object* mit *-Property* an. Und nun geschieht etwas Erstaunliches:

```
PS> Get-Service | Sort-Object -Property Name
PS> Get-ChildItem -Path $env:windir | Sort-Object -Property Length
PS> Get-ChildItem -Path $env:windir | Sort-Object -Property LastWriteTime
```

Die Sortierung funktioniert nämlich immer richtig, obwohl die Spalten ganz unterschiedliche Datentypen enthalten. *Sort-Object* sortiert die Dienste alphabetisch nach ihrem Namen, die Dateigrößen numerisch und die Datumsinformationen korrekt nach Zeit.

Möglich ist dies, weil die Pipeline die Ergebnisse der Befehle nicht als Textzeilen übergibt, sondern als Objekte. Dadurch bleiben nicht nur die einzelnen Spalten erhalten, sodass Sie *Sort-Object* nur den gewünschten Spaltennamen zu nennen brauchen. Die Spalten legen auch den Datentyp fest, sodass Sie *Sort-Object* nicht selbst mitteilen müssen, nach welchem Sortieralgorithmus es sortieren soll. Das alles funktioniert immer automatisch richtig.

So lassen sich mit *Sort-Object* nicht nur Ergebnisse optisch aufpolieren, sondern auch der Informationsgehalt der Daten vergrößern, da relevante Informationen nun ganz oben oder unten erscheinen (zum Beispiel die kleinsten bzw. größten Dateien oder die jüngsten bzw. ältesten Vorgänge) respektive in einem Block nahe beieinander stehen und daher mit einem Blick erfasst werden können.

Falls Sie PowerShell mit vollen Administratorrechten gestartet haben, liefert die nächste Zeile mit *Get-ComputerRestorePoint* nach ganz ähnlichem Muster die Systemwiederherstellungspunkte sortiert nach Typ:

```
PS> Get-ComputerRestorePoint | Sort-Object Description
```

CreationTime	Description	SequenceNumber	EventType	RestorePoint Type
----------	----------	--------------	---------	----------
05.09.2012 11:04:48	Geplanter Prüfpunkt	3	BEGIN_SYSTEM_C...	7
12.09.2012 11:18:50	Windows Update	4	BEGIN_SYSTEM_C...	18

PROFITIPP   Drei Dinge können bei der Sortierung allerdings schieflaufen:

- **Falscher Spaltenname**   Scheint *Sort-Object* Ihren Sortierauftrag einfach zu ignorieren, dann haben Sie vermutlich nicht den richtigen Spaltennamen angegeben. Entweder haben Sie sich vertippt oder die Spalte heißt eigentlich in der Rote-Pille-Welt anders. Oben haben Sie schon erfahren, wie Sie die echten Spaltennamen dann ermitteln.

- **Fehlermeldungen**   Kommt es zu einer Fehlermeldung, dann konnte *Sort-Object* nicht auf die angegebene Spalte bzw. ihren Inhalt zugreifen, zum Beispiel, weil die Spalte Leerwerte enthält:

  ```
  PS> Get-HotFix | Sort-Object -Property InstalledOn
  ```

  ```
  Sort-Object : Ausnahme beim Abrufen von "InstalledOn": "Ausnahme beim Aufrufen von "Parse" mit
  1 Argument(en):  "Die Zeichenfolge wurde nicht als gültiges DateTime erkannt.""
  ```

  Sie können dann entweder zuerst mit *Where-Object* Ergebnisse mit Leerwerten ausschließen oder die Fehlermeldungen unterdrücken

  ```
  PS> Get-HotFix | Where-Object InstalledOn | Sort-Object -Property InstalledOn
  PS> Get-HotFix | Sort-Object -Property InstalledOn -ErrorAction Ignore
  ```

- **Absturz**   Dieser dramatische Fall kommt zum Glück eher selten vor, aber Sie müssen wissen, dass *Sort-Object* sämtliche Daten zuerst sammeln muss, um sie sortieren zu können. Wenn Sie astronomische Datenmengen an *Sort-Object* schicken, kann es sehr lange dauern, bis Sie ein Resultat erhalten. In Extremfällen geht Windows vorher der Arbeitsspeicher aus.

Nach mehreren Spalten sortieren

Sort-Object akzeptiert mehrere kommaseparierte Spaltennamen und sortiert das Ergebnis dann nach allen angegebenen Spalten. Die nächste Zeile sortiert die Dienste zuerst nach ihrem Status und danach die Dienste mit gleichen Status (entweder *Stopped* oder *Running*) jeweils alphabetisch nach dem Namen:

```
PS> Get-Service | Sort-Object -Property Status, Name
```

Diese Zeile schließlich generiert eine Liste sämtlicher Dateien im Windows-Ordner, sortiert zunächst die Dateien nach ihrem Dateityp und die Dateien mit identischem Dateityp jeweils nach ihrem Namen:

```
PS> Get-ChildItem -Path $env:windir | Sort-Object -Property Extension, Name | Select-Object
-Property Extension, Name
```

Werden mehrere Spaltennamen angegeben, kann die Sortierrichtung allerdings nur für alle Spalten gemeinsam festgelegt werden, jedenfalls im Augenblick. Am Ende des Kapitels werden Sie auch mehrere Spalten in jeweils unterschiedlicher Richtung sortieren können.

Sortierung mit anderen Cmdlets kombinieren

Sort-Object bereitet Ergebnisse nicht einfach lediglich optisch auf, sondern kann auch ganz neue Erkenntnisse liefern. Dazu kombinieren Sie das Cmdlet mit anderen Cmdlets aus diesem Kapitel. Die folgende Zeile pickt beispielsweise die fünf CPU-intensivsten Prozesse heraus und nennt ihre Namen:

```
PS> Get-Process | Sort-Object -Property CPU -Descending | Select-Object -First 5 -Property Name,
Description, CPU
```

```
Name                          Description                                                CPU
----                          -----------                                                ---
explorer                      Windows-Explorer                                        2,3125
powershell                    Windows PowerShell                                    2,140625
iexplore                      Internet Explorer                                     0,984375
WWAHost                       Microsoft WWA-Host                                      0,71875
iexplore                      Internet Explorer                                     0,671875
```

Die zehn größten Speicherplatzfresser in Ihrem Benutzerprofil finden Sie dagegen folgendermaßen heraus:

```
PS> Get-ChildItem -Path $HOME -Recurse | Sort-Object -Property Length -Descending | Select-Object
-Property Length, FullName -First 10 | Format-Table -AutoSize
```

```
 Length FullName
 ------ --------
1118208 C:\Users\Tobias\config\WindowsFirewallLog.evtx
 460960 C:\Users\Tobias\config\WindowsFirewallConfig.txt
  69632 C:\Users\Tobias\config\WWANLog.evtx
  69632 C:\Users\Tobias\config\WLANAutoConfigLog.evtx
  69632 C:\Users\Tobias\config\WindowsFirewallLogVerbose.evtx
  69632 C:\Users\Tobias\config\WCMLog.evtx
  53751 C:\Users\Tobias\config\envinfo.txt
  44859 C:\Users\Tobias\config\WindowsFirewallEffectiveRules.txt
  42414 C:\Users\Tobias\Documents\PowerShell_transcript.20120828145700.txt
  36326 C:\Users\Tobias\config\WcnInfo.txt
```

Die ältesten laufenden Prozesse ermitteln Sie so:

```
PS> Get-Process | Sort-Object StartTime -Descending -ErrorAction Ignore | Select-Object -First 5 |
Select-Object -Property Name, StartTime
```

TIPP   Führen Sie diese Zeile in einer PowerShell-Instanz ohne Administratorrechte aus, kann *Sort-Object* die Information *StartTime* nur von Ihren eigenen Prozessen abrufen und für alle anderen kassieren Sie eine Fehlermeldung. Aber auch mit Administratorrechten erscheint mindestens eine Fehlermeldung, weil der Prozess *System* selbst von Administratoren nicht abgefragt werden darf. Weil diese Fehlermeldungen keine Konsequenzen haben, werden sie deshalb mit *-ErrorAction Ignore* unterdrückt.

Falls Sie gern jeden Tag etwas Neues über PowerShell lernen möchten, ohne sich zu überfordern, beauftragen Sie PowerShell einfach, Ihnen eine zufällig ausgewählte Hilfedatei zu präsentieren:

```
PS> Get-Random -InputObject (Get-Help about_*)  | Get-Help -ShowWindow
```

Hierbei liefert *Get-Help* alle Hintergrundinformationen (die sämtlich mit »about_«) beginnen. *Get-Help* pickt zufällig eine davon aus, die dann angezeigt wird.

Möchten Sie lieber zufällig ausgewählte Cmdlets näher anschauen, versuchen Sie diese Zeile:

```
PS> Get-Random -InputObject (Get-Help -Category Cmdlet) | Get-Help -ShowWindow
```

Frei programmierbare Aktion mit ForEach-Object

Sie erinnern sich? Die Aufgabe der Cmdlets in diesem Kapitel ist, innerhalb der Pipeline die Rohergebnisse eines Befehls schrittweise zu verfeinern. Manchmal ist die Aufgabe, die sich dabei stellt, aber so speziell, dass keines der bisher vorgestellten Cmdlets dafür geeignet ist. In solchen Fällen greifen Sie zu Ihrem Libero: *ForEach-Object*.

Dieses Cmdlet ist nämlich ein völlig frei programmierbares Pipeline-Element. Es empfängt das jeweils über die Pipeline laufende Objekt und übergibt es Ihnen bzw. Ihrem Code. Der kann dann damit machen, was er mag, und dazu alle übrigen Befehle und Operatoren von PowerShell einsetzen. Nur darf Ihr Code nicht vergessen, sein Ergebnis zum Schluss wieder zurück in die Pipeline zu legen, damit der nächste Pipelinebefehl damit weiterarbeiten kann.

Grundprinzip: Eine Schleife

Um zu verstehen, was *ForEach-Object* genau unternimmt und wozu das nützt, beginnen wir bei einem Problem:

»Generieren Sie eine Liste mit IP-Adressen von 192.168.2.1 bis 192.168.2.255!«

Eine Zahlenreihe von 1 bis 255 können Sie bereits herstellen:

```
PS> 1..255
```

Jede einzelne dieser 255 Zahlen soll nun in eine IP-Adresse umgewandelt werden, indem die übrigen Oktets der Zahl vorangestellt werden. Mit *ForEach-Object* ist das kein Drama:

```
PS> 1..255 | ForEach-Object -Process { "192.168.2.$_" }

192.168.2.1
192.168.2.2
192.168.2.3
(…)
```

ForEach-Object empfängt also wie jeder andere pipelinefähige Befehl vom Vorgängerbefehl Daten. Der Vorgängerbefehl ist in diesem Fall zwar gar kein Befehl, sondern nur ein Haufen Zahlen, aber für die Pipeline spielt es keine Rolle, woher die Daten stammen, die man ihr zuführt. Die Zahlen wandern jetzt einzeln über die Pipeline und werden von Befehl zu Befehl weitergereicht. *ForEach-Object* empfängt also nacheinander alle 255 Zahlen, aber immer nur eine auf einmal.

Weil *ForEach-Object* keinen besonderen Bestimmungszweck hat, sondern für alles offen ist, erwartet es von Ihnen eine Handlungsanweisung, die in Form eines Stücks Code geliefert wird. Der Code steht in geschweiften Klammern, die ihn als Skriptblock (ausführbaren PowerShell-Code) kennzeichnen. Sie erinnern sich: Geschweifte Klammern markieren Code, der *nicht sofort* ausgeführt wird. Runde Klammern markieren dagegen Code, der *sofort* zur Ausführung gelangt. Tatsächlich soll der Code nicht sofort ausgeführt, sondern zunächst an den Parameter *-Process* von *ForEach-Object* übergeben werden. Ob, wann und wie oft der Code ausgeführt wird, entscheidet dann *ForEach-Object*. Geschweifte Klammern sind also eine Art Transportcontainer für PowerShell-Code. Innerhalb des Codes repräsentiert die Variable *$_* das jeweilige Objekt, das gerade über die Pipeline empfangen wird.

Jetzt ist ein guter Zeitpunkt, sich die folgenden Fragen zu stellen (und auf diese Weise das Verständnis zu kontrollieren):

Frage   Wie oft wird der Skriptblock im Beispiel oben ausgeführt?

Antwort   255 Mal, nämlich so oft, wie Daten an *ForEach-Object* geliefert werden.

Frage   Was genau ist innerhalb des Skriptblocks in der Variablen $_ zu finden?

Antwort   Bei der ersten Ausführung die Zahl 1, danach 2 und so weiter.

Das Grundprinzip von *ForEach-Object* ist also eine Schleife, die so oft ausgeführt wird, wie Elemente über die Pipeline gesendet werden. Man könnte *ForEach-Object* deshalb auch tatsächlich als Schleife missbrauchen. Die nächste Zeile startet zehn Instanzen des Windows-Editors:

```
PS> 1..10 | ForEach-Object { notepad }
```

PROFITIPP   Über Typkonvertierung produziert *ForEach-Object* auch Buchstabenreihen, indem es ASCII-Codes in Zeichen wandelt:

```
PS> 65..90 | ForEach-Object { "$([char]$_):" }

A:
B:
C:
D:
(…)
```

Mithilfe des Formatierungsoperators *-f* erzeugt *ForEach-Object* für Sie Computerlisten (mehr zu diesem Operator erfahren Sie übrigens in Kapitel 7):

```
PS> 8..20 | ForEach-Object { 'PC_{0:d4}' -f $_ }

PC_0008
PC_0009
PC_0010
PC_0011
PC_0012
(…)
```

Die in den Text integrierte Zahl ist jetzt immer vierstellig und die Zahl der Stellen wird durch den Wert hinter *d* bestimmt. Beides – Typkonvertierung ebenso wie der Operator *-f* – werden in den folgenden Kapiteln noch besprochen. Hier sollen sie Ihnen nur einen Eindruck geben, wie enorm flexibel *ForEach-Object* sein kann. Vorausgesetzt, es gibt die Computer Ihrer Liste wirklich, und ferner unterstellt, Sie haben auf diesen Computern lokale Administratorrechte, dann wird daraus ein mächtiges Fernabfragewerkzeug:

```
PS> $computer = 8..20 | ForEach-Object { 'PC_{0:d4}' -f $_ }
PS> Get-WmiObject -Class Win32_BIOS -ComputerName $computer | Select-Object -Property __Server,
Caption, BIOSVersion | Out-GridView
```

Hier würden alle Computer der Reihe nach per WMI fernabgefragt, ihre BIOS-Version ermittelt und im Fenster von *Out-GridView* angezeigt. Seien Sie aber nicht enttäuscht, wenn Sie stattdessen Fehlermeldungen wie »Zugriff verweigert« (Ihnen fehlen die Berechtigungen) oder »RPC-Server nicht verfügbar« (Computer ist nicht erreichbar und vielleicht ausgeschaltet) begegnen. Ein ausgeklügeltes Fehlerhandling wäre bei diesen beiden Zeilen Code etwas zu viel verlangt (lässt sich aber mit dem Wissen von Kapitel 9 nachrüsten).

Fortschrittsanzeige einblenden

ForEach-Object kann dazu verwendet werden, eine Fortschrittsanzeige in die Pipeline »einzuschleifen«. Dazu empfängt *ForEach-Object* jeweils Daten vom Vorgängerbefehl, aktualisiert die Fortschrittsanzeige und gibt die Daten danach unverändert weiter:

```
PS> 1..30 | ForEach-Object { Write-Progress -Activity Arbeite -Status "arbeite an der $_. Aufgabe"
—PercentComplete ($_/30*100); $_ } | ForEach-Object { Start-Sleep -Milliseconds 200 }
```

Write-Progress sorgt für die Fortschrittsanzeige. Mit *-Activity* wird eine Überschrift festgelegt und *-Status* verrät, woran die Pipeline gerade arbeitet. Im einfachsten Fall hat man dann eine Fortschrittsanzeige, in der ein wechselnder Text auf das aktuelle Element hinweist.

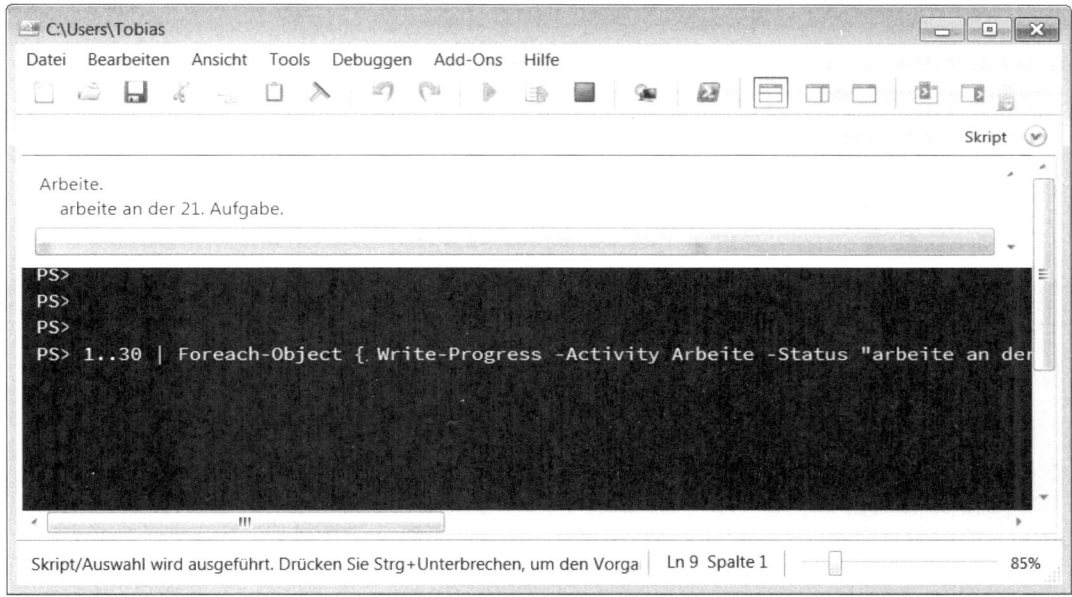

Abbildung 5.7   Eine Fortschrittsanzeige als Fortschrittsbalken, im ISE-Editor ist die Anzeige sogar grafisch

Mit *-PercentComplete* kann zusätzlich ein Fortschrittsbalken eingeblendet werden (der im ISE-Editor sogar grafisch angezeigt wird, in der klassischen Konsole nur durch »o«-Zeichen), jedenfalls dann, wenn man den aktuellen Fortschritt als Zahl zwischen 0 und 100 ausdrücken kann, also weiß, wie oft die Pipeline ausgeführt wird und in welchem Durchlauf man sich befindet. Weil die Beispielpipeline 30 Zahlen bearbeitet, ergibt sich der Prozentsatz, indem man den aktuellen Durchlauf durch 30 teilt und dann mit 100 multipliziert. Alternativ zu einem Fortschrittsbalken kann über den Parameter *-SecondsRemaining* eine Zeitangabe runtergezählt werden.

ACHTUNG   Nachdem *ForEach-Object* die Fortschrittsanzeige mit *Write-Progress* aktualisiert hat, darf es nicht vergessen, das empfangene Objekt wieder zurück in die Pipeline zu legen. Andernfalls würden die nachfolgenden Befehle nichts mehr empfangen und die Pipeline wäre beendet. Dazu legt der Scriptblock einfach *$_* wieder zurück. Weil das ein separater Vorgang ist, aber im Beispiel oben alles in eine Zeile passen soll, wird ein Semikolon (»;«) verwendet, um die einzelnen Anweisungen voneinander abzugrenzen. In einem Skripteditor hätten Sie anstelle von »;« einfach eine neue Zeile begonnen.

Im folgenden Beispiel sollen einige Computer der Reihe nach über WMI fernabgefragt werden. Weil das eine Weile dauern kann, wird eine Fortschrittsanzeige gebraucht. Ein Fall für *ForEach-Object*:

```
$computer = 'storage1', 'willibert', 'tobiasair1', 'localhost'

$computer |
ForEach-Object {
    Write-Progress -Activity Fernabfrage -Status $_
    $_
} |
ForEach-Object {
    Get-WmiObject -Class Win32_OperatingSystem -ComputerName $_ -ErrorAction Ignore |
        Select-Object -Property CSName, CSDVersion, Caption, OSArchitecture
}
```

Auch ein Fortschrittsbalken ist möglich, denn es steht ja fest, wie viele Computer insgesamt abgefragt werden sollen.

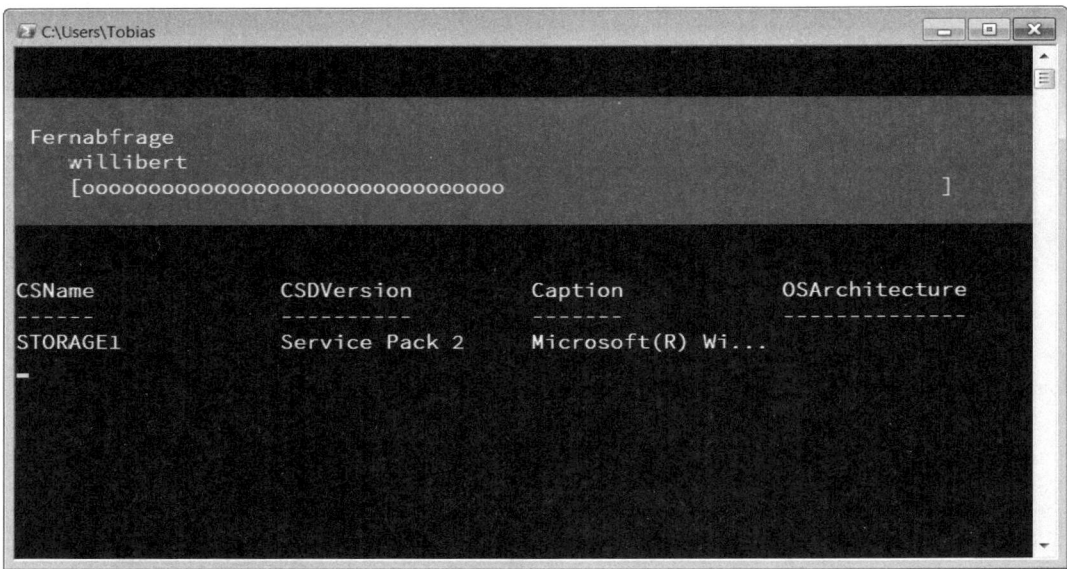

Abbildung 5.8   In der Konsole wird der Fortschrittsbalken mit Textzeichen simuliert

Dazu braucht man lediglich die Anzahl der Elemente in *$computer* zu bestimmen, und das klappt wie bei jedem Array am besten über dessen Eigenschaft *Count*:

```
$computer = 'storage1', 'willibert', 'tobiasair1', 'localhost'
```

```
$anzahl = $computer.Count
$zaehler = 0

$computer |
ForEach-Object {
    $zaehler++
    $percentComplete = $zaehler / $anzahl * 100
    Write-Progress -Activity Fernabfrage -Status $_ -PercentComplete $percentComplete
    $_
} |
ForEach-Object {
    Get-WmiObject -Class Win32_OperatingSystem -ComputerName $_ -ErrorAction Ignore |
        Select-Object -Property CSName, CSDVersion, Caption, OSArchitecture
}
```

Ergebnisse verfeinern

ForEach-Object kann auch eng mit *Select-Object* zusammenarbeiten, um Ergebnisse aufzubereiten. Falls Sie zum Beispiel an den IP-Adressen Ihres Computers interessiert sind, kann diese Zeile sie ermitteln:

```
PS> Get-WmiObject win32_NetworkAdapterConfiguration |
    Where-Object IPAddress |
    Select-Object -Property Description, IPAddress, DHCPEnabled
```

Description	IPAddress	DHCPEnabled
Intel(R) PRO/1000 MT-Desktopad...	{10.0.2.15, fe80::e1a2:d0c:f7f...	True

Leider aber enthält die Spalte *IPAddress* neben der IPv4-Adresse noch eine IPv6-Adresse. Außerdem ist der Inhalt dieser Spalte ein Array (erkennbar an den geschweiften Klammern) und wird nicht komplett angezeigt. Weil das Ergebnis von *Select-Object* stets eine Kopie des Originalobjekts ist, dürfen dessen Spalteninhalte beliebig verändert werden. Das kann *ForEach-Object* erledigen und zuerst die IPv6-Adressen aus der Spalte streichen und den verbliebenen Inhalt dann als Text zurückschreiben:

```
Get-WmiObject win32_NetworkAdapterConfiguration |
    Where-Object IPAddress |
    Select-Object -Property Description, IPAddress, DHCPEnabled |
    ForEach-Object {
        $_.IPAddress = ($_.IPAddress | Where-Object { $_ -like '*.*' } ) -join ','
        $_
    }
```

Description	IPAddress	DHCPEnabled
Intel(R) PRO/1000 MT-Desktopad...	10.0.2.15	True

Textdateien parsen

Where-Object konnte bereits den Inhalt der Protokolldatei *windowsupdate.log* grob filtern und nur diejenigen Zeilen anzeigen, die ein bestimmtes Schlüsselwort enthalten. Allerdings war *Where-Object* nicht in der Lage, die Zeileninhalte zu filtern, um daraus zum Beispiel gezielt die Namen der installierten Updates herauszufischen.

Das leistet dafür *ForEach-Object*, und wenn beide Hand in Hand arbeiten, lassen sich wertvolle Informationen aus den Rohdaten eines Protokolls extrahieren. *Where-Object* allein kann also nur die relevanten Zeilen herausfischen, die neben der gesuchten Information (dem Namen des installierten Updates) sehr viele überflüssige Daten enthält:

```
PS> Get-Content $env:windir\windowsupdate.log -Encoding UTF8 | Where-Object { $_ -like
'*successfully installed*' } | Select-Object -First 1


2012-08-15       22:09:45:497      900     88c      Report   REPORT EVENT: {A1F3B9AF-375C-42C1-A7A9-
91B7FD675CD9} 2012-08-15 22:09:40:746+0200    1      183 [AGENT_INSTALLING_SUCCEEDED]          101
{7BECD-6F-BBED-4A57-9A4B-6C78B1EDD54D}           100      0        AutomaticUpdates        Success
Content Install Installation Successful: Windows successfully installed the following update:
Definitionsupdate für Windows Defender - KB2267602 (Definition 1.131.2131.0)
```

Mit *Foreach-Object* lassen sich diese Zeilen nun empfangen und daraus die gewünschten Informationen herauslesen und ausgeben. Die Textzeilen können zum Beispiel beim Schlüsselbegriff »following update: « mit dem Operator *-Split* aufgetrennt werden, denn dieser Text steht jeweils genau vor dem gesuchten Namen des Updates.

Das Ergebnis ist ein Array, in dem die beiden Bruchstücke dann liegen. Das Installationsdatum lässt sich nun aus dem ersten Bruchstück auslesen (die ersten 10 Zeichen) und der Name des Updates steht bereits im zweiten Bruchstück. Geben Sie den folgenden Code in den Skriptbereich von ISE ein und führen Sie das Skript dann aus:

```
$code = {
  $bruchstücke = $_ -split 'following update: '
  $datum = $bruchstücke[0].Substring(0,10)
  $produkt = $bruchstücke[1]
  "$datum : $produkt"
}
Get-Content $env:windir\windowsupdate.log -Encoding UTF8 |
  Where-Object { $_ -like '*successfully installed*' } |
  ForEach-Object -Process $code
```

Vorausgesetzt, auf Ihrem Computer wurden überhaupt bereits Windows-Updates installiert, sollten Sie nun ein Ergebnis ähnlich wie hier sehen:

```
2012-09-11 : Definitionsupdate für Windows Defender - KB2267602 (Definition 1.135.949.0)
2012-09-12 : Definitionsupdate für Windows Defender - KB2267602 (Definition 1.135.1038.0)
2012-09-13 : Update für Windows 8 für x64-Systeme (KB2751352)
2012-09-13 : Definitionsupdate für Windows Defender - KB2267602 (Definition 1.135.1136.0)
2012-09-13 : Update des Microsoft-Browserauswahlbildschirms für EEA-Benutzer von Windows 8 für
x64-basierte Systeme (KB976002)
```

Ihr Code liefert jetzt allerdings immer noch reinen Text zurück, gibt also die Datumsinformation und den Namen des Updates nicht in separaten Spalten aus.

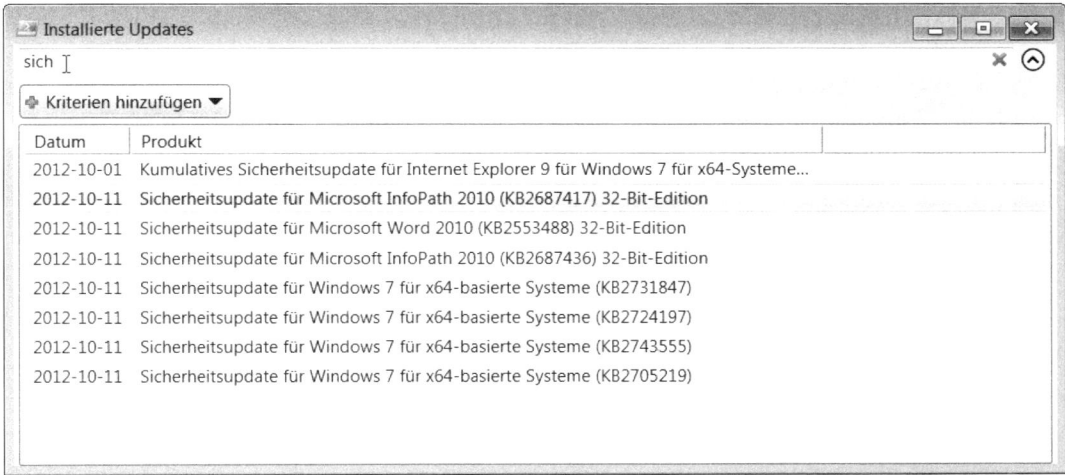

Abbildung 5.9 Informationen aus der Protokolldatei an *Out-GridView* senden und nach Schlüsselwort filtern

Mit *Select-Object* kann man jedoch eigene Objekte anlegen und stattdessen diese zurückgeben, denn *Select-Object* ist dazu in der Lage, nicht nur existierende Spalten auszuwählen, sondern auch neue hinzuzuerfinden. Die Informationen werden auf diese Weise dann objektorientiert zurückgeliefert und können an weitere Cmdlets gereicht werden, beispielsweise *Out-GridView*.

Ähnlich wie in Abbildung 5.9 entsteht so ein praktisches Suchtool, in dem die einzelnen Informationen mit einem Klick auf eine Spaltenüberschrift sortiert und durch Eingabe eines Stichworts ins Textfeld gefiltert werden können. In der Abbildung werden beispielsweise nur Updates aufgelistet, in denen das Suchwort *sich* vorkommt, also alle Sicherheitsupdates. Kaum zu fassen, wie viel leichter die Analyse des Protokolls durch ein paar Zeilen PowerShell-Code wird, oder?

```
$code = {
  # neues leeres Objekt mit den Spalten "Datum" und "Produkt" anlegen
  $rückgabe = New-Object PSObject | Select-Object -Property Datum, Produkt

  # Informationen im neuen Objekt speichern:
  $bruchstücke = $_ -split 'following update: '
  $rückgabe.datum = $bruchstücke[0].Substring(0,10)
  $rückgabe.produkt = $bruchstücke[1]

  # neues Objekt zurückgeben:
  $rückgabe
}

Get-Content $env:windir\windowsupdate.log -Encoding UTF8 |
  Where-Object { $_ -like '*successfully installed*' } |
  ForEach-Object -Process $code |
  Out-GridView -Title 'Installierte Updates'
```

Ergebnisse analysieren mit Group-Object

Geben Sie bei *Group-Object* eine oder mehrere Objekteigenschaften an, sortiert dieses Cmdlet die Objekte zuerst nach diesen Eigenschaften und liefert danach Gruppen zurück. Auf diese Weise kann man schnell Ergebnisse und Häufigkeiten analysieren:

```
PS> dir $env:windir | Group-Object Extension -NoElement

Count Name
----- ----
   58
    1 .NET
   12 .exe
    1 .dat
    7 .LOG
    1 .bin
    3 .ini
    1 .txt
    2 .xml
    2 .dll
    1 .prx


PS> Get-EventLog Application | Group-Object EntryType -NoElement

Count Name
----- ----
 3178 Information
   82 Error
   45 Warning
```

Interessieren Sie sich dafür, von welchen Herstellern die Software stammt, die gerade auf Ihrem Computer ausgeführt wird, so rufen Sie die laufenden Prozesse ab und gruppieren diese nach der Eigenschaft *Company*:

```
PS> Get-Process | Group-Object Company -NoElement | Sort-Object Count -Descending
```

Das Ergebnis sind also jeweils Gruppen mit den Eigenschaften *Count* (wie viele Elemente enthalten die Gruppen jeweils?) und *Name* (welches sind die gefundenen Inhalte der angegebenen Objekteigenschaft?). Durch den Parameter *-NoElement* werden die gruppierten Objekte selbst aber nicht aufbewahrt, was den Speicherplatzbedarf senkt. Geben Sie *-NoElement* nicht an, erhalten Sie eine zusätzliche Eigenschaft namens *Group*, welche die gruppierten Objekte enthält.

Aufgabe   Die folgende Anweisung listet auf, welche Dateitypen wie häufig im Windows-Ordner vorkommen:

```
PS> Get-ChildItem $env:windir | Group-Object Extension -NoElement | Sort-Object Count -Descending
```

Allerdings werden auch Einträge mit leerem Namen gemeldet. Warum? Wie kann man diese eliminieren?

Lösung   Die Anweisung gruppiert den Inhalt des Windows-Ordners nach der Dateierweiterung, die in der Objekteigenschaft *Extension* steht. Ordner enthalten aber keine Dateierweiterung, sodass die leeren Einträge entweder Ordnern entsprechen oder tatsächlich Dateien ohne Dateierweiterung.

Beschränken Sie das Ergebnis von *Get-ChildItem* von vornherein auf Dateien:

```
PS> Get-ChildItem $env:windir -File | Group-Object Extension -NoElement | Sort-Object Count
-Descending
```

Aufgabe   Sie wollten eigentlich eine Liste der Hersteller laufender Programme erstellen und haben dazu folgenden Befehl verwendet:

```
PS> Get-Process | Group-Object Company -NoElement | Sort-Object Count -Descending

Count Name
----- ----
   41
   25 Microsoft Corporation
    2
    1 PowerISO Computing, Inc.
    1 Adobe Systems, Inc.
    1 Huawei Technologies Co...
    1 Idera
```

Überraschenderweise erhalten Sie zwei Gruppen ohne Namen. Können Sie sich vorstellen warum?

Lösung   *Group-Object* bildet Gruppen stur gemäß dessen, was es in der angegebenen Eigenschaft *Company* findet. Da Sie zwei Gruppen ohne Namen erhalten haben, wissen Sie, dass es zwei unterschiedliche »leere« Werte geben muss. Tatsächlich enthalten einige Prozesse gar keine Herstellerangabe. Die Eigenschaft ist dann leer und entspricht *$null*. Andere Prozesse weisen zwar eine Herstellerangabe auf, die aber aus einem leeren Text besteht. Für *Group-Object* sind dies zwei unterschiedliche Gruppen.

Um leere Gruppen zu vermeiden, können Sie vorher mit *Where-Object* filtern. Für *Where-Object* spielt es dabei keine Rolle, ob die Spalte *Company* vollkommen leer ist oder einen Leertext enthält. In jedem Fall fliegt der Eintrag dann aus der Pipeline:

```
PS> Get-Process | Where-Object Company | Group-Object Company -NoElement | Sort-Object Count -
Descending

Count Name
----- ----
   25 Microsoft Corporation
    1 PowerISO Computing, Inc.
    1 Adobe Systems, Inc.
    1 Huawei Technologies Co...
    1 Idera
```

Häufigkeit und Gesamtgrößen: Measure-Object

Manchmal benötigt man nur die Anzahl der Ergebnisse, sonst nichts. Vielleicht wollen Sie herausfinden, wie viele Programmdateien im Windows-Ordner liegen, wie viele Dienste derzeit gestoppt sind oder wie viele Prozessoren ein Computer besitzt. *Measure-Object* kann dann die Ergebnisse eines anderen Befehls zählen und die Fragen von gerade eben beantworten:

```
PS> Get-ChildItem -Path $env:windir -Filter *.exe | Measure-Object
```

```
Count    : 9
Average  :
Sum      :
Maximum  :
Minimum  :
Property :
```

```
PS> Get-Service | Where Status -eq Stopped | Measure-Object | Select-Object -ExpandProperty Count
93
```

```
PS> Get-WmiObject -Class Win32_Processor | Measure-Object | Select-Object -ExpandProperty Count
1
```

Das Ergebnis des ersten Befehls zeigt, dass *Measure-Object* auf Wunsch auch mehr Informationen liefert als nur die Anzahl. Wird nur die Anzahl in *Count* benötigt, sorgt ein nachfolgendes *Select-Object* dafür, dass nur der Inhalt dieser Spalte zurückgeliefert wird. Nach demselben Strickmuster lassen sich viele weitere Fragestellungen beantworten, etwa, ob ein bestimmtes Programm läuft oder nicht, zum Beispiel der Windows-Editor:

```
PS> $anzahl = Get-Process -Name notepad -ErrorAction Ignore | Measure-Object | Select-Object -
ExpandProperty Count
PS> $vorhanden = $anzahl -gt 0
PS> "Es laufen gerade $anzahl Editoren"
Es laufen gerade 0 Editoren
```

```
PS> "Läuft ein Editor? $vorhanden"
Läuft ein Editor? False
```

Statistische Berechnungen

Auf Wunsch zählt *Measure-Object* nicht nur, sondern kann auch allgemeine statistische Berechnungen durchführen. Bei numerischen Informationen gehören dazu Durchschnitt, Summe und Minimal- sowie Maximalwerte:

```
PS> 1,4,6,2,5,7,4,12,-3  | Measure-Object -Sum -Average -Min –Max
```

```
Count    : 9
Average  : 4,22222222222222
Sum      : 38
Maximum  : 12
Minimum  : -3
Property :
```

Bei Textinformationen lassen sich Zeichen, Zeilen und Worthäufigkeiten analysieren:

```
PS> 'es war einmal ein kleiner lieber Wolf' | Measure-Object -Word -Character -Line
```

Lines	Words	Characters	Property
1	7	37	

Ordnergrößen berechnen

Wollen Sie die Ergebnisse anderer Cmdlets von *Measure-Object* auswerten lassen, geben Sie wie bei den übrigen Cmdlets aus diesem Kapitel mit *-Property* wieder die Spalte an, die ausgewertet werden soll. Ist ihr Inhalt numerisch, stehen wieder die numerischen Berechnungen zur Verfügung.

Sie können nun also *Get-ChildItem* beauftragen, alle Dateien eines Ordners zu liefern und dann mit *Measure-Object* die Summe der Spalte *Length* zu bilden. Das ergibt die Gesamtgröße des Ordners. Die folgende Zeile führt dies für Ihr Benutzerprofil durch, aber Sie könnten anstelle von *$HOME* auch einen beliebigen anderen Ordnerpfad angeben:

```
PS> Get-ChildItem -Path $HOME -File | Measure-Object -Property Length -Sum | Select-Object
-ExpandProperty Sum
```

Damit auch alle Unterordner sowie versteckte Dateien in die Größe einfließen, muss *Get-ChildItem* lediglich angewiesen werden, auch diese Dateien zu liefern. Der Rest bleibt gleich:

```
PS> Get-ChildItem -Path $HOME -File -Recurse -Force -ErrorAction Ignore | Measure-Object -Property
Length -Sum | Select-Object -ExpandProperty Sum
```

TIPP   Möchten Sie das Ergebnis lieber in GB und als Zahl formatiert, hilft der Operator *-f* (den Sie im Detail in Kapitel 7 kennenlernen — Vorblättern ist erlaubt):

```
PS> $groesse = Get-ChildItem -Path $HOME -File -Recurse -ErrorAction Ignore | Measure-Object -
Property Length -Sum | Select-Object -ExpandProperty Sum
PS> 'Ihr Benutzerprofil ist {0:#,#.##.0} GB gross' -f ($groesse/1GB)
Ihr Benutzerprofil ist 27,8 GB gross
```

Enthält die Spalte, die Sie mit *-Property* angeben, nicht Zahlen, sondern Text, stehen die statistischen Funktionen für Text zur Verfügung. Die folgende Zeile berechnet die (etwas praxisferne) Häufigkeit von Worten und Zeichen in allen Meldungen sämtlicher Fehlerevents des System-Ereignisprotokolls:

```
PS> Get-EventLog -LogName system -EntryType Error | Measure-Object -Property Message -Word -Line
-Character
```

Lines	Words	Characters	Property
21	689	6532	Message

Sinnvoller ist sicher der Einsatz von *Get-Content*, um den Inhalt einer Textdatei auszuwerten:

```
PS> Get-Content $env:windir\windowsupdate.log | Measure-Object -Character -Line –Word
```

Lines	Words	Characters	Property
16700	216083	1967672	

Frei programmierbare Eigenschaften

Sie haben in diesem Kapitel sechs wichtige Cmdlets kennengelernt, die im Herzen der Pipeline eingesetzt werden, um die Ergebnisse eines Befehls umzuformen und weiterzuverarbeiten. Zwei davon, nämlich *Where-Object* und *ForEach-Object*, waren besonders flexibel: Ihnen kann man einen Skriptblock mit beliebigem PowerShell-Code übergeben.

Die übrigen vier – *Select-Object*, *Sort-Object*, *Measure-Object* und *Group-Object* – funktionieren etwas anders: Ihnen teilen Sie mit dem Parameter *-Property* mit, auf welche Spalten diese Cmdlets sich beziehen sollten. Skriptcode war nicht erforderlich. In Wahrheit dürfen Sie dreien dieser vier Cmdlets aber auch Skriptcode übergeben, was ihren Einsatz noch wesentlich flexibler macht.

Cmdlet	einfache Syntax	fortgeschrittene Syntax
Where-Object	Where-Object Length -gt 1MB	Where-Object { $_.Length -gt 1MB }
ForEach-Object	-	ForEach-Object { "bearbeite $_" }
Select-Object	Select-Object Name, Length	Select-Object { $_.Name }, { $_.Length }
Sort-Object	Sort-Object Length	Sort-Object { $_.Length }
Measure-Object	Measure-Object Length	-
Group-Object	Group-Object Extension	Group-Object { $_.Extension }

Tabelle 5.2   Einsatz der Cmdlets mit einfacher und fortgeschrittener Syntax

Nun nämlich kann der Skriptblock selbst bestimmen, mit welchem Wert das Cmdlet sortiert, gruppiert oder darstellt. Schauen Sie sich das an einigen realen Aufgabenstellungen an, die sich jeweils nur mit der fortgeschrittenen Syntax lösen lassen:

Datentyp der Sortierung ändern

»Sortieren Sie eine Liste mit IP-Adressen.«

Das klingt einfacher als es ist. Wer spontan *Sort-Object* einsetzt, stellt fest, dass das Sortierergebnis nicht stimmt. Für *Sort-Object* sind die IP-Adressen reiner Text und werden also alphanumerisch sortiert:

```
PS> '80.1.12.100', '127.0.0.1', '217.89.12.100' | Sort-Object

127.0.0.1
217.89.12.100
80.1.12.100
```

Die Sortierung wäre alphanumerisch nur möglich, wenn alle Oktets der IP-Adresse dreistellig angegeben würden. So sehen aber die wenigsten IP-Adressen aus.

Was die Frage aufwirft, wie man eine IP-Adresse so umformt, dass alle Oktets jeweils dreistellig sind. Die IP-Adresse müsste dazu zunächst mit *-split* in ihre Oktets aufgeteilt und diese dann mit *-as* in

Zahlen und anschließend in Objekte weiterverwandelt werden, die der Operator *-f* anschließend dazu benutzen kann, um den Text neu zusammenzusetzen – diesmal als jeweils dreistellige Zahlen (»d3«). Nicht gerade intuitiv, aber die Sortierung funktioniert danach anstandslos:

```
PS> '80.1.12.100', '127.0.0.1', '217.89.12.100' | ForEach-Object { '{0:d3}.{1:d3}.{2:d3}.{3:d3}'
-f ($_ -split '\.' -as [Int[]] -as [Object[]]) } | Sort-Object

080.001.012.100
127.000.000.001
217.089.012.100
```

Nur sind die IP-Adressen jetzt nicht nur sortiert, sondern ihre Oktets nun auch dreistellig. Was für die Sortierung prima war, ist für die Ausgabe nicht mehr so gut. Besser geht es, wenn Sie die für die korrekte Sortierung notwendige Umformung nur intern vornehmen, also nur innerhalb von *Sort-Object*, ohne die eigentlichen Daten zu verändern. Das gelingt, indem Sie den Umformungs-Skriptblock einfach direkt an *Sort-Object* übergeben:

```
PS> '80.1.12.100', '127.0.0.1', '217.89.12.100' | Sort-Object { '{0:d3}.{1:d3}.{2:d3}.{3:d3}' -f
($_ -split '\.' -as [Int[]] -as [Object[]]) }

80.1.12.100
127.0.0.1
217.89.12.100
```

Jetzt sind die IP-Adressen sortiert, aber nicht verändert. *Sort-Object* hat intern Ihren Skriptcode dreimal ausgeführt, für jede IP-Adresse einmal. Das Ergebnis des Skriptblocks bildete das Sortierkriterium, ohne dass dazu die zu sortierenden Daten verändert werden mussten.

Was genau Ihr Skriptblock unternimmt, ist ganz Ihnen überlassen. IP-Adressen könnte man zum Beispiel auch mit diesem Skriptblock korrekt sortieren:

```
PS> '80.1.12.100', '127.0.0.1', '217.89.12.100' | Sort-Object { $_ -as [System.Version] }

80.1.12.100
127.0.0.1
217.89.12.100
```

Hier wandelt der Skriptblock die IP-Adressen in einen neuen Datentyp namens *System.Version* um, der normalerweise Versionsnummern repräsentiert. Weil Versionsnummern aber genau wie IP-Adressen aus vier Zahlen bestehen, die durch einen Punkt getrennt sind, können nicht nur Versionsnummern, sondern auch IP-Adressen mit diesem Datentyp korrekt sortiert werden.

Gruppierung nach bestimmten Textteilen

»Stellen Sie mit den Rohdaten aus windowsupdate.log fest, an welchen Tagen wie viele Updates installiert wurden!«

Mit *Get-Content* kann man den Inhalt eines textbasierten Protokolls lesen und mit *Where-Object* die Zeilen darin filtern, um beispielsweise nur diejenigen zu sehen, in denen das Schlüsselwort »successfully installed« ein installiertes Update signalisiert.

```
PS> Get-Content $env:windir\windowsupdate.log | Where-Object { $_ -like '*successfully installed*'
}
```

Um festzustellen, an welchen Tagen wie viele Updates installiert wurden, bietet sich eigentlich *Group-Object* an. Allerdings müsste man dem Cmdlet für die Gruppenbildung irgendwie nur das Datum übergeben können, das immer am Anfang jeder Protokollzeile steht und zehn Zeichen lang ist.

Dazu übergeben Sie *Group-Object* einen Skriptblock. Die Variable *$_* repräsentiert darin das gelieferte Objekt, also jeweils eine Textzeile. Indem Sie nur die ersten zehn Zeichen der Zeile auswählen, kann *Group-Object* die gewünschte Information liefern und gruppiert die Zeilen nach dem Datum, das in diesen ersten zehn Zeichen jeweils steht:

```
PS> Get-Content $env:windir\windowsupdate.log | Where-Object { $_ -like '*successfully installed*'
} | Group-Object { $_.Substring(0,10) } -NoElement

Count Name
----- ----
   34 2012-08-16
    5 2012-08-17
    1 2012-08-20
    1 2012-08-21
(…)
```

Umwandlung von Byte in MB

»Zeigen Sie den Inhalt des Windows-Ordners so an, dass die Dateigrößen nicht in Bytes dargestellt werden, sondern in Megabyte!«

Zuständig für Spalten ist *Select-Object*. In der einfachen Syntax kann man zwar die Spalten auswählen, aber nicht ihren Inhalt ändern:

```
PS> Get-ChildItem -Path $env:windir | Select-Object  -Property Mode, LastWriteTime, Length, Name
```

Viel nützt *Select-Object* hier also nicht, denn die gewünschten Spalten hätte PowerShell sowieso angezeigt. In der fortgeschrittenen Syntax kann man den Inhalt der Spalte *Length* nun aber mit einem Skriptblock ändern. Der Skriptblock könnte dazu den Originalinhalt durch *1MB* teilen und das Ergebnis mit dem Operator *-f* noch etwas ansehnlicher formatieren:

```
PS> Get-ChildItem -Path $env:windir | Select-Object  -Property Mode, LastWriteTime, { '{0:0.00}
MB' -f ($_.Length/1MB) }, Name
```

Zwar funktioniert der Plan, hat aber unschöne Effekte: Als Spaltenüberschrift wird nun Ihr Skriptblock genannt und auch für Ordner wird jetzt »0,0 MB« angezeigt, obwohl *Length* bei Ordnern eigentlich leer sein sollte. Inhaltliche Unstimmigkeiten können Sie bereits lösen, indem Sie den Skriptcode intelligenter formulieren und zum Beispiel nur bei Dateien, aber nicht bei Ordnern tätig werden:

```
PS> $code = { If ($_.PSIsContainer -eq $false) { '{0:0.00} MB' -f ($_.Length/1MB) } }
PS> Get-ChildItem -Path $env:windir | Select-Object -Property Mode, LastWriteTime, $code, Name
```

Mode	LastWriteTime	If ($_.PSIsContainer -eq $false) { '{0:0.00} MB' -f ($_.Length/1MB) }	Name
----	-------------	-------------------	----

(…)

Damit die Spalte einen ansehnlicheren Namen erhält, wäre es aber nötig, *Select-Object* neben dem Skriptcode (zur Berechnung des Spalteninhalts) auch einen Namen (für die Spaltenüberschrift) zu übergeben.

Hashtabelle: Mehrere Werte übergeben

Mit einer sogenannten Hashtabelle kann man mehrere Werte über »sprechende« Schlüsselnamen übergeben. Weiß der Aufrufer, unter welchem Wert Sie einen Schlüssel in die Hashtabelle geschrieben haben, kann er diesen Wert auch wieder abrufen. Die Schlüssel, nach denen *Select-Object* sucht, heißen *Name* (für die Spaltenüberschrift) und *Expression* (für den Skriptblock):

```
PS> $hash = @{Name='Length'; Expression={ If ($_.PSIsContainer -eq $false) { '{0:0.00} MB' -f
($_.Length/1MB) } } }
PS> Get-ChildItem -Path $env:windir | Select-Object -Property Mode, LastWriteTime, $hash, Name

Mode                LastWriteTime        Length              Name
----                -------------        ------              ----
(...)
```

Eine Hashtabelle wird also mit »@{}« angelegt. Die einzelnen Schlüssel-Wert-Paare darin grenzen Sie entweder mit einem Semikolon ab oder verwenden im Editor mehrere Zeilen, was die Lesbarkeit erhöht, insbesondere wenn man die verschiedenen Klammern bündig schreibt:

```
$hash = @{
  Name='Length'
  Expression={
    If ($_.PSIsContainer -eq $false)
    {
      '{0:0.00} MB' -f ($_.Length/1MB)
    }
  }
}
```

> **PROFITIPP**   *Select-Object* findet Schlüssel auch, wenn sie nicht voll ausgeschrieben, aber eindeutig sind:

```
PS> $hash = @{N='Length'; E={If ($_.PSIsContainer -eq $false) {'{0:0.00} MB' -f ($_.Length/1MB)}}}
```

Mit Hashtabelle dynamische Spalten anlegen

Übergeben Sie die Hashtabelle an ein Cmdlet als Spaltenangabe, wertet das Cmdlet die darin enthaltenen Angaben aus und stellt die Spalte jetzt mit den gewünschten Spaltenüberschriften dar:

```
$memorytype = "Unknown", "Other", "DRAM", "Synchronous DRAM", "Cache DRAM", "EDO", "EDRAM",
"VRAM", "SRAM", "RAM", "ROM", "Flash", "EEPROM", "FEPROM", "EPROM", "CDRAM", "3DRAM", "SDRAM",
"SGRAM", "RDRAM", "DDR", "DDR-2"
$formfactor = "Unknown", "Other", "SIP", "DIP", "ZIP", "SOJ", "Proprietary", "SIMM", "DIMM",
"TSOP", "PGA", "RIMM", "SODIMM", "SRIMM", "SMD", "SSMP", "QFP", "TQFP", "SOIC", "LCC", "PLCC",
"BGA", "FPBGA", "LGA"

$spalte1 = @{Name='Größe (GB)'; Expression={ $_.Capacity/1GB } }
$spalte2 = @{Name='Bauart'; Expression={$formfactor[$_.FormFactor]} }
$spalte3 = @{Name='Speichertyp'; Expression={ $memorytype[$_.MemoryType] } }
```

```
Get-WmiObject Win32_PhysicalMemory | Select-Object BankLabel, $spalte1, $spalte2, $spalte3
```

Listing 5.2 Das Skript *memory.ps1*

Das Ergebnis sähe ungefähr so aus und würde anstelle von kryptischen Kennziffern die Klartext-namen für Speichertyp und Formfaktor nennen:

```
BankLabel                            Größe (GB) Bauart             Speichertyp
---------                            ---------- ------             -----------
Bank 0                                        1 SODIMM             DDR-2
Bank 1                                        2 SODIMM             DDR-2
```

PROFITIPP   Ihre Lösung ist noch nicht fertig. Zwar liefert der Code bereits die gewünschten Informationen, ist aber noch »unverpackt«. Sie haben sozusagen mit dem Lötkolben ein Radio gebastelt, das zwar schon Musik spielt, aber mit all den heraushängenden Kabeln und Bauteilen noch nicht wirklich brauchbar ist.

Was fehlt, ist das Gehäuse, das die Innereien sicher abschottet und stattdessen bequeme Schalter und Knöpfe für die Bedienung besitzt. Damit aus dem rohen Code also ein neuer Befehl wird, der auch von anderen PowerShell-Nutzern sofort und ohne größere Kenntnis einsetzbar ist, verpacken Sie ihn noch schnell als Funktion und fügen dabei gleich noch Remotingmöglichkeiten hinzu, damit Sie auf diese Weise auch die Speicherbankbelegung anderer Computer im Netzwerk ermitteln können. Die (wenigen) dafür nötigen Änderungen sind fettgedruckt hervorgehoben:

```
function Get-PhysicalMemory {

  param(
    $ComputerName='.'
  )

  $memorytype = "Unknown", "Other", "DRAM", "Synchronous DRAM", "Cache DRAM", "EDO", "EDRAM",
"VRAM", "SRAM", "RAM", "ROM", "Flash", "EEPROM", "FEPROM", "EPROM", "CDRAM", "3DRAM", "SDRAM",
"SGRAM", "RDRAM", "DDR", "DDR-2"
  $formfactor = "Unknown", "Other", "SIP", "DIP", "ZIP", "SOJ", "Proprietary", "SIMM", "DIMM",
"TSOP", "PGA", "RIMM", "SODIMM", "SRIMM", "SMD", "SSMP", "QFP", "TQFP", "SOIC", "LCC", "PLCC",
"BGA", "FPBGA", "LGA"

  $spalte1 = @{Name='Größe (GB)'; Expression={ $_.Capacity/1GB } }
  $spalte2 = @{Name='Bauart'; Expression={$formfactor[$_.FormFactor]} }
  $spalte3 = @{Name='Speichertyp'; Expression={ $memorytype[$_.MemoryType] } }

  Get-WmiObject Win32_PhysicalMemory -ComputerName $ComputerName | Select-Object BankLabel,
$spalte1, $spalte2, $spalte3
}
```

Listing 5.3 Das Skript *Get-PhysicalMemory.ps1*

Voilà! Ihr unansehnlicher Code ist nun in einem schicken Gehäuse namens *Get-PhysicalMemory* verpackt, das über den Parameter *-ComputerName* nun sogar den Remotezugriff auf andere Computer gestattet. Was intern in *Get-Physical-Memory* geschieht, ist für den Benutzer jetzt nicht mehr wichtig.

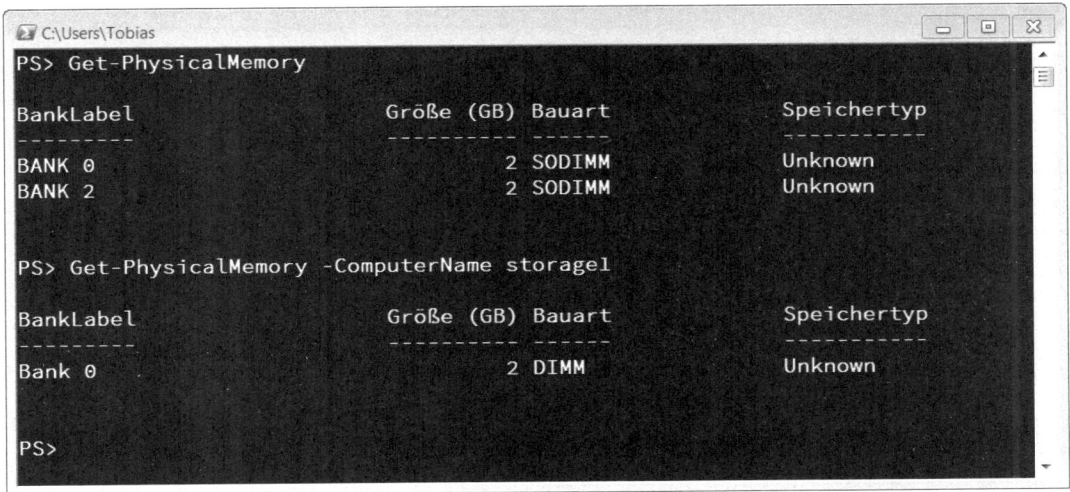

Abbildung 5.10 Speicherbestückung für lokalen oder Remotecomputer anzeigen

Mehr zum Remoting und den dafür notwendigen Berechtigungen und Voraussetzungen erfahren Sie in Kapitel 23. Ab Kapitel 8 lernen Sie alle Details rund um Funktionen und Module, mit denen Sie Funktionen als Paket sicher und bequem an andere weitergeben.

Tatsächlich spielen Hashtabellen bei sehr vielen Cmdlets eine Rolle und bieten Ihnen dann die Möglichkeit, Feineinstellungen anzugeben (Tabelle 5.3).

Cmdlet	Hashtabellenaufbau
Sort-Object	*Expression* <Zeichenfolge> oder <Skriptblock> *Ascending* <boolescher Wert> *Descending* <boolescher Wert>
Select-Object	*Name* (oder *Label*) <Zeichenfolge> *Expression* <Zeichenfolge> oder <Skriptblock>
Format-Wide	*Expression* <Zeichenfolge> oder <Skriptblock> *FormatString* <Zeichenfolge>
Format-Table	*Name* (oder *Label*) <Zeichenfolge> *Expression* <Zeichenfolge> oder <Skriptblock> *FormatString* <Zeichenfolge> *Width* <int32> *Alignment* (Wert kann *Left, Center* oder *Right* lauten)
Format-Custom	*Expression* <Zeichenfolge> oder <Skriptblock> *Depth* <int32>

Tabelle 5.3 Cmdlets mit Parameter -*Property*, die Hashtabelle unterstützen

Cmdlet	Hashtabellenaufbau
Format-List	*Name* (oder *Label*) <Zeichenfolge> *Expression* <Zeichenfolge> oder <Skriptblock> *FormatString* <Zeichenfolge>
Group-Object	*Expression* <Zeichenfolge> oder <Skriptblock>
New-Object	<Zeichenfolge> legt beliebige neue Eigenschaften im Objekt an
Compare-Object	*Expression* <Zeichenfolge> oder <Skriptblock>
ConvertTo-Html	*Label* <Zeichenfolge> *Expression* <Zeichenfolge> oder <Skriptblock>

Tabelle 5.3 Cmdlets mit Parameter *-Property*, die Hashtabelle unterstützen *(Fortsetzung)*

Mehrere Spalten in umgekehrter Sortierung

Um mit *Sort-Object* nach mehreren Spalten zu sortieren und die Sortierreihenfolge für jede Spalte einzeln anzugeben, setzen Sie Hashtabellen mit den Schlüsseln *Expression*, *Ascending* und *Descending* ein:

```
$kriterium1 = @{Expression='Company'; Ascending=$true }
$kriterium2 = @{Expression='CPU'; Descending=$true }
Get-Process | Where-Object { $_.Company -ne $null } | Sort-Object $kriterium1, $kriterium2 |
Select-Object Company, CPU
```

So erhalten Sie als Ergebnis eine Liste, in der die Prozesse in aufsteigender Reihenfolge nach Hersteller und innerhalb jedes Herstellers in absteigender Reihenfolge nach CPU-Belastung aufgeführt sind.

Mehrspaltige Anzeigen

Format-Wide dient dazu, möglichst viele Ergebnisse auf kleinstem Raum auszugeben. Deshalb kann dieses Cmdlet nur jeweils eine Objekteigenschaft wie beispielsweise den Dateinamen ausgeben. Spaltenüberschriften werden überhaupt nicht angezeigt:

```
PS> Get-ChildItem -Path $env:windir | Format-Wide Name -Column 3
```

Genügt Ihnen das nicht, könnten Sie die Eigenschaft, die angezeigt wird, auch mit einer Hashtabelle berechnen lassen und dabei mehrere Informationen verknüpfen. Das nächste Beispiel listet die Dateinamen und dahinter in Klammern den Tag und Monat der letzten Änderung auf:

```
PS> $combined = @{Expression={ '{0} ({1:dd.MM.})' -f $_.Name, $_.LastWriteTime }}
PS> Get-ChildItem -Path $env:windir | Format-Wide $combined -Column 3
```

Ebenso gut könnten Sie aber auch das Alter der Datei in den Klammern hinter dem Dateinamen angeben:

```
PS> $combined = @{Expression={ '{0} ({1:#,##0} Tage)' -f $_.Name, ((New-Timespan
$_.LastWriteTime).Days) }}
PS> Get-ChildItem -Path $env:windir -Filter *.log | Format-Wide $combined -Column 3
```

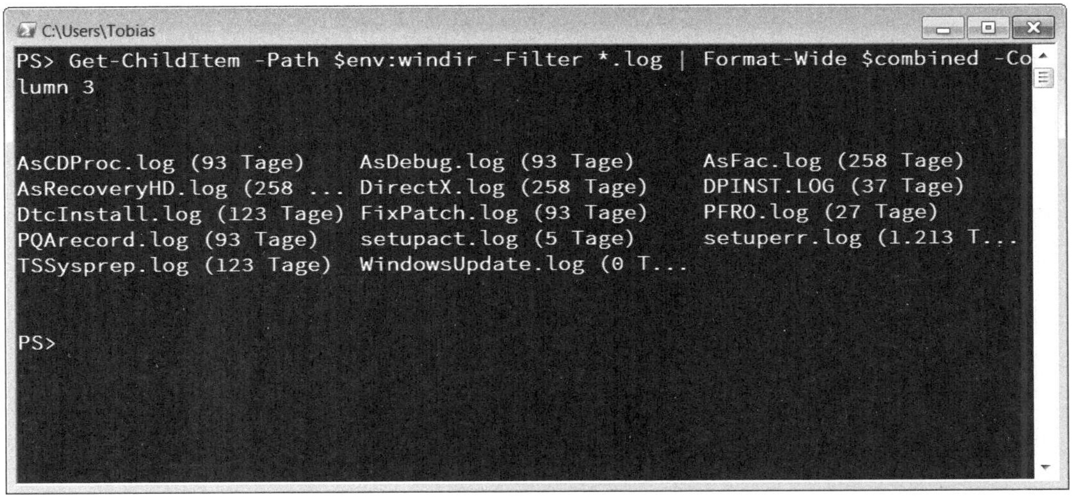

```
C:\Users\Tobias
PS> Get-ChildItem -Path $env:windir -Filter *.log | Format-Wide $combined -Co
lumn 3


AsCDProc.log (93 Tage)    AsDebug.log (93 Tage)     AsFac.log (258 Tage)
AsRecoveryHD.log (258 ...  DirectX.log (258 Tage)    DPINST.LOG (37 Tage)
DtcInstall.log (123 Tage) FixPatch.log (93 Tage)    PFRO.log (27 Tage)
PQArecord.log (93 Tage)   setupact.log (5 Tage)     setuperr.log (1.213 T...
TSSysprep.log (123 Tage)  WindowsUpdate.log (0 T...


PS>
```

Abbildung 5.11 Alter von Protokolldateien in Tagen als dreispaltige Anzeige

Neue Einträge hinzufügen

Format-List stellt die Ergebnisse in einer Liste untereinander (vertikal) dar. Eigene neue Spalten werden über den Hashtabellenschlüssel *Name* und *Expression* festgelegt. Das folgende Beispiel gibt die zusätzlichen Zeilen *Alter* und *Datum* aus. Das Alter ist dabei das relative Alter der jeweiligen Datei und *Datum* besteht nur aus dem Datumsanteil ohne die Uhrzeit:

```
PS> $alter = @{Name='Alter'; Expression={ (New-Timespan $_.LastWriteTime).Days }}
PS> $datum = @{Name='Datum'; Expression= { $_.LastWriteTime.ToLongDateString() }}
PS> dir $env:windir | Format-List Name, $alter, $datum
```

Über den zusätzlichen Schlüssel *FormatString* hätte man das Datum auch als Formatierungsanweisung übergeben können:

```
PS> $alter = @{Name='Alter'; Expression={ (New-Timespan $_.LastWriteTime).Days }}
PS> $datum = @{Name='Datum'; Expression= { $_.LastWriteTime}; FormatString='dddd, dd. MMMM'}
PS> Get-ChildItem -Path $env:windir | Format-List Name, $alter, $datum
```

Die Angabe für *FormatString* ist allerdings meist überflüssig, weil man das Format ohnehin über den Formatierungsoperator *-f* festlegen kann:

```
PS> $alter = @{Name='Alter'; Expression={ (New-Timespan $_.LastWriteTime).Days }}
PS> $datum = @{Name='Datum'; Expression= { '{0:dddd, dd. MMMM}' -f $_.LastWriteTime}}
PS> Get-ChildItem -Path $env:windir | Format-List Name, $alter, $datum
```

Spaltenbreite, Bündigkeit und Gruppenüberschriften

Dieses Cmdlet gibt die Objekteigenschaften als horizontal angeordnete Tabelle aus. Deshalb kann man hier zusätzlich mit *Width* definieren, wie breit eine Spalte sein soll, und mit *Alignment*, ob der Spalteninhalt linksbündig, rechtsbündig oder zentriert ausgegeben wird:

```
PS> $name = @{Name='Dateiname'; Expression={ $_.Name }; Width=30; Alignment='Left'}
PS> $groesse = @{Name='Größe (KB)'; Expression={'{0:n} KB' -f ($_.Length/1KB)}; Width=15;
Alignment='Right'}
PS> $alter = @{Name='Alter'; Expression={ (New-Timespan $_.LastWriteTime).Days }; Width=5;
Alignment='Center'}
PS> Get-ChildItem -Path $env:windir | Format-Table $name, $groesse, $alter
```

Das Ergebnis sähe dann ungefähr so aus:

```
Dateiname                      Größe (KB) Alter
---------                      ---------- -----
ABLKSR                             0,00 KB 1198
addins                             0,00 KB 1213
AppCompat                          0,00 KB 93
AppPatch                           0,00 KB 27
ar-SA                              0,00 KB 576
assembly                           0,00 KB 5
ASUS                               0,00 KB 123
Boot                               0,00 KB 1213
(…)
aksdrvsetup.log                    0,53 KB 607
bfsvc.exe                         69,50 KB 729
bootstat.dat                      66,00 KB 0
DirectX.log                      209,97 KB 607
```

(…)

Format-Table kann nicht nur eine, sondern sogar zwei Hashtabellen verarbeiten. Zusätzlich zum
Parameter *-Property* steht noch der Parameter *-GroupBy* zur Verfügung, der die Tabelle in mehrere
Untertabellen gliedert. Erlaubte Schlüssel sind hier *Name*, *Expression* und *FormatString*. Das Ergebnis
des Skriptblocks in *Expression* legt fest, in welche Gruppe ein jeweiliges Element eingeordnet wird.

ACHTUNG   Der Gruppierungsausdruck gruppiert das Ergebnis zwar, sortiert es aber nicht. Damit nicht mehrere
gleichnamige Gruppen entstehen, muss das Ergebnis also zuerst mit *Sort-Object* nach dem Kriterium sortiert werden,
das dem Gruppierungsausdruck zugrunde liegt.

Möchten Sie die Ausgabe einer Dateiliste zum Beispiel nach Anfangsbuchstaben gruppieren, wäre
dies eine Lösung:

```
PS> $gruppe = @{Name='Anfangsbuchstabe'; Expression={$_.Name.Substring(0,1).toUpper()}}
PS> Get-ChildItem -Path $env:windir | Sort-Object Name | Format-Table Name, LastWriteTime, Length
-group $gruppe -AutoSize
```

Das Ergebnis sieht aus wie gewünscht:

```
   Anfangsbuchstabe: A
Name                           LastWriteTime         Length
----                           -------------         ------
ABLKSR                         29.07.2009 07:20:19
addins                         14.07.2009 07:32:39
AppCompat                      06.08.2012 22:06:45
(…)
AsDebug.log                    06.08.2012 18:59:32  4319008
AsFac.log                      24.02.2012 02:33:34    84747
(…)
```

```
      Anfangsbuchstabe: B
Name          LastWriteTime        Length
----          -------------        ------
bfsvc.exe     20.11.2010 14:24:28  71168
Boot          14.07.2009 07:32:38
bootstat.dat  08.11.2012 09:03:40  67584
(...)
```

Der Ausdruck, der das Gruppierungskriterium erstellt, kann natürlich auch komplexer sein. Der folgende Code gruppiert die Dateien beispielsweise in *neu*, *älter* und *sehr alt*:

```
PS> $gruppe = @{Name='Alter'; Expression={
Switch ((New-Timespan $_.LastWriteTime).Days) {
{ $_ -lt 10 } { 'neu'; continue }
{ $_ -lt 30 } { 'älter'; continue }
{ $_ -ge 30 } { 'sehr alt'; continue }
default { 'Unbekannt' }
}}}

PS> Get-ChildItem -Path $env:windir | Sort-Object LastWriteTime -Desc | Format-Table Name,
LastWriteTime, Length -Group $gruppe -Auto
```

Frei wählbare Gruppierungskriterien

Group-Object gruppiert Ergebnisse nach Eigenschaften und kann ebenfalls dynamisch berechnete Eigenschaften verarbeiten. In der folgenden Zeile liefert der Ausdruck zum Beispiel *True* (Wahr), wenn die Dateigröße 100 KB übersteigt, ansonsten *False* (Falsch). Die Zeile liefert also zwei Gruppen, *True* und *False*. In der Gruppe *True* befinden sich alle Dateien, die größer sind als 100 KB:

```
PS> Get-ChildItem -Path $env:windir | Group-Object {$_.Length -gt 100KB}
```

```
Count Name                    Group
----- ----                    -----
   82 False                   {addins, AppCompat, AppPatch, assembly...}
    7 True                    {explorer.exe, HelpPane.exe, notepad.exe, nt...
```

Der Rückgabewert des Ausdrucks muss aber nicht *True* oder *False* sein, sondern ist beliebig. Wünschen Sie lieber einen aussagekräftigeren Namen, könnten Sie das letzte Beispiel etwas umformulieren:

```
PS> Get-ChildItem -Path $env:windir | Group-Object { if($_.Length -gt 100KB) { 'gross' } else {
'klein' }}
```

```
Count Name                    Group
----- ----                    -----
   82 klein                   {addins, AppCompat, AppPatch, assembly...}
    7 gross                   {explorer.exe, HelpPane.exe, notepad.exe, nt...
```

In der nächsten Zeile ermittelt der Ausdruck den Anfangsbuchstaben des Dateinamens und gibt diesen in Großbuchstaben zurück. Das Ergebnis: *Group-Object* gruppiert den Ordnerinhalt nach Anfangsbuchstaben:

```
Get-ChildItem -Path $env:windir | Group-Object {$_.Name.Substring(0,1).toUpper()}
```

```
Count Name                        Group
----- ----                        -----
    4 A                           {Application Data, alias1, ausgabe.htm, ausgabe.txt}
    2 B                           {Backup, backup.pfx}
    2 C                           {Contacts, cmdlet.txt}
    5 D                           {Debug, Desktop, Documents, Downloads...}
    5 F                           {Favorites, filter.ps1, findview.PS1, findview2.PS1...}
(…)
```

Wenn Sie sich das Ergebnis von *Group-Object* näher ansehen, fällt wieder auf: Hinter jedem Gruppennamen wird in *Group* ein Feld angezeigt, in dem die einzelnen Objekte dieser Gruppe zusammengefasst sind. Sie könnten also aus diesem Ergebnis eine praktische alphabetisch gruppierte Ordneransicht ausgeben:

```
Get-ChildItem -Path $env:windir | Group-Object {$_.name.Substring(0,1).toUpper()} | ForEach-Object
{ ($_.Name)*7; "======="; $_.Group}
```

```
(…)
BBBBBBB
=======
d----            26.07.2012        11:03                 Backup
-a---            17.09.2012        16:05            1732 backup.pfx
CCCCCCC
=======
d-r--            13.04.2012        15:05                 Contacts
-a---            13.08.2012        13:41           23586 cmdlet.txt
DDDDDDD
=======
d----            28.06.2012        18:33                 Debug
d-r--            30.08.2012        15:56                 Desktop
d-r--            17.09.2012        13:29                 Documents
d-r--            24.09.2012        11:22                 Downloads
-a---            26.04.2012        11:43            1046 drive.vbs
(…)
```

Pipeline und Performance: Optimierungen

Wer die Stärken und Schwächen der PowerShell-Pipeline kennt, kann seine Skripts erheblich optimieren und solch enorme Geschwindigkeitsgewinne erreichen, dass ein Skript nicht mehr Minuten läuft, sondern nur noch Sekunden.

Die Pipeline dient nämlich nicht nur dazu, Befehle miteinander zu verketten, sondern auch den Speicherbedarf zu minimieren. Sie unternimmt das, indem sie in Echtzeit immer nur ein Ergebnisobjekt der Reihe nach über die Pipeline laufen lässt. Selbst wenn Sie also eine 50 GB große Protokolldatei auswerten, werden dank der Pipeline niemals die gesamten 50 GB in den Speicher geladen, sondern immer nur die wenige Byte große aktuelle Zeile. Die Kehrseite ist, dass die Weitergabe von Informationen auf diese Weise Zeit kostet. Sie müssen sich also entscheiden: Wollen Sie Speicher sparen oder wollen Sie Zeit sparen?

Flaschenhals Pipeline

Wie dramatisch die Geschwindigkeitsunterschiede ausfallen können, demonstriert dieses simple Beispiel:

```
PS> 1..1000 | Get-Random
979

PS> 1..1000000 | Get-Random
597850

PS> Get-Random -InputObject (1..1000000)
158430
```

Während die erste und letzte Zeile nur einen Augenblick benötigt, verschlingt die zweite Zeile fast eine halbe Minute Rechenzeit – obwohl sie dasselbe Resultat liefert wie die letzte Zeile, nämlich eine zufällige Zahl aus dem Wertebereich von 1 bis 1 Million.

Während die zweite Zeile die Pipeline verwendet, verzichtet die dritte Zeile auf sie und übergibt die eine Million Zahlen direkt an den zuständigen Parameter von *Get-Random*.

Der (an sich kleine) Overhead der Pipeline widerholt sich in der zweiten Zeile eine Million Mal, und das führt zu einer ganz erheblichen Verzögerung. Wenn man also den speicherplatzsparenden Effekt der Pipeline nicht benötigt, kann man seine Skripts allein dadurch spürbar beschleunigen, dass man auf die Pipeline verzichtet. Welche der beiden Anweisungen ist wohl effizienter? Beide legen einen neuen Ordner an und leiten die Ergebnismeldung ins Nichts:

```
PS> md c:\testfolder1 | Out-Null
PS> $null = md c:\testfolder2
```

Die zweite ist rund 50 Mal schneller, weil sie die Pipeline nicht verwendet. Bei nur einem Aufruf machen sich die Millisekunden nicht bemerkbar, aber wenn man innerhalb einer Schleife Informationen entfernen will, addiert sich dies schnell tausendfach.

Klassische Schleifen sind wesentlich schneller

ForEach-Object kann als Schleife »zweckentfremdet« werden, und wer 100 Mal etwas zu verrichten hat, könnte den Code in geschweiften Klammern mit diesem Cmdlet problemlos 100 Mal ausführen (und damit mathematisch iterieren):

```
PS> $summe = 0
PS> 1..100 | ForEach-Object { $summe += $_ }
PS> $summe
5050
```

Weil dabei allerdings 100 Elemente über die Pipeline übertragen werden, sind klassische Schleifen wie *foreach* und *for* sehr viel schneller. Sie kommen nämlich ohne den Pipeline-Overhead aus:

```
PS> $summe = 0
PS> for($x=1; $x -le 100; $x++) { $summe += $x }
PS> $summe
5050
```

```
PS> $summe = 0
PS> foreach($element in (1..100)) { $summe += $element }
PS> $summe
5050
```

Die klassischen Schleifen sind ungefähr 6 Mal schneller, wobei *foreach* noch etwas schneller ist als *for*, weil dabei nicht bei jedem Schleifendurchlauf die Abbruchbedingung ausgewertet werden muss.

Pipeline ist wesentlich reaktionsfreudiger

Demgegenüber spart die Pipeline nicht nur Speicherplatz, sie ist auch dank ihres Echtzeitcharakters viel reaktionsfreudiger. Die folgende Zeile nutzt die Pipeline dazu, alle Dateien im Windows-Ordner zu finden, die größer sind als 100 MB:

```
PS> Get-ChildItem -Path $env:windir -Recurse -ErrorAction Ignore | Where-Object Length -gt 100MB
```

Nach bereits relativ kurzer Zeit werden die ersten gefundenen Riesendateien ausgeworfen – also noch bevor *Get-ChildItem* überhaupt damit fertig ist, den Ordnerbaum komplett zu durchsuchen. Ohne Pipeline erhalten Sie Ergebnisse erst, wenn alles durchsucht worden ist. Solange müssen die zigtausend Dateien des Windows-Ordners und seiner Unterordner im Arbeitsspeicher gehalten werden. Der Speicherbedarf ist also um Dimensionen größer:

```
PS> $cateien = Get-ChildItem -Path $env:windir -Recurse -ErrorAction Ignore
PS> fcreach($datei in $dateien) { If ($datei.Length -gt 100MB) { $datei } }
```

Insgesamt benötigt diese Lösung vielleicht ein paar Sekunden weniger als die vorherige, gefühlt ist aber die erste Lösung schneller, weil sie schneller erste Ergebnisse liefert. Speicherplatz spart sie obendrein.

Weniger Speicherbedarf oder höhere Geschwindigkeit?

Was wichtiger ist, ein geringer Speicherbedarf plus schnelle Reaktionszeit oder doch lieber eine höhere Gesamtgeschwindigkeit, das können nur Sie entscheiden. Es hängt sehr vom Fall ab. Mitunter kann es vollkommen gerechtfertigt sein, mehr Speicher zu verbrauchen, um Aufgaben schneller zu erledigen. Hier zwei Beispiele, die genau dasselbe vollbringen: Sie lesen aus der Datei *windowsup-date.log* die installierten Updates. Die erste Variante nutzt dazu die Pipeline und ist speicherplatzsparend:

```
Get-Content $env:windir\windowsupdate.log -Encoding UTF8 |
    Where-Object { $_ -like '*successfully installed*' } |
    ForEach-Object { ($_ -split 'following update: ')[-1] }
```

Listing 5.4 Das Skript *performancetest_A.ps1*

Die zweite Variante liest die Textdatei zuerst vollständig in *$zeilen*. Der Parameter *-ReadCount* weist *Get-Content* an, dies in einem Zug durchzuführen, was besonders schnell geht. Danach werden die Zeilen in einer klassischen Schleife ohne Pipeline einzeln ausgewertet. Anstelle von *Where-Object* kommt eine klassische Bedingung mit *If* zum Einsatz:

```
$zeilen = Get-Content $env:windir\windowsupdate.log -Encoding UTF8 -ReadCount 0
foreach ($zeile in $zeilen)
{
 if ($zeile -like '*successfully installed*')
 { ($zeile -split 'following update: ')[-1] }
}
```

Listing 5.5 Das Skript *performancetest_B.ps1*

Das Ergebnis ist dasselbe, nicht aber Speicherbedarf und Geschwindigkeit. Die zweite Variante ist erheblich schneller.

Pipeline vorzeitig abbrechen

Wenn Sie den folgenden Befehl sowohl in PowerShell 3.0 als auch in PowerShell 2.0 ausführen, werden Sie unter Umständen dramatische Geschwindigkeitsunterschiede feststellen:

```
PS> Get-EventLog System | Where-Object { $_.InstanceId -gt 10000 } | Select-Object -First 1
```

Die Zeile soll eigentlich nur den ersten Ereignisprotokolleintrag mit der ID 10.000 auslesen. Während PowerShell 3.0 das Ergebnis blitzartig anzeigt und dann fertig ist, erscheint es bei PowerShell 2.0 zwar genauso blitzartig, danach aber ist PowerShell noch für geraume Zeit beschäftigt.

Der Grund: Wie bereits am Anfang des Kapitels erwähnt, ist die Pipeline bei PowerShell 2.0 eine reine Einbahnstraße und ein nachfolgendes Cmdlet kann in der Pipeline deshalb den vorangegangenen Cmdlets nicht signalisieren, dass die Aufgabe schon längst erledigt ist. Obwohl also *Select-Object* längst das gesuchte Ergebnis gefunden hat, liest *Get-EventLog* dennoch mit stoischer Ruhe das ganze Ereignisprotokoll bis zu Ende durch. Das kostet Zeit.

In PowerShell 3.0 wurde deshalb ein Weg integriert, mit dem *Select-Object* den Vorgängerbefehlen entgegen der Fahrtrichtung der Pipeline einen Hinweis schicken kann, dass sie ihre Arbeit einstellen können. Leider ist dieser Mechanismus nicht öffentlich und kann also auch nicht für andere Zwecke eingesetzt werden. Ein Szenario, wo selbst das neue *Select-Object* der PowerShell 3.0 prinzipiell überfordert ist, könnte so aussehen:

»*Lesen Sie aus einer Protokolldatei den ersten Fehlereintrag aus!*«

Da nicht bekannt ist, in welcher Zeile der erste Fehler vorkommen wird, kann man auch nicht mit *Select-Object* vorhersagen, wie viele Zeilen man lesen möchte. Ist das Protokoll riesengroß, müsste sie also komplett gelesen werden, auch wenn die gesuchte Zeile ganz am Anfang steht:

```
PS> Get-Content -Path $env:windir\windowsupdate.log | ForEach-Object { if ($_ -like '*error*') {
$_ } }
```

Mit einem kleinen Kniff gelingt es aber dennoch, die Pipeline vorzeitig abzubrechen, denn man kann sich seinen eigenen Befehl namens *Stop-Pipeline* bauen, der gar nicht kompliziert ist:

```
filter Stop-Pipeline([scriptblock]$condition = {$true}) {
 $_
 if (& $condition) {continue}
}
```

Damit *Stop-Pipeline* wirkt, muss der Aufruf allerdings außerdem noch in eine formale *Do...While*-Schleife gestellt werden und sieht dann so aus:

```
PS> Do { Get-Content -Path $env:windir\windowsupdate.log | ForEach-Object { if ($_ -like
'*error*') { $_; Stop-Pipeline } } } While ($false)
```

Listing 5.6 Das Skript *pipelineabbruch.ps1*

Dieser Aufruf liefert tatsächlich nur die erste Textzeile, die das gesuchte Wort enthält, und bricht die Pipeline danach ab, und zwar in PowerShell 3.0 genauso wie in PowerShell 2.0. *Stop-Pipeline* kann sogar als kompletter Ersatz von *Where-Object* eingesetzt werden und beendet die Pipeline dann, sobald das angegebene Kriterium zum ersten Mal erfüllt ist:

```
PS> Do { Get-Content -Path $env:windir\windowsupdate.log | Stop-Pipeline {$_ -like '*error*'} }
While ($false)
```

Dieser Code liest alle Textzeilen aus der Protokolldatei, bis die erste Zeile gefunden wird, die das Schlüsselwort *error* enthält. Danach wird die Pipeline sofort abgebrochen. Der Pipeline-Abbruch geschieht, indem *Stop-Pipeline* die besondere Anweisung *continue* gibt. Sie dient normalerweise dazu, einen aktuellen *Schleifen*durchgang vorzeitig zu beenden und mit dem nächsten Schleifendurchgang fortzufahren, hat also nichts mit der Pipeline zu tun. Damit tatsächlich nur die Pipeline und nicht das gesamte Skript abgebrochen wird, muss die Pipeline deshalb noch in eine Dummyschleife eingebettet werden, die nur ein einziges Mal läuft. Auf sie bzw. ihren Inhalt – also die Pipeline – wirkt sich *continue* dann aus.

Testen Sie Ihr Wissen!

Die folgenden Aufgaben helfen Ihnen dabei, zu kontrollieren, ob Sie die Inhalte dieses Kapitels bereits gut verstanden haben oder vielleicht noch etwas vertiefen wollen. Gleichzeitig lernen Sie viele weitere und teils spannende Anwendungsbeispiele sowie die typischen Fallstricke kennen.

Aufgabe   Sonderbarerweise scheint die Sortierung in der folgenden Zeile nicht zu funktionieren:

```
PS> dir $env:windir | Select-Object Name, LastWriteTime | Sort-Object Length
```

Finden Sie das auch sonderbar oder haben Sie eine Erklärung?

Lösung   Die Objekte, die ursprünglich von *dir* geliefert wurden, besaßen noch eine *Length*-Eigenschaft, nach der man hätte sortieren können. *Select-Object* entfernt aber alle Eigenschaften bis auf die erwünschten, sodass *Sort-Object* anschließend die Eigenschaft *Length* nicht mehr findet. Tauschen Sie entweder *Select-Object* und *Sort-Object* gegeneinander aus oder fügen Sie die Spalte *Length* in die Liste ein, die Sie *Select-Object* übergeben.

Aufgabe   Ein Kollege hat den Auftrag erhalten, alle Ereignisse vom Typ *Warning* aus dem Ereignisprotokoll *System* auszulesen, und dazu folgende Zeile erarbeitet:

```
PS> Get-EventLog System | Where-Object { $_.EntryType -eq 'Warning' }
```

Ist dieser Ansatz ökonomisch?

Lösung Die Anweisung funktioniert einwandfrei, doch ökonomisch ist sie nicht. *Where-Object* ist grundsätzlich eine clientseitige Filterung. In diesem Beispiel liefert *Get-EventLog* also zuerst alle Ereignisse, und *Where-Object* filtert daraus nachträglich die Ereignisse heraus, in deren Eigenschaft *EntryType* der Text *Warning* steht. Verwenden Sie lieber die Parameter des Cmdlets, das die Daten beschafft:

```
PS> Get-EventLog System -EntryType Warning
```

Aufgabe Sie möchten über WMI Informationen zu einem Benutzerkonto erhalten und haben dazu die folgende Anweisung gegeben:

```
PS> Get-WmiObject Win32_UserAccount | Where-Object { $_.Name = 'Gast' }
```

Nun wird aber gar kein Ergebnis mehr geliefert, obwohl die Anweisung ohne *Where-Object* ein Konto mit diesem Namen aufgelistet hatte. Warum?

Lösung Sie haben einen Gewohnheitsfehler gemacht und aus Versehen anstelle des Vergleichsoperators *-eq* den Zuweisungsoperator = verwendet. Weil diese Zuweisung erstens nicht erlaubt ist und zweitens kein *$true* liefert, filtert *Where-Object* alle Objekte aus der Pipeline und Sie erhalten keinerlei Resultate. Die korrekte Zeile muss also lauten:

```
PS> Get-WmiObject Win32_UserAccount | Where-Object { $_.Name -eq 'Gast' }
```

Aufgabe Sie haben das Problem in der letzten Aufgabe gelöst und konnten damit auf Ihrem Testsystem tatsächlich gezielt das *Gast*-Konto abrufen. Als Sie jedoch versuchen, dasselbe in Ihrer Produktivdomäne zu tun, scheint PowerShell zu hängen, und etwas später erhalten Sie einen Anruf eines Active Directory-Administrators, der Sie zum Einzelgespräch bittet. Was ist geschehen?

Lösung Ihre Anweisung verwendet mit *Where-Object* die clientseitige Filterung und *Get-WmiObject* ruft also sämtliche Benutzerkonten ab, die es gibt. Bei Ihnen zu Hause mag das noch gehen, aber im Unternehmen gehören dazu auch die unzähligen Benutzerkonten Ihrer Kollegen. Ändern Sie die Anweisung deshalb und setzen Sie die serverseitige Filterung ein, damit WMI nicht mehr Informationen abruft als nötig sind:

```
PS> Get-WmiObject Win32_UserAccount -Filter 'LocalAccount=True AND Name="Gast"'
```

Denken Sie daran, dass die Namen der eingebauten Benutzerkonten wie *Gast* oder *Administrator* lokalisiert sind und je nach Sprache Ihres Systems auch anders lauten können.

Aufgabe Die folgende Zeile sollte eigentlich alle Dienste liefern, die derzeit nicht ausgeführt werden:

```
PS> Get-Service | Where-Object { $_.Status = 'Stopped' }
```

Stattdessen werden Sie plötzlich mit Fehlermeldungen überschüttet. Warum?

Lösung PowerShell unterscheidet strikt zwischen dem Zuweisungsoperator »=« und Vergleichsoperatoren. Wollen Sie auf Gleichheit testen, lautet der richtige Vergleichsoperator »-eq«. Die Zeile hat also in Wirklichkeit nicht verglichen, ob die Eigenschaft *Status* den Text *Stopped* enthält, sondern versucht, dieser Eigenschaft den Wert *Stopped* zuzuweisen. Weil die Eigenschaft *Status* aber nur lesbar, jedoch nicht veränderbar ist, hagelt es die Fehlermeldungen. Korrigiert man den Vergleichsoperator, funktioniert die Zeile plötzlich wunderbar:

```
PS> Get-Service | Where-Object { $_.Status -eq 'Stopped' }
```

Aufgabe   Warum funktioniert die folgende Zeile nicht?

```
PS> Get-Process | Format-Table Name, Company | Sort-Object Company
```

```
out-lineoutput : Das Objekt vom Typ "Microsoft.PowerShell.Commands.Internal.Format.FormatEntryData"
ist ungültig oder befindet sich nicht an der richtigen Position in der Sequenz. Ursache ist
wahrscheinlich ein vom Benutzer angegebener Befehl "format-*", der zu Konflikten mit der
Standardformatierung führt.
```

Lösung   *Format-*-*Cmdlets müssen immer am Ende der Pipeline stehen. Die einzigen Cmdlets, die nach *Format-*-*Cmdlets folgen dürfen, sind *Out-*-*Cmdlets. Verschieben Sie also *Format-Table* an das Ende der Pipeline und alles ist wieder in Ordnung:

```
PS> Get-Process | Sort-Object Company | Format-Table Name, Company
```

Aufgabe   Angenommen, Sie setzen PowerShell 2.0 ein und verwenden die folgende Zeile, die ein sonderbares Resultat produziert:

```
PS> Get-Process; Get-Service | Select-Object Name, Status
```

Eigentlich sollten zuerst Prozesse und dann Dienste aufgelistet und die Dienste auf die Spalten *Name* und *Status* beschränkt werden. Das funktioniert zwar im Prinzip, aber obwohl die Dienste nur zwei Spalten haben, werden diese nicht nebeneinander, sondern untereinander ausgegeben. Lässt man den Befehl *Get-Process* am Anfang weg, werden die Spalten der Dienste wie gewünscht nebeneinander angezeigt:

```
PS> Get-Service | Select-Object Name, Status
```

Noch rätselhafter wird es, wenn man versucht, PowerShell mit *Format-Table* auf die Sprünge zu helfen. Jetzt erscheint sogar eine Fehlermeldung, nachdem die Prozesse ausgegeben worden sind:

```
PS> Get-Process; Get-Service | Format-Table Name, Status
```

```
     63     10     2052     1004     83     0,11     6048 WTGU
    197      9     1988     1104     39              5948 WUDFHost
(…)
out-lineoutput : Das Objekt vom Typ "Microsoft.PowerShell.Commands.Internal.Format.FormatStartData"
ist ungültig oder befindet sich nicht an der richtigen Position in der Sequenz. Ursache ist
wahrscheinlich ein vom Benutzer angegebener Befehl "format-table", der zu Konflikten mit der
Standardformatierung führt.
```

Lösung   Das Problem entsteht, weil Sie zwei verschiedene Befehle miteinander kombiniert und ihre Ergebnisse auf einmal ausgegeben haben. Da beide Befehle unterschiedliche Objekttypen liefern, nämlich Prozesse und Dienste, richtet sich PowerShell bei der Ausgabe nach dem ersten Objekttyp und gibt die Prozesse korrekt aus. Sobald Sie versuchen, sozusagen mitten in der Ausgabe die Formatierung zu ändern, kommt es zu einem Fehler. Die Lösung: Leiten Sie beide Ergebnisse separat mit *Out-Host* an die Konsole:

```
PS> Get-Process; Get-Service | Format-Table Name, Status | Out-Host
```

Aufgabe   Sie möchten mit *Get-Unique* eine Liste von Zahlen bearbeiten und dafür sorgen, dass Doppelgänger entfernt werden. Allerdings scheint das überhaupt nicht zu klappen. Anscheinend ist *Get-Unique* defekt. Oder vielleicht doch nicht?

```
PS> 1,2,3,1,2,3,1,2,3 | Get-Unique
```

1
2
3
(…)

Lösung *Get-Unique* funktioniert etwas anders, als Sie vielleicht angenommen haben. Es schaut, ob das aktuelle Element dem Vorgängerelement entspricht, und falls ja, wird das aktuelle Element entfernt. Möchten Sie also Doppelgänger entfernen, muss die Ausgangsliste zuerst sortiert werden, damit die Doppelgänger auch wirklich aufeinander folgen:

```
PS> 1,2,3,1,2,3,1,2,3 | Sort-Object | Get-Unique
```

1
2
3

Das allerdings kann *Sort-Object* auch von Haus aus:

```
PS> 1,2,3,1,2,3,1,2,3 | Sort-Object —Unique
```

1
2
3

Interessant wird diese Technik besonders, wenn Sie den Inhalt von Textdateien in einzelne Wörter umbrechen. Das erledigt die folgende Zeile:

```
PS> Get-Content $env:windir\windowsupdate.log | ForEach-Object { $_.ToLower().Split(' ') } |
ForEach-Object {$_.Split("`t")}
```

Diese Liste der einzelnen Wörter einer Datei könnten Sie nun sortieren und dann entweder an *Get-Unique* senden (Liste sämtlicher Wörter, die im Text vorkommen) oder an *Group-Object* (Anzahl der verwendeten Wörter im Text):

```
PS> $worte = Get-Content $env:windir\windowsupdate.log | ForEach-Object {$_.ToLower().Split(' ')}
| ForEach-Object {$_.Split("`t")}
PS> $worte | Sort-Object | Get-Unique
PS> $worte | Sort-Object | Group-Object -NoElement | Sort-Object Count -Descending
```

Aufgabe Wieso funktioniert der folgende Aufruf nicht?

```
PS> Get-Process | Select-String Name, Company, StartTime | Export-Csv $HOME\prozesse.csv
-UseCulture
```

Lösung Sie haben aus Versehen den Befehl *Select-Object* mit *Select-String* verwechselt. *Select-String* sucht im Text nach Stichwörtern.

Aufgabe Sie versuchen mit dem folgenden Befehl, alle Dateien aus dem Windows-Ordner und den darunterliegenden Ordnern aufzulisten. Zunächst funktioniert das auch recht gut:

```
PS> dir $env:windir -ErrorAction SilentlyContinue -Recurse
```

Dann allerdings verfeinern Sie die Lösung noch etwas und lassen die Ergebnisse nach Größe sortieren:

```
PS> dir $env:windir -ErrorAction SilentlyContinue -Recurse | Sort-Object Length
```

Nun geschieht zunächst längere Zeit gar nichts. Nach einer Weile wird Windows immer langsamer und Ihre PowerShell-Konsole reagiert nicht mehr. Was ist passiert?

Lösung Normalerweise arbeitet die PowerShell-Pipeline in Echtzeit und verarbeitet die Ergebnisse des ersten Befehls sofort. Die Pipeline arbeitet also mit extrem wenig Speicherplatz, weil immer nur das gerade durch die Pipeline beförderte Ergebnis gespeichert werden muss.

Sobald Sie *Sort-Object* anhängen, wird der Echtzeitcharakter der Pipeline unterbrochen. *Sort-Object* kann die Ergebnisse eines Befehls natürlich erst dann sortieren, wenn alle Ergebnisse vorliegen. Deshalb sammelt es zunächst alle Ergebnisse. In dieser Zeit sehen Sie keine Ausgaben und die Pipeline muss immer mehr Arbeitsspeicher aufwenden, um die Ergebnisse zwischenzuspeichern. Werden zu viele Ergebnisse geliefert, reicht der Arbeitsspeicher nicht mehr aus und PowerShell wird instabil.

Ob ein Befehl die Pipeline blockiert und zum Datenstau führt oder nicht, hängt von der Implementation des Befehls ab. *Format-Table* ist ein weiteres Beispiel. Ohne weitere Parameter blockiert der Befehl die Pipeline nicht. Geben Sie den Parameter *-AutoSize* an, wird *Format-Table* zu einem blockierenden Befehl, denn nun sammelt der Befehl zuerst alle Ergebnisse, um sie anschließend mit optimierter Spaltenbereite auszugeben.

Aufgabe Wie könnte man alle Aliase finden, die auf ein ungültiges Ziel verweisen?

Lösung Lassen Sie sich mit *Get-Alias* alle Aliase ausgeben und prüfen Sie dann jeweils, ob für die Definition des Alias, also sein Ziel, ein Befehl mittels *Get-Command* abgerufen werden kann:

```
PS> Get-Alias | Where-Object {-not (Get-Command $_.Definition -ea SilentlyContinue) }
```

Aufgabe Sie haben eine Hashtabelle angelegt und wollen dieses sortieren. Das aber scheint nicht zu funktionieren:

```
PS> $hash=@{"Tobias"=90;"Martina"=90;"Cofi"=80;"Zumsel"=100}
PS> $hash | Sort-Object Value -Descending
```

```
Name                                 Value
----                                 -----
Tobias                               90
Zumsel                               100
Cofi                                 80
Martira                              90
```

Lösung *Sort-Object* erwartet vom Vorgängerbefehl ein Array, dessen Inhalt es anschließend sortiert. Eine besondere Form des Arrays ist die sogenannte Hashtabelle. Eine Hashtabelle funktioniert wie ein Array, dessen einzelne Bestandteile aber nicht über einen numerischen Index angesprochen werden, sondern durch frei wählbare Stichwörter. Sie erfahren in einem der folgenden Kapitel mehr darüber. Weil Hashtabellen keine normalen Arrays sind, kann *Sort-Object* sie auch nicht sortieren. Damit die Sortierung gelingt, muss die Hashtabelle zuerst einen sogenannten *Enumerator* erhalten. Dieser weiß, wie die einzelnen Elemente der Hashtabelle angesprochen werden, sodass *Sort-Object* den Inhalt adressieren und sortieren kann. Den Enumerator einer Hashtabelle liefert *GetEnumerator()*:

```
PS> $hash.GetEnumerator() | Sort-Object Value -Descending
```

```
Name                                 Value
----                                 -----
Zumsel                               100
```

```
Martina                        90
Tobias                         90
Cofi                           80
```

Aufgabe   Angenommen, Sie arbeiten mit PowerShell 2.0 und greifen mit *Get-Process* auf den Power-Shell-Prozess zu und möchten den Herstellernamen ausgeben. Sonderbarerweise wird aber nichts zurückgeliefert:

```
PS> $prozess = Get-Process PowerShell
PS> $prozess.Company
```

Dabei hätten Sie schwören können, dass der Code früher einmal funktioniert hat. Was ist los?

Lösung   Bei Ihnen laufen mehrere Instanzen der PowerShell. Deshalb liefert *Get-Process* mehrere Prozesse zurück, und *$prozess* enthält nicht einen Prozess, sondern ein Array. Jedoch besitzen Arrays keine Eigenschaft *Company*. Deshalb erhalten Sie nichts zurück.

ACHTUNG   In PowerShell kommt es zu einem anderen Problem. PowerShell 3.0 liest automatisch von allen in *$prozess* gespeicherten PowerShell-Prozessen die gewünschte Eigenschaft aus. Hier taucht dann der Herstellername also doppelt und dreifach auf.

Grundsätzlich ist die Tatsache, dass Befehle von Fall zu Fall entweder Einzelergebnisse oder Arrays zurückliefern, eine Herausforderung in PowerShell. Sie können eine Variable aber immer mit der Struktur @() in ein Array verwandeln und dann beispielsweise zuverlässig herausfinden, wie viele PowerShell-Instanzen gerade laufen:

```
PS> @(Get-Process PowerShell).Count
2
```

Über eckige Klammern greifen Sie auf einzelne Elemente im Array zu und könnten gezielt den Herstellernamen der ersten PowerShell-Instanz auslesen:

```
PS> @(Get-Process PowerShell)[0].Company
```

Das Phänomen von PowerShell 3.0 – Zugriff auf alle Elemente eines Arrays – entspricht im Grunde einer *ForEach-Object*-Schleife, die bei PowerShell 3.0 also quasi automatisch eingebaut ist:

```
PS> Get-Process PowerShell | ForEach-Object { $_.Company }
Microsoft Corporation
Microsoft Corporation
```

Aufgabe   Können Sie erklären, was der folgende Code verrichtet – und warum?

```
$daten = systeminfo /FO CSV | ConvertFrom-CSV
$daten | Get-Member -MemberType *Property | Select-Object -ExpandProperty Name |
  ForEach-Object { $hashtable = @{} } { $hashtable.$_ = $daten.$_ } { $hashtable } |
  Out-GridView
```

Lösung   Nachdem Sie sich überblickartig versichert haben, dass der Code nichts Schlimmes unternimmt, sollten Sie ihn zuerst ausführen. Er liefert ein praktisches Dialogfeld mit allen wichtigen Systeminformationen, das Ihnen bereits in Kapitel 3 begegnet ist.

Im Grunde wird ein externer Konsolenbefehl namens *systeminfo.exe* beauftragt, die Systeminformationen zu sammeln und als CSV-Daten (also kommaseparierte Werte) an PowerShell zu liefern. *Con-*

vertFrom-CSV kann solche Daten dann in echte Objekte umwandeln. Bis hierher hätte allerdings eine einzige Zeile genügt und auch nicht viel Neues enthalten:

```
PS> systeminfo /FO CSV | ConvertFrom-CSV | Out-GridView
```

Allerdings stellt sich hierbei heraus, dass systeminfo.exe tatsächlich nur ein einziges Objekt zurückliefert, das Ihr Computersystem repräsentiert. Die Informationen werden im GridView folglich als lange Zeile mit vielen Spalten angezeigt, was nicht besonders praktisch ist (Abbildung 5.12).

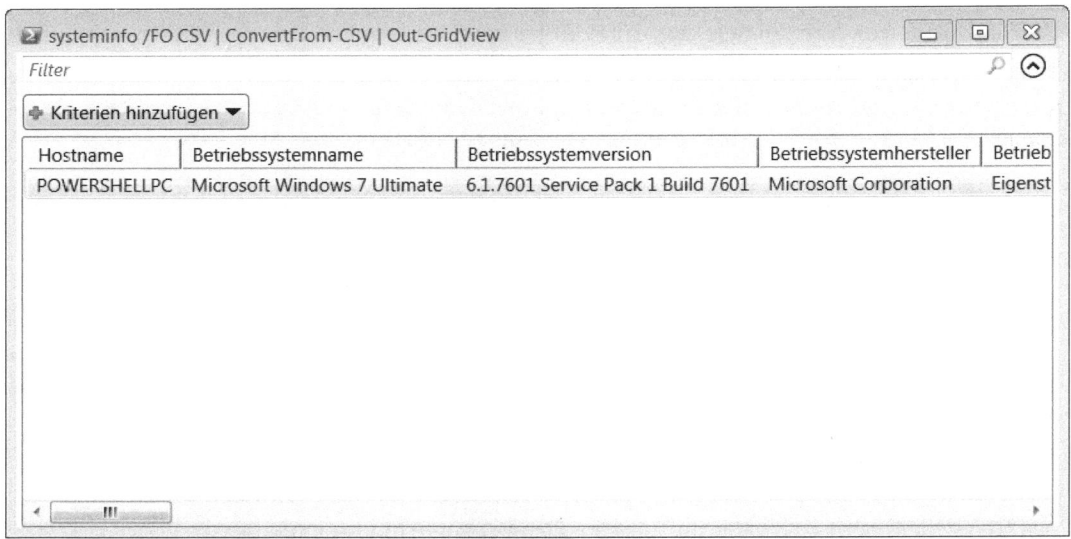

Abbildung 5.12   Ein Objekt mit sehr vielen Eigenschaften wird im GridView als einzelne Zeile angezeigt

Viel besser wäre es, wenn die einzelnen Informationen in einer Spalte und die Werte in einer zweiten Spalte untereinander angezeigt würden. Genau das wird möglich, wenn man ein Objekt in eine Hashtabelle umwandelt. Was Hashtabellen sind, haben Sie bereits auf Seite 235 erfahren. Es gibt zwar keinen Befehl für eine solche Umwandlung, aber *ForEach-Object* kann die Aufgabe trotzdem meistern:

```
$dater | Get-Member -MemberType *Property | Select-Object -ExpandProperty Name |
  ForEach-Object { $hashtable = @{} } { $hashtable.$_ = $daten.$_ } { $hashtable } |
  Out-GridView
```

Das Objekt, das in *$daten* vorliegt, wird von *Get-Member* untersucht und liefert in der Eigenschaft *Name* dann den Namen jeder Objekteigenschaft zurück – in diesem Fall sozusagen eine Liste der Spaltenüberschriften.

ForEach-Object setzt zur Lösung der Aufgabe insgesamt drei Skriptblöcke ein: Der erste wird nur einmal ausgeführt, bevor *ForEach-Object* Daten vom Vorgängerbefehl empfängt, und legt eine leere Hashtabelle an. Der zweite gelangt für jedes eintreffende Objekt einmal zur Ausführung, also für jede Spaltenüberschrift genau einmal. Er fügt der Hashtabelle die Spaltenüberschrift als Schlüssel und den Inhalt der Eigenschaft als Wert hinzu. Im letzten Skriptblock, der nach Abarbeitung aller eingetroffenen Objekte einmal ausgeführt wird, wird die nun gefüllte Hashtabelle zurückgegeben.

Das kann man sich verdeutlichen, indem man erstens für *ForEach-Object* benannte Parameter verwendet (welche die Bedeutung der einzelnen Skriptblöcke klarer darstellen) und zweitens die produzierte Hashtabelle ausgibt und nicht an *Out-GridView* weiterleitet:

```
$daten = systeminfo /FO CSV | ConvertFrom-CSV
$daten | Get-Member -MemberType *Property | Select-Object -ExpandProperty Name |
  ForEach-Object -Begin { $hashtable = @{} } -Process { $hashtable.$_ = $daten.$_ } -End {
$hashtable }
```

```
Name                      Value
----                      -----
Virtueller Arbeitsspeicher:... 2.873 MB
Betriebssystemversion     6.1.7601 Service Pack 1 Build 7601
Systemgebietsschema       de;Deutsch (Deutschland)
Systemstartzeit           06.11.2012, 23:09:21
Zeitzone                  (UTC+01:00) Amsterdam, Berlin, Bern, Rom, Stockholm, Wien
(...)
```

Jede Objekteigenschaft ist nun zu einem Schlüssel-Wert-Paar geworden und wird deshalb von *Out-GridView* nun untereinander angezeigt (Abbildung 5.13).

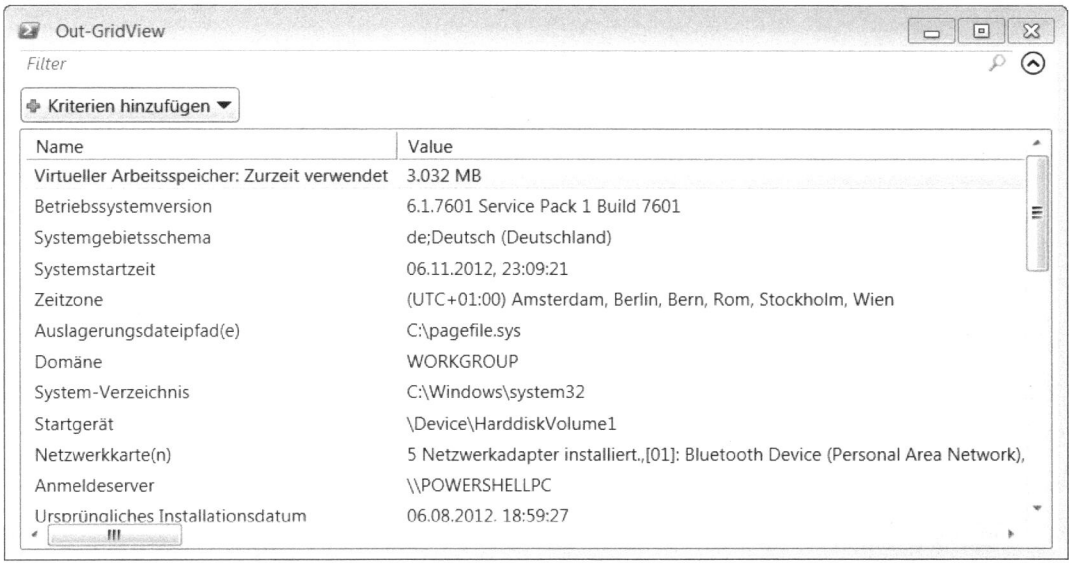

Abbildung 5.13   Ein in eine Hashtabelle umgewandeltes Objekt zeigt die Eigenschaften als Liste an

Zusammenfassung

PowerShell kann die Ergebnisse eines Befehls an einen folgenden weiterleiten, wenn zwischen den Befehlen das Pipelinesymbol »|« steht. So lassen sich ganze Befehlsketten bauen, bei denen die Ergebnisse ähnlich einem Fabrikförderband der Reihe nach von verschiedenen Befehlen in die gewünschte Form gebracht werden.

Dies alles geschieht normalerweise in Echtzeit: Noch während der erste Befehl Ergebnisse liefert, durchlaufen diese verarbeiteten Elemente bereits einzeln nacheinander die Befehlskette. Das sorgt für schnelle Resultate und wenig Speicherbedarf, kostet aber im Vergleich zu klassischen Schleifenkonstruktionen etwas mehr Zeit.

Im Herzen fast jeder PowerShell-Pipeline versehen immer dieselben sechs Cmdlets ihren Dienst. Der zweite Namensbestandteil dieser Cmdlets lautet stets »Object«. Mit diesen sechs Cmdlets lassen sich fast alle Fragestellungen formulieren. Im Grunde bilden diese Cmdlets die klassische Datenbanksprache SQL ab.

Der mächtigste dieser sechs Befehle heißt *ForEach-Object*. Er funktioniert nicht nur wie eine Schleife, sondern ist gleichzeitig sozusagen ein frei programmierbarer Industrieroboter, der die über die Pipeline laufenden Daten in beliebiger Weise verändern kann. Dazu führt er Skriptcode aus, in dem die besondere Variable *$_* als Laufvariable das jeweils gerade über die Pipeline wandernde Objekt repräsentiert.

Die übrigen fünf Cmdlets sind spezialisierter und für jeweils genau eine Fragestellung ausgelegt. Ihnen übergibt man die Spalte (bzw. Objekteigenschaft), auf die sie wirken sollen. Dennoch ist es auch bei diesen Cmdlets möglich (einzige Ausnahme: *Measure-Object*), anstelle eines Spaltennamens einen ganzen Skriptblock zu übergeben, um genauer zu bestimmen, wie das Cmdlet wirken soll.

Kapitel 6

Ergebnisse ausgeben und formatieren

In diesem Kapitel:

Die Ergebnisse aller Befehle landen anfangs stets in der Konsole. Dort sind sie aber nur bedingt nützlich. Vielleicht möchten Sie die Ergebnisse lieber als Excel-Tabelle weiterbearbeiten, per E-Mail an jemanden weiterleiten oder ausdrucken. Wohin die Ergebnisse eines Befehls tatsächlich gehen sollen, bestimmen Sie am Ende der Pipeline. Nur wenn Sie also kein besonderes Ziel angeben, landen die Ergebnisse in der Konsole.

Welche Ziele es für Ihre Daten gibt, ist potenziell unbegrenzt und hängt nur von den Cmdlets ab, die Ihnen zur Verfügung stehen. Prinzipiell gibt es aber drei verschiedene Zielkategorien:

- **Textausgabe** Die Darstellung, die normalerweise in der Konsole angezeigt wird, soll an andere Ziele gehen, wie zum Beispiel in eine Datei umgelenkt oder auf einem Drucker ausgegeben werden. Hierfür dienen die Cmdlets mit dem Verb *Out* wie beispielsweise *Out-File*. Vor diesen Cmdlets können noch Cmdlets mit dem Verb *Format* eingesetzt werden, wie zum Beispiel *Format-Table*, um zu beeinflussen, wie die Ergebnisobjekte in Text verwandelt werden. So lassen sich beispielsweise abgeschnittene Spalteninhalte vermeiden.

- **Objektausgabe** Sie möchten die Objektnatur der Originalergebnisse erhalten, also zum Beispiel die Informationen in den verschiedenen Spalten weiterhin voneinander trennen. Man nennt diesen Vorgang der Umwandlung *Serialisierung* oder manchmal auch *Rehydration*, frei nach dem Tütensuppenprinzip. Der besondere Vorteil dieser Ausgabe liegt darin, dass die gespeicherten Daten später auch wieder auf umgekehrtem Weg eingelesen und zurück in Objekte verwandelt werden können. Zur Serialisierung speichern Sie die Ergebnisse in einem geeigneten Format, etwa als kommaseparierte Datei oder als XML-Datei. Zuständig hierfür sind die Cmdlets mit dem Verb *Export* wie *Export-Csv*. Solche exportierten Daten lassen sich anschließend zum Beispiel von Microsoft Excel öffnen.

  Für den umgekehrten Vorgang, der Umwandlung der ausgelagerten Daten (um bei der Tütensuppenanalogie zu bleiben, der »getrockneten« Daten) zurück in lebendige Objekte, der analog dazu auch als *Deserialisierung* oder *Dehydration* bezeichnet wird, dienen die Cmdlets mit dem Verb *Import*.

- **Andere Formate wie HTML** Sie wollen die Objekte in einem bestimmten Ausgabeformat anzeigen, zum Beispiel als HTML oder PDF. Zuständig hierfür sind die Cmdlets mit dem Verb *ConvertTo*. Ist das Ergebnis der Umwandlung reiner Text, etwa bei *ConvertTo-HTML*, muss dieser anschließend noch mit einem *Out...*-Cmdlet wie beispielsweise *Out-File* in eine HTML-Datei geschrieben werden.

> **HINWEIS** Es gibt eine Ausnahme zu diesen Regeln: das Cmdlet *Out-GridView*. Eigentlich müsste es als Mitglied der *Out...*-Cmdlets die Ergebnisse auf Text reduzieren und eng mit den *Format...*-Cmdlets zusammenarbeiten. Das aber ist nicht der Fall. Eigentlich gehört *Out-GridView* in die Gruppe der Objekt-Exporter, denn die Ergebnisse bleiben Objekte, werden im Fenster von *Out-GridView* weiterhin mit separaten Spalten angezeigt und können als unveränderte Objekte auch wieder von *Out-GridView* zurückgeliefert werden. Deshalb müsste dieses Cmdlet eigentlich *Export-Grid-View* heißen. Hier stand bei der Benennung wohl der Charakter, den das Cmdlet in der Praxis hat, im Vordergrund, nicht die Konsistenz.

Darüber hinaus bleibt es Ihnen natürlich unbenommen, die Ergebnisse gar nicht auszugeben, sondern lieber in einer Variablen zu speichern und deren Inhalt dann zum Beispiel mit *Send-MailMes-*

sage als E-Mail zu verschicken. Oder direkt an einen Befehl weiterzupipen, der in der Lage ist, die Pipeline-Ergebnisse entgegenzunehmen. In diesem Kapitel beschränken wir uns allerdings auf die Ausgabe Ihrer Ergebnisse und die daran beteiligten Cmdlets aus Tabelle 6.1:

Cmdlet-Gruppe	Beschreibung
Format-*, Out-*	Ergebnisse in reinen Text verwandeln und speichern, drucken oder auf andere Ausgabegeräte übertragen
Export-*	Ergebnisse als Objekte an andere Programme weitergeben, zum Beispiel in Form kommaseparierter Listen oder als XML
ConvertTo-*	Ergebnisse in andere Darstellungsformen bringen, etwa HTML, und dann zum Beispiel als Report im Webbrowser anzeigen

Tabelle 6.1 Drei Cmdlet-Gruppen kontrollieren, wie Ergebnisse angezeigt werden

Ergebnisse als Text ausgeben

Wenn Sie kein besonderes Ziel für die Ausgabe festlegen, erscheinen die Ergebnisse in der Power-Shell-Konsole als Text. Was selbstverständlich wirkt, ist es eigentlich gar nicht. Die allermeisten Cmdlets liefern nämlich überhaupt keinen Text, sondern sogenannte *Objekte*.

Sollen Ergebnisse in der Konsole oder anderswo als Text ausgegeben werden, ist das interne Extended Type System (ETS) für die Textdarstellung zuständig, also die Umwandlung der Objekte in lesbaren Text. Das ETS wird bei der Konsolenausgabe aktiv, weil PowerShell an Ihre Befehle automatisch den Befehl *Out-Default* anhängt. Die folgenden Zeilen sind also identisch:

```
PS> Get-Content $env:windir\windowsupdate.log
PS> Get-Content $env:windir\windowsupdate.log | Out-Default
PS> Get-Process | Sort-Object CPU
PS> Get-Process | Sort-Object CPU | Out-Default
```

Out-Default konsultiert das interne PowerShell-Formatierungssystem ETS, um zu erfahren, wie die Objekte in Text umgewandelt werden sollen. Das ETS schaut dazu in seine interne Datenbank. Gibt es dort einen Eintrag für den Objekttyp, bestimmt das ETS, welche Objekteigenschaften angezeigt werden und ob die Anzeige als Tabelle oder als Liste geschieht. In den meisten Fällen werden die Ergebnisse als Tabelle formatiert und das ETS legt dann zusätzlich die Breite der Tabellenspalten fest. Hin und wieder verändert das ETS auch die Namen der Spalten.

Ist der Objekttyp nicht in der Datenbank bekannt, werden die Objekte nach den allgemeinen Regeln formatiert, die Sie schon im letzten Kapitel kennengelernt haben: Besitzt das Objekt vier oder weniger Eigenschaften, wird es als Tabelle formatiert, sonst als Liste. Die Gesamtbreite der Tabellendarstellung richtet sich in beiden Fällen nach der Breite der Konsole. Reicht der Platz in der Konsole nicht aus, um alles anzuzeigen, werden Spalteninhalte abgeschnitten und mit »...« gekennzeichnet. Danach werden die Objekte gemäß dieser Formatierungen mit *Out-Host* in die Konsole geschrieben. Oder als Text an einen anderen Ort gesendet, zum Beispiel mit *Out-File* in eine Datei oder *Out-Printer* an einen Drucker. Die tatsächliche Ausgabe ist also flexibel, weil das ETS die Informationen nur formatiert, aber nicht ausgibt. Die Ausgabe übernehmen immer separate *Out*-Cmdlets.

Optimierte Spaltenbreiten

Hin und wieder werden die Ergebnisse von Cmdlets verstümmelt und unvollständig ausgegeben. Das geschieht immer dann, wenn mehr Daten angezeigt werden sollen, als Platz vorhanden ist. Solche bruchstückhaften Ergebnisse sind dann oftmals allerdings relativ unbrauchbar:

```
PS> Get-EventLog system -Newest 2

    Index Time          EntryType   Source         InstanceID Message
    ----- ----          ---------   ------         ---------- -------
    29560 Sep 23 10:34  Information Service Control M...   1073748860 The Google Updat...
    29559 Sep 23 10:34  Information Service Control M...   1073748860 The Google Updat...
```

Um die Spalten vollständig zu sehen, muss das zugrunde liegende Dilemma gelöst werden. Entweder lassen Sie mit *Select-Object* einfach *weniger* Spalten anzeigen. Oder Sie geben dem ETS *mehr* Raum für die Darstellung, zum Beispiel beim Textexport mit *Out-File*:

```
PS> $path = "$env:TEMP\ausgabe.txt"
PS> Get-EventLog -LogName System -Newest 2 | Out-File -FilePath $path -Width 200
PS> nctepad $path
```

Durch den Parameter *-Width* wird die Ausgabedatei nun 200 Zeichen breit, also sehr viel breiter als die Konsole. Jetzt hat das ETS mehr Platz und kann den Inhalt der Spalte *Message* vollständig ausgeben. Die Spalte *Source* in Abbildung 6.1 dagegen erscheint noch immer abgeschnitten.

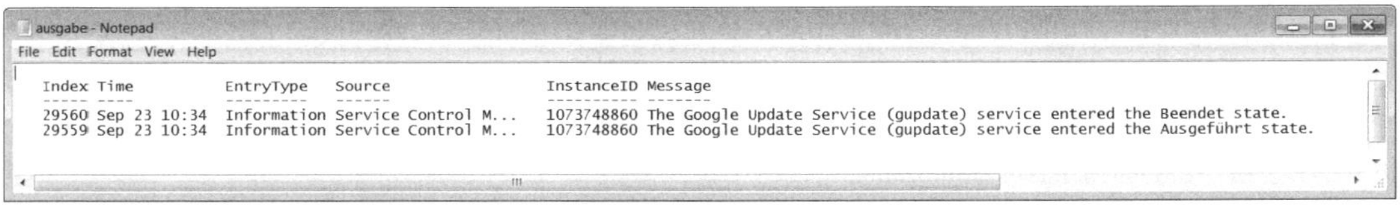

Abbildung 6.1   Ausgaben können ohne abgeschnittene Spalten in eine Textdatei geschrieben werden

Erst wenn Sie das ETS mit *Format-Table* und dem Parameter *-AutoSize* anweisen, zuerst alle Ergebnisse zu sammeln und dann die optimale Spaltenbreite festzulegen, werden endlich alle Spalteninhalte unverstümmelt ausgegeben:

```
PS> $path = "$env:TEMP\ausgabe.txt"
PS> Get-EventLog -LogName System -Newest 2 | Format-Table -AutoSize | Out-File -FilePath $path
-Width 10000
PS> notepad $path
```

Dieses Beispiel schreibt die Ergebnisse in eine Datei, deren Breite auf maximal 10.000 Zeichen festgelegt wird. Weil das ETS die Spalten allerdings dank *-AutoSize* nur so breit anlegt, wie sie maximal sein müssen, um alle Informationen ungekürzt anzuzeigen, ist die tatsächliche Breite der Textzeilen wesentlich geringer.

HINWEIS   Falls dennoch einige Inhalte der Spalte *Message* abgekürzt erscheinen, hat das einen anderen Grund: In diesem Fall sind die Einträge mehrzeilig. Die erste Zeile wird nun aber in jedem Fall vollständig angezeigt. Wie auch mehrzeilige Ausgaben möglich werden, erfahren Sie gleich.

Was allerdings bei näherer Betrachtung eine Frage aufwirft: Wie kann das ETS beim Aufruf von *Format-Table* und seinem Parameter *-AutoSize* schon wissen, wie breit die Ausgabedatei sein kann? Diese Breite wird schließlich erst beim folgenden Cmdlet *Out-File* festgelegt.

Die Antwort: Das ETS hat keine Ahnung. Es ist auch gar nicht mit der Ausgabe der Ergebnisse betraut. Es wandelt lediglich die Originalinformationen um in Formatierungsanweisungen. Wie diese am Ende in Text verwandelt werden, bestimmt das jeweilige *Out*-Cmdlet, das diese Formatierungsanweisungen empfängt. Man kann sich diese Informationen über einen kleinen Umweg auch anzeigen lassen:

```
PS> $path = "$env:TEMP\data.xml"
PS> Get-EventLog -LogName system -Newest 2 | Format-Table -AutoSize | Export-Clixml -Path $path
-Depth 5
PS> Invoke-Item -Path $path
```

Es öffnet sich eine XML-Datei mit einem Aufbau ähnlich Abbildung 6.2. Interessant an ihr ist, dass sie einerseits die ungekürzten Ergebnisdaten und andererseits Anweisungen für deren Formatierung enthält.

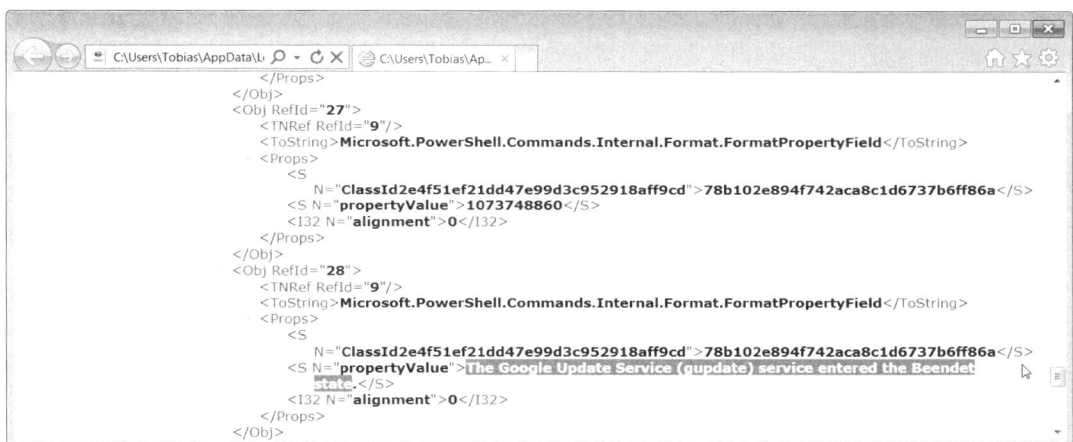

Abbildung 6.2 ETS-Anweisungen enthalten Daten und Formatierungsvorgaben

Mit den *Format*-Cmdlets können Sie also das Verhalten des ETS beeinflussen und die Anzeige der Textergebnisse verbessern. Dabei stehen die *Format*-Cmdlets aus Tabelle 6.2 zur Auswahl.

Cmdlet	Beschreibung
Format-List	Stellt die Objekteigenschaften untereinander dar. Dies ist normalerweise die Vorgabe, wenn ein Objekt fünf oder mehr Eigenschaften hat oder wenn in den internen Formatierungsanweisungen dieses Objekttyps die Listendarstellung festgelegt ist.
Format-Table	Stellt die Objekteigenschaften spaltenweise nebeneinander dar. Dies ist normalerweise die Vorgabe, wenn ein Objekt vier oder weniger Eigenschaften hat oder wenn in den internen Formatierungsanweisungen dieses Objekttyps die Tabellendarstellung festgelegt ist.

Tabelle 6.2 Formatierungs-Cmdlets

Cmdlet	Beschreibung
Format-Wide	Stellt nur die Haupteigenschaft eines Objekts in mehreren Spalten dar. Wie viele Spalten verwendet werden sollen, kann festgelegt werden.
Format-Custom	Führt eine Spezialkonvertierung auf der Basis der im *Extended Type System* (ETS) hinterlegten Anforderungen durch und wird vor allem von PowerShell intern eingesetzt

Tabelle 6.2 Formatierungs-Cmdlets *(Fortsetzung)*

Weil die *Format*-Cmdlets die Originaldaten allerdings wie gerade gesehen stets durch Formatierungs-daten ersetzen, ist ihr Einsatz nicht ungefährlich. Das, was ein *Format*-Cmdlet produziert, kann nur noch von *Out*-Cmdlets (außer *Out-GridView*) verstanden werden. In der interaktiven PowerShell sind *Format*-Cmdlets am Ende einer Pipeline also eine gebräuchliche Möglichkeit, um die Ausgabe besser zu formatieren. In Skripts und selbstdefinierten Funktionen dagegen haben *Format*-Cmdlets nichts zu suchen. Die Wahl der geeigneten Präsentationsebene ist Sache des Aufrufers, nicht des Skripts oder der Funktion.

Mehrzeilige Ausgaben

Falls Sie der Ausgabe nicht mehr Platz einräumen können, weil Sie beispielsweise die Informationen in die Konsole ausgeben und die Konsolenbreite nicht ändern möchten, oder falls die Ergebnisse in einer Spalte mehrzeilig sind, hilft der Parameter *-Wrap*. Er führt einen Spaltenumbruch ein, wenn der Platz knapp wird, und verteilt die Information auf mehrere Zeilen, anstatt sie abzuschneiden:

```
PS> Get-EventLog System -Newest 3

   Index Time          EntryType  Source           InstanceID Message
   ----- ----          ---------  ------           ---------- -------
   18599 Feb 19 08:53  Information Service Control M...  1073748860 Dienst ...
   18598 Feb 19 08:53  Information Service Control M...  1073748860 Dienst ...
   18597 Feb 19 08:52  Information Service Control M...  1073748860 Dienst ...
(…)

PS> Get-EventLog System -Newest 3 | Format-Table -Wrap

   Index Time          EntryType  Source           InstanceID Message
   ----- ----          ---------  ------           ---------- -------
   18601 Feb 19 08:54  Information Service Control M...  1073748860 Dienst "Co
                                                                    mputerbrow
                                                                    ser" befin
                                                                    det sich j
                                                                    etzt im St
                                                                    atus "Been
                                                                    det".
(…)
```

Ist der Platz *viel* zu knapp, kann es auch passieren, dass Spalten gar nicht mehr angezeigt werden. In diesem Fall hilft der Parameter *-Wrap* natürlich auch nicht weiter. PowerShell zeigt an, welche Spalten nicht angezeigt werden konnten. Im folgenden Beispiel wurde die Spalte *Message* ausgeblendet:

```
PS> Get-EventLog System -Source *Update* -Newest 3 | Format-Table -AutoSize
```

```
WARNUNG: Die Spalte Message passt nicht in die Anzeige und wurde entfernt.

Index Time          EntryType   Source                          InstanceID
----- ----          ---------   ------                          ----------
18559 Feb 19 08:28 Information Microsoft-Windows-WindowsUpdateClient         19
18380 Feb 17 11:03 Information Microsoft-Windows-WindowsUpdateClient         27
18263 Feb 16 15:17 Information Microsoft-Windows-WindowsUpdateClient         19
```

Listendarstellung erzwingen

Das ETS entscheidet normalerweise autonom, ob Informationen als Tabelle oder als Liste angezeigt werden. Nur bei der Tabellendarstellung kann es bei Platzmangel zu abgeschnittenen Informationen kommen. In der Listendarstellung werden die Informationen immer ungekürzt ausgegeben, weil hier immer genug Platz vorhanden ist. Mit *Format-List* zwingen Sie das ETS, Informationen auf jeden Fall als Liste auszugeben. Das folgende Beispiel gibt den ersten laufenden Prozess zuerst in der üblichen Tabellendarstellung aus und stellt ihn danach ausdrücklich als Liste dar:

```
PS> Get-Process | Select-Object -First 1

Handles  NPM(K)    PM(K)      WS(K) VM(M)   CPU(s)      Id ProcessName
-------  ------    -----      ----- -----   ------      -- -----------
     95       9     2684       3284    55     0,42    4388 ACEngSvr

PS> Get-Process | Select-Object -First 1 | Format-List

Id      : 4388
Handles : 95
CPU     : 0,4212027
Name    : ACEngSvr
```

Erstaunlicherweise zeigt die Listendarstellung *weniger* Eigenschaften an als die Tabelle. In der internen ETS-Datenbank sind die Eigenschaften, die für Prozessobjekte anzuzeigen sind, für Tabellen und Listen separat vermerkt. Wollen Sie sich darüber hinwegsetzen, könnten Sie beispielsweise *Select-Object* mit *-Property* beauftragen, sämtliche Spalten anzuzeigen:

```
PS> Get-Process | Select-Object -First 1 -Property * | Format-List

__NounName            : Process
Name                  : ACEngSvr
Handles               : 95
VM                    : 57475072
WS                    : 3362816
(…)
UserProcessorTime     : 00:00:00.1404009
VirtualMemorySize64   : 57475072
EnableRaisingEvents   : False
StandardInput         :
StandardOutput        :
StandardError         :
WorkingSet64          : 3362816
Site                  :
Container             :
```

Mehrspaltige Anzeige

Eine weitere Möglichkeit, Ergebnisse auf geringem Raum ökonomisch anzuzeigen, ist die mehrspaltige Ausgabe, die Sie über *Format-Wide* anfordern. Pro Objekt kann so allerdings nur noch eine einzige Eigenschaft angezeigt werden. Geht es Ihnen beispielsweise nur darum, die Namen aller laufenden Dienste platzsparend aufzulisten, könnten Sie dies geschwind als fünfspaltige Tabelle realisieren:

```
PS> Get-Service | Where-Object Status -eq Running | Format-Wide -Column 5

AdobeARMservice    AMPPALR3          Appinfo           arXfrSvc          ASLDRService
ASUS InstantOn     ATKGFNEXSrv       AudioEndpointB... AudioSrv          BFE
BITS               Bluetooth Devi... Bluetooth Medi... Bluetooth OBEX... bthserv
BTHSSecurityMgr    CertPropSvc       CryptSvc          DcomLaunch        Dhcp
Dnscache           DPS               DptfParticipan... DptfPolicyConf... EapHost
EFS                esClient          eventlog          EventSystem       EvtEng
FDResPub           FontCache         gpsvc             hidserv           IKEEXT
(...)
```

PROFITIPP   Es gibt noch ein weiteres Cmdlet mit dem Verb *Format*: das Cmdlet *Format-Custom*. Es wird im Alltag fast nie eingesetzt, kann aber ausgesprochen nützlich sein. Es stellt die innere Struktur der Ergebnisobjekte als XML dar, sodass man sich die Struktur und Verschachtelung eines Objekts veranschaulichen kann:

```
PS> Get-Process -Id $PID | Format-Custom * -Depth 5

class Process
{
    NounName = Process
  Name = powershell
  Handles = 850
  (...)
  Description = Windows PowerShell
  Product = Betriebssystem Microsoft® Windows®
  Id = 2068
  TotalProcessorTime =
    class TimeSpan
    {
      Ticks = 863933538
      Days = 0
      Hours = 0
      Milliseconds = 393
      (...)
    }
  BasePriority = 8
  (...)
```

Gruppierte Tabellen erzeugen

Mit dem Parameter *-GroupBy* kann *Format-Table* die gelieferten Informationen nach einer Objekteigenschaft gruppieren. Übergeben Sie dazu dem Parameter *-GroupBy* den Spaltennamen, nach dem Sie gruppieren möchten.

ACHTUNG Eine korrekte Gruppierung setzt voraus, dass die Ergebnisse sortiert vorliegen. Ohne Sortierung kann es sonst mehrere gleichnamige Gruppen mit unterschiedlichem Inhalt geben. Sortieren Sie deshalb die Ergebnisse vor der Ausgabe zuerst mit *Sort-Object*. Die beiden folgenden Zeilen veranschaulichen den Unterschied:

```
PS> Get-Service | Format-Table -GroupBy Status
PS> Get-Service | Sort-Object -Property Status | Format-Table -GroupBy Status
```

Die folgende Zeile gibt alle Aliase gruppiert nach der Eigenschaft *Definition* aus. So sehen Sie auf einen Blick, welche Aliase auf welche Befehle zeigen und ob es für bestimmte Befehle wie beispielsweise im Fall von *Copy-Item* mehrere Aliase gibt:

```
PS> Get-Alias | Sort-Object -Property Definition | Format-Table -GroupBy Definition
(…)
   Definition: Copy-Item

CommandType     Name                         Definition
-----------     ----                         ----------
Alias           copy                         Copy-Item
Alias           cp                           Copy-Item
Alias           cpi                          Copy-Item


   Definition: Copy-ItemProperty

CommandType     Name                         Definition
-----------     ----                         ----------
Alias           cpp                          Copy-ItemProperty
(…)
```

Wollen Sie nur Gruppen sehen, die mindestens zwei Elemente enthalten (also nur Befehle, für die es mindestens zwei Aliase gibt), nutzen Sie zusätzlich die Cmdlets aus dem letzten Kapitel. Die folgende Zeile gruppiert die Aliase zunächst nach ihrem Ziel und filtert alle Gruppen heraus, die nicht mehr als einen Alias enthalten. *Sort-Object* sortiert die Gruppen nach Anzahl der Aliase. *Select-Object* gibt die Gruppen wieder aus, die dann mit *Format-Table* gruppiert angezeigt werden:

```
PS> Get-Alias | Group-Object Definition | Where-Object Count -gt 1 | Sort-Object -Property Count |
Select-Object -ExpandProperty Group | Format-Table -GroupBy Definition
```

Ist Ihnen diese Zeile dann doch etwas zu komplex, schauen Sie sich das nächste Beispiel an: Es gruppiert die laufenden Prozesse nach Hersteller:

```
PS> Get-Process | Sort-Object -Property Company | Format-Table -GroupBy Company
```

Auch hier könnte es sich lohnen, weitere Cmdlets aus dem letzten Kapitel hinzuzuziehen. Die nächste Zeile berücksichtigt nur Prozesse, die über eine Herstellerangabe verfügen:

```
PS> Get-Process | Where-Object Company | Sort-Object Company | Format-Table -GroupBy Company

   Company: Intel Corporation

Handles  NPM(K)    PM(K)      WS(K) VM(M)   CPU(s)     Id ProcessName
-------  ------    -----      ----- -----   ------     -- -----------
     80       8     3000       1096    74     0,06   4116 igfxtray
     83       8     2828       1160    70     0,19   4212 hkcmd
```

```
       96      10    2000      1044   70    0,48   4952 iusb3mon
      1C9      10    3132      1680   84    0,06   4276 BleServicesCtrl
       90      10    2444       904   70    0,56   5220 btplayerctr

   Company: Microsoft Corporation

Handles  NPM(K)    PM(K)      WS(K) VM(M)  CPU(s)     Id ProcessName
-------  ------    -----      ----- -----  ------     -- -----------
    537      55    52496     18704   662    6,43   2084 explorer
    229      18     8432      1812    73    0,42   3736 taskhost
    101       8     2372      1272    50    0,03   3140 taskeng
(...)
```

Wieder steht es Ihnen wie im letzten Kapitel frei, die anzuzeigenden Objekteigenschaften selbst auszuwählen:

```
PS> Get-Process | Where-Object Company | Sort-Object Company | Select-Object -Property Name,
Description, FileVersion, Company | Format-Table -GroupBy Company
```

```
(...)
   Company: Microsoft Corporation

Name             Description            FileVersion          Company
----             -----------            -----------          -------
conhost          Console Window Host    6.1.7600.16385 (wi... Microsoft Corporation
taskhost         Host Process for W...  6.1.7600.16385 (wi... Microsoft Corporation
taskenc          Task Scheduler Engine  6.1.7600.16385 (wi... Microsoft Corporation
splwow64         Print driver host ...  6.1.7601.17777 (wi... Microsoft Corporation
rundll32         Windows host proce...  6.1.7600.16385 (wi... Microsoft Corporation
powershell_ise   Windows PowerShell...  6.2.8370.0 (winmai... Microsoft Corporation
powershell       Windows PowerShell     6.2.8370.0 (winmai... Microsoft Corporation
(...)
```

Das führt allerdings zu einem kleinen Dilemma: Weil Sie ohnehin nach der Eigenschaft *Company* gruppieren, ergibt es wenig Sinn, den Hersteller nochmals in der Spalte *Company* anzuzeigen. Entfernen Sie die Spalte *Company* bei *Select-Object* allerdings, dann kann das nachfolgende *Format-Table* diese Eigenschaft nicht mehr sehen und folglich auch nicht mehr danach gruppieren. Setzt man *Select-Object* hinter *Format-Table*, scheitert der Aufruf ebenfalls, weil *Format-Table* die Originalobjekte ja nun bereits durch seine Formatierungsanweisungen ersetzt hat. Für genau diese Fälle verfügt *Format-Table* genau wie *Select-Object* über den Parameter *-Property*, mit dem Sie die anzuzeigenden Spalten also auch direkt *Format-Table* mitteilen können:

```
PS> Get-Process | Where-Object Company | Sort-Object Company | Format-Table -GroupBy Company
-Property Name, Description, FileVersion
```

```
(...)
   Company: Microsoft Corporation

Name             Description                 FileVersion
----             -----------                 -----------
conhost          Console Window Host         6.1.7600.16385 (win7_rtm....
taskhost         Host Process for Windows T... 6.1.7600.16385 (win7_rtm....
taskeng          Task Scheduler Engine       6.1.7600.16385 (win7_rtm....
splwow64         Print driver host for 32bi... 6.1.7601.17777 (win7sp1_g...
rundll32         Windows host process (Rund... 6.1.7600.16385 (win7_rtm....
```

```
powershell_ise              Windows PowerShell ISE        6.2.8370.0 (winmain_win8r...
powershell                  Windows PowerShell            6.2.8370.0 (winmain_win8r...
(…)
```

PROFITIPP   Skripts und selbstdefinierte Funktionen sollten ihre Ergebnisse niemals mit *Format*-Cmdlets formatieren. *Select-Object* ist den Formatierungs-Cmdlets überlegen, weil es erstens automatisch je nach Platzverhältnissen die richtige Darstellungsart wählt (Tabelle oder Liste) und – noch wichtiger – zweitens die Originalobjekte nicht durch Formatierungsobjekte ersetzt.

Die Formatierungs-Cmdlets wandeln die Objekte um in spezielle Formatierungsobjekte, die nur noch von *Out*-Cmdlets verstanden werden können. Deshalb müssen diese Cmdlets immer das letzte Element einer Pipeline sein. Andernfalls ist Ärger vorprogrammiert. In der Vergangenheit führte dieser Umstand häufig zu Problemen, wenn die Reihenfolge wie in diesen folgenden Fällen nicht beachtet wurde:

```
# funktioniert:
PS> Get-Process | Format-Table Name, Company

# funktioniert nicht mehr, weil Format-Table die Objekte durch Formatierungsobjekte ersetzt hat:
PS> Get-Process | Format-Table Name, Company | Sort-Object Company
out-lineoutput : Das Objekt vom Typ "Microsoft.PowerShell.Commands.Internal.Format.FormatEntryData"
ist ungültig oder befindet sich nicht an der richtigen Position in der Sequenz. Ursache ist
wahrscheinlich ein vom Benutzer angegebener Befehl "format-*", der zu Konflikten mit der
Standardformatierung führt.

# funktioniert wieder, weil das Format-Cmdlet jetzt das letzte Pipeline-Element ist:
PS> Get-Process | Sort-Object Company | Format-Table Name, Company

# funktioniert immer, Reihenfolge spielt keine Rolle:
PS> Get-Process | Sort-Object Company | Select-Object Name, Company
PS> Get-Process | Select-Object Name, Company | Sort-Object Company
```

Während Sie mit *Format-List* also nur die Objekteigenschaften für die Konsolendarstellung auswählen können, sind Sie mit *Select-Object* flexibler und können die erweiterten Objekte beispielsweise an *Out-GridView* und andere Cmdlets weiterreichen:

```
# funktioniert:
PS> Get-Process | Select-Object * | Out-GridView

# funktioniert nicht:
PS> Get-Process | Format-List * | Out-GridView
Out-GridView : Das Datenformat wird in Out-GridView nicht unterstützt.
```

Sie sollten deshalb die *Format*-Cmdlets wann immer möglich durch *Select-Object* ersetzen und nur verwenden, wenn Sie gezielt Einfluss auf die Formatierung nehmen müssen.

Textausgabe an andere Ziele leiten

Sie wissen nun, wie PowerShell Ergebnisse mithilfe des ETS in Text verwandelt und wie Sie notfalls mit den *Format*-Cmdlets die Formatierungsregeln des ETS außer Kraft setzen. Sie haben auch erfahren, dass die Ergebnisse der *Format*-Cmdlets nur noch von *Out*-Cmdlets verstanden werden und deshalb sparsam eingesetzt werden sollten. Schauen wir uns nun noch das Ziel der ETS-Formatierungsobjekte an, also die *Out*-Cmdlets.

Cmdlet	Beschreibung	Siehe Seite
Out-Null	Verwirft das Ergebnis der Pipeline	267
Out-File	Lenkt die Konsolenausgabe in eine Datei um. Im Gegensatz zum Umleitungsoperator »>«, der ebenfalls noch funktioniert, kann Out-File mit dem Parameter -Encoding die Art der Ausgabedatei genauer festlegen und zum Beispiel gezielt Unicode- oder UTF8-Dateien schreiben.	267
Out-Printer	Sendet das Ergebnis an den Standarddrucker	268
Out-Host	Stellt das Ergebnis ausdrücklich in der Konsole dar. Dies geschieht zwar normalerweise ohnehin automatisch, aber wenn Sie mehrere Befehle kombinieren, kann dieses Cmdlet nützlich sein, um die korrekte Formatierung der Ausgabe sicherzustellen. Es kann auch bei Konsolenanwendungen nötig sein, um die Ergebnisse dieser Befehle in die Protokollierung aufzunehmen. Sie erfahren gleich mehr dazu.	266
Out-String	Wandelt die Objekte der Pipeline um in Text	269

Tabelle 6.3 Cmdlets zur Ausgabe der PowerShell-Pipeline-Ergebnisse

Out-Host: Ausdrückliche Ausgabe in die Konsole

Eigentlich brauchen Sie *Out-Host* nicht, denn wenn Sie kein spezielles Ausgabeziel angeben, sendet PowerShell die Ergebnisse automatisch in die Konsole. Nichts anderes unternimmt *Out-Host*. Trotzdem gibt es sinnvolle Einsatzbereiche für *Out-Host*:

■ **Seitenweise Ausgabe**   Um die Ausgabe eines Befehls seitenweise anzuzeigen, hängen Sie *Out-Host* mit dem Parameter *-Paging* an. Die Ausgabe stoppt dann nach jeder Bildschirmseite. Mit `Leertaste` blättern Sie zur nächsten Seite um und mit `Q` brechen Sie die Ausgabe ab. Im Gegensatz zum klassischen Konsolenbefehl *more*, den Sie ebenfalls zur seitenweisen Ausgabe einsetzen können, funktioniert *Out-Host -Paging* in Echtzeit, sammelt also nicht zuerst alle Ergebnisse im Speicher.

```
PS> # Ergebnisse erscheinen sofort:
PS> Get-ChildItem -Path $env:windir -Recurse -ErrorAction Ignore | Out-Host -Paging

PS> # Ergebnisse erscheinen erst nach langer Zeit, wenn alle Daten gesammelt sind:
PS> Get-ChildItem -Path $env:windir -Recurse -ErrorAction Ignore | more
```

■ **Konsolenanwendungen im Protokoll anzeigen**   Konsolenanwendungen wie beispielsweise *ipconfig.exe* schreiben ihre Ergebnisse normalerweise direkt in den Bildschirmpuffer der Konsole. PowerShell greift hier nicht ein. Allerdings erscheinen deshalb die Ergebnisse solcher Befehle auch nicht im Konsolenmitschnitt, den Sie vielleicht mit *Start-Transcript* gestartet haben.

Damit die Ergebnisse von Konsolenanwendungen im Mitschnitt aufgeführt werden, leiten Sie diese an *Out-Host*:

```
PS> ipconfig | Out-Host
```

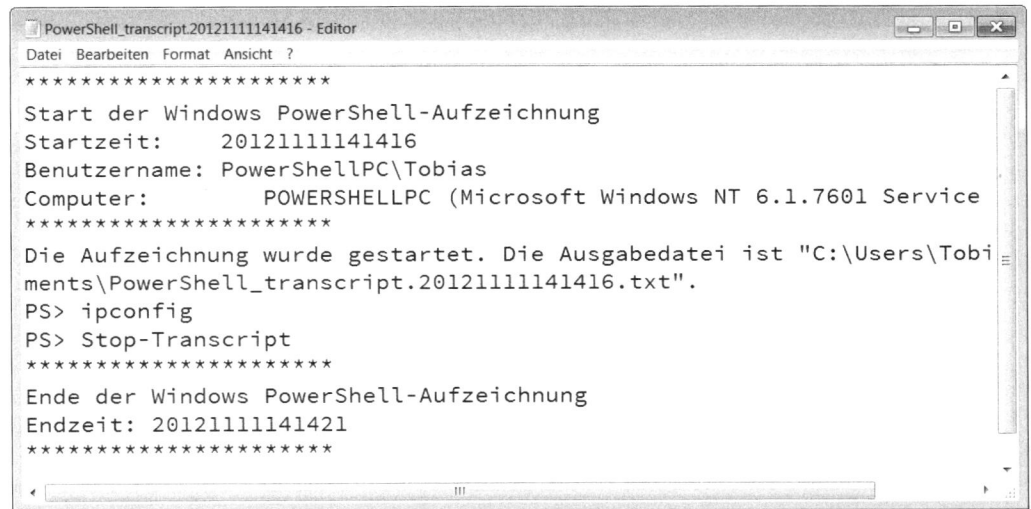

Abbildung 6.3 Ergebnisse von Konsolenbefehlen fehlen in der Mitschnitt-Datei

■ **Unterschiedliche Objekttypen**   Wollen Sie verschiedene Objekttypen gemeinsam in die Konsole ausgeben, klappt dies oft nicht. Das ETS richtet sich stets nach dem ersten Objekt und legt die Formatierung und die anzuzeigenden Spalten danach fest. Folgen Objekte, die ganz andere Objekteigenschaften besitzen, werden diese entweder gar nicht mehr oder als einfache Liste angezeigt. Indem Sie Ergebnisse an *Out-Host* senden, setzen Sie das ETS zurück. Es initialisiert sich danach mit dem nächsten folgenden Objekt neu und kann so auch verschiedene Objekttypen korrekt formatiert in die Konsole ausgeben:

```
PS> Get-Process | Out-Host; Get-Service
```

Out-Null: Ergebnisse verschlucken

Ein besonderes Ausgabeziel ist *Out-Null*, denn es verwirft die Ergebnisse einfach, an denen Sie kein Interesse haben. Legen Sie zum Beispiel einen neuen Ordner an, wird dieser von *New-Item* zurückgemeldet. Wer nur den neuen Ordner braucht, aber nicht die Rückmeldung, lässt Letztere einfach verschwinden:

```
PS> New-Item -Path c:\newtestfolder1 -ItemType Directory | Out-Null
```

Allerdings sollten Sie sich nicht zu sehr an *Out-Null* gewöhnen, weil dieses Cmdlet sehr ineffizient ist. Genau dasselbe Resultat erreichen Sie auch, indem Sie unerwünschte Rückmeldungen der Variablen *$null* zuweisen, nur ist das rund 50 Mal schneller:

```
$null = New-Item -Path c:\newtestfolder2 -ItemType Directory
```

Out-File: Konsolenausgaben in Textdateien umlenken

Mit *Out-File* leiten Sie die Ergebnisse in Textdateien um. Zwar könnten Sie dafür auch die klassischen Umleitungsoperatoren einsetzen:

```
PS> Get-Process > $HOME\protokoll.txt
PS> Get-Service >> $HOME\protokoll.txt
PS> Invoke-Item "$HOME\protokoll.txt"
```

Sehr viel mehr Kontrolle über die Textausgabe erlaubt allerdings das Cmdlet *Out-File*, denn es bietet mit seinem Parameter *-Encoding* die Möglichkeit, das Format der Textdatei selbst festzulegen und folglich anzugeben, ob Sie beispielsweise eine Unicode-, ASCII- oder UTF8-enkodierte Textdatei wünschen. Wichtig ist diese Auswahl, wenn die Textdatei später von anderen Programmen weiterbearbeitet werden soll und vor allem dann, wenn Sie Informationen an bereits vorhandene Textdateien anhängen – dann nämlich muss das Encodingformat dem Format der schon vorhandenen Datei entsprechen oder Sie riskieren Datensalat:

```
PS> Get-Process | Out-File $env:TEMP\protokoll.txt -Encoding Unicode
PS> Get-Service | Out-File -Append $env:TEMP\protokoll.txt -Encoding Unicode
PS> Invoke-Item $env:TEMP\protokoll.txt
```

> **TIPP**   Kann man die Befehlsergebnisse eigentlich auch gleichzeitig in die Konsole ausgeben *und* in eine Datei schreiben? Solch eine Protokollfunktion schalten Sie mit *Start-Transcript* ein. Geben Sie keinen bestimmten Dateinamen mit dem Parameter *-Path* an, wird der Dateiname automatisch generiert und das Protokoll im *Dokumente*-Ordner gespeichert. Die Protokollierung bleibt aktiv, bis Sie diese mit *Stop-Transcript* wieder abschalten. Sie können auch den Befehl, den Sie einer Variablen zuweisen, als Ganzes in runde Klammern stellen. Durch diesen kleinen Trick werden die Ergebnisse in die Konsole ausgegeben *und* in eine Datei geschrieben:
>
> ```
> ($prozesse = Get-Process)
> $prozesse | Out-File $env:TEMP\protokoll.txt -Encoding Unicode
> Invoke-Item $env:TEMP\protokoll.txt
> ```

Out-Printer: Ergebnisse zu Papier bringen

Sollen die Ergebnisse eines Befehls ausgedruckt werden, hilft *Out-Printer*. Dieses Cmdlet leitet die Ergebnisse automatisch an den Standarddrucker, wobei die Ergebnisse zuvor vom ETS in lesbaren Text verwandelt werden. Über den Parameter *-Name* kann aber auch der Name eines anderen installierten Druckers oder der UNC-Pfad (Universal Naming Convention) zu einem Netzwerkdrucker angegeben werden. So lassen sich die PowerShell-Ergebnisse beispielsweise auf dem Bürodrucker ausgeben oder auch als PDF- oder XPS-Dokument exportieren. Sorgen Sie nur dafür, dass ein entsprechender Druckertreiber für diese elektronischen Datenformate installiert ist.

> **TIPP**   Wie lassen sich die Namen der installierten Drucker herausfinden? Beispielsweise mithilfe des WMI-Diensts und der Klasse *Win32_Printer*:
>
> ```
> PS> Get-WmiObject Win32_Printer | Select-Object -expandProperty Name
> Microsoft XPS Document Writer
> HP LaserJet 4200/4300 PCL6
> Fax
> ```
>
> Möchten Sie die Ergebnisse von PowerShell zum Beispiel als elektronisches XPS-Dokument speichern, gehen Sie so vor:
>
> ```
> Get-Process | Out-Printer -Name 'Microsoft XPS Document Writer'
> ```

Out-Printer ist simpel gestrickt und es lässt sich beispielsweise weder die Schriftart und -größe noch die Seitenorientierung kontrollieren. Das ist schade, denn als Vorgabe verwendet *Out-Printer* eine Proportionalschrift, bei der die einzelnen Buchstaben entsprechend unterschiedliche Breiten aufweisen, sodass sich Spalten verschieben. Gedruckt wird außerdem stets im Portraitmodus, also im Hochformat, obwohl die PowerShell-Daten häufig sehr umfangreich sind und deshalb der Ausdruck im Landscapemodus, also im Querformat, praktischer wäre.

Out-String: Textdarstellungen erzwingen

Vielleicht möchten Sie Ergebnisse gar nicht an irgendein Ziel leiten, sondern einfach nur in Text umwandeln. Dafür ist *Out-String* zuständig. Als Ergebnis legt *Out-String* die Objekte, die es empfängt, als Text zurück auf die Pipeline. Weil es sich also wie ein gewöhnlicher Pipeline-Befehl verhält, können Sie das Ergebnis einer Variablen zuweisen:

```
PS> $text = Get-Process | Out-String
PS> $text.toUpper()

HANDLES  NPM(K)    PM(K)     WS(K) VM(M)   CPU(S)    ID PROCESSNAME
-------  ------    -----     ----- -----   ------    -- -----------
     95       9     2684      3284    55     0,42  4388 ACENGSVR
    107      11     2184      2664    71     0,37  5036 ACMON
     40       6     1900       348    55     0,03  3448 ADDEL
     75       8     1232        76    42           1852 ARMSVC
(…)
```

Das Ergebnis von *Out-String* ist also immer ein einzelner Gesamttext. Das bedeutet auch: *Out-String* blockiert den Pipeline-Stream und wartet, bis alle Ergebnisse eingetroffen sind. Möchten Sie den Text lieber zeilenweise in einem Array erhalten, verwenden Sie den Parameter *-Stream*. Jetzt wandelt *Out-String* die eintreffenden Objekte in Echtzeit in einzelne Texte um und blockiert die Pipeline nicht mehr:

```
PS> Get-Process | Out-String -Stream | ForEach-Object { $_.toUpper() }
```

Mit der neuen PowerShell 3.0-Syntax dürften Sie übrigens auch schreiben:

```
PS> (Get-Process | Out-String -Stream).toUpper()
```

Out-String greift für die Textumwandlung auf das ETS von PowerShell zu und wandelt Objekte also auf dieselbe hochintelligente Art in Text um wie bei allen anderen Textausgaben in die Konsole:

```
PS> Get-Process -Id $PID | Out-String

Handles  NPM(K)    PM(K)     WS(K) VM(M)   CPU(s)    Id ProcessName
-------  ------    -----     ----- -----   ------    -- -----------
    976     133   358852     57416  1076 1.076,70  8432 PowerShell
```

Bei der impliziten Umwandlung ohne *Out-String* werden Objekte nur auf die Angabe ihres Objekttyps reduziert:

```
PS> "$(Get-Process -Id $PID)"
System.Diagnostics.Process (PowerShell)

PS> (Get-Process -Id $PID).ToString()
System.Diagnostics.Process (PowerShell)
```

```
PS> [String[]](Get-Process -Id $PID)
System.Diagnostics.Process (PowerShell)
```

Textbasierte Pipeline und Grep

Zwar sollten Sie *Out-String* nicht allzu großzügig einsetzen, weil die Reduktion von Objekten zu Text immer mit Informationsverlust einhergeht. Manchmal kann es allerdings einfacher sein, Informationen als Text weiterzubearbeiten, und mit *Out-String* kann man die moderne objektorientierte PowerShell-Pipeline in eine klassische textbasierte Pipeline verwandeln – mit verblüffenden Resultaten.

Möchten Sie die Ergebnisse eines Befehls möglichst einfach mit einem simplen Stichwort filtern, können Sie *Select-String* verwenden. Dieses Cmdlet filtert alle Objekte aus der Pipeline, die nicht das angegebene Stichwort enthalten. Auf diese Weise lässt sich beispielsweise das Ergebnis des Befehls *ipconfig* schnell und einfach auf die wesentlichen Informationen konzentrieren:

```
PS> ipconfig | Select-String IP
   Verbindungslokale IPv6-Adresse  . : fe80::dc8d:6c92:de:b389%22
   IPv4-Adresse (Auto. Konfiguration): 169.254.179.137
   Verbindungslokale IPv6-Adresse  . : fe80::ad62:ac4d:4dea:936d%12
   IPv4-Adresse . . . . . . . . . . : 192.168.2.103
   Verbindungslokale IPv6-Adresse  . : fe80::f85a:1e3e:9907:6460%11
   IPv4-Adresse . . . . . . . . . . : 192.168.2.105
   IPv6-Adresse. . . . . . . . . . . : 2001:0:5ef5:73bc:3cd4:2e4e:2b47:71e6
   Verbindungslokale IPv6-Adresse  . : fe80::3cd4:2e4e:2b47:71e6%16
```

Das Ergebnis sind nun nur noch Zeilen, die das Stichwort *IP* enthalten, und spielt man etwas mit dem Stichwort, erhält man schnell und gezielt die erforderlichen Informationen:

```
PS> ipconfig | Select-String IPv4

   IPv4-Adresse (Auto. Konfiguration): 169.254.179.137
   IPv4-Adresse . . . . . . . . . . : 192.168.2.103
   IPv4-Adresse . . . . . . . . . . : 192.168.2.105
```

Allerdings funktioniert diese praktische Filterung in anderen Fällen nicht so gut. Versuchen Sie beispielsweise, die von *Get-Process* gelieferten Prozesse auf diejenigen zu begrenzen, die das Stichwort *PowerShell* enthalten, funktioniert dies zwar, aber das Ergebnis sieht sonderbar aus:

```
PS> Get-Process | Select-String PowerShell

System.Diagnostics.Process (powershell)
System.Diagnostics.Process (powershell)
```

Weil *Select-String* einen Textvergleich durchführt, werden die Objekte dabei zuerst auf Text reduziert. Wird ein Objekt auf Text reduziert, ersetzt PowerShell es – wie Sie bereits gesehen haben – durch seinen Typnamen. Genau den liefert *Select-String* anschließend zurück. *Select-String* funktioniert also nur dann wie erwartet, wenn es Text empfängt und nicht Objekte. Eine Lösung ist also, die Objekte zuerst selbst mit *Out-String* in Text zu verwandeln, weil *Out-String* bei der Umwandlung das ETS nutzt und die Objekte anschließend so repräsentiert, wie sie auch bei der Ausgabe in die Konsole aussehen würden. Alle wichtigen Objekteigenschaften bleiben also lesbar:

```
PS> Get-Process | Out-String -stream | Select-String PowerShell
```

```
1183      58   226180   112824    755   262,67   2168 powershell
 975      65   246836   107612    821            5752 powershell
 944     132   343980    39052   1041 1.041,34   8432 PowerShellPlus
```

Diese Kombination aus *Out-String* und *Select-String* kann der Bequemlichkeit halber auch als Pipe-linefilter definiert werden, den Sie beispielsweise in Anlehnung an die textbasierte Unix-Pipeline *grep* nennen:

```
filter grep($stichwort) {
  $_ | Out-String -Stream | Select-String $stichwort
}
```

Nun lassen sich beliebige Objekte über einfache Stichwörter filtern. Die folgende Zeile liefert alle Dienste, die einerseits laufen und andererseits im Namen das Stichwort *windows* führen:

```
PS> Get-Service | grep run | grep windows
```

Allerdings liefert die Pipeline nach Einsatz von *Select-String* nur noch Text zurück. Die vielfältigen Informationen der Ursprungsobjekte sind verloren gegangen, weswegen die folgenden Zeilen nicht mehr zu den erwarteten Ergebnissen führen:

```
PS> Get-Service | grep run | grep windows | Select-Object *
Get-Service | grep run | grep windows | Stop-Service -WhatIf
```

PROFITIPP   Genau genommen liefert *Select-String* noch nicht einmal Text zurück, sondern *MatchInfo*-Objekte, was auch erklärt, warum das Ergebnis von *Select-String* vor und nach den Ergebnissen Leerzeichen ausgibt:

```
PS> Get-Service | grep run | grep windows | Format-Table *
```

IgnoreCase	LineNumber	Line	Filename	Path	Pattern	Context	Matches
True	2	Running...	InputSt...	InputSt...	windows		{Windows}
True	2	Running...	InputSt...	InputSt...	windows		{Windows}
True	2	Running...	InputSt...	InputSt...	windows		{Windows}

(...)

Der Grund: Intern führt *Select-String* einen Vergleich mithilfe sogenannter *regulärer Ausdrücke* durch. Kennen Sie sich mit regulären Ausdrücken aus, können Sie *Select-Object* anstelle einfacher Stichwörter deshalb auch komplexe Muster als regulären Ausdruck übergeben. *Select-String* liefert das Vergleichsergebnis anschließend als Treffer in Form der *MatchInfo*-Objekte zurück. Soll *Select-String* wirklich nur das Textergebnis zurückgeben, ruft man die *ToString()*-Methode des *MatchInfo*-Objekts auf:

```
PS> Get-Service | grep run | grep windows | ForEach-Object { $_.ToString() }
Running  arXfrSvc       Windows Media Center TV Archive Tra...
Running  AudioEndpointBu... Windows-Audio-Endpunkterstellung
(...)
```

Entsprechend sähe die *grep*-Funktion von eben dann so aus:

```
filter grep($stichwort) {
  $_ | Out-String -Stream | Select-String $stichwort | ForEach-Object { $_.ToString() }
}
```

Das Problem lässt sich aber umgehen, indem *Select-String* lediglich als Kriterium für einen Pipeline-filter eingesetzt wird. Liefert *Select-String* also mindestens ein Resultat, wird das Objekt in unverän-

derte: Form durch die Pipeline hindurchgelassen, andernfalls aussortiert. Bei dieser Gelegenheit sollten Sie auch gleich den Parameter *-SimpleMatch* hinzufügen, weil *Select-String* andernfalls als
Stichwort einen regulären Ausdruck erwartet. Das führt zu Problemen, wenn Ihr Stichwort Sonderzeichen wie beispielsweise eckige Klammern enthält, die dann versehentlich als unvollständiger regulärer Ausdruck gewertet würden:

```
filter grep($stichwort) {
  if (@($_ | Out-String -Stream | Select-String $stichwort -SimpleMatch).Count -gt 0 ) { $_ }
}
```

Mit dieser Variante von *grep* behalten die Informationen ihre Objektnatur bei, sodass die Objekte
anschließend in der Pipeline weitergenutzt werden dürfen. Sie haben damit erfolgreich die objektorientierte und die textorientierte Natur der Pipeline kombiniert:

```
PS> Get-Service | grep run | grep windows | Select-Object *
PS> Get-Service | grep run | grep windows | Stop-Service -WhatIf
```

Allerdings weist *grep* noch eine weitere Einschränkung auf. Werden Objekte mit *Out-String* auf Text
reduziert, enthält der Text nicht sämtliche Objekteigenschaften, sondern nur diejenigen, die das ETS
normalerweise auch in der Konsole angezeigt hätte. *Select-String* findet das Stichwort also auch nur in
diesen Eigenschaften. Deshalb scheitert der folgende Filter:

```
PS> Get-Process | grep 'Microsoft Corporation'
```

Zwar findet sich in der Eigenschaft *Company* vieler Prozesse das gesuchte Stichwort, aber die Eigenschaft *Company* gehört nicht zu den Standardeigenschaften, die von *Out-String* in Text verwandelt
werden. Sie wissen inzwischen aber, wie Sie dafür sorgen können, dass alle Objekteigenschaften in
Text verwandelt werden, und müssen den Filter *grep* nur entsprechend erweitern:

```
filter grep($stichwort) {
  if (@($_ | Select-Object * | Out-String -Stream -Width 1000 | Select-String $stichwort
-SimpleMatch).Count -gt 0 ) { $_ }
}
```

Probieren Sie danach erneut die Suche nach *Microsoft Corporation*:

```
PS> Get-Process | grep 'Microsoft Corporation'
```

Diesmal wird *grep* fündig, denn weil Sie zuerst mit *Select-Object* sämtliche Objekteigenschaften auswählen und anschließend *Out-String* mit dem Parameter *-Width 1000* ausreichend Platz einräumen,
um auch tatsächlich alle Objekteigenschaften darzustellen, durchsucht *Select-String* jetzt alle Objekteigenschaften nach Ihrem Stichwort.

Die vorübergehende Umwandlung der Objekte in Text zur Filterung per Stichwort ist enorm mächtig
und ergänzt die objektorientierten Vorteile der PowerShell-Pipeline. Schauen Sie sich einmal die folgenden Beispiele an:

```
PS> dir $env:windir | grep log
PS> dir $env:windir | grep 2010
PS> dir $env:windir | grep system
PS> dir $env:windir | grep archive
PS> dir $env:windir | grep r-s
```

Haben Sie die Parallelen bemerkt? Ihre Funktion *grep* verhält sich genauso wie das *Filter*-Textfeld im *Out-GridView*-Fenster. Probieren Sie es aus:

```
PS> dir $env:windir | Out-GridView
```

Noch zeigt das GridView sämtliche Dateien an, aber sobald Sie ins Textfeld *Filter* das Stichwort »r-s« eingeben, erhalten Sie dieselbe Filterung wie bei *grep*. Das Cmdlet *Out-GridView* sucht Ihr Stichwort allerdings nur in den sichtbaren Spalten (hier: *Mode*), während Ihre Funktion *grep* mächtiger ist und das Stichwort in sämtlichen Objekteigenschaften findet. Finden Sie *grep* nützlich, sollten Sie die Funktion in eine Ihrer Profildateien aufnehmen, damit es Ihnen jederzeit zur Verfügung steht (Kapitel 4).

Allerdings kann die Suche über alle Objekteigenschaften auch unerwartete Resultate liefern. Suchen Sie zum Beispiel nach allen Diensten, die den Startmodus *Auto* verwenden, aber nicht laufen, könnten Sie Folgendes formulieren:

```
PS> Get-WmiObject Win32_Service | grep stopped | grep auto
```

Das Ergebnis wären in der Tat die gesuchten Dienste, aber darüber hinaus noch einige mehr, die das Stichwort *Auto* in einer anderen Eigenschaft enthalten, beispielsweise der Dienst *PNRPAutoReg*. Präzise Lösungen nutzen deshalb die Vorteile der objektorientierten Pipeline und selektieren gezielt die gewünschten Eigenschaften:

```
PS> Get-WmiObject Win32_Service | Where-Object {$_.State -eq 'Stopped'} | Where-Object
{$_.StartMode -eq 'Auto'}
```

Oder, da es sich um eine WMI-Abfrage handelt, als serverseitiger WMI-Filter:

```
PS> Get-WmiObject Win32_Service -Filter "State='Stopped' and StartMode='Auto'"
```

Out-WinWord: Ergebnisse direkt an Microsoft Word senden

Möchten Sie mehr Kontrolle beim Ausdruck, lassen Sie diesen einfach von einer anderen Software durchführen. Ist beispielsweise *Microsoft Word* installiert, können Sie PowerShell-Ergebnisse auch darüber ausdrucken. Eine entsprechende Funktion namens *Out-WinWord* könnte so aussehen:

```
function Out-WinWord
{
  param
  (
    $Text = $null,
    $Title = $null,
    $Font = 'Courier',
    $FontSize = 12,
    $Width = 80,
    [Switch]$Print,
    [switch]$Landscape
  )

  if ($Text -eq $null)
  {
    $Text = $Input | Out-String -Width $Width
  }
```

```
$WordObj = New-Object -ComObject Word.Application
$document = $WordObj.Documents.Add()
$document.PageSetup.Orientation = [Int][bool]$Landscape
$document.Content.Text = $Text
$document.Content.Font.Size = $FontSize
$document.Content.Font.Name = $Font

if ($Title -ne $null)
{
  $WordObj.Selection.Font.Name = $Font
  $wordobj.Selection.Font.Size = 20
  $wordobj.Selection.TypeText($Title)
  $wordobj.Selection.ParagraphFormat.Alignment = 1
  $wordobj.Selection.TypeParagraph()
  $wordobj.Selection.TypeParagraph()
}

if ($Print)
{
  $WordObj.PrintOut()
  $wdDoNotSaveChanges = 0
  $WordObj.NormalTemplate.Saved = $true
  $WordObj.Visible = $true
  $document.Close([ref]$wdDoNotSaveChanges)
  $WordObj.Quit([ref]$wdDoNotSaveChanges)
}
else
{
  $WordObj.Visible = $true
}
}
```

Listing 6.1 Das Skript *Out-Winword.ps1*

Wie *Out-WinWord* es genau anstellt, den Text mithilfe von *Microsoft Word* auf dem Drucker auszugeben, bleibt an dieser Stelle unerwähnt, denn es ist Thema folgender Kapitel. An dieser Stelle geht es darum, *Out-WinWord* als Ersatz für *Out-Printer* einzusetzen. PowerShell-Informationen können damit in beliebiger Schriftart und -größe sowie im Querformat in Microsoft Word dargestellt werden (sofern die Anwendung installiert ist, versteht sich). Die nächste Zeile zeigt eine Liste aller laufenden Prozesse in Microsoft Word im Querformat an und wählt für die Anzeige die Schriftart *Consolas* in der Größe 14:

```
PS> Get-Process | Out-WinWord -Font Consolas -FontSize 14 -Title 'Prozessliste' -Landscape
```

Möchten Sie die Ergebnisse einfach nur über Microsoft Word ausdrucken, fügen Sie den Parameter *-Print* hinzu. In diesem Fall wird das Ergebnis an den Drucker geschickt und Microsoft Word tritt dabei noch nicht einmal sichtbar in den Vordergrund.

```
PS> Get-Process | Out-WinWord -Font Consolas -FontSize 14 -Title 'Prozessliste' -Landscape -Print
```

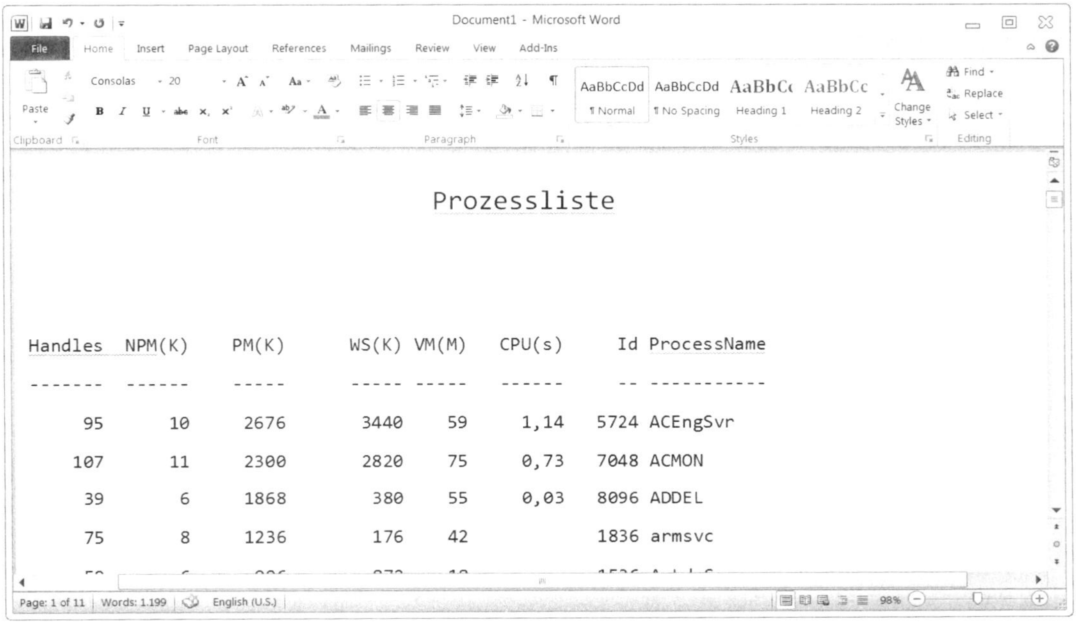

Abbildung 6.4   PowerShell-Ergebnisse direkt in Microsoft Word anzeigen

Out-PDF: Mit Microsoft Word PDF-Reports erstellen

Auf ganz ähnliche Weise könnte Microsoft Word auch dazu genutzt werden, PowerShell-Ergebnisse in PDF-Dateien zu verwandeln. Dazu müssen Sie allerdings gegebenenfalls die entsprechende kosten-freie Erweiterung für Microsoft Word installieren. Am besten probieren Sie zuerst von Hand aus, ob *Microsoft Word* bei Ihnen mit *Datei/Speichern unter* die Möglichkeit einräumt, ein Dokument als PDF zu speichern. Die folgende Funktion *Out-PDF* macht danach diese Funktionalität von *Microsoft Word* in PowerShell erreichbar:

```
function Out-PDF
{
  param
  (
    $Path = "$env:TEMP\$(Get-Random).pdf",
    $Text = $null,
    $Title = $null,
    $Font = 'Courier',
    $FontSize = 12,
    $Width = 80,
    [Switch]$Open,
    [switch]$Landscape
  )

  if ($Text -eq $null)
  {
    $Text = $Input | Out-String -Width $Width
```

```
}

$WordObj = New-Object -ComObject Word.Application
$document = $WordObj.Documents.Add()
$document.PageSetup.Orientation = [Int][bool]$Landscape
$document.Content.Text = $Text
$document.Content.Font.Size = $FontSize
$document.Content.Font.Name = $Font

if ($Title -ne $null)
{
  $WordObj.Selection.Font.Name = $Font
  $wordobj.Selection.Font.Size = 20
  $wordobj.Selection.TypeText($Title)
  $wordobj.Selection.ParagraphFormat.Alignment = 1
  $wordobj.Selection.TypeParagraph()
  $wordobj.Selection.TypeParagraph()
}

$saveaspath = [ref]$Path
$formatPDF = [ref] 17
$document.SaveAs($saveaspath,$formatPDF)
$wdDoNotSaveChanges = 0
$WordObj.NormalTemplate.Saved = $true
$WordObj.Visible = $true
$document.Close([ref]$wdDoNotSaveChanges)
$WordObj.Quit([ref]$wdDoNotSaveChanges)

if ($Open)
{
  Invoke-Item -Path $Path
}
}
```

Sie könnten nun beliebige PowerShell-Ergebnisse an *Out-PDF* senden, um sie in eine PDF-Datei zu verwandeln. Geben Sie mit *-Path* keinen Pfadnamen zu einer PDF-Datei an, generiert die Funktion einen zufälligen Dateinamen. Das ist nur sinnvoll zusammen mit *-Open*, denn dann wird diese PDF-Datei anschließend sofort geöffnet – vorausgesetzt, es ist ein PDF-Viewer-Programm installiert.

Der PDF-Report aus Abbildung 6.5 wurde zum Beispiel mit einer einzigen Zeile generiert:

```
PS> systeminfo.exe | Out-PDF -Font Consolas -FontSize 14 -Title 'Systemdaten' -Landscape -Open
```

TIPP   Falls Sie kein Microsoft Word zur Verfügung haben, können Sie trotzdem PDF-Dateien erstellen. Es gibt nämlich auch andere (und kostenfreie) PowerShell-Erweiterungen, die eine solche Unterstützung bieten. Ein kostenfreies Modul mit dem Befehl *Out-PTSPDF* finden Sie zum Beispiel hier: *http://www.powertheshell.com/sending-results-to-pdf-files/*. Sie brauchen dieses Modul nur herunterzuladen, zu entpacken und dann wie jedes andere Modul auch zu importieren. Schon steht der neue Befehl zur Verfügung. Mit ihm würden Sie den Report von eben folgendermaßen erstellen:

```
PS> systeminfo.exe | Out-PTSPDF -FontName Consolas -FontSize 14 -IncludeHeader -AutoSize -Open
-Path $env:TEMP\report.pdf
```

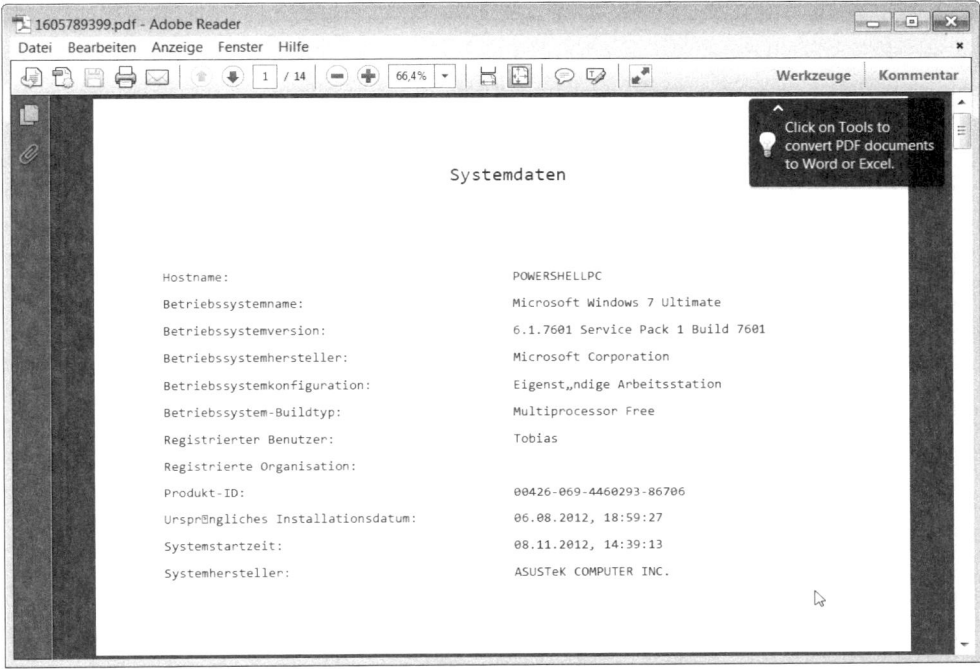

Abbildung 6.5 Automatisch eine PDF-Datei mit allen Systemdetails generieren

Ergebnisse als Objekte exportieren

Normalerweise verwandelt PowerShell alle Ergebnisse am Ende in Text und zeigt sie in der Konsole oder – wenn Sie selbst ein *Out*-Cmdlet anhängen – auf anderen Ausgabegeräten an. Die Textumwandlung beraubt die Ergebnisse allerdings ihrer Objektnatur. Sie können danach nicht mehr auf einzelne Objekteigenschaften zugreifen und anhand dieser auch nicht sortieren oder filtern. Deshalb lassen sich die Objekte auch in hochwertigerer Form exportieren. Dazu dienen die *Export*-Cmdlets sowie *Out-GridView*.

> **HINWEIS** *Out-GridView* wurde schon im letzten Abschnitt angesprochen. Obwohl sein Name die Tätigkeit *Out* enthält, gehört es nicht in die Gruppe der *Out*-Cmdlets: Es verwandelt die Objekte nämlich nicht in Text, sondern exportiert sie in Objektform in ein separates Tabellenfenster und müsste eigentlich *Export-GridView* heißen. Deshalb wird dieses Cmdlet in diesem Abschnitt beschrieben.

Out-GridView: Objekte im Spreadsheet anzeigen

Das Ergebnis der Pipeline kann mit *Out-GridView* in einem Mini-Spreadsheet als separates Fenster sichtbar gemacht werden, zumindest dann, wenn auf Ihrem Computer mindestens .NET Framework

3.51 installiert ist. In diesem Fall zeigt das Spreadsheet die Objekte genauso an, wie sie sonst in die Konsole ausgegeben worden wären.

```
PS> Get-Process
PS> Get-Process | Out-GridView
```

Weil *Out-GridView* die Informationen in einem separaten Fenster öffnet, lassen sich damit wichtige Informationen auch zwischenspeichern und im Blick behalten. Sie dürfen *Out-GridView* mehrfach einsetzen. Bei jedem Aufruf wird ein neues Fenster geöffnet. Darüber hinaus bietet das Fenster ein Suchfeld, das die angezeigten Objekte in Echtzeit filtert: Noch während Sie ein oder mehrere Stichwörter darin eingeben, filtert das Fenster die Objekte und zeigt nur noch solche an, die in einer beliebigen Eigenschaft (Spalte) das angegebene Stichwort enthalten.

Welche Spalten (Objekteigenschaften) im GridView erscheinen, bestimmt normalerweise das ETS von PowerShell automatisch. Es sind dieselben Eigenschaften, die sonst auch in der Konsole ausgegeben worden wären. Deshalb kontrollieren Sie die Anzeige der Spalten beim GridView auch auf demselben Weg wie in der Konsole. Möchten Sie sämtliche Objekteigenschaften sehen, leiten Sie die Objekte deshalb zuerst an Select-Object *:

```
PS> Get-Process | Select-Object * | Out-GridView
```

Oder aber Sie wählen die Objekteigenschaften selbst aus, indem Sie *Select-Object* die Namen der Eigenschaften übergeben, wobei Platzhalterzeichen erlaubt sind:

```
PS> Get-Process | Select-Object Name, Company, *Time* | Out-GridView
```

TIPP Die Kombination | Select-Object * | Out-GridView ist ein praktischer Weg, um die Ergebnisse eines Befehls genau zu analysieren und zum Beispiel festzustellen, in welcher Objekteigenschaft sich eine gesuchte Information wirklich befindet.

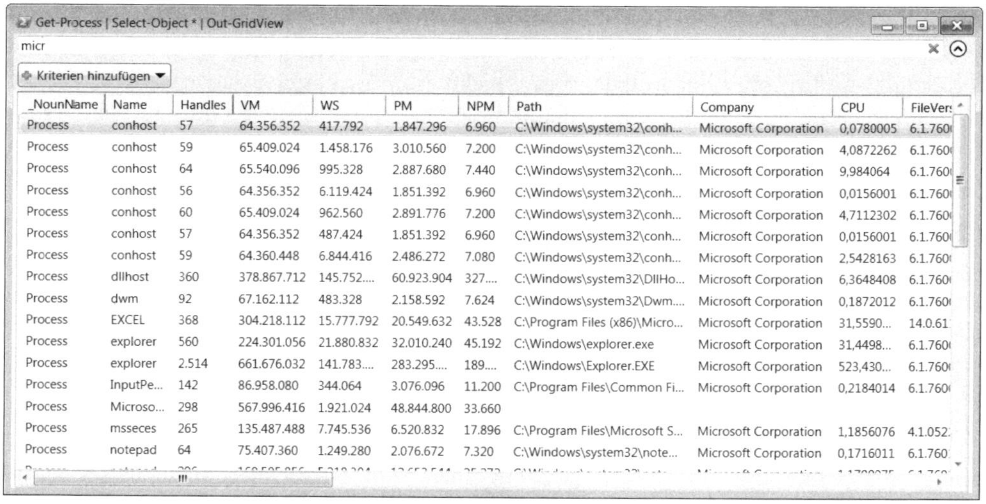

Abbildung 6.6 *Select-Object* bestimmt, welche Spalten Out-GridView anzeigt

Export-Csv: Export an Microsoft Excel und andere Programme

Die universelle Schnittstelle zwischen PowerShell und anderen Programmen bilden kommaseparierte Textdateien, über die Objekte »verlustfrei« übergeben werden können. Während nämlich beim Textexport via *Out-File* die ursprünglich separaten Objekteigenschaften zu einem einzigen Textblock verschmelzen, bleibt die Objektstruktur bei kommaseparierten Dateien erhalten. Man kann auch nach dem Export noch die einzelnen Objekteigenschaften klar abgrenzen und darauf separat zugreifen.

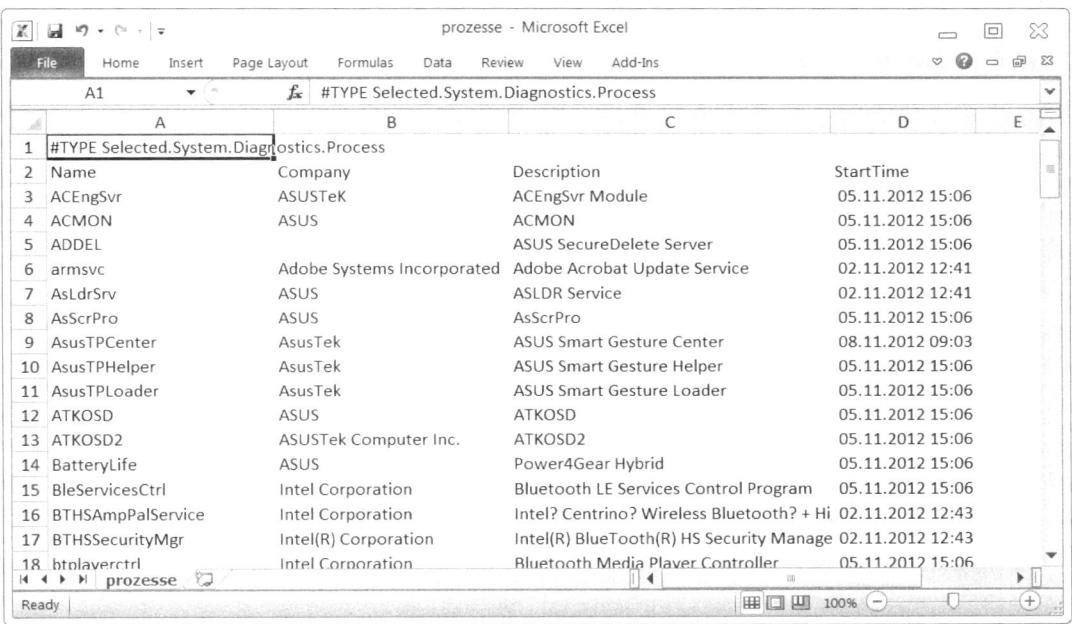

Abbildung 6.7   PowerShell-Ergebnisse in Microsoft Excel anzeigen und weiterbearbeiten

Kulturspezifische CSV-Dateien generieren

Viele Programme wie beispielsweise Microsoft Excel erlauben den direkten Import kommaseparierter Listen und wandeln die enthaltenen Informationen automatisch um. Haben Sie mit der PowerShell-Pipeline nützliche Informationen gesammelt und möchten diese als Report in Form einer Excel-Tabelle weiternutzen, generieren Sie mit *Export-Csv* zuerst eine kommaseparierte Textdatei und öffnen diese dann mit Excel.

WICHTIG   Kommaseparierte Listen sind ebenso wie die Dateierweiterung .CSV (Comma Separated Values) zwar feststehende Standards, doch finden sich darin nicht immer wirklich kommaseparierte Werte. Das Trennzeichen solcher Listen ist regionsabhängig und wird von den Ländereinstellungen Ihrer Windows-Version bestimmt. Auf deutschsprachigen Systemen erwartet Excel als Trennzeichen anstelle des Kommas ein Semikolon, weswegen in PowerShell 2.0 die Möglichkeit nachgerüstet wurde, das Trennzeichen mit *-Delimiter* selbst zu bestimmen oder mit *-UseCulture* automatisch aus den Ländereinstellungen auszulesen.

```
PS> Get-Process | Select-Object Name, Company, Description, StartTime | Export-Csv
$HOME\prozesse.csv -UseCulture
PS> & "$HOME\prozesse.csv"
```

Die erste Zeile ruft alle laufenden Prozesse ab und wählt die Eigenschaften *Name, Company, Description* und *StartTime* aus. Das Ergebnis wird dann in der Datei *prozesse.csv* in Ihrem Benutzerprofil gespeichert.

Der Switch-Parameter *-UseCulture* ist dabei von größter Bedeutung, denn er sorgt dafür, dass nicht stur ein Komma als Separator verwendet wird, sondern das für Ihre Ländereinstellungen gültige Trennzeichen. Ohne diesen Parameter würden Sie immer eine kommaseparierte Liste erhalten, die Excel auf deutschsprachigen Systemen nicht verstehen würde.

Alternativ könnten Sie mit dem Parameter *-Delimiter* auch selbst ein anderes Trennzeichen angeben. In diesem Fall würde Ihre PowerShell-Anweisung aber auf Systemen mit abweichenden Ländereinstellungen nicht mehr richtig funktionieren. Der Parameter *-UseCulture* ist daher die beste Wahl, wenn Sie nicht ausdrücklich einen ganz bestimmten Separator verwenden müssen.

> **PROFITIPP**   Das Standardtrennzeichen für die aktuellen Ländereinstellungen Ihres Computers ermitteln Sie mit *Get-Culture*:
>
> ```
> PS> (Get-Culture).TextInfo.ListSeparator
> ;
> ```
>
> Auf deutschsprachigen Systemen ist dies das Semikolon, während US-amerikanische Systeme das Komma verwenden.

Die zweite Zeile öffnet die generierte Datei. Sofern Excel auf Ihrem Computer installiert ist, wird wenig später eine Excel-Tabelle geladen, in der die mit *Select-Object* ausgewählten Informationen aufgelistet werden.

> **TIPP**   Falls Excel nicht auf Ihrem Computer vorhanden ist, wird die CSV-Datei gegebenenfalls mit einem anderen Programm oder überhaupt nicht geöffnet. Im letzteren Fall ersetzen Sie *Export-Csv* durch *Out-GridView*. Dieses Cmdlet steht aber auf Computern mit Windows Server-Betriebssystem nur zur Verfügung, wenn Sie dort PowerShell ISE als Feature hinzugefügt haben.

Allerdings wird Ihnen bei genauerer Betrachtung möglicherweise auffallen, dass deutsche Umlaute und das ß nicht richtig angezeigt werden. Damit solche landesspezifischen Zeichen korrekt in Excel dargestellt werden, genügt es, das Format der Textdatei mit *-Encoding* im *UTF8*-Format enkodieren zu lassen. Außerdem findet sich in der Excel-Tabelle eine Titelzeile, die mit #TYPE beginnt. Hier vermerkt PowerShell den Typ der exportierten Daten. Wollen Sie die Informationen lediglich in Excel anzeigen, ist diese Angabe überflüssig und kann mit *-NoTypeInformation* ausgeblendet werden:

```
PS> Get-Process | Select-Object Name, Company, Description, StartTime | Export-Csv
$HOME\prozesse.csv -UseCulture -Encoding UTF8 -NoTypeInformation
PS> & "$HOME\prozesse.csv"
```

> **HINWEIS**   *Export-Csv* kann keine Dateien überschreiben, die gerade von anderen Anwendungen geöffnet und in Benutzung sind. Haben Sie also eine CSV-Datei in Excel geöffnet, dann vergessen Sie nicht, Excel zu schließen, bevor Sie die Datei neu anzulegen versuchen.

ACHTUNG Mit *Export-Csv* dürfen nur Objekte einheitlichen Typs exportiert werden. Andernfalls drohen gravierende Informationsverluste. Dies liegt in der Art, wie *Export-Csv* die in den Objekten gespeicherten Informationen exportiert: Dazu ermittelt das Cmdlet zuerst die Objekteigenschaften des ersten Objekts und speichert dann diese Informationen aus allen Objekten in Form kommaseparierter Listen. Mischen Sie Objekte, richtet sich *Export-Csv* nach den Objekteigenschaften des ersten Objekts. Folgen Objekte anderen Typs, die ganz andere Objekteigenschaften aufweisen, werden die neuen Objekteigenschaften nicht gespeichert. So etwas kann ganz unbeabsichtigt geschehen. Wollen Sie beispielsweise den Inhalt eines Ordners als CSV-Datei speichern, gehen Sie vielleicht so vor:

```
PS> dir $env:windir | Export-Csv -Encoding UTF8 $HOME\dateiliste.csv
```

Laden Sie die Daten später mit *Import-Csv* wieder ein, fehlen wichtige Informationen:

```
PS> $liste = Import-Csv $HOME\dateiliste.csv
PS> $liste | Select-Object Name, Length, isReadOnly, Extension
```

Die Spalten *Length* und *isReadOnly* sind leer, obwohl die Originalobjekte diese Informationen enthalten haben:

```
PS> dir $env:windir | Select-Object Name, Length, isReadOnly, Extension
```

Die Ursache: Eine Dateiliste enthält sowohl Dateien als auch Ordner. Beide werden von unterschiedlichen Objekttypen repräsentiert. Ordnerobjekte besitzen keine Eigenschaften namens *Length* oder *isReadOnly*. Weil die Dateiliste die Unterordner vor den Dateien geliefert hat, ignoriert *Export-Csv* die zusätzlichen Eigenschaften der Dateien und exportiert nur die Eigenschaften der Ordner. Deshalb fehlen die Eigenschaften *Length* und *isReadOnly* bei den reimportierten Objekten. Dass die Dateiliste tatsächlich mehr als einen Objekttyp liefert, verrät diese Zeile:

```
PS> dir $env:windir | ForEach-Object { $_.GetType().FullName } | Group-Object -NoElement

Count Name
----- ----
   59 System.IO.DirectoryInfo
   30 System.IO.FileInfo
```

Das Beispielverzeichnis gab also 59 *System.IO.DirectoryInfo*- und 30 *System.IO.FileInfo*-Objekte zurück und diese Mischtypen brachten *Export-Csv* durcheinander. Sie können solche Probleme umgehen, indem Sie die Objekte vor dem Export mit *Sort-Object* anders anordnen und dafür sorgen, dass die Objekte, welche die exportierten Eigenschaften bestimmen sollen, zu Anfang aufgelistet werden:

```
PS> dir $env:windir | Sort-Object Length -Descending | Export-Csv -Encoding UTF8
$HOME\dateiliste.csv
PS> $liste = Import-Csv $HOME\dateiliste.csv
PS> $liste | Select-Object Name, Length, isReadOnly, Extension
```

Diesmal werden die Eigenschaften *Length* und *isReadOnly* in der CSV-Datei mitgespeichert und für Dateien bei den reimportierten Objekten wie gewünscht angezeigt.

Out-ExcelReport: Ergebnisse in Microsoft Excel anzeigen

Dazu könnten Sie sich natürlich auch wieder eine praktische Befehlserweiterung schreiben:

```
function Out-ExcelReport
{
  param
  (
    $Path = "$env:TEMP\$(Get-Random).csv"
```

```
  )

  $Input | Export-Csv -Path $Path -Encoding UTF8 -NoTypeInformation -UseCulture
  Invoke-Item -Path $Path
}
```

Die Funktion *Out-ExcelReport* automatisiert die eben besprochenen Schritte, wandelt also das, was über die Pipeline an die Funktion geschickt wird, zuerst in eine CSV-Datei um und öffnet diese dann in *Microsoft Excel*:

```
PS> Get-Service | Select-Object -Property * | Out-ExcelReport
```

Falls Sie mit *-Path* keinen besonderen Pfad angeben, generiert die Funktion einen zufälligen Dateinamen.

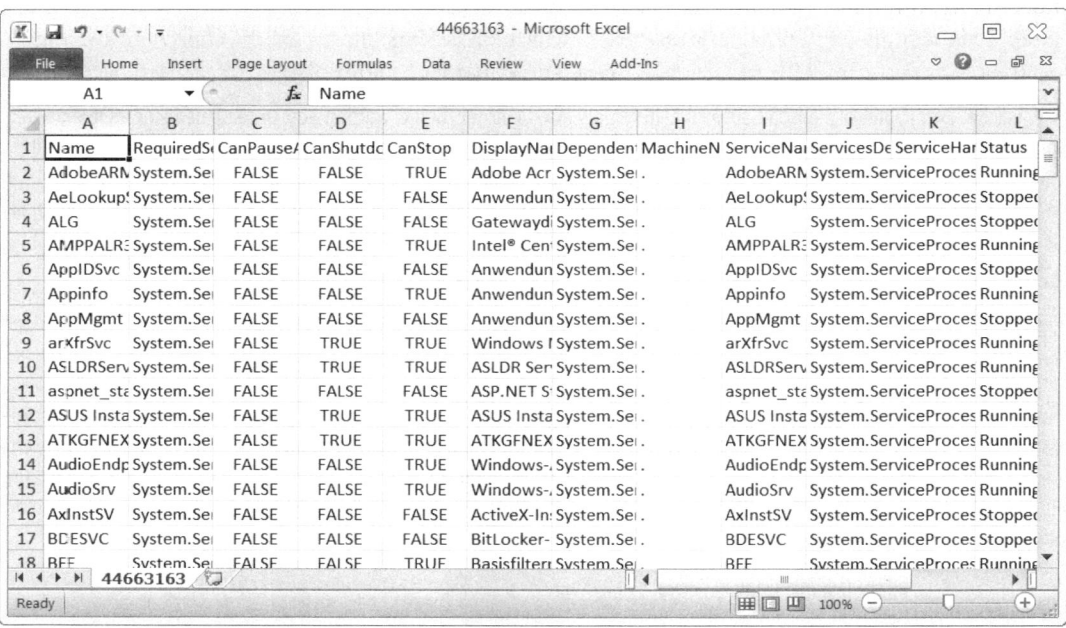

Abbildung 6.8   Automatisch Ergebnisse von PowerShell in Microsoft Excel öffnen

Ergebnisse als XML serialisieren

Der Exportvorgang von PowerShell-Objekten geht oft mit Informationsverlust einher. Er ist am größten, wenn die Ergebnisse in Text verwandelt werden. Beim Export in CSV-Dateien bleiben zumindest die Objekteigenschaften separat erhalten. Allerdings kann das CSV-Format nur die oberste Ebene abbilden, und falls eine Objekteigenschaft weitere Objekte enthält, werden diese wie beim reinen Textexport auf Text reduziert.

XML dagegen kann Objekte mit größtmöglicher Originaltreue speichern, was wie bereits am Kapitelanfang erwähnt auch *serialisieren* genannt wird. Zwar besteht XML (*Extensible Markup Language*) im

Grunde ebenfalls nur aus Text, aber weil die Informationen darin über Anfangs- und Endmarkierungen verschachtelt werden können, lassen sich mit XML beliebig komplexe hierarchische Objektmodelle abbilden, die Datentypen der Objekte können erhalten werden, und auch Binärinformationen, die sich normalerweise nicht als Text speichern lassen, lassen sich über den Umweg von in Text verwandelten Bytefeldern speichern.

Dies geschieht allerdings auf Kosten der Dateigröße und Bearbeitungsgeschwindigkeit. Speichern Sie Objekte als XML- und nicht als CSV-Datei, kann die Dateigröße erheblich größer ausfallen, ebenso der Zeitbedarf zum Speichern der Objekte entsprechend anwachsen.

Objekte »speichern«

Mit *Export-Clixml* lassen sich beliebige Objekte speichern und können dann später (oder an einem anderen Ort) mit *Import-Clixml* wieder in Objekte zurückverwandelt (deserialisiert) werden. Die folgende Zeile ruft alle laufenden Prozesse ab, beschränkt die Objekte mit *Select-Object* auf die Eigenschaften *Name* und *CPU* und speichert diese Informationen dann als XML. Danach werden die gespeicherten XML-Informationen wieder zurück in Objekte verwandelt und nach der Eigenschaft *CPU* sortiert:

```
PS> Get-Process | Select-Object Name, CPU | Export-Clixml $HOME\prozesse.xml
PS> $prozesse = Import-Clixml $HOME\prozesse.xml
PS> $prozesse | Sort-Object CPU
```

> **TIPP**   Bevor Sie Objekte mit *Export-Clixml* in XML verwandeln, sollten Sie wie im Beispielcode zuerst diejenigen Objekteigenschaften mit *Select-Object* auswählen, an denen Sie interessiert sind. Ohne diese Vorauswahl würden nämlich sämtliche Objekteigenschaften gespeichert, was sehr lange dauern und riesige XML-Dateien produzieren kann.

Wie Sie dabei erkennen, funktioniert die Sortierung einwandfrei. Weil die Objekte als XML gespeichert wurden, blieben die Datentypen der Objekteigenschaften erhalten, sodass *Sort-Object* die Eigenschaft *CPU* korrekterweise numerisch sortiert. Der Grund: Die Eigenschaft *CPU* behielt den numerischen Typ *System.Double*:

```
PS> $prozesse | Get-Member

    TypeName: Deserialized.Selected.System.Diagnostics.Process

Name        MemberType    Definition
----        ----------    ----------
Equals      Method        bool Equals(System.Object obj)
GetHashCode Method        int GetHashCode()
GetType     Method        type GetType()
ToString    Method        string ToString()
CPU         NoteProperty  System.Double CPU=12,6048808
Name        NoteProperty  System.String Name=conhost
```

Dasselbe Beispiel liefert ein ganz anderes Ergebnis, wenn die Objekte als CSV-Datei exportiert werden:

```
PS> Get-Process | Select-Object Name, CPU | Export-Csv $HOME\prozesse.csv
PS> $prozesse = Import-Csv $HOME\prozesse.csv
PS> $prozesse | Sort-Object CPU
```

Die Sortierung nach der Eigenschaft *CPU* erfolgt diesmal alphabetisch, denn beim Export als CSV-Datei werden alle Objekteigenschaften auf den Datentyp *System.String* reduziert:

```
PS> $prozesse | Get-Member

    TypeName: CSV:Selected.System.Diagnostics.Process

Name        MemberType   Definition
----        ----------   ----------
Equals      Method       bool Equals(System.Object obj)
GetHashCode Method       int GetHashCode()
GetType     Method       type GetType()
ToString    Method       string ToString()
CPU         NoteProperty System.String CPU=
Name        NoteProperty System.String Name=audiodg
```

Allerdings ist die CSV-Datei dafür mehr als zehnmal kleiner als die XML-Datei. Das ist der Preis, den der XML-Export zahlt, um alle Objekteigenschaften originalgetreu zu beschreiben. Aus diesem Grund sollte man wohlüberlegt wählen, ob Informationen speicherplatzsparend (aber zu Text reduziert) als CSV-Datei oder mit den Originaltypen speicherintensiv als XML-Datei exportiert werden sollten.

PROFITIPP   Man kann die Vorteile beider Welten durchaus kombinieren. Möchten Sie Objekte zwar speichersparend als CSV-Datei speichern, trotzdem aber die Objekteigenschaften nicht generell auf *String* reduzieren, dann kopieren Sie nach dem Import die Objekte und legen dabei den gewünschten Datentyp neu fest:

```
PS> Get-Process | Select-Object Name, CPU | Export-Csv $HOME\prozesse.csv
PS> $prozesse = Import-Csv $HOME\prozesse.csv | ForEach-Object { $_.CPU = [Double]::Parse($_.CPU);
$_ } 2> Out-Null
PS> $prozesse | Sort-Object CPU
```

Die Typumwandlung wird von *ForEach-Object* erledigt: Der Eigenschaft wird dabei einfach ihr eigener Inhalt erneut zugewiesen, allerdings umgewandelt in den gewünschten Datentyp. Damit die Eigenschaft *CPU* wieder zu einer Gleitkommazahl wird, verwendet man zur Umwandlung den Datentyp *[Double]*. Die Umwandlung geschieht mithilfe der Methode *Parse()*, welche die länderspezifischen Dezimalzeichen berücksichtigt. Die Umwandlung mit *Parse()* ist immer dann erforderlich, wenn die Daten zuvor bereits in das länderspezifische Darstellungsformat umgewandelt worden waren. Genau dies geschah beim Export mittels *Export-Csv*. Mit »2>« werden eventuell auftretende Fehlermeldungen unterdrückt, die auftreten können, wenn die Eigenschaft *CPU* leer sein sollte. Leerwerte können nicht in den Datentyp *Double* gewandelt werden.

Weil die Eigenschaft *CPU* danach wieder wie beim Original numerisch ist, sortiert *Sort-Object* diese Informationen jetzt auch wieder numerisch und nicht länger alphabetisch. Alternativ kann der Typ auch bei der Sortierung neu festgelegt werden, beispielsweise so:

```
PS> Get-Process | Select-Object Name, CPU | Export-Csv $HOME\prozesse.csv
PS> $prozesse = Import-Csv $HOME\prozesse.csv
PS> $prozesse | Sort-Object { [Double]::Parse($_.CPU) } 2> Out-Null
```

Hierbei übergeben Sie *Sort-Object* also nicht den Namen der Objekteigenschaft, nach der sortiert werden soll, sondern einen Skriptblock, der den Inhalt der Eigenschaft *CPU* in den Datentyp *Double* wandelt. Dieses Ergebnis wird für die Sortierung herangezogen.

Objekte »dreidimensional« speichern

Einfache Daten wie Zahlen oder Texte besitzen keine »Dimensionalität« und lassen sich deshalb relativ verlustfrei als »flache« CSV-Datei exportieren. Komplexere Objekte dagegen enthalten Eigenschaften, die ihrerseits wieder Objekte aufweisen können. So entsteht ein hierarchischer Informationsbaum, der beim Export als CSV-Datei verloren geht. Ein Beispiel hierfür sind *Process*-Objekte. Diese enthalten in der Eigenschaft *MainModule* ein weiteres Objekt, das Detailinformationen zu dem Prozess liefert. Die folgenden Zeilen beschaffen das *Process*-Objekt der aktuellen PowerShell-Sitzung und greifen dann auf die Eigenschaft *MainModule* sowie seine Untereigenschaften zu:

```
PS> $prozess = Get-Process -Id $PID
PS> $prozess.MainModule

   Size(K) ModuleName                              FileName
   ------- ----------                              --------
       476 powershell.exe                          C:\WINDOWS\system32\Wind...

PS> $prozess.MainModule.FileName
C:\WINDOWS\system32\WindowsPowerShell\v1.0\powershell.exe
```

Exportiert man das *Process*-Objekt als XML, wird beim anschließenden Import der hierarchische Aufbau des Objekts wiederhergestellt, sodass es sich wie das Original verhält:

```
PS> Get-Process -Id $PID | Export-CliXml $HOME\prozess.xml
PS> $prozess = Import-CliXml $HOME\prozess.xml
PS> $prozess.MainModule

   Size(K) ModuleName                              FileName
   ------- ----------                              --------
       476 powershell.exe                          C:\WINDOWS\system32\Wind...

PS> $prozess.MainModule.FileName
C:\WINDOWS\system32\WindowsPowerShell\v1.0\powershell.exe
```

> **HINWEIS**   Allein der Export des einzelnen *Process*-Objekts als XML benötigt bereits einige Sekunden, was erneut veranschaulicht, dass der XML-Export ein aufwändiger Vorgang ist. Die resultierende XML-Datei ist rund 500 KB groß. Entscheiden Sie sich für den XML-Export, ist es deshalb wichtig, sowohl die benötigten Objekteigenschaften als auch die Serialisierungstiefe zu optimieren. Im Code von eben wäre es beispielsweise sinnvoll, vor dem Export die Objekteigenschaften auf *Name* und *MainModule* zu beschränken:
>
> ```
> PS> Get-Process -Id $PID | Select-Object Name, MainModule | Export-CliXml $HOME\prozess.xml
> ```
>
> Die resultierende XML-Datei ist jetzt nur noch 10 KB groß, umfasst also nur noch 2 Prozent der Größe der nicht optimierten Datei. Dennoch lassen sich daraus dieselben Informationen auslesen wie im Beispiel von eben. Mit dem Parameter *-Depth* kann man darüber hinaus festlegen, wie tief die Objekthierarchie abgebildet werden soll. Die Vorgabe ist 2, sodass maximal zwei Objektebenen erfasst werden.

Exportiert man das *Process*-Objekt als CSV-Datei, gehen alle untergeordneten Eigenschaften dagegen verloren:

```
PS> Get-Process -Id $PID | Export-Csv $HOME\prozess.csv
PS> $prozess = Import-Csv $HOME\prozess.csv
PS> $prozess.MainModule
```

```
System.Diagnostics.ProcessModule (powershell.exe)
```

Eigenschaften wie *MainModule*, die Objekte enthalten, liefern nun das auf Text reduzierte Objekt. In der Regel finden sich in diesen Eigenschaften jetzt also nur noch die Namen des Objekttyps (*System.Diagnostics.ProcessModule (powershell.exe)*), so wie es auch bei einer manuellen Umwandlung von Objekten in Text geschieht:

```
PS> $prozess = Get-Process -Id $PID
PS> "$prozess"
System.Diagnostics.Process (powershell)
```

Der Versuch, auf eine Objekteigenschaft zuzugreifen, schlägt dann natürlich fehl, weil das ehemalige Objekt nun nur noch Text ist und nicht länger über die nachgefragte Eigenschaft verfügt. PowerShell liefert in diesem Fall »nichts« zurück (also auch keinen Fehler):

```
PS> Get-Process -Id $PID | Export-Csv $HOME\prozess.csv
PS> $prozess = Import-Csv $HOME\prozess.csv
PS> $prozess.MainModule.FileName
```

Kurz und knapp...

Einfache Informationen in Form von Zahlen oder Texten lassen sich am schnellsten und speicherplatzsparendsten mit *Export-Csv -UseCulture -Encoding UTF8* als CSV-Datei speichern. Erhalten bleiben dabei die Objekteigenschaften der ersten Ebene, die allerdings sämtlich auf Text reduziert werden. Der Export als CSV-Datei bietet sich auch an, um Informationen an andere Programme zu übergeben, weil viele Programme CSV-Dateien importieren können.

Sollen der innere Aufbau der Objekte sowie die Datentypen der einzelnen Objekteigenschaften bewahrt werden, exportiert man die Objekte mit *Export-CliXml* als XML. Weil dieser Export sehr aufwändig und speicherintensiv ist, sollte man die Objekte dabei vorher mit *Select-Object* auf die wirklich benötigten Eigenschaften beschränken und mit dem Parameter *-Depth* die Tiefe festlegen, bis zu der verschachtelte Objekteigenschaften konserviert werden sollen.

Objektdaten als reines XML exportieren

Auch das XML-Format kann dazu verwendet werden, Informationen an andere Programme weiterzugeben, sofern diese den Import von XML unterstützen. Serialisieren Sie Objekte mit *Export-CliXml*, erhalten Sie kein reines XML, sondern beauftragen PowerShell außerdem, die Datentypen so zu beschreiben, dass *Import-CliXml* sie wiederherstellen kann. Möchten Sie lediglich die in Objekten enthaltenen Informationen ohne weitere Beschreibungen als XML speichern, greifen Sie stattdessen zu *ConvertTo-Xml* und rufen dann die *Save()*-Methode des resultierenden XML-Objekts auf, um das XML als Datei zu speichern:

```
PS> $prozess = Get-Process -Id $PID
PS> $xml = $prozess | ConvertTo-Xml -Depth 2
PS> $xml.Save("$HOME\prozess1.xml")
```

HINWEIS Während *Export-CliXml* für die Tiefe der Objektserialisierung die Vorgabe *2* verwendet, ist die Vorgabe für *ConvertTo-Xml* dagegen *1*. Um also vergleichbare Ergebnisse zu erzielen, muss die Serialisierungstiefe bei *ConvertTo-Xml* mit dem Parameter *-Depth* auf *2* eingestellt werden.

Die resultierende XML-Datei ist rund halb so groß wie die XML-Datei, die *Export-CliXml* erstellt hätte. Allerdings enthält diese XML-Datei nun nur noch die Nettoinformationen sowie deren Datentypen und kann nicht länger mit *Import-CliXml* importiert werden.

HTML-Reports erstellen

Eine besonders praktische Darstellungsart für Ihre Ergebnisse ist HTML, weil HTML-Reports von jedem beliebigen Webbrowser angezeigt und auf Wunsch auch zentral über einen Webserver bereitgestellt werden können. Zuständig für die Umwandlung von Objekten in ein anderes Darstellungsformat sind die *ConvertTo*-Cmdlets. Das wichtigste davon heißt *ConvertTo-Html* und wandelt automatisch Objekte in HTML um. Die übrigen *ConvertTo*-Cmdlets führen Umwandlungen in andere Darstellungsformen durch und werden an anderer Stelle besprochen.

Cmdlet	Beschreibung
ConvertTo-Csv	Wandelt Objekte in kommaseparierte Listen um. Funktioniert wie *Export-Csv*, nur werden die umgewandelten CSV-Informationen nicht direkt in eine Datei geschrieben.
ConvertTo-Html	Wandelt die Objekte in HTML um
ConvertTo-SecureString	Wandelt Objekte in verschlüsselten Text um. Verschlüsselter Text wird für Anmeldeinformationen wie geheime Kennwörter verwendet.
ConvertTo-Xml	Wandelt Objekte in reines XML um. Im Gegensatz zu Export-CliXml (*Constraint Language in XML*) werden die Typen der Objekteigenschaften nicht mitgespeichert.

Tabelle 6.4 Konvertierungs-Cmdlets

Objekteigenschaften in HTML-Spalten umwandeln

ConvertTo-Html hat einen sehr engen Zuständigkeitsbereich: Es wandelt die Objekteigenschaften in HTML um. Mehr geschieht nicht. Was Sie mit dem resultierenden HTML-Code unternehmen, bleibt Ihnen (oder nachfolgenden Cmdlets) überlassen. Unternehmen Sie nichts weiter, gibt *ConvertTo-Html* den HTML-Code in die Konsole aus, wo er natürlich nicht als HTML-Seite angezeigt wird, sondern als reiner Text.

```
PS> Get-Process | ConvertTo-Html
```

WICHTIG *ConvertTo-Html* wandelt als Vorgabe sämtliche Objekteigenschaften in Text um. Weil die meisten Objekte sehr viele Eigenschaften enthalten, führt das zu riesigen Datenmengen. Legen Sie deshalb mit dem Parameter *-Property* fest, welche Objekteigenschaften Sie im HTML-Report sehen möchten:

```
PS> Get-Process | ConvertTo-Html -Property Name, Company, CPU
```

Allerdings ist dieser Ansatz aufgrund eines Fehlers in *ConvertTo-Html* nicht immer zuverlässig. Die folgende Zeile ermittelt die installierte Software und gibt einige Eigenschaften als HTML aus:

```
PS> Get-ItemProperty
Registry::HKEY_LOCAL_MACHINE\SOFTWARE\Microsoft\Windows\CurrentVersion\Uninstall\* | ConvertTo-
Html DisplayName, InstallDate, DisplayVersion, Language
```

Hier *kann* es passieren, dass nicht alle Objekteigenschaften im HTML-Report enthalten sind, weil *ConvertTo-Html* jeweils nur das erste Objekt analysiert. Sind darin Eigenschaften leer, streicht *ConvertTo-Html* diese auch für alle folgenden Objekte. Robuster funktioniert *Select-Object*:

```
PS> Get-ItemProperty
Registry::HKEY_LOCAL_MACHINE\SOFTWARE\Microsoft\Windows\CurrentVersion\Uninstall\* | Select-
Object DisplayName, InstallDate, DisplayVersion, Language | ConvertTo-Html
```

Verwenden Sie also *Select-Object*, um die Objekteigenschaften festzulegen, die im HTML-Report enthalten sein sollen, wenn Sie das Problem zuverlässig umgehen wollen.

HTML im Webbrowser anzeigen

Damit das HTML auch tatsächlich als HTML-Seite angezeigt wird, muss der HTML-Code weiterverarbeitet werden. Mit *Out-File* können Sie ihn beispielsweise in eine Datei mit der Erweiterung *.htm* speichern und diese dann mit dem Webbrowser öffnen:

```
PS> Get-Process | ConvertTo-Html Name, Company, CPU | Out-File $HOME\ausgabe.htm
PS> & "$HOME\ausgabe.htm"
```

> **TIPP**   Als Vorgabe generiert *ConvertTo-Html* Tabellen, bei denen also die Objekteigenschaften zu Spalten werden. Wollen Sie sehr viele Objekteigenschaften in den HTML-Report einschließen, ist die Tabelle dafür möglicherweise zu schmal. Beauftragen Sie *ConvertTo-Html* in diesem Fall mit dem Parameter *-As List*, anstelle einer Tabelle eine Liste zu generieren:
>
> ```
> PS> Get-Process | ConvertTo-Html Name, Company, CPU, *Time* -as List | Out-File $HOME\ausgabe.htm
> PS> & "$HOME\ausgabe.htm"
> ```

Es geht auch ohne den Umweg einer HTML-Datei. *New-Object* kann Internet Explorer auch direkt über sein Objektmodell öffnen und den geöffneten Webbrowser danach fernsteuern, um den gewünschten HTML-Inhalt direkt in den Webbrowser einzuspeisen:

```
PS> $html = Get-Process | Select-Object Name, Company, CPU | ConvertTo-Html | Out-String
PS> $ie = New-Object -ComObject InternetExplorer.Application
PS> $ie.Navigate("about:blank")
PS> while ($ie.busy) { Start-Sleep -Milliseconds 200 }
PS> $ie.Document.IHTMLDocument2_write($html)
PS> $ie.Visible = $true
```

Listing 6.2 Das Skript *htmlanzeige.ps1*

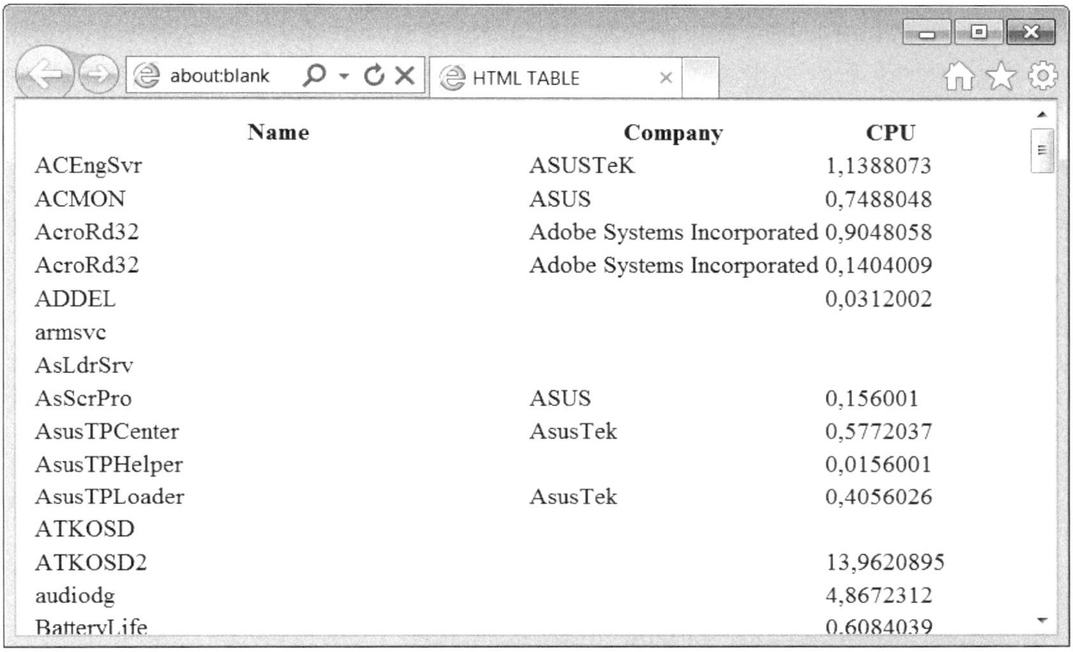

Abbildung 6.9 PowerShell-Ergebnisse ohne Umweg über eine Datei direkt in Internet Explorer anzeigen

---

PROFITIPP *ConvertTo-Html* liefert nicht etwa einen einzelnen Textstring mit dem HTML-Code zurück, sondern ein Array, in dem die einzelnen Zeilen des HTML-Codes separat gespeichert sind:

```
# HTML generieren:
PS> $html = Get-Process | ConvertTo-Html Name, Company, CPU

# Typ des Ergebnisses ist ein Array, ersichtlich durch die eckigen Klammern hinter dem Typnamen:
PS> $html.GetType().FullName
System.Object[]

# Das Array enthält hier im Beispiel 106 einzelne Zeilen:
PS> $html.Count
106

# Die erste Zeile ausgeben:
PS> $html[0]
<!DOCTYPE html PUBLIC "-//W3C//DTD XHTML 1.0 Strict//EN"  "http://www.w3.org/TR/xhtml1/DT
D/xhtml1-strict.dtd">

# Die ersten vier Zeilen ausgeben:
PS> $html[0..3]
<!DOCTYPE html PUBLIC "-//W3C//DTD XHTML 1.0 Strict//EN"  "http://www.w3.org/TR/xhtml1/DT
D/xhtml1-strict.dtd">
<html xmlns="http://www.w3.org/1999/xhtml">
<head>
<title>HTML TABLE</title>
```

Das führt zu Problemen, sobald Sie versuchen, dieses Ergebnis direkt in Internet Explorer einzuspeisen, weil der Webbrowser nicht separate HTML-Zeilen erwartet, sondern einen einzelnen Text mit dem gesamten HTML-Code. Deshalb müssen in diesem Fall die einzelnen Zeilen zuerst mit *Out-String* in einen einzelnen Gesamttext zusammengefasst werden:

```
# HTML in einem Stück als Text generieren:
PS> $html = Get-Process | ConvertTo-Html Name, Company, CPU | Out-String

# Ergebnis ist nun kein Array mehr, sondern ein einzelner Text (System.String):
PS> $html.GetType().FullName
System.String
```

Eine entsprechende Funktion namens *Out-Html* könnte daraus folgendermaßen abgeleitet werden:

```
function Out-Html {
  $html = $Input | ConvertTo-Html | Out-String

  $ie = New-Object -ComObject InternetExplorer.Application
  $ie.Navigate("about:blank")

  while ($ie.busy) {
    Start-Sleep -Milliseconds 200
  }

  $ie.Visible = $true
  $ie.Document.IHTMLDocument2_write($html)

  while ($ie.busy) {
    Start-Sleep -Milliseconds 200
  }
}
```

Die Variable *$Input* repräsentiert innerhalb von Funktionen stets die Objekte, die von der Pipeline empfangen werden, sodass Sie *Out-Html* künftig lediglich an das Ende beliebiger Pipelineanweisungen anzuhängen brauchen, um die Informationen als HTML im Webbrowser anzuzeigen:

```
PS> Get-Process | Select-Object Name, Company, CPU | Out-Html
```

HTML-Reports ansprechend und farbig gestalten

Bisher sahen die generierten HTML-Reports etwas trist aus. Glücklicherweise unterstützt *ConvertTo-Html* zahlreiche Parameter, mit denen das HTML formatiert und aufbereitet werden kann. Über den Parameter *-Head* lassen sich beispielsweise sogenannte *Style Sheets* integrieren. Ein Style Sheet legt für die einzelnen Elemente der HTML-Seiten Formatierungen wie Farbe oder Schriftart fest. Das folgende Beispiel definiert ein einfaches Style Sheet in der Variablen *$style* und integriert die Formatierungsanweisungen mithilfe des Parameters *-Head*.

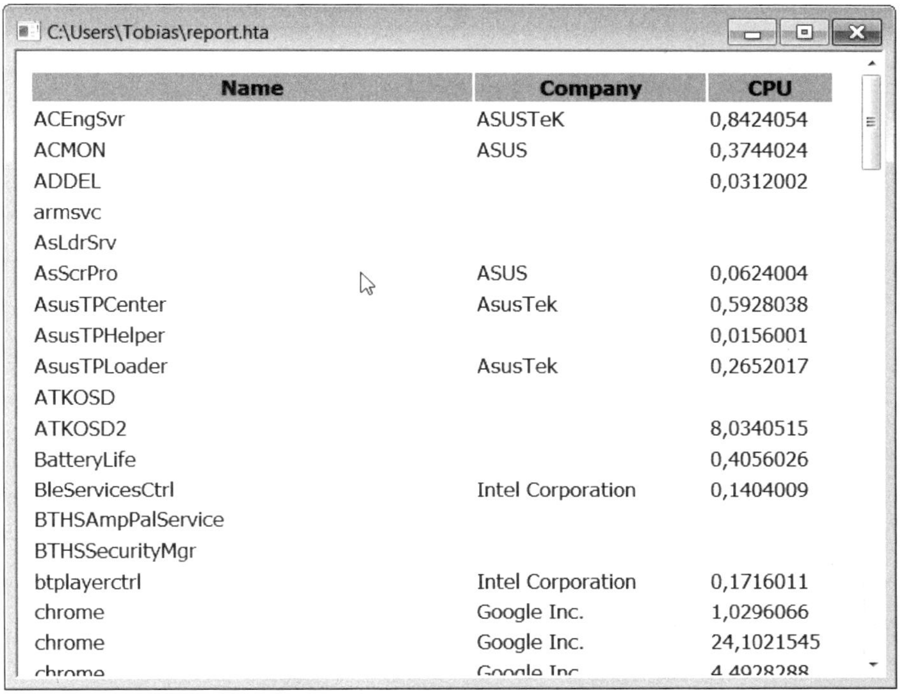

Abbildung 6.10   Formatiertes HTML in der HTA-Viewer-Darstellung

Das Ergebnis ist ein sehr viel zivilisierterer HTML-Report:

```
PS> $style = @'
 <style>
  body { background-color:#EEEEEE; }
  body,table,td,th { font-family:Tahoma; color:Black; Font-Size:10pt }
  th { font-weight:bold; background-color:#AAAAAA; }
  td { background-color:white; }
 </style>
'@

PS> Get-Process | ConvertTo-Html Name, Company, CPU -Head $style | Out-File $HOME\report.hta
PS> Invoke-Item -Path $HOME\report.hta
```

Listing 6.3   Das Skript *htmlformatiert.ps1*

PROFITIPP   Speichern Sie das HTML nicht in einer Datei mit der Erweiterung *.htm* oder *.html*, sondern *.hta*, dann öffnet sich diese Datei anschließend nicht in irgendeinem Webbrowser, sondern im nüchternen und schnörkellosen HTA-Viewer *mshta.exe*.

Über *-PreContent* lassen sich HTML-Fragmente am Seitenanfang einblenden, beispielsweise eine Überschrift oder sogar ein Firmenlogo. Das folgende Skript greift auf eine Bilddatei im Windows-Ordner zu. Passen Sie den Pfadnamen des gewünschten Bilds entsprechend an:

```
PS> $style = @'
 <sty e>
  body { background-color:#EEEEEE; }
  body,table,td,th,h1 { font-family:Tahoma; color:Black; Font-Size:10pt }
  th { font-weight:bold; background-color:#AAAAAA; }
  td { background-color:white; }
  h1 { Font-Size:20pt; text-align:left }
 </style>
'@

PS> $titel = "<img src='$env:windir\web\wallpaper\windows\img0.jpg' width=10%><h1>Report</h1>"
PS> Get-Process | ConvertTo-Html Name, Company, CPU -Head $style -PreContent $titel | Out-File
$HOME\report.hta
PS> Invoke-Item -Path $HOME\report.hta
```

Listing 6.4 Das Skript *html_mit_bild.ps1*

Oder Sie fügen ein Bild als Seitenhintergrund ein. Dazu weisen Sie das Bild innerhalb des Style Sheets über *background-image* dem HTML-Element *body* zu. Der Pfadname zur Bilddatei muss hierbei HTML-Konventionen entsprechen, weswegen umgekehrte Schrägstriche durch jeweils zwei normale Schrägstriche ersetzt werden müssen.

Name	Company	CPU
ACEngSvr	ASUSTeK	1,1388073
ACMON	ASUS	0,7488048
AcroRd32	Adobe Systems Incorporated	0,9204059
AcroRd32	Adobe Systems Incorporated	0,1404009
ADDEL		0,0312002
armsvc		
AsLdrSrv		
AsScrPro	ASUS	0,156001
AsusTPCenter	AsusTek	0,5772037
AsusTPHelper		0,0156001
AsusTPLoader	AsusTek	0,4056026
ATKOSD		
ATKOSD2		13,9620895
audiodg		4,8672312
BatteryLife		0,6084039
BleServicesCtrl	Intel Corporation	0,2496016
BTHSAmpPalService		
BTHSSecurityMgr		
btplayerctrl	Intel Corporation	0,1716011
chrome	Google Inc.	2,9328188
chrome	Google Inc.	6,7236431
chrome	Google Inc.	1,6848108
chrome	Google Inc.	36,0518311
chrome	Google Inc.	55,3491548

Abbildung 6.11   HTML-Report mit farbigem Hintergrundbild

Achten Sie wieder darauf, dass das angegebene Bild in Ihrem Windows-Ordner tatsächlich vorhanden ist, oder ändern Sie den Pfad:

```
$style = @"
 <style>
  body { background-image:url($("file:///$env:windir\web\wallpaper\windows\img0.jpg".Replace("\",
"//"))); background-position:left top; background-repeat:repeat; }
  body,table,td,th { font-family:Tahoma; color:Black; Font-Size:10pt }
  th { font-weight:bold; background-color:#AAAAAA; }
  td { background-color:white; }
 </style>
"@

PS> Get-Process | ConvertTo-Html Name, Company, CPU -Head $style | Out-File $HOME\report.hta
PS> Invoke-Item -Path $HOME\report.hta
```

Listing 6.5 Das Skript *html_mit_hintergrund.ps1*

Mehrere HTML-Tabellen kombinieren

Möchten Sie die Ergebnisse mehrerer PowerShell-Befehle in einem HTML-Report zusammenfassen, ist auch das sehr einfach möglich, indem Sie das generierte HTML an eine vorhandene HTML-Datei anfügen. Die folgenden Zeilen zeigen, wie das funktioniert, und erzeugen einen Inventarisierungsbericht des lokalen Computers:

```
PS> Get-Service | ConvertTo-Html DisplayName, ServiceName, Status -title 'Inventarisierungsreport'
-Body "<h2>Report für '$env:COMPUTERNAME'</h2><h3>Diensteübersicht</h3>" | Out-File
$HOME\report.hta

PS> Get-WmiObject Win32_OperatingSystem | Select-Object * -Exclude __* | ConvertTo-Html -As List -
Body '<h3>Betriebssystem-Details</h3>' | Out-File $HOME\report.hta -Append

PS> Get-ItemProperty
Registry::HKEY_LOCAL_MACHINE\SOFTWARE\Microsoft\Windows\CurrentVersion\Uninstall\* | Select-
Object DisplayName, InstallDate, DisplayVersion, Language | ConvertTo-Html -Body '<h3>Installierte
Software</h3>' | Out-File $HOME\report.hta -Append

PS> Invoke-Item -Path $HOME\report.hta
```

Listing 6.6 Das Skript *html_kombiniert.ps1*

Der Report wird ordnungsgemäß erstellt und angezeigt, obwohl das generierte HTML eigentlich formale Fehler enthält, wie ein Blick in die Datei *report.htm* offenbart. Jedes Mal, wenn Sie *ConvertTo-Html* verwenden, wird dabei ein vollständiger HTML-Code einschließlich der Seitentags geschrieben. Internet Explorer ignoriert diese redundanten Seitentags bei der späteren Anzeige zwar freundlich, aber wenn Sie korrektes HTML generieren wollen, sollten Sie stattdessen besser den Parameter *-Fragment* einsetzen. Er sorgt dafür, dass *ConvertTo-Html* nur noch die reine Datentabelle liefert, die sich danach in beliebige vorhandene HTML-Seiten einfügen lässt.

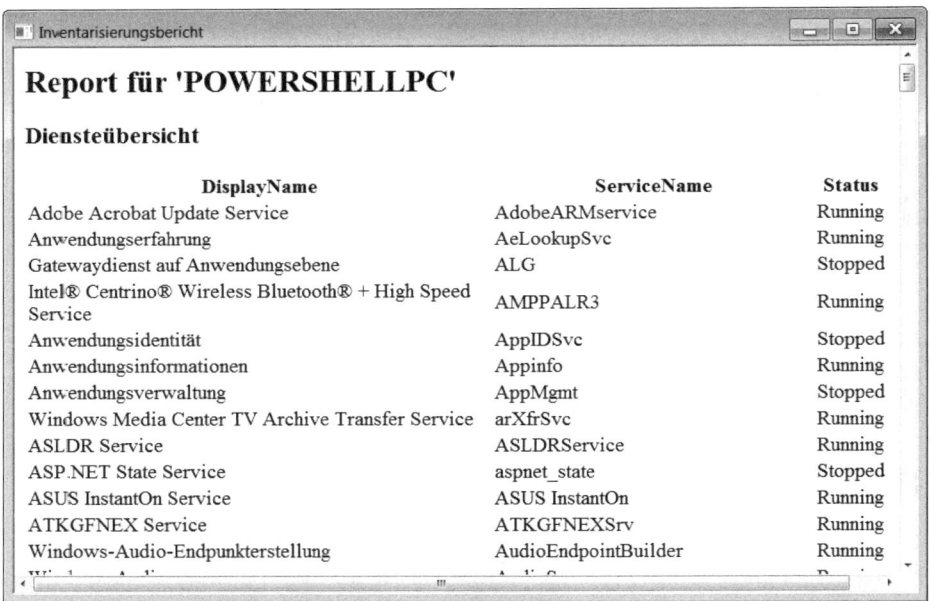

Abbildung 6.12   Inventarisierungsbericht mit mehreren kombinierten Informationsquellen (Ausschnitt)

Das folgende Beispiel zeigt, wie Sie mit *-Fragment* mehrere Datentabellen in ein eigenes HTML-Grundgerüst einfügen. Dabei setzt der Skriptcode einen praktischen Trick ein: Anstatt jede Textzeile einzeln an *Out-File* zu senden, werden alle Befehlszeilen, die Text für die HTML-Datei generieren, in geschweiften Klammern als Skriptblock zusammengefasst und dann mit & gemeinsam ausgeführt. Auf diese Weise werden sämtliche Ergebnisse zusammengefasst und können danach gemeinsam an eine einzelne *Out-File*-Anweisung weitergeleitet werden.

Dies ist nicht nur übersichtlicher und ökonomischer. Sie können so auch das Grundgerüst Ihrer HTML-Datei beinahe beliebig durch zusätzliches HTML an beliebiger Stelle ergänzen, indem Sie einfach die entsprechenden Textzeilen an den gewünschten Stellen hinzufügen:

```
PS> & {
'<HTML><HEAD><TITLE>Inventarisierungsbericht</TITLE>'
"<BODY><h2>Report für '$env:COMPUTERNAME'</h2><h3>Diensteübersicht</h3>"
Get-Service | ConvertTo-Html DisplayName, ServiceName, Status -Fragment
'<h3>Betriebssystem-Details</h3>'
Get-WmiObject Win32_OperatingSystem | Select-Object * -Exclude __* | ConvertTo-Html -As List -
Fragment
'<h3>Installierte Software</h3>'
Get-ItemProperty
Registry::HKEY_LOCAL_MACHINE\SOFTWARE\Microsoft\Windows\CurrentVersion\Uninstall\* | Select-
Object DisplayName, InstallDate, DisplayVersion, Language | ConvertTo-Html -Fragment
'</BODY></HTML>'
} | Out-File $HOME\report.hta

PS> Invoke-Item -Path $HOME\report.hta
```

Listing 6.7   Das Skript *html_systemreport.ps1*

Testen Sie Ihr Wissen!

Die folgenden Aufgaben helfen Ihnen dabei, zu kontrollieren, ob Sie die Inhalte dieses Kapitels bereits gut verstanden haben oder vielleicht noch etwas vertiefen wollen. Gleichzeitig lernen Sie viele weitere und teils spannende Anwendungsbeispiele sowie die typischen Fallstricke kennen.

Aufgabe   Sie möchten eine Liste mit Computernamen als HTML-Datei anzeigen. Die folgende Zeile liefert aber stattdessen einen Report mit der Spalte »*«. Was ist hier schiefgelaufen?

```
PS> 1..20 | ForEach-Object { 'PC{0:000}-W7' -f $_ }

PC001-W7
PC002-W7
(…)
PS> 1..20 | ForEach-Object { 'PC{0:000}-W7' -f $_ } | ConvertTo-Html | Out-File $HOME\rechner.htm
PS> & "$HOME\rechner.htm"
```

Lösung   Halten Sie sich vor Augen, wie *ConvertTo-Html* tatsächlich funktioniert: Es wandelt alle Objekteigenschaften in Spalten um. Ihre Computernamen sind einfache Texte, die als *String*-Objekt gespeichert werden. Wenn Sie sich deren Objekteigenschaften ansehen, stellen Sie fest, dass darunter nur die Eigenschaft *Length* ist, welche die Länge des Texts enthält:

```
PS> 1..20 | ForEach-Object { 'PC{0:000}-W7' -f $_ } | Get-Member -MemberType Property


    TypeName: System.String

Name   MemberType Definition
----   ---------- ----------
Length Property   System.Int32 Length {get;}
```

Sie können mit *ConvertTo-Html* deshalb nur komplexe Objekte sichtbar machen, aber keine einfachen Datentypen wie Texte oder Zahlen. Solche Informationen geben Sie besser direkt in eine Textdatei aus:

```
PS> 1..20 | ForEach-Object { 'PC{0:000}-W7' -f $_ } | Out-File $HOME\rechner.txt
PS> & "$HOME\rechner.txt"
```

Wollen Sie die Informationen trotzdem unbedingt als HTML darstellen, können Sie sich zunutze machen, dass der Parameter *-Property* auch Skriptblöcke akzeptiert, in denen Sie selbst bestimmen, wie die Informationen für diese Spalte in Text umgewandelt werden:

```
PS> 1..20 | ForEach-Object { 'PC{0:000}-W7' -f $_ } | ConvertTo-Html { $_ } | Out-File
$HOME\rechner.htm
PS> & "$HOME\rechner.htm"
```

Der HTML-Report zeigt jetzt die Computernamen korrekt an. Allerdings wird der Spaltenname nun durch den Ausdruck bestimmt, der in Ihrem Skriptblock steht. Möchten Sie die Spalte anders nennen, ist eine Hashtabelle notwendig:

```
PS> $format = @{}
PS> $format.Label = 'Rechnername'
PS> $format.Expression = { $_ }
PS> 1..20 | ForEach-Object { 'PC{0:000}-W7' -f $_ } | ConvertTo-Html $format | Out-File
$HOME\rechner.htm
```

```
PS> & "$HOME\rechner.htm"
```

Auf diese Weise lassen sich beliebig viele Spalten definieren. Aufgrund einer Eigenheit in PowerShell funktioniert dies allerdings nur, wenn Sie die Hashtabelle in einer einzelnen Zeile definieren und nicht schrittweise aufbauen:

```
PS> $spalte1 = @{Label='Rechnername'; Expression={$_}}
PS> $spalte2 = @{Label='Präfix'; Expression={$_.SubString(0,2)}}
PS> $spalte3 = @{Label='Betriebssystem'; Expression={$_.Split('-')[1]}}
PS> $format = $spalte1, $spalte2, $spalte3
PS> 1..20 | ForEach-Object { 'PC{0:000}-W7' -f $_ } | ConvertTo-Html $format | Out-File
$HOME\rechner.htm
PS> & "$HOME\rechner.htm"
```

Aufgabe   Sie wollen gern einen HTML-Report mit den IP-Adressen generieren, die einem Computer zugewiesen sind. Sie verwenden die folgende Zeile, um die IP-Adressen abzurufen:

```
PS> Get-WmiObject Win32_NetworkAdapterConfiguration | Select-Object Caption, *IPAdd* | Where-
Object { $_.IPAddress -ne $null }
```

```
Caption                                  IPAddress
-------                                  ---------
[00000007] Intel(R) 82567LM-Gigabit-Netzw...  {192.168.2.105, fe80::f85a:1e3e:9907:6460}
[00000011] Intel(R) WiFi Link 5100 AGN        {192.168.2.103, fe80::ad62:ac4d:4dea:936d}
[00000014] Microsoft Loopbackadapter          {169.254.179.137, fe80::dc8d:6c92:de:b389}
```

Wenn Sie versuchen, diese Informationen in HTML umzuwandeln, erhalten Sie in der Spalte *IPAddress* allerdings immer nur die Angabe *System.String[]*. Warum?

```
PS> Get-WmiObject Win32_NetworkAdapterConfiguration | Select-Object Caption, *IPAdd* | Where-
Object { $_.IPAddress -ne $null } | ConvertTo-Html | Out-File $HOME\ip.htm
& "$HOME\ip.htm"
```

Lösung   *ConvertTo-Html* wandelt alle Objekteigenschaften in Text um, greift dabei aber nicht auf das ETS zurück. Komplexere Objekte und vor allen Dingen Arrays werden deshalb nur mit dem Namen ihres Typs angegeben. Die Eigenschaft *IPAddress* enthält ein Array, denn einer Netzwerkkarte können beliebig viele IP-Adressen zugewiesen sein.

Um die IP-Adressen korrekt anzuzeigen, müssen Sie also selbst dafür sorgen, dass der Inhalt der Eigenschaft *IPAddress* auf sinnvollere Weise in Text umgewandelt wird. Fügen Sie anstelle der Eigenschaft *IPAddress* einen Skriptblock ein. In diesem Skriptblock greifen Sie selbst auf die Eigenschaft *IPAddress* zu und wandeln das Array in reinen Text, indem Sie das Array innerhalb doppelter Anführungszeichen ausgeben:

```
PS> Get-WmiObject Win32_NetworkAdapterConfiguration | Where-Object { $_.IPAddress -ne $null } |
ConvertTo-Html Caption, { "$($_.IPAddress)" } | Out-File $HOME\ip.htm
PS> & "$HOME\ip.htm"
```

Die IP-Adressen werden jetzt durch ein Leerzeichen getrennt hintereinander ausgegeben. Möchten Sie die Einträge lieber kommasepariert anordnen, weisen Sie der speziellen Variable *$OFS* das gewünschte Trennzeichen zu. Der Inhalt von *$OFS* wird nämlich bei einer Textumwandlung eines Arrays automatisch als Trennzeichen verwendet:

```
PS> Get-WmiObject Win32_NetworkAdapterConfiguration | Where-Object { $_.IPAddress -ne $null } |
ConvertTo-Html Caption, { $OFS = ", "; "$($_.IPAddress)" } | Out-File $HOME\ip.htm
PS> & "$HOME\ip.htm"
```

> **HINWEIS**   Leider gibt es keinen Weg, mehrzeiligen Text untereinander anzuordnen. Dazu müsste das Trennzeichen ein Zeilenumbruch sein. *ConvertTo-Html* wandelt Zeilenumbrüche aber leider nicht in das in HTML notwendige »
« um. Geben Sie als Trennzeichen selbst »
« an, enkodiert *ConvertTo-Html* die Zeichenfolge, sodass sie wörtlich erscheint und ebenfalls keinen Zeilenumbruch liefert.

Störend ist nun höchstens noch die Spaltenüberschrift, die den Inhalt des Skriptblocks zeigt. Wie Sie dieses Problem mithilfe einer Hashtabelle lösen, haben Sie bereits im vorangegangenen Abschnitt erfahren. Es gibt allerdings noch eine zweite Möglichkeit: Kopieren Sie die Ergebnisse mit *Select-Object* in neue Objekte. Dadurch erhalten Sie die Möglichkeit, den Inhalt der Eigenschaften nach Belieben zu ändern, ohne dass das Auswirkungen auf die Namen der Eigenschaften hat. Verwandeln Sie das Textfeld in der Eigenschaft *IPAddress* also in einen Gesamttext, beispielsweise wie eben gezeigt oder durch das Weiterleiten an *Out-String*, und senden Sie erst danach die geänderten Objekte an *ConvertTo-Html*:

```
PS> Get-WmiObject Win32_NetworkAdapterConfiguration | Where-Object { $_.IPAddress -ne $null } |
Select-Object Caption, IPAddress | ForEach-Object { $_.IPAddress = $_.IPAddress | Out-String; $_ }
| ConvertTo-Html | Out-File $HOME\ip.htm
PS> & "$HOME\ip.htm"
```

Aufgabe   Sie möchten möglichst viele Informationen aller laufenden Prozesse als HTML-Report anzeigen. Die folgende Zeile liefert jedoch einen HTML-Report, der Spalten wie *Module*, *MainModule*, *StartInfo* oder auch *Threads* zeigt, deren Informationen nicht besonders hilfreich sind:

```
PS> Get-Process | ConvertTo-Html | Out-File $HOME\processes.htm
PS> & "$HOME\processes.htm"
```

Wieso ist das so und was kann man dagegen unternehmen?

Lösung   Die angegebenen Spalten entsprechen Objekteigenschaften, die ihrerseits komplexe Objekte enthalten. Wie Sie inzwischen wissen, wandelt *ConvertTo-Html* diese Eigenschaften auf sehr simple Weise in Text um: Die Objekte werden lediglich durch den Namen ihres Typs ersetzt. Wollen Sie diese überflüssigen Spalten nicht anzeigen, müssen Sie diese ausdrücklich ausschließen, beispielsweise so:

```
PS> Get-Process | Select-Object * -Exclude *module*, Threads, StartInfo | ConvertTo-Html | Out-
File $HOME\processes.htm
PS> & "$HOME\processes.htm"
```

Aufgabe   Warum sieht das Ergebnis in Excel, das die folgende Anweisung liefert, ganz anders aus als erwartet?

```
PS> dir | Format-Table | Export-Csv test.csv
PS> .\test.csv
```

Lösung   Sie haben ein *Format-**-Cmdlet eingesetzt und nicht beachtet, dass diese Cmdlets nur am Ende der Pipeline oder unmittelbar vor *Out-**-Cmdlets verwendet werden dürfen. Ein Blick in die CSV-Datei offenbart auch, warum: *Format-**-Cmdlets verändern die ursprünglichen Objekte und verwandeln sie in Formatierungsobjekte, die nur noch von *Out-**-Cmdlets verstanden werden.

Aufgabe　Sie haben von einem Geschäftspartner aus den USA Daten in Form einer kommaseparierten Liste bekommen. Sie selbst arbeiten auf einem deutschsprachigen System. Wie können Sie die Daten Ihres Geschäftspartners auf Ihrem System bearbeiten? Woran ist zu denken, wenn Sie eigene Daten an Ihren Partner zurückliefern wollen?

Lösung　PowerShell arbeitet als Vorgabe immer mit klassischen kommaseparierten Listen. Sie können die Informationen aus der CSV-Datei Ihres Partners also ohne weitere Parameter direkt mit *Import-Csv* importieren und weiterbearbeiten. Wenn Sie selbst Daten als kommaseparierte Listen an internationale Partner weitergeben wollen, verwenden Sie am besten ebenfalls das Komma als Trennzeichen. Verzichten Sie also bei *Export-Csv* auf die Verwendung von *-UseCulture*. Die folgende Zeile liefert eine klassische kommaseparierte Datei:

```
PS> Get-Process | Select-Object Name, Company | Export-Csv $HOME\datenliste.csv
```

Wie aber gehen Sie vor, wenn Sie die kommaseparierte Liste Ihres Geschäftspartners in einem deutschsprachigen Programm, das CSV-Dateien unterstützt, öffnen und weiterbearbeiten möchten? Falls das Programm keine Möglichkeit bietet, das verwendete Trennzeichen anzugeben, beauftragen Sie kurzerhand PowerShell, das Trennzeichen der CSV-Datei zu konvertieren. Die folgende Zeile wandelt eine CSV-Datei mit klassischem Kommatrennzeichen (*usa.csv*) in eine CSV-Datei mit dem auf Ihrem System üblichen Trennzeichen um (*deutsch.csv*):

```
PS> Import-Csv $HOME\usa.csv | Export-Csv -UseCulture -Encoding UTF8 $HOME\deutsch.csv -
NoTypeInformation
```

Aufgabe　Manche Aufgaben lassen sich allerdings nicht so elegant lösen, weil dazu die nötigen Parameter fehlen. Was zum Beispiel würden Sie unternehmen, wenn Sie den ersten Ereigniseintrag benötigen, der größer ist als 10000? Der Parameter *-InstanceId* liefert nur genau die Ereignis-ID, die Sie angeben.

Lösung　In diesem Fall müssen Sie also wohl oder übel sämtliche Ereigniseinträge abfragen und nachgeschaltet filtern:

```
PS> Get-EventLog System | Where-Object { $_.InstanceId -gt 10000 }
```

Da Ereignisprotokolle sehr viele Einträge enthalten können, kann eine solche Abfrage sehr lange dauern. Wenn Sie nur das erste infrage kommende Element benötigen, hilft es, die Ergebnisse mit *Select-Object* zu beschränken:

```
PS> Get-EventLog System | Where-Object { $_.InstanceId -gt 10000 } | Select-Object -First 1
```

Zusammenfassung

Am Ende jeder Pipeline steht die Ausgabe der Ergebnisse. Diese Ausgabe leisten die *Out*-Cmdlets. Geben Sie keines an, verwendet PowerShell automatisch *Out-Default* und gibt die Ergebnisse als Text in der Konsole aus. Sie können die Ergebnisse aber ebenso gut in eine Datei oder zum Drucker senden. Alle *Out*-Cmdlets wandeln die Objekte in reinen Text um. Die Umwandlung geschieht mithilfe der *Format*-Cmdlets, die normalerweise nur die wichtigsten, auf Wunsch aber auch alle Eigenschaften der Objekte in Text umwandeln.

Weder *Format-* noch *Out-*Cmdlets sind zwingend nötig, denn wenn Sie diese weglassen, führt Power-Shell sie automatisch aus. Falls Sie allerdings selbst *Format-* und/oder *Out-*Cmdlets an Ihre Befehle anhängen, müssen dies die letzten Befehle Ihrer Pipeline sein. Sollen die Ergebnisse ihre Objektnatur behalten, verwenden Sie *Export-*Cmdlets. So können Sie die Ergebnisse zum Beispiel in Form einer kommaseparierten Datei an Excel weitergeben oder als XML speichern. Schließlich lassen sich Objekte mit den *ConvertTo-*Cmdlets in andere Formate bringen. *ConvertTo-Html* wandelt die Objekte beispielsweise in HTML um, sodass die Ergebnisse als HTML-Report im Webbrowser angezeigt werden können.

Geben Sie kein besonderes Ausgabeziel an, dann verwandelt PowerShell die Ergebnisse von Befehlen oder der Pipeline zuerst in Text und gibt diesen in die Konsole aus. Die Textumwandlung erledigt das interne Extended Type System (ETS) und formatiert die Daten je nach Typ und Platz entweder als Tabelle oder als Liste.

Über die *Format-*Cmdlets können die Vorgaben des ETS überschrieben werden, sodass man selbst festlegen kann, ob Ergebnisse als Tabelle oder Liste erscheinen und welche Spalte bzw. Spalten darin enthalten sein sollen. Allerdings wandeln diese Cmdlets die Originaldaten um in Formatierungsobjekte, die nur noch von den passenden *Out-*Cmdlets wie *Out-Printer*, *Out-String* oder *Out-File* verstanden werden. Deshalb sollte man diese Cmdlets nur sparsam und höchstens interaktiv, aber niemals in Skripts und Funktionen einsetzen.

Ergebnisse können aber auch als Objekte exportiert werden und verschmelzen dann nicht zu einem großen Text, sondern behalten ihre individuellen Spalten bzw. Eigenschaften. Der einfachste Objektexport ist die Speicherung der Daten als kommaseparierte Liste, die dann von kompatiblen Programmen wie Microsoft Excel gelesen und angezeigt werden. Mehr Originaltreue liefert der XML-Export, bei dem auch die tieferliegende Objektstruktur (also beispielsweise Untereigenschaften) konserviert wird. PowerShell unterstützt auch die Umwandlung von Objektergebnissen in HTML, sodass sich Reports und Berichte mit reinen Bordmitteln anzeigen lassen.

Indem man andere Anwendungen wie beispielsweise Microsoft Word von PowerShell aus anspricht, sind die Ausgabemöglichkeiten für PowerShell prinzipiell unbegrenzt. In diesem Kapitel haben Sie die Erweiterungen *Out-WinWord*, *Out-PDF*, *Out-HTML* und *Out-ExcelReport* kennengelernt, die alle jeweils nur wenige Zeilen Code umfassen.

Kapitel 7

Operatoren

In den vorangegangenen Kapiteln haben Sie erlebt, wie leistungsfähig und umfangreich der Befehlsschatz von PowerShell ist. Besonders in Kombination mit den virtuellen Laufwerken und der Pipeline
entfalten die Befehle eine ungeheure Flexibilität. Ein wichtiger Baustein hat allerdings bisher noch
keinen eigenen Raum bekommen, obwohl Sie ihm schon hier oder dort begegnet sind: Operatoren.
Sie sind die gern unterschätzten Heinzelmännchen von PowerShell.

Operatoren – kurzer Überblick

Ein Operator steht üblicherweise zwischen zwei Dingen und bringt diese zueinander. Das ist so
selbstverständlich, dass der Operator in den folgenden Anweisungen häufig gar nicht bewusst wahrgenommen wird:

```
PS> $variable = 'Wert'
PS> 1 + 4
5
PS> 7 -gt 12
False

PS> 'Hallo Welt' -like '*We*'
True

PS> $true -and $false
False

PS> $true -or $false
True
```

Die Operatoren in diesen Beispielen lauteten »=« (ein Zuweisungsoperator), »+« (ein arithmetischer
Operator), »-gt« und »-like« (beides Vergleichsoperatoren) sowie »-and« und »-or« (beides logische
Operatoren). Operatoren sind also in Familien unterteilt und eben haben Sie bereits Vertreter der
wichtigsten Familien gesehen. Die PowerShell-Hilfe widmet jeder dieser Familien ein eigenes Hilfethema:

```
PS> help operator
about_Comparison_Operators            HelpFile
about_Logical_Operators               HelpFile
about_Operators                       HelpFile
about_Operator_Precedence             HelpFile
about_Type_Operators                  HelpFile
```

Einige Operatoren wie »+« oder »=« sind Sonderzeichen, so wie man sie aus anderen Skriptsprachen
gewohnt ist. Die allermeisten Operatoren allerdings beginnen mit einem Bindestrich, gefolgt von
wenigen Buchstaben, die häufig die Anfangsbuchstaben der Silben des ausgesprochenen Operators
sind. »-gt« steht zum Beispiel für »greater than« und »-le« für »less or equal«.

Wie Operatornamen aufgebaut sind

Warum verwendet PowerShell für den Vergleich »größer als« eigentlich den Operatornamen »-gt«
und nicht einfach »>«, so wie in anderen Sprachen auch? Weil PowerShell sehr viele Techniken vereint

und viele der klassischen Operatorzeichen bereits anderweitig belegt sind. »>« ist zum Beispiel ein in Konsolen seit Urzeiten bekannter Umleitungsoperator:

```
PS> Get-Process > $env:TEMP\prozessliste.txt
```

Deshalb hat man sich bei PowerShell dazu entschlossen, den Großteil der Operatoren nach einem anderen Strickmuster einheitlich zu benennen: Bindestrich und Anfangssilben oder Kurzwort. Da Parameternamen in PowerShell ebenfalls mit einem Bindestrich beginnen, kann hin und wieder Verwechslungsgefahr bestehen, zum Beispiel hier:

```
PS> 'Ihr Name lautet {0}.' -f $env:USERNAME
Ihr Name lautet Tobias.
```

Wo steht hier der Befehl, zu dem der Parameter *-f* gehört? Nirgends, denn *-f* ist ein Operator, und zwar ein Formatierungsoperator, um genau zu sein. Er erwartet links von ihm eine Textschablone mit Platzhaltern und füllt die Platzhalter dann mit den Werten auf seiner rechten Seite, steht also wie die übrigen Operator zwischen den beiden Dingen, die er miteinander verbindet. Im ISE-Editor fällt die Unterscheidung zwischen Operatoren und Parametern besonders leicht: Parameter erscheinen dunkelblau, Operatoren hingegen hellgrau.

Unäre Operatoren

Es gibt auch »unäre« Operatoren, die aber viel seltener sind. Sie benötigen nur eine Information, die links oder rechts von ihnen stehen kann:

```
PS> $wert = 1
PS> $wert++
PS> $wert
2
```

Auf welcher Seite sich die Operatoren befinden, macht häufig einen kleinen, aber entscheidenden Unterschied aus:

```
PS> $wert = 1
PS> $kopie = $wert++
PS> $kopie
1

PS> $wert = 1
PS> $kopie = ++$wert
PS> $kopie
2
```

Manche Operatoren können auch unär sein oder mit zwei Informationen arbeiten. Der Textoperator *-join* fügt zum Beispiel als unärer Operator die Elemente eines Arrays zu einem String zusammen, wenn Sie den Operator davor stellen:

```
PS> (Get-WmiObject -Class Win32_BIOS).BIOSVersion
 ASUS  - 1072009
BIOS Date: 06/05/12 16:39:27 Ver: 04.06.05
BIOS Date: 06/05/12 16:39:27 Ver: 04.06.05

PS> -join (Get-WmiObject -Class Win32_BIOS).BIOSVersion
 ASUS  - 1072009BIOS Date: 06/05/12 16:39:27 Ver: 04.06.05BIOS Date: 06/05/12 16:39:27 Ver:
```

04.06.05

Alternativ dürfen Sie das Trennzeichen aber auch auf seiner rechten Seite angeben. Jetzt liefert der Operator kommaseparierte Listen:

```
PS> (Get-WmiObject -Class Win32_BIOS).BIOSVersion -join ', '
_ASUS_ - 1072009, BIOS Date: 06/05/12 16:39:27 Ver: 04.06.05, BIOS Date: 06/05/12 16:39:27 Ver:
04.06.05
```

Doppelte Array-Elemente können vorher mit den üblichen Pipelinebefehlen natürlich aussortiert werden:

```
PS> ((Get-WmiObject -Class Win32_BIOS).BIOSVersion | Sort-Object -Unique) -join ', '
_ASUS_ - 1072009, BIOS Date: 06/05/12 16:39:27 Ver: 04.06.05
```

Der Format-Operator -f

Der Format-Operator -f hat die Aufgabe, Informationen in einen Text zu integrieren. Er kann diese Informationen dabei auch auf vielfältige Weise formatieren, beispielsweise die Nachkommastellen einer Zahl begrenzen. Dazu erwartet der Operator auf seiner linken Seite die statische Textschablone, die einen oder mehrere Platzhalter aufweisen kann. Auf seiner rechten Seite stehen als kommaseparierte Liste (Array) die Werte, die in die Platzhalter eingefügt werden sollen:

Textschablone mit Platzhaltern -f Wert1, Wert2, Wert3…

Das geht nach dem Prinzip, dass der erste Wert dem Platzhalter mit der Indexposition 0 zugeordnet wird, der zweite Wert dem Platzhalter mit der Indexposition 1 usw. Damit ergibt sich, dass die Anzahl der eindeutigen, verwendbaren Platzhalterindizes der Anzahl der angegebenen Werte entsprechen muss.

Platzhalter werden in der Textschablone durch geschweifte Klammern markiert und haben dieses Format:

```
{N [ ,M ][ : FormatString ]}
```

- **N**   Pflicht. Index des Platzhalters (Zahl). Der Index beginnt immer bei 0. Bei drei übergebenen Werten auf der rechten Seite existieren folglich die Platzhalter {0}, {1} und {2}. Bei der Verwendung auf der linken Seite gibt es recht große Freiheiten. Zum einen muss die Reihenfolge der Platzhalterindizes bei deren Ausgabe nicht der Reihenfolge der auf der rechten Seite definierten Werte entsprechen. Wenn Sie den letzten Wert, der hier durch {2} symbolisiert wird, ganz links ausgeben möchten, dann führen Sie {2} entsprechend vor den anderen Platzhaltern {0} und {1} auf. Zum anderen darf es mehrere Platzhalter mit gleichem Index geben. In diesem Fall teilen sich die Platzhalter denselben Inhalt. Auch gibt es keine Verpflichtung, alle vorhandenen Indizes tatsächlich zu verwenden. Bezogen auf das Beispiel könnte man etwa nur {0} und {2} benutzen und auf die Angabe von {1} verzichten, auch wenn man davon in der Praxis nur selten Gebrauch machen dürfte, da man schließlich die Werte ja angegeben hat, um sie in die Ausgabe auch tatsächlich einzusetzen. Nur eines ist wichtig: Jede verwendete Indexposition auf der linken Seite muss aus einem auf der rechten Seite spezifizierten Wert resultieren. Wenn es drei Werte gibt, ist demnach der Platzhalter {3} nicht zulässig und führt zu einer Fehlermeldung.

- **M** Optional. Mindestbreite in Zeichen. Ist der Inhalt des Platzhalters größer, wird der Platz erweitert. Ein positiver Wert als Mindestbreite führt zu einer rechtsbündigen Darstellung, ein negativer Wert dagegen zu einer linksbündigen.

- **FormatString** Optional. Gibt ein bestimmtes Format an. Der Inhalt des Platzhalters muss sich in diesem Format darstellen lassen. Werden beispielsweise bestimmte Zahlenformate festgelegt, darf der Platzhalter keinen Text anzeigen.

Im einfachsten Fall werden Platzhalter ohne Mindestbreite und ohne Formatwunsch verwendet, beispielsweise so:

```
PS> $vordergrund, $hintergrund = $Host.UI.RawUI.ForegroundColor, $Host.UI.RawUI.BackgroundColor
PS> 'Aktuelle Vordergrundfarbe: {0}. Aktuelle Hintergrundfarbe: {1}' -f $vordergrund, $hintergrund
Aktuelle Vordergrundfarbe: White. Aktuelle Hintergrundfarbe: DarkMagenta
```

Dem Operator ist es egal, ob Sie auf seiner rechten Seite ein Array mit dem Komma selbst anlegen oder bereits ein fertiges Array übergeben, solange das Array genau so viele Elemente enthält, wie eindeutige Platzhalterindizes in der Textvorlage vorhanden sind:

```
PS> $farben = $Host.UI.RawUI.ForegroundColor, $Host.UI.RawUI.BackgroundColor
PS> 'Aktuelle Vordergrundfarbe: {0}. Aktuelle Hintergrundfarbe: {1}' -f $farben
Aktuelle Vordergrundfarbe: White. Aktuelle Hintergrundfarbe: DarkMagenta
```

HINWEIS Als Alternative zum Operator –f können Sie die Variablen prinzipiell auch einfach in den Text einsetzen, sie werden dann automatisch aufgelöst. Sie müssen nur darauf achten, doppelte (") und nicht einfache Anführungszeichen (') zu verwenden. Aber in diesem Fall wirkt der Text schnell unübersichtlich, weil nur noch schwer zwischen den statischen »Schablonenteilen« und den integrierten Inhalten unterschieden werden kann. Außerdem werden nur die Variablen selbst aufgelöst, aber keine Eigenschaften oder Array-Indizes, die Sie vielleicht ansprechen möchten:

```
PS> $farben = $Host.UI.RawUI.ForegroundColor, $Host.UI.RawUI.BackgroundColor
PS> "Aktuelle Vordergrundfarbe: $farben[0]. Aktuelle Hintergrundfarbe: $farben[1]"
Aktuelle Vordergrundfarbe: White DarkMagenta[0]. Aktuelle Hintergrundfarbe: White DarkMagenta[1]
```

Bei der automatischen Variablenauflösung ist außerdem nicht immer klar, wo eine Variable endet und eine neue beginnt. Das kann zu Missverständnissen führen:

```
PS> $timestamp = Get-Date -Format yyyyMMddHHmmss
PS> $Path = "$env:TEMP\report_$timestamp_logfile.txt"
```

In diesem Fall ist PowerShell davon ausgegangen, dass die Variable *$timestamp_logfile* heißt. Weil es diese Variable nicht gibt, wird stattdessen ein Nullwert zurückgegeben und der Dateiname entspricht nicht den Erwartungen:

```
PS> $Path
C:\Users\Tobias\AppData\Local\Temp\report_.txt
```

Mit dem Operator -f ist dagegen eindeutig geklärt, welche Teile des Texts statisch sind und welche dynamisch:

```
PS> $timestamp = Get-Date -Format yyyyMMddHHmmss
PS> $Path = '{0}\report_{1}_logfile.txt' -f $env:TEMP, $timestamp
PS> $Path
C:\Users\Tobias\AppData\Local\Temp\report_20121110113259_logfile.txt
```

Deshalb sollten Sie künftig die automatische Variablenauflösung PowerShell-Einsteigern überlassen und höchstens verwenden, wenn Sie einen sehr simplen Text generieren wollen. Setzen Sie stattdessen ab sofort lieber den Operator -*f* ein. Er ist flexibler, übersichtlicher und eindeutiger. Nur eine Einschränkung gibt es bei ihm: In der Textschablone dürfen keine geschweiften Klammern vorkommen, weil das zu Missverständnissen mit den Platzhalterzeichen führt. Benötigen Sie dennoch geschweifte Klammern, fügen Sie diese einfach über Platzhalterzeichen ein.

Alternativ könnten Sie übrigens aber auch mit geschweiften Klammern den tatsächlichen Variablennamen exakt spezifizieren, auch dann wird jegliches Missverständnis ausgeräumt:

$Path = "$env:TEMP\report_${timestamp}_logfile.txt"

Bündige Spalten herstellen

Geben Sie im Platzhalter eine Mindestbreite an, lassen sich so (bei Schriftarten mit einheitlicher Zeichenbreite zumindest) bündige Spalten erzeugen. Der folgende Codeschnipsel produziert eine Tabelle mit bündigen Spalten, die die Namen, Hersteller, Beschreibungen und Fenstertitel aller laufenden Prozesse auflistet, die ein Fenster geöffnet haben. Er setzt den Operator -*f* gleich zweimal ein:

```
Get-Process |
  Where-Object { $_.MainWindowTitle } |
  ForEach-Object {
    $name = '{0}.exe' -f $_.Name.ToLower()
    '{0,-19} {1,-28} {2,-25} {3}' -f $name, $_.Company, $_.Description, $_.MainWindowTitle
  }
```

acmon.exe	ASUS	ACMON	ACMON
chrome.exe	Google Inc.	Google Chrome	Powershell try/catch/
finally			
excel.exe	Microsoft Corporation	Microsoft Excel	Microsoft Excel - all
explorer.exe	Microsoft Corporation	Windows-Explorer	Temp
explorer.exe	Microsoft Corporation	Windows-Explorer	ISE
mmc.exe	Microsoft Corporation	Microsoft Management Console Ereignisanzeige	
mmc.exe	Microsoft Corporation	Microsoft Management Console Geräte-Manager	
notepad.exe	Microsoft Corporation	Editor	Unbenannt - Editor
powerpnt.exe	Microsoft Corporation	Microsoft PowerPoint	Commands - Microsoft
PowerPoint			
powershell.exe	Microsoft Corporation	Windows PowerShell	C:\Users\Tobias
powershell.exe	Microsoft Corporation	Windows PowerShell	C:\Windows\system32
powershell_ise.exe	Microsoft Corporation	Windows PowerShell ISE	C:\Users\Tobias
snagit32.exe	TechSmith Corporation	Snagit	Snagit
winword.exe	Microsoft Corporation	Microsoft Word	Kap_09 - Microsoft Word

Die minimale Spaltenbreite wurde im Beispiel als negative Zahl angegeben, weswegen die Spalten durchgehend linksbündig ausgerichtet werden. Ob es sinnvoll ist, Spaltenbreiten selbst zu definieren, hängt vom jeweiligen Fall ab. Im Ergebnis sieht man beispielsweise, dass die dritte Spalte für die Prozesse *mmc.exe* zu schmal ist, um alles anzuzeigen, weshalb -*f* die Spalte dann automatisch verbreitert (und damit die schöne Bündigkeit über den Jordan geht). Üblicherweise überlässt man es dem ETS von PowerShell, Spalten auszugeben und korrekt zu formatieren. Mit *Format-Table* und dessen Parameter -*AutoSize* bestimmt PowerShell auf Wunsch selbst die notwendige minimale Spaltenbreite:

```
Get-Process |
  Where-Object { $_.MainWindowTitle } |
  Select-Object -Property Name, Company, Description, MainWindowTitle |
  Format-Table —AutoSize
```

```
Name        Company                 Description         MainWindowTitle
----        -------                 -----------         ---------------
ACMON       ASUS                    ACMON               ACMON
chrome      Google Inc.             Google Chrome       Powershell try/catch/finally
EXCEL       Microsoft Corporation   Microsoft Excel     Microsoft Excel - all
explorer    Microsoft Corporation   Windows-Explorer    Temp
explorer    Microsoft Corporation   Windows-Explorer    ISE
mmc                                                     Ereignisanzeige
mmc                                                     Geräte-Manager
notepad     Microsoft Corporation   Editor              Unbenannt - Editor
(…)
```

Falls die nun erscheinenden Spaltenüberschriften unerwünscht sind, kann man diese mit dem Parameter *-HideTableHeaders* auch ausblenden.

Zahlen formatieren

Eine besondere Stärke des Operators »-f« liegt in seinen vielfältigen Formatierungsoptionen. Bei Zahlen kann man beispielsweise die Zahl führender Nullen, die Zahl der Nachkommastellen und auch das Zahlenformat selbst (zum Beispiel hexadezimal) festlegen:

```
PS> Get-WmiObject -Class Win32_LogicalDisk -Filter 'DeviceID="C:"'

DeviceID     : C:
DriveType    : 3
ProviderName :
FreeSpace    : 12213805056
Size         : 108621983744
VolumeName   : OS

PS> (Get-WmiObject -Class Win32_LogicalDisk -Filter 'DeviceID="C:"').Size
108621983744

PS> $Festplattengröße = (Get-WmiObject -Class Win32_LogicalDisk -Filter 'DeviceID="C:"').Size

PS> 'Festplattengröße: {0}.' -f $Festplattengröße
Festplattengröße: 108621983744.

PS> 'Festplattengröße: {0} MB.' -f ($Festplattengröße/1MB)
Festplattengröße: 103589,99609375 MB.

PS> 'Festplattengröße: {0:0.00} MB.' -f ($Festplattengröße/1MB)
Festplattengröße: 103590,00 MB.

PS> 'Festplattengröße: {0:0.0} MB.' -f ($Festplattengröße/1MB)
Festplattengröße: 103590,0 MB.

PS> 'Festplattengröße: {0:#,##0.0} MB.' -f ($Festplattengröße/1MB)
Festplattengröße: 103.590,0 MB.
```

Eine *0* repräsentiert im Formatstring eine Ziffernstelle, die immer vorhanden sein soll, beispielsweise zwingende führende Nullen. Ein # steht für Ziffernstellen, die nur vorhanden sind, wenn die Zahl groß genug ist. Man benutzt dieses Zeichen, um beispielsweise Tausendertrennzeichen einzufügen, die natürlich nur erscheinen sollen, wenn die Zahl auch tatsächlich entsprechend groß ist. Damit lassen sich die allermeisten Zahlenformate definieren. Der folgende Code würde beispielsweise eine PC-Liste generieren und dabei eine fortlaufende vierstellige Nummer an den PC-Namen hängen:

```
PS> 7..12 | ForEach-Object { 'PC_{0:0000}' -f $_ }
PC_0007
PC_0008
PC_0009
PC_0010
PC_0011
PC_0012
```

Für viele gebräuchliche Zahlenformate gibt es darüber hinaus Abkürzungen, die man sich aber nicht unbedingt zu merken braucht, weil man mit den Platzhaltern *0* und # diese Zahlenformate auch von Hand definieren kann. *n* steht beispielsweise für Zahlen mit Tausendertrennzeichen und zwei Nachkommastellen:

```
PS> $Festplattengröße = (Get-WmiObject -Class Win32_LogicalDisk -Filter 'DeviceID="C:"').Size
PS> 'Festplattengröße: {0:n} MB.' -f ($Festplattengröße/1MB)
Festplattengröße: 103.590,00 MB.
```

Geben Sie hinter *n* eine Zahl an, legen Sie damit die Zahl der Nachkommastellen fest:

```
PS> 'Festplattengröße: {0:n0} MB.' -f ($Festplattengröße/1MB)
Festplattengröße: 103.590 MB.
PS> 'Festplattengröße: {0:n3} MB.' -f ($Festplattengröße/1MB)
Festplattengröße: 103.589,996 MB.
```

Entsprechend steht *d* für eine Zahl und *d4* für eine vierstellige Zahl:

```
PS> 7..12 | ForEach-Object { 'PC_{0:d4}' -f $_ }
```

Nur wenn Sie Dezimalzahlen (ohne Nachkommastellen) hexadezimal anzeigen wollen, kommen Sie mit den Basisplatzhalterzeichen nicht weiter und müssen *x* oder *X* verwenden:

```
PS> '{0} entspricht hexadezimal 0x{0:x10}' -f 46118343220
46118343220 entspricht hexadezimal 0x0abcde1234

PS> '{0} entspricht hexadezimal 0x{0:X10}' -f 46118343220
46118343220 entspricht hexadezimal 0x0ABCDE1234
```

Platzhalter	Beschreibung	Beispiel	Ergebnis
#	Ziffernstelle optional	"{0:(#).##}" -f $wert	(1000000)
0	Ziffernstelle Pflicht	"{0:00.0000}" -f $wert	1000000,0000
.	Dezimaltrennzeichen	"{0:0.0}" -f $wert	1000000,0
,	Tausendertrennzeichen	"{0:0,0}" -f $wert	1.000.000

Tabelle 7.1 Zahlen formatieren. *$wert* wird dabei als 1000000 (1 Million) angenommen.

Platzhalter	Beschreibung	Beispiel	Ergebnis
d	Dezimalzahl (*decimal*)	"{0:d}" -f $wert	1000000
n	Tausendertrennzeichen mit Nachkommastellen	"{0:n}" -f $wert	1.000.000,00
f	Festkommazahl (*fixed point*)	"{0:f}" -f $wert	1000000,00
x	Hexadezimal, Kleinbuchstaben	"0x{0:x4}" -f $wert	0xf4240
X	Hexadezimal, Großbuchstaben	"0x{0:X4}" -f $wert	0xF4240
%	Prozentwert	"{0:0%}" -f $wert	100000000%
c	Währung (*currency*)	"{0:c}" -f $wert	1.000.000,00 €
e	Exponentialschreibweise (wissenschaftlich)	"{0:e}" -f $wert "{0:00e+0}" -f $wert	1,000000e+006 10e+5
g	Generisch (*general*)	"{0:g}" -f $wert	1000000
,.	Ganzzahliges Vielfaches von 1.000	"{0:0,.} " -f $wert	1000

Tabelle 7.1 Zahlen formatieren. *$wert* wird dabei als 1000000 (1 Million) angenommen. *(Fortsetzung)*

Datums- und Zeitangaben formatieren

Auch Zeit- und Datumswerte lassen sich auf unterschiedlichste Art formatieren. Hierfür sind die Formatierungen der folgenden beiden Tabellen 7.2 und 7.3 zuständig. Wie sich die Formatstrings konkret auswirken, zeigt zuerst ein kleiner Codeschnipsel, der eine zweispaltige Beispieltabelle mit fester Spaltenbreite herstellt und dabei auf das Wissen der letzten Abschnitte aufbaut:

```
$datum= Get-Date
$formate = 'd;D;f;F;g;G;m;r;s;t;T;u;U;y;dddd;MMMM;dd;yyyy;M/yy;dd-MM-yy' -split ';'

$formate | ForEach-Object {
  "{0,-30} {1:$_}" -f "Format '$_' liefert:", $datum
}
Format 'd' liefert:          10.11.2012
Format 'D' liefert:          Samstag, 10. November 2012
Format 'f' liefert:          Samstag, 10. November 2012 12:28
Format 'F' liefert:          Samstag, 10. November 2012 12:28:51
Format 'g' liefert:          10.11.2012 12:28
Format 'G' liefert:          10.11.2012 12:28:51
Format 'm' liefert:          10 November
Format 'r' liefert:          Sat, 10 Nov 2012 12:28:51 GMT
Format 's' liefert:          2012-11-10T12:28:51
Format 't' liefert:          12:28
Format 'T' liefert:          12:28:51
Format 'u' liefert:          2012-11-10 12:28:51Z
Format 'U' liefert:          Samstag, 10. November 2012 11:28:51
Format 'y' liefert:          November 2012
Format 'dddd' liefert:       Samstag
Format 'MMMM' liefert:       November
Format 'dd' liefert:         10
Format 'yyyy' liefert:       2012
Format 'M/yy' liefert:       11.12
Format 'dd-MM-yy' liefert:   10-11-12
```

Ein Datumsformat darf also entweder vollkommen frei mit den allgemeinen Platzhaltern definiert werden:

Platzhalter	Beschreibung	Beispiel	Ergebnis
dd	Tag	"{0:dd}" -f $datum	10
ddd	Tagname (Kürzel)	"{0:ddd}" -f $datum	Sa
dddd	Tagname (ausgeschrieben)	"{0:dddd}" -f $datum	Samstag
gg	Ära	"{0:gg}" -f $datum	n. Chr.
hh	Stunde 2-stellig (12-Stunden-Format)	"{0:hh}" -f $datum	12
HH	Stunde 2-stellig (24-Stunden-Format)	"{0:HH}" -f $datum	12
mm	Minuten	"{0:mm}" -f $datum	28
MM	Monat	"{0:MM}" -f $datum	11
MMM	Monatsname (Kürzel)	"{0:MMM}" -f $datum	Nov
MMMM	Monatsname (ausgeschrieben)	"{0:MMMM}" -f $datum	November
ss	Sekunden	"{0:ss}" -f $datum	51
tt	AM oder PM (nur englisch)	"{0:tt}" -f $datum	–
yy	Jahr 2-stellig	"{0:yy}" -f $datum	12
yyyy	Jahr 4-stellig	"{0:YY}" -f $datum	2012
zz	Zeitzone (kurz)	"{0:zz}" -f $datum	+01
zzz	Zeitzone (lang)	"{0:zzz}" -f $datum	+01:00

Tabelle 7.2   Datumswerte individuell formatieren

Oder Sie greifen zu den speziellen Format-Platzhaltern, die bereits die gebräuchlichsten Datums- und Zeitformate darstellen, ohne dass Sie das jeweilige Format selbst definieren müssen:

Platzhalter	Beschreibung	Beispiel	Ergebnis
D	Kurzes Datumsformat	"{0:d}" -f $datum	10.11.2012
D	Langes Datumsformat	"{0:D}" -f $datum	Samstag, 10. November 2012
T	Kurzes Zeitformat	"{0:t}" -f $datum	12:28
T	Langes Zeitformat	"{0:T}" -f $datum	12:28:51
F	Datum & Uhrzeit komplett (kurz)	"{0:f}" -f $datum	Samstag, 10. November 2012 12:28
F	Datum & Uhrzeit komplett (lang)	"{0:F}" -f $datum	Samstag, 10. November 2012 12:28:51

Tabelle 7.3   Datumswerte formatieren

Platzhalter	Beschreibung	Beispiel	Ergebnis
G	Standarddatum (kurz)	"{0:g}" -f $datum	10.11.2012 12:28
G	Standarddatum (lang)	"{0:G}" -f $datum	10.11.2012 12:28:51
M	Tag numerisch, Monat ausgeschrieben	"{0:M}" -f $datum	10 November
R	RFC1123-Datumsformat	"{0:r}" -f $datum	Sat, 10 Nov 2012 12:28:51 GMT
S	Sortierbares Datumsformat	"{0:s}" -f $datum	2012-11-10T12:28:51
u	Universell sortierbares Datumsformat	"{0:u}" -f $datum	2012-11-10 12:28:51Z
U	Universell sortierbares GMT-Datumsformat	"{0:U}" -f $datum	Samstag, 10. November 2012 11:28:51
Y	Jahr/Monats-Muster	"{0:Y}" -f $datum	November 2012

Tabelle 7.3 Datumswerte formatieren *(Fortsetzung)*

PROFITIPP   Welche Platzhalterzeichen in einem Formatstring angegeben werden dürfen, hängt vom Datentyp ab, den Sie anzeigen wollen. Dezimalzahlen kann man etwa mit *x* hexadezimal darstellen, aber nur, wenn es sich um Ganzzahlen und nicht um Gleitkommazahlen handelt. Bei einem Datum lässt sich mit *dddd* der Wochentag anzeigen, was wiederum bei einer Zahl oder einem Text nicht funktionieren würde. Die Platzhalterzeichen der verschiedenen Tabellen in diesem Abschnitt funktionieren nicht nur mit dem Operator *-f*. Auch *Get-Date* verwendet genau dieselben Platzhalterzeichen mit seinem Parameter *-Format*:

```
PS> Get-Date -Format dddd
Samstag
```

Alle sonstigen Datentypen, die Formatierungen unterstützen, verfügen über eine Methode *ToString()*, die ebenfalls eine Unterstützung für diese Platzhalterzeichen bietet:

```
PS> $datum = Get-Date
PS> $datum.ToString('dddd')
Samstag

PS> $zahl = 123
PS> $zahl.ToString('n2')
123,00
```

Mit *ToString()* kann man auch leicht die Platzhalterzeichen ermitteln, die für einen bestimmten Datentyp erlaubt sind – indem man der Methode einen ungültigen Platzhalter vorsetzt. Die Fehlermeldung listet dann zumindest bei manchen Datentypen die gültigen Platzhalterzeichen auf:

```
PS> [System.GUID]::NewGUID()

Guid
----
0e4e4253-830d-4ef2-87c1-873164bfb111

PS> $guid = [System.GUID]::NewGUID()
PS> $guid.ToString('?')
Ausnahme beim Aufrufen von "ToString" mit 1 Argument(en): "Format String can be only "D", "d",
"N", "n", "P", "p", "B", "b", "X" or "x"."
```

```
PS> $guid.ToString('D')
cd76407f-5243-4f22-8a88-8d3c895dade7

PS> $guid.ToString('B')
{cd76407f-5243-4f22-8a88-8d3c895dade7}

PS> $guid.ToString('X')
{0xcc76407f,0x5243,0x4f22,{0x8a,0x88,0x8d,0x3c,0x89,0x5d,0xad,0xe7}}
```

Vergleichsoperatoren

Alle Vergleichsoperatoren liefern immer dasselbe zurück: einen booleschen Wert, also entweder *$true*
(der Vergleich stimmt) oder *$false* (der Vergleich traf nicht zu). Tatsächlich sind Vergleichsoperatoren
das Herzstück intelligenter Skripts, denn mit ihnen kann man Entscheidungen treffen. Hat der
Benutzer zugestimmt und darf der Computer jetzt heruntergefahren werden? Sind noch mindestens
20% Festplattenspeicher frei oder muss aufgeräumt werden? Geht dem Notebook-Akku gerade der
Saft aus oder kann noch ein Backup gestartet werden?

```
# einfacher Vergleich
PS> 5 -gt 10
False

# Festplatten-Speichercheck
# Speicherverhältnisse der Festplatte ausloten:
PS> $hd = Get-WmiObject -Class Win32_LogicalDisk -Filter 'DeviceID="C:"'
PS> $frei = $hd.FreeSpace / $hd.Size

# Festplattenbelegung in Prozent:
PS> '{0:p} Speicherplatz frei.' -f $frei
11,24% Speicherplatz frei.

# Alarm, wenn weniger als 20% frei sind:
PS> $alarm = $frei -lt 0.20
PS> $alarm
True

# Notebook-Akkucheck (setzt voraus, dass der Computer einen Akku besitzt)
# durchschnittlichen Ladezustand aller Akkus
PS> $ladezustand = Get-WmiObject -Class Win32_Battery |
  Measure-Object -Property EstimatedChargeRemaining -Average |
  Select-Object -ExpandProperty Average

# Ladezustand ausgeben:
PS> "Ladezustand Batterie: $ladezustand%"
Ladezustand Batterie: 100%

# Alarm bei weniger als 10%:
PS> $alarm = $ladezustand -lt 10
PS> $alarm
False
```

Vergleichsoperatoren allein liefern nur das Ergebnis eines Vergleichs. Ausführendes Organ sind danach Bedingungen, die abhängig vom Ergebnis des Vergleichs das eine oder das andere unternehmen. Vergleiche arbeiten also eng mit Bedingungen zusammen. Eine der einfachsten Bedingungen ist *if* und könnte die Codeschnipsel von eben um Aktionen bereichern:

```
if ($alarm -eq $true)
{
  'Hier könnte eine Alarmmeldung oder Aktion stehen'
}
else
{
  'Alles in Ordnung.'
}
```

Eine Bedingung erwartet übrigens nur das *Ergebnis* eines Vergleichs, also *$true* oder *$false*. Das Ergebnis des Vergleichs steht bereits in *$alarm*, diese Variable enthält also schon *$true* oder *$false*. Deshalb kann man sich einen weiteren Vergleich auch sparen, weil *$true -eq $true* immer *$true* ergibt, und vereinfacht schreiben:

```
if ($alarm)
{
  'Hier könnte eine Alarmmeldung oder Aktion stehen'
}
(…)
```

ACHTUNG   Vergleichsoperatoren erfahren eine grundlegende Wesensänderung, wenn sie nicht auf einzelne Werte angewendet werden, sondern auf Arrays. Dann liefern sie plötzlich nicht mehr *$true* oder *$false*, sondern es werden genau diejenigen Elemente des Arrays zurückgegeben, bei denen der Vergleich *$true* ergab. PowerShell wendet den Vergleich bei Arrays also automatisch nacheinander auf alle Array-Elemente an, sozusagen in einer unsichtbaren automatischen Schleife:

```
PS> 1..10 -gt 6
7
8
9
10
```

Das kann ungeheuer praktisch sein. Der folgende Vergleich liefert zum Beispiel alle Textzeilen zurück, die ein bestimmtes Stichwort enthalten:

```
PS> (ipconfig) -like '*IPv4*'
   IPv4-Adresse  . . . . . . . . . : 192.168.2.109
```

Ohne diese Automatik hätten Sie selbst eine Schleife bauen müssen:

```
# klassische Schleife:
foreach($zeile in (ipconfig))
{
    if ($zeile -like '*IPv4*')
    {
      $zeile
    }
}

# Pipeline-Schleife mit Bedingung:
```

```
ipconfig | Where-Object { $_ -like '*IPv4*' }
```

Genau darauf müssen Sie aber weiterhin zurückgreifen, wenn Sie andere Operatoren als *Vergleichs*operatoren auf die Elemente eines Arrays loslassen wollen. Der *arithmetische* Modulo-Operator % liefert beispielsweise nur ungerade Zahlen, kommt aber nicht mit Arrays zurecht und muss deshalb einzeln auf die Array-Elemente angewendet werden:

```
PS> 1..10 % 2
Fehler beim Aufrufen der Methode, da [System.Object[]] keine Methode mit dem Namen "op_Modulus"
enthält.

PS> 1..10 | Where-Object { $_ % 2 }
1
3
5
7
9
```

Operator	Analogie	Beschreibung	Beispiel	Ergebnis
-eq	= oder ==	Gleich	*10 -eq 15*	*$false*
-ne	<> oder !=	Ungleich	*10 -ne 15*	*$true*
-gt	>	Größer	*10 -gt 15*	*$false*
-ge	>=	Größer oder gleich	*10 -ge 15*	*$false*
-lt	<	Kleiner	*10 -lt 15*	*$true*
-le	<=	Kleiner oder gleich	*10 -le 15*	*$true*
-contains		Enthält	*1,2,3 -contains 1*	*$true*
-notcontains		Enthält nicht	*1,2,3 -notcontains 1*	*$false*
-in		Enthält, wie *-contains*, aber umgekehrte Reihenfolge, neu in PowerShell 3.0	*'hallo' -in 'hallo','welt'*	*$true*
-notin		Enthält nicht, wie *-notcontains*, aber umgekehrte Reihenfolge, neu in PowerShell 3.0	*'hallo' -notin 'hallo','welt'*	*$false*
-is		Typgleichheit	*$array =1,2* *$array -is [array]*	*$true*
-isnot		Typungleichheit	*$array =1,2* *$array -isnot [array]*	*$false*
-like		Gleichheit mit Platzhaltern	*'Hallo' -like '*lo*'*	*$true*
-notlike		Ungleichheit mit Platzhaltern	*'Hallo' -notlike '*a*'*	*$false*
-match		Gleichheit mit regulärem Ausdruck	*'der 1. Mai' -match '\d'*	*$true*
-notmatch		Ungleichheit mit regulärem Ausdruck	*'Wort' -match '\bo'*	*$false*

Tabelle 7.4 Vergleichsoperatoren

Unterscheidung zwischen Groß- und Kleinschreibung

Vergleiche unterscheiden normalerweise nicht zwischen Groß- und Kleinschreibung, es sei denn, Sie wünschen dies. Dann fügen Sie vor den Operatornamen ein *c* für *case* ein, verwenden also zum Beispiel *-ceq* statt *-eq*. Sie dürfen stattdessen auch ein *i* für *insensitive* voranstellen. Damit erreichen Sie zwar im Ergebnis keinen Unterschied zu den normalen (und damit »insensitiven«) Operatoren (*-eq* und *-ieq* sind folglich identisch), machen aber deutlich, dass Sie ganz bewusst einen Vergleich ohne Berücksichtigung der Groß- und Kleinschreibung durchführen.

```
PS> $password = 'GeHEIm'
PS> $password -eq "geheim"
True

PS> $password -ieq "geheim"
True

PS> $password -ceq "geheim"
False
```

Unterschiedliche Datentypen vergleichen

Vergleichsoperatoren können nur dieselben Datentypen miteinander vergleichen, also entweder Zahlen mit Zahlen oder beispielsweise Texte mit Texten. Wenn Sie verschiedene Datentypen miteinander vergleichen, sind die Ergebnisse manchmal nicht das, was Sie erwarten würden:

```
PS> "12" -eq 012
True

PS> "012" -eq 012
False

PS> 123 -lt 123.4
True

PS> 123 -lt "123.4"
False (bei PowerShell 2.0), True (bei PowerShell 3.0)

PS> 123 -lt "123.5"
True
```

Diese teils sonderbaren Ergebnisse entstehen, weil PowerShell für den Vergleich zuerst einen der beiden Datentypen in den anderen umwandeln muss. Diese automatische Umwandlung führt allerdings nicht immer zu dem Resultat, das man intuitiv erwarten würde. Auf der sicheren Seite ist man also nur, wenn man selbst die Datentypen vorher in ein gemeinsames Format gebracht hat. Solange Sie nur Texte mit Texten oder Zahlen mit Zahlen vergleichen, entspricht das Ergebnis immer genau dem, was auch die intuitive Erwartung ergibt.

Der Datentyp des ersten Werts zählt

Wenn Sie prüfen, ob zwei Werte gleich sind, sollte es eigentlich keinen Unterschied machen, in welcher Reihenfolge Sie die beiden Werte miteinander vergleichen. Bei PowerShell spielt diese Reihenfolge aber eine Rolle, denn der erste Vergleich ergibt *True*, der zweite *False*:

```
PS> 012 -eq "012"
True

PS> "012" -eq 012
False
```

Weil die beiden Informationen unterschiedlichen Typs sind, muss PowerShell einen davon zuerst umwandeln und wählt dabei stets den linken. Im ersten Beispiel ist das eine Zahl, also wird auch der Text in eine Zahl umgewandelt – beide sind somit gleich. Im zweiten Beispiel steht links ein Text, also wird die Zahl auf der rechten Seite auch in einen Text umgewandelt, nämlich den Text "12" (ohne die führende Null!). Die beiden Texte sind folglich unterschiedlich und es wird entsprechend *False* gemeldet.

Automatisches Widening

In Ausnahmefällen richtet sich PowerShell auch nach dem Datentyp auf der rechten Seite. Wenn auf der rechten Seite ein »präziserer« Datentyp steht als auf der linken, nimmt PowerShell diesen Datentyp als Referenz. Ohne dieses automatische Widening würde nämlich der folgende Vergleich eigentlich *False* liefern:

```
PS> 123 -lt 123.3
True
```

Hätte sich PowerShell stur nach der linken Seite gerichtet, wäre die Gleitkommazahl in eine Ganzzahl verwandelt und entsprechend abgerundet worden. Beide Werte wären dann gleich, das Vergleichsergebnis mithin *False*. Weil sowas allen intuitiven Prinzipien widerlaufen würde, sorgt das Widening hier für das erwartete Vergleichsergebnis *True*. Das erklärt auch, warum der erste und der letzte der folgenden Vergleiche das erwartete Ergebnis liefert, der mittlere aber zumindest in PowerShell 2.0 nicht:

```
PS> 123 -lt 123.4
True

PS> 123 -lt "123.4"
False / True
PS> # False in PowerShell 2.0, True in PowerShell 3.0

PS> 123 -lt "123.5"
True
```

Im ersten Fall wurde der erste Wert als Ganzzahl und der zweite als Gleitkommazahl angegeben. Weil beide Werte Zahlen sind, wendet PowerShell das Widening an und wandelt den ersten Wert um. Danach wird verglichen, ob *123,0* kleiner ist als *123,4*. Ergebnis: *True*.

Im zweiten Fall wurde der erste Wert als Ganzzahl und der zweite als Text angegeben. Weil einer der Datentypen keine Zahl ist, sondern Text, gibt es kein eindeutig optimales Datenformat und PowerShell 2.0 richtet sich stur nach dem Datentyp des ersten Werts, wandelt den Text also um in eine Ganzzahl. Aus *"123.4"* wird so die Ganzzahl *123*. Danach wird verglichen, ob *123* kleiner ist als *123*. Ergebnis bei PowerShell 2.0: *False*.

Im letzten Fall passiert im Grunde dasselbe, nur ergibt die Umwandlung des Texts *"123.5"* diesmal die Ganzzahl *124*, weil bei der Konvertierung automatisch gerundet wird, hier aufgerundet. Danach wird verglichen, ob *123* kleiner ist als *124*: Ergebnis: *True*.

HINWEIS   Weil das Ergebnis des zweiten Vergleichs sich so haarsträubend falsch anfühlt, hat man in PowerShell 3.0 das Widening nachgebessert und wendet es jetzt auch an, wenn ein Text in eine Zahl verwandelbar ist. Damit erhalten Sie *True*. In PowerShell 3.0 ergeben daher alle drei Vergleiche das intuitiv erwartete Ergebnis.

Vergleiche umkehren

Weil Vergleichsoperatoren einen booleschen Wert liefern, also *$true* oder *$false*, kann man ihr Ergebnis mit dem *logischen* Operator -*not* auch umdrehen. Die Kurzform für -*not* lautet übrigens »!«. Dasselbe gilt für Befehlsergebnisse, die boolesche Werte zurückgeben. *Test-Path* liefert zum Beispiel *$true*, wenn ein Ordner existiert. Dreht man sein Ergebnis um, liefert der Befehl *$true*, wenn der Ordner nicht existiert. Genau das Richtige für die folgende Bedingung, die einen Ordner nur dann anlegen soll, wenn er noch nicht vorhanden ist:

```
$Path = 'C:\bilderordner'

if (-not (Test-Path -Path $Path) )
{
  New-Item -Path $Path -ItemType Directory
  Write-Warning "Ordner '$Path' angelegt."
}
else
{
  Write-Warning "Ordner '$Path' existiert schon."
}
```

Sie hätten auch einen der Vergleichsoperatoren einsetzen können, um zu einem für die Bedingung auswertbaren booleschen Wert zu gelangen:

```
if ((Test-Path -Path $Path) -eq $false )
```

ACHTUNG   Denken Sie an die runden Klammern, um Ihren Ausdruck eindeutig zu machen! Runde Klammern stehen für Code, der *sofort* (bzw. *zuerst*) ausgeführt werden soll. Zuerst soll *Test-Path* den Pfad prüfen. Danach erst soll sein Ergebnis weiterverarbeitet werden. Wenn Sie die Klammern vergessen, erhalten Sie schnell unerwartete Resultate:

```
PS> $a = 10
PS> $a -gt 10
False

# Dieses Ergebnis stimmt nicht:
PS> -not $a -gt 10
False

# So lautet das richtige Ergebnis:
PS> -not ($a -gt 10)
True
```

Ohne Klammern wertet *-not* den unmittelbar folgenden Ausdruck aus, also *$a*. Weil *$a* weder *$true* noch *$false* ist, wandelt PowerShell *$a* in einen booleschen Wert um. Das Ergebnis wäre erstaunlicherweise *$true*:

```
PS> [bool]$a
True
```

Der Grund: Alle Zahlenwerte ungleich *0* werden zu *$true*, nur der Zahlenwert *0* wird zu *$false* konvertiert:

```
PS> $a = 0
PS> [bool]$a
False
```

Vergleiche kombinieren

Weil jeder Vergleich entweder *True* oder *False* ergibt, können Sie mehrere Vergleiche mit logischen Operatoren verknüpfen, also kombinieren. Möchten Sie zum Beispiel eine Bedingung erstellen, die aus zwei Fragestellungen besteht, verknüpfen Sie das Ergebnis der beiden Einzelvergleiche mit dem logischen Operator *-and*. Die folgende Bedingung ergibt nur dann *True*, wenn beide Teilvergleiche *True* zum Ergebnis haben:

```
PS>  ( ($alter -ge 18) -and ($geschlecht -eq "m") )
```

Im Kopf eines Diskothekentürstehers könnte also unter Umständen die folgende PowerShell-Bedingung ablaufen:

```
PS> ( ($alter -ge 18) -and ($geschlecht -eq "m") ) -or ($geschlecht -eq "w")
```

Achten Sie bei logischen Operatoren darauf, dass diese nur *True* und *False* verknüpfen. Stellen Sie also einzelne Vergleiche in runde Klammern, weil Sie nur die Ergebnisse dieser Vergleiche verknüpfen wollen und nicht etwa die Vergleiche selbst.

Operator	Beschreibung	Linker Wert	Rechter Wert	Ergebnis
-and	Beide Bedingungen müssen erfüllt sein	*True* *False* *False* *True*	*False* *True* *False* *True*	*False* *False* *False* *True*
-or	Eine der beiden Bedingungen muss mindestens erfüllt sein	*True* *False* *False* *True*	*False* *True* *False* *True*	*True* *True* *False* *True*
-xor	Die eine oder die andere Bedingung muss erfüllt sein, aber nicht beide	*True* *False* *False* *True*	*True* *False* *True* *False*	*False* *False* *True* *True*
-not	Dreht das Ergebnis um	(entfällt)	*True* *False*	*False* *True*

Tabelle 7.5 Logische Operatoren

Vergleiche auf Arrays anwenden

Vergleichsoperatoren werden auf jedes Element eines Arrays angewendet und funktionieren dann wie ein Filter: Zurückgeliefert werden diejenigen Array-Elemente, bei denen der Vergleich $true ergeben hat. Im einfachsten Fall verwenden Sie den Vergleichsoperator *-eq* (*equal*), um alle Elemente in einem Array zu finden, die dem angegebenen Element entsprechen:

```
PS> 1,2,3,4,3,2,1 -eq 3
3
3
```

Im Array befanden sich zwei Elemente mit dem Wert *3*. Diese beiden Elemente wurden zurückgeliefert. Umgekehrt geht es auch: Möchten Sie nur die Elemente eines Arrays sehen, die nicht dem Vergleichswert entsprechen, dann verwenden Sie zum Beispiel *-ne* (*not equal*):

```
PS> 1,2,3,4,3,2,1 -ne 3
1
2
4
2
1
```

Die übrigen Vergleichsoperatoren funktionieren entsprechend: Mit *-ge* (*greater or equal*) finden Sie zum Beispiel alle Elemente, die mindestens so groß sind wie das Vergleichselement:

```
PS> 1,2,3,4,3,2,1 -ge 3
3
4
3
```

Interessiert Sie nur, wie viele Elemente Ihrem Vergleich entsprachen? Das, was der Vergleichsoperator in diesen Beispielen zurückliefert, ist wiederum ein Array, dessen *Count*-Eigenschaft Ihnen die gesuchte Anzahl verrät. Speichern Sie dazu das Ergebnis des Vergleichs entweder in einer neuen Variablen oder setzen Sie den gesamten Ausdruck in runde Klammern, damit er ausgewertet wird und das Ergebnisarray liefert, bevor Sie anschließend dessen *Count*-Eigenschaft abfragen:

```
PS> $ergebnis = 1,2,3,4,3,2,1 -ge 3
PS> $ergebnis.Count
3

PS> (1,2,3,4,3,2,1 -ge 3).Count
3
```

Falls Sie wissen möchten, ob das Vergleichselement überhaupt (unabhängig davon, wie oft) im Array vorkommt, greifen Sie zu *-contains*:

```
PS> 1,2,3,4,3,2,1 -contains 3
True
```

Auch die Textvergleichsoperatoren *-like* und *-match* funktionieren mit Arrays und liefern dann alle Array-Elemente, die dem Muster entsprechen. Das kann man sich ausgezeichnet für das Parsen großer Protokolldateien zunutze machen. Der folgende überschaubare Code liest konkurrenzlos schnell alle installierten Updates aus dem Update-Protokoll von Windows:

```
$zeilen = Get-Content -Path $env:windir\windowsupdate.log -ReadCount 0 -Encoding UTF8
$zeilen.Count
$zeilen -like '*successfully installed*' |
  ForEach-Object { ($_ -split ': ')[-1] }
```

Dazu wird zunächst mit *Get-Content* die gesamte Protokolldatei gelesen und dann alle Zeilen ausgegeben, die den Schlüsselbegriff »successfully installed« enthalten. Daraus wird dann an »: « gesplittet, um nur den letzten Teil dieser Zeilen zu erhalten: das jeweils installierte Update. Falls Sie sich gerade fragen, warum man die Aufgabe so und nicht mit einer klassischen Pipeline gelöst hat, dann schauen Sie sich die Alternative genauer an:

```
Get-Content -Path $env:windir\windowsupdate.log -Encoding UTF8 |
  Where-Object { $_ -like '*successfully installed*' } |
  ForEach-Object { ($_ -split ': ')[-1] }
```

Das Resultat ist zwar identisch, doch benötigt dieser Code rund die *zehnfache* Zeit. Operatoren, die direkt auf Arrays wirken, sind dagegen rasend schnell.

Zuweisungsoperatoren

Um Variablen einen neuen Wert zuzuweisen, verwenden Sie üblicherweise den Zuweisungsoperator »=«. Alles, was rechts von ihm steht, wird der Variablen auf seiner linken Seite zugewiesen:

```
# Ergebnisse in Variablen zwischenspeichern:
PS> $ordnerinhalt = Get-ChildItem C:\
PS> $resultat = ipconfig
```

Der Zuweisungsoperator kann auch in einem Schritt mehrere Variableninhalte festlegen, was besonders praktisch ist, wenn Sie mehrere Variablen auf einen definierten Ausgangswert festlegen wollen:

```
# mehrere Variablen in einem Schritt mit demselben Wert füllen:
PS> $a = $b = $c = 1
PS> $a
1

PS> $b
1

PS> $c
1
```

Auch der gegenseitige Austausch zwischen zwei Variablen ist in nur einer Zeile möglich:

```
PS> $Wert1, $Wert2 = $Wert2, $Wert1
```

Mehreren Variablen unterschiedliche Werte zuweisen

Der eigentliche Kniff im letzten Beispiel ist das Komma. Mit dem Komma legt PowerShell stets ein Array an, also eine Variable, die mehr als einen Wert enthält. Geben Sie links und rechts vom Zuweisungsoperator ein Array mit derselben Anzahl von Elementen an, dann werden die Elemente des Arrays auf der rechten Seite den Elementen des Arrays auf der linken Seite zugewiesen. So kann man auch mit einem einzigen Zuweisungsoperator *verschiedene* Variablen mit *verschiedenen* Werten füllen:

```
# mehrere Variablen in einem Schritt mit verschiedenen Werten füllen und dann gegeneinander
tauschen:
PS> $Wert1, $Wert2 = 10, 20
PS> $Wert1, $Wert2 = $Wert2, $Wert1
```

Variableninhalte ändern

Der Zuweisungsoperator »=« setzt den Inhalt einer Variablen neu und nimmt keine Rücksicht auf die schon in der Variablen vorhandenen Werte. Die übrigen Zuweisungsoperatoren schon. Sie ändern den bestehenden Variableninhalt nämlich. Inkrement- und Dekrement-Operatoren sind unäre Operatoren, die den Variableninhalt um 1 erhöhen oder verringern – vorausgesetzt, der Variableninhalt ist numerisch und lässt sich überhaupt erhöhen oder verringern:

```
PS> $wert = 1
PS> $wert++
PS> $wert
2
PS> $wert--
PS> $wert
1
```

Soll eine Variable in einer anderen Schrittweite erhöht oder verringert werden, kommen die folgenden Zuweisungsoperatoren zum Zuge. Bei ihnen kann man auf der rechten Seite angeben, um *was* die Variable erhöht oder verringert werden soll:

```
PS> $wert+=10
PS> $wert
11
PS> $wert-=10
PS> $wert
1
```

Das Wort »was« im letzten Absatz war kein orthografischer Unfall, sondern ausdrücklich so gemeint: Diese Zuweisungsoperatoren operieren nicht nur mit Zahlen. Man kann mit ihnen auch Text zu einem anderen Text oder Elemente zu einem Array hinzufügen:

```
PS> $meldung = 'Starte'
PS> $meldung += 'Arbeite'
PS> $meldung += 'Fertig'

PS> $meldung
StarteArbeiteFertig
```

Ein einziges winziges Komma kann hier große Unterschiede machen, denn wenn die Variable ein Array enthält (und das Komma verwandelt alles in ein Array), fügt derselbe Operator plötzlich Array-Elemente hinzu:

```
PS> $meldung = ,'Starte'
PS> $meldung += 'Arbeite'
PS> $meldung += 'Fertig'

PS> $meldung
Starte
Arbeite
Fertig
```

```
PS> $meldung -join ' - '
Starte - Arbeite - Fertig
```

Textoperatoren und Textmanipulationen

Häufig benötigt man nur einen Teilbereich eines Texts oder möchte bestimmte Textstellen ändern. Dafür sind die Textoperatoren *-split*, *-join* und *-replace* zuständig. Ergänzt werden sie durch die Vergleichsoperatoren *-match* und *-like*, die viel mehr können als nur vergleichen, sowie durch die in jedem Textobjekt enthaltenen Methoden (Tabelle 7.6).

```
PS> 'Hallo Welt'.toUpper()
HALLO WELT
```

Texte werden darüber hinaus von PowerShell wie ein Array aus einzelnen Zeichen gewertet. Wenn es Ihnen also nur darum geht, einen bestimmten Buchstaben aus einem Text zu lesen, beispielsweise seinen Anfangsbuchstaben, gelingt dies auch ganz ohne Operatoren und Methoden:

```
PS> 'Hallo Welt'[0]
H
```

Funktion	Beschreibung	Beispiel
EndsWith()	Prüft, ob der Text mit einer bestimmten Zeichenfolge endet	("Hello").EndsWith("lo")
IndexOf()	Bestimmt die erste Position eines Vergleichstexts	("Hello").IndexOf("l")
IndexOfAny()	Bestimmt die erste Position eines beliebigen Zeichens aus einem Vergleichstext	("Hello").IndexOfAny("loe")
LastIndexOf()	Findet die letzte Position des angegebenen Zeichens	("Hello").LastIndexOf("l")
LastIndexOfAny()	Findet die letzte Position eines beliebigen Zeichens der angegebenen Zeichenfolge	("Hello").LastIndexOfAny("loe")
PadLeft()	Erweitert den Text auf die angegebene Länge und fügt auf der linken Seite Leerzeichen hinzu (rechtsbündiger Text)	("Hello").PadLeft(10)
PadRight()	Erweitert den Text auf die angegebene Länge und fügt auf der rechten Seite Leerzeichen hinzu (linksbündiger Text)	("Hello").PadRight(10) + "World!"
Remove()	Entfernt ab der angegebenen Position die gewünschte Anzahl von Zeichen	("Hello World").Remove(5,6)
Replace()	Ersetzt Zeichen durch andere Zeichen	("Hello World").Replace("l", "x")
Split()	Konvertiert den Text mit den angegebenen Trennzeichen in ein Array	("Hello World").Split("l")
StartsWith()	Prüft, ob der Text mit den angegebenen Zeichen beginnt	("Hello World").StartsWith("He")
Substring()	Extrahiert Zeichen aus dem Text	("Hello World").Substring(4, 3)
ToCharArray()	Konvertiert Text in ein Array mit Einzelzeichen	("Hello World").ToCharArray()
ToLower()	Verwandelt den Text in Kleinbuchstaben	("Hello World").ToLower()

Tabelle 7.6 Wichtige Methoden des *String*-Objekts

Funktion	Beschreibung	Beispiel
ToUpper()	Verwandelt den Text in Großbuchstaben	*("Hello World").ToUpper()*
Trim()	Entfernt Leerzeichen links und rechts	*(" Hello ").Trim() + "World"*
TrimEnd()	Entfernt Leerzeichen rechts	*(" Hello ").TrimEnd() + "World"*
TrimStart()	Entfernt Leerzeichen links	*(" Hello ").TrimStart() + "World"*

Tabelle 7.6 Wichtige Methoden des *String*-Objekts *(Fortsetzung)*

Texte splitten und zusammenfügen

Falls das, was Sie aus einem Text extrahieren wollen, durch regelmäßig wiederkehrende Ankerpunkte eingegrenzt ist, ist es am einfachsten, *-split* einzusetzen. Möchten Sie aus einer kommaseparierten Liste zum Beispiel das vierte Element auslesen, gehen Sie so vor:

```
PS> $rohtext = 'Hans,Werner,Paul,Peter,Tobias'
PS> $rohtext -split ','
Hans
Werner
Paul
Peter
Tobias

PS> ($rohtext -split ',')[3]
Peter
```

Mit dem Gegenstück *-join* wird ein Array wieder in einen String verwandelt. Wenn Sie also in der Liste an einer ganz bestimmten Position einen Namen austauschen wollen, könnte das zum Beispiel geschehen, indem Sie die Liste mit *-split* zuerst in ein Array verwandeln, dann am Array die gewünschten Änderungen vornehmen und es anschließend mit *-join* wieder in eine Textliste verwandeln:

```
PS> $rohtext = 'Hans,Werner,Paul,Peter,Tobias'
PS> $array = $rohtext -split ','

PS> # ersten und dritten Namen gegeneinander austauschen:
PS> $array[0], $array[2] = $array[2], $array[0]

PS> # letzten Namen ändern:
PS> $array[-1] += 'W'

PS> # neuen Namen hinzufügen:
PS> $array += 'Cofelmann'

PS> # Array zurück in Liste wandeln:
PS> $neutext = $array -join ','

PS> $rohtext; $neutext
Hans,Werner,Paul,Peter,Tobias
Paul,Werner,Hans,Peter,TobiasW,Cofelmann
```

Genau genommen ist das, was *-split* von Ihnen erwartet, eigentlich ein sogenannter *regulärer Ausdruck*. Zur Bildung regulärer Ausdrücke gibt es einige reservierte Zeichen. Eines davon ist der Backslash (»\«). Wenn Sie aber nun eines dieser reservierten Zeichen als ganz normalen (festen) Text verwenden möchten, würde dieses Zeichen ohne weitere Maßnahmen fehlinterpretiert werden. Man muss es dann gewissermaßen entwerten, damit es nicht zur Bildung regulärer Ausdrücke herangezogen wird. Das bezeichnet man als *maskieren* (oder auch als *quoten*) und geschieht mit einem vorangestellten »\«. Deshalb ermitteln Sie den Namen einer Datei aus einem Pfadnamen so:

```
PS> $PROFILE
C:\Users\Tobias\Documents\WindowsPowerShell\Microsoft.PowerShell_profile.ps1

PS> $PROFILE -split '\\'
C:
Users
Tobias
Documents
WindowsPowerShell
Microsoft.PowerShell_profile.ps1

PS> ($PROFILE -split '\\')[-1]
Microsoft.PowerShell_profile.ps1
```

Entsprechend würde diese Zeile die Dateierweiterung liefern:

```
PS> ($PROFILE -split '\.')[-1]
ps1
```

In beiden Fällen wurde das Trennzeichen mit »\« maskiert. Es muss also ein doppelter Backslash (»\\«) angegeben werden, um einen einzelnen Backslash »\« als Trennzeichen zu erhalten. Weil *-split* ein Array mit den Ergebnissen (quasi den Text-Bruchstücken) liefert, erhält man das jeweils letzte Array-Element mit dem Index -1.

PROFITIPP   Ob ein bestimmtes Zeichen in regulären Ausdrücken maskiert werden muss oder nicht, verrät eine interne Systemfunktion. Übergeben Sie ihr Text, liefert diese den korrekt maskierten Ausdruck zurück, der in einem regulären Ausdruck danach wörtlich verstanden würde:

```
PS> [RegEx]::Escape('welche Zeichen müssen entwertet werden? Vielleicht der . und der \, oder auch
andere?')
welche\ Zeichen\ müssen\ entwertet\ werden\?\ Vielleicht\ der\ \.\ und\ der\ \\,\ oder\ auch\
andere\?
```

Haben Sie keine Lust auf das Maskieren und besteht das Trennzeichen aus genau einem Zeichen, kann auch die *String*-Methode *Split()* eingesetzt werden. Diese unterscheidet allerdings Groß- und Kleinschreibung, was Sie eventuell bedenken müssen (aber nicht in diesem Beispiel). Dafür ist sie ein paar Millisekunden schneller:

```
PS> $PROFILE.Split('\')[-1]
Microsoft.PowerShell_profile.ps1
```

Das Gegenstück zu *-split* heißt *-join* und fügt die Bruchstücke wieder zusammen. So könnte man beispielsweise aus einem Pfad einen neuen zusammenstellen. Die folgende Anweisung würde Ihnen zum

Beispiel immer verraten, in welchem Ordner PowerShell Ihre benutzerspezifischen Einstellungen speichert:

```
PS> $bruchstücke = $PROFILE -split '\\'
PS> $anzahl = $bruchstücke.Count
PS> $bruchstücke[0..$($anzahl-2)]
C:
Users
Tobias
Documents
WindowsPowerShell

PS> $bruchstücke[0..$($anzahl-2)] -join '\'
C:\Users\Tobias\Documents\WindowsPowerShell
```

PROFITIPP   Jetzt werden Sie vielleicht einwenden, dass man dasselbe auch einfacher mit *Split-Path* erreichen könnte:

```
PS> Split-Path -Path $PROFILE
C:\Users\Tobias\Documents\WindowsPowerShell
```

Stimmt, zumindest in diesem Fall. Allerdings ist das Gespann aus *-split* und *-join* sehr viel flexibler und könnte zum Beispiel genauso gut den Benutzernamen mitten im Pfad ändern (versuchen Sie das einmal mit *Split-Path*). Wobei es hierbei keine Rolle spielt, ob Sie die Bruchstücke mit *-split* oder lieber mit der *String*-Methode *Split()* produzieren:

```
PS> $bruchstücke = $PROFILE.Split('\')
PS> $bruchstücke[2] = 'Anderer_User'
PS> $bruchstücke -join '\'
C:\Users\Anderer_User\Documents\WindowsPowerShell\Microsoft.PowerShell_profile.ps1
```

Auf gleiche Weise lassen sich Pfade auf ein anderes Laufwerk oder eine Freigabe »umbiegen«, sofern sie ansonsten dieselbe Struktur haben:

```
PS> $teile = $HOME.Split('\')
PS> $teile[0] = 'G:'
PS> $teile -join '\'
G:\Users\Tobias
PS> $teile[0] = '\\fileserver\shares'
PS> $teile -join '\'
\\fileserver\shares\Users\Tobias
```

Sie könnten auch eine kommaseparierte Liste blitzschnell mit einem anderen Trennzeichen ausstatten, zum Beispiel einem Semikolon, damit deutschsprachige Programme damit zurechtkommen (zumindest sofern das Komma nicht außerdem in den Texten vorkommt):

```
PS> 'Hans,Peter,Werner' -split ',' -join ';'
Hans;Peter;Werner
```

Splitting kann man auch verwenden, um sich lästige Tipparbeit zu sparen. Anstelle also in einem Skript mühsam viele einzelne Vorgaben jeweils in Anführungszeichen zu stellen, splitten Sie:

```
$zeichen = 'a','b','c','d','e','f','g','h','i','j','k','l','m','n','o','p',
'q','r','s','t','u','v','w','x','y','z','0','1','2','3','4','5','6','7','8','9',
'!','"','§','$','%','&','/','(',')','=','?'

$zeichen = 'a,b,c,d,e,f,g,h,i,j,k,l,m,n,o,p,q,r,s,t,u,v,w,x,y,z,0,1, 2,3,4,5,6,7,8,9,!,",§,$,%,&,/
,(,),=,?'.Split(',')
```

PROFITIPP   Noch praktischer ist die Methode *toCharArray()*, die jedes *String*-Objekt kennt:

```
$zeichen = 'abcdefghijklmnopqrstuvwxyz0123456789!"§$%&/()=?'.ToCharArray()
```

Und wofür könnte man das resultierende Array mit einzelnen Zeichen gebrauchen? Es könnte als Kennwortgenerator dienen, der zufällige Kennworte beliebiger Länge aus der Liste der erlaubten Zeichen herstellt:

```
PS> -join (Get-Random -InputObject $zeichen -Count 7)
pg9xi8b
```

Weil *Get-Random* zufällige Zeichen liefert, das Kennwort aber ein Gesamttext sein soll, fügt *-join* die einzelnen Zeichen wieder zusammen. Wirklich beliebig lang kann das Kennwort übrigens nicht werden, denn *Get-Random* zieht keinen Buchstaben doppelt. Falls auch Doppelgänger erlaubt sein sollen, ist eine Schleife nötig:

```
$zeichen = 'abcdefghijklmnopqrstuvwxyz0123456789!"§$%&/()=?'.ToCharArray()
-join (1..20 | ForEach-Object { Get-Random -InputObject $zeichen })
```

Nach verschiedenen Zeichen splitten

Der Umstand, dass *-split* in Wahrheit einen regulären Ausdruck erwartet (und deshalb bestimmte Zeichen maskiert werden müssen), sorgte bisher für Zusatzarbeit, zahlt sich gleich aber aus.

HINWEIS   Erst durch reguläre Ausdrücke erwacht das wilde Raubtier in *-split*. Wenn Sie allerdings noch nie mit regulären Ausdrücken zu tun gehabt haben, wird es Ihnen anfangs nicht ganz leicht fallen, es zu zähmen.

Trotzdem schauen Sie sich die vielfältigen Beispiele zuerst einmal an. Die darin vorkommenden Platzhalter und Zeichen sind in den Tabellen aufgeführt und erklärt. Versuchen Sie also, den Ausdruck mithilfe dieser Tabellen zu entschlüsseln. Am Ende dieses Abschnitts und unter dem Eindruck der vielfältigen Beispiele, die Sie bis dahin kennengelernt haben, folgt eine zusammenfassende Erklärung.

Mit regulären Ausdrücken kann man auch nach mehreren Zeichen splitten und so beispielsweise einen Pfadnamen »normalisieren«. Dazu geben Sie in eckigen Klammern alle Trennzeichen an:

```
PS> $Path = 'C:\dies/ist/ein\pfad.txt'
PS> $Path
C:\dies/ist/ein\pfad.txt

PS> $Path -split '[\\/]' -join '\'
C:\dies\ist\ein\pfad.txt
```

Reguläre Ausdrücke kennen darüber hinaus viele vorgefertigte Platzhalter, und »\W« steht für alles, was nicht Buchstabe, Unterstrich oder Zahl ist. Damit könnte ein Satz in Worte zerlegt werden:

```
PS> 'Hallo, dies ist ein kleiner Test. Mal sehen (ob das geht).' -split '\W'

Hallo

dies
ist
ein
kleiner
Test
```

```
Mal
sehen

ob
das
geht
```

Das Ergebnis stimmt, enthält aber noch Lücken, die entstehen, wenn mehrere durch \W repräsentierte Zeichen aufeinanderfolgen, zum Beispiel ein Komma und ein Leerzeichen. Abhilfe schaffen Sie über einen Quantifizierer, mit dem Sie festlegen, dass die Trennstelle aus einem oder beliebig vielen solcher Zeichen bestehen darf:

```
PS> 'Hallo, dies ist ein kleiner Test. Mal sehen (ob das geht).' -split '\W{1,}'
```

Quantifizierer können auch dabei helfen, unregelmäßige Trennzeichen einzusetzen. Vielleicht liegen die Daten als Text mit festen Spaltenbreiten vor, zum Beispiel eine Liste lokaler Benutzer, die von *net user* stammen:

```
PS> net user

Benutzerkonten für \\POWERSHELLPC
-------------------------------------------------------------------------
Administrator            Gast                       internet
Nina                     Tobias                     user1
Der Befehl wurde erfolgreich ausgeführt.
```

Zunächst sollen die reinen Benutzernamen herausgeschnitten werden. Dazu werden die ersten vier Zeilen und die letzten beiden Zeilen mit den bereits bekannten Werkzeugen ignoriert:

```
PS> $infos = net user
PS> $anfang = 4
PS> $ende = $infos.Count - 3
PS> $benutzer = $infos[$anfang..$ende]
PS> $benutzer
Administrator            Gast                       internet
Nina                     Tobias                     user1
```

Die Benutzer liegen jetzt noch als Dreiergruppen vor und dazwischen befinden sich unterschiedlich viele Leerzeichen. Das Splitting-Kriterium müsste also lauten: Als Trennzeichen sollen ein oder mehrere Whitespaces (»\s«) fungieren:

```
PS> $benutzer -split '\s{1,}'
Administrator
Gast
internet

Nina
Tobias
user1
```

Es funktioniert! Zumindest beinahe. Jeweils nach drei Namen folgt eine Leerzeile. Tatsächlich enthält *$benutzer* ein Array mit jeweils einer Zeile und *-split* wird auf jede Zeile einzeln angesetzt. Weil hinter dem letzten Benutzernamen jeder Zeile noch Leerzeichen folgen, wird jede Zeile in insgesamt vier Bruchstücke zerlegt, wovon das letzte leer ist. Das Problem kann auf verschiedene Arten angegangen werden: Wollen Sie empirisch vorgehen und nicht weiter am regulären Ausdruck optimieren, greifen

Sie zum bewährten *Where-Object* und entfernen leere Texte. Die Benutzernamen könnten bei dieser Gelegenheit vielleicht auch gleich noch sortiert werden:

```
PS> $benutzer -split '\s{1,}' | Where-Object { $_ } | Sort-Object
Admin-strator
Gast
internet
Nina
Tobias
user1
```

Bei PowerShell 3.0 können Sie alternativ mit *Trim()* bei allen Texten im Array führende und folgende Leerzeichen entfernen, damit hinter dem letzten Namen jeder Zeile nicht noch einmal gesplittet wird. Das geänderte Splitting sieht dann folgendermaßen aus:

```
PS> $benutzer = $infos[$anfang..$ende].Trim()
PS> $benutzer -split '\s{1,}'
Administrator
Gast
internet
Nina
Tobias
user1
```

Oder aber Sie verwandeln die einzelnen Textzeilen in *$benutzer* zuerst mit *Out-String* in einen Gesamttext. Jetzt werden Zeilenumbrüche ignoriert und der Text hinter dem letzten Benutzernamen einer Zeile grenzt ihn wunderbar vom nächsten der nachfolgenden Zeile ab:

```
PS> ($benutzer | Out-String) -split '\s{1,}'
Administrator
Gast
internet
Nina
Tobias
user1
```

Splitten ohne Trennzeichen(verlust): Lookbehind und Lookaround

Normalerweise werden die Zeichen, die Sie zum Splitten verwenden, beim Splitten entfernt. Vielleicht wollen Sie diese Zeichen aber auch gern behalten. Das geht, wenn Sie gar kein Trennzeichen zum Splitten verwenden, sondern die Splitstelle mit einer anderen Technik beschreiben (die gleich noch näher erklärt wird). Die nächste Zeile liefert die Dateiendung eines Dateipfads mit dem zugehörigen Punkt, der zuvor abgeschnitten wurde:

```
PS> ($PROFILE -split '(?=\.)')
C:\Users\Tobias\Documents\WindowsPowerShell\Microsoft
.PowerShell_profile
.ps1

PS> ($PROFILE -split '(?=\.)')[-1]
.ps1
```

Indem Sie also den Ausdruck in runde Klammern stellen und »?=« davor schreiben, wird das Trennzeichen an den nächstfolgenden Ausdruck vorne angeheftet. Wollen Sie es lieber an das Ende des zurückliegenden Ausdrucks kleben, verwenden Sie »?<=«, zum Beispiel so:

```
PS> $PROFILE -split '(?<=\\)'
C:\
Users\
Tobias\
Documents\
WindowsPowerShell\
Microsoft.PowerShell_profile.ps1
```

Jetzt bleibt das Trennzeichen »\« erhalten und markiert die Ordner des Pfads eindeutig. Solche Anweisungen werden *Lookahead* (wörtlich: *vorausschauen*) und *Lookbehind* (wörtlich: *nach hinten schauen*) genannt. Beim *Lookahead*-Ausdruck ((?=\.)') im ersten Beispiel) geben Sie an, was *vor* dem extrahierenden Begriff stehen soll, und mit dem *Lookbehind*-Ausdruck ((?<=\\) im zweiten Beispiel), was *nach* dem Begriff folgen muss. Beides kann auch kombiniert werden, sodass der Begriff »ringsum« beschrieben und besonders genau und effektiv eingefasst wird (auch als *Lookaround* bezeichnet). Da bei *Lookahead* und *Lookbehind* keine Trennzeichen verwendet werden, sondern viel mehr beschrieben wird, mit was der Begriff beginnt und/oder mit was er endet, gehen auch keine Zeichen verloren.

Damit lassen sich auch anspruchsvolle Aufgaben meistern. Vielleicht wollen Sie Parameter-Argument-Paare aus einem Befehlstext lesen. Dies wäre eine Lösung:

```
PS> $commandline = '-Path c:\windows -Filter *.exe'
PS> $commandline -split '(?=-)(?<=\s)'
-Path c:\windows
-Filter *.exe
```

Der *Lookahead*-Ausdruck (?=-) legt hier fest, dass der Begriff mit einem Bindestrich beginnen soll. Der *Lookbehind*-Ausdruck (?<=\s) bestimmt, dass nach dem Begriff beliebige »Whitespaces« stehen sollen (Leerzeichen, Tabulatoren oder Satzanfang, repräsentiert durch »\s«). Durch diese Reihum-Definition wird verhindert, dass bereits vor dem ersten Bindestrich gesplittet wird, wie es bei Verwendung eines gewöhnlichen Trennzeichens der Fall wäre.

HINWEIS   Dass zuerst der *Lookahead*-Ausdruck und dann unmittelbar darauf folgende der *Lookbehind*-Ausdruck definiert wird, ist hier bedeutungslos. Tatsächlich erhalten Sie auch bei einer Vertauschung der beiden Ausdrücke:

```
PS> $commandline -split '(?<=\s)(?=-)'
-Path c:\windows
-Filter *.exe
```

dasselbe Resultat. Das liegt daran, dass *Lookahead/Lookbehind* nicht durch ihre Reihenfolge den Begriff umklammern, sondern quasi die Blickrichtung in sich – durch ihr Kürzel – eingebaut haben. Das bedeutet aber nicht, dass es keine Rolle spielte, wo sie eingesetzt werden. Wenn weitere Suchmuster enthalten sind, kann die genaue Position sehr wohl entscheidend sein.

Etwas alltäglichere Aufgaben wären das Zerlegen von Texten in gleichmäßige Gruppen. Die nächste Zeile würde zuerst einen Text in seine Einzelbuchstaben zerlegen (was zugegebenermaßen mit *toCharArray()* so wie im letzten Abschnitt demonstriert sehr viel bequemer geht):

```
PS> 'PowerShell rocks!' -split '(?<=.)(?=.)'
```

Die Funktionsweise: Jeder Begriff muss mit einem beliebigen Zeichen (*Lookahead*-Ausdruck (?=.)) beginnen und mit einem beliebigen Zeichen enden (*Lookbehind*-Ausdruck (?<=.)). Dies trifft auf jedes Zeichen zu mit Ausnahme der Zeichen ganz am Zeilenfang und Zeilenende. Damit wird nur zwischen den Zeichen gesplittet, aber nicht am Zeilenanfang und -ende.

Der Ansatz ist zwar etwas komplizierter als *toCharArray()*, aber dafür sehr viel flexibler. Mit *toCharArray()* könnten Sie beispielsweise nicht die folgende Liste in hexadezimale Zweierpaare zerlegen:

```
PS> '00AA1CFFAB1034' -split '(?<=\G[0-9a-f]{2})(?=.)'
00
AA
1C
FF
AB
10
34
```

Hier wird der Splitvorgang so definiert: Der Begriff endet gemäß *Lookbehind*-Ausdruck (genauer: *besteht* daraus, wie gleich noch klar wird) mit genau zwei Zeichen (»{2}« aus der Liste der erlaubten Zeichen in eckigen Klammern (*0-9* und *a-z*). »\G« sorgt dafür, dass der Ausdruck an der Stelle passen muss, die dem letzten Match folgt. Das sorgt für aufeinanderfolgende Treffer, die sich nicht überlappen. Da es keine weiteren Zeichen außer den paarweise herausgetrennten gibt, definiert der *Lookbehind*-Ausdruck also nicht nur das Begriffsende, sondern auch den Begriff selbst.

Vor dem Begriff (*Lookahead*-Ausdruck) muss ein beliebiges Zeichen stehen. So wird verhindert, dass am Ende der Zeile noch einmal gesplittet und ein leeres Element produziert würde. Zusammen mit *-join* wird daraus zum Beispiel eine MAC-Adresse:

```
PS> '00AA1CFFAB1034' -split '(?<=\G[0-9a-f]{2})(?=.)' -join ':'
00:AA:1C:FF:AB:10:34
```

Oder ein Byte-Array mit den Dezimalwerten der MAC-Adresse:

```
PS> '00AA1CFFAB1034' -split '(?<=\G[0-9a-f]{2})(?=.)' | ForEach-Object { Invoke-Expression "0x$_"
}
0
170
28
255
171
16
52
```

Hier folgt zum Abschluss ein Rätsel: Überlegen Sie sich bitte zuerst, warum die folgende Zeile den Text bei allen Großbuchstaben trennt, bevor Sie sich die folgende Erklärung anschauen (und hoffentlich feststellen, dass beide übereinstimmen):

```
PS> 'GetHostByName' -csplit '(?<=[a-z])(?=[A-Z])'
Get
Host
By
Name
```

Eingesetzt werden *Lookahead* und *Lookbehind*, um das Splitting zu definieren. Der Begriff soll mit einem Großbuchstaben beginnen (*Lookahead*-Ausdruck) und mit einem Kleinbuchstaben enden (*Lookbehind*-Ausdruck). Allerdings würde der Aufruf nicht so wie geplant funktionieren, wenn Sie -*split* einsetzen, denn wie die meisten anderen PowerShell-Parameter auch unterscheidet dieser gar nicht zwischen Groß- und Kleinschreibung. Gesplittet würde dann inflationär nach jedem Buchstaben. Nur wenn Sie wie im Beispiel mit -*csplit* zwischen Groß- und Kleinschreibung unterscheiden, entspricht das Ergebnis genau den Erwartungen.

Informationen in Texten finden

Möchten Sie eine bestimmte Information innerhalb eines Texts finden, zum Beispiel eine KB-Artikelnummer (Microsoft Knowledge Base), musste man ohne reguläre Ausdrücke schon sehr viel Ideenreichtum aufwenden:

```
PS> $text = 'Das Problem ist in KB2567332 beschrieben.'
PS> $start = $text.IndexOf('KB')
PS> $text.SubString($start, 9)
KB2567332
```

Mit den Methoden des *String*-Objekts lässt sich die Aufgabe zwar lösen, indem man mit *IndexOf()* die Position des Ankers *KB* bestimmt und dann von dort aus mit *SubString()* 9 Zeichen ausgibt. Diese Lösung ist aber alles andere als belastbar. Falls *KB* einmal kleingeschrieben sein sollte, scheitert *IndexOf()*, weil es wie alle *String*-Methoden zwischen Groß- und Kleinschreibung unterscheidet. Falls die Anzahl der Stellen in den KB-Artikelnummern einmal variiert, erhält man dann dennoch genau neun Zeichen.

Gerade haben Sie reguläre Ausdrücke kennengelernt und mit Ankern, Platzhalterzeichen und Quantifizierern kann man alternativ einfach einen Steckbrief für KB-Artikelnummern definieren. Der sähe ungefähr so aus:

```
$pattern = '\bKB\s{0,1}\d{6,9}\b'
```

Das Muster muss an einer Wortgrenze starten (»\b«). Es folgt der Begriff *KB* und danach optional ein Leerzeichen (»\s«). Danach kommen sechs bis neun Zahlen (»\d«) und dann wieder eine Wortgrenze. Ob das Muster die KB-Artikelnummer findet, prüft der Vergleichsoperator -*match*:

```
PS> $text = 'Das Problem ist in KB2567332 beschrieben.'
PS> $pattern = '\bKB\s{0,1}\d{6,9}\b'
PS> $text -match $pattern
True
```

Offensichtlich hat alles geklappt, und weil das Muster gewisse Freizügigkeiten erlaubt, werden auch Varianten erfolgreich identifiziert – das Skript wird sehr viel robuster:

```
PS> $text = 'Das Problem ist in KB 254333299 beschrieben.'
PS> $pattern = '\bKB\s{0,1}\d{6,9}\b'
PS> $text -match $pattern
True
```

Allerdings hat -*match* nur verraten, dass das Muster im Text vorkommt. Die KB-Artikelnummer selbst, auf die das Muster zutraf, liegt aber auch bereit: in der zu -*match* gehörenden Variable *$Matches*:

```
PS> $Matches

Name                             Value
----                             -----
0                                KB 254333299

PS> $Matches[0]
KB 254333299
```

Damit könnte man das Ergebnis von -*match* als Kriterium für eine Bedingung verwenden, die dann so aussieht:

```
PS> $text = 'Das Problem ist in KB 254333299 beschrieben.'
PS> $pattern = '\bKB\s{0,1}\d{6,9}\b'
PS> if ($text -match $pattern) { 'Die KB-Nummer lautet {0}' -f $Matches[0] } else { 'nix gefunden.'
}
Die KB-Nummer lautet KB 254333299
```

Listing 7.1   Das Skript *find_kb1.ps1*

Nach verschiedenen Begriffen gleichzeitig suchen

Möchten Sie verschiedene Begriffe finden, also zum Beispiel Kennzahlen, die mit *KB* oder mit *Artikel* beginnen, dann setzen Sie die alternativen Begriffe in runde Klammern und verwenden den Oder-Operator »|«:

```
PS> $pattern = '\b(KB|Artikel)\s{0,1}\d{6,9}\b'

PS> $text = 'Das Problem ist in KB254333299 beschrieben.'
PS> if ($text -match $pattern) { 'Die KB-Nummer lautet {0}' -f $Matches[0] } else { 'nix gefunden.'
}
Die KB-Nummer lautet KB254333299

PS> $text = 'Das Problem ist in Artikel 254333299 beschrieben.'
PS> if ($text -match $pattern) { 'Die KB-Nummer lautet {0}' -f $Matches[0] } else { 'nix gefunden.'
}
Die KB-Nummer lautet Artikel 254333299
```

Listing 7.2   *Das Skript* find_kb2.ps1

Alles funktioniert wunderbar, bis Sie sich vielleicht einmal *$Matches* komplett anschauen:

```
PS> $Matches

Name                             Value
----                             -----
1                                KB
0                                KB254333299
```

Darin stehen jetzt zwei Einträge. Offensichtlich wurden neben dem eigentlichen Ergebnis auch die Ergebnisse der Unterdrücke aufgenommen. Der Index 0 bezeichnet immer das Ergebnis des ganzen

Pattern-Matches. Danach folgen aufsteigend die Unterausdrücke, die durch runde Klammern definiert werden. Die runden Klammern, die Sie also eingesetzt haben, um verschiedene alternative Ankerworte zu definieren, wurden folglich als Unterausdruck gewertet. Sie haben genau einen Unterausdruck verwendet, sodass *matches* eben zwei Einträge aufweist. Wenn Sie das nicht wollen, markieren Sie den Unterausdruck mit »?:« als irrelevant:

```
PS> $pattern = '\b(?:KB|Artikel)\s{0,1}\d{6,9}\b'
PS> $text = 'Das Problem ist in KB254333299 beschrieben.'
PS> $text -match $pattern
True
PS> $Matches
```

```
Name                    Value
----                    -----
0                       KB254333299
```

Jetzt nimmt *$Matches* keine Notiz mehr von ihm.

Unterausdrücke verwenden

Allerdings sind Unterausdrücke enorm praktisch und können ein Problem von eben lösen, denn mit ihnen kann man Teilbereiche eines Musters lesen. Wenn Sie sich die Ausgaben anschauen, erkennen Sie, dass das Ergebnis nicht etwa die KB-Artikelnummer ist, sondern immer der gesamte Treffer, also mit dem führenden Begriff *KB* oder *Artikel*.

```
Die KB-Nummer lautet KB254333299
Die KB-Nummer lautet Artikel 254333299
```

Weil Sie eigentlich vielleicht nur an der Kennziffer (hier: 254333299) interessiert sind, markieren Sie diese als Unterausdruck, indem Sie diese in runde Klammern stellen, und geben dann im Ergebnis den ersten Unterausdruck aus:

```
PS> $pattern = '\b(?:KB|Artikel)\s{0,1}(\d{6,9})\b'

PS> $text = 'Das Problem ist in KB254333299 beschrieben.'
PS> if ($text -match $pattern) { 'Die KB-Nummer lautet KB{0}' -f $Matches[1] } else { 'nix
gefunden.' }
Die KB-Nummer lautet KB254333299

PS> $text = 'Das Problem ist in Artikel 254333299 beschrieben.'
PS> if ($text -match $pattern) { 'Die KB-Nummer lautet KB{0}' -f $Matches[1] } else { 'nix
gefunden.' }
Die KB-Nummer lautet KB254333299
```

Listing 7.3 Das Skript *find_kb3.ps1*

Jetzt sind die Ergebnisse in beiden Fällen identisch. Weil es ein wenig verwirrend sein kann, Unterausdrücke mit einem numerischen Index anzugeben, speziell wenn man den regulären Ausdruck vielleicht später noch verändert, kann man die Unterausdrücke auch mit *?<name>* benennen. Dann sind sie eindeutig:

```
PS> $pattern = '\b(?:KB|Artikel)\s{0,1}(?<Nummer>\d{6,9})\b'

PS> $text = 'Das Problem ist in KB254333299 beschrieben.'
```

```
PS> if ($text -match $pattern) { 'Die KB-Nummer lautet Artikel {0}' -f $Matches['Nummer'] } else {
'nix gefunden.' }
Die KB-Nummer lautet KB254333299

PS> $Matches
```

```
Name                          Value
----                          -----
Nummer                        254333299
0                             Artikel 254333299
```

Längste oder kürzeste Fassung?

Mitunter kann es bei der Auswertung von Mustern auch zu Mehrdeutigkeiten kommen. Wenn Sie zum Beispiel aus dem Quellcode einer Webseite alle Links herausfischen wollen, könnte das so aussehen:

```
$quellcode = '<a href="eine adresse">Link 1</a><a href="noch eine">Link 2</a>'
```

Das passende Muster dafür könnte so aussehen:

```
$pattern = '<a href="(?<link>.*)".*>(?<text>.*)</a>'
```

So würde es übersetzt: Finde ein Muster, das mit »<a href="« beginnt. Hole dann im Unterausdruck »link« beliebig viele (»*«) beliebige Zeichen (».«) bis zum nächsten Anführungszeichen. Danach dürfen erneut beliebig viele Zeichen folgen, bis zum Zeichen »>«. Hole dann im Unterausdruck »text« beliebig viele Zeichen, bis »</a>« erreicht ist. Hier das Ergebnis:

```
PS> $quellcode -match $pattern
True

PS> $Matches
```

```
Name                          Value
----                          -----
link                          eine adresse">Link 1</a><a href="noch eine
text
0                             <a href="eine adresse">Link 1</a><a href="...
```

Das Muster wurde zwar gefunden, aber das Ergebnis entspricht nicht so ganz den Erwartungen. Reguläre Ausdrücke sind als Vorgabe nämlich »gierig« (engl. *greedy*) und liefern den längstmöglichen Treffer:

```
'<a href="eine adresse">Link 1</a><a href="noch eine">Link 2</a>'
```

Der Unterausdruck *link* hat sich also vom ersten bis zum letzten Anführungszeichen ausgebreitet, sodass für den Unterausdruck *text* nichts mehr übrig blieb. Gewünscht wäre hier eher ein »faules« (engl. *lazy*) Verhalten, also den kürzestmöglichen Treffer. Das erreicht man, indem man hinter einem Quantifizierer ein »?« angibt. Schon funktioniert alles:

```
PS> $quellcode = '<a href="eine adresse">Link 1</a><a href="noch eine">Link 2</a>'
PS> $pattern = '<a href="(?<link>.*?)".*?>(?<text>.*?)</a>'
PS> $quellcode -match $pattern
True
PS> $Matches
```

```
Name                        Value
----                        -----
link                        eine adresse
text                        Link 1
0                           <a href="eine adresse">Link 1</a>

PS> $Matches.link
eine adresse

PS> $Matches.text
Link 1
```

Listing 7.4 Das Skript *benannter_unterausdruck.ps1*

TIPP   Wahrscheinlich kommen Ihnen reguläre Ausdrücke gerade ziemlich komplex vor und das können sie mitunter auch sein. Aber eigentlich kommt man mit einigen wenigen Regeln sehr gut zurecht: Verwenden Sie das Muster ».*?«, wenn Sie beliebigen Inhalt meinen: beliebige Zeichen, beliebig oft, aber so kurz wie möglich. Grenzen Sie dieses Muster dann mit Ankerpunkten ein, also zum Beispiel Text, den Sie links und rechts davon erwarten. Und stellen Sie das Muster in runde Klammern, wenn Sie dessen Inhalt später auslesen wollen. Dies ist der Originaltext:

```
<a href="eine adresse">Link 1</a>
```

Mit *X* können Sie nun darin die variablen (unvorhersehbaren) Teile markieren, an denen Sie Interesse haben:

```
<a href="X">X</a>
```

Mit *Y* schließlich markieren Sie nach dem gleichen Prinzip auch die variablen (unvorhersehbaren) Teile, die Sie *nicht* interessieren:

```
<a href="X"Y>X</a>
```

Ersetzen Sie nun *X* durch »(?<NAME>.*?)« und *Y* durch »(?:.*?)«, dann ist Ihr regulärer Ausdruck fertig:

```
PS> $pattern = '<a href="(?<Info1>.*?)"(?:.*?)>(?<Info2>.*?)</a>'
PS> $quellcode -match $pattern
True
PS> $Matches
```

```
Name                        Value
----                        -----
Info1                       eine adresse
Info2                       Link 1
0                           <a href="eine adresse">Link 1</a>
```

Mehrere Treffer finden

Der Operator *-match* findet leider immer nur einen Treffer pro Zeile. Wollen Sie alle Treffer aufspüren, könnten Sie das Cmdlet *Select-String* dazu missbrauchen (erschrecken Sie nicht ob des Umfangs und der Komplexität der Lösung):

```
PS> $quellcode = '<a href="eine adresse">Link 1</a><a href="noch eine">Link 2</a>'
PS> $pattern = '<a href="(?<link>.*?)".*?>(?<text>.*?)</a>'
PS> Select-String -AllMatches -Pattern $pattern -InputObject $quellcode |
  Select-Object -ExpandProperty Matches |
  ForEach-Object { '{0}={1}' -f $_.Groups[1].Value, $_.Groups[2].Value }
```

```
eine adresse=Link 1
noch eine=Link 2
```

Listing 7.5 Das Skript *mehrere_treffer1.ps1*

Wie klar ersichtlich ist, ist *Select-String* für diese Aufgabe eigentlich nicht gedacht. Es gibt überhaupt keinen eingebauten Weg, um in PowerShell mehrere Treffer in einem Text zu finden. Sie können aber auf .NET Framework zurückgreifen:

```
PS> $quellcode = '<a href="eine adresse">Link 1</a><a href="noch eine">Link 2</a>'
PS> $pattern = '<a href="(?<link>.*?)".*?>(?<text>.*?)</a>'
PS> $ergebnis = [RegEx]::Matches($quellcode, $pattern)

PS> $ergebnis[0].Groups[1].Value
eine adresse
PS> $ergebnis[0].Groups[2].Value
Link 1

PS> $ergebnis[1].Groups[1].Value
noch eine
PS> $ergebnis[1].Groups[2].Value
Link 2
```

Listing 7.6 Das Skript *mehrere_treffer2.ps1*

Auch dieser Weg ist nicht gerade benutzerfreundlich und außerdem können die Unterausdrücke auf diesem Weg nur über ihren Zahlenindex angesprochen werden. Inzwischen wissen Sie aber, dass man PowerShell mit Bordmitteln erweitern kann, sodass sich ein wesentlich benutzerfreundlicherer Befehl namens *Get-Matches* geradezu anbietet. Der Code ist zwar nicht ganz trivial, aber alle Bestandteile werden in den verschiedenen Kapiteln dieses Buchs erklärt. Hier ist die Funktion:

```
function Get-Matches
{
  param
  (
    [Parameter(Mandatory=$true)]
    $Pattern,

    [Parameter(ValueFromPipeline=$true)]
    $InputObject
  )

  Begin
  {
    try {
      $regex = New-Object Regex($pattern)
    }
    catch {
      Throw "Get-Matches: Pattern not correct. '$Pattern' is no valid regular expression."
    }
    $groups = @($regex.GetGroupNames() |
      Where-Object { ($_ -as [Int32]) -eq $null } |
      ForEach-Object { $_.ToString() })
  }
```

```
  Process
  {
    ForEach ($line in $InputObject)
    {
      ForEach ($match in ($regex.Matches($line)))
      {
        if ($groups.Count -eq 0)
        {
          ([Object[]]$match.Groups)[-1].Value
        }
        else
        {
          $rv = 1 | Select-Object -Property $groups
          $groups | ForEach-Object {
            $rv.$_ = $match.Groups[$_].Value
          }
          $rv
        }
      }
    }
  }
}
```

Listing 7.7 Das Skript *Get-Matches.ps1*

Und so (einfach) wird die Funktion eingesetzt:

```
PS> $quellcode = '<a href="eine adresse">Link 1</a><a href="noch eine">Link 2</a>'
PS> $pattern = '<a href="(?<link>.*?)".*?>(?<text>.*?)</a>'
PS> $ergebnis = Get-Matches -Pattern $pattern -InputObject $quellcode
PS> $ergebnis

link                            text
----                            ----
eine adresse                    Link 1
noch eine                       Link 2

PS> $ergebnis[0].link
eine adresse

# diese Anweisungen funktionieren erst in PowerShell 3.0:
PS> $ergebnis.link
eine adresse
noch eine

PS> $ergebnis.text
Link 1
Link 2
```

Listing 7.8 Das Skript *mehrere_treffer3.ps1*

Schauen Sie, wie relativ einfach sich damit ein Protokoll auswerten lässt. Die Datei *$env:windir\windowsupdate.log* protokolliert beispielsweise installierte Updates nach folgendem Muster:

```
2012-09-2409:12:44:993106014b0    Report   REPORT EVENT: {55C43E1B-887B-40D2-A9D6-DC9EED26EFAF}
2012-09-24 09:12:39:993+02001183101{E275AD54-B7DD-4464-9B65-9098DDA158EC}1010Microsoft Security
Essentials (SuccessContent InstallInstallation Successful: Windows successfully installed the
```

following update: Definitionsupdate für Microsoft Security Essentials – KB2310138 (Definition 1.137.293.0)

Identifizieren Sie darin wieder die variablen Anteile und legen Sie fest, ob Sie diese benötigen oder nicht:

```
X        X        YInstallation Successful: Windows successfully installed the following update: X
```

Zwischen den einzelnen Informationen stehen Tabulatorzeichen (»\t«). Das Muster könnte also so aussehen:

```
$pattern = '(?<Datum>.*?)\t(?<Uhrzeit>.*?)\t.*?Installation Successful: Windows successfully
installed the following update: (?<Update>.*)'
Get-Content $env:windir\windowsupdate.log -Encoding UTF8 | Get-Matches -Pattern $pattern
```

Listing 7.9 Das Skript *windowsupdate_parsen1.ps1*

```
Datum                    Uhrzeit                  Update
-----                    -------                  ------
2012-09-24               09:12:44:993             Definitionsupdate für...
2012-10-01               11:44:49:884             Kumulatives Sicherhei...
2012-10-01               11:46:38:522             Definitionsupdate für...
2012-10-02               08:04:06:146             Update für Windows 7 ...
2012-10-02               15:59:08:122             Definitionsupdate für...
2012-10-03               08:05:52:728             Microsoft Security Es...
(…)
```

Die Sache funktioniert einwandfrei, ist allerdings noch sehr langsam. Das liegt am sehr unscharfen Muster, denn ».*?« ist zwar ein bequemer Platzhalter für alles Mögliche, macht andererseits aber mehr Arbeit für die RegEx-Engine. Es ist andererseits nicht allzu schwierig, das Muster etwas zu präzisieren, wenigstens für Datum und Uhrzeit (bei dieser Gelegenheit kann man dann auch gleich die störenden Millisekunden entfernen). Auch der statische Textanker muss nicht so lang sein:

```
$pattern = '(?<Datum>\d{4}-\d{2}-\d{2})\t(?<Uhrzeit>\d{2}:\d{2}:\d{2}):\d{3}\t.*?the following
update: (?<Update>.*)'
Get-Content $env:windir\windowsupdate.log -Encoding UTF8 | Get-Matches -Pattern $pattern
```

Listing 7.10 Das optimierte Skript *windowsupdate_parsen2.ps1*

```
Datum                    Uhrzeit                  Update
-----                    -------                  ------
2012-09-24               09:12:44                 Definitionsupdate für...
2012-10-01               11:44:49                 Kumulatives Sicherhei...
2012-10-01               11:46:38                 Definitionsupdate für...
2012-10-02               08:04:06                 Update für Windows 7 ...
2012-10-02               15:59:08                 Definitionsupdate für...
2012-10-03               08:05:52                 Microsoft Security Es...
(…)
```

Informationen aus dem Internet parsen und verwerten

Bisher wurde das Muster für HTML-Links nur auf einen kleinen Simulationstext angewendet. Schauen Sie doch mal, wie sich der reguläre Ausdruck auf einer echten Webseite verhält! In Power-Shell 3.0 gibt es für den Abruf von Daten aus dem Internet eigens ein neues Cmdlet namens *Invoke-*

WebRequest, das nicht nur den Quellcode einer Webseite abrufen kann, sondern ihn auch gleich automatisch parst. Damit kann man sich die Links einer Webseite auch ganz ohne reguläre Ausdrücke ausgeben lassen, zum Beispiel von der Homepage der Tagesschau:

```
PS> $website = Invoke-WebRequest -UseBasicParsing -Uri http://www.tagesschau.de
PS> $website.Links | Out-GridView
```

outerHTML	tagName	href
\<a href="#navi">Zur Haupt-Navigation der ARD\</a>	A	#navi
\<a href="#content">Zum Inhalt\</a>	A	#content
\<a href="http://www.ard.de/" title="Zur Startseite der ARD" class="home" >ARD Home\</a>	A	http://www.ard.de/
\<a href="http://www.tagesschau.de/" title="tagesschau.de - das Nachrichtenangebot der ARD" class="nachric...	A	http://www.tagesschau.de/
\<a href="http://www.sportschau.de/" title="Das Sport-Angebot der ARD" class="sport" >Sport\</a>	A	http://www.sportschau.de/
\<a href="http://www.boerse.ard.de/" title="Das Börsen-Angebot der ARD" class="boerse" >Börse\</a>	A	http://www.boerse.ard.de/
\<a href="http://www.ard.de/ratgeber/" title="Das Ratgeber-Angebot der ARD" class="ratgeber" >Ratgeber\</a>	A	http://www.ard.de/ratgeber/
\<a href="http://www.ard.de/wissen/" title="Das Wissens-Angebot der ARD" class="wissen" >Wissen\</a>	A	http://www.ard.de/wissen/
\<a href="http://www.ard.de/kultur/" title="Das Kultur-Angebot der ARD" class="kultur" >Kultur\</a>	A	http://www.ard.de/kultur/
\<a href="http://www.ard.de/kinder/" title="Das Kinder-Angebot der ARD" class="kinder" >Kinder\</a>	A	http://www.ard.de/kinder/
\<a href="http://www.ard.de/intern/" title="Die ARD - Organisation, Mediadaten, Presseinfos ..." class="intern"...	A	http://www.ard.de/intern/
\<a href="http://www.daserste.de/" title="Das Fernseh-Angebot der ARD: Das Erste, die Dritten Programme ..."...	A	http://www.daserste.de/
\<a href="http://www.ard.de/radio/" title="Die Radioseiten der ARD" class="radio" >Radio\</a>	A	http://www.ard.de/radio/
\<a href="http://www.ardmediathek.de/" title="Ihr Wunschprogramm zum Mitnehmen" class="mediathek" >A...	A	http://www.ardmediathek.de/
\<a href="http://www.tagesschau.de/" > \<img src="/image/misc/leer.gif" alt="Zurück zu tagesschau.de" ti...	A	http://www.tagesschau.de/
\<a href="/kontakt/" title="Kontakt">Kontakt\</a>	A	/kontakt/
\<a href="/hilfe/" title="Hilfe">Hilfe\</a>	A	/hilfe/

Abbildung 7.1   Alle Links einer Webseite abrufen

Wie Sie allerdings sehen, werden die Titel der Links nicht separat genannt, sondern in der Eigenschaft *outerHTML* nur die gesamte Linkstruktur und in der Spalte *href* das Ziel. Wenden wir also zur Extraktion der Titel einen entsprechenden regulären Ausdruck nach dem bereits erarbeiteten Schema einfach auf die Spalte *outerHTML* an:

```
# alle Links von dieser Webseite holen:
$url = 'http://www.tagesschau.de'

# Muster, um <a...></a>-Struktur auszuwerten:
$pattern = '<a href="(?<url>.*?)".*?>(?:<.*?>){0,}(?<title>.*?)(?:<.*?>){0,}</a>'

# Inhalt der Webseite abrufen (erfordert PowerShell 3.0):
$website = Invoke-WebRequest -UseBasicParsing -Uri $url

# alle Hyperlinks parsen:
$website.Links | Select-Object -ExpandProperty outerHTML | ForEach-Object {
  # trifft der Reguläre Ausdruck zu?
  if ($_ -match $pattern)
  {
    # ja, also dann findet sich der Linktitel jetzt in $Matches.title
    # und die URL in $Matches.url
    # falls Titel leer ist oder URL mit '#' beginnt, überspringen:
    if (($Matches.title.Trim()) -ne '' -and ($Matches.url.StartsWith('#') -eq $false))
    {
```

```
# ein neues leeres Objekt mit den Eigenschaften "Title" und "URL" anlegen:
$ergebnis = New-Object PSObject | Select-Object Title, URL

# wenn die URL mit '/' beginnt, ist sie relativ
if ($Matches.url.StartsWith('/'))
{
  # dann die URL der Homepage voranstellen:
  $ergebnis.URL = $url + $Matches.url
}
else
{
  # sonst die URL unverändert übernehmen:
  $ergebnis.URL = $Matches.url
}

# Titel des Links in Objekt aufnehmen:
$ergebnis.Title = $Matches.title
# Objekt dann als Ergebnis zurückgeben:
$ergebnis
    }
}
# schließlich noch nach "Title" sortieren und im GridView ausgeben:
} | Sort-Object -Property Title |
Out-GridView -Title 'Aktuelle Links der Tagesschau-Webseite'
```

Listing 7.11   Das Skript *website_links1.ps1*

Es funktioniert, jedenfalls dann, wenn Sie eine direkte Internetverbindung haben (wer einen Proxy verwendet, muss diesen zuerst mit dem Parameter *-Proxy* bei *Invoke-WebRequest* angeben): Ein Fenster öffnet sich und zeigt jeweils die Titel und die Ziel-URL sämtlicher Links der Webseite an. Sie brauchen im Skript nur die erste Zeile zu ändern und können dann die Links beliebiger anderer Webseiten ernten.

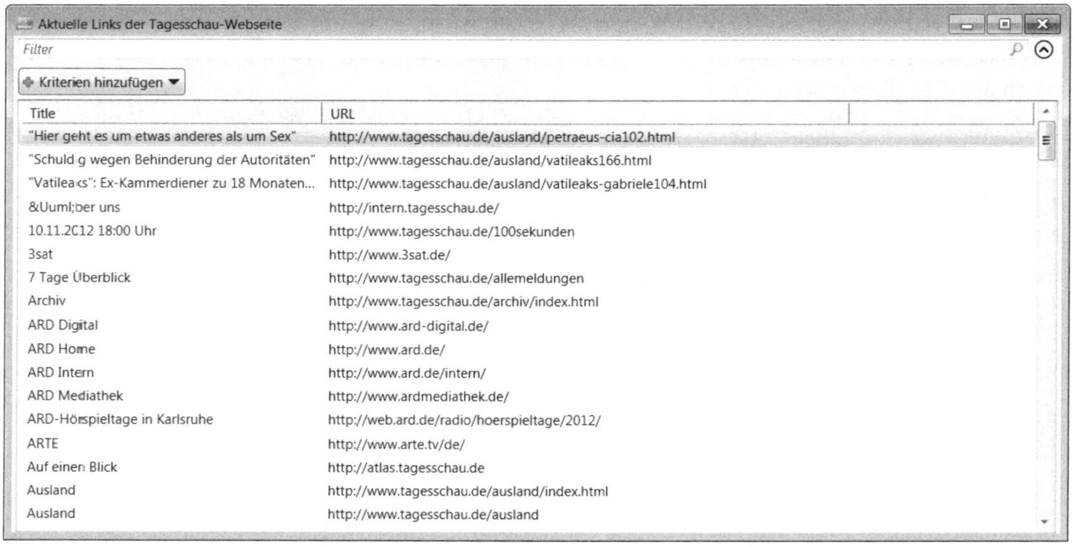

Abbildung 7.2   Automatisch alle Links einer Webseite in formatierter Weise auslesen

Das Skript wendet nicht nur den regulären Ausdruck an, der etwas erweitert wurde, um HTML-Tags im Titeltext eines Links auszuschließen. Es werden auch relative URLs in absolute URLs umgewandelt und Sprungmarken entfernt. Wie kommt es aber, dass das Skript alle Links fand und nicht nur einen? Schließlich wurde *-match* eingesetzt und nicht die eigene Funktion *Get-Matches*. Tatsächlich findet *-match* auch hier nur den ersten Treffer, aber weil alle Links in einer Schleife einzeln geprüft werden, spielt das keine Rolle.

Damit auch die Nutzer von PowerShell 2.0 auf ihre Kosten kommen und tatsächlich einmal rohes HTML geparst wird, folgt nun ein Beispiel, das den Webseiteninhalt nicht mit *Invoke-WebRequest* abruft, sondern über direkte .NET-Objekte.

ACHTUNG   Das folgende Skript verwendet die Funktion *Get-Matches*, die ein paar Seiten zuvor vorgestellt wurde. Diese Funktion muss also verfügbar sein.

```
# alle Links von dieser Webseite holen:
$url = 'http://www.tagesschau.de'

# Muster, um <a...></a>-Struktur auszuwerten:
$pattern = '<a href="(?<url>.*?)".*?>(?:<.*?>){0,}(?<title>.*?)(?:<.*?>){0,}</a>'

# Inhalt der Webseite abrufen (funktioniert in dieser Weise nur bei direktem Internetzugang):
$webclient = New-Object System.Net.WebClient
$webclient.Encoding = [System.Text.Encoding]::UTF8

# Webseiteninhalt abrufen und als Gesamttext zusammenfügen:
$html = $webclient.DownloadString($url) | Out-String

# HTML parsen:
Get-Matches -Pattern $pattern -InputObject $html | ForEach-Object {
  # Linktitel findet sich jetzt in $_.title
  # und die URL in $_.url
  # falls Titel leer ist oder URL mit '#' beginnt, überspringen:

  if (($_.title.Trim()) -ne '' -and ($_.url.StartsWith('#') -eq $false))
  {
    # ein neues leeres Objekt mit den Eigenschaften "Title" und "URL" anlegen:
    $ergebnis = New-Object PSObject | Select-Object Title, URL

    # wenn die URL mit '/' beginnt, ist sie relativ

    if ($_.url.StartsWith('/'))
    {
      # dann die URL der Homepage voranstellen:
      $ergebnis.URL = $url + $_.url
    }
    else
    {
      # sonst die URL unverändert übernehmen:
      $ergebnis.URL = $_.url
    }

    # Titel des Links in Objekt aufnehmen:
    $ergebnis.Title = $_.title
    # Objekt dann als Ergebnis zurückgeben:
```

```
    $ergebnis
  }

  # schließlich noch nach "Title" sortieren:
} | Sort-Object -Property Title |
Out-GridView -Title 'Aktuelle Links der Tagesschau-Webseite'
```

Listing 7.12   Das Skript *website_links2.ps1*

Alles funktioniert einwandfrei (sofern Sie einen direkten Internetzugang haben, denn Proxyserver werden nicht unterstützt) und ist sogar noch schneller als mit *Invoke-WebRequest* (sofern die Geschwindigkeit Ihrer Internetverbindung nicht der limitierende Faktor ist). Das Ergebnis ist dasselbe. Sie müssen höchstens im *GridView*-Fenster die Spaltenbreiten etwas anpassen.

Multiline-Modus und Groß-/Kleinschreibung

Sobald Sie reguläre Ausdrücke nicht mit den eingebauten PowerShell-Operatoren auswerten, sondern auf Funktionen von .NET Framework zurückgreifen (die beispielsweise der Funktion *Get-Matches* zugrunde liegen), stellt sich die Frage, wie .NET Framework mit Groß- und Kleinschreibung umgeht. Anders als in PowerShell wird hier als standardmäßig unterschieden. Wünschen Sie keine Unterscheidung, geben Sie am Anfang des regulären Ausdrucks diese Steueranweisung: »(?i)«. Das folgende Testskript demonstriert den Unterschied:

```
$text = @'
Hier steht nichts.
Hier steht kb1234567.
Hier steht KB6635242.
'@

$pattern = 'KB\d{6,8}'

if ($text -match $pattern)
{
    '{0,-20} : gefunden: {1}' -f '-match', $Matches[0]
}
else
{
    "nicht gefunden."
}

Get-Matches -Pattern $pattern -InputObject $text |
  ForEach-Object {
    '{0,-20} : gefunden: {1}' -f 'Get-Matches', $_
  }
```

Listing 7.13   Das Skript *grosskleinschreibung.ps1*

Das Ergebnis ist unterschiedlich:

```
-match              : gefunden: kb1234567
Get-Matches         : gefunden: KB6635242
```

Der Operator *-match* findet nur den ersten Treffer, unabhängig von der Schreibweise, und die Funktion *Get-Matches* findet zwar alle Treffer, unterscheidet aber die Groß- und Kleinschreibung (und findet daher nur KB-Artikel, bei denen *KB* genau wie im Muster großgeschrieben ist). Sobald Sie das Muster aber mit der Steueranweisung versehen, findet *Get-Matches* alle Ergebnisse:

```
$pattern = '(?i)KB\d{6,8}'
```

```
-match           : gefunden: kb1234567
Get-Matches      : gefunden: kb1234567
Get-Matches      : gefunden: KB6635242
```

PROFITIPP   Eine weitere Steueranweisung lautet »(?m)« für Multiline-Modus bzw. »(?s)« für Singleline-Modus und kann wichtig werden, wenn der Text Zeilenumbrüche enthält, also mehrzeilig ist. Dem folgenden mehrzeiligen Text in *$text* soll zum Beispiel vor jeder Zeile ein »>« angefügt werden. Als Muster dient das Zeichen für den Textanfang »^«:

```
$text = @'
Hier folgt ein kleiner Text.
Diesen Text möchte ich als Zitat an eine Email anhängen.
Deshalb würde ich gern vor jede Zeile ein ">" stellen.
'@

PS> $text -replace '^', '> '
> Hier folgt ein kleiner Text.
Diesen Text möchte ich als Zitat an eine Email anhängen.
Deshalb würde ich gern vor jede Zeile ein ">" stellen.

PS> $text -replace '(?m)^', '> '
> Hier folgt ein kleiner Text.
> Diesen Text möchte ich als Zitat an eine Email anhängen.
> Deshalb würde ich gern vor jede Zeile ein ">" stellen.
```

Listing 7.14 Das Skript *multilinemodus.ps1*

Steueranweisungen können kombiniert werden. »(?is)« sorgt dafür, dass der reguläre Ausdruck Groß- und Kleinschreibung ignoriert und im Singleline-Modus arbeitet. Ein weiterer Fallstrick sind Text-Arrays, die also mehrere separate Textzeilen enthalten. Der Operator *-match* liefert dann nicht *$true* oder *$false* zurück, sondern die Textzeilen, die das Muster enthalten. Unabhängig davon werden Muster nicht mehr erkannt, die von einer Zeile in die nächste reichen. Deshalb sollten Sie Texte, die Sie mit regulären Ausdrücken durchsuchen, zuerst in einen Gesamttext überführen. Schicken Sie das Text-Array zum Beispiel an *Out-String*, um es in einen Gesamttext zu verwandeln.

Textstellen ersetzen

Häufig müssen Texte angepasst werden. Ein Name oder eine IP-Adresse soll geändert werden, und wer das von Hand macht, weiß: Schön ist das nicht. Der Operator *-replace* erledigt das viel schneller, und weil auch dieser Operator reguläre Ausdrücke unterstützt, können Sie sich inzwischen sicher schon vorstellen, dass damit viele auch schwierige Aufgaben leicht zu lösen sind. Im einfachsten Fall ersetzt *-replace* ein Wort durch ein anderes, und zwar an allen Stellen, an denen es vorkommt:

```
PS> 'Hallo World' -replace 'World', 'Welt'
Hallo Welt
```

Wie schon bei *-split* müssen auch bei *-replace* etwaige Sonderzeichen mit »\« maskiert werden:

```
PS> $PROFILE -replace '\.ps1', '.bak'
C:\Users\Tobias\Documents\WindowsPowerShell\Microsoft.PowerShell_profile.bak
```

Auch hier gibt es eine alternative *String*-Methode namens *Replace()*, die keine Maskierung benötigt (aber auch keine regulären Ausdrücke unterstützt):

```
PS> $PROFILE.Replace('.ps1','.bak')
C:\Users\Tobias\Documents\WindowsPowerShell\Microsoft.PowerShell_profile.bak
```

Geben Sie keinen Ersetzungsausdruck an, wird das Suchwort einfach nur entfernt.

Muster ersetzen

Dank regulärer Ausdrücke und der vielfältigen Platzhalterzeichen kann *-replace* damit auch Muster ersetzen. Um beispielsweise mehrfache Leerzeichen durch nur genau ein Leerzeichen zu ersetzen, verwenden Sie diesen Ausdruck:

```
PS> $text = 'Hier stehen    mehr      Leerzeichen    als       erforderlich      .'
PS> $text -replace '\s{2,}', ' '
Hier stehen mehr Leerzeichen als erforderlich .
```

Gesucht werden zwei oder mehr (»{2,}«) Leerzeichen (»\s«), die dann durch genau ein Leerzeichen ersetzt werden. Das funktioniert reibungslos. Dass nun vor dem abschließenden Punkt ebenfalls ein Leerzeichen steht, ist kein Fehler, sondern ergibt sich aus dem regulären Ausdruck, der mehrere Leerzeichen ja nur auf genau eines reduziert. Sind Leerzeichen vor einem Punkt unerwünscht, müsste einfach noch einmal ersetzt werden:

```
PS> $text -replace '\s{2,}', ' ' -replace '\s{1,}(?=\.)'
Hier stehen mehr Leerzeichen als erforderlich.
```

Der Operator kann also direkt auf das vorangegangene Ergebnis noch einmal angewendet werden. Der zweite reguläre Ausdruck definiert einen Begriff, der mit einem oder mehreren Leerzeichen und einem Punkt beginnt. Beim Punkt wird bewusst mit einem *Lookahead* gearbeitet, damit der Punkt selbst nicht entfernt wird. Da keine weiteren Zeichen im Spiel sind, wird genau genommen nicht der Beginn des Begriffs definiert, sondern der Begriff selbst. Die Auswirkung ist, dass alle Leerzeichen vor einem Punkt »ersetzt« werden. Aber durch was? Weil der zweite *-replace*-Operator gar kein Ersetzungszeichen nennt, werden die Leerzeichen durch nichts ersetzt, also entfernt.

Bezug auf den Originaltext nehmen

Bisher hat *-replace* das Muster jeweils durch etwas völlig Neues ersetzt, aber das reicht nicht immer aus. Vielleicht wollen Sie das Originalmuster nur anpassen und folglich Teile davon behalten. Stellen Sie sich einmal folgende Situation vor: Es existiert eine Liste mit alten Servernamen, die auf den aktuellen Stand gebracht werden soll. Im Beispiel wird die Liste direkt im Skript definiert und enthält nur drei Servernamen. Im Alltag könnten Sie die Liste aber auch ebenso gut mit *Get-Content* aus einer Datei laden (dann müssten die Servernamen darin entweder untereinander stehen oder Sie extrahieren die Servernamen mit *-match*. Gerade haben Sie ja gesehen, wie das geht).

```
PS> $liste = 'server1', 'server2', 'server12'
PS> $pattern = 'server\d{1,3}'
PS> $liste -replace $pattern, 'tja'
tja
tja
tja
```

Sie sehen das Dilemma: Sie wollen ja nicht all die verschiedenen Servernamen durch immer denselben Ausdruck ersetzen. Vielleicht möchten Sie viel lieber das Wort »Server« durch »VM_« ersetzen oder Sie wollen die Zahl dahinter standardisiert dreistellig angeben.

Im vorangegangenen Abschnitt über *-match* haben Sie bereits erlebt, dass ein regulärer Ausdruck Unterausdrücke besitzen kann, die dann in runde Klammern gestellt werden. Im Ersetzungstext dürfen Sie auf den Inhalt dieser Unterausdrücke Bezug nehmen. Der Inhalt der Unterausdrücke wird über den Index des Unterausdrucks angesprochen. Um das zu verstehen, kann *-match* und seine Variable *$Matches* behilflich sein:

```
PS> $pattern = 'server(\d{1,3})'
PS> 'server123' -match $pattern
True

PS> $Matches

Name                           Value
----                           -----
1                              123
0                              server1
```

Der reguläre Ausdruck liefert also zwei Dinge zurück: den Gesamttreffer mit dem Namen *0* und den ersten Unterausdruck mit dem Namen *1*, also die Kennziffer des Servers. Diese Inhalte stehen im Ersetzungstext als *$0* und *$1* zur Verfügung.

ACHTUNG *$0* und *$1* sind *keine* PowerShell-Variablen, obwohl sie zufällig genauso aussehen. Deshalb muss der Ersetzungstext unbedingt in einfachen und nicht in doppelten Anführungszeichen stehen, weil PowerShell sonst die beiden Variablen auflösen würde, und da sie für PowerShell nicht definiert sind, würden sie durch Leerwerte ersetzt.

Um also die Serverliste auf den aktuellen Stand zu bringen, schreiben Sie:

```
PS> $liste = 'server1', 'server2', 'server12'
PS> $pattern = 'server(\d{1,3})'
PS> $liste -replace $pattern, 'VM_$1'
VM_1
VM_2
VM_12
```

Sie dürfen auch mit *$0* Bezug auf den kompletten alten Match nehmen:

```
PS> $liste -replace $pattern, 'VM_$1 (war mal $0)'
VM_1 (war mal server1)
VM_2 (war mal server2)
VM_12 (war mal server12)
```

TIPP Spielen Sie ein wenig mit den Möglichkeiten. Zur Inspiration versuchen Sie einmal, das folgende Skript nachzuvollziehen. Es sorgt dafür, dass nach jedem Komma auf jeden Fall ein Leerzeichen folgt:

```
PS> $text = 'Ich möchte,dass nach jedem Komma, auf das kein Leerzeichen folgt, eins eingefügt wird.'
PS> $pattern = ',(\S)'
PS> $text -replace $pattern, ', $1'
Ich möchte, dass nach jedem Komma, auf das kein Leerzeichen folgt, eins eingefügt wird.
```

Hier die Auflösung: Das Muster sucht nach einem Komma, gefolgt von einem Nicht-Leerzeichen (»\S«; durch das große S ist die Bedeutung tatsächlich ein Nicht-Leerzeichen). Wenn das gefunden wird, ersetzt es -replace durch ein Komma, ein Leerzeichen und dann durch das ursprüngliche Nicht-Leerzeichen (»\S«). Dieser Treffer wird durch $1 repräsentiert, also wird das angegeben. So wird zwischen Komma und Nicht-Leerzeichen ein Leerzeichen eingefügt.

Delegatfunktionen verwenden

Etwas vornehmer ist der Wunsch, die Kennziffern der alten Serverliste von eben dreistellig zu machen. Dafür gibt es nämlich keinen Trick bei regulären Ausdrücken. PowerShell dagegen *könnte* die Zahlen in dreistellige Werte umwandeln, beispielsweise mit seinem Operator -f. Deshalb darf man in solch schwierigen Fällen auch PowerShell für die Ersetzungsarbeit heranziehen und definiert dafür einen Skriptblock mit dem entsprechenden Code, den »Delegierten«.

Wenn der Skriptblock einen (beliebig genannten) Parameter deklariert, wird darin der aktuelle Treffer übergeben. Das, was der Skriptblock zurückliefert, wird für die Ersetzung verwendet. Zwar gibt es innerhalb von PowerShell nicht die praktischen Platzhalter *$0* und *$1*, aber mit *$<Parameter-Name>.Groups[0].Value* und *$<ParameterName>.Groups[1].Value* kommen Sie trotzdem an deren Inhalt heran.

Weil Delegatfunktionen nicht mit -replace, sondern nur durch direkten Zugriff auf die .NET-Methode *Replace()* möglich sind, wird wieder die Steueranweisung »(?i)« in den regulären Ausdruck aufgenommen, damit Groß- und Kleinschreibung nicht unterschieden werden.

Dieser Codeschnipsel ersetzt die alten Servernamen durch das Präfix »VM_« und eine dreistellige Zahl, die aus der Zahl resultiert, die dem Eintrag vorher zugeordnet war:

```
$liste = 'server1', 'server2', 'server12'
$pattern = '(?i)server(\d{1,3})'

foreach($element in $liste) {
  [RegEx]::Replace(
    $element,
    $pattern,
    { param($match)
      $alles = $match.Groups[0].Value
      $id = $match.Groups[1].Value

      VM_{0:000} (war mal {1})' -f [Int]$id, $alles
    }
  )
}
```

Listing 7.15 Das Skript *delegat.ps1*

Hier das Ergebnis:

```
VM_001 (war mal server1)
VM_002 (war mal server2)
VM_012 (war mal server12)
```

Zum eigenen Experimentieren hier noch ein kleines Rätsel: Wie gelingt es der folgenden Zeile, bei einem beliebigen Text jeweils den ersten Buchstaben eines Worts großzuschreiben?

```
PS> $text = 'dieser text ist kleingeschrieben, aber der anfangsbuchstabe jedes wortes sollte gross
sein.'
PS> $pattern = '\b(\w)'
PS> [RegEx]::Replace($text, $pattern, { param($x) $x.Value.toUpper() })
Dieser Text Ist Kleingeschrieben, Aber Der Anfangsbuchstabe Jedes Wortes Sollte Gross Sein.
```

Die Erklärung: Das Muster findet den ersten Buchstaben (»\w«) nach einer Wortgrenze (»\b«). Da es um den Buchstaben geht, steht er als Unterausdruck in runden Klammern. Die Ersetzung wird von einer Delegatfunktion vorgenommen. Sie empfängt den Match über ihren Parameter *$x*. In der Eigenschaft *Value* steht der gefundene Buchstabe. Mit der *String*-Funktion *toUpper()* wird er in Groß-buchstaben umgewandelt. Prinzipiell hätte die Funktion aber auch beliebige andere Dinge mit dem Anfangsbuchstaben jedes Worts durchführen können. Diese Zeile wiederholt den Anfangsbuchstaben beispielsweise zehn Mal:

```
PS> [RegEx]::Replace($text, $pattern, { param($x) $x.Value * 10 })
dddddddddddieser ttttttttttext iiiiiiiiiist kkkkkkkkkkleingeschrieben, aaaaaaaaaaber dddddddddder
aaaaaaaaaaanfangsbuchstabe jjjjjjjjjjedes wwwwwwwwwwortes ssssssssssollte ggggggggggross
ssssssssssein.
```

Rückverweise im Muster verwenden

Jetzt fehlt eigentlich nur noch die Möglichkeit, dass das Muster auf sich selbst Bezug nehmen könnte. Wollen Sie zum Beispiel doppelt vorkommende Worte entfernen, müssten Sie ja bereits wissen, wel-ches Wort gerade gefunden wurde und ob es sich wiederholt. Genau das ist mit Rückverweisen mög-lich, die so ähnlich arbeiten wie eben. Nur diesmal kommt der Verweis nicht im Ersetzungstext vor und wird auch nicht über Platzhalter wie *$0* und *$1* repräsentiert. Diesmal kommt der Verweis direkt im Muster vor und wird über Platzhalter wie »\0« und »\1« verkörpert. Prüfen Sie einmal, ob Sie nachvollziehen können, wie im nächsten Beispiel doppelt und dreifach vorkommende Worte entfernt werden:

```
PS> $text = 'Hier kommt kommt kommt so manches manches Wort mehrfach vor vor vor vor.'
PS> $pattern = '\b(\w+)(\s+\1){1,}\b'
PS> $text -replace $pattern, '$1'
Hier kommt so manches Wort mehrfach vor.
```

Die Erklärung: Das Muster sucht nach einer Wortgrenze (»\b«) und dann nach einem Wort (beste-hend aus einem oder mehreren (»+«) Zeichen (»\w«)). Wenn nach diesem ersten Wort ein oder meh-rere (»+«) Leerzeichen (»\s«) und dann dasselbe Wort (Rückverweis auf den ersten Treffer in runden Klammern (»\1«)) ein oder mehrmals folgen (»{1,}«), wird all das durch das ursprünglich gefundene Wort (»$1«) ersetzt.

Muster mit regulären Ausdrücken beschreiben

Sie haben inzwischen zahlreiche Beispiele für reguläre Ausdrücke in Aktion gesehen. Ihre Grundbau-steine gliedern sich in drei Kategorien:

- **Platzhalter**   repräsentieren ein einzelnes Zeichen

- **Quantifizierer**   bestimmen, wie oft ein Zeichen im Muster (höchstens, mindestens, genau) vor-kommen muss

- **Anker**   bestimmen feste Bezüge, zum Beispiel Satzanfang, Wortgrenze oder statischer Text

Das Muster, das ein regulärer Ausdruck beschreibt, kann aus vier verschiedenen Zeichenarten zusammengesetzt werden:

- **Wörtliche Zeichen** wie *abc*, die genau der Zeichenfolge *abc* entsprechen

- **Maskierte** (engl. Escaped) **Zeichen**, die eigentlich eine Sonderbedeutung im regulären Ausdruck haben und durch einen vorangestellten Backslash (\) wie ein wörtliches Zeichen verstanden werden: *[test\]* sucht die Zeichenfolge *[test]* und »\\« einen »\«. Die folgenden Zeichen weisen eine solche besondere Bedeutung auf und müssen deshalb maskiert werden, wenn man sie wörtlich meint: ^ . $ * + ? { } [ ] \ | ( )

- **Vordefinierte Platzhalterzeichen**, die für eine bestimmte Zeichenkategorie stehen und wie Jokerzeichen funktionieren. \d steht zum Beispiel für eine beliebige Ziffer zwischen 0 und 9.

- **Eigene Platzhalterzeichen**   Sie bestehen aus eckigen Klammern. Innerhalb der eckigen Klammern sind die Zeichen angegeben, für die dieser Platzhalter stehen kann. Möchten Sie beliebige Zeichen *außer* den angegebenen Zeichen erlauben, verwenden Sie als erstes Zeichen in den eckigen Klammern das ^-Zeichen. Der Platzhalter *[^f-h]* steht somit für alle Zeichen außer *f*, *g* und *h*.

Baustein	Beschreibung
.	Genau ein beliebiges Zeichen außer einem Zeilenumbruch (entspricht *[^\n]*)
[^abc]	Alle Zeichen außer den angegebenen
[^a-z]	Alle Zeichen außer denen im angegebenen Bereich
[abc]	Eines der angegebenen Zeichen
[a-z]	Eines der Zeichen im Bereich
\a	Bell (ASCII 7)
\c	Beliebiges in einem XML-Namen erlaubtes Zeichen
\cA-\cZ	Control+A bis Control+Z, entsprechend ASCII 1 bis ASCII 26
\d	Eine Zahl (entspricht [0-9])
\D	Beliebiges Zeichen außer Zahlen
\e	Escape (ASCII 27)
\f	Form Feed, also Seitenumbruch (ASCII 12)
\n	Zeilenumbruch
\r	Wagenrücklauf
\s	Ein Leerzeichen, Tabulator oder Zeilenumbruch
\S	Beliebiges Zeichen außer Leerzeichen, Tabulator und Zeilenumbruch
\t	Tabulatorzeichen

Tabelle 7.7 Platzhalter für Zeichen

Baustein	Beschreibung
\u*FFFF*	Unicode-Zeichen mit dem hexadezimalen Code FFFF. Das Euro-Symbol trägt beispielsweise den Code 20AC.
\v	Vertikaler Tabulator (ASCII 11)
\w	Buchstabe, Ziffer oder Unterstrich
\W	Beliebiges Zeichen außer Buchstaben
\x*nn*	Bestimmtes Zeichen, wobei *nn* den hexadezimalen ASCII-Code festlegt
.*	Beliebig viele beliebige Zeichen (einschließlich gar keinem Zeichen)

Tabelle 7.7 Platzhalter für Zeichen *(Fortsetzung)*

Quantifizierer

Jeder Platzhalter aus Tabelle 7.7 repräsentiert jeweils genau ein Zeichen. Mit den Quantifizierern bestimmen Sie genauer, um wie viele Zeichen es sich jeweils handeln muss. \d{1,3} steht demgemäß für eine Zahl, die ein- bis dreimal vorkommen darf, also für eine bis zu dreistellige Zahl.

Baustein	Beschreibung
*	Ausdruck davor kommt keinmal, einmal oder mehrmals vor (längste Möglichkeit)
*?	Ausdruck davor kommt keinmal, einmal oder mehrmals vor (kürzeste Möglichkeit)
.*	Beliebig viele beliebige Zeichen (einschließlich gar keinem Zeichen)
?	Ausdruck davor kommt keinmal oder einmal vor (längste Möglichkeit)
??	Ausdruck davor kommt keinmal oder einmal vor (kürzeste Möglichkeit)
{*n*,}	Mindestens *n* Vorkommen
{*n,m*}	Mindestens *n* Vorkommen, höchstens *m* Vorkommen
{*n*}	Genau *n* Vorkommen
+	Ausdruck davor kommt einmal vor

Tabelle 7.8 Quantifizierer für Textmuster

Anker

Anker legen fest, ob ein Muster an bestimmten Grenzen beginnen oder enden muss. Der reguläre Ausdruck \b\d{1,3} findet zum Beispiel nur bis zu dreistellige Zahlen, wenn diese als eigenständiges Wort im Text vorkommen. Die Zahl *123* im Text *Bart123* würde nicht gefunden.

Baustein	Beschreibung
$	Ende der Zeichenkette (bei mehrzeiligen Texten ist \Z eindeutiger)
\A	Anfang der Zeichenkette, auch bei mehrzeiligen Texten

Tabelle 7.9 Ankergrenzen

Baustein	Beschreibung
\b	Wortgrenze
\B	Keine Wortgrenze
\G	nach dem letzten Treffer (keine Überlappungen)
\Z	Ende der Zeichenkette oder vor einem Zeilenumbruch
\z	Ende der Zeichenkette
^	Anfang der Zeichenkette (bei mehrzeiligen Texten ist \A eindeutiger)

Tabelle 7.9 Ankergrenzen *(Fortsetzung)*

Testen Sie Ihr Wissen!

Aufgabe   Sie möchten aus einem Text einen ganzen Bereich herauslesen, der mit einem bestimmten Muster beginnt und mit einem anderen endet. Wie lesen Sie die Informationen aus dem folgenden Text, die zwischen *Start* und *Ende* stehen?

```
PS> $text = 'Wortbereiche vom Start bis zum Ende finden'
```

Lösung   Ein passender regulärer Ausdruck könnte so aussehen:

```
'\bstart(?<text>.*?)ende\b'
```

Sie definieren also jeweils Wortanker und legen die Start- und Endmuster (*start* und *ende*) fest. Dazwischen steht in runden Klammern der gesuchte Ausdruck, der aus beliebigen Zeichen bestehen darf:

```
PS> if ($text -match '\bstart(?<text>.*?)ende\b') { $Matches.text }
 bis zum
```

Aufgabe   Sie haben einen regulären Ausdruck für IP-Adressen gebastelt. Dieser soll dazu verwendet werden, um die Eingabe eines Benutzers zu prüfen:

```
PS> $pattern = '((?:25[0-5]|2[0-4][0-9]|[01]?[0-9][0-9])\.){3}(?:25[0-5]|2[0-4][0-9]|[01]?[0-9][0-
9])'
PS> Do {
>>   $ip = Read-Host 'Bitte IP eingeben'
>> } Until ( $ip -match $pattern )
>>
Bitte IP eingeben: 1000.1.1
Bitte IP eingeben: 1000.1.2.3
Bitte IP eingeben: hallo
Bitte IP eingeben: 10.20.30.40
PS>
```

Das scheint auch ganz vorzüglich zu funktionieren, bis Ihnen auffällt, dass der Code auch diese Eingabe akzeptiert:

```
Bitte IP eingeben: Meine IP10.10.10.10
PS>
```

Was stimmt hier (noch) nicht?

Lösung Ihr Muster verwendet keine Anker und wird deshalb überall im Eingabetext gefunden. Möchten Sie nur IP-Adressen akzeptieren, die als separate Worte im Text vorkommen, verwenden Sie dieses Muster:

```
PS> $pattern = '\b((?:25[0-5]|2[0-4][0-9]|[01]?[0-9][0-9])\.){3}(?:25[0-5]|2[0-4][0-9]|[01]?[0-9]
[0-9])\b'
```

Damit sind beispielsweise die folgenden Eingaben erlaubt:

```
Bitte IP eingeben: 10.10.10.10
Bitte IP eingeben: Meine IP lautet 10.10.10.10
```

Möchten Sie nur die IP-Adresse selbst akzeptieren, verwenden Sie anstelle von Ankern für Wortgrenzen die Anker für den Textanfang und das Textende:

```
PS> $pattern = '^((?:25[0-5]|2[0-4][0-9]|[01]?[0-9][0-9])\.){3}(?:25[0-5]|2[0-4][0-9]|[01]?[0-9]
[0-9])$'
```

Zusammenfassung

Operatoren verbinden üblicherweise zwei Dinge miteinander – nämlich die Werte, die rechts und links von ihm stehen. Wie diese Verbindung aussieht, hängt vom Operator ab. Arithmetische Operatoren führen beispielsweise mathematische Aufgaben durch, während Zuweisungsoperatoren Variableninhalte ändern. Ein besonderer Operator ist der Formatierungsoperator *-f*: Dieser fügt dynamische Werte (auf seiner rechten Seite) in eine statische Textschablone (auf seiner linken Seite) ein und kann diese Werte auf Wunsch formatieren, also beispielsweise die Nachkommastellen bei einer Zahl festlegen.

Ebenfalls außerordentlich nützlich sind Vergleichsoperatoren. Diese vergleichen Werte miteinander und können beispielsweise feststellen, ob eine Zahl größer ist als ein bestimmter Vergleichswert oder ein Text ein gesuchtes Wort enthält. Wendet man Vergleichsoperatoren nicht auf einen einzelnen Wert an, sondern auf ein Array, dann liefert der Operator alle Elemente des Arrays, die dem Vergleich entsprechen. Vergleiche unterscheiden normalerweise nicht zwischen Groß- und Kleinschreibung, es sei denn, Sie setzen vor den Operatornamen ein *c* (für *case*).

Suchen Sie nach Textmustern, können Sie diese zwar mit den einfachen Platzhalterzeichen des *-like*-Operators finden, aber reguläre Ausdrücke können Textmuster sehr viel genauer beschreiben und liefern außerdem die Textstellen, die den Mustern entsprechen, automatisch zurück. Reguläre Ausdrücke bestehen aus den vielfältigen Bausteinen, die sich im Wesentlichen aus den Kategorien Zeichen, Quantifizierer und Anker zusammensetzen. Dabei beschreiben reguläre Ausdrücke beliebig komplexe Textmuster und können zusammen mit den Operatoren *-match* oder *-replace* verwendet werden. Auch das beiden Operatoren zugrunde liegende .NET-*RegEx*-Objekt kann eingesetzt werden, was vor allem dann nötig ist, wenn Sie von den einfachen Standards abweichen wollen, die für *-match* und *-replace* gelten, also mehr als einen Treffer finden möchten oder Spezialoptionen wie den Multilinemodus benötigen.

Kapitel 8

Einfache Funktionen

Mit Funktionen sind Sie in der Lage, ganz eigene Befehle zu entwickeln. Sie können also Aufgaben, die aus mehreren Schritten (und mehreren Befehlen) bestehen, zu einem neuen »Legobaustein« zusammenfassen. Dies ist eine ganz erhebliche Weiterentwicklung für Sie, denn nun verlassen Sie das Lager der Praktiker und betreten das Gebiet der Skriptprogrammierer. Wirklich schwierig ist das glücklicherweise nicht, denn der Übergang ist fließend.

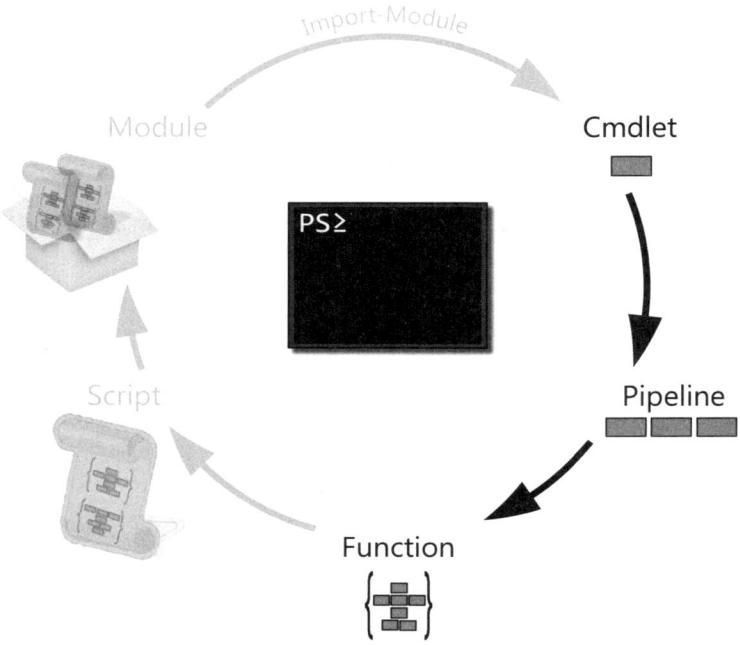

Abbildung 8.1   Funktionen fassen mehrere Befehle zu einem neuen Befehl zusammen

In den bisherigen Kapiteln haben Sie die interaktive Seite von PowerShell kennengelernt: Befehl für Befehl wurde eingegeben und lieferte sofort Resultate zurück. Mit der Pipeline im »Videospiel-Level 2« konnten Sie dann auch solche Probleme meistern, für die es noch gar keinen passenden Befehl gab: Aus mehreren Befehlen wurde eine Befehlskette, die das Problem Schritt für Schritt löste.

Nun, in »Videospiel-Level 3«, lernen Sie auch die Skriptprogrammierung kennen. So lassen sich nicht nur größere Aufgaben angehen. Sie werden auch die Funktionsweise von Cmdlets noch wesentlich besser verstehen. Cmdlets sind nämlich im Grunde genommen lediglich »binäre« (also kompilierte) Funktionen. Ihre Funktionen werden genau dasselbe leisten können wie ein Cmdlet und sich für den Anwender in keiner Weise davon unterscheiden.

Alles Wichtige: Ein Überblick

Schauen Sie sich das am besten zuerst an einem Praxisbeispiel an. So lernen Sie ohne große Vorrede sofort alle wichtigen Details rund um Funktionen kennen. In den folgenden Abschnitten erfahren Sie dann im Detail, was hier geschehen ist.

Warum Funktionen?

Funktionen helfen dabei, den Kopf frei zu bekommen. Sie sollen Code, den Sie einmal entwickelt und für gut befunden haben, wiederverwendbar machen. Im Grunde greifen Sie also das Konzept der Cmdlets auf, bei denen Sie schon die ganze Zeit fremden Code »wiederverwendet« haben. Wer zum Beispiel mit dem folgenden Cmdlet BIOS-Informationen aus der Windows-Verwaltungsinstrumentation (WMI) abruft, braucht anders als in vielen anderen Skriptsprachen nicht zu wissen, wie WMI intern funktioniert und wie man Informationen daraus abruft. Das alles erledigt das Cmdlet *Get-WmiObject* hinter den Kulissen:

```
PS> Get-WmiObject -Class Win32_BIOS
```

Als Anwender kümmern Sie nur die allgemeinen Regeln im Umgang mit Cmdlets: Wie heißt das Cmdlet, das die Aufgabe lösen könnte, und welche Parameter bietet es Ihnen an, um Ihre Wünsche zu formulieren.

HINWEIS   Tatsächlich ist die Kürze von PowerShell-Skripts das beste Indiz für hervorragende Codewiederverwertung. Typischerweise sind PowerShell-Skripts zwischen 10 und 100 Mal kürzer als vergleichbare VBScripts. Dahinter steckt keine Magie, sondern die erfolgreiche Wiederverwertung fremden Codes. VBScripts sind nur deshalb so viel umfangreicher, weil es dort keine praktischen Cmdlets gibt, die bereits »wissen«, wie bestimmte Aufgaben zu lösen sind. Bei VBScript müssen Sie alles selbst programmieren.

Grundsätzliches Handwerkszeug

Zwar könnten Sie Funktionen auch in der klassischen PowerShell-Konsole entwickeln und testen, aber wirklich komfortabel ist das nicht. Weil Funktionen in aller Regel aus zahlreichen Codezeilen bestehen, die klassische Konsole aber immer nur eine Zeile verarbeitet, greifen Sie lieber zum Editor von PowerShell ISE.

1. Starten Sie PowerShell ISE entweder direkt oder geben Sie in einer klassischen PowerShell-Konsole den Befehl **ise** ein. Wenig später öffnet sich das Fenster von ISE. Falls nicht, ist ISE vielleicht noch nicht einsatzbereit. Auf Computern mit Windows Server-Betriebssystem muss zuerst das entsprechende Feature aktiviert werden (siehe Kapitel 1).

2. Falls der Skriptbereich nicht sichtbar sein sollte, blenden Sie diesen ein, zum Beispiel per ⌷Strg⌷+⌷R⌷, über das ^-Symbol im rechten oberen Bereich oder im Menü über *Ansicht/Skriptbereich anzeigen*.

Alle Beispiele in diesem Kapitel brauchen Sie nun nur noch in den Skriptbereich einzugeben. Achten Sie während der Eingabe auf die Hilfestellungen von ISE, um Tippfehler zu vermeiden: Nutzen Sie mit ⇥ die Autovervollständigung, öffnen Sie mit Strg+Leertaste die IntelliSense-Menüs und achten Sie darauf, wie Ihrer Eingaben eingefärbt werden. Die Farbgebung zeigt Ihnen, wie PowerShell Ihre Eingaben »versteht«, und wenn die Farbe nicht stimmt, liegt wahrscheinlich ein Tippfehler vor.

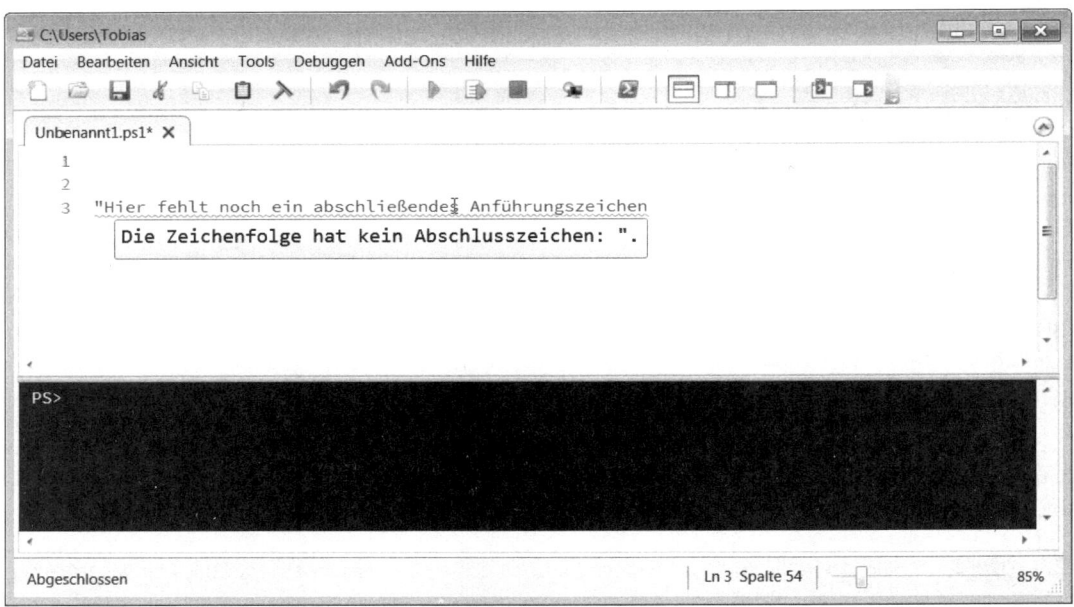

Abbildung 8.2   Der Editor in PowerShell ISE ist Ihr Werkzeug, um Skripts und Funktionen zu verfassen

Offensichtliche (syntaktische) Fehler markiert ISE mit einer roten Wellenlinie. Wenn Sie also vergessen, einen Text mit einem Anführungszeichen abzuschließen, erscheint die Wellenlinie. Erkennen Sie nicht auf den ersten Blick, was an Ihrem Code falsch ist, bewegen Sie den Mauszeiger auf den beanstandeten Textbereich, woraufhin eine QuickInfo erscheint, die den Grund für den Fehler verrät.

TIPP   Auch inhaltlich kann ISE Ihnen unter die Arme greifen: Sind Sie im Unklaren, worin die Aufgabe für ein bestimmtes Cmdlet liegt oder wofür seine Parameter gut sind, klicken Sie in das Befehlswort und drücken F1. ISE zeigt dann die Hilfe zu diesem Cmdlet in einem Extrafenster an.

Das funktioniert allerdings erst dann wirklich gut, wenn Sie wie in Kapitel 1 beschrieben, die PowerShell-Hilfe aus dem Internet heruntergeladen haben. Ohne diesen Schritt zeigt das Hilfefenster sonst nur sehr eingeschränkte Informationen an.

Haben Sie eine Funktion in ISE eingegeben, muss der Code noch ausgeführt werden, bevor Sie die neue Funktion verwenden und einsetzen können. Dazu drücken Sie F5, klicken in der Symbolleiste auf die grüne Dreieckschaltfläche oder rufen Sie das Menü *Debuggen/Ausführen/Fortsetzen* auf.

Wenn Ihr Code einwandfrei war, sehen Sie im Konsolenbereich von ISE zweierlei:

- Haben Sie das Skript nicht gespeichert, führt ISE Ihren Code zeilenweise aus, so als hätten Sie die einzelnen Zeilen einzeln von Hand eingegeben. Die Zeilen erscheinen dann im Konsolenbereich.

- Wurde das Skript gespeichert, ruft ISE stattdessen dieses Skript auf und Sie sehen im Konsolenbereich den Pfadnamen zum Skript

Erscheint im Konsolenbereich dagegen eine rote Fehlermeldung, dann konnte Ihr Code nicht ausgeführt werden. Nehmen Sie sich in diesem Fall die Zeit, die Fehlermeldung zu lesen, denn häufig findet sich darin eine gute Beschreibung des Problems, und korrigieren Sie den Code. Danach führen Sie den Code noch einmal aus.

WICHTIG   Der Editor in ISE ist lediglich ein Werkzeug, um Code zu erfassen. PowerShell nimmt von Ihren Eingaben erst Notiz, wenn Sie Ihren Code auch ausführen. Das gilt auch für nachträgliche Änderungen. Vergessen Sie also nicht, Ihren Code auszuführen!

Eigene Funktionen herstellen

Immer dann, wenn Sie sich dabei ertappen, im Alltagsgeschäft ein und denselben Code mehrmals einzugeben – entweder innerhalb eines einzigen Skripts oder über Tage und Wochen in immer denselben Situationen –, sollten Sie über Codewiederverwertung nachdenken und aus Ihren Befehlen eine Funktion erstellen. Vielleicht müssen Sie häufiger den Systemstatus von Computern überprüfen und setzen dazu folgende Zeilen ein, um alle Fehler und Warnungen der letzten 48 Stunden abzurufen:

```
$Heute = Get-Date
$Differenz = New-TimeSpan -Hours 48
$Stichtag = $Heute - $Differenz
Get-EventLog -LogName System -EntryType Error, Warning -After $Stichtag |
  Select-Object -Property TimeGenerated, Message
```

Listing 8.1   Das Skript *systemstatus.ps1*

Im Alltag ist es weder praktikabel, so (relativ) viel Code fehlerfrei einzugeben, noch werden Sie sich im Ernstfall all diesen Code merken wollen. Sehr viel einfacher wird es, wenn Sie den Code in eine Funktion verpacken:

```
function Get-CriticalEvent
{
  $Heute = Get-Date
  $Differenz = New-TimeSpan -Hours 48
  $Stichtag = $Heute - $Differenz
  Get-EventLog -LogName System -EntryType Error, Warning -After $Stichtag |
    Select-Object -Property TimeGenerated, Message
}
```

Listing 8.2   Das Skript *Get-CriticalEvent1.ps1* mit enthaltener Funktion

Nachdem Sie den Code ausgeführt haben, verfügt PowerShell über eine neue Funktion namens *Get-CriticalEvent*. Sie funktioniert genau wie ein Cmdlet. Wenn Sie also die Fehler und Warnungen der letzten 48 Stunden abrufen wollen, genügt künftig:

```
PS> Get-CriticalEvent
```

HINWEIS   Die Funktion *Get-CriticalEvent* steht Ihnen im Moment allerdings nur im ISE-Editor zur Verfügung, in dem Sie den Code haben ablaufen lassen, der die Funktion definiert. Öffnen Sie eine klassische PowerShell-Konsole oder eine andere Instanz von ISE, fehlt der neue Befehl darin noch. Wie Sie Funktionen in allen PowerShell-Umgebungen verfügbar machen, erfahren Sie aber in Kürze.

Funktionen mit Parametern ausstatten

Ihre neue Funktion hat Ihren Code bereits stark vereinfacht. Funktionen können aber noch mehr. Sie fassen nicht nur Code zu einem neuen »Legobaustein« zusammen, sondern machen Ihren Code darüber hinaus auch vielseitiger – jedenfalls dann, wenn Sie Parameter definieren, über die der Nutzer Ihrer Funktion eigene Wünsche festlegen kann.

Vielleicht möchten Sie nicht immer die Ereignisse der letzten 48 Stunden abrufen, sondern das Zeitfenster von Fall zu Fall selbst bestimmen. Und vielleicht wollen Sie auf Wunsch die Ergebnisse in einem separaten Fenster anzeigen.

Die Funktion soll also zwei Parameter erhalten:

- **Hours**   Die Anzahl der Stunden, die das Zeitfenster umfassen soll. Der Vorgabewert soll 48 Stunden betragen.

- **ShowWindow**   Ein Switch-Parameter, der die Ergebnisse in einem GridView-Fenster anzeigt, wenn er angegeben wird

Parameter müssen stets die erste Anweisung im Code der Funktion sein und werden als kommaseparierte Liste durch einen *param()*-Block definiert. Soll ein Parameter wie ein Schalter funktionieren, stellt man die Anweisung »[Switch]« davor. Andernfalls weist man ihm seinen Standardwert zu, also den Wert, den der Parameter enthalten soll, falls der Anwender ihn nicht benutzt. In diesem Fall wird *Hours* der Standardwert *48* zugewiesen und *ShowWindow* wird als Switch-Parameter gekennzeichnet:

```
function Get-CriticalEvent
{
  param($Hours=48, [Switch]$ShowWindow)

  $Heute = Get-Date
  $Differenz = New-TimeSpan -Hours 48
  $Stichtag = $Heute - $Differenz
  Get-EventLog -LogName System -EntryType Error, Warning -After $Stichtag |
    Select-Object -Property TimeGenerated, Message
}
```

Listing 8.3   Die Funktion im Skript *Get-CriticalEvent2.ps1* wird für die Verwendung von Parametern vorbereitet

Allein durch diese neue Zeile gewinnt die Funktion die zwei Parameter hinzu. Führen Sie den Code aus, dann werden die beiden Parameter sofort vom IntelliSense erkannt und angeboten.

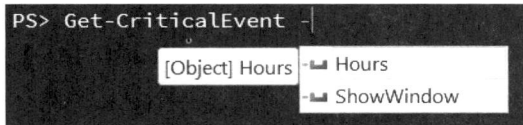

Abbildung 8.3 Funktionsparameter werden vom IntelliSense erfasst und funktionieren genauso wie bei Cmdlets

Auch die Hilfe zeigt die Syntax Ihres neuen Befehls korrekt an, wie Sie feststellen werden, wenn Sie innerhalb von ISE (Skriptbereich oder Konsolenbereich) auf *Get-CriticalEvent* klicken und F1 drücken. Die Namen der Variablen, die Sie im *param()*-Block aufgelistet haben, werden also zu den Namen der Parameter.

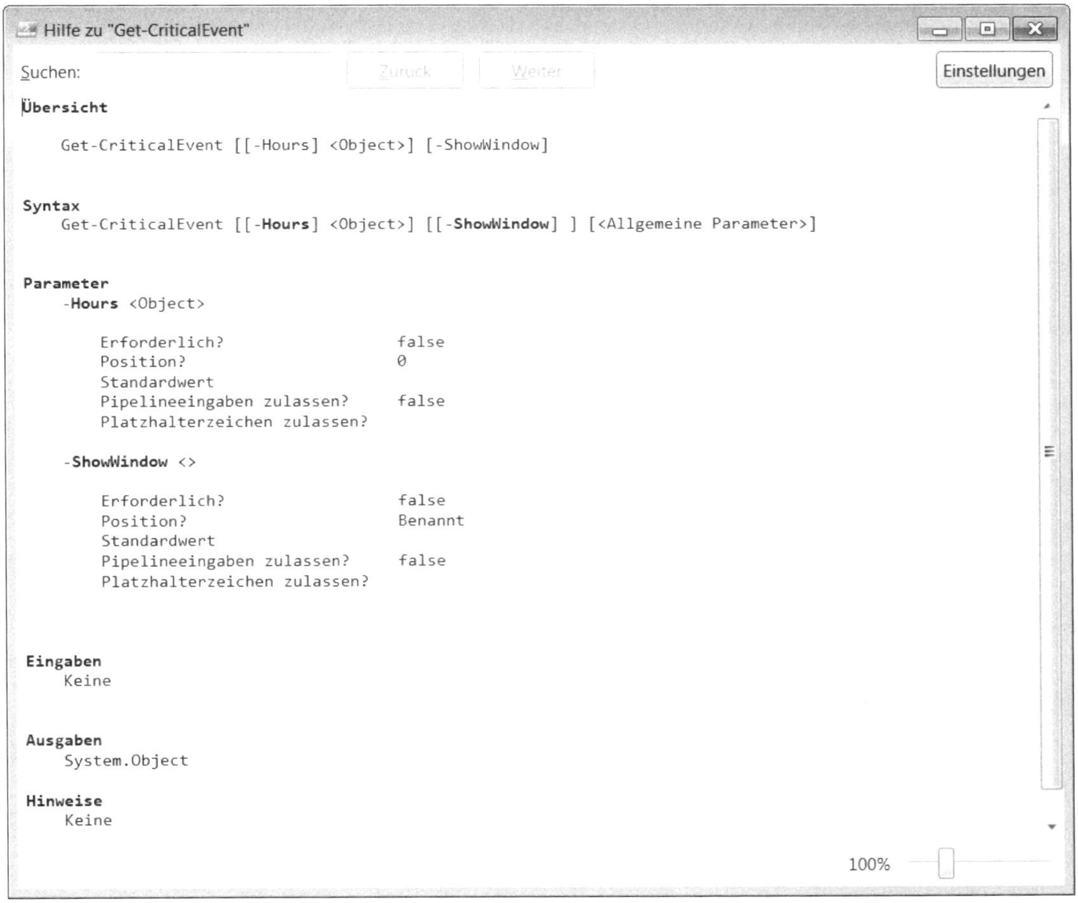

Abbildung 8.4 PowerShell generiert automatisch eine Hilfe für Ihre Funktion und erstellt den dazugehörigen Syntaxblock

Nur zeigt sich Ihre Funktion noch relativ unbeeindruckt von den Parametern. Innerhalb Ihres Codes werden die Parameter schließlich noch gar nicht eingesetzt. Das lässt sich aber schnell ändern.

Hier sehen Sie ein Beispiel, das Gebrauch von den Parametern macht:

```
function Get-CriticalEvent
{
  param($Hours=48, [Switch]$ShowWindow)

  if ($ShowWindow)
  {
    Set-Alias -Name Out-Default -Value Out-GridView
  }

  $Heute = Get-Date
  $Differenz = New-TimeSpan -Hours $Hours
  $Stichtag = $Heute - $Differenz
  Get-EventLog -LogName System -EntryType Error, Warning -After $Stichtag |
    Select-Object -Property TimeGenerated, Message |
    Out-Default
}
```

Listing 8.4 Das Skript *Get-CriticalEvent3.ps1*. Die Parameter der Funktion können nun genutzt werden.

Und tatsächlich verhält sich Ihre neue Funktion nun genau wie ein Cmdlet und kann über seine Parameter gesteuert werden:

```
# alle Warnungen und Fehler der letzten 48 Stunden
Get-CriticalEvent

# alle Warnungen und Fehler der letzten 48 Stunden im Fenster ausgeben
Get-CriticalEvent -ShowWindow

# alle Warnungen und Fehler der letzten 100 Stunden im Fenster ausgeben
Get-CriticalEvent -ShowWindow -Hours 100

# positionale Parameter
Get-CriticalEvent 100 -ShowWindow

# verkürzte Parameter
Get-CriticalEvent -S -H 100

# verkürzte und positionale Parameter
Get-CriticalEvent -S 100
```

Funktionen überall verfügbar machen

Perfekt wäre die Welt, wenn Ihre neue Funktion den Befehlsschatz von PowerShell dauerhaft bereichern könnte. Natürlich wollen Sie auch morgen oder nächste Woche noch Ihren neuen Befehl einsetzen können. Was die Frage aufwirft, warum Ihre Funktion in anderen PowerShell-Sitzungen nicht vorhanden ist.

Funktionen müssen immer zuerst in den Arbeitsspeicher Ihrer PowerShell-Sitzung geladen werden. Damit Ihre neue Funktion also auch in anderen PowerShell-Sitzungen zur Verfügung steht, könnten Sie dies manuell erledigen:

- **Copy & Paste** Markieren Sie den gesamten Code, der Ihre Funktion beschreibt, und kopieren Sie ihn in die Zwischenablage. Wechseln Sie dann in eine klassische PowerShell-Konsole und fügen Sie den Code mit einem Rechtsklick wieder ein. Nun steht die Funktion auch in dieser PowerShell-Umgebung zur Verfügung – allerdings ebenfalls nur so lange, wie diese geöffnet ist. Sobald Sie diese schließen, geht auch Ihre Funktionsdefinition wieder verloren.

- **Skriptstart** Speichern Sie den Code Ihrer Funktion in ISE als Skript. Wechseln Sie danach in eine andere PowerShell-Umgebung und rufen Sie dort das Skript wieder auf. Dabei müssen Sie einen Punkt und ein Leerzeichen voranstellen, das Skript also »dotsourced« starten, weil das Skript andernfalls die Funktion zwar anlegen würde, aber nach Beendigung des Skripts alle seine Hinterlassenschaften (einschließlich der neuen Funktion) sofort wieder beiseite räumen würde. Falls Sie das Skript beispielsweise unter *c:\test\getcriticalevent.ps1* gespeichert haben, würden Sie es mit dieser Zeile in jeder beliebigen PowerShell-Umgebung wieder zum Leben erwecken:

```
PS> . c:\test\getcriticalevent.ps1
PS> Get-CriticalEvent  # <- funktioniert nun, da die Funktion aus dem Skript geladen wurde.
```

Um es noch einmal zu betonen, Sie müssten diesen Vorgang für jede neue PowerShell-Sitzung wiederholen. Diesen Aufwand können Sie sich jedoch sparen, wenn Sie die Funktion als sogenanntes *Modul* speichern. Alle Cmdlets, die Sie bisher kennengelernt haben, stammen aus Modulen und werden von PowerShell bei Bedarf geladen. Speichern Sie also Ihre neue Funktion ebenfalls als Modul, dann wird auch Ihre neue Funktion von PowerShell als »Grundwortschatz« erkannt und automatisch geladen. Ihre neue Funktion steht so automatisch in allen PowerShell-Sitzungen zur Verfügung.

Normalerweise ist es nicht ganz trivial, PowerShell-Module anzulegen, aber eigentlich handelt es sich dabei im primitivsten Fall nur um ein ganz normales PowerShell-Skript, das mit der Dateierweiterung ».psm1« (im Gegensatz zum sonst üblichen ».ps1«) an einem besonderen Ort gespeichert wird.

Sie erfahren in Kapitel 21 noch sehr viel mehr darüber, aber einstweilen kann eine Zeile PowerShell-Code die Arbeit für Sie erledigen. Achten Sie lediglich darauf, dass Ihre Funktion sich bereits im Arbeitsspeicher befindet (Sie also das Skript, das die Funktion definiert, mindestens einmal ausgeführt haben) und dass der Name Ihrer Funktion mit dem Inhalt der Variable *$name* im folgenden Code übereinstimmt:

```
PS> $name = 'Get-CriticalEvent'
PS> New-Item -Path $HOME\Documents\WindowsPowerShell\Modules\$name\$name.psm1 -ItemType File -
Force -Value "function $name { $((Get-Item function:\$name).Definition) }"
```

Listing 8.5 Das Skript *make_module.ps1*

Haben Sie alles richtig gemacht, meldet PowerShell, dass eine neue Datei angelegt wurde:

```
    Verzeichnis: C:\Users\Tobias\Documents\WindowsPowerShell\Modules\Get-CriticalEvent


Mode                LastWriteTime     Length Name
----                -------------     ------ ----
-a---         02.10.2012     10:29        391 Get-CriticalEvent.psm1
```

Sie befindet sich im Ordner *\Documents\WindowsPowerShell\Modules* innerhalb Ihres Benutzerprofils, trägt die Dateierweiterung ».psm1« und liegt in einem Unterordner, der so heißt wie sie selbst.

Das sind die Basiskonventionen, die für Module gelten. Folgerichtig wird Ihr Modul nun auch von *Get-Module* gefunden:

```
PS> Get-Module get-c* -ListAvailable

    Verzeichnis: C:\Users\Tobias\Documents\WindowsPowerShell\Modules

ModuleType   Name                ExportedCommands
----------   ----                ----------------
Script       Get-CriticalEvent   Get-CriticalEvent
```

Der Erfolg Ihrer Bemühung wird sofort offensichtlich: Starten Sie eine neue PowerShell, gleichgültig ob ISE oder klassische Konsole, und geben Sie darin ein: Get-Cri↹. Die Autovervollständigung erkennt Ihre neue Funktion und vervollständigt den Namen und natürlich funktioniert Ihr neuer Befehl nun auch wie gewohnt – in jeder PowerShell-Umgebung, die Sie auf Ihrem Computer starten.

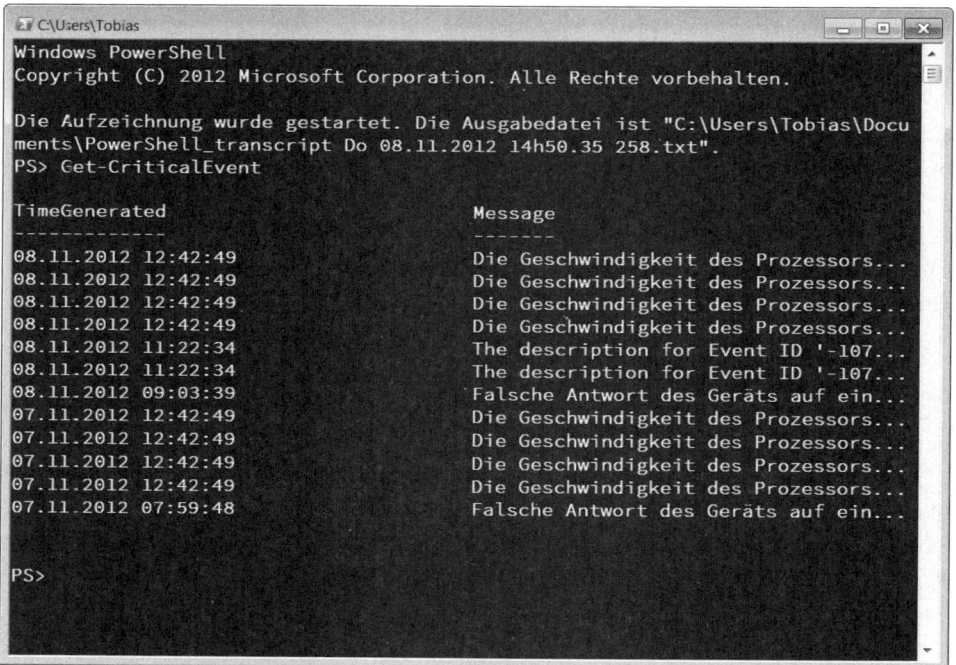

Abbildung 8.5   Ihre neue Funktion steht als Modul künftig automatisch in PowerShell zur Verfügung

HINWEIS   Die clevere Automatiksuche nach Funktionen aus Modulen ist neu in PowerShell 3.0. In PowerShell 2.0 muss das Modul dagegen von Hand importiert werden, bevor Sie die darin enthaltenen Funktionen nutzen können. Dazu verwendet man *Import-Module* und gibt den Namen des Moduls an, also den Namen des Ordners, in dem die ».psm1«-Datei gespeichert ist:

```
PS> Import-Module Get-CriticalEvent
```

Sie könnten Ihren neuen Befehl *Get-CriticalEvent* dank der Modulbauweise nun auch auf anderen Computern – zum Beispiel bei Kollegen – »installieren«: Kopieren Sie dazu einfach den Ordner *Get-CriticalEvent* auf einen anderen Computer und achten Sie nur darauf, dass er auf dem neuen System wieder im dortigen Ordner *\Documents\WindowsPowerShell\Modules* landet. Diese Ordner müssen allerdings gegebenenfalls erst noch angelegt werden.

Hilfe – Bedienungsanleitung hinzufügen

Jetzt, da Ihre Funktion sich plötzlich zu einer regelrechten Befehlserweiterung entwickelt hat, sollten Sie noch eine Bedienungsanleitung hinzufügen. Schließlich haben Sie in den ersten Kapiteln selbst erlebt, wie hilfreich die eingebaute Hilfe mit ihrem Beispielcode ist, um neue Befehle kennenzulernen. Genau solch eine Hilfe soll die Funktion *Get-CriticalEvent* nun ebenfalls bekommen. Die automatisch generierte Hilfe (Abbildung 8.4) ist zwar ein guter Anfang, aber noch sehr spartanisch. Fügen Sie deshalb in Ihre Funktion einen Kommentarblock ein, der einen streng festgelegten Aufbau hat und ungefähr so aussieht wie im folgenden Listing:

```
function Get-CriticalEvent
{
<#
    .SYNOPSIS
        listet Fehler und Warnungen aus dem System-Ereignisprotokoll auf
    .DESCRIPTION
        liefert Fehler und Warnungen der letzten 48 Stunden aus dem System-Ereignisprotokoll,
        die auf Wunsch in einem GridView angezeigt werden. Der Beobachtungszeitraum
        kann mit dem Parameter -Hours geändert werden.
    .PARAMETER  Hours
        Anzahl der Stunden des Beobachtungszeitraums. Vorgabe ist 48.
    .PARAMETER  ShowWindow
        Wenn dieser Switch-Parameter angegeben wird, erscheint das Ergebnis in einem
        eigenen Fenster und wird nicht in die Konsole ausgegeben
    .EXAMPLE
        Get-CriticalEvent
        liefert Fehler und Warnungen der letzten 48 Stunden aus dem System-Ereignisprotokoll
    .EXAMPLE
        Get-CriticalEvent -Hours 100
        liefert Fehler und Warnungen der letzten 100 Stunden aus dem System-Ereignisprotokoll
    .EXAMPLE
        Get-CriticalEvent -Hours 24 -ShowWindow
        liefert Fehler und Warnungen der letzten 24 Stunden aus dem System-Ereignisprotokoll und
        stellt sie in einem eigenen Fenster dar
    .NOTES
        Dies ist ein Beispiel aus "PowerShell- Der Workshop"
    .LINK
        http://www.microsoft-press.de
#>
  param($Hours=48, [Switch]$ShowWindow)

  if ($ShowWindow)
  {
    Set-Alias Out-Default Out-GridView
  }

  $Heute = Get-Date
  $Sifferenz = New-TimeSpan -Hours $Hours
```

```
$Stichtag = $Heute - $Sifferenz

Get-EventLog -LogName System -EntryType Error, Warning -After $Stichtag |
    Select-Object -Property TimeGenerated, Message | Out-Default
}
```

Listing 8.6   Das Skript *Get-CriticalEvent4.ps1*. Die Befehlserweiterung verfügt jetzt über eine Hilfe.

Führen Sie Ihr Skript erneut aus, um die Funktionsdefinition zu aktualisieren. Anschließend können Sie die Hilfe sofort testen. Sie funktioniert genau wie bei Cmdlets:

```
Get-CriticalEvent -?
help Get-CriticalEvent –Examples
help Get-CriticalEvent -Parameter *
help Get-CriticalEvent -ShowWindow
```

Natürlich können Sie die Hilfe auch wieder aus ISE heraus über F1 anfordern, wenn sich die Einfügemarke im Namen des Befehls befindet.

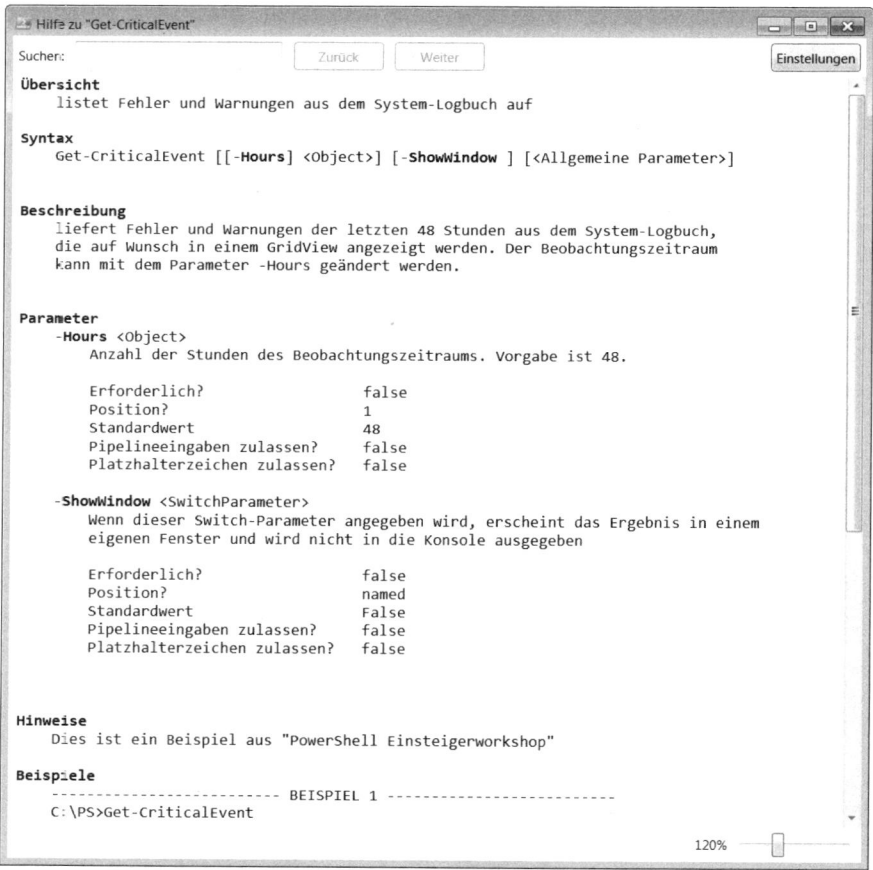

Abbildung 8.6   Die Hilfe enthält jetzt ausführliche Beschreibungen und sogar Beispielcode

Sind Sie mit dem Ergebnis zufrieden, sollten Sie die Funktion nun erneut als Modul speichern (dabei wird das zuvor angelegte Modul kommentarlos überschrieben):

```
$name = 'Get-CriticalEvent'
New-Item -Path $HOME\Documents\WindowsPowerShell\Modules\$name\$name.psm1 -ItemType File -Force
-Value  "function $name { $((Get-Item function:\$name).Definition) }"
```

Erscheint die Hilfe dagegen nicht wie erwartet, liegt vermutlich ein Tippfehler vor. Achten Sie darauf, den Kommentarblock genau wie angegeben und exakt an der angegebenen Stelle in Ihre Funktion einzubauen. Er muss die erste Anweisung innerhalb der Funktion sein und die großgeschriebenen Abschnitte darin dürfen nicht verändert werden.

Kurz zusammengefasst...

Code, der in *runden* Klammern steht, wird bei PowerShell *sofort* ausgeführt. Code, der in *geschweiften* Klammern steht, wird *nicht sofort* ausgeführt. Und genau das erklärt, wie Funktionen aufgebaut sind:

Das Schlüsselwort *function* verbindet einen Namen mit einem Skriptblock (also Code in geschweiften Klammern). Der Code im Skriptblock wird nicht sofort ausgeführt. Stattdessen wird er mithilfe des Schlüsselworts *function* an den Namen gekoppelt, den Sie hinter *function* angeben. Jedes Mal, wenn der Name nun eingegeben wird, führt PowerShell den assoziierten Skriptblock aus.

Innerhalb des Skriptblocks steht zunächst (auf Wunsch) ein Blockkommentar mit Hilfeinformationen. Danach kommt (ebenfalls optional) das Schlüsselwort *param()* an, mit dem die Parameter der Funktion als kommaseparierte Liste festgelegt werden. Danach schließlich kommt der PowerShell-Code, den die Funktion ausführen soll. Man kann eine Funktion also in einen »Gehäuseteil« und in einen »Innenteil« aufsplitten. Das »Gehäuse« sieht dabei so aus:

```
function NameDerFunktion
{
  <#
    Hilfeinformation
  #>
  param($Parameter1, $Parameter2, ...)

  <hier folgt der PowerShell-Code der Funktion>
}
```

PROFITIPP   Zwar dürfen Sie Ihre eigenen Funktionen so nennen wie Sie mögen, doch ist es eine gute Idee, sich von vornherein an die PowerShell-Konvention zu gewöhnen und als Name eine Kombination aus Tätigkeit und Tätigkeitsbereich zu wählen. Beide sollten englischsprachig sein und im Singular stehen.

Halten Sie sich nicht daran, arbeitet Ihre Funktion natürlich trotzdem, ist aber nicht mehr so gut auffindbar, wie Anwender es von Cmdlets und anderen Funktionen gewöhnt sind. Deshalb wirft PowerShell eine gelbe Warnmeldung aus, falls es beim Laden von Modulen auf Funktionen stößt, die nicht diesen Namenskonventionen entsprechen.

Die Tätigkeit, die Sie im Funktionsnamen verwenden, ist übrigens besonders streng reglementiert, um Wildwuchs zu vermeiden. Verwenden Sie nicht irgendeine Tätigkeitsbeschreibung, sondern wählen Sie eine Tätigkeit aus der Liste der zugelassenen Tätigkeiten, die *Get-Verb* liefert:

```
PS> Get-Verb

Verb                                         Group
----                                         -----
Add                                          Common
Clear                                        Common
Close                                        Common
Copy                                         Common
Enter                                        Common
Exit                                         Common
(…)
```

Die Lebensdauer der Funktionen beschränkt sich auf die Lebensdauer der PowerShell-Sitzung. Man kann Funktionen aber in einem Skript speichern und mit einem vorangestellten Punkt nachladen (»dotsourced«). Funktionen können auch als Modul gespeichert werden und stehen dann automatisch zur Verfügung.

Parameter und Eingaben für Funktionen

Sie haben bereits gesehen, dass Funktionen beliebigen PowerShell-Code enthalten dürfen, der eine Aufgabe lösen soll. Was genau eine Funktion erledigen soll und welcher Code dazu im Inneren der Funktion notwendig ist, hängt natürlich von der Aufgabe ab.

Zwei Dinge sind jedoch bei allen Funktionen gleich: Informationen müssen vom Anwender an die Funktion übermittelt werden, und die Funktion soll ihrerseits wieder Ergebnisinformationen an die Außenwelt zurückliefern. In diesem Abschnitt geht es zunächst um die Frage, auf welche Weise der Anwender Informationen an die Funktion übergeben kann.

Parameter definieren

Parameter werden üblicherweise mit der Anweisung *param* in runden Klammern festgelegt. Diese Anweisung muss die erste Anweisung im Code einer Funktion sein. Zwischen ihr und dem Kopf der Funktion dürfen höchstens Kommentare stehen wie beispielsweise die Hilfeinformationen.

```
function NameDerFunktion
{
  # hier dürfen Kommentare stehen wie beispielsweise
  # die kommentarbasierte Hilfe

  param($Parameter1, $Parameter2, $Parameter3)

  # hier folgt der PowerShell-Code der Funktion
}
```

Die runden Klammern hinter *param* enthalten die Parameter als kommaseparierte Liste von Variablen. Die Namen der Variablen legen die Namen der entsprechenden Parameter fest.

PROFITIPP Oft werden die Parameter untereinander geschrieben und sogar mit Leerzeilen voneinander abgegrenzt. Das macht den Code sehr viel lesbarer, denn wie Sie gleich sehen werden, können Parameter mit umfangreichen Sonderwünschen ausgestattet werden, die jeweils vor den Parameter geschrieben werden.

Einer der häufigsten Fehler, die sich hier einschleichen, sind fehlende Kommas. Ob Sie die Parameter hintereinander oder untereinander schreiben, ist PowerShell egal, aber es muss eine kommaseparierte Liste bleiben. Wer die Kommas vergisst, erhält schwer nachvollziehbare Syntaxfehlermeldungen, die sich über fehlende Klammern beschweren und nicht den wahren Grund des Malheurs beschreiben.

```
function NameDerFunktion
{
  param
  (
    $Parameter1,

    $Parameter2,

    $Parameter3
  )

  "Parameter 1 lautet $Parameter1."
}
```

Am besten probieren Sie das einmal aus und entfernen eins der Kommas, um zu sehen, mit welcher Fehlermeldung PowerShell darauf reagiert. Wahlweise dürfen Parameter auch ohne *param* festgelegt werden. Dazu schreiben Sie die runde Klammer direkt hinter den Funktionsnamen. Diese Schreibweise ähnelt VBScript.

```
function NameDerFunktion($Parameter1,$Parameter2,$Parameter3)
{
  "Parameter 1 lautet $Parameter1."
}
```

Sie sollten sich diese Form aber besser nicht angewöhnen, weil sie schnell unübersichtlich wird – spätestens dann, wenn Parameter mit Sonderwünschen ausgerüstet werden. Außerdem ist die VBScript-artige Schreibweise nur in Funktionen erlaubt, wohingegen die *param*-Anweisung auch in Skripts genutzt werden kann, um diesen Argumente zu übergeben (siehe Kapitel 4).

Es spricht noch etwas gegen diese Schreibweise: Ein neues Feature von PowerShell 3.0 erlaubt es, Parameter direkt im Parameterblock mit Hilfetexten zu versehen. Das macht nicht nur den Code leichter lesbar, sondern dokumentiert auch gleich die Parameter in der PowerShell-Hilfe:

```
function test
{
  <#
  .SYNOPSIS
    Eine Testfunktion mit zwei Parametern
  #>
  param
  (
    # gibt den Vornamen an
    $vorname,

    # gibt den Nachnamen an
    [Parameter(ParameterSetName='Beliebig')]
    $nachname
```

```
)

'Vorname: {0}, Nachname: {1}' -f $vorname, $nachname
}
```

Listing 8.7   Das Skript *test.ps1*

Die Hilfe verwendet jetzt den Kommentar oberhalb des jeweiligen Parameters dazu, ihn zu beschreiben:

```
PS> help test -Parameter *

-vorname <Object>
    gibt den Vornamen an

    Erforderlich?               false
    Position?                   named
    Standardwert
    Pipelineeingaben akzeptieren?false
    Platzhalterzeichen akzeptieren?false

-nachname <Object>
    gibt den Nachnamen an

    Erforderlich?               false
    Position?                   named
    Standardwert
    Pipelineeingaben akzeptieren?false
    Platzhalterzeichen akzeptieren?false
```

Unbenannte Argumente

Notwendig sind Parameterdefinitionen nicht. Im einfachsten Fall definiert die Funktion überhaupt keine Parameter. In diesem Fall werden alle Argumente, die der Anwender beim Funktionsaufruf angibt, in der besonderen Variable *$args* übergeben. Dieser minimalistische Ansatz lohnt sich allenfalls bei sehr einfachen Aufgaben. Weil den Argumenten kein besonderer Parametername zugeordnet ist, fehlen zum Beispiel Autovervollständigung und IntelliSense völlig:

```
PS> function Test-Ping { ping.exe -w 100 -n 1 $args }
PS> Test-Ping www.microsoft.com
PS> Test-Ping www.tagesschau.de
```

$args ist übrigens ein Array, sodass mehrere übergebene Argumente darin auch einzeln ansprechbar sind:

```
PS> function test { 'Vorname: {0}, Nachname: {1}' -f $args }
PS> test tobias weltner
Vorname: tobias, Nachname: weltner
```

Allerdings müssen die Argumente immer in der richtigen Reihenfolge angegeben werden, weil sonst die Zuordnung verloren geht:

```
PS> test weltner tobias
Vorname: weltner, Nachname: tobias
```

Benannte Parameter

Fast immer werden Funktionen mit benannten Parametern ausgestattet: Über einen *param()*-Block legen Sie fest, welche Parameter die Funktion unterstützen soll. So lassen sich Argumente explizit einem bestimmten Parameter übergeben. Die Reihenfolge ist dann nicht mehr wichtig:

```
PS> function test { param($vorname, $nachname) 'Vorname: {0}, Nachname: {1}' -f $vorname,
$nachname }
PS> test -vorname tobias -nachname weltner
Vorname: tobias, Nachname: weltner
PS> test -nachname weltner -vorname tobias
Vorname: tobias, Nachname: weltner
```

Ein weiterer Vorzug ist, dass benannte Parameter die Autovervollständigung unterstützen und innerhalb von ISE in Gestalt eines IntelliSense-Auswahlmenüs angeboten werden.

Positionale Parameter

Positionale Parameter sind im Grunde benannte Parameter, denen aber zusätzlich eine Reihenfolge (Position) zugewiesen ist. Wird der Parametername weggelassen, ordnet PowerShell die unbenannten Argumente den Parametern gemäß ihrer Position zu. Als Vorgabe sind alle benannten Parameter automatisch auch positional. Die Position der Parameter ergibt sich aus ihrer Reihenfolge im *param()*-Block. Im Beispiel hat also der Parameter -*Vorname* die Position 0 und der Parameter -*Nachname* die Position 1. Werden positionale Parameter eingesetzt, spielt die Reihenfolge also wieder eine entscheidende Rolle:

```
PS> function test { param($vorname, $nachname) 'Vorname: {0}, Nachname: {1}' -f $vorname,
$nachname }
PS> test tobias weltner
Vorname: tobias, Nachname: weltner
PS> test weltner tobias
Vorname: weltner, Nachname: tobias
```

Die Position der Parameter einer Funktion offenbart auch die Hilfe:

```
PS> help test -Parameter *

-nachname <Object>

    Erforderlich?                   false
    Position?                       1
    Pipelineeingaben akzeptieren?false
    Name des Parametersatzes        (Alle)
    Aliase                      Keine
    Dynamisch?                      false

-vorname <Object>

    Erforderlich?                   false
    Position?                       0
    Pipelineeingaben akzeptieren?false
    Name des Parametersatzes        (Alle)
    Aliase                      Keine
    Dynamisch?                      false
```

Unterhalb jedes Parameters wird hinter »Position?« seine Position angegeben. Besitzt ein Parameter keine Position, steht hier keine Zahl, sondern *named*. Was allerdings die Frage aufwirft, wie ein Parameter ohne Position überhaupt definiert wird, denn als Vorgabe weist PowerShell den Parametern ja automatisch eine Position zu.

Positionen selbst zuweisen

Die meisten Cmdlets weisen nicht allen Parametern eine Position zu, sondern nur den wichtigsten. Wenn auch Sie nur bestimmten Parametern eine Position zuordnen möchten, deklarieren Sie die Position eines Parameters ausdrücklich. Spätestens jetzt sollten Sie der Übersichtlichkeit wegen Ihre Funktion nicht in nur einer einzigen Zeile definieren, sondern die Definition auf mehrere Zeilen ausbreiten (und deshalb den ISE-Editor und nicht die klassische PowerShell-Konsole einsetzen):

```
function test
{
  param
  (
    $vorname,

    [Parameter(Position=0)]
    $nachname
  )

  'Vorname: {0}, Nachname: {1}' -f $vorname, $nachname
}
```

Ab sofort ist nur noch der Parameter -*Nachname* positional. Um den Vornamen anzugeben, müssen Sie diesen Parameter immer benannt spezifizieren:

```
PS> test weltner -vorname Tobias
Vorname: Tobias, Nachname: weltner

PS> test weltner Tobias
test : Es wurde kein Positionsparameter gefunden, der das Argument "Tobias" akzeptiert.
```

Auch die Hilfe reflektiert die geänderten Verhältnisse und meldet jetzt für den Parameter -*Vorname* die Position *Named*:

```
PS> help test -Parameter *

-nachname <Object>

    Erforderlich?              false
    Position?                 0
    Pipelineeingaben akzeptieren?false
    Name des Parametersatzes        (Alle)
    Aliase                    Keine
    Dynamisch?                 false

-vorname <Object>

    Erforderlich?              false
    Position?                 Named
    Pipelineeingaben akzeptieren?false
```

```
Name des Parametersatzes        (Alle)
Aliase                   Keine
Dynamisch?               false
```

PROFITIPP   Sobald Sie also mindestens einem Parameter explizit eine Position zuweisen, verlieren alle übrigen Parameter, denen keine Position zugeordnet wurde, ihre Position und werden zu rein benannten Parametern. Das führt zu der berechtigten Frage, wie man eigentlich sämtlichen Parametern die Position entziehen kann. Möglich ist dies über einen Kniff. Dazu weisen Sie mindestens einem Parameter ein sogenanntes »Parameter-Set« zu. Normalerweise dienen Parameter-Sets dazu, mehrere Parametergruppen zu bilden. Wenn Sie jedoch nur ein einziges Parameter-Set zuweisen, bleiben alle Parameter in derselben Parametergruppe, verlieren dabei aber wie gewünscht alle nicht ausdrücklich zuge-wiesenen Positionen:

```
param
  (
    $vorname,

    [Parameter(ParameterSetName='Beliebig')]
    $nachname
  )
```

Die Hilfe zeigt nun für alle Parameter *Named* an:

```
PS> help test -Parameter *

-nachname <Object>

    Erforderlich?            false
    Position?                Benannt
    Pipelineeingaben akzeptieren?false
    Name des Parametersatzes        Beliebig
    Aliase                   Keine
    Dynamisch?               false


-vorname <Object>

    Erforderlich?            false
    Position?                Benannt
    Pipelineeingaben akzeptieren?false
    Name des Parametersatzes        (Alle)
    Aliase                   Keine
    Dynamisch?               false
```

Ab PowerShell 3.0 kann man sich diesen Trick sparen, denn hier gibt es eine zusätzliche Anweisung, die die automatische Zuweisung von Positionen an Parameter abschaltet: [CmdletBinding(PositionalBinding=$false)]. Diese Anweisung muss unmittelbar vor dem *param*-Block platziert werden:

```
function test
{
  [CmdletBinding(PositionalBinding=$false)]
  param
  (
    $vorname,
    $nachname
  )
```

```
    'Vorname: {0}, Nachname: {1}' -f $vorname, $nachname
}
```

Listing 8.8   Das Skript *PositionalBinding.ps1*

Switch-Parameter

Switch-Parameter funktionieren wie ein Schalter, der entweder ein- oder ausgeschaltet ist. Ein Switch-Parameter steht also für sich allein und hat kein Argument. Gibt der Anwender den Switch-Parameter an, enthält er den Wert *$true*, sonst *$false*. Um einen Switch-Parameter zu erzeugen, weisen Sie dem Parameter den Datentyp *[Switch]* zu. In aller Regel setzt man dann im Code der Funktion eine Bedingung ein, um den Inhalt des Parameters auszuwerten und entsprechend zu handeln.

Die folgende Funktion definiert den Switch-Parameter *-ShowWindow*. Wird er angegeben, sollen die Ergebnisse in einem GridView erscheinen, andernfalls einfach an den Aufrufer zurückgegeben werden. Die Funktion selbst nutzt *Get-Process*, um nur die Toplevel-Prozesse (also diejenigen mit eigenem Fenster) zurückzugeben:

```
function Get-TopLevelProcess
{
    param
    (
      [Switch]
      $ShowWindow
    )

    if ($ShowWindow)
    {
        Set-Alias -Name Out-Default -Value Out-GridView
    }

    Get-Process |
        Where-Object MainWindowTitle |
        Select-Object -Property Name, Description, Company, CPU |
        Out-Default
}
```

Listing 8.9   Das Skript *Get-TopLevelProcess1.ps1*

Der Parameter *-ShowWindow* ist als Switch-Parameter ausgewiesen. Der Anwender hat deshalb die Möglichkeit, die Ergebnisse entweder in die Konsole oder in ein Extrafenster auszugeben:

```
PS> Get-TopLevelProcess
PS> Get-TopLevelProcess -ShowWindow
```

Die Funktion prüft mit einer *If*-Bedingung, ob *$ShowWindow* den Wert *$true* oder *$false* enthält, also vom Anwender angegeben wurde oder nicht. Die Bedingung sähe eigentlich also so aus:

```
$ShowWindow -eq $true
```

Weil die Variable aber ohnehin schon einen booleschen Wert aufweist und $true -eq $true stets *$true* ergibt, kann man sich den Vergleich auch sparen. Damit die Ergebnisse tatsächlich in einem Extrafenster landen, wenn der Anwender *-ShowWindow* angibt, legt die Funktion in diesem Fall einen Alias an. Das Cmdlet *Out-Default*, das die Ergebnisse normalerweise in die Konsole leitet, wird durch *Out-GridView* ersetzt. Wenn danach also die Funktion die Ergebnisse ermittelt und in der Pipeline an *Out-Default* weiterleitet, werden die Ergebnisse in Wirklichkeit an *Out-GridView* geleitet und in einem Extrafenster angezeigt.

HINWEIS   Das Beispiel demonstriert zwar gut den Gebrauch eines Switch-Parameters, aber bei näherer Betrachtung hat es ernste Schwächen. Weil das Ergebnis immer entweder an *Out-Default* oder an *Out-GridView* gesendet wird, liefert die Funktion selbst jetzt kein Ergebnis mehr zurück, das man in einer Variablen speichern könnte. Die Variable *$a* wäre stets leer und die Ergebnisse würden trotz der Variablenzuweisung weiterhin in die Konsole oder das GridView ausgegeben:

```
PS> $a = Get-TopLevelProcess
```

Das Problem kann im Augenblick nur dadurch gelöst werden, dass die Ergebnisse der Funktion zunächst in einer Variablen *$result* zwischengespeichert und dann je nach Ausgabeziel direkt ausgegeben oder an *Out-GridView* gesendet werden:

```
function Get-TopLevelProcess
{
    param
    (
      [Switch]
      $ShowWindow
    )

    $result = Get-Process |
        Where-Object MainWindowTitle |
        Select-Object -Property Name, Description, Company, CPU

    if ($ShowWindow)
    {
        $result | Out-GridView
    }
    else
    {
        $result
    }
}
```

Listing 8.10   Das verbesserte Skript *Get-TopLevelProcess2.ps1*

Leider hat auch diese Lösung einen Schönheitsfehler: Weil die Ergebnisse zuerst in *$result* gesammelt werden müssen, geht der Echtzeitcharakter der Pipeline verloren. Ergebnisse erscheinen erst, wenn alle Einzelergebnisse vorliegen. Bei wenigen Daten wie in diesem Beispiel ist das zu verschmerzen. In anderen Fällen nicht. Deshalb erfahren Sie in Kapitel 16, wie Sie die Ergebnisse eines Befehls auch in Echtzeit an einen anderen weiterleiten können.

Optionale Parameter

Alle Parameter einer Funktion sind anfangs optional: Der Anwender muss die Parameter also nur angeben, wenn er das auch will. Was zur berechtigten Frage führt, was ein optionaler Parameter eigentlich enthält, wenn er nicht vom Anwender angegeben wird. Antwort: nichts, also einen Nullwert.

Damit ein Parameter nicht einen undefinierten Nullwert aufweist, wenn er vom Anwender nicht festgelegt wird, sollten als Grundregel einer ordentlichen Skripterstellung *alle optionalen* Parameter *immer* mit einem *Vorgabewert* (Defaultwert) ausgestattet werden. Dieser Wert gilt dann, falls der Anwender keinen anderen Wert festlegt. Der Vorgabewert eines Parameters kann sehr leicht festgelegt werden: Weisen Sie der Variable im *param()*-Block einfach einen Wert zu:

```
function Get-BIOS
{
  param($ComputerName = $env:COMPUTERNAME)

  Get-WmiObject -Class Win32_BIOS -ComputerName $ComputerName
}
```

Listing 8.11   Das Skript *Get-BIOS1.ps1*

Die Funktion *Get-BIOS* verfügt über den Parameter -*ComputerName*, der als Vorgabewert den Namen des lokalen Computers aus der Umgebungsvariablen *$env:COMPUTERNAME* verwendet. Gibt der Anwender also den Parameter nicht an, liefert die Funktion die BIOS-Informationen vom lokalen Computer, andernfalls diejenigen vom angegebenen Remotesystem.

```
PS> Get-BIOS

SMBIOSBIOSVersion : UX31A.206
Manufacturer      : American Megatrends Inc.
Name              : BIOS Date: 06/05/12 16:39:27 Ver: 04.06.05
SerialNumber      : C7NOCJ374648274
Version           : ASUS - 1072009

PS> Get-BIOS -ComputerName storage1

SMBIOSBIOSVersion : PO3
Manufacturer      : Phoenix Technologies LTD
Name              : Ver 1.00PARTTBLw
SerialNumber      : 98H340ED2H9300237A30A1
Version           : PTLTD  - 6040000
```

Zwingend erforderliche Parameter

Nicht immer ist es sinnvoll, dem Anwender freizustellen, ob er einen Parameter angibt oder nicht. Die folgende Funktion *Get-FolderSize* berechnet beispielsweise die Gesamtgröße eines Ordners. Dazu muss die Funktion wissen, welchen Ordner sie analysieren soll. Ein Standardordner würde keinen größeren Sinn ergeben. Deshalb wird hier der Parameter -*Path* als zwingend (engl: »mandatory«) erklärt:

```
function Get-FolderSize
{
  param
  (
    [Parameter(Mandatory=$true, HelpMessage='Enter the folder path to analyze')]
    $Path
  )

  Get-ChildItem -Path $Path -Recurse -ErrorAction SilentlyContinue -Force |
    Measure-Object -Property Length -Sum |
    Select-Object -ExpandProperty Sum
}
```

Listing 8.12 Das Skript *Get-FolderSize.ps1*

Wie sich dies auf den Anwender auswirkt, erkennt man, wenn die Funktion ohne den zwingend erforderlichen Parameter aufgerufen wird. Jetzt fragt PowerShell nämlich automatisch nach:

```
PS> Get-FolderSize
Cmdlet Get-FolderSize an der Befehlspipelineposition 1
Geben Sie Werte für die folgenden Parameter an:
(Geben Sie zum Aufruf der Hilfe !? ein.) Path: !?
Enter the folder path to analyze
Path: c:\users\tobias
31066599314
```

Wie das Beispiel zeigt, kann sogar eine versteckte Kurzinformation integriert werden. Dazu definieren Sie über den Parameter *HelpMessage* einen geeigneten Text. In diesem Fall sieht der Anwender einen zusätzlichen Hinweis und erfährt, dass er über »!?« Hilfeinformationen abrufen kann. Die Gesamt-größe (in Byte) Ihres Benutzerprofils finden Sie beispielsweise so heraus:

```
PS> Get-FolderSize -Path $HOME
31066599314
```

Auch für zwingend erforderliche Parameter gibt es eine wichtige Grundregel: Vorgabewerte sind hier natürlich unsinnig, weil der Anwender den Parameterwert immer selbst festlegt, entweder freiwillig oder per Nachfrage. Aber: Zwingend erforderliche Parameter sollten genau aus diesem Grund stets typisiert sein, also festlegen, welchem Datentyp der Parameter entsprechen soll. Gibt der Anwender den zwingenden Parameter nämlich nicht an, liefert die automatische Nachfrage stets einen Text zurück, selbst wenn der Anwender Zahlen eingibt. Warum das ohne Typisierung zu eklatanten Miss-verständnissen führen kann, zeigt das nächste Beispiel:

```
function Convert-Currency() {
  param
  (
    [Parameter(Mandatory=$true)]
    $Betrag,

    $Wechselkurs = 5.77
  )

  $Betrag * $Wechselkurs
}
```

Listing 8.13 Das Skript *Convert-Currency1.ps1*

Die Funktion *Convert-Currency* rechnet einen Geldbetrag in eine andere Währung um. Der Wechselkurs ist optional und als Vorgabe auf den völlig fiktiven Wert *5,77* festgelegt. Solange der Anwender den Betrag tatsächlich angibt, funktioniert die Sache einwandfrei:

```
PS> Convert-Currency 100
577

PS> Convert-Currency 100 -Wechselkurs 2.34
234
```

Anders sieht das Ergebnis aus, wenn der Anwender den Betrag nicht angibt und PowerShell den Wert für den zwingenden Parameter nachfragt:

```
PS> Convert-Currency
Cmdlet Convert-Currency an der Befehlspipelineposition 1
Geben Sie Werte für die folgenden Parameter an:
Betrag: 100
100100100100100100

PS> Convert-Currency -Wechselkurs 12.7
Cmdlet Convert-Currency an der Befehlspipelineposition 1
Geber Sie Werte für die folgenden Parameter an:
Betrag: 100
100100100100100100100100100100100100100
```

Der nachträglich angegebene Betrag ist nun immer ein Text, und so liefert die Funktion eine »Text-Multiplikation«, wiederholt den eingegebenen Text also so oft, wie der Wechselkurs angibt.

```
PS> 100 * 12
1200

PS> '100' * 12
100100100100100100100100100100100100
```

Um das Problem zu beseitigen, sollten alle zwingend erforderlichen Parameter typisiert werden, es sei denn, sie sollen ohnehin einen Textinhalt haben. Der Datentyp *Double* steht für Zahlen mit Nachkommastellen, ist also für den Parameter *-Betrag* genau richtig:

```
function Convert-Currency() {
  param
  (
    [Double]
    [Parameter(Mandatory=$true)]
    $Betrag,

    $Wechselkurs = 5.77
  )

  $Betrag * $Wechselkurs
}
```

Listing 8.14 Das verbesserte Skript *Convert-Currency2.ps1* verarbeitet nun auch einen nachgefragten Betrag korrekt

Streng typisierte Parameter und Datentypen

Gerade haben Sie gesehen, dass die Zuweisung eines Datentyps zumindest bei zwingend erforderlichen Parametern eine gute Idee ist. Wenn Sie allerdings noch keine Programmiererfahrungen haben, wird Ihnen der eben verwendete Datentyp *Double* wenig vertraut vorkommen, und auch die Frage, welche weiteren Datentypen es eigentlich sonst noch gibt, liegt in der Luft. Tabelle 8.1 listet die wichtigsten Datentypen auf, die im Zusammenhang mit Parametern gebraucht werden:

Datentyp	Beschreibung
Bool	Boolescher Wert (*$true* oder *$false*)
Byte	Ganzzahl zwischen 0 und 255
Char	einzelnes Zeichen (Buchstabe)
DateTime	Datum und/oder Zeit
Double	positive oder negative Gleitkommazahl (mit Nachkommastellen)
Hashtable	Hashtabelle
Int, Int32, Int64	positive oder negative Ganzzahl (ohne Nachkommastellen)
ScriptBlock	PowerShell-Code (in geschweiften Klammern)
String	Text
Switch	Switch-Parameter ohne Argument, wenn angegeben *$true*, sonst *$false*
UInt32, UInt64	positive Ganzzahl (negative Zahlen nicht erlaubt)

Tabelle 8.1 Gebräuchliche Datentypen für Parameter

Darüber hinaus können Sie Datentypen auch selbst erforschen, wenn Sie ein entsprechendes Muster zur Hand haben. Möchten Sie zum Beispiel wissen, wie der passende Datentyp für eine sehr große Zahl ohne Nachkommastellen aussieht, untersuchen Sie eben eine solche sehr große Zahl auf folgende Weise:

```
PS> ( 618667436286436286 ).GetType().FullName
System.Int64
```

Analog dazu können Sie den Datentyp für ein Datum ermitteln, indem Sie einfach ein Datum angeben:

```
PS> $datum = Get-Date
PS> ( $datum ).GetType().FullName
System.DateTime
```

HINWEIS   Worin genau besteht eigentlich der Unterschied zwischen Datentypen wie *Int*, *Int32* und *System.Int32*? Eigentlich nur im Schweregrad der Bequemlichkeit. Der einzige offizielle Datentyp in dieser Liste ist *System.Int32*. Die anderen beiden sind Abkürzungen, die von PowerShell kulanterweise zur Verfügung gestellt werden. Alle drei stehen für denselben Datentyp, wie Sie leicht herausfinden können, indem Sie sich den vollen Namen der Datentypen ausgeben lassen:

```
PS> [Int].FullName
System.Int32
```

```
PS> [Int32].FullName
System.Int32
```

```
PS> [System.Int32].FullName
System.Int32
```

PowerShell enthält eine Vielzahl solcher Abkürzungen, die die oftmals sehr viel unhandlicheren echten Datentypnamen des zugrunde liegenden .NET Framework entschärfen und besser lesbar machen sollen:

```
PS> [WMI].FullName
System.Management.ManagementObject
```

```
PS> [Xml].FullName
System.Xml.XmlDocument
```

```
PS> [ADSI].FullName
System.DirectoryServices.DirectoryEntry
```

Schließlich gibt es in .NET Framework eine Vielzahl hochspezieller Datentypen, die Sie ebenfalls zur Typisierung verwenden können. Eine willkürlich getroffene Auswahl finden Sie in Tabelle 8.2:

Datentyp	Beschreibung
System.Version	Versionsnummer bestehend aus vier Zahlen, die durch Punkte getrennt sind. Auch geeignet für IPv4-Adressen.
System.Net.Mail.MailAddress	E-Mail-Adresse
System.Net.IPAddress	IPv4/IPv6-Adresse in Oktet- oder Dezimalform
XML	wohlgeformter XML-Text
Type	Datentyp
System.IO.FileInfo	Dateiobjekt
System.IO.DirectoryInfo	Ordnerobjekt
System.DayOfWeek	Wochentag
System.GUID	GUID (globally unique identifier)

Tabelle 8.2 Spezialisierte Datentypen

Mehrere Argumente für einen Parameter

In einem der vergangenen Beispiele haben Sie bereits einen kleinen Währungsrechner namens *Convert-Currency* kennengelernt. Er akzeptierte zwei Parameter: *-Betrag* und *-Wechselkurs*. Allerdings konnte der Währungsrechner immer nur einen Betrag umrechnen. Jetzt soll er auch mehrere Beträge in einem Aufruf umrechnen:

```
PS> Convert-Currency -Betrag 100,200,300
577
1154
1731
```

Um das zu erreichen, sind zwei Dinge notwendig:

- **Parameter soll Arrays empfangen**   Weil der Parameter *-Betrag* jetzt nicht nur einen Wert, sondern ganze Listen (Arrays) mit mehreren Werten empfangen soll, muss der Datentyp dieses Parameters nun ein Array sein. Das erreicht man, indem man hinter den Datentyp den Zusatz »[]« schreibt. Soll der Parameter zum Beispiel eine Liste von Ganzzahlen oder Gleitkommazahlen akzeptieren, weisen Sie dem Parameter den Datentyp *[Int[]]* bzw. *[Double[]]* zu. Soll er einen oder mehrere Texte empfangen, heißt der Datentyp entsprechend *[String[]]*.

- **Inhalt des Parameters muss mit foreach separiert werden**   Da der Parameter nun einen oder auch viele Werte enthalten kann und Ihre Funktion in der Regel diese Werte einzeln bearbeitet (zum Beispiel alle angegebenen Werte nacheinander in eine andere Währung umrechnen) soll, muss Ihr Code den Inhalt des Parameters jetzt einzeln weiterverarbeiten. Das lässt sich über eine *foreach*-Schleife erreichen.

Die Multibetragfunktion sieht damit folgendermaßen aus:

```
function Convert-Currency
{
  param
  (
    [Double[]]
    [Parameter(Mandatory=$true)]
    $Betrag,

    $Wechselkurs = 5.77
  )

  foreach ($wert in $betrag)
  {
    $wert * $Wechselkurs
  }
}
```

Listing 8.15   Das nochmals modifizierte Skript *Convert-Currency3.ps1*

Rückgabewerte festlegen

Natürlich soll eine Funktion am Ende ein Ergebnis an denjenigen zurückliefern, der die Funktion aufgerufen hat. Die Beispielfunktionen aus diesem Kapitel haben bereits eifrig davon Gebrauch gemacht. Wie Funktionen allerdings ganz genau Ergebnisse zurückliefern, ist eine höchst ungewöhnliche Angelegenheit, weil sie bei PowerShell völlig anders funktioniert als bei anderen Programmiersprachen.

Ein Rückgabewert oder mehrere?

Tatsächlich liefern PowerShell-Funktionen nicht einen einzelnen bestimmten Rückgabewert. Sie liefern schlichtweg alles zurück, was Sie im Verlauf der Funktion an irgendeiner Stelle ausgegeben (gewissermaßen *liegen gelassen*) haben. Was die Frage aufdrängt, was genau mit »liegen gelassen« gemeint ist.

Immer dann, wenn Sie Informationen weder einer Variablen zuweisen noch als Parameter an ein Cmdlet übergeben, gilt die Information als »liegen gelassen«. Hier ist eine Testfunktion, mit der Sie das Prinzip untersuchen können:

```
function Test-ReturnValue
{
  param
  (
    $Anzahl = 1
  )

  1..$Anzahl |
    ForEach-Object {  'ich wurde einfach liegengelassen' }
}
```

Listing 8.16   Das Skript *Test-ReturnValue.ps1*

Rufen Sie die Funktion auf, liefert sie genau einen Wert zurück, nämlich einen Text, der sich genau wie bei Cmdlets auch in einer Variablen auffangen lässt:

```
PS> Test-ReturnValue
ich wurde einfach liegengelassen

PS> $ergebnis = Test-ReturnValue
PS> $ergebnis
ich wurde einfach liegengelassen

PS> $ergebnis.GetType().FullName
System.String
```

Fordern Sie nun die Testfunktion auf, mehrere Ergebnisse zurückzuliefern. Die Funktion lässt daraufhin in einer *foreach*-Schleife so viele Texte liegen, wie Sie möchten. Alle Texte werden gemeinsam zum Rückgabewert der Funktion. PowerShell verpackt sie dazu in ein Array:

```
PS> Test-ReturnValue -Anzahl 3
ich wurde einfach liegengelassen
ich wurde einfach liegengelassen
ich wurde einfach liegengelassen

PS> $ergebnis = Test-ReturnValue -Anzahl 3
PS> $ergebnis.GetType().FullName
System.Object[]

PS> $ergebnis.Count
3

PS> $ergebnis[0]
ich wurde einfach liegengelassen
```

Eine Funktion kann also beliebig viele Ergebnisse zurückliefern. Ist es mehr als ein Ergebnis, verpackt PowerShell die Ergebnisse kurzerhand in ein Array. Genau so verhalten sich auch Cmdlets. Liefert das Cmdlet nur ein einzelnes Ergebnis, ist das Ergebnis das betreffende Objekt selbst, also im folgenden Beispiel ein Prozess. Werden mehrere Ergebnisse zurückgeliefert, verpackt sie PowerShell stets als Array:

```
PS> (Get-Process | Select-Object -First 1).GetType().FullName
System.Diagnostics.Process

PS> (Get-Process).GetType().FullName
System.Object[]
```

Return-Anweisung

Manchmal findet sich in PowerShell-Funktionen die etwas missverständliche Anweisung *return* und dahinter steht der Rückgabewert:

```
function Test-ReturnValue
{
    return 'hallo'
}

PS> Test-ReturnValue
hallo
```

Auf den ersten Blick suggeriert dies, als würde *return* den Rückgabewert der Funktion bestimmen. Das allerdings ist nicht der Fall. Die Anweisung *return* sorgt lediglich dafür, dass die Funktion an dieser Stelle abgebrochen und verlassen wird. Der Rückgabewert ergibt sich weiterhin aus allem, was in der Funktion bis zu diesem Punkt liegen gelassen wurde:

```
function Test-ReturnValue
{
    'halli'
    return 'hallo'
    'hallöle'
}

PS> Test-ReturnValue
halli
hallo
```

Die Anweisung *return* kann deshalb auch ganz für sich in der Funktion stehen und dennoch dasselbe bewirken:

```
function Test-ReturnValue
{
    'halli'
    'hallo'
    return
    'hallöle'
}
```

Auch die Schlüsselwörter *break* oder *continue* brechen die Funktion vorzeitig ab. Diese verhalten sich aber in einem wesentlichen Punkt ganz anders als *return*: Nur wenn die Funktion mit *return* abgebrochen wird, können die bis dahin angefallenen Ergebnisse der Funktion einer Variablen oder einem Parameter zugewiesen werden. Bei *break* oder *continue* werden die Ergebnisse dagegen sofort direkt in die Konsole ausgegeben.

Unerwünschte Rückgabewerte unterdrücken

Weil alles, was der Code einer Funktion liegen lässt, automatisch zum Rückgabewert einer Funktion wird, müssen Sie aufpassen, nicht versehentlich unerwünschte Dinge liegen zu lassen. Rufen Sie beispielsweise einen Befehl auf, der ein Ergebnis liefert, wird dieses Ergebnis automatisch zu einem Rückgabewert:

```
function Speak-Text($text) {
    $speaker = New-Object -COMObject SAPI.SPVoice
    $speaker.Speak($text)
}
```

Listing 8.17   Das Skript *Speak-Text.ps1*

Die Funktion *Speak-Text* verwendet ein COM-Objekt, um Text in Sprache zu verwandeln. Wenn Sie damit Text vorlesen lassen, erscheint allerdings jedes Mal eine Zahl. Wo kommt diese denn her?

```
PS> Speak-Text 'Hello World!'
1
PS> Speak-Text (Get-Date)
1
```

Tatsächlich gibt die Methode *Speak()* einen Rückgabewert zurück, und weil dieser in der Funktion nicht verwendet wird, verwandelt die Funktion ihn zu einem Rückgabewert. Möchten Sie solche unerwünschten Ausgaben ruhigstellen, weisen Sie diese entweder einer Variablen (wie zum Beispiel *$null*) zu oder senden diese an *Out-Null*:

```
$null = $speaker.Speak($text)
```

oder

```
$speaker.Speak($text) | Out-Null
```

Sie können das Ergebnis auch in den Typ *Void* umwandeln. *Void* steht für »nichts« und vernichtet das Ergebnis ebenfalls:

```
[Void] $speaker.Speak($text)
```

TIPP   Alle drei Verfahren haben denselben Effekt: Unerwünschte Ergebnisse werden verschluckt. Nutzen Sie deshalb die Zuweisung an die Variable *$null*. Dieser Weg ist vielfach schneller, als die Daten per Pipeline an *Out-Null* zu senden. Die Konvertierung zu *[Void]* ist zwar genauso schnell, aber ein unnötiger Rückgriff auf .NET Framework-Methoden, die man stets vermeiden sollte, wenn es zum gleichen Zweck auch einen offiziellen (und lesbareren) PowerShell-Weg gibt.

Auf die Rückgabewerte zugreifen

Ob eine Funktion ein oder mehrere Ergebnisse zurückliefert, überprüfen Sie mit dem zurückgegebenen Datentyp. Ist dieser ein Array, dann wurden mehrere Ergebnisse geliefert, ansonsten nur eins. Entweder überprüfen Sie also den Typ des zurückgelieferten Objekts:

```
PS> $ergebnis = Get-Process
PS> $ergebnis.GetType().isArray
True

PS> $ergebnis -is [Array]
True
```

Oder Sie sorgen dafür, dass ein Cmdlet oder eine Funktion grundsätzlich immer die dazugehörigen Ergebnisse als Array liefert, also auch dann, wenn eigentlich nur genau ein Ergebnis zurückgemeldet wird. Dazu verpacken Sie den Aufruf in @(…). So brauchen Sie den Typ nicht umständlich zu testen, sondern können immer davon ausgehen, dass es sich um ein Array handelt:

```
function Test-ReturnValue($anzahl=1) {
  1..$anzahl | ForEach-Object { "Rückgabewert Nr. $_" }
}

PS> Test-ReturnValue
Rückgabewert Nr. 1

PS> Test-ReturnValue 3
Rückgabewert Nr. 1
Rückgabewert Nr. 2
Rückgabewert Nr. 3

PS> @(Test-ReturnValue).Count
1
PS> @(Test-ReturnValue 10).Count
10
```

Statusmeldungen ausgeben

Neben den eigentlichen Ergebnissen sollen Funktionen möglicherweise auch Statusmeldungen, Hinweise oder Warnungen an den Anwender ausgeben. Diese Meldungen müssen von den eigentlichen Funktionsergebnissen natürlich getrennt werden. Während die Funktionsergebnisse in Variablen gespeichert oder an Parameter anderer Befehle weitergegeben werden sollen, müssen die Meldungen stets für den Anwender sichtbar bleiben und sich nicht mit den Ergebnissen vermischen. In einigen Skriptsprachen lassen sich Funktionsergebnisse und Meldungen nicht sauber trennen. Was dann geschieht, zeigt das nächste Beispiel:

```
function Test
{
  "Berechnung wird durchgeführt"
  $a = 12 * 10
  "Ergebnis wird ausgegeben"
  "Ergebnis lautet: $a"
```

```
  "Fertig"
}


Test
Berechnung wird durchgeführt
Ergebnis wird ausgegeben
Ergebnis lautet: 120
Fertig
```

Zunächst sieht alles aus wie erwartet, die Funktion dokumentiert ihren internen Ablauf. Sobald die Funktion das Ergebnis aber einer Variablen zuweist (oder in der Pipeline an einen folgenden Befehl übergeben würde), werden die Meldungen unsichtbar, weil sie genau wie die übrigen Ergebnisse nun ebenfalls umgeleitet würden:

```
# Ihre Debugmeldungen werden nicht ausgegeben:
$ergebnis = Test

# Tatsächlich finden sich die Debugmeldungen wie alle anderen Ausgaben im Ergebnis:
$ergebnis
Berechnung wird durchgeführt
Ergebnis wird ausgegeben
Ergebnis lautet: 120
Fertig
```

Deshalb müssen Statusmeldungen, die nicht Teil des eigentlichen Ergebnisses sein sollen, mit *Write-*Cmdlets ausgegeben werden:

Ausgabetyp	Cmdlet	Wann sichtbar?	Beschreibung
Warnungen	*Write-Warning*	immer	Wichtige Warnmeldungen, die der Anwender immer zur Kenntnis nehmen sollte
Debugmeldungen	*Write-Debug*	Nur wenn *$DebugPreference* auf *'Continue'* eingestellt wird	Meldungen, die nicht für den Endanwender bestimmt sind, sondern für PowerShell-Entwickler, die zum Beispiel den Code prüfen oder Fehler finden sollen
Zusatzinformation	*Write-Verbose*	Nur wenn Anwender den Parameter -*Verbose* angibt	Besonders ausführliche Extrainformationen, die der Anwender nur dann sehen soll, wenn er dies ausdrücklich wünscht
Fortschritt	*Write-Progress*	immer	Blendet vorübergehend in einem horizontalen Streifen am oberen Fensterrand Statusinformationen oder einen Fortschrittsbalken ein
andere	*Write-Host*	immer	Alle Meldungen, die unter allen Umständen in der Konsole angezeigt werden sollen. Während die übrigen Kategorien festgelegte einheitliche Farben verwenden, kann bei *Write-Host* Vorder- und Hintergrundfarbe selbst bestimmt werden.

Tabelle 8.3 Ausgabe von Zusatzinformationen

Ausgabetyp	Cmdlet	Wann sichtbar?	Beschreibung
Fehler	*Write-Error*	immer	Ernste Fehler, die zum Beispiel auf eine Fehlfunktion hinweisen

Tabelle 8.3 Ausgabe von Zusatzinformationen *(Fortsetzung)*

Festlegen, welche Meldungen sichtbar sind

Nicht alle *Write*-Cmdlets liefern in einer Standard-PowerShell sichtbare Ergebnisse, wie die folgende Testfunktion zeigt, die alle *Write*-Cmdlets einsetzt:

```
function Test-StatusMessage
{
  Write-Debug 'Dies ist ein Entwicklerkommentar'
  1..100 | ForEach-Object {
    Write-Progress -Activity 'Dies ist eine Fortschrittsanzeige' -Status $_ -PercentComplete $_
    Start-Sleep -Milliseconds 50
  }
  Write-Verbose 'Dies ist eine ausführliche Zusatzinfo'
  Write-Warning 'Dies ist eine Warnmeldung'
  Write-Error 'Dies ist eine Fehlermeldung'
  Write-Host 'Dies ist eine freidefinierte Meldung' -ForegroundColor Red -BackgroundColor Yellow
}
```

Listing 8.18 Das Skript *Test-StatusMessage.ps1*

Das Ergebnis der Funktion ist zunächst eine Fortschrittsanzeige mit einem Fortschrittsbalken und danach diese Meldungen:

```
PS> Test-StatusMessage
WARNING: Dies ist eine Warnmeldung
Test-StatusMessage : Dies ist eine Fehlermeldung
At line:1 char:1
+ Test-StatusMessage
+ ~~~~~~~~~~~~~~~~~~
    + CategoryInfo          : NotSpecified: (:) [Write-Error], WriteErrorException
    + FullyQualifiedErrorId : Microsoft.PowerShell.Commands.WriteErrorException,Test-StatusMessage

Dies ist eine freidefinierte Meldung
```

Write-Debug und *Write-Verbose* blieben also unsichtbar. Welche *Write*-Cmdlets sichtbar sind, bestimmen Präferenzvariablen, die bei einer Standard-PowerShell so aussehen:

```
PS> Get-Variable *preference | Select-Object Name, Value

Name                                                           Value
----                                                           -----
(…)
DebugPreference                                       SilentlyContinue
(…)
ProgressPreference                                            Continue
VerbosePreference                                     SilentlyContinue
WarningPreference                                             Continue
(…)
```

Alle Präferenzvariablen, die auf *Continue* stehen, machen die Ausgaben der korrespondierenden *Write*-Cmdlets sichtbar. Damit also auch *Debug*- und *Verbose*-Meldungen sichtbar werden, könnte man die entsprechenden Präferenzvariablen ändern:

```
PS> $DebugPreference = 'Continue'
PS> , e = 'Continue'
```

Die Einstellungen gelten jetzt in der gesamten PowerShell-Sitzung. Für Debugmeldungen ist das in Ordnung, denn wenn ein PowerShell-Entwickler sich auf Fehlersuche begibt, will er üblicherweise auch tatsächlich alle Debugmeldungen sehen, unabhängig davon, von welcher Funktion oder welchem Cmdlet sie stammen.

Anders ist das bei ausführlichen Meldungen. Diese möchte man normalerweise nur fallweise bei bestimmten Funktionen und Cmdlets ausgeben. Hier wäre also das Umstellen einer Präferenzvariable viel zu aufwändig und auch zu unscharf. Funktionen sollten deshalb den bei Cmdlets immer vorhandenen Parameter *-Verbose* nutzen, jedenfalls dann, wenn darin *Write-Verbose*-Anweisungen vorkommen. Hier ein einfaches Beispiel:

```
PS> Test-StatusMessage
WARNING: Dies ist eine Warnmeldung

PS> Test-StatusMessage -Verbose
VERBOSE: Dies ist eine ausführliche Zusatzinfo
WARNING: Dies ist eine Warnmeldung

PS> Test-StatusMessage -Debug
DEBUG: Dies ist ein Entwicklerkommentar
WARNING: Dies ist eine Warnmeldung

PS> Test-StatusMessage -Debug -Verbose
DEBUG: Dies ist ein Entwicklerkommentar
VERBOSE: Dies ist eine ausführliche Zusatzinfo
WARNING: Dies ist eine Warnmeldung
```

HINWEIS   Die Parameter *-Verbose* und *-Debug* zählen zu den allgemeinen Parametern (Common Parameters) und sind deshalb bei allen Cmdlets vorhanden. Auch Funktionen können die allgemeinen Parameter aktivieren, wie Sie in Kapitel 18 sehen werden. Dabei werden allerdings stets alle allgemeinen Parameter aktiv. Möchten Sie nur bestimmte Parameter implementieren, so wie in diesem Beispiel, dann spricht nichts dagegen, diese Parameter selbst zu definieren.

Farben der PowerShell-Meldungen festlegen

Alle Meldungen von PowerShell – also alle Meldungen, die mit *Write*-Cmdlets ausgegeben werden sowie alle Fehlermeldungen – werden mit speziellen Standardfarben angezeigt. Fehlermeldungen erscheinen beispielsweise genau wie Meldungen von *Write-Error* als roter Text auf schwarzem Grund. Warnmeldungen sind dagegen gelb. Und Zusatzmeldungen von *Write-Verbose* erscheinen blau.

Einzig Meldungen von *Write-Host* sind keiner besonderen Farbe zugewiesen. Bei diesem Cmdlet wählt man Vorder- und Hintergrundfarbe mit den Parametern *-ForegroundColor* und *-BackgroundColor* selbst aus. Die Standardfarben für Meldungen der PowerShell sind änderbar. Zuständig hierfür ist die Eigenschaft *PrivateData* der Variable *$Host* mit ihren vielen *Color*-Eigenschaften (Abbildung 8.7).

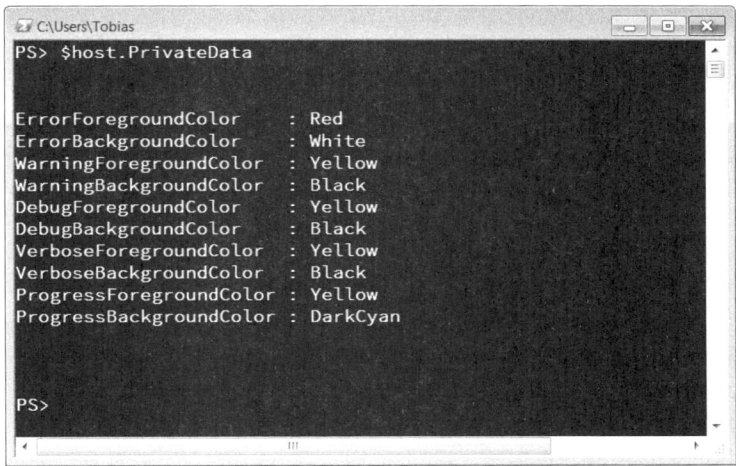

Abbildung 8.7   Standardfarben für PowerShell-Meldungen selbst festlegen

Die folgenden Zeilen setzen die Farbe von Fehlermeldungen auf rote Schrift mit aktueller Hintergrundfarbe:

```
PS> $Host.PrivateData.ErrorForegroundColor = 'Red'
PS> $Host.PrivateData.ErrorBackgroundColor = $Host.UI.RawUI.BackgroundColor
PS> 1/$null
Es wurde versucht, durch 0 (null) zu teilen.
```

Um diese Einstellungen dauerhaft festzulegen, nehmen Sie diese als Teil eines der Profilskripts vor (Kapitel 4).

Zusammenfassung

Funktionen sind im Grunde selbstgeschaffene Cmdlets, also neu hinzugefügte Befehle. Reichen die vorhandenen Cmdlets nicht aus, erfinden Sie sich also mit Funktionen einfach weitere hinzu. Dazu wird mit dem Schlüsselwort *function* eine Verbindung hergestellt zwischen dem neuen Befehlsnamen und einem beliebigen Skriptblock in geschweiften Klammern. Immer, wenn künftig der Befehlsname eingegeben wird, führt PowerShell den zugeordneten Skriptblock aus.

Zwar ist Ihnen der Name Ihrer Funktionen weitgehend freigestellt, aber Sie sollten sich an Cmdlet-Namen orientieren: Auch Funktionen sollten deshalb einen Doppelnamen bestehend aus einem englischsprachigen Verb und Nomen erhalten. Es empfiehlt sich ferner, dass das Verb aus der Liste der zugelassenen Verben entnommen wird, die *Get-Verb* liefert. Das Nomen sollte so weit als möglich als Singular gehalten sein. Pflicht ist das alles zwar nicht, aber nur dann integrieren sich Ihre Funktionen in die große Familie der PowerShell-Befehle und werden später vom Anwender genauso leicht gefunden wie Cmdlets.

Damit Anwender die Funktion später steuern können, können mit dem Schlüsselwort *param()* ein oder mehrere Parameter definiert werden. Diese funktionieren anschließend genauso wie bei Cmdlets und die Parameter werden auch von der IntelliSense-Funktion erkannt und vorgeschlagen.

Parameter lassen sich mit Sonderwünschen ausstatten (optionale, zwingende, positionale und Switch-Parameter). Man kann ihre Aufgabe mit Kommentaren dokumentieren, die danach in der PowerShell-Hilfe erscheinen. Des Weiteren darf man Parameter auch typisieren, also den Datentyp festlegen, den der Parameter erwartet. Insgesamt verhalten sich die Parameter von Funktionen dadurch für den Anwender genauso wie Parameter eines Cmdlets. Häufig ist für den Anwender gar nicht mehr erkennbar, ob es sich um eine Funktion oder ein Cmdlet handelt.

Damit Funktionen jederzeit zur Verfügung stehen, kann man sie als Modul speichern. Bei PowerShell 3.0 wird die Funktion danach automatisch in jede PowerShell-Sitzung geladen. Bei PowerShell 2.0 muss das Modul zuerst von Hand mit *Import-Module* nachgeladen werden. Auch hier verhalten sich die Funktionen genauso wie Cmdlets, die ja ebenfalls aus Modulen nachgeladen werden.

Der Rückgabewert einer Funktion setzt sich aus allem zusammen, was Befehle in ihrem Inneren selbst zurückgeben. Zwar gibt es die spezielle Anweisung *return*, aber diese legt eigentlich weniger den Rückgabewert fest. Vielmehr beendet sie die Funktion an dieser Stelle. Gibt eine Funktion mehr als eine einzige Information zurück, werden die Funktionen automatisch als Array verpackt.

Damit Meldungen an den Benutzer und andere Hinweismeldungen nicht Teil der Funktionsergebnisse werden, erzeugt man diese mithilfe der entsprechenden Cmdlets, die das Verb *Write* im Namen haben, also etwa *Write-Host* (für allgemeine Meldungen) oder *Write-Warning* (für wichtige Warnungen).

Kapitel 9

Fehlerhandling und Debugging

In diesem Kapitel:

Es lassen sich verschiedene Arten von Fehlern in einem Skript unterscheiden. Sogenannte *Syntaxfehler* sind handwerkliche Fehler. Ähnlich wie Rechtschreibfehler in einem Bewerbungsbrief sind sie vom Skriptentwickler immer vermeidbar. Zu den Syntaxfehlern gehören beispielsweise fehlende oder falsche Klammern, nicht zusammenpassende Anführungszeichen oder andere Anweisungen, die PowerShell erst gar nicht verstehen kann. Sehr viel problematischer sind jedoch *Logikfehler* und *Laufzeitfehler*, also Fehler im Aufbau eines Skripts, oder Fehler, die nicht immer auftreten, sondern nur unter bestimmten Voraussetzungen.

Wie man Fehler entdeckt, behebt und vorausschauend vermeiden kann, erfahren Sie in diesem Kapitel. Es behandelt der Reihe nach die drei generellen Fehlertypen:

- **Syntaxfehler**   Diese Verstöße gegen die Regeln der Sprache werden von PowerShell ISE rot unterstrichen, fast so wie Rechtschreibfehler in einem Textverarbeitungsprogramm

- **Logikfehler**   Diese Fehler liegen im Ergebnis, werden also nicht von PowerShell gemeldet. Der Code scheint einwandfrei zu funktionieren, liefert lediglich nicht das erwartete Ergebnis (oder nicht vollständig), weil der Entwickler das Problem offenbar auf falsche Weise angegangen hat oder der Code aus anderen Gründen nicht das Gewünschte leistet. Hier hilft der im ISE-Editor eingebaute Debugger, mit dem Code schrittweise ausgeführt und untersucht wird, um herauszufinden, an welcher Stelle sich der Code anders verhält als gedacht. Zu Logikfehlern gehören streng genommen auch Tippfehler bei Variablennamen, denn auch hier ergibt sich ein anderes Verhalten des Skripts, als es der Entwickler beabsichtigt hat.

- **Laufzeitfehler**   Solche Fehler treten nur manchmal auf und sind nicht eindeutig reproduzierbar. Auf dem Entwicklungssystem des Autors läuft der Code beispielsweise einwandfrei, aber beim Kunden oder anderswo im Unternehmen nicht. Laufzeitfehler hängen von den jeweiligen Rahmenbedingungen ab und treten, wie der Name suggeriert, erst auf, wenn das Skript läuft. Zum Beispiel könnte es sein, dass das Skript ein bestimmtes Laufwerk oder eine Internetressource nicht findet, nicht über die nötigen Berechtigungen verfügt oder nicht auf den gleichen Stamm an Cmdlets zurückgreifen kann wie zur Entwicklungszeit. Der in den ISE-Editor integrierte Debugger kann auch hier helfen, aber insbesondere das Fehlerhandling wird bei Laufzeitfehlern wichtig: Fehlerhandler reagieren auf Laufzeitfehler und können stellvertretend für den Entwickler handeln, wenn etwas Unerwartetes geschieht. Typischerweise unterdrückt ein Fehlerhandler unwesentliche Fehler, gibt bei schweren Fehlern Warnmeldungen aus oder bricht das Skript bzw. die Funktion ab. Außerdem wird üblicherweise ein Fehlerprotokoll für die spätere Auswertung angelegt.

Syntaxfehler erkennen und beheben

Syntaxfehler werden vom ISE-Editor mit einer roten Wellenlinie unterlegt und fallen in der Regel sofort ins Auge. Typische Syntaxfehler sind zum Beispiel falsche Klammern oder fehlende Anführungszeichen. Sicher werden Sie den Syntaxfehler in Abbildung 9.1 sofort bemerken.

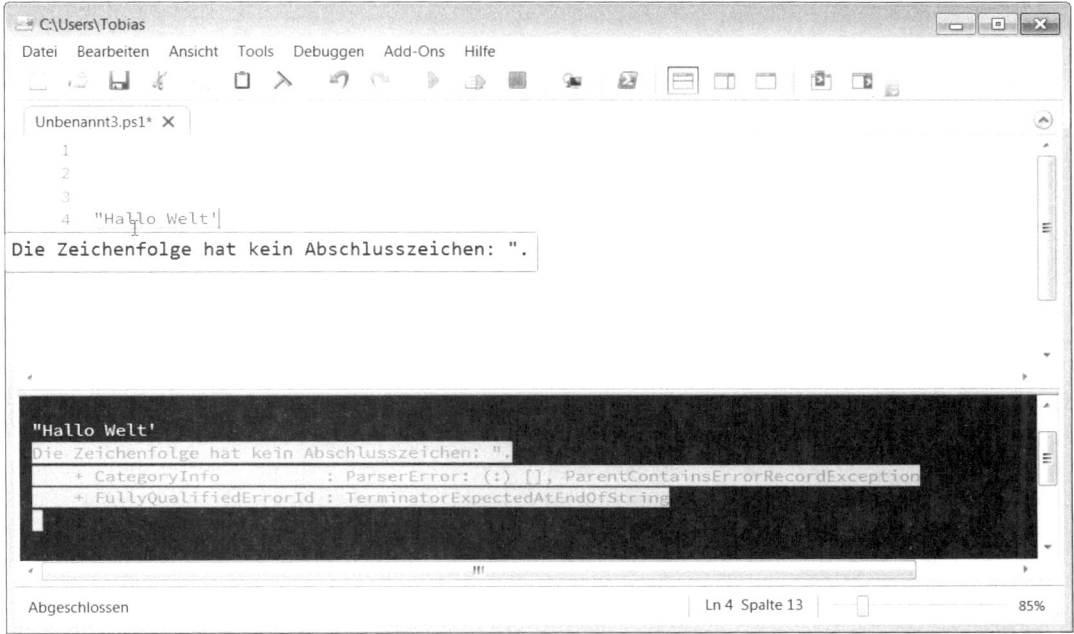

Abbildung 9.1 Syntaxfehler werden rot unterstrichen und liefern Hilfestellung, wenn der Mauszeiger auf die Wellenlinie bewegt wird

Richtig: Der Text beginnt mit einem doppelten Anführungszeichen, ist aber mit einem einfachen Anführungszeichen abgeschlossen worden.

Wenn Sie den Mauszeiger auf die rote Wellenlinie bewegen und kurz warten, meldet eine QuickInfo die Fehlerursache: »Die Zeichenfolge hat kein Abschlusszeichen: "«. Dieselbe Meldung erscheint auch, wenn Sie das Skript ausführen. Solche Meldungen sind typischerweise etwas vage. Hier besitzt der Text ja ein Abschlusszeichen, nur das falsche. Auch wenn die Meldungen häufig nicht die wirkliche Fehlerursache verraten, grenzen sie den Fehler immerhin näher ein und sind daher meist sehr hilfreich.

Folgefehler und der Blick auf das Wesentliche

Nicht immer sind Syntaxfehler so leicht zu identifizieren, denn manchmal löst ein Syntaxfehler eine ganze Kaskade von Folgefehlern aus, sodass die Fehlermeldung den eigentlich zugrunde liegenden Fehler nur als Teil vieler anderer Fehler erwähnt. Schauen Sie sich dazu das Beispiel aus Abbildung 9.2 an, und bevor Sie weiterlesen, überlegen Sie zuerst selbst, wo der Syntaxfehler liegen könnte.

```
 1   function Get-BIOS
 2   {
 3       param
 4       (
 5           $ComputerName
 6           $Credential
 7       )
 8
 9       Get-WmiObject -Class Win32_BIOS @PSBoundParameters |
10         Select-Object -Property Caption, Version
11   }
```

Abbildung 9.2   Ein eher schwer zu findender Syntaxfehler führt zu vier verschiedenen Fehlermeldungen

Die Funktion *Get-BIOS* soll eigentlich von der WMI die BIOS-Informationen abfragen und nutzt dazu zwei Parameter namens *$ComputerName* und *$Credential*, die per Splatting (Bündeln von Parametern zur einfacheren Befehlsübergabe) als *@PSBoundParameters* direkt an *Get-WmiObject* weitergereicht werden. Eigentlich eine nur wenige Zeilen lange simple Funktion, die aber in Abbildung 9.2 gleich an vier verschiedenen Stellen rot unterstrichen ist.

Die genauen Fehlermeldungen lauten:

- Zeile 5, Zeichen 22: ")" fehlt in Funktionsparameterliste.«
- Zeile 2, Zeichen 1: »Schließende "}" fehlt im Anweisungsblock.«
- Zeile 7, Zeichen 5: »Unerwartetes Token ")" in Ausdruck oder Anweisung.«
- Zeile 11, Zeichen 1: »Unerwartetes Token "}" in Ausdruck oder Anweisung.«

Die Fehler werden dabei nicht in der Reihenfolge gemeldet, in der die fehlerauflösenden Stellen von oben nach unten im Skript verzeichnet sind. Vielmehr ist die Abfolge beim *Parsen* ausschlaggebend für die Reihenfolge der Fehlerauflistung. Der erste Fehler ist der entscheidende: Zeile 5, Zeichen 22: »")" fehlt in Funktionsparameterliste.«

PowerShell hätte nach *$ComputerName* eigentlich eine abschließende runde Klammer erwartet, die den *param()*-Block beendet. Alle anderen Fehler sind Folgefehler.

Das an sich ist verständlich, aber warum soll der *param()*-Block schon hier beendet werden? Immerhin soll doch noch ein zweiter Parameter namens *$Credential* darin definiert werden. Der Grund: Der *param()*-Block erwartet die Parameter als kommaseparierte Liste, aber im Code wurde dieses Komma vergessen. Sobald Sie es hinter *$ComputerName* einfügen, ist sofort alles gut und alle vier Fehler lösen sich auf.

```
function Get-BIOS
{
  param
  (
    $ComputerName,    # <- hier fehlte das Komma!
    $Credential
  )

  Get-WmiObject -Class Win32_BIOS @PSBoundParameters |
    Select-Object -Property Caption, Version
}
```

Ohne das Komma hat PowerShell das folgende *$Credential* als ganz normale Anweisung verstanden und zu Recht moniert, dass vorher doch bitte der *param()*-Block abgeschlossen werden soll. Hier ist ein weiterer Fall. Schauen Sie ihn sich zuerst selbst an (Abbildung 9.3).

```
 1    Function Get-WeekDay
 2   {
 3      param
 4      (
 5        $Date = Get-Date
 6      )
 7
 8      $Date.WeekDayName
 9   }
10
```

Abbildung 9.3   Wieder löst ein Syntaxfehler eine ganze Kaskade von Fehlermeldungen aus

Die Funktion *Get-WeekDay* soll den Namen des aktuellen Wochentags bestimmen. Dazu soll der Anwender ein Datum an den Parameter *-Date* übergeben können. Falls er darauf verzichtet, soll *$Date* auf das aktuelle Datum eingestellt sein. Wieder meldet PowerShell vier Fehler:

- Zeile 5, Zeichen 12: »Ausdruck nach "=" fehlt.«
- Zeile 5, Zeichen 10: »")" fehlt in Funktionsparameterliste.«
- Zeile 2, Zeichen 1: »Schließende "}" fehlt im Anweisungsblock.«
- Zeile 6, Zeichen 3: »Unerwartetes Token ")" in Ausdruck oder Anweisung.«

Wieder ist die Reihenfolge der Fehler beim Parsen entscheidend, nicht die Abfolge innerhalb des Skripts. Entsprechend ist erneut die erste Meldung die wichtigste: Zeile 5, Zeichen 12: »Ausdruck nach "=" fehlt.« Die übrigen Meldungen sind wie beim vorangegangenen Beispiel nur Folgefehler.

PowerShell erkennt zwar, dass Sie mit »$Date =« dem optionalen Parameter *-Date* einen Standardwert zuweisen möchten, aber *Get-Date* wird nicht als Zuweisung erkannt. Stattdessen bemängelt PowerShell, dass gar keine Zuweisung stattgefunden habe. Der Grund: Innerhalb des *param()*-Blocks selbst darf kein Code ausgeführt werden. Der *param()*-Block ist nur eine kommaseparierte Liste, die die Parameter definiert. *Get-Date* kann darin nicht ausgeführt werden.

Die Lösung ist aber zum Glück einfach, denn Sie dürfen natürlich runde Klammern verwenden. Runde Klammern bezeichnen Code, der sofort ausgeführt werden soll. Er wird sozusagen ausgeführt, bevor PowerShell den *param()*-Block analysiert, und anstelle der runden Klammern wird dann das (statische) Ergebnis eingefügt. Das ist erlaubt. Setzen Sie also *Get-Date* in runde Klammern, ist alles gut.

```
function Get-WeekDay
{
  param
  (
    $Date = (Get-Date)
  )

  $Date.WeekDayName
}
```

Formale Regeln missachtet

Mitunter sind Syntaxfehler die Folge, wenn versehentlich formale Aspekte der Sprache missachtet werden. Schauen Sie sich dazu dieses Beispiel an. Im Code soll ein sogenannter *Here-String* einen mehrzeiligen Text erfassen. Here-Strings definieren mehrzeiligen Text, indem der Text durch »@'...'@« eingeschlossen wird (Abbildung 9.4).

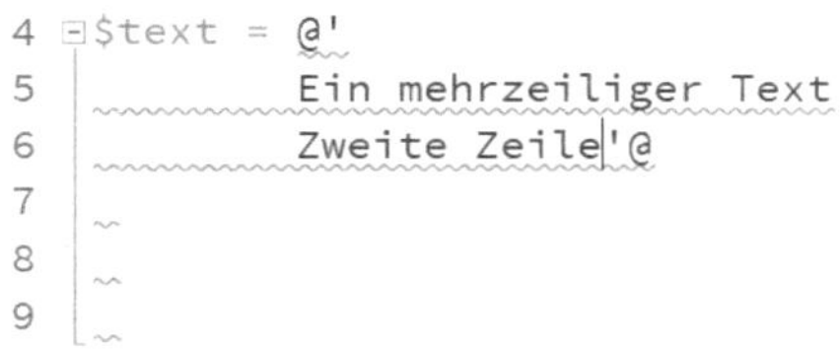

```
4 ⊟$text = @'
5            Ein mehrzeiliger Text
6            Zweite Zeile'@
7   ~
8   ~
9   ~
```

Abbildung 9.4   Können Sie erkennen, welcher formale Aspekt hier missachtet wurde?

PowerShell meldet: »Die Zeichenfolge hat kein Abschlusszeichen: '@.« Was etwas verwundert, denn das Abschlusszeichen ist ja vorhanden. Offenbar aber wird es von PowerShell nicht als solches gewertet.

Der Grund: Das Abschlusszeichen eines Here-Strings darf nicht Teil des Texts sein, den der Here-String definiert (weil andernfalls ja der Text »'@« auch nicht gewollt im Text des Here-Strings vorkommen dürfte). Das Abschlusszeichen muss immer in einer separaten Zeile stehen. Wenn Sie das beherzigen, löst das das Problem aber nicht unbedingt, denn Here-Strings sind anspruchsvoll (Abbildung 9.5).

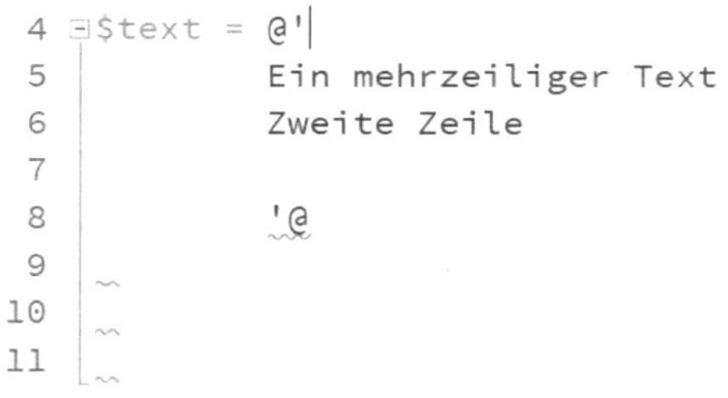

```
 4 ⊟$text = @'|
 5            Ein mehrzeiliger Text
 6            Zweite Zeile
 7
 8            '@
 9   ~
10   ~
11   ~
```

Abbildung 9.5   Können Sie erkennen, welcher formale Aspekt hier missachtet wurde?

Jetzt lautet die Fehlermeldung: »Leerzeichen sind vor dem Abschlusszeichen der Zeichenfolge nicht zulässig.«. Tatsächlich muss das Abschlusszeichen eines Here-Strings immer direkt am Anfang einer Zeile stehen. Vor ihm dürfen keine Zeichen – auch keine Leerzeichen – stehen. Rücken Sie das Abschlusskennzeichen also einfach an den Zeilenanfang und das Problem ist behoben:

```
$text = @'
       Ein mehrzeiliger Text
       Zweite Zeile
'@
```

Ähnliches gilt übrigens auch für das Anfangszeichen eines Here-Strings: Hier dürfen keine Zeichen folgen, auch keine Kommentare (Abbildung 9.6).

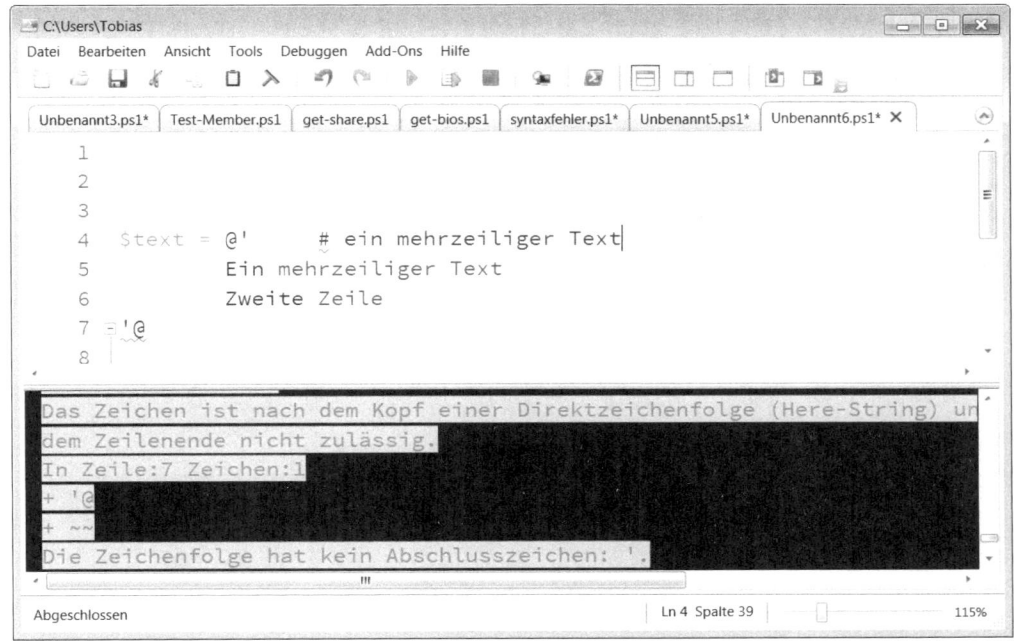

Abbildung 9.6 Dem Kopf eines Here-Strings dürfen keine weiteren Zeichen folgen

Formale Fehler – also Verstöße gegen die Grundregeln der Sprache – sind nicht immer so offensichtlich. Schauen Sie sich dazu einmal das Beispiel aus Abbildung 9.7 an.

```
2  $zeichen = 'abcdefghijklmnopqrstuvwxyz0123456789!"§$%&/()=?'.ToCharArray()
3  -join (for($x=1; $x -le 20; $x++) { Get-Random -InputObject $zeichen })
```

Abbildung 9.7 Ein Kennwortgenerator, der so noch nicht funktioniert

Der ISE-Editor meldet Syntaxfehler:

■ In Zeile 3 und Spalte 16: »Schließende ")" fehlt in einem Ausdruck.«

■ In Zeile 3 und Spalte 33: »Unerwartetes Token ")" in Ausdruck oder Anweisung.«

■ In Zeile 3 und Zeichen 71: »Unerwartetes Token ")" in Ausdruck oder Anweisung.«

Dieser Syntaxfehler ist knifflig, denn das, was hinter *-join* in runden Klammern steht, ist kein Unterausdruck mehr. Sobald Sie im Code Schlüsselwörter wie *for*, *if* oder *try* verwenden, kann der Code nicht mehr in runden Klammern ausgeführt werden. Runde Klammern können nur Befehle und Befehlsketten ausführen. Dabei ist die Lösung recht einfach, wenn man einmal die Ursache kennt: Stellen Sie vor die öffnende runde Klammer ein »$« (und verwandeln Sie den Unterausdruck damit in einen separaten Skriptbereich, für den diese Einschränkungen nicht mehr gelten):

```
-join $(for($x=1; $x -le 20; $x++) { Get-Random -InputObject $zeichen })
```

Jetzt funktioniert der Code und liefert 20 Zeichen lange Zufallskennwörter.

Typische Logikfehler aufspüren und entschärfen

Logikfehler führen anders als Syntaxfehler in aller Regel nicht zu roten Fehlermeldungen, allerdings auch nicht zum erwünschten Ergebnis. Während das Skript bei Logikfehlern also handwerklich einwandfrei ist, verrichtet es dennoch nicht das, was der Autor eigentlich im Sinn hatte.

Abbildung 9.8   Nicht alles, was sich der Mensch ausdenkt, funktioniert auf Anhieb auch wie gedacht

Abgesehen von vollkommen offensichtlichen Logikfehlern (vielleicht wollten Sie alle laufenden Dienste sehen, haben aber anstelle von *Get-Service* versehentlich *Get-Process* eingesetzt) sind Logikfehler nicht selten auf Verstöße gegen PowerShell-Grundregeln zurückzuführen.

Falsche Verwendung von Operatoren

Die folgende Zeile soll eigentlich alle Dienste auflisten, die aktuell laufen:

```
PS> Get-Service | Where-Object { $_.Status = 'Running' }
```

Stattdessen hagelt es unzählige Fehlermeldungen: »"Status" ist eine schreibgeschützte Eigenschaft.« Warum wohl? Die Fehlermeldung verrät es bereits, denn sie beklagt sich darüber, dass der Eigenschaft *Status* ein Wert zugewiesen wurde, obwohl sie schreibgeschützt ist. Tatsächlich hat sich ein Gewohnheitsfehler eingeschlichen, der besonders Anwender betrifft, die in anderen Skriptsprachen erfahren sind. Aus Versehen wurde nämlich der Zuweisungsoperator »=« und nicht der Vergleichsoperator *-eq* verwendet. Deshalb hat *Where-Object* treu versucht, bei jedem einlaufenden Dienst-Objekt die Eigenschaft *Status* auf den Wert *Running* zu setzen – was die Fehlermeldungen verursacht hat. Ersetzen Sie den Zuweisungsoperator durch den Vergleichsoperator, funktioniert die Zeile einwandfrei:

```
PS> Get-Service | Where-Object { $_.Status -eq 'Running' }
```

```
Status    Name            DisplayName
------    ----            -----------
Running   AdobeARMservice Adobe Acrobat Update Service
Running   AMPPALR3        Intel® Centrino® Wireless Bluetooth...
Running   Appinfo         Anwendungsinformationen
(...)
```

In diesem Fall hat der Logikfehler sogar einen Laufzeitfehler ausgelöst, der auf das zugrunde liegende Logikproblem aufmerksam macht. Das ist aber nicht immer so. Typisch für Logikfehler ist, dass sie gerade *keine* Fehlermeldung liefern, so wie hier:

```
PS> Get-ChildItem -Path $env:windir | Where-Object { $_.Length > 1MB }
```

Diese Zeile soll eigentlich alle Dateien aus dem Windows-Ordner auflisten, die größer sind als 1MB. Tatsächlich aber liefert sie kein Ergebnis. Wieder ist ein Operatorfehler schuld. Anstelle des eigentlich benötigten Vergleichsoperators *-gt* wurde der Umleitungsoperator > verwendet. *Where-Object* hat also bei jedem empfangenen Objekt die Größe in die Datei namens *1MB* umgeleitet, und weil diese Aktion keinen Rückgabewert liefert (also *$null*), hat *Where-Object* als Ergebnis das Objekt nicht durch die Pipeline hindurchgelassen. Tatsächlich existiert die Datei, die aus der Umleitung entstanden ist, sogar, allerdings vielleicht nicht unter dem erwarteten Namen:

```
PS> Get-Item -Path 1MB
Get-Item : Der Pfad "C:\Users\Tobias\1MB" kann nicht gefunden werden, da er nicht vorhanden ist.
```

1MB entspricht nämlich eigentlich dem Zahlenwert 1.048.576 und unter genau diesem Namen wurde die Datei auch angelegt:

```
PS> 1MB
1048576

PS> Get-Item -Path (1MB)


    Verzeichnis: C:\Users\Tobias


Mode            LastWriteTime     Length Name
----            -------------     ------ ----
-a---      09.11.2012     12:51       10 1048576
```

Ersetzen Sie > durch *-gt*, funktioniert auch dieser Code einwandfrei:

```
PS> Get-ChildItem -Path $env:windir | Where-Object { $_.Length -gt 1MB }


    Verzeichnis: C:\Windows


Mode            LastWriteTime     Length Name
----            -------------     ------ ----
-a---      06.08.2012     18:59    4319008 AsDebug.log
-a---      07.07.2012     14:38    3058304 AsScrPro.exe
-a---      24.02.2012     01:55    2871808 explorer.exe
(...)
```

Tippfehler ändern den Code

Tippfehler bei Variablen- oder Objekteigenschaftnamen führen ebenfalls leicht zu Logikfehlern, weil PowerShell annimmt, dass Sie wissen, was Sie tun. Geben Sie also einen falschen Variablen- oder Eigenschaftnamen an, arbeitet PowerShell dennoch mit diesem Namen, als wäre er existent. In den meisten Fällen ist das Ergebnis dann *$null*, was im weiteren Verlauf zu Folgefehlern führt. Schauen Sie sich das hier mal an:

```
PS> Get-ChildItem -Path $env:windir | Where-Object { $_.Lenght -gt 1MB }
```

Wieder sollen alle Dateien gefunden werden, die größer sind als 1 MB. Diesmal stimmt der Operator ebenfalls, aber dennoch wird »nichts« zurückgeliefert. Sehen Sie das Problem? Die Objekteigenschaft *Length* ist falsch geschrieben, sie weist einen Buchstabendreher auf: *Lenght*. Die Eigenschaft gibt es entsprechend nicht. Deshalb gibt PowerShell für sie stets *$null* zurück und *$null* ist immer kleiner als *1MB*.

Nicht initialisierte Variable

Bei Variablennamen gilt das Problem natürlich entsprechend. Hier kommt aber ein weiteres hinzu: Wird eine Variable nicht mit einem definierten Ausgangswert festgelegt, kann niemand genau sagen, welchen Inhalt eine Variable gerade hat. Deshalb führt der folgende Code auch zu Logikfehlern:

```
Get-ChildItem -Path $env:windir |
  Where-Object { $_.Length -gt 1MB } |
  ForEach-Object { $zähler++ }

"Im Windows-Ordner lagern $zähler Dateien, die >1MB sind."
```

Eigentlich soll er die Anzahl der Dateien im Windows-Ordner bestimmen, die größer sind als 1 MB. Das leistet er auch, jedenfalls beim ersten Aufruf. Beim nächsten hat sich die Anzahl schon verdoppelt und verdoppelt sich weiter bei jedem neuen Aufruf:

```
Im Windows-Ordner lagern 6 Dateien, die >1MB sind.
Im Windows-Ordner lagern 12 Dateien, die >1MB sind.
Im Windows-Ordner lagern 18 Dateien, die >1MB sind.
Im Windows-Ordner lagern 24 Dateien, die >1MB sind.
Im Windows-Ordner lagern 30 Dateien, die >1MB sind.
```

Der Grund: Die Variable *$zähler* wird niemals mit einem Ausgangswert definiert. Das Skript erhöht die Variable nur jeweils mit dem Inkrementoperator »++«. Deshalb werden bei jedem Aufruf die jeweils gefundenen Dateien zu *$zähler* hinzugezählt. Solche und viele ähnliche Probleme vermeiden Sie, indem Sie grundsätzlich alle eigenen Variablen zuerst auf einen definierten Ausgangswert festlegen, zum Beispiel so:

```
$zähler = 0

Get-ChildItem -Path $env:windir |
  Where-Object { $_.Length -gt 1MB } |
  ForEach-Object { $zähler++ }

"Im Windows-Ordner lagern $zähler Dateien, die >1MB sind."
```

Oder speziell bei *ForEach-Object*, indem Sie die Variablen in dessen *begin*-Parameter festlegen:

```
Get-ChildItem -Path $env:windir |
  Where-Object { $_.Length -gt 1MB } |
  ForEach-Object -begin { $zähler=0 } -process { $zähler++ }
```

```
"Im Windows-Ordner lagern $zähler Dateien, die >1MB sind."
```

Nicht initialisierte Variablen sind eine der häufigsten Fehlerquellen. Sie führen auch dazu, dass Ihr Code »von außen« beeinflussbar wird, denn falls jemand in der Konsole die Variable *$zähler* auf einen anderen Wert einstellt, wirkt sich dieser ohne die Initialisierung direkt auf das Ergebnis aus. Dabei ist das Initialisieren von Variablen sehr einfach. Sogar mehrere Variablen können in einer Zeile auf definierte Ausgangswerte eingestellt werden:

```
PS> $a = $b = $c = $d = 0
```

PROFITIPP   Tippfehler und nicht initialisierte Variablen können »sichtbar« gemacht werden, indem Sie PowerShell vorübergehend anweisen, dies zu melden. Das kann nützlich sein, wenn Sie ein Skript abschließend testen wollen, bevor Sie es in die Produktion geben:

```
PS> Set-StrictMode -Version Latest
```

Jetzt führen nicht initialisierte Variablen und nicht vorhandene Objekteigenschaften zu einer auffälligen Fehlermeldung. Dieser strengere Testmodus darf aber nur vorübergehend während der Entwicklungszeit eingeschaltet werden. Produktionsskripts sind nämlich manchmal darauf angewiesen, dass nicht vorhandene Objekteigenschaften freundlich ignoriert werden. Schalten Sie den Modus deshalb gegebenenfalls wieder aus, um keine falschen Alarme zu produzieren:

```
PS> Set-StrictMode -Off
```

Der StrictMode schützt Sie übrigens nur bedingt: Verwendet ein Skript nicht initialisierte Variablen, aber wurde der Variablen auf andere Weise bereits ein Wert zugewiesen – von Hand oder während eines vorherigen Tests –, dann ist die Variable für PowerShell nicht mehr leer und entgeht also dem Test. Testen Sie deshalb Skripts am besten in einer neuen, frisch gestarteten ISE-Sitzung. Dort müssen Sie den StrictMode allerdings gegebenenfalls erneut einschalten, denn die Einstellung gilt immer nur für eine Sitzung und nicht länger oder für andere PowerShell-Instanzen.

Versehentliche Verwendung von Arrays

Mitunter werden Logikfehler auch durch falsche Angabe von Argumenten ausgelöst. Das folgende Beispiel definiert eine hypothetische Funktion, die zwei Zahlen miteinander multiplizieren soll:

```
function Multiply($a, $b) { $a * $b }
```

Wenn Sie die Funktion aufrufen, liefert sie aber »nichts« zurück:

```
PS> Multiply(5, 10)
```

```
PS>
```

Ein Fehler erscheint indes auch nicht. PowerShell ist offenbar zufrieden. Schauen wir mal, was Power-Shell tatsächlich getan hat. Wieder ist es etwas ganz anderes, als der Anwender im Sinn hatte: Multiply erwartet zwei Argumente, nämlich *$a* und *$b*. Übergeben wurde aber nur ein Argument, nämlich ein Array mit den beiden Werten 5 und 10. Erinnern Sie sich? Kommaseparierte Listen werden von

PowerShell immer in ein Array verpackt. Das zweite Argument *$b* ist also leer. Multipliziert man ein Array mit einem Leerwert, ist das Ergebnis völlig zu Recht »nichts«. Übergeben Sie *$b* dagegen einen Wert, wird das Array tatsächlich multipliziert:

```
PS> Multiply(5,8) 2
5
8
5
8
```

Solche Fehler kommen häufig vor, weil erfahrene Programmierer es gewohnt sind, Objektmethoden die Argumente als kommaseparierte Liste zu übergeben, so wie bei diesem Stück Low-Level-Code, der eine ganz ähnliche Funktion namens *BigMul()* aus .NET Framework aufruft (mehr zu solchem Code erfahren Sie ab Kapitel 10):

```
PS> [Math]::BigMul(5,8)
40
```

Bei PowerShell-Befehlen gelten aber andere Regeln. Hier werden die Argumente ohne Klammern angegeben und durch Leerzeichen statt Kommas voneinander getrennt. Der richtige Aufruf sieht also so aus:

```
PS> Multiply 5 8
40
```

Sie vermeiden solche Fehler, indem Sie PowerShell-Befehle immer mit benannten Parametern aufrufen. Dadurch wird sehr viel klarer, was die Argumente eigentlich bedeuten:

```
PS> Multiply -a 5 -b 8
40

PS> Multiply -a 5,8 -b 2
5
8
5
8
```

> **TIPP**   Noch klarer wäre der Aufruf natürlich, wenn die Funktion ihre Argumente nicht *a* und *b*, sondern zum Beispiel *Value* und *Factor* genannt hätte.

Auch vor solchen Fehlern schützt Sie der StrictMode von eben. Rufen Sie einen PowerShell-Befehl in Entwicklersyntax auf, würde PowerShell dies mit einer Fehlermeldung quittieren:

```
PS> Set-StrictMode -Version Latest
PS> Multiply(5,8)
Die Funktion oder der Befehl wurde wie eine Methode aufgerufen. Parameter müssen durch Leerzeichen
getrennt sein. Informationen zu Parametern finden Sie im Hilfethema "about_Parameters".
```

Fehlendes Verständnis für Objektreferenzen

Allen Beispielen bisher war gemeinsam, dass PowerShell die Anweisungen anders verstanden hat, als sie vom Entwickler beabsichtigt waren. So frustrierend Logikfehler anfangs sein können, bietet die

Lösung dieser Fehler meist einen tiefen Einblick in die wahre Funktionsweise von PowerShell. Logikfehler können deshalb eine wertvolle Lernerfahrung sein, oder wie Xavier Naidoo es poetischer ausdrücken würde: »Der Mensch lernt nur, wenn er Sch... frisst«. In diesem Sinne schauen Sie sich auch diesen Code einmal näher an und überlegen sich, was Sie *erwarten* würden:

```
$namensliste = 'Tom','Mary'

$namensliste_neu = $namensliste
$namensliste_neu += 'Tobias'

"Alte Namensliste:"
$namensliste
"Neue Namensliste:"
$namensliste_neu

'-' * 40

$namensliste_neu[1] = 'gestrichen'
"Element 2 in neuer Namensliste:"
$namensliste_neu[1]
"Element 2 in alter Namensliste:"
$namensliste[1]
```

Wenn Sie den Code ausführen, sieht das Ergebnis so aus:

```
Alte Namensliste:
Tom
Mary
Neue Namensliste:
Tom
Mary
Tobias
----------------------------------------
Element 2 in neuer Namensliste:
gestrichen
Element 2 in alter Namensliste:
Mary
```

Das Ergebnis entspricht also höchstwahrscheinlich genau Ihren Erwartungen. Tatsächlich aber kann durch eine winzige Änderung daraus der Ursprung äußerst schwer aufzuspürender Logikfehler werden. Sie brauchen im Code nämlich lediglich die dritte Zeile zu entfernen ($namensliste_neu += 'Tobias') und es noch einmal auszuführen. Jetzt sieht das Ergebnis *unerwartet* anders aus:

```
Alte Namensliste:
Tom
Mary
Neue Namensliste:
Tom
Mary
----------------------------------------
Element 2 in neuer Namensliste:
gestrichen
Element 2 in alter Namensliste:
gestrichen
```

Dass alte und neue Namenslisten nun den gleichen Inhalt haben, ist nach Streichung der dritten Zeile kein Wunder. Erstaunlich ist aber, dass bei der die Änderung des Elements in der einen Liste genau

dasselbe Element auch in der anderen Liste mitgeändert wird – und deshalb am Ende der Ausgabe
beide Listen ein gestrichenes Element besitzen:

```
PS> $namensliste_neu[1] = 'sowas aber auch'
PS> $namensliste_neu[1]
sowas aber auch

PS> $namensliste[1]
sowas aber auch
```

Tatsächlich sind beide Variablen identisch. Was Sie hier erleben, ist typisch für Variablen, die nicht
primitive Daten wie Text oder Zahlen enthalten, sondern komplexere Objekte.

In diesem Fall speichert die Variable nämlich nicht die eigentlichen Daten, sondern nur einen Verweis
(einen Zeiger) auf den Ort im Speicher, wo die Daten abgeladen wurden. Deshalb führt die folgende
Anweisung nur dazu, dass die neue Variable denselben Zeiger bekommt wie die alte, aber nicht die
Daten kopiert. Beide Variablen hantieren nach wie vor mit denselben Daten:

```
$namensliste_neu = $namensliste
```

Damit sich beide Listen unabhängig voneinander verhalten, muss also eine *echte* Kopie der Daten
angelegt werden. Und genau das ist völlig nebenbei im ersten Beispiel geschehen, als einer der beiden
Listen mit dem Operator »+=« ein neues Element hinzugefügt wurde.

Damit man Arrays um ein neues Element ergänzen kann, ist nämlich hinter den Kulissen erheblicher
Aufwand nötig: Es wird ein neues Array mit einem zusätzlichen Element angelegt und danach die
Inhalte des alten Arrays in das neue kopiert – also genau der Kopiervorgang, der die beiden Arrays
voneinander unabhängig gemacht hat. Fehler, die auf irrtümlicher Doppelnutzung von Objekten
beruhen, können nur dadurch behoben werden, dass man das Phänomen überhaupt kennt – und
dann überall dort, wo es notwendig ist, tatsächlich die Kopien anlegt. Kopien von Arrays kann man
zum Beispiel mit der in Arrays eingebauten Methode *Clone()* anlegen:

```
$namensliste_neu = $namensliste.Clone()
```

Kopien von Objekten werden mit *Select-Object* erstellt. Auch dazu ein kurzes Beispiel: Das folgende
Skript legt eine Testdatei im temporären Ordner an und greift dann mit *Get-Item* auf die Datei
zurück. *Get-Item* liefert ein Dateiobjekt mit zahlreichen Eigenschaften, das in *$datei* gespeichert wird.
Anschließend wird in *$dateikopie* eine Kopie angelegt. Wie Sie wissen, wurde hierbei aber nur der
interne Zeiger auf das Objekt kopiert und beide Variablen arbeiten mit demselben Objekt:

```
PS> "Test" > $env:TEMP\testdatei.txt
PS> $datei = Get-Item -Path $env:TEMP\testdatei.txt

PS> # nur eine Kopie des Zeigers anlegen, beide Variablen zeigen auf dasselbe Objekt:
PS> $dateikopie = $datei
```

Wird nun eine Eigenschaft der einen Variable geändert, beispielsweise *CreationTime*, dann ändert sich
auch die Eigenschaft der anderen Variable, weil beide ja mit demselben Objekt arbeiten:

```
PS> $datei.CreationTime = '1999-12-18 19:33:00'
PS> $datei.CreationTime
Samstag, 18. Dezember 1999 19:33:00
PS> $dateikopie.CreationTime
Samstag, 18. Dezember 1999 19:33:00
```

Wird dagegen mit *Select-Object* eine Objektkopie angelegt, sind beide voneinander unabhängig geworden:

```
PS> # echte Kopie des Objekts anlegen:
PS> $dateikopie = $datei | Select-Object -Property *
PS> $datei.CreationTime = '1833-06-12 07:12:30'
PS> $datei.CreationTime
Mittwoch, 12. Juni 1833 07:12:30
PS> $dateikopie.CreationTime
Samstag, 18. Dezember 1999 19:33:00
```

PROFITIPP   Objekte repräsentieren häufig Dinge in Ihrem Computer, so auch hier. Das von *Get-Item* zurückgelieferte Dateiobjekt repräsentiert die angelegte Testdatei, und wenn Sie die Eigenschaften dieses Objekts ändern, ändert sich auch die Datei. Sie haben eben also tatsächlich das Erzeugungsdatum dieser Datei auf den 12. Juni 1833 um 7:12 Uhr und 30 Sekunden eingestellt und damit wahrscheinlich die älteste jemals entdeckte Computerdatei erzeugt (die vermutlich auf eBay einen begeisterten Käufer fände).

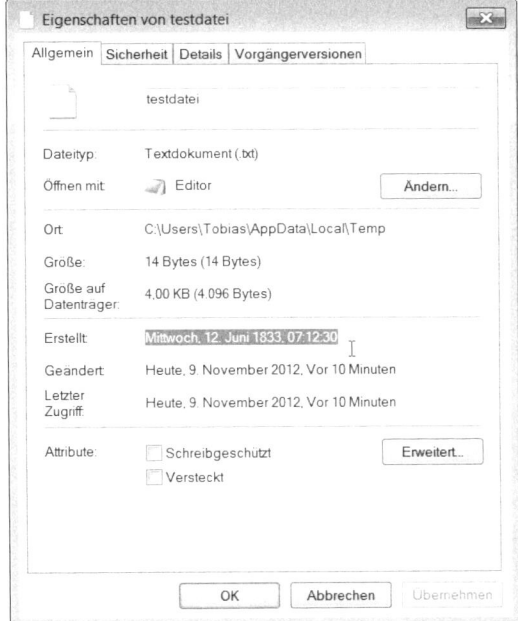

Abbildung 9.9 Die Testdatei meldet tatsächlich, dass sie in den frühen Morgenstunden anno 1833 erstellt wurde

Die Objektkopie dagegen ist ein unabhängiges Objekt, das nicht mehr mit der ursprünglichen Datei verbunden ist. Änderungen, die Sie daran vornehmen, wirken sich also auch nicht mehr auf die Datei aus.

Falsche Verwendung von Klammern

Schauen Sie sich zum Beispiel den Code aus Abbildung 9.10 an, der sehr dem Code aus Abbildung 9.2 ähnelt, aber diesmal einen Logikfehler enthält.

```
 1   function Get-BIOS
 2   {
 3       param
 4       {
 5           $ComputerName,
 6           $Credential
 7       }
 8
 9       Get-WmiObject -Class Win32_BIOS @PSBoundParameters |
10           Select-Object -Property Caption, Version
11   }
12
```

Abbildung 9.10　　Die Funktion Get-BIOS funktioniert zwar, aber nicht so wie gewünscht

Das Skript kann einwandfrei ausgeführt werden; ein Syntaxfehler ist darin also nicht enthalten. Wenn Sie jedoch anschließend *Get-BIOS* aufrufen, werden Sie zuerst bemerken, dass die Funktion gar keine Parameter besitzt. Anschließend bemängelt PowerShell in einem Laufzeitfehler, dass es den Befehl *param* nicht finden konnte, und danach werden die BIOS-Daten des lokalen Computers ausgeworfen.

Aus irgendeinem Grund wertet PowerShell also die Angabe *param* als Befehl (den es nicht gibt) und nicht als Parameterdeklaration. Dass PowerShell Ihren Code in der Tat auf diese Weise interpretiert, zeigt der ISE-Editor bereits durch die Farbcodierung, denn *param* taucht darin wie alle übrigen Befehle in Königsblau auf. Ein *param*-Block ist definiert durch die Anweisung *param* sowie den gewünschten Parameter als kommaseparierte Liste in runden Klammern. Sehen Sie die Fehlerursache jetzt?

Im Skript stehen hinter *param* nicht *runde*, sondern *geschweifte* Klammern. Geschweifte Klammern definieren stets einen Skriptblock, also Code, der nicht sofort ausgeführt wird, sondern jemandem übergeben werden kann. PowerShell geht also davon aus, dass *param* ein Befehl sein muss, dem Sie als Argument den Skriptblock übergeben wollen. Weil diese Interpretation vollkommen gültig ist (nur eben nicht das, was der Autor eigentlich wollte), kommt es zu keinem Syntaxfehler. Syntaktisch ist das Skript ja einwandfrei.

Sobald Sie die geschweiften Klammern durch runde Klammern ersetzen und das Skript erneut ausführen, funktioniert *Get-BIOS* wie gewünscht. Im ISE-Editor wechselt *param* nun auch seine Farbe und wird dunkelblau, genau wie alle übrigen Schlüsselwörter der Sprache.

Falsche Zuordnung von Skriptblöcken

Wie verblüffend die Ursachen für Logikfehler manchmal sein können, demonstriert das nächste Beispiel. Es soll eigentlich zeigen, wie eine Funktion Eingaben von der Pipeline empfängt. Dazu schafft es einen Parameter namens -*Value*, der Pipeline-Eingaben akzeptiert.

HINWEIS   Dieses Skript definiert eine Funktion, die Pipeline-Eingaben akzeptiert. Die Technik dafür wird in Kapitel 16 ausführlich beschrieben. Sie werden den Fehler, der dieser Funktion zugrunde liegt, erst dann nachvollziehen können, wenn Sie sich dort erstmals mit pipelinefähigen Funktionen beschäftigt haben. Der Fehler wird dennoch in diesem Kapitel beschrieben, weil er zeigt, welch skurrile Ergebnisse PowerShell-Code liefern kann, wenn PowerShell die Anweisungen anders als vom Entwickler beabsichtigt interpretiert.

Damit die eintreffenden Pipeline-Eingaben einzeln bearbeitet werden, wird im Funktionskörper ein *process*-Block definiert. Er wird für jede Eingabe über die Pipeline wiederholt wie eine Schleife.

```
 3   function Test-Pipeline
 4   {
 5     param(
 6       [Parameter(ValueFromPipeline=$true)]
 7       $Value
 8     )
 9
10     "Diese Funktion testet Pipeline-Eingaben:"
11
12     process
13     {
14       "Empfange: $Value"
15     }
16   }
```

Abbildung 9.11 Ein Logikfehler führt dazu, dass diese Funktion ganz unerwartete Resultate liefert

Wenn Sie das Skript ausführen, kommt es nicht zu Fehlern. Wieder ist also kein Syntaxfehler enthalten. Aber ein Logikfehler, der sich offenbart, sobald Sie *Test-Pipeline* ausprobieren:

```
PS> 1..10 | Test-Pipeline
Diese Funktion testet Pipeline-Eingaben:

Handles  NPM(K)    PM(K)     WS(K) VM(M)   CPU(s)     Id ProcessName
-------  ------    -----     ----- -----   ------     -- -----------
    100      10     2668      3228    59     1,03   5724 ACEngSvr
    107      11     2292      2716    75     0,56   7048 ACMON
     39       6     1868       372    55     0,03   8096 ADDEL
(…)
    520      48    14380     13652   156            3764 wmpnetwk
    230      19     6812      4572    97            2764 ZeroConfigService

"Empfange: $Value"
```

Das Ergebnis irritiert ungemein. Zuerst gibt die Funktion wie erwartet die Textmeldung aus. Anschließend allerdings werden alle laufenden Prozesse aufgelistet und zum Schluss wird der Quelltext in Ihrem *process*-Block wörtlich zurückgegeben.

Tatsächlich wurden wieder einmal formale Gesichtspunkte der Sprache missachtet: Wenn in einer Funktion Code explizit einem *process*-Block zugewiesen wird, dann darf kein übriger Code außerhalb dieses Blocks stehen. Falls doch, dann geht PowerShell davon aus, dass *process* kein reserviertes Schlüsselwort ist, sondern ein Befehl. Tatsächlich zeigt ein genauer Blick in den ISE-Editor, dass *process* darin königsblau erscheint und nicht dunkelblau wie für Schlüsselwörter üblich.

process ist allerdings kein gültiger Befehl, aber *Get-Process*. Weil PowerShell alle Cmdlets, die das Verb *Get* verwenden, auch ohne dieses Verb ausführt, ruft die Funktion also in Wahrheit *Get-Process* auf, was die Ausgabe der Prozessliste erklärt.

Der Skriptblock, der eigentlich *process* zugeordnet sein sollte, wird anschließend einfach als weiteres Funktionsergebnis zurückgeliefert. Das erklärt, warum nach der Prozessliste noch der Quellcode erschien. Um das Problem zu lösen, muss man also die formalen Regeln einhalten und könnte die Anfangsmeldung in einen *begin*-Block stellen:

```
function Test-Pipeline
{
  param(
    [Parameter(ValueFromPipeline=$true)]
    $Value
  )

  begin
  {
    "Diese Funktion testet Pipeline-Eingaben:"
  }

  process
  {
    "Empfange: $Value"
  }
}
```

Schon funktioniert alles wie gewünscht:

```
PS> 1..10 | Test-Pipeline
Diese Funktion testet Pipeline-Eingaben:
Empfarge: 1
Empfange: 2
Empfange: 3
(…)
```

Mit dem Debugger Logikfehler nachvollziehen

Wie Sie gerade gesehen haben, gibt es beträchtlichen Raum für Missverständnisse zwischen PowerShell und Ihnen. Natürlich können Sie auch nicht alle Details zu PowerShell im Kopf haben, sodass es immer wieder einmal zu Logikfehlern kommen wird. Was Sie aber ganz definitiv feststellen können, ist, ob ein Skript die gewünschten Ergebnisse liefert oder nicht. Sollte das nicht der Fall sein und auch eine erste Durchsicht des Codes keine Erleuchtung bringen, greifen Sie zum Debugger und schauen sich den Code im laufenden Betrieb an. Spätestens dann lassen sich Fehler eingrenzen und beheben. Wie der Name andeutet, dient ein Debugger dazu, *Bugs* (wörtlich: *Motte*, *Wanze*, *Käfer*) im Code zu entlarven. In den Anfängen der Computergeschichte waren Bugs tatsächlich Motten, die sich in Computerrelais verfangen hatten und auf diese Weise für Fehlfunktionen sorgten. Der Begriff wurde beibehalten, heute versteht man unter einem Bug meist einen Konzeptionsfehler.

Der ISE-Editor enthält einen einfachen, aber leistungsfähigen Debugger. Mit ihm kann man PowerShell-Code schrittweise ausführen und sich also genau anschauen, welche Anweisungen der Code in welcher Reihenfolge durchläuft. Auch lassen sich die Variablen des Codes zu jedem Zeitpunkt inspizieren, zum Beispiel um festzustellen, ob sie überhaupt die erwarteten Inhalte haben.

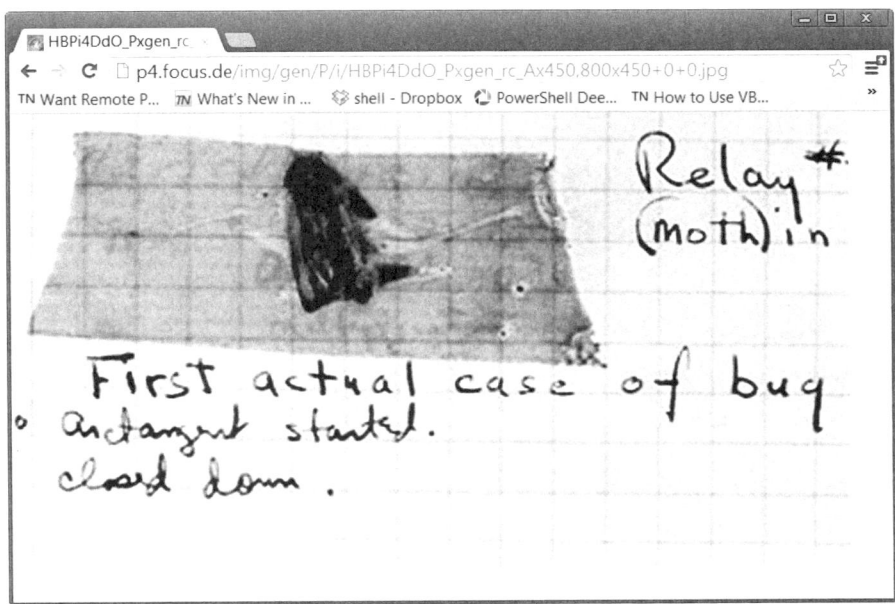

Abbildung 9.12 Der erste Computer-»Bug« der Geschichte war noch eine echte Motte, die sich im Relais verfing

Haltepunkte setzen und Code schrittweise ausführen

Um PowerShell-Code im ISE-Editor zu debuggen, muss der Code gespeichert werden und also als Datei vorliegen. Solange dies nicht der Fall ist, ist kein Debugging möglich und die entsprechenden Befehle im Menü *Debuggen* sind deaktiviert.

Nachdem Sie Ihren Code gespeichert haben, ist der erste Schritt, darin einen Haltepunkt zu setzen. Damit sagen Sie dem Debugger, an welcher Stelle die Ausführung angehalten und in Ihre Hände gelegt werden soll. Sie erzeugen einen Haltepunkt, indem Sie in die betreffende Codezeile klicken und dann F9 drücken (oder *Debuggen/Haltepunkt umschalten* wählen). Auf gleiche Weise kann ein Haltepunkt auch wieder entfernt werden. Haltepunkte markiert der ISE-Editor rot (Abbildung 9.13).

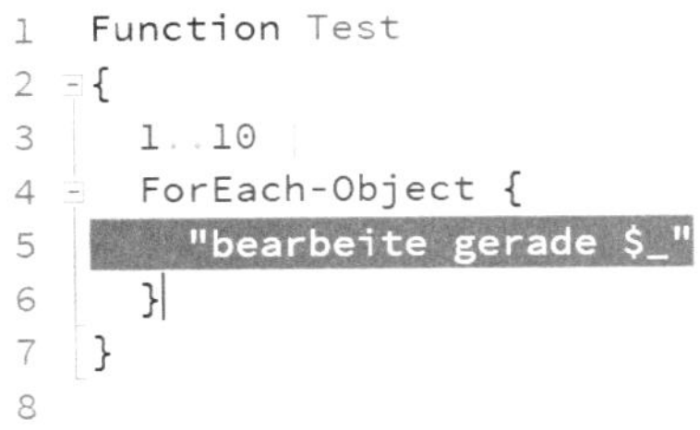

```
1   Function Test
2  -{
3      1..10
4   -  ForEach-Object {
5        "bearbeite gerade $_"
6      }
7  }
8
```

Abbildung 9.13 Einen Haltepunkt im ISE-Editor setzen

Danach starten Sie Ihr Skript, zum Beispiel mit ⎡F5⎤. Falls das Skript wie in Abbildung 9.13 eine Funktion definiert, passiert zunächst rein gar nichts. Die Funktion wird nur wie üblich im Speicher definiert. Wenn Sie danach aber diese Funktion aufrufen, tritt der Debugger in Aktion: Sobald die mit dem Haltepunkt markierte Codezeile ausgeführt werden soll, wird die Ausführung angehalten und die Zeile orange markiert (was Sie in Abbildung 9.14 an dem helleren Grauton erkennen).

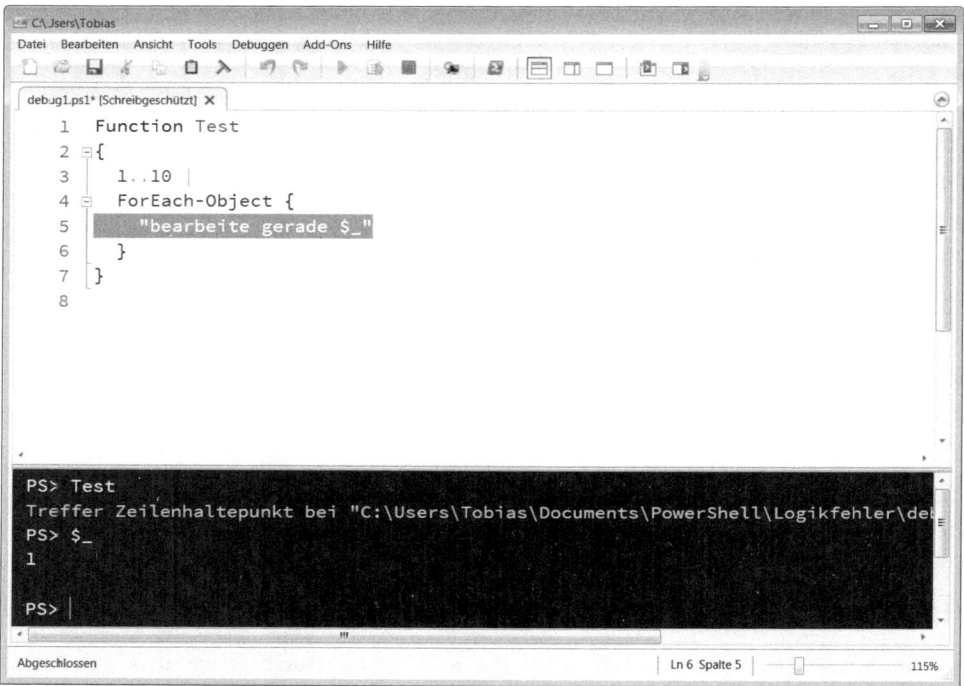

Abbildung 9.14 Codeausführung wird angehalten und Variableninhalte können inspiziert werden

In der Konsole wird außerdem gemeldet, dass der Haltepunkt erreicht wurde, und hier können Sie nun beliebigen Code eingeben. Er wird im Kontext des gerade angehaltenen Codes ausgeführt. Alle Variablen, die zu dieser Zeit definiert sind, können also beispielsweise abgerufen und inspiziert werden. In Abbildung 9.14 sehen Sie beispielsweise im unteren Teil, wie der Inhalt der Variablen $_ abgerufen wird und den Wert 1 enthält. Sie dürfen Variablen sogar ändern, wenn Sie möchten, indem Sie ihnen neue Werte zuweisen.

HINWEIS   Solange der Debugger läuft, dürfen Sie in der interaktiven Konsole beliebige Befehle aufrufen, um den Zustand des Codes und der PowerShell-Sitzung zu überprüfen.

Den Skriptcode selbst können Sie während einer Debugging-Sitzung dagegen nicht ändern (weswegen ISE auf der Registerkarte den Zusatz *Schreibgeschützt* einblendet). Eine Bearbeitung ist erst dann wieder möglich, wenn der Debugger seine Arbeit beendet hat. Das ist der Fall, wenn entweder der Code regulär zum Ende gekommen ist oder aber Sie den Debugger vorzeitig mit ⎡⇧⎤+⎡F5⎤ beenden.

Codeausführung fortsetzen

Sie können sich nach der Überprüfung entscheiden, ob Sie den Code weiter schrittweise ausführen, fortsetzen oder abbrechen möchten:

- **Nächste Anweisung** Drücken Sie [F10], wenn Sie die nächste Anweisung ausführen und dann dort wieder anhalten wollen. [F11] bewirkt prinzipiell dasselbe, wandert aber in kleinsten Einheiten, in *Einzelschritten*. Häufig besteht kein Unterschied zwischen beiden Tasten. Unterschiedlich verhalten sich beide Tasten aber, wenn die jeweilige Anweisung eine Funktion zur Ausführung bringt. [F10] ruft in diesem Fall die Funktion auf und hält erst dann wieder an, wenn die Funktion als Ganzes ausgeführt wurde. [F11] dagegen ruft nur die erste Anweisung innerhalb der Funktion auf und hält dann sofort wieder an. Die Programmfortsetzung geschieht dann also tatsächlich in kleinsten, einzelnen Schritten.

- **Fortsetzen** Drücken Sie [F5], wenn Sie den Code fortsetzen wollen. Der Debugger hält erst wieder an, wenn erneut ein Haltepunkt erreicht wird.

- **Abbrechen** Drücken Sie [⇧]+[F5], wenn Sie den Debugger (und damit den Code) sofort abbrechen wollen

Intelligente Haltepunkte setzen

Die grafische Oberfläche von ISE erlaubt nur, relativ primitive Zeilenhaltepunkte zu setzen. Der Debugger hält also immer dann an, wenn genau diese Zeile ausgeführt werden soll. Häufig lassen sich bestimmte Fragestellungen aber noch besser mit dynamischen (intelligenten) Haltepunkten klären. Diese halten den Debugger an, wenn eine bestimmte Situation eintritt. Solche Haltepunkte können nur über *Set-PSBreakpoint* gesetzt werden, nicht über die grafische Oberfläche oder Tastatur.

Anhalten, wenn Variablen sich ändern

Fragen Sie sich zum Beispiel, wann (und warum) eine bestimmte Variable geändert wird, beauftragen Sie den Debugger, immer dann anzuhalten, wenn dies geschieht. Achten Sie darauf, den Variablennamen ohne $ anzugeben. Es soll wieder von diesem Code ausgegangen werden:

```
function Test
{
  1..10 |
  ForEach-Object {
    "bearbeite gerade $_"
  }
}
```

Die folgende Anweisung setzt einen Haltepunkt, wenn die Variable *$_* geändert wird:

```
PS> Set-PSBreakPoint -variable _ -Mode Write
```

Jetzt allerdings hält der Debugger *immer* an, wenn sich die Variable *$_* *irgendwo* ändert, und das passiert wesentlich häufiger, als Ihnen lieb sein kann. *$_* ist die allgemeine Laufvariable von PowerShell. Sie ändert sich zum Beispiel sogar, wenn Sie *Set-PSBreakpoint* selbst aufrufen, weswegen sofort ein Haltepunkt erreicht wird:

```
Treffer Variablenhaltepunkt bei "$_" (Write-Zugriff)
Angehalten bei: Set-PSBreakPoint -variable _ -Mode Write
```

Drücken Sie ⌜F5⌝, um fortzufahren, dann folgt erst jetzt das Ergebnis von *Set-PSBreakpoint*:

```
PS>

  ID Script            Line Command        Variable        Action
  -- ------            ---- -------        --------        ------
   3                                          _
```

Besser ist, diesen etwas weitreichenden Haltepunkt gleich wieder zu entfernen und stattdessen einen etwas spezifischeren Haltepunkt anzulegen, der sich nur auf Ihr Skript auswirkt. Mit dieser Zeile werden zunächst sämtliche Haltepunkte entfernt:

```
PS> Get-PSBreakpoint | Remove-PSBreakpoint
```

Anschließend wird der Haltepunkt erneut gesetzt, aber diesmal nur, wenn der Haltepunkt innerhalb des Skripts vorkommt. Dazu müssen Sie den vollständigen Pfadnamen angeben, unter dem das Skript gespeichert wurde, zum Beispiel so:

```
PS> Set-PSBreakPoint -variable _ -Mode Write -Script ($psISE.CurrentFile.FullPath)

  ID Script            Line Command        Variable        Action
  -- ------            ---- -------        --------        ------
   4 debug1.ps1                               _
```

Wenn Sie nun die Funktion *Test* aufrufen, hält der Debugger automatisch an, sobald sich die Variable *$_* irgendwo in Ihrem Skript ändert. ISE markiert in Gelb, welche Anweisung als Nächstes ausgeführt wird. Diesmal wird die *1* markiert.

```
1   Function Test
2  ⊟{
3  |    1..10 |
4  ⊟  ForEach-Object {
5  |      "bearbeite gerade $_"
6  |    }
7  ⌊}
```

Abbildung 9.15 Sobald die Bedingung des intelligenten Haltepunkts erfüllt ist, wird der Code angehalten

Mit ⌜F5⌝ setzen Sie die Ausführung jetzt fort. Der Debugger hält nun jedes Mal erneut an, wenn *$_* sich wieder ändert, und Sie können so in der interaktiven Konsole mitverfolgen, an welcher Stelle dieser Variable welche Werte zugewiesen werden. Drücken Sie ⌜⇧⌝+⌜F5⌝, wenn Sie das Debugging abbrechen möchten. Den Haltepunkt löschen Sie danach wieder mit *Remove-PSBreakpoint*. Wenn Sie sich dessen ID-Nummer gemerkt haben, die beim Anlegen des Haltepunkts ausgegeben wurde, können Sie auch nur diesen einen Haltepunkt entfernen:

```
PS> Remove-PSBreakpoint -ID 4
```

TIPP   Sie dürfen *Remove-PSBreakpoint* auch während der Debug-Sitzung aufrufen und können den Haltepunkt auch mittendrin entfernen. Sobald Sie den Code danach mit ⌜F5⌝ fortsetzen, wird der gelöschte Haltepunkt nicht mehr berücksichtigt.

Anhalten, wenn Cmdlets oder Funktionen aufgerufen werden

Vielleicht möchten Sie nachverfolgen, wann und von wo aus bestimmte Cmdlets oder Funktionen aufgerufen werden. In diesem Fall legen Sie einen Haltepunkt an, der die Ausführung immer dann pausiert, wenn der zu beobachtende Befehl aufgerufen wird. Die folgende Zeile legt einen Haltepunkt an, der immer dann ausgelöst wird, wenn *ForEach-Object* eingesetzt wird:

```
PS> Set-PSBreakpoint -Command ForEach-Object

  ID Script           Line Command              Variable        Action
  -- ------           ---- -------              --------        ------
   5                       ForEach-Object
```

Erwartungsgemäß hält der Debugger nun ebenfalls an, wenn Sie Ihre Funktion *Test* aufrufen, denn sie verwendet intern ja *ForEach-Object*. Wenn Sie den Code diesmal mit [F5] fortsetzen, hält der Debugger nicht mehr an, denn *ForEach-Object* wird ja nur einmal innerhalb der Funktion verwendet.

PROFITIPP   Der Befehlsname, den Sie bei *Set-PSBreakpoint* angeben, braucht nicht vollständig zu sein, denn Jokerzeichen sind erlaubt. Der folgende Haltepunkt hält bei allen Befehlen an, die das Nomen *Object* im Namen tragen, diesmal allerdings nur, wenn der Befehl in dem Skript vorkommt, das aktuell in ISE angezeigt wird:

```
PS> Set-PSBreakpoint -Command *-Object -Script ($psISE.CurrentFile.FullPath)
```

Anhalten, wenn Variablen bestimmte Werte enthalten

Häufig kann man Probleme schon etwas einkreisen und möchte den Code anhalten, wenn bestimmte Bedingungen erfüllt sind. Schauen Sie sich dazu diese Funktion an:

```
function Get-ProcessList
{
  Get-Process |
  ForEach-Object {
    $name = $_.Name
    $hersteller = $_.Company
    $cpu = $_.CPU
    $txt = "Prozess '{0}' stammt von '{1}' und benötigte {2:0.0} Sekunden Prozessorzeit."
    $txt -f $name, $hersteller, $cpu
  }
}
```

Die Funktion soll eine Liste generieren mit allen laufenden Prozessen, ihren Herstellern und der jeweils benötigten Prozessorzeit. Das funktioniert auch, aber in vielen Fällen werden leere Werte zurückgegeben:

```
PS> Get-ProcessList
Prozess 'BleServicesCtrl' stammt von 'Intel Corporation' und benötigte 0,2 Sekunden Prozessorzeit.
Prozess 'BTHSAmpPalService' stammt von '' und benötigte  Sekunden Prozessorzeit.
Prozess 'BTHSSecurityMgr' stammt von '' und benötigte  Sekunden Prozessorzeit.
Prozess 'btplayerctrl' stammt von 'Intel Corporation' und benötigte 0,2 Sekunden Prozessorzeit.
Prozess 'chrome' stammt von 'Google Inc.' und benötigte 6,7 Sekunden Prozessorzeit.
Prozess 'conhost' stammt von '' und benötigte  Sekunden Prozessorzeit.
Prozess 'conhost' stammt von 'Microsoft Corporation' und benötigte 0,5 Sekunden Prozessorzeit.
(…)
```

Sie möchten den Code immer dann anhalten, wenn entweder *$hersteller* oder *$cpu* einen leeren Wert enthalten. Es soll also keineswegs immer angehalten werden, wenn den beiden Variablen ein neuer Wert zugewiesen wird, sondern nur dann, wenn es ein Leerwert ist.

Dazu gehen Sie im Grunde vor wie eben, nur geben Sie diesmal mit dem Parameter *-Action* zusätzlich einen Skriptblock für die Feinabstimmung an. Die folgenden beiden Haltepunkte werden also immer dann ausgelöst, wenn *$cpu* bzw. *$hersteller* neue Werte zugewiesen bekommen. *Nachdem* das geschieht, wird der Code in *-Action* ausgeführt, der prüft, ob angehalten werden soll. In diesem Fall ruft der Code *break* auf:

```
PS> Set-PSBreakpoint -Variable cpu -Mode Write -Script ($psISE.CurrentFile.FullPath) -Action { if
($cpu -eq $null) {break}}
PS> Set-PSBreakpoint -Variable hersteller -Mode Write -Script ($psISE.CurrentFile.FullPath) -
Action { if ($hersteller -eq $null) {break}}
```

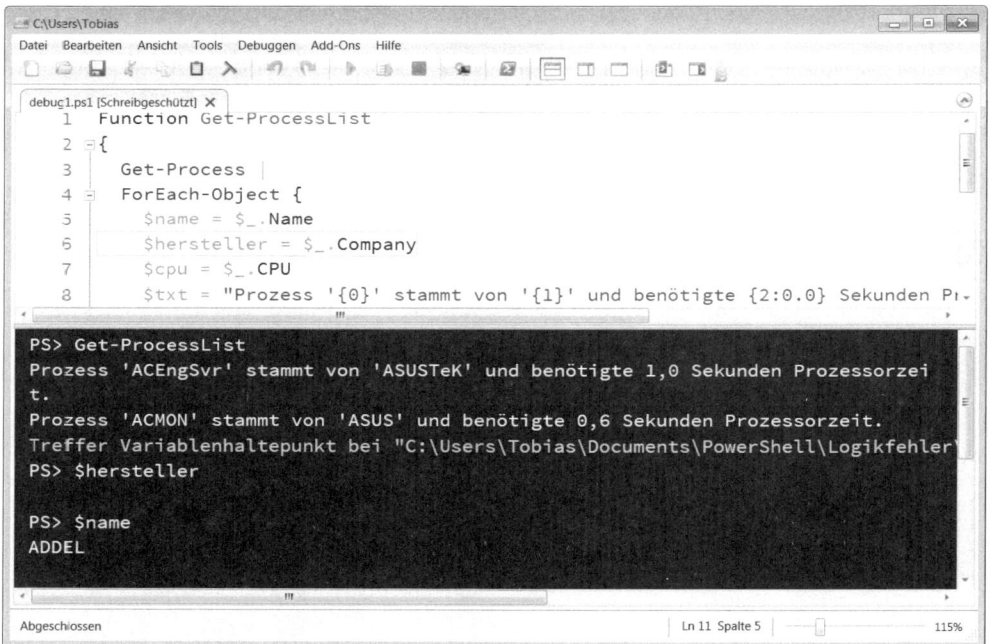

Abbildung 9.16 Der Debugger hält an, sobald Variable *$hersteller* auf einen Leerwert eingestellt wird

ACHTUNG   Der Code, den Sie *-Action* übergeben können, ist zwar außerordentlich flexibel, aber nicht allmächtig. Entscheidend ist, *wann* dieser Code ausgeführt wird. Das bestimmt allein der Haltepunkt. Erst wenn also der Haltepunkt auslöst, kann der Actioncode genauer überprüfen, was zu unternehmen ist. So ist es zum Beispiel nicht möglich, den Haltepunkt nur dann auszulösen, wenn die Variablen innerhalb der Funktion *Get-ProcessList* auf Nullwerte gesetzt werden. Der zugrunde liegende Haltepunkt löst überall im angegebenen Skript aus.

Würden Sie stattdessen einen befehlsbezogenen Haltepunkt wählen (indem Sie den Parameter *-Command* verwenden), wäre das Ergebnis ein völlig anderes:

```
PS> Get-PSBreakpoint | Remove-PSBreakpoint
PS> Set-PSBreakpoint -Command Get-ProcessList -Script ($psISE.CurrentFile.FullPath) -Action { if
($cpu -eq $null) {break}}
PS> Set-PSBreakpoint -Command Get-ProcessList -Script ($psISE.CurrentFile.FullPath) -Action { if
($hersteller -eq $null) {break}}
```

Beide Haltepunkte würden überhaupt nur auslösen, wenn der Befehl *Get-ProcessList* innerhalb des angegebenen Skripts aufgerufen wird. Rufen Sie *Get-ProcessList* dagegen von Hand in der interaktiven Konsole auf, löst der Haltepunkt erst gar nicht aus. Sie müssten also auf jeden Fall die Einschränkung auf ein bestimmtes Skript entfernen:

```
PS> Get-PSBreakpoint | Remove-PSBreakpoint
PS> Set-PSBreakpoint -Command Get-ProcessList -Action { if ($cpu -eq $null) {break}}
PS> Set-PSBreakpoint -Command Get-ProcessList -Action { if ($hersteller -eq $null) {break}}
```

Auch jetzt wäre das Ergebnis allerdings noch unbrauchbar, denn nun würden beide Haltepunkte genau in dem Moment auslösen, wo Sie den überwachten Befehlsnamen angeben – weil zu diesem Zeitpunkt die beiden überwachten Variablen noch leer sind:

```
PS> Get-ProcessList
Treffer Befehlshaltepunkt bei "Get-ProcessList"
Treffer Befehlshaltepunkt bei "Get-ProcessList"
```

Wichtig ist also, sich als Grundlage den passenden Haltepunkttyp auszuwählen. Für die Variablenüberwachung muss bereits der Haltepunkt selbst mit *-Variable* die Variable überwachen, und *-Action* kann dann nur optional draufsatteln.

Variablenhaltepunkte werden übrigens ausgelöst, nachdem der Variablen ein neuer Wert zugewiesen wurde. Es gibt keine Möglichkeit, den vorherigen Wert zu erfragen, sodass Sie keine Haltepunkte erzeugen können, die ausgelöst werden, wenn sich der Inhalt einer Variable von einem bestimmten Wert in einen bestimmten anderen Wert ändert.

Innerhalb des *Action*-Skriptblocks kommt der besonderen Variable *$_* in PowerShell 3.0 eine besondere Bedeutung zu (weswegen man den Inhalt dieser Variable folgerichtig auch nicht mit dem Action-Code überwachen kann). *$_* enthält innerhalb des *Action*-Skriptblocks das Haltepunktobjekt, das Sie auch von *Set-PSBreakpoint* erhalten haben.

Für die programmtechnische Haltepunktverwaltung sind also die fünf Cmdlets mit dem Tätigkeitsbereich *PSBreakpoint* zuständig:

```
PS> Get-Command -Noun PSBreakpoint
```

CommandType	Name	Definition
Cmdlet	Disable-PSBreakpoint	Disable-PSBreakpoint [-Breakpoint] ...
Cmdlet	Enable-PSBreakpoint	Enable-PSBreakpoint [-Id] <Int32[]>...
Cmdlet	Get-PSBreakpoint	Get-PSBreakpoint [[-Script] <String...
Cmdlet	Remove-PSBreakpoint	Remove-PSBreakpoint [-Breakpoint] <...
Cmdlet	Set-PSBreakpoint	Set-PSBreakpoint [-Script] <String[...

Diese Cmdlets stehen übrigens bereits seit PowerShell 2.0 zur Verfügung. Weitere Details liefert die PowerShell-Hilfe:

```
PS> Help about_debugger
```

Debugging-Meldungen ausgeben

Damit PowerShell-Code im Falle eines Falles leichter zu debuggen und der Code besser zu verstehen ist, kann der Autor mit *Write-Debug* Meldungen darin einbauen. Diese Meldungen bleiben im Alltag unsichtbar. Erst wenn der Code untersucht werden soll, entscheidet man, welche Rolle die *Write-Debug*-Anweisungen bekommen sollen, indem man die Variable *$DebugPreference* entsprechend Tabelle 9.1 ändert. Man kann die Anweisung anzeigen lassen oder auch in einen (simplen) Haltepunkt verwandeln.

Einstellung	Beschreibung
SilentlyContinue	Write-Debug wird ignoriert (Normalfall)
Stop	Write-Debug bricht das Skript ab (nicht sinnvoll)
Continue	Write-Debug-Meldungen werden sichtbar
Inquire	Write-Debug wird zu einem Haltepunkt

Tabelle 9.1   Einstellungen für *$DebugPreference*

PROFITIPP   Neben der automatischen Variable *$DebugPreference*, mit der Sie festlegen, ob und wie Debug-Meldungen ausgegeben werden, gibt es eine Reihe weiterer automatischer Variablen, die in ähnlicher Weise funktionieren und festlegen, wie PowerShell sich verhalten soll, wenn Sie nichts anderes festlegen (Tabelle 9.2).

Variable	Beschreibung
$ConfirmPreference	Gibt an, wann die Bestätigung angefordert werden soll. Diese erfolgt, wenn der *ConfirmImpact* des Vorgangs größer oder gleich *$ConfirmPreference* ist. Wenn *$ConfirmPreference* auf *None* festgelegt ist, werden Aktionen nur bestätigt, wenn -*Confirm* angegeben wurde.
$DebugPreference	Gibt an, welche Aktion ausgeführt wird, wenn eine Debug-Meldung übermittelt wird
$ErrorActionPreference	Gibt an, welche Aktion ausgeführt wird, wenn eine Fehlermeldung übermittelt wird
$ErrorView	Gibt den Darstellungsmodus für das Anzeigen von Fehlern an
$ProgressPreference	Gibt an, welche Aktion ausgeführt wird, wenn Statusdaten übermittelt werden
$ReportErrorShowExceptionClass	Führt dazu, dass Fehler mit einer Beschreibung der Fehlerklasse angezeigt werden
$ReportErrorShowInnerException	Führt dazu, dass Fehler mit internen Ausnahmen angezeigt werden
$ReportErrorShowSource	Führt dazu, dass Fehler mit der Fehlerquelle angezeigt werden
$ReportErrorShowStackTrace	Führt dazu, dass Fehler mit einer Stapelverfolgung angezeigt werden
$VerbosePreference	Gibt an, welche Aktion ausgeführt wird, wenn eine ausführliche Meldung übermittelt wird. Erlaubte Werte sind *SilentlyContinue*, *Stop*, *Continue* und *Inquire*.
$WarningPreference	Gibt an, welche Aktion ausgeführt wird, wenn eine Warnmeldung übermittelt wird
$WhatIfPreference	Bei *true* wird -*WhatIf* als für alle Befehle aktiviert betrachtet

Tabelle 9.2   Feineinstellungen der PowerShell-Konsole

Tracing: Ausgeführte Anweisungen anzeigen lassen

Sie müssen nicht unbedingt selbst Debug-Anweisungen in Ihren Code einfügen, und manchmal können Sie das auch gar nicht, weil es nicht Ihr Code ist, der ausgeführt wird. In diesem Fall haben Sie aber die Möglichkeit, das Tracing zu aktivieren. Dabei gibt PowerShell automatisch jede Anweisung als Debug-Meldung aus. Das Tracing wird mit dem Cmdlet *Set-PSDebug* verwaltet.

Wenn Sie das Tracing einschalten und dann beispielsweise die Funktion *Get-ProcessList* aus dem vorangegangenen Beispiel aufrufen, wird die genaue Funktionsweise dieser Funktion deutlich, weil nun Debug-Meldungen jeden einzelnen Schritt dokumentieren. Besonders wichtige Ereignisse wie die Änderung einer Variablen werden zusätzlich mit einem Ausrufezeichen markiert:

```
PS> Set-PSDebug -Trace 1
PS> Get-ProcessList
DEBUG:    1+  >>>> Get-ProcessList
DEBUG:    2+  >>>> {

DEBUG:    3+    >>>> Get-Process |

DEBUG:    4+   ForEach-Object  >>>> {

DEBUG:    5+      >>>> $name = $_.Name

DEBUG:    ! SET $name = 'ACEngSvr'.
DEBUG:    6+      >>>> $hersteller = $_.Company

DEBUG:    ! SET $hersteller = 'ASUSTeK'.
DEBUG:    7+      >>>> $cpu = $_.CPU

DEBUG:    ! SET $cpu = '1.0296066'.
DEBUG:    8+      >>>> $txt = "Prozess '{0}' stammt von '{1}' und benötigte {2:0.0} Sekunden
Prozessorzeit."

DEBUG:    ! SET $txt = 'Prozess '{0}' stammt von '{1}' und benötigte {2:0.0} Seku...'.
DEBUG:    9+      >>>> $txt -f $name, $hersteller, $cpu

Prozess 'ACEngSvr' stammt von 'ASUSTeK' und benötigte 1,0 Sekunden Prozessorzeit.
(…)
```

Der Detailgehalt lässt sich mit *Set-PSDebug -Trace 2* noch steigern. Dann werden auch Funktions- und Skriptaufrufe mitprotokolliert. Über das Tracing können Sie eigenen und fremden Funktionen bei der Arbeit zuschauen, solange es eigeschaltet ist:

```
PS> get-verb
DEBUG:    1+  >>>> get-verb
DEBUG:    ! CALL function '<ScriptBlock>'
DEBUG:    7+ begin  >>>> {

DEBUG:    ! CALL function '<ScriptBlock><Begin>'
DEBUG:    8+    >>>> $allVerbs = [PSObject].Assembly.GetTypes() |

DEBUG:    9+       Where-Object  >>>> {$_.Name -match '^Verbs.'} |

DEBUG:    ! CALL function '<ScriptBlock>'
DEBUG:    9+       Where-Object { >>>> $_.Name -match '^Verbs.'} |
```

```
DEBUG:      9+             Where-Object {$_.Name -match '^Verbs.' >>>> } |

DEBUG:      9+             Where-Object  >>>> {$_.Name -match '^Verbs.'} |
PS> Set-PSDebug -Off
```

PROFITIPP   Mit nur einer Zeile Code im ISE-Editor kann man sich den Quellcode beliebiger Funktionen auch bequemer in den Editor laden. Einzige Voraussetzung: Die Funktion befindet sich schon im Speicher. Diese Zeile zeigt Ihnen also, wie die Funktion *Get-Verb* intern an die Liste der zugelassenen PowerShell-Verben gelangt:

```
PS> ($psISE.CurrentPowerShellTab.Files.Add()).Editor.Text = ${function:Get-Verb}
```

Sie sehen auf diese Weise allerdings nur den Quellcode der Funktion und nicht ihre »Hülle«. Die umgebende Struktur *function Name { [Quellcode] }* müssen Sie sich also noch dazudenken.

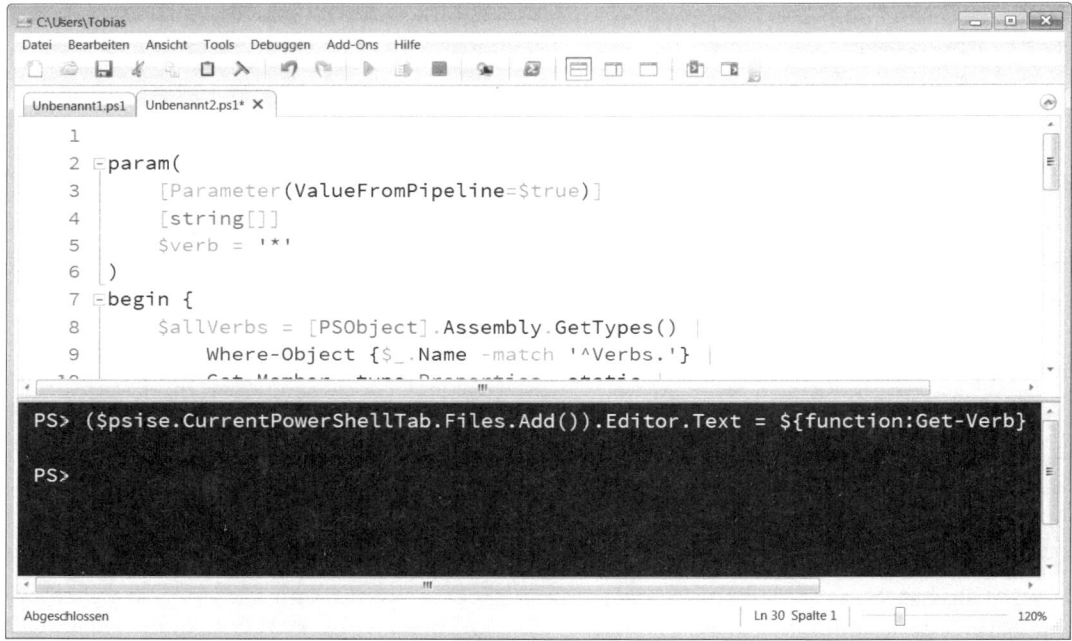

Abbildung 9.17   Quellcode beliebiger Funktionen in den ISE-Editor laden

Welche Funktionen im Speicher auf ihre Entdeckung warten, verrät diese Zeile:

```
PS> Get-Command -CommandType Function
```

Neben Ihren eigenen sind darunter stets auch einige interessante interne PowerShell-Funktionen, beispielsweise *Clear-Host*, *Get-IseSnippet*, *help*, *Import-IseSnippet*, *ImportSystemModules*, *mkdir*, *New-IseSnippet*, *oss*, *Pause*, *prompt*, *psEdit* und *TabExpansion2*.

Laufzeitfehler abfangen

Kann ein Fehler nicht verhindert werden, weil er erst zur Laufzeit auftritt und es auch keine sonstigen vorausschauenden Möglichkeiten gibt, ihn zu vermeiden, dann muss er abgefangen werden. Fehler, die bei Cmdlets auftreten, lassen sich auf einfache Weise bereits mit dem Common Parameter *-ErrorAction* behandeln, jedenfalls dann, wenn einem die vorgefertigten Auswahlmöglichkeiten genügen:

Einstellung	Beschreibung
SilentlyContinue	Fehlermeldungen unterdrücken
Continue	Fehlermeldungen anzeigen, aber nicht abbrechen
Stop	Beim ersten Fehler Meldung anzeigen und abbrechen
Inquire	Nachfragen, ob abgebrochen oder fortgesetzt werden soll
Ignore	Wie *SilentlyContinue*, allerdings wird der Fehler nun auch nicht mehr in *$Error* geloggt, sondern vollständig ignoriert. Diese Einstellung steht nur für den Parameter *-ErrorAction* zur Verfügung, nicht für *$ErrorActionPreference*, weil es eine Sondereinstellung ist, die nur in ganz speziellen Ausnahmesituationen eingesetzt werden sollte. Sie ist darüber hinaus neu in PowerShell 3.0.

Tabelle 9.3 Einstellmöglichkeiten für *-ErrorAction* und *$ErrorActionPreference*

Geben Sie *-ErrorAction* nicht an, greift PowerShell bei allen Cmdlets und Funktionen automatisch auf die Vorgabe zurück, die in *$ErrorActionPreference* gespeichert ist:

```
PS> $ErrorActionPreference
Continue
```

Sie können deshalb das Standardfehlerhandling auch generell auf einen anderen Modus festlegen:

```
PS> $ErrorActionPreference = 'Stop'
```

Jetzt würde jedes Cmdlet, bei dem Sie *-ErrorAction* nicht ausdrücklich festlegen, bei einem Fehler abbrechen und den übrigen Code nicht weiter ausführen. Wenn Fehler mit *SilentlyContinue* verschluckt werden, kann anschließend mit der Variablen *$?* geprüft werden, ob ein Fehler auftrat oder nicht. So lassen sich sehr simple Fehlerhandler schreiben, die sogar auf die zugrunde liegende Originalfehlermeldung zugreifen können, wenn man diese mit *-ErrorVariable* vorher aufbewahrt hat.

Die folgende Zeile versucht, einen Ordner anzulegen und gibt je nach Erfolg unterschiedliche Meldungen aus:

```
New-Item -Path c:\neuerordner -Type Directory -ErrorAction SilentlyContinue -ErrorVariable fehler
if ($?)
{
  'Erfolgreich angelegt.'
}
else
{
  "Fehler aufgetreten: $fehler"
}
```

Spezialfall: Terminierende Fehler

Eigentlich sollte der Parameter *-ErrorAction SilentlyContinue* die Fehler sämtlicher Cmdlets ruhigstellen können. Kann er aber nicht, manche Fehler erscheinen dennoch. In Kapitel 2 ist Ihnen bereits der folgende Code begegnet, der Protokolldateien in einen neuen Ordner kopieren soll. Das leistet er auch, aber obwohl Fehlermeldungen mit *-ErrorAction* unterdrückt sind, meldet *Copy-File* unter Umständen dennoch Fehler:

```
PS> $null = New-Item -Path C:\BackupLogs -ItemType Directory -ErrorAction SilentlyContinue
PS> Get-ChildItem -Path C:\Windows -Filter *.log -Recurse -ErrorAction SilentlyContinue -File |
  Copy-Item -Destination C:\BackupLogs -ErrorAction SilentlyContinue

Copy-Item : Der Prozess kann nicht auf die Datei "C:\Windows\System32\catroot2\edb.log" zugreifen,
da sie von einem anderen Prozess verwendet wird.
In Zeile:3 Zeichen:3
+   Copy-Item -Destination C:\BackupLogs -ErrorAction SilentlyContinue
+   ~~~~~~~~~~~~~~~~~~~~~~~~~~~~~~~~~~~~~~~~~~~~~~~~~~~~~~~~~~~~~~~~~~~~
    + CategoryInfo          : NotSpecified: (:) [Copy-Item], IOException
    + FullyQualifiedErrorId : System.IO.IOException,Microsoft.PowerShell.Commands.CopyItemCommand
```

Etwas Ähnliches geschieht im nächsten Beispiel. Vom lokalen Computer kann *Get-WmiObject* problemlos Informationen über das Betriebssystem abrufen:

```
PS> Get-WmiObject -Class Win32_OperatingSystem

SystemDirectory : C:\Windows\system32
Organization    :
BuildNumber     : 7601
RegisteredUser  : Tobias
SerialNumber    : 00426-069-4460293-86706
Version         : 6.1.7601
```

Wird ein Remotecomputer angegeben, den es nicht gibt, lassen sich Fehlermeldungen problemlos unterdrücken:

```
PS> Get-WmiObject -Class Win32_OperatingSystem -ComputerName gibtsnicht -ErrorAction
SilentlyContinue
PS>
```

Auch der Remotezugriff funktioniert, wenn die Berechtigungen stimmen:

```
PS> Get-WmiObject -Class Win32_OperatingSystem -ComputerName storage1 -ErrorAction
SilentlyContinue

SystemDirectory : C:\WINDOWS\system32
Organization    : Acer Incorporated
BuildNumber     : 3790
RegisteredUser  : Acer Aspire easyStore Home Server
SerialNumber    : 78498-OEM-4211965-00021
Version         : 5.2.3790
```

Stimmen sie aber nicht, erscheint die Fehlermeldung, obwohl *-ErrorAction* sie eigentlich verschlucken sollte:

```
PS> Get-WmiObject -Class Win32_OperatingSystem -ComputerName storage1 -ErrorAction
SilentlyContinue -Credential falscheruser
Get-WmiObject : Zugriff verweigert (Exception from HRESULT: 0x80070005 (E_ACCESSDENIED))
```

```
In Zeile:1 Zeichen:1
+ Get-WmiObject -Class Win32_OperatingSystem -ComputerName storage1 -ErrorAction S ...
~~~~~~~~~~~~~~~~~~~~~~~~~~~~~~~~~~~~~~~~~~~~~~~~~~~~~~~~~~~~~~~~~~~~~~~~~~
    + CategoryInfo          : NotSpecified: (:) [Get-WmiObject], UnauthorizedAccessException
    + FullyQualifiedErrorId :
System.UnauthorizedAccessException,Microsoft.PowerShell.Commands.GetWmiObjectCommand
```

Tatsächlich behandeln Cmdlets darin auftretende Fehler normalerweise *immer* selbst. Wie ein Cmdlet auf einen Fehler reagieren soll, bestimmen Sie über *-ErrorAction*. Nur wenn das Cmdlet ausnahmsweise einen Fehler *nicht* selbst behandelt, wird er sofort für die Außenwelt behandelbar und man spricht dann von einem *terminierenden Fehler*. Über *-ErrorAction Stop* weist man Cmdlets an, auch die selbstbehandelten Fehler in einen *terminierenden Fehler* umzuwandeln, sodass dann alle Fehler eines Cmdlets behandelbar werden.

Tritt ein Fehler außerhalb von Cmdlets auf, zum Beispiel bei einer .NET-Anweisung oder falls Sie eine Zahl durch *$null* teilen, dann ist das Ergebnis immer ein terminierender Fehler. Sie können in Ihrem Skript nur auf terminierende Fehler reagieren.

PROFITIPP   Tritt der Fehler bei einem konsolenbasierten Befehl auf, wird er nur dann zu einem terminierenden Fehler, wenn *-ErrorAction* auf *Stop* eingestellt ist (und auch nur bei PowerShell 3.0). Bei PowerShell 2.0 müsste man das Ergebnis des Konsolenbefehls zusätzlich über 2>&1 in den Ausgabekanal umlenken.

Fehler ereignisgesteuert mit try...catch abfangen

Das Fehlerhandling allein über *-ErrorAction* unterliegt zahlreichen Einschränkungen. Es ist zum Beispiel nicht ereignisgesteuert. Der Fehler fällt also nur auf, wenn Sie ständig nach jeder Anweisung den Inhalt von *$?* auswerten. Außerdem lassen sich damit terminierende Fehler gar nicht behandeln. Deshalb wird diese Art des Fehlerhandlings höchstens eingesetzt, wenn »schnell mal« lästige Fehlermeldungen unterdrückt werden sollen, die keine weiteren Folgen haben.

In allen anderen Fällen greift man stattdessen zu einem *try...catch*-Block. So würde das entsprechende Pendant für das Beispielskript von eben aussehen, das einen Ordner anlegt:

```
try
{
  New-Item -Path c:\neuerordner -Type Directory -ErrorAction Stop
  'Erfolgreich angelegt.'
}
catch
{
  "Fehler aufgetreten: $_"
}
```

Und auch die von Natur aus terminierenden Fehler lassen sich jetzt behandeln:

```
try
{
  Get-WmiObject -Class Win32_OperatingSystem -ComputerName storage1 -ErrorAction Stop -Credential
falscheruser
}
catch
{
```

```
    "Fehler aufgetreten: $_"
}
```

Es erscheint nun nicht mehr die PowerShell-Fehlermeldung, sondern Ihre eigene:

```
Fehler aufgetreten: Zugriff verweigert (Exception from HRESULT: 0x80070005 (E_ACCESSDENIED))
```

Alle Fehler innerhalb des *try*-Blocks werden also überwacht, sofern das Cmdlet sein eigenes Fehler-handling aus der Hand gibt. Dazu muss *-ErrorAction* auf *Stop* gestellt werden. Nur terminierende Fehler werden auch ohne eine besondere Einstellung von *-ErrorAction* behandelt, weil diese ja ohne-hin nicht über das Cmdlet-eigene Fehlerhandling behandelt werden.

Um stets alle Fehler behandeln zu können, sollten Sie innerhalb des *try*-Blocks grundsätzlich mit *$ErrorActionPreference* die Einstellung *Stop* zur Vorgabe machen. Erstens, weil man sich dann den Parameter *-ErrorAction* bei Cmdlets sparen kann, und zweitens, weil es noch andere Befehlstypen gibt, die gar keinen Parameter *-ErrorAction* besitzen und bei denen man Fehler sonst nicht abfangen kann. Hier sind ein paar Beispiele unterschiedlicher Fehlertypen:

```
try
{
    # Cmdlet-Fehler, benötigt ErrorAction=Stop
    $ErrorActionPreference = 'Stop'
    Get-ChildItem -Path GibtEsNicht
}
catch
{
    "Fehler entdeckt: $_"
}

try
{
    # Konsolenbefehl-Fehler benötigt ErrorAction=Stop
    $ErrorActionPreference = 'Stop'
    net user GibtEsNicht
}
catch
{
    "Fehler entdeckt: $_"
}

try
{
    # .NET-Fehler benötigt keine besondere ErrorAction
    [System.Net.DNS]::GetHostByName('gibtesnicht')
}
catch
{
    "Fehler entdeckt: $_"
}
```

Sämtliche Fehler werden nun abgefangen und entsprechend vom Code im jeweiligen *catch*-Block behandelt.

In PowerShell 2.0 allerdings werden nur zwei Fehler erkannt: Der durch den Konsolenbefehl *net user* ausgelöste Fehler wird nicht abgefangen. Erst PowerShell 3.0 ist clever genug, auch Ausgaben über den Fehlerkanal alter Konsolenbefehle als Fehler zu werten. Um den Code kompatibel zu PowerShell

2.0 zu machen, müssen Sie bei Konsolenbefehlen – wie vorhin erwähnt – den Fehlerkanal explizit in den Ausgabekanal umleiten, also das durchführen, was PowerShell 3.0 inzwischen automatisch kann:

```
net user GibtEsNicht 2>&1
```

Nun schauen Sie, was geschieht, wenn Sie im Code *$ErrorActionPreference* auf *Continue* setzen, den normalen Vorgabewert. Nur einer der drei Fehler wäre jetzt noch erkannt worden. Der *try*-Block funktioniert also wie eine fehlerberuhigte Zone: Tritt darin ein Fehler auf, springt PowerShell automatisch und ohne dass Sie irgendetwas prüfen oder unternehmen müssten, in den *catch*-Block, der den Fehler dann behandeln kann. Der *try*-Block darf dabei so umfangreich sein, wie Sie wollen. Wichtig ist nur zu wissen, dass er bei einem Fehler abgebrochen wird. Die Anweisungen zwischen dem Fehler und dem *catch*-Block werden übersprungen.

Innerhalb des *catch*-Blocks steht die Originalfehlermeldung in der Variablen *$_* zur Verfügung. Wie Sie etwas später sehen werden, ist *$_* eigentlich ein Objekt und liefert in seinen vielfältigen Eigenschaften alle denkbaren Detailinfos zum Fehler. Sie können sich den Aufbau von *$_* zum Beispiel so visualisieren:

```
try
{
    # Cmdletfehler, benötigt ErrorAction=Stop
    $ErrorActionPreference = 'Stop'
    Get-ChildItem -Path GibtEsNicht
}
catch
{
    # Objektstruktur in $_ visualisieren:
    $_ | Format-Custom -Property * -Depth 1 -Force | Out-String -Stream | Out-GridView
}
```

Das Ergebnis sieht in etwa wie in Abbildung 9.18 gezeigt aus (jedenfalls dann, wenn Sie die Spalte *String* mit der Maus breiter ziehen).

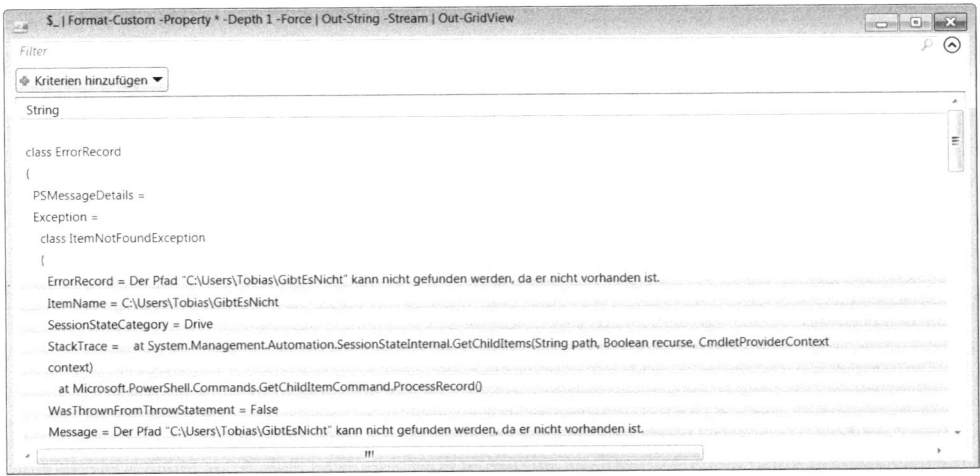

Abbildung 9.18 Grafische Darstellung des *ErrorRecord* und seines Aufbaus

Wie sich aus Abbildung 9.18 entnehmen lässt, enthält die Variable $\_$ ein Objekt vom Typ *ErrorRecord*, das eine Eigenschaft namens *Exception* kennt. Darin gibt es viele weitere Eigenschaften, die in der Abbildung markiert sind. Möchten Sie zum Beispiel nur die reine Fehlermeldung auslesen, wäre diese Zeile richtig:

```
$_.Exception.Message
```

Leider ist die Lebensdauer der Variablen $\_$ auf den *catch*-Block beschränkt, sodass ISE nicht die praktische IntelliSense-Auswahl anzeigt. Wenn Sie aber innerhalb des *catch*-Blocks eine globale Testvariable anlegen, kann anschließend nach Auslösen des Fehlers diese stellvertretend für $\_$ untersucht werden. Dazu fügen Sie in den *catch*-Block zuerst diese Zeile ein und lösen den Fehler dann noch einmal aus:

```
$global:test = $_
```

Im Anschluss daran untersuchen Sie im ISE-Editor die Variable *$test*, die Ihnen jetzt IntelliSense anbietet (Abbildung 9.19).

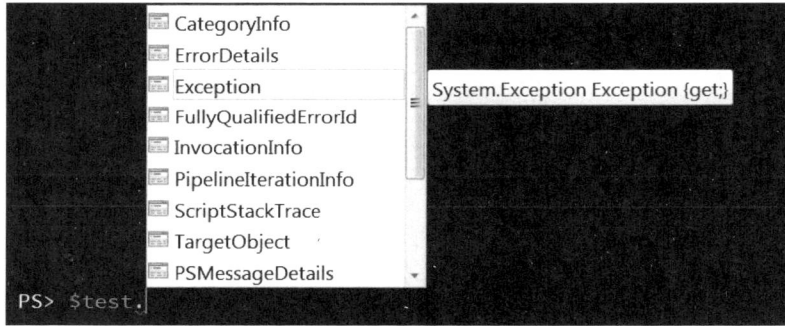

Abbildung 9.19   Fehlervariable im ISE-Editor mit IntelliSense untersuchen

---

HINWEIS   Auf den *try*-Block muss unmittelbar der *catch*-Block folgen. Er darf nur weggelassen werden, wenn Sie stattdessen einen *finally*-Block einsetzen. Der Code im *finally*-Block wird immer ausgeführt, also unabhängig davon, ob ein Fehler auftrat oder nicht. Er gelangt wirklich *immer* zur Ausführung, was den *finally*-Block überhaupt erst sinnvoll macht. Schauen Sie sich dazu folgenden Code an:

```
try
{
  Write-Host 'Ich starte'
  Start-Sleep -Seconds 3
  Write-Host 'Ich bin fertig'
}
finally
{
}
```

Wenn Sie diesen Code ausführen, wird die erste Textmeldung ausgegeben, und wenn Sie lange genug warten auch die zweite. Was die berechtigte Frage in den Raum stellt, warum man dafür *try...finally* benötigt. Das wäre auch ohne die Konstruktion nicht anders gelaufen.

Das Problem liegt woanders: Wenn Sie *nicht* lange genug warten, sondern ungeduldig mit $\boxed{\text{Strg}}$+$\boxed{\text{C}}$ das Skript vorzeitig abbrechen, entfällt die zweite Anweisung. Wenn es sich dabei um eine reine Textmeldung handelt, wäre dies sicherlich noch verschmerzbar. Aber in der Praxis werden oft am Ende wichtige Aufräumarbeiten durchgeführt, etwa Datenverbindungen geschlossen oder Objekte freigegeben. Bricht der Anwender das Skript im falschen Moment ab, würden diese Aufräumarbeiten fehlen, was spätere Fehlfunktionen zur Folge haben kann. Mit *finally* dagegen gelangen diese abschließenden Anweisungen und damit eben auch etwaige Aufräumarbeiten auf jeden Fall zur Ausführung:

```
try
{
  Write-Host 'Ich starte'
  Start-Sleep -Seconds 300
}
finally
{
  Write-Host 'Ich bin fertig'
}
```

Wenn Sie diesen Code ausführen und nicht 300 Sekunden warten wollen, drücken Sie $\boxed{\text{Strg}}$+$\boxed{\text{C}}$. Das Skript wird abgebrochen, aber die zweite Meldung erscheint trotzdem. Der Code in *finally* wird also immer ausgeführt, auch wenn Sie mitten im *try*-Block abbrechen. Das gilt allerdings nur für Befehle und nicht für Rückgabewerte. Bei einem Abbruch erhalten Sie aus dem *finally*-Block keine Rückgabewerte, auch keine, die möglicherweise schon fertig vorliegen. Deshalb liefert dieser Code beim Abbruch auch keine zweite Meldung:

```
try
{
  'Ich starte'
  Start-Sleep -Seconds 30
}
finally
{
  'Ich bin fertig'
}
```

Globaler Fehlerhandler: Trap

Während *try…catch* nur einen bestimmten Bereich Ihres Codes auf Fehler überwacht, nämlich den, der innerhalb von *try* steht, überwacht ein globaler Fehlerhandler den gesamten Code im Einzugsgebiet. So einen Fehlerhandler nennt man bei PowerShell *Trap* (*Falle*).

Das Einzugsgebiet globaler Fehlerhandler entspricht dem Gültigkeitsbereich von Variablen. Befindet sich die Trap also direkt im Skript, deckt sie alle Fehler im gesamten Skript ab. Steht sie dagegen innerhalb einer Funktion, ist sie auch nur für Fehler innerhalb dieser Funktion zuständig. Die Unterschiede zwischen *try…catch* und *trap* sind allerdings nicht allzu groß. Schauen Sie sich zunächst dieses Skript mit einem *try…catch*-Fehlerhandler an:

```
'Starte.'

Get-ChildItem -Path c:\gibtesnicht

try
{
```

```
# alle Fehler abfangen:
$Backup = $ErrorActionPreference
$ErrorActionPreference = 'Stop'

1/$null
Get-Process -Name gibtsnicht
net user gibtsnicht
}
catch
{
  "Fehler: $_"
}
finally
{
  # vorheriges Fehlerverhalten wiederherstellen:
  $ErrorActionPreference = $Backup
}

'Fertig.'
```

Wenn Sie dieses Skript ausführen, erscheint zunächst die Textmeldung, gefolgt von einem unbehandelten Fehler, der durch *Get-ChildItem* ausgelöst wird. Danach beginnt der *try*-Block, der alle Fehlerarten abfängt, weil *$ErrorActionPreference* auf *Stop* gestellt ist. Der erste Fehler ist das Teilen einer Zahl durch null. Der Fehler wird vom *catch*-Block behandelt und mit einer Meldung quittiert. Alle übrigen Befehle im *try*-Block werden übersprungen, weil *catch* die Ausführung mit der nächsten Anweisung fortsetzt, die auf derselben Ebene liegt wie es selbst:

```
Starte.
Get-ChildItem : Der Pfad "C:\gibtesnicht" kann nicht gefunden werden, da er nicht vorhanden ist.
In Zeile:3 Zeichen:1
+ Get-ChildItem -Path c:\gibtesnicht
+ ~~~~~~~~~~~~~~~~~~~~~~~~~~~~~~~~~~~
    + CategoryInfo          : ObjectNotFound: (C:\gibtesnicht:String) [Get-ChildItem],
ItemNotFoundException
    + FullyQualifiedErrorId : PathNotFound,Microsoft.PowerShell.Commands.GetChildItemCommand

Fehler: Es wurde versucht, durch 0 (null) zu teilen.
Fertig.
```

ACHTUNG   Falls das Resultat in Ihrem Fall anders aussieht und weder die eigene Fehlermeldung noch der Abschlusstext »Fertig.« ausgegeben werden, dann überprüfen Sie mal unauffällig den Inhalt der Variablen *$ErrorAction-Preference*:

```
PS> $ErrorActionPreference
Continue
```

Enthält die Variable bei Ihnen den Wert *Continue*? Eher nicht. Vermutlich weist sie stattdessen von einem der vorherigen Beispiele den Wert *Stop* auf, denn genau so hat sich Ihr Skript dann verhalten: beim ersten Fehler gestoppt. Deshalb ist es so wichtig, in eigenen Fehlerhandlern den Wert der Variable *$ErrorActionPreference* auch wieder zu restaurieren. Das Skript oben zeigt, wie das geschehen könnte: Bevor es die Variable ändert, merkt es sich den alten Wert in *$Backup* und stellt die Variable im *finally*-Block wieder auf diesen Ausgangswert zurück.

Um aus dem lokalen Fehlerhandler einen globalen zu machen, ist im Wesentlichen nur eine Umbenennung nötig: aus *catch* wird *trap*. Ein paar Kleinigkeiten sind außerdem wichtig:

- *try* **ist nun überflüssig** Da *trap* ein globaler Fehlerhandler ist, braucht auch kein bestimmter Skriptbereich mehr markiert zu sein

- *finally* **ist nun nicht mehr erlaubt** Dieses Schlüsselwort gehört zur *try…catch*-Konstruktion. *trap* hat kein entsprechendes Pendant.

- *continue* **ist nun nötig** *trap* kann im Gegensatz zu *catch* selbst entscheiden, ob der Fehler behandelt werden konnte oder nicht. Konnte der Fehler behandelt werden, muss *trap* den Befehl *continue* hinterhersenden. Ohne diesen Befehl würde der Code in der Trap ausgeführt und anschließend trotzdem die PowerShell-Fehlermeldung erscheinen.

- *trap* **gehört nach oben** Zwar darf *trap* irgendwo im Code stehen, sollte aber der Übersichtlichkeit halber ganz oben platziert werden, damit sich sofort erkennen lässt, dass das Skript einen globalen Fehlerhandler besitzt.

Das geänderte Skript sieht nun so aus:

```
# alle Fehler abfangen:
$Backup = $ErrorActionPreference
$ErrorActionPreference = 'Stop'

trap
{
  "Fehler: $_"

  # Fehler ist behandelt, also nicht an PowerShell weitergeben:
  continue
}

'Starte.'

Get-ChildItem -Path c:\gibtesnicht
1/$null
Get-Process -Name gibtsnicht
net user gibtsnicht

# vorheriges Fehlerverhalten wiederherstellen:
$ErrorActionPreference = $Backup

'Fertig.'
```

Dieses Skript führt zu insgesamt vier Fehlern. *trap* wird deshalb jetzt viermal angesprungen, denn anders als bei *try…catch* setzt das Skript seine Ausführung nun nach dem letzten Fehler einfach fort.

```
Starte.
Fehler: Der Pfad "C:\gibtesnicht" kann nicht gefunden werden, da er nicht vorhanden ist.
Fehler: Es wurde versucht, durch 0 (null) zu teilen.
Fehler: Es kann kein Prozess mit dem Namen "gibtsnicht" gefunden werden. Überprüfen Sie den
Prozessnamen, und rufen Sie das Cmdlet erneut auf.
Fehler: Der Benutzername konnte nicht gefunden werden.
Fertig.
```

Die Regel ist dabei eigentlich sehr ähnlich: *trap* setzt die Ausführung nach einem Fehler mit der nächsten Anweisung fort, die dem Fehler folgt und die auf der Ebene der Trap liegt. So hat es auch *try...catch* getan, nur lagen dort die Befehle innerhalb von *try* in einem Unterbereich. Und tatsächlich kann sich die Trap auch so verhalten wie *try...catch*, also Befehle zu Gruppen zusammenfassen und die Gruppe beim ersten Fehler abbrechen:

```
$Backup = $ErrorActionPreference
$ErrorActionPreference = 'Stop'

trap
{
  "Fehler: $_"

  # Fehler ist behandelt, also nicht an PowerShell weitergeben:
  continue
}

'Starte.'

Get-ChildItem -Path c:\gibtesnicht

& {
    1/$null
    Get-Process -Name gibtsnicht
    net user gibtsnicht
}

# vorheriges Fehlerverhalten wiederherstellen:
$ErrorActionPreference = $Backup

'Fertig.'
```

Jetzt sieht das Resultat genauso aus wie bei *try...catch*, außer dass auch der erste Fehler von *Get-ChildItem* erfasst wird, weil bei *trap* ja stets der gesamte Skriptbereich überwacht wird:

```
Starte.
Fehler: Der Pfad "C:\gibtesnicht" kann nicht gefunden werden, da er nicht vorhanden ist.
Fehler: Es wurde versucht, durch 0 (null) zu teilen.
Fertig.
```

ErrorRecords und Exceptions – Details zum Fehler

Früher wurden Fehler über eine eindeutige Fehlernummer repräsentiert und der Fehlerhandler konnte dann auf diese Fehlernummer reagieren und zum Beispiel abhängig vom jeweiligen Fehler unterschiedliche Meldungen ausgeben. In .NET Framework, auf dem PowerShell basiert, ist das nicht mehr so. Fehler werden hier durch eine *Exception* (*Ausnahme*) verkörpert, genauer gesagt in erster Linie durch ihren Typ und in zweiter Linie durch ihren Inhalt. Diese Exception steht innerhalb von *catch* und auch *trap* zusammen mit anderen Informationen zum Fehler als sogenannter *Error Record* in der Variablen *$_* zur Verfügung. Sie haben seinen Inhalt bereits am Anfang dieses Kapitels untersucht (Abbildung 9.18; Seite 421). Sie können ErrorRecords und die darin verpackten Exceptions in vielerlei Hinsicht nutzen, wenn Sie Fehler wie im letzten Abschnitt selbst behandeln:

- **Fehlerursachen und Fehlermeldungen** Ihre Fehlerbehandlungsroutinen können mithilfe der Informationen im ErrorRecord aussagekräftige Fehlermeldungen erzeugen

- **Selektives Fehlerhandling** Weil jeder Fehlertyp einen eigenen Exception-Typ auslöst, sind Ihre Fehlerbehandlungsroutinen in der Lage, selektiv nur bei bestimmten Fehlertypen aktiv zu werden und andere dem Standardfehlerhandling von PowerShell zu überlassen

- **Eigene Fehlermeldungen** Umgekehrt kann Ihr Code auch eigene Exceptions auslösen und so dem Aufrufer die Möglichkeit geben, auf einen Fehler zu reagieren

Exception-Typen kennenlernen

PowerShell protokolliert sämtliche Fehler in der Variablen *$Error* mit. Wenn Sie also schon einige Zeit mit einer PowerShell-Sitzung gearbeitet haben und entsprechend eine Reihe von Fehlermeldungen aufgetaucht sind, lässt sich mit der folgenden (relativ langen) Zeile eine Übersicht der aufgetretenen Fehlertypen und ihrer Häufigkeit ausgeben (Abbildung 9.20).

```
PS> $Error | Where-Object { $_.Exception } | ForEach-Object { $_.Exception.GetType().FullName } |
Group-Object -NoElement | Sort-Object -Property Count -Descending | Out-GridView
```

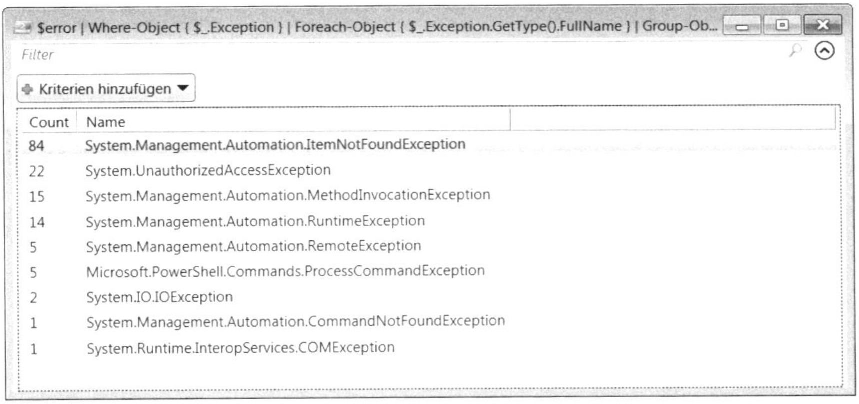

Abbildung 9.20 Eine Übersicht der Fehlertypen, die in der aktuellen PowerShell-Sitzung aufgetreten sind

Sie können den Typ eines Fehlers aber auch direkt in Ihrem Fehlerhandler untersuchen. Das folgende Skript gibt die Namen der jeweils aufgetretenen Fehlertypen aus:

```
# alle Fehler abfangen:
$Backup = $ErrorActionPreference
$ErrorActionPreference = 'Stop'

trap
{
  "Fehler: " + $_.Exception.GetType().FullName
  continue
}

Get-ChildItem -Path c:\gibtesnicht
```

```
1/$null
Get-Process -Name gibtsnicht
net.exe user gibtsnicht

# vorheriges Fehlerverhalten wiederherstellen:
$ErrorActionPreference = $Backup
```

Das Ergebnis sieht so aus:

```
Fehler: System.Management.Automation.ItemNotFoundException
Fehler: System.DivideByZeroException
Fehler: Microsoft.PowerShell.Commands.ProcessCommandException
Fehler: System.Management.Automation.RemoteException
```

PROFITIPP   Sie können ErrorRecords auch direkt in dem Moment auslesen, in dem der Fehler passiert, um sie anschließend genauer zu untersuchen. Dazu verwenden Sie entweder die Umleitung oder den Parameter -*ErrorVariable*:

```
# Fehlermeldung in Variable schreiben. Achtung: vor dem Variablennamen kein "$" angeben!
PS> dir zumsel: -ErrorVariable fehler -ErrorAction SilentlyContinue
PS> $fehler[0].Exception.GetType().FullName
System.Management.Automation.DriveNotFoundException
```

Spezifische Fehlerhandler einsetzen

Bisher waren Ihre Fehlerhandler unspezifisch, haben sich also um beliebige Exceptions gekümmert. Möchten Sie gezielt bestimmte Fehlertypen behandeln und andere nicht, dann geben Sie hinter *trap* oder *catch* den Exception-Typ an, für den diese zuständig sein sollen. Das Ergebnis würde dann ungefähr so aussehen:

```
# alle Fehler abfangen:
$Backup = $ErrorActionPreference
$ErrorActionPreference = 'Stop'

trap [System.Management.Automation.ItemNotFoundException]
{
  "Ein Element wurde nicht gefunden: $_"
  continue
}

trap [System.DivideByZeroException]
{
  'Sie haben durch null dividiert'
  continue
}

trap [Microsoft.PowerShell.Commands.ProcessCommandException]
{
  'Sie haben Get-Process einen Prozessnamen genannt, aber solch ein Programm läuft nicht.'
  continue
}

trap [System.Management.Automation.RemoteException]
{
  "Es ist ein Problem beim Aufruf eines Konsolenbefehls aufgetreten: $_"
```

```
  continue
}

trap
{
  "Es ist ein allgemeiner Fehler aufgetreten: $_"
  continue
}

Get-ChildItem -Path c:\gibtesnicht
1/$null
Get-Process -Name gibtsnicht
net.exe user gibtsnicht

# vorheriges Fehlerverhalten wiederherstellen:
$ErrorActionPreference = $Backup
```

Listing 9.1 Das Skript *trap1.ps1* versucht, gezielt bestimmte Fehlertypen zu behandeln

Der Code enthält jetzt fünf *trap*-Anweisungen. Vier sind einem speziellen Exception-Typ zugewiesen. Der fünfte übernimmt alle übrigen Fehlertypen. Wenn Sie den Code ausprobieren, ist das Ergebnis allerdings unerwartet:

```
Es ist ein allgemeiner Fehler aufgetreten: Der Pfad "C:\gibtesnicht" kann nicht gefunden werden, da
er nicht vorhanden ist.
Sie haben durch null dividiert
Es ist ein allgemeiner Fehler aufgetreten: Es kann kein Prozess mit dem Namen "gibtsnicht" gefunden
werden. Überprüfen Sie den Prozessnamen, und rufen Sie das Cmdlet erneut auf.
Es ist ein allgemeiner Fehler aufgetreten: Der Benutzername konnte nicht gefunden werden.
```

Nur ein Fehler wurde von den spezifischen Handlern behandelt. Die übrigen drei wurden an die Trap ohne Typangabe geleitet. Der Grund: Diese Fehler sind von PowerShell aufgrund der ErrorAction-Einstellung generiert worden und in Wahrheit alle drei vom Typ *System.Management.Automation.ActionPreferenceStopException*. Das bedeutet also, dass alle Fehlertypen, die allein aufgrund der ErrorAction-Einstellung ausgelöst werden, nicht über spezielle Fehlerhandler behandelt werden können. Jedenfalls nicht sofort.

Die der *System.Management.Automation.ActionPreferenceStopException* zugrunde liegende Exception ist ja bekannt und steht im ErrorRecord in der Eigenschaft *Exception*. Indem zwei Traps verschachtelt werden, kann die äußere Trap zunächst ganz allgemein auf alle Fehlertypen reagieren und löst für jede davon eine eigene Exception aus, basierend auf der »wahren« Exception. Diese wird dann von der inneren Trap endgültig behandelt:

```
# alle Fehler abfangen:
$Backup = $ErrorActionPreference
$ErrorActionPreference = 'Stop'

trap
{
  trap [System.Management.Automation.ItemNotFoundException]
  {
    "Ein Element wurde nicht gefunden: $_"
    continue
  }
```

```
trap [System.DivideByZeroException]
{
  'Sie haben durch null dividiert'
  continue
}

trap [Microsoft.PowerShell.Commands.ProcessCommandException]
{
  'Sie haben Get-Process einen Prozessnamen genannt, aber solch ein Programm läuft nicht.'
  continue
}

trap [System.Management.Automation.RemoteException]
{
  "Es ist ein Problem beim Aufruf eines Konsolenbefehls aufgetreten: $_"
  continue
}

trap
{
  "Es ist ein allgemeiner Fehler aufgetreten: $_"
  continue
}

# Hier wird die NEUE Exception basierend auf der echten alten Exception
# ausgelöst. Diese wird dann von den inneren Traps spezifisch behandelt:
Throw $_.Exception
continue
}

Get-ChildItem -Path c:\gibtesnicht
1/$null
Get-Process -Name gibtsnicht
net.exe user gibtsnicht

# vorheriges Fehlerverhalten wiederherstellen:
$ErrorActionPreference = $Backup
```

Listing 9.2 Das korrigierte Skript trap2.ps1

Es funktioniert: Diesmal werden die verschiedenen Fehlertypen jeweils von ihrer spezifischen *trap* behandelt:

```
Ein Element wurde nicht gefunden: Der Pfad "C:\gibtesnicht" kann nicht gefunden werden, da er nicht
vorhanden ist.
Sie haben durch null dividiert
Sie haben Get-Process einen Prozessnamen genannt, aber solch ein Programm läuft nicht.
Es ist ein Problem beim Aufruf eines Konsolenbefehls aufgetreten: Der Benutzername konnte nicht
gefunden werden.
```

ACHTUNG   Wenn Sie spezifische Traps oder *catch*-Blöcke einsetzen, dann sollten Sie außerdem erwägen, auch eine allgemeine Trap oder einen allgemeinen *catch*-Block hinzuzufügen. Verzichten Sie darauf, dann werden Fehler, die Ihre Handler nicht behandeln, direkt an PowerShell weitergegeben. Das wäre nicht weiter schlimm, wäre da nicht die Sache mit der *$ErrorActionPreference*. Weil diese auf *Stop* gestellt werden musste, um überhaupt vielerlei Fehlertypen abfangen zu können, würden Fehler, die an Ihrem eigenen Handler vorbei zu PowerShell gelangen, sofort zu einem Skriptabbruch führen.

PROFITIPP   Wie allgemein oder spezifisch Ihr Fehlerhandler sein soll, kann man übrigens auf verschiedenen Ebenen festlegen:

- **Völlig unspezifisch**   Geben Sie keinen speziellen Exception-Typ an

- **Völlig spezifisch**   Geben Sie einen speziellen Exception-Typ an, zum Beispiel *System.DivideByZeroException*

- **Bereich**   Geben Sie einen allgemeinen *Exception*-Typ an, zum Beispiel *System.ArithmeticException*. Der Fehler-handler behandelt nun alle Fehlertypen, die von dieser Exception abgeleitet wurden, in diesem Fall *DivideByZero-Exception*, *NotFiniteNumberException* und *OverflowException*.

Möchten Sie wissen, von welchem allgemeineren Typ eine Exception abgeleitet ist, geben Sie den Exception-Typ in die PowerShell-Konsole ein:

```
PS> [System.DivideByZeroException]
IsPublic IsSerial Name                                    BaseType
-------- -------- ----                                    --------
True     True     DivideByZeroException                   System.ArithmeticException
```

Wollen Sie dagegen umgekehrt in Erfahrung bringen, welche Exceptions von einer allgemeineren Exception abgeleitet sind, gibt es dafür keinen einfachen Weg, weil niemand wissen kann, wer eigene Exceptions von einer allgemeinen Exception abgeleitet hat. Eine Übersicht über alle Exceptions liefert diese Zeile:

```
PS> [AppDomain]::CurrentDomain.GetAssemblies() | ForEach-Object { $_.GetExportedTypes() } | Where-
Object { $_.Name -like '*Exception*' }

IsPublic IsSerial Name                    BaseType
-------- -------- ----                    --------
True     False    _Exception
True     True     Exception               System.Object
True     True     SystemException         System.Exception
True     True     OutOfMemoryException     System.SystemExce...
True     True     StackOverflowException   System.SystemExce...
True     True     DataMisalignedException  System.SystemExce...
True     True     ExecutionEngineException System.SystemExce...
True     True     MemberAccessException    System.SystemExce...
(…)
```

Möchten Sie herausfinden, welche Exceptions von einem bestimmten Exception-Typ abgeleitet sind, untersuchen Sie den *BaseType* der aufgelisteten Exceptions. Hier eine passende Funktion:

```
function Get-DerivedException {
  param
  (
    [Parameter(Mandatory=$true)]
    $ExceptionName
  )

  # alle geladenen .NET-Assemblys...
  [AppDomain]::CurrentDomain.GetAssemblies() |
    # ...auf alle exportierten Typen durchsuchen (falls möglich)...
    ForEach-Object { try {$_.GetExportedTypes()} catch {} } |
    # ...aber nur solche, die im Namen "Exception" tragen...
    Where-Object { $_.Name -like '*Exception*' } |
    # ...und nur solche, die vom angegebenen Typ abgeleitet sind...
    Where-Object { $_.BaseType -like $ExceptionName } |
    # ...und davon bitte den Namen:
```

```
    Select-Object -ExpandProperty Name
}
```

Listing 9.3 Das Skript *Get-DerivedException.ps1*

Um beispielsweise alle speziellen Exceptions der allgemeinen Exception *System.ArithmeticException* aufzulisten, gehen Sie so vor:

```
PS> Get-DerivedException System.ArithmeticException
DivideByZeroException
NotFiniteNumberException
OverflowException
```

Aussagekräftige Fehlermeldungen generieren

Der ErrorRecord, der Ihnen in Ihrem Fehlerhandling in *$_* zur Verfügung steht, enthält zahlreiche Informationen, die Sie dazu verwenden können, aussagekräftige eigene Fehlermeldungen zu produzieren oder Skriptfehler ausführlich dokumentiert in einer Protokolldatei mitzuschreiben. So könnte ein allgemeiner Prototyp für einen Fehlerhandler aussehen, der alle wichtigen Details zu einem Fehler meldet:

```
trap {
  $zeile = $_.InvocationInfo.Line
  $scriptname = $_.InvocationInfo.ScriptName
  $zeilennummer = $_.InvocationInfo.ScriptLineNumber
  $zeilenoffset = $_.InvocationInfo.OffsetInLine
  $meldung = $_.Exception.Message
  $zeit = Get-Date
  $user = $env:USERNAME

  $vorlage = @'

##.##.##.##.##.##.##.##.##.##.##.##.##.##.##.##.##.##.##.##.##.##.##.##.##.##.##.#
#.##.#
  Skriptfehler in "{0}"
  am {1} in Zeile {2} Spalte {3}:

  Ursache:
    "{4}"

  Befehlszeile:
    {5}
  Ausgeführt von {6}

##.##.##.##.##.##.##.##.##.##.##.##.##.##.##.##.##.##.##.##.##.##.##.##.##.##.##.#
#.##.#

'@

  $meldung = $vorlage -f $scriptname, $zeit, $zeilennummer, $zeilenoffset, $meldung, $zeile, $user
  $meldung
  continue
}
```

Listing 9.4 Das Skript *prototyp.ps1*, ein allgemeiner Prototyp für einen Fehlerhandler

Sie könnten diesen Fehlerhandler einfach in ein Skript einfügen (am besten ganz oben) und schon würden alle Fehler mit einer eigenen Meldung ausgegeben – sofern Sie nicht vergessen, auch noch *$ErrorActionPreference* auf *Stop* zu stellen oder für jedes Cmdlet einzeln *-ErrorAction Stop* anzugeben:

```
dir zumsel: -ErrorAction Stop
1/$null
Get-Process -id 99999 -ErrorAction Stop
```

Das Ergebnis wäre unmittelbar eine ansehnliche Fehlerbeschreibung:

```
##.##.##.##.##.##.##.##.##.##.##.##.##.##.##.##.##.##.##.##.##.##.##.##.##.##.##.##.##.##.#
#.##.#
  Skriptfehler in "C:\Users\Tobias\Documents\test.ps1"
  am 09.11.2012 23:26:47 in Zeile 30 Spalte 1:

  Ursache:
    "Das Laufwerk wurde nicht gefunden. Ein Laufwerk mit dem Namen "zumsel" ist nicht vorhanden."

  Befehlszeile:
    dir zumsel: -ErrorAction Stop

  Ausgeführt von Tobias

##.##.##.##.##.##.##.##.##.##.##.##.##.##.##.##.##.##.##.##.##.##.##.##.##.##.##.##.##.##.#
#.##.#


##.##.##.##.##.##.##.##.##.##.##.##.##.##.##.##.##.##.##.##.##.##.##.##.##.##.##.##.##.##.#
#.##.#
  Skriptfehler in "C:\Users\Tobias\Documents\test.ps1"
  am 09.11.2012 23:26:47 in Zeile 31 Spalte 1:

  Ursache:
    "Es wurde versucht, durch 0 (null) zu teilen."

  Befehlszeile:
    1/$null

  Ausgeführt von Tobias

##.##.##.##.##.##.##.##.##.##.##.##.##.##.##.##.##.##.##.##.##.##.##.##.##.##.##.##.##.##.#
#.##.#


##.##.##.##.##.##.##.##.##.##.##.##.##.##.##.##.##.##.##.##.##.##.##.##.##.##.##.##.##.##.#
#.##.#
  Skriptfehler in "C:\Users\Tobias\Documents\test.ps1"
  am 09.11.2012 23:26:47 in Zeile 32 Spalte 1:

  Ursache:
    "Es kann kein Prozess mit der Prozess-ID 99999 gefunden werden."

  Befehlszeile:
    Get-Process -id 99999 -ErrorAction Stop

  Ausgeführt von Tobias

##.##.##.##.##.##.##.##.##.##.##.##.##.##.##.##.##.##.##.##.##.##.##.##.##.##.##.##.##.##.#
#.##.#
```

Möchten Sie diese Meldungen lieber unbeaufsichtigt in eine Protokolldatei schreiben, anstatt sie in die Konsole auszugeben, ist nur eine winzige Änderung im Handler nötig:

```
$meldung | Out-File -FilePath $env:TEMP\fehlerlog.txt -Append
```

Möchten Sie die Fehler gar im Anwendungs-Ereignisprotokoll protokollieren, benötigen Sie lediglich zunächst (einmalig) eine Source-ID, die Sie mit Administratorrechten und *New-EventLog* folgendermaßen einrichten:

```
PS> New-EventLog Application 'Skriptfehler PowerShell'
```

Danach verwenden Sie in Ihrem Fehlerhandling für die Fehlerausgabe *Write-EventLog*:

```
Write-EventLog Application -Source 'Skriptfehler PowerShell' -ID 1234 -Message $meldung -EntryType
Warning
```

Wenn Sie anschließend die Ereignisanzeige mit *eventvwr.msc* oder *Show-EventLog* öffnen, finden Sie die Fehlermeldungen im Anwendungs-Ereignisprotokoll.

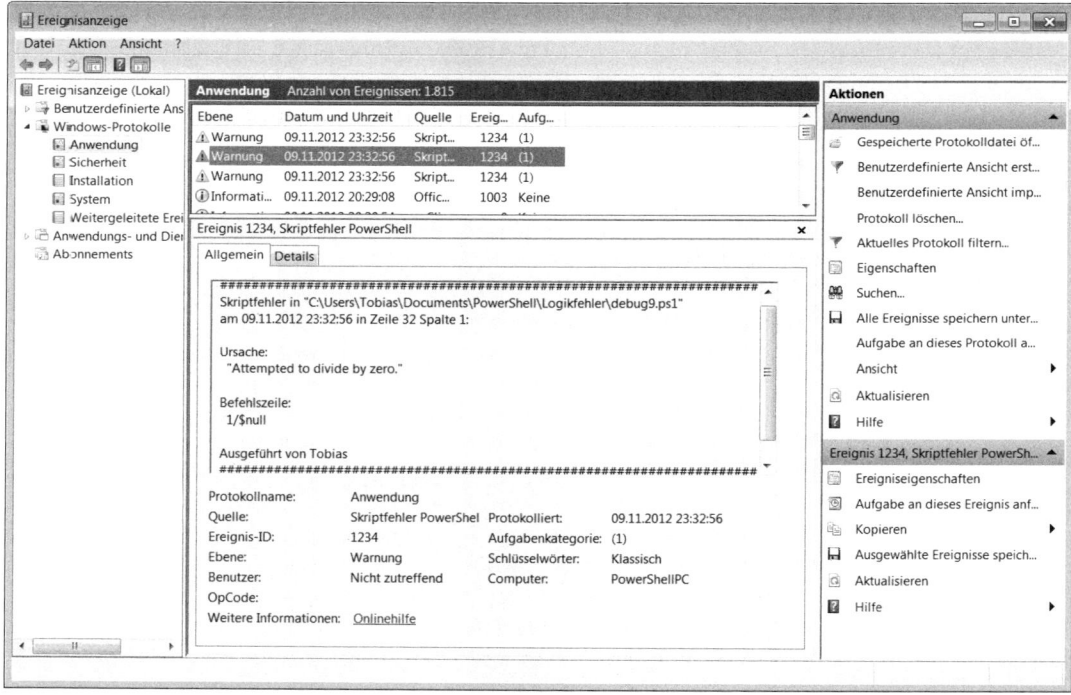

Abbildung 9.21   Fehlermeldungen des Fehlerhandlers direkt ins Ereignisprotokoll eintragen

Eigenschaft	Beschreibung
CategoryInfo	Der Fehler wird kategorisiert nach allgemeiner Kategorie, Aktivität, Grund, Aufrufer und Aufruftyp. Auf diese Weise können ähnliche Fehler unterschiedlicher Herkunft erkannt und gemeinsam behandelt werden.
ErrorDetails	Häufig leer; hier können Entwickler zusätzliche Informationen über den Fehler hinterlegen
Exception	Die .NET-Ausnahme, die den zugrunde liegenden Fehler repräsentiert. Über *Exception.Message* erhalten Sie die Fehlermeldung.
FullyQualifiedErrorID	Eindeutige spezielle Fehlerkennung, über die Sie den Fehler identifizieren und entsprechende Folgehandlungen auslösen können
InvocationInfo	Liefert Informationen, an welcher Stelle der Fehler ausgelöst wurde, also beispielsweise den Namen eines Skripts sowie die Position im Skript
TargetObject	Das Objekt, mit dem gearbeitet wurde, als der Fehler auftrat. Oft leer oder Text, der dem Argument entsprach, das von einem Cmdlet nicht verarbeitet werden konnte.

Tabelle 9.4 Eigenschaften eines ErrorRecords

Verwenden Sie mehrere spezifische Traps, wählt PowerShell automatisch und unabhängig von der Reihenfolge, in der Sie die Traps angelegt haben, die jeweils spezifischste aus. Das folgende Skript enthält verschieden spezifische Traps, von denen bei einem Fehler nur eine ausgelöst wird, nämlich die spezifischste:

```
trap [System.ArithmeticException] {
  'Fehler in arithmetischer Operation'
  continue
}

trap [System.Exception] {
  'Allgemeine Exception'
  continue
}

trap [System.DivideByZeroException] {
  'Fehler beim Teilen durch Null'
  continue
}

trap {
  'Allgemeiner Fehler'
  continue
}

1/$null
```

Listing 9.5 Das Skript *spezifisch.ps1*

Die Trap für *System.DivideByZeroException* wird ausgelöst, weil sie den Fehler am genauesten beschreibt. Streichen Sie die Trap, greift nun die nächstspezifischere Trap, nämlich *System.ArithmeticException*. Für jeden Gültigkeitsbereich kann also immer nur eine Trap auslösen. Bei verschachtelten Gültigkeitsbereichen allerdings können auch mehrere Traps auslösen, und zwar immer dann, wenn die Trap den Fehler nicht mit *continue* als behandelt kennzeichnet, sondern mit *break* an die nächst-höhere Trap weiterleitet:

```
& {
  trap [System.ArithmeticException] {
    'Fehler in arithmetischer Operation'
    break
  }
  & {
    trap [System.Exception] {
      'Allgemeine Exception'
      break
    }

    & {
      trap [System.DivideByZeroException] {
        'Fehler beim Teilen durch Null'
        break
      }

      & {
        trap {
          'Allgemeiner Fehler'
          break
        }

        1 / $null
      }
    }
  }
}
```

Listing 9.6   Das Skript *verschachtelt.ps1*

Das Ergebnis sieht so aus:

```
PS> & 'C:\skript.ps1'
Allgemeiner Fehler
Fehler beim Teilen durch Null
Allgemeine Exception
Fehler in arithmetischer Operation
Es wurce versucht, durch 0 (null) zu teilen.
Bei C:\skript.ps1:24 Zeichen:8
+         1 / <<<< $null
    + CategoryInfo          : NotSpecified: (:) [], ParentContainsErrorRecordException
    + FullyQualifiedErrorId : RuntimeException
```

Auch hier sieht man, dass PowerShell den Fehler abschließend behandelt, wenn dies keiner Ihrer eigenen Fehlerhandler unternimmt.

> ### Kurz und knapp...
>
> Hinter jedem Fehler steckt eine *Exception* (*Ausnahme*), welche PowerShell normalerweise in einem ErrorRecord verpackt, der alle Details zum Fehler enthält und in der Variable *$Error* protokolliert wird. Innerhalb eigener Fehlerhandler kann man über *$_* auf den aktuellen *ErrorRecord* zugreifen und die Informationen nutzen, um die Ursachen des Fehlers zu ermitteln. Jede Exception besitzt einen Typ, und Fehlerhandler können sich auf Fehler eines bestimmten Typs beschränken, indem der zu behandelnde Typ angegeben wird. Der Fehlerhandler behandelt dann nur Exceptions dieses Typs sowie davon abgeleiteter speziellerer Typen. Gibt es mehrere Fehlerhandler für denselben Typ und befinden diese sich alle in demselben Gültigkeitsbereich, wählt PowerShell automatisch den speziellsten Fehlerhandler aus.

Eigene Fehler auslösen

In den letzten Abschnitten haben Sie mit Fehlerhandlern auf Fehler reagiert. Man kann Fehlerhandling auch als Kommunikationssystem verstehen. Jemand löst eine Exception aus und sendet sie damit zum nächstgelegenen Fehlerhandler. Dieser kann aufgrund der Informationen in der Exception entscheiden, ob er sie selbst behandeln will oder lieber weiterschickt. Wenn sich niemand der Exception annimmt, landet sie schließlich irgendwann bei PowerShell und führt zu einer roten Fehlermeldung.

Dieses Kommunikationssystem bildet also ein Eskalationssystem ab, ähnlich dem First-, Second- und Third-Level-Support in vielen Unternehmen. Kann ein Fehler »vor Ort« – also zum Beispiel innerhalb einer Funktion – nicht gelöst werden, wird die nächsthöhere Instanz damit betraut.

Ihr PowerShell-Code kann in diesem Spiel mitspielen und ebenfalls Exceptions auf die Reise schicken. Wofür das gut sein kann, haben Sie bereits an einem Beispiel gesehen: Eine Trap konnte die Exception umverpacken. Viel häufiger geht es jedoch darum, dass Ihre Funktionen es bei Fehlern dem Aufrufer überlassen können, wie mit ihnen umzugehen ist. Hier ein Beispiel für einen Code, der sich nur schlecht in ein Eskalationssystem einbinden lässt:

```
function Get-Alter {
  $datum = Read-Host 'Geben Sie Ihren Geburtstag an'
  if (-not ($datum -as [DateTime])) {
    'Sie haben kein Datum angegeben!'
    break
  }
  $differenz = New-TimeSpan ($datum -as [DateTime])
  'Sie sind {0} Tage alt!' -f $differenz.Days
}
```

Zwar funktioniert die Funktion *Get-Alter* und berechnet das Alter in Tagen, wenn Sie ein Datum angeben, aber falls Sie etwas anderes als ein Datum eintippen, kümmert sich die Funktion selbst um die Fehlerbehandlung. Sie lässt dem Aufrufer also keine Wahl, wie bei einem Fehler verfahren werden soll:

```
PS> Get-Alter
Geben Sie Ihren Geburtstag an: 18. März 1988
Sie sind 8027 Tage alt!
```

```
PS> Get-Alter
Geben Sie Ihren Geburtstag an: sag ich nicht
Sie haben kein Datum angegeben!
```

Bei sehr einfachen Funktionen wie dieser ist das in Ordnung, aber sobald Ihre Funktionen zu Legobausteinen für andere größere Lösungen werden, sollten Sie es dem Aufrufer überlassen, wie dieser bei Fehlern weiter verfahren kann. Dazu lösen Sie mit *throw* selbst einen Fehler aus:

```
function Get-Alter {
  $datum = Read-Host 'Geben Sie Ihren Geburtstag an'
  if (-not ($datum -as [DateTime])) {
    throw 'Sie haben kein gültiges Datum angegeben!'
  }
  $differenz = New-TimeSpan ($datum -as [DateTime])
  'Sie sind {0} Tage alt!' -f $differenz.Days
}
```

Jetzt wird eine echte Exception ausgelöst, die vom Aufrufer nach denselben Prinzipien behandelt werden kann wie in den letzten Beispielen. Wird der Fehler nicht vom Aufrufer behandelt, kümmert sich PowerShell mit ihren roten Fehlermeldungen selbst darum:

```
PS> Get-Alter
Geben Sie Ihren Geburtstag an: 18. März 1988
Sie sind 8027 Tage alt!


PS> Get-Alter
Geben Sie Ihren Geburtstag an: sag ich nicht
Sie haben kein gültiges Datum angegeben!
Bei C:\skript.ps1:6 Zeichen:8
+         throw <<<< 'Sie haben kein gültiges Datum angegeben!'
    + CategoryInfo          : OperationStopped: (Sie haben kein gültiges Datum angegeben!:String)
[], RuntimeException
    + FullyQualifiedErrorId : Sie haben kein gültiges Datum angegeben!
```

PROFITIPP   Fehler, die Sie selbst mit *throw* auslösen, sind normalerweise vom Typ *RuntimeException*, also sehr unspezifisch:

```
PS> $Error[0].Exception.GetType().FullName
System.Management.Automation.RuntimeException
```

Sie können aber auch spezifischere Exceptions auslösen, zum Beispiel, wenn Sie es dem Aufrufer ermöglichen wollen, spezielle Fehlerhandler für diese Fehlertypen zu entwickeln. Entweder lösen Sie eine vorhandene Exception aus, beispielsweise so:

```
PS> throw New-Object System.DivideByZeroException
Es wurde versucht, durch 0 (null) zu teilen.
Bei Zeile:1 Zeichen:6
+ throw <<<< New-Object System.DivideByZeroException
    + CategoryInfo          : OperationStopped: (:) [], DivideByZeroException
    + FullyQualifiedErrorId : Es wurde versucht, durch 0 (null) zu teilen.

PS> $Error[0].Exception.GetType().FullName
System.DivideByZeroException
```

Natürlich wäre es wenig sinnvoll, diese sehr spezielle Exception für andere Zwecke zu missbrauchen. Deshalb gibt es auch allgemeinere Exceptions wie *System.ArgumentException*, der Sie eine eigene Meldung und einen Parameterwert mitgeben können:

```
PS> throw New-Object System.ArgumentException('Ein schlimmer Fehler', 999)
Ein schlimmer Fehler
Parametername: 999
Bei Zeile:1 Zeichen:6
+ throw <<<<  New-Object System.ArgumentException('Ein schlimmer Fehler', 999)
    + CategoryInfo          : OperationStopped: (:) [], ArgumentException
    + FullyQualifiedErrorId : Ein schlimmer Fehler
Parametername: 999

PS> $Error[0].Exception.GetType().FullName
System.ArgumentException
```

Oder Sie entwickeln Ihre eigenen Exceptions, für die Sie allerdings auf eine Programmiersprache von .NET Framework zurückgreifen müssen, beispielsweise *Visual Basic*:

```
$source = @'
public class MeinFehler1
  Inherits System.ArgumentException
  Public Sub New(byval message as string, byval parameter as string)
    Mybase.New (message, parameter)
  End Sub
end class
'@

Add-Type -TypeDefinition $source -Language VisualBasic
```

Ab sofort könnten Sie den speziellen Fehler *MeinFehler1* auslösen, der dieselben Argumente unterstützt wie *System.ArgumentException*, aber jetzt einen eigenen Typ besitzt, auf den Fehlerhandler spezifisch reagieren können:

```
PS> throw New-Object MeinFehler1('Etwas Schlimmes ist passiert', 999)
Ein schlimmer Fehler
Parametername: 999
Bei Zeile:1 Zeichen:6
+ throw <<<<  New-Object MeinFehler1("Etwas Schlimmes ist passiert", 999)
    + CategoryInfo          : OperationStopped: (:) [], MeinFehler1
    + FullyQualifiedErrorId : Etwas Schlimmes ist passiert
Parametername: 999

PS> $Error[0].Exception.GetType().FullName
MeinFehler1
```

Tatsächlich ist es *throw* völlig egal, was für ein Objekt sie übergeben, und sendet alles einfach an die nächsthöhere Instanz. Sie könnten mit diesem Kommunikationssystem also zum Beispiel auch Prozessobjekte an die nächsthöhere Instanz senden und keine Exceptions – solange der Empfänger auch etwas damit anzufangen weiß:

```
PS> throw (Get-Process -id $pid)
throw : System.Diagnostics.Process (powershell)
Bei Zeile:1 Zeichen:6
+ throw <<<<  (Get-Process -id $pid)
    + CategoryInfo          : OperationStopped: (System.Diagnostics.Process
      (powershell):Process) [], RuntimeException
    + FullyQualifiedErrorId : System.Diagnostics.Process (powershell)
```

> ## Kurz und knapp...
>
> Eigene Fehler lassen sich mit der Anweisung *throw* auslösen. Geben Sie eine Textmeldung an, löst PowerShell einen allgemeinen Fehler aus. Spezifischere Fehler werden durch Angabe eines bestimmten Exception-Typs generiert. Grundsätzlich kann man jedes Objekt mit *throw* versenden. Mit *Add-Type* haben Sie sogar die Möglichkeit, ganz eigene Fehlertypen zu verwenden.

Testen Sie Ihr Wissen!

Wieder einmal haben Sie die Möglichkeit, Ihr Wissen über Fehler und das Fehlerhandling auf die Probe zu stellen und nebenbei weitere wissenswerte Details zu entdecken.

Aufgabe　Sie haben einen kleinen Fehlerhandler gebastelt und wollen nun einen Fehler provozieren. Dummerweise nur wird Ihr Fehlerhandler nie aktiv. Wieso?

```
trap { 'Etwas Fürchterliches ist passiert!' }

# Fehler auslösen:
1/0
```

Stattdessen gibt PowerShell seine eigene Fehlermeldung aus, als gäbe es Ihre Trap gar nicht:

```
PS> C:\testskript.ps1
Es wurde versucht, durch 0 (null) zu teilen.
```

Lösung　Sie haben alles richtig gemacht. Die Anweisung 1/0 allerdings ist ein handwerklicher Fehler, kein Laufzeitfehler. Der PowerShell-Parser entdeckt also schon vor dem Start des Skripts, dass diese Anweisung Unsinn ist und löst keinen Laufzeitfehler aus. Ihr Fehlerhandler reagiert jedoch nur auf Laufzeitfehler. Lösen Sie stattdessen einen Laufzeitfehler aus, zum Beispiel so:

```
1/$null
```

Aufgabe　Sie haben das Skript aus dem letzten Beispiel angepasst und tatsächlich wird Ihr Fehlerhandler nun aktiv. Allerdings folgt Ihrer eigenen Fehlermeldung anschließend die PowerShell-Fehlermeldung:

```
PS> C:\testskript.ps1
Etwas Fürchterliches ist passiert!
Es wurde versucht, durch 0 (null) zu teilen.
```

Wie kann man den Fehler abfangen? Was fehlt Ihrem Fehlerhandler noch?

Lösung　Ihr Fehlerhandler behandelt den Fehler zwar bereits, erklärt den Fehler aber noch nicht als erledigt. Deshalb wird der Fehler an den nächsten Fehlerhandler weitergegeben, in diesem Fall an das Standardfehlerhandling von PowerShell. Fügen Sie in Ihren Fehlerhandler zusätzlich die Anweisung *continue* ein:

```
trap { 'Etwas Fürchterliches ist passiert!'; continue }

# Fehler auslösen:
1/$null
```

Aufgabe   Wieso wird Ihr Fehlerhandler in dem folgenden Fall nicht aktiv?

```
trap { 'Etwas Fürchterliches ist passiert!'; continue }

# Fehler auslösen:
dir zumsel:
```

Lösung   Cmdlets verwenden ihr eigenes internes Fehlerhandling, es sei denn, Sie setzen *-ErrorAction* auf *Stop*. Alle Fehler, die von Cmdlets ausgelöst werden, sind also nur dann behandelbar, wenn das Cmdlet den Fehler auch an die Außenwelt übermittelt. Legen Sie entweder für das Cmdlet individuell *-ErrorAction* fest auf *Stop*:

```
trap { 'Etwas Fürchterliches ist passiert!'; continue }

# Fehler auslösen:
dir zumsel: -ea Stop
```

Oder erklären Sie *Stop* zum Standard für Ihr Skript:

```
$script:ErrorActionPreference = 'Stop'
trap { 'Etwas Fürchterliches ist passiert!'; continue }

# Fehler auslösen:
dir zumsel:
```

Aufgabe   Sie wollen sich den genauen Aufbau des *ErrorRecord* des letzten Fehlers ansehen. Dazu lösen Sie zuerst den Fehler aus und schauen dann in *$Error[0]* nach. Um alle Eigenschaften des *Error-Record* zu sehen, leiten Sie ihn weiter an *Format-List **. Erstaunlicherweise sehen Sie aber weiterhin nur die Fehlermeldung. Wieso zeigt *Format-List* nicht den Aufbau des *ErrorRecord* an?

```
PS> 1/$null
Es wurde versucht, durch 0 (null) zu teilen.
Bei Zeile:1 Zeichen:3
+ 1/ <<<< $null
    + CategoryInfo          : NotSpecified: (:) [], RuntimeException
    + FullyQualifiedErrorId : RuntimeException

PS> $Error[0]
Es wurde versucht, durch 0 (null) zu teilen.
Bei Zeile:1 Zeichen:3
+ 1/ <<<< $null
    + CategoryInfo          : NotSpecified: (:) [], RuntimeException
    + FullyQualifiedErrorId : RuntimeException

PS> $Error[0] | Format-List *
Es wurde versucht, durch 0 (null) zu teilen.
Bei Zeile:1 Zeichen:3
+ 1/ <<<< $null
    + CategoryInfo          : NotSpecified: (:) [], RuntimeException
    + FullyQualifiedErrorId : RuntimeException
```

Lösung   *Format-**-Cmdlets verwenden zur Ausgabeformatierung die im *Extended Type System* (ETS) hinterlegten Informationen. ErrorRecords werden immer nur als Fehlermeldung ausgegeben. Um den detaillierten Aufbau des *ErrorRecord* zu sehen, umgehen Sie entweder das ETS durch Angabe von *-Force*:

```
PS> $Error[0] | Format-List * -Force
```

```
PSMessageDetails    :
Exception           : System.Management.Automation.RuntimeException: Es wurde versucht, dur
                      ch 0 (null) zu teilen. ---> System.DivideByZeroException: Es wurde ve
                      rsucht, durch 0 (null) zu teilen.
                         bei System.Management.Automation.ParserOps.PolyDiv(ExecutionContex
                      t context, Token opToken, Object lval, Object rval)
                         --- Ende der internen Ausnahmestapelüberwachung ---
                         bei System.Management.Automation.ExpressionNode.ExecuteOp(Executio
                      nContext context, Object left, OperatorToken op, Object right)
                         bei System.Management.Automation.ExpressionNode.Execute(Array inpu
                      t, Pipe outputPipe, ExecutionContext context)
                         bei System.Management.Automation.ParseTreeNode.Execute(Array input
                      , Pipe outputPipe, ArrayList& resultList, ExecutionContext context)
                         bei System.Management.Automation.StatementListNode.ExecuteStatemen
                      t(ParseTreeNode statement, Array input, Pipe outputPipe, ArrayList& r
                      esultList, ExecutionContext context)
TargetObject        :
CategoryInfo        : NotSpecified: (:) [], RuntimeException
FullyQualifiedErrorId : RuntimeException
ErrorDetails        :
InvocationInfo      : System.Management.Automation.InvocationInfo
PipelineIterationInfo : {}
```

Oder Sie verpacken den *ErrorRecord* zuerst in ein geklontes Objekt, was bei *Select-Object* automatisch geschieht. Jetzt erkennt das ETS den Originalobjekttyp nicht mehr und gibt alle Details aus:

```
PS> $Error[0] | Select-Object *
```

Die Ausgabe entspricht der vorangehenden.

Aufgabe   Schauen Sie sich den folgenden Fehlerhandler genau an. Was ist seine Aufgabe? Fällt Ihnen ein Problem auf?

```
'Beginne...'
try { 1/$null }
catch { 'Ein Fehler ist passiert!'; continue }
'Fertig!'
```

Wenn Sie dieses Skript starten, gibt es zwar die eigene Fehlermeldung aus, bricht dann aber ab. Die Meldung *Fertig!* erscheint nicht. Was ist hier los?

```
PS> C:\testskript.ps1
Beginne...
Ein Fehler ist passiert!
```

Lösung   Der Fehlerhandler überwacht den Code im *try*-Block. Der Fehler, der dort ausgelöst wird, wird vom Code im *catch*-Block behandelt. Das scheint auch einwandfrei zu funktionieren. Allerdings findet sich im *catch*-Code die Anweisung *continue*. Diese sorgt dafür, dass das Skript an dieser Stelle abgebrochen wird, denn *continue* setzt die Anweisung immer mit dem nächsthöheren Gültigkeitsbereich fort. Weil es hier keinen nächsthöheren Gültigkeitsbereich gibt, beendet PowerShell das Skript. Möglicherweise irritiert Sie das jetzt? Sollte *continue* nicht eigentlich den Fehler als erledigt erklären? Das kommt darauf an, wo genau Sie *continue* aufrufen. Nur wenn *continue* direkt innerhalb eines Fehlerhandlers steht, also entweder in einer Trap oder im *try*-Block, führt es diese Aufgabe aus. In diesem Fall ist das *continue* also versehentlich aus dem *try-* in den *catch*-Block gerutscht. Sobald Sie dieses Malheur beheben, funktioniert alles wie geplant:

```
'Beginne...'
try { 1/$null; continue }
catch { 'Ein Fehler ist passiert!' }
'Fertig!'
```

Grundsätzlich sollten Sie *continue* und *break* nicht in einem *catch*-Block verwenden. Diese gehören in den *try*-Block.

Aufgabe   Sie haben versucht, den aktuellen *ErrorRecord* in einer Variablen zu speichern, aber eine sonderbare Fehlermeldung erhalten. Wieso wohl?

```
PS> $a = $Error[0]
Der Wert "Es wurde versucht, durch 0 (null) zu teilen." vom Typ
"System.Management.Automation.ErrorRecord" kann nicht in den Typ "System.Int32" konvertiert
werden.
```

Lösung   Dieser Fehler hat nichts mit dem Fehlerhandling zu tun und tritt eher zufällig auf. Sie haben offenbar vorher die Variable *$a* streng typisiert, zum Beispiel so:

```
PS> [int]$a = 1
```

Sie kann jetzt nur noch Zahlenwerte speichern und weigert sich, einen *ErrorRecord* in eine Zahl umzuwandeln.

Aufgabe   Sie möchten gern einen speziellen Fehler abfangen, und zwar den Fall, dass ein Laufwerk nicht gefunden werden kann. Dazu haben Sie zuerst den Fehlertyp dieses Fehlers ermittelt:

```
PS> dir zumsel:
Get-ChildItem : Das Laufwerk wurde nicht gefunden. Ein Laufwerk mit dem Namen "zumsel" ist nicht
vorhanden.

PS> $Error[0].Exception.GetType().FullName
System.Management.Automation.DriveNotFoundException
```

Anschließend haben Sie einen speziellen Fehlerhandler für diesen Fehlertyp geschrieben. Der allerdings scheint nicht zu funktionieren:

```
trap [System.Management.Automation.DriveNotFoundException] {
  'Laufwerk ungültig!'
  continue
}

dir zumsel: -ea Stop
```

Wieso? Was kann man tun?

Lösung   Sie erleben hier ein kleines Dilemma. Führen Sie das Cmdlet interaktiv aus, meldet es den echten Fehler, nämlich eine *System.Management.Automation.DriveNotFoundException*. Wie immer behandelt das Cmdlet diesen Fehler aber intern. Damit Ihr Fehlerhandler reagieren kann, muss *-ErrorAction* des Cmdlets auf *Stop* eingestellt werden. Wenn Sie das aber tun, löst das Cmdlet einen anderen Fehler aus, nämlich:

```
PS> dir zumsel: -ea Stop
```

```
Get-ChildItem : Das Laufwerk wurde nicht gefunden. Ein Laufwerk mit dem Namen "zumsel" ist nicht
vorhanden.
Bei Zeile:1 Zeichen:4

PS> $Error[0].GetType().FullName
System.Management.Automation.ActionPreferenceStopException
```

Tatsächlich ist alles sogar noch viel komplexer, denn der ausgelöste Fehler ist kein normaler *ErrorRe-cord*, sondern eine direkte *System.Management.Automation.ActionPreferenceStopException*. Ihr Feh-lerhandler könnte nun zwar darauf reagieren, würde jetzt aber alle Fehler empfangen, die von Cmd-lets ausgelöst werden:

```
trap [System.Management.Automation.ActionPreferenceStopException] {
  'Laufwerk ungültig!'
  continue
}

dir zumsel: -ea Stop
Get-Process -Id 99999 -ea Stop
```

Ihr Fehlerhandler wird jetzt in beiden Fällen aktiv. Der einzige Weg, dies zu umgehen, besteht darin, innerhalb des Fehlerhandlers anschließend die tatsächlich zugrunde liegende Exception auszuwerten. Mehr dazu finden Sie im Abschnitt »Spezifische Fehlerhandler einsetzen« auf Seite 428.

Zusammenfassung

Als Vorgabe verwendet PowerShell bei Fehlern die Einstellung in *$ErrorActionPreference*, die norma-lerweise *Continue* lautet: Fehlermeldungen werden ausgegeben, aber die Ausführung folgender Befehle fortgesetzt. Diese Einstellung kann man entweder individuell mit dem Parameter *-ErrorAc-tion* für einzelne Cmdlets oder generell durch die Variable *$ErrorActionPreference* ändern. Häufig sol-len Cmdlets Fehlermeldungen nicht anzeigen. Man fügt dann den Parameter *-ErrorAction Silently-Continue* hinzu.

Mehr Kontrolle erlangt man mit eigenen Fehlerhandlern. *Try…catch* überwacht Fehler im Code des *try*-Blocks und kann dann mit Code im *catch*-Block darauf reagieren. *trap* behandelt jeden Fehler. Innerhalb des Fehlerhandlers steht der *ErrorRecord* mit den Informationen zum aktuellen Fehler in *$_* zur Verfügung. Mit der Anweisung *continue* kann ein Fehlerhandler den Fehler als behandelt abha-ken. Ohne diese Anweisung wird der Fehler an den nächsten Fehlerhandler weitergereicht.

Code in Funktionen und Skripts kann zu Diagnosezwecken mit Debug-Meldungen und Haltepunk-ten versehen werden. Dazu fügen Sie *Write-Debug*-Anweisungen in den Code ein und legen mit *$DebugPreference* fest, ob *Write-Debug* eine Meldung ausgeben oder den Code tatsächlich an dieser Stelle anhalten soll. Wird der Code angehalten, können Sie die Variablen Ihrer Funktion oder Ihres Skripts ausführlich in der Konsole analysieren. Geben Sie *exit* ein, wenn Sie den Haltepunkt beenden und den Code fortsetzen möchten.

Fehlerhandler können allgemein oder spezifisch sein. Spezifische Fehlerhandler reagieren nicht auf alle Fehlertypen, sondern nur auf die jeweils angegebenen.

Teil C

Low-Level-Zugang

Kapitel 10

Mit Objekten arbeiten

In diesem Kapitel:

Anfangs sieht bei der Arbeit mit PowerShell alles so aus, als würden Cmdlets und Befehle nur Textinformationen zurückliefern und als wäre PowerShell einfach nur eine modernisierte Eingabeaufforderung. In Wirklichkeit aber ist PowerShell voller *Objekte*, und alles, was Befehle und Cmdlets liefern, sind ebenfalls *Objekte*, mit denen man sehr viel mehr machen kann als mit reinem Text. Was die Frage aufwirft, was *Objekte* und *Objektorientiertheit* eigentlich bedeutet. Die Antwort liefert dieses Kapitel.

PowerShell hat nämlich zwei Gesichter und in diesem Kapitel schlucken Sie wie der Protagonist Neo im Science-Fiction-Klassiker »Die Matrix« die rote Pille: Sie verlassen die vertraute und simple textbasierte (aber in Wahrheit nur simulierte) Welt und betreten die komplexere, mehrdimensionale (aber mächtige) reale Welt der Objekte.

Einführung: Objekte und Typen

Bevor Sie sich näher damit beschäftigen, was man mit *Objekten* machen kann, sind ein paar Fachbegriffe unerlässlich. Sicher haben Sie schon einmal von ihnen gehört: *Objekt*, *Instanz*, *Klasse*, *Typ* sowie *Member (Mitglied)*, *Eigenschaft (Property)* und *Methode*. Man könnte sie stundenlang detailversessen diskutieren, aber in der Praxis spielt nur Folgendes eine Rolle. Dazu ein kleiner Ausflug in die Welt der Tiere:

- **Klasse, Typ**   Bezeichnet die »Tierart«, also Hund, Katze, Maus oder Mammut. Ob es noch Mammuts gibt, steht auf einem anderen Blatt. Jede Tierart existiert nur einmal, also gibt es auch jede Klasse (bzw. jeden Typ) nur einmal.

- **Objekt, Instanz**   Bezeichnet die »Tiere«, also die lebendigen Hunde, Katzen, Mäuse und Mammuts. Pro Tierart gibt es beliebig viele Objekte (alias Instanzen) oder – wie im Falle der Mammuts – gar keine.

- **Member (Mitglied)**   Bezeichnet die *Eigenschaften (Properties)* und *Methoden (Fähigkeiten)* eines Tieres oder einer Tierart. Sie beschreiben, was es *ist* (also die Eigenschaften, etwa bestimmt durch Größe, Farbe, Anzahl der Beine) und was es kann (also die Methoden, zum Beispiel kratzen, beißen, springen, oder auch sich-im-Staub-wälzen).

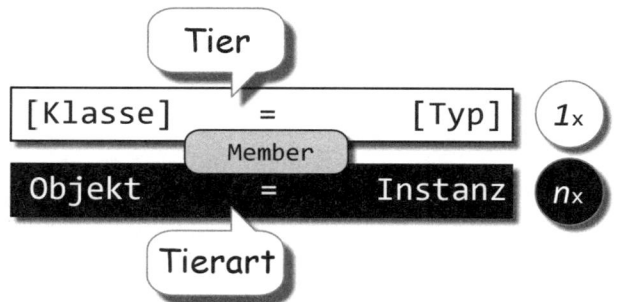

Abbildung 10.1 Diese Fachbegriffe beschreiben die »Mitspieler« in der Low-Level-Welt

In der wirklichen Welt ist demnach offensichtlich, was ein Objekt ist: nämlich alles, was man anfassen kann (und was gegebenenfalls zurückschlägt). Die IT hat sich diese Begriffe als Analogie geborgt. Sie bezeichnen in der IT also etwas jeweils ganz Ähnliches. Ein laufender Prozess ist beispielsweise ein lebendiges Tier der Tierart *Process* oder etwas genauer und formaler: eine *Instanz* des *Typs* »Process« (wahlweise auch: ein *Objekt* der *Klasse* »Process«).

Eigenschaften...

Ein Prozess unterscheidet sich von allen anderen Prozessen durch seine *Eigenschaften*, zu denen etwa seine eindeutige Prozess-ID, sein Name und auch seine CPU-Belastung gehören. Um Ihre Kollegen zu beeindrucken, könnten Sie dasselbe auch so formulieren: Eine *Process*-Instanz verfügt über die Properties *ID*, *Name* und *CPU*. Diese Eigenschaften eines Objekts werden von PowerShell in Spalten angezeigt und können mit *Select-Object* ausgewählt werden:

```
# ein Notepad zum "Spielen" öffnen und das Process-Objekt mit -PassThru
# zurückfordern. Dieses Objekt soll untersucht werden:
PS> $ProzessObjekt = Start-Process -FilePath notepad -PassThru
PS> $ProzessObjekt
```

Handles	NPM(K)	PM(K)	WS(K)	VM(M)	CPU(s)	Id	ProcessName
64	7	1980	388	72	0,09	12064	notepad

```
PS> $ProzessObjekt | Select-Object -Property ProcessName, Id, Handles
```

ProcessName	Id	Handles
notepad	12064	64

Nennen Sie keine konkreten Eigenschaftennamen, sondern verwenden stattdessen das Platzhalterzeichen *, dann zeigt *Select-Object* sämtliche Eigenschaften als Liste an. Nicht erschrecken: Das können sehr viele sein:

```
PS> $ProzessObjekt | Select-Object -Property *
```

```
__NounName       : Process
Name             : notepad
Handles          : 64
VM               : 75407360
WS               : 397312
PM               : 2027520
NPM              : 7320
Path             : C:\Windows\system32\notepad.exe
Company          : Microsoft Corporation
CPU              : 0,0936006
FileVersion      : 6.1.7601.17514 (win7sp1_rtm.101119-1850)
ProductVersion   : 6.1.7601.17514
Description      : Editor
Product          : Betriebssystem Microsoft® Windows®
Id               : 12064
(…)
```

Aus der Gesamtübersicht aller Objekteigenschaften könnte man dann diejenigen aussuchen, die für eine bestimmte Fragestellung gerade interessant sind:

```
PS> $ProzessObjekt | Select-Object -Property ProcessName, Company, Description, MainWindowTitle
```

```
ProcessName        Company         Description      MainWindowTitle
-----------        -------         -----------      ---------------
notepad            Microsoft Corpo... Editor         Unbenannt - Editor
```

Manche Eigenschaften dürfen auch verändert werden, aber nur dann, wenn sich das Objekt dadurch auch entsprechend mitändert. Andernfalls sind Änderungen verboten. Eigenschaften dürfen also nicht lügen und müssen das Objekt immer korrekt beschreiben. Die Eigenschaft *PriorityClass* meldet zum Beispiel, welche Priorität der Prozess gerade hat (wie viel Rechenzeit ihm zugestanden wird):

```
PS> $ProzessObjekt.PriorityClass
Norma‾
```

Versuchen Sie, diese Eigenschaft zu ändern, um dem Prozess eine höhere Priorität zuzuordnen, ist das nicht grundsätzlich verboten. Sie müssen der Eigenschaft nur einen gültigen Wert zuweisen. Was genau gültig ist, hängt von der jeweiligen Eigenschaft ab. Kennen Sie die gültigen Werte für eine Eigenschaft nicht, hilft aber die resultierende Fehlermeldung: Nachdem sie sich ausgiebig beschwert hat, nennt sie am Ende der Fehlermeldung die gültigen Werte, zum Beispiel *High*. Damit funktioniert die Änderung der Eigenschaft reibungslos:

```
PS> $ProzessObjekt.PriorityClass = 'hoch'
Ausnahme beim Festlegen von "PriorityClass": "Der Wert "hoch" kann nicht in den Typ
"System.Diagnostics.ProcessPriorityClass" konvertiert werden. Fehler: "Der Bezeichner "hoch" kann
keinem gültigen Enumeratornamen zugeordnet werden. Geben Sie einen der folgenden Enumeratornamen
an, und wiederholen Sie den Vorgang: Normal, Idle, High, RealTime, BelowNormal,AboveNormal.""

PS> $FrozessObjekt.PriorityClass = 'high'
PS> $FrozessObjekt.PriorityClass
High
```

Erlaubt war die Änderung der Eigenschaft nur deshalb, weil der Prozess durch diese Änderung tatsächlich eine höhere Priorität erhielt, wie ein Blick in den Task-Manager beweist (Abbildung 10.2). Sie müssen dazu höchstens im Task-Manager unter *Ansicht/Spalten auswählen* die Spalte *Basispriorität* einblenden.

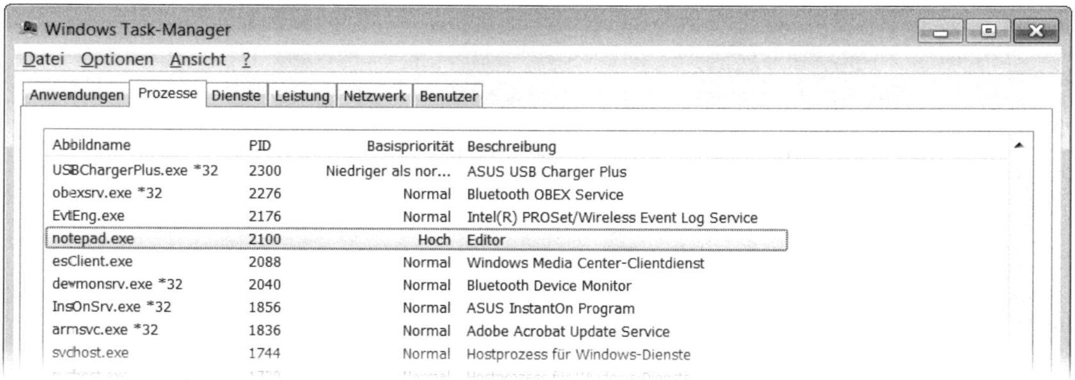

Abbildung 10.2 Die Änderung der Objekteigenschaft war erlaubt, weil sich das Objekt dadurch geändert hat

Wiederum andere Eigenschaften dürfen nicht verändert werden, weil das Objekt diese Änderung nicht umsetzen kann. Prozesse tragen beispielsweise zeitlebens dieselbe Kennziffer, weswegen die Eigenschaft *ID* auch nicht nachträglich änderbar ist:

```
PS> $ProzessObjekt.ID
2100

PS> $ProzessObjekt.ID = 12345
"ID" ist eine schreibgeschützte Eigenschaft.
```

...und Methoden

Ein Prozess kann auch Dinge *tun* wie zum Beispiel seinen Typ verraten oder sein Fenster schließen. Wieder präziser und formaler: Ein *Process*-Objekt verfügt über die Methoden *GetType()* und *CloseMainWindow()* sowie *Kill()*. Methoden kann man als eine Art Befehl sehen, die etwas Bestimmtes, das ein Objekt kann, verkörpern und bei der Ausführung der Methode abrufen.

> **ACHTUNG** Die runden Klammern gehören zum Namen einer Methode und dürfen nicht durch Leerzeichen abgegrenzt werden. Diese runden Klammern unterscheiden übrigens gut sichtbar Methoden von Eigenschaften.

Die Methoden eines Objekts werden von PowerShell normalerweise versteckt. Trotzdem sind sie vorhanden:

```
PS> $ProzessObjekt = Start-Process -FilePath notepad -PassThru
PS> $ProzessObjekt.GetType()

IsPublic IsSerial Name                                     BaseType
-------- -------- ----                                     --------
True     False    Process                                  System.Compone...


PS> $ProzessObjekt.GetType().Name
Process

PS> $ProzessObjekt.GetType().FullName
System.Diagnostics.Process

PS> $ProzessObjekt.CloseMainWindow()
True
```

Falls Sie die Klammern hinter einer Methode vergessen, führt PowerShell diese nicht aus, sondern gibt Ihnen stattdessen die *Signatur* der Methode zurück, also eine Art Mini-Betriebsanleitung, aus der zumindest rudimentär hervorgeht, welche Informationen eine Methode von Ihnen erwartet:

```
PS> $ProzessObjekt.Kill

OverloadDefinitions
-------------------
void Kill()

PS> $ProzessObjekt.CloseMainWindow
```

```
OverloadDefinitions
-------------------
bool CloseMainWindow()

PS> $ProzessObjekt.WaitForExit

OverloadDefinitions
-------------------
bool WaitForExit(int milliseconds)
void WaitForExit()
```

HINWEIS   In PowerShell 2.0 werden die Ergebnisse nicht so übersichtlich angezeigt wie in PowerShell 3.0, enthalten aber grundsätzlich dieselben Informationen.

Die Methode *Kill()* erwartet von Ihnen zum Beispiel keinerlei Information und liefert auch nichts zurück (*void*).

Die Methode *CloseMainWindow()* erwartet auch keine Informationen von Ihnen, liefert aber *$true* oder *$false* zurück (bool). Was der Rückgabewert bedeuten könnte, verrät PowerShell nicht, aber Sie werden gleich erfahren, wie Sie Hilfe zu den Membern eines Objekts bekommen. *$true* bedeutet übrigens, dass der Wunsch, das Fenster zu schließen, an das Fenster des Prozesses übermittelt werden konnte, und *$false*, dass das nicht möglich war.

Und falls Sie sich gerade fragen, was der Unterschied ist zwischen *CloseMainWindow()*, *Kill()* und dem Cmdlet *Stop-Process*: *Kill()* und *Stop-Process* können beliebige Prozesse beenden und verrichten dies sofort ohne viel Federlesens. *CloseMainWindow()* kann nur Prozesse beenden, die ein eigenes Fenster haben, und automatisiert nur den Klick auf das Schließen-Symbol des Fensters. Falls die dazugehörige Anwendung noch ungespeicherte Daten enthält, erscheint dadurch wie gewohnt eine Sicherheitsabfrage, und wenn der Anwender darin auf *Abbrechen* klickt, wird der Prozess doch nicht beendet.

Die Methode *WaitForExit()* schließlich hat zwei Signaturen: Entweder rufen Sie die Methode ohne Argumente auf. Dann wartet PowerShell (notfalls ewig), bis der Prozess wieder beendet ist. Oder Sie geben eine maximale Wartefrist in Millisekunden an. Dann wartet *WaitForExit()* höchstens so lange wie angegeben und gibt *$true* oder *$false* zurück, je nachdem, ob der Prozess in dieser Zeit beendet wurde oder nicht.

Das folgende Skript nutzt das und startet einen *Notepad*-Editor. Wenn Sie ihn innerhalb von 3 Sekunden schließen, bemerkt das Skript dies und setzt die Ausführung unmittelbar fort. Falls nicht, gibt das Skript nach diesen 3 Sekunden Wartezeit eine andere Meldung aus:

```
$ProzessObjekt = Start-Process -FilePath notepad -PassThru
$ergebnis = $ProzessObjekt.WaitForExit(3000)
if ($ergebnis)
{
  'Prozess wurde innerhalb von 3 Sekunden beendet und läuft nicht mehr.'
}
else
{
  'Prozess wurde in den letzten 3 Sekunden nicht beendet und läuft noch.'
}
```

Listing 10.1   Das Skript *WaitForExit.ps1*

Alle Eigenschaften und Methoden anzeigen

Die Beispiele aus den vergangenen Abschnitten werfen die Frage auf: Woher weiß man, welche Eigenschaften und Methoden ein Objekt zu bieten hat? Eine Antwort haben Sie schon von *Select-Object* erhalten: Gibt man hier ein * an, werden alle Eigenschaften des Objekts aufgelistet. PowerShell unterstützt Sie aber auch auf anderen Wegen. Eigenschaften und Methoden bilden zusammen die *Member* des Objekts, die also beschreiben, was das Objekt *ist* und was es *kann*.

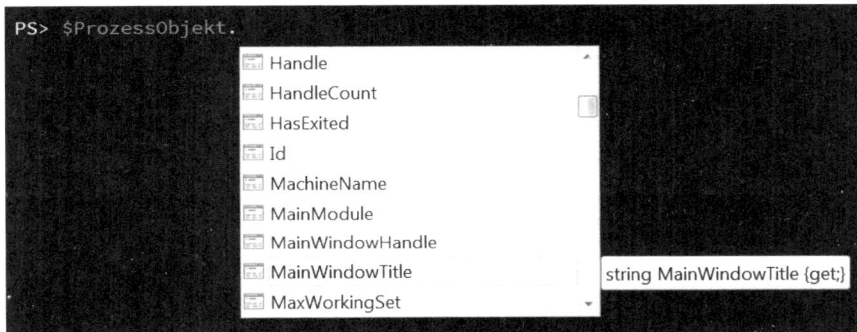

Abbildung 10.3   Die Member eines Objekts (Eigenschaften und Methoden) werden in PowerShell ISE angezeigt

Die Member werden von PowerShell über die Autovervollständigung (Abbildung 10.3) angezeigt und lassen sich auch über *Get-Member* abrufen:

```
PS> $ProzessObjekt | Get-Member

    TypeName: System.Diagnostics.Process

Name                 MemberType    Definition
----                 ----------    ----------
Handles              AliasProperty Handles = Handlecount
Name                 AliasProperty Name = ProcessName
NPM                  AliasProperty NPM = NonpagedSystemMemorySize
PM                   AliasProperty PM = PagedMemorySize
VM                   AliasProperty VM = VirtualMemorySize
WS                   AliasProperty WS = WorkingSet
Disposed             Event         System.EventHandler Disposed(System.Object, System.Even...
ErrorDataReceived    Event         System.Diagnostics.DataReceivedEventHandler ErrorDataRe...
Exited               Event         System.EventHandler Exited(System.Object, System.EventA...
OutputDataReceived   Event         System.Diagnostics.DataReceivedEventHandler OutputDataR...
BeginErrorReadLine   Method        void BeginErrorReadLine()
BeginOutputReadLine  Method        void BeginOutputReadLine()
CancelErrorRead      Method        void CancelErrorRead()
CancelOutputRead     Method        void CancelOutputRead()
Close                Method        void Close()
CloseMainWindow      Method        bool CloseMainWindow()
CreateObjRef         Method        System.Runtime.Remoting.ObjRef CreateObjRef(type reques...
(…)
Id                   Property      int Id {get;}
MachineName          Property      string MachineName {get;}
```

```
MainModule                     Property        System.Diagnostics.ProcessModule MainModule {get;}
MainWindowHandle               Property        System.IntPtr MainWindowHandle {get;}
MainWindowTitle                Property        string MainWindowTitle {get;}
MaxWorkingSet                  Property        System.IntPtr MaxWorkingSet {get;set;}
MinWorkingSet                  Property        System.IntPtr MinWorkingSet {get;set;}
Modules                        Property        System.Diagnostics.ProcessModuleCollection Modules {get;}
NonpagedSystemMemorySize       Property        int NonpagedSystemMemorySize {get;}
NonpagedSystemMemorySize64     Property        long NonpagedSystemMemorySize64 {get;}
PagedMemorySize                Property        int PagedMemorySize {get;}
PagedMemorySize64              Property        long PagedMemorySize64 {get;}
PagedSystemMemorySize          Property        int PagedSystemMemorySize {get;}
(…)
ProcessorAffinity              Property        System.IntPtr ProcessorAffinity {get;set;}
Responding                     Property        bool Responding {get;}
SessionId                      Property        int SessionId {get;}
Site                           Property        System.ComponentModel.ISite Site {get;set;}
(…)
PSConfiguration                PropertySet     PSConfiguration {Name, Id, PriorityClass, FileVersion}
PSRescurces                    PropertySet     PSResources {Name, Id, Handlecount, WorkingSet, NonPage...
Company                        ScriptProperty  System.Object Company {get=$this.Mainmodule.FileVersion...
CPU                            ScriptProperty  System.Object CPU {get=$this.TotalProcessorTime.TotalSe...
Description                    ScriptProperty  System.Object Description {get=$this.Mainmodule.FileVer...
FileVersion                    ScriptProperty  System.Object FileVersion {get=$this.Mainmodule.FileVer...
Path                           ScriptProperty  System.Object Path {get=$this.Mainmodule.FileName;}
Product                        ScriptProperty  System.Object Product {get=$this.Mainmodule.FileVersion...
ProductVersion                 ScriptProperty  System.Object ProductVersion {get=$this.Mainmodule.File...
```

Get-Member verrät zuerst den Typ eines Objekts. In der Ausgabe steht der Typ hinter *TypeName*. Prozesse sind also Objekte vom Typ *System.Diagnostics.Process*. In den Spalten der Ausgabe erfahren Sie dann Folgendes:

Spaltenname	Inhalt
Name	Name der Eigenschaft oder Methode
MemberType	Wesentlich ist, ob der Begriff *Property* (Eigenschaft) oder *Method* (Methode) enthält. Was es mit den vielen verschiedenen Property- und Method-Arten auf sich hat, ist hier nicht wichtig und wird im nächsten Kapitel beleuchtet. Ereignisse (Events) werden in diesem Kapitel nicht besprochen. Mehr dazu erfahren Sie in Kapitel 25.
Definition	Streng formalisierte Definition, aus der hervorgeht, welcher Datentyp zurückgeliefert wird und welche Argumente eine Methode erlaubt. Bei Eigenschaften erfahren Sie hier, ob der Inhalt nur gelesen (»{get;}«) oder auch verändert werden darf (»{get;set;}«).

Tabelle 10.1   Informationen über Objektmember, die von *Get-Member* geliefert werden

ACHTUNG   Längst nicht alle Eigenschaften und Methoden, die ein Objekt bietet, sind für Sie auch nützlich, und manche sind überhaupt nicht nutzbar, weil sie für interne Zwecke des Betriebssystems gedacht sind. Welche Eigenschaften und Methoden nützlich sind, verrät Ihnen andererseits auch niemand. Das ist einer der wenigen Vorteile des Alters: Weisheit und Erfahrung. Beides liefert nur die Zeit.

Hilfe zu Objekten und ihren Membern

Weil die internen Eigenschaften und Methoden eines Objekts keine Cmdlets sind, verfügen sie auch nicht über eine eingebaute Hilfe. Im Internet sind die Eigenschaften und Methoden vieler Objekte allerdings bestens beschrieben. Dazu müssen Sie nur zwei Dinge wissen: den Typ des Objekts (wird Ihnen von *Get-Member* verraten und steht ganz oben hinter *TypeName*) und den Namen der Eigenschaft oder Methode, die Sie interessiert.

Danach surfen Sie zu einer Suchmaschine wie z.B. *www.google.de* und tippen beide Angaben mit einem nachgestellten **site:msdn.microsoft.com** ein, was bewirkt, dass Sie die Hilfe aus MSDN erhalten. Schreiben Sie also zum Beispiel **System.Diagnostics.Process WaitForExit site:msdn.microsoft.com** (Abbildung 10.4).

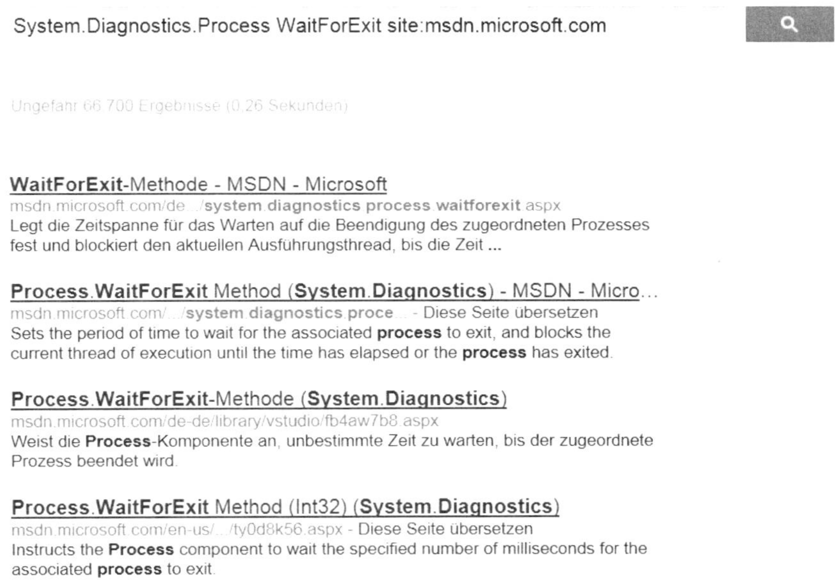

System.Diagnostics.Process WaitForExit site:msdn.microsoft.com   🔍

Ungefähr 66.700 Ergebnisse (0.26 Sekunden)

WaitForExit-Methode - MSDN - Microsoft
msdn.microsoft.com/de.../system.diagnostics.process.waitforexit.aspx
Legt die Zeitspanne für das Warten auf die Beendigung des zugeordneten Prozesses
fest und blockiert den aktuellen Ausführungsthread, bis die Zeit ...

Process.WaitForExit Method (**System.Diagnostics**) - MSDN - Micro...
msdn.microsoft.com/.../system.diagnostics.proce... - Diese Seite übersetzen
Sets the period of time to wait for the associated **process** to exit, and blocks the
current thread of execution until the time has elapsed or the **process** has exited.

Process.WaitForExit-Methode (**System.Diagnostics**)
msdn.microsoft.com/de-de/library/vstudio/fb4aw7b8.aspx
Weist die **Process**-Komponente an, unbestimmte Zeit zu warten, bis der zugeordnete
Prozess beendet wird.

Process.WaitForExit Method (Int32) (**System.Diagnostics**)
msdn.microsoft.com/en-us/.../ty0d8k56.aspx - Diese Seite übersetzen
Instructs the **Process** component to wait the specified number of milliseconds for the
associated **process** to exit.

Abbildung 10.4   Nach Hilfe zu einer Eigenschaft oder Methode suchen

Sofern es sich um ein Objekt handelt, das von Microsoft entwickelt wurde, erscheinen sofort viele Links auf Dokumentationen, und darin finden Sie alle erdenklichen Informationen (Abbildung 10.5).

Abbildung 10.5 Detaillierte Informationen zur Methode *WaitForExit()* abrufen

Stammt der Objekttyp von einem anderen Hersteller, lassen Sie bei der Suche im Internet den Zusatz »site:msdn.microsoft.com« weg und suchen Sie überall.

Ergebnisse eines Befehls untersuchen

Damit wissen Sie nun sehr viel genauer, wie Sie in PowerShell arbeiten:

- **Befehl finden** Suchen Sie zuerst so wie in Kapitel 2 gezeigt nach dem Cmdlet oder Befehl, der Ihre Aufgabe lösen kann. Dazu wird *Get-Command* eingesetzt.

- **Befehl verstehen** Informieren Sie sich dann mit *Get-Help* über den gefundenen Befehl: Leistet er wirklich, was Sie möchten? Welche Parameter benötigt er?

- **Befehl ausführen** Führen Sie den Befehl dann aus. Falls der Befehl Ihre Aufgabe schon lösen konnte, sind Sie bereits fertig und brauchen keinen Abstecher in die Low-Level-Welt der Objekte zu unternehmen.

- **Ergebnisse untersuchen** Entsprechen die Ergebnisse dagegen noch nicht Ihren Erwartungen, untersuchen Sie die Ergebnisse, die der Befehl liefert. Hängen Sie an den Befehl

```
| Select-Object -Property * -First 1
```

um das erste (zufällige) Ergebnis mit allen darin enthaltenen Eigenschaften zu sehen, und wählen Sie dann die Eigenschaften aus, die Sie wirklich brauchen. Sie können auch

```
| Select-Object -Property * | Out-GridView
```

anhängen und sehen dann die Live-Eigenschaften aller Objekte untereinander im GridView. Jetzt lassen sich die Ergebnisse im Textfeld am oberen Fensterrand des GridViews sogar filtern, um schnell Eigenschaften zu finden, die eine bestimmte Information enthalten. Abbildung 10.6 zeigt eine solche Filterung nach dem Begriff *microsoft*. Ein weiteres Feature: Die Eigenschaftsnamen stehen in der Kopfleiste der Tabelle. Ein Klick auf einen solchen Namen in der Kopfleiste sortiert die Ergebnisse. Zur Darstellung im GridView verwenden Sie zum Beispiel folgenden Befehl:

```
PS> Get-Process | Select-Object -Property * | Out-GridView
```

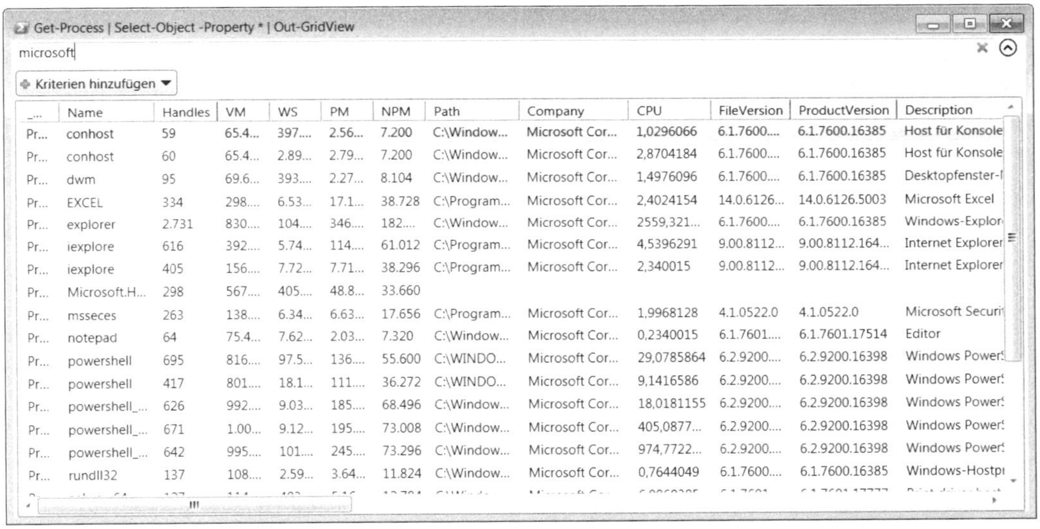

Abbildung 10.6 Alle Eigenschaften sämtlicher Prozesse im GridView anzeigen und filtern

Oder hängen Sie an den Befehl »| Get-Member« an, wenn Sie auch die Methoden sehen möchten, die in den einzelnen Objekten stecken:

```
PS> Get-Process | Get-Member
```

Achtung Falle: Objekte und Arrays

Immer, wenn ein Befehl mehrere Ergebnisse liefert, verpackt PowerShell diese in einem Array. Sobald Sie selbst auf Objekte und ihre Member zugreifen, müssen Sie sich mit dieser Tatsache auseinandersetzen, damit Sie nicht versehentlich auf ganz falsche Objekte zugreifen und enttäuscht sind, dass diese gar nicht die erwarteten Eigenschaften und Methoden bieten.

Ein mangelndes Verständnis der Array-Verpackung ist auch der Grund, warum im folgenden Beispiel der erste Aufruf funktioniert und das selbstgeöffnete Notepad mit Sicherheitsabfrage schließt (wenn darin ungespeicherte Daten liegen), der zweite Aufruf aber fehlschlägt - jedenfalls in PowerShell 2.0:

```
# genau EIN ein Notepad-Prozessobjekt erhalten und nach 2 Sekunden wieder schließen:
PS> $ProzessObjekt = Start-Process -FilePath notepad -PassThru
PS> Start-Sleep -Seconds 2
PS> $ProzessObjekt.CloseMainWindow()
True


# 10x Notepad öffnen:
PS> foreach($x in (1..10)) { notepad }
PS> Start-Sleep -Seconds 2


# alle Notepads wieder schließen:
PS> $ProzessObjekt = Get-Process -Name notepad -ErrorAction SilentlyContinue
PS> $ProzessObjekt.CloseMainWindow()
CloseMainWindow : Fehler beim Aufrufen der Methode, da [System.Object[]] keine Methode mit dem
Namen "CloseMainWindow" enthält.
```

In PowerShell 3.0 dagegen werden die 10 Notepads anstandslos geschlossen und Sie erhalten zehnmal *$true* zurück. Können Sie das erklären? Tatsächlich weist die Fehlermeldung den Weg und erklärt das unterschiedliche Verhalten:

»*CloseMainWindow : Fehler beim Aufrufen der Methode, da [System.Object[]] keine Methode mit dem Namen "CloseMainWindow" enthält.*«

System.Object ist ein Typ, und zwar der allgemeinste, den es gibt. Er repräsentiert »irgendeine Tierart«. Steht hinter einem Typnamen *[]*, dann handelt es sich um ein Array dieses Typs. Es stimmt: *Get-Process* hat viele Objekte zurückgeliefert, die von PowerShell in ein Array verpackt wurden. *$Prozess-Objekt* enthält beim zweiten Aufruf also in Wirklichkeit gar kein Objekt vom Typ *System.Diagnostics.Process*, das über eine Methode namens *CloseMainWindow()* verfügt. Es enthält ein Objekt vom Typ *System.Object[]*, also ein allgemeines Array. Dieses Objekt besitzt ganz andere Eigenschaften und Methoden. Deshalb kann *CloseMainWindow()* nicht gefunden und natürlich auch nicht ausgeführt werden. Was etwas verwundert, denn wenn Sie *$ProzessObjekt* mit Get-Member untersuchen, meldet dies *System.Diagnostics.Process*. Der Grund dafür ist anfangs etwas schwer zu verstehen:

Die PowerShell-Pipeline, die Sie in Kapitel 5 kennengelernt haben, bearbeitet wie ein Förderband immer nur ein Objekt. Legt man ein Array auf das Förderband, wird es ausgepackt und sein Inhalt einzeln weitergereicht. *Get-Member* erhält also nach und nach den Inhalt von *$ProzessObjekt*, aber nicht das Array selbst. Daher die Falschmeldung. Die Wahrheit sehen Sie, wenn Sie *$ProzessObjekt* ohne Pipeline an *Get-Member* übergeben:

```
PS> Get-Member -InputObject $ProzessObjekt


   TypeName: System.Object[]

Name        MemberType    Definition
----        ----------    ----------
Count       AliasProperty Count = Length
Address     Method        System.Object&, mscorlib, Version=2.0.0.0, C...
Clone       Method        System.Object Clone()
CopyTo      Method        System.Void CopyTo(array array, int index), ...
```

```
Equals        Method       bool Equals(System.Object obj)
Get           Method       System.Object Get(int )
(…)
```

Was allerdings noch nicht erklärt, warum der Code in PowerShell 3.0 trotzdem funktioniert hat. Der Grund sind Sie. Weil die Abläufe, die gerade beschrieben wurden, nicht gerade trivial sind, stiftet das bei Anwendern Verwirrung.

PowerShell 3.0 macht also ab sofort automatisch, was Sie bei PowerShell 2.0 selbst erledigen müssen: den Inhalt des Arrays einzeln in einer Schleife auszupacken und dann Objekt für Objekt separat anzusprechen. Der folgende Code funktioniert bei allen PowerShell-Versionen:

```
# 10x Notepad öffnen:
PS> foreach($x in (1..10)) { notepad }
PS> Start-Sleep -Seconds 2

# alle Notepads wieder schließen:
PS> $ProzessObjekt = Get-Process -Name notepad -ErrorAction SilentlyContinue
PS> $ProzessObjekt | ForEach-Object { $_.CloseMainWindow() }
True
True
True
True
True
True
True
True
True
True
```

PowerShell 3.0 nennt seine neue Automatik »Automatic Unrolling«: Sprechen Sie bei einem Array eine Eigenschaft oder Methode an, über die das Array selbst nicht verfügt, schaut PowerShell nach, ob die Objekte *im* Array diese unterstützen, und falls ja, werden sie in einer internen Schleife auf alle Objekte im Array angewendet.

TIPP   Falls ein Befehl unterschiedliche Objekttypen liefert, gibt *Get-Member* mehrere Objektdefinitionen aus:

```
PS> Get-ChildItem -Path $env:windir | Get-Member
```

Hier werden zwei verschiedene Objekttypen geliefert, nämlich für Dateien und für Ordner. Deshalb listet *Get-Member* nun zwei Objektbeschreibungen auf. Möchten Sie nur wissen, wie die Objekttypen heißen, die ein Befehl zurückliefert, hilft diese Zeile:

```
PS> Get-ChildItem -Path $env:windir | Get-Member | Select-Object -ExpandProperty TypeName | Sort-
Object -Unique
System.IO.DirectoryInfo
System.IO.FileInfo
```

Get-Member kann übrigens auch dabei helfen, änderbare Eigenschaften eines Objekts zu finden:

```
PS> $objekte = Get-ChildItem -Path $env:windir
PS> $objekte | Get-Member -MemberType *Property | Where-Object { $_.Definition -like '*set;*' } |
Select-Object -Property * | Sort-Object Name | Out-GridView
```

Hier wird das Ergebnis von *Get-ChildItem* in *$objekte* gespeichert und danach werden von *Get-Member* nur die Eigenschaften abgerufen. Damit nur diejenigen Eigenschaften angezeigt werden, die man auch ändern darf, filtert *Where-Object* und lässt nur Eigenschaften hindurch, in deren Eigenschaft *Definition* der Begriff »set;« vorkommt. Das Ergebnis wird nach Name sortiert und im GridView ausgegeben (Abbildung 10.7).

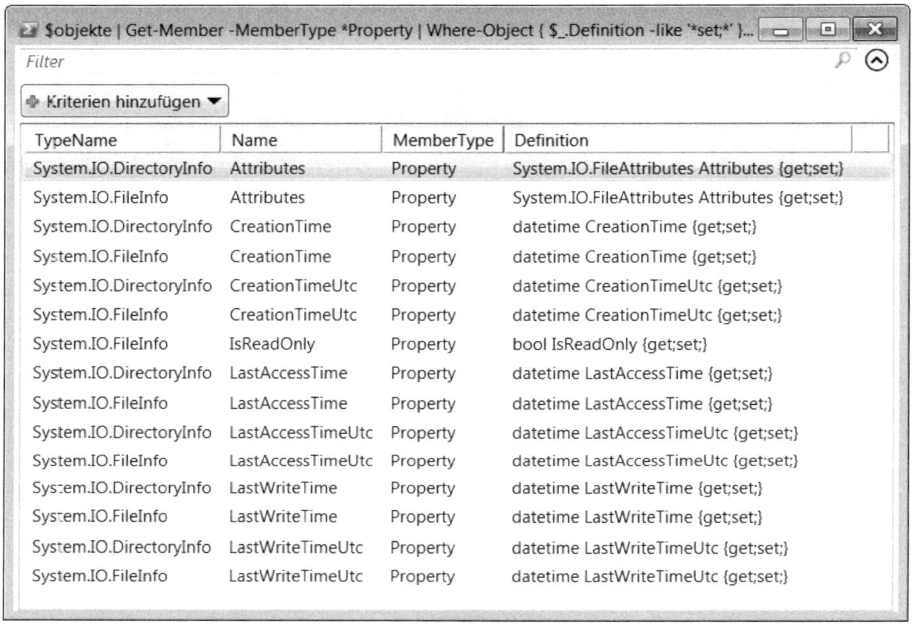

TypeName	Name	MemberType	Definition
System.IO.DirectoryInfo	Attributes	Property	System.IO.FileAttributes Attributes {get;set;}
System.IO.FileInfo	Attributes	Property	System.IO.FileAttributes Attributes {get;set;}
System.IO.DirectoryInfo	CreationTime	Property	datetime CreationTime {get;set;}
System.IO.FileInfo	CreationTime	Property	datetime CreationTime {get;set;}
System.IO.DirectoryInfo	CreationTimeUtc	Property	datetime CreationTimeUtc {get;set;}
System.IO.FileInfo	CreationTimeUtc	Property	datetime CreationTimeUtc {get;set;}
System.IO.FileInfo	IsReadOnly	Property	bool IsReadOnly {get;set;}
System.IO.DirectoryInfo	LastAccessTime	Property	datetime LastAccessTime {get;set;}
System.IO.FileInfo	LastAccessTime	Property	datetime LastAccessTime {get;set;}
System.IO.DirectoryInfo	LastAccessTimeUtc	Property	datetime LastAccessTimeUtc {get;set;}
System.IO.FileInfo	LastAccessTimeUtc	Property	datetime LastAccessTimeUtc {get;set;}
System.IO.DirectoryInfo	LastWriteTime	Property	datetime LastWriteTime {get;set;}
System.IO.FileInfo	LastWriteTime	Property	datetime LastWriteTime {get;set;}
System.IO.DirectoryInfo	LastWriteTimeUtc	Property	datetime LastWriteTimeUtc {get;set;}
System.IO.FileInfo	LastWriteTimeUtc	Property	datetime LastWriteTimeUtc {get;set;}

Abbildung 10.7 Alle änderbaren Eigenschaften von Objekten finden

Im Beispiel zeigt das Ergebnis, dass *Get-ChildItem* zwei Objekttypen zurückliefert: *System.IO.FileInfo* (repräsentiert eine Datei) und *System.IO.DirectoryInfo* (repräsentiert einen Ordner). Die meisten änderbaren Eigenschaften sind für beide gleich. *IsReadOnly* allerdings ist nur bei Dateien vorhanden. Wieder etwas gelernt: Möchten Sie künftig eine Datei mit einem Schreibschutz versehen (oder diesen entfernen), verwenden Sie diesen Aufruf:

```
# Testdatei anlegen:
PS> $file = New-Item -Path $HOME\Desktop\Testdatei.txt -ItemType File

# Schreibschutz einschalten:
PS> $file.isReadOnly = $true
```

Auf Ihrem Desktop liegt nun die Datei *Testdatei.txt*, und wenn Sie sich deren Eigenschaften ansehen, ist der Schreibschutz tatsächlich aktiviert. Lust auf mehr? Ein Blick in Abbildung 10.7 zeigt weitere änderbare Eigenschaften von Dateien. Ändern Sie doch auch gleich das Erstell- und Änderungsdatum mit den Eigenschaften *CreationTime* und *LastWriteTime*! Das allerdings funktioniert natürlich erst, wenn Sie den Schreibschutz vorübergehend wieder ausschalten:

```
PS> $file.isReadOnly = $false
PS> $file.CreationTime = '1633-12-03 19:33:12'
PS> $file.LastWriteTime = '1812-05-08 12:33:00'
PS> $file.isReadOnly = $true
```

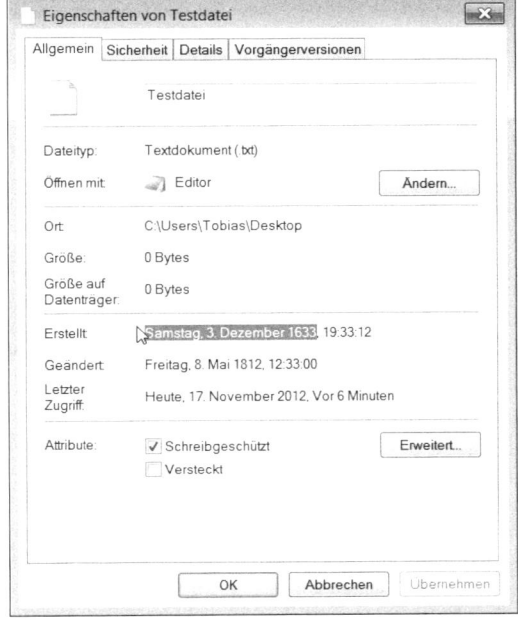

Abbildung 10.8 Schreibgeschützte Datei mit Erzeugungsdatum in der frühen Neuzeit: im 17. Jahrhundert

Primitive Datentypen

Auch reiner Text, Zahlen oder andere Ergebnisse sind Objekte und können mit *Get-Member* untersucht werden:

```
PS> 'Ich bin ein Text' | Get-Member

    TypeName: System.String

Name             MemberType           Definition
----             ----------           ----------
Clone            Method               System.Object Clone()
CompareTo        Method               int CompareTo(System.Object value), int Compare...
(...)
ToUpper          Method               string ToUpper(), string ToUpper(System.Globali...
ToUpperInvariant Method               string ToUpperInvariant()
Trim             Method               string Trim(Params char[] trimChars), string Tr...
TrimEnd          Method               string TrimEnd(Params char[] trimChars)
TrimStart        Method               string TrimStart(Params char[] trimChars)
Chars            ParameterizedProperty char Chars(int index) {get;}
Length           Property             System.Int32 Length {get;}

PS> 1 | Get-Member

    TypeName: System.Int32
```

```
Name           MemberType Definition
----           ---------- ----------
CompareTo      Method     int CompareTo(System.Object value), int CompareTo(int value)
Equals         Method     bool Equals(System.Object obj), bool Equals(int obj)
GetHashCode    Method     int GetHashCode()
GetType        Method     type GetType()
GetTypeCode    Method     System.TypeCode GetTypeCode()
ToString       Method     string ToString(), string ToString(string format), string ToString(System...
```

Objekteigenschaften lesen

Schauen wir uns den Zugriff auf Objekteigenschaften nun noch einmal systematisch an einigen Beispielen an. Die Grundregel lautet: Über einen Punkt kann man direkt auf die Eigenschaften eines Objekts zugreifen. Vor und nach dem Punkt dürfen keine Leerzeichen stehen. Möchten Sie zum Beispiel die Länge eines Texts bestimmen, fragen Sie dessen Eigenschaft *Length* ab:

```
PS> 'Ich bin ein kleiner Text'.Length
24
```

Eigenschaften verhalten sich also ganz ähnlich wie Variablen, nur sind es Variablen, die ein Objekt zur Verfügung stellt. Textobjekte enthalten nur zwei Eigenschaften. Andere Objekte können sehr viel mehr Eigenschaften aufweisen. Ein Datumsobjekt zeigt beispielsweise anfangs nur das konkrete Datum an, aber wenn Sie sich einmal sämtliche Eigenschaften anzeigen lassen, ist für jeden Geschmack etwas dabei:

```
PS> $datum = Get-Date
PS> $datum

Samstag, 17. November 2012 15:46:52

PS> $datum | Select-Object -Property *

DisplayHint : DateTime
DateTime    : Samstag, 17. November 2012 15:46:52
Date        : 17.11.2012 00:00:00
Day         : 17
DayOfWeek   : Saturday
DayOfYear   : 322
Hour        : 15
Kind        : Local
Millisecond : 558
Minute      : 46
Month       : 11
Second      : 52
Ticks       : 634887640125587638
TimeOfDay   : 15:46:52.5587638
Year        : 2012

PS> $datum.DayOfWeek
Saturday
```

Verschachtelte Objekteigenschaften

Möchten Sie zum Beispiel die Versionen aller DLL-Dateien im Systemordner von Windows ausgeben, schauen Sie sich die Eigenschaften an, die Dateiobjekte enthalten. Die gesuchte Information befindet sich in der Eigenschaft *VersionInfo*:

```
PS> Get-ChildItem $env:windir\system32\*.dll | Select-Object -Property * -first 1


PSPath            : Microsoft.PowerShell.Core\FileSystem::C:\Windows\system3
                    2\aaclient.dll
PSParentPath      : Microsoft.PowerShell.Core\FileSystem::C:\Windows\system3
                    2
PSChildName       : aaclient.dll
PSDrive           : C
PSProvider        : Microsoft.PowerShell.Core\FileSystem
PSIsContainer     : False
VersionInfo       : File:             C:\Windows\system32\aaclient.dll
                    InternalName:     aaclient
                    OriginalFilename: aaclient.dll.mui
                    FileVersion:      6.1.7600.16385 (win7_rtm.090713-1255)
                    FileDescription:  Client für Zugriff überall
                    Product:          Betriebssystem Microsoft® Windows®
                    ProductVersion:   6.1.7600.16385
                    Debug:            False
                    Patched:          False
                    PreRelease:       False
                    PrivateBuild:     False
                    SpecialBuild:     False
                    Language:         Deutsch (Deutschland)

BaseName          : aaclient
Mode              : -a---
Name              : aaclient.dll
Length            : 158720
DirectoryName     : C:\Windows\system32
Directory         : C:\Windows\system32
IsReadOnly        : False
Exists            : True
FullName          : C:\Windows\system32\aaclient.dll
Extension         : .dll
CreationTime      : 18.02.2011 20:49:25
CreationTimeUtc   : 18.02.2011 19:49:25
LastAccessTime    : 18.02.2011 20:49:25
LastAccessTimeUtc : 18.02.2011 19:49:25
LastWriteTime     : 20.11.2010 14:25:38
LastWriteTimeUtc  : 20.11.2010 13:25:38
Attributes        : Archive
```

Allerdings gibt es in *VersionInfo* wieder Untereigenschaften. Offensichtlich enthält die Eigenschaft *VersionInfo* wiederum ein anderes Objekt. Wählen Sie nur die Eigenschaft *VersionInfo* aus, wird dieses Objekt auf einen einzeiligen Text zusammengeschrumpft. Das sieht nicht nur unästhetisch aus, die benötigte Eigenschaft *ProductVersion* ist nun außerdem unlesbar:

```
PS> Get-ChildItem -Path $env:windir\system32\*.dll | Select-Object Name, VersionInfo
```

```
Name                              VersionInfo
----                              -----------
aacl˜ent.dll                      File:           C:\Windows\syste...
accessibilitycpl.dll              File:           C:\Windows\syste...
ACCTRES.dll                       File:           C:\Windows\syste...
acledit.dll                       File:           C:\Windows\syste...
aclui.dll                         File:           C:\Windows\syste...
(…)
```

Sie möchten eigentlich die Eigenschaft *ProductVersion* erhalten, die *innerhalb* der Eigenschaft *Version-Info* liegt. Entweder nutzen Sie dafür eine kalkulierte Spalte, so wie in Kapitel 5 beschrieben:

```
PS> Get-ChildItem -Path $env:windir\system32\*.dll | Select-Object Name, {
$_.VersionInfo.ProductVersion }
```

```
Name                              $_.VersionInfo.ProductVersion
----                              -------------------------------
aaclient.dll                      6.1.7600.16385
accessibilitycpl.dll              6.1.7600.16385
ACCTRES.dll                       6.1.7600.16385
acledit.dll                       6.1.7600.16385
aclui.dll                         6.1.7600.16385
(…)
```

Um einen besser lesbaren Spaltennamen zu bekommen, gehen Sie stattdessen folgendermaßen vor:

```
PS> Get-ChildItem -Path $env:windir\system32\*.dll | Select-Object Name, @{N='Versionsnummer';E={
$_.VersionInfo.ProductVersion }}
```

```
Name                              Versionsnummer
----                              --------------
aaclient.dll                      6.1.7600.16385
accessibilitycpl.dll              6.1.7600.16385
ACCTRES.dll                       6.1.7600.16385
acledit.dll                       6.1.7600.16385
aclui.dll                         6.1.7600.16385
(…)
```

Alternativ (und sehr viel einfacher) können Sie natürlich auch den ganzen Inhalt der Eigenschaft *VersionInfo* auspacken:

```
PS> Get-ChildItem -Path $env:windir\system32\*.dll | Select-Object -ExpandProperty VersionInfo
```

```
ProductVersion    FileVersion      FileName
--------------    -----------      --------
6.1.7600.16385    6.1.7600.1638... C:\Windows\system32\aaclient.dll
6.1.7600.16385    6.1.7600.1638... C:\Windows\system32\accessibilitycpl.dll
6.1.7600.16385    6.1.7600.1638... C:\Windows\system32\ACCTRES.dll
6.1.7600.16385    6.1.7600.1638... C:\Windows\system32\acledit.dll
6.1.7600.16385    6.1.7600.1638... C:\Windows\system32\aclui.dll
(…)
```

Was Sie nun sehen, sind die Objekte, die in der Eigenschaft *VersionInfo* lagern. Weil Sie diese mit *-ExpandProperty* aus der Spalte *VersionInfo* befreit haben, entfalten sie sich jetzt und zeigen ihre eigenen Eigenschaften an – die Sie natürlich wieder mit *Select-Object* weiter ein- oder ausgrenzen könnten. So könnten Sie zum Beispiel alle Eigenschaften sehen, welche die Objekte in *VersionInfo* zu bieten haben (Abbildung 10.9):

```
PS> Get-ChildItem -Path $env:windir\system32\*.dll | Select-Object -ExpandProperty VersionInfo |
Select-Object -Property * | Out-GridView
```

vatePart	FileVersion	InternalName	IsDebug	IsPatched	IsPrivateBuild	IsPreRelease	IsSpecialBuild	Language
	6.1.7600.16385 (win7_rtm.090713-1255)	aaclient	False	False	False	False	False	Deutsch (Deut
	6.1.7600.16385 (win7_rtm.090713-1255)	AccessibilityCpl	False	False	False	False	False	Deutsch (Deut
	6.1.7600.16385 (win7_rtm.090713-1255)	ACCTRES.DLL	False	False	False	False	False	Deutsch (Deut
	6.1.7600.16385 (win7_rtm.090713-1255)	acledit.dll	False	False	False	False	False	Deutsch (Deut
	6.1.7600.16385 (win7_rtm.090713-1255)	aclui.dll	False	False	False	False	False	Deutsch (Deut
	6.1.7601.17514 (win7sp1_rtm.101119-1850)	acppage.dll	False	False	False	False	False	Deutsch (Deut
	6.1.7600.16385 (win7_rtm.090713-1255)	acproxy	False	False	False	False	False	Deutsch (Deut
	6.1.7600.16385 (win7_rtm.090713-1255)	ACTIONCENTER	False	False	False	False	False	Deutsch (Deut
	6.1.7600.16385 (win7_rtm.090713-1255)	ACTIONCENTERCPL	False	False	False	False	False	Deutsch (Deut
	6.1.7600.16385 (win7_rtm.090713-1255)	ActionQueue.DLL	False	False	False	False	False	Deutsch (Deut
	6.1.7600.16385 (win7_rtm.090713-1255)	ADs	False	False	False	False	False	Deutsch (Deut
	6.1.7601.17514 (win7sp1_rtm.101119-1850)	ActXPrxy.dll	False	False	False	False	False	Englisch (USA)
	9.00.8112.16421 (WIN7_IE9_RTM.110308-0330)	ADMPARSE	False	False	False	False	False	Deutsch (Deut
	6.1.7600.16385 (win7_rtm.090713-1255)	AdmTmpl	False	False	False	False	False	Deutsch (Deut
	6.1.7600.16385 (win7_rtm.090713-1255)	adprovider	False	False	False	False	False	Deutsch (Deut
	6.1.7600.16385 (win7_rtm.090713-1255)	oledsldp	False	False	False	False	False	Deutsch (Deut
	6.1.7600.16385 (win7_rtm.090713-1255)	adsldpc	False	False	False	False	False	Deutsch (Deut
	6.1.7600.16385 (win7_rtm.090713-1255)	oledsldp	False	False	False	False	False	Deutsch (Deut
	6.1.7600.16385 (win7_rtm.090713-1255)	winnt	False	False	False	False	False	Deutsch (Deut
	6.1.7600.16385 (win7_rtm.090713-1255)	adtschema.dll	False	False	False	False	False	Deutsch (Deut

Abbildung 10.9 Alle Eigenschaften von VersionInfo-Objekten sichtbar machen

Danach können Sie die Eigenschaften wieder auf diejenigen beschränken, die Sie interessant finden:

```
PS> Get-ChildItem -Path $env:windir\system32\*.dll | Select-Object -expandProperty VersionInfo |
Select-Object -Property OriginalFileName, FileDescription, ProductVersion
```

```
OriginalFilename         FileDescription                                ProductVersion
----------------         ---------------                                --------------
aaclient.dll.mui         Client für Zugriff überall                     6.1.7600.16385
AccessibilityCpl.DLL.MUI Systemsteuerung für die erleichterte Bedienung 6.1.7600.16385
ACCTRES.DLL.MUI          Microsoft Internetkonto-Manager-Ressourcen     6.1.7600.16385
acledit.dll.mui          Zugriffssteuerungslisten-Editor                6.1.7600.16385
aclui.dll.mui            Sicherheitsdeskriptor-Editor                   6.1.7600.16385
(...)
```

Objekteigenschaften ändern

Dass Eigenschaften von Objekten sich ändern lassen, haben Sie bereits gesehen, und auch erfahren, wie Sie herausfinden, welche Eigenschaften modifizierbar sind und welche nicht. Das kann man sich auch innerhalb PowerShell zunutze machen, denn viele Einstellungen werden über Eigenschaften des

Objekts in *$Host* geregelt. Alle Sonderfarben zum Beispiel verwaltet die Eigenschaft *PrivateData* und sie alle sind änderbar:

```
PS> $Host.PrivateData

ErrorForegroundColor    : Red
ErrorBackgroundColor    : White
WarningForegroundColor  : Yellow
WarningBackgroundColor  : Black
DebugForegroundColor    : Yellow
DebugBackgroundColor    : Black
VerboseForegroundColor  : Yellow
VerboseBackgroundColor  : Black
ProgressForegroundColor : Yellow
ProgressBackgroundColor : DarkCyan

PS> $Host.PrivateData | Get-Member -MemberType *Property

    TypeName: Microsoft.PowerShell.ConsoleHost+ConsoleColorProxy

Name                    MemberType Definition
----                    ---------- ----------
DebugBackgroundColor    Property   System.ConsoleColor DebugBackgroundColor {get;set;}
DebugForegroundColor    Property   System.ConsoleColor DebugForegroundColor {get;set;}
ErrorBackgroundColor    Property   System.ConsoleColor ErrorBackgroundColor {get;set;}
ErrorForegroundColor    Property   System.ConsoleColor ErrorForegroundColor {get;set;}
ProgressBackgroundColor Property   System.ConsoleColor ProgressBackgroundColor {get;set;}
ProgressForegroundColor Property   System.ConsoleColor ProgressForegroundColor {get;set;}
VerboseBackgroundColor  Property   System.ConsoleColor VerboseBackgroundColor {get;set;}
VerboseForegroundColor  Property   System.ConsoleColor VerboseForegroundColor {get;set;}
WarningBackgroundColor  Property   System.ConsoleColor WarningBackgroundColor {get;set;}
WarningForegroundColor  Property   System.ConsoleColor WarningForegroundColor {get;set;}
```

Möchten Sie die normalerweise etwas knifflig lesbaren Fehlermeldungen leichter erkennbar machen, dann schalten Sie deren Hintergrundfarbe beispielsweise mit der Eigenschaft *ErrorBackgroundColor* auf *White* um:

```
PS> $Host.PrivateData.ErrorBackgroundColor = 'White'
PS> 1/$null
```

Der anschließend provozierte Fehler erscheint nun tatsächlich auf weißem Grund. Die Eigenschaft durfte also geändert werden, weil das zugrunde liegende Objekt die Änderung umgesetzt hat und folglich weiterhin von der geänderten Eigenschaft korrekt beschrieben wurde. Eigenschaften benehmen sich tatsächlich wie Variablen. Um ihren Inhalt zu ändern, weisen Sie der Eigenschaft einfach mit dem Zuweisungsoperator »=« einen neuen Wert zu.

TIPP   Sie dürfen einer Eigenschaft natürlich nicht *irgendeinen* neuen Wert zuweisen, sondern müssen sich an den Typ halten, den die Eigenschaft erwartet. *Get-Member* hatte für Sie herausgefunden, dass die Farbeigenschaften alle einen Typ namens *System.ConsoleColor* erwarten:

```
ErrorBackgroundColor    Property   System.ConsoleColor ErrorBackgroundColor {get;set;}
```

Welche Werte dieser Typ erlaubt, können Sie entweder per Trial and Error herausfinden, indem Sie einen Phantasiewert zuweisen. Erwartete die Eigenschaft einen Schlüsselbegriff aus einem vordefinierten Set, dann verrät die Fehlermeldung, welche Werte erlaubt sind:

```
PS> $Host.PrivateData.ErrorBackgroundColor = 'irgendwas'
Ausnahme beim Festlegen von "ErrorBackgroundColor": "Der Wert "irgendwas" kann nicht in den Typ
"System.ConsoleColor" konvertiert werden. Fehler: "Der Bezeichner "irgendwas" kann keinem gültigen
Enumeratornamen zugeordnet werden. Geben Sie einen der folgenden Enumeratornamen an, und
wiederholen Sie den Vorgang: Black, DarkBlue, DarkGreen, DarkCyan, DarkRed, DarkMagenta,
DarkYellow, Gray, DarkGray, Blue, Green, Cyan, Red, Magenta, Yellow, White.""
```

Handelt es sich bei dem erwarteten Typ tatsächlich um eine Aufzählung erlaubter Werte, kann man diese Werte auch über einen kleinen Kniff sichtbar machen:

```
PS> [System.Enum]::GetNames([System.ConsoleColor])
Black
DarkBlue
DarkGreen
DarkCyan
DarkRed
DarkMagenta
DarkYellow
Gray
DarkGray
Blue
Green
Cyan
Red
Magenta
Yellow
White
```

Mehr zu diesem Kniff und der zugrunde liegenden Technik erfahren Sie übrigens in Kapitel 12.

Eigenschaften in verschachtelten Objekten

Bislang haben Sie Eigenschaften stets nur primitive Daten zugewiesen, also beispielsweise Texte oder Zahlen. Manchmal lassen sich Eigenschaften zwar durchaus ändern, aber nur, wenn Sie die »richtige« Eigenschaft ansprechen. Was dieser orakelhafte Satz bedeuten soll, zeigt ein Beispiel, das Sie allerdings in der echten PowerShell-Konsole ausführen müssen, denn es geht hierbei um die Konsoleneinstellungen.

Die sichtbare Breite der PowerShell-Konsole kann über das *$Host*-Objekt ausgelesen werden und auch die Größe des Konsolenpuffers kann man bestimmen:

```
PS> $Host.UI.RawUI.WindowSize.Width
62

PS> $Host.UI.RawUI.BufferSize.Width
77
```

Sind beide unterschiedlich, zeigt die Konsole eine störende horizontale Bildlaufleiste an. Möchte man die Konsole dagegen größer (breiter) machen, geht dies nur bis zur maximalen Breite des Puffers. Beides nicht schön. Könnte man die Eigenschaften ändern, dann wäre ein praktischer neuer Befehl denkbar, *Set-ConsoleWidth*, mit dem man die störende horizontale Verschiebeleiste verschwinden lassen könnte, indem man die beiden Eigenschaften auf denselben Wert stellt. Funktioniert nur leider nicht:

```
PS> $Host.UI.RawUI.BufferSize.Width
62

PS> $Host.UI.RawUI.BufferSize.Width = 100
PS> $Host.UI.RawUI.BufferSize.Width
62
```

Offenbar zeigt sich die Eigenschaft völlig unbeeindruckt von Änderungen. Und das, obwohl sie definitiv änderbar ist:

```
PS> $Host.UI.RawUI.BufferSize | Get-Member Width

   TypeName: System.Management.Automation.Host.Size

Name  MemberType Definition
----  ---------- ----------
Width Property   System.Int32 Width {get;set;}
```

Die Wahrheit ist: Wenn Sie die Eigenschaft *BufferSize* abfragen, schaut PowerShell nach, wie groß der Konsolenpuffer gerade ist, und verpackt die Informationen in ein Objekt vom Typ *System.Management.Automation.Host.Size*. Dieses Objekt bekommen Sie zurück und es verfügt über eine Eigenschaft *Width* und eine Eigenschaft *Height*.

Mit diesem Objekt können Sie tun und lassen, was Sie wollen – PowerShell ist das egal. Wenn Sie also dessen Eigenschaft *Width* ändern, ist das erlaubt (und führt ja auch zu keiner Fehlermeldung). Die Puffergröße der Konsole ändert sich andererseits dadurch aber auch nicht. Das Objekt, mit dem Sie hantieren, ist also nur eine *Kopie* der aktuellen Einstellungen.

Trotzdem können Sie die Puffergröße der Konsole auch ändern, aber dazu müssen Sie die *originale* Eigenschaft *BufferSize* ändern. Die folgende Zeile setzt die Puffergröße auf die aktuell sichtbare Breite, sodass eine horizontale Bildlaufleiste verschwindet:

```
# Code muss in einer echten PowerShell-Konsole ausgeführt werden,
# nicht im ISE-Editor!

# Gesamten Inhalt der Eigenschaft "BufferSize" lesen:
PS> $bufferSize = $Host.UI.RawUI.BufferSize

# das Objekt auf die sichtbare Breite einstellen.
# dies allein bewirkt keine Änderung der Konsole:
PS> $bufferSize.Width = $Host.UI.RawUI.WindowSize.Width

# das geänderte Objekt wieder zurück in die Eigenschaft
# "Buffersize" schreiben. Jetzt ändert sich die Pufferbreite:
$Host.UI.RawUI.BufferSize = $bufferSize
```

Listing 10.2 Das Skript *Set-ConsoleWidth1.ps1*

Damit ist nun der technische Weg frei für den versprochenen äußerst praktischen Befehl *Set-Console-Width*. Dies soll er (in der PowerShell Konsole) leisten:

- Ohne Parameter soll er den Puffer auf die sichtbare Konsolenbreite einstellen, um die horizontale Bildlaufleiste zu entfernen

- Mit dem Parameter *-Width* soll er die Breite des Konsolenfensters neu setzen, größer oder kleiner als aktuell

- Mit dem Parameter *-Maximum* soll er die Konsole so breit wie möglich machen

Bevor Sie sich anschauen, wie diese Aufgaben tatsächlich umgesetzt werden, zapfen Sie doch kurz einen Kaffee und denken selbst darüber nach. Die Lösung folgt hier als Funktion *Set-ConsoleWidth*:

```
function Set-ConsoleWidth
{
  param
  (
    [Int]
    # gewünschte Breite der Konsole, optional
    # Vorgabe ist die sichtbare Breite:
    $Width = $Host.UI.RawUI.WindowSize.Width,

    [Switch]
    # automatisch Konsole so breit wie möglich machen
    $Maximum
  )

  # maximal mögliche Breite der Konsole:
  $maximumWidth = $Host.UI.RawUI.MaxPhysicalWindowSize.Width

  # aktuelle Breite der Konsole:
  $currentWindowWidth = $Host.UI.RawUI.WindowSize.Width

  # aktuelle Breite des Puffers:
  $currentBufferWidth = $Host.UI.RawUI.BufferSize.Width

  # maximale Breite gewünscht?
  if ($Maximum)
  {
    $Width = $maximumWidth
  }
  # Wunschbreite angegeben?
  elseif ($Width)
  {
    # falls größer als maximal erlaubt, begrenzen:
    if ($Width -gt $maximumWidth)
    {
      $Width = $maximumWidth
    }
  }

  # die Logik zum Anpassen des Buffers und des Fensters
  # sind interne Funktionen, weil diese je nach
  # aktuellen Werten in anderer Reihenfolge
  # aufgerufen werden müssen:
  function AdjustBuffer
  {
      # Konsolenpuffer auf neue Breite setzen:
      $buffer = $Host.UI.RawUI.BufferSize
```

```
        $buffer.Width = $Width
        $Host.UI.RawUI.BufferSize = $buffer
    }

    function AdjustWindow
    {
        # Sichtbaren Bereich anpassen
        $buffer = $Host.UI.RawUI.WindowSize
        $buffer.Width = $Width
        $Host.UI.RawUI.WindowSize = $buffer
    }

    # falls das Fenster aktuell GRÖSSER ist als die
    # neue gewünschte Breite, dann muss das Fenster
    # ZUERST verkleinert werden, bevor der Puffer
    # verkleinert werden darf:
    if ($currentWindowWidth -gt $Width)
    {
      AdjustWindow
      AdjustBuffer
    }
    # andernfalls umgekehrt:
    else
    {
      AdjustBuffer
      AdjustWindow
    }
}
```

Listing 10.3 Das erheblich verbesserte Skript *Set-ConsoleWidth2.ps1* realisiert einen praktischen Befehl zur Einstellung der Breite des Konsolenfensters

Änderungen erfordern Write-Back

Insbesondere wenn Sie mit WMI-Objekten arbeiten, könnten Sie anfangs leicht in Euphorie verfallen, denn die WMI liefert nicht nur sehr vielfältige Informationen. Offenbar kann man auch fast alle Eigenschaften ändern. Eigentlich sogar *alle*. Wirklich?

```
PS> Get-WmiObject -Class Win32_OperatingSystem | Get-Member -MemberType Properties

    TypeName: System.Management.ManagementObject#root\cimv2\Win32_OperatingSystem

Name                  MemberType    Definition
----                  ----------    ----------
PSComputerName        AliasProperty PSComputerName = __SERVER
BootDevice            Property      string BootDevice {get;set;}
BuildNumber           Property      string BuildNumber {get;set;}
BuildType             Property      string BuildType {get;set;}
Caption               Property      string Caption {get;set;}
CodeSet               Property      string CodeSet {get;set;}
(…)
```

Get-Member lügt zwar nicht, und Sie könnten wirklich sämtliche Eigenschaften ändern, aber Ihr Betriebssystem (in diesem Fall) oder was immer das WMI-Objekt sonst gerade repräsentiert, würde sich davon nicht beeindrucken lassen. Es bekommt noch nicht einmal etwas mit von Ihren Änderungen.

Die WMI gibt grundsätzlich nur »Registerauszüge« heraus, so wie beim Amtsgericht, also beglaubigte Abschriften. WMI-Objekte liefern also Informationen in Form von Objekten, aber diese sind nicht mit den zugrunde liegenden realen Objekten verbunden. Deshalb dürfen Sie so frei an den Eigenschaften herumspielen.

Welche Eigenschaften *wirklich* verändert werden dürfen, verrät die WMI nur auf direkte Nachfrage. Der folgende Code listet beispielsweise diejenigen Eigenschaften auf, die bei Objekten der Klasse *Win32_OperatingSystem* verändert werden dürfen:

```
PS> $class = [wmiclass]'Win32_OperatingSystem'
PS> $class.Properties |
  Where-Object { $_.Qualifiers.Name -contains 'write' } |
  Select-Object -Property Name, Type


Name                          Type
----                          ----
Description                   String
ForegroundApplicationBoost    UInt8
```

Nur die Minderheit der Eigenschaften lässt sich also ändern, aber immerhin gehört dazu die Beschreibung des Betriebssystems:

```
PS> $os = Get-WmiObject -Class 'Win32_OperatingSystem'
PS> $os.Description = 'Ersatzgerät'
PS> $os.Description
Ersatzgerät
```

Alles scheint glattzugehen, doch andererseits: Auf diese Weise lassen sich auch alle übrigen Eigenschaften ändern, nicht nur die, die die WMI als schreibbar gemeldet hat. Tatsächlich finden alle Änderungen auch nur in der lokalen Kopie statt. Sobald Sie die WMI erneut um Informationen bitten, stellt sich heraus, dass Ihre Änderung bei der WMI nie angekommen ist:

```
PS> $class = Get-WmiObject -Class 'Win32_OperatingSystem'
PS> $class.Description

PS>
```

Geänderte WMI-Informationen zurückschreiben

Damit WMI Ihre Änderungen auch umsetzt, müssen Sie das geänderte Objekt an die WMI zurücksenden. Dazu ist die Methode *Put()* da, die direkt von der WMI stammt und von PowerShell normalerweise eliminiert wird:

```
PS> $os | Get-Member -Name Put
PS> $os | Get-Member -Name Put -Force
```

Selbst *-Force* macht diese Methode nicht sichtbar, denn sie befindet sich gar nicht mehr im Objekt. Zum Glück liefert PowerShell in der versteckten Eigenschaft *PSBase* aber immer auch das Originalobjekt mit, und dort gibt es die Methode *Put()*:

```
PS> $os.psbase | Get-Member -Name Put

   TypeName: System.Management.Automation.PSMemberSet
```

```
Name MemberType Definition
---- ---------- ----------
Put  Method     System.Management.ManagementPath Put(), System.Management.ManagementPath
Put(Sys...
```

Um also die Beschreibung des Betriebssystems zu ändern, gehen Sie so vor:

```
$os = Get-WmiObject -Class 'Win32_OperatingSystem'
$os.Description = 'Ersatzgerät'
$result = $os.PSBase.Put()
```

Weil die Änderung der Computerbeschreibung alle Benutzer betrifft, darf sie nur von Administratoren durchgeführt werden. Alle anderen erhalten eine »Zugriff verweigert«-Fehlermeldung.

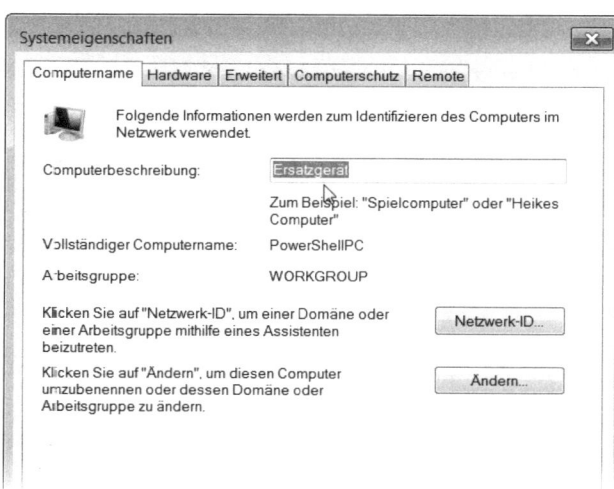

Abbildung 10.10 Computerbeschreibung über eine WMI-Eigenschaft ändern

Geänderte Benutzerdaten zurückschreiben

Für den Low-Level-Zugang zu Benutzerkonten-Daten gilt ganz Ähnliches. Greifen Sie auf ein Benutzerkonto über Low-Level-Methoden zu, beispielsweise auf Ihr eigenes, dann sind darin viele Eigenschaften abrufbar. Der folgende Aufruf listet alle Eigenschaften Ihres eigenen Benutzerkontos auf, die über den *WinNT:*-Provider verfügbar sind. Es gibt auch andere, beispielsweise *LDAP:*, mit dem sehr viel mehr in Erfahrung zu bringen ist, aber der *WinNT:*-Provider unterstützt dafür auch lokale Benutzerkonten ohne Domäne:

```
PS> $user = [ADSI]"WinNT://$env:USERDOMAIN/$env:USERNAME,user"
PS> $user | Select-Object -Property *
```

```
UserFlags            : {66081}
MaxStorage           : {-1}
PasswordAge          : {9043045}
PasswordExpired      : {0}
LoginHours           : {255 255 255 255 255 255 255 255 255 255 255 255 255 255 255 255
                       255 255 255 255}
FullName             : {}
```

```
Description              : {}
BadPasswordAttempts      : {0}
LastLogin                : {19.11.2012 07:59:23}
HomeDirectory            : {}
LoginScript              : {}
Profile                  : {}
HomeDirDrive             : {}
Parameters               : {}
PrimaryGroupID           : {513}
Name                     : {Tobias}
(...)
```

ACHTUNG Der Provider-Pfad unterscheidet zwischen Groß- und Kleinschreibung und ist leicht sensibel. Es muss *WinNT:* heißen und nicht *Winnt:*. Auch die Schrägstriche dürfen keine umgekehrten Schrägstriche sein.

Möchten Sie zum Beispiel wissen, wann sich der Benutzer das letzte Mal angemeldet hat, hilft die Eigenschaft *LastLogin*:

```
PS> $user.LastLogin

Montag, 19. November 2012 07:59:23
```

Wieder meldet *Get-Member* großzügig, dass alle Eigenschaften änderbar seien, und wieder stimmt das zwar, nur handelt es sich (ebenfalls wie bei der WMI) nur um eine Kopie. Änderungen werden also nicht im echten Benutzerkonto wirksam.

```
PS> $user | Get-Member | Out-GridView
```

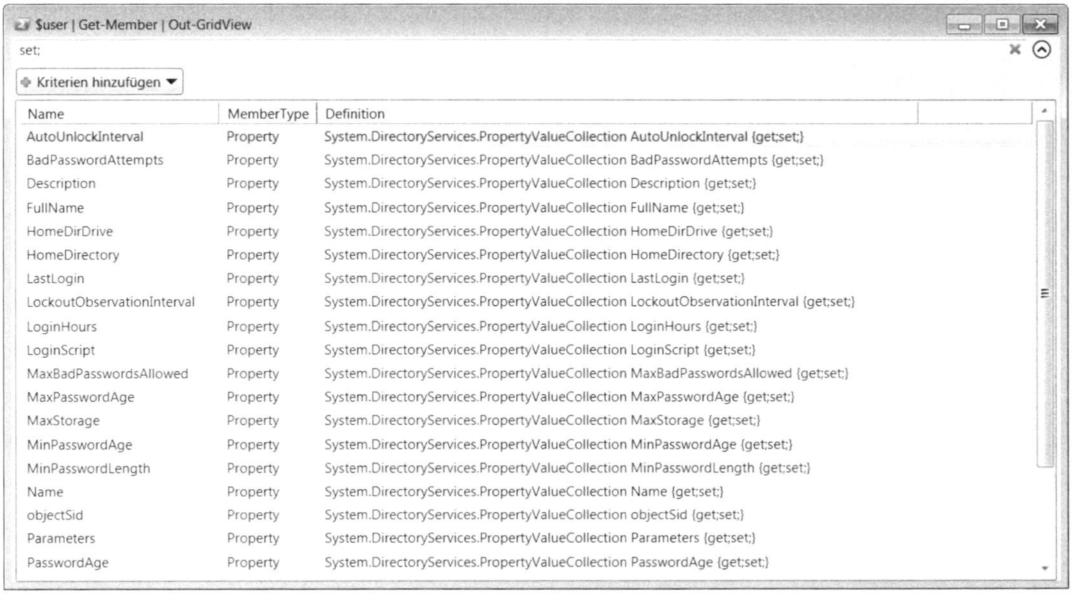
$user | Get-Member | Out-GridView
set;
Kriterien hinzufügen

Name	MemberType	Definition
AutoUnlockInterval	Property	System.DirectoryServices.PropertyValueCollection AutoUnlockInterval {get;set;}
BadPasswordAttempts	Property	System.DirectoryServices.PropertyValueCollection BadPasswordAttempts {get;set;}
Description	Property	System.DirectoryServices.PropertyValueCollection Description {get;set;}
FullName	Property	System.DirectoryServices.PropertyValueCollection FullName {get;set;}
HomeDirDrive	Property	System.DirectoryServices.PropertyValueCollection HomeDirDrive {get;set;}
HomeDirectory	Property	System.DirectoryServices.PropertyValueCollection HomeDirectory {get;set;}
LastLogin	Property	System.DirectoryServices.PropertyValueCollection LastLogin {get;set;}
LockoutObservationInterval	Property	System.DirectoryServices.PropertyValueCollection LockoutObservationInterval {get;set;}
LoginHours	Property	System.DirectoryServices.PropertyValueCollection LoginHours {get;set;}
LoginScript	Property	System.DirectoryServices.PropertyValueCollection LoginScript {get;set;}
MaxBadPasswordsAllowed	Property	System.DirectoryServices.PropertyValueCollection MaxBadPasswordsAllowed {get;set;}
MaxPasswordAge	Property	System.DirectoryServices.PropertyValueCollection MaxPasswordAge {get;set;}
MaxStorage	Property	System.DirectoryServices.PropertyValueCollection MaxStorage {get;set;}
MinPasswordAge	Property	System.DirectoryServices.PropertyValueCollection MinPasswordAge {get;set;}
MinPasswordLength	Property	System.DirectoryServices.PropertyValueCollection MinPasswordLength {get;set;}
Name	Property	System.DirectoryServices.PropertyValueCollection Name {get;set;}
objectSid	Property	System.DirectoryServices.PropertyValueCollection objectSid {get;set;}
Parameters	Property	System.DirectoryServices.PropertyValueCollection Parameters {get;set;}
PasswordAge	Property	System.DirectoryServices.PropertyValueCollection PasswordAge {get;set;}

Abbildung 10.11 ADSI-Objekte sind wie WMI-Objekte »disconnected«: Alle Eigenschaften sind schreibbar

Ganz ähnlich wie bei der WMI wirken sich Änderungen an den Eigenschaften nur aus, wenn das geänderte Objekt anschließend wieder zum Absender zurückgeschickt wird. Diesmal heißt die zuständige Methode *CommitChanges()* und liegt wie bei der WMI nur im zugrunde liegenden Originalobjekt vor. Um also die Beschreibung Ihres Benutzerkontos zu ändern, führen Sie Folgendes durch:

```
PS> $user = [ADSI]"WinNT://$env:USERDOMAIN/$env:USERNAME,user"
PS> $user.Description = 'Herrscher des Laptops'
PS> $user.psbase.CommitChanges()
```

HINWEIS   Der Code muss in einer PowerShell-Sitzung mit vollen Rechten ausgeführt werden. Selbst wenn Sie kein Administrator sind, brauchen Sie dennoch Ihre volle Identität und nicht die eingeschränkte Teilidentität, die Ihnen die Windows-Benutzersteuerung normalerweise zugesteht.

Die Änderung ist dauerhaft, selbst wenn Sie das Objekt erneut abrufen, bleibt sie erhalten:

```
PS> $user.Description
Herrscher des Laptops

PS> $user = [ADSI]"WinNT://$env:USERDOMAIN/$env:USERNAME,user"
PS> $user.Description
Herrscher des Laptops
```

Den Erfolg der Änderung sehen Sie (bei lokalen Benutzerkonten) auch grafisch in der lokalen Benutzerverwaltung, die dieser Befehl öffnet:

```
PS> lusrmgr
```

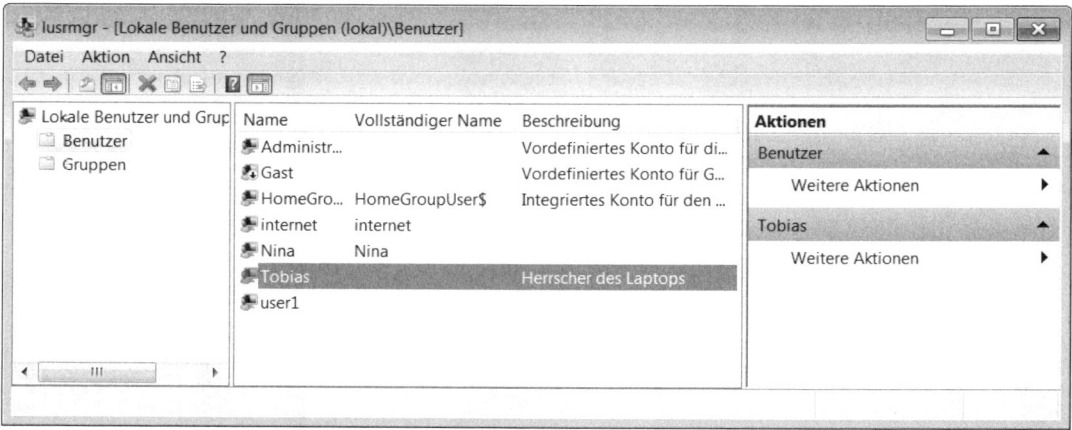

Abbildung 10.12   Beschreibung eines lokalen Benutzerkontos ändern

Sind Sie mit einem Domänenkonto angemeldet, werden Ihre Domänen-Administratoren die Änderung sehen, sich typischerweise nicht darüber freuen und umgehend das Recht, solche Änderungen ohne Administratorrechte durchzuführen, entziehen.

Objektmethoden aufrufen

Dass Objekte nicht nur Eigenschaften (Informationen) enthalten, sondern auch Befehle, das haben Sie bereits gesehen. Um die Methoden eines Objekts aufzulisten, verwenden Sie wie bei den Eigenschaften *Get-Member* und übergeben diesem als *-MemberType*-Parameter diesmal den Wert **method* anstelle von **property*. Schauen Sie sich zum Beispiel an, welche Methoden ein einfacher Text enthält:

```
PS> 'Ich bin ein kleiner Text' | Get-Member -MemberType *method

   TypeName: System.String

Name        MemberType  Definition
----        ----------  ----------
Clone       Method      System.Object Clone()
CompareTo   Method      int CompareTo(System.Object value), int CompareTo(string s...
Contains    Method      bool Contains(string value)
CopyTo      Method      System.Void CopyTo(int sourceIndex, char[] destination, in...
EndsWith    Method      bool EndsWith(string value), bool EndsWith(string value, S...
(…)
Trim        Method      string Trim(Params char[] trimChars), string Trim()
TrimEnd     Method      string TrimEnd(Params char[] trimChars)
TrimStart   Method      string TrimStart(Params char[] trimChars)
```

Der kleine unscheinbare Text enthält eine ganze Armada von Befehlen, denn auch Texte, Zahlen und Daten sind in PowerShell Objekte. Auch ohne *Get-Member* hätte Ihnen der ISE-Editor über kurz oder lang gezeigt, dass Texte Befehle enthalten – jedenfalls dann, wenn Sie direkt hinter einem Text irgendwann zufällig einen Punkt angegeben hätten (Abbildung 10.13).

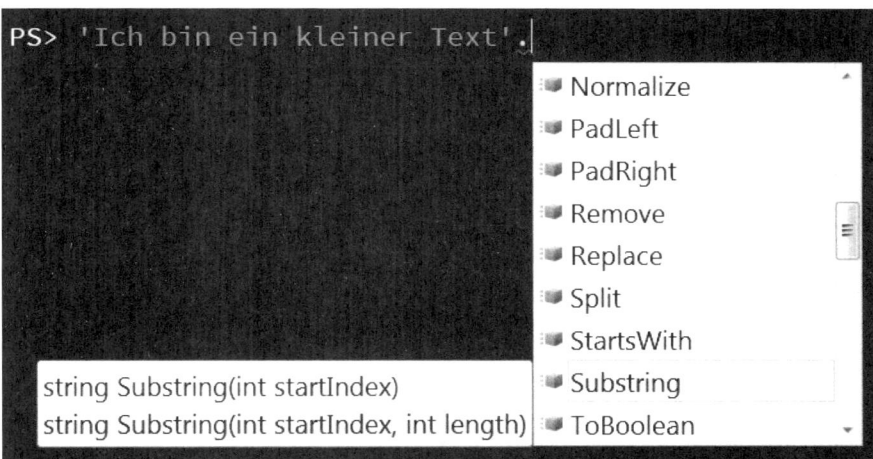

Abbildung 10.13   Das IntelliSense-Menü zeigt Objektmethoden mitsamt ihren Signaturen (Überladungen)

Im IntelliSense-Menü erscheinen die Methoden mit einem pinken Würfel und sind klar von den Eigenschaften zu unterscheiden. Texte, genauer Textobjekte, enthalten also selbst bereits alles, was für den Umgang mit dem im Objekt gespeicherten Text so nötig sein könnte:

```
# Text in Großbuchstaben verwandeln:
PS> 'Beispieltext'.toUpper()
BEISPIELTEXT

# Text in Kleinbuchstaben verwandeln:
PS> 'Beispieltext'.toLower()
beispieltext

# prüfen, ob Datei bestimmte Endung aufweist:
PS> 'C:\test\testdatei.txt'.toLower().EndsWith('.txt')
True

# prüfen, ob Datei bestimmten Anfang aufweist:
PS> 'C:\test\testdatei.txt'.toLower().StartsWith('C:\')
True

# erste Position eines Suchwortes im Text bestimmen:
PS> 'tobias.weltner@email.de'.IndexOf('@')
14

# letzte Position eines Stichworts im Text bestimmen:
PS> 'tobias.weltner@email.de'.LastIndexOf('@')
14

# Text bis zu einer bestimmten Position ausgeben:
PS> $email = 'tobias.weltner@email.de'
PS> $position = $email.IndexOf('@')
PS> $email.SubString(0, $position)
tobias.weltner

# Text ab einer bestimmten Position ausgeben:
PS> $email.SubString($position+1)
email.de
```

> **HINWEIS**   Mehr zu Texten und den in ihnen verfügbaren Methoden haben Sie vielleicht schon in Kapitel 7 gelesen –
> dort wird der Umgang mit Texten ganz genau erklärt.

Eine Methode mit mehreren Signaturen

Manche Methoden lassen sich auf mehr als eine Art aufrufen. Man spricht dann von Methoden mit unterschiedlichen Signaturen oder von *Überladungen*. Zwei Beispiele mit zwei unterschiedlichen Objekten sollen zeigen, was das für Sie bedeutet.

Trim kann mehr als Leerzeichen entfernen

Ein Text-Objekt (Typ *String*) verfügt beispielsweise über die Methode *Trim()*. Mit ihr kann man überflüssige Leerzeichen auf beiden Seiten des Texts abschneiden:

```
PS> $text = '    ein Text mit Leerzeichen zu beiden Seiten    '

PS> 'Text ohne Trim: "{0}".' -f $text
Text ohne Trim: "    ein Text mit Leerzeichen zu beiden Seiten    ".

PS> 'Text mit Trim: "{0}".' -f $text.Trim()
Text mit Trim: "ein Text mit Leerzeichen zu beiden Seiten".
```

Wenn Sie *Trim()* näher untersuchen, werden Sie feststellen, dass die Methode zwei Signaturen besitzt. Man sagt auch, die Methode ist *überladen*, was sich weniger auf Bußgelder im Schwerlastverkehr bezieht als vielmehr darauf, dass die »einfache« Methode *Trim()* ohne Argumente außerdem auch noch in einer oder mehreren Varianten vorkommt, die Argumente akzeptiert. Rufen Sie *Trim()* ohne die Klammern auf, sehen Sie die Überladungen:

```
PS> 'Text'.Trim

OverloadDefinitions
-------------------
string Trim(Params char[] trimChars)
string Trim()
```

Trim() kann also alternativ mit einem Argument namens *trimChars* aufgerufen werden, was sich verdächtig danach anhört, dass man dann nicht auf Leerzeichen beschränkt ist, sondern sich aussuchen kann, was für Zeichen an den Textenden beiseite geräumt werden sollen. Das Argument ist vom Typ *char[]*. Der Typ *char* steht für genau ein Zeichen, und weil es ein Array ist (»[]«), dürfen es beliebig viele einzelne Zeichen sein. Ein Text ist zufällig genau das: eine Ansammlung vieler einzelner Zeichen und kann deshalb in den Typ *char[]* umgewandelt werden.

Schauen Sie einmal, ob Sie diesen Code nachvollziehen können:

```
PS> 'c:\test\'.Trim('\')
c:\test

PS> 'explorer.exe'.Trim('.exe')
plorer
```

Im ersten Beispiel ist die Sache noch klar: *Trim()* schneidet jetzt umgekehrte Schrägstriche ab, »normalisiert« also einen Ordnerpfad: Ob er vorher auf einen umgekehrten Schrägstrich endete oder nicht, nach Behandlung mit *Trim('\')* sieht er immer gleich aus.

Etwas unerwartet ist das Ergebnis des zweiten Beispiels. Es zeigt: *Trim()* schneidet alle Buchstaben ab, die ihm angegeben werden. Es wertet den Text, den Sie übergeben, also als einzelne Zeichen und nicht als zusammengehörigen Text. Deshalb zeigt die Signatur von *Trim()* an, dass dieses Argument vom Typ *char[]* ist (Liste einzelner Zeichen) und nicht String (Zeichenkette). Daher führt auch dies zu demselben Resultat:

```
PS> 'explorer.exe'.Trim('x.e')
plorer
```

In der Konsole auf einen Tastendruck warten

Auch die Methode *ReadKey()* aus dem *$Host*-Objekt ist überladen:

```
PS> $Host.UI.RawUI.ReadKey

OverloadDefinitions
-------------------
System.Management.Automation.Host.KeyInfo ReadKey(System.Management.Automation.Host.
ReadKeyOptions options)
System.Management.Automation.Host.KeyInfo ReadKey()
```

In PowerShell ISE lässt sich die Methode nicht aufrufen, denn ISE besitzt keine echte Konsole und kann demzufolge auch keine Tastendrücke empfangen. Die Methode wird daher von ISE als »nicht implementiert« gemeldet. In der PowerShell-Konsole dagegen wartet PowerShell daraufhin, bis Sie (irgendeine) Taste drücken. Danach wird der eingegebene Buchstabe zurückgegeben und außerdem ein Objekt, das die gedrückte Taste ganz genau beschreibt:

```
PS> $Host.UI.RawUI.ReadKey()
j
    VirtualKeyCode            Character        ControlKeyState            KeyDown
    --------------            ---------        ---------------            -------
                74                    j                      0               True
```

Leider besteht die Methode darauf, die eingegebene Taste auch auszugeben. Nur das Objekt mit den Infos zur gedrückten Taste lässt sich abfangen:

```
PS> 'Bitte Taste drücken!'; $taste = $HOST.UI.RawUI.ReadKey()
Bitte Taste drücken!
kPS>
```

Das eingegebene Zeichen – hier war es ein Drücken auf ⎡K⎤ – mogelt sich vor die Eingabeaufforderung und erscheint in der Konsole. Wenn eine Methode ungefähr das macht, was Sie möchten, aber nicht ganz hundertprozentig, dann schauen Sie sich ihre Überladungen an. Vielleicht gibt es eine Variante, die die Aufgabe besser löst. Die Signatur der zweiten Variante sieht so aus:

```
System.Management.Automation.Host.KeyInfo
ReadKey(System.Management.Automation.Host.ReadKeyOptions options)
```

Man kann der Methode also auch ein Objekt vom Typ *System.Management.Automation.Host.ReadKeyOptions* übergeben. Grübeln Sie nicht zu lange darüber nach, was dieser Objekttyp nun wieder sein könnte, sondern geben Sie einfach im Trial-and-Error-Verfahren irgendetwas an. Die Chancen stehen gut, dass die Fehlermeldung genauer erklärt, was der Befehl von Ihnen erwartet:

```
PS> $HOST.UI.RawUI.ReadKey('Halli Hallo')
Das Argument "options" mit dem Wert  "Halli Hallo" für "ReadKey" kann nicht in den Typ
"System.Management.Automation.Host.ReadKeyOptions" konvertiert werden: "Der Wert "Halli Hallo"
kann nicht in den Typ "System.Management.Automation.Host.ReadKeyOptions" konvertiert werden.
Fehler: "Der Bezeichner "Halli Hallo" kann keinem gültigen Enumeratornamen zugeordnet werden.
Geben Sie einen der folgenden Enumeratornamen an, und wiederholen Sie den Vorgang: AllowCtrlC,
NoEcho, IncludeKeyDown, IncludeKeyUp.""
```

Und richtig: Erlaubte Werte sind also *AllowCtrlC*, *NoEcho*, *IncludeKeyDown* und *IncludeKeyUp*. Die Lösung ist demnach, die Option *NoEcho* anzugeben, zusammen mit *IncludeKeyDown* oder *IncludeKeyUp* – je nachdem, ob Sie möchten, dass bereits beim Drücken der Taste fortgesetzt wird oder erst beim Loslassen:

```
PS> 'Bitte Taste drücken!'; $taste = $HOST.UI.RawUI.ReadKey('NoEcho,IncludeKeyUp')
```

ACHTUNG   Das Beispiel zeigt, wie wertvoll der Zugriff auf Low-Level-Funktionen sein kann – und wie riskant. Sie können nun zwar elegant auf einen beliebigen Tastendruck warten, aber nur, wenn das Skript in der PowerShell-Konsole ausgeführt wird. Wer es im ISE-Editor oder irgendeinem anderen PowerShell-Host ausführt, der keine echte Konsole besitzt, wird keinen Erfolg mit *ReadKey()* haben. Deshalb ist es beim Einsatz von Low-Level-Funktionen ratsam, die jeweiligen Voraussetzungen zu kennen.

Testen Sie Ihr Wissen!

Auch in diesem Kapitel finden Sie eine Reihe von Aufgaben, mit denen Sie überprüfen können, ob Sie inzwischen wissen, was Objekte sind und wie sie funktionieren.

Aufgabe   Der Typ eines Objekts lässt sich immer mit der Eigenschaft *PSTypeNames* ermitteln:

```
PS> "Hallo".PSTypeNames
System.String
System.Object

PS> "Hallo" | Get-Member PSType*
```

Sonderbarerweise zeigt *Get-Member* diese Eigenschaft aber gar nicht an. Wieso?

Lösung   *Get-Member* zeigt nur die üblichen Objektmember an, mit denen man im Alltag konfrontiert wird, und versteckt einige andere, damit die Liste der Objektmember nicht ausufert und unübersichtlich wird. Möchten Sie diese Sicherung ausschalten, verwenden Sie den Parameter *-Force*:

```
PS> "Hallo" | Get-Member PSType* -Force

   TypeName: System.String

Name         MemberType   Definition
----         ----------   ----------
pstypenames CodeProperty System.Collections.ObjectModel.Collection`1[[System...
```

Aufgabe   Listen Sie die Datei(en) auf, die hinter den Notepad-Prozessen stecken, sowie deren Dateiversion. Tipp: Diese Information muss in einer der Eigenschaften der *Process*-Objekte enthalten sein.

Lösung   Um sich eine Übersicht über die Informationen zu verschaffen, die in den einzelnen Objekteigenschaften enthalten sind, leiten Sie das Ergebnis an *Select-Object* * weiter:

```
PS> Get-Process notepad | Select-Object *
```

Wie sich herausstellt, ist die zugrunde liegende Datei in der Eigenschaft *Path* zu finden. Die Version dieser Datei steckt in *FileVersion* oder *ProductVersion*:

```
PS> Get-Process notepad | Select-Object *

(…)
Path                   : C:\Windows\system32\notepad.exe
Company                : Microsoft Corporation
CPU                    : 0,156001
FileVersion            : 6.1.7600.16385 (win7_rtm.090713-1255)
ProductVersion         : 6.1.7600.16385
Description            : Editor
(…)
```

Damit können Sie die gesuchten Informationen folgendermaßen anzeigen lassen:

```
PS> Get-Process notepad | Select-Object Name, Path, FileVersion, Description

Name         Path                 FileVersion           Description
----         ----                 -----------           -----------
notepad      C:\Windows\system32... 6.1.7600.16385 (wi... Editor
```

Aufgabe   Versuchen Sie, das Ergebnis der folgenden Zeile zu erklären. Was genau passiert da?

```
PS> (Get-Process notepad).MainModule | Select-Object *
```

```
Size             : 212
Company          : Microsoft Corporation
FileVersion      : 6.1.7600.16385 (win7_rtm.090713-1255)
ProductVersion   : 6.1.7600.16385
Description      : Editor
Product          : Betriebssystem Microsoft® Windows®
ModuleName       : notepad.exe
FileName         : C:\Windows\system32\notepad.exe
BaseAddress      : 4288544768
ModuleMemorySize : 217088
EntryPointAddress : 4288558448
FileVersionInfo  : File:             C:\Windows\system32\notepad.exe
                   InternalName:     Notepad
                   OriginalFilename: NOTEPAD.EXE.MUI
                   FileVersion:      6.1.7600.16385 (win7_rtm.090713-1255)
                   FileDescription:  Editor
                   Product:          Betriebssystem Microsoft® Windows®
                   ProductVersion:   6.1.7600.16385
                   Debug:            False
                   Patched:          False
                   PreRelease:       False
                   PrivateBuild:     False
                   SpecialBuild:     False
                   Language:         Deutsch (Deutschland)

Site             :
Container        :
```

Lösung   In der Zeile wurde in runden Klammern zuerst das *Process*-Objekt von *Notepad* abgerufen. Das Ergebnis der runden Klammern ist also das *Process*-Objekt. Mit der Punktschreibweise greift die Zeile dann auf die Objekteigenschaft *MainModule* zu. *Select-Object* sorgt dafür, dass alle Eigenschaften angezeigt werden. Wie sich herausstellt, enthält *MainModule* ein weiteres Objekt, das aus einer Vielzahl von Eigenschaften besteht. Eine davon heißt *FileVersionInfo* und enthält ihrerseits ein weiteres Objekt, das deshalb eingerückt angezeigt wird.

Aufgabe   In der letzten Aufgabe wurde die Eigenschaft *MainModule* des *Notepad*-Prozesses ausgegeben. Die Informationen, die darin enthalten sind, lösen vielleicht ein Déjà-vu aus. Kann es sein, dass dieselben Informationen auch schon an anderer Stelle des *Process*-Objekts sichtbar waren?

Lösung   Ihr Instinkt trügt nicht. Tatsächlich hat PowerShell die wichtigsten Informationen aus *MainModule* bereits direkt im *Process*-Objekt integriert, indem es das *Process*-Objekt mit eigenen Eigenschaften vom Typ *ScriptProperty* erweitert hat. Schauen Sie einmal:

```
PS> Get-Process notepad | Get-Member -MemberType ScriptProperty

   TypeName: System.Diagnostics.Process

Name      MemberType      Definition
----      ----------      ----------
Company   ScriptProperty  System.Object Company {get=$this.Mainmodule.FileVersionI...
CPU       ScriptProperty  System.Object CPU {get=$this.TotalProcessorTime.TotalSec...
```

```
Description      ScriptProperty System.Object Description {get=$this.Mainmodule.FileVers...
FileVersion      ScriptProperty System.Object FileVersion {get=$this.Mainmodule.FileVers...
Path             ScriptProperty System.Object Path {get=$this.Mainmodule.FileName;}
Product          ScriptProperty System.Object Product {get=$this.Mainmodule.FileVersionI...
ProductVersion ScriptProperty System.Object ProductVersion {get=$this.Mainmodule.FileV...
```

Ein Blick auf die zugrunde liegenden Skriptblöcke zeigt: Diese Eigenschaften beschaffen sich ihren Inhalt in Wahrheit aus der Eigenschaft *MainModule* und greifen dabei teilweise sogar auf das *FileVersionInfo*-Objekt darin zu:

```
PS> Get-Process notepad | Get-Member -MemberType ScriptProperty | Select-Object -ExpandProperty
Definition
System.Object Company {get=$this.Mainmodule.FileVersionInfo.CompanyName;}
System.Object CPU {get=$this.TotalProcessorTime.TotalSeconds;}
System.Object Description {get=$this.Mainmodule.FileVersionInfo.FileDescription;}
System.Object FileVersion {get=$this.Mainmodule.FileVersionInfo.FileVersion;}
System.Object Path {get=$this.Mainmodule.FileName;}
System.Object Product {get=$this.Mainmodule.FileVersionInfo.ProductName;}
System.Object ProductVersion {get=$this.Mainmodule.FileVersionInfo.ProductVersion;}
```

Diese Eigenschaften sind also praktische Abkürzungen:

```
# Abkürzung:
PS> (Get-Process notepad).FileVersion
6.1.7600.16385 (win7_rtm.090713-1255)


# echte Objekteigenschaft:
PS> (Get-Process notepad).MainModule.FileVersionInfo.FileVersion
6.1.7600.16385 (win7_rtm.090713-1255)
```

HINWEIS   Der Ausdruck *$this* steht dabei für das Objekt selbst. Mehr zu diesen künstlichen PowerShell-Eigenschaften lesen Sie etwas später.

Aufgabe   Der Windows-Editor *Notepad* wird gerade ausgeführt. Wieso liefert der folgende Aufruf manchmal dennoch keinen Hersteller (in PowerShell 2.0) oder manchmal gleich mehrfach (in PowerShell 3.0)?

```
PS> (Get-Process notepad).Company
Microsoft Corporation
```

Lösung   Laufen mehrere Notepad-Instanzen, dann liefert *Get-Process* ein Array, in dem alle *Process*-Objekte verpackt sind. Weil Arrays keine Eigenschaft namens *Company* besitzen, gibt PowerShell 2.0 »nichts« zurück. Immer, wenn Sie nicht wissen können, ob ein Befehl ein oder mehrere Ergebnisse liefert, verarbeiten Sie die Ergebnisse deshalb besser mit *ForEach-Object*: Das führt PowerShell 3.0 intern automatisch durch, sodass dann die Werte sämtlicher laufender Notepad-Instanzen ausgegeben werden.

```
PS> Get-Process notepad | ForEach-Object { $_.Company }
```

Aufgabe   Versuchen Sie als Nächstes, die Hintergrundfarbe der PowerShell-Konsole in Grün zu ändern. Tipp: Diese Einstellungen finden Sie in *$Host.UI.RawUI*.

Lösung   Die Variable *$Host* enthält ein Objekt, das die PowerShell-Konsole repräsentiert. Darin befindet sich eine Eigenschaft namens *UI*, die ein Objekt mit einer Eigenschaft namens *RawUI* aufweist. In dieser schließlich finden sich die Konsoleneinstellungen:

```
PS> $Host.UI.RawUI | Select-Object *

ForegroundColor       : DarkYellow
BackgroundColor       : DarkMagenta
CursorPosition        : 0,1
WindowPosition        : 0,0
CursorSize            : 80
BufferSize            : 90,3003
WindowSize            : 89,23
MaxWindowSize         : 90,41
MaxPhysicalWindowSize : 152,41
KeyAvailable          : False
WindowTitle           : Windows PowerShell
```

Schnell wird klar, dass die Hintergrundfarbe der Konsole in der Eigenschaft *BackgroundColor* festgelegt ist. Ob man diese Eigenschaft ändern darf, verrät *Get-Member*:

```
PS> $Host.UI.RawUI | Get-Member BackgroundColor

    TypeName: System.Management.Automation.Internal.Host.InternalHostRawUserInterface

Name            MemberType Definition
----            ---------- ----------
BackgroundColor Property   System.ConsoleColor BackgroundColor {get;set;}
```

Die Eigenschaft ist als *get;set;* gekennzeichnet, Änderungen sind also erlaubt. Die Eigenschaft verlangt einen Wert vom Typ *System.ConsoleColor*, genau wie die Eigenschaft *ErrorBackgroundColor*, die Sie früher schon kennengelernt haben. Um die Hintergrundfarbe auf Grün einzustellen, schreiben Sie:

```
PS> $Host.UI.RawUI.BackgroundColor = 'green'
PS> Clear-Host
```

Aufgabe   Stellen Sie die Hintergrundfarbe für Fehlermeldungen auf dieselbe Farbe ein wie die Hintergrundfarbe der Konsole.

Lösung   Weisen Sie dazu der Eigenschaft *ErrorBackgroundColor* den Inhalt der Eigenschaft *BackgroundColor* zu, zum Beispiel so:

```
PS> $Host.PrivateData.ErrorBackgroundColor = $Host.UI.RawUI.BackgroundColor
PS> 1/$null
```

Der Fehler wird nun zwar noch in Rot ausgegeben, aber nicht mehr mit einer separaten Hintergrundfarbe.

Aufgabe   Sie wollen die Größe der Einfügemarke der PowerShell-Konsole vergrößern und haben dazu die Eigenschaft *CursorSize* geändert. Anstelle einer größeren Einfügemarke haben Sie aber eine Fehlermeldung erhalten. Warum?

```
PS> $Host.UI.RawUI.CursorSize = 200
Ausnahme beim Festlegen von "CursorSize": ""CursorSize" kann nicht verarbeitet werden, da die
angegebene Cursorgröße ungültig ist.
```

Lösung Die Fehlermeldung weist den Weg. Zwar akzeptiert die Eigenschaft *CursorSize* Ganzzahlen, aber nur innerhalb eines bestimmten Wertebereichs, und Ihre Zahl war zu groß. Wie sich herausstellt, muss die Größe der Einfügemarke als Zahl zwischen 0 und 100 (für 0 % bis 100 %) angegeben werden. Die Zahl 0 schaltet die Einfügemarke also ganz ab, während die Zahl 100 eine maximal große Blockeinfügemarke anzeigt:

```
PS> $Host.UI.RawUI.CursorSize = 100
```

Aufgabe Wie könnte man das Erstellungsdatum einer Datei um genau 30 Tage »zurückdrehen«?

Lösung Lesen Sie das Datum aus der Eigenschaft *CreationTime* aus und verwenden Sie dann die Methode *AddDays()*, um das Datum einige Tage vor- oder zurückzudrehen. Danach weisen Sie das neue Datum der Eigenschaft *CreationTime* wieder zu. Das folgende Codebeispiel dreht das Erstellungsdatum einer Testdatei um 30 Tage zurück:

```
# Testordner für Datei erstellen, falls der Ordner noch nicht existiert:
PS> md C:\testordner -ErrorAction SilentlyContinue | Out-Null

# Testdatei im Ordner anlegen:
PS> 'Hallo' > C:\testordner\datei4.txt

# CreationTime ausgeben:
PS> (Get-Item C:\testordner\datei4.txt).CreationTime
Montag, 26. November 2012 21:40:21

# CreationTime 30 Tage zurückdrehen
PS> Get-Item C:\testordner\datei4.txt | ForEach-Object { $_.CreationTime =
($_.CreationTime.AddDays(-30)) }

# CreationTime ausgeben:
PS> (Get-Item C:\testordner\datei4.txt).CreationTime
Samstag, 27. Oktober 2012 21:40:21

# CreationTime für sämtliche Dateien im Testordner zurückdrehen:
PS> Get-ChildItem C:\testordner | ForEach-Object { $_.CreationTime = ($_.CreationTime.AddDays
(-30)) }
```

Aufgabe Sie möchten den Namen einer Datei ändern. Die folgende Zeile schlägt aber fehl:

```
PS> (Get-Item C:\testordner\datei4.txt).Name = 'datei99.txt'
"Name" ist eine schreibgeschützte Eigenschaft.
```

Warum? Wie lässt sich die Datei umbenennen?

Lösung Die Fehlermeldung ist in diesem Fall sehr eindeutig. Die Eigenschaft *Name* kann nur gelesen, aber nicht verändert werden. Um die Datei umzubenennen, verwenden Sie stattdessen *Rename-Item*:

```
PS> Rename-Item C:\testordner\datei4.txt datei99.txt
```

Aufgabe Sie wollen herausfinden, welche Eigenschaften und Methoden eine Zahlenliste besitzt. *Get-Member* liefert stattdessen Informationen zum *Inhalt* der Zahlenliste. Wieso?

```
PS> (1..10) | Get-Member
```

Lösung Die Pipeline packt Arrays grundsätzlich aus und verarbeitet deren Inhalt einzeln. *Get-Member* erhält also den Inhalt des Arrays Zahl für Zahl.

Wollen Sie das Array selbst untersuchen, dürfen Sie nicht die Pipeline mit ihrer Auspackautomatik verwenden:

```
PS> Get-Member -InputObject (1..10)
```

Zusammenfassung

Alles, was Sie in PowerShell sehen, sind in Wahrheit Objekte: Texte, Zahlen, Prozesse, Dienste. Die grobe Unterteilung erfolgt nach Typ: Es gibt Objekte für Texte, solche für Zahlen und wieder andere Typen für Prozesse oder Dienste.

Die feine Unterteilung innerhalb eines Typs erfolgt nach Eigenschaften: Es gibt viele Prozesse, die sich durch die Eigenschaften wie *Name*, *ID* oder auch *CPU*-Belastung unterscheiden. PowerShell stellt die wichtigsten Eigenschaften eines Objekts normalerweise als Textspalte dar:

```
PS> Get-Process

Handles  NPM(K)    PM(K)     WS(K) VM(M)   CPU(s)     Id ProcessName
-------  ------    -----     ----- -----   ------     -- -----------
    100       9     2656      3232    55     0,14   5576 ACEngSvr
    106      11     2180      2624    71     0,09   5364 ACMON
     39       6     1880       580    55     0,02   4676 ADDEL
     76       8     1236      1108    42     0,00   1988 armsvc
     60       6     1096       820    18     0,02   1656 AsLdrSrv
     55       8     1524       616    64     0,03   5400 AsScrPro
```

Jede einzelne Zeile entspricht einem einzelnen Objekt. Alle Objekte sind vom gleichen Typ (*Process*), deswegen verfügen sie alle über dieselben Eigenschaften. PowerShell stellt die Eigenschaften als Spalte dar. Die Tabelle zeigt also alle Prozesse zeilenweise und in den Spalten, worin sich die Prozesse voneinander unterscheiden.

Mit *Select-Object* kontrolliert man selbst, welche Objekteigenschaften sichtbar werden. Speichert man ein Objekt in einer Variablen, kann man über einen Punkt (».«) direkt auf dessen Eigenschaften zugreifen. Dazu muss die Variable aber auch tatsächlich genau ein einziges Objekt enthalten und nicht mehrere.

Eigenschaften beschreiben also, was ein Objekt *ist* (und wie es sich von anderen unterscheidet). Die meisten Eigenschaften sind nur lesbar, einige aber auch änderbar.

Objekte können darüber hinaus Methoden enthalten. Diese verkörpern, was ein Objekt *kann*. Eine Methode verhält sich als Befehl, der die Fähigkeiten des Objekts abruft und dadurch Aktionen auslöst. Im Unterschied zu Eigenschaften verfügen Methoden über runde Klammern im Namen, die beim Aufruf der Methode mit angegeben werden müssen.

Eigenschaften und Methoden werden gemeinsam auch die *Member* eines Objekts genannt und *Get-Member* macht für jedes Objekt diese Member sichtbar.

Kapitel 11

Wie PowerShell Objekte erweitert

Fast alles, was Ihnen in PowerShell zu Gesicht kommt, sind Objekte, wie Sie seit dem letzten Kapitel wissen. PowerShell verwendet dabei nicht etwa eigene Objekte, sondern nutzt die vorhandenen Objekttypen, die das Betriebssystem (über .NET Framework) zur Verfügung stellt. Allerdings gibt sich PowerShell damit nicht zufrieden, sondern »verbessert« und erweitert diese Objekte. Zuständig dafür ist das *Extended Type System* (ETS), und was das genau ist, was es unternimmt und wie Ihnen das zu Gute kommt, ist Thema dieses Kapitels.

PowerShell-Objekte verstehen

Irgendwie ähneln sich die Objekte, die Low-Level-Systemfunktionen und Cmdlets liefern:

```
# aktuellen PowerShell-Prozess liefern:
PS> [System.Diagnostics.Process]::GetCurrentProcess()

Handles  NPM(K)    PM(K)      WS(K) VM(M)   CPU(s)     Id ProcessName
-------  ------    -----      ----- -----   ------     -- -----------
    345      26    51456      30864   584     1,48  12164 powershell

PS> Get-Process -id $pid

Handles  NPM(K)    PM(K)      WS(K) VM(M)   CPU(s)     Id ProcessName
-------  ------    -----      ----- -----   ------     -- -----------
    383      26    51456      30860   584     1,50  12164 powershell
```

Tatsächlich sind die Low-Level-Zugriffe auf Objekte und das Betriebssystem nichts anderes als das, was Cmdlets in ihrem Inneren auch unternehmen. Deswegen sind die Ergebnisse von beiden gleich. Man kann also sagen: Cmdlets sind lediglich freundliche Verpackungen, die es besonders einfach und sicher machen, Systemfunktionen aufzurufen. Sie können dasselbe aber immer auch ohne Cmdlets durch direkten Low-Level-Code erreichen.

HINWEIS   Fundament beider Aufrufe ist *.NET Framework*, das eigentlich dazu dient, Anwendungsentwicklung einfacher und schneller zu machen. Es funktioniert wie ein riesiger Zoo mit unzähligen Tierarten und Tieren, auf die Anwendungsentwickler zugreifen können. Standardaufgaben, die fast jede Anwendung benötigt, sind darin also schon vorbereitet, sodass ein Anwender nicht das Rad ständig neu erfinden muss. PowerShell greift genau wie die Programmiersprachen Visual Basic und C# einfach nur darauf zurück.

Eine gute Idee ist das indes nicht immer: Gibt es für eine Aufgabe bereits ein Cmdlet, dann nutzen Sie natürlich besser dieses. Ein Cmdlet ist verständlicher, verfügt über eine Hilfe und vernünftiges Fehlerhandling. Direkter Zugriff auf Objekte und Systemfunktionen, so wie er in diesem Kapitel gezeigt werden wird, entspricht dem Hinzuprogrammieren von Funktionalitäten, für die es (noch) keine Cmdlets gibt. Falls die Aufgabe mit einem Cmdlet schon gelöst werden kann, sollten Sie die Finger von (unnötigen) direkten Zugriffen lassen. Sobald Sie auch Teil D dieses Buchs gelesen haben, werden Sie nützliche Systemfunktionen sogar »bergen« können, also mithilfe einer erweiterten Funktion (Advanced Function) als Cmdlet verpacken.

Erweiterte PowerShell-Objekte

PowerShell setzt also lediglich auf .NET Framework auf, was clever ist: Es wäre zu viel Arbeit (und sinnlose noch dazu), für alle Cmdlets sämtliche Typen und Objekte neu zu erfinden. Stattdessen greift PowerShell auf die Typen und Objekte von .NET Framework zu. Allerdings gibt sich PowerShell damit nicht zufrieden. Es erweitert diese Typen und Objekte bei Bedarf und hat dazu einen eingebauten Mechanismus, den Sie ebenfalls nutzen dürfen. Die Erweiterungen, die PowerShell vornimmt, lassen sich mit *Get-Member* sichtbar machen. Die folgende Zeile etwa liefert eine Übersicht sämtlicher Membertypen, die ein Cmdlet wie *Get-Process* zurückliefert:

```
PS> Get-Process | Get-Member | Group-Object MemberType -NoElement | Sort-Object Count

Count Name
----- ----
    1 NoteProperty
    2 PropertySet
    4 Event
    6 AliasProperty
    7 ScriptProperty
   19 Method
   51 Property
```

Darin finden sich 51 Properties und 19 Methoden. Das sind diejenigen, die in den Originalobjekten vorkommen, die direkt von .NET Framework stammen. Sie wurden ergänzt durch 1 *NoteProperty*, 7 *ScriptProperties* und 6 *AliasProperties*. Außerdem sind noch 2 *PropertySets* und 4 *Events* vorhanden. Wollen Sie nur das sehen, was PowerShell »hinzuerfunden« hat, setzen Sie den Parameter *-View* ein:

```
PS> Get-Process | Get-Member -View Extended

    TypeName: System.Diagnostics.Process

Name             MemberType     Definition
----             ----------     ----------
Handles          AliasProperty  Handles = Handlecount
Name             AliasProperty  Name = ProcessName
NPM              AliasProperty  NPM = NonpagedSystemMemorySize
PM               AliasProperty  PM = PagedMemorySize
VM               AliasProperty  VM = VirtualMemorySize
WS               AliasProperty  WS = WorkingSet
__NounName       NoteProperty   System.String __NounName=Process
PSConfiguration  PropertySet    PSConfiguration {Name, Id, PriorityClass, FileVersion}
PSResources      PropertySet    PSResources {Name, Id, Handlecount, WorkingSet, NonPagedMemorySiz...
Company          ScriptProperty System.Object Company
{get=$this.Mainmodule.FileVersionInfo.Compa...
CPU              ScriptProperty System.Object CPU {get=$this.TotalProcessorTime.TotalSeconds;}
Description      ScriptProperty System.Object Description
{get=$this.Mainmodule.FileVersionInfo.F...
FileVersion      ScriptProperty System.Object FileVersion
{get=$this.Mainmodule.FileVersionInfo.F...
Path             ScriptProperty System.Object Path {get=$this.Mainmodule.FileName;}
Product          ScriptProperty System.Object Product
{get=$this.Mainmodule.FileVersionInfo.Produ...
ProductVersion   ScriptProperty System.Object ProductVersion
{get=$this.Mainmodule.FileVersionInf...
```

Das wirft eine Reihe von Fragen auf: Was unterscheidet eine *NoteProperty* zum Beispiel von einer normalen *Property*? Und wo kommen die Erweiterungen eigentlich her? Alle Eigenschaften und Methoden, vor denen ein weiterer Begriff steht (also Note*Property*, Alias*Property* etc.), werden von PowerShell zu verschiedenen Zwecken hinzugefügt, die gleich beleuchtet werden. Diese Erweiterung erledigt das ETS. Immer also, wenn PowerShell ein Objekt empfängt, fügt das ETS die für den jeweiligen Objekttyp nützlichen Erweiterungen hinzu.

Welche Erweiterungen das sind, regeln XML-Dateien, in die Sie gern schon einmal mit einem Texteditor hineinschauen können, die aber erst etwas später genauer untersucht werden. Ändern sollten Sie in diesen Dateien indes lieber einstweilen nichts.

```
PS> $Host.Runspace.InitialSessionState.Types | Select-Object -ExpandProperty FileName
C:\Windows\System32\WindowsPowerShell\v1.0\types.ps1xml
C:\Windows\System32\WindowsPowerShell\v1.0\typesv3.ps1xml
PS> notepad C:\Windows\System32\WindowsPowerShell\v1.0\types.ps1xml
```

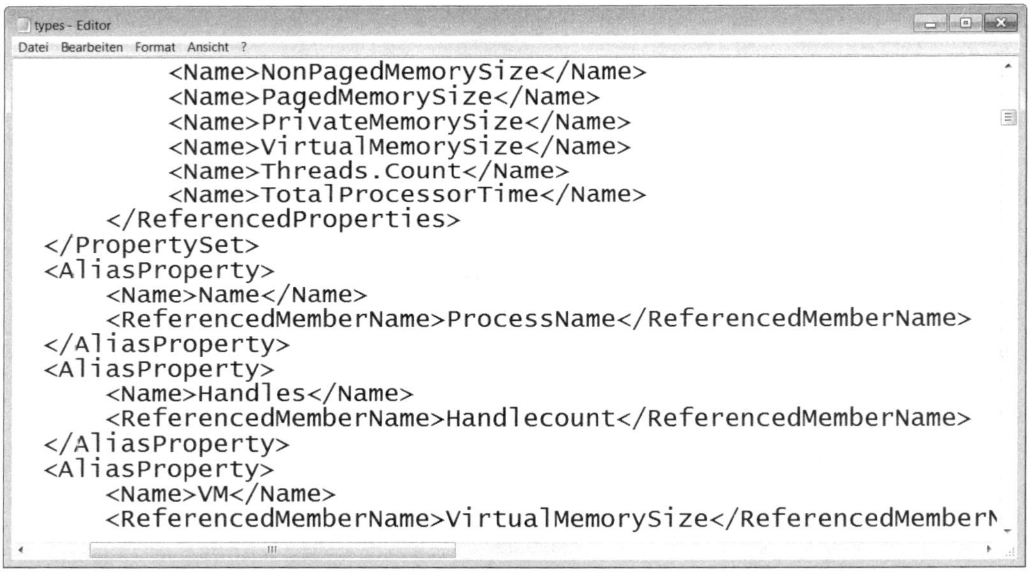

Abbildung 11.1 Typerweiterungen sind textbasierte XML-Dateien und bestimmen, was PowerShell hinzufügt

Die verschiedenen Erweiterungen, die PowerShell beispielsweise bei *Process*-Objekten hinzugefügt hat, haben unterschiedliche Aufgaben: *AliasProperties* etwa liefern keine grundsätzlich neuen Erkenntnisse, aber machen eine vorhandene Eigenschaft unter einem anderen (vielleicht verständlicheren oder konsistenteren) Namen sichtbar. Das *Process*-Objekt aus .NET Framework beispielsweise liefert die Größe des virtuellen Speichers in der Eigenschaft *VirtualMemorySize* und den Namen des Prozesses in der Eigenschaft *ProcessName*. In PowerShell dürfen diese beiden Eigenschaften auch als *VM* und *Name* abgerufen werden. Die Originaleigenschaften sind aber auch noch da:

```
# auf den ersten verfügbaren explorer.exe-Prozess zugreifen:
PS> $ProzessObjekt = Get-Process -Name explorer | Select-Object -First 1
```

```
# Originaleigenschaft und PowerShell-AliasProperty:
PS> $ProzessObjekt.VirtualMemorySize
766840832
PS> $ProzessObjekt.VM
766840832

# Originaleigenschaft und PowerShell-AliasProperty:
PS> $ProzessObjekt.ProcessName
explorer
PS> $ProzessObjekt.Name
explorer
```

Tabelle 11.1 gibt eine Übersicht über die verschiedenen Membertypen, die nachträglich von Power-Shell in Objekte eingefügt werden.

Membertyp	Beschreibung
AliasProperty	Zweitname für eine vorhandene Eigenschaft
NoteProperty	Eigenschaft mit fest hinterlegtem Inhalt. Mit *NoteProperties* kann man Zusatzinformationen an ein Objekt anheften.
ParameterizedProperty	Eigenschaft mit Parametern. Formal sieht der Aufruf einer solchen Eigenschaft aus wie die einer Methode.
ScriptMethod	Methode mit hinterlegtem Skriptcode, der ausgeführt wird, wenn die Methode aufgerufen wird
ScriptProperty	Eigenschaft mit hinterlegtem Skriptcode, der ausgeführt wird, wenn die Eigenschaft abgefragt wird. Der Skriptcode berechnet also zur Laufzeit den Wert dieser Eigenschaft.
CodeMethod	Interner Gebrauch (siehe Abschnitt »Membertypen für den internen Gebrauch«; Seite 504)
CodeProperty	
MemberSet	
PropertySet	

Tabelle 11.1 Nachträglich in Objekte eingefügte Eigenschaften und Methoden

---

PROFITIPP   Die Wahrheit ist: PowerShell kann eigentlich *überhaupt keine* neuen eigenen Typen (=Klassen) definieren. Es kann nur mit Objekten arbeiten, die .NET Framework liefert. Genau deshalb hat PowerShell daraus eine Tugend gemacht und mit dem eben skizzierten Mechanismus dafür gesorgt, dass es doch eigene Objekte herstellen kann: Zugrunde liegt stets ein .NET-Objekt von der Stange, das über die Erweiterungen aus Tabelle 11.1 maßgeschneidert erweitert werden kann.

In Kapitel 17 erfahren Sie zum Beispiel, wie selbstgeschriebene Funktionen eigene Objekte generieren, um darin ihre Ergebnisse zu verpacken. Tatsächlich werden diese eigenen Objekte auch dort immer nur erschaffen, indem ein bestehendes Objekt aus .NET Framework erweitert wird. Weil PowerShell andererseits Low-Level-Zugang zu .NET Framework bietet und da .NET Framework natürlich sehr wohl neue Typen (=Klassen) definieren kann, ist das (indirekt) auch in PowerShell möglich. Mit dem Cmdlet *Add-Type* setzt man dazu klassischen .NET-Code ein. Beispiele hierfür finden Sie in Kapitel 15.

Schauen wir uns nun den Einsatzbereich (und Nutzen) der Erweiterungen aus Tabelle 11.1 an. Das wird Ihnen nicht nur wertvolle Einblicke geben, wie PowerShell intern funktioniert. Sie dürfen auch selbst auf den Erweiterungsmechanismus zugreifen und das eröffnet ungeahnte Möglichkeiten.

AliasProperty: Eigenschaften umbenennen

Eine *AliasProperty* macht vorhandene Eigenschaften unter einem neuen Namen verfügbar. Da man keine vorhandenen Eigenschaften löschen oder umbenennen kann, ohne das Objekt dabei zu zerstören, sind *AliasProperties* ein Weg, vorhandene Eigenschaften »umzubenennen«. Wirklich umbenannt werden sie zwar nicht, sie sind aber ab sofort auch unter dem gewünschten neuen Namen ansprechbar. Man greift auf diese Möglichkeit zurück, wenn der Originalname zu lang, zu unverständlich oder inkonsistent mit anderen Objekttypen ist. Das erklärt, warum die Größe eines Arrays sowohl über *Length* als auch über *Count* abgefragt werden darf:

```
PS> (1..10).Count
10

PS> (1..10).Length
10
```

Ein Blick hinter die Kulissen zeigt, dass das .NET-Objekt vom Typ *Array* eigentlich nur die Eigenschaft *Length* kennt, die von PowerShell aber über eine *AliasProperty* auch unter dem Namen *Count* zugänglich gemacht wurde:

```
PS> Get-Member -InputObject (1..10) -Name Count, Length

   TypeName: System.Object[]

Name   MemberType    Definition
----   ----------    ----------
Count  AliasProperty Count = Length
Length Property      int Length {get;}
```

Dies ist ein Beispiel für eine Konsistenzverbesserung: Über *AliasProperties* sorgt PowerShell dafür, dass Objekte unterschiedlichen Typs ähnliche Informationen über dieselben Eigenschaften anbieten.

Dasselbe dürfen Sie auch tun. Hier eine Aufgabe, die sich mit *AliasProperties* lösen lässt:

»Es sollen über die WMI BIOS-Informationen abgerufen werden: Hersteller, Version und Sprache. Diese Informationen sollen genau unter diesen Namen ausgegeben werden.«

Die gewünschten BIOS-Informationen liefert *Get-WmiObject* in einer Zeile:

```
PS> Get-WmiObject -Class Win32_BIOS | Select-Object -Property Manufacturer, Version,
CurrentLanguage

Manufacturer             Version            CurrentLanguage
------------             ----------         ---------------
American Megatrends Inc. _ASUS_ - 1072009   en|US|iso8859-1
```

Um die Spaltennamen umzubenennen, kann man AliasProperties einsetzen:

```
PS> $infos = Get-WmiObject -Class Win32_BIOS
PS> $infos | Add-Member -MemberType AliasProperty -Name Hersteller -Value Manufacturer
PS> $infos | Add-Member -MemberType AliasProperty -Name Sprache -Value CurrentLanguage
PS> $infos | Select-Object -Property Hersteller, Version, Sprache
```

Die gewünschten Eigenschaften stehen nun doppelt zur Verfügung: unter dem Originalnamen und unter dem neuen Aliasnamen. Mit *Select-Object* suchen Sie sich anschließend die Eigenschaften aus, die Sie anzeigen wollen. Das Ergebnis verwendet jetzt deutsche Spaltenüberschriften:

```
Hersteller              Version                 Sprache
----------              -------                 -------
American Megatrends Inc. _ASUS_ - 1072009       en|US|iso8859-1
```

NoteProperty: Taggen von Objekten

Eine *NoteProperty* ist eine »Notiz«, also eine Eigenschaft mit statischem Inhalt. Mit NoteProperties kann man Zusatzinformationen an ein Objekt anfügen (*Taggen* genannt). PowerShell nutzt NoteProperties fast gar nicht. Umso wichtiger sind diese für Sie. Im folgenden Beispiel wird der Inhalt des Systemordners *System32* von zwei verschiedenen Servern gelesen. Damit klar ist, welche Datei von welchem Server stammt, fügt *Add-Member* zu jedem Objekt eine *NoteProperty* mit dem Namen des jeweiligen Servers hinzu. Der Parameter *-PassThru* sorgt dafür, dass *Add-Member* das ergänzte Objekt einfach weitergibt:

```
$server1 = '\\storage1'
$server2 = '\\powershellpc'

$fileList1 = Get-ChildItem $server1\c$\windows\system32\*.dll |
  Sort-Object -Property Name |
  # eine neue Eigenschaft namens "ComputerName" anfügen und den Herkunftsserver darin angeben:
  Add-Member -MemberType NoteProperty -Name ComputerName -Value $server1 -PassThru

$fileList2 = Get-ChildItem $server2\c$\windows\system32\*.dll |
  Sort-Object -Property Name |
  # eine neue Eigenschaft namens "ComputerName" anfügen und den Herkunftsserver darin angeben:
  Add-Member -MemberType NoteProperty -Name ComputerName -Value $server2 -PassThru

# Unterschiedliche Dateien finden (basierend auf "Name" und "Length") und Objekte mit -PassThru
# weitergeben:
Compare-Object -ReferenceObject $fileList1 -DifferenceObject $fileList2 -Property Name, Length
-PassThru |
  Sort-Object -Property Name |
  Select-Object -Property ComputerName, Name, Length, LastWriteTime |
  Out-GridView
```

Listing 11.1 Das Skript *compare_filelist.ps1*

Das Ergebnis wird im GridView angezeigt und meldet alle Dateien, also solche, die entweder nur auf dem einen oder nur auf dem anderen System mit unikalen (einmaligen) Eigenschaften gefunden wurden. Dateien mit gleichem Dateinamen, aber anderen variierenden Eigenschaften wie der Dateigröße gelten folglich als unterschiedlich und werden entsprechend aufgelistet. Auf welchem System die Datei vorliegt, verrät die Spalte *ComputerName*, also die hinzugefügte *NoteProperty*:

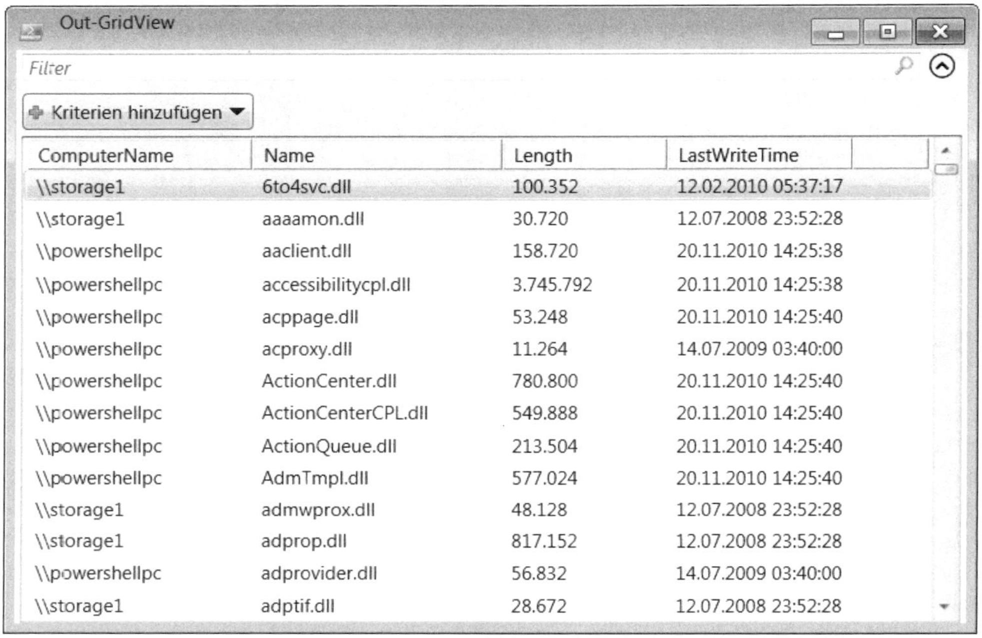

Abbildung 11.2   Dateiunterschiede auf zwei Servern feststellen

ScriptProperty: »Berechnete« Eigenschaften

Eine *ScriptProperty* ist ganz besonders flexibel, denn sie kann beliebigen PowerShell-Code ausführen, wenn die Eigenschaft *abgerufen* wird. Sie kann auch PowerShell-Code ausführen, wenn die Eigenschaft *geändert* wird.

Lesbare Eigenschaften

PowerShell nutzt ScriptProperties an vielen Orten. ScriptProperties werden eingesetzt, wenn eine Information in den vorhandenen Eigenschaften nicht vorliegt und zunächst durch eine Berechnung oder von einem anderen Ort beschafft werden soll. Dazu ein Beispiel:

```
# auf eine Datei zugreifen:
PS> $datei = Get-Item -Path $env:windir\explorer.exe

# Namensbestandteile über Eigenschaften abrufen:
PS> $datei.Name
explorer.exe
```

```
PS> $datei.Extension
.exe

PS> $datei.BaseName
explorer
```

Woher diese Eigenschaften stammen, verrät *Get-Member*:

```
PS> $datei | Get-Member -Name Name, Extension, BaseName

   TypeName: System.IO.FileInfo

Name       MemberType     Definition
----       ----------     ----------
Name       Property       System.String Name {get;}
Extension  Property       System.String Extension {get;}
BaseName   ScriptProperty System.Object BaseName {get=if ($this.Extension.Length -gt
0){$this.Nam...
```

Die Eigenschaften *Name* und *Extension* sind also reguläre Eigenschaften. *BaseName* dagegen wurde von PowerShell als *ScriptProperty* hinzugefügt. Ein Teil des Quellcodes ist bereits in der Spalte *Definition* zu sehen. Der vollständige Quellcode sieht so aus:

```
PS> ($datei | Get-Member -Name BaseName).Definition
System.Object BaseName {get=if ($this.Extension.Length -gt 0){$this.Name.Remove($this.Name.Length
- $this.Extension.Length)}else{$this.Name};}
```

Wenn Sie also *BaseName* aufrufen, führt PowerShell diesen Code aus:

```
if ($this.Extension.Length -gt 0)
{
    $this.Name.Remove($this.Name.Length - $this.Extension.Length)
}
else
{
    $this.Name
}
```

Die Variable *$this* repräsentiert das Objekt selbst. Wenn also dessen Eigenschaft *Extension* nicht leer ist, wird der Name des Objekts aus der Eigenschaft *Name* gelesen. Das Ergebnis ist ein Objekt vom Typ *String*. Solche Objekte verfügen über die Methode *Remove()*, mit der Zeichen abgeschnitten werden. Sie müssen nur sagen, wie viele:

```
PS> 'Dieser Text ist zu lang'.Remove(10)
Dieser Tex
```

Die Anzahl der abzutrennenden Zeichen ist die Gesamtlänge des Namens (Eigenschaft *Length*) minus der Gesamtlänge der Dateierweiterung.

PROFITIPP   Die PowerShell-Entwickler hätten es sich auch sehr viel leichter machen können, denn das Abschneiden einer Dateierweiterung kommt häufig vor, und so gibt es dafür bereits eine Systemfunktion:

```
PS> [System.IO.Path]::GetFileNameWithoutExtension('c:\test.txt')
test
```

Die *ScriptProperty* hätte also auch diesen Code verwenden können:

```
[System.IO.Path]::GetFileNameWithoutExtension($this.Name)
```

Und Sie dürfen das auch, denn mit *Add-Member* kann man einzelnen Objekten von Hand Erweiterungen hinzufügen. Ob dieser Code nicht nur übersichtlicher ist, sondern auch schneller, ergibt ein kleiner Test. Dabei wird einer größeren Dateiliste mit *Add-Member* eine neue *ScriptProperty* namens *BaseNameNeu* hinzugefügt, die den neuen Code verwendet. Danach werden die Ausführungsgeschwindigkeiten beim Abruf der Eigenschaften verglichen:

```
# eine neue ScriptProperty "BaseNameNeu" anfügen, die verbesserten Code nutzt:
$liste = Get-ChildItem -Path $env:windir\system32 | Add-Member -MemberType ScriptProperty -Name
BaseNameNeu -Value { [System.IO.Path]::GetFileNameWithoutExtension($this.Name) } -PassThru

# Performance prüfen:
Measure-Command {
    $liste | Select-Object -Property BaseName
} | Select-Object -ExpandProperty TotalMilliseconds

Measure-Command {
    $liste | Select-Object -Property BaseNameNeu
} | Select-Object -ExpandProperty TotalMilliseconds
```

Das Ergebnis ist allerdings nicht unbedingt spektakulär:

```
239,4955
197,5284
```

Die neue Eigenschaft *BaseNameNeu* arbeitet folglich etwas schneller, hier sind es rund 20 %.

Lesbare und schreibbare Eigenschaften

Manche Eigenschaften wie *BaseName* dürfen nur gelesen, aber nicht verändert werden. Andere akzeptieren auch neue Werte. Das gilt auch für ScriptProperties. Zertifikate verfügen zum Beispiel über die Eigenschaft *SendAsTrustedIssuer* (zumindest in PowerShell 3.0, denn diese Eigenschaft ist neu):

```
# erstbestes Root-Zertifikat verwenden:
PS> $cert = Get-ChildItem -Path Cert:\CurrentUser\root | Select-Object -first 1

PS> $cert | Get-Member -Name *send*

   TypeName: System.Security.Cryptography.X509Certificates.X509Certificate2

Name               MemberType     Definition
----               ----------     ----------
SendAsTrustedIssuer ScriptProperty System.Object SendAsTrustedIssuer {get=[Microsoft.Powershell....
```

Diese Eigenschaft kann gelesen, aber auch verändert werden. Die Definition sieht so aus:

```
PS> ($cert | Get-Member -Name *send*).Definition
System.Object SendAsTrustedIssuer {
  get=[Microsoft.Powershell.Commands.SendAsTrustedIssuerProperty]::ReadSendAsTrustedIssuerProperty
($this);

  set=$sendAsTrustedIssuer = $args[0]
  [Microsoft.Powershell.Commands.SendAsTrustedIssuerProperty]::WriteSendAsTrustedIssuerProperty($this,
   $this.PsPath,$sendAsTrustedIssuer);
}
```

Die Definition legt also diesmal *zwei* Skripts fest, eines zum Lesen der Eigenschaft (*get*) und eines zum Ändern (*set*). Wird die Eigenschaft gelesen, liefert sie das Ergebnis von *ReadSendAsTrustedIssuerProperty()*. Wird ihr dagegen ein neuer Wert zugewiesen, setzt sie diesen mit *WriteSendAsTrustedIssuerProperty()*. *$args(0)* steht hierbei für den neuen Wert, der der Eigenschaft zugewiesen wurde, und *$this* steht für das konkrete Objekt, dessen Eigenschaft gerade verwendet wird.

Formal dürfen Sie *SendAsTrustedIssuer* also auch ändern, aber ob das wirklich funktioniert oder eine Fehlermeldung liefert, hängt von den Umständen ab: Verfügen Sie über die nötigen Rechte und ist das ausgewählte Zertifikat dafür überhaupt geeignet? *SendAsTrustedIssuer* ist sicher eine eher exotische Eigenschaft, aber leider die einzige beschreibbare *ScriptProperty*, die PowerShell hinzufügt. Mit dem Wissen, das Sie an diesem Anschauungsobjekt gewonnen haben, können Sie nun allerdings auch Ihre eigenen lesbaren und schreibbaren ScriptProperties entwickeln.

ScriptProperties werden häufig dazu verwendet, ansonsten schwer zugängliche Informationen einfacher bereitzustellen. Interessieren Sie sich zum Beispiel für die Dateiversion einer Anwendung oder einer DLL-Bibliothek, finden Sie diese Informationen in der Eigenschaft *VersionInfo*. Die Version der Datei *explorer.exe* ermitteln Sie also so:

```
PS> $file = Get-Item $env:windir\explorer.exe
PS> $file.VersionInfo
```

VersionInfo ist wiederum eine *ScriptProperty*:

```
PS> ($file | Get-Member -Name VersionInfo ).Definition
System.Object VersionInfo
{get=[System.Diagnostics.FileVersionInfo]::GetVersionInfo($this.FullName);}
```

Tatsächlich können die Versionsinformationen einer beliebigen Datei also auch mit *GetVersionInfo()* unter Angabe eines Pfadnamens abgerufen werden:

```
PS> [System.Diagnostics.FileVersionInfo]::GetVersionInfo("$env:windir\regedit.exe")
```

ProductVersion	FileVersion	FileName
6.1.7600.16385	6.1.7600.1638...	C:\Windows\regedit.exe

Das, was *VersionInfo* liefert, ist wiederum ein Objekt mit verschiedenen Eigenschaften. Genau das kann problematisch sein: Vielleicht möchten Sie eine Dateiliste generieren, in der auch die Dateiversion eingeblendet ist. Mit einer *ScriptProperty* ist das problemlos möglich:

```
PS> Get-ChildItem -Path $env:windir -Filter *.exe | Add-Member -MemberType ScriptProperty -Name
Version -Value { $this.VersionInfo.ProductVersion } -PassThru | Add-Member -MemberType
ScriptProperty -Name Description -Value { $this.VersionInfo.FileDescription } -PassThru |
Select-Object -Property Mode, LastWriteTime, Length, Version, Name, Description | Out-GridView
```

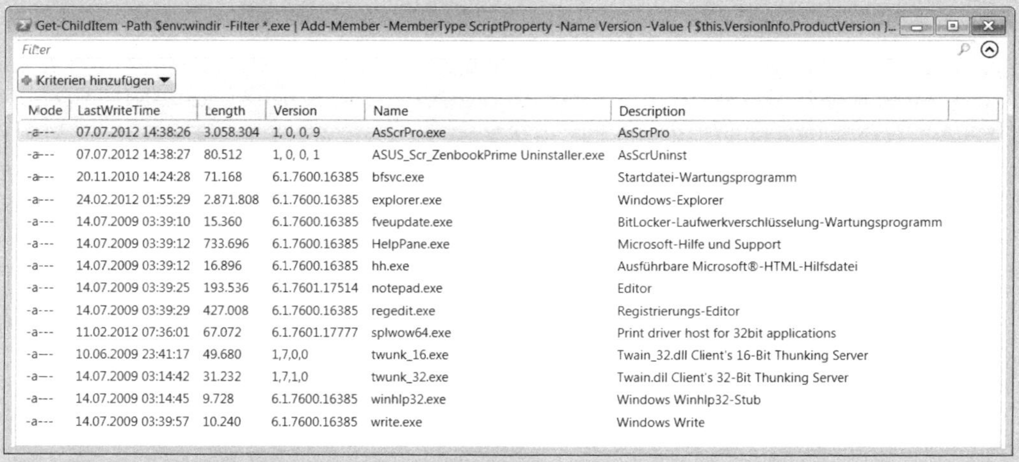

Mode	LastWriteTime	Length	Version	Name	Description
-a---	07.07.2012 14:38:26	3.058.304	1, 0, 0, 9	AsScrPro.exe	AsScrPro
-a---	07.07.2012 14:38:27	80.512	1, 0, 0, 1	ASUS_Scr_ZenbookPrime Uninstaller.exe	AsScrUninst
-a---	20.11.2010 14:24:28	71.168	6.1.7600.16385	bfsvc.exe	Startdatei-Wartungsprogramm
-a---	24.02.2012 01:55:29	2.871.808	6.1.7600.16385	explorer.exe	Windows-Explorer
-a---	14.07.2009 03:39:10	15.360	6.1.7600.16385	fveupdate.exe	BitLocker-Laufwerkverschlüsselung-Wartungsprogramm
-a---	14.07.2009 03:39:12	733.696	6.1.7600.16385	HelpPane.exe	Microsoft-Hilfe und Support
-a---	14.07.2009 03:39:12	16.896	6.1.7600.16385	hh.exe	Ausführbare Microsoft®-HTML-Hilfsdatei
-a---	14.07.2009 03:39:25	193.536	6.1.7601.17514	notepad.exe	Editor
-a---	14.07.2009 03:39:29	427.008	6.1.7600.16385	regedit.exe	Registrierungs-Editor
-a---	11.02.2012 07:36:01	67.072	6.1.7601.17777	splwow64.exe	Print driver host for 32bit applications
-a---	10.06.2009 23:41:17	49.680	1,7,0,0	twunk_16.exe	Twain_32.dll Client's 16-Bit Thunking Server
-a---	14.07.2009 03:14:42	31.232	1,7,1,0	twunk_32.exe	Twain.dll Client's 32-Bit Thunking Server
-a---	14.07.2009 03:14:45	9.728	6.1.7600.16385	winhlp32.exe	Windows Winhlp32-Stub
-a---	14.07.2009 03:39:57	10.240	6.1.7600.16385	write.exe	Windows Write

Abbildung 11.3 Zwei neue Eigenschaften in der Dateiliste: Version und Description

Erinnern Sie sich noch an Listing 11.1? Dort wurden zwei Server miteinander verglichen und die Dateien gemeldet, die unterschiedlich waren. Wenn die Dateiversion in die Überprüfung einbezogen werden kann, wird das Ergebnis noch sehr viel nützlicher: Jetzt sehen Sie alle Dateien, die in unterschiedlichen Versionen auf den beiden Computern liegen:

```
$server1 = '\\storage1'
$server2 = '\\powershellpc'

$fileList1 = Get-ChildItem $server1\c$\windows\system32\*.dll |
  Sort-Object -Property Name |
  # eine neue Eigenschaft namens "ComputerName" anfügen und den Herkunftsserver darin angeben:
  Add-Member -MemberType NoteProperty -Name ComputerName -Value $server1 -PassThru |
  Add-Member -MemberType ScriptProperty -Name Version -Value { $this.VersionInfo.ProductVersion
} -PassThru

$fileList2 = Get-ChildItem $server2\c$\windows\system32\*.dll |
  Sort-Object -Property Name |
  # eine neue Eigenschaft namens "ComputerName" anfügen und den Herkunftsserver darin angeben:
  Add-Member -MemberType NoteProperty -Name ComputerName -Value $server2 -PassThru |
  Add-Member -MemberType ScriptProperty -Name Version -Value { $this.VersionInfo.ProductVersion
} -PassThru

# Unterschiedliche Dateien finden (basierend auf "Name" und "Length") und Objekte mit -PassThru
# weitergeben:
Compare-Object -ReferenceObject $fileList1 -DifferenceObject $fileList2 -Property Name, Version
-PassThru |
  Sort-Object -Property Name |
  Select-Object -Property ComputerName, Name, Version |
  Out-GridView
```

Listing 11.2 Das Skript *compare_fileversion.ps1*

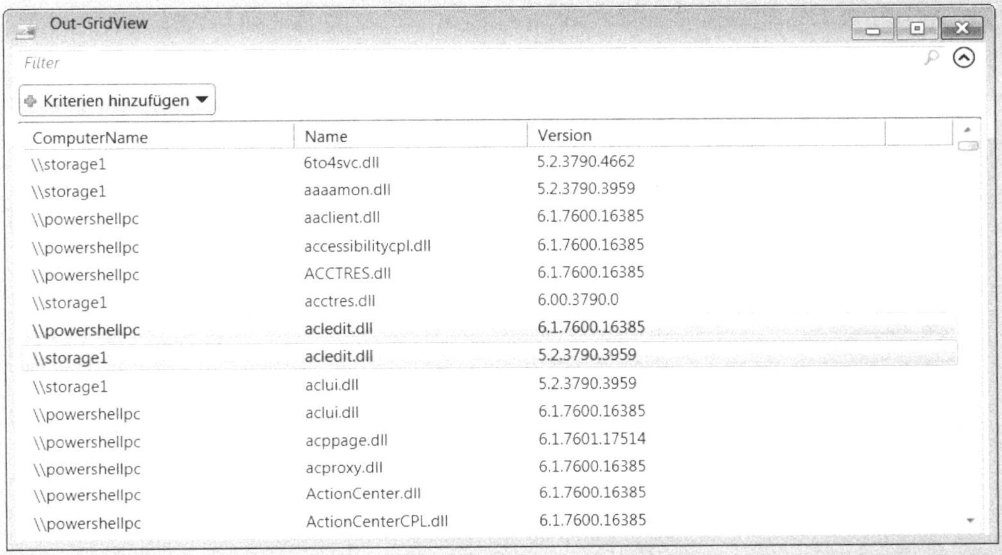
Out-GridView
Filter
Kriterien hinzufügen
ComputerName
Name
Version
\\storage1 6to4svc.dll 5.2.3790.4662
\\storage1 aaaamon.dll 5.2.3790.3959
\\powershellpc aaclient.dll 6.1.7600.16385
\\powershellpc accessibilitycpl.dll 6.1.7600.16385
\\powershellpc ACCTRES.dll 6.1.7600.16385
\\storage1 acctres.dll 6.00.3790.0
\\powershellpc acledit.dll 6.1.7600.16385
\\storage1 acledit.dll 5.2.3790.3959
\\storage1 aclui.dll 5.2.3790.3959
\\powershellpc aclui.dll 6.1.7600.16385
\\powershellpc acppage.dll 6.1.7601.17514
\\powershellpc acproxy.dll 6.1.7600.16385
\\powershellpc ActionCenter.dll 6.1.7600.16385
\\powershellpc ActionCenterCPL.dll 6.1.7600.16385

Abbildung 11.4 Unterschiedliche Dateiversionen auf zwei verschiedenen Computern finden

Auch lesbare und schreibbaren *ScriptProperties* sind möglich: Die Eigenschaft *BaseName* konnte Dateinamen zwar auslesen, aber nicht ändern. Wie müsste eine *ScriptProperty* aussehen, die das kann? Schauen Sie sich dieses Beispiel dazu an und versuchen Sie, den Code nachzuvollziehen:

```
$code_get = { [System.IO.Path]::GetFileNameWithoutExtension($this.Name) }
$code_set = {
    try {
        $extension = $this.Extension
        $newname = $args[0] + $extension
        Write-Host ("Benenne '{0}' um in '{1}'." -f $this.FullName, $newname)
        Rename-Item -Path $this.FullName -NewName $newname -ErrorAction Stop
    }
    catch
    {
        Throw "Unable to change base name: $_"
    }
}

# Testdatei anlegen und neue Eigenschaft hinzufügen:
$file = New-Item -Path $HOME\Desktop\eine_testdatei.txt -ItemType File |
  Add-Member -MemberType ScriptProperty -Name BaseNameNeu -Value $code_get -SecondValue
$code_set -PassThru
```

Listing 11.3 Das Skript *readwrite_scriptproperty.ps1*

In *$file* liegt nun ein Dateiobjekt, das sich auf den ersten Blick wie jedes andere verhält. Es repräsentiert eine neue leere Textdatei auf Ihrem Desktop:

```
PS> $file

    Verzeichnis: C:\Users\Tobias\Desktop

Mode                LastWriteTime     Length Name
----                -------------     ------ ----
-a---          18.11.2012     18:30          0 eine_testdatei.txt
```

Beim Lesen unterscheiden sich *BaseName* und *BaseNameNeu* nicht (außer dass *BaseNameNeu* ein paar Millisekunden schneller ist):

```
PS> $file.BaseName
eine_testdatei


PS> $file.BaseNameNeu
eine_testdatei
```

Beim Schreiben (Ändern) allerdings gibt es nun fundamentale Unterschiede, denn während *BaseName* keine Änderungen zulässt, kann *BaseNameNeu* den Dateinamen unter Beibehaltung der aktuellen Dateierweiterung ändern:

```
# BaseName unterstützt keine Änderungen:
PS> $file.BaseName = 'anderer Name'
"BaseName" ist eine schreibgeschützte Eigenschaft.

# BaseNameNeu hingegen schon:
PS> $file.BaseNameNeu = 'anderer Name'
Benenne 'C:\Users\Tobias\Desktop\eine_testdatei.txt' um in 'anderer Name.txt'.
```

Ein Blick auf den Desktop beweist: Der Name der Datei wurde tatsächlich wie gewünscht geändert. Allerdings wird wenig später klar, warum die PowerShell-Entwickler nicht selbst auf diese Idee gekommen sind. Beide Eigenschaften halten nämlich trotz der Namensänderung am alten Dateinamen fest:

```
PS> $file.BaseName
eine_testdatei


PS> $file.BaseNameNeu
eine_testdatei
```

Woher sollten sie auch wissen, dass sich der Dateiname geändert hat? Damit hat *BaseNameNeu* eine schwere Inkonsistenz verursacht: Sämtliche Eigenschaften, die Bezug zum Dateinamen haben, stimmen nicht mehr mit der Realität überein. Sie alle müssten aktualisiert werden, was aber nicht möglich ist, da sie alle schreibgeschützt sind. Das ist der Grund, warum *BaseName* nur lesbar ist: Zwar hätte man wie gezeigt auch die Datei umbenennen können, aber es wäre viel zu aufwändig gewesen, alle davon betroffenen weiteren Eigenschaften zu aktualisieren.

ScriptMethod und ParameterizedProperty

Eine *ScriptMethod* ist im Grunde dasselbe wie eine *ScriptProperty*, nur verhält sie sich wie eine Methode (ein Befehl) und kann vom Aufrufer deshalb Argumente empfangen. Dasselbe gilt für eine *ParameterizedProperty*: Dabei handelt es sich um eine Eigenschaft, die wie eine Methode Argumente empfangen kann. Sie sehen schon: Die Übergänge zwischen den verschiedenen Membertypen sind fließend. Rufen Sie über die WMI Datums- oder Zeitinformationen ab, zum Beispiel das Installationsdatum Ihres Betriebssystems oder den letzten Systemstart, dann liefert WMI diese zum Beispiel in einem sonderbaren Format:

```
PS> $os = Get-WmiObject -Class Win32_OperatingSystem
PS> $InstallDate = $os.InstallDate
PS> $LastBootDate = $os.LastBootUpTime

PS> $InstallDate
20120806185927.000000+120

PS> $LastBootDate
20121113065721.356498+060
```

Listing 11.4 Das Skript *WMI_dateconverter.ps1*

In jedes WMI-Objekt ist jedoch die passende Methode zum Entschlüsseln eingebaut: *ConvertToDateTime()*.

```
PS> $os.ConvertToDateTime($InstallDate)
Montag, 6. August 2012 18:59:27

PS> $os.ConvertToDateTime($LastBootDate)
Dienstag, 13. November 2012 06:57:21
```

ConvertToDateTime() ist eigentlich aber gar nicht vorhanden, sondern wurde von PowerShell zuvorkommenderweise als *ScriptMethod* hinzugefügt. Was genau diese *ScriptMethod* macht, ist diesmal allerdings nicht so leicht zu entschlüsseln, denn der zugrunde liegende PowerShell-Code wird bei ScriptMethods nicht in der Eigenschaft *Definition* verraten:

```
PS> $os | Get-Member -Name ConvertToDateTime

   TypeName: System.Management.ManagementObject#root\cimv2\Win32_OperatingSystem

Name             MemberType   Definition
----             ----------   ----------
ConvertToDateTime ScriptMethod System.Object ConvertToDateTime();
```

Über einen kleinen Kniff kommen Sie aber doch noch elegant an den Code: Rufen Sie die Signatur der Methode ab, indem Sie die Methode ohne die runden Klammern angeben:

```
PS> $os.ConvertToDateTime

Script             : [System.Management.ManagementDateTimeConverter]::ToDateTime($args[0])
OverloadDefinitions : {System.Object ConvertToDateTime();}
MemberType         : ScriptMethod
TypeNameOfValue    : System.Object
Value              : System.Object ConvertToDateTime();
```

```
Name                  : ConvertToDateTime
IsInstance            : False
```

Oder aber Sie begeben sich in den zugrunde liegenden *TypeDefinition*-Dateien auf Spurensuche. Wissen Sie noch, welche das waren? Genau:

```
PS> $Host.Runspace.InitialSessionState.Types | Select-Object -ExpandProperty FileName
C:\Windows\System32\WindowsPowerShell\v1.0\types.ps1xml
C:\Windows\System32\WindowsPowerShell\v1.0\typesv3.ps1xml
```

In *types.ps1xml* würden Sie dann nach etwas Suchen fündig werden:

```
<Type>
  <Name>System.Management.ManagementObject</Name>
  <Members>
    <ScriptMethod>
      <Name>ConvertToDateTime</Name>
      <Script>
        [System.Management.ManagementDateTimeConverter]::ToDateTime($args[0])
      </Script>
    </ScriptMethod>
    <ScriptMethod>
      <Name>ConvertFromDateTime</Name>
      <Script>
        [System.Management.ManagementDateTimeConverter]::ToDmtfDateTime($args[0])
      </Script>
    </ScriptMethod>
  </Members>
</Type>
```

Der Blick hinter die Kulissen verrät also wieder einmal grundsätzliches Know-how: wie man Datumstypen hin- und herkonvertiert:

```
PS> $catum = Get-Date
PS> $wmidatum = [System.Management.ManagementDateTimeConverter]::ToDmtfDateTime($datum)
PS> $datum
Sonntag, 18. November 2012 19:28:08

PS> $wmidatum
20121118192808.366713+060

PS> [System.Management.ManagementDateTimeConverter]::ToDateTime($wmidatum)
Sonntag, 18. November 2012 19:28:08
```

Nun folgt noch der Auftritt einer *ParameterizedProperty*:

```
PS> 'Hallo'.Chars(3)
l
```

Auf den ersten Blick sieht hier alles so aus, als wäre *Chars()* eine Methode, denn es stehen ja runde Klammern am Namensende. In Wirklichkeit aber handelt es sich um eine Eigenschaft, die Argumente empfangen kann, eine *ParameterizedProperty*.

> Im Grunde bestehen oft nur philosophische Unterschiede zwischen Eigenschaften und Methoden und dem, was sie tun. Eigenschaften sind für den Anwender leichter abzurufen und suggerieren, dass dabei nur statische Daten bewegt, aber kein Code ausgeführt wird. Sie wissen inzwischen, dass das Humbug ist. Auch beim Abruf einer Eigenschaft kann Code ausgeführt werden (*ScriptProperty*) und Eigenschaften und Methoden können grundsätzlich dasselbe leisten.

Allerdings gibt es eine wesentliche Regel: Der Abruf einer Eigenschaft muss *sicher* sein. Zwar könnten Sie durchaus eine *ScriptProperty* entwerfen, die beim Abruf die Festplatte formatiert, aber das wäre ein unverzeihlicher Regelverstoß. Eigenschaften dürfen *beim Lesen* also durchaus Code ausführen, aber dieser darf keine bleibenden Änderungen am System verursachen oder langwierig sein. Schließlich zeigt PowerShell den Inhalt von Eigenschaften jedes Mal automatisch an, wenn Sie Objekte ausgeben, und dabei werden alle angezeigten Eigenschaften stets abgerufen. Es wäre also schlimm, wenn dabei jedes Mal Systemveränderungen eintreten oder es zu längeren Verzögerungen käme.

Technisch gesehen gibt es überhaupt keine Eigenschaften. Denn Eigenschaften werden hinter den Kulissen ebenfalls über Methoden abgebildet, die lediglich versteckt sind. Wie das alles zusammenhängt, zeigt die folgende Zeile, die jeweils die Eigenschaften mit ihren zugrunde liegenden Methoden anzeigt:

```
# alle Prozesse abrufen:
PS> Get-Process |
  # für diese Prozesse ALLE Member auflisten, auch die normalerweise versteckten:
  Get-Member -force |
  # gruppieren nach Member-Name, aber "get_" und "set_" dabei nicht berücksichtigen:
  Group-Object { $_.Name -replace '(get_|set_)' } |
  # nur Gruppen mit mindestens 2 Elementen anzeigen (Eigenschaft und zugehörige Methode):
  Where-Object { $_.Count -gt 1 } |
  # Gruppenmitglieder ausgeben:
  Select-Object -ExpandProperty Group |
  # im GridView anzeigen:
  Out-GridView
```

Das Ergebnis sind Gruppen bestehend aus der Eigenschaft und ihrer *get_*-Methode (wenn sie nur lesbar ist) sowie ihrer *set_*-Methode (wenn sie auch änderbar ist):

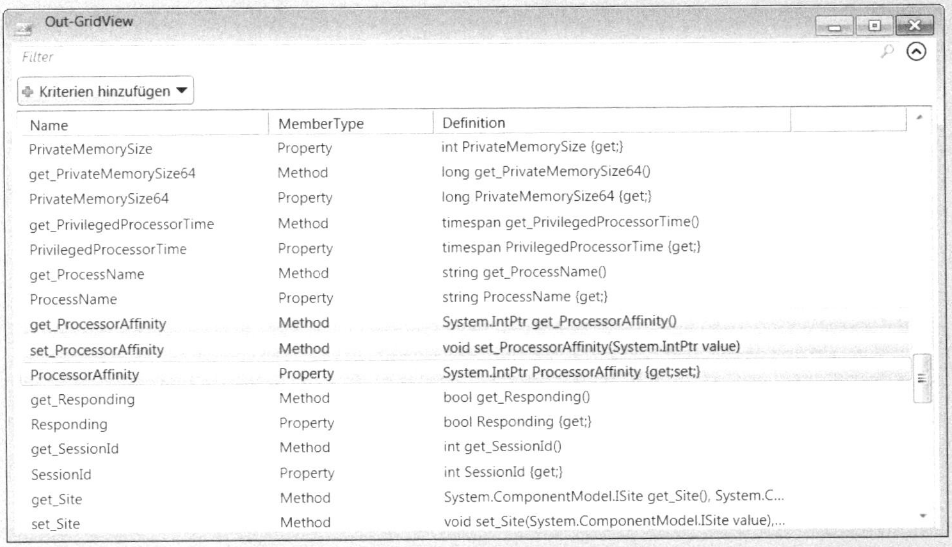

Name	MemberType	Definition
PrivateMemorySize	Property	int PrivateMemorySize {get;}
get_PrivateMemorySize64	Method	long get_PrivateMemorySize64()
PrivateMemorySize64	Property	long PrivateMemorySize64 {get;}
get_PrivilegedProcessorTime	Method	timespan get_PrivilegedProcessorTime()
PrivilegedProcessorTime	Property	timespan PrivilegedProcessorTime {get;}
get_ProcessName	Method	string get_ProcessName()
ProcessName	Property	string ProcessName {get;}
get_ProcessorAffinity	Method	System.IntPtr get_ProcessorAffinity()
set_ProcessorAffinity	Method	void set_ProcessorAffinity(System.IntPtr value)
ProcessorAffinity	Property	System.IntPtr ProcessorAffinity {get;set;}
get_Responding	Method	bool get_Responding()
Responding	Property	bool Responding {get;}
get_SessionId	Method	int get_SessionId()
SessionId	Property	int SessionId {get;}
get_Site	Method	System.ComponentModel.ISite get_Site(), System.C...
set_Site	Method	void set_Site(System.ComponentModel.ISite value),...

Abbildung 11.5 Eigenschaften und die zugrunde liegenden *get_*- und *set_*-Methoden

Die Entscheidung, ob Sie für eigene Zwecke also zu einer *ScriptProperty* oder doch lieber zu einer *ScriptMethod* greifen, sollte also auf der Überlegung beruhen, ob der Abruf von Daten sicher ist und ob vom Benutzer zusätzliche Argumente erforderlich sind. Wichtig wird die Wahl auch dann, wenn Sie eine vorhandene Methode überschreiben wollen. In diesem Fall müssen Sie dafür natürlich entsprechend auf eine *ScriptMethod* zurückgreifen.

Jedes Objekt besitzt zum Beispiel die Methode *ToString()*, mit der es in darstellbaren Text verwandelt wird. Wie diese Umwandlung passieren muss, bestimmt das Objekt selbst – normalerweise. Wenn Sie eine *ScriptMethod* namens *ToString()* hinzufügen, können plötzlich Sie bestimmen, wie ein Objekt sich darstellt. Das kann nützlich sein, wenn Sie beispielsweise numerische Daten besser lesbar machen wollen, ohne ihren numerischen Charakter zu zerstören.

Der folgende Code speichert in *$zahl* eine große Zahl. Danach wird die eingebaute Methode *ToString()* mit einer eigenen überschrieben. Diese teilt den Inhalt der Zahl (*$this* ist der Inhalt) durch *1GB* und formatiert die Ausgabe mit dem Operator *-f* als Zahl mit Tausendertrennzeichen und zwei Nachkommastellen. Das Ergebnis ist also ein Text.

```
PS> $zahl = 56757564723234
PS> $zahl | Add-Member -MemberType ScriptMethod -Name ToString -Value { '{0:n2} GB' -f ($this/
1GB) } -Force
PS> $zahl
52.859,60 GB
```

Tatsächlich wird die Zahl jetzt in GB angezeigt. Ihr Inhalt hat sich aber nicht verändert und ist immer noch eine Zahl, mit der man auch immer noch sortieren oder Vergleiche durchführen kann:

```
PS> $zahl.GetType().FullName
System.Int64

PS> $zahl -gt 435675364
True

PS> $zahl -gt 4356753646786387
False
```

Allerdings geht die neue *ScriptMethod* sofort verloren, wenn der Zahl ein neuer Wert zugewiesen wird, was indirekt auch beim Inkrementieren passiert. PowerShell speichert dabei die alte Zahl nämlich in einer neuen Variable:

```
PS> $zahl++
PS> $zahl
56757564723235
```

Obwohl die Erweiterung hier also eher kurzlebig war, kann man die Technik durchaus in Kombination mit anderen Erweiterungen sinnvoll nutzen. Die folgende *ScriptProperty* fügt beispielsweise die Eigenschaft *LengthKB* hinzu und zeigt die Dateigröße nun wahlweise auch in KB an:

```
Get-ChildItem -Path $env:windir -File |
    Add-Member -MemberType ScriptProperty -Name LengthKB -Value {
        $this.Length | Add-Member -MemberType ScriptMethod -Name ToString -Value { '{0:n2} KB'
-f ($this/1KB) } -Force -PassThru
    } -Force -PassThru |
    Select-Object -Property Mode, LastWriteTime, LengthKB, Name
```

Listing 11.5 Das Skript *filesize_kb.ps1*

Das Ergebnis sieht so aus:

```
Mode                  LastWriteTime                          LengthKB Name
----                  -------------                          -------- ----
d----                 29.07.2009 07:20:19                     0,00 KB ABLKSR
d----                 14.07.2009 07:32:39                     0,00 KB addins
d----                 06.08.2012 22:06:45                     0,00 KB AppCompat
d----                 11.10.2012 20:29:08                     0,00 KB AppPatch
d----                 11.04.2011 14:04:45                     0,00 KB ar-SA
-a---                 06.08.2012 18:59:32                   535,78 KB AsCDProc.log
-a---                 07.07.2012 14:39:58                    66,35 KB AsChkDev.txt
-----                 30.04.2012 10:03:31                     0,02 KB AsDCDVer.txt
-a---                 06.08.2012 18:59:32                 4.217,78 KB AsDebug.log
-a---                 24.02.2012 02:33:34                    82,76 KB AsFac.log
(…)
```

Add-Member wird häufig zum Testen und als Prototyper verwendet, und auch hier offenbart das Ergebnis noch einige Defizite: Ordner zeigen jetzt eine Größe von *0,00 KB* an, denn sie erhalten genau wie Dateien die neue Eigenschaft *LengthKB*, obwohl sie keine Eigenschaft *Length* besitzen. Wenn Sie das Ergebnis an *Out-GridView* weiterleiten, ist zudem die Spalte *LengthKB* leer. Offenkundig kommt dieses Cmdlet nicht mit dem Konflikt zwischen Datentyp und Darstellung zurecht.

Auch sonst ist es nicht immer trivial, stabile und sichere Erweiterungen herzustellen. Falls Sie beispielsweise nicht eine neue Eigenschaft namens *LengthKB* anfügen, sondern sich dazu entschließen, die bestehende Eigenschaft *Length* zu ändern, nimmt PowerShell das zwar hin, stürzt danach aber umgehend ab:

```
Get-ChildItem -Path $env:windir -File |
    Add-Member -MemberType ScriptProperty -Name Length -Value {
        $this.Length | Add-Member -MemberType ScriptMethod -Name ToString -Value { '{0:n2} KB'
-f ($this/1KB) } -Force -PassThru
    } -Force -PassThru
```

Wenn Sie nämlich diejenige Eigenschaft überschreiben, auf die Sie intern in Ihrer ScriptMethod zugreifen, produzieren Sie eine Endlosschleife, denn wenn Ihre *ScriptMethod* die Eigenschaft *Length* ausliest, ruft sie sich jetzt immer wieder selbst auf. Ohnehin ist es keine gute Idee, vorhandene Eigenschaften zu überschreiben, weil das zu Inkonsistenzen führt: Dort, wo die Erweiterung vorhanden ist, liefern dann dieselben Aktionen andere Resultate als anderswo.

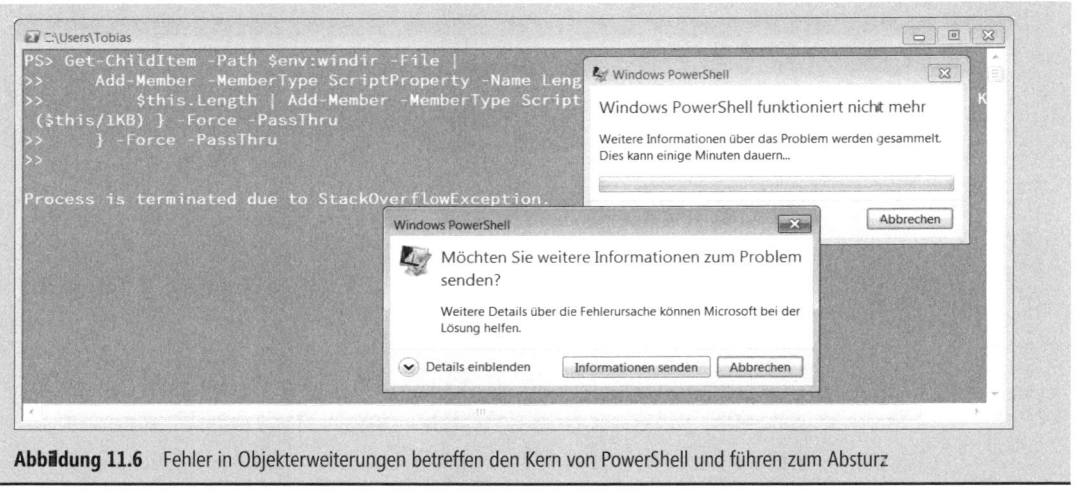

Abbildung 11.6   Fehler in Objekterweiterungen betreffen den Kern von PowerShell und führen zum Absturz

Membertypen für den internen Gebrauch

Einige Erweiterungstypen werden von PowerShell für interne Zwecke benötigt. Sie können diese Membertypen zwar ignorieren, wenn Sie gerade in Zeitnot sind. Allerdings verstehen Sie deutlich besser, wie PowerShell eigentlich funktioniert, wenn Sie noch einen Moment am Ball bleiben.

PropertySet: Gruppen von Eigenschaften

PropertySet-Erweiterungen sind Gruppen von Eigenschaften. Möchte man beispielsweise von bestimmten Objekten für gewisse Fragestellungen immer wieder genau dieselben Eigenschaften abrufen, braucht man sie nicht jedes Mal einzeln anzugeben. Stattdessen erweitert man den Objekttyp um ein neues *PropertySet*, in dem dann die gewünschten Eigenschaften zusammengefasst sind. *Process*-Objekte verfügen zum Beispiel über zwei vordefinierte PropertySets:

```
PS> Get-Process | Get-Member -MemberType PropertySet

    TypeName: System.Diagnostics.Process

Name            MemberType  Definition
----            ----------  ----------
PSConfiguration PropertySet PSConfiguration {Name, Id, PriorityClass, Fil...
PSResources     PropertySet PSResources {Name, Id, Handlecount, WorkingSe...
```

Sie können Prozesslisten also gezielt nach den Fragestellungen »Konfiguration« und »Ressourcenlast« abrufen. Ein und derselbe Befehl (*Get-Process* in diesem Fall) liefert so ganz unterschiedliche Ergebnisse:

```
# Standard-Eigenschaften anzeigen:
PS> Get-Process | Select-Object -First 5
```

```
Handles  NPM(K)    PM(K)     WS(K) VM(M)   CPU(s)     Id ProcessName
-------  ------    -----     ----- -----   ------     -- -----------
     95      14     2848      3252    59     6,01   5724 ACEngSvr
    108      11     2368      2768    75     3,63   7048 ACMON
    281      29    56792      3624   229    86,21    924 AcroRd32
    291      20     6668      1800   101     0,61   6896 AcroRd32
     39       6     1868       340    55     0,05   8096 ADDEL

# Eigenschaften für Fragestellung "Konfiguration" abrufen:
PS> Get-Process | Select-Object -Property PSConfiguration -First 5

Name                            Id   PriorityClass FileVersion
----                            --   ------------- -----------
ACEngSvr                      5724          Normal 1, 0, 0, 4
ACMON                         7048          Normal 1, 0, 9, 0
AcroRd32                       924          Normal 10.1.4.38
AcroRd32                      6896          Normal 10.1.4.38
ADDEL                         8096

# Eigenschaften für Fragestellung "Ressourcen-Einsatz" abrufen:
PS> Get-Process | Select-Object -Property PSResources -First 5

Name              : ACEngSvr
Id                : 5724
HandleCount       : 95
WorkingSet        : 3330048
PagedMemorySize   : 2916352
PrivateMemorySize : 2916352
VirtualMemorySize : 61751296
TotalProcessorTime : 00:00:06.0060385

Name              : ACMON
Id                : 7048
HandleCount       : 108
WorkingSet        : 2834432
PagedMemorySize   : 2424832
PrivateMemorySize : 2424832
VirtualMemorySize : 78458880
TotalProcessorTime : 00:00:03.6348233

Name              : AcroRd32
Id                : 924
(...)
```

MemberSet: Wie soll PowerShell das Objekt behandeln?

Ein *MemberSet* wird ausschließlich für interne Zwecke eingesetzt und legt fest, wie PowerShell mit den Membern eines Objekts umgehen soll. Hier wird zum Beispiel bestimmt, welche Eigenschaften von PowerShell als Vorgabe angezeigt werden:

```
PS> Get-Process -ID $pid | Format-List

Id      : 11724
Handles : 492
CPU     : 15,9433022
```

```
Name     : powershell
```

Warum zum Beispiel zeigt *Format-List* ausgerechnet diese Eigenschaften an? Die Antwort liefert das *MemberSet* mit dem Namen *PSStandardMembers*, das allerdings normalerweise versteckt ist und deshalb nur gezeigt wird, wenn Sie auf den Tisch hauen und *-Force* sagen:

```
PS> Get-Process -ID $pid | Get-Member PSStandardMembers

PS> Get-Process -ID $pid | Get-Member PSStandardMembers -Force


   TypeName: System.Diagnostics.Process

Name              MemberType Definition
----              ---------- ----------
PSStandardMembers MemberSet  PSStandardMembers {DefaultDisplayPropertySet}
```

In diesem *MemberSet* ist in der Eigenschaft *DefaultDisplayPropertySet* hinterlegt, welches die Standardeigenschaften sind, die PowerShell dann anzeigt, wenn nicht anderweitig bestimmt wird, welche Eigenschaften anzuzeigen sind:

```
PS> (Get-Process -ID $pid).PSStandardMembers.DefaultDisplayPropertySet

ReferencedPropertyNames : {Id, Handles, CPU, Name}
MemberType              : PropertySet
Value                   : DefaultDisplayPropertySet {Id, Handles, CPU, Name}
TypeNameOfValue         : System.Management.Automation.PSPropertySet
Name                    : DefaultDisplayPropertySet
IsInstance              : False

PS> (Get-Process -ID $pid).PSStandardMembers.DefaultDisplayPropertySet.ReferencedPropertyNames
Id
Handles
CPU
Name
```

PROFITIPP   Was die Frage aufwirft, wieso *Get-Process* ganz andere Eigenschaften liefert, wenn anstelle von *Format-List* das Cmdlet *Format-Table* verwendet wird – oder gar keins. Die Liste der Eigenschaften im *MemberSet* wird nur verwendet, wenn *nicht anderweitig* die gewünschten Eigenschaften angegeben sind. Muss PowerShell ein Objekt in Text umwandeln, geht es so vor:

- **Objekttyp bestimmt Formatierung**   PowerShell ermittelt zuerst den Typ des Objekts. Alle Objekte desselben Typs werden von PowerShell auf dieselbe Weise formatiert.

- **Interne Format-»Datenbank« bestimmt Standardformatierung**   Danach schlägt PowerShell in seinen *.format.ps1xml*-Dateien nach, ob für diesen Objekttyp eine eigene *View* definiert ist. Die Standardformatdateien liegen im Ordner *$PSHOME*, tragen die Erweiterung *.format.ps1xml* und enthalten XML. Ihr Aufbau ist relativ kompliziert. Diese Formatinformationen können von Modulen erweitert werden.

  Die aktuelle Liste aller geladenen Formatdateien liefert diese Zeile:

```
PS> $Host.Runspace.InitialSessionState.Formats | Select-Object -ExpandProperty FileName
C:\Windows\System32\WindowsPowerShell\v1.0\Certificate.format.ps1xml
C:\Windows\System32\WindowsPowerShell\v1.0\DotNetTypes.format.ps1xml
C:\Windows\System32\WindowsPowerShell\v1.0\FileSystem.format.ps1xml
C:\Windows\System32\WindowsPowerShell\v1.0\Help.format.ps1xml
```

```
C:\Windows\System32\WindowsPowerShell\v1.0\HelpV3.format.ps1xml
C:\Windows\System32\WindowsPowerShell\v1.0\PowerShellCore.format.ps1xml
C:\Windows\System32\WindowsPowerShell\v1.0\PowerShellTrace.format.ps1xml
C:\Windows\System32\WindowsPowerShell\v1.0\Registry.format.ps1xml
C:\Windows\system32\WindowsPowerShell\v1.0\WSMan.format.ps1xml
```

- *DefaultDisplayPropertySet* **wird nur bei Bedarf konsultiert**   Nur wenn für die gewünschte Anzeige in keiner der *.format.ps1xml*-Dateien eine Anweisung gefunden wurde, schaut PowerShell, ob das Objekt über ein *MemberSet* namens *DefaultDisplayPropertySet* verfügt. Falls ja, werden die darin genannten Eigenschaften angezeigt. Allerdings wird bei Tabellendarstellung die Spaltenbreite jetzt nicht mehr vorgegeben, weswegen die Spalten gleichmäßig über die Breite verteilt werden müssen.

- **Standardverhalten**   Ist auch kein *MemberSet* vorhanden, zeigt PowerShell sämtliche Objekteigenschaften an. Bei vier oder weniger erscheint eine Tabelle, sonst eine Liste. Bei der Tabellendarstellung werden die Spalten gleichmäßig über die Breite verteilt.

In den *.format.ps1xml*-Dateien von PowerShell ist für Objekte vom Typ *System.Diagnostics.Process* hinterlegt, dass die Standardanzeige (*Default View*) ein *TableControl* sein soll. Hier steht auch, welche Spalten dann unter welchem Namen in der Tabelle angezeigt werden und wie breit sie sein sollen.

Setzen Sie also keinen besonderen *Format*-Befehl ein, verwendet PowerShell diese Angaben und produziert eine Tabelle. Wünschen Sie ausdrücklich mit *Format-Table* eine Tabelle, ist das ebenfalls kompatibel zur Standardanzeige, die ja eine Tabelle wünscht. *Format-List* hingegen hat keine Standardanzeige. Deshalb nutzt PowerShell in diesem Fall als absolut letzte Möglichkeit den Inhalt des MemberSets.

Was es genau mit den *.format.ps1xml*-Dateien auf sich hat und wie Sie eigene zusätzliche Views definieren, lesen Sie in Kapitel 20. So können Sie nämlich PowerShell beibringen, wie Ihre eigenen Objekttypen formatiert und angezeigt werden sollen. Das allerdings funktioniert nur, wenn Sie Ihre Funktionen in einem Modul verpacken.

Ohne Modul und *.format.ps1xml*-Dateien geht es aber auch, wie Sie gerade erfahren haben. Deshalb lesen Sie in Kapitel 17, wie Sie die Formatierung und Darstellung der Ergebnisse Ihrer Funktionen auch mit einem selbstgemachten *MemberSet* festlegen können.

MemberSets definieren nicht nur die Standardeigenschaften eines Objekts. Sie legen zum Beispiel auch fest, wie Objekte serialisiert werden (also welche Eigenschaften auf welche Weise bis zu welcher Verschachtelungstiefe in XML gespeichert werden). Dies allerdings soll hier nicht weiter vertieft werden.

CodeProperty: Statische Methoden aufrufen

Eine *CodeProperty* ruft eine statische Methode eines .NET-Typs auf, um den Inhalt der Eigenschaft zu liefern. Das ist zwar eine tolle Sache, aber vielleicht doch erst nach Lektüre der nächsten beiden Kapitel. Eventuell sollten Sie danach noch einmal an diese Stelle zurückkehren. Bevor geklärt wird, was eine *CodeProperty* ist und wie sie funktioniert, soll zuerst ein Praxisbeispiel bei Ihnen für eine positive Grundstimmung sorgen. Es liefert nämlich sehr nützliche Ergebnisse, die – wie sich herausstellen wird – nur dank CodeProperties möglich waren. Haben Sie es eilig, dürfen Sie den Inhalt des Kastens aber auch überlesen.

Hier eine typische Fragestellung: »*Wer hat alles Berechtigungen auf bestimmte Ordner oder Dateien?*« Das soll mit *Get-Acl* herausgefunden werden, und Ihr zunehmendes Objektverständnis hilft enorm dabei:

```
PS> $zugang = Get-Acl -Path c:\windows
PS> $zugang


    Verzeichnis: C:\


Path                     Owner                    Access
----                     -----                    ------
windows                  NT SERVICE\TrustedInst... ERSTELLER-BESITZER Al...
```

Die notwendigen Details sehen Sie allerdings erst, wenn Sie sich alle Eigenschaften des Objekts anzeigen lassen:

```
PS> $zugang | Select-Object -Property *

PSPath                 : Microsoft.PowerShell.Core\FileSystem::C:\windows
PSParentPath           : Microsoft.PowerShell.Core\FileSystem::C:\
PSChildName            : windows
PSDrive                : C
PSProvider             : Microsoft.PowerShell.Core\FileSystem
CentralAccessPolicyId  :
CentralAccessPolicyName :
AccessToString         : ERSTELLER-BESITZER Allow  268435456
                         NT-AUTORITÄT\SYSTEM Allow  268435456
                         NT-AUTORITÄT\SYSTEM Allow  Modify, Synchronize
                         VORDEFINIERT\Administratoren Allow  268435456
                         VORDEFINIERT\Administratoren Allow  Modify,
                         Synchronize
                         VORDEFINIERT\Benutzer Allow  -1610612736
                         VORDEFINIERT\Benutzer Allow  ReadAndExecute,
                         Synchronize
                         NT SERVICE\TrustedInstaller Allow  268435456
                         NT SERVICE\TrustedInstaller Allow  FullControl
AuditToString          :
Path                   : Microsoft.PowerShell.Core\FileSystem::C:\windows
Owner                  : NT SERVICE\TrustedInstaller
Group                  : NT SERVICE\TrustedInstaller
Access                 : {System.Security.AccessControl.FileSystemAccessRul
                         e, System.Security.AccessControl.FileSystemAccessR
                         ule, System.Security.AccessControl.FileSystemAcces
                         sRule, System.Security.AccessControl.FileSystemAcc
                         essRule...}
Sddl                   : O:S-1-5-80-956008885-3418522649-1831038044-1853292
                         631-2271478464G:S-1-5-80-956008885-3418522649-1831
                         038044-1853292631-2271478464D:PAI(A;OICIIO;GA;;;CO
                         )(A;OICIIO;GA;;;SY)(A;;0x1301bf;;;SY)(A;OICIIO;GA;
                         ;;BA)(A;;0x1301bf;;;BA)(A;OICIIO;GXGR;;;BU)(A;;0x1
                         200a9;;;BU)(A;CIIO;GA;;;S-1-5-80-956008885-3418522
                         649-1831038044-1853292631-2271478464)(A;;FA;;;S-1-
                         5-80-956008885-3418522649-1831038044-1853292631-22
                         71478464)
AccessRightType        : System.Security.AccessControl.FileSystemRights
AccessRuleType         : System.Security.AccessControl.FileSystemAccessRule
(...)
```

TIPP Vielleicht genügen Ihnen auch schon die Standardinformationen, solange sie nicht von PowerShell abgeschnitten und verstümmelt werden. Leiten Sie das Ergebnis einfach weiter an *Out-GridView*, um alle Informationen ungekürzt zu sehen. Die folgende Zeile zeigt die Berechtigungsinformationen für alle Ordner innerhalb des Windows-Ordners an:

```
PS> Get-ChildItem -Path $env:windir | Get-Acl | Out-GridView
```

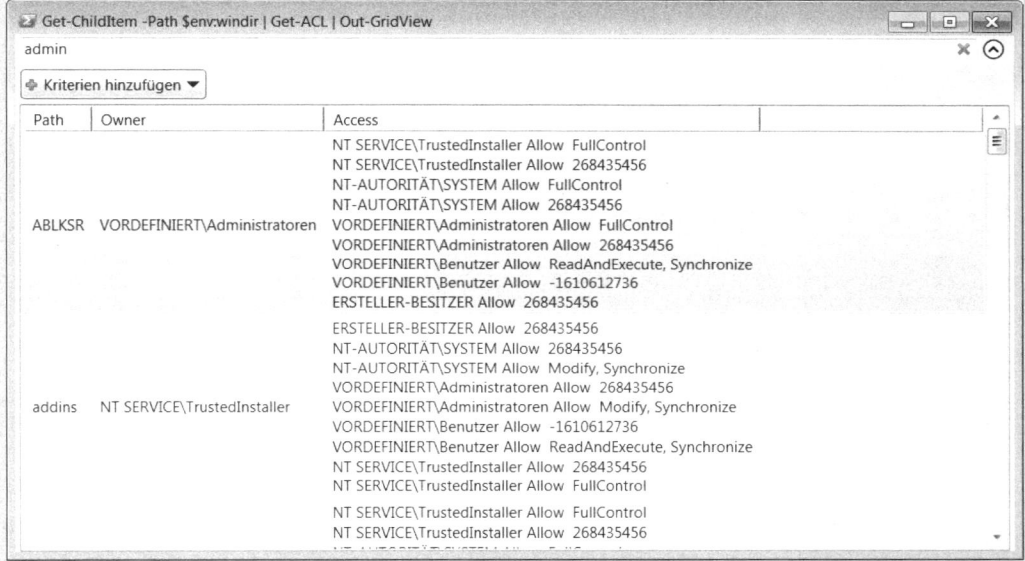

Abbildung 11.7 Alle Berechtigungen der Unterordner im Windows-Ordner anzeigen

Allerdings können Sie in dieser Darstellung nicht nach einzelnen Benutzern filtern, sodass der Zugang zu den Objekteigenschaften vielleicht doch eine gute Idee ist.

Die Sicherheitsinformationen stecken in den Eigenschaften *AccessToString* (als bequeme Textdarstellung), *Access* (als detailreiche Unterobjekte) und *Sddl* (als formalisierter Berechtigungs-String), je nachdem, in welcher Form Sie die Informationen gerade gebrauchen können:

```
PS> $zugang.AccessToString
ERSTELLER-BESITZER Allow  268435456
NT-AUTORITÄT\SYSTEM Allow  268435456
NT-AUTORITÄT\SYSTEM Allow  Modify, Synchronize
VORDEFINIERT\Administratoren Allow  268435456
VORDEFINIERT\Administratoren Allow  Modify, Synchronize
VORDEFINIERT\Benutzer Allow  -1610612736
VORDEFINIERT\Benutzer Allow  ReadAndExecute, Synchronize
NT SERVICE\TrustedInstaller Allow  268435456
NT SERVICE\TrustedInstaller Allow  FullControl

PS> $zugang.Access
```

```
FileSystemRights   : 268435456
AccessControlType  : Allow
IdentityReference  : ERSTELLER-BESITZER
IsInherited        : False
InheritanceFlags   : ContainerInherit, ObjectInherit
PropagationFlags   : InheritOnly

FileSystemRights   : 268435456
AccessControlType  : Allow
IdentityReference  : NT-AUTORITÄT\SYSTEM
IsInherited        : False
InheritanceFlags   : ContainerInherit, ObjectInherit
PropagationFlags   : InheritOnly

FileSystemRights   : Modify, Synchronize
(…)

PS> $zugang.Sddl
O:S-1-5-80-956008885-3418522649-1831038044-1853292631-2271478464G:S-1-5-80-956008885-
3413522649-1831038044-1853292631-
2271478464D:PAI(A;OICIIO;GA;;;CO)(A;OICIIO;GA;;;SY)(A;;0x1301bf;;;SY)(A;OICIIO;GA;;;BA)(A;;0x1
301bf;;;BA)(A;OICIIO;GXGR;;;BU)(A;;0x1200a9;;;BU)(A;CIIO;GA;;;S-1-5-80-956008885-3418522649-
1831038044-1853292631-2271478464)(A;;FA;;;S-1-5-80-956008885-3418522649-1831038044-1853292631-
2271478464)
```

Welche Darstellung für Sie besser ist, hängt vom Fall ab, aber wie immer sind die von *Access* gelieferten Objekte am flexibelsten. Damit könnten Sie eine Funktion namens *Get-NTFSPermission*
schreiben, die künftig die NTFS-Berechtigungen für beliebige Ordner und Dateien analysiert. *Get-
NTFSPermission* ist ein vollständiges Script-Cmdlet und verpackt die Low-Level-Zugriffe genauso
wie echte Cmdlets. Die Funktion ist ausführlich kommentiert, sodass Sie die Prinzipien sicher
nachvollziehen können. Was genau innerhalb der Funktion geschieht, ist aber nicht Gegenstand
dieses Kapitels, sondern wird in Teil D dieses Buchs ausführlich besprochen.

```
function Get-NTFSPermission
{
  param
  (
    [Parameter(ValueFromPipeline=$true,ValueFromPipelineByPropertyName=$true,Mandatory=$true)]
    [String[]]
    # …und auch in Objekten, die die Eigenschaft "FullName" oder "Path" besitzen
    # (also zum Beispiel Ergebnisse von Get-ChildItem)
    [Alias('FullName')]
    $Path
  )

  # der process-Block wird für jedes empfangene Pipeline-Element wiederholt:

  Process
  {
    # falls mehrere Pfade kommasepariert angegeben wurden, einzeln bearbeiten:
    $Path | ForEach-Object {
      # Pfad merken für später
      $currentPath = $_
      # NTFS-Berechtigungen lesen
      # das kann zu terminierenden Fehlern führen (bei fehlenden Berechtigungen)
      # daher ist dieser Teil in einen try-Block gestellt (siehe "Fehlerhandler")
      try
```

```
        {
            $ACL = Get-Acl -Path $currentPath

            # Access Control Entries einzeln bearbeiten und für jeden davon ein
            # Ergebnisobjekt liefern:
            $ACL.Access | ForEach-Object {
                # Ergebnisobjekt setzt sich zusammen aus VORHANDENEN und NEUEN Eigenschaften
                # Neue Eigenschaften sind "Path", "Identity", "Right" und "Type", denn diese waren
                # vorher nicht vorhanden. Alle bestehenden Eigenschaften, die "Inheri" enthalten,
                # werden übernommen:
                $Result = $_ | Select-Object -Property Path, Identity, Right, Type,  *Inheri*
                # "Path" wird der aktuelle Pfad zugewiesen. Diese Information fehlte in ACL-Objekten
                # bisher:
                $Result.Path = $currentPath
                # den übrigen neuen Eigenschaften werden die unveränderten alten Eigenschaften
                # zugewiesen.
                # dies geschieht nur, um den Eigenschaften bessere (schönere, verständlicherer) Namen
                # zu geben:
                $Result.Identity = $_.IdentityReference
                $Result.Type = $_.AccessControlType
                $Result.Right = $_.FileSystemRights
                # danach wird das Ergebnisobjekt zurückgeliefert:
                $Result
            }
        }
        catch
        {
            Write-Warning "Kein Zugriff auf $currentPath. Fehler: '$_'"
        }
    }
  }
}
```

Listing 11.6   Das Skript *Get-NTFSPermission.ps1*

Sie können *Get-NTFSPermission* nun genauso einfach verwenden wie Cmdlets. Die nächste Zeile generiert zum Beispiel einen NTFS-Report für die Dateien und Ordner im Windows-Ordner:

```
# Alle NTFS-Rechte aller Dateien und Ordner im Windows-Ordner
Get-ChildItem -Path $env:windir |
Get-NTFSPermission |
Out-GridView
```

TIPP   Was im Report steht, bestimmen Sie: Fügen Sie zu *Get-ChildItem* den Parameter *-Recurse* hinzu, dann werden auch alle Unterordner berücksichtigt. Und wenn Sie nach bestimmten Dateierweiterungen suchen, werden eben diese analysiert. *Get-NTFSPermission* ist es egal, welche und wie viele Dateien oder Ordner Sie der Funktion liefern.

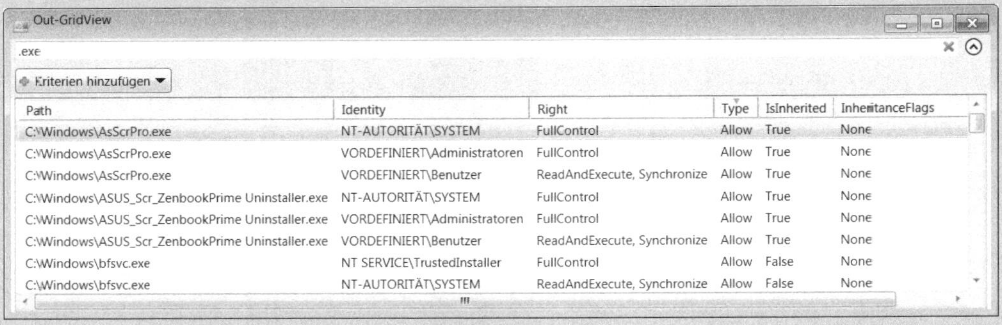

Abbildung 11.8   Im GridView werden die einzelnen Berechtigungen angezeigt und lassen sich sogar filtern

Wenn Sie Abbildung 11.8 mit Abbildung 11.7 vergleichen, werden Sie sicher zustimmen, dass sich der Aufwand gelohnt hat. Durch den direkten Objektzugriff listet der Report jetzt die Berechtigungen als Einzeleinträge mit sehr viel verständlicheren Eigenschaftennamen auf.

Im GridView könnten Sie nun bereits spannende Sicherheitsanalysen fahren: welche Personen haben eigentlich Zugriff auf welche Dateien (und warum?). Geben Sie dazu lediglich Stichworte oben ins Textfeld des GridViews ein. In Abbildung 11.8 werden so beispielsweise nur Dateien mit der Erweiterung *.exe* angezeigt.

Der neue Befehl *Get-NTFSPermission* basiert hauptsächlich auf dem Cmdlet *Get-Acl*, aber die wahren Sicherheitsinformationen lieferten die Eigenschaften *Access* und *Sddl*. Wie sich herausstellt, gibt *Get-Acl* ein Objekt vom Typ *System.Security.AccessControl.DirectorySecurity* zurück, und die genutzten Eigenschaften sind in diesem Objekt eigentlich gar nicht vorhanden. Sie wurden von PowerShell als CodeProperties hinzugefügt:

```
PS> Get-Acl -Path $env:windir | Get-Member -MemberType CodeProperty


   TypeName: System.Security.AccessControl.DirectorySecurity

Name                    MemberType   Definition
----                    ----------   ----------
Access                  CodeProperty System.Security.AccessControl.Author...
CentralAccessPolicyId   CodeProperty System.Security.Principal.SecurityId...
CentralAccessPolicyName CodeProperty System.String CentralAccessPolicyNam...
Group                   CodeProperty System.String Group{get=GetGroup;}
Owner                   CodeProperty System.String Owner{get=GetOwner;}
Path                    CodeProperty System.String Path{get=GetPath;}
Sddl                    CodeProperty System.String Sddl{get=GetSddl;}
```

Welchen Code PowerShell tatsächlich ausführt, wenn Sie die Eigenschaften *Access* oder *Sddl* (oder eine der anderen CodeProperties) abrufen, verrät die Spalte *Definition* indes nicht. Sie müssten den Quellcode dort suchen, wo er dem Objekt hinzugefügt wird, nämlich in einer der Typdateien. Die folgende Zeile listet alle geladenen Typdateien auf:

```
PS> $Host.Runspace.InitialSessionState.Types | Select-Object -ExpandProperty FileName
C:\Windows\System32\WindowsPowerShell\v1.0\types.ps1xml
```

`C:\Windows\System32\WindowsPowerShell\v1.0\typesv3.ps1xml`

In einer der beiden Dateien müssen die CodeProperties definiert worden sein. Wer sich tatsächlich auf die Suche darin begibt, findet diesen Abschnitt in der Datei *types.ps1xml*:

```xml
<Type>
  <Name>System.Security.AccessControl.ObjectSecurity</Name>
    <Members>
      <CodeProperty>
        <Name>Path</Name>
        <GetCodeReference>
          <TypeName>Microsoft.PowerShell.Commands.SecurityDescriptorCommandsBase</TypeName>
          <MethodName>GetPath</MethodName>
        </GetCodeReference>
      </CodeProperty>
      <CodeProperty>
        <Name>Owner</Name>
        <GetCodeReference>
          <TypeName>Microsoft.PowerShell.Commands.SecurityDescriptorCommandsBase</TypeName>
          <MethodName>GetOwner</MethodName>
        </GetCodeReference>
      </CodeProperty>
      <CodeProperty>
        <Name>Group</Name>
        <GetCodeReference>
          <TypeName>Microsoft.PowerShell.Commands.SecurityDescriptorCommandsBase</TypeName>
          <MethodName>GetGroup</MethodName>
        </GetCodeReference>
      </CodeProperty>
      <CodeProperty>
        <Name>Access</Name>
        <GetCodeReference>
          <TypeName>Microsoft.PowerShell.Commands.SecurityDescriptorCommandsBase</TypeName>
          <MethodName>GetAccess</MethodName>
        </GetCodeReference>
      </CodeProperty>
      <CodeProperty>
        <Name>Sddl</Name>
        <GetCodeReference>
          <TypeName>Microsoft.PowerShell.Commands.SecurityDescriptorCommandsBase</TypeName>
          <MethodName>GetSddl</MethodName>
        </GetCodeReference>
      </CodeProperty>
      (…)
</Members>
</Type>
```

Und so wird der Codeabschnitt gelesen: Wenn die Eigenschaft *Access* eines Objekts vom Typ *System.Security.AccessControl.ObjectSecurity* aufgerufen wird, dann soll die statische Methode *GetAccess()* aus dem Typ *Microsoft.PowerShell.Commands.SecurityDescriptorCommandsBase* aufgerufen werden. Technisch wird also jedes Mal, wenn Sie die Eigenschaft *Access* abrufen, in Wirklichkeit die statische Methode *GetAccess()* zum Aufruf gebracht:

```
PS> $ntfs = Get-Acl -Path $env:windir

# CodeProperty aufrufen:
PS> $el = $ntfs.Access
```

```
# zugrunde liegende statische Methode direkt aufrufen:
PS> $e2 = [Microsoft.PowerShell.Commands.SecurityDescriptorCommandsBase]::GetAccess($ntfs)
```

Der Inhalt von *$e1* und *$e2* ist identisch.

CodeMethod: Abkürzung für statische Methoden

Eine *CodeMethod* ähnelt sehr einer *CodeProperty*: Auch hier werden die Informationen durch den Aufruf einer statischen Methode eines .NET-Typs gewonnen. Der einzige Unterschied ist, dass die *CodeMethod* eben keine Eigenschaft ist, sondern eine Methode. Ein Beispiel liefert dieser Code:

```
PS> $xml = [XML]'<xml><test>Testwert</test></xml>'
PS> $xml.ToString()
#document
```

Das Ergebnis ist wenig spektakulär: Die Methode *ToString()* wandelt ein XML-Objekt in eine Textdarstellung um. Hinter dieser Methode steckt eine *CodeMethod*:

```
PS> $xml | Get-Member -Name ToString


   TypeName: System.Xml.XmlDocument

Name     MemberType Definition
----     ---------- ----------
ToString CodeMethod static string XmlNode(psobject instance)
```

Den Quellcode der Methode *ToString* findet man wie bei den CodeProperties in einer der Typdateien. Und tatsächlich steht in *types.ps1xml* Folgendes:

```
<Type>
    <Name>System.Xml.XmlNode</Name>
    <Members>
    <CodeMethod>
      <Name>ToString</Name>
      <CodeReference>
        <TypeName>Microsoft.PowerShell.ToStringCodeMethods</TypeName>
        <MethodName>XmlNode</MethodName>
      </CodeReference>
      </CodeMethod>
    </Members>
</Type>
```

Und so wird der Codeabschnitt gelesen: Wenn die Methode *ToString()* eines Objekts vom Typ *System.Xml.XmlNode* aufgerufen wird, dann soll die statische Methode *XmlNode()* aus dem Typ *Microsoft.PowerShell.ToStringCodeMethods* aufgerufen werden. Technisch wird also jedes Mal, wenn Sie bei einem XML-Dokument die Methode *ToString()* aufrufen, in Wirklichkeit dieser Code ausgeführt:

```
PS> [Microsoft.PowerShell.ToStringCodeMethods]::XmlNode($xml)
#document
```

Ein paar Dinge sollten Ihnen eigentlich sonderbar vorkommen. Wieso wurde zum Beispiel die Code-Method *ToString()* ohne Argumente aufgerufen, aber die echte zugrunde liegende Methode

XmlNode() verlangte ein XML-Objekt als Argument? Wenn Sie sich die Signatur der Methode anschauen, wird deutlich, was PowerShell unternimmt:

```
PS> [Microsoft.PowerShell.ToStringCodeMethods]::XmlNode

OverloadDefinitions
-------------------
static string XmlNode(psobject instance)
```

Der zugrunde liegenden Originalmethode wird die Instanz übergeben, also das Objekt, dessen Code-Methode aufgerufen wurde. Auch ist der Auszug aus der Typdatei *types.ps1xml* eigentlich für Typen namens *System.Xml.XmlNode* gedacht. Das XML-Objekt im Test ist aber vom Typ *System.Xml.XmlDocument*.

```
PS> $xml.GetType().FullName
System.Xml.XmlDocument
```

Wieso wurde dennoch die Erweiterung für *System.Xml.XmlNode* angefügt? Die Antwort liegt in der versteckten Objekteigenschaft *PSTypeNames*, die es bei jedem Objekt gibt:

```
PS> $xml.PSTypeNames
System.Xml.XmlDocument
System.Xml.XmlNode
System.Object
```

Ein Objekt kann also aus mehreren Erweiterungen zusammengesetzt sein. In diesem Fall ist das XML-Objekt zum einen ein ganz allgemeines *System.Object*. Zum anderen ist es auch ein etwas spezielleres *System.Xml.XmlNode*-Objekt (und erhält dessen Erweiterungen). Schließlich ist es auch ein sehr spezielles *System.Xml.XmlDocument*-Objekt (und würde auch dessen Erweiterungen bekommen, wenn es denn welche gäbe). Auch das deckt sich mit den Erkenntnissen aus dem wahren Leben. Eine Katze würde sich beispielsweise so darstellen:

```
PS> $katze.RealWorldTypeNames
Jürgen
Hauskatze
Wildkatze
Felis
Kleinkatze
Säugetier
Tier
Mehrzeller
Zelle
```

Die Aufzählung erstreckt sich also vom Allgemeinen bis zum Speziellen, obwohl PowerShell bei der Anwendung von Typerweiterungen die Reihenfolge im Ergebnis weitgehend egal ist.

Objekte permanent erweitern

Sie haben bereits gesehen, dass die Erweiterungsmöglichkeiten, die das ETS bietet, auch Ihnen zur Verfügung stehen. Über *Add-Member* lassen sich alle Erweiterungstypen von Hand und einzeln einem konkreten Objekt hinzufügen. Sie wissen inzwischen aber auch, dass die bereits mitgelieferten Erweiterungen von PowerShell durch Typdateien mit der Erweiterung *.ps1xml* automatisch angefügt werden. Während Sie diese mitgelieferten Typdateien besser nicht ändern (es sei denn, Sie wollen das Verhalten vorhandener Erweiterungen ändern und das Risiko von daraus resultierenden Wesensänderungen Ihrer PowerShell ist Ihnen klar), dürfen Sie sehr wohl eigene Dateien anlegen und bei Bedarf (oder im Rahmen der Profilskripts automatisch) nachladen. Der Aufbau einer Typerweiterung ist streng schematisch. Jede Typerweiterung sieht zunächst einmal so aus:

```
<Types>
    <Type>
        <Name>Typ-Name, für die die Erweiterung gilt</Name>
        <Members>
            [Erweiterung]
        </Members>
    </Type>
</Types>
```

Listing 11.7   *Vorlage_TypErweiterung.ps1xml*

Die Typerweiterung binden Sie also über *Name* an einen bestimmten Typnamen. Sie wählen damit aus, für welche Objekttypen die Erweiterung gelten soll. *Get-Member* verrät Ihnen im Zweifelsfall stets hinter *TypeName*, wie der genaue Typname eines Objekts heißt. Im Bereich *Members* werden danach die einzelnen Erweiterungen untereinander aufgeführt. Wie diese Erweiterungen jeweils definiert werden, zeigen die folgenden Vorlagen und Beispiele.

Eine komplette Typerweiterung könnte beispielsweise so aussehen wie in Listing 11.8. Bevor Sie weiterlesen und sich die Vorlage erklären lassen, schauen Sie zuerst selbst darüber und versuchen, die Erweiterung zu verstehen:

```
$Path = "$env:TEMP\autotagger.type.ps1xml"
$erweiterung = @'
<Types>
    <Type>
      <Name>System.Object</Name>
        <Members>
          <ScriptMethod>
            <Name>AddTag</Name>
            <Script>
             Add-Member -InputObject $this -Name $args[0] -value $args[1] -MemberType Noteproperty
-Force
            </Script>
          </ScriptMethod>
        </Members>
    </Type>
</Types>
'@

Set-Content -Value $erweiterung -Path $Path
Update-TypeData -PrependPath $Path
```

Listing 11.8   Typerweiterung *autotagger.type.ps1*

Das Skript definiert eine ETS-Erweiterung, die als *ScriptMethod* namens *AddTag* beliebigen Objekten (Basistyp *System.Object*) hinzugefügt werden soll. Die Methode verarbeitet zwei Argumente: *$args[0]* und *$args[1]*. Das erste Argument soll der Name eines *Tags* sein, also einer an das Objekt angehefteten

Information. Das zweite liefert dessen Inhalt. *Add-Member* fügt die Information dann an das aktuelle Objekt (*$this*) an.

Die Erweiterung wird als Datei gespeichert und dann von *Update-TypeData* ins ETS eingelesen. Danach sind plötzlich ganz erstaunliche neue Dinge möglich:

```
# aktuellen Prozess abrufen:
PS> $process = Get-Process -id $PID

# zwei Zusatzinfos an das Objekt anheften:
PS> $process.AddTag('test', 'mein eigener Prozess')
PS> $process.AddTag('id', 12)

# vorhandene und hinzugefügte Eigenschaften ausgeben:
PS> $process | Select-Object -Property Name, test, id

Name        test                id
----        ----                --
powershell mein eigener Prozess 12
```

Ab PowerShell 3.0 können solche Typerweiterungen auch ohne Umweg über eine Typdatei und ohne kompliziertes XML direkt von *Update-TypeData* geladen werden. Das folgende Skript definiert für alle Objekte eine neue *ScriptMethod* namens *GetHelp()*. Diese ruft intern den Objekttyp ab, generiert dazu die passende Internetadresse bei *MSDN* und ruft die Seite dann in Ihrem Standardbrowser auf:

```
$code = {
    $url = 'http://msdn.microsoft.com/de-de/library/{0}(v=vs.80).aspx' -f $this.GetType().FullName
    Start-Process $url
}

Update-TypeData -MemberType ScriptMethod -MemberName GetHelp -Value $code -TypeName System.Object
```

Listing 11.9   Das Skript *GetHelp.ps1*

Sobald Sie das Skript ausgeführt haben, verfügen alle Objekte über einen neuen Befehl namens *GetHelp()*, über den Sie bald bestens gelaunt die zugehörige Hilfe abrufen – so lange jedenfalls, bis Microsoft die Internetadressen für diese Hilfeseiten wieder einmal anpasst:

```
PS> $datum = Get-Date
PS> $datum.GetHelp()
PS> (Get-Date).GetHelp()
```

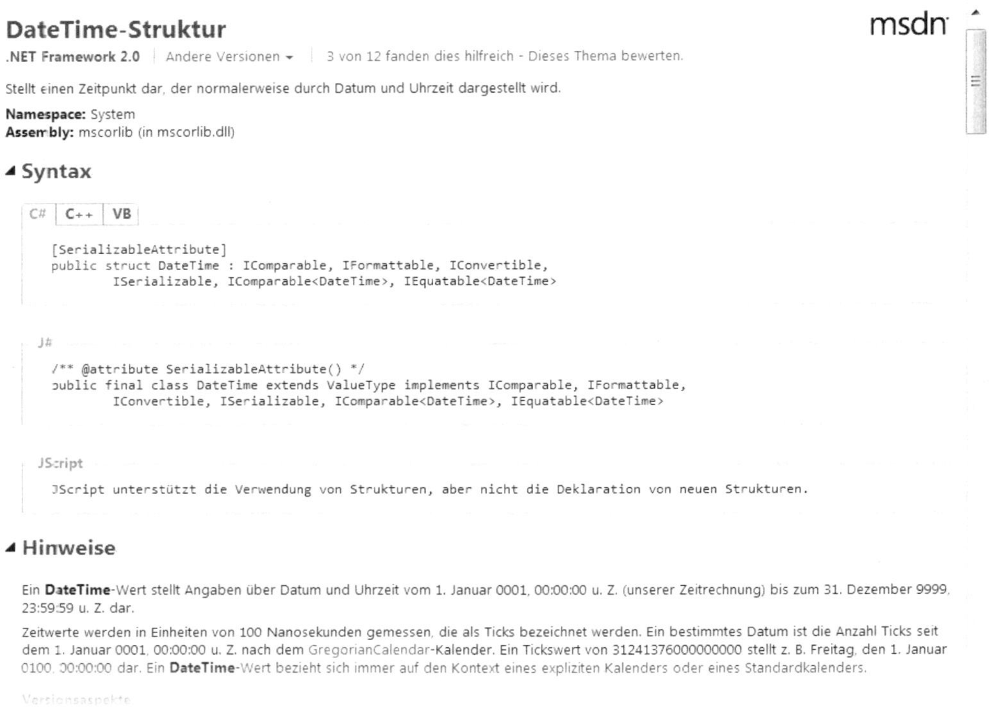

DateTime-Struktur

msdn

.NET Framework 2.0 | Andere Versionen ▾ | 3 von 12 fanden dies hilfreich - Dieses Thema bewerten.

Stellt einen Zeitpunkt dar, der normalerweise durch Datum und Uhrzeit dargestellt wird.

Namespace: System
Assembly: mscorlib (in mscorlib.dll)

▲ Syntax

| C# | C++ | VB |

```
[SerializableAttribute]
public struct DateTime : IComparable, IFormattable, IConvertible,
        ISerializable, IComparable<DateTime>, IEquatable<DateTime>
```

```
J#
/** @attribute SerializableAttribute() */
public final class DateTime extends ValueType implements IComparable, IFormattable,
        IConvertible, ISerializable, IComparable<DateTime>, IEquatable<DateTime>
```

```
JScript
JScript unterstützt die Verwendung von Strukturen, aber nicht die Deklaration von neuen Strukturen.
```

▲ Hinweise

Ein **DateTime**-Wert stellt Angaben über Datum und Uhrzeit vom 1. Januar 0001, 00:00:00 u. Z. (unserer Zeitrechnung) bis zum 31. Dezember 9999, 23:59:59 u. Z. dar.

Zeitwerte werden in Einheiten von 100 Nanosekunden gemessen, die als Ticks bezeichnet werden. Ein bestimmtes Datum ist die Anzahl Ticks seit dem 1. Januar 0001, 00:00:00 u. Z. nach dem GregorianCalendar-Kalender. Ein Tickswert von 31241376000000000 stellt z. B. Freitag, den 1. Januar 0100, 00:00:00 dar. Ein **DateTime**-Wert bezieht sich immer auf den Kontext eines expliziten Kalenders oder eines Standardkalenders.

Versionsaspekte

Abbildung 11.9   Künftig ruft *GetHelp()* für alle Objekte automatisch die Hilfe im Internet ab

Es ist schon erstaunlich, was die Befehlserweiterung mit so wenig Code leistet. Sie ist deshalb allerdings auch ein wenig eingeschränkt:

- **Arrays**   liefert die Hilfe zum zugrunde liegenden Array-Datentyp, aber nicht die des Inhalts

- **WMI**   liefert keine Hilfe zu WMI-Objekten, weil bei diesen hinter dem Typname der Name der WMI-Klasse steht

Aber natürlich steht einer Überarbeitung nichts im Wege. Die Objekterweiterung, die hier genutzt werden soll, kennt diese Einschränkungen nicht und liefert auch Informationen zu WMI-Objekten. Das allerdings ist nicht leicht, weil die Internetadressen dafür leider nicht so »sprechend« sind wie die für .NET-Typen. Daher musste zuerst mit *Get-WMIHelpLocation* ein kreativer »Übersetzungsbefehl« gebastelt werden, der WMI-Klassennamen in die zugehörige Internetadresse umwandelt:

```
function Get-WMIHelpLocation
{
  param ($WMIClassName)

  $uri = 'http://www.bing.com/search?q={0}+site:msdn.microsoft.com' -f $WMIClassName
  (Invoke-WebRequest -Uri $uri -UseBasicParsing).Links |
  Where-Object href -Like 'http://msdn.microsoft.com*' |
  Select-Object -ExpandProperty href -First 1
}
```

ACHTUNG Die Funktion *Get-WMIHelpLocation* nutzt das Cmdlet *Invoke-WebRequest*, um online nach Informationen zu suchen. Dieses Cmdlet ist neu in PowerShell 3.0, weswegen diese Lösung nicht in PowerShell 2.0 funktioniert.

Falls Sie keinen direkten Internetzugang zur Verfügung haben, sondern einen Proxyserver einsetzen oder sich anmelden müssen, fügen Sie die entsprechenden Informationen über die Parameter von *Invoke-WebRequest* hinzu.

Get-WMIHelpLocation sendet den Namen der gewünschten WMI-Klasse an eine Suchseite im Internet und wertet dann die zurückgegebenen Links aus. Der erste Link, der von MSDN stammt, wird zurückgeliefert:

```
PS> Get-WMIHelpLocation Win32_BIOS
http://msdn.microsoft.com/en-us/library/windows/desktop/aa394077(v=vs.85).aspx

PS> Get-WMIHelpLocation Win32_LogicalDisk
http://msdn.microsoft.com/en-us/library/windows/desktop/aa394173(v=vs.85).aspx

PS> Get-WMIHelpLocation Win32_Volume
http://msdn.microsoft.com/en-us/library/windows/desktop/aa394515(v=vs.85).aspx

PS> Get-WMIHelpLocation Win32_GibtsNix
PS>
```

Die zugehörige Erweiterung können Sie zum Abschluss dieses Kapitels vielleicht als so etwas wie eine kleine Herausforderung nehmen: Schauen Sie, ob Sie den Code verstehen. Falls nicht, dann machen Sie für heute Schluss und gehen das Kapitel morgen noch einmal genauer durch.

```
$code = {
  function Get-WMIHelpLocation
  {
    param ($WMIClassName)

    $uri = 'http://www.bing.com/search?q={0}+site:msdn.microsoft.com' -f $WMIClassName
    (Invoke-WebRequest -Uri $uri -UseBasicParsing).Links |
    Where-Object href -Like 'http://msdn.microsoft.com*' |
    Select-Object -ExpandProperty href -First 1
  }

  if (-not $args[0])
  {
    $types = $this | Get-Member | Select-Object -ExpandProperty TypeName | Sort-Object -Unique
  }
  else
  {
    $types = Get-Member -InputObject $this | Select-Object -ExpandProperty TypeName | Sort-Object
-Unique
  }

  $types |
  ForEach-Object {
    if ($_ -like '*#root*')
    {
      $WMIClassName = $_.Split('#')[-1].Split('\')[-1]
      Write-Host $WMIClassName
      $url = Get-WMIHelpLocation -WMIClassName $WMIClassName
    }
```

```
    else    {
       $template = 'http://msdn.microsoft.com/de-de/library/{0}(v=vs.80).aspx'
       $url = $template -f $_
    }

    try { Start-Process $url -ErrorAction SilentlyContinue } catch {}
  }
}
```

```
Update-TypeData -MemberType ScriptMethod -MemberName GetHelp -Value $code -TypeName System.Object
-Force
```

Listing 11.10   Das Skript mit der verbesserten Onlinehilfe: *Get-Help2.ps1*

Oder Sie pfeifen einfach auf die Aufgabe, laden das Skript von den Begleitmaterialien und freuen sich
über eine enorm praktische Befehlserweiterung:

```
# karn mit mehreren Ergebnissen umgehen:
PS> (Get-Process).GetHelp()
```

```
# öffnet mehrere Webseiten bei verschiedenen Objekttypen:
PS> (dir $env:windir).GetHelp()
```

```
# kommt mit WMI zurecht:
PS> $os = Get-WmiObject -Class Win32_OperatingSystem
PS> $os.GetHelp()
```

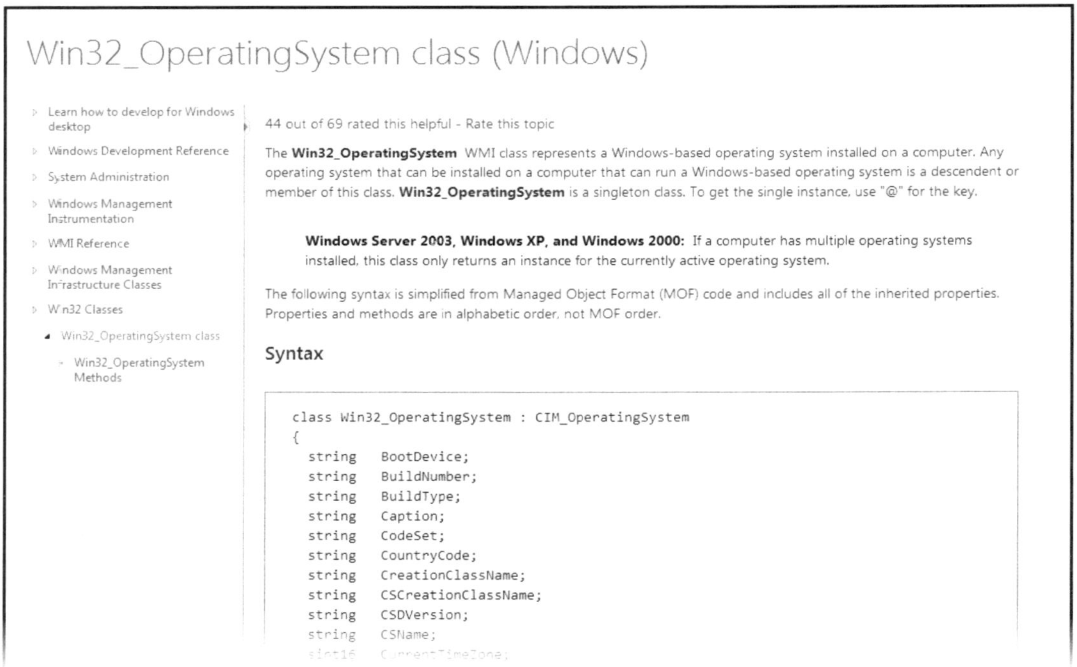

Abbildung 11.10   *GetHelp()* findet die Onlinehilfe zu beliebigen WMI-Objekten

Vorlagen für Typ-Erweiterungsdateien

Wie Sie in PowerShell 3.0 dynamisch neue Objektmember mit *Update-TypeData* für die aktuelle PowerShell-Sitzung anlegen, ist dank der neuen Parameter nicht mehr allzu schwierig. Wer hingegen Typ-Erweiterungen für PowerShell 2.0 herstellen möchte oder aus anderen Gründen lieber *.ps1xml*-Dateien generiert, findet in den nächsten Abschnitten die entsprechenden Vorlagen für die verschiedenen Erweiterungstypen.

AliasProperty

```
<AliasProperty>
  <Name>NameDerEigenschaft</Name>
  <ReferencedMemberName>
    NameDerVorhandenenEigenschaft
  </ReferencedMemberName>
</AliasProperty>
```

NoteProperty

```
<NoteProperty>
  <Name>NameDerEigenschaft</Name>
  <Value>
    Inhalt der Eigenschaft
  </Value>
</NoteProperty>
```

ScriptProperty (nur lesbar):

```
<ScriptProperty>
  <Name>NameDerEigenschaft</Name>
  <GetScriptBlock>
    # wird beim Abruf der Eigenschaft aufgerufen
    # $this ist das Objekt, von dem die Eigenschaft abgerufen wird
  </GetScriptBlock>
</ScriptProperty>
```

ScriptProperty (lesbar und schreibbar):

```
<ScriptProperty>
  <Name>NameDerEigenschaft</Name>
  <GetScriptBlock>
    # wird beim Abruf der Eigenschaft aufgerufen
    # $this ist das Objekt, von dem die Eigenschaft abgerufen wird
  </GetScriptBlock>
  <SetScriptBlock>
    # wird beim Ändern der Eigenschaft aufgerufen
    # $this ist das Objekt, von dem die Eigenschaft abgerufen wird
    # $args sind die Werte, die der Eigenschaft zugewiesen werden
    # $args[0] ist der erste Wert
  </SetScriptBlock>
</ScriptProperty>
```

ScriptMethod

```
<ScriptMethod>
  <Name>NameDerMethode</Name>
  <Script>
    # wird beim Ändern der Eigenschaft aufgerufen
    # $this ist das Objekt, von dem die Eigenschaft abgerufen wird
    # $args sind die Werte, die der Eigenschaft zugewiesen werden
    # $args[0] ist der erste Wert
  </Script>
</ScriptMethod>
```

CodeProperty

```
<CodeProperty>
  <Name>NameDerEigenschaft</Name>
  <GetCodeReference>
    <TypeName>
      VollständigerNameDesVorhandenenTyps
    </TypeName>
    <MethodName>
      NameDerStatischenMethode
    </MethodName>
  </GetCodeReference>
</CodeProperty>
```

CodeMethod

```
<CodeMethod>
  <Name>NameDerMethode</Name>
  <CodeReference>
    <TypeName>
      VollständigerNameDesVorhandenenTyps
    </TypeName>
    <MethodName>
      NameDerStatischenMethode
    </MethodName>
  </CodeReference>
</CodeMethod>
```

PropertySet

```
<Name>NameDesPropertySets</Name>
<ReferencedProperties>
  <Name>NameEinerVorhandenenEigenschaft</Name>
  <Name>NameEinerVorhandenenEigenschaft</Name>
  <Name>NameEinerVorhandenenEigenschaft</Name>
  (...)
</ReferencedProperties>
```

MemberSet

```
<Name>NameDesMemberSets</Name>
<Members>
  [Erweiterung(en)]
</Members>
```

Testen Sie Ihr Wissen!

Auch diesmal finden Sie in diesem Abschnitt eine Reihe von Aufgaben, mit denen Sie Ihr neues Wissen überprüfen können.

Aufgabe   Der Typ eines Objekts lässt sich immer mit der Eigenschaft *PSTypeNames* ermitteln:

```
PS> "Hallo".PSTypeNames
System.String
System.Object
PS> "Hallo" | Get-Member PSType*
```

Sonderbarerweise zeigt *Get-Member* diese Eigenschaft aber gar nicht an. Wieso?

Lösung   *Get-Member* zeigt nur die üblichen Objektmember an, mit denen man im Alltag konfrontiert wird, und versteckt einige andere, damit die Liste der Objektmember nicht ausufert und unübersichtlich wird. Möchten Sie diese Sicherung ausschalten, verwenden Sie den Parameter *-Force*:

```
PS> "Hallo" | Get-Member PSType* -Force


   TypeName: System.String

Name       MemberType   Definition
----       ----------   ----------
pstypenames CodeProperty System.Collections.ObjectModel.Collection`1[[System...
```

Voilà! Schon wird die Eigenschaft *PSTypeNames* sichtbar. Es lohnt sich durchaus, nachzuforschen, welche Objektmember genau von *Get-Member* versteckt werden. Die folgenden Zeilen finden heraus, welche Eigenschaften und Methoden *Get-Member* bei Objekten vom Typ *DateTime* versteckt:

```
PS> $normal = Get-Date | Get-Member
PS> $alle = Get-Date | Get-Member -Force
PS> Compare-Object $normal $alle -Property Name -PassThru


   TypeName: System.DateTime

Name           MemberType   Definition
----           ----------   ----------
pstypenames    CodeProperty System.Collections.ObjectModel.Collection`1[[Sy...
psadapted      MemberSet    psadapted {Date, Day, DayOfWeek, DayOfYear, Hou...
psbase         MemberSet    psbase {Date, Day, DayOfWeek, DayOfYear, Hour, ...
psextended     MemberSet    psextended {DisplayHint, DateTime}
psobject       MemberSet    psobject {Members, Properties, Methods, Immedia...
get_Date       Method       System.DateTime get_Date()
get_Day        Method       int get_Day()
(…)
```

Die Eigenschaft *PSTypeNames* ist eine interne von PowerShell hinzugefügte Information, die man im normalen Alltag nicht benötigt. Sie zeigt, von welchen Typen das Objekt abgeleitet ist.

MemberSet	Beschreibung
PSBase	Das Rohobjekt, bevor es vom PowerShell-ETS bearbeitet wurde. Häufig sind beide Versionen identisch, aber manchmal bietet nur das Rohobjekt Zugriff auf Low-Level-Eigenschaften und -Methoden.
PSAdapted	Das vollständig vom ETS bearbeitete Objekt
PSExtended	Nur die vom ETS hinzugefügten Elemente
PSObject	Der Adapter, der das Objekt repräsentiert

Tabelle 11.2 Spezialansichten für Objekte

Zusammenfassung

PowerShell erstellt keine eigenen Objekte, sondern nutzt (ausschließlich) die Objekte, die .NET Framework bietet. Das interne Extended Type System (ETS) kann diese Objekte jedoch nachträglich erweitern. Die mitgelieferten Erweiterungen stammen aus *.ps1xml*-Typerweiterungsdateien, die im Stammordner von PowerShell lagern. Sie legen fest, welcher Objekttyp mit welchen zusätzlichen Eigenschaften und Methoden ausgerüstet werden soll. Zusätzlich können aber auch weitere solcher Dateien mit *Update-TypeData* oder über ein nachgeladenes Modul aktiv werden. Damit haben auch Sie selbst die Möglichkeit, bestimmte Objekttypen mit neuen Eigenschaften und Methoden auszustatten. Alle diese Erweiterungen gelten jedoch immer nur für die aktuelle PowerShell-Sitzung. Erweiterungen, die ständig benötigt werden, sollten daher über ein Profilskript automatisch beim PowerShell-Start geladen werden.

Mit *Add-Member* kann man Objekterweiterungen auch »von Hand« einem konkreten einzelnen Objekt zuweisen. In PowerShell 3.0 wird auch *Update-TypeData* zu einem nützlichen Testwerkzeug, weil es nun erweiterte Objektmember auch ohne *.ps1xml*-Typdatei allein über seine Parameter erzeugen und einlesen kann.

PowerShell nutzt die erweiterten Objektmember auch für den internen Gebrauch und legt mit sogenannten *MemberSets* fest, wie PowerShell die Objekte behandeln soll. Mit einem *MemberSet* kann man beispielsweise die Standardeigenschaften eines Objekts oder seine Serialisierungstiefe festlegen.

Kapitel 12

Datentypen umwandeln

In diesem Kapitel:

In den letzten beiden Kapiteln haben Sie intensiv mit Objekten gearbeitet. Wie Sie inzwischen wissen, stammt jedes Objekt vom einem bestimmten *Typ* ab. Diese Tatsache hört sich banal an, hat aber große praktische Konsequenzen. Mit Typen kann man nämlich eine Menge unternehmen:

- **Konvertierung**   Sie möchten einen Objekttyp in einen anderen Objekttyp umwandeln. Sie wollen zum Beispiel einen Text in ein echtes Datumsobjekt verwandeln oder eine Gleitkommazahl in einen Ganzzahlwert. Sie könnten auch nur *versuchen*, einen Wert in einen bestimmten Typ umzuwandeln, und schauen, ob das klappt. Das kann die Grundlage von Datenvalidierungen sein: Hat der Anwender wirklich eine Zahl, ein gültiges Datum oder beispielsweise eine IP-Adresse angegeben?

- **Streng typisierte Variablen**   Sie möchten dafür sorgen, dass in einer Variable nur ein bestimmter Datentyp gespeichert werden kann. Natürlich liegt es bei Ihnen, was Sie in einer Variablen unterbringen, aber wenn Sie den Typ einer Variablen festlegen, fallen Tippfehler und andere Probleme sofort auf. Zudem wandelt eine typisierte Variable das, was Sie ihr zuweisen, sofort implizit in den gewünschten Typ um.

- **Neue Objekte**   Bisher stammten alle Objekte, mit denen Sie gearbeitet haben, von Befehlen. Sie können aber auch Objekte direkt anfordern und brauchen dazu nur den gewünschten Typ anzugeben. So kann man sich beispielsweise an fremden Computern anmelden, ohne ein Anmeldedialogfeld ausfüllen zu müssen.

Darüber hinaus können Typen ebenfalls eine Quelle für zusätzliche Informationen und Befehle sein, genau wie Objekte. Dieses Thema wird allerdings erst im nächsten Kapitel beleuchtet.

Den Typ eines Objekts bestimmen

Schon im letzten Kapitel haben Sie den Typ von Objekten bestimmt, aber weil Typen in diesem Kapitel eine Hauptrolle spielen, sollen die verschiedenen Verfahren noch einmal kurz wiederholt werden:

- **Get-Member**   Sie dürfen jedes Objekt an *Get-Member* senden und erfahren dann in der obersten Ergebniszeile hinter *TypeName* den vollständigen Namen des zugrunde liegenden Typs

- **GetType()**   Jedes .NET-Objekt unterstützt diese Methode. Das Ergebnis ist ein Objekt, das den Typ repräsentiert, von dem dieses Objekt abstammt. In seiner Eigenschaft *FullName* steht der vollständige Name des Typs. Zudem verraten viele weitere Eigenschaften zum Beispiel, woher der Typ stammt und über welche DLL-Datei er geladen wurde. *GetType()* liefert nur die zugrunde liegenden Basistypen von .NET Framework, wohingegen *Get-Member* den adaptierten Datentyp meldet. Meist sind beide zwar gleich, aber bei WMI-Objekten beispielsweise meldet *GetType()* für alle Objekte denselben Typ, während *Get-Member* zusätzlich die WMI-Klasse anhängt, von der das Objekt abstammt.

- **PSTypeNames**   Diese (normalerweise versteckte) Eigenschaft gibt es bei ausnahmslos jedem Objekt. Sie liefert ein Array in absteigender Spezifität. Das erste Array-Element ist also normalerweise das spezifischste. Im Gegensatz zu *GetType()* stehen die Informationen von *PSTypeNames* auch bei COM-Objekten zur Verfügung.

Schauen wir uns das Verhalten der drei Varianten an einigen grundverschiedenen Objekten an. Bei .NET-Objekten liefern sie alle denselben Objekttyp:

```
# ein Objekt zum Testen
# Objekt ist aus der Familie der .NET-Objekte:
PS> $test = Get-Date

# Get-Member:
PS> $test | Get-Member | Select-Object -ExpandProperty TypeName -First 1
System.DateTime

# GetType():
PS> $test.GetType().FullName
System.DateTime

# PSTypeNames:
PS> $test.PSTypeNames
System.DateTime
System.ValueType
System.Object

PS> $test.PSTypeNames[0]
System.DateTime
```

Anders verhält sich das bei COM-Objekten. Hier meldet *GetType()* nur den allgemeinen Typ, während *Get-Member* und *PSTypeNames* auch die GUID (Kennzahl) der zugrunde liegenden COM-Typenbibliothek verraten (also das Objekt – wenn auch über Umwege – eindeutig identifizierbar machen):

```
# ein Objekt zum Testen
# Objekt ist aus der Familie der COM-Objekte:
PS> $test = New-Object -ComObject MediaPlayer.MediaPlayer.1

# Get-Member:
PS> $test | Get-Member | Select-Object -ExpandProperty TypeName -First 1
System.__ComObject#{20d4f5e0-5475-11d2-9774-0000f80855e6}

# GetType():
PS> $test.GetType().FullName
System.__ComObject

# PSTypeNames:
PS> $test.PSTypeNames
System.__ComObject#{20d4f5e0-5475-11d2-9774-0000f80855e6}
System.__ComObject
System.MarshalByRefObject
System.Object

PS> $test.PSTypeNames[0]
System.__ComObject#{20d4f5e0-5475-11d2-9774-0000f80855e6}
```

Bei WMI-Objekten, die zum Beispiel von *Get-WmiObject* geliefert werden, sieht das Ergebnis ähnlich aus, solange es sich stets nur um *ein* Objekt handelt:

```
# ein Objekt zum Testen
# Objekt ist aus der Familie der COM-Objekte:
```

```
PS> $test = Get-WmiObject -Class Win32_LogicalDisk | Select-Object -First 1

# Get-Member:
PS> $test | Get-Member | Select-Object -ExpandProperty TypeName -First 1
System.Management.ManagementObject#root\cimv2\Win32_LogicalDisk

# GetType():
PS> $test.GetType().FullName
System.Management.ManagementObject

# PSTypeNames:
PS> $test.PSTypeNames
System.Management.ManagementObject#root\cimv2\Win32_LogicalDisk
System.Management.ManagementObject#root\cimv2\CIM_LogicalDisk
System.Management.ManagementObject#root\cimv2\CIM_StorageExtent
System.Management.ManagementObject#root\cimv2\CIM_LogicalDevice
System.Management.ManagementObject#root\cimv2\CIM_LogicalElement
System.Management.ManagementObject#root\cimv2\CIM_ManagedSystemElement
System.Management.ManagementObject#Win32_LogicalDisk
System.Management.ManagementObject#CIM_LogicalDisk
System.Management.ManagementObject#CIM_StorageExtent
System.Management.ManagementObject#CIM_LogicalDevice
System.Management.ManagementObject#CIM_LogicalElement
System.Management.ManagementObject#CIM_ManagedSystemElement
System.Management.ManagementObject
System.Management.ManagementBaseObject
System.ComponentModel.Component
System.MarshalByRefObject
System.Object

PS> $test.PSTypeNames[0]
System.Management.ManagementObject#root\cimv2\Win32_LogicalDisk
```

Wieder liefern *Get-Member* und *PSTypeNames* die detaillierteren Ergebnisse. Untersuchen Sie dagegen *mehrere* Objekte, unabhängig davon, wer diese liefert, fallen die Ergebnisse unterschiedlich aus:

```
# ein Objekt zum Testen
# Objekt ist ein Array und enthält mehrere WMI-Objekte:
PS> $test = Get-WmiObject -Class Win32_Service

# Get-Member:
PS> $test | Get-Member | Select-Object -ExpandProperty TypeName -First 1
System.Management.ManagementObject#root\cimv2\Win32_Service

# GetType():
PS> $test.GetType().FullName
System.Object[]

# PSTypeNames:
PS> $test.PSTypeNames
System.Object[]
System.Array
System.Object

PS> $test.PSTypeNames[0]
System.Object[]
```

Diesmal melden *GetType()* und *PSTypeNames* den Objekttyp *System.Object[]*, während *Get-Member* den Typ *System.Management.ManagementObject#root\cimv2\Win32_Service* erkennt. Die ersten beiden Varianten schauen sich stur das präsentierte Objekt an (ein Array), während *Get-Member* den Inhalt des Arrays betrachtet (WMI-*Service*-Objekte in diesem Fall) – jedenfalls dann, wenn es das zu untersuchende Objekt über die Pipeline empfängt und nicht direkt über seinen Parameter *-InputObject*. Die Auspackarbeit wird nämlich in Wirklichkeit von der Pipeline und nicht von *Get-Member* geleistet.

Bestimmungsmethode	.NET-Typen	COM-Typen	Array-Inhalte	Assembly-Infos	Vererbung
Get-Member	x		x		
GetType()	x	x		x	
PSTypeNames	x	x			x

Tabelle 12.1 Vorzüge und Fähigkeiten der verschiedenen Methoden, Typen zu bestimmen

Objekte in andere Typen umwandeln

Weisen Sie einer Variablen einen Inhalt zu, brauchen Sie dazu keinen besonderen Typ anzugeben: PowerShell wählt den passendsten Typen automatisch auf der Basis der Daten aus, die Sie speichern. Bei Zahlen variiert PowerShell den Datentyp und wählt denjenigen aus, der die angegebene Zahl mit der größten Präzision bei gleichzeitig möglichst geringem Speicherbedarf aufbewahrt:

```
PS> ( 0.5 ).GetType().FullName
System.Double

PS> ( 1 ).GetType().FullName
System.Int32

PS> ( 3300033000 ).GetType().FullName
System.Int64

PS> ( 33000330003300033000 ).GetType().FullName
System.Decimal

PS> ( 3300033000330003300033000330003300033000 ).GetType().FullName
System.Double
```

Alle nicht numerischen Daten landen gemeinsam im allgemeinen Datentyp *String*, also Text:

```
PS> '1.1.2000'.GetType().FullName
System.String

PS> '3.5.12.112'.GetType().FullName
System.String

PS> '192.168.2.110'.GetType().FullName
System.String

PS> 'tobias.weltner@email.de'.GetType().FullName
System.String
```

PowerShell interpretiert den Inhalt des Texts nämlich grundsätzlich nicht und versteht deshalb auch nicht, dass es sich bei dem Text eigentlich um ein Datum, eine Versionsnummer, eine IP-Adresse und eine E-Mail-Adresse handelt hat, für die es viel bessere Datentypen gibt.

Explizite Typumwandlung

Sind Sie nicht einverstanden mit dem Typ, den PowerShell automatisch zuweist, geben Sie einen besseren an. Dazu stellen Sie den gewünschten Zieltyp in eckige Klammern vor den Wert.

Numerische Umwandlungen

Bei Zahlen möchte man vielleicht absichtlich einen weniger präzisen Datentyp wählen, beispielsweise Integer (Ganzzahlen), weil man kein Interesse an Nachkommastellen hat:

```
PS> [System.Int32]66.3
66
```

```
PS> [System.Int32]66.7
67
```

Hier wurden Zahlen mit Nachkommastellen in eine Ganzzahl vom Typ *Int32* umgewandelt (und dabei entsprechend gerundet). *System.Int32* ist dabei der hochoffizielle *FullName* des Typs, aber PowerShell erlaubt für ihn sowie zahlreiche weitere gebräuchliche Typen auch Abkürzungen, die sogenannten *Type Accelerators* (frei übersetzt »Tipp-Beschleuniger«):

```
PS> [int]66.7
67
```

```
PS> [int].FullName
System.Int32
```

Oder Sie wollen einen ASCII-Code in ein Zeichen übersetzen, zum Beispiel hier:

```
PS> $tab = [char]9
PS> $crlf = [string][char[]](13,10)
```

Diese Zeilen definieren ein Tabulatorzeichen und einen Zeilenumbruch. Wie Sie sehen, sind sogar verkettete Konvertierungen möglich. Die Zahlen *13* und *10* werden zuerst in ein Zeichen-Array umgewandelt, und dieses dann in einen String (Text). So könnten Sie die Codes einsetzen:

```
PS> 'Hallo{0}dies{0}ist{0}tabsepariert' -f $tab
Hallo    dies     ist      tabsepariert
```

```
PS> 'Hallo{0}dies{0}ist{0}zeilenweise' -f $crlf
Hallo
dies
ist
zeilenweise
```

PROFITIPP   Notwendig ist das nicht unbedingt, denn auch PowerShell selbst bietet diese beiden wichtigen Sonderzeichen über sein etwas ungewöhnliches Escape-Zeichen an, dem *Backtick*-Zeichen (`` ` ``), das Sie per ⬆+´ [Leertaste] erzeugen:

```
PS> "Hallo`tdies`tist`ttabsepariert"
Hallo    dies    ist       tabsepariert

PS> "Hallo`ndies`nist`nzeilenweise"
Hallo
dies
ist
zeilenweise
```

Es führt allerdings zu schwer lesbarem Code, bei dem (zum Beispiel bei einem Ausdruck) das Backtick-Zeichen, das ja ein *accent grave* und daher sehr klein ist, leicht übersehen oder für danebengerieselten Toner gehalten werden kann. Außerdem löst PowerShell das Sonderzeichen wie immer nur bei Text in doppelten Anführungszeichen auf.

```
PS> "a`ta"
a       a

PS> 'a`ta'
a`ta
```

Textumwandlungen

Häufig müssen Texte in ihre Einzelzeichen aufgesplittet werden, zum Beispiel, weil man sie als Byte-Array in die Registrierungsdatenbank schreiben oder aus einer Zeichenfolge zufällige Kennworte generieren möchte. Die Typkonvertierung kann, wie gerade bei $crlf gesehen, Arrays und mehrere hintereinander geschaltete Typen umfassen. So wandeln Sie auf folgende Weise einen Text in ein Array mit einzelnen Zeichen um:

```
[char[]]"Guten Tag!"
G
u
t
e
n

T
a
g
!
```

Während also *[Char]* einem Typ entspricht, der genau ein Zeichen repräsentiert, steht *[Char[]]* für ein Array mit mehreren Zeichen. Wandeln Sie einen String zuerst wie gerade gezeigt in einzelne Zeichen um, können Sie die einzelnen Zeichen anschließend weiter umwandeln, zum Beispiel in Typ *Byte*, also den Zeichencode. Die Umwandlung von *String* zu *Integer* muss somit über den Zwischenschritt *Char* erfolgen:

```
[byte[]][char[]]"Hallo Welt!"
72
97
108
108
```

111
32
87
101
108
116
33

PROFITIPP   Auf diese Weise können Sie nun also Textfolgen als Binäreinträge in die Registrierungsdatenbank
schreiben:

```
PS> New-Item -Path HKCU:\Software\Testschlüssel
PS> New-ItemProperty HKCU:\Software\Testschlüssel MeinWert -Value ([Byte[]][Char[]]'Hallo Welt!')
-Type Binary

PSPath        : Microsoft.PowerShell.Core\Registry::HKEY_CURRENT_USER\Software\Testschlüssel
PSParentPath  : Microsoft.PowerShell.Core\Registry::HKEY_CURRENT_USER\Software
PSChildName   : Testschlüssel
PSDrive       : HKCU
PSProvider    : Microsoft.PowerShell.Core\Registry
MeinWert      : {72, 97, 108, 108...}
```

Wollen Sie zum Beispiel die Anzahl von Tabulatorzeichen in einem Text bestimmen, können Sie dazu
eine verkettete Typkonvertierung verwenden:

```
PS> $text = "Name:`t`ttom"
PS> @([byte[]][char[]]$text -eq 9).Count
2
```

Umgekehrt machen Sie aus einem Zahlen-Array eine Zeichenaufzählung und daraus einen String:

```
PS> [string][char[]](65..90)
A B C D E F G H I J K L M N O P Q R S T U V W X Y Z

PS> [char[]](65..90) -join ','
A,B,C,D,E,F,G,H,I,J,K,L,M,N,O,P,Q,R,S,T,U,V,W,X,Y,Z
```

Bei nicht numerischen Informationen gibt es darüber hinaus oft sehr viel *spezifischere* Typen, die die
Information in besserer Weise darstellen und speichern können. Das Prinzip ist aber auch hier dasselbe: Schreiben Sie den gewünschten Zieltyp in eckigen Klammern vor den Wert:

```
PS> [System.DateTime]'1.1.2000'
Samstag, 1. Januar 2000 00:00:00

PS> [System.Version]'3.5.12.112'

Major  Minor  Build  Revision
-----  -----  -----  --------
3      5      12     112

PS> [System.Net.IPAddress]'192.168.2.110'

Address        : 1845668032
AddressFamily  : InterNetwork
ScopeId        :
IsIPv6Multicast : False
```

```
IsIPv6LinkLocal   : False
IsIPv6SiteLocal   : False
IPAddressToString : 192.168.2.110

PS> ([System.Net.IPAddress]'192.168.2.110').AddressFamily
InterNetwork

PS> ([System.Net.IPAddress]'192.168.2.110').AddressFamily -eq 'InternetWork'
True

# aus dieser Erkenntnis eine kleine Funktion ableiten:
PS> function Test-IPv4 {param($IPAddress)([System.Net.IPAddress]$IPAddress).AddressFamily -eq
'InternetWork'}

# ist das eine IPv4-Adresse?
PS> Test-IPv4 10.10.10.12
True

# ist das eine IPv4-Adresse?
PS> Test-IPv4 fe80::81ba:9d60:8e5:cf93%13
False

PS> [System.Net.Mail.Mailaddress]'tobias.weltner@email.de'

DisplayName        User            Host            Address
-----------        ----            ----            -------
                   tobias.weltner  email.de        tobias.weltner@e...

PS> ([System.Net.Mail.Mailaddress]'tobias.weltner@email.de').User
tobias.weltner
PS> ([System.Net.Mail.Mailaddress]'tobias.weltner@email.de').Host
email.de
```

Umwandlungen in Cmdlets

Einige Cmdlets können mit expliziten Typumwandlungen erheblich mehr leisten. Ein solches Beispiel ist *Sort-Object*, das sich normalerweise bei der Sortierung nach dem vorhandenen Datentyp richtet. Deshalb wird die folgende Liste alphabetisch und nicht numerisch sortiert:

```
PS> '1','10','2','4' | Sort-Object
1
10
2
4
```

Übergeben Sie dem Parameter *-Property* hingegen einen Skriptblock, erscheint das zu sortierende Element darin in $\_$, und Sie können ihm vor der Sortierung einen anderen Typ zuweisen. Diese Typumwandlung gilt nur für die Sortierung selbst. Das Ergebnis der Sortierung behält den ursprünglichen Datentyp. Diese Zeile sortiert also die Liste numerisch:

```
PS> '1','10','2','4' | Sort-Object -Property { [double]$_ }
1
2
4
10
```

So lässt sich auch eine Liste von IP-Adressen unter Zuhilfenahme des ähnlichen Typs *System.Version* korrekt sortieren:

```
PS> '100.1.2.3', '23.12.100.10', '4.5.6.7' | Sort-Object
100.1.2.3
23.12.100.10
4.5.6.7

PS> '100.1.2.3', '23.12.100.10', '4.5.6.7' | Sort-Object -Property { [System.Version]$_ }
4.5.6.7
23.12.100.10
100.1.2.3
```

Nützliche Typen finden

Das funktioniert wunderbar, zumindest dann, wenn Sie auch den passenden Typ kennen. Sie können inzwischen den Typ existierender Objekte ermitteln (Tabelle 12.1; Seite 529), sich also die am weitesten verbreiteten Typnamen aus den Objekten erschließen, mit denen Sie täglich umgehen.

Andere Typen wie die im letzten Beispiel für E-Mail-Adressen, Versionen oder IP-Adressen sind exotischer, und über solche Typen muss man wohl durch Beispiele »stolpern« und sie sich dann merken. Es gibt in .NET Framework nämlich viel zu viele unterschiedliche Typen, als dass man einfach nachschlagen könnte.

Wo man allerdings nachschlagen kann, ist bei den *Type Accelerators*. Erinnern Sie sich? PowerShell macht besonders häufig benötigte Typen über Kurznamen verfügbar. Die Liste der Type Accelerators wäre also eigentlich gleichzeitig eine Liste spannender Typnamen.

Leider kommen Sie an diese Liste nur mit einem undokumentierten Low-Level-Aufruf heran, der gleichwohl nützlich ist, aber für den niemand die Garantie übernimmt, dass er auch in PowerShell 4.0 noch funktionieren wird:

```
PS> [psobject].assembly.gettype("System.Management.Automation.TypeAccelerators")::Get

Key                    Value
---                    -----
Alias                  System.Management.Automation.AliasAttribute
AllowEmptyCollection   System.Management.Automation.AllowEmptyCollectionAttribute
AllowEmptyString       System.Management.Automation.AllowEmptyStringAttribute
AllowNull              System.Management.Automation.AllowNullAttribute
array                  System.Array
bool                   System.Boolean
byte                   System.Byte
char                   System.Char
CmdletBinding          System.Management.Automation.CmdletBindingAttribute
datetime               System.DateTime
decimal                System.Decimal
adsi                   System.DirectoryServices.DirectoryEntry
adsisearcher           System.DirectoryServices.DirectorySearcher
double                 System.Double
float                  System.Single
single                 System.Single
guid                   System.Guid
```

hashtable	System.Collections.Hashtable
int	System.Int32
int32	System.Int32
int16	System.Int16
long	System.Int64
int64	System.Int64
wmiclass	System.Management.ManagementClass
wmi	System.Management.ManagementObject
wmisearcher	System.Management.ManagementObjectSearcher
ciminstance	Microsoft.Management.Infrastructure.CimInstance
NullString	System.Management.Automation.Language.NullString
OutputType	System.Management.Automation.OutputTypeAttribute
Parameter	System.Management.Automation.ParameterAttribute
pscredential	System.Management.Automation.PSCredential
PSDefaultValue	System.Management.Automation.PSDefaultValueAttribute
pslistmodifier	System.Management.Automation.PSListModifier
psobject	System.Management.Automation.PSObject
pscustomobject	System.Management.Automation.PSObject
psprimitivedictionary	System.Management.Automation.PSPrimitiveDictionary
ref	System.Management.Automation.PSReference
PSTypeNameAttribute	System.Management.Automation.PSTypeNameAttribute
regex	System.Text.RegularExpressions.Regex
sbyte	System.SByte
string	System.String
SupportsWildcards	System.Management.Automation.SupportsWildcardsAttribute
switch	System.Management.Automation.SwitchParameter
cultureinfo	System.Globalization.CultureInfo
ipaddress	System.Net.IPAddress
mailaddress	System.Net.Mail.MailAddress
bigint	System.Numerics.BigInteger
securestring	System.Security.SecureString
timespan	System.TimeSpan
uint16	System.UInt16
uint32	System.UInt32
uint64	System.UInt64
uri	System.Uri
ValidateCount	System.Management.Automation.ValidateCountAttribute
ValidateLength	System.Management.Automation.ValidateLengthAttribute
ValidateNotNull	System.Management.Automation.ValidateNotNullAttribute
ValidateNotNullOrEmpty	System.Management.Automation.ValidateNotNullOrEmptyAttribute
ValidatePattern	System.Management.Automation.ValidatePatternAttribute
ValidateRange	System.Management.Automation.ValidateRangeAttribute
ValidateScript	System.Management.Automation.ValidateScriptAttribute
ValidateSet	System.Management.Automation.ValidateSetAttribute
version	System.Version
void	System.Void
xml	System.Xml.XmlDocument
scriptblock	System.Management.Automation.ScriptBlock
type	System.Type
psmoduleinfo	System.Management.Automation.PSModuleInfo
powershell	System.Management.Automation.PowerShell
runspacefactory	System.Management.Automation.Runspaces.RunspaceFactory
runspace	System.Management.Automation.Runspaces.Runspace
Path	System.IO.Path

HINWEIS   Im nächsten Kapitel erfahren Sie mehr über diesen und andere undokumentierte Aufrufe und können die Ergebnisse dann auch sortieren und filtern. Einstweilen genügen die Rohergebnisse aber sicher schon einmal als nützliche erste Übersicht.

Implizite Umwandlungen

Typumwandlungen müssen nicht ausdrücklich (explizit) geschehen, sondern passieren manchmal auch automatisch (implizit). Immer wenn eine Variable streng typisiert ist (also fest vorgibt, welchen Datentyp sie erwartet), wird das, was der Variable zugewiesen wird, automatisch in diesen Typ umgewandelt. Klappt das nicht, kommt es zu einer Fehlermeldung.

Typisierte Variablen

Sie typisieren eine Variable, indem der gewünschte Typ bei der ersten Zuweisung vor die Variable geschrieben wird. Solange Sie der Variablen auf diese Weise nicht einen neuen Wert zuweisen, bleibt sie auf den Datentyp festgelegt:

```
# die Variable $test wird auf den Datentyp "DateTime" festgelegt:
PS> [datetime]$test = '1.1.2000'
PS> $test
Samstag, 1. Januar 2000 00:00:00

# neue Zuweisungen werden automatisch (implizit) in diesen Typ umgewandelt:
PS> $test = '10.10.2013'
PS> $test
Donnerstag, 10. Oktober 2013 00:00:00

PS> $test = '1.Nov'
PS> $test
Donnerstag, 1. November 2001 00:00:00

# ungeeignete Werte führen zu einem Umwandlungsfehler:
PS> $test = 'kein Datum'
Der Wert "kein Datum" kann nicht in den Typ "System.DateTime" konvertiert werden. Fehler: "Die
Zeichenfolge wurde nicht als gültige DateTime erkannt. Ein unbekanntes Wort beginnt bei Index 0."
```

Typisierte Parameter

Die implizite Typkonvertierung wird auch bei Parametern häufig eingesetzt, ohne dass Sie dies vielleicht bisher wahrgenommen haben. Wenn Sie beispielsweise eine neue Skript-Ausführungsrichtlinie festlegen, geben Sie einfach nur den Namen der Richtlinie an. Dieser Aufruf erlaubt zum Beispiel die uneingeschränkte Skriptausführung:

```
PS> Set-ExecutionPolicy -Scope CurrentUser -ExecutionPolicy Bypass -Force
```

In Wahrheit erwartet der Parameter -*ExecutionPolicy* aber gar keinen String, sondern Informationen vom Typ *ExecutionPolicy*, wie die Syntax des Befehls zeigt:

```
PS> Set-ExecutionPolicy -?
(…)
SYNTAX
```

```
Set-ExecutionPolicy [-ExecutionPolicy] <ExecutionPolicy> [[-Scope] <ExecutionPolicyScope>]
[-Force [<SwitchParameter>]] [-Confirm [<SwitchParameter>]] [-WhatIf [<SwitchParameter>]]
[<CommonParameters>]
```
(…)

Oder genauer:

```
PS> (get-command Set-ExecutionPolicy).Parameters['ExecutionPolicy'].ParameterType.FullName
Microsoft.PowerShell.ExecutionPolicy
```

Erlaubt sind wegen der impliziten Konvertierung also automatisch alle Texte, die sich in diesen Typ umwandeln lassen:

```
PS> [Microsoft.PowerShell.ExecutionPolicy]'Bypass'
Bypass
```

```
PS> [Microsoft.PowerShell.ExecutionPolicy]'Unsinn'
Der Wert "Unsinn" kann nicht in den Typ "Microsoft.PowerShell.ExecutionPolicy" konvertiert werden.
Fehler: "Der Bezeichner "Unsinn" kann keinem gültigen Enumeratornamen zugeordnet werden. Geben Sie
einen der folgenden Enumeratornamen an, und wiederholen Sie den Vorgang: Unrestricted,
RemoteSigned, AllSigned, Restricted, Default, Bypass, Undefined."
```

Typisierte Eigenschaften und Argumente

Dasselbe Grundprinzip gilt auch für Objektmethoden und ihre Argumente bzw. Objekteigenschaften und ihre Inhalte:

```
# Typ der Eigenschaft bestimmen:
PS> $host.UI.RawUI.BackgroundColor.GetType().FullName
System.ConsoleColor

# Wert auf Gültigkeit prüfen:
PS> [System.ConsoleColor]'Red'
Red

# erlaubte Werte auflisten (erfordert PowerShell 3.0):
PS> [System.ConsoleColor].DeclaredMembers.Name
value__
Black
DarkBlue
DarkGreen
DarkCyan
DarkRed
DarkMagenta
DarkYellow
Gray
DarkGray
Blue
Green
Cyan
Red
Magenta
Yellow
White
```

Vergleichsoperationen

Bei Vergleichsoperationen ist der Typ der beteiligten Daten ebenfalls essentiell. Vergleichen Sie unterschiedliche Typen, richtet sich PowerShell nach dem Typ auf der linken Seite und wandelt den Typ auf der rechten Seite implizit in denselben Typ um. Das erklärt die folgenden Resultate:

```
PS> 12 -gt '2'
True

PS> 2' -gt 12
True

PS> 10 * '66'
660

PS> 66' * 10
66666666666666666666
```

Würden Sie zum Beispiel zwei Programmversionen vergleichen, die als *System.String* gespeichert sind, verwendet PowerShell den relativ allgemeinen alphanumerischen Vergleich, der prompt falsche Ergebnisse liefert:

```
PS> '3.5.12.112' -gt '10.1.55.67'
True
```

Bei alphanumerischen Vergleichen werden nämlich die Textzeichen basierend auf ihrem ASCII-Code verglichen. Weil *3* größer ist als *1*, behauptet der Vergleich, dass die erste Versionsnummer größer wäre als die zweite. In Wirklichkeit hätte aber die Hauptversionsnummer 3 gegen die Hauptversionsnummer 10 verglichen werden und das Ergebnis *False* lauten müssen. Mit dem richtigen Typ wäre das nicht passiert:

```
PS> [System.Version]'3.5.12.112' -gt '10.1.55.67'
False
```

Daten überprüfen durch Testumwandlung

Nicht immer möchte man einen Wert tatsächlich in einen anderen Typ umwandeln, sondern vielleicht nur schauen, ob das überhaupt funktioniert. Das kann die Grundlage für Datenüberprüfungen sein und hier wird der Operator *-as* wichtig: Er wandelt einen Wert genauso um wie die Schreibweise von eben:

```
PS> [System.Version]'1.2.3.4'

Major  Minor  Build  Revision
-----  -----  -----  --------
1      2      3      4

PS> '1.2.3.4' -as [System.Version]

Major  Minor  Build  Revision
-----  -----  -----  --------
1      2      3      4
```

Unterschiedlich verhalten sich beide erst, wenn die Umwandlung *nicht* möglich ist:

```
PS> [System.Version] 'gehtnicht'
Der Wert "gehtnicht" kann nicht in den Typ "System.Version" konvertiert werden. Fehler: "Der
Versionszeichenfolgeteil war entweder zu kurz oder zu lang."

PS> 'gehtnicht' -as [System.Version]
PS>
```

Während also die Umwandlung durch direkte Angabe des Typs zu einer Fehlermeldung führt, liefert der Operator *-as* in diesem Fall einfach stoisch »nichts« zurück. Technisch gesehen nennt man das erste einen »Cast«, das zweite einen *TryCast*.

Prüffunktionen entwickeln

Eine Prüffunktion bräuchte nun also nur *-as* einzusetzen und zu schauen, ob sich ein Wert in den gewünschten Datentyp umwandeln lässt. Ist das Ergebnis *$null*, dann war die Umwandlung nicht möglich, in allen anderen Fällen liefert *-as* das umgewandelte Ergebnis. Diese Funktion *Test-Numeric* prüft, ob ein Wert numerisch ist:

```
PS> function Test-Numeric($Value) { ($Value -as [int64]) -ne $null }

PS> Test-Numeric 1.3
True

PS> Test-Numeric 999
True

PS> Test-Numeric 999a
False

PS> Test-Numeric 0xff
True
```

Diese allgemeine Testfunktion kann jetzt recht einfach als Vorlage für andere Prüfaufgaben verwendet werden. Um beispielsweise zu prüfen, ob ein Anwender ein gültiges Datum angegeben hat, sieht *Test-Date* so aus:

```
PS> function Test-Date($Value) { ($Value -as [datetime]) -ne $null }

PS> Test-Date 1.Nov
True

PS> Test-Date 2012-12-10
True

PS> Test-Date '2012-12-10 18:33:12'
True

PS> Test-Date '24. Septemer 2012'
False

PS> Test-Date 'irgendwas'
False

PS> Test-Date '24.Sep 2012'
True
```

Die Prüffunktion ist relativ *laissez-faire,* was das Format der Datumseingabe anbelangt. Der Anwender kommt mit allen in der Systemsteuerung definierten Datums- und Zeitangaben durch.

```
do
{
    $datum = Read-Host 'Geben Sie ein Datum ein'
    $isDate = Test-Date $datum
    if (-not $isDate)
    {
        Write-Warning "Ihre Eingabe '$datum' war kein gültiges Datum. Nochmal."
    }
} until ($isDate)

"Eingabe: $datum"
```

Allerdings hat die Prüffunktion ja sichergestellt, dass die Eingabe auch tatsächlich in ein Datum umgewandelt werden kann, und wenn Sie die vielen verschiedenen Schreibformen eines gültigen Datums standardisieren wollten, könnten Sie dies anschließend mit hinreichender Sicherheit tun:

```
PS> "Eingabe: $datum"
Eingabe: 1.10.2012

# Eingabe standardisieren:
PS> Get-Date -Date $datum -Format 'yyyy-MM-dd HH:mm:ss'
2012-10-01 00:00:00

PS> $datetime = [datetime]$datum
PS> $datetime

Dienstag, 10. Januar 2012 00:00:00
```

Haben Sie es bemerkt? Während *Get-Date* das eingegebene Datum nach deutschem Standard umgewandelt hat und es danach gemäß des Formatstrings in *-Format* als standardisiertes Datums- und Zeitformat ausgibt (also unabhängig davon, in welcher Form der Anwender das Datum ursprünglich eingegeben hat), führt die Typumwandlung zu einem Datum nach amerikanischem Recht. Dort ist also Januar, in Deutschland Oktober.

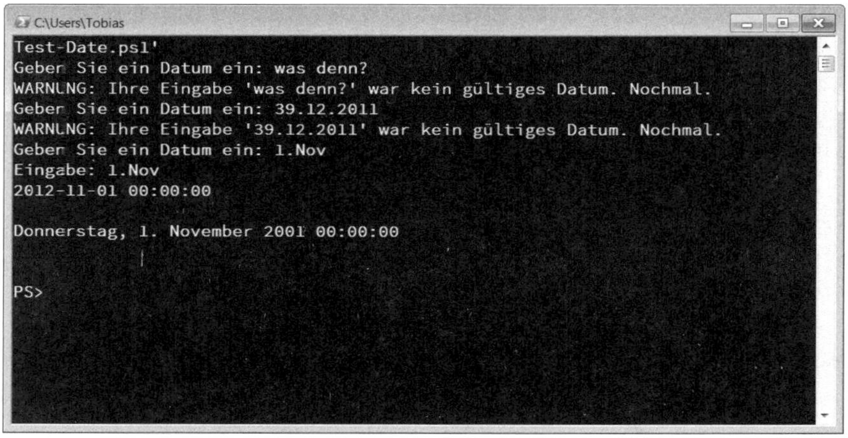

Abbildung 12.1   Die Testfunktion *Test-Date* akzeptiert nur gültige Datumsformate

Typkonvertierungen und Landessitten

Typkonvertierungen unter Angabe des gewünschten Zieltyps sind immer *kulturneutral*, und die USA neigen dazu, sich selbst so zu bezeichnen. Deshalb wird das US-Format überall dort zugrunde gelegt, wo keine spezielle Kultur angefordert wird. Die Cmdlets sind schlauer. Sie fordern intern die passende Kultur an und richten sich dabei nach den Kultureinstellungen, unter denen PowerShell gerade läuft:

```
PS> $host | Select-Object -Property *Culture

CurrentCulture                    CurrentUICulture
--------------                    ----------------
de-DE                             de-DE
```

Der Operator *-as* berücksichtigt ebenfalls das regionale Format:

```
PS> Get-Date -Date '1.10.2013'
Dienstag, 1. Oktober 2013 00:00:00

PS> '1.10.2013' -as [datetime]
Dienstag, 1. Oktober 2013 00:00:00

PS> [datetime]'1.10.2013'
Donnerstag, 10. Januar 2013 00:00:00
```

Im nächsten Kapitel erfahren Sie übrigens, wie man »Kultur« anfordert.

Kombinierte Prüfungen

Nicht immer genügt es, Daten gegen nur *einen* Typ zu prüfen. Mitunter sind Typen nämlich recht erfinderisch und wandeln Werte auch dann um, wenn man es eigentlich gar nicht für möglich gehalten hätte.

Die folgende Funktion *Test-IPAddress* soll prüfen, ob es sich um eine gültige IP-Adresse handelt:

```
PS> function Test-IPAddress($Value) { ($Value -as [System.Net.IPAddress]) -ne $null }
```

Das scheint auf den ersten Blick auch gut zu funktionieren:

```
PS> Test-IPAddress 10.10.10.10
True

PS> Test-IPAddress 10.10.10.300
False

PS> Test-IPAddress fe80::81ba:9d60:8e5:cf93%13
True

PS> Test-IPAddress fk80::81ba:9d60:8e5:cf93%13
False
```

Dann aber stellt sich heraus, dass *Test-IPAddress* ganz normale Zahlen ebenfalls als IP-Adressen akzeptiert:

```
PS> Test-IPAddress 123
True
```

Warum das so ist, zeigt sich, wenn Sie eine Zahl tatsächlich umwandeln:

```
PS> [System.Net.IPAddress]123

Address            : 123
AddressFamily      : InterNetwork
ScopeId            :
IsIPv6Multicast    : False
IsIPv6LinkLocal    : False
IsIPv6SiteLocal    : False
IsIPv6Teredo       : False
IsIPv4MappedToIPv6 : False
IPAddressToString  : 123.0.0.0
```

Zahlen werden also als dezimale Repräsentation einer IP-Adresse gewertet. Damit *Test-IPAddress* tatsächlich funktioniert, müssten normale Zahlen zusätzlich ausgeschlossen werden:

```
PS> function Test-IPAddress($Value) { ($Value -as [System.Net.IPAddress]) -ne $null -and ($Value -
as [int]) -eq $null }
```

Jetzt funktioniert alles und Zahlen werden nicht mehr akzeptiert:

```
PS> Test-IPAddress 123
False
```

Mit ein wenig kreativer Typkombination lassen sich also auch komplexe Prüfungen durchführen. Können Sie nachvollziehen, wie die folgenden beiden Funktionen arbeiten?

```
function Test-IPv4Address($Value) { ($Value -as [System.Net.IPAddress]) -ne $null -and ($Value -as
[System.Version]) -ne $null }

PS> Test-IPv4Address fe80::81ba:9d60:8e5:cf93%13
False

PS> Test-IPv4Address 10.10.10.10
True

PS> Test-IPv4Address 300.10.10.10
False

PS> Test-IPv4Address 123
False

PS> function Test-IPv6Address($Value) { ($Value -as [System.Net.IPAddress]) -ne $null -and ($Value
-as [System.Version]) -eq $null -and ($Value -as [int]) -eq $null }

PS> Test-IPv6Address fe80::81ba:9d60:8e5:cf93%13
True

PS> Test-IPv6Address 300.10.10.10
False

PS> Test-IPv6Address 123
False
```

Testen Sie Ihr Wissen!

Aufgabe   Schauen Sie sich den folgenden Code an. Können Sie erklären, was hier passiert?

```
$auswahl = [System.Management.Automation.Host.ChoiceDescription[]]('&Ja','&Nein')
$antwort = $Host.UI.PromptForChoice('Reboot', 'Darf das System jetzt neu gestartet
werden?',$auswahl,1)
```

Listing 12.1   Das Skript *prompt.ps1*

```
Reboot
Darf das System jetzt neu gestartet werden?
[J] Ja  [N] Nein  [?] Hilfe (Standard ist "N"): j
```

Lösung   Das PowerShell-Objekt *$Host* enthält eine eigene Methode namens *PromptForChoice()*, mit der man eine Art textbasierte »MsgBox« erzeugen kann, welche PowerShell auch eifrig für eigene Rückfragen nutzt. Möchte man diese Methode ebenfalls nutzen, muss man ihr die passenden Argumente übergeben. Eines davon, nämlich die möglichen Antworten, muss in einem besonderen Typ vorliegen, nämlich als Array von *System.Management.Automation.Host.ChoiceDescription*-Objekten. Diese beschafft sich der Code durch Umwandlung. Das Ergebnis, also die Antwort des Benutzers, wird in *$antwort* geliefert und ist eine Zahl, die angibt, welche der möglichen Antworten gewählt wurde. Der Wert *0* steht also für die erste angebotene Antwortmöglichkeit, der Wert *1* entsprechend für die zweite usw.

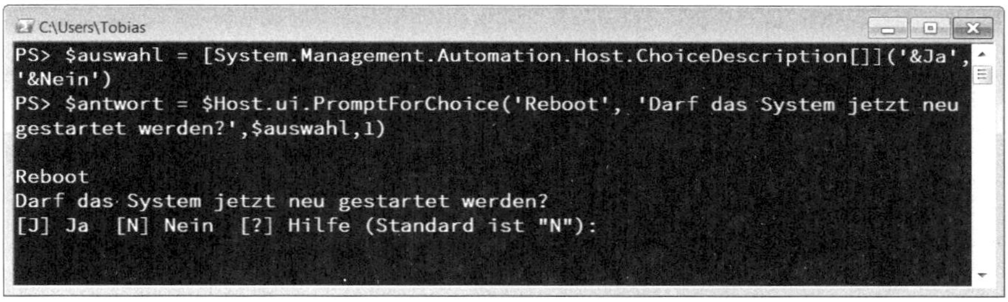

Abbildung 12.2   Eine konsolenbasierte Auswahlaufforderung im PowerShell-Stil anzeigen

Da der ISE-Editor übrigens keine echte eigene Konsole besitzt, werden dort die Meldungen in einem Dialogfeld angezeigt.

Aufgabe   Können Sie sich vorstellen, was die folgenden Zeilen bewirken?

```
$prozessklasse = [wmiclass]"Win32_Process"
[void]$prozessklasse.Create("notepad.exe")
```

Lösung   *[wmiclass]* ist ein Typ, und zwar genau genommen eine Abkürzung für den etwas unhandlichen Typnamen *System.Management.ManagementClass*:

```
PS> [wmiclass].FullName
System.Management.ManagementClass
```

Mit diesem Typ kann man neue WMI-Instanzen generieren, zum Beispiel eine neue WMI-Prozessinstanz. Diese verfügt über eine Methode namens *Create()*, die danach beliebige Prozesse startet. In diesem Fall wird der Windows-Editor gestartet. Was die Frage aufwirft, warum man überhaupt den Windows-Editor auf so komplizierte Weise starten sollte, wenn es doch mit dem direkten Aufruf sehr viel bequemer geht:

```
PS> rotepad.exe
```

Der Grund: WMI ist eine remotefähige Technik und kann also auch Prozesse remote auf einem anderen Computer starten.

ACHTUNG   Wenn Sie darauf zurückgreifen, erscheint auf dem Remotesystem allerdings kein Fenster, das Programm läuft also unsichtbar im Hintergrund. Deshalb dürfen Sie auf diese Weise nur Programme starten, die erstens unbeaufsichtigt laufen können und zweitens von allein wieder enden.

Möchten Sie zum Beispiel auf einem Remotesystem namens *storage1* einen bestimmten Dienst stoppen, könnten Sie das folgendermaßen durchführen:

```
PS> $prozessklasse = [wmiclass]"\\storage1\root\cimv2:Win32_Process"
PS> $prozessklasse.Create("net stop winrm")

__GENUS          : 2
__CLASS          : __PARAMETERS
__SUPERCLASS     :
__DYNASTY        : __PARAMETERS
__RELPATH        :
__PROPERTY_COUNT : 2
__DERIVATION     : {}
__SERVER         :
__NAMESPACE      :
__PATH           :
ProcessId        : 3312
ReturnValue      : 0
```

Den Erfolg können Sie wieder mit Cmdlets überprüfen, denn *Get-Service* ist im Gegensatz zu *Start-Service* oder *Stop-Service* von sich aus remotefähig:

```
PS> Get-Service winrm -ComputerName storage1

Status    Name          DisplayName
------    ----          -----------
Stopped   winrm         Windows Remote Management (WS-Manag...
```

Aufgabe   Wie können Sie den nächsten freien Laufwerksbuchstaben ermitteln?

Lösung   Generieren Sie zuerst alle Laufwerksbuchstaben, die es gibt:

```
PS> 65..90 | ForEach-Object { '{0}:' -f ([char]$_) }
A:
B:
C:
D:
(…)
```

Anschließend prüfen Sie beispielsweise, ob es zum jeweiligen Laufwerksbuchstaben eine passende Instanz der WMI-Klasse *Win32_LogicalDisk* gibt. Falls nicht, haben Sie einen freien Laufwerksbuchstaben gefunden:

```
PS> 65..90 | ForEach-Object { '{0}:' -f ([char]$_) } | Where-Object { ("Win32_LogicalDisk='$_'"
-as [wmi]) -eq $null }
A:
B:
G:
H:
(…)
```

Sind Sie nur am ersten freien Laufwerksbuchstaben interessiert und möchten Sie die Laufwerksbuchstaben *A:* bis *C:* aussparen, beginnen Sie die Suche beim ASCII-Code 68 und leiten das Ergebnis an *Select-Object -First 1* weiter:

```
PS> 68..90 | ForEach-Object { '{0}:' -f ([char]$_) } | Where-Object { ("Win32_LogicalDisk='$_'"
-as [wmi]) -eq $null } | Select-Object -First 1
G:
```

Auf diese Weise können Sie in einem Loginskript beispielsweise Netzlaufwerke mit dem ersten verfügbaren Laufwerksbuchstaben verbinden:

```
PS> $laufwerk = 68..90 | ForEach-Object { '{0}:' -f ([char]$_) } | Where-Object {
("Win32_LogicalDisk='$_'" -as [wmi]) -eq $null } | Select-Object -First 1
PS> net use $laufwerk \\127.0.0.1\c$
Der Befehl wurde erfolgreich ausgeführt.
```

Allerdings hätte *net use* dies auch sehr viel einfacher für Sie bewerkstelligt:

```
net use * \\127.0.0.1\c$
Laufwerk Y: ist jetzt mit \\127.0.0.1\c$ verbunden.

Der Befehl wurde erfolgreich ausgeführt.
```

Zusammenfassung

Jedem Objekt liegt ein Typ zugrunde, seine »Sorte«. Möchten Sie einen Typ in einen anderen konvertieren, müssen Sie lediglich den Namen des Zieltyps kennen. Um in PowerShell Typen zu konvertieren, setzen Sie entweder den Zieltyp in eckigen Klammern vor einen Wert oder verwenden den Operator *-as*.

Der Operator *-as* ist fehlertolerant und liefert »nichts« zurück, falls der Wert nicht umgewandelt werden kann. Außerdem nutzt er die regionalen Kultureinstellungen, interpretiert also Datumsformate auf einem deutschsprachigen System auch in der in Deutschland üblichen Notation. Die implizite Datenkonvertierung dagegen nutzt immer das kulturneutrale (US-)Format und erzeugt einen Fehler, wenn die Umwandlung nicht möglich ist.

Den Typ eines bestehenden Objekts bestimmt man wahlweise mit der in jedem .NET-Typ implementierten Methode *GetType()*, mit dem Cmdlet *Get-Member* oder mit der in ausnahmslos jedem Objekt vorhandenen Eigenschaft *PSTypeNames*.

Es gibt drei wichtige Gründe für Typumwandlungen:

■ **Speziellerer Typ**   Sie kennen einen spezielleren Typ, der also besser geeignet ist, die Informationen zu repräsentieren

■ **Validierung**   Daten sollen testweise in einen Typ umgewandelt werden, um dem Typkonverter die Überprüfung zu überlassen. Er validiert sozusagen kostenlos Ihre Daten und prüft, ob sie in einem bestimmten Format vorliegen.

■ **Neue Objekte**   Sie möchten schnell und einfach neue Objekte erzeugen, die sich aus einem anderen Datentyp wie zum Beispiel einem WMI- oder ADSI-Pfad konvertieren lassen. Sie überlassen es also dem Typkonverter, das Objekt für Sie zu generieren. Diese Technik wird im nächsten Kapitel behandelt.

Kapitel 13

Neue Objekte anlegen

In diesem Kapitel:

Üblicherweise erhalten Sie Objekte als Ergebnis von Befehlen. Sie können Objekte aber auch selbst herstellen. Nötig wird das immer dann, wenn es keinen Befehl gibt, der Ihnen das gewünschte Objekt liefert, oder wenn Sie den Befehl umgehen wollen (zum Beispiel, um Kennworte ohne Kennwortdialogfeld einsetzen zu können).

Neue Objekte durch Umwandlung erstellen

Eigentlich haben Sie schon im letzten Kapitel neue Objekte hergestellt und waren sich dessen vielleicht nur nicht bewusst. Jede Typumwandlung produziert neue Objekte vom gewünschten Zieltyp. Meistens ist der Zieltyp deutlich besser dazu geeignet, mit den Daten umzugehen, als der allgemeinere Typ.

Schauen Sie sich diesen Mechanismus zuerst an einigen Beispielen an. Sie alle funktionieren gleich: Ein Datentyp wird in einen spezielleren umgewandelt. Die Ergebnisse sind grundverschieden und machen die riesige Bandbreite der Möglichkeiten deutlich, die sich ergeben: Sie werden Daten formatieren, einen besseren Array-Typ kennenlernen, reguläre Ausdrücke zur Mustererkennung einsetzen und Benutzerkontokennworte ändern.

Datumsoperationen

Im ersten Beispiel wird ein Datum, das als Text vorliegt, mit -as in den Datentyp *DateTime* umgewandelt. Sie erhalten also in *$datum* ein neues Objekt dieses Typs. Weil es auf den Umgang mit Datum- und Zeitangaben spezialisiert ist, enthält es alle üblichen Methoden, die benötigt werden könnten:

```
# Datum in Textform umwandeln in ein DateTime-Objekt
# Der Operator -as berücksichtigt die lokalen Datumsformate:
PS> $datum = '2013-01-12 19:33:12' -as [datetime]

# 45 Tage in die Zukunft:
PS> $datum.AddDays(45)
Dienstag, 26. Februar 2013 19:33:12

# eine Woche zurück:
PS> $catum.AddDays(-7)
Samstag, 5. Januar 2013 19:33:12

# Wochentag:
PS> $datum.DayOfWeek
Saturday

# Wochentag als Index:
PS> [int]$datum.DayOfWeek
6

# ausführliche Textrepräsentation:
PS> $datum.toLongDateString()
Samstag, 12. Januar 2013

# Outlook-Format:
PS> $datum.toOADate()
41286,8147222222
```

```
# Universal Time (UTC):
PS> $datum.toUniversalTime()
Samstag, 12. Januar 2013 18:33:12

# UTC Uhrzeit:
PS> $datum.toUniversalTime().toShortTimeString()
18:33

# frei definierte Formate:
PS> $datum.ToString('dd. MMM yy')
12. Jan 13

PS> $datum.ToString('dd. MMMM yyyy')
12. Januar 2013
```

Direktzugriff auf WMI-Objekte

Mitunter haben Ausgangs- und Zieldatentyp kaum noch etwas gemeinsam. Der Typ *[wmi]* entspricht zum Beispiel einem WMI-*ManagementObject*.

```
PS> [wmi].FullName
System.Management.ManagementObject
```

Gibt man den Pfad zu einem WMI-Objekt als String an, erhält man durch Konvertierung nach *[wmi]* die tatsächliche WMI-Instanz zurück (was bei entsprechenden Berechtigungen auch remote funktioniert):

```
# ersetzen Sie "DEMO5" durch den gewünschten Computernamen:
PS> [wmi]'\\DEMO5\root\cimv2:Win32_Service.Name="W32Time"'

ExitCode  : 0
Name      : W32Time
ProcessId : 0
StartMode : Manual
State     : Stopped
Status    : OK
```

Möchten Sie wissen, wie die Pfadnamen zu WMI-Instanzen heißen, rufen Sie einfach WMI-Instanzen mit *Get-WmiObject* ab und lassen sich jeweils die Eigenschaft *__PATH* ausgeben:

```
PS> Get-WmiObject Win32_Service | Format-Table DisplayName, __PATH -Wrap

DisplayName                           __PATH
-----------                           ------
Anwendungserfahrung                   \\DEMO5\root\cimv2:Win32_Service.Name="AeLookupSvc"
Gatewaydienst auf Anwendungsebene     \\DEMO5\root\cimv2:Win32_Service.Name="ALG"
(…)
```

Für lokale WMI-Instanzen ist im Grunde sogar nur der Name der WMI-Klasse nötig:

```
PS> [wmi]'Win32_LogicalDisk="C:"'

DeviceID     : C:
DriveType    : 3
ProviderName :
FreeSpace    : 57066209280
Size         : 137815388160
VolumeName   :
```

Direktzugriff auf Benutzerkonten

Selbst Benutzerkonten können über die Typumwandlung direkt angesprochen werden. Verwenden Sie für die Pfadangabe den alten *WinNT:*-Provider und nicht den modernen *LDAP:*-Provider, lassen sich so auch lokale Benutzerkonten ansprechen:

```
PS> $user = [adsi]"WinNT://$env:USERDOMAIN/$env:USERNAME,user"
PS> $user | Select-Object -Property *
PS> $user.LastLogin

Mittwoch, 21. November 2012 17:18:13
```

ACHTUNG   Der Pfadname unterscheidet zwischen Groß- und Kleinschreibung und muss genauso angegeben werden wie abgebildet.

Die Ergebnisse sind allerdings teilweise genauso roh wie die Beschaffungsmethode. Ob ein Benutzer sein Kennwort bei der nächsten Anmeldung ändern muss, steht wie viele andere Einstellungen beispielsweise nur als Bitmaske in der Eigenschaft *UserFlags* zur Verfügung:

```
PS> $user.UserFlags
66081

PS> [System.Convert]::ToString([String]$user.UserFlags,2)
10000001000100001
```

Über eine interne Systemfunktion und die Konvertierung in den Typ *String* lässt sich der Inhalt aber wenigstens als Binärwert anzeigen (mehr dazu im nächsten Kapitel).

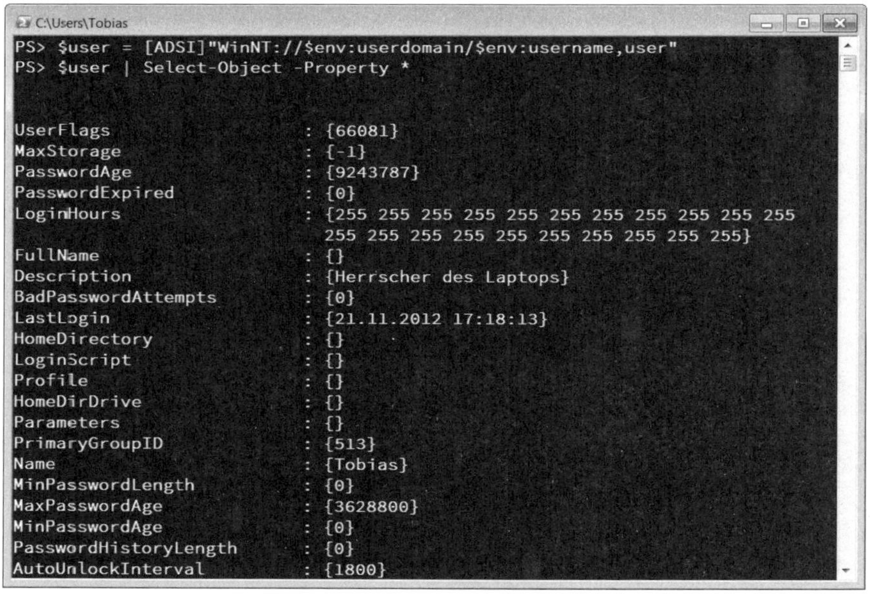

Abbildung 13.1   Detailinformationen zum Benutzerkonto des angemeldeten Benutzers abfragen

PROFITIPP   Der direkte Zugriff auf Benutzerkonten durch Typkonvertierung kann äußerst nützlich sein, doch wenn Sie den Code testen, werden Sie zunächst eine kleine Verzögerung feststellen. Diese liegt daran, dass bei der Umwandlung nicht eindeutig klar ist, ob Sie das Konto eines Computers oder einer Domäne ansprechen wollen. Die Verzögerung tritt also immer dann auf, wenn Sie ein lokales Benutzerkonto angeben: ADSI sucht zuerst nach einer Domäne, und nur wenn keine gefunden wird, nach einem Computer.

Wesentlich schneller geht es bei lokalen Benutzerkonten, wenn Sie zuerst den Computer ansprechen, denn diese Abfrage ist eindeutig, und dann von ihm das Benutzerkonto erfragen. Nebenbei erhalten Sie so interessante Informationen über den Computer:

```
# zuerst den eigenen Computer ansprechen:
PS> $computer = [adsi]"WinNT://$env:COMPUTERNAME,computer"
PS> $computer | Select-Object -Property *

OperatingSystem        : {Windows NT}
OperatingSystemVersion : {6.1}
Owner                  : {Tobias}
Division               : {}
ProcessorCount         : {Multiprocessor Free}
Processor              : {Intel64 Family 6 Model 58 Stepping 9}
Name                   : {POWERSHELLPC}
AuthenticationType     : Secure
(…)

PS> $computer | Select-Object -Property operatingsystem*, Processor

OperatingSystem         OperatingSystemVersion    Processor
---------------         ----------------------    ---------
{Windows NT}            {6.1}                     {Intel64 Family 6 Mod...

PS> $user = $computer.Children.Find($env:USERNAME, 'user')
PS> $user | Select-Object -Property *

UserFlags              : {66081}
MaxStorage             : {-1}
PasswordAge            : {9245261}
(…)
```

Die folgende Funktion *Get-UserAccount* macht sich das alles zunutze und beschafft wahlweise ein lokales oder ein Domänenkonto durch Typumwandlung. Je nach Kontotyp wird der schnellste Weg gewählt:

```
function Get-UserAccount
{
  [CmdletBinding(DefaultParameterSetName='localAccount')]

  param
  (
    [Parameter(Position=0)]
    $UserName=$env:USERNAME,

    [Parameter(ParameterSetName='localAccount')]
    $ComputerName=$env:COMPUTERNAME,

    [Parameter(ParameterSetName='domainAccount')]
    $DomainName=$env:USERDOMAIN
```

```
)

# handelt es sich um ein Domänenkonto oder lokales Konto?
$type = $PSCmdlet.ParameterSetName

# wirklich? Wenn der Computername und der Domänenname identisch
# sind, ist es ein lokales Konto:
if ($DomainName -eq $ComputerName)
{
  $type = 'localAccount'
}

if ($type -eq 'localAccount')
{
  # lokales Konto direkt vom Computer lesen:
  $computer = [adsi]"WinNT://$Computername,computer"
  $computer.Children.Find($UserName, 'user')
}
else
{
  # Domänenkonto aus der Domäne lesen:
  $domain = [adsi]"WinNT://$DomainName,domain"
  $domain.Children.Find($UserName, 'user')
}
}
```

Listing 13.1 Das Skript *Get-UserAccount.ps1*

Sie können nun sehr einfach auf lokale und domänenweite Konten zugreifen. Geben Sie keine Argumente an, wird Ihr aktuelles Konto gelesen. Die folgende Zeile ruft beispielsweise das lokale *Administrator*-Konto Ihres Computers ab:

```
PS> $user = Get-UserAccount Administrator
PS> $user.Description
Vordefiniertes Konto für die Verwaltung des Computers bzw. der Domäne
```

Diese Zeilen wiederum rufen das lokale *Administrator*-Konto des Remotecomputers *storage1* ab (vorausgesetzt natürlich, Sie verfügen über die notwendigen Berechtigungen und sind lokaler Administrator auf \\storage1):

```
PS> $user = Get-UserAccount Administrator -ComputerName storage1
PS> $user.Path
WinNT://ARBEITSGRUPPE/storage1/Administrator

PS> $user.Description
Vordefiniertes Konto für die Verwaltung des Computers bzw. der Domäne
```

Möchten Sie das Kennwort für ein Konto zurücksetzen (und verfügen über Administratorrechte; PowerShell muss mit erhöhten Rechten ausgeführt werden), rufen Sie die (unsichtbare) Methode *SetPassword()* auf. Es genügen fortan diese Zeilen:

```
PS> $user = Get-UserAccount Administrator
PS> $user.SetPassword('MAfv6gZ')
```

ACHTUNG: Diese Zeilen ändern sofort und tatsächlich das Kennwort des lokalen Administrator-Kontos. Führen Sie diese Zeilen also nur aus, wenn Sie es tatsächlich ändern wollen, und merken Sie es sich gegebenenfalls!

Sie können nun auch prüfen, ob ein Konto über ein bestimmtes Kennwort verfügt (ob es beispielsweise immer noch das Vorgabekennwort verwendet oder vom Inhaber geändert wurde). Dazu ist *ChangePassword()* da, mit dem normalerweise ein Benutzer ohne Administratorrechte sein eigenes Kennwort ändern kann. Er muss sich dazu mit seinem alten Kennwort ausweisen. Damit können Sie die Prüfung durchführen: Geben Sie als Test das vermutete Standardkennwort an und ändern Sie es in dasselbe Kennwort. Diese Prüfung erfordert keine Administratorrechte.

```
# Entspricht das Kennwort dem vermuteten Kennwort?
PS> $user.ChangePassword('MAfv6gZ','MAfv6gZ')
# ja, keine Fehlermeldung

# nein, es erscheint eine Fehlermeldung:
PS> $user.ChangePassword('MAfv6gZ1','MAfv6gZ')
Ausnahme beim Aufrufen von "ChangePassword" mit 2 Argument(en):  "Das angegebene Netzwerkkennwort
ist falsch."

# das Kennwort hat sich durch den Test nicht geändert:
PS> $user.ChangePassword('MAfv6gZ','MAfv6gZ')
```

Wie daraus zwei höchst nützliche Prüffunktionen werden, setzt noch etwas Zusatzwissen aus Teil D voraus, wo Sie erfahren, wie Sie eigene kleine pipelinefähige Cmdlets bauen. So könnte die Prüffunktion dann aussehen:

```
function Test-UserPassword
{
  param
  (
    [Parameter(Mandatory=$true)]
    $Password,

    [Parameter(ValueFromPipeline=$true)]
    $InputObject
  )

  process
  {
    try
    {
      # versuchsweise vermutetes Kennwort erneut setzen:
      $InputObject.ChangePassword($Password, $Password)
      # wenn erfolgreich, dann stimmt es:
      $true
    }
    catch
    {
      # bei Fehlermeldungen: die folgenden beiden besagen,
      # dass das Kennwort nicht geändert werden konnte
      # (zum Beispiel wegen Komplexitätskriterien oder weil
      # das Kennwort in der Kennworthistory gesperrt ist)
      # das Kennwort stimmt dann aber trotz des Fehlers:
      $errorcode = $_.Exception.InnerException.ErrorCode
      (($errorcode -eq 0x8007202f) -or ($errorcode -eq 0x800708c5))
    }
  }
}
```

Listing 13.2 Das Skript *Test-UserPassword.ps1*

Nun hätten Sie – allein aufgrund der Möglichkeiten der Typkonvertierung und der Objektmethoden aus dem vorangegangenen Kapitel – alle Bausteine zusammen, um lokal und remote die Standardkennworte von Benutzerkonten zu testen:

```
PS> Get-UserAccount Administrator | Test-UserPassword -Password 'MAfv6gZ'
True

PS> Get-UserAccount Administrator | Test-UserPassword -Password 'test'
False
```

Achtung: Die Prüffunktion unterliegt den normalen Sicherheitsmechanismen. Geben Sie zu oft hintereinander ein falsches Kennwort an, wird das Konto möglicherweise eine Zeit lang gesperrt.

Multiple Treffer mit regulären Ausdrücken

Auch reguläre Ausdrücke zur Mustererkennung lassen sich so einsetzen. Konvertieren Sie den regulären Ausdruck kurzerhand in ein Objekt vom Typ *Regex*:

```
PS> $regex = [regex]'(?i)\b[A-Z0-9._%+-]+@[A-Z0-9.-]+\.[A-Z]{2,4}\b'
```

Sie erhalten dann ein *Regex*-Objekt zurück, das im Gegensatz zum PowerShell-Operator *-match* nicht lediglich den ersten Treffer meldet, sondern alle. Allerdings sind die Ergebnisse rohe Objekte, aus deren Eigenschaften Sie dann erst einmal die gewünschten Ergebnisse herausfischen müssen. Ab sofort können Sie also beliebige Texte mit diesem Objekt untersuchen und bekommen alle E-Mail-Adressen aus dem Text geliefert:

```
PS> $text = 'Meine E-Mail lautet tobias.weltner@email.de, und wenn Sie eine Inhouse-Schulung
veranstalten wollen, bin ich gern Ihr Trainer. Alternativ können Sie auch an
tobias@powertheshell.com oder tobias.weltner@scriptinternals.de mailen.'
PS> $regex.Matches($text)


Groups   : {tobias.weltner@email.de}
Success  : True
Captures : {tobias.weltner@email.de}
Index    : 19
Length   : 23
Value    : tobias.weltner@email.de

Groups   : {tobias@ powertheshell.com}
Success  : True
Captures : {tobias@ powertheshell.com}
Index    : 156
Length   : 21
Value    : tobias@ powertheshell.com

Groups   : {tobias.weltner@scriptinternals.de}
Success  : True
Captures : {tobias.weltner@scriptinternals.de}
Index    : 183
Length   : 33
Value    : tobias.weltner@scriptinternals.de

PS> $regex.Matches($text) | Select-Object -ExpandProperty Value
tobias.weltner@email.de
```

tobias@powershell.com
tobias.weltner@scriptinternals.de

Mehr zu regulären Ausdrücken erfahren Sie in Kapitel 7.

Ein besseres Array durch Typumwandlung

Wie nützlich es sein kann, ein Objekt in einen passenderen Typ umzuwandeln, zeigt sich zum Beispiel bei Arrays. Normalerweise bewahrt PowerShell Arrays in einem Objekt vom Typ *System.Object[]* auf:

```
PS> $feld = 1,2,'Hallo'
PS> $feld.GetType().FullName
System.Object[]
```

Möchten Sie ein neues Element in das Array einfügen, ist das zwar nicht schwierig, aber langsam und unflexibel: Bei jedem Hinzufügen legt PowerShell hinter den Kulissen ein neues Array an und außerdem können Sie neue Elemente nur ans Ende eines Arrays anfügen:

```
# Digitalen Fingerabdruck des Arrays ausgeben:
PS> $feld.GetHashCode()
48015737

# Neues Element ans Ende des Arrays anfügen:
PS> $feld += 'Neues Element'

# Das Array wurde neu angelegt (anderer Hash):
PS> $feld.GetHashCode()
25961440
```

Sobald Sie mehr mit Arrays anstellen wollen, als darin nur Elemente aufzubewahren, ist der Typ *System.Collections.ArrayList* wesentlich vielseitiger. Wandeln Sie ein normales Array in diesen Typ um, können Sie plötzlich neue Elemente an beliebigen Positionen einfügen oder auch löschen:

```
# Array in ArrayList umwandeln:
PS> $feldNeu = [System.Collections.ArrayList]$feld

# Inhalt des Arrays sichtbar machen:
PS> $feldNeu
1
2
Hallo
Neues Element

# Hashcode des Arrays ausgeben:
PS> $feldNeu.GetHashCode()
4341305

# Element an Position 1 (zweites Element) streichen:
PS> $feldNeu.RemoveAt(1)
PS> $feldNeu
1
Hallo
Neues Element

# neues Element an Position 2 (nach dem dritten Element) einfügen:
```

```
PS> $feldNeu.Insert(2, 'Welt')
PS> $feldNeu
1
Hallo
Welt
Neues Element

# Hashcode hat sich nicht geändert, das Array bleibt die ganze Zeit erhalten:
PS> $feldNeu.GetHashCode()
4341305
```

Das umgewandelte Array kann jederzeit wieder zurück in ein normales Array konvertiert werden:

```
PS> $feld = [System.Object[]]$feldNeu
```

Notwendig ist das allerdings nicht. Sie dürfen die erweiterten Arrays vom Typ *ArrayList* bedenkenlos überall dort einsetzen, wo normale Arrays erwartet werden. Falls notwendig, wandelt das entsprechende Cmdlet die *ArrayList* automatisch zurück in ein normales Array.

Neue .NET-Objekte mit New-Object

Bisher stammten alle Objekte, mit denen Sie konfrontiert wurden, von Befehlen bzw. direkt von PowerShell oder wurden durch Umwandlungen bestehender Objekte beschafft. In .NET Framework gibt es jedoch viele weitere Typen, aus denen sich nützliche Objekte herstellen lassen. Solche Objekte erhalten Sie mit *New-Object*, wenn Sie mit *-TypeName* den Namen des Typs angeben, also die »Sorte« des gewünschten Objekts.

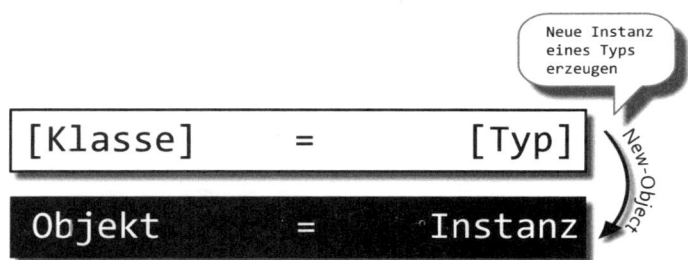

Abbildung 13.2   Mit *New-Object* fordern Sie ein neues Objekt einer bestimmten »Sorte« an

Webseiteninhalte abrufen

Möchten Sie zum Beispiel den Inhalt von Webseiten abrufen, ist der Typ *System.Net.WebClient* zuständig – jedenfalls dann, wenn Sie kein PowerShell 3.0 verwenden oder Skripts schreiben müssen, die kompatibel zu PowerShell 2.0 sind. In PowerShell 3.0 gibt es nämlich inzwischen das Cmdlet *Invoke-WebRequest*, mit dem man dasselbe (nur sehr viel einfacher) erreichen kann. Leiten Sie von *System.Net.WebClient* ein neues Objekt ab, enthält es alle Befehle, die Sie für den Abruf von Informationen aus dem Internet benötigen:

```
$webclient = New-Object System.Net.WebClient
$webclient.DownloadString('http://www.powershell.com')
```

PROFITIPP Sollte *DownloadString()* bei Ihnen nicht funktionieren, verwendet Ihre Infrastruktur möglicherweise einen Proxy, an dem Sie sich zuerst anmelden müssen. Hier ist eine Variante, die sowohl bei direkten Internetverbindungen funktioniert als auch bei Proxys, die eine transparente Anmeldung mit den aktuellen Benutzerdaten unterstützen:

```
$webclient = New-Object System.Net.WebClient
try
{
  $proxy = [System.Net.WebRequest]::GetSystemWebProxy()
  $proxy.Credentials = [System.Net.CredentialCache]::DefaultNetworkCredentials
  $webClient.proxy = $proxy
}
catch {}

$webclient.UseDefaultCredentials = $true
```

Listing 13.3 Das Skript *Webclient.ps1*

Sollte das auch nicht helfen, müssen Sie sich gegebenenfalls explizit am Proxy anmelden:

```
PS> $webclient.Proxy.Credentials = (Get-Credential).GetNetworkCredential()
```

Kombinieren Sie dies mit *Measure-Command*, können Sie zum Beispiel die Verfügbarkeit und Geschwindigkeit von Webseiten (in Millisekunden) testen:

```
PS> Measure-Command { $webclient.DownloadString('http://www.powershell.com') } | Select-Object
-ExpandProperty MilliSeconds
721
```

Projekt: Populäre Vornamen der Zeitgeschichte

Vielleicht sind Sie ja auch schon mal über eine Webseite gestolpert wie die der US-amerikanischen Regierung in Abbildung 13.3. Wäre es nicht schön, wenn man diese Daten abrufen und zum Beispiel weiter analysieren könnte? Kann man aber nicht: Die Webseite stellt sie nur als statische HTML-Informationen bereit.

Dank Ihres neuen Webclients, den Sie über *New-Object* erhalten haben, und dank der neuen *RegEx*-Engine, die Sie ebenfalls über Typenkonvertierung erhielten, können Sie nun jedoch zuerst den Quelltext der Website abrufen und danach den HTML-Code mit einem regulären Ausdruck nach den gewünschten Informationen durchsuchen.

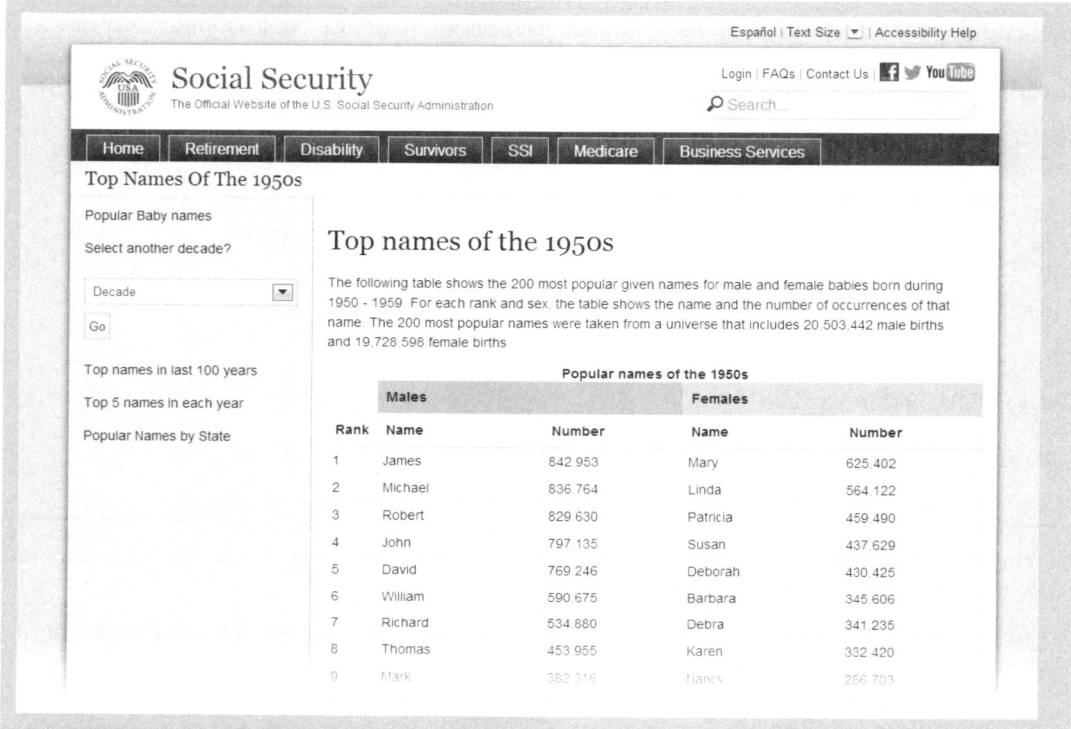

Abbildung 13.3   Populäre US-Baby-Namen in verschiedenen Dekaden

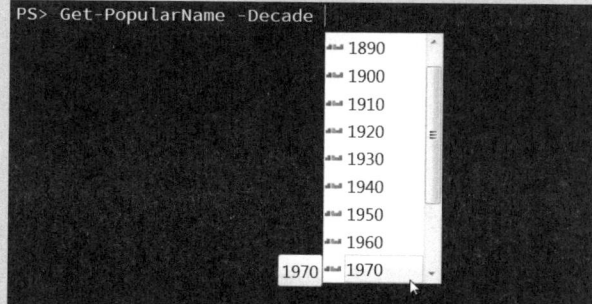

Abbildung 13.4   Eine PowerShell-Funktion kann die Namen samt Daten von der HTML-Seite »kratzen«

Genau das macht die folgende Funktion *Get-PopularName* und demonstriert, dass das zwar anspruchsvoll ist, aber kein Hexenwerk. Man nennt sowas »HTML-Scraping« und es kann grundsätzlich auf alle Webseiten angewendet werden, die ihre Informationen nicht freiwillig hergeben wollen.

In diesem multidisziplinären Projekt werden die Erkenntnisse dieser Kapitel kombiniert:

■ **Kapitel 7 – Operatoren**   Hier erfahren Sie, wie reguläre Ausdrücke funktionieren und was die vielen Sonderzeichen eigentlich bedeuten

■ **Kapitel 10 – Mit Objekten arbeiten**   Hier lesen Sie, was Objekte eigentlich sind und wie man über den ».« ihre vielfältigen Eigenschaften und Methoden anspricht

■ **Kapitel 17 – Objekte als Rückgabewerte**   Hier wird gezeigt, wie Sie dafür sorgen, dass Ihre Funktionen echte Objekte zurückgeben

■ **Kapitel 18 – Fortgeschrittene Parameter**   Hier wird erklärt, wie Sie IntelliSense-Unterstützung in Ihre Parameter einbauen

Die folgende Zeile zeigt, wie einfach es nun ist, Namen von der Webseite zu laden:

```
PS> Get-PopularName -Decade 1970 | Out-GridView
```

Per Klick auf eine der Spaltenüberschriften werden die Informationen sortiert.

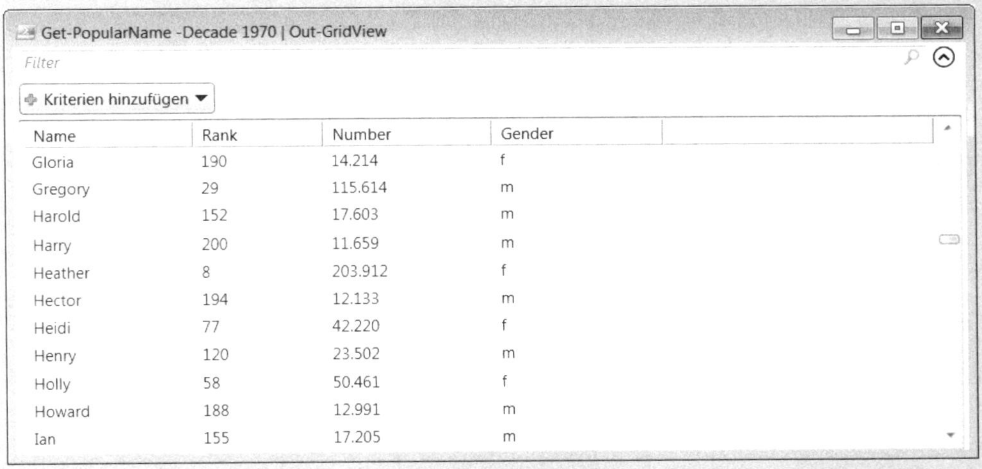

Name	Rank	Number	Gender
Gloria	190	14.214	f
Gregory	29	115.614	m
Harold	152	17.603	m
Harry	200	11.659	m
Heather	8	203.912	f
Hector	194	12.133	m
Heidi	77	42.220	f
Henry	120	23.502	m
Holly	58	50.461	f
Howard	188	12.991	m
Ian	155	17.205	m

Abbildung 13.5   Informationen der Website in PowerShell weiterverarbeiten

ACHTUNG   Wie immer, wenn Rohdaten analysiert werden, klappt das nur so lange, wie die Rohdaten ihr Format behalten. Drücken Sie also die Daumen, dass die US-Regierung den Aufbau der Webseite möglichst lange nicht grundlegend umgestaltet. Dann nämlich müssten Sie den regulären Ausdruck anpassen, der ja festlegt, wo und in welcher Form die interessanten Informationen im HTML-Quellcode stecken.

```
function Get-PopularName
{
  param
  (
    [ValidateSet('1880','1890','1900','1910','1920','1930','1940',
'1950','1960','1970','1980','1990','2000')]
    $Decade = '1950'
  )

  # Muster der Information im Quelltext der Webseite
  # runde Klammern markieren Informationen, die separat extrahiert werden sollen
  #(außer solche, die mit "?:" markiert sind)
  # (.*?) steht für "beliebiger Text"
  # (?si) steht für "single line mode" und "case-insensitive"
  $pattern = '(?si)<td>(\d{1,3})</td>\s*?<td align="center">(.*?)</
td>\s*?<td>((?:\d{0,3}\,)*\d{1,3})</td>\s*?<td align="center">(.*?)</
td>\s*?<td>((?:\d{0,3}\,)*\d{1,3})</td></tr>'

  # WebClient besorgen und universell konfigurieren:
  $webclient = New-Object System.Net.WebClient
  try
  {
    $proxy = [System.Net.WebRequest]::GetSystemWebProxy()
    $proxy.Credentials = [System.Net.CredentialCache]::DefaultNetworkCredentials
    $webclient.proxy = $proxy
  } catch {}
  $webclient.UseDefaultCredentials = $true

  # Quelltext der Webseite herunterladen:
  $html = $webclient.DownloadString("http://www.ssa.gov/OACT/babynames/decades/
names$($decade)s.html")

  # RegEx-Engine durch Typumwandlung erstellen:
  $regex = [regex]$pattern

  # Treffer im Text suchen:
  $Matches = $regex.Matches($html)

  # Ergebnisse auswerten und in Objekte verpacken:
  $matches | ForEach-Object {
    $match = $_

    $rv = New-Object PSObject | Select-Object -Property Name, Rank, Number, Gender
    $rv.Rank = $match.Groups[1].Value
    $rv.Gender = 'm'
    $rv.Name = $match.Groups[2].Value
    $rv.Number = [int]$match.Groups[3].Value
    $rv

    $rv = New-Object PSObject | Select-Object -Property Name, Rank, Number, Gender
    $rv.Rank = $match.Groups[1].Value
    $rv.Gender = 'f'
    $rv.Name = $match.Groups[4].Value
    $rv.Number = [int]$match.Groups[5].Value
    $rv
  } | Sort-Object Name, Rank
}
```

Listing 13.4 Das Skript *Get-PopularName.ps1*

Mit XML arbeiten

XML (*Extended Markup Language*) verbreitet sich immer stärker als universelles Format zum Bereitstellen und Speichern von Informationen. Der Umgang mit XML-Daten allerdings war bisher nicht
einfach. Das ändert sich jetzt, denn mit dem Wissen über Typen und Objekte übernimmt PowerShell
einen großen Teil der Arbeit. Weil XML-Dateien aus reinem Text bestehen, kann man sie leicht mit
jedem Editor oder direkt von PowerShell aus anlegen. Im Folgenden soll eine Mitarbeiterliste als
XML-Datei gespeichert werden:

```
$xml = @'
<?xml version="1.0" ?>
<Belegschaft Zweigstelle="Hannover" Typ="Aussendienst">
  <Mitarbeiter>
    <Name>Tobias Weltner</Name>
    <Rolle>Leitung</Rolle>
    <Alter>41</Alter>
  </Mitarbeiter>
  <Mitarbeiter>
    <Name>Cofi Heidecke</Name>
    <Rolle>Sicherheit</Rolle>
    <Alter>36</Alter>
  </Mitarbeiter>
</Belegschaft>
'@ | Out-File $HOME\mitarbeiter.xml
```

Listing 13.5 Das Skript *mitarbeiterliste.ps1*

Damit Sie die im XML-Code eingebetteten Informationen schnell und einfach abrufen können, verarbeiten Sie den XML-Code nicht als Text, sondern als XML. Wandeln Sie den Text also in den Typ
XML um:

```
# XML als reiner Text:
Get-Content $HOME\mitarbeiter.xml

# XML als XML-Objekt:
[xml](Get-Content $HOME\mitarbeiter.xml)
```

Listing 13.6 Das Skript *xml_umwandlung.ps1*

Das Ergebnis sieht so aus:

```
PS> [xml](Get-Content $HOME\mitarbeiter.xml)

xml                          Belegschaft
---                          -----------
version="1.0"                Belegschaft
```

PROFITIPP   *[xml]* ist wieder ein sogenannter *Type Accelerator*, eine Abkürzung also. Der eigentliche Typ heißt *Sys-
tem.Xml.XmlDocument*:

```
PS> [xml].FullName
System.Xml.XmlDocument
```

Was genau bei der Konvertierung des XML-Texts in ein XML-Dokument passiert ist, entpuppt sich bei genauem Hinschauen als erstaunlich clever: Das XML-Objekt stellt mit *xml* und *Belegschaft* die obersten Knoten dar (mit Unterelementen und Attributen). Tatsächlich lauten die obersten Einträge der XML-Datei *xml* und *Belegschaft*:

```
<?xml version="1.0" ?>
<Belegschaft Zweigstelle="Hannover" Typ="Aussendienst">
```

Wollen Sie die Unterelemente eines Knotens sehen, geben Sie einfach dessen Namen an. Um also alle Mitarbeiter aus der XML-Liste auszugeben, probieren Sie dies:

```
PS> $xml = [xml](Get-Content $HOME\mitarbeiter.xml)
PS> $xml.Belegschaft
```

Zweigstelle	Typ	Mitarbeiter
Hannover	Aussendienst	{Tobias Weltner, Cofi Heid...

Jetzt sehen Sie den nächsten Knoten, nämlich *Belegschaft*. PowerShell listet die Attribute und Unterknoten auf. Die einzelnen Mitarbeiter befinden sich in der Spalte *Mitarbeiter*. Wollen Sie die Mitarbeiter sehen, müssen Sie also noch eine Ebene tiefer eintauchen:

```
PS> $xml.Belegschaft.Mitarbeiter
```

Name	Rolle	Alter
Tobias Weltner	Leitung	41
Cofi Heidecke	Sicherheit	36

Sind Sie nur an einer Namensliste interessiert, setzen Sie wieder *Select-Object* mit dem Parameter *-ExpandProperty* ein. Erinnern Sie sich? Damit wird das aktuelle Objekt durch den Inhalt der angegebenen Spalte ersetzt:

```
PS> $xml.Belegschaft.Mitarbeiter | Select-Object -ExpandProperty Name | Sort-Object
Cofi Heidecke
Tobias Weltner
```

XML-Objekte erzeugen

Eben haben Sie das XML-Objekt durch Konvertierung erzeugt. Ein schnellerer Weg ist, sich ein leeres neues XML-Objekt zu beschaffen und dann die XML-Informationen direkt aus einer Datei zu laden. Das ist vor allem bei großen XML-Datensätzen deutlich schneller:

```
PS> $xml = New-Object xml
PS> $xml.Load("$HOME\mitarbeiter.xml")
PS> $xml
```

xml	Belegschaft
version="1.0"	Belegschaft

XML-Daten aus dem Internet laden

Die Methode *Load()* des XML-Objekts ist sogar noch flexibler und kann auch XML-Daten aus anderen Quellen wie zum Beispiel dem Internet holen. Das setzt allerdings voraus, dass Sie einen direkten

Internetzugang verwenden. Wer einen Proxyserver einsetzt und sich womöglich sogar noch daran anmelden muss, kann die XML-Inhalte auf diese Weise nicht laden. In diesem Fall muss das auf Seite 557 besprochene *WebClient*-Objekt eingesetzt werden, um die Rohinhalte abzurufen. Diese können dann nachträglich in den XML-Datentyp umgewandelt werden. Die folgenden Zeilen rufen beispielsweise den RSS-Feed des Heise-Newstickers ab und zeigen dann die aktuellen Schlagzeilen an:

```
$xml = New-Object xml
$xml.Load('http://www.heise.de/ct/rss/artikel-atom.xml')
$xml
```

Listing 13.7 Das Skript *newsticker1.ps1*

```
xml                                     feed
---                                     ----
version="1.0" encoding="utf-8"          feed
```

Die einzelnen Schlagzeilen finden sich im Knoten *feed* und darin in den *entry*-Knoten:

```
PS> $xml.feed

xmlns    : http://www.w3.org/2005/Atom
title    : c't-Themen
subtitle : Highlights aus der aktuellen Magazin-Ausgabe und Neues auf den Web-Seiten
link     : {link, link}
updated  : 2012-11-17T11:32:17+01:00
author   : author
id       : http://www.heise.de/ct/
entry    : {entry, entry, entry, entry...}

PS> $xml.feed.entry | Select-Object -Property Title, Link, Published, Summary | Out-GridView
```

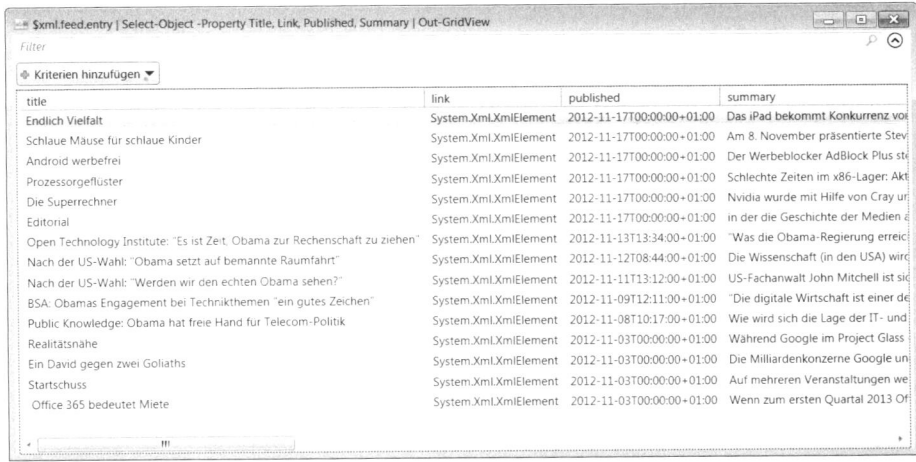

Abbildung 13.6 RSS-Newsfeed aus dem Internet als XML laden und Schlagzeilen anzeigen

Auffällig in Abbildung 13.6 ist, dass die Spalte *link* unleserlich ist. Auch das Datumsformat in der Spalte *published* ist gewöhnungsbedürftig. Sie ahnen nun aber vielleicht schon, warum das so ist – und was man dagegen unternehmen könnte:

■ **Typen werden in Text verwandelt**   Bei der Ausgabe werden alle ausgewählten Eigenschaften in Text verwandelt. Die Eigenschaft *link* enthielt aber keinen Text oder irgendetwas, das in Text umgewandelt werden konnte. Sie enthielt stattdessen ein weiteres Objekt vom Typ *System. Xml.XmlElement* und PowerShell hat in seiner Not zumindest den Namen dieses Typs ausgegeben. Lösung: Schauen Sie sich dieses Objekt näher an und finden Sie dessen Untereigenschaft mit dem echten Link.

■ **Informationen sind möglicherweise konvertierbar**   Der RSS-Feed zeigt das Datum als Text in einer Standardformatierung an. Damit das Datum vernünftig lesbar wird und auch sortiert werden kann, konvertieren Sie es in den Typ *DateTime*.

Die folgende Lösung behebt beide Probleme und setzt dazu Hashtabellen und die Technik berechneter Spalten aus Kapitel 5 ein:

```
$link = @{
  Name = 'Internetlink'
  Expression = { $_.link.href }
}

$published = @{
  Name = 'Veröffentlicht'
  Expression = { [datetime]$_.published }
}


$xml = New-Object xml
$xml.Load('http://www.heise.de/ct/rss/artikel-atom.xml')
$xml.feed.entry |
  Select-Object -Property title, $Link, $Published, summary |
  Out-GridView
```

Listing 13.8   Das optimierte *Skript newsticker2.ps1*

Das Ergebnis sieht nun schon sehr viel besser aus (Abbildung 13.7).

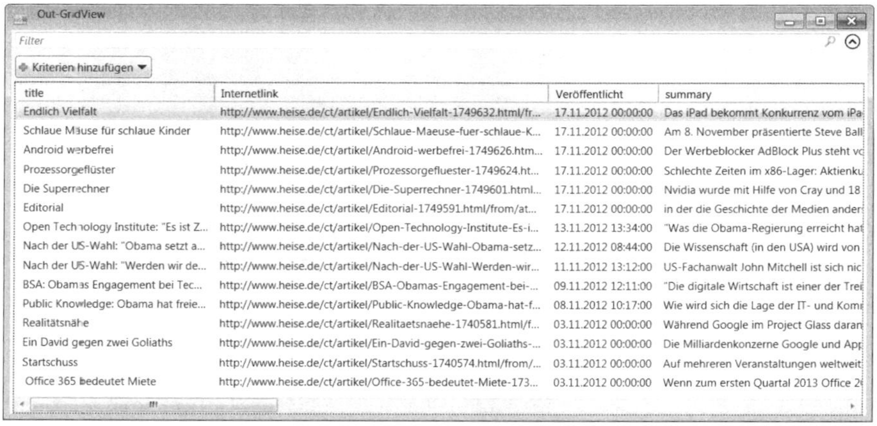

Abbildung 13.7   Die Spalten *link* und *published* wurden durch berechnete Spalten mit besserem Inhalt ersetzt

PROFITIPP   Falls Sie nicht über eine direkte Internetverbindung verfügen und sich an einem *Proxy* anmelden müssen, können Sie anstelle des *WebClient*-Objekts auch einen sogenannten *WebRequest* verwenden. Er ist noch etwas systemnäher als das *WebClient*-Objekt:

```
$url = 'http://www.heise.de/ct/rss/artikel-atom.xml'

# Low-Level WebRequest verwenden:
$request = [System.Net.WebRequest]::Create($url)
$request.Timeout = 1000

# Proxy einrichten:
$proxy = New-Object System.Net.WebProxy("http://yourProxy:8080")
# entweder mit Standardanmeldedaten arbeiten...
$proxy.useDefaultCredentials = $true
# ...oder nach Anmeldedaten fragen:
$proxy.Credentials = (Get-Credential).GetNetworkCredential()
$request.Proxy = $proxy

# Daten abrufen:
$response = $request.GetResponse()
$requestStream = $response.GetResponseStream()
$readStream = New-Object System.IO.StreamReader $requestStream
$data = $readStream.ReadToEnd()
$readStream.Close()
$response.Close()

# Daten in XML verwandeln:
$xml = [xml]$data
$xml
```

Listing 13.9 Das Skript *webrequest.ps1*

Webdienste verwenden

Webdienste sind Dienste, die über Internetadressen angesprochen werden und ihre Ergebnisse als XML zurückliefern. Das XML-Ergebnis kann dann von PowerShell weiterverarbeitet werden. Die folgenden Zeilen rufen beispielsweise Inhalte aus einer Spielfilmdatenbank im Internet ab:

```
function Get-Movie
{
  param(
    [Parameter(Mandatory=$true)]
    $Name
  )

  $xml = New-Object xml
  $xml.Load("http://a.disas.de/ofdbgw/search/$Name")
  $xml.ofdbgw.resultat.eintrag
}
```

Listing 13.10 Das Skript *Get-Movie.ps1*

Wenn Sie mögen, rufen Sie nun ganz bequem die Eckdaten zu Ihren Lieblingsfilmen ab (Abbildung 13.8).

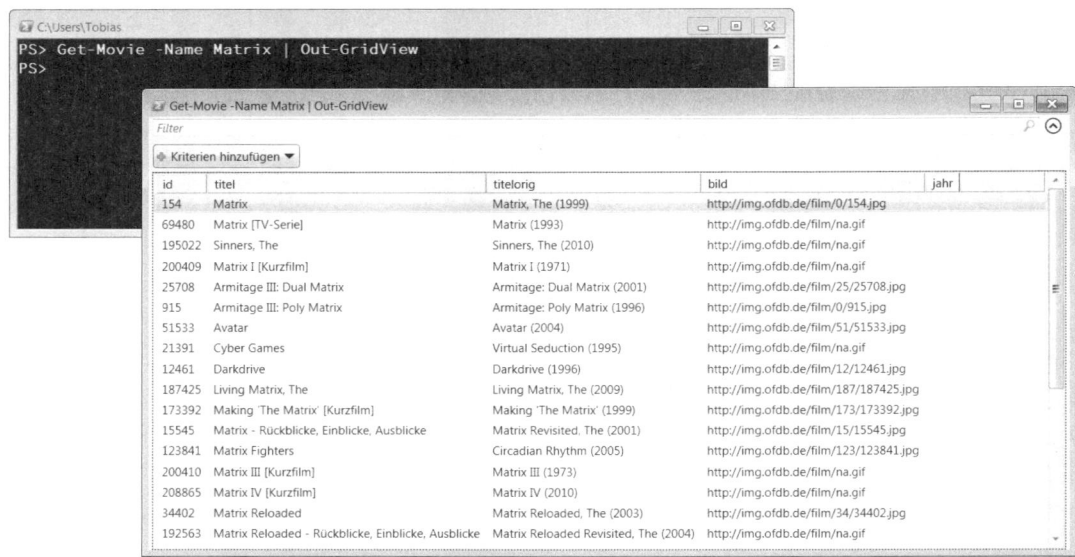

Abbildung 13.8   Wie gut oder schlecht die Ergebnisse sind, hängt von der Onlinedatenbank ab, die Sie anzapfen

---

PROFITIPP   Neben einfachen Webdiensten, die reines XML zurückliefern, gibt es außerdem SOAP-basierte Webdienste. Sie verhalten sich wie Programmierschnittstellen und liefern Objekte mit Eigenschaften und Methoden. PowerShell kann solche Webdienste mit *New-WebServiceProxy* ansprechen. Allerdings kann dabei kein Internetproxy angegeben werden, sodass Ihnen dieser Weg möglicherweise versperrt ist, wenn Sie für den Internetzugang einen kennwortgeschützten Proxy verwenden. Der folgende Code ruft den aktuellen Wetterbericht für Hannover und Palma de Mallorca ab und vergleicht die Tagestemperaturen:

```
# Wetterdienst ansprechen:
PS> $wetter = New-WebServiceProxy -uri http://www.webservicex.com/globalweather.asmx?WSDL

# Wetter für Hannover abrufen:
PS> $wetter.GetWeather("Hannover", "Germany")
<?xml version="1.0" encoding="utf-16"?>
<CurrentWeather>
  <Location>Hannover, Germany (EDDV) 52-28N 009-41E 59M</Location>
  <Time>Nov 21, 2012 - 07:20 AM EST / 2012.11.21 1220 UTC</Time>
  <Wind> from the SSE (150 degrees) at 15 MPH (13 KT):0</Wind>
  <Visibility> greater than 7 mile(s):0</Visibility>
  <SkyConditions> partly cloudy</SkyConditions>
  <Temperature> 44 F (7 C)</Temperature>
  <DewPoint> 37 F (3 C)</DewPoint>
  <RelativeHumidity> 75%</RelativeHumidity>
  <Pressure> 29.94 in. Hg (1014 hPa)</Pressure>
  <Status>Success</Status>
</CurrentWeather>

# Wetter für Mallorca abrufen:
PS> $wetter.GetWeather("Palma", "Spain")
<?xml version="1.0" encoding="utf-16"?>
```

```
<CurrentWeather>
  <Location>Palma De Mallorca / Son San Juan, Spain (LEPA) 39-33N 002-44E 8M</Location>
  <Time>Nov 21, 2012 - 07:00 AM EST / 2012.11.21 1200 UTC</Time>
  <Wind> from the SW (230 degrees) at 12 MPH (10 KT) (direction variable):0</Wind>
  <Visibility> greater than 7 mile(s):0</Visibility>
  <SkyConditions> mostly clear</SkyConditions>
  <Temperature> 66 F (19 C)</Temperature>
  <DewPoint> 59 F (15 C)</DewPoint>
  <RelativeHumidity> 77%</RelativeHumidity>
  <Pressure> 30.06 in. Hg (1018 hPa)</Pressure>
  <Status>Success</Status>
</CurrentWeather>
```

Das Ergebnis wird im XML-Format zurückgesendet. Um also an die Einzelinformationen zu kommen, brauchen Sie es nur noch ins XML-Format umzuwandeln:

```
PS> $hannover = [xml]$wetter.GetWeather("Hannover", "Germany")
PS> $mallorca = [xml]$wetter.GetWeather("Palma", "Spain")
PS> $hannover.CurrentWeather.Temperature
44 F (7 C)
```

Wie sich zeigt, wird die Temperatur sowohl in Grad Celsius als auch in Grad Fahrenheit angegeben, leider gemixt in einem Text. Reguläre Ausdrücke können daraus aber die gewünschte Information ausschneiden:

```
# Temperatur für Hannover mit regulärem Ausdruck ausschneiden:
PS> $hannover.CurrentWeather.Temperature -match 'F \((.*?) C\)'
True
PS> $Matches[1]
7
```

So können Sie vollautomatisch die aktuelle Temperaturdifferenz zwischen Hannover und Palma de Mallorca ermitteln:

```
# Wetterdienst ansprechen:
$wetter = New-WebServiceProxy -Uri http://www.webservicex.com/globalweather.asmx?WSDL

# Wetterdaten abrufen:
$hannover = [xml]$wetter.GetWeather('Hannover', 'Germany')
$mallorca = [xml]$wetter.GetWeather('Palma', 'Spain')
$celsiusHannover =
if ($hannover.CurrentWeather.Temperature -match 'F \((.*?) C\)')
{
  $Matches[1]
}

$celsiusPalma =
if ($mallorca.CurrentWeather.Temperature -match 'F \((.*?) C\)')
{
  $Matches[1]
}

$differenz = $celsiusPalma - $celsiusHannover

"In Palma de Mallorca ist es gerade $differenz Grad Celsius wärmer."

# HTML-Report der Wetterdaten anlegen und öffnen:
$mallorca.currentweather, $hannover.currentweather |
  Select-Object Location, Time, Wind, Visibility, Temperature, DewPoint, RelativeHumidity,
Pressure, Status |
```

```
ConvertTo-Html -Title 'Wetterbericht Palma und Hannover' |
Out-File $env:TEMP\wetter.hta

# Report öffnen:
Invoke-Item $env:TEMP\wetter.hta
```

Listing 13.11 Das Skript *wetter.ps1* nutzt einen SOAP-basierten Webdienst

Die Meldung ergibt:

```
In Palma de Mallorca ist es gerade 8 Grad Celsius wärmer.
```

Gleichzeitig öffnet sich ein kleiner Wetterbericht (Abbildung 13.9).

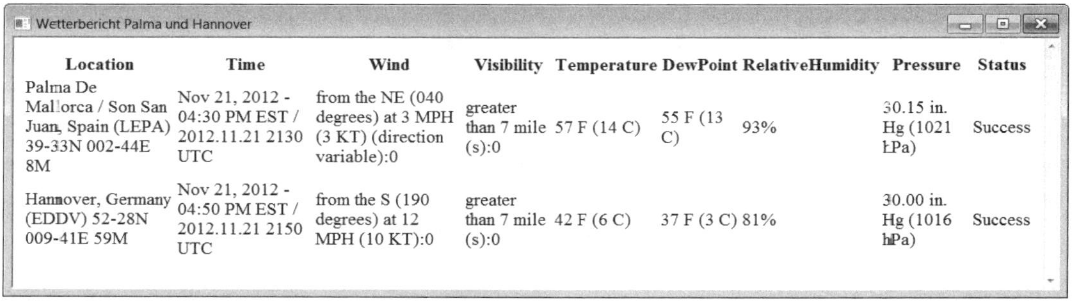

Location	Time	Wind	Visibility	Temperature	DewPoint	RelativeHumidity	Pressure	Status
Palma De Mallorca / Son San Juan, Spain (LEPA) 39-33N 002-44E 8M	Nov 21, 2012 - 04:30 PM EST / 2012.11.21 2130 UTC	from the NE (040 degrees) at 3 MPH (3 KT) (direction variable):0	greater than 7 mile (s):0	57 F (14 C)	55 F (13 C)	93%	30.15 in. Hg (1021 hPa)	Success
Hannover, Germany (EDDV) 52-28N 009-41E 59M	Nov 21, 2012 - 04:50 PM EST / 2012.11.21 2150 UTC	from the S (190 degrees) at 12 MPH (10 KT):0	greater than 7 mile (s):0	42 F (6 C)	37 F (3 C)	81%	30.00 in. Hg (1016 hPa)	Success

Abbildung 13.9 Automatisch generierter aktueller Flughafenwetterbericht

Auch Wechselkurse zur Umrechnung der Reisekasse lassen sich via Webdienst tagesaktuell von der Europäischen Zentralbank abrufen. *Get-ExchangeRate* liefert die Daten:

```
function Get-ExchangeRate
{
  $xml = New-Object xml
  $xml.Load('http://www.ecb.europa.eu/stats/eurofxref/eurofxref-daily.xml')

  # aus den XML-Daten die Wechselkursinformationen ansprechen:
  $xml.Envelope.Cube.Cube.Cube
}
```

Listing 13.12 Das Skript *Get-ExchangeRate.ps1*

Daraus könnten Sie dann sehr bequem den Wechselkurs für eine bestimmte Währung herauslesen:

```
# Kurs für US-Dollar ermitteln:
PS> $kurse = Get-ExchangeRate
PS> $usd = $kurse | Where-Object { $_.currency -eq 'USD' } | Select-Object -ExpandProperty rate
PS> $usd
1.2805

# Alle Kurse in Hashtable speichern:
PS> $kursverzeichnis = @{}
PS> $kurse | ForEach-Object {
  $waehrung = $_.currency
  $rate = $_.rate
  $kursverzeichnis.$waehrung = $rate
```

```
}

# Wechselkurse für bestimmte Währungen aus Kursverzeichnis lesen:
PS> $kursverzeichnis['USD']
1.2805

PS> $kursverzeichnis['JPY']
105.49
```

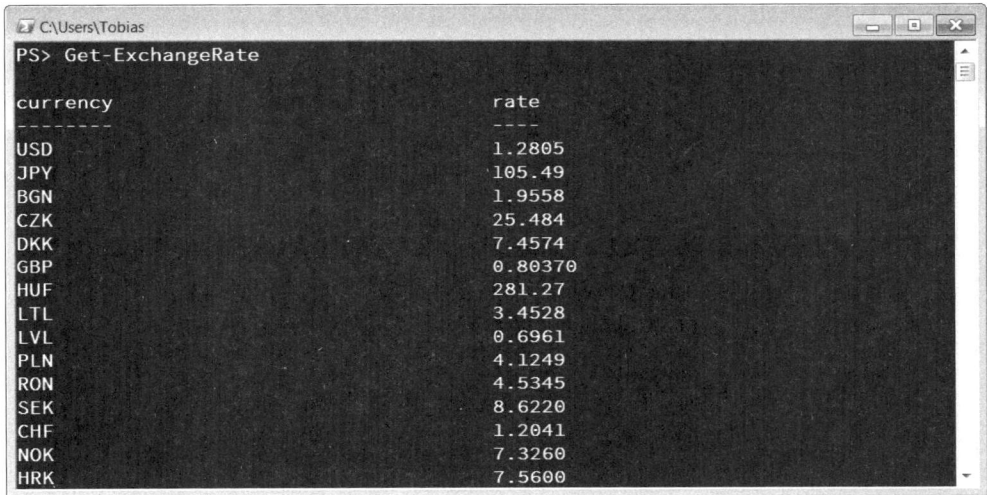

Abbildung 13.10   Automatisch aktuelle Wechselkurse von der Zentralbank abrufen

WMI-Remotezugriffe mit Anmeldung

WMI ist eine extrem vielseitige Verwaltungstechnik, über die sich natürlich nicht nur Prozesse (wie im Beispiel in diesem Kapitel) starten lassen. Der folgende Code richtet beispielsweise auf dem Server *storage1* eine neue Freigabe namens *serviceshare* ein:

```
$shareklasse = [wmiclass]'\\storage1\root\cimv2:Win32_Share'
$pfad = 'C:\'
$name = 'serviceshare'
$type = 0
$maximumallowed = 5
$description = 'Interner Share für Wartungsaufgaben'
$shareklasse.Create($pfad, $Name, $Type, $MaximumAllowed, $Description).ReturnValue
```

Listing 13.13   Das Skript *create_share1.ps1*

Voraussetzung dafür ist, dass Sie über die notwendigen Administratorrechte verfügen und es noch keine Freigabe unter dem gewählten Namen gibt. Wenn alles klappt, wird der Rückgabewert *0* geliefert. Der Rückgabewert *22* bedeutet, dass die Freigabe bereits vorhanden ist. Die Bedeutung der übrigen Rückgabewerte liefert die entsprechende Dokumentation im Internet. Sofort nach Anlegen der neuen Freigabe können Sie auch bereits darauf zugreifen:

```
PS> Get-ChildItem -Path \\storage1\serviceshare

    Verzeichnis: \\storage1\serviceshare

Mode                LastWriteTime     Length Name
----                -------------     ------ ----
d----         11.06.2009     18:57           $WIN_NT$.~BT
d----         11.06.2009     18:56           DOCS
(...)
```

Allerdings funktionieren alle diese Beispiele nur, wenn Sie auf dem Zielsystem über Administratorrechte verfügen, und da Sie nirgends Anmeldeinformationen angeben konnten, werden Sie
zwangsläufig mit Ihrer aktuellen Identität am Zielsystem angemeldet. Möchten Sie eine andere
Identität annehmen, genügt die Typkonvertierung nicht mehr. Jetzt müssen Sie selbst gezielt einige
Objekte anlegen:

```
# Anmeldeinformationen festlegen:
$WMIOptionen = New-Object System.Management.ConnectionOptions
$anmeldung = Get-Credential
$WMIOptionen.SecurePassword = $anmeldung.Password
$WMIOptionen.UserName = $anmeldung.UserName

$path = '\\storage1\root\cimv2:Win32_Share'
$scope = New-Object System.Management.ManagementScope($path, $WMIOptions)
$scope.Connect()

$optionen = New-Object System.Management.ObjectGetOptions

# Freigabe einrichten:
$shareklasse = New-Object System.Management.ManagementClass($scope, $path, $optionen)
$pfad = 'C:\'
$name = 'serviceshare_neu'
$type = 0
$maximumallowed = 5
$description = 'Interner Share für Wartungsaufgaben'
$shareklasse.Create($pfad, $Name, $Type, $MaximumAllowed, $Description).ReturnValue
```

Mehr zum Remoting lesen Sie in Kapitel 23.

Konstruktoren verwenden

Manchmal sträuben sich Typen, neue Objekte anzulegen. Sie melden dann, es sei kein *Konstruktor*
gefunden worden. Das bedeutet, dass der Typ weitere Angaben von Ihnen benötigt, um das Objekt zu
erzeugen:

```
PS> New-Object -TypeName System.String
New-Object : Der Konstruktor wurde nicht gefunden. Es kann kein geeigneter
Konstruktor für den Typ System.String gefunden werden.
```

Bei Strings (Texten) wäre das noch zu verschmerzen, denn diese kann man ja viel bequemer über
Anführungszeichen herstellen. Aber vielleicht wollen Sie sich gern remote an einem Computer
anmelden und dazu Anmeldedaten verwenden. Weil Ihre Lösung später unbeaufsichtigt laufen soll,

können Sie es sich aber nicht leisten, ein Credential-Objekt von *Get-Credential* einzusetzen, denn dazu muss jedes Mal von Hand ein Dialogfeld ausgefüllt werden:

```
PS> $cred = Get-Credential
```

Abbildung 13.11 Für die unbeaufsichtigte Skriptausführung dürfen solche Dialoge nicht erscheinen

Weil Sie ausgesprochen clever sind, haben Sie das Dialogfeld dennoch ausgefüllt und anschließend den Typ des Credential-Objekts bestimmt:

```
PS> $cred.GetType().FullName
System.Management.Automation.PSCredential
```

Als Nächstes wollten Sie solch ein Objekt selbst von Hand herstellen:

```
PS> New-Object -TypeName System.Management.Automation.PSCredential
New-Object : Der Konstruktor wurde nicht gefunden. Es kann kein geeigneter Konstruktor für den Typ
System.Management.Automation.PSCredential gefunden werden.
```

Dummerweise erschien aber auch hier so wie bei *System.String* die Fehlermeldung. Spätestens jetzt ist es also an der Zeit herauszufinden, was der passende Konstruktor ist und was er von Ihnen wissen will.

Neue Objekte mit Konstruktoren erstellen

Um herauszufinden, welche Konstruktoren es für einen Typ gibt, bestimmt man den Typ und ruft dann dessen Methode *GetConstructors()* auf. Für Strings sieht das so aus:

```
PS> 'Test'.GetType().GetConstructors() | ForEach-Object { $_.ToString() }
Void .ctor(Char*)
Void .ctor(Char*, Int32, Int32)
Void .ctor(SByte*)
Void .ctor(SByte*, Int32, Int32)
Void .ctor(SByte*, Int32, Int32, System.Text.Encoding)
Void .ctor(Char[], Int32, Int32)
Void .ctor(Char[])
Void .ctor(Char, Int32)
```

Der Konstruktor ist also im Grunde eine ganz normale Methode, die allerdings immer .ctor heißt und automatisch aufgerufen wird, wenn ein neues Objekt erstellt werden soll. Welcher Konstruktor genau aufgerufen wird, wenn es mehrere gibt, richtet sich wie immer bei Methodenaufrufen danach, welche und wie viele Argumente Sie übergeben. Passen Ihre Argumente zu keiner Methode, gibt es einen Fehler. Ein Fehler tritt also auch dann auf, wenn Sie ein Objekt von einem Typ herstellen und dabei keine Argumente angeben, aber alle Konstruktoren zusätzliche Argumente erfordern. Sie müssen dann die jeweiligen Argumente zusammen mit dem Typnamen an *New-Object* übergeben.

Noch viel einfacher geht das mit einer simplen kleinen Hilfsfunktion namens *Get-Constructor*, denn die produziert automatisch den nötigen PowerShell-Code für Sie:

```
function Get-Constructor
{
  param
  (
    [type]$Type
  )

  $pattern = '\(.*?\)'
  $Type.GetConstructors() |
  ForEach-Object {
    $Signature = if ($_.ToString() -match $pattern)
    {
      $matches[0]
    }
    else
    {
      'unknown'
    }

    '$object = New-Object -TypeName {0}{1}' -f $Type.FullName, $Signature
  }
}
```

Listing 13.14 Das Skript *Get-Constructor.ps1*

Die Funktion erwartet im Parameter -*Type* einen Datentyp. Sie dürfen aber auch den Textnamen des Typs angeben, der dann eben in den Datentyp *Type* umgewandelt wird. Jedes Objekt vom Typ *Type* besitzt die Methode *GetConstructors()*, die die Konstruktoren auflistet. Um also die Konstruktoren eines Credential-Objekts herauszufinden, genügt diese Zeile:

```
PS> Get-Constructor -Type 'System.Management.Automation.PSCredential'
$object = New-Object -TypeName System.Management.Automation.PSCredential(System.String,
System.Security.SecureString)
```

Für Strings geht das natürlich genauso:

```
PS> Get-Constructor -Type 'String'
$object = New-Object -TypeName System.String(Char*)
$object = New-Object -TypeName System.String(Char*, Int32, Int32)
$object = New-Object -TypeName System.String(SByte*)
$object = New-Object -TypeName System.String(SByte*, Int32, Int32)
$object = New-Object -TypeName System.String(SByte*, Int32, Int32, System.Text.Encoding)
$object = New-Object -TypeName System.String(Char[], Int32, Int32)
```

```
$object = New-Object -TypeName System.String(Char[])
$object = New-Object -TypeName System.String(Char, Int32)
```

Tatsächlich gibt es also acht verschiedene Möglichkeiten, ein neues Objekt vom Typ *System.String* anzulegen. Hier ein paar Beispiele:

```
PS> New-Object String A
A
PS> New-Object String 65
A
PS> New-Object String A,40
AAAAAAAAAAAAAAAAAAAAAAAAAAAAAAAAAAAAAAAA
```

> **TIPP**   Wenn Sie genauer wissen wollen, was die einzelnen Konstruktoren leisten und wie man sie verwendet, schlagen Sie einfach nach. Die Klassen in .NET Framework sind hervorragend dokumentiert. Geben Sie in einer Internet-suchmaschine wie *http://www.bing.com* einen Suchbegriff ein wie diesen: *System.String Class site:msdn.microsoft.com*. Suchen Sie dann nach den Konstruktoren der Klasse.

Sie wissen nun auch, wie ein *PSCredential*-Objekt von Hand erstellt wird:

```
$object = New-Object -TypeName System.Management.Automation.PSCredential(System.String,
System.Security.SecureString)
```

Der Konstruktor erwartet also einen String und einen *SecureString*:

```
PS> $username = 'test\user'
PS> $password = Read-Host -AsSecureString
********
PS> $credential = New-Object System.Management.Automation.PSCredential($username, $password)
PS> $credential

UserName                                                    Password
--------                                                    --------
test\user                                    System.Security.SecureString
```

Der *SecureString* (verschlüsselter Text) wurde in diesem Fall von *Read-Host* geliefert: Der Parameter *-AsSecureString* schaltet die verdeckte Eingabe ein und liefert einen *SecureString* zurück. Das hilft Ihnen natürlich noch nicht, unbeaufsichtigt laufende Skripts zu schreiben, denn wer soll dann auf *Read-Host* reagieren? Falls Sie es also verantworten können, sensible Kennworte hartcodiert in ein Skript zu schreiben, ist das der Weg:

```
PS> $username = 'test\user'
PS> $password = 'topsecret99' | ConvertTo-SecureString -asPlainText -Force
PS> $credential = New-Object System.Management.Automation.PSCredential($username, $password)
PS> $credential

UserName                                                    Password
--------                                                    --------
test\user                                    System.Security.SecureString
```

Alternativ lassen sich die Anmeldeinformationen auch verschlüsselt in einer XML-Datei speichern. Mit dem folgenden Code rüsten Sie die Befehle *Export-Credential* und *Import-Credential* nach:

```
function Export-Credential($cred, $file) {
  $ergebnis = 1 | Select-Object Username, Password
```

```
$ergebnis.Username = $cred.UserName
$ergebnis.Password = $cred.Password | ConvertFrom-SecureString
$ergebnis | Export-Clixml $file
}

function Import-Credential($file) {
    $ergebnis = Import-Clixml $file
    $user = $ergebnis.username
    $password = $ergebnis.password | ConvertTo-SecureString
    New-Object system.Management.Automation.PSCredential($user, $password)
}
```

Listing 13.15 *Export-Import-Credential.ps1*

Sie können nun zuerst Ihre Anmeldedaten in einer XML-Datei verschlüsselt speichern:

```
PS> Export-Credential (Get-Credential) $HOME\anmeldung.xml
```

Später können Skripts jederzeit die Anmeldedaten aus der XML-Datei importieren und für Anmelde-vorgänge nutzen:

```
PS> Get-WmiObject Win32_BIOS -ComputerName storage1 -Credential (Import-Credential
$HOME\anmeldung.xml)

SMBICSBIOSVersion : P03
Manufacturer      : Phoenix Technologies LTD
Name              : Ver 1.00PARTTBLw
SerialNumber      : 98H340ED2H9300237A30A1
Version           : PTLTD  - 6040000
```

HINWEIS   Die Verschlüsselung verwendet Ihr persönliches Anmeldetoken als Schlüssel. Derjenige also, der die Anmeldedaten gespeichert hat, kann sie auch wieder laden. Fällt die Datei jedoch jemand anderem in die Hände, kann derjenige nichts damit anfangen.

Neue COM-Objekte herstellen

Schon vor Einführung von .NET Framework gab es intelligentes Leben, und damals griff man zu einer Technik namens COM (*Component Object Model*), die bis heute weit verbreitet ist. In VBScript wurden COM-Objekte mit dem VBScript-Befehl *CreateObject* angelegt und bildeten dort die Grund-lage für nützliche Funktionalitäten (weil der Befehlsschatz von VBScript selbst überhaupt keine systemnahen Funktionen enthält).

PowerShell kann auf die allermeisten COM-Objekte ebenfalls zugreifen, genau wie VBScript – nur sehr viel einfacher. Das Äquivalent zum VBScript-Befehl *CreateObject* heißt bei PowerShell so wie im letzten Abschnitt: *New-Object*. Diesmal allerdings setzen Sie es nicht mit dem Parameter -*TypeName* ein, denn der beschaffte ja moderne .NET-Objekte. Nutzen Sie stattdessen den Parameter -*ComOb-ject*.

```
PS> $wshell = New-Object -ComObject wsc
```

WScript.Network.1

WScript.Network.1

WScript.Shell.1   WScript.Shell.1

WScript.Shell.1

Abbildung 13.12   PowerShell bietet Zugriff auch auf die von VBScript bekannten COM-Objekte

Auch bei COM gibt es Typen (die hier *Klassen* genannt werden) und davon abgeleitete Objekte. In Abbildung 13.12 greift PowerShell zum Beispiel auf die COM-Klasse *WScript.Shell* zu und besorgt sich ein davon abgeleitetes Objekt.

HINWEIS   Stören Sie sich nicht an den doppelten Einträgen im IntelliSense-Menü. Der tatsächliche Typname, den Sie benötigen, trägt keine Zahl: *WScript.Shell*. Das IntelliSense-Menü wird dadurch offenbar etwas verwirrt.

Die Zahl wäre zwar auch nicht verkehrt, würde Sie aber auf eine bestimmte Version festlegen. Mit und ohne Zahl ist der Erfolg derselbe: Sie erhalten ein neues COM-Objekt, das sich von nun an (fast) genauso verhält wie .NET-Objekte auch. Es enthält ebenfalls Eigenschaften und Methoden, die Sie auf dieselbe Art nutzen wie bei .NET-Objekten.

Anders als bei VBScript können Sie in PowerShell jederzeit Objekte ausgeben und sehen dann alle ihre Eigenschaften, genau wie bei .NET-Objekten. Sie erhalten sogar IntelliSense-Unterstützung. Davon konnten VBScript-Autoren nur träumen.

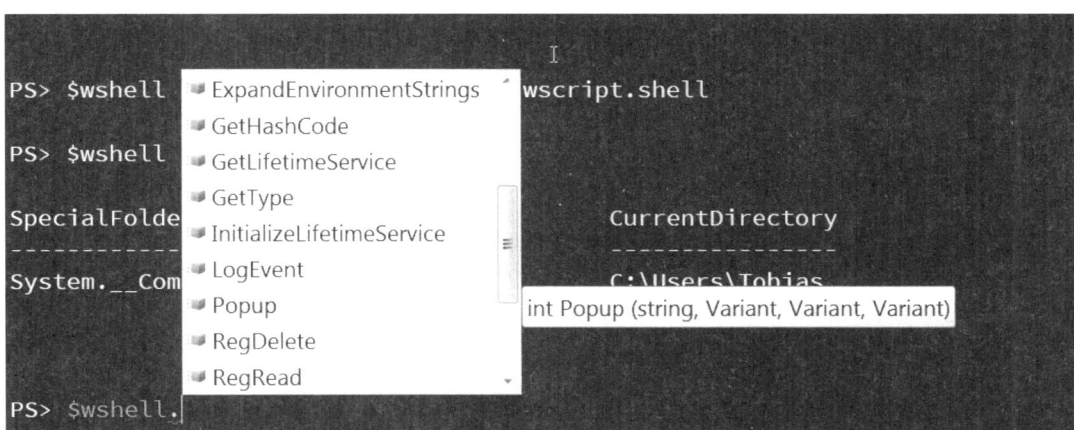

Abbildung 13.13   COM-Objekte bieten dasselbe IntelliSense wie .NET-Objekte

Ein Manko gibt es indes dennoch: Wählen Sie eine Methode aus (im Beispiel *Popup()*), wird Ihnen zwar deren Signatur angezeigt, woraufhin Sie wissen, dass *Popup()* drei Argumente erwartet. Welche Bedeutung diese jedoch haben, wird nicht angezeigt, und auch der Datentyp ist oftmals nur als *Vari-*

ant angegeben, was so viel heißt wie »keine Ahnung«. Sie müssten hier also zuerst im Internet recherchieren oder bestehende VBScripts als Vorlage nehmen.

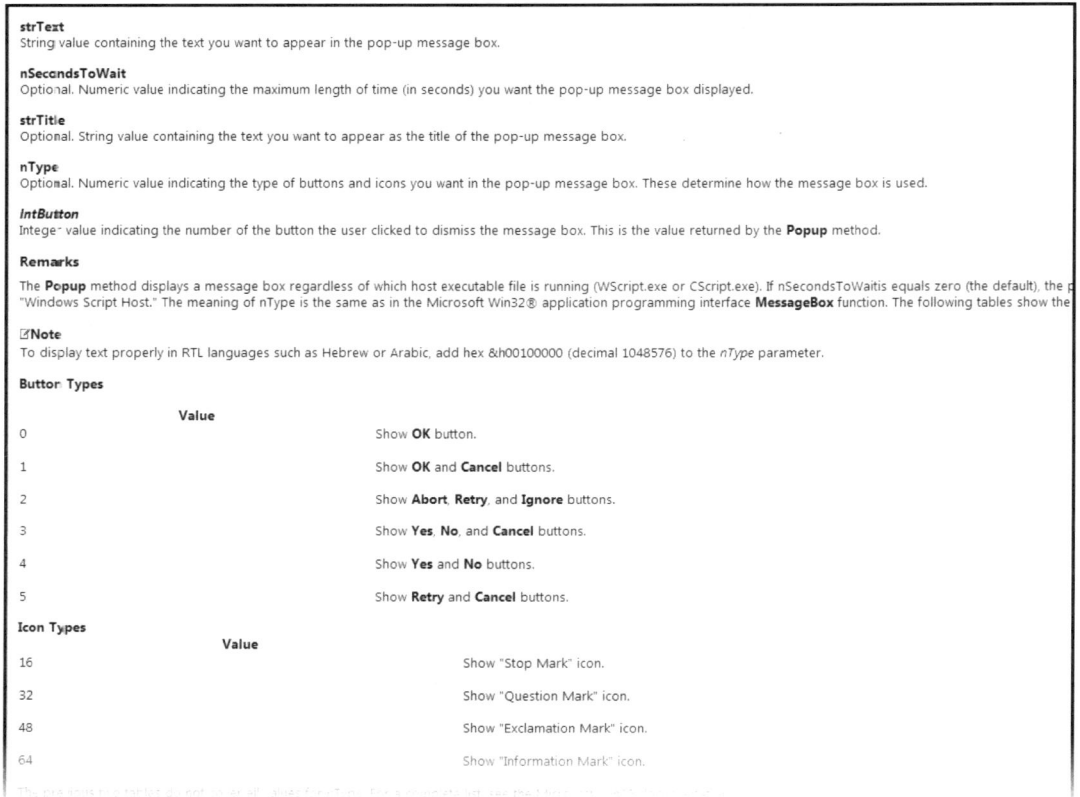

Abbildung 13.14   Auch für COM-Typen gibt es im Internet (noch) Dokumentationen, die aber schwer zu finden sind

Wissen Sie erst einmal, wie die Methode aufzurufen ist und was sie leistet, funktioniert der Aufruf genau wie bei .NET. Die folgenden Zeilen öffnen ein Dialogfeld mit einem Fragezeichen und einer Frage. Beantwortet der Anwender die Frage nicht innerhalb von 10 Sekunden mit einem Klick auf *Nein*, wird sein Computer neu gestartet:

```
# COM-Objekt besorgen:
$wshell = New-Object -ComObject WScript.Shell

# Argumente vorbereiten:
$message = 'Ihr Rechner wird jetzt neu gestartet. Einverstanden?'
$title = 'Wichtig'

# Methode Popup() aufrufen:
$response = $wshell.Popup($message, 10, $title, (4+48))

# Ergebnis auswerten:
```

```
if ($response -ne 7)
{
  Restart-Computer -WhatIf
}
```

Listing 13.16 Das Skript *popup_dialog.ps1*

Dass ausgerechnet die Zahl *7* der angeklickten Taste *Nein* entspricht, stand zwar nirgends, aber wenn Sie mit dem Code experimentieren, werden Sie schnell die entsprechenden Rückgabewerte für die Dialogfeld-Schaltflächen herausfinden.

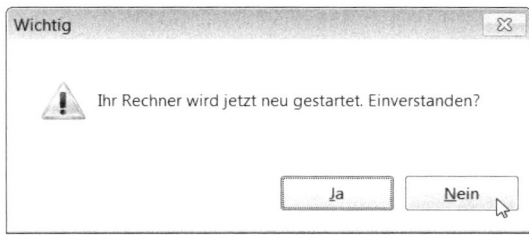

Abbildung 13.15 Dialogfeld mit Timeout-Funktion, bereitgestellt von einem COM-Objekt

HINWEIS   Obwohl COM eine veraltete Technik ist, hat .NET sie noch längst nicht abgelöst. Noch immer gibt es unzählige Aufgaben, die sich mit .NET nicht oder nur schwer lösen lassen, wohingegen das passende COM-Objekt die Aufgabe unbürokratisch meistert. Es lohnt sich deshalb, auch die COM-Welt näher kennenzulernen.

Sprachausgabe

Das COM-Object *SAPI.SpVoice* zum Beispiel liefert Methoden, mit denen Sie Windows zum Sprechen bringen – jedenfalls dann, wenn Sie eine Soundkarte und Lautsprecher angeschlossen und die Lautstärke aufgedreht haben:

```
PS> $speaker = New-Object -ComObject SAPI.SpVoice
PS> $speaker.Speak('Hello World!')
1
PS> $speaker.Rate = -20
PS> $speaker.Speak('Hello World!') | Out-Null

# Get-Member kann auch die Eigenschaften und Methoden von COM-Objekten ermitteln:
PS> $speaker | Get-Member

   TypeName: System.__ComObject#{269316d8-57bd-11d2-9eee-00c04f797396}

Name                        MemberType Definition
----                        ---------- ----------
DisplayUI                   Method     void DisplayUI (in...
GetAudioOutputs             Method     ISpeechObjectToken...
GetVoices                   Method     ISpeechObjectToken...
IsUISupported               Method     bool IsUISupported...
Pause                       Method     void Pause ()
Resume                      Method     void Resume ()
(…)
```

TIPP   Wenn Sie ein COM-Objekt mit *Get-Member* untersuchen, fällt eine sonderbare Zahl in geschweiften Klammern am Anfang der Ausgabe auf. Das ist die GUID (*Globally Unique Identifier*) der Type Library dieses Objekts. GUIDs sind eigentlich Zufallszahlen, die aus 32 Bytes bestehen. Weil es wahrscheinlicher ist, 100 Mal hintereinander sechs Richtige im Lotto zu tippen, als ein zweites Mal eine identische GUID zu erstellen, verwenden Programmierer und Firmen GUIDs dazu, ihre Produkte und Produktbestandteile weltweit eindeutig zu kennzeichnen. Jede Type Library trägt zum Beispiel eine eigene eindeutige GUID, die überall auf der Welt identisch ist. Sie können sich übrigens selbst ebenfalls sehr leicht GUIDs beschaffen, wenn Sie weltweit eindeutige Kennzeichner benötigen. Die Funktion dazu liefert .NET Framework:

```
[System.Guid]::NewGuid().ToString()
f12db4fd-c1bb-4843-bcb7-43b8f9f80db5
```

In der Registrierungsdatenbank können Sie nun nachschlagen, welche Datei auf Ihrem Computer hinter der Bandwurmzahl steckt, die das COM-Objekt gemeldet hatte. Wichtig ist das nicht, jedenfalls solange diese Type Library auf Ihrem System vorhanden ist. Sie nämlich erledigt die aufwändigen Befehlsdeklarationen, die Sie bei API-Befehlen noch von Hand erledigen mussten. Fehlt die Type Library für ein COM-Objekt, können Sie es nicht mit PowerShell verwenden.

Weitere Beispiele für häufig genutzte COM-Objekte

Wie vielseitig und nach wie vor aktuell Zugriffe auf COM-Objekte sein können, zeigen die Beispiele aus Tabelle 13.1, die eine bunte Auswahl der Möglichkeiten darstellen.

COM-Klasse	Beschreibung
InternetExplorer.Application	Steuert Internet Explorer. So können Sie zu Webseiten navigieren, auf das Objektmodell der Webseiten zugreifen und das Fenster von Internet Explorer anpassen.
Excel.Application	Steuert Microsoft Excel. Dadurch lassen sich Ergebnisse direkt in eine Excel-Tabelle schreiben oder daraus auslesen.
ADODB.Connection	Greift auf Datenbanken über OLEDB- und ODBC-Treiber zu. So kann man Datenbankinhalte abfragen, ergänzen und alle SQL-Befehle verarbeiten.
ADODB.Recordset	Repräsentiert eine Datenbanktabellenzeile (einen Datensatz). Damit kann man sehr bequem neue Datensätze in eine Datenbank einfügen.
Microsoft.Update.AutoUpdate	Steuert die automatischen Updates in Windows. Sie können auf neue Updates prüfen, den Zeitpunkt der letzten Aktualisierung bestimmen und die Einstellungen verwalten.
Shell.Application	Steuert die Windows-Explorer-Oberfläche, über die Sie beispielsweise Dialogfelder zur Ordnerwahl öffnen
WScript.Shell	Verwaltet Verknüpfungen und kann sowohl neue Verknüpfungen erstellen als auch vorhandene verwalten
HNetCfg.FwMgr	Steuert die Windows-Firewall und kann diese ein- und ausschalten sowie die Ausnahmen der Firewall festlegen
HNetCfg.FwPolicy2	Verwaltet Firewall-Regeln ab Windows Vista

Tabelle 13.1 Wichtige COM-Klassen und ihre Verwendung in PowerShell

Die folgenden Beispiele sollen grundsätzlich den Einsatz verschiedener COM-Objekte illustrieren und sind unter Umständen nicht sofort lauffähig. Für die Datenbankbeispiele benötigen Sie beispielsweise die Microsoft Access-Datenbank *northwind.mdb* oder müssen die Verbindungszeichenfolge auf eine andere vorhandene Datenbank anpassen.

Zugriff auf Internet Explorer

Mit der COM-Klasse *InternetExplorer.Application* greifen Sie auf Internet Explorer zu und können so beispielsweise Webseiten anzeigen:

```
PS> $ie = New-Object -ComObject InternetExplorer.Application
PS> $ie.Visible = $true
PS> $ie.Navigate("www.tagesschau.de")
```

Aufgrund der Benutzerkontensteuerung kann es dabei sein, dass Sie ab Windows Vista und aufwärts nur dann vollen Zugriff auf alle Eigenschaften des Objekts erhalten, wenn Sie mit Administratorrechten arbeiten.

Office-Automatisierung

Alle Microsoft-Office-Komponenten lassen sich über COM-Klassen automatisieren. Das folgende Skript öffnet zum Beispiel mit *Excel.Application* eine neue Excel-Tabelle und trägt darin die Zustände aller Dienste ein:

```
$excel = New-Object -ComObject Excel.Application
$workbook = $excel.Workbooks.Add()
$excel.Visible = $true
$excel.Cells.Item(1,1) = "Service Name"
$excel.Cells.Item(1,2) = "Service Status"
$excel.Cells.Item(1,3) = "Service Status"

$i = 2
Get-Service |
  ForEach-Object {
    $excel.Cells.Item($i,1) = $_.name
    $excel.Cells.Item($i,2) = $_.status
    $excel.Cells.Item($i,3) = "$($_.status)"
    $i=$i+1
  }
```

Listing 13.17 Das Skript *excel1.ps1* nutzt Microsoft Office-Automation

WICHTIG   Beim Zugriff auf Office-Komponenten kann Ihnen unter PowerShell (und generell in .NET Framework) eine Fehlermeldung ähnlich dieser hier unterkommen:

```
Ausnahme beim Aufrufen von "Add" mit 0 Argument(en):  "Altes Format oder ungültige Typbibliothek.
(Exception from HRESULT: 0x80028018 (TYPE_E_INVDATAREAD))"
```

Das Problem ist nicht etwa irgendeine veraltete Datei, sondern ein Sprachkonflikt: Office-Installation und Betriebssystem passen nicht zusammen. Was hier hilft, ist eine praktische kleine Funktion namens *Use-Culture*, die beliebigen Code in einer anderen Sprachkultur ausführt. Wie *Use-Culture* genau funktioniert, ist Thema der folgenden Kapitel, aber mit ihrer Hilfe könnten Sie jetzt schon einmal das Office-Problem entschärfen:

```
# Scriptblock in en-US-Kultur ausführen:
function Use-Culture
{
  param
  (
    [ScriptBlock]
    [Parameter(Mandatory=$true)]
    $code,

    [System.Globalization.CultureInfo]
    $culture='en-US'
  )

  trap {
    [System.Threading.Thread]::CurrentThread.CurrentCulture = $currentCulture
  }

  $currentCulture = [System.Threading.Thread]::CurrentThread.CurrentCulture
  [System.Threading.Thread]::CurrentThread.CurrentCulture = $culture
  Invoke-Command $code
  [System.Threading.Thread]::CurrentThread.CurrentCulture = $currentCulture
}

$code = {
  $excel = New-Object -ComObject Excel.Application
  $workbook = $excel.Workbooks.Add()
  $excel.Visible = $true
  $excel.Cells.Item(1,1) = 'Service Name'
  $excel.Cells.Item(1,2) = 'Service Status'
  $excel.Cells.Item(1,3) = 'Service Status'

  $i = 2
  Get-Service |
  ForEach-Object {
    $excel.Cells.Item($i,1) = $_.name
    $excel.Cells.Item($i,2) = $_.status
    $excel.Cells.Item($i,3) = "$($_.status)"
    $i=$i+1
  }
}

# Excel-Code im en-US-Kontext ausführen:
Use-Culture $code
```

Listing 13.18 Das verbesserte Skript *excel.ps1* jetzt mit »Kultur«-Funktion

Noch etwas sollten Sie wissen: Die Steuerung von COM-Anwendungen wie Office durch .NET ist nicht ganz unproblematisch. Dabei müssen unzählige COM-Objekte von .NET als .NET-Objekte »umverpackt« werden, sodass diese Lösungen nicht gerade durch Lichtgeschwindigkeit glänzen. Schlimmer noch: Die vielen Objekte werden nicht sauber wieder freigegeben, weswegen Ihnen der Excel-Prozess im Task-Manager zu einem treuen Freund wird. Nutzen Sie Office-Automation von PowerShell – oder grundsätzlich aus .NET heraus – deshalb nur im Notfall.

Zugriff auf Datenbanken

Mit den bewährten ADODB-Objekten wie *ADODB.Connection* und *ADODB.Recordset*, die schon in älteren Skriptsprachen gern verwendet wurden, sprechen Sie beliebige Datenbanken über OLEDB oder ODBC an:

```
PS> $objConnection = New-Object -ComObject ADODB.Connection
PS> $objConnection.Open("Provider=Microsoft.Jet.OLEDB.4.0;Data Source='D:\Daten\Nordwind.mdb'")
PS> $objRS = $objConnection.Execute('SELECT * FROM Kunden')
PS> do {
    $objRS.Fields.Item('Firma').Value
     $objRS.MoveNext()
} until ($objRS.EOF -eq $true)
```

Wollen Sie andere Datenbanktypen wie SQL Server oder Oracle ansprechen, ändert sich der Code nicht, sondern nur der Connection-String, den Sie *Open()* übergeben. Im Internet finden sich viele Referenzen, zum Beispiel hier: *http://www.connectionstrings.com/*.

ACHTUNG   Die ADODB-Datenbankklassen sind ein Beispiel für COM-Klassen, die mitunter nur in 32-Bit-Umgebungen funktionieren. Der Datenbanktreiber für Microsoft Access-Dateien arbeitet nur in einer 32-Bit-Umgebung (die Treiber für »echte« Datenbanken kennen solche Einschränkungen nicht, sofern sie nicht völlig veraltet sind). Versuchen Sie, auf einem 64-Bit-Computer einen veralteten Datenbanktreiber anzusprechen, erhalten Sie eine Fehlermeldung:

```
PS> $objConnection = New-Object -ComObject ADODB.Connection
PS> $objConnection.Open("Provider=Microsoft.Jet.OLEDB.4.0;Data
Source='C:\beispiele\nordwind.mdb'")
Ausnahme beim Aufrufen von "Open" mit 1 Argument(en):  "Der Provider kann nicht gefunden werden.
Möglicherweise ist er nicht richtig installiert worden."
```

Führen Sie dasselbe Skript auf einem 32-Bit-System oder in der *Windows PowerShell (x86)*-32-Bit-Konsole aus, läuft es anstandslos.

Das Ergebnis ist in diesem Fall der Inhalt der Spalte *Firma* und dieses Ergebnis wird als Text zurückgeliefert. Möchten Sie die Informationen, die Sie aus einer Datenbank lesen, innerhalb von PowerShell weiterverarbeiten, dann sollten Sie diese besser als Objekt verpacken, so wie in diesem Beispiel:

```
PS> $objConnection = New-Object -ComObject ADODB.Connection
PS> $objConnection.Open("Provider=Microsoft.Jet.OLEDB.4.0;Data Source='C:\neu\nordwind.mdb'")

PS> $objRS = $objConnection.Execute("SELECT * FROM Kunden")
PS> while ($objRS.EOF -ne $true) {
  $hash = @{}
  foreach ($field in $objRS.Fields) {
    $hash.$($field.name) = $field.value
  }
  New-Object PSObject -Property $hash

  $objRS.MoveNext()
}

Telefon      : 030-0074321
Straße       : Obere Str. 57
Kunden-Code  : ALFKI
Ort          : Berlin
```

```
Kontaktperson : Maria Anders
Firma         : Alfreds Futterkiste
Region        :
Land          : Deutschland
PLZ           : 12209
Telefax       : 030-0076545
Position      : Vertriebsmitarbeiterin

Telefon       : (5) 555-4729
Straße        : Avda. de la Constitución 2222
Kunden-Code   : ANATR
Ort           : México D.F.
Kontaktperson : Ana Trujillo
Firma         : Ana Trujillo Emparedados y helados
Region        :
Land          : Mexiko
PLZ           : 05021
Telefax       : (5) 555-3745
Position      : Inhaberin
(…)
```

Möchten Sie neue Informationen in einer Datenbank speichern, verwenden Sie entweder SQL (*INSERT INTO*) oder Sie arbeiten mit *ADODB.Recordset*-Objekten und fügen neue Datensätze über *AddNew()* und *Update()* hinzu:

```
PS> $objConnection = New-Object -ComObject ADODB.Connection
PS> $objConnection.Open("Provider=Microsoft.Jet.OLEDB.4.0;Data Source='C:\neu\nordwind.mdb'")
PS> $objRS = New-Object -ComObject ADODB.Recordset
PS> $OpenStatic = 3
PS> $LockOptimistic = 3

PS> $objRS.Open("SELECT * FROM Kunden", $objConnection, $OpenStatic, $Lockoptimistic)

PS> $objRS.AddNew()
PS> $objRS.Fields.Item("Kunden-Code") = "ESS29"
PS> $objRS.Fields.Item("Firma") = "Scriptinternals"
PS> $objRS.Fields.Item("Kontaktperson") = "Weltner"
PS> $objRS.Fields.Item("Position") = "Entwickler"

PS> $objRS.Update()
```

Automatische Updates

Windows überprüft normalerweise automatisch über seinen Updatedienst, ob es neue Updates gibt, und lädt diese je nach Einstellung automatisch herunter und installiert sie. Dieser Dienst kann über die COM-Klasse *Microsoft.Update.AutoUpdate* kontrolliert werden. Die folgenden Zeilen zeigen, wie Sie den Dienst kontrollieren, seine Einstellungen ändern und skriptgesteuert nach neuen Updates suchen:

```
PS> $update = New-Object -ComObject "Microsoft.Update.AutoUpdate"
PS> $update.Results

LastSearchSuccessDate                LastInstallationSuccessDate
---------------------                ---------------------------
21.11.2012 06:33:40                  19.11.2012 07:00:36
```

```
PS> $update.ServiceEnabled
True

PS> $update.Settings
NotificationLevel         : 4
ReadOnly                  : True
Required                  : False
ScheduledInstallationDay  : 0
ScheduledInstallationTime : 3
IncludeRecommendedUpdates : True
NonAdministratorsElevated : True
FeaturedUpdatesEnabled    : False

PS> $update.ShowSettingsDialog()
PS> $update.DetectNow()
```

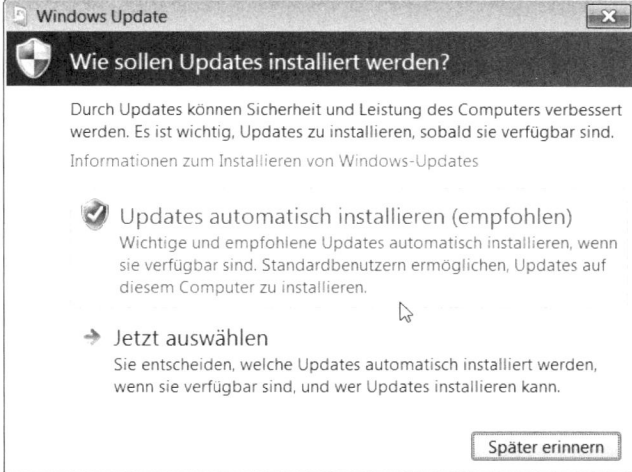

Abbildung 13.16 Automatische Updates abrufen oder Einstellungsdialog öffnen

Dialogfelder öffnen

Die COM-Klasse *Shell.Application* kann Dialogfelder zur Auswahl von Ordnern öffnen. Daraus können Sie beispielsweise die Funktion *Select-Folder* erstellen, mit der Sie bei Bedarf bequem Ordner erfragen:

```
function Select-Folder
{
  param
  (
    $Message='Select a folder',

    $Path = 0
  )

  $object = New-Object -ComObject Shell.Application

  $folder = $object.BrowseForFolder(0, $message, 0, $path)
```

```
  if ($folder -ne $null)
  {
    $folder.self.Path
  }
}

Select-Folder -message 'Welcher Ordner?' -Path $env:WINDIR
```

Listing 13.19 Das Skript *Select-Folder.ps1*

Das Dialogfeld öffnet sich übrigens genau hinter dem PowerShell-Fenster, wenn Sie Pech haben.

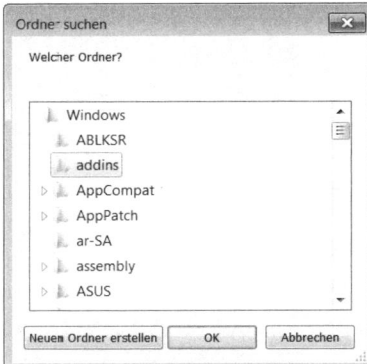

Abbildung 13.17 Ein Ordner-Auswahldialogfeld öffnen

Verknüpfungen anlegen und ändern

Die COM-Klasse *WScript.Shell* kann Verknüpfungen anlegen und bestehende Verknüpfungen auslesen und ändern. Das folgende Skript legt beispielsweise eine Verknüpfung namens *Windows Power-
Shell* auf Ihren Desktop, mit der Sie die PowerShell-Anwendung öffnen, aus der heraus Sie den Link
angelegt haben:

```
$shell = New-Object -ComObject WScript.Shell

$LinkFile = 'Windows PowerShell.lnk'
$Desktop = $shell.SpecialFolders.Item('Desktop')

$Path = Join-Path -Path $Desktop -ChildPath $LinkFile

# Pfad zum AKTUELLEN PowerShell-Host ermitteln:
$TargetPath = (Get-Process -id $pid).Path

# Link-Datei anlegen:
$shortcut = $shell.CreateShortcut($path)
# erstes Icon in der EXE-Datei verwenden:
$shortcut.IconLocation = '{0},{1}' -f $TargetPath, 0
$shortcut.TargetPath = $TargetPath

$shortcut.Save()
```

Listing 13.20 Das Skript *New-Link.ps1*

Ebenso gut können Sie aber auch die vorhandenen Verknüpfungen in Ihrem Startmenü untersuchen und zum Beispiel herausfinden, welche Tastenkombinationen dort hinterlegt sind:

```
$shell = New-Object -ComObject wscript.shell

$StartUser = $shell.SpecialFolders.Item('StartMenu')
$StartAll = "$env:ALLUSERSPROFILE\Windows\Startmenü"

Get-ChildItem -Path $StartUser, $StartAll -Filter *.lnk -Recurse -ErrorAction SilentlyContinue |
ForEach-Object {
  $lnkfile = $shell.CreateShortcut($_.FullName)
  $rv = 1 | Select-Object Name, Hotkey
  $rv.Hotkey =  $lnkfile.Hotkey
  $rv.Name = $_.Name
  $rv
}
```

Listing 13.21 Das Skript *Check-Link.ps1*

Netzwerkmanagement

Windows enthält ab Windows Vista die sogenannte *Network Location Awareness* (NLA), bei der Windows automatisch das Netzwerk erkennt, mit dem es gerade verbunden ist.

So kann das Betriebssystem die Firewalleinstellungen auf das jeweils gefundene Netzwerk abstimmen und unterscheidet dabei drei verschiedene Profile: *Öffentlich*, *Privat* und *Arbeitsplatz*. Die Verwaltung dieser Netzwerkzuordnung wird von einem COM-Objekt geleistet, das diesmal ausnahmsweise keinen Namen trägt. Es hat sich also nicht in der Registrierungsdatenbank eingetragen und ist von Programmen aus nur über seine interne *CLSID* (Class-ID) ansprechbar.

PowerShell kann auch solche COM-Objekte verwenden und greift dabei anstelle von *New-Object* direkt auf den .NET-Typ *Activator* zu, der mit *CreateInstance()* einen Typ instanziieren kann. Welchen, ermittelt die statische Methode *GetTypeFromCLSID()* aus dem Typ *Type*:

```
PS> $netzwerk = [Activator]::CreateInstance([type]::GetTypeFromCLSID([guid]"{DCB00C01-570F-4A9B-
8D69-199FDBA5723B}"))
PS> $netzwerk.GetNetworkConnections()


   IsConnectedToInternet                     IsConnected
   ---------------------                     -----------
                    True                            True
```

Darüber finden Sie zum Beispiel heraus, ob eine Ihrer Netzwerkverbindungen Internetzugang hat, Ihr Computer also online ist. Das stellen Sie noch einfacher folgendermaßen fest:

```
PS> $netzwerk.IsConnected
True

PS> $netzwerk.IsConnectedToInternet
True
```

Um die Klassifizierung Ihrer Netzwerke sichtbar zu machen, sind allerdings einige Verrenkungen notwendig, weil die COM-Objekte die Informationen ausnahmsweise nicht als Eigenschaften implementieren (welche PowerShell sichtbar machen könnte), sondern als Methoden:

```
PS> $name = @{Name='Name'; Expression={ $_.GetName() }}
PS> $beschreibung = @{Name='Beschreibung'; Expression={ $_.GetDescription() }}
PS> $kategorie = @{Name='Kategorie'; Expression={ $_.GetCategory() }}

PS> $netzwerk.GetNetworkConnections() |
  ForEach-Object { $_.GetNetwork() } |
    Select-Object $Name, $Beschreibung, $kategorie

Name                  Beschreibung              Kategorie ID
----                  ------------              --------- --
Internet-Cafe         Netzwerk                          1
```

Mit *SetCategory()* können einzelne oder alle Netzwerke auf einen anderen Typ umgestellt werden, wozu Administratorrechte nötig sind. Die folgende Zeile würde alle Netzwerke auf den Typ *Privat* umstellen:

```
$netzwerk.GetNetworkConnections() | ForEach-Object {$_.GetNetwork().SetCategory(1)}
```

ACHTUNG   Führen Sie diese Änderung nicht unbedacht aus! Der Typ eines Netzwerks legt fest, welche Firewall-regeln für ihn aktiv sind. Öffentliche Netzwerke wie zum Beispiel öffentliche Zugangspunkte und WLANs sollten niemals als *Privat* deklariert werden, weil Sie sonst den Schutz der Firewall deutlich verringern.

Welche COM-Objekte gibt es sonst noch?

Der Name der COM-Klassen wird *ProgID* oder *Programmatic Identifier* genannt und ist in der Registrierungsdatenbank gespeichert. Wenn Sie also nachschauen möchten, welche COM-Objekte es auf Ihrem Computer gibt, statten Sie der Registrierungsdatenbank einen Besuch ab:

```
Get-ChildItem -Path REGISTRY::HKEY_CLASSES_ROOT\CLSID -Include PROGID -Recurse | foreach
{$_.GetValue('')}
```

Ähnlich wie bei .NET-Typen werden Sie in einer kleinen Datenflut ertränkt. Es gibt Tausende COM-Objekte und die meisten sind für Skriptzwecke unbrauchbar. Wie also auch bei .NET kommt es bei der Auswahl auf ein wenig Erfahrung an. Viele wichtige COM-Klassen haben Sie in den letzten Abschnitten bereits kennengelernt. Wollen Sie mehr zu einem COM-Befehl wissen, hilft das Internet. Suchen Sie mithilfe einer Suchmaschine Ihrer Wahl nach zwei Schlüsselbegriffen: der *ProgID* der COM-Komponente (zum Beispiel *WScript.Shell*) und dem Namen des Befehls, den Sie einsetzen möchten.

Zusammenfassung

Neue Objekte können durch Typumwandlungen sehr einfach hergestellt werden. Normalerweise kümmert sich PowerShell automatisch darum, Werten einen passenden Datentyp zuzuweisen. Allerdings unterscheidet PowerShell nur zwischen Zahlen und Text. Um was für Text es sich handelt, etwa eine E-Mail-Adresse oder ein Datum, vermag PowerShell nicht festzustellen.

Indem Sie spezifische Informationen wie beispielsweise ein Datum ausdrücklich in einen Datumstyp umwandeln, legen Sie indirekt ein neues Datumsobjekt an, das nun die für Datum und Uhrzeit hilfreichen Funktionen und Darstellungen nutzt.

Um eine Typumwandlung zu erzielen, stellen Sie den gewünschten Zieltyp in eckigen Klammern vor den Wert. Gelingt die Typumwandlung nicht, kommt es allerdings zu einem Fehler und zudem wird bei dieser Art der Typumwandlung stets das kulturneutrale Format angewendet, bei Datum und Uhrzeit also das US-amerikanische Format.

Anders funktioniert die Umwandlung mit dem Operator *-as*. Hier wird kein Fehler gemeldet, wenn die Typumwandlung scheitert, sondern stattdessen einfach *nichts* zurückgegeben. Zudem verwendet dieser Operator das lokale Kulturformat, also beispielsweise auf deutschen Systemen ein deutsches Datumsformat.

Darüber hinaus können Sie auch selbst mit *New-Object* neue Objekte eines bestimmten Typs anfordern. Neue Objekte dürfen auf .NET-Typen, aber auch auf den viel älteren COM-Typen beruhen. Manche Objekte lassen sich mit *New-Object* allerdings nur erzeugen, wenn dabei zusätzliche notwendige Informationen angegeben werden.

Kapitel 14

Typen verwenden

In diesem Kapitel:

Objekte mit ihren vielen Eigenschaften und Methoden bilden das Herzstück aller Cmdlets und können dazu verwendet werden, neue eigene Befehle herzustellen, welche die vorhandenen Cmdlets ergänzen. Objekte stammen immer von einem Typ ab, seiner »Sorte« gewissermaßen. PowerShell kennt verschiedene Wege, Objekte von einem bestimmten Typ zu beschaffen – und Sie inzwischen auch:

- **Befehlsergebnisse**   Cmdlets und andere Befehle liefern Objekte als Ergebnis

- **Typumwandlung**   Ein bestehendes Objekt wird über eine Umwandlung in einen anderen Typ in ein neues Objekt verwandelt, das dabei angelegt wird

- **Explizites Anlegen mit** *New-Object*   Sie fordern ausdrücklich selbst ein neues Objekt von einem bestimmten Typ an

In diesem Kapitel beschäftigen Sie sich nun mit den Typen selbst. Sie werden in diesem Kapitel unzählige Beispiele erleben, wie ganz wenige Zeilen PowerShell-Code durch direkten Zugriff auf Typen (und ihre Member) die erstaunlichsten Ergebnisse möglich machen.

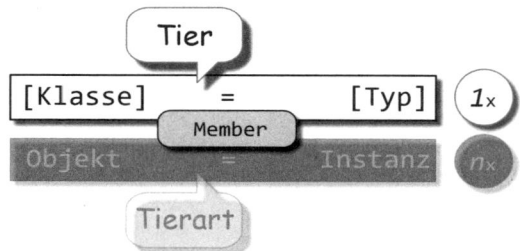

Abbildung 14.1 In diesem Kapitel stehen die Typen und ihre Member im Vordergrund

Typen enthalten weitere Befehle

Nicht nur Objekte enthalten Member – also Eigenschaften und Methoden. Auch Typen verfügen über Member. Beschäftigen wir uns daher zunächst grundsätzlich etwas mit Typen: Was genau sind Typen überhaupt und wie kann man auf sie zugreifen?

Objekte und Typen – wo liegen die Unterschiede?

Ein Objekt muss zuerst von einem Typ abgeleitet werden. So entsteht ein neues Objekt, und es kann so viele geben, wie gerade gebraucht werden. Ein Typ dagegen existiert bereits. Man muss ihn nur ansprechen. Wie das geschieht, haben Sie schon in den letzten Kapiteln erlebt: Man fasst den Typnamen in eckige Klammern ein.

	Objekt	Typ
Anzahl	beliebig	einmalig
Beschaffung	muss von Typ abgeleitet werden	ständig vorhanden

Tabelle 14.1   Wesentliche Unterschiede zwischen Objekt und Typ

	Objekt	Typ
Ziel der Member	Manipulation des jeweiligen Objekts und seines Inhalts	Erledigung beliebiger Aufgaben, die nur thematisch mit dem Typ verbunden sind

Tabelle 14.1 Wesentliche Unterschiede zwischen Objekt und Typ *(Fortsetzung)*

Während sich die Member der Objekte auf den Inhalt der Objekte beziehen und *dynamisch* genannt werden, liefern Typen Member zu eher allgemeinen Themen, die nicht Bezug auf ein bestimmtes Objekt oder seinen Inhalt nehmen. Man nennt sie auch *statisch*. Nur die Art, wie Sie statische Member ansprechen, unterscheidet sich erheblich von Objekten. Schauen Sie sich das einfach einmal praktisch an. Ein Datum wird beispielsweise mit dem Datentyp *DateTime* repräsentiert:

```
PS> $datum = Get-Date
PS> $datum.GetType().FullName
System.DateTime
```

In *$datum* liegt ein Objekt vom Typ *DateTime* und es könnte noch viele andere solcher Objekte geben, die andere Datumsinformationen aufbewahren. Die Member dieser Objekte sind darauf ausgerichtet, den Inhalt des jeweiligen Objekts zu verwalten, also beispielsweise den Wochentag auszugeben. Sie beziehen sich also immer auf das Objekt selbst und seinen Inhalt:

```
PS> $datum.DayOfWeek
Thursday
```

PROFITIPP Der Wochentag wird immer in kulturneutraler Form geliefert, also englisch. Den deutschen Wochentag kann aber *Get-Date* liefern:

```
PS> Get-Date -Date $datum -Format 'dddd'
Donnerstag
```

Der Typ *DateTime* dagegen bietet allgemeine Datumsfunktionen an, mit denen man zum Beispiel prüfen kann, wie viele Tage ein bestimmter Monat hat, ob ein Jahr ein Schaltjahr ist oder ob ein Datum in die Sommerzeit fällt. Diese allgemeinen Funktionen sind also nicht auf ein bestimmtes Datum gemünzt:

```
PS> [datetime]::IsLeapYear(1904)
True

PS> [datetime]::IsLeapYear(1905)
False

PS> [datetime]::DaysInMonth(2011, 2)
28

PS> [datetime]::DaysInMonth(2012, 2)
29
```

Während man die Member eines Objekts mit dem Punkt (».«) anspricht, erreicht man die (statischen) Member eines Typs mit zwei Doppelpunkten (»::«). Die Eigenschaften und Methoden eines Typs können ungeheuer nützlich sein. Müssen Sie zum Beispiel ein ungewöhnliches Datumsformat in ein Datum verwandeln, das normalerweise nicht als Datum erkannt würde, verwenden Sie *Parse-*

Exact() und verraten der Methode, wie das Datum aufgebaut ist. Dabei kommen dieselben Platzhalterzeichen zum Einsatz wie bei allen anderen Datumsformatierungen (siehe Kapitel 7). Diese Zeilen demonstrieren, wie eine Datumsinformation (etwa aus einer Protokolldatei) in ein gültiges Datum verwandelt wird:

```
# Rohinformation liefert Datum in ungewöhnlichem Format:
PS> $information = '12Nov(2012)18h30m17s'

# Muster beschreibt das Datumsformat. "\" entwertet Zeichen, die wörtlich gemeint sind:
PS> $muster = 'ddMMM\(yyyy\)HH\hmm\mss\s'

# ParseExact() interpretiert das Rohdatum gemäß dem angegebenen Muster:
PS> [datetime]::ParseExact($information, $muster, $null)
Montag, 12. November 2012 18:30:17
```

TIPP   Zeichen, die nicht zum Datum gehören, werden im Muster mit einem vorangestellten »\« markiert. Sie dürfen statischen Text auch in einfache Anführungszeichen stellen, zum Beispiel so:

```
PS> $information = '12Nov(2012)18h30m17s'

# Muster beschreibt das Datumsformat. "\" maskiert Zeichen, die wörtlich gemeint sind:
PS> $muster = 'ddMMM\(yyyy\)HH\hmm\mss\s'

# ParseExact() interpretiert das Rohdatum gemäß dem angegebenen Muster:
PS> [datetime]::ParseExact($information, $muster, $null)
```

ParseExact() unterstützt keine Platzhalter für Nicht-Datums-Anteile. Wenn sich also zwischen Monat und Jahr beliebig viele Leerzeichen befinden können, ist *ParseExact()* überfordert. Dasselbe gilt, wenn sich das Datum innerhalb eines Texts befindet, denn *ParseExact()* erwartet ausschließlich den Datumstext. In solchen Fällen greifen Sie besser zu regulären Ausdrücken, die ein Datum ebenfalls beschreiben können.

Der Typ *System.Globalization.CultureInfo* zeigt Ihnen übrigens alle erdenklichen Informationen zur aktuellen Kultur an. Darin finden Sie auch die aktuell gültigen Datumsdefinitionen und können so abschätzen, ob ein bestimmtes Datumsformat – zum Beispiel in einer Protokolldatei – über die Standardumwandlung in den Typ *DateTime* umgewandelt wird oder das Datumsmuster selbst mit *ParseExact()* definiert werden muss:

```
PS> [System.Globalization.CultureInfo]::CurrentUICulture.DateTimeFormat

AMDesignator                      :
Calendar                          : System.Globalization.GregorianCalendar
DateSeparator                     : .
FirstDayOfWeek                    : Monday
CalendarWeekRule                  : FirstFourDayWeek
FullDateTimePattern               : dddd, d. MMMM yyyy HH:mm:ss
LongDatePattern                   : dddd, d. MMMM yyyy
LongTimePattern                   : HH:mm:ss
MonthDayPattern                   : dd MMMM
PMDesignator                      :
RFC1123Pattern                    : ddd, dd MMM yyyy HH':'mm':'ss 'GMT'
ShortDatePattern                  : dd.MM.yyyy
ShortTimePattern                  : HH:mm
SortableDateTimePattern           : yyyy'-'MM'-'dd'T'HH':'mm':'ss
TimeSeparator                     : :
UniversalSortableDateTimePattern  : yyyy'-'MM'-'dd HH':'mm':'ss'Z'
```

```
YearMonthPattern                   : MMMM yyyy
AbbreviatedDayNames                : {So, Mo, Di, Mi...}
ShortestDayNames                   : {So, Mo, Di, Mi...}
DayNames                           : {Sonntag, Montag, Dienstag, Mittwoch...}
AbbreviatedMonthNames              : {Jan, Feb, Mrz, Apr...}
MonthNames                         : {Januar, Februar, März, April...}
IsReadOnly                         : False
NativeCalendarName                 : Gregorianischer Kalender
AbbreviatedMonthGenitiveNames      : {Jan, Feb, Mrz, Apr...}
MonthGenitiveNames                 : {Januar, Februar, März, April...}
```

Die folgende Funktion *ConvertTo-DateTime* liefert ein Datum, wenn es in einem der Standardformate definiert ist oder dem Format entspricht, das Sie der Funktion übergeben. Es findet das Datum auch dann, wenn es sich innerhalb eines Texts befindet. Mehr zu regulären Ausdrücken erfahren Sie in Kapitel 7. Falls Sie allerdings lediglich ein Datum in einer ganz anderen Kultur ausgeben wollen, zum Beispiel chinesisch, benötigen Sie nur die jedem *DateTime*-Objekt zugrunde liegende Methode *ToString()*, der Sie Format und Kultur übergeben können (Abbildung 14.2).

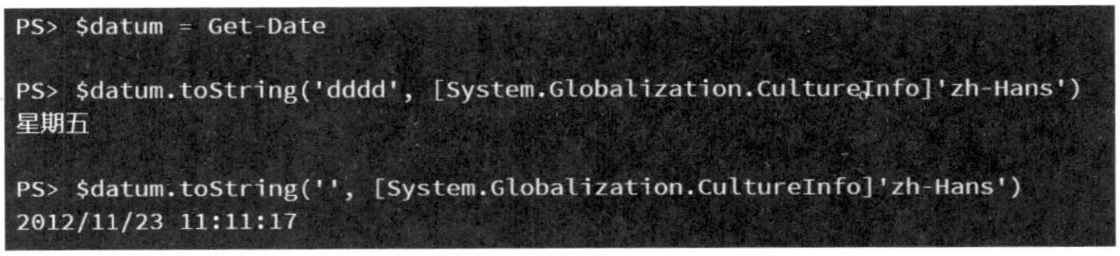

```
PS> $datum = Get-Date

PS> $datum.toString('dddd', [System.Globalization.CultureInfo]'zh-Hans')
星期五

PS> $datum.toString('', [System.Globalization.CultureInfo]'zh-Hans')
2012/11/23 11:11:17
```

Abbildung 14.2   Datumsausgabe in chinesisch mit dem Kulturbezeichner »zh-Hans«

Welche Kulturen es gibt und wie deren Kurzbezeichner heißen, verrät wieder einmal ein Typ mit seiner statischen Methode *GetCultures()*:

```
PS> [System.Globalization.CultureInfo]::GetCultures('InstalledWin32Cultures') | Out-GridView
```

Das Ergebnis erscheint im GridView und in dessen oberstem Textfeld dürfen Sie wie immer filtern und können sich so ganz bequem auch die übrigen chinesischen Kulturen und Kürzel herausfischen – oder jede andere unterstützte Kultur (Abbildung 14.3).

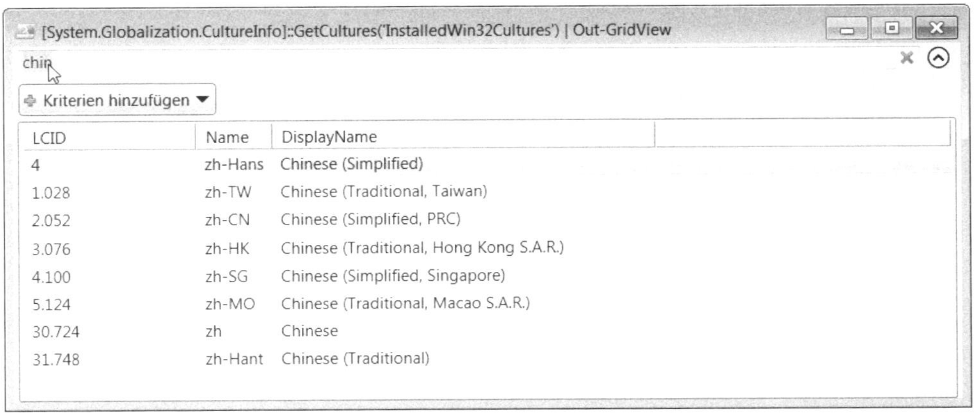

LCID	Name	DisplayName
4	zh-Hans	Chinese (Simplified)
1.028	zh-TW	Chinese (Traditional, Taiwan)
2.052	zh-CN	Chinese (Simplified, PRC)
3.076	zh-HK	Chinese (Traditional, Hong Kong S.A.R.)
4.100	zh-SG	Chinese (Simplified, Singapore)
5.124	zh-MO	Chinese (Traditional, Macao S.A.R.)
30.724	zh	Chinese
31.748	zh-Hant	Chinese (Traditional)

Abbildung 14.3   Unterstützte Kulturen und deren Kurznamen ermitteln

Nun haben Sie bereits alles, was Sie für einen universellen Datums-Konvertierer brauchen. Wissen Sie zum Beispiel, dass ein Datum aus einem Protokoll im französischen Format vorliegt und möchten es ins taiwanesische Format umwandeln, geht das jetzt ganz einfach:

```
# Datum liegt in einer französischen Schreibweise vor:
$datumFranzoesisch = 'vendredi 23 novembre 2012 11:19:13'

# für die Umwandlungen die Quell- und Zielkultur besorgen:
[System.Globalization.CultureInfo]$Frankreich = 'fr-FR'
[System.Globalization.CultureInfo]$Taiwan = 'zh-TW'

# Datumstext unter Angabe seiner Kultur in einen DateTime-Typ verwandeln
# dieser ist sprachunabhängig:
$DateTime = [datetime]::Parse($datumFranzoesisch, $Frankreich)

# von hier aus in Zielkultur umwandeln
# das Ergebnis ist jetzt wieder Text (String):
$datumTaiwan = $DateTime.ToString($Taiwan)

''
"$datumFranzoesisch -> $datumTaiwan"
```

Listing 14.1   Das Skript *convert_datetime_culture.ps1*

Das Ergebnis sieht dann (in PowerShell ISE) aus, wie in Abbildung 14.4 zu sehen.

Abbildung 14.4   Umwandlung eines französischen Datums in ein taiwanesisches Format

Grundsätzlich jeder Typ enthält solche statischen Member, wobei es vom Typ abhängt, wie nützlich seine Befehle sind. Primitive Typen zur Speicherung von Zahlen geben Auskunft darüber, wie der höchste zulässige Wert lautet, der sich speichern lässt:

```
PS> [int32]::MaxValue
2147483647
PS> [int64]::MaxValue
9223372036854775807
PS> [byte]::MaxValue
255
```

Wenn Sie die Adressbreite eines Zeigers (Typname *IntPtr*) untersuchen, können Sie feststellen, ob Ihr Skript in einer 32- oder einer 64-Bit-Umgebung ausgeführt wird:

```
PS> [IntPtr]::Size
8

PS> if ([IntPtr]::Size -eq 8) { "Ein 64-Bit-System" } else { "Ein 32-Bit-System" }
Ein 64-Bit-System
```

Der ISE-Editor in PowerShell 3.0 zeigt die statischen Member eines Typs mit IntelliSense-Menüs an (Abbildung 14.5).

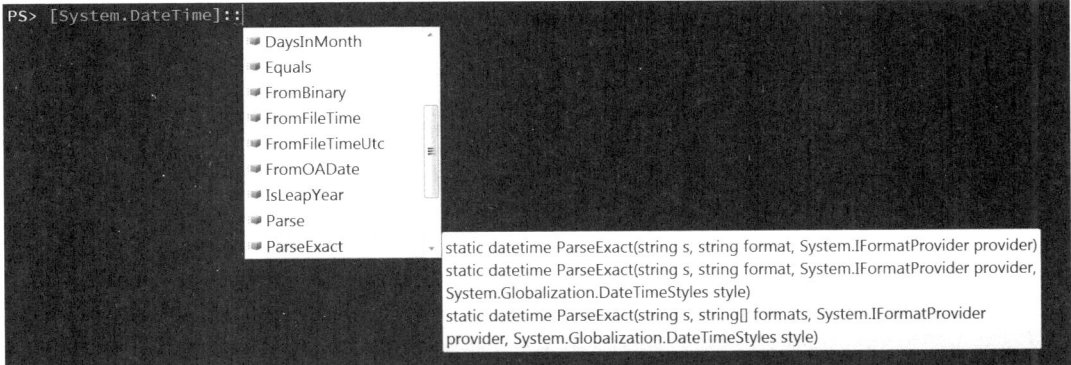

Abbildung 14.5 Statische Member eines Typs werden vom ISE-Editor genauso wie bei Objekten sichtbar gemacht

Technisch unterscheiden sich die Eigenschaften und Methoden eines Typs nicht von denen eines Objekts und werden genauso verwendet. Wenn Sie sich also gerade fragen, was die verschiedenen Aufrufformen von *ParseExact()* im QuickInfo-Fenster bedeuten, schauen Sie noch einmal in Kapitel 10.

Eigenschaften und Methoden eines Typs auflisten

Nicht nur PowerShell ISE zeigt die statischen Member eines Typs an, auch die Autovervollständigung (⇥) unterstützt sie und *Get-Member* kann die Member ebenfalls auflisten. Weil es sich jedoch um die statischen Member handelt, muss dabei der Parameter *-Static* angegeben werden:

```
PS> [datetime] | Get-Member -Static

    TypeName: System.DateTime

Name             MemberType Definition
----             ---------- ----------
Compare          Method     static int Compare(System.DateTime t1, System.DateTime t2)
DaysInMonth      Method     static int DaysInMonth(int year, int month)
Equals           Method     static bool Equals(System.DateTime t1, System.DateTime t2),...
FromBinary       Method     static System.DateTime FromBinary(long dateData)
FromFileTime     Method     static System.DateTime FromFileTime(long fileTime)
FromFileTimeUtc  Method     static System.DateTime FromFileTimeUtc(long fileTime)
FromOADate       Method     static System.DateTime FromOADate(double d)
IsLeapYear       Method     static bool IsLeapYear(int year)
Parse            Method     static System.DateTime Parse(string s), static System.DateT...
ParseExact       Method     static System.DateTime ParseExact(string s, string format, ...
ReferenceEquals  Method     static bool ReferenceEquals(System.Object objA, System.Obje...
SpecifyKind      Method     static System.DateTime SpecifyKind(System.DateTime value, S...
TryParse         Method     static bool TryParse(string s, System.DateTime&, mscorlib, ...
TryParseExact    Method     static bool TryParseExact(string s, string format, System.I...
MaxValue         Property   static System.DateTime MaxValue {get;}
MinValue         Property   static System.DateTime MinValue {get;}
Now              Property   System.DateTime Now {get;}
Today            Property   System.DateTime Today {get;}
UtcNow           Property   System.DateTime UtcNow {get;}
```

Statische und dynamische Member

Erstaunlicherweise kann ein Typ beides sein: Objekt mit dynamischen Membern und Typ mit statischen Membern. Ob ein Typ sich wirklich wie ein Typ verhält oder doch eher wie ein Objekt, das ist reine Betrachtungsweise. Sie können den Typ als »einmalige Tierart« betrachten. Dann ist er statisch, und es gibt ihn nur einmal. Oder Sie betrachten ihn als einen Typ unter vielen anderen Typen. Dann ist er ein Objekt, nämlich eine konkrete Tierart unter vielen anderen. Sein Typ heißt dann *Type*.

Was wie typische Haarspalterei klingt, hat praktische (und nützliche) Konsequenzen. Sprechen Sie einen Typ mit »::« an (oder rufen *Get-Member* mit dem Parameter *-Static* auf), dann sehen Sie seine statischen Methoden: die *besonderen Fähigkeiten* dieser Tierart. Greifen Sie hingegen so wie bei Objekten üblich mit ».« auf ihn zu (oder rufen *Get-Member* ohne den Parameter *-Static* auf), dann sehen Sie seine Objektnatur, nämlich *allgemeine Eigenschaften* und Methoden, die den Typ von anderen Typen unterscheidet.

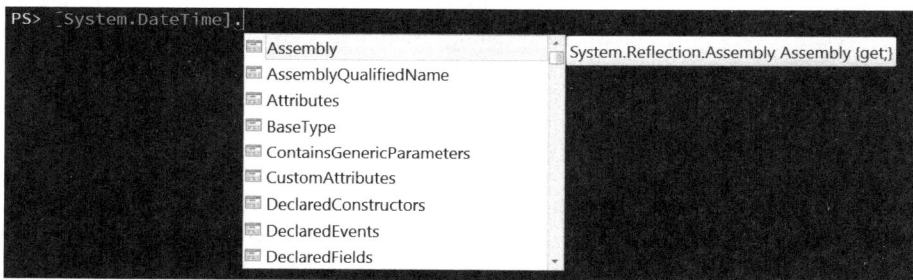

Abbildung 14.6   Wird ein Typ wie ein Objekt angesprochen, erscheinen seine dynamischen Member

Entsprechend liefern die dynamischen Methoden eines Typs Informationen über ihn selbst, also zum Beispiel aus welcher DLL-Datei er stammt, welche Eigenschaften und Methoden er enthält und vieles mehr:

```
PS> [System.DateTime].Assembly.Location
C:\Windows\Microsoft.NET\Framework64\v4.0.30319\mscorlib.dll

# benötigt .NET Framework 4.5:
PS> [System.DateTime].DeclaredProperties | Select-Object -Property Name, PropertyType | ft
-AutoSize

Name          PropertyType
----          ------------
InternalTicks System.Int64
InternalKind  System.UInt64
Date          System.DateTime
Day           System.Int32
DayOfWeek     System.DayOfWeek
DayOfYear     System.Int32
Hour          System.Int32
Kind          System.DateTimeKind
Millisecond   System.Int32
Minute        System.Int32
```

```
Month          System.Int32
Now            System.DateTime
UtcNow         System.DateTime
Second         System.Int32
Ticks          System.Int64
TimeOfDay      System.TimeSpan
Today          System.DateTime
Year           System.Int32
```

```
# funktioniert auch mit älteren .NET Framework Versionen:
PS> [System.DateTime].GetProperties() | Select-Object -Property Name, PropertyType
(...)
```

Häufig eingesetzte nützliche Typen

Der allgemeine Zugriff auf statische Member sieht immer gleich aus und ist nicht besonders kompliziert. Sehr viel spannender ist die Frage, welche Typen es überhaupt gibt und welche davon für PowerShell-Anwender nützlich sind. Um den Einsatz statischer Member zu üben und gleichzeitig die gebräuchlichsten Typen kennenzulernen, folgen deshalb nun einige Beispiele, die aber nur die Spitze des Eisbergs sichtbar machen. Es ist vollkommen unmöglich, sämtliche Typen, die es in .NET Framework gibt, auch nur halbwegs vollständig aufzulisten. Sie finden aber im Abschnitt »Verfügbare Typen suchen und finden« (Seite 604) clevere Wege, neue interessante Typen aktiv zu suchen.

Mathematische Funktionen verwenden

PowerShell beschränkt seine mathematischen Funktionen auf die Grundrechenarten. Benötigen Sie ausgeklügeltere mathematische Funktionen, greifen Sie zum Typ *Math*:

```
# Vorzeichen entfernen:
PS> [Math]::Abs(-789)
789
```

```
# 6 hoch 2:
PS> [Math]::Pow(6,2)
36
```

```
# Abrunden:
PS> [Math]::Floor(7.8)
7
```

```
# Aufrunden:
PS> [Math]::Ceiling(3.2)
4
```

```
# den kleineren Wert zurückgeben:
PS> [Math]::Min(100,500)
100
```

```
# den größeren Wert zurückgeben:
PS> [Math]::Max(100,500)
500
```

Die Mathematikfunktionen eignen sich nicht nur für die Automation von Kurvendiskussionshausaufgaben, sondern sind auch in vielen Standardsituationen professioneller Skripts gut zu gebrauchen. Tabelle 14.2 zeigt eine Übersicht der einzelnen Mathematikfunktionen.

Funktion	Beschreibung	Beispiel
Abs	Gibt den Absolutbetrag einer angegebenen Zahl zurück (ohne Vorzeichen)	[Math]::Abs(-5)
Acos	Gibt einen Winkel zurück, dessen Kosinus die angegebene Zahl ist	[Math]::Acos(0.6)
Asin	Gibt einen Winkel zurück, dessen Sinus die angegebene Zahl ist	[Math]::Asin(0.6)
Atan	Gibt einen Winkel zurück, dessen Tangens die angegebene Zahl ist	[Math]::Atan(90)
Atan2	Gibt einen Winkel zurück, dessen Tangens der Quotient zweier angegebener Zahlen ist	[Math]::Atan2(90, 15)
BigMul	Berechnet das vollständige Produkt aus zwei 32-Bit-Zahlen	[Math]::BigMul(1GB, 6)
Ceiling	Gibt die kleinste Ganzzahl zurück, die größer oder gleich der angegebenen Zahl ist	[Math]::Ceiling(5.7)
Cos	Gibt den Kosinus des angegebenen Winkels zurück	[Math]::Cos(90)
Cosh	Gibt den Hyperbelkosinus des angegebenen Winkels zurück	[Math]::Cosh(90)
DivRem	Berechnet den Quotienten zweier Zahlen und gibt außerdem den Rest als Ausgabeparameter zurück	$a = 0 [Math]::DivRem(10,3,[ref]$a) $a
Exp	Gibt die angegebene Potenz von e zurück	[Math]::Exp(12)
Floor	Gibt die größte Ganzzahl zurück, die kleiner oder gleich der angegebenen Zahl ist	[Math]::Floor(5.7)
IEEERemainder	Gibt den Rest der Division zweier angegebener Zahlen zurück	[Math]::IEEERemainder(5,2)
Log	Gibt den Logarithmus der angegebenen Zahl zurück	[Math]::Log(1)
Log10	Gibt den Logarithmus einer angegebenen Zahl zur Basis 10 zurück	[Math]::Log10(6)
Max	Gibt die größere von zwei angegebenen Zahlen zurück	[Math]::Max(-5, 12)
Min	Gibt die kleinere von zwei angegebenen Zahlen zurück	[Math]::Min(-5, 12)
Pow	Potenziert eine angegebene Zahl mit dem angegebenen Exponenten	[Math]::Pow(6,2)
Round	Rundet einen Wert auf die nächste Ganzzahl oder auf die angegebene Anzahl von Dezimalstellen	[Math]::Round(5.51)
Sign	Gibt einen Wert zurück, der das Vorzeichen einer Zahl angibt	[Math]::Sign(-12)
Sin	Gibt den Sinus des angegebenen Winkels zurück	[Math]::Sin(90)
Sinh	Gibt den Hyperbelsinus des angegebenen Winkels zurück	[Math]::Sinh(90)
Sqrt	Gibt die Quadratwurzel einer angegebenen Zahl zurück	[Math]::Sqrt(64)
Tan	Gibt den Tangens des angegebenen Winkels zurück	[Math]::Tan(45)
Tanh	Gibt den Hyperbeltangens des angegebenen Winkels zurück	[Math]::Tanh(45)
Truncate	Berechnet den ganzzahligen Teil einer Zahl	[Math]::Truncate(5.67)

Tabelle 14.2   Mathematikfunktionen aus der [Math]-Bibliothek

Zahlenformate konvertieren

Bereits im letzten Kapitel haben Sie erfahren, wie Sie Informationen (einschließlich Zahlen) in andere Formate umwandeln. Speziell für Zahlen gibt es dafür sogar eigens einen Typ. Seine Hauptaufgabe ist, numerische Informationen in verschiedene Arten von Textrepräsentation zu überführen. So können Sie Zahlen binär, oktal oder hexadezimal anzeigen:

```
# Binär (Basis 2):
PS> [System.Convert]::ToString(42562,2)
1010011001000010

# Oktal (Basis 8):
PS> [System.Convert]::ToString(42562,8)
123102

# Hexadezimal (Basis 16):
PS> [System.Convert]::ToString(42562,16)
a642
```

DNS-Auflösung

Für allgemeine Netzwerkaufgaben gibt es ebenfalls passende Typen. DNS-Anfragen (Domain Name System), mit denen Sie ermitteln, welche IP-Adresse derzeit einem Computernamen zugewiesen ist, erledigt der Typ *System.Net.Dns*. Die folgende Zeile löst beispielsweise Ihren eigenen Computernamen im Netzwerk auf und liefert Ihre aktuelle IP-Adresse:

```
PS> [System.Net.Dns]::GetHostByName('')

HostName              Aliases              AddressList
--------              -------              -----------
demo5                 {}                   {127.0.0.1}
```

Natürlich können Sie anstelle eines Leertexts auch einen konkreten Computernamen (DNS-Namen) angeben und die zugewiesenen IP-Adressen ermitteln:

```
PS> [System.Net.Dns]::GetHostByName('microsoft.com')

HostName              Aliases              AddressList
--------              -------              -----------
microsoft.com         {}                   {207.46.197.32, 207.46.232...

PS> [System.Net.Dns]::GetHostByName('microsoft.com') | Select-Object -ExpandProperty AddressList |
Select-Object -ExpandProperty IPAddressToString
207.46.197.32
207.46.232.182
```

Möchten Sie alle IP-Adressen erfahren, die Ihrem Computer (oder einem anderen) zugeordnet sind, greifen Sie zu *GetHostAddresses()*:

```
PS> [System.Net.Dns]::GetHostAddresses('')
```

Diese Zeile liefert alle zugewiesenen IP-Adressen als Objekte vom Typ *System.Net.IPAddress*. Eine reine IP-Liste erhalten Sie so:

```
PS> [System.Net.Dns]::GetHostAddresses('') | Select-Object -ExpandProperty IPAddressToString
```

```
fe80::ad62:ac4d:4dea:936d%12
fe80::3433:31d8:2b47:7fcb%15
192.168.2.103
2001:0:5ef5:73bc:3433:31d8:2b47:7fcb
```

Sind Sie nur an IPv4-Adressen interessiert, filtern Sie auf der Grundlage der Eigenschaft *Address-Family*:

```
PS> [system.Net.Dns]::GetHostAddresses('') | Where-Object { $_.AddressFamily -eq 'InterNetwork' }
| Select-Object -ExpandProperty IPAddressToString
192.168.2.103
```

Umgebungsvariablen

Für den alltäglichen Umgang mit Umgebungsvariablen bringt PowerShell bereits alles mit und es kostet Sie dank des virtuellen Laufwerks *env:* aus Kapitel 2 kein größeres Kopfzerbrechen mehr, den Inhalt einer Umgebungsvariablen anzuzeigen – oder bestimmte Umgebungsvariablen zu finden:

```
PS> dir env:*user*

Name                          Value
----                          -----
USERPROFILE                   C:\Users\Tobias
ALLUSERSPROFILE               C:\ProgramData
USERNAME                      Tobias
USERDOMAIN                    PowerShellPC

PS> $env:USERNAME
Tobias

PS> "$env:USERDOMAIN\$env:USERNAME"
PowerShellPC\Tobias
```

Sie dürfen Umgebungsvariablen sogar ändern und könnten beispielsweise einen neuen Ordner registrieren, in dem PowerShell nach Modulen sucht:

```
PS> $env:PSModulePath += ';\\storage1\zentralordner'
PS> $env:PSModulePath -split ';'
C:\Users\Tobias\Documents\WindowsPowerShell\Modules
C:\Windows\system32\WindowsPowerShell\v1.0\Modules\
\\storage1\zentralordner
```

Abgesehen davon, dass Sie *binäre* PowerShell-Module normalerweise nicht über das Netzwerk laden dürfen, hat der Eintrag geklappt. Allerdings nur, bis Sie PowerShell schließen und neu öffnen. Power-Shell greift nämlich ausschließlich auf das *Process*-Set der Umgebungsvariablen zu, also die Kopie, die powershell.exe beim Start vom System erhält. Entsprechend limitiert ist die Lebensdauer aller Änderungen.

Über den Typ *System.Environment* erhalten Sie mehr Kontrolle und können sich aussuchen, ob Sie mit Umgebungsvariablen aus dem *Machine*-Set (für alle Benutzer), dem *User*-Set (Ihre eigenen Umgebungsvariablen) oder dem *Process*-Set (aktueller Prozess) arbeiten möchten. Machen Sie dazu am besten ein kleines PowerShell-Ping-Pong-Spiel und öffnen Sie zwei PowerShell-Konsolen. Danach legen Sie in der ersten eine Umgebungsvariable namens *Transfer* im User-Kontext an:

```
PS> [System.Environment]::SetEnvironmentVariable('transfer', 123, 'user')
```

Die Umgebungsvariable wird ohne weitere Rückmeldung angelegt und Sie können diese jetzt bereits in den Betriebssystemeinstellungen sehen (Abbildung 14.7).

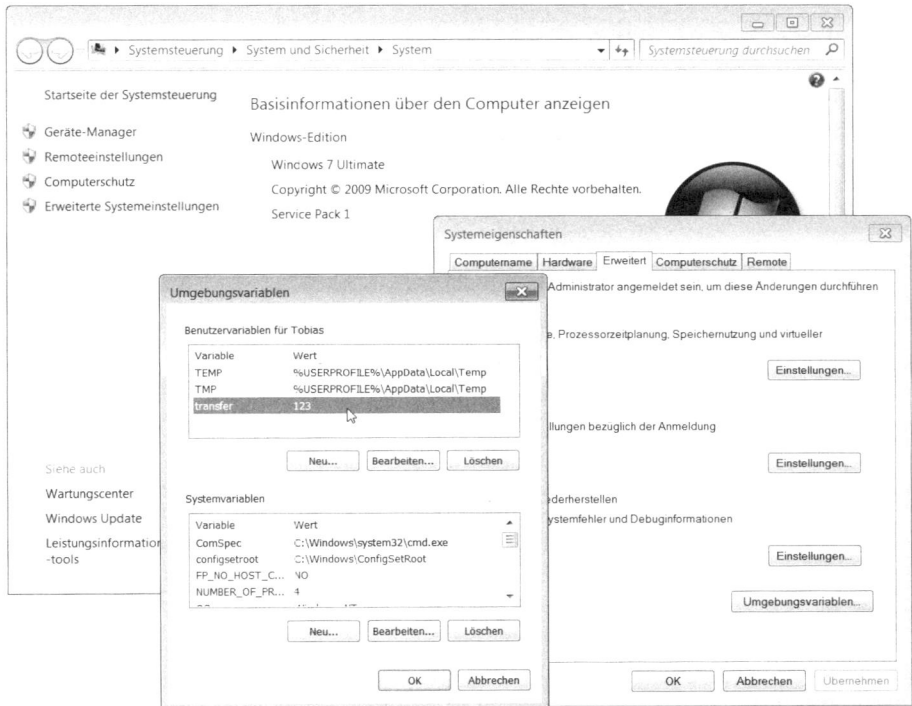

Abbildung 14.7 Umgebungsvariablen dauerhaft und zur Interprozesskommunikation anlegen

PowerShell selbst ignoriert die neue Umgebungsvariable aber scheinbar:

```
PS> $env:transfer
PS>
```

Auch die zweite PowerShell-Sitzung kann die Variable nicht abrufen. Erst wenn Sie jetzt eine dritte PowerShell-Sitzung öffnen, gelingt dies. Der Grund: Beim Start eines Prozesses fertigt Windows eine Kopie aller zu diesem Zeitpunkt gültigen Umgebungsvariablen an, und weil beim Start der ersten beiden PowerShell-Konsolen die Umgebungsvariable *$env:transfer* noch nicht existierte, sieht Power-Shell diese nicht.

Allerdings können Sie mit *System.Environment* selbst bestimmen, von wo Sie eine Umgebungsvariable lesen möchten. Die folgende Zeile liest den Inhalt der Variable sofort frisch aus dem *User*-Kontext aus. So könnten verschiedene Anwendungen (und PowerShell-Sitzungen) sich Informationen gegenseitig zuspielen.

```
PS> [System.Environment]::GetEnvironmentVariable('transfer', 'user')
123
```

Die auf diese Weise angelegten Umgebungsvariablen bleiben so lange erhalten, bis Sie diese wieder ausdrücklich entfernen:

```
PS> [System.Environment]::SetEnvironmentVariable('transfer', $null, 'user')
```

Pfade zu Systemordnern finden

Umgebungsvariablen liefern Angaben zu Basispfaden wie zum Beispiel dem Windows-Ordner, aber Pfade zu speziellen Systemordnern beschaffen Sie sich anderswo: Die Methode *GetFolderPath()* aus *System.Environment* liefert sie – jedenfalls dann, wenn Sie wissen, unter welchem Begriff der Windows-Ordner verwaltet wird. Geben Sie einfach ein beliebiges Argument an, dann listet die Fehlermeldung die Namen der Windows-Ordner auf, die zum Abfragen zur Verfügung stehen:

```
PS> [System.Environment]::GetFolderPath("Unsinn")
Das Argument "folder" mit dem Wert  "Unsinn" für "GetFolderPath" kann nicht in den Typ
"System.Environment+SpecialFolder" konvertiert werden: "Der Wert "Unsinn" kann nicht in den Typ
"System.Environment+SpecialFolder" konvertiert werden. Fehler: "Der Bezeichner "Unsinn" kann
keinem gültigen Enumeratornamen zugeordnet werden. Geben Sie einen der folgenden Enumeratornamen
an, und wiederholen Sie den Vorgang: Desktop, Programs, MyDocuments, Personal, Favorites, Startup,
Recent, SendTo, StartMenu, MyMusic, MyVideos, DesktopDirectory, MyComputer, NetworkShortcuts,
Fonts, Templates, CommonStartMenu, CommonPrograms, CommonStartup, CommonDesktopDirectory,
ApplicationData, PrinterShortcuts, LocalApplicationData, InternetCache, Cookies, History,
CommonApplicationData, Windows, System, ProgramFiles, MyPictures, UserProfile, SystemX86,
ProgramFilesX86, CommonProgramFiles, CommonProgramFilesX86, CommonTemplates, CommonDocuments,
CommonAdminTools, AdminTools, CommonMusic, CommonPictures, CommonVideos, Resources,
LocalizedResources, CommonOemLinks, CDBurning.""
```

Möchten Sie also wissen, wo sich auf Ihrem Computer der Bilderordner befindet, wissen Sie nun, dass dieser Ordner mit dem Begriff *MyPictures* angesprochen wird:

```
PS> [System.Environment]::GetFolderPath("MyPictures")
C:\Users\Tobias Weltner\Pictures
```

Konsoleneinstellungen

Der Typ *System.Console* steuert alle wichtigen Funktionen rund um Konsolenfenster. Sie können damit zum Beispiel die Farben und Größe der Konsole neu festlegen sowie den Fenstertitel wählen. Tatsächlich macht PowerShell einige diese Einstellungen bereits über ihr *$Host*-Objekt verfügbar:

```
PS> $Host.UI.RawUI.BackgroundColor = 'Green'
PS> [System.Console]::BackgroundColor = 'Blue'
```

Andere Funktionen stehen nur im zugrunde liegenden .NET-Typ zur Verfügung. Mit *ResetColor()* stellen Sie beispielsweise nach verunglückten Farbexperimenten die Standardfarben der Konsole wieder her:

```
PS> [System.Console]::ResetColor()
```

Über die Eigenschaft *CursorVisible* kann die blinkende Einfügemarke vorübergehend abgeschaltet werden:

```
PS> [System.Console]::CursorVisible = $false
```

```
PS> [System.Console]::CursorVisible = $true
```

NumberLock verrät, ob die Num-Lock-Funktion der Tastatur gerade eingeschaltet ist:

```
PS> [System.Console]::NumberLock
False
```

Schließlich kann der *System.Console*-Typ mit *Beep()* auch noch Signaltöne ausgeben:

```
PS> [System.Console]::Beep()
PS> [System.Console]::Beep(1000, 500)
```

Der erste Zahlenwert entspricht dabei der Tonhöhe in Hertz, der zweite der Tondauer in Millisekunden. Falls Sie damit einen kleinen Hör- oder Lautsprechertest durchführen wollen, fehlt nur noch eine Schleife:

```
PS> for ($freq=300; $freq -lt 20000; $freq+=200) { [System.Console]::Beep($freq, 100) }
```

PROFITIPP   Wenn Sie den Inhalt der Konsole löschen möchten, greifen Sie wahrscheinlich zum Befehl *cls* oder dem zugrunde liegenden Cmdlet *Clear-Host*. Erstaunlicherweise verfügt das *$Host*-Objekt anders als *[System.Console]* nicht über die Methode *Clear()*. Deshalb muss *Clear-Host* den Inhalt der PowerShell-Konsole auf relativ umständliche Art löschen. Schauen Sie sich mal den Quellcode von *Clear-Host* an:

```
PS> (Get-Command Clear-Host).Definition
$space = New-Object System.Management.Automation.Host.BufferCell
$space.Character = ' '
$space.ForegroundColor = $Host.UI.rawui.ForegroundColor
$space.BackgroundColor = $Host.UI.rawui.BackgroundColor
$rect = New-Object System.Management.Automation.Host.Rectangle
$rect.Top = $rect.Bottom = $rect.Right = $rect.Left = -1
$origin = New-Object System.Management.Automation.Host.Coordinates
$Host.UI.RawUI.CursorPosition = $origin
$Host.UI.RawUI.SetBufferContents($rect, $space)
```

Sehr viel einfacher und schneller geht das über *Clear()*:

```
[System.Console]::Clear()
```

Zwar geht es nur um Millisekunden, aber immerhin. Hier ein allgemeiner Ansatz, wie Sie die Laufzeit zweier konkurrierender Ansätze messen können, um festzustellen, welcher schneller arbeitet:

```
PS> $lauf1 = 1..100 | ForEach-Object { Measure-Command { Clear-Host } } | Measure-Object -Average
-Property TotalMilliseconds | Select-Object -ExpandProperty Average
PS> $lauf2 = 1..100 | ForEach-Object { Measure-Command { [System.Console]::Clear() } } | Measure-
Object -Average -Property TotalMilliseconds | Select-Object -ExpandProperty Average
PS> $lauf1
1,410745

PS> $lauf2
0,1922

PS> 'Der direkte Zugriff ist {0:0}x schneller' -f ($lauf1/$lauf2)
Der direkte Zugriff ist 7x schneller
```

Dabei wird der fragliche Befehl jeweils 100 Mal ausgeführt, um zu verlässlichen Mittelwerten zu gelangen. *Measure-Command* misst jeweils die Ausführungszeit, *Measure-Object* bildet aus den Ergebnissen einen Durchschnittswert und *Select-Object* gibt die ausgerechneten Millisekunden aus. Wer mag, kann seine Funktion *Clear-Host* deshalb als Nächstes etwas optimieren:

```
function Clear-Host { [System.Console]::Clear() }
```

Verfügbare Typen suchen und finden

Inzwischen haben Sie gesehen, wie viele nützliche Systemfunktionen über Typen angesprochen werden können und wie das Ihre Möglichkeiten bereichert. Allerdings haben die Beispiele auf den vorangegangenen Seiten immer nur punktuell einige interessante Typen herausgegriffen, was die Frage aufwirft, welche Typen es sonst noch gibt – und wie man sie finden kann.

Eine definitive Empfehlungsliste gibt es dafür leider nicht. Zwar steckt .NET Framework voller nützlicher Typen, doch die Mehrheit ist für andere Zwecke gedacht und von PowerShell nicht sinnvoll einsetzbar. Damit gestaltet sich die Suche nach nützlichen Typen zu einer Suche nach der Nadel im Heuhaufen. Dennoch gibt es einige lohnenswerte Strategien, neue und noch unbekannte Typen zu finden:

- **Type Accelerators untersuchen**   Schauen Sie sich zuerst die Datentypen an, für die PowerShell Kurzformen anbietet. PowerShell greift darauf zurück, weil diese Datentypen häufig gebraucht werden, also sind sie ein guter Ausgangspunkt für weitere Experimente.

- **Der Typ bereits existierender Objekte als Ausgangspunkt**   Bestimmen Sie den Typ existierender Objekte, die Ihnen vielleicht von Cmdlets oder anderen Befehlen geliefert werden. Schauen Sie dann, ob die zugrunde liegenden Typen spannende Eigenschaften oder Methoden anbieten.

- **Suche in .NET Framework**   Schließlich können Sie auch noch das gesamte .NET Framework durchsuchen, zum Beispiel nach Typen, die ein bestimmtes Schlüsselwort im Namen tragen. Das allerdings entspricht einer kleinen Abenteuerreise, denn in .NET Framework gibt es wie bereits in der Einführung gesagt Abertausende von Typen. Immerhin finden sich in dieser Masse trotzdem genügend Juwelen, um auch diese Suche lohnenswert zu machen.

Type Accelerators untersuchen

Ein erster Startpunkt sind die sogenannten *Type Accelerators*, also die Kurzformen für gebräuchliche Datentypen, die PowerShell unterstützt. Welche das sind, haben Sie schon im letzten Kapitel über einen undokumentierten Aufruf gesehen. Das Ergebnis war aber roh und weder filter- noch sortierbar. Die Funktion *Get-TypeAccelerator* macht das über einige Tricks und Kniffe besser, die an dieser Stelle nicht besprochen werden. Was zählt, ist das Resultat (Abbildung 14.8).

```
function Get-TypeAccelerator
{
  $typname = 'System.Management.Automation.TypeAccelerators'
  $typ = [psobject].Assembly.GetType($typname)
  ($typ::Get).GetEnumerator() |
```

```
    Where-Object { $_.Value.FullName -notlike '*attribute' } |
    Sort-Object -Property Key
}

Get-TypeAccelerator | Out-GridView
```

Listing 14.2 Das Skript *Get-TypeAccelerator.ps1*

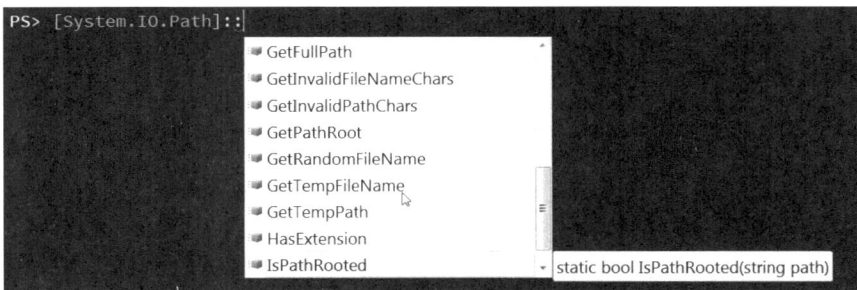

Key	Value	
adsi	System.DirectoryServices.DirectoryEntry	
adsisearcher	System.DirectoryServices.DirectorySearcher	
array	System.Array	
bigint	System.Numerics.BigInteger	
bool	System.Boolean	
byte	System.Byte	
char	System.Char	
ciminstance	Microsoft.Management.Infrastructure.CimInstance	
cultureinfo	System.Globalization.CultureInfo	
datetime	System.DateTime	
decimal	System.Decimal	
double	System.Double	
float	System.Single	
guid	System.Guid	
hashtable	System.Collections.Hashtable	
int	System.Int32	
int16	System.Int16	

Abbildung 14.8 Alle *Type Accelerators* und die zugrunde liegenden Datentypen

Tatsächlich könnten Sie über diesen Ansatz auch neue *Type Accelerators* nachrüsten. Ein sehr interessanter Typ heißt beispielsweise *System.IO.Path* und liefert zahllose interessante Methoden für den Umgang mit Dateipfaden.

```
PS> [System.IO.Path]::|
                    GetFullPath
                    GetInvalidFileNameChars
                    GetInvalidPathChars
                    GetPathRoot
                    GetRandomFileName
                    GetTempFileName
                    GetTempPath
                    HasExtension
                    IsPathRooted         static bool IsPathRooted(string path)
```

Abbildung 14.9 Der Typ *System.IO.Path* hilft beim Umgang mit typischen Dateipfadfragestellungen

Um diesen Typ auch unter dem neuen *Type Accelerator* »[Path]« ansprechen zu können, genügt eine Zeile:

```
PS> [psobject].Assembly.GetType('System.Management.Automation.TypeAccelerators')::Add

OverloadDefinitions
-------------------
static void Add(string typeName, type type)

PS>
[psobject].Assembly.GetType('System.Management.Automation.TypeAccelerators')::Add('Path',[System.
IO.Path])

PS> [Path]::GetTempFileName()
C:\Users\Tobias\AppData\Local\Temp\tmp478.tmp
```

Allerdings gilt die Erweiterung wie immer nur für die aktuelle PowerShell-Sitzung (und sollte deshalb gegebenenfalls in Ihr Profilskript in *$PROFILE* aufgenommen werden). Außerdem produzieren Sie damit dann inkompatiblen Code, denn auf anderen Computern fehlt Ihr *Type Accelerator* natürlich.

Bestehende Objekttypen erforschen

Wie Sie den Typ von bestehenden Objekten ermitteln, haben Sie ausführlich in Kapitel 12 gesehen. Prozesse werden beispielsweise vom Typ *System.Diagnostics.Process* repräsentiert:

```
PS> $prozess = Get-Process -id $pid
PS> $prozess.GetType().FullName
System.Diagnostics.Process
```

Ob dieser Typ interessante statische Eigenschaften und Methoden bietet, ermittelt *Get-Member* (mit dem Parameter *-Static*):

```
PS> [System.Diagnostics.Process] | Get-Member -Static


   TypeName: System.Diagnostics.Process

Name               MemberType Definition
----               ---------- ----------
EnterDebugMode     Method     static void EnterDebugMode()
Equals             Method     static bool Equals(System.Object objA, Syst...
GetCurrentProcess  Method     static System.Diagnostics.Process GetCurren...
GetProcessById     Method     static System.Diagnostics.Process GetProces...
GetProcesses       Method     static System.Diagnostics.Process[] GetProc...
GetProcessesByName Method     static System.Diagnostics.Process[] GetProc...
LeaveDebugMode     Method     static void LeaveDebugMode()
ReferenceEquals    Method     static bool ReferenceEquals(System.Object o...
Start              Method     static System.Diagnostics.Process Start(str...
```

Wie sich zeigt, sind darin zwar einige interessante Methoden vorhanden, die aber bereits durch Cmdlets wie *Start-Process* und *Get-Process* abgebildet werden. Cmdlets sind immer die bessere Wahl, weil sie die Low-Level-Funktionen bereits mit Fehlerhandling, Dokumentation und Standardparametern verpackt und »zivilisiert« haben. Einzig die Methode *GetCurrentProcess()* könnte interessant sein und liefert immer den Prozess des aktuellen PowerShell-Hosts. Nötig ist aber auch diese Methode nicht unbedingt. Die beiden folgenden Zeilen liefern dasselbe Resultat:

```
PS> [System.Diagnostics.Process]::GetCurrentProcess()

Handles  NPM(K)    PM(K)      WS(K) VM(M)   CPU(s)     Id ProcessName
-------  ------    -----      ----- -----   ------     -- -----------
    657      61   169644      33384   949    28,06   8404 powershell

PS> Get-Process -Id $pid

Handles  NPM(K)    PM(K)      WS(K) VM(M)   CPU(s)     Id ProcessName
-------  ------    -----      ----- -----   ------     -- -----------
    657      61   169644      33700   949    28,10   8404 powershell
```

Auch dieses Beispiel zeigt, dass Sie .NET-Methoden nur dann einsetzen sollten, wenn es dafür nicht bereits ein passendes Cmdlet gibt:

```
# Datum und Uhrzeit:
PS> [datetime]::Now
Donnerstag, 22. November 2012 13:27:35

# Datum und Uhrzeit gibt es auch über ein Cmdlet, das ist besser:
PS> Get-Date
Donnerstag, 22. November 2012 13:27:37

# nur Datum:
PS> [datetime]::Today
Donnerstag, 22. November 2012 00:00:00

# nur Datum gibt es auch über ein Cmdlet, das ist besser:
PS> Get-Date -Hour 0 -Minute 0 -Second 0
Donnerstag, 22. November 2012 00:00:00
```

In .NET Framework suchen

Eine systematische Suche nach Typen ist ebenfalls möglich. Dazu müssen Sie sich nur etwas in der Welt der .NET-Typen auskennen:

- **Assembly**   Jeder Typ stammt aus einer Assembly. In einer Assembly lagern meistens noch viele weitere ähnliche oder verwandte Typen.

- **DLL-Datei**   kompilierte Binärdatei (Dynamic Link Library), die eine oder mehrere Assemblys enthalten kann

Um also herauszufinden, aus welcher Assembly der Typ *[System.Diagnostics.Process]* stammt und welche sonstigen Typen darin noch zu finden sind, betrachten Sie den Typ als Objekt und fragen ihn einfach:

```
# den Namen der Assembly bestimmen, aus der ein bestimmter Typ stammt:
PS> [System.Diagnostics.Process].Assembly.FullName.Split(',')[0]
System

# die DLL-Datei ermitteln, aus der diese Assembly geladen wurde:
PS> [System.Diagnostics.Process].Assembly.Location
```

```
C:\Windows\Microsoft.Net\assembly\GAC_MSIL\System\v4.0_4.0.0.0__b77a5c561934e089\System.dll

# die Typen finden, die von dieser Assembly sonst noch geliefert werden:
PS> [System.Diagnostics.Process].Assembly.GetExportedTypes()

IsPublic IsSerial Name                                    BaseType
-------- -------- ----                                    --------
True     True     Regex                                   System.Object
True     True     MatchEvaluator                          System.Multica...
True     True     Capture                                 System.Object
True     True     CaptureCollection                       System.Object
True     True     RegexCompilationInfo                    System.Object
(...)
```

Das Ergebnis dürfte Sie allerdings eine Weile beschäftigen, denn Assemblys enthalten sehr viele Typen, von denen zudem viele nicht besonders nützlich sind, weil sie für interne Aufgaben gedacht sind. Um den Blick auf lohnenswerte Typen nicht zu verstellen, filtern Sie das Ergebnis am besten vor. Typen, die auf die Begriffe *Attribute*, *Handler*, *Args*, *Exception*, *Collection*, *Expression*, *Parser* und *Statement* enden, sind für andere Zwecke gedacht als diejenigen, die PowerShell hier nutzen will, und können deshalb schon einmal gestrichen werden. Dasselbe gilt für nicht öffentliche Typen und solche, die keine Klassen sind:

```
[System.Diagnostics.Process].Assembly.GetExportedTypes() |
  Where-Object { $_.isPublic} |
  Where-Object { $_.isClass } |
  Where-Object { $_.Name
    -notmatch '(Attribute|Handler|Args|Exception|Collection|Expression|Parser|Statement)$' } |
  Select-Object -Property Name, FullName |
  Out-GridView
```

Listing 14.3   Das Skript *search_types.ps1*

Das Ergebnis erscheint im GridView, in dem Sie wie üblich im Textfeld ganz oben das Ergebnis nach Stichworten filtern können. Geben Sie hier beispielsweise **Sound** ein, entdecken Sie gleich drei vielversprechende Typen (Abbildung 14.10).

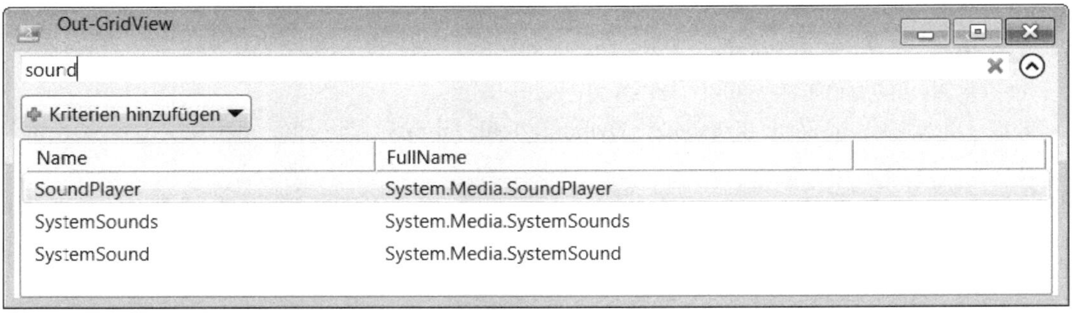

Abbildung 14.10   Nach Stichworten in verfügbaren Typen suchen

Sie wissen nun zwar noch nicht, ob diese Typen statisch oder dynamisch eingesetzt werden – ob also der Typ selbst bereits interessante Member hat oder Sie zuerst mit *New-Object* ein Objekt von diesem

Typ instanziieren müssen –, aber das ist durch Ausprobieren schnell herauszufinden. Der folgende Code gibt einen Eindruck, wie Sie vorgehen, und zeigt zudem, wie der Typ *System.Media.System-Sounds* dazu genutzt werden kann, die Windows-Standardklänge abzuspielen (die Sie natürlich nur hören, wenn Sie Ihren Lautsprecher einschalten und der jeweilige Sound unter *Systemsteuerung/Sound/Sounds/Programmereignisse* nicht deaktiviert wurde):

```
# verfügt der Typ über statische Member? Ja:
PS> [System.Media.SystemSounds] | Get-Member -Static

   TypeName: System.Media.SystemSounds

Name            MemberType Definition
----            ---------- ----------
Equals          Method     static bool Equals(System.Object objA, System.Object objB)
ReferenceEquals Method     static bool ReferenceEquals(System.Object objA, System.Object objB)
Asterisk        Property   static System.Media.SystemSound Asterisk {get;}
Beep            Property   static System.Media.SystemSound Beep {get;}
Exclamation     Property   static System.Media.SystemSound Exclamation {get;}
Hand            Property   static System.Media.SystemSound Hand {get;}
Question        Property   static System.Media.SystemSound Question {get;}


# schauen, was die Eigenschaften liefern:
PS> [System.Media.SystemSounds]::Beep
System.Media.SystemSound


# geliefert wird ein Objekt, also in Variable speichern:
PS> $beep = [System.Media.SystemSounds]::Beep


# verfügt das Objekt über Methoden? Ja:
PS> $beep.Play()


# alles kombiniert in einer Zeile:
PS> [System.Media.SystemSounds]::Beep.Play()
```

Der Typ *System.Media.SoundPlayer* ist sogar noch interessanter, denn der kann beliebige Klänge abspielen, die im *WAV*-Format vorliegen:

```
# verfügt der Typ selbst über statische Methoden?
# nein, nur die Standardmethoden:
PS> [System.Media.SoundPlayer] | Get-Member -Static

   TypeName: System.Media.SoundPlayer

Name            MemberType Definition
----            ---------- ----------
Equals          Method     static bool Equals(System.Object objA, System.Object objB)
ReferenceEquals Method     static bool ReferenceEquals(System.Object objA, System.Object objB)

# kann man von ihm ein Objekt instanziieren?
# ja:
PS> $player = New-Object System.Media.SoundPlayer
PS> $player | Get-Member

   TypeName: System.Media.SoundPlayer
```

```
Name                        MemberType  Definition
----                        ----------  ----------
Disposed                    Event       System.EventHandler Disposed(System.Object, System.EventArgs)
LoadCompleted               Event       System.ComponentModel.AsyncCompletedEventHandler LoadComple...
Sound_ocationChanged        Event       System.EventHandler SoundLocationChanged(System.Object, Sys...
StreamChanged               Event       System.EventHandler StreamChanged(System.Object, System.Eve...
CreateObjRef                Method      System.Runtime.Remoting.ObjRef CreateObjRef(type requestedT...
Dispose                     Method      void Dispose(), void IDisposable.Dispose()
Equals                      Method      bool Equals(System.Object obj)
GetHashCode                 Method      int GetHashCode()
GetLi⁻etimeService          Method      System.Object GetLifetimeService()
GetObjectData               Method      void ISerializable.GetObjectData(System.Runtime.Serializati...
GetType                     Method      type GetType()
InitializeLifetimeService Method        System.Object InitializeLifetimeService()
Load                        Method      void Load()
LoadAsync                   Method      void LoadAsync()
Play                        Method      void Play()
PlayLooping                 Method      void PlayLooping()
PlaySync                    Method      void PlaySync()
Stop                        Method      void Stop()
ToString                    Method      string ToString()
Container                   Property    System.ComponentModel.IContainer Container {get;}
IsLoadCompleted             Property    bool IsLoadCompleted {get;}
LoadTimeout                 Property    int LoadTimeout {get;set;}
Site                        Property    System.ComponentModel.ISite Site {get;set;}
SoundLocation               Property    string SoundLocation {get;set;}
Stream                      Property    System.IO.Stream Stream {get;set;}
Tag                         Property    System.Object Tag {get;set;}
```

Und so spielen Sie eine Klangdatei ab:

```
PS> $player = New-Object System.Media.SoundPlayer
PS> $player.SoundLocation = "$env:windir\Media\notify.wav"
PS> $player.Play()
```

Falls sich *New-Object* weigern sollte, ein Objekt von einem bestimmten Typ zu instanziieren, wissen Sie bereits, wie Sie sich die Konstruktoren des Typs anschauen. Sie legen hinter den Kulissen die neuen Objekte an, indem Sie *New-Object* verwenden, und manchmal benötigen sie Zusatzinformationen von Ihnen:

```
PS> [System.Media.SoundPlayer].GetConstructors() | ForEach-Object { $_.ToString() }
Void .ctor()
Void .ctor(System.String)
Void .ctor(System.IO.Stream)
```

Zwar konnten Sie vom Typ *System.Media.SoundPlayer* auch ohne Angabe weiterer Informationen ein Objekt instanziieren, denn einer der Konstruktoren benötigt keine Argumente. Die anderen sind aber auch interessant. Einer von diesen akzeptiert einen String und wie sich herausstellt, darf das der Dateiname der Klangdatei sein. Damit verkürzt sich der Code zu:

```
PS> $p⁻ayer = New-Object System.Media.SoundPlayer "$env:windir\Media\notify.wav"
PS> $p⁻ayer.Play()
```

Oder zu:

```
PS> (New-Object System.Media.SoundPlayer "$env:windir\Media\notify.wav").Play()
```

Typen nach Stichwort suchen

Weil die Suche nach Typen spannend sein kann, folgen jetzt eine Reihe von Suchfunktionen. Diese sollen aber nicht nur eine Assembly durchsuchen, sondern alle Assemblys, die PowerShell gerade geladen hat. Zum Glück kann man die geladenen Assemblys erfragen:

```
PS> [AppDomain]::CurrentDomain.GetAssemblies()
```

Die Funktion *Find-TypeByName* akzeptiert ein beliebiges Suchwort und liefert die Typen, bei denen das Suchwort im Namen vorkommt:

```
function Find-TypeByName
{
  param
  (
    [Parameter(Mandatory=$true)]
    $Keyword
  )

  [AppDomain]::CurrentDomain.GetAssemblies() |
    ForEach-Object { try { $_.GetExportedTypes() } catch {} } |
    Where-Object { $_.isPublic} |
    Where-Object { $_.isClass } |
    Where-Object { $_.Name -notmatch '(Attribute|Handler|Args|Exception|Collection|Expression)$'
}|
    Where-Object { $_.Name -like "*$Keyword*" } |
    Select-Object -Property Name, FullName
}
```

Listing 14.4 Das Skript *Find-TypeByName.ps1*

Schauen Sie doch mal nach, welche Typen mit Dialogfeldern zu tun haben:

```
PS> Find-TypeByName 'dialog' | Out-GridView
```

Das Ergebnis wird im GridView angezeigt und kann wieder per Stichworteingabe gefiltert werden (Abbildung 14.11).

HINWEIS Das Ergebnis von *Find-TypeByName* kommt ein wenig darauf an, von wo aus Sie die Funktion aufrufen. In ISE werden zahlreiche Dialogfeldtypen ausgespuckt. Starten Sie die Suche dagegen aus der PowerShell-Konsole, ist das Ergebnis viel dürftiger. *Find-TypeByName* durchsucht alle geladenen Assemblys und wie sich zeigt, lädt die Power-Shell-Konsole sehr viel weniger Assemblys als ISE. Das ist klar, denn als textbasierte Konsole benötigt sie keine Fenster und Menüs und spart sich also die entsprechenden Assemblys. Das bedeutet allerdings auch, dass manche Typen, die in ISE verfügbar sind, in der Konsole fehlen. Würden Sie diese Typen in einem Skript verwenden, liefe dieses nur noch in ISE und nicht mehr in der Konsole. Was aber gar nicht schlimm ist, denn Sie brauchen die notwendigen Typen nur selbst nachzuladen. Wie das geschieht und was dabei sonst noch wichtig ist, erfahren Sie im nächsten Kapitel.

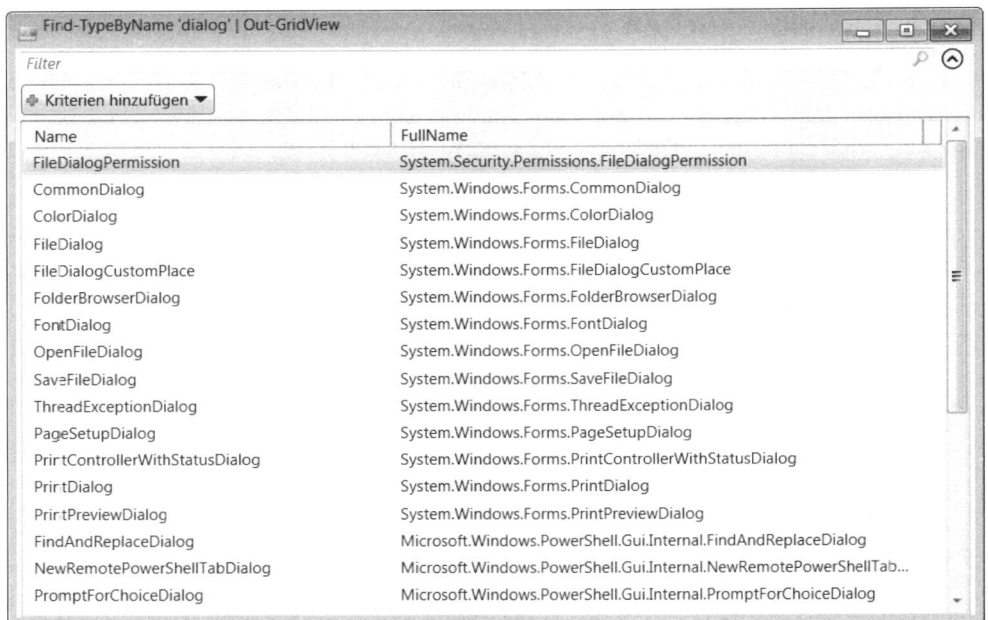

Abbildung 14.11   Typen, die alle mit Dialogfeldern zu tun haben

Möchten Sie zum Beispiel künftig aus Ihren Skripts heraus ein komfortables *Öffnen*-Dialogfeld einsetzen (Abbildung 14.12), liegt der Typ *OpenFileDialog* nahe:

```
# neues Objekt vom Typ "System.Windows.Forms.OpenFileDialog" beschaffen:
$dialog = New-Object -TypeName System.Windows.Forms.OpenFileDialog

# Dialog vorbereiten, indem die gewünschten Eigenschaften gesetzt werden:
$dialog.AddExtension = $true
$dialog.Filter = 'PowerShell-Skript (*.ps1)|*.ps1|Alle Dateien|*.*'
$dialog.Multiselect = $false
$dialog.FilterIndex = 0
$dialog.InitialDirectory = "$HOME\Documents"
$dialog.RestoreDirectory = $true
$dialog.ShowReadOnly = $true
$dialog.ReadOnlyChecked = $true
$dialog.Title = 'Suchen Sie sich ein PowerShell-Skript aus!'

# Dialogfeld anzeigen:
$result = $dialog.ShowDialog()

# Ergebnis des Dialogs auswerten:
if ($result = 'OK')
{
    $filename = $dialog.FileName
    $readonly = $dialog.ReadOnlyChecked
    if ($readonly) { $wie = 'schreibgeschützt' } else { 'normal' }
    "Es soll die Datei '$filename' $wie geöffnet werden"
}
```

Listing 14.5   Das Skript *openfiledialog.ps1*

Rufen Sie das Skript auf, zeigt es wie gewünscht alle PowerShell-Skripts in Ihrem *Dokumente*-Ordner an. Sie können sich über die Listenfelder aber wie gewohnt auch alle Dateien anzeigen lassen und sogar die Auswahl treffen, ob die Datei normal oder schreibgeschützt geöffnet wird. Alle diese Informationen leitet das Dialogfeld an Ihr Skript zurück. Ob und wie die ausgewählte Datei anschließend geöffnet wird, regelt das Dialogfeld natürlich nicht. Es erfragt nur die Wünsche. Der Rest liegt beim Skript.

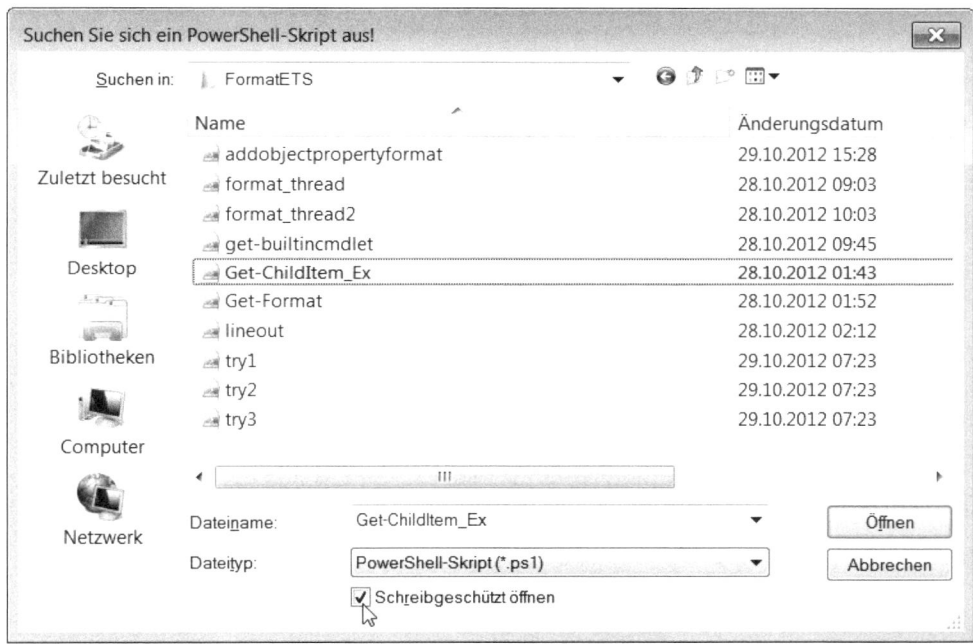

Abbildung 14.12 Ein Systemdialogfeld in wenigen Zeilen PowerShell-Code öffnen und einsetzen

Typen mit bestimmten Befehlen finden

Die folgende Funktion *Find-TypeByCommandName* findet alle Typen, die eine Methode enthalten, die Ihrem Stichwort entspricht:

```
function Find-TypeByCommandName
{
  param
  (
    [Parameter(Mandatory=$true)]
    $Keyword
  )

  # diese Methoden sind zu allgemein, ausschließen:
  $excludeAll = 'Invoke|InitializeLifetimeService|GetType|GetHashCode|Equals|Dispose'
```

```
# diese Namensendung wird für asynchrone Aufrufe benötigt, ausschließen:
$excludeEnding = 'Async'

# diese Präfixe sind Methoden, die Eigenschaften und Operatoren abbilden. Ausschließen:
$excludeStarting = 'get_|set_|op_|add_|remove_'

[AppDomain]::CurrentDomain.GetAssemblies() |
ForEach-Object { try { $_.GetExportedTypes() } catch {} } |
Where-Object { $_.isPublic} |
Where-Object { $_.isClass } |
Where-Object { $_.Name -notmatch '(Attribute|Handler|Args|Exception|Collection|Expression)$' }|
# nur Methoden, die dem Schlüsselwort entsprechen, und Doppelgänger ausschließen:
ForEach-Object { $_.GetMethods() | Where-Object { $_.Name -like $Keyword } | Sort-Object Name
-Unique } |
# die allgemeinen Methoden nach den Ausschlusslisten entfernen:
Where-Object { $_.Name -notmatch "^($excludeStarting)" } |
Where-Object { $_.Name -notmatch "($excludeEnding)$" } |
Where-Object { $_.Name -notmatch "$excludeAll" } |
Select-Object -Property Name, DeclaringType
}
```

Listing 14.6 Das Skript *Find-TypeByCommandName.ps1*

Ab sofort können Sie Typen finden, die ein bestimmtes Befehlswort enthalten. Für das Stichwort *Network* gehen Sie beispielsweise folgendermaßen vor:

```
PS> Find-TypeByCommandName '*Network*' | Out-GridView
```

Die Suche kann einen Moment dauern, doch schnell füllt sich das GridView mit interessant klingenden Methodennamen und den Typen, die diese Methoden bereitstellen (Abbildung 14.13).

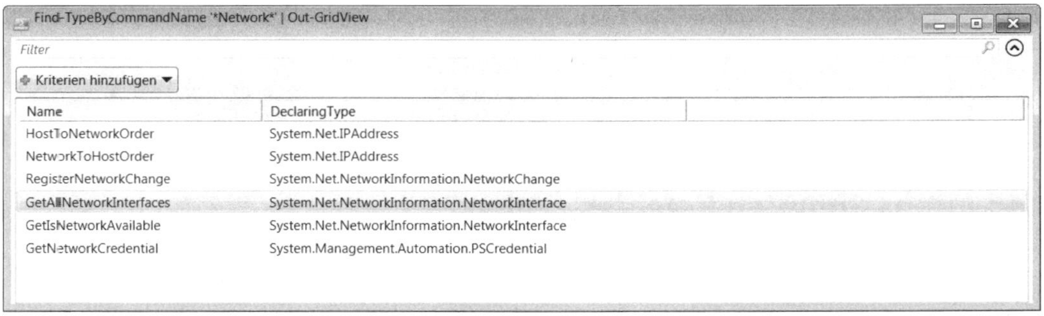

Abbildung 14.13 Typen finden, die Befehle mit dem Stichwort *Network* enthalten

Wieder muss experimentiert werden, ob die Typen statisch oder dynamisch verwendet werden. Die Ergebnisse können sich aber zeigen lassen:

```
PS> [System.Net.NetworkInformation.NetworkInterface]::GetIsNetworkAvailable()
True

PS> $online = [System.Net.NetworkInformation.NetworkInterface]::GetIsNetworkAvailable()
PS> if ($online) { 'Ich bin online' } else { 'Ich bin offline' }
Ich bin online
```

```
PS> [System.Net.NetworkInformation.NetworkInterface]::GetAllNetworkInterfaces() | Select-Object
-Property Description, Speed, OperationalStatus

Description                                    Speed    OperationalStatus
-----------                                    -----    -----------------
Intel(R) Centrino(R) Advanced-...           87000000                   Up
Software Loopback Interface 1             1073741824                   Up
Microsoft-ISATAP-Adapter                      100000                 Down
Teredo Tunneling Pseudo-Interface             100000                   Up
```

Testen Sie Ihr Wissen!

Wie immer finden Sie auch in diesem Kapitel einen kleinen Nachschlag, den Sie zwar getrost überspringen dürfen, der Ihnen aber hilft, das neugewonnene Wissen praktisch anzuwenden.

Aufgabe Sie wissen, dass der Typ *DateTime* die Methode *FromFileTime()* unterstützt, mit der man Systemticks (die kleinste Zeiteinheit in Windows) in Datumsangaben umrechnen kann:

```
PS> [datetime]::FromFileTime(0)
Montag, 1. Januar 1601 01:00:00
```

Jetzt möchten Sie gern herausfinden, welche nützlichen Befehle sonst noch in diesem Typ schlummern. Allerdings liefert *Get-Member* ganz unerwartete Befehle und *FromFileTime()* wird darin überhaupt nicht genannt:

```
PS> [datetime] | Get-Member

   TypeName: System.RuntimeType

Name                    MemberType Definition
----                    ---------- ----------
Clone                   Method     System.Object Clone()
Equals                  Method     bool Equals(System.Object obj), bool Equals(...
FindInterfaces          Method     type[] FindInterfaces(System.Reflection.Type...
FindMembers             Method     System.Reflection.MemberInfo[] FindMembers(S...
GetArrayRank            Method     int GetArrayRank()
(…)
```

Warum?

Lösung Sie haben vergessen, bei *Get-Member* den Parameter *-Static* anzugeben. Ohne diesen Parameter liefert *Get-Member* immer die (dynamischen) Objektmember. Wie sich zeigt, enthalten Typen neben den statischen Membern auch eigene dynamische Member. Diese sind für alle Typen gleich und verraten Ihnen zum Beispiel, aus welcher .NET-Assembly dieser Typ stammt und welche Eigenschaften und Methoden darin definiert sind. Diese dynamischen Methoden werden von *Get-Member* intern genutzt, um seine Ergebnisse zu produzieren. Sie haben in diesem Kapitel ja schon etwas darüber erfahren.

Aufgabe Sie haben inzwischen in den letzten Kapiteln so viel über Objekte und Typen erfahren, dass Sie nun langsam auch größere (und fremde) Funktionen wie zum Beispiel die folgende *ConvertTo-DateTimeFormat* lesen und nachvollziehen können. Schauen Sie sich zuerst an, was die Funktion bewirkt (Abbildung 14.14).

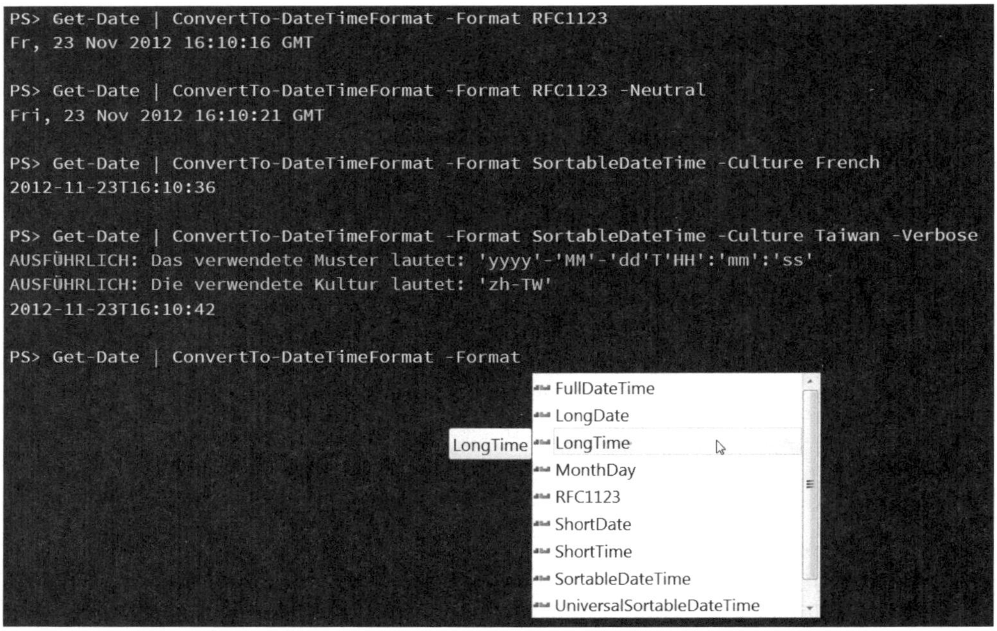

```
PS> Get-Date | ConvertTo-DateTimeFormat -Format RFC1123
Fr, 23 Nov 2012 16:10:16 GMT

PS> Get-Date | ConvertTo-DateTimeFormat -Format RFC1123 -Neutral
Fri, 23 Nov 2012 16:10:21 GMT

PS> Get-Date | ConvertTo-DateTimeFormat -Format SortableDateTime -Culture French
2012-11-23T16:10:36

PS> Get-Date | ConvertTo-DateTimeFormat -Format SortableDateTime -Culture Taiwan -Verbose
AUSFÜHRLICH: Das verwendete Muster lautet: 'yyyy'-'MM'-'dd'T'HH':'mm':'ss'
AUSFÜHRLICH: Die verwendete Kultur lautet: 'zh-TW'
2012-11-23T16:10:42

PS> Get-Date | ConvertTo-DateTimeFormat -Format
```

```
                                    FullDateTime
                                    LongDate
                        LongTime    LongTime          ⌖
                                    MonthDay
                                    RFC1123
                                    ShortDate
                                    ShortTime
                                    SortableDateTime
                                    UniversalSortableDateTime
```

Abbildung 14.14   *ConvertTo-DateTimeFormat* macht es spielend leicht, mit Datumsformaten zu »spielen«

Der folgende Code kombiniert alles, was Sie in den letzten Kapiteln gelesen haben. Die Pipelinefähigkeit und die schicke IntelliSense-Unterstützung gehören nicht dazu und sind Leihgaben des Buchteils »D«.

```
function ConvertTo-DateTimeFormat
{
  [CmdletBinding(DefaultParameterSetName='Specific')]
  param
  (
    [Parameter(Mandatory=$true,ValueFromPipeline=$true)]
    [datetime]
    $DateTime,

    [ValidateSet('UniversalSortableDateTime', 'SortableDateTime', 'FullDateTime', 'RFC1123',
'LongDate',
      'LongTime', 'ShortDate','ShortTime','YearMonth', 'MonthDay')]
    $Format = 'SortableDateTime',

    [string]
    [Parameter(ParameterSetName='Specific')]
    $Culture = [System.Globalization.CultureInfo]::CurrentUICulture.Name,

    [switch]
    [Parameter(ParameterSetName='Invariant')]
    $Neutral
  )

  begin
  {
```

```
# die Eigenschaften, die die Muster enthalten, heißen so wie in $Format angegeben, allerdings
# um das Wort "Pattern" ergänzt:
$FormatName = $Format + 'Pattern'

# Das Muster des gewählten Formats auslesen:
if ($Neutral) { $Culture = '' }

# wurde kein Kultur-Kurzname angegeben, sondern ein Land?
try
{
    $CultureInfo = [System.Globalization.CultureInfo]::GetCultureInfo($Culture)
}
catch
{
    # ja, ließ sich nicht umwandeln, also suchen:
    $CultureInfo = [System.Globalization.CultureInfo]::GetCultures('InstalledWin32Cultures') |
        Where-Object { $_.DisplayName -like "*$Culture*" -or $_.NativeName -like "*$Culture*" } |
        Select-Object -First 1
}

$Pattern = $CultureInfo.DateTimeFormat.$FormatName

# wenn der Anwender -Verbose angibt, werden das verwendete Muster und die Kultur angegeben:
Write-Verbose "Das verwendete Muster lautet: '$Pattern'"
Write-Verbose "Die verwendete Kultur lautet: '$CultureInfo'"
}

process
{
  # Datum/Zeit in $DateTime mit ToString() in gewünschter Form und Kultur ausgeben:
  $DateTime.ToString($Pattern, $CultureInfo)
}
}
```

Listing 14.7 Das Skript *ConvertTo-DateTimeFormat.ps1*

Zusammenfassung

Nicht nur Objekte enthalten Member (Eigenschaften und Methoden), sondern Typen auch. Man nennt diese *statische* Member, weil sie nicht aus einem dynamisch generierten Objekt stammen. Um auf die Member eines Typs zuzugreifen, verwenden Sie »::«. Die verfügbaren Member liefert *Get-Member*, wenn Sie den Parameter *-Static* angeben, aber häufig ist *Get-Member* gar nicht notwendig: PowerShell liefert automatische Vervollständigung und in ISE auch IntelliSense-Auswahlmenüs.

Die statischen Methoden der Typen funktionieren häufig wie kleine Befehlserweiterungen, mit denen Ihr PowerShell-Code plötzlich DNS-Auflösungen vornehmen kann, mathematische Funktionen nutzt oder Systempfade findet.

Welche Typen es gibt, kann man direkt in .NET Framework nachschlagen, aus dem die Typen stammen. Sie haben inzwischen die Hilfsfunktionen *Find-TypeByName* und *Find-TypeByCommandName* kennengelernt, mit denen Sie schnell und relativ bequem Typen finden, die ein bestimmtes Schlüsselwort im Namen oder im Namen einer ihrer Befehle tragen.

Kapitel 15

Typen nachladen und .NET-Code kompilieren

In diesem Kapitel:

Alle Typen stammen aus Assemblys. Wenn Sie also neue Typen nachladen möchten, dann laden Sie eigentlich Assemblys nach, die den gewünschten Typ (neben anderen) enthalten. Jede Anwendung lädt nur die Assemblys, die wirklich gebraucht werden, und bedient sich dabei aus dem sogenannten *globalen Assemblycache* (Global Assembly Cache, GAC), einer Sammlung sämtlicher fest installierten Assemblys. Darüber hinaus können Assemblys aber auch aus DLL-Dateien geladen werden, die nicht im GAC installiert sind. Beides werden Sie gleich anhand verschiedener Beispiele durchführen.

Systemassemblys nachladen

Mit *Add-Type* und dem dazugehörigen Parameter *-AssemblyName* laden Sie bei Bedarf weitere Assemblys aus dem GAC nach.

HTML-Encoding und -Decoding

Zum Beispiel liefert die Assembly *System.Web* den Typ *System.Web.HTTPUtility* und dieser Typ stellt Methoden zur Verfügung, um Texte innerhalb von HTML-Webseiten oder in URLs zu maskieren:

```
# Assembly "System.Web" nachladen:
PS> Add-Type -AssemblyName System.Web

# Text für Veröffentlichung innerhalb von HTML vorbereiten:
PS> [System.Web.HttpUtility]::HtmlEncode('Dieser Text würde innerhalb von HTML so geschrieben.')
Dieser Text w&#252;rde innerhalb von HTML so geschrieben.

# Text für Nutzung innerhalb einer Internetadresse vorbereiten:
PS> [System.Web.HttpUtility]::UrlEncode('Dieser Text würde innerhalb von Webadressen so
geschrieben.')
Dieser+Text+w%c3%bcrde+innerhalb+von+Webadressen+so+geschrieben.

# HTML-verschlüsselte Zeichen in normalen Text umwandeln:
PS> [System.Web.HttpUtility]::HtmlDecode('&#252; &auml;')
ü ä
```

Visual Basic-Befehle in PowerShell

Die Assembly *Microsoft.VisualBasic* wird eigentlich von der .NET Framework-Sprache Visual Basic genutzt, aber auch PowerShell darf sich hier bedienen. Das wird besonders diejenigen freuen, die VBScript-Erfahrung haben, denn viele Methoden funktionieren nicht nur ganz ähnlich wie dort, sie heißen auch wie früher (Abbildung 15.1).

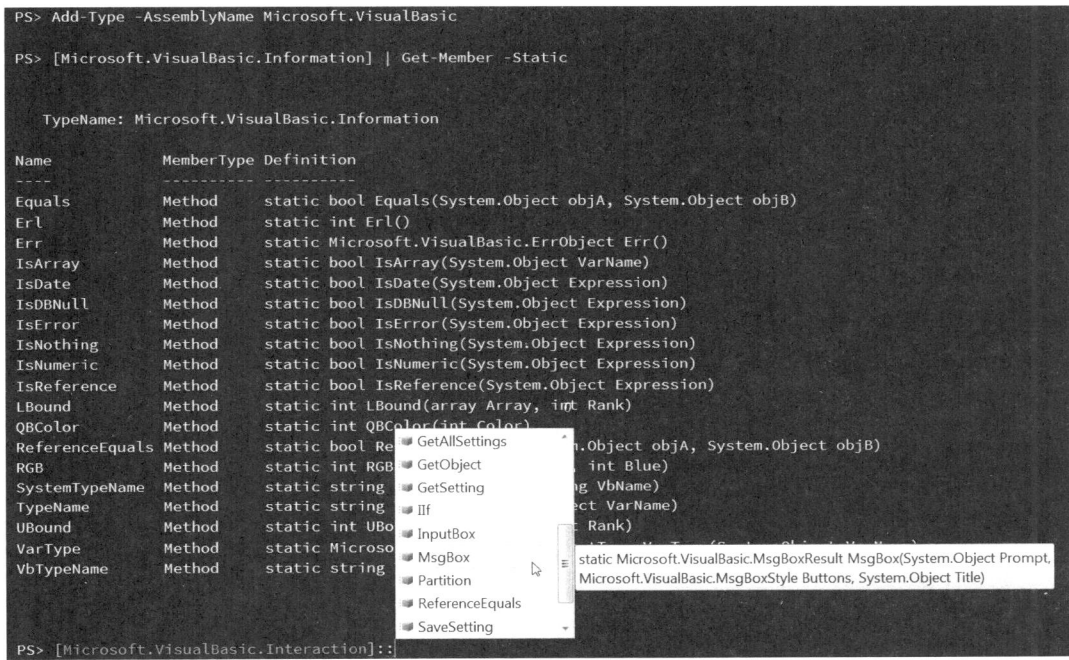

Abbildung 15.1 VBScript-ähnliche Befehle aus der Assembly »Microsoft.VisualBasic«

Eine klassische *InputBox* so wie bei VBScript bekommen Sie also auch bei PowerShell hin:

```
# VBScript-Befehle aus Assembly "Microsoft.VisualBasic" nachladen:
PS> Add-Type -AssemblyName Microsoft.VisualBasic

# Signatur der Methode "InputBox" anzeigen:
PS> [Microsoft.VisualBasic.Interaction]::InputBox

OverloadDefinitions
-------------------
static string InputBox(string Prompt, string Title, string DefaultResponse, int XPos, int YPos)

# Methode "InputBox" aufrufen
PS> [Microsoft.VisualBasic.Interaction]::InputBox('Ihr Name', 'Eingabe', $env:USERNAME)
Tobias
```

Abbildung 15.2 Eine InputBox aus PowerShell heraus öffnen

Die Assembly *Microsoft.VisualBasic* hat allerdings nicht nur altbekannte *VBScript*-ähnliche Methoden zu bieten. Sie können damit auch Dateien aus dem Internet herunterladen, einschließlich Fortschrittsanzeige:

```
# benötigte Assembly nachladen:
Add-Type -AssemblyName Microsoft.VisualBasic

# Downloadadresse einer Datei:
$URL = 'http://anon.nasa-global.edgesuite.net/anon.nasa-global/NASAHD/sts-116/STS-
116_LaunchHD_480p.wmv'

# Hier soll die Datei gespeichert werden:
$Path = "$env:TEMP\video.wmv"

# Objekt mit Downloadmethoden beschaffen:
$objekt = New-Object Microsoft.VisualBasic.Devices.Network

# Download durchführen:
$objekt.DownloadFile($URL, $Path, '', '', $true, 500, $true, "DoNothing")

# Datei öffnen
Invoke-Item $Path
```

Listing 15.1 Das Skript *download_video.ps1*

Während des Downloads erscheint ein Dialogfeld und zeigt den Fortschritt – zumindest dann, wenn Sie über eine direkte Internetverbindung verfügen, denn die Methode ist nicht proxyfähig.

Abbildung 15.3 Download von Internetdateien mit Fortschrittsanzeige

Nachdem die Datei heruntergeladen ist, startet *Invoke-Item* sie mit der zuständigen Anwendung, beispielsweise dem *Windows Media Player*. Wer mag, kann das auch in nur eine einzige Zeile verpacken:

```
PS> (New-Object Microsoft.VisualBasic.Devices.Network).DownloadFile('http://anon.nasa-
global.edgesuite.net/anon.nasa-global/NASAHD/sts-116/STS-116_LaunchHD_480p.wmv',
"$env:TEMP\video.wmv", '', '', $true, 500, $true, "DoNothing"); Invoke-Item "$env:TEMP\video.wmv"
```

Das eigentliche »Stamm-Objekt« ist bei Visual Basic übrigens vom Typ *Microsoft.VisualBasic.Devices.Computer* instanziiert. Von dort gelangt man zu allen übrigen, einschließlich der Downloadfunktion von eben:

```
PS> $computer = New-Object -TypeName Microsoft.VisualBasic.Devices.Computer
PS> $computer.Network.DownloadFile

OverloadDefinitions
-------------------
void DownloadFile(string address, string destinationFileName)
void DownloadFile(uri address, string destinationFileName)
```

```
void DownloadFile(string address, string destinationFileName, string userName, string password)
void DownloadFile(uri address, string destinationFileName, string userName, string password)
void DownloadFile(string address, string destinationFileName, string userName, string password,
bool showUI,
     int connectionTimeout, bool overwrite)
void DownloadFile(string address, string destinationFileName, string userName, string password,
bool showUI,
     int connectionTimeout, bool overwrite, Microsoft.VisualBasic.FileIO.UICancelOption
onUserCancel)
void DownloadFile(uri address, string destinationFileName, string userName, string password, bool
showUI, int connectionTimeout, bool overwrite)
void DownloadFile(uri address, string destinationFileName, string userName, string password, bool
showUI, int
     connectionTimeout, bool overwrite, Microsoft.VisualBasic.FileIO.UICancelOption onUserCancel)
void DownloadFile(uri address, string destinationFileName, System.Net.ICredentials
networkCredentials, bool
     showUI, int connectionTimeout, bool overwrite)
void DownloadFile(uri address, string destinationFileName, System.Net.ICredentials
networkCredentials, bool
     showUI, int connectionTimeout, bool overwrite,Microsoft.VisualBasic.FileIO.UICancelOption
onUserCancel)
```

Abbildung 15.4 Ein Video aus dem Internet herunterladen und abspielen

Bilderformate konvertieren

Die vielfältigen Methoden der .NET-Objekte lassen kaum Wünsche offen, denn damit stehen Ihnen grundsätzlich dieselben Möglichkeiten zur Verfügung wie professionellen Entwicklern. Die Assembly *System.Drawing* ist zuständig für Bilder und Zeichnungen.

Wie nützlich daraus entwickelte Tools sein können, zeigt die folgende Funktion namens *Convert-Image*. Mit ihr können Sie Bilder von einem Format in ein anderes konvertieren:

```
function Convert-PictureFile
{
  param
  (
    [Parameter(Mandatory=$true,
      ValueFromPipelineByPropertyName=$true,
      ValueFromPipeline=$true,
      Position=0)]
    [Alias('FullName')]
    [string]
    $Path,

    $TargetFolder = "$env:TEMP\TargetFolder",

    [ValidateSet('BMP', 'JPEG', 'GIF', 'TIFF', 'PNG')]
    $TargetFormat = 'PNG'
  )

  begin
  {
    Add-Type -AssemblyName 'System.Drawing'
    $ImageCodec = [System.Drawing.Imaging.ImageCodecInfo]::GetImageEncoders() |
        Where-Object { $_.FormatDescription -eq $TargetFormat }

    $TargetExtension = $ImageCodec.FilenameExtension.Replace('*','').Split(';')
    if ( (Test-Path -Path $TargetFolder) -eq $false)
    { $null = New-Item -Path $TargetFolder -ItemType Directory }
  }

  process
  {
    if ($TargetExtension -notcontains [System.IO.Path]::GetExtension($Path))
    {
      $quellname = [System.IO.Path]::GetFileName($Path)
      $zielname = [System.IO.Path]::ChangeExtension($quellname, $TargetExtension[0])
      Write-Host "Konvertiere '$quellname'..." -NoNewline
      $NewPath = Join-Path -Path $TargetFolder -Child $zielname
      $Image = [System.Drawing.Image]::FromFile($Path)
      $Image.Save($NewPath, $ImageCodec.FormatId)
      $Image.Dispose()
      Write-Host "nach '$zielname': OK."
    }
  }
}
```

Listing 15.2 Das Skript *Convert-PictureFile.ps1*

Ab sofort können Sie massenhaft Fotos und andere Bilddateien von einem Grafikformat in ein anderes konvertieren. Der folgende Aufruf legt beispielsweise sämtliche *JPG*-Bilder aus dem Windows-

Ordner oder einem seiner Unterordner als *PNG*-Bilder in den Ordner *c:\bilder* und öffnet diesen am Ende im Windows-Explorer:

```
PS> Get-ChildItem -Path $env:windir -Filter *.jpg -Recurse -ErrorAction SilentlyContinue |
Convert-PictureFile -TargetFormat PNG -TargetFolder c:\bilder

PS> Invoke-Item -Path c:\bilder
Konvertiere 'BBY.JPG'...nach 'BBY.PNG': OK.
Konvertiere 'ASPdotNET_logo.jpg'...nach 'ASPdotNET_logo.PNG': OK.
Konvertiere 'darkBlue_GRAD.jpg'...nach 'darkBlue_GRAD.PNG': OK.
(…)
```

Dialogfelder, WPF und der STA-Modus

Im letzten Kapitel haben Sie gesehen, dass die Assembly *System.Windows.Forms* einen Typ namens *OpenFileDialog* enthält, mit dem ein *Öffnen*-Dialogfeld angezeigt werden kann. Allerdings stand diese Assembly nur im ISE-Editor zur Verfügung, aber nicht in der klassischen PowerShell-Konsole. Sie wissen nun, warum das so ist: Weil die klassische PowerShell-Konsole als textbasiertes Konsolenfenster gar keine Unterstützung für Fenster, Schaltflächen und Menüs benötigt, hat sie diese Assembly nicht geladen. Sie könnten das aus Ihrem Code nun leicht nachholen:

```
PS> Add-Type -AssemblyName System.Windows.Forms
```

Ab sofort würden Dialogfelder auch dann erscheinen, wenn Ihr Skriptcode in der Konsole ausgeführt wird. Allerdings nur in PowerShell 3.0. In PowerShell 2.0 würde sich die PowerShell-Konsole nun »aufhängen«.

Der Grund ist das Threading-Modell, das PowerShell 2.0 standardmäßig verwendet. Das Threading-Modell bestimmt, wie verschiedene parallel ausgeführte Threads arbeiten können. Verfügbar sind *MTA* (Multi Threaded Appartment) und *STA* (Single Threaded Appartment).

Threading-Modell	PowerShell 2.0		PowerShell 3.0	
	Konsole	ISE	Konsole	ISE
MTA	x			
STA		x	x	x

Tabelle 15.1 Unterschiede der verschiedenen PowerShell-Hosts in Bezug auf das Threading-Modell

Moderne grafische Oberflächen, welche Windows Presentation Foundation (WPF) verwenden, sind auf den *STA*-Modus angewiesen. Sie funktionieren deshalb in PowerShell 2.0 in der klassischen Konsole nicht, es sei denn, Sie starten *powershell.exe* ausdrücklich mit dem Parameter *-STA* im STA-Modus.

Glücklicherweise haben die PowerShell-Entwickler in PowerShell 3.0 grundsätzlich den STA-Modus zum Standard erklärt. Ihr Skript hat also normalerweise keine Kontrolle darüber, ob es im STA-Modus ausgeführt wird oder nicht, denn dieser Modus kann nachträglich nicht in einem laufenden Prozess geändert werden.

Sie können aber mit dem Wissen aus den vergangenen Kapiteln alternativ einen weiteren PowerShell-Thread anlegen. Weil Sie dies nun selbst durchführen, haben Sie auch volle Kontrolle über den Threading-Modus. Das folgende Beispiel zeigt die Funktion *Show-OpenFileDialog*, die in allen PowerShell-Versionen und -Hosts einwandfrei funktioniert, weil sie den STA-Modus selbst aktiviert:

```
function Show-OpenFileDialog
{
  param
  (
    [string]$Title='Select a file',

    [string]$Path=$HOME,

    [string]$Filter = 'All Files (*.*)|*.*'
  )

  # dies ist der Code, der im separaten STA-Thread ausgeführt werden wird:
  $code = {
    param
    (
      [string]$Title,
      [string]$Path,
      [string]$Filter = 'All Files (*.*)|*.*'
    )

    Add-Type -AssemblyName System.Windows.Forms

    $DialogOpen = New-Object System.Windows.Forms.OpenFileDialog
    $DialogOpen.InitialDirectory = $Path
    $DialogOpen.Filter = $Filter
    $DialogOpen.Title = $Title
    $Result = $DialogOpen.ShowDialog()

    if ($Result -eq 'OK')
    {
      $DialogOpen.FileName
    }
  }

  # einen neuen PowerShell-Thread im STA-Modus anlegen:
  $newRunspace = [RunSpaceFactory]::CreateRunspace()
  $newRunspace.ApartmentState = 'STA'
  $newRunspace.Open()
  $newPowerShell = [PowerShell]::Create()
  $newPowerShell.Runspace = $newRunspace

  # Code hinzufügen:

[voic]$newPowerShell.AddScript($code).AddArgument($Title).AddArgument($Path).AddArgument($Filter)

  # Thread synchron starten (warten, bis Thread beendet ist):
  $newPowerShell.Invoke()

  # Runspace im Thead schließen und Thread freigeben:
  $newPowerShell.Runspace.Close()
  $newPowerShell.Dispose()
}
```

Listing 15.3　Das Skript *Show-OpenFileDialog.ps1*

Die Funktion *Show-OpenFileDialog* kann nun bequem auch in der PowerShell 2.0-Konsole eingesetzt werden, um ein *Öffnen*-Dialogfeld (oder beliebigen anderen WPF-Code) auszuführen:

```
PS> Show-OpenFileDialog -Title 'Wählen Sie ein Skript' -Path "$HOME\Documents" -Filter
'PowerShell-Skripts|*.ps1|Alles|*.*'
```

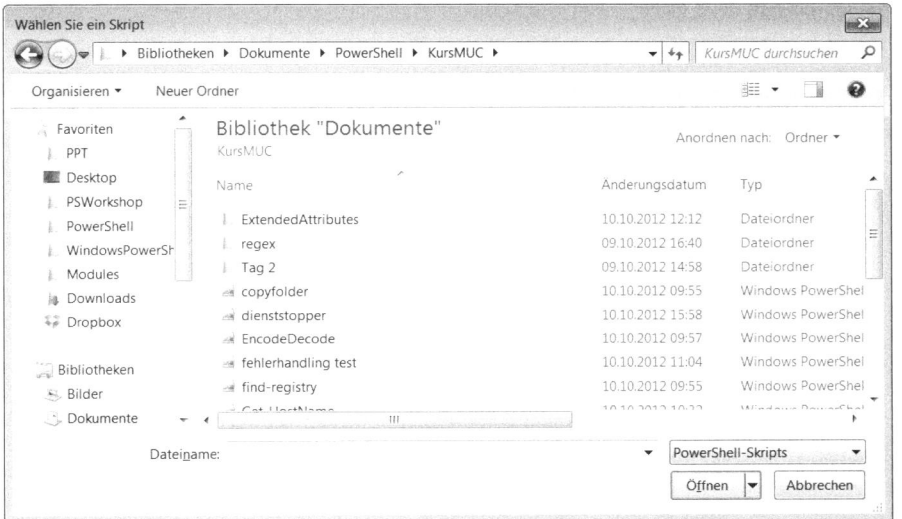

Abbildung 15.5   Ein *Öffnen*-Dialogfeld zuverlässig im STA-Modus starten

Neue Typen mit Membern definieren

Um einen neuen Typ herzustellen, genügt es eigentlich, seine Member zu definieren, also seine Eigenschaften und Methoden. Genau das leistet *Add-Type* mit dem Parameter *-MemberDefinition*. Das Cmdlet erwartet jetzt nur den in der Sprache C# verfassten Quellcode, der diese Eigenschaften und Methoden definiert.

HINWEIS   C# ist die in .NET Framework gebräuchlichste Programmiersprache. Sobald Sie gänzlich neue Typen herstellen, muss PowerShell das delegieren. Neue Typen lassen sich nur herstellen, wenn Sie die Typen mit einer .NET Framework-kompatiblen Programmiersprache definieren. *Add-Type* ruft danach intern den .NET-Compiler auf und übersetzt den Quellcode in ausführbaren Code. Der kann danach von PowerShell wieder geladen werden.

Möchten Sie den Quellcode nicht in C# verfassen, sondern lieber in einer anderen .NET Framework-Sprache wie Visual Basic, dann nutzen Sie bei *Add-Type* den Parameter *-Language*. Folgende Programmiersprachen sind verfügbar:

```
PS> [Microsoft.PowerShell.Commands.Language].GetEnumNames()
Csharp
CSharpVersion3
CSharpVersion2
VisualBasic
JScript
```

Man nutzt dies häufig, um auf API-Funktionen zuzugreifen, also auf die tiefste Schicht von Systembefehlen des Betriebssystems, die noch unterhalb von .NET Framework liegen und auf die sich wiederum .NET Framework selbst stützt.

Das folgende Beispiel deklariert in C# die API-Funktion *ShowWindowAsync()* aus der internen Systembibliothek *user32.dll*:

```
$code = @"
[DllImport("user32.dll")]
public static extern bool ShowWindowAsync(IntPtr hWnd, int nCmdShow);
"@
```

Mit *Add-Type* fügen Sie diesen Typ zur PowerShell hinzu:

```
$showWindowAsync = Add-Type -MemberDefinition $code -Name "Win32ShowWindowAsync" -Namespace
Win32Functions
-PassThru
```

Ab sofort können Sie mithilfe der eingebundenen Low-Level-Funktion *Win32ShowWindowAsync()* beliebige Fenster minimieren und maximieren. Die folgenden Zeilen minimieren das Fenster der Anwendung, in der das Skript ausgeführt wird, vorübergehend für eine Sekunde und stellen es danach wieder her:

```
# PowerShell-Fenster minimieren:
$showWindowAsync::ShowWindowAsync((Get-Process -id $PID).MainWindowHandle, 2)
Start-Sleep -Seconds 1

# Fenster wiederherstellen:
$showWindowAsync::ShowWindowAsync((Get-Process -id $PID).MainWindowHandle, 4)
```

Listing 15.4 Das Skript *ShowWindowAsync.ps1*

Vollkommen neue Typen definieren

PowerShell kann sogar gänzlich neue Typen herstellen. Wieder übergeben Sie *Add-Type* dazu Quellcode in C# (oder einer anderen unterstützten .NET-Programmiersprache). Diesmal muss der Quellcode allerdings den gesamten Typ beschreiben und nicht nur seine Member.

Das folgende kleine Beispiel vollführt keine Wunder, aber es zeigt hervorragend, wie das, was Sie in den letzten Kapiteln über Objekte und Typen erfahren haben, hinter den Kulissen und aus Sicht des Programmierers funktioniert. Sie werden gleich zum Beispiel erkennen, wo die Unterschiede zwischen statischen und dynamischen Methoden liegen.

Demotyp mit statischer und dynamischer Methode

Die folgenden Zeilen legen in der PowerShell-Variablen *$source* den C#-Code für eine einfache Klasse fest:

```
$source = @'
public class Rechner
{
```

```
    public static int Add(int a, int b)
    {
        return (a + b);
    }

    public int Multiply(int a, int b)
    {
        return (a * b);
    }
}
'@
```

Listing 15.5 Das Skript *rechner.ps1* mit der Klasse *Rechner*

Die Klasse *Rechner* stellt zwei Methoden zur Verfügung: *Add()* ist eine statische Methode und steht deshalb später direkt im Typ zur Verfügung. *Multiply()* bildet dagegen eine dynamische Methode, die in Objekten bereitsteht, die vom Typ *Rechner* mit *New-Object* instanziiert wurden. Um den C#-Code on the fly in einen echten .NET-Typ zu verwandeln, greifen Sie zu *Add-Type* und geben lediglich den Quellcode an. Die gesamte Kompilierung geschieht unsichtbar hinter den Kulissen:

```
# Quellcode kompilieren:
PS> Add-Type -TypeDefinition $source
```

Ab sofort ist der neue Typ *Rechner* verfügbar:

```
# neuen Typ ansprechen:
PS> [Rechner]
```

```
IsPublic IsSerial Name                                BaseType
-------- -------- ----                                --------
True     False    Rechner                             System.Object
```

Sie können jetzt wie bei jedem anderen Typ auf die im Typ vorhandenen statischen Methoden zugreifen, also in diesem Fall auf *Add()*:

```
# statische Methode des Typs:
PS> [Rechner]::Add(5,10)
15
```

Die Methode *Multiply()* ist im Quellcode nicht als *static* deklariert und ist deshalb dynamisch, also in instanziierten Objekten verfügbar:

```
# Objekt vom Typ instanziieren:
PS> $meinRechner = New-Object Rechner
```

```
# dynamische Methode des Objekts:
PS> $meinRechner.Multiply(3,12)
36
```

Eigene Auflistungen für IntelliSense-Unterstützung

Mit *Add-Type* und selbstdefinierten Typen lassen sich also fehlende Typen nachrüsten, die Sie für Ihre Zwecke vielleicht benötigen. Brauchen Sie zum Beispiel eine Auflistung (Enumeration mit festgelegten Schlüsselwerten), können Sie diesen Ansatz verwenden, der diesmal die Sprache Visual Basic einsetzt:

```
$source=@'
Public Enum Stimmung
Euphorisch
Gut
Mittel
Schlecht
Übel
End Enum
'@
```

Anschließend verwandeln Sie den Quellcode wieder in einen Typ:

```
PS> Add-Type -TypeDefinition $source -Language VisualBasic
```

Ab sofort steht Ihnen eine Enumeration namens *Stimmung* zur Verfügung, die einen der aufgelisteten Werte annehmen kann. Sie können die Enumeration jetzt dazu verwenden, Variablen streng zu typisieren:

```
[Stimmung]$situation = 'Gut'
```

Der Variablen *$situation* kann nun jedes der Schlüsselwörter in der Aufzählung zugewiesen werden, aber kein sonstiger Wert:

```
PS> $situation = 'Übel'
PS> $situation = 'Euphorisch'
PS> $situation = 'Katastrophe'
Der Wert "Katastrophe" kann nicht in den Typ "Stimmung" konvertiert werden. Fehler: "Der Bezeichner
"Katastrophe" kann keinem gültigen Enumeratornamen zugeordnet werden. Geben Sie einen der
folgenden Enumeratornamen an, und wiederholen Sie den Vorgang: Euphorisch, Gut, Mittel, Schlecht,
Übel."
```

Kommt Ihnen die Fehlermeldung bekannt vor? Weisen Sie einer Variable, die auf eine bestimmte Aufzählung festgelegt ist, einen falschen Wert zu, verrät die Fehlermeldung automatisch die erlaubten Werte – genau so funktionieren viele Cmdlet-Argumente und Objekteigenschaften.

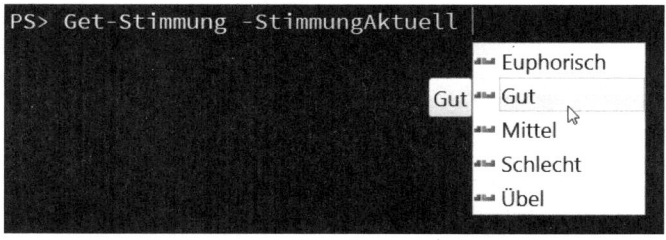

Abbildung 15.6 Enumerationen bilden eine Quelle für das neue IntelliSense in PowerShell 3.0

In PowerShell 3.0 dienen Enumerationen zusätzlich dazu, im ISE-Editor IntelliSense-Menüs zu füllen. Auch die Autovervollständigung unterstützt sie:

```
$source=@'
Public Enum Stimmung
Euphorisch
Gut
```

```
Mittel
Schlecht
Übel
End Enum
'@

Add-Type -TypeDefinition $source -Language VisualBasic

function Get-Stimmung
{
  param
  (
    [Stimmung]
    $StimmungAktuell
  )

  "Ihre Stimmung ist $StimmungAktuell"
}
```

Listing 15.6 Das Skript *enumeration.ps1*

Neue Typen aus DLL-Dateien laden

Add-Type lädt auf Wunsch mit seinem Parameter *-Path* externe DLL-Dateien nach (vorkompilierte Assemblys), vorausgesetzt, die DLL wurde mit .NET Framework hergestellt und ist dazu kompatibel. So lässt sich auf die Typen, die in der DLL lagern, und beispielsweise auf Schnittstellen in Anwendungsprogrammen zugreifen. Auch gibt es zahllose kostenfreie Open-Source-Projekte. Eines davon wird im nächsten Beispiel vorgestellt und ermöglicht es Ihnen, Unterstützung für das Anlegen von ZIP-Dateien zu implementieren.

Windows selbst bringt nur eine rudimentäre Unterstützung für ZIP-Dateien mit, die in die Benutzeroberfläche integriert ist und sich kaum zuverlässig automatisieren lässt. Es gibt aber zahlreiche gute und kostenfreie DLL-Dateien, die diese Funktionalität beherrschen, beispielsweise die *DotNetZip*-Library (*http://dotnetzip.codeplex.com/*).

Sie erhalten von der Webseite per Download die entsprechende DLL-Datei. Damit PowerShell sie nutzen kann, muss sie zuerst nach dem Download entblockt werden (Rechtsklick, *Eigenschaften*, Schaltfläche *Zulassen*). Danach kann *Add-Type* sie laden.

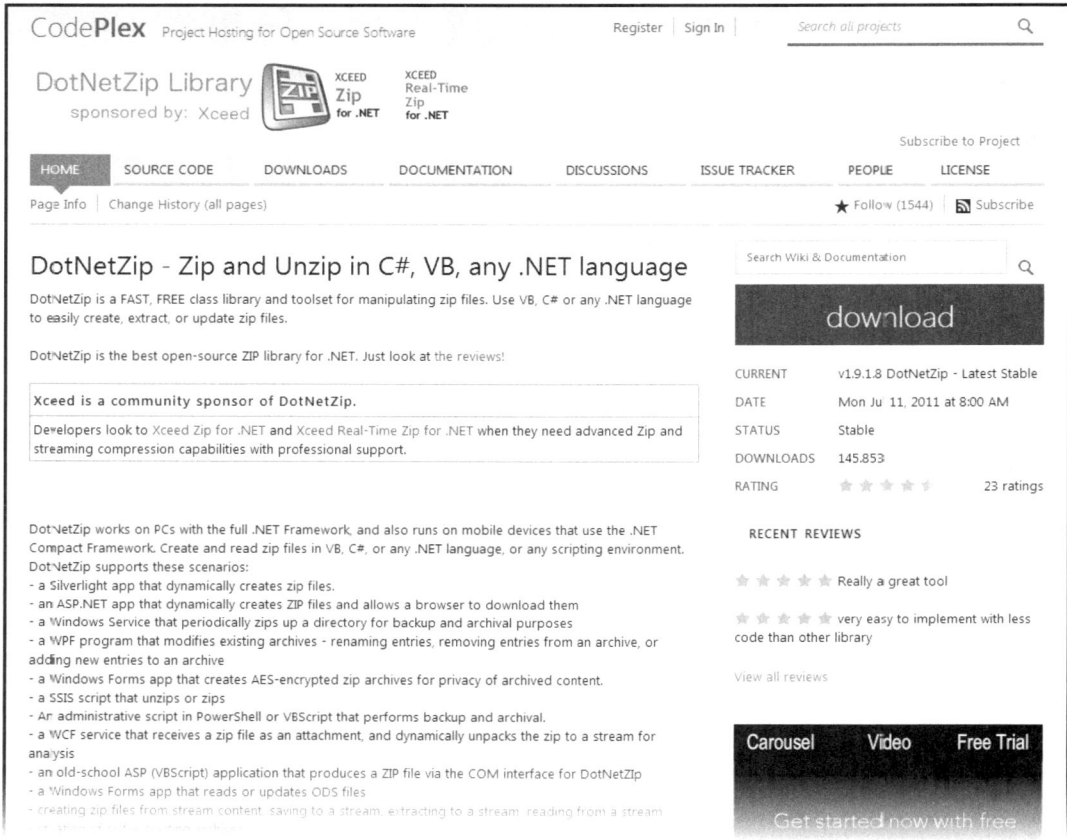

Abbildung 15.7   Die *DotNetZip*-Bibliothek ist ein Beispiel für eine kostenfreie Erweiterungs-DLL

Das folgende Skript lädt die DLL-Datei beispielsweise aus demselben Ordner, in dem sich auch das Skript befindet (was voraussetzt, dass Sie das Skript tatsächlich irgendwo gespeichert haben):

```
# Ordner bestimmen, in dem das Skript sich befindet:
# (in Modulen ist das der Inhalt von $PSScriptRoot)
$SelfPath = Split-Path $MyInvocation.MyCommand.Definition

# DLL nachladen:
Add-Type -Path "$SelfPath\Ionic.Zip.dll"
```

Danach stehen Ihnen zahlreiche neue Typen zur Verfügung, zum Beispiel *Ionic.Zip.ZipFile*. Die Funktion *ConvertTo-ZIP* zeigt, wie man daraus eine neue Funktion zum Erstellen von ZIP-Dateien herstellt:

```
# Ordner bestimmen, in dem das Skript sich befindet:
# (in Modulen ist das der Inhalt von $PSScriptRoot)
$SelfPath = Split-Path $MyInvocation.MyCommand.Definition

# DLL nachladen:
```

```
Add-Type -Path "$SelfPath\Ionic.Zip.dll"

function ConvertTo-ZIP
{
  [CmdletBinding()]
  param
  (
    [Parameter(Mandatory=$true)]
    # Pfadname zur ZIP-Datei
    $ZipPath,

    [Parameter(ValueFromPipeline=$true,Mandatory=$true)]
    # Pfadname der zu verpackenden Datei
    $Path,

    [switch]
    # selbstextrahierendes Archiv erzeugen
    $SelfExtract
  )

  begin
  {
    # Neues Objekt vom geladenen Typ "Ionic.Zip.ZipFile" herstellen:
    $zipfile = New-Object Ionic.Zip.ZipFile
  }

  process
  {
    $Path | ForEach-Object {
      $FileObject = $_

      # wurde ein Textpfad angegeben?
      if ($FileObject -is [string])
      {
        # ja, dann Dateiobjekt beschaffen, wenn es existiert:
        if ((Test-Path -Path $FileObject))
        {
          $FileObject = Get-Item $FileObject
        }
      }

      # Ordner oder Datei?
      try {
        if ($FileObject -is [System.IO.DirectoryInfo])
        {
          # Ordner, also im ZIP-File einen Ordner anlegen:
          $e = $zipfile.AddDirectory($FileObject.FullName, '')
        }
        elseif ($FileObject -is [System.IO.FileInfo])
        {
          # Datei, also Datei zu ZIP-File hinzufügen:
          $e = $zipfile.AddFile($FileObject.FullName, '')
        }
      } catch {
        Write-Warning "ConvertTo-ZIP: $($_.Exception.InnerException.Message)"
      }
    }
```

```
  }

  end
  {
    # wird ein selbstextrahierendes Archiv gewünscht?
    if ($SelfExtract)
    {
      # ja, Dateierweiterung ggf. anpassen:
      $ZipPath = [System.IO.Path]::ChangeExtension($ZipPath, '.exe')

      # Alternative: "WinFormsApplication" statt "ConsoleApplication":
      $zipfile.SaveSelfExtractor($ZipPath, 'ConsoleApplication')
    }
    else
    {
      $zipfile.Save($ZipPath)
    }

    # Objekt freigeben:
    $zipfile.Dispose()
    Write-Warning "Saved ZIP-file to '$ZIPPath'"
  }
}
```

Listing 15.7 Das Skript *ConvertTo-ZIP.ps1*

Ab sofort lassen sich mit *ConvertTo-Zip* einzelne Dateien und auch ganze Ordnerbäume als ZIP-Datei verpacken. Die folgende Zeile etwa speichert sämtliche im Windows-Ordner befindlichen Power-Shell-Skripts in einer ZIP-Datei:

```
PS> Get-ChildItem -Path $env:windir -Filter *.ps1 -Recurse -ErrorAction SilentlyContinue |
ConvertTo-ZIP -ZIPPath $HOME\Desktop\scripts.zip
WARNUNG: ConvertTo-ZIP: Ein Element mit dem gleichen Schlüssel wurde bereits hinzugefügt.
(…)
WARNUNG: Ein Element mit dem gleichen Schlüssel wurde bereits hinzugefügt.
WARNUNG: Saved ZIP-file to 'C:\Users\Tobias\Desktop\scripts.zip'
```

Da es sich bei dieser einfachen Implementation um eine flache Zielstruktur handelt (die Ordnerhierarchie der Originaldateien wird nicht übernommen), sind Meldungen wie »WARNUNG: ConvertTo-ZIP: Ein Element mit dem gleichen Schlüssel wurde bereits hinzugefügt.« normal, denn es kann durchaus sein, dass sich gleichnamige Dateien in verschiedenen Unterordnern des Windows-Ordners befinden. Das Ergebnis ist eine ZIP-Datei mit allen Skripts.

HINWEIS   Vielleicht werden Sie entdecken, dass sich in der ZIP-Datei nicht nur Skripts befinden, sondern auch *.ps1xml*-Dateien. Das ist nicht die Schuld von *ConvertTo-ZIP*, sondern *Get-ChildItem* liefert diese Dateien an die Funktion. Grund ist die Art, wie *-Filter* funktioniert. Es werden nicht nur Dateien mit der Erweiterung *.ps1* gewählt, sondern auch solche, bei denen die Erweiterung mit *.ps1* beginnt.

ConvertTo-ZIP kann sogar selbstextrahierende Archive herstellen, wenn Sie den Switch-Parameter *-SelfExtract* angeben:

```
PS> Get-ChildItem -Path $env:windir -Filter *.ps1 -Recurse -ErrorAction SilentlyContinue |
ConvertTo-ZIP -ZIPPath $HOME\Desktop\scripts.exe -SelfExtract
```

Das Ergebnis ist dann eine EXE-Datei, die beim Aufruf ihren Inhalt auspackt.

> **TIPP** Das selbstextrahierende Archiv ist konsolenbasiert und entpackt den Inhalt des Archivs sofort und ohne weitere Rückfragen.
>
> Ersetzen Sie an der gekennzeichneten Stelle im Listing 15.7 den Begriff *ConsoleApplication* durch *WinFormsApplication*, dann wird zum Auspacken des selbstextrahierenden Archivs ein Dialogfeld geöffnet, mit dem Sie den Auspackvorgang kontrollieren können.

Zusammenfassung

PowerShell lädt nur diejenigen Assemblys automatisch, deren Typen benötigt werden. Viele weitere Assemblys liegen auf Abruf im sogenannten globalen Assemblycache (Global Assembly Cache, GAC) bereit und können von dort mit *Add-Type* und dem Parameter *-AssemblyName* nachgeladen werden. Die auf diese Weise nachgeladenen Assemblys liefern neue Typen und damit auch neue Eigenschaften und Methoden.

Mit *Add-Type* kann auch Quellcode einer .NET-Programmiersprache wie C# in PowerShell eingespeist werden. *Add-Type* kompiliert den Quellcode dazu und lädt diesen dann genauso wie die vorgefertigten Assemblys des Systems. So lassen sich gänzlich neue Typen herstellen, zum Beispiel eigene Auflistungen (Enumerationen) oder Typen, die intern auf System-API-Funktionen zugreifen.

Entweder übergeben Sie *Add-Type* dazu mit *-MemberDefinition* nur die Definition der Eigenschaften und Methoden oder Sie geben mit *-TypeDefinition* den Quellcode für eine komplette Klasse an. Das Ergebnis ist in beiden Fällen gleich. *Add-Type* kann darüber hinaus bereits kompilierte DLL-Dateien laden (und aus Quellcode in umgekehrter Form selbst DLL-Dateien produzieren). Tatsächlich ist *Add-Type* also der in PowerShell integrierte Zugriff auf den .NET-Compiler.

Teil D

PowerShell-Entwickler

In diesem Teil:

Kapitel 16

Pipelinefähige Funktionen

In diesem Kapitel:

Falls es Ihnen lediglich darum geht, einzelne Arbeitsschritte als neue Befehle zusammenzufassen, haben Sie in Kapitel 8 bereits alles erfahren, was nötig ist, um »einfache« PowerShell-Funktionen zu erstellen. Allerdings kommen einfache Funktionen nicht an die Möglichkeiten und den Komfort echter Cmdlets heran.

In diesem Buchteil erfahren Sie, welche weiteren Möglichkeiten Sie haben, um Funktionen zu schaffen, die sich wie echte Cmdlets verhalten. Dieses Verständnis hilft Ihnen nebenbei auch, genauer zu verstehen, wie die Pipelinekommunikation bei Cmdlets funktioniert, denn die eingesetzten Technologien sind identisch. Damit erreichen Sie jetzt den letzten Level unseres Videospiels: Nach Lektüre dieses und der folgenden Kapitel in diesem Buchteil sind Sie in der Lage, PowerShell nicht nur zu verwenden, sondern auch mit hochwertigen neuen Befehlen zu bereichern. Sie werden zum PowerShell-Entwickler.

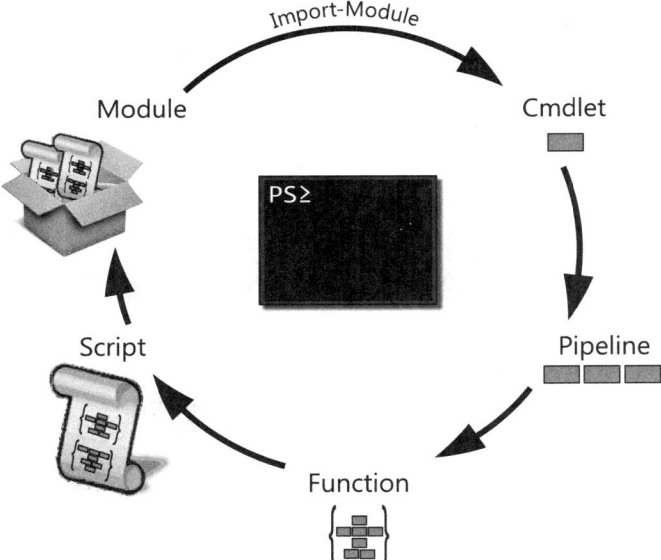

Abbildung 16.1 Die verschiedenen Schwerpunkte im PowerShell-Ökosystem

Dieser Buchteil behandelt alle Aspekte erweiterter PowerShell-Funktionen Schritt für Schritt:

- **Pipelinefähigkeit** In diesem Kapitel werden Ihre Funktionen pipelinefähig und können Informationen von vorausgehenden Befehlen empfangen

- **Objekte als Rückgabewert** In Kapitel 17 lesen Sie, wie Funktionen ihre Ergebnisse als echte Objekte verpacken können, damit andere Funktionen und Cmdlets damit nahtlos weiterarbeiten können

- **Ausgefeilte Parameter** Kapitel 18 zeigt, welche Möglichkeiten Ihnen zur Verfügung stehen, um genau dieselben ausgefeilten Parameter wie Cmdlets anzubieten. Hier erfahren Sie auch, was notwendig ist, damit der ISE-Editor Ihre Parameter mit seinen IntelliSense-Menüs und Vorschlagslisten unterstützt.

- **Proxy-Funktionen** Kapitel 19 beschäftigt sich mit den sogenannten Proxy-Funktionen, die Sie dazu einsetzen können, um bestehende Cmdlets und Funktionen um neue Parameter und Funktionalitäten zu erweitern

- **Module selbst erstellen** Kapitel 20 beleuchtet, wie Sie Ihre eigenen Funktionen in einem Modul verpacken und anderen Entwicklern dergestalt anbieten, wie das bei kommerziellen Modulen der Fall ist

- **Gültigkeitsbereiche** Nicht minder wichtig ist das Grundverständnis von Gültigkeitsbereichen in Kapitel 21. Hier erfahren Sie, wer eigentlich auf Variablen und Funktionen zugreifen kann und wie Sie die Gültigkeit als Anwender oder Programmierer steuern.

- **Sicherheit und Signaturen** Den Abschluss bildet Kapitel 22, wo Sie nicht nur lesen, wie Sie Skripts und Module mit digitalen Signaturen fälschungssicher »verpacken«, sondern auch, wie Sie mithilfe von Signaturen Sicherheits-Audits durchführen. Des Weiteren finden Sie hier Funktionen, mit denen Sie beliebige digitale Zertifikate – die Grundlage von Signaturen – erzeugen können.

PowerShell 3.0 bietet Ihnen in seinem ISE-Editor eine Universalvorlage für erweiterte Funktionen. Sie brauchen diese Vorlage nur zu laden, indem Sie über `Strg`+`J` das Vorlagenmenü öffnen und darin *Cmdlet (erweiterte Funktion)* wählen (Abbildung 16.2).

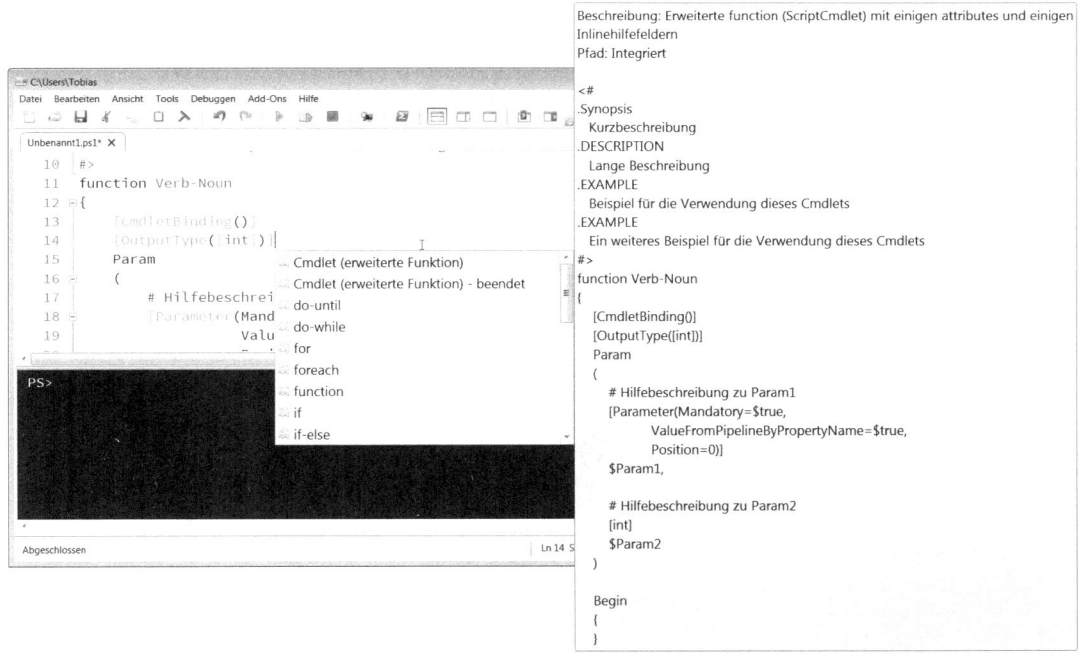

Abbildung 16.2 PowerShell 3.0 bringt eine nützliche Vorlage für erweiterte Funktionen mit

Alle erweiterten Funktionen lassen sich von dieser Vorlage ableiten, sodass Sie daraus einfach alle Bestandteile streichen, die Sie nicht benötigen. Entfernen Sie alle Zusätze, bleibt am Ende eine einfache Funktion übrig, so wie in Kapitel 8 vorgestellt. Die Übergänge sind also fließend und Sie bestimmen, welche Zusatzmöglichkeiten Sie in Ihren Funktionen benutzen möchten. All diese Möglichkeiten werden in diesem und den nächsten Kapiteln genauestens erklärt.

Pipelinefähige Funktionen erstellen

Um zu verstehen, was eine einfache Funktion von einer pipelinefähigen Funktion unterscheidet, schauen Sie sich an, wie sich eine einfache Funktion innerhalb der Pipeline verhält. Dazu starten Sie PowerShell ISE (zum Beispiel, indem Sie in der PowerShell-Konsole den Befehl **ise** eingeben) und legen dann die folgende einfache Funktion an:

```
function Test-Calc
{
    param
    (
        [Parameter(Mandatory=$true)]
        [double]
        $Wert
    )

    $Wert * $Wert
}
```

Listing 16.1   Beispiel für eine nicht pipelinefähige Funktion: das Skript *Test-Calc1.ps1*

Die Funktion *Test-Calc* ist bewusst simpel gestrickt, um den Blick auf das zu schärfen, was für die Pipelinefähigkeit nötig ist. Die Funktion soll einen Wert mit sich selbst multiplizieren und leistet dies auch, wenn Sie diese auf konventionelle Weise aufrufen:

```
PS> Test-Calc -Wert 6
36
```

Allerdings versagt die Funktion, wenn sie in der Pipeline eingesetzt wird. Im folgenden Beispiel werden die Zahlen 1 bis 10 auf die Pipeline gelegt und an *Test-Calc* geschickt. Trotzdem fragt *Test-Calc* nach dem als zwingend erforderlich markierten Parameter -*Wert*, scheint also die Daten von der Pipeline zu ignorieren. Danach folgt eine Serie von Fehlermeldungen und zum Schluss wird das Ergebnis für den manuell eingegebenen Zahlenwert angezeigt (hier: *5*5 = 25*):

```
PS> 1..10 | Test-Calc
cmdlet Test-Calc at command pipeline position 1
Geben Sie Werte für die folgenden Parameter an:
Wert: 5
Test-Calc : Das Eingabeobjekt kann an keine Parameter des Befehls gebunden werder, da der Befehl
keine Pipelineeingaben akzeptiert oder die Eingabe und deren Eigenschaften mit keinem der
Parameter übereinstimmen, die Pipelineeingaben akzeptieren.
Test-Calc : Das Eingabeobjekt kann an keine Parameter des Befehls gebunden werder, da der Befehl
keine Pipelineeingaben akzeptiert oder die Eingabe und deren Eigenschaften mit keinem der
Parameter übereinstimmen, die Pipelineeingaben akzeptieren.
Test-Calc : Das Eingabeobjekt kann an keine Parameter des Befehls gebunden werder, da der Befehl
keine Pipelineeingaben akzeptiert oder die Eingabe und deren Eigenschaften mit keinem der
Parameter übereinstimmen, die Pipelineeingaben akzeptieren.
(…)
25
```

Insgesamt erscheint die Fehlermeldung zehn Mal, also für jede von der Pipeline gelieferte Zahl genau einmal. Die Fehlermeldung selbst beschreibt das Problem gut: PowerShell weiß nicht, welche Parameter der Funktion *Test-Calc* den Wert empfangen sollen, und genau hier unterscheidet sich eine einfache Funktion von einer pipelinefähigen Funktion. Letztere legt nämlich fest, welche Parameter Pipelineeingaben empfangen sollen.

Parameter an Pipelineeingaben binden

Damit eine Funktion Daten direkt von einem anderen Befehl empfangen kann, muss sie festlegen, an welche Parameter diese Daten geliefert werden sollen. Dies geschieht mit dem Attribut *Value-FromPipeline*. Die folgende Funktion *Test-Calc* demonstriert dies:

```
function Test-Calc
{
    param
    (
        [Parameter(Mandatory=$true, ValueFromPipeline=$true)]
        [double]
        $Wert
    )

    $Wert * $Wert
}
```

Listing 16.2 Das Skript *Test-Calc2.ps1* mit rudimentärer Pipelineunterstützung

Test-Calc funktioniert nun in der Pipeline fehlerfrei, liefert aber nur ein Resultat und nicht zehn:

```
PS> 1..10 | Test-Calc
100
```

Offensichtlich sind nicht alle Eingaben von der Funktion bearbeitet worden, sondern nur die letzte. Der Grund dafür liegt am inneren Aufbau von Funktionen. PowerShell unterscheidet darin drei Blöcke: *begin*, *process* und *end*.

- **begin**   wird nur einmal ausgeführt, bevor von der Pipeline Daten empfangen werden. In diesem Block können Initialisierungsaufgaben durchgeführt werden.

- **process**   wird für jedes eintreffende Element der Pipeline einmal ausgeführt. Dieser Block arbeitet also wie eine eingebaute Schleife, die so oft ausgeführt wird, wie Daten von der Pipeline eintreffen.

- **end**   wird nur einmal ausgeführt, nachdem die Pipelinedaten bearbeitet wurden. In diesem Block erfolgen üblicherweise Aufräumungsarbeiten.

Weisen Sie Ihren Code keinem dieser Blöcke zu, führt PowerShell dies selbst durch und behandelt Ihren Code so, als stünde er im *end*-Block. Das erklärt, warum nur das letzte von der Pipeline eintreffende Element bearbeitet wurde. Damit aus der Funktion eine echte pipelinefähige Funktion wird, genügt es also nicht, den Parameter zu bestimmen, der die Pipelineeingaben empfangen soll. Zusätzlich muss der Code, der für eintreffende Pipelinedaten ausgeführt werden soll, in einen *process*-Block gestellt werden. Das ist glücklicherweise nicht weiter schwierig:

```
function Test-Calc
{
    param
    (
        [Parameter(Mandatory=$true, ValueFromPipeline=$true)]
        [double]
        $Wert
    )

    process
    {
      $Wert * $Wert
    }
}
```

Listing 16.3   Das verbesserte Skript *Test-Calc3.ps1* jetzt mit Verarbeitungsabschnitt für die eintreffenden Pipelinedaten

Nun bearbeitet die Funktion anstandslos alle zehn von der Pipeline kommenden Zahlen und kann darüber hinaus nach wie vor auch wie eine einfache Funktion direkt verwendet werden:

```
PS> 1..10 | Test-Calc
1
4
9
16
25
36
49
64
81
100

PS> Test-Calc -Wert 4
16
```

PROFITIPP   Funktionen behandeln ihren Code automatisch so, als stünde er in einem *end*-Block, sind also zunächst nicht pipelinefähig. Erst wenn Sie den Code wie oben gezeigt in den *process*-Block platzieren, bearbeitet die Funktion alle eintreffenden Pipelinedaten. PowerShell bietet dafür eine Abkürzung: *filter*. Ersetzen Sie das Schlüsselwort *function* durch *filter*, dann wird der Code automatisch so verarbeitet, als befände er sich in einem *process*-Block. Ein »Filter« ist also eigentlich lediglich eine pipelinefähige Funktion:

```
filter Test-Calc
{
    param
    (
        [Parameter(Mandatory=$true, ValueFromPipeline=$true)]
        [double]
        $Wert
    )

      $Wert * $Wert
}
```

Gewöhnen Sie sich aber lieber nicht an das Schlüsselwort *filter*, denn es gilt als veraltet und wird kaum noch verwendet. Es birgt nämlich einen Nachteil: In einem Filter können Sie die Blöcke *begin* und *end* nicht verwenden. Sie sind also auf den *process*-Block festgelegt. Deshalb ist man dazu übergegangen, Filter gar nicht mehr einzusetzen und stattdessen in Funktionen lieber manuell und bei Bedarf die Blöcke *begin*, *process* und *end* anzugeben. Alle drei Blöcke sind übrigens optional, aber wenn Sie mindestens einen davon in Ihrer Funktion verwenden, darf kein Codeteil mehr außerhalb der Blöcke stehen.

Alte Dateien finden

Pipelinefähige Funktionen liefern enorm vielseitige neue Legobausteine für die Pipeline. Möchten Sie zum Beispiel hin und wieder veraltete Dateien finden, dann investieren Sie lieber etwas Zeit, um eine passende Funktion dafür zu entwickeln. Sie brauchen dann künftig nicht mehr darüber nachzudenken, wie sich veraltete Dateien finden lassen. Die folgende Funktion *Select-OldFile* kann Dateien (und Ordner) empfangen, die zum Beispiel von *dir* (alias *Get-ChildItem*) geliefert werden. Im *process*-Block wird dann das Alter der Dateien/Ordner in Tagen ausgerechnet und mit der Angabe in *-Days* verglichen. Ist die Datei älter, wird sie zurück in die Pipeline gelegt (durchgelassen), andernfalls ausgefiltert:

```
function Select-OldFile
{
    param
    (
        [Parameter(Mandatory=$true)]
        $Days,

        [Parameter(ValueFromPipeline=$true)]
        $File
    )

    process
    {
        $Age = (Get-Date) - $File.LastWriteTime
        if ($Age.Days -gt $Days) { $File }
    }
}
```

Listing 16.4 Das Skript *Select-OldFile.ps1*

So können Sie schnell und ohne viel Code alle Protokolldateien im Windows-Ordner finden, die älter sind als beispielsweise 100 Tage:

```
PS> Get-ChildItem $env:windir -Filter *.log | Select-OldFile -Days 200
```

Select-OldFile ist damit ein vollwertiger Legobaustein für die Pipeline und kann seine Ergebnisse nun seinerseits an andere Cmdlets weiterreichen. So könnten die veralteten Protokolldateien unmittelbar gelöscht (*Remove-Item*) oder archiviert (*Move-Item*) werden:

```
PS> Get-ChildItem $env:windir -Filter *.log | Select-OldFile -Days 200 | Remove-Item -WhatIf
WhatIf: Ausführen des Vorgangs "Datei entfernen" für das Ziel "C:\Windows\AsFac.log".
WhatIf: Ausführen des Vorgangs "Datei entfernen" für das Ziel "C:\Windows\AsRecoveryHD.log".
WhatIf: Ausführen des Vorgangs "Datei entfernen" für das Ziel "C:\Windows\DirectX.log".
WhatIf: Ausführen des Vorgangs "Datei entfernen" für das Ziel "C:\Windows\setuperr.log".
```

```
PS> Get-ChildItem $env:windir -Filter *.log | Select-OldFile -Days 200 |
Move-Item -Destination c:\archivlogs -WhatIf
WhatIf: Ausführen des Vorgangs "Datei verschieben" für das Ziel "Element: C:\Windows\AsFac.log
Ziel: C:\archivlogs".
WhatIf: Ausführen des Vorgangs "Datei verschieben" für das Ziel "Element:
C:\Windows\AsRecoveryHD.log Ziel: C:\archivlogs".
WhatIf: Ausführen des Vorgangs "Datei verschieben" für das Ziel "Element: C:\Windows\DirectX.log
Ziel: C:\archivlogs".
WhatIf: Ausführen des Vorgangs "Datei verschieben" für das Ziel "Element: C:\Windows\setuperr.log
Ziel: C:\archivlogs".
```

ACHTUNG   *Copy-Item* und *Move-Item* kopieren bzw. verschieben Dateien zwar, aber sie legen den Zielordner nicht automatisch an. Existiert der Ordner, den Sie in -*Destination* angeben, also noch nicht, hagelt es Fehlermeldungen. Sorgen S e also gegebenenfalls zuerst dafür, dass der Zielordner existiert, zum Beispiel so:

```
$ziel = 'C:\archivlogs'
if ((Test-Path -Path $ziel) -eq $false)
{
    $null = New-Item -Path $ziel -ItemType Directory
}
```

Unterschiedliche Parameter über die Pipeline ansprechen

Kann man auch mehrere Parameter über die Pipeline empfangen? Das kommt darauf an, was Sie erreichen möchten. Entscheidend ist, dass die Zuordnung der eintreffenden Pipelinedaten eindeutig sein muss, also jeweils nur an einen Parameter gebunden wird. Um das besser zu verstehen, schauen Sie sich ein kurzes Beispiel an. Die folgende Funktion deklariert mehrere Parameter und legt jeweils fest, dass sie alle über die Pipeline geliefert werden dürfen:

```
function Test-PipelineInput {
  param (
    [Parameter(ValueFromPipeline=$true)]
    [double]
    $zahl,

    [Parameter(ValueFromPipeline=$true)]
    [datetime]
    $datum,

    [Parameter(ValueFromPipeline=$true)]
    [bool]
    $boolean
  )

  process {
    "Zahl: $zahl"
    "Datum: $datum"
    "Ja/Nein: $boolean"
  }
}
```

Listing 16.5 Das Skript *Test-PipelineInput1.ps1*

Erlaubt ist das allerdings nur, weil jeder Parameter einen anderen Datentyp verlangt und demzufolge die eintreffenden Daten jeweils an genau einen Parameter geliefert werden:

```
PS> 0,1,$true,$false,(Get-Date) | Test-PipelineInput
Zahl: 0
Datum: 01/01/0001 00:00:00
Ja/Nein: False
Zahl: 1
Datum: 01/01/0001 00:00:00
Ja/Nein: True
Zahl: 0
Datum:
Ja/Nein: False
Zahl: 1
Datum:
Ja/Nein: True
Zahl: 0
Datum: 03/04/2012 14:05:16
Ja/Nein: False
```

Falls das wirklich das Verhalten ist, das Sie sich wünschen, sollten Sie die einzelnen Parameter zusätzlich unterschiedlichen Parametersets zuordnen. So wird erstens sichergestellt, dass auch beim direkten Aufruf der Funktion mit benannten Parametern nur jeweils ein Parameter angegeben werden darf. Zweitens können Sie nun auch mithilfe der Variablen *$PSCmdlet* prüfen, welches Parameterset eigentlich gewählt wurde. Die Funktion gibt deshalb jetzt nur den jeweils tatsächlich übergebenen Parameter aus und nicht wie vorher stets alle drei:

```
function Test-PipelineInput {
  [CmdletBinding(DefaultParameterSetName='zahl')]
  param (
    [Parameter(ParameterSetName='zahl',ValueFromPipeline=$true)]
    [double]
    $zahl,

    [Parameter(ParameterSetName='datum', ValueFromPipeline=$true)]
    [datetime]
    $datum,

    [Parameter(ParameterSetName='boolean', ValueFromPipeline=$true)]
    [bool]
    $boolean
  )

  process {
    switch ($PSCmdlet.ParameterSetName) {
    'zahl' {"Zahl: $zahl"}
    'datum' {"Datum: $datum"}
    'boolean' {"Ja/Nein: $boolean"}
    }
  }
}
```

Listing 16.6 Das Skript *Test-PipelineInput2.ps1* jetzt mit Parametersets

Rufen Sie die Funktion jetzt über die Pipeline auf, werden die Werte je nach Typ an den korrekten Parameter gebunden:

```
PS> 0,1,$false,$true,(Get-Date) | Test-PipelineInput
Zahl: 0
Zahl: 1
Ja/Nein: False
Ja/Nein: True
Datum: 03/04/2012 14:07:38
```

Zusätzlich kann nun auch beim manuellen Aufruf stets nur einer der drei Parameter angegeben werden:

```
PS> Test-PipelineInput -zahl 1
Zahl: 1

PS> Test-PipelineInput -datum (Get-Date)
Datum: 10/22/2012 12:39:15

PS> Test-PipelineInput -boolean $true
Ja/Nein: True

PS> Test-PipelineInput -boolean $true -zahl 12
Test-PipelineInput : Der Parametersatz kann mit den angegebenen benannten Parametern nicht
aufgelöst werden.
```

Mehrere Parameter gleichzeitig empfangen

Im letzten Beispiel konnten Sie zwar mehrere Parameter pipelinefähig machen, aber nur jeweils einer durfte die Pipelinedaten empfangen. Kann man auch mehrere Informationen gleichzeitig über die Pipeline empfangen und verschiedenen Parametern zuweisen?

Ja! Das Stichwort ist Splatting. Das geschieht über das Attribut *ValueFromPipelineByPropertyName*. Jetzt untersucht PowerShell die über die Pipeline gelieferten Objekte und sucht darin nach Objekteigenschaften, die so heißen wie die Parameter. Falls solch eine Eigenschaft gefunden wird, weist PowerShell dem Parameter den Inhalt der gleichnamigen Eigenschaft zu. Möchten Sie also mehrere Parameter gleichzeitig über die Pipeline bedienen, benötigen Sie Objekte mit Eigenschaften, die so heißen wie Ihre Parameter. Oder umgekehrt: Sie nennen Ihre Parameter so wie die Eigenschaften, die Sie interessieren:

```
function Show-Process {
  param (
    [Parameter(ValueFromPipelineByPropertyName=$true)]
    $name,
    [Parameter(ValueFromPipelineByPropertyName=$true)]
    $company
  )

  process {
    "Das Programm $name wurde hergestellt von $company"
  }
}
```

Listing 16.7 Das Skript *Show-Process.ps1*

Sie benötigen nun Objekte, welche die Eigenschaften *Name* und *Company* enthalten – beispielsweise Prozesse. Diese können jetzt direkt in Ihre Funktion eingespeist werden und übergeben dabei die Eigenschaften *Name* und *Company* an die gleichnamigen Parameter:

```
PS> Get-Process | Show-Process
Das Programm conhost wurde hergestellt von Microsoft Corporation
Das Programm DataCardMonitor wurde hergestellt von Huawei Technologies Co., Ltd.
Das Programm dllhost wurde hergestellt von Microsoft Corporation
Das Programm dwm wurde hergestellt von Microsoft Corporation
Das Programm EXCEL wurde hergestellt von Microsoft Corporation
(…)
```

CSV-Dateien direkt an Funktionen übergeben

Kommaseparierte Textdateien sind übliche Austauschformate in der IT-Branche. Sie lassen sich zum Beispiel automatisch aus Excel-Tabellenblättern erstellen, indem Sie die Excel-Daten über *Datei/Speichern unter* als CSV-Datei speichern. PowerShell kann CSV-Daten automatisch in Objekte umwandeln, jedenfalls dann, wenn die CSV-Datei eindeutige Spaltenüberschriften verwendet. Damit haben Sie die Möglichkeit, Ihre Funktionen so zu gestalten, dass sie die Daten aus CSV-Dateien direkt verarbeiten können.

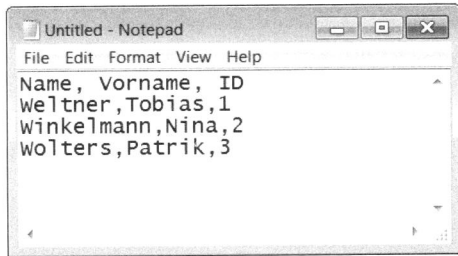

Abbildung 16.3 Eine einfache CSV-Datei kann auch manuell erstellt werden

Zum Testen legen Sie dazu die folgende CSV-Datei mit einem beliebigen Editor wie zum Beispiel Notepad an:

```
Name, Vorname, ID
Weltner,Tobias,1
Winkelmann,Nina,2
Wolters,Patrik,3
```

Speichern Sie die Datei danach unter dem Namen *testdaten.csv* an einem beliebigen Ort. Nun lesen Sie die Daten mit PowerShell ein:

```
PS> Get-Content -Path $HOME\testdaten.csv
Name, Vorname, ID
Weltner,Tobias,1
Winkelmann,Nina,2
Wolters,Patrik,3

PS> Import-CSV -Path $HOME\testdaten.csv
```

```
Name                      Vorname                   ID
----                      -------                   --
Weltner                   Tobias                    1
Winkelmann                Nina                      2
Wolters                   Patrik                    3
```

Wie Sie sehen, hängt es nur davon ab, wie Sie die Daten einlesen. *Get-Content* liest den rohen Textinhalt, während *Import-CSV* die CSV-Daten interpretiert und daraus Objekte herstellt. Die Spaltenüberschrift der CSV-Datei wird dabei zu den Objekteigenschaften.

HINWEIS   *Import-CSV* verfügt über zahlreiche Parameter, mit denen Sie beeinflussen können, wie die CSV-Datei interpretiert wird. Mit *-Delimiter* kann auch ein beliebiges anderes Trennzeichen ausgewählt werden, beispielsweise ein Komma. *-UseCulture* verwendet automatisch das Trennzeichen, das in Ihrer aktuellen Ländereinstellung gewählt ist. Bei deutschsprachigen Systemen ist dies ein Semikolon. Mit diesem Parameter lassen sich also auch CSV-Dateien einlesen, die mit einem deutschsprachigen Excel gespeichert wurden.

Zwei weitere Parameter sind neu in PowerShell 3.0: *-Encoding* und *–Header*. Über *-Encoding* wählen Sie das gewünschte Textencoding. Mit *-Encoding UTF8* sorgen Sie zum Beispiel dafür, dass deutsche Umlaute und das »ß« korrekt wiedergegeben werden. Microsoft Excel speichert CSV-Dateien zum Beispiel im *ANSI*-Encoding, bei dem deutsche Umlaute und das »ß« verloren gehen. Bei PowerShell 2.0 musste man dementsprechend noch manuell die *CSV*-Datei in einem Editor wie Notepad öffnen und dann mit *UTF8*-Encoding neu speichern. Dies entfällt bei PowerShell 3.0 dank seines Parameters *-Encoding* jetzt.

Mit dem Parameter *-Header* schließlich können Sie die Spaltenüberschriften (und damit die Namen der Objekteigenschaften) selbst als kommaseparierte Liste angeben, falls die *CSV*-Datei keine eigene Spaltenbeschreibung mitbringt, sondern nur die Rohdaten enthält. Am Ende dieses Kapitels finden Sie übrigens eine nützliche Funktion namens *Get-CSVDelimiter*, die das Trennzeichen, das eine CSV-Datei verwendet, automatisch findet.

Damit Ihre Funktion die Daten aus der *CSV*-Datei direkt verarbeiten kann, muss nun nur noch das Interface deklariert werden. So könnte eine Funktion aussehen, die kompatibel mit der *CSV*-Datei von eben ist:

```
function New-User
{
    param
    (
        [Parameter(ValueFromPipelineByPropertyName=$true)]
        [string]
        $Name,

        [Parameter(ValueFromPipelineByPropertyName=$true)]
        [string]
        $Vorname,

        [Parameter(ValueFromPipelineByPropertyName=$true)]
        [int]
        $ID
    )

    process
    {
        "Hier könnte der User $Vorname $Name mit der ID $ID angelegt werden."
    }
}
```

Listing 16.8 Das Skript *New-User.ps1*

Nun ist es möglich, den Inhalt der *CSV*-Datei direkt an die Funktion zu liefern, und es wird schnell deutlich, dass die Funktion *New-User* natürlich noch sehr viel mehr mit diesen Daten unternehmen könnte, als nur einen Text auszugeben. Es wäre jetzt denkbar, Personaldaten aus einer anderen Abteilung mit Active Directory abzugleichen oder andere Rohdaten direkt mit PowerShell zu übernehmen.

```
PS> Import-Csv -Path $HOME\testdaten.csv | New-User
Hier könnte der User Tobias Weltner mit der ID 1 angelegt werden.
Hier könnte der User Nina Winkelmann mit der ID 2 angelegt werden.
Hier könnte der User Patrik Wolters mit der ID 3 angelegt werden.
```

TIPP　　　Auch Umformatierungen wären auf diese Weise möglich. Vielleicht haben Sie eine CSV-Datei erhalten, die als Trennzeichen das im deutschsprachigen Raum übliche Semikolon verwendet, und würden diese lieber mit dem internationalen üblichen Komma an Ihre Kollegen weitergeben. Hier ist eine Hilfsfunktion namens *Convert-CSV*, die eine *CSV*-Datei wahlweise über ihren Pfad oder als Ergebnis von *Get-ChildItem* einliest und danach das Trennzeichen auswechselt:

```
function Convert-CSV
{
    param
    (
        [Parameter(ValueFromPipelineByPropertyName=$true)]
        [Alias('FullName')]
        [string]
        $Path,

        [Parameter(Mandatory=$true)]
        [char]
        $NewDelimiter,

        [Parameter(ValueFromPipelineByPropertyName=$true)]
        [ValidateNotNullOrEmpty()]
        [char]
        $OriginalDelimiter = (Get-Culture).TextInfo.ListSeparator,

        [ValidateSet('Unicode','UTF7','UTF8','ASCII','UTF32','BigEndianUnicode','Default','OEM')]
        [string]
        $Encoding = 'UTF8'
    )

    process
    {
        if ($OriginalDelimiter -ne $NewDelimiter)
        {
            (Import-CSV -Path $Path -Delimiter $OriginalDelimiter -Encoding $Encoding) |
                Export-CSV -Path $Path -Delimiter $NewDelimiter -Encoding $Encoding
        }
    }
}
```

Listing 16.9　Das Skript *Convert-CSV.ps1*

Dazu liest die Funktion den Inhalt der CSV-Datei zuerst mit dem vorhandenen Trennzeichen ein (die Vorgabe ist das in den Ländereinstellungen gewählte Trennzeichen, aber über den Parameter *-OriginalDelimiter* kann das Trennzeichen auch selbst gewählt werden). Danach speichert die Funktion die Objekte mit *Export-CSV* wieder unter Angabe eines neuen Trennzeichens und überschreibt dabei die vorhandene CSV-Datei.

Dieses Überschreiben wäre nicht möglich, wenn die Originaldatei noch geöffnet wäre. Deshalb steht der erste Teil der Pipeline in runden Klammern (und wird so zuerst ausgeführt). Damit wird die Originaldatei wieder geschlossen, bevor *Export-CSV* die Datei überschreibt. Ohne die runden Klammern würde dies nicht funktionieren.

Aliasnamen für Parameter

Das Geheimnis, warum sich manche Cmdlets untereinander »verstehen« und in der Pipeline miteinander kombiniert werden dürfen, liegt einzig an der Parameterdeklaration. Cmdlets legen so wie oben gezeigt fest, welche Informationen sie über die Pipeline empfangen und welchen Parametern diese Informationen zugeordnet werden.

Damit auch Ihre eigenen Funktionen zu möglichst universellen Legobausteinen in der Pipeline werden, lohnt es sich, das »Interface« Ihrer Funktionen – also die Parameterdeklarationen – sorgfältig zu designen. Neben dem Wissen aus den vorangegangenen Abschnitten benötigen Sie dazu nur noch Aliasnamen für Parameter. Aliasnamen sorgen dafür, dass ein Parameter seinen Inhalt aus mehreren verschiedenen Objekteigenschaften lesen kann und nicht nur aus einer.

Wie das genau funktioniert, zeigt ein kleines Beispiel. Es soll eine Funktion erstellt werden, die einen Pfadnamen in seine wichtigsten Bestandteile zerlegt. Diese Funktion soll möglichst universell einsetzbar sein, also Pfadnamen nicht nur als Text über die Pipeline empfangen können, sondern auch mit einigen Cmdlets zusammenarbeiten, in deren Ergebnissen Pfadnamen vorkommen. Dabei werden Sie miterleben, wie die Parameter dieser Funktion durch wenige Erweiterungen dafür sorgen, dass die Funktion mit immer mehr anderen Cmdlets friedlich zusammenarbeitet.

Die Grundfunktion: Pfadnamen zerlegen

Eine Funktion zum Zerlegen von Pfadbestandteilen könnte zum Beispiel folgendermaßen aussehen:

```
function Expand-Path
{
    param
    (
        [Parameter(Mandatory=$true)]
        $Path
    )

    Resolve-Path -Path $Path -ErrorAction SilentlyContinue |
      Select-Object -Property Path, Drive, File, Extension |
      ForEach-Object {
        $_.Drive = [System.IO.Path]::GetPathRoot($_.Path)
        $_.File = [System.IO.Path]::GetFileNameWithoutExtension($_.Path)
        $_.Extension = [System.IO.Path]::GetExtension($_.Path)

        $_
      }
}
```

Listing 16.10   Das Skript *Expand-Path.ps1*

Expand-Path ist bereits jetzt sehr vielseitig. Es nutzt *Resolve-Path*, um auch relative Pfadnamen korrekt aufzulösen, und erweitert dann das Ergebnis um die zusätzlichen Objekteigenschaften *Drive, File* und *Extension*. Diese werden anschließend mithilfe von .NET-Low-Level-Methoden gefüllt. Wie man sieht, kann man mit der Funktion bereits Pfadnamen einschließlich Wildcards anzeigen:

```
PS> Expand-Path -Path $HOME

Path                Drive         File          Extension
----                -----         ----          ---------
C:\Users\Tobias     C:\           Tobias


PS> Expand-Path -Path $env:windir

Path                Drive         File          Extension
----                -----         ----          ---------
C:\Windows          C:\           Windows


PS> Expand-Path -Path $env:windir\*.txt

Path                Drive         File          Extension
----                -----         ----          ---------
C:\Windows\AsChk... C:\           AsChkDev      .txt
C:\Windows\AsDCD... C:\           AsDCDVer      .txt
C:\Windows\AsHDI... C:\           AsHDIVer      .txt
C:\Windows\AsToo... C:\           AsToolCDVer   .txt
C:\Windows\csup.txt C:\           csup          .txt
```

Pfadnamen über Pipeline empfangen

Damit die Funktion Pfadnamen auch über die Pipeline empfangen kann, wird ihr Parameter *-Path* entsprechend deklariert. Außerdem wird der Code innerhalb der Funktion in einen *process*-Block gestellt, damit er für jedes empfangene Pipelineelement wiederholt wird. Diese Erweiterungen sind im folgenden Listing fettgedruckt:

```
function Expand-Path
{
    param
    (
        [Parameter(Mandatory=$true,ValueFromPipeline=$true)]
        $Path
    )

    process
    {
      Resolve-Path -Path $Path -ErrorAction SilentlyContinue |
        Select-Object -Property Path, Drive, File, Extension |
        ForEach-Object {
          $_.Drive = [System.IO.Path]::GetPathRoot($_.Path)
          $_.File = [System.IO.Path]::GetFileNameWithoutExtension($_.Path)
          $_.Extension = [System.IO.Path]::GetExtension($_.Path)

          $_
        }
    }
}
```

Listing 16.11 Das verbesserte Skript *Expand-Path2.ps1*

Jetzt funktioniert *Expand-Path* auch mit Texten, die über die Pipeline kommen:

```
PS> $HOME, $env:windir, 'c:\ordner\datei.txt' | Expand-Path
```

Path	Drive	File	Extension
C:\Users\Tobias	C:\	Tobias	
C:\Windows	C:\	Windows	

> **HINWEIS**   Wie das Beispiel zeigt, akzeptiert *Expand-Path* im Augenblick allerdings nur Pfadnamen, die auch tatsächlich existieren. Der ebenfalls angegebene Phantasiepfad wird einfach »verschluckt«.
>
> Dies liegt am Cmdlet *Resolve-Path*, das die Funktion intern zur Auflösung von Pfaden mit Platzhalterzeichen einsetzt. Die Funktion erhält deshalb am Ende dieses Abschnitts noch einen Feinschliff, mit dem Unzulänglichkeiten wie diese ausgebügelt werden.

Kompatibilität zu anderen Cmdlets herstellen

Nicht immer wird man Pfadnamen selbst als Text angeben wollen. Vielleicht sollen die Pfadnamen aus dem Resultat von *Get-ChildItem* entnommen werden. Damit also Ihre Funktion kompatibel zu den Ergebnissen von *Get-ChildItem* wird, muss zuerst herausgefunden werden, wie die Spalte (bzw. Objekteigenschaft) heißt, in der *Get-ChildItem* den Pfadnamen ausgibt. Dazu lassen Sie sich das Ergebnis von *Get-ChildItem* mit der »roten Pille« ausgeben, senden es also an *Select-Object*, um sämtliche Eigenschaften des ersten Ergebnisses anzuzeigen. Schnell wird deutlich, dass der komplette Pfadname in der Eigenschaft *FullName* zu finden ist:

```
PS> Get-ChildItem $HOME | Select-Object -Property * -First 1

PSPath             : Microsoft.PowerShell.Core\FileSystem::C:\Users\Tobias\.VirtualBox
PSParentPath       : Microsoft.PowerShell.Core\FileSystem::C:\Users\Tobias
PSChildName        : .VirtualBox
PSDrive            : C
PSProvider         : Microsoft.PowerShell.Core\FileSystem
PSIsContainer      : True
BaseName           : .VirtualBox
Mode               : d----
Name               : .VirtualBox
Parent             : Tobias
Exists             : True
Root               : C:\
FullName           : C:\Users\Tobias\.VirtualBox
Extension          : .VirtualBox
CreationTime       : 13.08.2012 09:00:32
CreationTimeUtc    : 13.08.2012 07:00:32
LastAccessTime     : 14.09.2012 09:41:48
LastAccessTimeUtc  : 14.09.2012 07:41:48
LastWriteTime      : 14.09.2012 09:41:48
LastWriteTimeUtc   : 14.09.2012 07:41:48
Attributes         : Directory, NotContentIndexed
```

Damit Ihre Funktion die Ergebnisse dieses Cmdlets direkt empfangen kann, legen Sie fest, dass Ihr Parameter *-Path* die Informationen auch aus einer Objekteigenschaft lesen kann (*ValueFromPipelineByPropertyName=$true*).

Allerdings gibt es jetzt zwei Herausforderungen: Erstens heißt der Parameter *-Path* gar nicht so wie die gewünschte Spalte (*FullName*). Zweitens stellt sich die Frage, woher PowerShell weiß, dass es den Inhalt einer Objekteigenschaft empfangen soll und nicht das ganze Objekt. Schließlich ist der Parameter nach wie vor auch mit *ValueFromPipeline* deklariert. Immer, wenn ein Parameter sowohl mit *ValueFromPipeline* als auch mit *ValueFromPipelineByPropertyName* deklariert ist, muss Eindeutigkeit geschaffen werden, indem Sie den gewünschten Datentyp angeben: *[string]*!

Wenn das eintreffende Objekt bereits ein Text ist, wird es als Ganzes empfangen. Ist es kein Text, sondern zum Beispiel ein Datei- oder Ordnerobjekt, wird stattdessen die angegebene Objekteigenschaft gelesen (sofern diese Text enthält, was bei *FullName* der Fall ist). Damit PowerShell schließlich nicht nur in der (hier nicht vorhandenen) Objekteigenschaft *Path* sucht, sondern auch in *FullName*, wird der Parameter mit einem Aliasnamen ausgestattet. Die notwendigen Erweiterungen sind wieder fettgedruckt:

```
function Expand-Path
{
    param
    (
        [Parameter(Mandatory=$true,ValueFromPipeline=$true,ValueFromPipelineByPropertyName=$true)]
        [Alias('FullName')]
        [string]
        $Path
    )

    process
    {
      Resolve-Path -Path $Path -ErrorAction SilentlyContinue |
        Select-Object -Property Path, Drive, File, Extension |
        ForEach-Object {
          $_.Drive = [System.IO.Path]::GetPathRoot($_.Path)
          $_.File = [System.IO.Path]::GetFileNameWithoutExtension($_.Path)
          $_.Extension = [System.IO.Path]::GetExtension($_.Path)

          $_
        }
    }
}
```

Listing 16.12 Das erneut optimierte Skript *Expand-Path3.ps1*

Wie gewünscht kooperiert Ihre Funktion jetzt direkt mit dem Ergebnis, das *Get-ChildItem* liefert:

```
PS> Get-ChildItem c:\windows\*.log | Expand-Path

Path                 Drive         File            Extension
----                 -----         ----            ---------
C:\windows\AsCDP...  C:\           AsCDProc        .log
C:\windows\AsDeb...  C:\           AsDebug         .log
C:\windows\AsFac...  C:\           AsFac           .log
C:\windows\AsRec...  C:\           AsRecoveryHD    .log
C:\windows\Direc...  C:\           DirectX         .log
(…)
```

Von hier aus ist es reine Fleißarbeit, die Funktion auch noch zu weiteren anderen Cmdlets kompatibel zu machen. Zum Beispiel liefert auch *Get-Process* Pfadinformationen zurück:

```
PS> Get-Process -FileVersionInfo -ErrorAction SilentlyContinue

ProductVersion    FileVersion       FileName
--------------    -----------       --------
1, 0, 0, 4        1, 0, 0, 4        C:\Windows\SysWOW64\ACEngSvr.exe
1, 0, 0, 4        1, 0, 0, 4        C:\Windows\SysWOW64\ACEngSvr.exe
1, 0, 0, 0        1, 0, 9, 0        C:\Program Files (x86)\ASUS\Splendid\AC...
(...)
```

Damit die Funktion auch diese Informationen direkt verarbeiten kann, genügt es, den betreffenden Spaltennamen (*FileName*) als weiteren Alias zum Parameter der Funktion hinzuzufügen:

```
[Alias('FullName', 'FileName')]
```

Schon akzeptiert Ihre Funktion auch die Ergebnisse von *Get-Process*:

```
PS> Get-Process -FileVersionInfo -ErrorAction SilentlyContinue | Expand-Path

Path                 Drive           File            Extension
----                 -----           ----            ---------
C:\Windows\SysWO...  C:\             ACEngSvr        .exe
C:\Windows\SysWO...  C:\             ACEngSvr        .exe
C:\Program Files...  C:\             ACMON           .exe
C:\Program Files...  C:\             ACMON           .exe
C:\Program Files...  C:\             ADDEL           .exe
(...)
```

Best Practice: Filterparameter hinzufügen

Um Ihre neue Funktion möglichst vielseitig einsetzbar zu machen, sollten Sie zusätzlich zum Parameter -*Path* noch optionale Filterparameter implementieren. Pflicht ist das zwar nicht, aber gute Cmdlet-Autoren geben dem Anwender damit die Möglichkeit, das Ergebnis der Funktion sofort zu filtern. Dazu fügen Sie der Funktion für jede Objekteigenschaft, die Ihre Funktion zurückliefert, einen gleichnamigen Parameter hinzu – also *Drive*, *File* und *Extension*. Die Erweiterungen sind wieder jeweils fettgedruckt hervorgehoben:

```
function Expand-Path
{
    param
    (
        [Parameter(Mandatory=$true,ValueFromPipeline=$true,ValueFromPipelineByPropertyName=$true)]
        [Alias('FullName','FileName')]
        [string]
        $Path,

        $Drive = '*',
        $File = '*',
        $Extension = '*'
    )

    process
    {
```

```
    Resolve-Path -Path $Path -ErrorAction SilentlyContinue |
      Select-Object -Property Path, Drive, File, Extension |
      ForEach-Object {
        $_.Drive = [System.IO.Path]::GetPathRoot($_.Path)
        $_.File = [System.IO.Path]::GetFileNameWithoutExtension($_.Path)
        $_.Extension = [System.IO.Path]::GetExtension($_.Path)

        $_
      } |
      Where-Object { $_.Drive -like "*$Drive*" } |
      Where-Object { $_.File -like "*$File*" } |
      Where-Object { $_.Extension -like "*$Extension*" }
  }
}
```

Listing 16.13 Das Skript *Expand-Path4.ps1* mit der Funktion *Expand-Path*, die mit jeder Verbesserung vielseitiger wird

Filter dieser Art werden also relativ simpel implementiert: Es handelt sich um optionale Parameter, die so heißen wie die Spalte, die sie filtern sollen. Die Parameter enthalten alle den Vorgabewert »*«, finden also alles, wenn sie nicht vom Anwender angegeben wurden. Das Ergebnis der Funktion wird mit jeweils einem *Where-Object* dann entsprechend gefiltert. So ersparen Sie es PowerShell-Einsteigern, selbst genauere Kenntnisse über *Where-Object* und die PowerShell-Pipeline haben zu müssen. Ihre Funktion wird hierdurch plötzlich sehr viel vielseitiger. Der folgende Aufruf findet beispielsweise alle Pfadnamen, in denen das Wort *logon* vorkommt:

```
PS> Get-Process -FileVersionInfo -ErrorAction SilentlyContinue | Expand-Path -File logon

Path                Drive           File            Extension
----                -----           ----            ---------
C:\Windows\syste... C:\             LogonUI         .exe
C:\Windows\syste... C:\             winlogon        .exe
C:\Windows\syste... C:\             winlogon        .exe
```

Letzter Schliff: Unzulänglichkeiten beseitigen

Nachdem das Interface – also die Parameterdeklarationen – und die Basisfunktionalität wie gewünscht arbeiten, folgt meist noch das abschließende Feintuning. Im Test zeigt sich häufig, dass eine Funktion sich vielleicht noch nicht ganz so verhält, wie man es sich wünscht. Im Beispiel mit *Expand-Path* sind diese Punkte noch verbesserungswürdig:

- **Kleinschreibung** Dateinamen und Dateierweiterungen werden nicht einheitlich in Kleinbuchstaben zurückgeliefert. Das ist ein kosmetisches Problem, denn PowerShell unterscheidet normalerweise nicht zwischen Klein- und Großschreibung, sollte aber behoben werden.

- **Pfadnamen außerhalb des Dateisystems** PowerShell beschränkt Pfadnamen nicht auf das Dateisystem allein. Pfade können auch zu Laufwerken anderer Provider zeigen, beispielsweise der Registrierungsdatenbank. Auch hier soll die Funktion einwandfrei arbeiten. Bisher zeigt die Funktion aber nur bei Pfaden aus dem Dateisystem das richtige Laufwerk an.

- **Nicht existierende Pfade** Wird ein Pfad angegeben, der nicht tatsächlich existiert, liefert die Funktion nichts zurück. Die Funktion soll aber auch mit hypothetischen Pfaden zurechtkommen.

Text in Kleinbuchstaben verwandeln

Alle Ergebnistexte, die in Kleinbuchstaben verwandelt werden sollen, sind bereits Texte und verfügen deshalb über die Textmanipulationsbefehle des *String*-Datentyps. Dazu zählt auch *ToLower()*:

```
PS> 'Hallo'.ToLower()
hallo
```

Damit also die Funktion die Ergebnisse ausschließlich in Kleinbuchstaben zurückgibt, wendet man diese Funktion auf die Ergebnisse an:

```
$_.Drive = [System.IO.Path]::GetPathRoot($_.Path).ToLower()
$_.File = [System.IO.Path]::GetFileNameWithoutExtension($_.Path).ToLower()
$_.Extension = [System.IO.Path]::GetExtension($_.Path).ToLower()
```

Providerspezifische Laufwerke

Die Funktion *Expand-Path* kommt derzeit nur mit Dateisystempfaden zurecht. Wird ein Pfadname eines anderen Providers angegeben, beispielsweise ein Pfadname zu einem Registrierungsdatenbankschlüssel, dann ist die Eigenschaft *Drive* leer:

```
PS> Expand-Path hkcu:\software


Path                 Drive             File             Extension
----                 -----             ----             ---------
HKCU:\software                         software
```

Der Grund liegt in einer Designschwäche der Funktion, denn sie verwendet zum Aufsplitten des Pfadnamens Low-Level-Funktionen von .NET-Framework. Diese sind – anders als PowerShell-Cmdlets – nicht kompatibel mit den virtuellen PowerShell-Laufwerken und verarbeiten nur klassische Dateisystempfade. Indem Sie das Laufwerk mit dem PowerShell-Cmdlet *Split-Path* ermitteln, wird Ihre Funktion zugleich kompatibel zu virtuellen Laufwerken:

```
$_.Drive = Split-Path -Path $_.Path -Qualifier
```

Dies zeigt einmal mehr, dass Low-Level-Methoden nur als Ultima Ratio eingesetzt werden sollten, falls es kein Cmdlet für diese Aufgabe gibt. Dies ist übrigens der Grund dafür, dass die anderen beiden .NET-Aufrufe hier unangetastet bleiben, denn *Split-Path* kann weder Dateinamen ohne Dateierweiterung noch Dateierweiterungen separat ermitteln. Diese Pfadteile sind allerdings stets standardisiert, funktionieren also auch bei virtuellen Laufwerken gut.

Nicht existierende Pfade

Ihre Funktion *Expand-Path* ignoriert Pfadnamen, die nicht tatsächlich existieren:

```
PS> Expand-Path -Path c:\gibts\nicht.txt
PS>
```

Der Grund dafür ist, dass *Resolve-Path* den angegebenen Pfadnamen auflöst und nur tatsächlich vorhandene Pfade zurückgibt. Möchten Sie auch hypothetische Pfadnamen verarbeiten, müssen Sie prüfen, ob *Resolve-Path* ein Ergebnis liefert. Falls nicht, verpackt man den angegebenen Pfadnamen in einem Objekt und gibt ersatzweise dieses an die folgenden Befehle weiter:

```
$result = Resolve-Path -Path $Path -ErrorAction SilentlyContinue
```

```
if ($result -eq $null)
{
  $result = 'dummy' | Select-Object -Property Path
  $result.Path = $Path
}

$result |
  Select-Object...
```

Auf diese Weise können auch nicht existierende Pfadnamen verarbeitet werden:

```
PS> Expand-Path -Path c:\gibts\nicht.txt
```

Path	Drive	File	Extension
c:\gibts\nicht.txt	c:	nicht	.txt

Damit sieht die endgültige Funktion nun so aus:

```
function Expand-Path
{
    param
    (
        [Parameter(Mandatory=$true,ValueFromPipeline=$true,ValueFromPipelineByPropertyName=$true)]
        [Alias('FullName','FileName')]
        [string]
        $Path,

        $Drive = '*',
        $File = '*',
        $Extension = '*'
    )

    process
    {
      $result = Resolve-Path -Path $Path -ErrorAction SilentlyContinue
      if ($result -eq $null)
      {
        $result = 'dummy' | Select-Object -Property Path
        $result.Path = $Path
      }

      $result |
        Select-Object -Property Path, Drive, File, Extension |
        ForEach-Object {
          $_.Drive = (Split-Path -Path $_.Path -Qualifier).ToLower()
          $_.File = [System.IO.Path]::GetFileNameWithoutExtension($_.Path).ToLower()
          $_.Extension = [System.IO.Path]::GetExtension($_.Path).ToLower()

          $_
        } |
        Where-Object { $_.Drive -like "*$Drive*" } |
        Where-Object { $_.File -like "*$File*" } |
        Where-Object { $_.Extension -like "*$Extension*" }
    }
}
```

Listing 16.14 Das finale Skript *Expand-Path5.ps1*. Die Funktion *Expand-Path* kommt jetzt mit allen Laufwerksprovidern und auch mit nicht existierenden Pfaden klar.

Alle Pipelineergebnisse auf einmal verarbeiten

Nicht immer sollen eintreffende Pipelinedaten in Echtzeit verarbeitet werden. Sollen Informationen zum Beispiel gezählt oder sortiert werden, müssen dafür zuerst alle Daten gesammelt werden. Die Cmdlets *Sort-Object* und *Measure-Object* sind Beispiele für solche Aufgaben. Senden Sie Daten an diese Cmdlets, werden die eintreffenden Daten zuerst intern gesammelt. Erst wenn alle Daten vom vorangehenden Befehl geliefert wurden, werden die Sortier- oder Zählergebnisse ausgegeben. Man nennt solche Befehle auch »blockierend«, weil sie den Echtzeitcharakter der Pipeline durchbrechen.

HINWEIS   Klar ist, dass »blockierende« Befehle so weit wie möglich vermieden werden sollten. Weil diese Befehle zuerst alle Daten sammeln, erhält der Anwender möglicherweise über einen längeren Zeitraum keine Rückmeldung und auch der Speicherplatzbedarf fällt hoch aus. Eingesetzt werden sollten diese Befehle also nur für Aufgaben, die tatsächlich gleichzeitigen Zugriff auf alle gelieferten Daten benötigen.

Pipelineergebnisse sammeln

Müssen die eintreffenden Ergebnisse zunächst gesammelt werden, kann dies manuell geschehen:

```
function Test-Function
{
    param
    (
        [Parameter(ValueFromPipeline=$true)]
        $InputObject
    )

    begin
    {
        $container = @()
    }

    process
    {
        $container += $InputObject
    }

    end
    {
        $count = $container.Count
        "Collected $count elements."
    }
}
```

Listing 16.15 Das Skript *Test-Function1.ps1* mit »blockierender« Funktion

Werden nun Daten an diese Funktion gesendet, liegen diese im *end*-Block als Array vor und können beispielsweise gezählt werden:

```
PS> 1..100 | Test-Function
Collected 100 elements.
```

Sinnvoll ist dieser Ansatz allerdings nicht. Er ist langwierig (zahlreiche Codezeilen) und ineffizient: Das Array *$container* wird für jeden von der Pipeline empfangenen Datensatz um ein Element erweitert. Ein sehr viel einfacherer Weg ist der Einsatz der automatischen Variable *$Input*. Damit reduziert sich die Funktion zu:

```
function Test-Function
{
    param
    (
        [Parameter(ValueFromPipeline=$true)]
        $InputObject
    )

    $count = $input.Count
    "Collected $count elements."
}
```

Listing 16.16 Das Skript *Test-Function2.ps1* mit einem weit besseren Ansatz

Diese Funktion erfüllt den gleichen Zweck, ist aber um ein Vielfaches schneller und übernimmt die Datensammlung automatisch. Allerdings funktioniert sie nur in PowerShell 3.0. Bei älteren Versionen von PowerShell ist *$input* nämlich kein Array mit den gesammelten Ergebnissen, sondern ein sogenannter Enumerator, und wenn Sie den Code dort ausprobieren, fehlt *$input* beispielsweise die Eigenschaft *Count*. Sie können Ihre Skripts jedoch abwärtskompatibel machen, indem Sie den Inhalt von *$input* in jedem Fall in ein Array umverpacken lassen:

```
function Test-Function
{
    param
    (
        [Parameter(ValueFromPipeline=$true)]
        $InputObject
    )

    $alldata = @($input)
    $count = $alldata.Count
    "Collected $count elements."
}
```

Listing 16.17 Das Skript *Test-Function3.ps1* in der abwärtskompatiblen Fassung

Fallstricke beim Einsatz von $input

Falls Sie in Ihrer Funktion einen *process*-Block verwenden, geht PowerShell davon aus, dass die eintreffenden Pipelineeingaben in Echtzeit verarbeitet werden sollen und sammelt die Daten nicht. *$input* repräsentiert dann innerhalb des *process*-Blocks den gerade empfangenen Datensatz. Im *end*-Block ist die Variable leer.

Falls Sie keinen Parameter für Pipelineeingaben anlegen, ist *$input* kein Array mit den echten Daten, sondern ein sogenannter Enumerator. Der Inhalt von *$input* kann hier deshalb nur einmal gelesen werden und muss bei mehrmaliger Verwendung ausdrücklich zurückgesetzt werden. Die folgende Funktion demonstriert dieses ungewöhnliche Verhalten:

```
function Test-Function
{
    'Empfangene Daten: $input"
    'Empfangene Daten: $input"
    $input.Reset()
    'Empfangene Daten: $input"
    $input.GetType().FullName
}
```

Listing 16.18   Das Skript *Test-Function4.ps1*

Wird die Funktion aufgerufen, liefert sie die gesammelten Daten zunächst nur einmal. Erst nach Aufruf von *Reset()* können die Daten ein zweites Mal ausgelesen werden:

```
PS> 1..10 | Test-Function
Empfangene Daten: 1 2 3 4 5 6 7 8 9 10
Empfangene Daten:
Empfangene Daten: 1 2 3 4 5 6 7 8 9 10
System.Collections.ArrayList+ArrayListEnumeratorSimple
```

Aus diesem Grund sollten Sie *$input* immer in *@()* einschließen, damit Sie unter allen Umständen ein vollwertiges Array zurückerhalten, das beliebig oft gelesen werden kann:

```
function Test-Function
{
    Sdaten = @($input)
    "Empfangene Daten: $Daten"
    "Empfangene Daten: $Daten"
    "Empfangene Daten: $Daten"
    $daten.GetType().FullName
}
```

Listing 16.19   Das Skript *Test-Function5.ps1*

```
PS> 1..10 | Test-Function
Empfangene Daten: 1 2 3 4 5 6 7 8 9 10
Empfangene Daten: 1 2 3 4 5 6 7 8 9 10
Empfangene Daten: 1 2 3 4 5 6 7 8 9 10
System.Object[]
```

PROFITIPP   Nutzen Sie *$input* nur, wenn es wirklich notwendig ist, die über die Pipeline eingelaufenen Daten als Ganzes zu bearbeiten. Wenn Sie zu *$input* greifen, sollten Sie dies nur in Kombination mit einem Parameter machen, dem Sie mit *ValueFromPipeline=$true* die Pipelineeingaben zuweisen.

Trennzeichen in CSV-Dateien automatisch finden

Immer wieder in diesem Buch finden Sie kleinere Projekte, die im Kern die Themen des Kapitels aufgreifen, um wichtige Praxisprobleme zu lösen. Diese Projekte umfassen aber auch Technologien anderer Kapitel. Wenn Sie lieber zunächst ausschließlich bei der Thematik dieses Kapitels bleiben wollen, überspringen Sie das Projekt einfach und kehren vielleicht später hierher zurück.

Die Aufgabe dieses Projekts ist es, das in einer CSV-Datei verwendete Trennzeichen *automatisch* (heuristisch) zu ermitteln. Dazu soll eine Funktion *Get-CSVDelimiter* in der Lage sein, einen Pfad oder auch eine ganze Serie von CSV-Dateien über die Pipeline zu empfangen. Anschließend sollen alle übergebenen Dateien analysiert und das jeweils verwendete Trennzeichen ausgegeben werden.

Die Problemstellung ist alles andere als trivial, aber nach etwas Strategieplanung dennoch mit relativ wenigen Zeilen Code lösbar. Wie findet man das Trennzeichen?

Trennzeichen kommen in jeder Zeile der CSV-Datei gleich häufig vor. Deshalb muss die Funktion in jeder Zeile die Häufigkeit sämtlicher Zeichen prüfen und mit der vorangegangenen Zeile vergleichen. Infrage kommen nur die Zeichen, die in beiden Zeilen dieselbe Häufigkeit haben. Alle anderen Zeichen fallen heraus.

Je mehr Zeilen analysiert werden, desto genauer wird das Ergebnis, und typischerweise braucht die Funktion nur die ersten paar Zeilen einer CSV-Datei zu analysieren. Allerdings muss sie darauf achten, keine Zeichen zu berücksichtigen, die in Anführungszeichen stehen. Das Ergebnis wird als Objekt (Kapitel 17) zurückgeliefert und meldet nicht nur, welches Trennzeichen die CSV-Datei verwendet, sondern auch, wie viele Spalten die CSV-Datei besitzt. Die Spaltenzahl ergibt sich ja direkt aus der Häufigkeit des Trennzeichens:

```
function Get-CSVDelimiter
{
  param
  (
    [Parameter(ValueFromPipelineByPropertyName=$true,ValueFromPipeline=$true)]
    [Alias('FullName')]
    [string]
    $Path
  )

  begin
  {
    # ASCII-Codes, die als Trennzeichen nicht verwendet werden: 0-9, A-Z, a-z, and space:
    $excluded = ([int][char]'0'..[int][char]'9') + ([int][char]'A'..[int][char]'Z') +
([int][char]'a'..[int][char]'z')  + 32

    function Get-DelimitersFromLine
    {
      param
      (
        $TextLine
      )

      $quoted = $false
      $result = @{}

      # Zeile zeichenweise untersuchen:

      foreach ($char in $line.ToCharArray())
      {
        # bei Anführungszeichen ein Flag umschalten, um Text innerhalb von
        # Anführungszeichen nicht zu berücksichtigen:
```

```
      if ($char -eq '"')
      {
        $quoted = -not $quoted
      }
      elseif ($quoted -eq $false)
      {
        if ($excluded -notcontains [int]$char)
        {
          # Häufigkeit des gefundenen Zeichens um eins erhöhen:
          $result.$([int]$char) ++
        }
      }
    }
  }

  $result
  }
}

process
{
  $oldcandidates = $null

  foreach ($line in (Get-Content -Path $Path -ReadCount 0))
  {
    $candidates = Get-DelimitersFromLine $line

    # wenn dies die erste Zeile einer CSV-Datei ist, nicht
    # analysieren, weil noch kein Vergleich möglich ist:

    if ($oldcandidates -eq $null)
    {
      # wenn erste Zeile mit "#" beginnt, ignorieren:
      if (-not $line.StartsWith('#'))
      {
        $oldcandidates = $candidates
      }
    }
    else
    {
      $new = @{}
      $keys = $oldcandidates.Keys

      foreach ($key in $keys)
      {
        if ($candidates.$key -eq $oldcandidates.$key)
        {
          $new.$key = $candidates.$key
        }
      }

      $oldcandidates = $new

      # sobald nur noch ein Trennzeichen infrage kommt, ist die
      # Arbeit getan, und die Schleife kann vorzeitig verlassen werden:
      if ($oldcandidates.keys.count -lt 2)
```

```
        {
          break
        }
      }
    }

    # Rückgabeobjekt anlegen und füllen:
    $rv = New-Object PSObject |
      Select-Object -Property Path, Name, Delimiter, FriendlyName, ASCII, Rows, Status
    $rv.Path = $Path
    $rv.Name = Split-Path -Path $path -Leaf

    if ($oldcandidates.keys.count -eq 0)
    {
      $rv.Status = 'No delimiter found'
    }
    elseif ($oldcandidates.keys.count -eq 1)
    {
      $ascii = $oldcandidates.keys | ForEach-Object { $_ }
      $rv.ASCII = $ascii
      # ASCII-Code in echtes Zeichen verwandeln:
      $rv.Delimiter = [string][char]$ascii
      # Anzahl der Spalten in CSV-Datei ist die Häufigkeit
      # des Trennzeichens in der Zeile plus eins:
      $rv.Rows = $oldcandidates.$ascii + 1

      switch ($ascii)
      {
        9   { $rv.FriendlyName = 'TAB' }
        44  { $rv.FriendlyName = 'Comma' }
        59  { $rv.FriendlyName = 'Semicolon' }
      }
      $rv.Status = 'Found'
    }
    else
    {
      # Alle infrage kommenden Trennzeichen in kommaseparierte Liste verwandeln:
      $delimiters = (($oldcandidates.keys | ForEach-Object { ('"{0}"' -f [string][char]$_) })
-join ',')
      $rv.Status = "Ambiguous separator keys: $delimiters"
    }

    $rv
  }
}
```

Listing 16.20 Das Skript *Get-CSVDelimiter.ps1* ermittelt das Trennzeichen von CSV-Dateien

Die folgende Zeile findet alle CSV-Dateien in Ihrem Benutzerprofil und unterzieht sie einer Analyse. Ein typisches Ergebnis könnte so aussehen:

```
PS> Get-ChildItem $HOME -Recurse -ErrorAction SilentlyContinue -Filter *.csv | Get-CSVDelimiter
| Select-Object -Property Name, Delimiter, FriendlyName, Status
```

```
Name                    Delimiter            FriendlyName        Status
----                    ---------            ------------        ------
prozesse.csv            ;                    Semicolon           Found
changerequest.csv       ,                    Comma               Found
liste.csv               ,                    Comma               Found
users.csv               ,                    Comma               Found
designAll.csv           ,                    Comma               Found
ETS Extension Sam... ;                       Semicolon           Found
changerequest.csv       ,                    Comma               Found
powershelllinks.csv                                              No delimiter found
```

Der Status »No delimiter found« deutet auf eine Datei hin, die gar keine CSV-Daten enthält oder deren CSV-Daten beschädigt sind (beispielsweise verloren gegangene Zeilenumbrüche).

Zusammenfassung

Damit eine Funktion Informationen über die Pipeline empfangen kann, sind zwei Dinge erforderlich: Es muss festgelegt sein, welcher Parameter die Pipelineeingaben empfangen soll, und innerhalb der Funktion muss ein *process*-Block definiert werden, der für jede Pipelineeingabe wiederholt werden soll. Andere Teile des Funktionscodes dürfen optional den weiteren Blöcken *begin* und *end* zugeordnet werden. Kein Code darf mehr außerhalb dieser drei Blöcke stehen.

Über das Attribut *ValueFromPipeline* beauftragt man einen Parameter, Pipelineeingaben zu empfangen. Diese Zuordnung muss eindeutig sein: Entweder verwendet man sie nur bei einem einzigen Parameter oder die Parameter müssen unterschiedliche Datentypen erwarten.

Wird stattdessen das Attribut *ValueFromPipelineByPropertyName* verwendet, empfängt dieser Parameter nicht das gesamte Pipelineobjekt, sondern nur diejenige Eigenschaft, die so heißt wie der Parameter (oder einer seiner Alias-Namen). Auf diese Weise können mehrere Informationen an verschiedene Parameter gleichzeitig gebunden werden.

Setzt man anstelle des Schlüsselworts *function* das Schlüsselwort *filter* ein, erhält man eine Funktion, die automatisch ihren gesamten Inhalt in einen *process*-Block stellt (vereinfachte pipelinefähige Funktion). Filter sind also eine Abkürzung aus Bequemlichkeit und werden nur selten eingesetzt.

Sollen die eintreffenden Pipelinedaten zuerst gesammelt und dann auf einmal verarbeitet werden, kann im *end*-Block die Variable *$input* verwendet werden. Sie enthält alle über die Pipeline empfangenen Daten. In diesem Fall darf kein *process*-Block verwendet werden, weil *$input* ansonsten im *end*-Block leer ist.

Bei PowerShell 3.0 ist *$input* normalerweise ein Array mit den empfangenen Ergebnissen. Nicht so in älteren PowerShell-Versionen . Hier muss *$input* zuerst über *@($input)* in ein Array verwandelt werden. Andernfalls ist der Inhalt dieser Variablen nur ein einziges Mal lesbar. Auch in PowerShell 3.0 ist diese Umwandlung notwendig, allerdings nur, wenn keine Parameter für Pipelineeingaben angelegt wurden (von Letzterem ist ohnehin abzuraten).

Sollen Parameter gegenseitig ausschließend sein, werden sie unterschiedlichen Parametersätzen zugeordnet. Es dürfen nur Parameter desselben Parametersatzes (oder solche, die keinem bestimmten Parametersatz zugewiesen sind) gleichzeitig eingesetzt werden.

Kapitel 17

Objekte als Rückgabewerte

Damit professionelle Funktionen auf Augenhöhe mit anderen Befehlen zusammenarbeiten, sollten diese nicht nur wie im letzten Kapitel eine volle Unterstützung für die PowerShell-Pipeline mitbringen, sondern auch ihre eigenen Ergebnisse objektorientiert zurückliefern. Nur dann können die Ergebnisse Ihrer eigenen Funktionen direkt an andere Cmdlets und Funktionen weitergeleitet und von ihnen verfeinert werden. Zusätzlich ist es dann sinnvoll, dem Extended Type System (ETS) mitzuteilen, wie diese Objekte angezeigt werden sollen.

Vollwertige Objekte zurückliefern

Funktionen sollten Ergebnisse immer dann als Objekte verpacken, wenn mehr als eine Information zurückgeliefert werden soll. Bevor Sie also lesen, *wie* Sie eigene Objekte anlegen und zurückgeben, schauen Sie sich zunächst an, *warum* Sie so etwas überhaupt erwägen sollten. Die folgende Funktion *Get-PathComponent* soll einen Pfadnamen in seine typischen Bestandteile wie übergeordneter Ordner, Dateiname, Erweiterung usw. zerlegen. Weil die Funktion mehrere separate Informationen zurückliefert, werden diese Informationen in einem selbsterstellten Objekt verpackt:

```
function Get-PathComponent
{
  param
  (
    [Parameter(Mandatory=$true)]
    [ValidateNotNullOrEmpty()]
    $Path
  )

  # neues Objekt in $result anlegen mit den noch leeren Eigenschaften
  # Parent, FileName, Extension, Drive, BaseName und Path:
  $result = New-Object PSObject |
    Select-Object -Property Parent, FileName, Extension, Drive, BaseName, Path

  # leere Eigenschaften im Objekt nun befüllen:
  try
    $Path = $Path.ToLower()
    $result.FileName = [System.IO.Path]::GetFileName($Path)
    $result.BaseName = [System.IO.Path]::GetFileNameWithoutExtension($Path)
    $result.Extension = [System.IO.Path]::GetExtension($Path)
    $result.Parent = [System.IO.Path]::GetDirectoryName($Path)
    $result.Drive  = [System.IO.Path]::GetPathRoot($Path)
    $result.Path = $Path
  }
  catch
  {}

  # gefülltes Objekt zurückgeben:
  $result
}
```

Listing 17.1   Das Skript *Get-PathComponent1.ps1*

Beim Aufruf liefert die Funktion nun ein vollwertiges Objekt zurück, das dem Anwender die Freiheit gibt, jeweils die Pfadinformation weiterzuverwenden, die gerade benötigt wird:

```
PS> Get-PathComponent d:\test\ordner\datei.txt

Parent    : d:\test\ordner
FileName  : datei.txt
Extension : .txt
Drive     : d:\
BaseName  : datei
Path      : d:\test\ordner\datei.txt

PS> $info = Get-PathComponent d:\test\ordner\datei.txt

PS> $info.Extension
.txt

PS> $info.BaseName
datei

PS> $info.Drive
d:\
```

HINWEIS   Falls Sie gerade ein leises Déjà-vu erleben: Es gibt tatsächlich ein Cmdlet namens *Split-Path*, das ebenfalls Pfade in Einzelteile zerlegt. Es wählt dazu einen anderen Ansatz: Der Anwender fordert über Parameter an, welchen Pfadbestandteil er benötigt. Weil das Cmdlet so stets nur eine Information zurückliefern muss, braucht diese nicht als Objekt verpackt zu werden:

```
PS> Split-Path -Path d:\test\ordner\datei.txt
d:\test\ordner

PS> Split-Path -Path d:\test\ordner\datei.txt -Leaf
datei.txt

PS> Split-Path -Path d:\test\ordner\datei.txt -Qualifier
d:
```

Die Funktion *Get-PathComponent* ist also der Gegenentwurf zu *Split-Path*, und welche Variante für Ihre Zwecke besser geeignet ist – nur ein Ergebnis direkt liefern oder mehrere als Objekt –, hängt vom konkreten Fall ab. Darüber hinaus kann *Get-PathComponent* übrigens etwas mehr als *Split-Path*: Zum Beispiel ermittelt es auch die Dateierweiterung und den Dateinamen ohne Dateierweiterung (*Basename*).

Schauen Sie sich nun an, *wie* Sie neue Objekte herstellen, denn es gibt mehrere Wege mit jeweiligen Vorzügen und Nachteilen.

Robust: Leere neue Objekte mit Select-Object

Einen der robustesten Wege, neue Rückgabeobjekte anzulegen, nutzt *Select-Object*. Diesen Ansatz hat auch die Beispielfunktion *Get-PathComponent* genutzt. Die folgende Zeile liefert beispielsweise ein leeres Objekt mit den Eigenschaften *Name*, *Vorname* und *ID*:

```
PS> $objekt = New-Object PSObject | Select-Object -Property Name, Vorname, ID
PS> $objekt

Name                    Vorname                 ID
----                    -------                 --
```

Dabei ist es eigentlich egal, was Sie *Select-Object* als Ausgangsobjekt übergeben, und auch, wie Sie das durchführen. Die folgenden Zeilen produzieren alle dasselbe Resultat:

```
PS> $objekt = 1 | Select-Object -Property Name, Vorname, ID
PS> $objekt

Name                    Vorname                 ID
----                    -------                 --


PS> $objekt = 'dummy' | Select-Object -Property Name, Vorname, ID
PS> $objekt

Name                    Vorname                 ID
----                    -------                 --


PS> $objekt = Select-Object -InputObject 1 -Property Name, Vorname, ID
PS> $objekt

Name                    Vorname                 ID
----                    -------                 --
```

Das Objekt ist vollkommen leer und muss anschließend mit Informationen bestückt werden:

```
PS> $objekt = Select-Object -InputObject 1 -Property Name, Vorname, ID
PS> $objekt.Name = 'Weltner'
PS> $objekt.Vorname = 'Tobias'
PS> $objekt.ID = 12
PS> $objekt

Name                    Vorname                             ID
----                    -------                             --
Weltner                 Tobias                              12
```

Das funktioniert, weil *Select-Object* hinter den Kulissen folgendermaßen arbeitet:

- **Objekt anlegen**   Es wird ein völlig neues Objekt mit den Eigenschaften angelegt, die in *-Property* angegeben werden

- **Eigenschaften aus anderem Objekt kopieren**   Anschließend werden diese Eigenschaften aus dem Ausgangsobjekt in das neue Objekt kopiert. Falls diese Eigenschaften im Ausgangsobjekt nicht existieren, bleiben die Eigenschaften im neuen Objekt leer.

Schnell: Vorinitialisierte Objekte

Während *Select-Object* leere Objekte anlegt, deren Eigenschaften normalerweise aus einem anderen Objekt gefüllt werden (und demzufolge leer bleiben, wenn Sie neue Eigenschaften »erfinden«), kann eine Hashtabelle ein Objekt mit neuen Eigenschaften anlegen, die gleich mit Inhalten gefüllt sind:

```
PS> $hash = @{
>>    Name = 'Weltner'
>>    Vorname = 'Tobias'
>>    ID = 12
>> }
>>
```

```
PS> $objekt = New-Object PSObject -Property $hash
PS> $objekt
```

Vorname	Name	ID
Tobias	Weltner	12

Die Schlüssel-Wert-Paare in der Hashtabelle werden also zu den Eigenschaften und Werten der Eigenschaften. Leider funktioniert dieser Ansatz erst ab PowerShell 3.0 wirklich gut. Bei PowerShell 2.0 hat man keinen Einfluss auf die Reihenfolge der Eigenschaften im Objekt. Bei PowerShell 3.0 erscheinen die Eigenschaften im Objekt so, wie sie in der Hashtabelle definiert wurden.

Langwierig: Member mit Add-Member hinzufügen

Mit *Add-Member* lässt sich ein beliebiges Ausgangsobjekt gezielt um neue Eigenschaften erweitern. Hierbei kann pro Aufruf aber immer nur eine Eigenschaft angelegt werden:

```
PS> $objekt = New-Object PSObject
PS> $objekt | Add-Member -MemberType NoteProperty -Name Name -Value 'Weltner'
PS> $objekt | Add-Member -MemberType NoteProperty -Name Vorname -Value 'Tobias'
PS> $objekt | Add-Member -MemberType NoteProperty -Name ID -Value 12
PS> $objekt
```

Name	Vorname	ID
Weltner	Tobias	12

Das ist zwar ein mühseliges Unterfangen, dafür aber sehr flexibel. Während alle anderen Varianten vollständig neue Objekte generieren, kann *Add-Member* bestehende Objekte um neue Eigenschaften ergänzen. Darüber hinaus lassen sich mit diesem Cmdlet auch andere Membertypen hinzufügen, zum Beispiel Methoden (Befehle):

```
PS> $objekt | Add-Member -MemberType ScriptProperty -Name ZeigDienste -Value { Get-Service }
PS> $objekt | Add-Member -MemberType ScriptMethod -Name ZeigProzesse -Value { Get-Process }
PS> $objekt.ZeigDienste
```

Status	Name	DisplayName
Running	AdobeARMservice	Adobe Acrobat Update Service
Stopped	AeLookupSvc	Anwendungserfahrung
Stopped	ALG	Gatewaydienst auf Anwendungsebene
(...)		

```
PS> $objekt.ZeigProzesse()
```

Handles	NPM(K)	PM(K)	WS(K)	VM(M)	CPU(s)	Id	ProcessName
95	11	2716	3244	59	3,04	5724	ACEngSvr
107	11	2344	2680	75	1,95	7048	ACMON
229	27	55836	15544	223	53,77	924	AcroRd32
(...)							

Neu: Objekte mit JSON anlegen

JSON ist eine einfache Beschreibungssprache für Objekte, die Ähnlichkeiten mit XML hat, aber viel kürzer ist. Ab PowerShell 3.0 wird JSON mit den Cmdlets *ConvertFrom-Json* und *ConvertTo-Json* unterstützt. Ein einfaches Objekt mit drei Eigenschaften samt Inhalt wird über JSON beispielsweise so angelegt:

```
$text = '{
    "Vorname":  "Tobias",
    "Name":  "Weltner",
    "ID":  12
}'

$objekt = ConvertFrom-Json -InputObject $text
```

Listing 17.2   Das Skript *json1.ps1*

```
$objekt
Vorname                            Name                                        ID
-------                            ----                                        --
Tobias                             Weltner                                     12

$objekt.Name
Weltner

$objekt.Vorname
Tobias
```

Ausgehend von existierenden Objekten lässt sich mit *ConvertTo-Json* anzeigen, wie JSON Objekte definiert.

```
PS> Get-Process -id $PID | ConvertTo-JSON -Depth 1
{
    "BasePriority":  8,
    "ExitCode":  null,
    "HasExited":  false,
    "ExitTime":  null,
    "Handle":  1524,
(…)
```

Der Parameter *-Depth* gibt an, bis zu welcher Verschachtelungstiefe das Originalobjekt durch JSON abgebildet werden soll. Die Standardausgabe ist besonders gut leserlich, aber wenn es Ihnen nur darauf ankommt, die Objektdaten zu serialisieren, geben Sie den Parameter *-Compress* an. Nun werden die Objektdefinitionen so kurz wie möglich formatiert:

```
PS> Get-Process -id $PID | ConvertTo-JSON -Depth 1 -Compress
{"BasePriority":8,"ExitCode":null,"HasExited":false,"ExitTime":null,"Handle"
:2108,"HandleCount":377,"Id":3784,"MachineName":".","MainWindowHandle":13782
52,"MainWindowTitle":"C:\\Windows\\system32","MainModule":{"ModuleName":"pow
ershell.exe","FileName":"C:\\WINDOWS\\system32\\WindowsPowerShell\\v1.0\\pow
(…)
```

Das Beispiel von eben hätte in dieser Kurzschreibweise also auch so formuliert werden können:

```
$objekt = '{"Vorname":"Tobias","Name":"Weltner","ID":12}' | ConvertFrom-Json
$objekt
```

Listing 17.3   Das Skript json2.ps1

ETS-Formatierung festlegen

Sobald Funktionen eigene Objekte zurückgeben, verhalten sich diese wie alle übrigen Objekte und werden auch vom PowerShell-*ETS* (*Extended Type System*) formatiert. Allerdings kennt das ETS den Datentyp Ihrer selbstgemachten Objekte nicht und deshalb werden diese immer nach den ETS-Grundregeln definiert. Dazu gehört: Hat ein Objekt mehr als vier Eigenschaften, wird es als Liste ausgegeben. Das ist der Grund, warum die ursprüngliche Beispielfunktion *Get-PathComponent* die Pfadbestandteile als Liste ausgibt:

```
PS> Get-PathComponent d:\test\ordner\datei.txt

Parent    : d:\test\ordner
FileName  : datei.txt
Extension : .txt
Drive     : d:\
BaseName  : datei
Path      : d:\test\ordner\datei.txt
```

Ist dies unerwünscht, griffen in der Vergangenheit viele PowerShell-Autoren auf Cmdlets der *Format*-Familie zurück, zum Beispiel *Format-Table*. Wie an anderer Stelle bereits ausführlich besprochen wurde, sollte der Einsatz von *Format*-Cmdlets in Funktionen aber absolut tabu sein, weil dabei die Funktionsergebnisse so verändert werden, dass eine anderweitige Nutzung nahezu ausgeschlossen wird. Alternativ konnten PowerShell-Autoren ansonsten höchstens noch versuchen, die Anzahl der Objekteigenschaften auf vier oder weniger zu reduzieren, damit das ETS die Informationen automatisch als Tabelle anzeigt.

Ab PowerShell 3.0 kann eine Funktion dem Objekt eine Beschreibung hinzufügen, die dem ETS verrät, welche Objekteigenschaften standardmäßig angezeigt werden sollen. Diese Beschreibung ist abwärtskompatibel zu PowerShell 2.0. Sie wirkt sich dort zwar nicht aus, stört aber auch nicht. Hier ist eine erweiterte Fassung von *Get-PathComponent*, die (bei PowerShell 3.0) nur die Eigenschaften *BaseName*, *Extension* und *Parent* anzeigt, weil es weniger sind als fünf:

```
function Get-PathComponent
{
  param
  (
    [Parameter(Mandatory=$true)]
    [ValidateNotNullOrEmpty()]
    $Path
  )

  $result = New-Object PSObject |
  Select-Object -Property Parent, FileName, Extension, Drive, BaseName, Path

  try {
    $Path = $Path.ToLower()
    $result.FileName = [System.IO.Path]::GetFileName($Path)
    $result.BaseName = [System.IO.Path]::GetFileNameWithoutExtension($Path)
    $result.Extension = [System.IO.Path]::GetExtension($Path)
    $result.Parent = [System.IO.Path]::GetDirectoryName($Path)
    $result.Drive  = [System.IO.Path]::GetPathRoot($Path)
    $result.Path = $Path
```

```
}
catch
{}

# ETS: gewünschte Defaulteigenschaften
[string[]]$properties = 'BaseName','Extension','Parent'
[System.Management.Automation.PSMemberInfo[]]$PSStandardMembers =
  New-Object System.Management.Automation.PSPropertySet DefaultDisplayPropertySet,$properties

# an Rückgabeobjekt anhängen:
$result | Add-Member -MemberType MemberSet -Name PSStandardMembers -Value $PSStandardMembers
$result
}
```

Listing 17.4 Das verbesserte Skript *Get-PathComponent2.ps1*

Wird die Funktion aufgerufen, erscheinen zunächst nur die Standardeigenschaften, die in der Funktion benannt wurden:

```
PS> $objekt = Get-PathComponent -Path $profile
PS> $objekt

BaseName                          Extension               Parent
--------                          ---------               ------
microsoft.powershellise_profile   .ps1                    c:\users\tobias\documents\win...
```

Trotzdem sind noch alle Objekteigenschaften vorhanden und können angesprochen werden:

```
PS> $objekt.Drive
c:\

PS> $objekt | Select-Object -Property *

Parent    : c:\users\tobias\documents\windowspowershell
FileName  : microsoft.powershellise_profile.ps1
Extension : .ps1
Drive     : c:\
BaseName  : microsoft.powershellise_profile
Path      : c:\users\tobias\documents\windowspowershell\microsoft.powershellise_profile.ps1
```

Die Funktion liefert nun also Objekte zurück, die sich genauso verhalten wie Ergebnisse von Cmdlets. Diese zeigen ebenfalls anfangs nur die wichtigsten Informationen an, um die Konsole nicht mit Daten zu überschwemmen.

PROFITIPP   Sie können die Eigenschaften, die PowerShell bei den Rückgabeobjekten Ihrer Funktion anzeigen soll, auch mit *Update-TypeData* direkt in die interne ETS-Datenbank schreiben. Dies muss einmal pro PowerShell-Sitzung geschehen, die Definition überlebt also keinen PowerShell-Neustart. Doch auch innerhalb einer PowerShell-Sitzung lassen sich mithilfe des Parameters *-Force* vorhandene Einträge überschreiben, sodass auch eine Funktion bei jedem Aufruf diese Aktualisierung vornehmen könnte.

Damit vereinfacht sich die ETS-Integration etwas. Allerdings ist diese Codealternative nicht abwärtskompatibel zu älteren PowerShell-Versionen, sodass geprüft werden muss, welche PowerShell-Version gerade eingesetzt wird:

```
function Get-PathComponent
{
  param
```

```
(
    [Parameter(Mandatory=$true)]
    [ValidateNotNullOrEmpty()]
    $Path
)

$result = New-Object PSObject |
Select-Object -Property Parent, FileName, Extension, Drive, BaseName, Path

try {
    $Path = $Path.ToLower()
    $result.FileName = [System.IO.Path]::GetFileName($Path)
    $result.BaseName = [System.IO.Path]::GetFileNameWithoutExtension($Path)
    $result.Extension = [System.IO.Path]::GetExtension($Path)
    $result.Parent = [System.IO.Path]::GetDirectoryName($Path)
    $result.Drive  = [System.IO.Path]::GetPathRoot($Path)
    $result.Path = $Path
}
catch
{}

# ETS: gewünschte Defaulteigenschaften
# PowerShell 3.0 erforderlich:
if ($PSVersionTable.PSVersion.Major -ge 3)
{
    Update-TypeData -DefaultDisplayPropertySet 'BaseName','Extension','Parent' -TypeName MyFormat
    $result.PSTypeNames.Add('MyFormat')
}
$result
}
```

Listing 17.5 Das Skript *Get-PathComponent3.ps1* ändert die ETS-Standardeigenschaften

Weil nun die Liste der Standardeigenschaften nicht mehr direkt im Rückgabeobjekt festgelegt wird, sondern allgemein in der ETS-Datenbank vermerkt wird, muss die Liste einem bestimmten Datentyp zugeordnet werden. Deshalb wird den Rückgabeobjekten in der Funktion ein eindeutiger eigener Datentyp namens *MyFormat* zugewiesen.

Die genauen Details dieser Technik und was das ETS sonst noch für Sie leisten kann, sind Thema in Kapitel 20 – denn eigentlich legt man die Formatierungsoptionen für eigene Objekte im Rahmen eines Moduls fest.

Zusammenfassung

Sofern Funktionen mehr als nur eine Information zurückliefern, sollte dies in objektorientierter Form geschehen. Dazu muss die Funktion zunächst ein eigenes neues Objekt erstellen, es dann mit den Rückgabeinformationen füllen und das Objekt schließlich zurückgeben.

Es gibt verschiedene Wege, Objekte zu erzeugen. Am solidesten ist der Einsatz von *Select-Object*. Über Hashtabellen können Objekte erst in PowerShell 3.0 zuverlässig erzeugt werden, weil in älteren PowerShell-Versionen die Reihenfolge der Objekteigenschaften nicht kontrollierbar war. Über *Add-Member* lassen sich ebenfalls neue eigene Objekte anlegen, aber dies ist aufwändig und eigentlich eher dazu gedacht, bestehende Objekte nachträglich um weitere Eigenschaften und Methoden zu erweitern. In PowerShell 3.0 kann man zusätzlich bestimmen, welche Objekteigenschaften vom ETS angezeigt werden sollen und welche nicht.

Kapitel 18

Fortgeschrittene Parameter

In diesem Kapitel:

In diesem Kapitel erfahren Sie, wie Ihre Funktionen mit fortgeschrittenen Parametern ausgestattet und damit zu vollwertigen Skript-Cmdlets werden:

- **Unterstützung für IntelliSense**   Sorgen Sie dafür, dass Entwicklungssysteme wie der ISE-Editor Ihre Funktionen mit reichhaltigem IntelliSense und Autovervollständigung unterstützen. Sie erfahren hier unter anderem, wie Sie mit Parametern Vorschlagslisten definieren und wie Ihre Funktionen melden, welche Art von Resultaten sie zurückliefern.

- **Unterstützung für Parametersets**   Legen Sie Parametergruppen an, um die Kombination von Parametern auszuschließen, die keinen Sinn ergeben

- **Unterstützung für allgemeine Parameter**   Statten Sie Ihre Funktionen mit denselben allgemeinen Parametern aus wie Cmdlets. So können Ihre Funktionen dann beispielsweise auf Anwenderwunsch zusätzliche Informationen ausgeben (*-Verbose*) oder Fehlermeldungen unterdrücken (*-ErrorAction*).

- **Unterstützung für Risikomanagement**   Fügen Sie Ihren Funktionen die Parameter *-WhatIf* und *-Confirm* hinzu, damit Anwender auf Wunsch einen Simulations- oder Einzelbestätigungsmodus aktivieren können

Außerdem erfahren Sie, wie Sie Funktionen per *Splatting*-Verfahren mehrere Parameter auf einmal zuweisen und wie sich auf diese Weise Parameter an andere Funktionen weiterleiten lassen.

Unterstützung für IntelliSense

Neu in PowerShell 3.0 ist die Autovervollständigung für Argumente. Bisher vervollständigte PowerShell nur Befehle und Parameter. Damit PowerShell auch die Argumente für Ihre Funktionsparameter vervollständigen kann, muss es wissen, welche Werte diese Parameter verlangen.

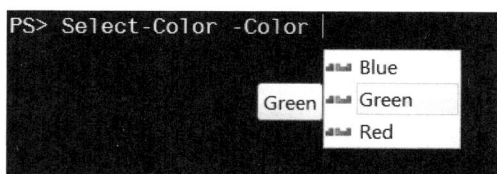

Abbildung 18.1   PowerShell 3.0 kann Argumente vervollständigen und Auswahllisten anbieten

Parameter mit Vorgabewerten ausrüsten

Der einfachste Weg, Parameter mit Vorgabewerten auszustatten, ist das Attribut *ValidateSet*. Dieses Attribut gab es schon bei PowerShell 2.0 und es beschränkt die gültigen Werte für einen Parameter, indem Sie diese Werte als kommaseparierte Liste festlegen. Neu in PowerShell 3.0 ist, dass Editoren wie PowerShell ISE diese Vorgabewerte nun auch wie in Abbildung 18.1 zu sehen für IntelliSense verwenden. Die PowerShell-Konsole nutzt die Vorgabewerte für die Autovervollständigung.

```
function Select-Color
{
    param
```

```
    (
        [ValidateSet('Red','Green','Blue')]
        $Color
    )

    "Gewählte Farbe: $Color"
}
```

Listing 18.1 Das Skript *Select-Color1.ps1*

Indem Sie also einen Parameter mit dem *ValidateSet*-Attribut ausstatten, erreichen Sie zweierlei:

- **Validierung**   Die Eingabe für diesen Parameter ist auf die Werte beschränkt, die das *ValidateSet* festlegt. Gibt der Anwender einen anderen Wert ein, gibt PowerShell eine Fehlermeldung aus.
- **Eingabehilfe**   Die Autovervollständigung von PowerShell schlägt die im *ValidateSet* festgelegten Werte nach Druck auf ⇥ vor. Grafische Editoren wie PowerShell ISE nutzen die Informationen für IntelliSense-Menüs.

Parameter mit Enumerationen typisieren

Alternativ können Sie einem Parameter auch einen Datentyp zuweisen. Wenn der Datentyp eine Aufzählung ist (*Enumeration*), geschieht dasselbe wie beim *ValidateSet*-Attribut: Die Eingabe wird auf die Werte beschränkt, welche die Enumeration definiert. PowerShell bietet dann diese Werte bei der Eingabe an:

```
function Select-Color
{
    param
    (
        [System.ConsoleColor]
        $Color
    )

    "Gewählte Farbe: $Color"
}
```

Listing 18.2 Das Skript *Select-Color2.ps1*

In diesem Fall legt der Datentyp *System.ConsoleColor* die erlaubten Farbwerte fest.

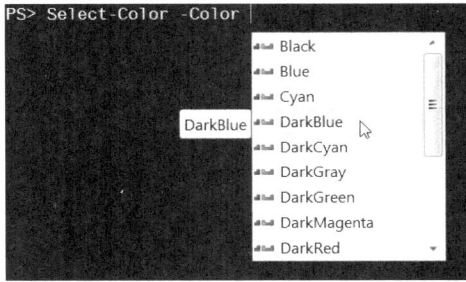

Abbildung 18.2   Ein Enumerationsdatentyp kann die erlaubten Werte für einen Parameter festlegen

PROFITIPP　　Ob ein Datentyp eine Aufzählung ist, verrät seine Eigenschaft *IsEnum*:

```
PS> [System.ConsoleColor].IsEnum
True
```

Die in einer Aufzählung enthaltenen Werte liefert die statische Methode *GetEnumNames()*:

```
PS> [System.ConsoleColor].GetEnumNames()
Black
DarkBlue
DarkGreen
DarkCyan
(...)
```

Normalerweise liegen hinter den »sprechenden« Namen der Aufzählung numerische Kennziffern, die sich folgendermaßen ermitteln lassen:

```
$typ = [System.ConsoleColor]
$names = $typ.GetEnumNames()
$valuetype = $typ.GetEnumUnderlyingType()

$names | ForEach-Object {
    $result = New-Object PSObject | Select-Object -Property Name, Value
    $result.Name = $_
    $result.Value = [System.Enum]::Parse($typ, $_) -as $valuetype
    $result
} | Format-Table -AutoSize
```

Listing 18.3　Das Skript *listenum.ps1*

Das Ergebnis sieht in etwa so aus:

```
Name        Value
----        -----
Black           0
DarkBlue        1
DarkGreen       2
DarkCyan        3
(...)
```

Die im System vorhandenen Enumerationsdatentypen kann man auflisten, etwa um nachzuschauen, ob es bereits einen Enumerationsdatentyp gibt, der die gewünschten Parameterwerte beschreibt. Die folgende Funktion *Find-Enum* leistet diese Aufgabe. Es genügt, ihr ein beliebiges Schlüsselwort zu übergeben. Daraufhin werden die Namen der Enumerationen ausgegeben, in deren Auflistung das Schlüsselwort vorkommt, und Sie könnten diesen Datentyp anschließend dazu nutzen, um einen Parameter Ihrer Funktion damit zu deklarieren:

```
<#
 .SYNOPSIS
 Searches assemblies for enumeration data types that can be used to declare PowerShell function
parameters
 .DESCRIPTION
 By default, only default assemblies are searched that are generally available in PowerShell.
 With the switch parameter -All, all currently loaded assemblies are searched.
 The results may then include types that are not commonly available and may require modules or
assemblies
   to be loaded first.
```

```
    .EXAMPLE
    Find-Enum
    lists all enumeration data types for all default assemblies
    .EXAMPLE
    Find-Enum *comput*
    lists all enumeration data types for all default assemblies that contain at least one value that
matches
    "*comput*
    .EXAMPLE
    Find-Enum red -All
    finds all enumeration data types in all currently loaded assemblies that contain the value "red"
#>
function Find-Enum
{
    param
    (
        $Value = '*',
        $Name = '*',
        [Switch]
        $All
    )

    $default = 'CommonLanguageRuntimeLibrary', 'Microsoft.CSharp.dll',
        'Microsoft.Management.Infrastructure.dll', 'Microsoft.PowerShell.Commands.Management.dll',
        'Microsoft.PowerShell.Commands.Utility.dll', 'System.Configuration.dll',
        'System.Configuration.Install.dll', 'System.Core.dll', 'System.Data.dll',
        'System.DirectoryServices.dll', 'System.dll', 'System.Management.Automation.dll',
        'System.Management.dll', 'System.Transactions.dll', 'System.Xml.dll'

[AppDomain]::CurrentDomain.GetAssemblies() |
  Where-Object { $All -or ($default -contains $_.ManifestModule) } |
  ForEach-Object { try { $_.GetExportedTypes() } catch {} } |
  Where-Object { $_.IsEnum } |
  Where-Object { $_.Name -like $Name } |
  Sort-Object -Property Name |
  ForEach-Object {
    $rv = $_ | Select-Object -Property Name, Values, Source
    $rv.Name = '[{0}]' -f $_.FullName
    $rv.Source = $_.Module.ScopeName
    $rv.Values = [System.Enum]::GetNames($_) -join ', '
    $rv
  } |
  Where-Object { @($_.Values -split ', ') -like $Value }
}
```

Listing 18.4 Das Skript *Find-Enum.ps1*

Ist kein geeigneter Enumerationsdatentyp zu finden und möchte man nicht auf das *ValidateSet*-Attribut aus dem vorangegangenen Beispiel zurückgreifen, kann man auch seinen eigenen Enumerationsdatentyp definieren. Das folgende Beispiel definiert den Datentyp *[Sample.Level]* mit vier möglichen Werten:

```
$enum = '
using System;

namespace Sample
{
    public enum Level
```

```
    {
        Beginner = 1,
        Advanced = 10,
        Professional = 100,
        GodlikeBeing = 102
    }
}'
Add-Type -TypeDefinition $enum
```

Listing 18.5   Das Skript *define_enum1.ps1*

Ein Enumerationsdatentyp hat gegenüber dem *ValidateSet*-Attribut den Vorteil, dass damit auch Variablen typisiert werden können, die dann nur noch die im Datentyp aufgelisteten erlaubten Werte enthalten dürfen.

```
PS> [Sample.Level]$level = 'Beginner'

PS> $level
Beginner

PS> [int]$level
1

PS> $level = 'Student'
Der Wert "Student" kann nicht in den Typ "Sample.Level" konvertiert werden. Fehler: "Der Bezeichner
"Student" kann keinem gültigen Enumeratornamen zugeordnet werden. Geben Sie einen der folgenden
Enumeratornamen an, und wiederholen Sie den Vorgang: Beginner, Advanced, Professional,
GodlikeBeing."

PS> $level = 'GodlikeBeing'
```

Zudem konvertieren die Variablen jetzt numerische Werte automatisch in den entsprechenden Wert der Enumeration:

```
PS> $level = 100

PS> $level
Professional
```

Einfache Enumerationen wie im Beispiel eben lassen nur genau einen der erlaubten Werte zu. Dasselbe gilt für das *ValidateSet*-Attribut. Mitunter sollen aber auch Kombinationen möglich sein. Um binäre Kombinationen zu ermöglichen, fügt man der Enumeration das Attribut *[FlagsAttribute]* hinzu:

```
$enum = '
using System;

namespace Sample
{
    [FlagsAttribute]
    public enum LevelAdvanced
    {
        Beginner = 1,
        Advanced = 2,
        Professional = 3,
        GodlikeBeing = 4
    }
}'
Add-Type -TypeDefinition $enum
```

Listing 18.6   Das Skript *define_enum2.ps1*

Nun sind auch Kombinationen aus den aufgelisteten Werten erlaubt:

```
PS> [Sample.LevelAdvanced]$level = 'Beginner'

PS> $level
Beginner

PS> $level = 'Beginner,Professional'

PS> $level
Professional

PS> [int]$level
3
```

Haben Sie es bemerkt? Die Kombination von *Beginner* und *Professional* ergibt *Professional*. Der Grund hierfür liegt in der Kombination der Zahlenwerte. Weil *Beginner* dem Wert 1 und *Professional* dem Wert 3 entspricht, liefert die Kombination den Wert 3. Die beiden Flags *Beginner* und *Professional* wurden folglich kombiniert. Die Werte werden dabei also keineswegs dezimal addiert, sondern sie werden mit einem binären OR verknüpft. Dezimal 1 ist binär 0001 und dezimal 3 binär 0011. Bei der OR-Verknüpfung ergeben alle Binärstellen, die bei mindestens einem Ausgangswert 1 aufweisen wiederum 1, ansonsten 0. Dementsprechend führt 0001 OR 0011 zu 0011. Ein anderes Beispiel:

```
$level = 'Beginner,Advanced'
```

Hier wird ein 0001 OR 0010 durchgeführt, das Ergebnis ist 0011, also wiederum dezimal 3, was *Professional* entspricht.

Ob diese Kombination sinnvoll und erwünscht ist, steht auf einem anderen Blatt Papier. Wenn Sie nicht wollen, dass mehrere Einzelflags zu einem anderen zusammenschmelzen, müssen Sie den jeweiligen Einträgen in der Aufzählung eindeutige Bits zuzuweisen:

```
$enum = '
using System;

namespace Sample
{
    [FlagsAttribute]
    public enum LevelAdvancedSeparate
    {
        Beginner = 1,
        Advanced = 2,
        Professional = 4,
        GodlikeBeing = 8
    }
}'
Add-Type -TypeDefinition $enum
```

Listing 18.7   Das Skript *define_enum3.ps1*

Jetzt enthalten alle Elemente der Enumeration eindeutig gesetzte Bits (*Beginner*=0001, *Advanced*=0010, *Professional*=0100, *GodlikeBeing*=1000), sodass keine Verschmelzung stattfinden kann. Denn jeder Wert wird durch eine eigene Binärstelle repräsentiert, die bei einem OR auf jeden Fall erhalten bleibt. Wenn nun mehrere Elemente zugeordnet werden, werden tatsächlich alle Elemente aufgenommen:

```
PS> [Sample.LevelAdvancedSeparate]$level = 'Beginner,Advanced,GodlikeBeing'
PS> $level
Beginner, Advanced, GodlikeBeing
```

```
PS> [int]$level
11
```

level ist nun dezimal 11, also binär 1011. Hier zeigt sich sehr anschaulich, dass drei Werte aufgenommen wurden, da drei Bits gesetzt sind. Man muss die Werte von rechts nach links betrachten, nicht enthalten ist folglich das dritte Element der Enumeration, *Professional*, da hier das dazugehörige Bit 0 beträgt, also nicht gesetzt ist.

Dynamische Vorschlagslisten

Einige Cmdlets bieten dynamische Vorschlagslisten, die also die Vorschläge zur Laufzeit berechnen. Wenn Sie beispielsweise einen Dienst mit *Stop-Service* stoppen wollen, listet IntelliSense für den Parameter *-Name* nicht eine feste Liste von Diensten auf, sondern genau die Dienste, die es auf Ihrem System gibt.

Dynamische Vorschlagslisten sind für selbstgeschriebene Funktionen und ihre Parameter nur mit großem Aufwand realisierbar, weil dieser Mechanismus Teil des Autovervollständigungsprozesses von PowerShell ist. Man kann solche Vorschlagslisten also nur implementieren, indem man den Autovervollständigungsmechanismus selbst erweitert.

Ein Beispiel hierfür liefert der folgende Code. Er besteht aus der Beispielfunktion *Test-DynamicArguments* und einer dazugehörigen Erweiterung, welche die eingebaute Autovervollständigung auf eine eigene Routine umlenkt. Die Erweiterung bewirkt konkret, dass beim Parameter *-ProcessName* die Eingabe auf Basis der Liste der aktuell laufenden Prozesse vervollständigt wird. Ohne die Erweiterung würde die Funktion stattdessen die Dateien und Unterverzeichnisse aus dem aktuellen Verzeichnis anbieten, was hier natürlich wenig Sinn ergibt, aber die PowerShell-Standardimplementation ist.

```
# Erweiterung für die Vervollständigung mit Prozessnamen zur Laufzeit:
$completion_Process = {
    param($commandName, $parameterName, $wordToComplete, $commandAst, $fakeBoundParameter)

    Get-Process |
      Sort-Object -Property Name -Unique |
      Where-Object { $_.Name -like "$wordToComplete*" } |
      ForEach-Object {
        New-Object System.Management.Automation.CompletionResult $_.Name, $_.Name,
          'ParameterValue', ('{0} ({1})' -f $_.Description, $_.ID)
      }
}

# Erweiterung in globale Variable aufnehmen und festlegen, dass die Erweiterung für die
# Funktion "Test-DynamicArguments" und deren Parameter "ProcessName" gelten soll:
if (-not $global:options) {
  $global:options = @{CustomArgumentCompleters = @{};NativeArgumentCompleters = @{}}
}
$global:options['CustomArgumentCompleters']['Test-DynamicArguments:ProcessName'] =
$Completion_Process

# PowerShell-Codevervollständigung um die selbstdefinierten Erweiterung(en) ergänzen:
$function:tabexpansion2 = $function:tabexpansion2 -replace 'End\r\n{','End { if ($null -ne
$options) { $options += $global:options} else {$options = $global:options}'
```

```
# Funktion besitzt nun eine dynamische Autovervollständigung für ihren Parameter "ProcessName":
function Test-DynamicArguments
{
    param
    (
        $ProcessName
    )

    "Hello $ProcessName"
}
```

Listing 18.8   Das Skript *Test-DynamicArguments.ps1*

Im Gegensatz zur statischen Autovervollständigung hat man hierbei volle Kontrolle über die Autovervollständigungsdaten und kann Menüeintrag, Vervollständigungswort und QuickInfo-Text separat festlegen. Im Beispiel zeigt ISE für jeden Prozess als QuickInfo dessen Prozess-ID und – falls vorhanden – einen Beschreibungstext an.

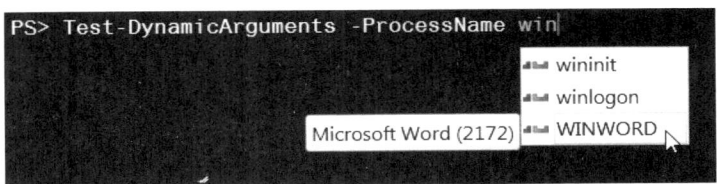

Abbildung 18.3   Dynamische Argumentvervollständigung mit laufenden Prozessen

Deutlich wird aber auch, dass die Implementierung dynamischer Autovervollständigung erheblichen Aufwand bedeutet. Insbesondere erfordert er eine Erweiterung der internen Funktion *tabexpansion2*, welche die Autovervollständigung leistet. Es ist also ein Eingriff in die globale Konfiguration von PowerShell notwendig.

Unterstützung für IntelliSense bei Rückgabewerten

PowerShell ist eigentlich eine »dynamische« Sprache und was genau ein Befehl zurückliefert, steht erst zur Laufzeit fest. *Get-Item* kann beispielsweise sowohl Dateien als auch Ordner, Zertifikate oder Registry-Schlüssel liefern, je nachdem, welchen Pfadnamen Sie dem Cmdlet übergeben.

Deshalb funktionieren Autovervollständigung und IntelliSense in PowerShell für Variablen normalerweise nur dann, wenn eine Variable bereits konkreten Inhalt besitzt. Während der Skriptentwicklung ist das störend, weil man das halbfertige Skript immer wieder ausführen muss, um IntelliSense für seine Variablen zu erhalten. Selbst das hilft nicht, wenn die Variablen im privaten Kontext der Funktion angelegt wurden, also außerhalb der Funktion unsichtbar sind.

In PowerShell 3.0 wurde deshalb zusätzlich die Möglichkeit geschaffen, zu deklarieren, welchen Datentyp eine Funktion zurückliefert. Wenn das geschieht, ist PowerShell nicht mehr zwingend darauf angewiesen, reale Daten zu untersuchen. Sind keine realen Daten verfügbar, greift PowerShell stattdessen auf die Deklaration zurück.

Wenn Sie also in Ihren Funktionen angeben, welchen Datentyp die Funktion zurückliefert, kann PowerShell Autovervollständigung und IntelliSense anbieten, ohne dass tatsächliche Rückgabewerte vorliegen. Der Rückgabedatentyp wird mit dem Attribut *OutputType* festgelegt. Dieses Attribut ist nur gültig, wenn zusätzlich ein *param()*-Block angegeben wird.

Die folgende Funktion *Get-LogFile* zeigt, was dabei geschieht. Diese Funktion liefert in Wahrheit überhaupt nichts zurück, aber weil sie den Datentyp *System.IO.DirectoryInfo* als Rückgabewert deklariert, wird IntelliSense für Ordnerobjekte angeboten.

```
function Get-Logfile
{
    [OutputType('System.IO.DirectoryInfo')]
    param()

}
```

Weisen Sie im Editor das Ergebnis von *Get-LogFile* einer Variablen zu, erhält diese sofort IntelliSense-Unterstützung. Sie brauchen das Skript hierfür nicht ein einziges Mal zu starten. PowerShell leitet die IntelliSense-Informationen allein aus dem Code ab und nicht aus den realen Daten.

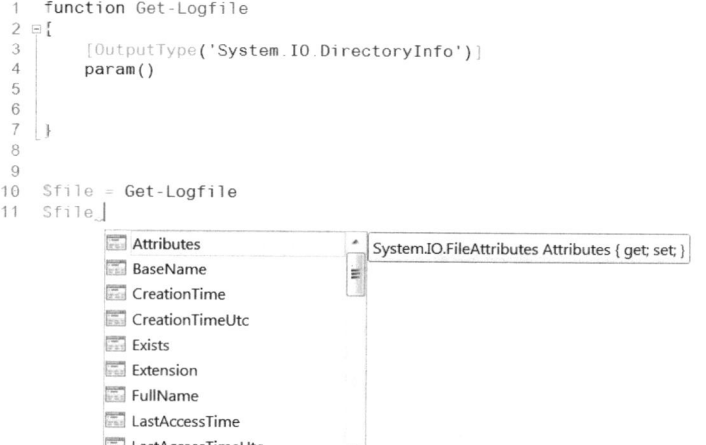

Abbildung 18.4 Deklariert eine Funktion den *OutputType*, funktioniert IntelliSense sofort

Voraussetzung für diese Technik ist natürlich, dass Ihre Funktionen stets denselben Datentyp zurückliefern, er also vorherbestimmt ist. Zudem müssen Sie natürlich den Namen des Datentyps kennen, damit Sie diesen Namen bei *OutputType()* hinterlegen können. Das aber ist nicht schwierig, wie das nächste Beispiel zeigt.

Ausgangspunkt ist die folgende simple Funktion, die Fehlerereignisse aus dem System-Ereignisprotokoll liefert:

```
function Get-ErrorEvents
{
    Get-EventLog -LogName System -EntryType Error
}

$ergebnis = Get-ErrorEvents
```

Speichern Sie das Ergebnis dieser Funktion in einer Variablen, kann PowerShell hierfür kein Intelli-Sense anbieten. Erst wenn Sie das Skript ausführen und die Variable reale Daten enthält, funktioniert die Autovervollständigung. Um herauszufinden, welchen Datentyp die Funktion liefert, untersuchen Sie nun die Variable mit den Ergebnissen:

```
PS> $ergebnis[0].GetType().FullName
System.Diagnostics.EventLogEntry
```

Wie sich zeigt, liefert die Funktion Ergebnisse vom Typ *System.Diagnostics.EventLogEntry*. Nun können Sie den Rückgabedatentyp Ihrer Funktion explizit deklarieren:

```
function Get-ErrorEvents
{
    [OutputType('System.Diagnostics.EventLogEntry')]
    param()

    Get-EventLog -LogName System -EntryType Error
}
```

Listing 18.9 Das Skript *Get-ErrorEvents.ps1*

```
$neu = Get-ErrorEvents
$neu.
```

Sobald Sie den Code geändert haben und das Ergebnis der Funktion einer neuen Variable zuweisen, verfügt diese sofort (ohne dass dazu das Skript ausgeführt werden muss) über das passende Intelli-Sense.

TIPP   Bei reinen .NET-Datentypen funktioniert IntelliSense wie eben gezeigt hervorragend. Problematisch kann es aber bei Datentypen werden, die von PowerShell erweitert wurden. Sie erkennen solche Datentypen an einem »#« zwischen dem eigentlichen .NET-Datentyp und dem Erweiterungstext.

Bei WMI werden beispielsweise alle Ergebnisse mit dem .NET-Datentyp *System.Management.ManagementObject* repräsentiert. Die spezifischen Eigenschaften und Methoden einer bestimmten WMI-Klasse werden jeweils ergänzt und der erweiterte Datentyp für BIOS-Informationen, die Sie über WMI erfragen, könnte zum Beispiel so lauten:

```
PS> Get-WmiObject win32_BIOS | get-member | Select-Object -ExpandProperty TypeName -first 1
System.Management.ManagementObject#root\cimv2\Win32_BIOS
```

Ohne diese Erweiterung ist IntelliSense auf die reinen Basiseigenschaften und -Methoden beschränkt, die in allen (beliebigen) WMI-Objekten vorkommen. Wird die Erweiterung allerdings mit angegeben, entspricht das Ergebnis auch nicht unbedingt den Erwartungen (Abbildung 18.5).

Abbildung 18.5 WMI-Objekte werden vom IntelliSense nicht korrekt abgebildet

Der Grund hierfür liegt in der Art, wie das *Extended Type System* (ETS) von PowerShell den .NET-Datentyp erweitert. Wer dies genauer verstehen will, kann einen Blick in die interne Definition der Erweiterung werfen:

```
PS> $Host.Runspace.InitialSessionState.Types | Select-String -Pattern \\Win32_BIOS -Path {$_.Name}
    -Context 0,27
```

Die Definition, die Sie daraufhin erhalten, sieht so aus:

```
>...types.ps1xml:686:      <Name>System.Management.ManagementObject#root\cimv2\Win32_BIOS</Name>
...types.ps1xml:687:      <Members>
...types.ps1xml:688:         <MemberSet>
...types.ps1xml:689:            <Name>PSStandardMembers</Name>
...types.ps1xml:690:            <Members>
...types.ps1xml:691:               <PropertySet>
...types.ps1xml:692:                  <Name>DefaultDisplayPropertySet</Name>
...types.ps1xml:693:                  <ReferencedProperties>
...types.ps1xml:694:                     <Name>SMBIOSBIOSVersion</Name>
...types.ps1xml:695:                     <Name>Manufacturer</Name>
...types.ps1xml:696:                     <Name>Name</Name>
...types.ps1xml:697:                     <Name>SerialNumber</Name>
...types.ps1xml:698:                     <Name>Version</Name>
...types.ps1xml:699:                  </ReferencedProperties>
...types.ps1xml:700:               </PropertySet>
...types.ps1xml:701:            </Members>
...types.ps1xml:702:         </MemberSet>
...types.ps1xml:703:         <PropertySet>
...types.ps1xml:704:            <Name>PSStatus</Name>
...types.ps1xml:705:            <ReferencedProperties>
...types.ps1xml:706:               <Name>Status</Name>
...types.ps1xml:707:               <Name>Name</Name>
...types.ps1xml:708:               <Name>Caption</Name>
...types.ps1xml:709:               <Name>SMBIOSPresent</Name>
...types.ps1xml:710:            </ReferencedProperties>
...types.ps1xml:711:         </PropertySet>
...types.ps1xml:712:      </Members>
...types.ps1xml:713:   </Type>
```

IntelliSense zeigt also korrekt nur die beiden Eigenschaften *PSStandardMembers* und *PSStatus* an, nicht aber die darin zusammengefassten eigentlichen Eigenschaften. Der Grund für diese ungenügende Unterstützung liegt daran, dass die klassischen WMI-Cmdlets wie *Get-WmiObject* in PowerShell 3.0 ein Auslaufmodell sind und durch eine neue Familie von Cmdlets ersetzt werden: *CIM* (*Common Information Model*). Das Cmdlet *Get-CimInstance* ist also der Nachfolger von *Get-WmiObject*. Bei *Get-CimInstance* und den Erweiterungen für CIM hat man sich die Mühe gemacht, IntelliSense besser zu unterstützen.

Allerdings stehen die CIM-Cmdlets nur in PowerShell 3.0 zur Verfügung. Möchte man abwärtskompatiblen Skriptcode schreiben und ist deshalb auf *Get-WmiObject* angewiesen, kann man sich aber dennoch IntelliSense-Unterstützung geben lassen. Dazu »fälscht« man einfach die Typangabe und gibt anstelle des WMI-Typs den CIM-Typ an. Die Eigenschaften dieser Objekte sind nämlich im Wesentlichen identisch (Abbildung 18.6).

```
1    function Get-BIOS
2  - {
3        [OutputType('Microsoft.Management.Infrastructure.CimInstance#root/cimv2/Win32_BIOS')]
4        param()
5
6        Get-WmiObject -Class Win32_BIOS
7    }
8
9    $bios = Get-BIOS
10   $bios.
```

         BiosCharacteristics
         BIOSVersion
         BuildNumber
         Caption
         CodeSet
         CurrentLanguage
         Description   string Description { get; }
         IdentificationCode
         InstallableLanguages

Abbildung 18.6   Über die Angabe eines CIM-Typs liefern auch WMI-Objekte korrektes IntelliSense

Es fehlen in der IntelliSense-Liste nun lediglich die nachträglich von PowerShell hinzugefügten Standard-WMI-Eigenschaften, deren Name mit zwei Unterstrichen beginnt (etwa »__Server«), sowie sämtliche Methoden. Spätestens aber wenn das Skript ausgeführt wird und die Variable tatsächlichen Inhalt besitzt, ist IntelliSense vollständig, weil die echten Daten stets Priorität vor der theoretischen Datentypdeklaration haben.

Kompatibilität zu älteren PowerShell-Versionen

Das Attribut *[OutputType()]* ist neu in PowerShell 3.0 und bei PowerShell 2.0 unbekannt. Dort führt es zu einem Fehler. Wenn Sie also Funktionen mit diesem Attribut ausstatten, werden sie inkompatibel zu PowerShell 2.0. Eine Lösung wäre, das Attribut während der Entwicklungsarbeit zu verwenden und dann aus den Skripts zu entfernen, wenn diese produktiv gehen. Der folgende simple Dateisystemfilter *Remove-OutputType* entfernt das Attribut aus allen PowerShell-Skripts, die man dem Filter übergibt:

```
function Remove-OutputType
{
  [CmdletBinding(SupportsShouldProcess=$true)]

  param
  (
    [Parameter(Mandatory=$true,ValueFromPipeline=$true,ValueFromPipelineByPropertyName=$true)]
    [Alias('FullName')]
    [string[]]
    $Path
  )

  process
  {
    $Path | ForEach-Object {
```

```
    $FilePath = $_

    $pattern = '\[OutputType\(.*?\)\]'
    $content = Get-Content -Path $FilePath -Raw

    if ($content -match $pattern)
    {
      if ($PSCmdlet.ShouldProcess($_, 'Remove [Output()] attribute'))
      {
        $content -replace $pattern |
        Set-Content -Path $FilePath
      }
    }
   }
  }
 }
}
```

Listing 18.10 Das Skript *Remove-OutputType.ps1*

Remove-OutputType unterstützt den Parameter *-WhatIf*, sodass Sie die Funktion auch rein dazu einsetzen können, Skripts aufzuspüren, die ein *OutputType*-Attribut enthalten, ohne dass die jeweiligen Skripts bereinigt werden:

```
PS> Get-ChildItem c:\skripts -Recurse -Filter *.ps1 | Remove-OutputType -WhatIf
WhatIf: Ausführen des Vorgangs "Remove [Output()] attribute" für das Ziel "c:\skripts\Get-
ErrorEvents.ps1".
WhatIf: Ausführen des Vorgangs "Remove [Output()] attribute" für das Ziel "c:\skripts\Get-
ChildItem_Ex1.ps1".
WhatIf: Ausführen des Vorgangs "Remove [Output()] attribute" für das Ziel "c:\skripts\Get-
ChildItem_Ex2.ps1".
```

Ohne *-WhatIf* entfernt *Remove-OutputType* das Attribut aus den jeweiligen Skripts. Dabei ist das Skript keineswegs perfekt: *[OutputType…]* wird auch dann gelöscht, wenn der Begriff lediglich im Skript enthalten ist, aber von PowerShell gar nicht als Attribut erkannt wird, weil er etwa als Kommentar oder innerhalb eines Strings notiert ist.

Mehrere Parametersets definieren

Manchmal sind die Gehäusebauanforderungen für Ihre Funktionen komplizierter. Vielleicht möchten Sie eine Funktion erstellen, die entweder eine Zahl oder einen Text akzeptiert, und je nachdem, was angegeben wurde, diese Argumente auf unterschiedliche Art weiterverarbeiten. Ein praktisches Beispiel ist das Cmdlet *Get-Process*, bei dem der Parameter *-ID* eine Zahl (die Prozess-ID) und der Parameter *-Name* einen Text (den Prozessnamen) erwartet.

Dies ist natürlich möglich, indem Sie für beide Informationen einen Parameter definieren. Dann aber wäre der Anwender in der Lage, sowohl Prozess-ID als auch Prozessnamen anzugeben. Er soll aber nur einen von beiden wählen dürfen. Noch problematischer: Gibt der Anwender unbenannte Parameter an, müsste PowerShell den unbenannten Wert aufgrund seines Datentyps richtig zuordnen können. Gibt der Anwender also eine Zahl ein, soll diese dem Parameter *-ID* zugewiesen werden, ein Text hingegen an den Parameter *-Name* gehen.

Sich gegenseitig ausschließende Parameter

Die Lösung sind Parametersets, denen sich Parameter zuweisen lassen. Jedes Parameterset bildet eine Gruppe von Parametern. Der Anwender darf jeweils nur die Parameter angeben, die gemeinsam in einem Parameterset vorkommen (oder keinem speziellen Parameterset zugeordnet sind). Weisen Sie daher die Parameter, die nicht gleichzeitig angegeben werden dürfen, unterschiedlichen Parametersets zu. Dies geschieht über die Anweisung *ParameterSetName*.

```
function Test-Binding {
  [CmdletBinding(DefaultParameterSetName='Name')]
  param(
    [Parameter(ParameterSetName='ID', Position=0, Mandatory=$true)][int]$ID,
    [Parameter(ParameterSetName='Name', Position=0, Mandatory=$true)][string]$Name
  )

  $set = $PSCmdlet.ParameterSetName
  "Sie haben Parameterset $set gewählt."

  if ($set -eq 'ID') {
    "Die ID ist $ID"
  } else {
    "Der Name lautet $Name"
  }
}
```

Listing 18.11   Das Skript *Test-Binding1.ps1*

Die Funktion *Test-Binding* leistet jetzt genau das, was gewünscht ist:

- **Gegenseitiger Ausschluss**   Die Parameter *-ID* und *-Name* können nicht mehr gleichzeitig angegeben werden

- **Bindung über Datentyp**   Gibt der Anwender eine Zahl ein, wird sie dem Parameter *-ID* zugewiesen, sonst dem Parameter *-Name*

```
PS> Test-Binding -ID 10 -Name 'Test'
Test-Binding : Der Parametersatz kann mit den angegebenen benannten Parametern nicht aufgelöst
werden.
```

Ihre Funktion erkennt jetzt den zuständigen Parameter sogar ohne Angabe des Parameternamens automatisch, basierend auf dem Objekttyp, den Sie übergeben. Möglich ist dies, weil beiden Parametern die Position 0 zugewiesen und beide Parameter mit unterschiedlichen Datentypen deklariert wurden.

```
PS> Test-Binding 12
Sie haben Parameterset ID gewählt.
Die ID ist 12

PS> Test-Binding Hallo
Sie haben Parameterset Name gewählt.
Der Name lautet Hallo
```

Auch die Syntax, die *Get-Help* für die Funktion liefert, repräsentiert die Parametersätze korrekt:

```
SYNTAX
    Test-Binding [-Name] <string> [<CommonParameters>]

    Test-Binding [-ID] <int> [<CommonParameters>]
```

$PSCmdlet.ParameterSetName verrät darüber hinaus, welcher Parametersatz gewählt wurde, sodass Sie in Ihrer Funktion darauf reagieren und die angegebenen Argumente richtig weiterverarbeiten können.

PROFITIPP   Parameter dürfen keinem, genau einem oder mehreren Parametersets zugewiesen werden. Wird der Parameter keinem Parameterset zugewiesen, steht er in allen Parametersets zur Verfügung. Weist man ihm mehrere Parametersets zu, steht er in allen übrigen Parametersets nicht zur Verfügung. Mit den hier gezeigten Deklarationen sind alle denkbaren Kombinationsmöglichkeiten beschreibbar und Parameter dürfen in einem, in bestimmten oder in allen Parametersets enthalten sein. Die folgende Deklaration verteilt vier Parameter namens *-Wert1* bis *-Wert4* auf zwei Parametersets namens *ID* und *Name*:

- **-Wert1**   Integer, in *beiden* Parametersätzen vorhanden, in Satz *ID* an Position 0 zwingend, in Satz *Name* an Position 1 optional

- **-Wert2**   String, nur in Satz *Name* an Position 0 zwingend

- **-Wert3**   *DateTime*, nur in Satz *Name* an Position 2 zwingend

- **-Wert4**   Beliebiger Datentyp, in *beiden* Sätzen optional, ohne Position (nur benannt verwendbar)

```
function Test-Binding {
    [CmdletBinding(DefaultParameterSetName='ID')]
    param(
    [Parameter(ParameterSetName='ID', Position=0, Mandatory=$true)]
    [Parameter(ParameterSetName='Name', Position=1)][int]$Wert1,
    [Parameter(ParameterSetName='Name', Position=0, Mandatory=$true)][string]$Wert2,
    [Parameter(ParameterSetName='Name', Position=2, Mandatory=$true)][datetime]$Wert3,
    $Wert4
    )
}
```

Listing 18.12 Das Skript *Test-Binding2.ps1*

Die Syntax, die von *Get-Help* für diese Funktion geliefert wird, beweist eindeutig, dass die gewünschte Zuordnung erfolgt st:

```
SYNTAX
    Test-Binding [-Wert1] <int> [-Wert4 <Object>]  [<CommonParameters>]

    Test-Binding [-Wert2] <string> [[-Wert1] <int>] [-Wert3] <datetime> [-Wert4 <Object>]
[<CommonParameters>]
```

Standard-Parameterset festlegen

Damit PowerShell bei nicht eindeutigen Parametern dennoch den richtigen Parametersatz wählt, kann zudem mit *CmdletBinding()* das Standard-Parameterset festgelegt werden. Das ist zum Beispiel notwendig, wenn Sie mehrere zwingende Parameter verwenden und der Anwender die Funktion ohne Argumente aufruft.

```
PS> Test-Binding
Cmdlet Test-Binding an der Befehlspipelineposition 1
Geben Sie Werte für die folgenden Parameter an:
Name:
```

Aber auch in anderen Fällen kann die Wahl des richtigen Standard-Parametersets entscheidend sein. Dazu verwenden Sie dieselbe Beispielfunktion wie eben, weisen nun aber das andere Parameterset als Standard zu:

```
function Test-Binding {
  [CmdletBinding(DefaultParameterSetName='ID')]
  param(
    [Parameter(ParameterSetName='ID', Position=0, Mandatory=$true)][int]$ID,
    [Parameter(ParameterSetName='Name', Position=0, Mandatory=$true)][string]$Name
  )
  $set = $PSCmdlet.ParameterSetName
  "Sie haben Parameterset $set gewählt."

  if ($set -eq 'ID') {
    "Die ID ist $ID"
  } else {
    "Der Name lautet $Name"
  }
}
```

Listing 18.13   Das Skript *Test-Binding3.ps1*

Wie erwartet greift PowerShell nun zum Parameterset *ID*, wenn der Anwender kein Argument übergibt:

```
PS> Test-Binding
Cmdlet Test-Binding an der Befehlspipelineposition 1
Geben Sie Werte für die folgenden Parameter an:
ID:
```

Übergeben Sie nun aber einen Datentyp, den keiner der Parametersets erwartet, kommt es zu einem Problem, das es vorher nicht gab:

```
PS> Test-Binding (Get-Date)
Test-Binding : Die Argumenttransformation für den Parameter "Wert1" kann nicht verarbeitet werden.
Der Wert "25.10.2012 16:16:20" kann nicht in den Typ "System.Int32" konvertiert werden. Fehler:
"Ungültige Umwandlung von "DateTime" in "Int32"."
```

Weil *Get-Date* weder eine Zahl noch einen Text liefert, sondern ein Datum (vom Typ *System.Date-Time*), kann PowerShell es keinem der beiden Parametersets eindeutig zuordnen. Also weist es das Argument dem Standard-Parameterset zu: *ID*. Daraufhin versucht PowerShell, den Datentyp in den gewünschten Zieldatentyp umzuwandeln, also *DateTime* nach *Int32*. Weil das nicht möglich ist, erhalten Sie eine entsprechende Fehlermeldung. Der Fehler war im vorherigen Fall nicht aufgetreten, weil (fast) alles in den Datentyp *String* umwandelbar ist.

Was genau hinter den Kulissen beim sogenannten *Binding* passiert, also bei der Zuordnung der Argumente zu den Parametern einer Funktion, lässt sich mit *Trace-Command* sichtbar machen. Dieser Blick ins PowerShell-Getriebe kann nicht nur helfen, den gesamten Vorgang besser zu würdigen, sondern macht auch im Fehlerfall deutlich(er), was genau geschehen ist:

```
PS> Trace-Command -Name ParameterBinding -Expression { Test-Binding (Get-Date) } -PSHost
```

Zunächst versucht PowerShell, die Argumente an benannte Parameter zu binden. Das aber schlägt fehl (weil keine benannten Parameter angegeben wurden). Sodann wird versucht, die Argumente positional zu binden:

```
DEBUG: ParameterBinding Information: 0 : BIND NAMED cmd line args [Get-Date]
DEBUG: ParameterBinding Information: 0 : BIND POSITIONAL cmd line args [Get-Date]
DEBUG: ParameterBinding Information: 0 : MANDATORY PARAMETER CHECK on cmdlet [Get-Date]
DEBUG: ParameterBinding Information: 0 : CALLING BeginProcessing
DEBUG: ParameterBinding Information: 0 : CALLING EndProcessing
DEBUG: ParameterBinding Information: 0 : BIND NAMED cmd line args [Test-Binding]
DEBUG: ParameterBinding Information: 0 : BIND POSITIONAL cmd line args [Test-Binding]
```

Die Auswertung der Parameter ergibt, dass das erste unbenannte (positionale) Argument an den Parameter -*ID* gebunden werden muss.

```
DEBUG: ParameterBinding Information: 0 :        BIND arg [25.10.2012 16:19:11] to parameter [ID]
```

Nun wird versucht, das Argument in den für diesen Parameter geforderten Datentyp umzuwandeln:

```
DEBUG: ParameterBinding Information: 0 :          Executing DATA GENERATION metadata:
[System.Management.Automation.ArgumentTypeConverterAttribute]
DEBUG: ParameterBinding Information: 0 :          result returned from DATA GENERATION:
25.10.2012 16:19:11
DEBUG: ParameterBinding Information: 0 :          BIND arg [25.10.2012 16:19:11] to param [ID]
SKIPPED
DEBUG: ParameterBinding Information: 0 :          BIND arg [25.10.2012 16:19:11] to parameter [ID]
DEBUG: ParameterBinding Information: 0 :          Executing DATA GENERATION metadata:
[System.Management.Automation.ArgumentTypeConverterAttribute]
DEBUG: ParameterBinding Information: 0 :          result returned from DATA GENERATION:
25.10.2012 16:19:11
DEBUG: ParameterBinding Information: 0 :          BIND arg [25.10.2012 16:19:11] to param [ID]
SKIPPED
DEBUG: ParameterBinding Information: 0 :          BIND arg [25.10.2012 16:19:11] to parameter [Name]
DEBUG: ParameterBinding Information: 0 :          Executing DATA GENERATION metadata:
[System.Management.Automation.ArgumentTypeConverterAttribute]
DEBUG: ParameterBinding Information: 0 :          result returned from DATA GENERATION:
25.10.2012 16:19:11
DEBUG: ParameterBinding Information: 0 :          BIND arg [25.10.2012 16:19:11] to param [Name]
SKIPPED
DEBUG: ParameterBinding Information: 0 :          BIND arg [25.10.2012 16:19:11] to parameter [ID]
DEBUG: ParameterBinding Information: 0 :          Executing DATA GENERATION metadata:
[System.Management.Automation.ArgumentTypeConverterAttribute]
```

Weil dies nicht möglich ist, scheitert das Binding schließlich mit einer Fehlermeldung, die das Malheur beschreibt:

```
DEBUG: ParameterBinding Information: 0 :              ERROR: DATA GENERATION: Der Wert "25.10.2012
16:19:11" kann nicht in den Typ "System.Int32" konvertiert werden. Fehler: "Ungültige Umwandlung
von "DateTime" in "Int32"."
```

Diese Meldung wird nun als *ErrorRecord* zurück auf die Pipeline gelegt und schließlich als Ergebnis ausgegeben. Die übrigen Meldungen beschreiben nicht mehr das ursprüngliche Binding, sondern die Ausgabe der Fehlermeldung:

```
DEBUG: ParameterBinding Information: 0 : BIND PIPELINE object to parameters: [Out-Default]
DEBUG: ParameterBinding Information: 0 : PIPELINE object TYPE = [System.Management.Automation.
                                                        ErrorRecord]
DEBUG: ParameterBinding Information: 0 :       RESTORING pipeline parameter's original values
DEBUG: ParameterBinding Information: 0 :       Parameter [InputObject] PIPELINE INPUT
                                               ValueFromPipeline NO COERCION
```

(...)

Allgemeine Parameter aktivieren

Neben den Parametern, die eine Funktion explizit für sich deklariert, stehen außerdem die sogenannten allgemeinen Parameter (Common Parameter) zur Verfügung, also jenes feste Set an Parametern, das auch bei allen Cmdlets einheitlich vorhanden ist.

Während das Schlüsselwort *param()* die *individuellen* Parameter einer Funktion festlegt, werden die *allgemeinen* Parameter mit dem Schlüsselwort *[CmdletBinding()]* zugeschaltet. Dieses Schlüsselwort muss das erste in einer Funktion sein, also vor *param()* und auch vor *OutputType()* stehen.

> **HINWEIS**   Die allgemeinen Parameter werden unter gewissen Umständen auch ohne Angabe von *CmdletBinding()* aktiv: Sobald die Funktion beliebige andere Parameterattribute einsetzt (beispielsweise [Parameter(Mandatory=$true)]), gilt sie als »Advanced Function« und erhält außerdem die allgemeinen Parameter. Der Klarheit wegen sollte man das Attribut *CmdletBinding* aber stets explizit hinzufügen und sich nicht darauf verlassen, dass die allgemeinen Parameter bereits auf anderem Wege aktiviert wurden.

Die allgemeinen Parameter umfassen eine feste Parameterliste:

Allgemeiner Parameter	Bedeutung
-Verbose	Wird dieser Switch-Parameter verwendet, gibt die Funktion Meldungen aus, die mit *Write-Verbose* generiert wurden
-Debug	Wird dieser Switch-Parameter verwendet, gibt die Funktion Meldungen aus, die mit *Write-Debug* generiert wurden, und hält die Skriptausführung an dieser Stelle an (einfache Haltepunkte)
-ErrorAction	Legt die Standard-ErrorAction für die Funktion fest, setzt also den Inhalt von *$ErrorActionPreference* innerhalb der Funktion. Dies hat Auswirkungen auf alle Cmdlets, die von der Funktion direkt oder indirekt aufgerufen werden und nicht über *-ErrorAction* ein eignes Fehlerhandling festlegen. Außerdem wirkt sich die Einstellung auf das Fehlerhandling sämtlicher Fehler innerhalb der Funktion aus.

Tabelle 18.1 Allgemeine Parameter und ihre Bedeutung

Allgemeiner Parameter	Bedeutung
-WarningAction	Legt fest, was bei Meldungen geschehen soll, die mit *Write-Warning* generiert wurden. *-WarningAction SilentlyContinue* unterdrückt beispielsweise sämtliche Warnungen und wirkt sich auch auf sämtliche Cmdlets aus, die innerhalb der Funktion direkt oder indirekt aufgerufen werden und keine eigene Einstellung für *-WarningAction* festlegen.
-ErrorVariable	Speichert Fehlermeldungen in einer separaten Variable. In Kombination mit *-ErrorAction* lässt sich so ein simples Fehlerhandling erreichen. *<Funktionsname> -ErrorAction SilentlyContinue -ErrorVariable fehler* unterdrückt alle Fehlermeldungen in der Funktion und stellt sie anschließend in *$fehler* bereit.
-WarningVariable	Speichert alle Warnmeldungen, die mit *Write-Warning* ausgegeben werden, in einer Variablen
-OutVariable	Speichert die Ausgabe in einer Variablen. Die folgende Zeile gibt alle laufenden Prozesse in der Konsole aus *und* speichert sie gleichzeitig in der Variablen *$prozesse*: Get-Process -OutVariable prozesse.
-OutBuffer	Legt fest, wie viele Elemente die Funktion sammeln soll, bevor diese an den nächsten Pipelinebefehl weitergegeben werden. Normalerweise werden Ergebnisse unmittelbar an den nächsten Befehl weitergereicht. Aus Performancegründen kann es aber auch sinnvoll sein, alle Ergebnisse in einem Zug als Array weiterzuleiten.

Tabelle 18.1 Allgemeine Parameter und ihre Bedeutung *(Fortsetzung)*

PROFITIPP Die Namen, Typen und Aliase der Common Parameter können in PowerShell 3.0 über folgende Zeile abgerufen werden:

```
[System.Management.Automation.Internal.CommonParameters].GetProperties() |
  ForEach-Object {
    $rv = $_ | Select-Object -Property Name, PropertyType, Alias
    $rv.Alias = $_.CustomAttributes.ConstructorArguments.Value.Value -join ','
    $rv
}
```

Listing 18.14 Das Skript *list_common_parameters.ps1*

Das Ergebnis sieht in etwa so aus:

```
Name                    PropertyType               Alias
----                    ------------               -----
Verbose                 System.Management.Automa... vb
Debug                   System.Management.Automa... db
ErrorAction             System.Management.Automa... ea
WarningAction           System.Management.Automa... wa
ErrorVariable           System.String              ev
WarningVariable         System.String              wv
OutVariable             System.String              ov
OutBuffer               System.Int32               ob
```

Parameter -Verbose und -WarningAction

Der Parameter *-Verbose* zeigt zusätzliche Informationen an, die über *Write-Verbose* festgelegt wurden. Hier ein Beispiel:

```
function Out-Text {
  [CmdletBinding()]
  param([string]$text)
  Write-Verbose ('Der Text enthält {0} Zeichen' -f $text.Length)
  "Sie haben eingegeben: $text"
}
```

Listing 18.15 Das Skript *Out-Text1.ps1*

Durch das Attribut *[CmdletBinding()]* fügen Sie die allgemeinen Parameter zur Funktion hinzu. Rufen Sie anschließend *Out-Text* mit einem beliebigen Text auf, wird dieser ausgegeben:

```
PS> Out-Text 'Hallo Welt'
Sie haben eingegeben: Hallo Welt
```

Geben Sie zusätzlich den Parameter *-Verbose* an, erscheinen außerdem die Zusatzinformationen von *Write-Verbose*:

```
PS> Out-Text 'Hallo Welt' -Verbose
AUSFÜHRLICH: Der Text enthält 10 Zeichen
Sie haben eingegeben: Hallo Welt
```

PROFITIPP   Viele der übrigen allgemeinen Parameter funktionieren ganz ähnlich. Mit *Write-Warning* geben Sie Warnungen aus, die abhängig von den Einstellungen des Parameters *-WarningAction* behandelt werden. Wird dieser Parameter nicht angegeben, legt *$WarningPreference* fest, was mit den Meldungen geschieht. Als Vorgabe werden diese angezeigt. Wieder ein Beispiel:

```
function Out-Text {
  [CmdletBinding()]
  param([string]$text)
  if ($text.length -gt 10) {
    Write-Warning 'Sie haben einen sehr langen Text angegeben.'
  }
  "Sie haben eingegeben: $text"
}
```

Listing 18.16 Das Skript *Out-Text2.ps1*

```
# kurzen Text ausgeben:
PS> Out-Text 'Hallo'
Sie haben eingegeben: Hallo

# langen Text ausgeben, als Vorgabe werden Warnungen sichtbar:
PS> Out-Text 'Dies ist ein sehr langer Text'
WARNUNG: Sie haben einen sehr langen Text angegeben.
Sie haben eingegeben: Dies ist ein sehr langer Text

# Warnungen ausblenden:
PS> Out-Text 'Dies ist ein sehr langer Text' -WarningAction SilentlyContinue
Sie haben eingegeben: Dies ist ein sehr langer Text
```

Parameter -ErrorAction und Fehlerhandling

Der Parameter *-ErrorAction* verhält sich in Funktionen genauso wie bei Cmdlets und kontrolliert, was bei *unbehandelten* Fehlern geschehen soll, die innerhalb einer Funktion auftreten. Wie dies genau geschieht, soll eine Reihe von Beispielen demonstrieren. Ausgangspunkt ist eine Funktion namens *Test-ErrorAction*, die drei fehlerhafte Anweisungen enthält:

```
function Test-ErrorAction
{
    [CmdletBinding()]
    param()

    'Start'
    1/$null
    Get-Process NichtVorhanden
    [System.Net.DNS]::GetHostByName('gibtesnicht')
    'Ende'
}
```

Listing 18.17 Das Skript *Test-ErrorAction.ps1*

Wird die Funktion ausgeführt, liefert sie drei unterschiedliche Fehlermeldungen. Das ist das normale Verhalten, denn die Variable *$ErrorActionPreference* ist standardmäßig auf den Wert *Continue* eingestellt: Fehler anzeigen, aber fortfahren. Werden wie im Beispiel mit *[CmdletBinding()]* die allgemeinen Parameter aktiviert, kann der Anwender der Funktion so wie bei Cmdlets auch selbst bestimmen, was bei Fehlern geschehen soll. Der folgende Aufruf etwa bricht die Funktion beim ersten auftretenden Fehler ab und überspringt alle folgenden Anweisungen:

```
PS> Test-ErrorAction -ErrorAction Stop
Start
Test-ErrorAction : Es wurde versucht, durch 0 (null) zu teilen.
PS>
```

Es können auch sämtliche Fehler ignoriert (und mit *-ErrorVariable* zur späteren Auswertung in eine Variable geschrieben) werden:

```
PS> Test-ErrorAction -ErrorAction SilentlyContinue -ErrorVariable myErrors
Start
Ende

PS> $myErrors.Exception.Message
Es wurde versucht, durch 0 (null) zu teilen.
Es kann kein Prozess mit dem Namen "NichtVorhanden" gefunden werden. Überprüfen Sie den
Prozessnamen, und rufen Sie das Cmdlet erneut auf.
Ausnahme beim Aufrufen von "GetHostByName" mit 1 Argument(en): "Der angegebene Host ist unbekannt"
```

Dieses allgemeine Fehlerhandling reagiert ausschließlich auf *unbehandelte* Fehler. Es steht Ihnen also ausdrücklich frei, erwartete Fehler innerhalb Ihres Codes selbst abzufangen (siehe Kapitel 9). Nur Fehler, um die Sie sich innerhalb der Funktion nicht selbst gekümmert haben, werden von *-ErrorAction* behandelt.

Tatsächlich wirkt sich der Parameter *-ErrorAction* auch auf sämtliche Cmdlets aus, die Sie innerhalb der Funktion einsetzen. Er definiert nämlich eigentlich die Variable *$ErrorActionPreference* im Kontext der Funktion, sodass die Einstellungen darin an alle untergeordneten Cmdlets weitergegeben werden, die nicht ausdrücklich selbst mit dem Parameter *-ErrorAction* aufgerufen werden.

Performance-Optimierung

Normalerweise geben Funktionen (genau wie Cmdlets) ihre Ergebnisse sofort an folgende Befehle einer Pipeline weiter (Echtzeitcharakter). Unter gewissen Umständen kann es sinnvoll sein, die Ergebnisse stattdessen paketweise weiterzureichen.

Hierzu ein Szenario: Eine Funktion beschafft eine Reihe von Daten und benötigt hierfür jeweils viel Zeit. Ein folgendes Cmdlet trägt diese Daten jeweils in eine Datenbank ein und muss hierfür die Datenbanktabelle sperren. Die Folge wäre, dass Letztere für einen langen Zeitraum blockiert wäre, was es in der Praxis möglichst zu vermeiden gilt. Weist man die Funktion in solch einem Fall an, mit *-OutBuffer* die Ergebnisse zuerst zu sammeln und danach als Paket weiterzugeben, kann man die Performance möglicherweise verbessern. Das folgende Beispiel zeigt *-OutBuffer* in Aktion: Wie zu sehen ist, treffen die Ergebnisse der Funktion *Get-Data* in Paketen zu jeweils sechs Datensätzen beim nachfolgenden Cmdlet ein:

```
function Get-Data
{
    [CmdletBinding()]
    param()

    for($x=0; $x -lt 100; $x++) { Start-Sleep -milli 400;  $x }
}
```

Listing 18.18 Das Skript *Get-Data.ps1*

```
PS> Get-Data -OutBuffer 5 | ForEach-Object { "empfangen: $_" }
```

Simulationsmodus (-WhatIf) und Sicherheitsabfrage (-Confirm) implementieren

Cmdlets, die wesentliche Systemänderungen auslösen, verfügen über die Sicherheitsparameter *-WhatIf* und *-Confirm*, mit denen die Änderungen entweder nur simuliert oder einzeln bestätigt werden. Auch Funktionen, die kritische Aufgaben durchführen, sollten mit diesen Parametern ausgestattet werden. Die beiden Parameter werden einer Funktion über das Attribut *SupportsShouldProcess=$true* zugewiesen. Dieser Zusatz allein sorgt bereits für einen Basisschutz, wie das folgende Beispiel zeigt:

```
function Test-Risk
{
    [CmdletBinding(SupportsShouldProcess=$true)]
    param()

    Stop-Service -Name Spooler
    Start-Service -Name Spooler
}
```

Listing 18.19 Das Skript *Test-Risk1.ps1*

Die Funktion *Test-Risk* stoppt den *Spooler*-Dienst und startet ihn danach wieder. Beides hätte man zwar mit *Restart-Service* in einen Vorgang zusammenfassen können, aber in diesem Beispiel sollen bewusst zwei kritische Funktionen nacheinander durchgeführt werden. Wird die Funktion mit *-WhatIf* aufgerufen, dann gilt dieser Parameter automatisch für alle Cmdlets, die in Ihrer Funktion verwendet werden und die Systemänderungen vornehmen. Die Funktion stoppt und startet den Dienst nun also nicht mehr, sondern tut nur so:

```
PS> Test-Risk -WhatIf
WhatIf: Ausführen des Vorgangs "Stop-Service" für das Ziel "Druckwarteschlange (Spooler)".
WhatIf: Ausführen des Vorgangs "Start-Service" für das Ziel "Druckwarteschlange (Spooler)".
```

Allerdings wird jetzt jede Einzelaktion einzeln angezeigt und müsste bei Verwendung von *-Confirm* anstelle von *-WhatIf* auch einzeln bestätigt werden. Tatsächlich sind aber beide Vorgänge Teil einer zusammengehörenden Aktion. Auch verrät die Meldung von *-WhatIf* nicht, was diese Aktion tatsächlich bezwecken soll. Es werden nur die Namen der betreffenden Basis-Cmdlets ausgegeben.

Festlegen, welche Codeteile übersprungen werden sollen

Deshalb sollte eine Funktion, welche die Parameter *-WhatIf* und *-Confirm* unterstützt, einen Schritt weitergehen und selbst bestimmen, welcher Teil des Funktionscodes tatsächlich der riskante Teil ist und bei einer Simulation übersprungen werden soll. Dies geschieht über die Funktion *ShouldProcess()* der automatischen Variable *$PSCmdlet*. Sie liefert *$true* zurück, wenn die Aktion tatsächlich ausgeführt werden soll, andernfalls *$false*. Damit sieht die Funktion nun so aus:

```
function Test-Risk
{
    [CmdletBinding(SupportsShouldProcess=$true)]
    param()

    $message1 = $env:COMPUTERNAME
    $message2 = 'Spooler-Dienst neu starten'
    $doit = $PSCmdlet.ShouldProcess($message1, $message2)

    if ($doit)
    {
        Stop-Service -Name Spooler
        Start-Service -Name Spooler
    }
}
```

Listing 18.20 Das Skript *Test-Risk2.ps1* entscheidet nun selbst vor, was bei der Simulation ignoriert werden soll

Die Variablen *$message1* und *$message2* bestimmen, welche Meldung der Anwender sieht, wenn er *-WhatIf* oder *-Confirm* einsetzt. Die Variable *$doit* wiederum legt fest, ob die Funktion die Codeteile, die eine Veränderung am System bewirken, tatsächlich ausführen soll. So können diejenigen Codeteile, die bei der Simulation oder Ablehnung nicht ausgeführt werden sollen, übersprungen werden. Die Aktion wird nun wesentlich verständlicher beschrieben und ist nicht mehr in Teilbereiche gegliedert:

```
PS> Test-Risk -WhatIf
WhatIf: Ausführen des Vorgangs "Spooler-Dienst neu starten" für das Ziel "POWERSHEL_PC".
```

Weiterleitung verhindern

Wie Sie im ersten Beispiel gesehen haben, wird die Wirkung von *-WhatIf* auf sämtliche Cmdlets übertragen, die in Ihrer Funktion direkt oder indirekt aufgerufen werden. Das kann erwünscht sein, wenn man nicht selbst über *ShouldProcess()* definieren will, welche Codeteile gefährlich sind. Sobald Sie aber *ShouldProcess()* verwenden und damit selbst Kontrolle übernehmen, kann die Weiterleitung von *-WhatIf* an andere Cmdlets störend oder sogar unerwartet sein. Schauen Sie sich dazu folgendes (hypothetisches) Beispiel an:

```
function Test-SecondFunction
{
    New-Item -Path $env:TEMP\somefolder -Type Directory -ErrorAction SilentlyContinue
}

function Test-Risk
{
    [CmdletBinding(SupportsShouldProcess=$true)]
    param()


    $message1 = $env:COMPUTERNAME
    $message2 = 'Spooler-Dienst neu starten'
    $doit = $PSCmdlet.ShouldProcess($message1, $message2)

    if ($doit)
    {
        Stop-Service -Name Spooler
        Start-Service -Name Spooler
    }

    Test-SecondFunction
}
```

Listing 18.21 Das Skript *Test-Risk3.ps1*

Hier ruft *Test-Risk* intern die Funktion *Test-SecondFunction* auf, die einen Ordner anlegen soll. Führen Sie nun *Test-Risk* mit *-WhatIf* auf, wird nicht nur die von Ihnen mit *ShouldProcess()* festgelegte Meldung ausgegeben. Auch *New-Item* aus der zweiten Funktion wird jetzt nur simuliert.

```
PS> Test-Risk -WhatIf
WhatIf: Ausführen des Vorgangs "Spooler-Dienst neu starten" für das Ziel "POWERSHELLPC".
WhatIf: Ausführen des Vorgangs "Verzeichnis erstellen" für das Ziel "Ziel:
C:\Users\Tobias\AppData\Local\Temp\somefolder".
```

Sie bekommen dadurch einen Eindruck, welche Verwirrung es stiften kann, wenn der Einsatz von *-WhatIf* oder *-Confirm* plötzlich unzählige Meldungen oder Bestätigungen hervorruft, denn auch Funktionen oder Cmdlets aus Modulen, die Sie in Ihrer Funktion verwenden, würden nun in den Kanon einstimmen, wenn sie *-WhatIf* unterstützen.

HINWEIS   Eigentlich verhält sich PowerShell an dieser Stelle richtig und das Problem wird eher durch den Entwickler der beiden Funktionen verursacht. Die Funktion *Test-Risk* soll eigentlich bei Angabe des Parameters *-WhatIf* keinerlei Systemänderungen vornehmen und bewirkt dies dennoch durch den Aufruf von *Test-SecondFunction*. PowerShell unter-

bindet dies durch Weitergabe des per *-WhatIf* gesetzten Simulationsmodus. Normalerweise hätte der Autor der Funktion
Test-Risk also den Aufruf der Funktion *Test-SecondFunction* ebenfalls abhängig vom Simulationsmodus machen müssen,
beispielsweise so:

```
if ($doit)
{
    Stop-Service -Name Spooler
    Start-Service -Name Spooler
}

# beliebiger anderer code

if ($doit)
{
  Test-SecondFunction
}
```

Möchten Sie die Weitergabe von *-WhatIf* verhindern, dann setzen Sie innerhalb Ihrer Funktion die
Variable *$WhatIfPreference* auf den Wert der gleichnamigen Variable aus dem Parent-Scope:

```
$WhatIfPreference = (Get-Variable -Name WhatIfPreference -Scope 1).Value
```

Jetzt werden Cmdlets, die *-WhatIf* unterstützen, nicht mehr automatisch im Simulationsmodus
gestartet und der Ordner wird trotz *-WhatIf* angelegt:

```
PS> Test-Risk -WhatIf
WhatIf: Ausführen des Vorgangs "Spooler-Dienst neu starten" für das Ziel "POWERSHELLPC".


    Directory: C:\Users\Tobias\AppData\Local\Temp


Mode                LastWriteTime     Length Name
----                -------------     ------ ----
d----         26.10.2012     14:39           somefolder
```

Praxisbeispiel: Automatische Auslagerungsdateien aktivieren

Die folgende Funktion *Enable-AutoPageFile* aktiviert per WMI automatische Auslagerungsdateien,
allerdings nur, wenn nicht der Parameter *-WhatIf* angegeben wurde. In diesem Fall nämlich meldet
ShouldProcess() den Wert *$false* zurück, sodass die Aktion übersprungen wird. Stattdessen gibt
ShouldProcess() in diesem Fall eine Meldung basierend auf Ihren Angaben aus, die Sie *ShouldProcess()*
mit auf den Weg gegeben haben:

```
function Enable-AutoPageFile {
  [CmdletBinding(SupportsShouldProcess=$True)]
  param()

  $computer = Get-WmiObject -class Win32_ComputerSystem -EnableAllPrivileges
  $computer.AutomaticManagedPagefile=$true
  if ($PSCmdlet.ShouldProcess($env:COMPUTERNAME, "Automatische Auslagerungsdatei einschalten"))
  {
    $computer.Put() | Out-Null
```

```
    }
}
```

Listing 18.22 Das Skript *Enable-AutoPageFile.ps1*

```
PS> Enable-AutoPageFile -WhatIf
WhatIf: Ausführen des Vorgangs "Automatische Auslagerungsdatei einschalten" für das Ziel "Lokaler
Computer".
PS> Enable-AutoPageFile -Confirm

Bestätigung
Möchten Sie diese Aktion wirklich ausführen?
Ausführen des Vorgangs "Automatische Auslagerungsdatei einschalten" für das Ziel "Lokaler
Computer".
[J] Ja  [A] Ja, alle  [N] Nein  [K] Nein, keine  [H] Anhalten  [?] Hilfe (Standard ist "J"):
```

> **PROFITIPP**   Die Methode *ShouldProcess()* gibt ihre Meldung übrigens auch dann aus, wenn Sie den Parameter *-Verbose* einsetzen. In diesem Fall wird also die Meldung ausgegeben und die Aktion ausgeführt:
>
> ```
> PS> Enable-AutoPageFile -Verbose
> AUSFÜHRLICH: Ausführen des Vorgangs "Automatische Auslagerungsdatei einschalten" für das Ziel
> "Lokaler Computer".
> ```

Ob eine Funktion Fehler sichtbar ausgibt oder nicht, bestimmen Sie über den Parameter *-ErrorAction*, genau wie bei Cmdlets. Vielleicht haben Sie im letzten Beispiel bemerkt, dass *Enable-AutoPageFile* nur funktioniert, wenn Sie über Administratorrechte verfügen. Andernfalls erhalten Sie eine Fehlermeldung:

```
PS> Enable-AutoPageFile
Ausnahme beim Aufrufen von "Put" mit 0 Argument(en):  "Zugriff verweigert. "
```

Mit *-ErrorAction* können Sie diese Fehlermeldung genau wie bei Cmdlets »verschlucken«:

PS> Enable-AutoPageFile -ErrorAction SilentlyContinue

Gefährlichkeit einer Funktion festlegen

Die Risikoparameter *-WhatIf* und *-Confirm* schützen den Anwender nur, wenn er sie auch tatsächlich angibt. Damit man dies bei besonders gefährlichen oder schwerwiegenden Befehlen nicht vergisst, kann PowerShell den Parameter *-Confirm* auch automatisch aufrufen. Dazu muss der Autor einer Funktion die »Gefährlichkeit« seiner Funktion mit einem sogenannten *ConfirmImpact*-Level einschätzen.

ConfirmImpact-Level	Bedeutung
High	Sehr gefährlich. Aktion kann zum Beispiel nicht mehr rückgängig gemacht werden, weil Daten permanent gelöscht werden.
Medium	Durchschnittlich. Aktionen verändern das System, sind aber problemlos rückgängig zu machen oder können generell keinen wirklichen Schaden anrichten. Ein Beispiel ist das Anlegen eines Ordners.

Tabelle 18.2 Die verschiedenen Schweregrade zur Einschätzung der »Gefährlichkeit« eines Befehls

ConfirmImpact-Level	Bedeutung
Low	Ungefährlich. Aktion führt zwar Systemänderungen durch, aber diese sind nicht wesentlich. Ein Beispiel ist das Anlegen einer Umgebungsvariable.
None	Risikostufe wurde vom Autor des Befehls nicht angegeben

Tabelle 18.2 Die verschiedenen Schweregrade zur Einschätzung der »Gefährlichkeit« eines Befehls *(Fortsetzung)*

Um festzustellen, ob ein Befehl automatisch mit -*Confirm* aufgerufen werden soll, unterhält Power-Shell die Variable *$ConfirmPreference*. Sie ist normalerweise auf *High* eingestellt:

```
PS> $ConfirmPreference
High
```

Alle Befehle mit einem *ConfirmImpact* von *High* werden deshalb automatisch im Bestätigungsmodus gestartet und führen ihre Änderungen erst aus, wenn der Anwender dies bestätigt. Niedrigere Risiko-levels führen dagegen nicht zu einer Bestätigung. Sind Sie der Auffassung, dass Ihre Funktion sehr gefährliche Aufgaben durchführt, legen Sie darin den *ImpactLevel* auf *High* fest. Anwender werden dadurch vor unbedachter Ausführung geschützt:

```
function Configure-System {
  [CmdletBinding(ConfirmImpact='High')]
  Param()

  'Ich werde immer ausgeführt!'
  if ($PSCmdlet.ShouldProcess('Configure-System', 'Änderungen am System'))
  {
    'Ich werde nur ausgeführt, wenn Sie zustimmen!'
  }
  else
  {
    'Ich werde ausgeführt, wenn Sie NICHT zustimmen'
  }
  'Ich werde auch immer ausgeführt!'
}
```

Listing 18.23 Das Skript *Configure-System.ps1*

Rufen Sie danach Ihre Funktion ohne -*Confirm* auf, wird dennoch nachgefragt und die entsprechenden Codeteile werden abhängig von Ihrer Reaktion ausgeführt:

```
PS> Configure-System
 Ich werde immer ausgeführt!

Bestätigung
Möchten Sie diese Aktion wirklich ausführen?
Ausführen des Vorgangs "Änderungen am System" für das Ziel "Configure-System".
[J] Ja  [A] Ja, alle  [N] Nein  [K] Nein, keine  [H] Anhalten  [?] Hilfe (Standard ist "J"):
Ich werde nur ausgeführt, wenn Sie zustimmen!
Ich werde auch immer ausgeführt!
PS>
```

Wollen Sie die Funktion dennoch unbeaufsichtigt und ohne Rückfrage ausführen, müssen Sie *-Confirm* explizit auf *$false* einstellen, was allerdings nur möglich ist, wenn Sie zusätzlich die allgemeinen Parameter mit *SupportsShouldProcess* überhaupt zugreifbar machen:

```
function Configure-System {
  [CmdletBinding(ConfirmImpact='High',SupportsShouldProcess=$true)]
  Param()

  (…)
}
```

Erst dann kann die Abfrage vom Anwender übersprungen werden:

```
PS> Configure-System -Confirm:$false
 Ich werde immer ausgeführt!
Ich werde nur ausgeführt, wenn Sie zustimmen!
Ich werde auch immer ausgeführt!
```

TIPP   Sie können die Vorgaben in *$ConfirmPreference* und *$WhatIfPreference* auch global ändern. Die folgende Zeile schaltet PowerShell in einen reinen Simulationsmodus, bei dem für alle Cmdlets *-WhatIf* angenommen wird:

```
PS> $WhatIfPreference = $true
```

Wollen Sie automatische Bestätigungsmeldungen selbst bei geringfügigen Systemänderungen, nutzen Sie diese Zeile:

```
PS> $ConfirmPreference = 'Low'
```

Und wollen Sie die automatischen Bestätigungsmeldungen komplett abschalten, ist diese Zeile zielführend:

```
PS> $ConfirmPreference = 'None'
```

Dynamische Parameter einsetzen

Funktionen dürfen neben den normalen Parametern, die immer vorhanden sind, zusätzlich sogenannte *dynamische* Parameter definieren. Dynamische Parameter sind, wie der Name andeutet, nicht immer verfügbar. Nur wenn bestimmte Voraussetzungen erfüllt sind, werden diese Parameter zusätzlich sichtbar.

Dynamische Parameter in Cmdlets

Viele Cmdlets machen vor, wie dynamische Parameter funktionieren. *Get-ChildItem* beispielsweise blendet je nach Laufwerk, das Sie angeben, zusätzliche laufwerksspezifische Parameter ein.

Geben Sie zum Beispiel einen Pfad zum Zertifikatspeicher an, erscheint in IntelliSense der zusätzliche Parameter *-CodeSigningCert*, mit dem sich ausschließlich für die Codesignierung geeignete Zertifikate finden lassen (Abbildung 18.7). Dieser Parameter ist bei anderen Laufwerkstypen sinnlos und wird deshalb vom Provider des Zertifikatspeichers nachgereicht.

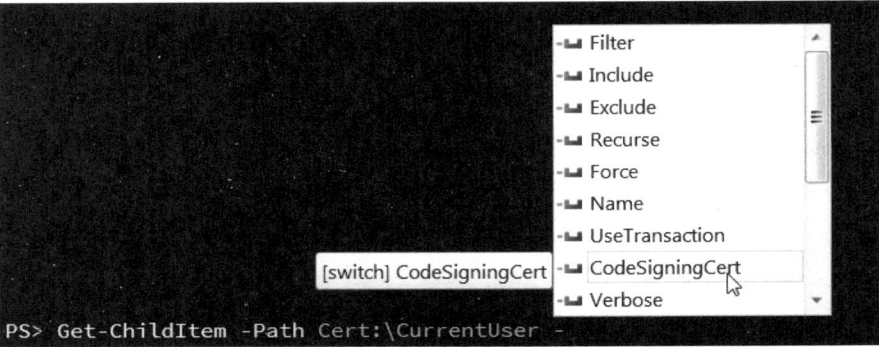

Abbildung 18.7   Dynamische Parameter werden nur bei Bedarf eingeblendet

So praktisch dynamische Parameter auch sind: An diesem Beispiel wird gleichzeitig ihr größer Nachteil sichtbar. Weil sie nicht fester Bestandteil eines Befehls sind, sind dynamische Parameter schwer zu entdecken. Die Hilfe nennt sie beispielsweise nicht. Oder jedenfalls nicht sofort. Sie müsste der Hilfe schon mit dem Parameter *-Path* auf die Sprünge helfen:

```
PS> Get-Help -Name Get-ChildItem -Parameter co*
Get-Help : Kein Parameter entspricht dem Kriterium "co*".
In Zeile:1 Zeichen:1

PS> Get-Help -Name Get-ChildItem -Parameter co* -Path cert:

-CodeSigningCert [<SwitchParameter>]
    Gets only those certificates with code-signing authority.  This
    parameter gets certificates that have "Code Signing" in their
    EnhancedKeyUsageList property value.

    Because certificates that have an empty EnhancedKeyUsageList can be
    used for all purposes, searches for code signing certificates also
    return certificates that have an empty EnhancedKeyUsageList property
    value.

    This parameter is valid in all subdirectories of the Certificate
    provider, but it is effective only on certificates.

    This parameter was introduced in Windows PowerShell 1.0.


Erforderlich?              False
Position?                  Named
Standardwert               False
Pipelineeingaben akzeptieren?false
Platzhalterzeichen akzeptieren?false
```

Deshalb sollten Sie dynamische Parameter in eigenen Funktionen nur einsetzen, wenn es unbedingt sein muss.

Dynamische Parameter selbst definieren

Damit eine Funktion dynamische Parameter anzeigt, benötigt sie einen zusätzlichen Skriptblock namens *dynamicparam*. Dieser Skriptblock enthält den Code, der bestimmt, welche dynamischen Parameter im laufenden Betrieb sichtbar sein sollen. Sein Code wird also ausgeführt, wenn Power-Shell der Funktion Argumente übergeben will.

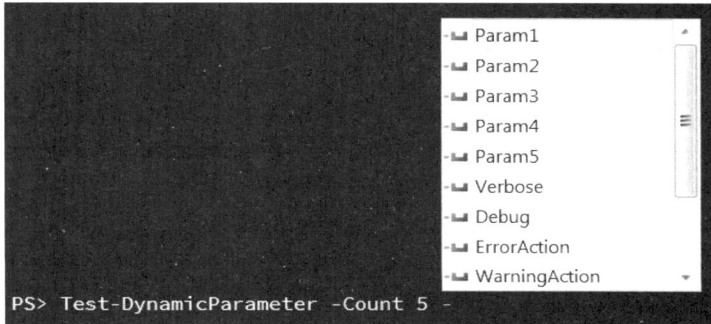

Abbildung 18.8   Die Beispielfunktion blendet so viele dynamische Parameter ein, wie es durch *-Count* definiert wird

Die folgende Funktion *Test-DynamicParameter* demonstriert, wie das geschieht. Sie besitzt nur einen eigenen festen Parameter namens *-Count*. Wenn Sie diesem Parameter eine Zahl zuweisen, legt der Code in *dynamicparam* genau so viele zusätzliche Parameter an, wie *-Count* bestimmt, und nennt diese jeweils *-Param<x>*, also *-Param1*, *-Param2* und so fort.

```
function Test-DynamicParameter
{
  [CmdletBinding()]

  param
  ([int]$Count)

  dynamicparam
  {
    $paramDictionary = New-Object -TypeName
System.Management.Automation.RuntimeDefinedParameterDictionary

    foreach ($Property in (1..$Count))
    {
      $attributes = New-Object System.Management.Automation.ParameterAttribute
      $attributes.ParameterSetName = '__AllParameterSets'
      $attributes.Mandatory = $false
      $attributeCollection = New-Object -TypeName
System.Collections.ObjectModel.Collection[System.Attribute]
      $attributeCollection.Add($attributes)
      $Name = "Param$Property"
      $dynParam = New-Object -TypeName System.Management.Automation.RuntimeDefinedParameter($Name,
        [int32], $attributeCollection)
      $paramDictionary.Add($Name, $dynParam)
    }
```

```
    $paramDictionary
  }

  end
  {
    "Die übergebenen Parameter:"
    $PSBoundParameters
  }
}
```

Listing 18.24 Das Skript *Test-DynamicParameter1.ps1*

Sobald Sie für die Funktion so wie in Abbildung 18.8 IntelliSense oder Autovervollständigung anfordern, führt PowerShell den Code im Block *dynamicparam* aus. Schauen Sie sich an, was dort geschieht: Alle dynamischen Parameter müssen an PowerShell in Form eines *RuntimeDefinedParameterDictionary* übergeben werden. Dieses wird zuerst als leerer Container angelegt.

Anschließend werden in einer *foreach*-Schleife in dieses Dictionary so viele Einträge geschrieben, wie mit dem Parameter *-Count* angefordert wurden. Innerhalb der Schleife muss jeder dynamische Parameter etwas mühselig als Objekt angelegt werden. Zuerst wird deshalb ein *ParameterAttribute*-Objekt beschafft, das die Attribute für einen Parameter festlegt. Im Beispiel werden alle Parameter demselben Parametersatz zugeordnet und als optional gekennzeichnet. Die Attribute werden dann in einer Collection vom Typ *System.Attribute* gesammelt (im Beispiel wird nur ein einziges Attribut in diese Collection gelegt).

Nun wird jeweils der eigentliche dynamische Parameter als *RuntimeDefinedParameter*-Objekt angelegt. Dabei werden der Name des Parameters, sein Datentyp und die für ihn geltenden Attribute übergeben. Damit ist der Parameter definiert und kann in das *RuntimeDefinedParameterDictionary* aufgenommen werden. Sobald die Schleife alle Parameter angelegt hat, wird das Dictionary mit den Parameterdefinitionen zurückgegeben.

> **ACHTUNG**   Wenn Sie eine Funktion mit dynamischen Parametern ausstatten und dabei einen *dynamicparam*-Codeblock einfügen, darf kein Code innerhalb der Funktion mehr außerhalb eines Codeblocks stehen. Sie müssen nun also den restlichen Funktionscode selbst in einen *end*-Block (bzw. bei pipelinefähigen Funktionen gegebenenfalls *begin*- oder *process*-Block) kapseln.

Objektgenerator mit dynamischen Parametern

Falls Sie sich gerade fragen, wann dynamische Parameter nützlich sein könnten, schauen Sie sich folgendes neue Feature in PowerShell 3.0 an: In PowerShell 3.0 können Objekte angelegt und mit beliebigen Werten initialisiert werden, indem man in einer Hashtabelle die Initialisierungswerte zusammenfasst und diese dann in den gewünschten Objekttyp konvertiert. Ohne dieses Feature müssen alle Eigenschaften eines neuen Objekts der Reihe nach ausgefüllt werden. Das folgende Beispiel zeigt dies und aktiviert die Windows-eigene Sprachausgabe:

```
Add-Type -AssemblyName System.Speech
$Speaker = New-Object System.Speech.Synthesis.SpeechSynthesizer
$Speaker.Rate = -10
```

```
$Speaker.Volume = 100
$null = $Speaker.SpeakAsync('I am feeling dizzy!')
```

Listing 18.25 Das Skript *sprachausgabe.ps1*

TIPP   Falls Sie Windows 8 verwenden, sollten Sie den Ausgabetext vielleicht etwas anpassen. Das deutsche Windows 8 kommt nämlich (endlich) mit einer deutschsprachigen Text-to-Speech-Engine.

In PowerShell 3.0 kann man die Eigenschaften *Rate* und *Volume* auch direkt in einer Hashtabelle definieren und dieses dann in den gewünschten Typ umwandeln:

```
Add-Type -AssemblyName System.Speech

$speaker = [System.Speech.Synthesis.SpeechSynthesizer] @{Rate = -10; Volume = 100}
$null = $Speaker.SpeakAsync('I am feeling dizzy!')
```

Eine Funktion könnte sich das zunutze machen und beliebige (vorinitialisierte) Objekte liefern. Gibt man der Funktion den gewünschten Objekttyp an, könnte diese automatisch ermitteln, welche Eigenschaften der angeforderte Objekttyp bietet, und diese Eigenschaften dann als dynamische Parameter anbieten.

Abbildung 18.9 *Rate* und *Volume* werden als dynamische Parameter angeboten

Die Funktion *New-NETObject* könnte folgendermaßen aussehen:

```
function New-NETObject
{
  [CmdletBinding()]

  param
  (
    [type]
    $TypeName
  )

  dynamicparam
  {
    if (-not ($TypeName.IsClass -and !$TypeName.GetConstructor([Type]::EmptyTypes)))
    {
      $paramDictionary = New-Object -TypeName
System.Management.Automation.RuntimeDefinedParameterDictionary
      $Properties = $TypeName.GetProperties() | Where-Object CanWrite
```

```
    foreach ($Property in $Properties)
    {
        $attributes = New-Object System.Management.Automation.ParameterAttribute
        $attributes.ParameterSetName = '__AllParameterSets'
        $attributes.Mandatory = $false
        $attributeCollection =
          New-Object -TypeName System.Collections.ObjectModel.Collection[System.Attribute]
        $attributeCollection.Add($attributes)
        $dynParam1 = New-Object -TypeName
System.Management.Automation.RuntimeDefinedParameter($Property.Name,
          $Property.PropertyType, $attributeCollection)
        $paramDictionary.Add($Property.Name, $dynParam1)
    }

    $paramDictionary
  }
}

end
{
  $null = $PSBoundParameters.Remove('TypeName')
  $PSBoundParameters -as $TypeName
}
}
```

Listing 18.26 Das Skript *New-NETObject.ps1*

Die dynamischen Parameter werden diesmal ermittelt, indem die schreibbaren Eigenschaften des übergebenen Typs mit *GetProperties()* in einer Schleife durchlaufen werden. Interessant ist, wie aus den übergebenen Parametern dann das eigentliche Objekt generiert wird: Nachdem der Parameter -*TypeName* aus der Hashtabelle mit den vom Anwender übergebenen Parametern (*$PSBoundParameters*) entfernt wurde, weil dieser Parameter ja keine Objekteigenschaft beschreibt, wird die verbliebene Hashtabelle mit dem Operator -*as* in das gewünschte Objekt verwandelt und die angegebenen Objekteigenschaften werden dabei initialisiert.

Dynamische Parameter mit dynamischen ValidateSets

Dynamische Parameter können äußerst benutzerfreundliche Funktionen liefern, wenn man sich die enormen Möglichkeiten erst einmal vor Augen führt. Vielleicht benötigen Sie einen Befehl, um aus dem Active Directory für eine bestimmte Firma jeweils die Benutzer einer Abteilung zu erfragen. Allerdings sind die Namen der Abteilungen für die jeweiligen Firmen ganz unterschiedlich.

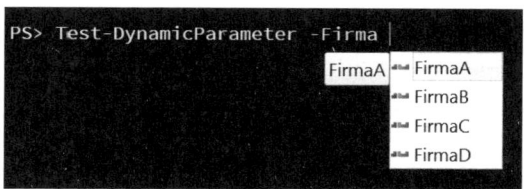

Abbildung 18.10 Ein statischer Parameter schlägt vier bekannte Firmen vor. Der Clou...

Eine Funktion könnte dazu einen statischen Parameter namens *-Firma* anlegen und in dessen *ValidateSet*-Attribut die Firmennamen fest hinterlegen. Der Anwender bekäme so (in PowerShell 3.0) bereits IntelliSense zu diesem Parameter und den erlaubten Firmennamen.

Weil die jeweiligen Abteilungsnamen aber von der ausgewählten Firma abhängen, wird der zweite Parameter *-Abteilung* dynamisch generiert. Sobald der Anwender eine Firma angegeben hat, legt der Skriptblock *dynamicparam* den dynamischen Parameter *-Abteilung* an.

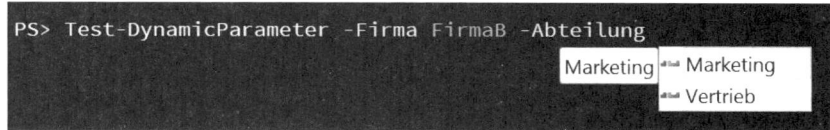

Abbildung 18.11   ...aber ist die für den Parameter *-Abteilung* erzeugte Vorschlagliste. Diese hält gezielt nur die für die angegebene Firma gültigen Abteilungen vor

Dieser zweite Parameter soll ebenfalls ein *ValidateSet*-Attribut bekommen, in dem die für die ausgewählte Firma gültigen Abteilungsnamen stehen, allerdings dynamisch. Dazu wird dem Parameter dieses Attribut vom Skript hinzugefügt. Die jeweiligen Abteilungsnamen für die gerade ausgewählte Firma liest PowerShell dazu aus einer Hashtabelle.

```
function Test-DynamicParameter
{
  [CmdletBinding()]

  param
  (
    [Parameter(Mandatory=$true)]
    [ValidateSet('FirmaA','FirmaB','FirmaC','FirmaD')]
    # Name der Firma, erlaubt sind nur die im ValidateSet angegebenen
    # Firmennamen 'FirmaA','FirmaB','FirmaC' und 'FirmaD'
    $Firma
  )

  dynamicparam
  {
    # der zweite (dynamische) Parameter -Abteilung wird nur eingeblendet,
    # wenn bereits mit -Firma eine Firma ausgewählt wurde

    # hier stehen für jede Firma die gültigen Werte, die für
    # -Abteilung angegeben werden dürfen:
    $data = @{
      FirmaA = 'Geschäftsführung', 'Marketing', 'Vertrieb'
      FirmaB = 'Marketing', 'Vertrieb'
      FirmaC = 'Geschäftsführung', 'Außendienst', 'Fuhrpark'
      FirmaD = 'Geschäftsführung', 'Gebäudemanagement', 'Fuhrpark'
    }

    # wurde bereits die Firma mit -Firma angegeben?
    if ($Firma)
    {
      # ja, also dynamischen Parameter anlegen:
      $paramDictionary = New-Object -TypeName
```

```
System.Management.Automation.RuntimeDefinedParameterDictionary
     $attributeCollection = New-Object -TypeName
System.Collections.ObjectModel.Collection[System.Attribute]

     # Parameter-Attribute festsetzen:
     $attribute = New-Object System.Management.Automation.ParameterAttribute
     $attribute.ParameterSetName = '__AllParameterSets'
     $attribute.Mandatory = $false
     $attributeCollection.Add($attribute)

     # gültige Werte festsetzen;
     # die gültigen Abteilungsnamen für eine Firma stehen im Hashtable $data
     # $data.$firma liefert also die Liste der für die jeweilige Firma gültigen
     # Abteilungsnamen.
     # Diese werden als ValidateSet dynamisch dem Parameter hinzugefügt:
     $attribute = New-Object System.Management.Automation.ValidateSetAttribute($data.$firma)
     $attributeCollection.Add($attribute)

     # dynamischen Parameter -Abteilung anlegen:
     $Name = 'Abteilung'
     $dynParam = New-Object -TypeName System.Management.Automation.RuntimeDefinedParameter($Name,
        [string], $attributeCollection)
     $paramDictionary.Add($Name, $dynParam)

     # Parameter zurückgeben:
     $paramDictionary
   }
 }

 end
 {
   'Die übergebenen Parameter:'
   $PSBoundParameters
 }
}
```

Listing 18.27   Das Skript *Test-DynamicParameter2.ps1*

Wenn Sie die Funktion ausprobieren, erscheint der Parameter *-Abteilung* erst dann in den Intelli-
Sense-Menüs, wenn zuvor mit *-Firma* eine Firma angegeben wurde, und schlägt passend dazu die für
die jeweilige Firma gültigen Abteilungen vor. Die Vorschläge (und erlaubten Werte) unterscheiden
sich also, je nachdem, was für *-Firma* angegeben wurde (Abbildung 18.12).

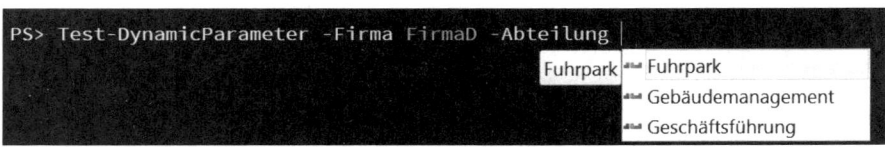

Abbildung 18.12   Der dynamische Parameter *-Abteilung* schlägt je nach Firma unterschiedliche Abteilungen vor

Dies funktioniert auch in PowerShell 2.0, allerdings werden dann die erlaubten Werte nicht vorgeschlagen oder automatisch vervollständigt (weil die Argumentvervollständigung generell erst ab
PowerShell 3.0 vorhanden ist). Der dynamische Parameter und seine Validierung arbeiten aber ein-

wandfrei. Wird zum Beispiel eine für eine bestimmte Firma nicht erlaubte Abteilung angegeben, erscheint eine Fehlermeldung und nennt die für diese Firma gültigen Abteilungsnamen:

```
PS> Test-DynamicParameter -Firma FirmaA -Abteilung Test
Test-DynamicParameter : Das Argument für den Parameter "Abteilung" kann nicht überprüft werden.
Das Argument "Test" gehört nicht zu dem vom ValidateSet-Attribut angegebenen Satz
"Geschäftsführung,Marketing,Vertrieb". Geben Sie ein Argument an, das in dem Satz enthalten ist,
und führen Sie dann den Befehl erneut aus.
```

Geben Sie einen passenden Wert für *-Abteilung* an, wird dieser wie gewünscht verarbeitet:

```
PS> Test-DynamicParameter -Firma FirmaA -Abteilung Geschäftsführung
Die übergebenen Parameter:

Key                           Value
---                           -----
Firma                         FirmaA
Abteilung                     Geschäftsführung
```

Argumente »by Reference« übergeben

Normalerweise empfangen Funktionen die an sie übergebenen Argumente *by Value*. Diese erhalten also eine Kopie und nicht das Original. Das ist gut so, damit Änderungen an den Argumenten sich nicht an die Außenwelt des Aufrufers auswirken:

```
function Test-Parameter($wert) {
  $wert = 'Neuer Inhalt'
}
```

Wenn Sie diese Funktion mit einem Argument aufrufen, ändert die Funktion das Argument. In der Außenwelt des Aufrufers ändert sich dadurch aber nicht die übergebene Variable:

```
PS> $daten = 'Alter Inhalt'
PS> $daten
Alter Inhalt

PS> Test-Parameter $daten
PS> $daten
Alter Inhalt
```

Manchmal möchte man diesen Schutz gern durchbrechen und Objekte *by Reference* übergeben. Dabei wird nicht eine Kopie des Objekts übergeben, sondern ein Adresszeiger auf die Speicheradresse des Objekts. Mögliche Gründe hierfür sind, dass Sie gezielt das Argument verändern möchten, um so beispielsweise Rückgabewerte an den Aufrufer zurückzumelden, oder weil es unökonomisch wäre, das Objekt zu kopieren.

HINWEIS Objekte als Referenz zu übergeben ist zwar gängige Praxis in vielen Programmiersprachen, bei PowerShell aber außerordentlich unüblich – und unpraktisch dazu. Funktionen, die Argumente als Referenz erwarten, lassen sich zum Beispiel nur dann aufrufen, wenn man auch tatsächlich die erwarteten Argumente übergibt. Nutzen Sie diese Technik also nur, wenn es sehr wichtige Gründe dafür gibt.

Damit Funktionen Argumente als Referenz empfangen, wandeln Sie den Parameter in den Typ *ref* um:

```
function Test-Parameter([ref]$wert) {
  $wert = 'Neuer Inhalt'
}
```

Allerdings können Sie Ihre Funktion nun nicht mehr wie gewohnt aufrufen:

```
PS> Test-Parameter $daten
Test-Parameter : Die Argumenttransformation für den Parameter "wert" kann nicht verarbeitet
werden. Im Argument wird ein Verweistyp erwartet.
```

Der Grund: Argumente, die per Referenz übergeben werden sollen, müssen zuvor in einem Objekt vom Typ *ref* verpackt werden. Dieses Objekt fungiert also sozusagen als Botschafter. So gehen Sie vor:

```
PS> $daten = [ref]'Alter Wert'
PS> Test-Parameter $daten
PS> $daten

Value
-----
Alter Wert
```

Ihre Funktion hat das Argument vom Typ *ref* nun zwar klaglos akzeptiert, aber der Inhalt von *$daten* hat sich in der Außenwelt noch immer nicht geändert. Sie sehen aber, dass *$daten* nun nicht einfach den zugewiesenen Text enthält, sondern dass der zugewiesene Text in einer Spalte namens *Value* erscheint. Tatsächlich ist ein *Ref*-Objekt ein Datencontainer, und die eigentlichen Daten, die darin gespeichert sind, befinden sich in seiner Eigenschaft *Value*. Wenn Sie also den Wert eines *Ref*-Objekts ändern wollen, müssen Sie den neuen Wert seiner Eigenschaft *Value* zuweisen:

```
function Test-Parameter([Ref]$wert) {
  $wert.Value = 'Neuer Inhalt'
}
```

Jetzt funktioniert die Übergabe per Referenz einwandfrei:

```
PS> $daten = [ref]'Alter Wert'
PS> Test-Parameter $daten
PS> $daten.Value
Neuer Inhalt
```

HINWEIS   Argumentübergabe »by Reference« mit dem Typ *[ref]* wird hin und wieder notwendig, wenn man externe Anwendungen steuern möchte, beispielsweise *Microsoft Word*. Sobald eine Methode ein Argument als »byRef« erwartet, muss es auch so übergeben werden. Beispiele dazu finden Sie in Kapitel 6 (Funktionen *Out-WinWord* und *Out-PDF*).

Auch bei einigen internen .NET-Aufrufen wird das wichtig. Die folgende Zeile bricht PowerShell-Code in einzelne Token auseinander. Weil der zweite Parameter der Methode *Tokenize()* ein Argument erwartet, das »by Reference« übergeben wird, muss hier *[ref]* angegeben werden, selbst dann, wenn Sie eigentlich einen Nullwert übermitteln möchten:

```
PS> [System.Management.Automation.PSParser]::Tokenize('Get-Content -Path test', [ref]$null)
Content    : Get-Content
Type       : Command
Start      : 0
Length     : 11
```

```
StartLine   : 1
StartColumn : 1
EndLine     : 1
EndColumn   : 12

Content     : -Path
Type        : CommandParameter
Start       : 12
Length      : 5
StartLine   : 1
StartColumn : 13
EndLine     : 1
EndColumn   : 18

Content     : test
Type        : CommandArgument
Start       : 18
Length      : 4
StartLine   : 1
StartColumn : 19
EndLine     : 1
EndColumn   : 23
```

Mehr zum Tokenizer und seinen Einsatzbereichen erfahren Sie übrigens in Kapitel 28.

Splatting: Parameter weitergeben

Über die *Splatting*-Technik kann man einem Befehl mehrere Parameter auf einmal übergeben. Wirklich interessant wird diese Technik aber, weil auch die Parameter einer Funktion intern über Splatting an andere Befehle weitergereicht werden können.

Splatting im Alltag einsetzen

Möchten Sie mehrere Parameter auf einmal an einen Befehl übergeben, benötigen Sie dazu eine Hashtabelle. Die Schlüssel in der Hashtabelle legen fest, welchem Parameter ein Wert übergeben werden soll, und der Wert des jeweiligen Schlüssels ist das Argument, das an den Parameter übermittelt werden soll. Der folgende Befehl liefert beispielsweise alle Fehler und Warnungen des *System*-Ereignisprotokolls der letzten 24 Stunden:

```
PS> Get-EventLog -LogName System -EntryType Error, Warning -After ( (Get-Date).AddDays(-1) )
```

Und so wird dieser Befehl per Splatting aufgerufen:

```
$argumente = @{
    LogName = 'System'
    EntryType = 'Error', 'Warning'
    After = (Get-Date).AddDays(-1)
}

Get-EventLog @argumente
```

Listing 18.28 Das Skript *splatting.ps1*

Die Hashtabelle in *$argumente* definiert also die Parameter samt Inhalt, die dem Cmdlet übergeben werden sollen:

```
PS> $argumente

Name                    Value
----                    -----
LogName                 System
EntryType               {Error, Warning}
After                   25.10.2012 15:26:17
```

Die Variable *$argumente* wird anschließend mit einem @ als Präfix anstelle eines $ an das Cmdlet übergeben. Dadurch bindet PowerShell automatisch die Schlüssel der Hashtabelle an die gleichnamigen Parameter des Cmdlets.

Übergebene Parameter als Hashtabelle empfangen

Tatsächlich empfängt eine Funktion die vom Anwender übergebenen Parameter ebenfalls als Hashtabelle, nur ist dieses anfangs unsichtbar. Sie liegt in der automatischen Variable *$PSBoundParameters* vor:

```
function Test-Parameter
{
    param
    (
        $Wert1,
        $Wert2,
        $Wert3
    )

    $PSBoundParameters
}
```

Listing 18.29 Das Skript *Test-Parameter.ps1*

Abhängig davon, welche Parameter der Anwender nun der Funktion übergibt, liefert *$PSBoundParameters* stets eine Hashtabelle mit den empfangenen Parametern zurück:

```
PS> Test-Parameter -Wert1 "Hallo" -Wert3 'Welt'

Key                     Value
---                     -----
Wert1                   Hallo
Wert3                   Welt

PS> Test-Parameter a b c

Key                     Value
---                     -----
Wert1                   a
Wert2                   b
Wert3                   c
```

ACHTUNG   *$PSBoundParameters* liefert nur diejenigen Parameter, die der Anwender tatsächlich angegeben hat. Optionale Parameter mit Defaultwerten sind folglich nicht in der Hashtabelle enthalten, wenn sie nicht beim Aufruf übergeben wurden.

Mithilfe von *$PSBoundParameters* kann man zum Beispiel überprüfen, ob der Anwender einen bestimmten Parameter angegeben hat oder nicht:

```
if ($PSBoundParameters.ContainsKey('Wert1'))
{
  'Parameter -Wert1 wurde angegeben'
}
else
{
  'Parameter -Wert1 wurde NICHT angegeben'
}
```

Im Ergebnis ergäbe sich dann dieses Bild:

```
PS> Test-Parameter 1 2 3
Parameter -Wert1 wurde angegeben

PS> Test-Parameter -wert2 hallo -Wert3 welt
Parameter -Wert1 wurde NICHT angegeben
```

Mit Splatting Parameter weiterreichen

Die Tatsache, dass Funktionen die übergebenen Parameter als Hashtabelle in *$PSBoundParameters* empfangen können, und die Tatsache, dass Hashtabellen über Splatting an die Parameter einer Funktion übergeben werden können, bietet in Kombination eine spannende Möglichkeit: Funktionen können ihre Parameter ganz oder teilweise an einen anderen Befehl weiterreichen. Die folgende Funktion verdeutlicht den enormen Nutzen. Sie kapselt einen Aufruf zu WMI, um die aktuellen Laufwerke in Erfahrung zu bringen:

```
function Get-Drive
{
    Get-WmiObject -Class Win32_LogicalDisk |
      Select-Object DeviceID, VolumeName, Size, FreeSpace
}
```

Listing 18.30 Das Skript *Get-Drive1.ps1*

Dies funktioniert lokal sehr gut und soll deshalb nun auch für Remotecomputer ermöglicht werden. *Get-WmiObject* verfügt über die Parameter *-ComputerName* und *-Credential*, mit denen man die Abfrage auch an einen Remotecomputer richten und sich gegebenenfalls dort unter einem anderen Namen anmelden kann. Normalerweise müsste die Funktion nun diese Parameter implementieren und dann je nach Fall über eine Bedingung an verschiedene WMI-Aufrufe weitergeben:

■ Falls der Benutzer keinen der Parameter angibt, müsste *Get-WmiObject* ohne diese Parameter aufgerufen werden

- Falls der Benutzer den Parameter *-ComputerName* angibt, müsste *Get-WmiObject* nur mit *-Computer Name*, aber nicht mit *-Credential* aufgerufen werden

- Falls der Benutzer beide Parameter angibt, müssten beide weitergegeben werden.

Sicher ahnen Sie schon, wie viel einfacher die Lösung dank Splatting und *$PSBoundParameters* ist, um *Get-Drive* remotefähig zu machen:

```
function Get-Drive
{
  param
  (
    $ComputerName,
    $Credential
  )

    Get-WmiObject -Class Win32_LogicalDisk @PSBoundParameters |
      Select-Object DeviceID, VolumeName, Size, FreeSpace
}
```

Listing 18.31 Das verbesserte Skript *Get-Drive2.ps1*

Sie können *Get-Drive* nun wahlweise ohne, mit einem oder mit beiden Parametern aufrufen, und nur diejenigen Parameter, die Sie einsetzen, werden auch an *Get-WmiObject* weitergereicht:

```
PS> Get-Drive

DeviceID        VolumeName              Size           FreeSpace
--------        ----------              ----           ---------
C:              OS               108621983744        16181981184


PS> Get-Drive -ComputerName Storage1

DeviceID        VolumeName              Size           FreeSpace
--------        ----------              ----           ---------
C:              SYS               21476171776        10699046912
D:              DATA             978717839360        93289963520


PS> Get-Drive -ComputerName Storage1 -Credential Tobias

DeviceID        VolumeName              Size           FreeSpace
--------        ----------              ----           ---------
C:              SYS               21476171776        10699112448
D:              DATA             978717839360        93289963520
```

PROFITIPP   Im Beispiel werden sämtliche Parameter der Funktion *Get-Drive* an *Get-WmiObject* weitergereicht, die der Anwender angegeben hat. Was aber, wenn man die übergebenen Parameter nur teilweise weiterreichen möchte, zum Beispiel, weil einige davon für die Funktion *Get-Drive* bestimmt sind und von *Get-WmiObject* gar nicht verstanden würden? In diesem Fall entfernen Sie die Parameter aus *$PSBoundParameters*, die nicht weitergegeben werden sollen. Dies ändert nichts an den eigentlichen Parameterinhalten. Die Parameter werden nur aus der Hashtabelle entfernt und fehlen dann dort, wo die Hashtabelle per Splatting weitergereicht wird.

Die folgende Funktion besitzt einen zusätzlichen *Switch*-Parameter *-AsGridView*, der nicht an *Get-WmiObject* weiterge-leitet werden soll. Stattdessen wird er innerhalb der Funktion dazu benutzt, das Ergebnis auf Wunsch direkt mit *Out-GridView* in einem Extrafenster anzuzeigen:

```
function Get-Drive
{
  param
  (
    $ComputerName,
    $Credential,
    [Switch]
    $AsGridView
  )

    $null = $PSBoundParameters.Remove('AsGridView')

    $result = Get-WmiObject -Class Win32_LogicalDisk @PSBoundParameters |
      Select-Object DeviceID, VolumeName, Size, FreeSpace

    if ($AsGridView)
    {
        $result | Out-GridView
    }
    else
    {
        $result
    }
}
```

Listing 18.32 Das Skript *Get-Drive3.ps1* zeigt noch mehr Raffinessen der Parameterübergabe

Umgekehrt lassen sich auch neue Werte in die Hashtabelle aufnehmen. Dies kann notwendig sein, wenn eine Funktion optionale Parameter mit Defaultwert besitzt. Diese würden nur dann in *$PSBoundParameters* enthalten sein, wenn der Anwender diese Parameter ausdrücklich angegeben hat. Will man so einen Parameter weiterreichen, muss man ihn also selbst in *$PSBoundParameters* hinterlegen, falls er darin fehlt. So wird ein optionaler und nicht angegebener Parameter aufgenommen:

```
function Test-Optional
{
  param
  (
    $ComputerName = $env:COMPUTERNAME
  )

    if ($PSBoundParameters.ContainsKey('ComputerName') -eq $false)
    {
        $null = $PSBoundParameters.Add('ComputerName', $ComputerName)
    }

    $PSBoundParameters
}
```

Listing 18.33 Das Skript *Test-Optional.ps1*

Wie Sie sehen, wird der optionale Parameter nun Teil von *$PSBoundParameters*, auch wenn er nicht ausdrücklich ange-geben wird:

```
PS> Test-Optional -ComputerName abc

Key                          Value
---                          -----
ComputerName                 abc

PS> Test-Optional

Key                          Value
---                          -----
ComputerName                 POWERSHELLPC
```

Zusammenfassung

PowerShell 3.0 bietet inzwischen auch IntelliSense-Unterstützung für Argumente. Damit die Parameter eigener Funktionen ebenso diese verbesserte IntelliSense-Variante beherrschen, müssen die erwarteten gültigen Werte für einen Parameter definiert werden. Diese kann man entweder über das Attribut *ValidateSet* angeben oder man weist dem Parameter einen Enumerationsdatentyp zu, der die gültigen Werte auflistet. Es existieren bereits zahlreiche vorgefertigte Enumerationen, aber auf Wunsch kann man auch seine eigenen Enumerationen hinzufügen.

Wesentlich anspruchsvoller sind dynamische Vorschlagslisten, die also für einen Parameter nicht immer dieselben gültigen Vorgaben anzeigen, sondern von Fall zu Fall andere. Dynamische Vorschlagslisten werden von vielen Cmdlets unterstützt. Funktionen können diese ebenfalls anbieten, müssen dafür aber den globalen Handler für die Autovervollständigung (innerhalb der internen Funktion *tabexpansion2*) ergänzen.

Damit PowerShell 3.0 IntelliSense auch dann anbietet, wenn ein Skript noch nie gestartet wurde, kann eine Funktion darüber hinaus den Typ seiner Rückgabewerte mit *OutputType* festlegen. Über Parametersets haben Sie zudem die Möglichkeit, Parametergruppen zu bilden. So kann man dafür sorgen, dass bestimmte Parameter sich gegenseitig ausschließen und dass Eingaben automatisch je nach Datentyp an unterschiedliche Parameter gebunden werden.

Auch die allgemeinen Parameter lassen sich für Funktionen einblenden. So können Sie in Ihren Funktionen, die Systemänderungen vornehmen, dieselbe Risikosteuerung mit -*WhatIf* und -*Confirm* implementieren, wie sie auch in Cmdlets zu finden ist. Schließlich dürfen Funktionen sogar dynamische Parameter anbieten, die nicht immer zur Verfügung stehen, sondern nur unter bestimmten Voraussetzungen. Dynamische Parameter werden von dem separaten Codeblock *dynamicparam* eingeblendet, der Teil einer Funktion sein kann. Unter Einsatz all dieser Techniken verhält sich Ihre Funktion genau letztlich wie ein Cmdlet. Der Benutzer spürt keinen Unterschied.

Von außen können Funktionen (und Cmdlets) Argumente bei Bedarf »by Reference« übergeben bekommen. Dabei werden nur Zeiger auf die Argumente übermittelt, sodass die Funktion den Inhalt der übergebenen Variable nach außen sichtbar ändern kann. Über das *Splatting*-Verfahren lassen sich darüber hinaus mehrere Parameter auf einmal in Form einer Hashtabelle übergeben. Damit kann man beispielsweise sehr bequem Parameter an untergeordnete Funktionen und Cmdlets weiterreichen, denn die von einer Funktion konkret empfangenen Parameter werden in der Hashtabelle *$PSBoundParameters* zur Verfügung gestellt.

Kapitel 19

Proxyfunktionen verstehen und einsetzen

In diesem Kapitel:

Proxyfunktionen sind Funktionen, die ein Cmdlet imitieren. Für den Anwender sieht eine Proxyfunktion also genauso aus und verhält sich auch genauso wie das Cmdlet, das der Proxyfunktion zugrunde liegt. Der Sinn dieser Maskerade ergibt sich durch drei große Anwendungsgebiete:

- **Remotefähigkeit**   Eine Proxyfunktion kann die Ein- und Ausgaben remote an ein anderes System weiterleiten. Der Remotebefehl wird also lokal »eingeblendet«, und man spricht auch von »implizitem Remoting«, also Remoting, das man selbst gar nicht wahrnimmt.

- **Erweiterung**   Ein bestehender Befehl, ein Cmdlet beispielsweise, kann mit reinen Bordmitteln um zusätzliche Parameter und weiterreichende Funktionalität ergänzt werden

- **Steppable Pipeline**   Ein Cmdlet kann eng mit der Pipeline verzahnt und innerhalb der Proxyfunktion mehrmals aufgerufen werden

Proxyfunktionen sind sicher ein fortgeschrittenes Thema, das in den meisten Alltagssituationen bei der Erstellung eigener Skripts keine Rolle spielt und höchstens beim »impliziten Remoting« unwissentlich im Hintergrund eingesetzt wird. Sie können dieses Kapitel also getrost überspringen, wenn Sie sich im Augenblick vor allem dafür interessieren, wie Sie mit PowerShell Administratorarbeiten automatisieren.

Wichtig werden Proxyfunktionen aber auch für den Skriptentwickler spätestens dann, wenn vorhandene Befehle erweitert oder ganz neue Funktionalitäten in PowerShell programmiert werden sollen. Im Rahmen dieses Kapitels werden Sie zum Beispiel eine Erweiterung für den ISE-Editor kennenlernen, der darin dieselbe praktische Mitschnittfunktion (*Start-Transcript*) ermöglicht wie in der PowerShell-Konsole.

Eine Proxyfunktion erstellen

Unabhängig davon, was eine Proxyfunktion in ihrem Inneren später bewerkstelligen soll, ist die erste Herausforderung, eine Funktion zu erstellen, die dieselben Parameter unterstützt wie das Cmdlet, das sie imitieren soll. Wie Sie schon in Kapitel 3 erfahren haben, stehen Funktionen in der Rangfolge höher als Cmdlets. Gibt es also gleichnamige Funktionen und Cmdlets, dann gewinnen die Funktionen. Deshalb kann man Cmdlets mit gleichnamigen Funktionen überschreiben. Genau das macht man sich bei Proxyfunktionen zunutze. Möchten Sie also ein vorhandenes Cmdlet nachträglich erweitern, erzeugen Sie eine gleichnamige Funktion und erweitern darin die Cmdlet-Funktionen. Das brauchen Sie (glücklicherweise) nicht selbst zu tun. PowerShell liefert auf Wunsch die leere Hülle eines Cmdlets in Form von PowerShell-Code.

Proxyfunktion automatisch erzeugen

Die folgenden zwei Zeilen generieren den Inhalt einer Funktion, die das Verhalten des Cmdlets *Stop-Process* imitiert:

```
PS> $metadata = New-Object System.Management.Automation.CommandMetaData (Get-Command Stop-Process)
PS> [System.Management.Automation.ProxyCommand]::Create($metadata) | clip
```

Listing 19.1 Das Skript *createproxy.ps1*

Das Ergebnis liegt anschließend in der Zwischenablage und kann in den PowerShell-Editor eingefügt werden. Es sieht ungefähr so aus:

```
[CmdletBinding(DefaultParameterSetName='Id', SupportsShouldProcess=$true, ConfirmImpact='Medium',
HelpUri='http://go.microsoft.com/fwlink/?LinkID=113412')]
param(
    [Parameter(ParameterSetName='Name', Mandatory=$true, ValueFromPipelineByPropertyName=$true)]
    [Alias('ProcessName')]
    [string[]]
    ${Name},

    [Parameter(ParameterSetName='Id', Mandatory=$true, Position=0,
ValueFromPipelineByPropertyName=$true)]
    [int[]]
    ${Id},

    [Parameter(ParameterSetName='InputObject', Mandatory=$true, Position=0,
ValueFromPipeline=$true)]
    [System.Diagnostics.Process[]]
    ${InputObject},

    [switch]
    ${PassThru},

    [ValidateNotNullOrEmpty()]
    [switch]
    ${Force})
(…)
```

Den Rest des folgenden Codes können Sie im Augenblick ignorieren. Er wird etwas später genauer durchleuchtet. Entscheidend ist der Anfang: Hier finden Sie die komplette Parameterdeklaration von *Stop-Process*. Daraus lässt sich nicht nur sehr viel über *Stop-Process* lernen, beispielsweise die Tatsache, dass dessen Parameter -*Name* auch über den Aliasnamen -*ProcessName* ansprechbar ist.

Sie sehen auch, wie *Stop-Process* seine Parameter implementiert, und spätestens jetzt ist der Beweis erbracht, dass eigene Funktionen exakt dieselben Parameter und Parametermerkmale implementieren können wie Cmdlets.

Bestehende Cmdlets erweitern

Eine der »offiziellen« Aufgaben der Proxyfunktionen ist es, bestehende Cmdlets mit neuen Funktionen oder Parametern zu erweitern. Da eine Erweiterung die Funktionsweise des Cmdlets nicht von Grund auf neu erfinden soll, wird also ein Weg benötigt, die schon vorhandenen Funktionen weiterzunutzen.

Cmdlets sind aber keine PowerShell-Funktionen, und ihr Quellcode ist weder in PowerShell geschrieben noch ist er öffentlich lesbar. Deshalb kann dieser Code auch nicht ausgelesen und als *begin-*, *process-* und *end-*Block sichtbar gemacht werden.

Deshalb wird ein Weg benötigt, der den *begin-*, *process-* und *end-*Block eines Cmdlets aufrufen kann. Und dieser Weg nutzt eine sogenannte »Steppable Pipeline«. Sie gibt Ihnen die Möglichkeit, selbst zu entscheiden, wann und wie oft Sie den *begin-*, *process-* und *end-*Block eines Cmdlets aufrufen möchten.

Automatische Protokollfunktion

Bevor Sie gleich sehen, *wie* die Steppable Pipeline eingesetzt wird, ist es natürlich zuerst wichtig zu wissen, *warum* man das überhaupt tun sollte. Sehen Sie sich dazu die folgende Aufgabenstellung an:

»Schreiben Sie eine Funktion, die die Ergebnisse eines Befehls in einer Protokolldatei aufzeichnet!«

Das hört sich zunächst nicht weiter schwierig an. Schnell könnte eine Funktion wie die folgende entwickelt sein:

```
function Out-LogFile
{
    param
    (
        [Parameter(Mandatory=$true)]
        $Path,

        [Parameter(ValueFromPipeline=$true)]
        $InputObject
    )

    end
    {
        $data = @($Input)
        $data | Out-File -FilePath $Path -Append
        $data
    }
}
```

Listing 19.2 Das Skript *Out-LogFile1.ps1*

Tatsächlich erfüllt die Funktion ihren Zweck:

```
PS> Get-Process | Out-LogFile $env:TEMP\protokoll.txt
(…)

PS> Get-Service | Out-LogFile $env:TEMP\protokoll.txt
(…)
```

Die Daten werden sowohl in die Konsole geschrieben als auch an die angegebene Protokolldatei angehängt. Allerdings werden Sie jeweils eine kleine Verzögerung bemerken. Weil die Funktion *Out-Log-File* erst sämtliche Daten vom vorausgehenden Befehl sammeln muss, um danach *$input* in die Protokolldatei zu schreiben, wird der Echtzeitcharakter der Pipeline außer Kraft gesetzt. Ergebnisse erscheinen also erst dann in der Konsole, wenn alle Ergebnisse komplett vorliegen. Die ursprüngliche Aufgabenstellung war also ungenau und müsste richtig eigentlich lauten:

»Schreiben Sie eine Funktion, die die Ergebnisse eines Befehls in einer Protokolldatei aufzeichnet, ohne dass die Ausgabe in die Konsole davon beeinträchtigt wird!«

»Na gut«, werden Sie denken und sich an die Möglichkeit erinnern, die eintreffenden Pipelinedaten in Echtzeit mit einem *process*-Block zu bearbeiten. Schnell ist die Funktion entsprechend umgeschrieben:

```
function Out-LogFile
```

```
{
    param
    (
        [Parameter(Mandatory=$true)]
        $Path,

        [Parameter(ValueFromPipeline=$true)]
        $InputObject
    )

    process
    {
        $InputObject | Out-File -FilePath $Path -Append
        $InputObject
    }
}
```

Listing 19.3 Ein Versuch, das Skript zu verbessern: *Out-LogFile2.ps1*

Nun funktioniert zwar die Echtzeitausgabe in die Konsole (wenn auch spürbar langsamer als ohne das Logging), aber wenn Sie sich das Ergebnis in der Protokolldatei anschauen, ist nun wiederum dieses Resultat unbrauchbar.

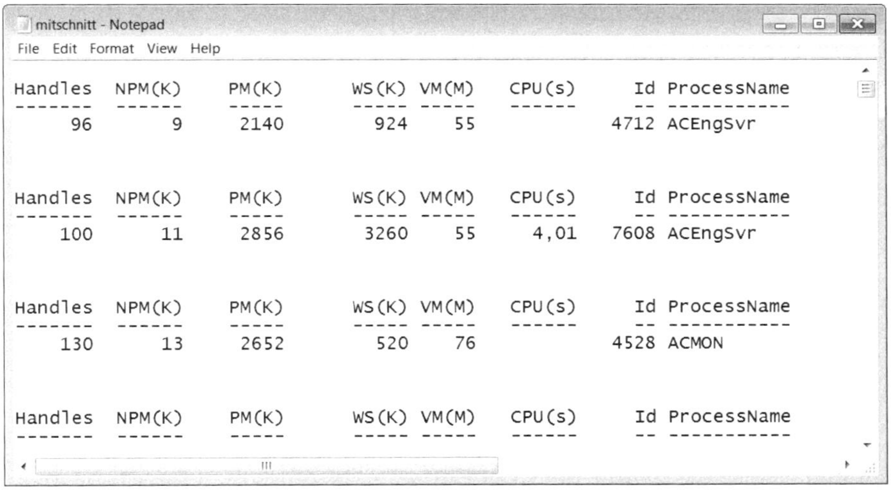

Abbildung 19.1 Alle Pipelinedaten werden separat vom ETS formatiert – unbrauchbar

Ihre Funktion hat jetzt zwar alle eintreffenden Pipelinedaten in Echtzeit bearbeitet, sie damit aber einzeln an *Out-File* weitergeleitet. Das kostet nicht nur sehr viel Rechenzeit, weil die Protokolldatei ständig geöffnet und geschlossen werden muss. Auch werden die Objekte wie Einzelresultate behandelt und jedes für sich vom ETS in eine Textdarstellung überführt. Eine wirklich solide Lösung ist nur über die *Steppable Pipeline* möglich:

```
function Out-LogFile
{
    param
```

```
(
    [Parameter(Mandatory=$true)]
    $Path,

    [Parameter(ValueFromPipeline=$true)]
    $InputObject
)

begin
{
    # Zugriff auf das Cmdlet, an das die Daten geliefert werden sollen:
    $Cmdlet = 'Out-File'
    $wrappedCmd = $ExecutionContext.InvokeCommand.GetCommand($cmdlet, 'Cmdlet')

    # Befehlszeile festlegen. $wrappedCmd steht für das Cmdlet "Out-File":
    $scriptCmd = {& $wrappedCmd -FilePath $Path -Append }

    # Zugriff auf diesen Befehl erhalten:
    $steppablePipeline = $scriptCmd.GetSteppablePipeline($myInvocation.CommandOrigin)

    # begin-Block von "Out-File" aufrufen:
    $steppablePipeline.Begin($PSCmdlet)
}

process
{
    # process-Bock von "Out-File" aufrufen:
    $steppablePipeline.Process($_)

    # HIER DIE ERWEITERUNG:
    # AUSSERDEM das einlaufende Element in die Konsole zurückgeben:
    $_
}

end
{
    # end-Block von "Out-File" aufrufen:
    $steppablePipeline.End()
}
}
```

Listing 19.4 Das verbesserte Skript – jetzt per Steppable Pipeline: *Out-LogFile3.ps1*

Diese Funktion gibt nun endlich die Informationen in Echtzeit in die Konsole aus und schreibt sie gleichzeitig mit identischer Formatierung in die angegebene Protokolldatei. Die eigentliche Erweiterung ist winzig, denn eigentlich klont die Funktion nur *Out-File*. Im *process*-Block wird allerdings zusätzlich das eintreffende Objekt zurück an die Konsole geliefert.

Get-ChildItem mit neuen Parametern

Proxyfunktionen können auch dazu genutzt werden, zusätzliche Funktionalität in existierende Cmdlets zu integrieren. Fehlt Ihnen bei einem der vorhandenen Cmdlets eine bestimmte Funktionalität, lässt sie sich auf diese Weise leicht nachrüsten. Haben Sie zum Beispiel häufiger mit Dateisystemoperationen zu tun, wäre es interessant, die Funktionalität von *Get-ChildItem* so zu erweitern, dass dieser Befehl die üblichen Fragestellungen selbsttätig und ohne zusätzliche Raffinesse lösen kann.

> **HINWEIS**   Der besondere Vorteil einer Proxyfunktion liegt darin, dass diese Eingaben über die Pipeline empfangen kann. Wenn es für Ihre Funktion nicht wichtig ist, Pipelineeingaben zu akzeptieren, können Sie sich den Aufwand einer Proxyfunktion sparen und eine ganz »normale« Funktion schreiben.

So wären die folgenden Erweiterungen vielleicht wünschenswert:

- **Nur Dateien oder Ordner**   *Get-ChildItem* liefert immer sowohl Dateien als auch Ordner. Schön wären Parameter wie *-FileOnly* und *-FolderOnly*, welche die Ausgabe entsprechend beschränken. In PowerShell 3.0 sind diese Funktionalitäten über die Parameter *-File* und *-Directory* übrigens inzwischen implementiert.

- **Datumsfilter**   Zum Entrümpeln des Dateisystems wären Parameter wie *-After* oder *-Before* nützlich, um nur Dateien und Ordner zu sehen, die vor oder nach einem bestimmten Stichtag geändert wurden

- **Sortierung**   Zwar könnte man das Ergebnis von *Get-ChildItem* an *Sort-Object* weiterleiten, aber warum nicht gleich einen Parameter namens *-Sort* einfügen, der das Ergebnis sortiert?

- **Dateigröße**   Vielleicht wollen Sie nur Speicherplatzfresser aufspüren. Wir brauchen also noch einen Parameter namens *-MinFileSize* und *-MaxFileSize*.

Proxyfunktion anlegen

Legen Sie zuerst eine neue nackte »Hülle« an, die das Verhalten von *Get-ChildItem* imitiert. Die folgende Funktion *New-ProxyFunction* erleichtert Ihnen diese Arbeit:

```
function New-ProxyFunction
{
  param
  (
    [Parameter(Mandatory=$true)]
    $CmdletName
  )

  $cmd = Get-Command $CmdletName -CommandType Cmdlet
  $meta = New-Object System.Management.Automation.CommandMetadata($cmd)
  $logic = [System.Management.Automation.ProxyCommand]::Create($meta)

  $FunctionName = '{0}_Ex' -f $CmdletName

  $code = "
function $FunctionName
{
$logic
}"

  $NewFile = $psISE.CurrentPowerShellTab.files.Add()
  $NewFile.Editor.Text = $code
```

```
}
```

Listing 19.5 Das Skript *New-ProxyFunction.ps1*

Denken Sie aber daran: Diese Funktion muss innerhalb des ISE-Editors ausgeführt werden:

```
PS> New-ProxyFunction -CmdletName Get-ChildItem
```

Sofort öffnet sich eine neue Registerkarte, die den Funktionscode für die Funktion *Get-ChildItem_Ex* enthält.

ACHTUNG   Wenn Sie ein bestehendes Cmdlet um neue Funktionen bereichern, dann geben Sie der Proxyfunktion unbedingt einen anderen Namen. Zwar könnten Sie die Funktion auch genauso nennen wie das zugrunde liegende Cmdlet und das Cmdlet sozusagen »ersetzen«. Dann aber wird nicht mehr deutlich, dass es sich um eine erweiterte Funktion handelt, die nicht zum Standardumfang von PowerShell gehört. *New-ProxyFunction* hängt deshalb an den Cmdlet-Namen stets das Suffix *_Ex* an. Natürlich ist es Ihnen freigestellt, Ihre neue Funktion auch ganz anders zu nennen.

Fügen Sie nun im *param*-Block die zusätzlich benötigten Parameterdeklarationen für Ihre Befehlserweiterung hinzu:

```
[switch]
$FileOnly,

[switch]
$FolderOnly,

[datetime]
$Before,

[datetime]
$After,

[int64]
$MaxFileSize,

[int64]
$MinFileSize,

[int]
$OlderThan,

[int]
$NewerThan,

[string]
$Sort
```

Weil Ihre neuen Parameter nicht an das zugrunde liegende Cmdlet weitergereicht werden sollen, müssen sie außerdem aus *$PSBoundParameters* entfernt werden. Dazu fügen Sie den folgenden Codeblock hinter dem *param()*-Block ein, genauer zwischen *begin...try* und $outBuffer = $null:

```
$null = $PSBoundParameters.Remove('FileOnly')
$null = $PSBoundParameters.Remove('FolderOnly')
```

```
$null = $PSBoundParameters.Remove('Before')
$null = $PSBoundParameters.Remove('After')
$null = $PSBoundParameters.Remove('MaxFileSize')
$null = $PSBoundParameters.Remove('MinFileSize')
$null = $PSBoundParameters.Remove('OlderThan')
$null = $PSBoundParameters.Remove('NewerThan')
$null = $PSBoundParameters.Remove('Sort')
```

Nun müssen Sie noch die Logik für Ihre zusätzlichen Parameter implementieren. Zu diesem Zweck fügen Sie vor den gerade eben eingefügten Codeblock diesen Teil ein:

```
# Initialize pre- and post-Pipeline command store:
[string[]]$PrePipeline = ''
[string[]]$PostPipeline = ''
[string[]]$Pipeline = '& $wrappedCmd @PSBoundParameters'

# add logic to the pipeline for each newly added parameter:
if ($PSBoundParameters.ContainsKey('FileOnly'))
{
}

if ($PSBoundParameters.ContainsKey('FolderOnly'))
{
}

if ($PSBoundParameters.ContainsKey('Before'))
{
}

if ($PSBoundParameters.ContainsKey('After'))
{
}

if ($PSBoundParameters.ContainsKey('MaxFileSize'))
{
}

if ($PSBoundParameters.ContainsKey('MinFileSize'))
{
}

if ($PSBoundParameters.ContainsKey('OlderThan'))
{
}

if ($PSBoundParameters.ContainsKey('NewerThan'))
{
}

if ($PSBoundParameters.ContainsKey('Sort'))
{
}
```

Nun ersetzen Sie diese Zeile:

```
$scriptCmd = {& $wrappedCmd @PSBoundParameters }
```

Schreiben Sie stattdessen:

```
$scriptCmd=[scriptblock]::Create((($PrePipeline + $Pipeline + $PostPipeline) | Where-Object {$_})
-join ' | ')
```

PROFITIPP Tatsächlich lassen sich über dieselben Schnittstellen, die eigentlich für Proxyfunktionen gedacht sind, Funktionsprototypen herstellen, die das Verhalten beliebiger Cmdlets klonen. Weil man solche Klonfunktionen für die unterschiedlichsten Aufgaben gebrauchen kann, nutzen Sie zur Erstellung eigener Proxyfunktionen am besten ein kostenfreies Modul namens »ProxyGenerator«, das Sie in den Begleitmaterialien zu diesem Kapitel finden und auch unter folgender URL herunterladen können: *http://www.powertheshell.com/download/modules/ProxyGenerator.zip*.

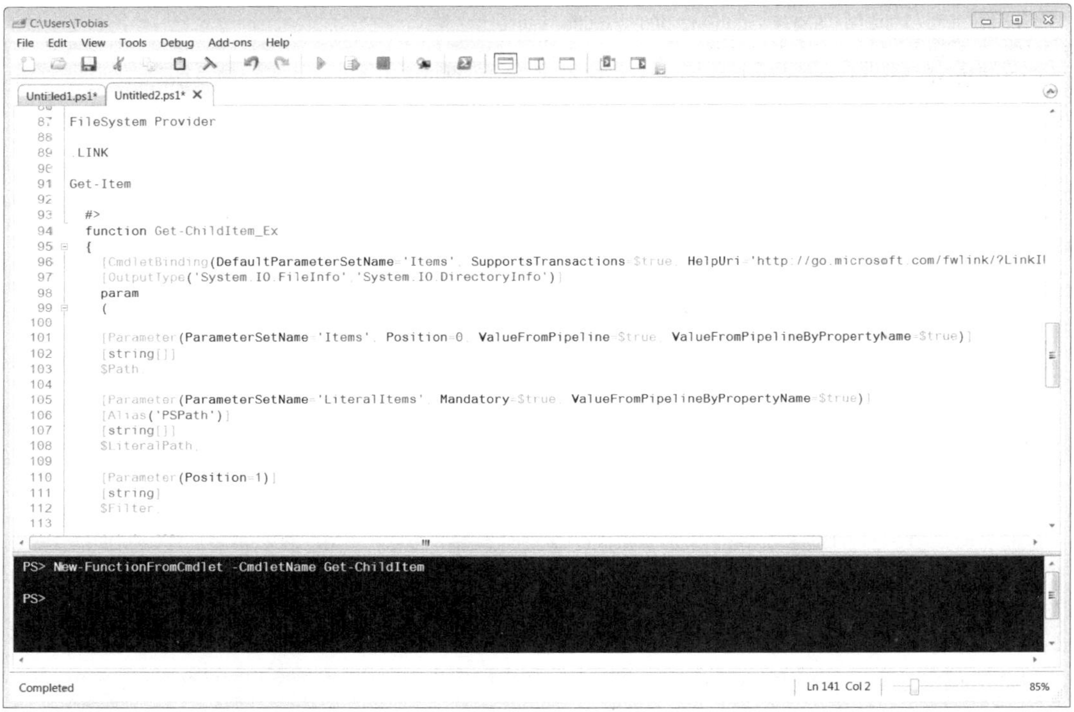

Abbildung 19.2 Automatische Generierung einer von einem Cmdlet abgeleiteten Funktion

Um das Modul zu nutzen, gehen Sie nach dem Download so vor:

1. Klicken Sie die heruntergeladene ZIP-Datei mit der rechten Maustaste an und wählen Sie im Kontextmenü *Eigenschaften*. Im Dialogfeld klicken Sie auf *Zulassen* (bzw. *Unblock*).

2. Entpacken Sie die ZIP-Datei dann mit einem Rechtsklick auf die Datei. Wählen Sie im Kontextmenü *Alle extrahieren* bzw. *Extract all*.

3. Kopieren Sie den entpackten Ordner *ProxyGenerator* an den folgenden Ort (der Zielordner muss unter Umständen zuerst noch angelegt werden): *C:\Users\<Benutzername>\Documents\WindowsPowerShell\Modules* oder einen der anderen Orte, die in *$env:PSModulePath* genannt werden.

4. Importieren Sie das Modul in Ihre PowerShell-Sitzung (am besten innerhalb des ISE-Editors):

```
Import-Module ProxyGenerator
```

5. Nun kann der Befehl *New-FunctionFromCmdlet* verwendet werden, der vom Modul geliefert wurde und Ihnen bequem Funktionen autogeneriert, die das Verhalten von Cmdlets imitieren.

```
PS> New-FunctionFromCmdlet Get-ChildItem -NewParameter FileOnly, FolderOnly, Before, After,
MaxFileSize, MinFileSize, OlderThan, NewerThan, Sort
```

Logik implementieren

Nun muss die eigentliche Logik implementiert werden, die also umsetzt, was die neuen Parameter bewirken sollen. Dabei ist zu unterscheiden, ob Ihre Zusatzaufgaben vor oder nach dem Aufruf von *Get-ChildItem* durchgeführt werden sollen. Aufgaben, die vorher erledigt werden müssen, weisen Sie *$PrePipeline* zu und Aufgaben, die anschließend durchgeführt werden, *$PostPipeline*. Dazu füllen Sie lediglich die bereits vorbereiteten *if*-Blöcke mit Leben.

Nur Dateien oder nur Ordner anzeigen

Damit nur Dateien und keine Ordner angezeigt werden, wird das Ergebnis von *Get-ChildItem* entsprechend gefiltert:

```
if ($PSBoundParameters.ContainsKey('FileOnly'))
{
  $PostPipeline += { Where-Object { $_.PSIsContainer -eq $false } }
}
```

Für Ordner läuft es umgekehrt:

```
if ($PSBoundParameters.ContainsKey('FolderOnly'))
{
  $PostPipeline += { Where-Object { $_.PSIsContainer -eq $true } }
}
```

Dateialter filtern

Um nur Dateien bzw. Ordner zu finden, die älter sind als ein bestimmtes Datum, fügen Sie ein:

```
if ($PSBoundParameters.ContainsKey('Before'))
{
  $PostPipeline += { Where-Object { $_.LastWriteTime -lt $Before } }
}
```

Analog finden Sie Elemente, die jünger sind, folgendermaßen:

```
if ($PSBoundParameters.ContainsKey('After'))
{
  $PostPipeline += { Where-Object { $_.LastWriteTime -gt $After } }
}
```

Mindest- und Maximalgröße

Die Mindest- und Maximalgröße lässt sich durch einen Vergleich der Eigenschaft *Length* filtern, die nur bei Dateien vorhanden ist:

```
if ($PSBoundParameters.ContainsKey('MaxFileSize'))
{
  $PostPipeline += { Where-Object { $_.LastWriteTime -le $MaxFileSize -and -not $_.PSIsContainer }
}
}

if ($PSBoundParameters.ContainsKey('MinFileSize'))
{
  $PostPipeline += { Where-Object { $_.Length -ge $MinFileSize -and -not $_.PSIsContainer } }
}
```

Dateialter filtern

Um nur Dateien bzw. Ordner zu finden, die mindestens oder höchstens eine bestimmte Zahl von Tagen alt sind, ermitteln Sie das Dateialter in Tagen und filtern entsprechend:

```
if ($PSBoundParameters.ContainsKey('OlderThan'))
{
  $PostPipeline += { Where-Object { ((Get-Date) - (New-TimeSpan -Days $OlderThan)) -gt
$_.LastWriteTime} }
}

if ($PSBoundParameters.ContainsKey('NewerThan'))
{
  $PostPipeline += { Where-Object { ((Get-Date) - (New-TimeSpan -Days $NewerThan)) -lt
$_.LastWriteTime} }
}
```

Sortierung integrieren

Um die Ergebnisse zu sortieren, wird noch ein *Sort-Object* angehängt:

```
if ($PSBoundParameters.ContainsKey('Sort'))
{
  $PostPipeline += { Sort-Object -Property $Sort }
}
```

Ab sofort ist Ihre Erweiterung von *Get-ChildItem* unter dem Namen *Get-ChildItem_Ex* einsatzbereit (und Sie können den Namen der Funktion natürlich gern in einen wohlklingenderen ändern):

```
<#
.ForwardHelpTargetName Get-ChildItem
.ForwardHelpCategory Cmdlet
#>
function Get-ChildItem_Ex
{
  [CmdletBinding(DefaultParameterSetName='Items', SupportsTransactions=$true,
    HelpUri='http://go.microsoft.com/fwlink/?LinkID=113308')]
    [OutputType('System.IO.FileInfo','System.IO.DirectoryInfo')]

  param
```

```
(
    [Parameter(ParameterSetName='Items', Position=0, ValueFromPipeline=$true,
      ValueFromPipelineByPropertyName=$true)]
    [string[]]
    $Path,

    [Parameter(ParameterSetName='LiteralItems', Mandatory=$true,
ValueFromPipelineByPropertyName=$true)]
    [Alias('PSPath')]
    [string[]]
    $LiteralPath,

    [Parameter(Position=1)]
    [string]
    $Filter,

    [string[]]
    $Include,

    [string[]]
    $Exclude,

    [Alias('s')]
    [switch]
    $Recurse,

    [switch]
    $Force,

    [switch]
    $Name,

    [switch]
    $FileOnly,

    [switch]
    $FolderOnly,

    [datetime]
    $Before,

    [datetime]
    $After,

    [int64]
    $MaxFileSize,

    [int64]
    $MinFileSize,

    [int]
    $OlderThan,

    [int]
    $NewerThan,

    [string]
```

```powershell
    $Sort
  )

  begin
  {
    try
    {
      # Initialize pre- and post-Pipeline command store:
      [string[]]$PrePipeline = ''
      [string[]]$PostPipeline = ''
      [string[]]$Pipeline = '& $wrappedCmd @PSBoundParameters'

      if ($PSBoundParameters.ContainsKey('FileOnly'))
      {
        $PostPipeline += { Where-Object { $_.PSIsContainer -eq $false } }
      }

      if ($PSBoundParameters.ContainsKey('FolderOnly'))
      {
        $PostPipeline += { Where-Object { $_.PSIsContainer -eq $true } }
      }

      if ($PSBoundParameters.ContainsKey('Before'))
      {
        $PostPipeline += { Where-Object { $_.LastWriteTime -lt $Before } }
      }

      if ($PSBoundParameters.ContainsKey('After'))
      {
        $PostPipeline += { Where-Object { $_.LastWriteTime -gt $After } }
      }

      if ($PSBoundParameters.ContainsKey('MaxFileSize'))
      {
        $PostPipeline += { Where-Object { $_.LastWriteTime -le $MaxFileSize -and -not
$_.PSIsContainer }}
      }

      if ($PSBoundParameters.ContainsKey('MinFileSize'))
      {
        $PostPipeline += { Where-Object { $_.Length -ge $MinFileSize -and -not $_.PSIsContainer}}
      }

      if ($PSBoundParameters.ContainsKey('OlderThan'))
      {
        $PostPipeline += {Where-Object {((Get-Date) - (New-TimeSpan -Days $OlderThan)) -gt
$_.LastWriteTime}}
      }

      if ($PSBoundParameters.ContainsKey('NewerThan'))
      {
        $PostPipeline += {Where-Object {((Get-Date) - (New-TimeSpan -Days $NewerThan)) -lt
$_.LastWriteTime}}
      }

      if ($PSBoundParameters.ContainsKey('Sort'))
      {
```

```
          $PostPipeline += { Sort-Object -Property $Sort }
      }

      # Remove additional parameters before forwarding them to the original cmdlet:
      $null = $PSBoundParameters.Remove('FileOnly')
      $null = $PSBoundParameters.Remove('FolderOnly')
      $null = $PSBoundParameters.Remove('Before')
      $null = $PSBoundParameters.Remove('After')
      $null = $PSBoundParameters.Remove('MaxFileSize')
      $null = $PSBoundParameters.Remove('MinFileSize')
      $null = $PSBoundParameters.Remove('OlderThan')
      $null = $PSBoundParameters.Remove('NewerThan')
      $null = $PSBoundParameters.Remove('Sort')

      $outBuffer = $null

      if ($PSBoundParameters.TryGetValue('OutBuffer', [ref]$outBuffer))
      {
        $PSBoundParameters['OutBuffer'] = 1
      }

      $wrappedCmd = $ExecutionContext.InvokeCommand.GetCommand('Get-ChildItem', 'Cmdlet')

      # add newly added pipeline components to the pipeline that gets executed:
      $scriptCmd = [scriptblock]::Create( (($PrePipeline + $Pipeline + $PostPipeline) |
        Where-Object { $_ }) -join ' | ')

      $steppablePipeline = $scriptCmd.GetSteppablePipeline($myInvocation.CommandOrigin)
      $steppablePipeline.Begin($PSCmdlet)
    } catch {
      throw
    }
  }

  process
  {
    try
    {
      $steppablePipeline.Process($_)
    } catch {
      throw
    }
  }

  end
  {
    try
    {
      $steppablePipeline.End()
    } catch {
      throw
    }
  }
}
```

Listing 19.6 Das fertige Skript *Get-ChildItem_Ex1.ps1* mit der Funktion *Get-ChildItem_Ex*

Möchten Sie zum Beispiel alle Protokolldateien im *Windows*-Ordner auflisten, die mindestens 40 Tage alt und mindestens 1 KB groß sind, genügt diese Zeile:

```
PS> Get-ChildItem_Ex $env:windir *.log -OlderThan 40 -MinFileSize 1kb

    Directory: C:\Windows

Mode                LastWriteTime      Length Name
----                -------------      ------ ----
-a---          06.08.2012     18:59    548636 AsCDProc.log
-a---          06.08.2012     18:59   4319008 AsDebug.log
-a---          24.02.2012     02:33     84747 AsFac.log
(...)
```

Möchten Sie dagegen nur Dateien oder nur Ordner finden, geht dies jetzt ganz einfach:

```
PS> Get-ChildItem_Ex $env:windir -FileOnly
PS> Get-ChildItem_Ex $env:windir -FolderOnly
```

Um eine nach Größe sortierte Dateiliste mit allen Dateien aus dem Windows-Ordner zu erhalten, die größer sind als 20 KB und sich in den letzten 30 Tagen geändert haben, schreiben Sie:

```
PS> Get-ChildItem_Ex $env:windir -FileOnly -Sort Length -MinFileSize 20KB -NewerThan 30

    Directory: C:\Windows

Mode                LastWriteTime      Length Name
----                -------------      ------ ----
-a---          01.10.2012     13:33     36448 DPINST.LOG
-a---          28.10.2012     02:01     64001 setupact.log
-a--s          29.10.2012     22:37     67584 bootstat.dat
(...)
```

Möchten Sie zum Beispiel den internen Ordner *Recent* aufräumen, in denen sich Verweise auf all die Dinge befinden, die Sie jemals geöffnet haben, löscht die folgende Zeile alle Dateien im Ordner und seinen Unterordnern, die älter sind als 5 Tage:

```
PS> Get-ChildItem_Ex ([Environment]::GetFolderPath('Recent')) -OlderThan 5 -FileOnly -Recurse |
del -WhatIf
```

Übrig bleiben so nur noch Verweise auf Dinge, mit denen Sie wirklich kürzlich (*recent*) zu tun hatten.

HINWEIS   *Get-ChildItem_Ex* verhält sich exakt so wie das imitierte Cmdlet *Get-ChildItem* und verfügt wie gesehen nun über zusätzliche Parameter. Ob der Aufwand einer Proxyfunktion allerdings gerechtfertigt ist, hängt davon ab, ob *Get-ChildItem_Ex* genau wie *Get-ChildItem* Pipelineeingaben verarbeiten soll. Proxyfunktionen sind ausschließlich dazu da, über die Pipeline empfangene Objekte einzeln und kontrolliert an das zugrunde liegende Cmdlet weiterzugeben.

Ist dies gar nicht notwendig – es wird bei *Get-ChildItem* nur sehr selten eingesetzt – kann dieselbe Funktionalität auch ohne eine Proxyfunktion erreicht werden, nur sehr viel einfacher. Dieses Beispiel zeigt den Befehl *Get-ChildItem_Ex* ohne Proxyfunktion. Im Gegensatz zur vorangegangenen Funktion kann man *Get-ChildItem_Ex* nun lediglich keine Pfadnamen mehr über die Pipeline schicken. Alles Übrige funktioniert genauso wie vorher:

```
<#
.ForwardHelpTargetName Get-ChildItem
.ForwardHelpCategory Cmdlet
#>
```

```
function Get-ChildItem_Ex
{
  [CmdletBinding(DefaultParameterSetName='Items', SupportsTransactions=$true,
    [OutputType('System.IO.FileInfo','System.IO.DirectoryInfo')]

  param
  (
    [Parameter(ParameterSetName='Items', Position=0)]
    [string[]]
    $Path,

    [Parameter(ParameterSetName='LiteralItems', Mandatory=$true)]
    [Alias('PSPath')]
    [string[]]
    $LiteralPath,

    [Parameter(Position=1)]
    [string]
    $Filter,

    [string[]]
    $Include,

    [string[]]
    $Exclude,

    [Alias('s')]
    [switch]
    $Recurse,

    [switch]
    $Force,

    [switch]
    $Name,

    [switch]
    $FileOnly,

    [switch]
    $FolderOnly,

    [datetime]
    $Before,

    [datetime]
    $After,

    [int64]
    $MaxFileSize,

    [int64]
    $MinFileSize,

    [int]
    $OlderThan,
```

```powershell
    [int]
    $NewerThan,

    [string]
    $Sort
)

# Initialize pre- and post-Pipeline command store:
[string[]]$PostPipeline = ''
[string[]]$Pipeline = '& Get-ChildItem @PSBoundParameters'

if ($PSBoundParameters.ContainsKey('FileOnly'))
{
  $PostPipeline += { Where-Object { $_.PSIsContainer -eq $false } }
}

if ($PSBoundParameters.ContainsKey('FolderOnly'))
{
  $PostPipeline += { Where-Object { $_.PSIsContainer -eq $true } }
}

if ($PSBoundParameters.ContainsKey('Before'))
{
  $PostPipeline += { Where-Object { $_.LastWriteTime -lt $Before } }
}

if ($PSBoundParameters.ContainsKey('After'))
{
  SPostPipeline += { Where-Object { $_.LastWriteTime -gt $After } }
}

if ($PSBoundParameters.ContainsKey('MaxFileSize'))
{
  $PostPipeline += { Where-Object { $_.LastWriteTime -le $MaxFileSize -and -not $_.PSIsContainer
}}
}

if ($PSBoundParameters.ContainsKey('MinFileSize'))
{
  $PostPipeline += { Where-Object { $_.Length -ge $MinFileSize -and -not $_.PSIsContainer}}
}

if ($PSBoundParameters.ContainsKey('OlderThan'))
{
  $PostPipeline += {Where-Object {((Get-Date) - (New-TimeSpan -Days $OlderThan)) -gt
$_.LastWriteTime}}
}

if ($PSBoundParameters.ContainsKey('NewerThan'))
{
  $PostPipeline += {Where-Object {((Get-Date) - (New-TimeSpan -Days $NewerThan)) -lt
$_.LastWriteTime}}
}

if ($PSBoundParameters.ContainsKey('Sort'))
{
  $PostPipeline += { Sort-Object -Property $Sort }
```

```
}

# Remove additional parameters before forwarding them to the original cmdlet:
$null = $PSBoundParameters.Remove('FileOnly')
$null = $PSBoundParameters.Remove('FolderOnly')
$null = $PSBoundParameters.Remove('Before')
$null = $PSBoundParameters.Remove('After')
$null = $PSBoundParameters.Remove('MaxFileSize')
$null = $PSBoundParameters.Remove('MinFileSize')
$null = $PSBoundParameters.Remove('OlderThan')
$null = $PSBoundParameters.Remove('NewerThan')
$null = $PSBoundParameters.Remove('Sort')
& ([scriptblock]::Create((($Pipeline + $PostPipeline) | Where-Object {$_}) -join ' | '))
}
```

Listing 19.7 Das Skript *Get-ChildItem_Ex2.ps1* mit der einfacheren, reduzierten Funktion *Get-ChildItem_Ex*. Sie kann jetzt keine Pipelineeingaben mehr empfangen.

Projekt: Start-Transcript für PowerShell ISE

Mit dem Wissen um Proxyfunktionen könnten Sie nun ein ärgerliches Manko des ISE-Editors ausbügeln. Im Gegensatz zur Konsole verfügt ISE nämlich nicht über die Cmdlets *Start-Transcript* und *Stop-Transcript*. Es ist also nicht möglich, die Ergebnisse eines Skripts oder seiner eigenen interaktiven Eingaben einfach in einer Protokolldatei mitzuschneiden.

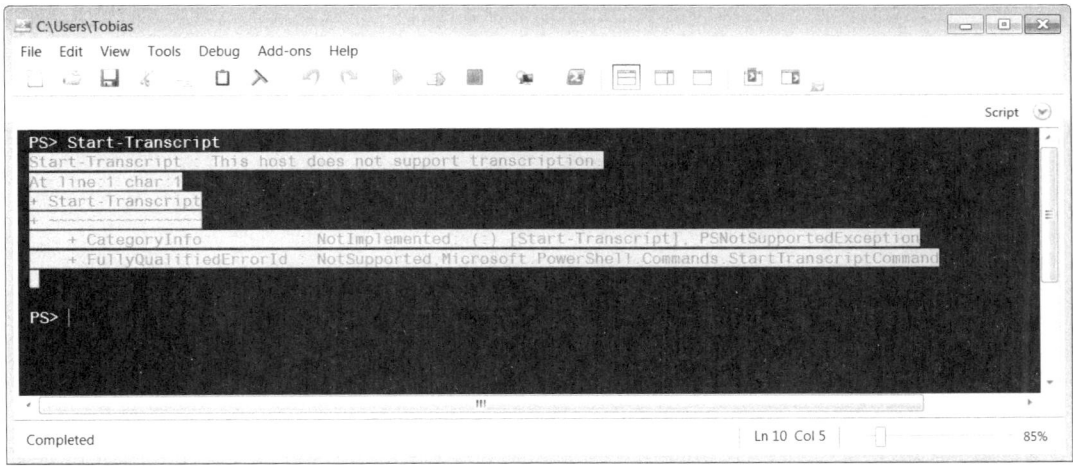

Abbildung 19.3 Die praktische Mitschnittfunktion wird (zunächst) leider nicht im ISE-Editor unterstützt

Natürlich wäre es keine praktikable Lösung, hinter jede Befehlszeile Ihren neuen Befehl *Out-LogFile* anzuhängen. Die Protokollierung soll vielmehr automatisch erfolgen. Da PowerShell Konsolenausgaben intern über das Cmdlet *Out-Default* abwickelt, lässt sich jedoch solch eine automatische Protokollierung erreichen, indem Sie eine Proxyfunktion für *Out-Default* erstellen. Diese könnte dann die Ergebnisse, die für die Konsole gedacht sind, nebenbei in die Protokolldatei schreiben.

Falls Sie sich die Funktionsweise von *Out-Default* zuerst vor Augen führen möchten, legen Sie die folgende Funktion an:

```
function Out-Default
{
  param
  (
    [Parameter(ValueFromPipeline=$true)]
    $InputObject
  )

  process
  {
    "Ich gebe aus: $_ "
  }
}
```

Listing 19.8 Das Skript *Out-Default.ps1*

Sobald das geschehen ist, werden sämtliche Konsolenausgaben über Ihre neue Funktion abgewickelt:

```
PS> $a = 1
PS> $a
Ich gebe aus: 1

PS> Get-Process -id $Pid
Ich gebe aus: System.Diagnostics.Process (powershell_ise)
```

Um den Spuk zu beenden, entfernen Sie die Funktion wieder:

```
PS> del function:Out-Default
```

Damit sich diese Protokollierung genauso verhält wie in der Konsole, sind zuerst die Steuerbefehle *Start-Transcript* und *Stop-Transcript* notwendig, mit denen das Logging ein- und ausgeschaltet wird. Sie sollen das Verhalten der echten Cmdlets imitieren und könnten so aussehen:

```
function Start-Transcript
{
  param
  (
    [Parameter(Position=0)]
    [ValidateNotNullOrEmpty()]
    [Alias('LiteralPath','PSPath')]
    [string]
    $Path='',

    [switch]
    $Append,

    [switch]
    $Force,

    [Alias('NoOverwrite')]
    [switch]
    $NoClobber
  )
```

```powershell
  if($global:isTranscribing)
  {
  throw 'Start-Transcript : Transcription has already been started.
    Use the stop-transcript command to stop transcription.'
  }

  $timestamp = Get-Date -Format yyyyMMddHHmmss
  $username = "$env:USERDOMAIN\$env:USERNAME"
  $os = Get-WmiObject -Class Win32_OperatingSystem
  $operatingsystem = '{0} ({1} {2} {3})' -f $os.CSName,$os.Caption, $os.Version, $os.CSDVersion

  if ($Path -eq '')
  {
    $Folder = Split-Path (Split-Path $profile)
    $File = "PowerShell_transcript.$timestamp.txt"
    $Path = Join-Path -Path $Folder -ChildPath $File
  }
  if ($NoClobber)
  {
    if (Test-Path -Path $Path)
    {
      throw "Start-Transcript: File $Path already exists and NoClobber was specified."
    }
  }


  $header = "
***********************
Windows PowerShell transcript start
Start time: $timestamp
Username  : $username
Machine    : $operatingsystem
***********************
Transcript started, output file is $path
"
  $header | Out-File -FilePath $Path -Append:$Append -Force:$Force
  Remove-Variable TranscriptContent -Scope Script
  "Transcript started, output file is $path"
  $global:isTranscribing=$true
  $global:TranscriptPath=$Path

}

function Stop-Transcript
{
  param()

  if ($global:isTranscribing)
  {
    $global:isTranscribing=$false
    "Transcript stopped, output file is $global:TranscriptPath"
  }
  else
  {
    throw 'Stop-Transcript : An error occurred stopping transcription:
      The host is not currently transcribing.'
  }
}
```

Listing 19.9 Das Skript *Start-Transcript.ps1*

Die beiden Funktionen erlauben jetzt auch im ISE-Editor das Ein- und Ausschalten der Mitschnitt-funktion und verhalten sich genau wie ihre Pendants in der PowerShell-Konsole (Abbildung 19.4).

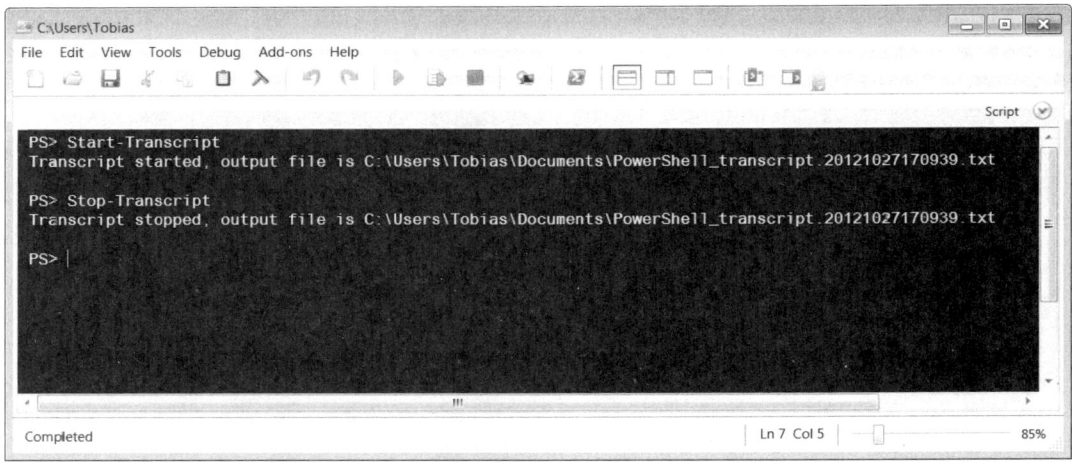

Abbildung 19.4   Mit wenigen Zeilen Code unterstützt auch der ISE-Editor die Mitschnittfunktion

Allerdings bewirken die beiden Funktionen selbst noch keinen Mitschnitt. Sie legen lediglich die Mit-schnittdatei an und setzen globale Variablen, aus denen hervorgeht, ob mitgeschnitten werden soll, und falls ja, in welche Datei. Damit tatsächlich mitgeschnitten werden kann, ist nur noch die Funk-tion *Out-Default* nötig, die dann das PowerShell-eigene Cmdlet *Out-Default* ersetzt, sowie eine Hilfs-funktion *Out-StringEx*:

```
function Out-StringEx
{
    param
    (
        [Parameter(ValueFromPipeline=$true)]
        $InputObject
    )

    begin
    {
        $wrappedCmd = $ExecutionContext.InvokeCommand.GetCommand('Out-String', 'Cmdlet')
        $scriptCmd = {& $wrappedCmd -OutVariable script:TranscriptContent -Stream | Out-Null }
        $steppablePipeline = $scriptCmd.GetSteppablePipeline($myInvocation.CommandOrigin)
        $steppablePipeline.Begin($PSCmdlet)
    }


    process
    {
        $steppablePipeline.Process($_)
        $_
    }

    end
    {
```

```
        $steppablePipeline.End()
    }
}

function Out-Default
{
  param
  (
    [Parameter(ValueFromPipeline=$true)]
    [psobject]
    $InputObject
  )

  begin
  {
    try {
      $OriginalCommand = $null
      $script:TranscriptContent = $null
      $wrappedCmd = $ExecutionContext.InvokeCommand.GetCommand('Out-Default', 'Cmdlet')

      if ($global:isTranscribing)
      {
        $scriptCmd = { Out-StringEx | & $wrappedCmd }
      }
      else
      {
        $scriptCmd = {& $wrappedCmd }
      }

      $steppablePipeline = $scriptCmd.GetSteppablePipeline($myInvocation.CommandOrigin)
      $steppablePipeline.Begin($PSCmdlet)
    } catch {
      throw
    }
  }

  process
  {
    try {
      $steppablePipeline.Process($_)

      if ($global:isTranscribing)
      {
        if ($OriginalCommand -eq $null)
        {
          $cmd = (Get-Variable -Name MyInvocation -Scope 1).Value.MyCommand.Definition
          $OriginalCommand = '{0}{1}' -f (prompt), $cmd
        }
      }
    } catch {
      throw
    }
  }

  end
  {
    try {
      $steppablePipeline.End()
    } catch {
      throw
```

```
    }
    finally
    {
      if ($global:isTranscribing)
      {
        $OriginalCommand | Out-File -Append -FilePath $global:TranscriptPath
        $script:TranscriptContent | Out-File -Append -FilePath $global:TranscriptPath
        $script:TranscriptContent=$null
      }
    }
  }
}
```

Listing 19.10 Das Skript *Out-Default2.ps1*

Und so funktioniert das neue *Out-Default*: Wenn ein Mitschnitt gewünscht wird, führt *Out-Default* nicht nur das zugrunde liegende Cmdlet *Out-Default* aus, sondern setzt davor die Funktion *Out-StringEx*:

```
if ($global:isTranscribing)
{
    $scriptCmd = { Out-StringEx | & $wrappedCmd }
}
else
{
    $scriptCmd = {& $wrappedCmd }
}
```

Out-StringEx ist ebenfalls ein erweiterter Befehl, dem das Cmdlet *Out-String* zugrunde liegt. Dieses Cmdlet wandelt normalerweise eintreffende Objekte in ihre Textdarstellung um. In diesem speziellen Fall soll es zwar die Objekte ebenfalls in Text umwandeln, aber nur die Textrepräsentation in einer Variablen speichern, während die Objekte unverändert wieder ausgegeben werden sollen (damit *Out-Default* sie anschließend korrekt anzeigen kann). Dazu verwendet *Out-StringEx* diese veränderte Pipeline:

```
$scriptCmd = {& $wrappedCmd -OutVariable script:TranscriptContent -Stream | Out-Null }
```

Die Textumwandlungen werden also in der Variablen *$TranscriptContent* gespeichert, aber nicht weitergegeben, sondern mit *Out-Null* vernichtet. Stattdessen werden die Originalobjekte ähnlich wie bei *Out-LogFile* aus dem vorherigen Beispiel unverändert im *process*-Block weitergegeben:

```
process
{
    $steppablePipeline.Process($_)
    $_
}
```

Out-Default wandelt also zuerst die eintreffenden Objekte in Echtzeit in Text um, der in *$Transcript-Content* gespeichert wird, und gibt danach die Originalobjekte an das Cmdlet *Out-Default* weiter, das sie wie gewohnt in die Konsole ausgibt. Sobald alle Ergebnisse vorliegen, schreibt *Out-Default* in seinem *end*-Block die Textergebnisse in die Protokolldatei und löscht die Variable wieder:

```
$script:TranscriptContent | Out-File -Append -FilePath $global:TranscriptPath
$script:TranscriptContent=$null
```

Das ist notwendig, weil *Out-Default* die Ergebnisse nicht sofort in die Protokolldatei schreiben kann. Darin soll ja zunächst der Befehl protokolliert werden, von dem die Ergebnisse stammen. Diesen aber kann *Out-Default* erst im laufenden Betrieb ermitteln, nämlich frühestens, wenn der erste *process*-Block ausgeführt wird:

```
if ($global:isTranscribing)
{
    if ($OriginalCommand -eq $null)
    {
        $cmd = (Get-Variable -Name MyInvocation -Scope 1).Value.MyCommand.Definition
        $OriginalCommand = '{0}{1}' -f (prompt), $cmd
    }
}
```

Dies alles klingt zugegebenermaßen komplex und lässt sich nicht simpler darstellen, weil es genau das ist: komplex. Es wird Sie vermutlich eine Weile Zeit und einige Experimente mit dem Code kosten, bis Sie die Funktionsweise vollständig erfassen können. Gezwungen sind Sie dazu indes nicht. Sie können die Funktionen auch so künftig bequem dazu einsetzen, um in ISE Ihre Eingaben mitzuschneiden. Wenn Sie andererseits tiefer einsteigen, stehen Ihnen mit diesem Beispiel noch sehr viel mehr Möglichkeiten offen. Sie könnten die Protokollierung zum Beispiel noch erweitern und auf Wunsch Zeitstempel einfügen oder die Ausgabe nur auf die Befehle (ohne ihre Ergebnisse) beschränken.

> **HINWEIS**   Sie können die Funktionen *Start-Transcript* und *Stop-Transcript* in ihrer aktuellsten Version als Modul unter der folgenden Internetadresse herunterladen: *http://www.powertheshell.com/transcript/*.

Proxyfunktionen für Remoting

Sie haben inzwischen gesehen, wie vielseitig die Technik der Proxyfunktionen verwendet werden kann, um vorhandene Befehle zu erweitern. Dies macht man sich auch beim sogenannten *impliziten Remoting* zunutze. Hierbei werden Cmdlets in Ihre lokale PowerShell-Sitzung »eingeblendet«, die eigentlich auf einem ganz anderen Computer vorhanden sind. Sicher ahnen Sie bereits, wie das geschieht.

Tatsächlich wird in Ihrer lokalen PowerShell-Sitzung eine Proxyfunktion definiert, die das Verhalten des Remotebefehls imitiert. Intern leitet die Proxyfunktion die Benutzereingaben an den Remotebefehl weiter und liefert dessen Ergebnisse zurück. Weil also die Proxyfunktion sich intern um die Abwicklung des Fernzugriffs kümmert, nennt man dies *implizit*.

PowerShell-Remoting füllt ein ganzes eigenständiges Kapitel. Die folgenden Beispiele setzen voraus, dass Sie das Remoting bereits in seinen Grundzügen verstanden, aktiviert und konfiguriert haben (siehe hierzu Kapitel 23). An dieser Stelle sollen nur die Proxyfunktionen beleuchtet werden, die im Rahmen des Remotings eingesetzt werden.

Eine Remotesitzung erstellen

Um eine Proxyfunktion für das implizite Remoting herzustellen, benötigen Sie zunächst eine Remotesitzung, die Ihnen beispielsweise *New-PSSession* liefert. Die folgende Zeile legt eine solche Sitzung auf dem Server *storage1* an:

```
$Session = New-PSSession -ComputerName Storage1
```

Einen Remotebefehl in lokale Sitzung importieren

Sobald Sie Zugriff auf die Remotesitzung haben, können Sie auf die darin vorhandenen Funktionen und Cmdlets zugreifen und sie lokal verfügbar machen. Entweder beschränken Sie sich auf die Standardbefehle, oder Sie senden zunächst mit *Invoke-Command* einen Befehl, der zusätzliche Module nachlädt (diese Module müssen sich im Zugriffsbereich des Remotesystems befinden).

Im folgenden Beispiel soll das Cmdlet *Get-Process* aus der Remotesitzung importiert werden. Damit die Proxyfunktion nicht das gleichnamige lokale Cmdlet in Ihrer Sitzung überschreibt, wird über den Parameter *-Prefix* ein Präfix gewählt. Anschließend steht der Befehl in der lokalen Sitzung zur Verfügung (wird aber nach wie vor auf dem Remotesystem ausgeführt):

```
PS> $Proxy = Import-PSSession -Session $Session -CommandName Get-Process -Prefix Remote
PS> Get-RemoteProcess

Handles NPM(K)    PM(K)      WS(K) VM(M)   CPU(s)     Id ProcessName
------- ------    -----      ----- -----   ------     -- -----------
     93      5      844       3216    21     0,05   3628 alg
    544     14    25012      19956   164   707,66   2916 cqvSvc
    797      6     1812       4820    66     9,41    412 csrss
(...)
```

Hinter *Get-RemoteProcess* steckt nun eine automatisch generierte Proxyfunktion, deren Quellcode Sie sich ansehen können. Die folgende Zeile kopiert den Quellcode der Funktion in die Zwischenablage, von der aus Sie diese in einen beliebigen Editor einfügen können:

```
PS> (Get-Item function:Get-RemoteProcess).Definition | Clip
```

Im Wesentlichen wird wieder dasselbe Gerüst für die Proxyfunktion genutzt, und intern leitet diese die Parameter um an *Invoke-Command*:

```
$scriptCmd = { & $script:InvokeCommand `
                @clientSideParameters `
                -HideComputerName `
                -Session (Get-PSImplicitRemotingSession -CommandName 'Get-Process') `
                -Arg ('Get-Process', $PSBoundParameters, $positionalArguments) `
                -Script { param($name, $boundParams, $unboundParams) & $name
                @boundParams `
                @unboundParams } }
```

Zusammenfassung

Proxyfunktionen sind normale PowerShell-Funktionen, die aber das Verhalten eines bestehenden Cmdlets (oder auch einer anderen PowerShell-Funktion) exakt imitieren. Zu dieser Imitierung gehört, dass die Proxyfunktion genau dieselben Parameter besitzt wie der imitierte Befehl und intern diese Parameter an den Originalbefehl weiterleitet. Den Code für eine Proxyfunktion generiert PowerShell auf Wunsch vollautomatisch. Sinnvoll wird diese Maskerade, um bestehende Cmdlets zu erweitern oder zu verändern. So könnten beispielsweise neue Parameter hinzugefügt oder die interne Verarbeitung verändert werden.

PowerShell nutzt Proxyfunktionen selbst nur für das *implizite Remoting*: Hierbei kann der Anwender die lokale Proxyfunktion aufrufen, die dann intern die übergebenen Parameter an das tatsächliche Cmdlet auf einem anderen Remotesystem weiterleitet. Der Anwender bemerkt also gar nicht, dass sein Befehl in Wirklichkeit auf einem anderen System ausgeführt wird.

Proxyfunktionen können aber auch ohne Remoting außerordentlich nützlich sein, wenn sie beispielsweise interne Systemfunktionen von PowerShell erweitern. Sorgt man beispielsweise dafür, dass *Out-Default* zusätzlich die eintreffenden Parameter in eine Protokolldatei schreibt, erhält man eine automatische Logging-Funktion, die alles mitschneidet, was in die Konsole ausgegeben wird. Dies bildet die Grundlage dafür, Cmdlets wie *Start-Transcript* auch im ISE-Editor zu implementieren, in dem das Cmdlet normalerweise nicht zur Verfügung steht.

Kapitel 20

Eigene Module erstellen

In Kapitel 2 haben Sie die PowerShell-Cmdlets kennengelernt und gesehen, dass man weitere Cmdlets über Module nachladen kann. Der Befehlsschatz von PowerShell kann dadurch beliebig erweitert werden. Man benötigt lediglich weitere Module mit den gewünschten Befehlen. Bislang waren Sie darauf angewiesen, dass andere diese Module bereitstellten. Jetzt ist der Zeitpunkt gekommen, selbst eigene Module anzufertigen.

In diesem Buchteil haben Sie fortgeschrittene Funktionen entwickelt, die sich aus Sicht des Anwenders nicht mehr von Cmdlets unterscheiden. Eigentlich liegt der Unterschied nur noch in der Art der Implementierung: Während Cmdlets kompilierte Binärdateien sind, bestehen Funktionen aus offen zugänglichem textbasiertem PowerShell-Code. Funktionale Unterschiede dagegen gibt es nicht: Eine fortgeschrittene PowerShell-Funktion kann dasselbe leisten wie ein Cmdlet. Eine naheliegende Idee also, jetzt Ihre Funktionen noch als Modul zu verpacken, damit Sie Ihre Funktionen bei Bedarf schnell nachladen und an andere weitergeben können.

Skript in Modul verwandeln

Im einfachsten Fall ändern Sie lediglich die Dateierweiterung eines PowerShell-Skripts und verwandeln es damit in ein Modul: Während PowerShell-Skripts die Erweiterung *.ps1* tragen, verwenden Moduldateien die Erweiterung *.psm1*.

Die folgende Funktion *Get-SoftwareUpdate* liefert auf Windows 7 oder höher eine Liste aller installierten Software-Updates:

```
function Get-SoftwareUpdate
{
  $filter = @{
    logname='Microsoft-Windows-Application-Experience/Program-Inventory'
    id=905
  }
  Get-WinEvent -FilterHashtable $filter |
  ForEach-Object {
    $info = 1 | Select-Object Datum, Anwendung, Version, Herausgeber
    $info.Datum = $_.TimeCreated
    $info.Anwendung = $_.Properties[0].Value
    $info.Version = $_.Properties[1].Value
    $info.Herausgeber = $_.Properties[2].Value
    $info
  }
}
```

Listing 20.1 Das Skript *Get-SoftwareUpdate.ps1*

Sie können das Skript nun wie gewohnt laden, dann ausführen und danach den neuen Befehl einsetzen:

```
PS> Get-SoftwareUpdate

Datum                   Anwendung              Version      Herausgeber
-----                   ---------              -------      -----------
09.11.2012 18:43:10     ASUS Power4Gear Hybrid 1.2.1        ASUS
09.11.2012 18:43:10     Intel(R) OpenCL CPU R... 0.0        Intel Corporation
```

```
09.11.2012 18:43:10    Realtek High Definiti... 6.0.1.6608      Realtek Semiconducto...
09.11.2012 18:43:10    Intel(R) Processor Gr... 8.15.10.2696     Intel Corporation
05.11.2012 07:07:21    Snagit 11                11.0.1           TechSmith Corporation
05.11.2012 07:07:21    Oracle VM VirtualBox ... 4.1.18           Oracle Corporation
16.10.2012 12:55:53    Microsoft Office Prof... 14.0.6029.1000   Microsoft Corporation
17.08.2012 08:25:00    Update for Microsoft ...                  Microsoft
(...)
```

Neues Modul anlegen

Speichern Sie das Skript direkt aus PowerShell ISE heraus einmal auf folgende Weise (der Code muss auf der aktuellen Registerkarte sichtbar sein):

```
$module = 'MeineTools'
$path = Join-Path -Path ($env:PSModulePath -split ';')[0] -ChildPath $module
$null = New-Item -Path $path -ItemType Directory -Force
$psISE.CurrentFile.Editor.Text | Out-File "$path\$module.psm1"
```

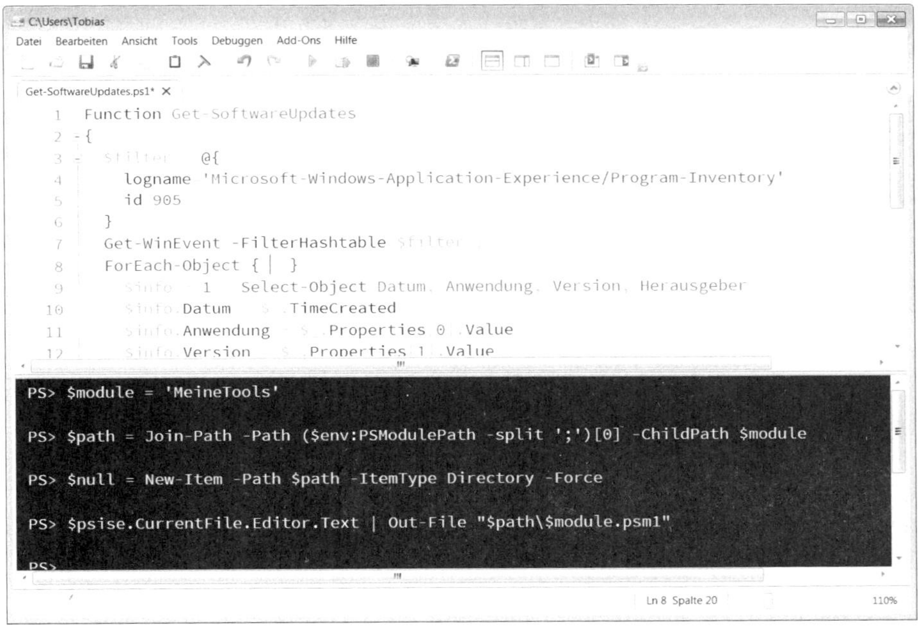

Abbildung 20.1 Aktuelles Skript im ISE-Editor als Skriptmodul speichern

Danach öffnen Sie eine beliebige neue PowerShell-Sitzung und geben ein: **Get-SoftwareUpdate**. Sofern Sie PowerShell 3.0 verwenden und alles richtig gemacht haben, steht dieser Befehl sofort und ohne weitere Vorbereitungen zur Verfügung. PowerShell 3.0 hat Ihr neues Skriptmodul *MeineTools* automatisch gefunden und nachgeladen:

```
PS C:\Users\Tobias> Get-Module
```

```
MoculeType Name                              ExportedCommands
---------- ----                              ----------------
Script     MeineTools                        Get-SoftwareUpdate
Manifest   Microsoft.PowerShell.Diagnostics  {Export-Counter, Get-Count...
Manifest   Microsoft.PowerShell.Management    {Add-Computer, Add-Content...
Manifest   Microsoft.PowerShell.Utility       {Add-Member, Add-Type, Cle...
```

Bei PowerShell 2.0 funktioniert dieser Schritt zwar noch nicht automatisch, aber auch dort steht Ihr Modul mit dem neuen Befehl *Get-SoftwareUpdate* zur Verfügung, sobald Sie das Modul mit *Import-Module* so wie in Kapitel 2 importieren:

```
PS> Import-Module MeineTools
```

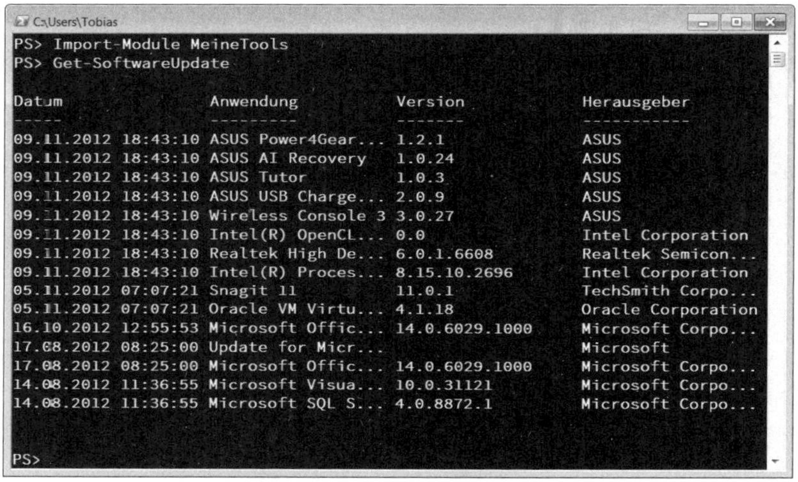

Abbildung 20.2   In PowerShell 3.0 werden Befehle automatisch aus Modulen eingeblendet

Was beim Modulimport geschieht...

Beim Import des Moduls wird der Code in Ihrer *.psm1*-Datei ausgeführt. Ergebnisse dieses Codes werden von PowerShell (bis auf einige Ausnahmen, dazu später mehr) automatisch unterdrückt, bleiben also unsichtbar. Das klingt wie ein unbedeutendes Detail am Rande, ist aber von größter Wichtigkeit. Im Beispiel eben wurde also die Funktion *Get-SoftwareUpdate* angelegt. Deshalb stand dieser Befehl nach dem Modulimport zur Verfügung. Ebenso gut hätte das Modul aber auch andere Dinge vollbringen können, denn grundsätzlich führt PowerShell alles aus, was in der *.psm1*-Datei steht. Das folgende Skript, so wie oben beschrieben als Modul verpackt, würde zum Beispiel bereits beim Import Befehle ausführen:

```
Write-Host "Lade Modul aus $PSScriptRoot..." -ForeGroundColor Green -NoNewLine
Get-HotFix
Write-Host "erledigt!" -ForeGroundColor Green
```

Das Ergebnis sähe so aus:

```
PS> Import-Module -Name MeineTools
```

```
Lade Modul aus
C:\Users\Tobias\Documents\WindowsPowerShell\Modules\MeineTools[WARTEZEIT]...erledigt!
PS>
```

Zunächst erscheint die erste grüne Meldung von *Write-Host*. Danach passiert lange Zeit gar nichts. Zum Abschluss erscheint die zweite Meldung.

ACHTUNG *Import-Module* importiert ein Modul nur einmal. Ist ein Modul bereits geladen, wird es also (aus Gründen der Effizienz) nicht ein zweites Mal geladen. Das ist sinnvoll, jedenfalls so lange, wie das Modul unverändert bleibt. Arbeiten und feilen Sie noch an einem Modul, müssen Sie neue Fassungen unter Angabe von *-Force* mit *Import-Module* laden. Andernfalls verwendet PowerShell weiterhin die zuvor geladene Version.

Sie können das mit dem vorangegangenen Beispiel sehr schön demonstrieren: Importieren Sie das Modul innerhalb einer PowerShell-Sitzung ein zweites Mal, erscheinen keine grünen Meldungen mehr, und es kommt auch nicht mehr zu einer Verzögerung. Der Inhalt der *.psm1*-Datei wird schlicht kein zweites Mal ausgeführt. Geben Sie bei *Import-Module* dagegen *-Force* an, wird das Modul falls notwendig entladen und danach erneut geladen.

Die Verzögerung wurde durch *Get-HotFix* ausgelöst. Ergebnisse des Befehls bleiben unsichtbar, denn *.psm1*-Dateien sind normalerweise nicht dafür vorgesehen, selbst direkte Ergebnisse zu liefern. Deshalb kann ein versehentlicher Befehlsaufruf (oder ein versehentlich im Code belassener Testaufruf der eigenen Funktion) in der *.psm1*-Datei lange Zeit unbemerkt bleiben. Wenn ein Modul beim Import also zu verdächtig langen Verzögerungs- und Ladezeiten führt, sollte man überprüfen, ob das Modul vielleicht unbeabsichtigt bereits Befehle oder Funktionen ausführt.

Nicht alles ist aber unerwünscht. Zu den erwünschten Dingen, die eine *.psm1*-Moduldatei zur Ausführung bringt, gehören diese Dinge:

- **Funktionen selbst definieren** Wie im ersten Beispiel gezeigt, kann eine Moduldatei eine oder mehrere Funktionen definieren, die dann zu den Befehlen werden, die das Modul liefert

- **Funktionen aus anderen Skripts nachladen** Damit alles übersichtlich bleibt, kann sich die Moduldatei auch darauf beschränken, Funktionen aus separaten Skripts zu laden. Dazu speichern Sie die Skripts ebenfalls im Modulordner und rufen diese *dotsourced* aus der Moduldatei heraus auf. Innerhalb der Moduldatei (und nur dort) existiert dazu die Variable *$PSScriptRoot*, die stets den Stammpfad des Moduls enthält. Hat man also beispielsweise die beiden Skripts *prozessbefehle.ps1* und *dateisystembefehle.ps1* in den Modulordner kopiert, würde die *.psm1*-Datei die Funktionen in diesen beiden Dateien folgendermaßen laden:

  ```
  . $PSScriptRoot\prozessbefehle.ps1
  . $PSScriptRoot\dateisystembefehle.ps1
  ```

- **Hinweise ausgeben** Alle *Write*-Cmdlets geben während des Imports Meldungen sichtbar aus, sodass Hinweise an den Benutzer ausgegeben werden können

- **Aliase anlegen** Soll das Modul *Alias*-Abkürzungen einrichten, lässt sich auch *Set-Alias* in der *.psm1*-Datei einsetzen

- **Allgemeine Initialisierungsaufgaben** Die *.psm1*-Datei kann mit *Add-Type* zentral .NET-Typen nachladen, welche die im Modul enthaltenen Funktionen benötigen, und alle anderen Aufgaben erledigen, die das Modul als Voraussetzung erfordert. Auch ETS-Format- und Typdateien lassen sich mit *Update-TypeData* und *Update-FormatData* definieren oder direkt als *.ps1xml*-Dateien laden.

- **Export-ModuleMember**   Dies ist ein besonderes Cmdlet, das ebenso wie die Variable *$PSScript-Root* nur in Modulen erlaubt ist. Mit ihm kann man festlegen, welche Funktionen, Variablen oder Aliase das Modul nach außen exportieren soll. Falls Sie also einige Funktionen für interne Zwecke benötigen, aber nicht veröffentlichen möchten, müssen Sie mit *Export-ModuleMember* die Funktionen als kommaseparierte Liste angeben, die exportiert werden sollen. Diese Anweisung exportiert alle Funktionen mit dem Substantiv *SoftwareUpdate* sowie alle Aliase, die im Modul definiert werden:

```
Export-ModuleMember -Function *-SoftwareUpdate -Alias *
```

Allgemeiner Modulaufbau

Schauen Sie sich noch einmal die Zeilen von vorhin an, mit denen das Modul erzeugt wird:

```
$module = 'MeineTools'
$path = Join-Path -Path ($env:PSModulePath -split ';')[0] -ChildPath $module
$null = New-Item -Path $path -ItemType Directory -Force
$psISE.CurrentFile.Editor.Text | Out-File "$path\$module.psm1"
```

Sie verraten, wie simpel ein Modul konzipiert ist:

- **Auffindbar**   Damit das Modul automatisch gefunden werden kann, muss es in einem der Ordner angelegt werden, die in der Umgebungsvariablen *$env:PSModulePath* genannt werden. Es kann sich aber auch an anderen Orten befinden. Dann allerdings wird es von PowerShell 3.0 nicht automatisch geladen, und Sie müssten bei *Import-Module* den kompletten Pfadnamen angeben und nicht nur den Modulnamen.

- **Container**   Jedes Modul ist im Grunde ein Ordner, sodass alle Bestandteile eines Moduls an einem Ort zusammengefasst werden können. Der Name des Ordners bestimmt den Namen des Moduls. Zwar könnte auch eine *.psm1*-Datei (genau wie eine Cmdlet-DLL-Datei) direkt mit *Import-Module* geladen werden, doch ist es gute Praxis, Module als Ordner zu konzipieren. Sie können Module in Form dieser Ordner nun auch bequem an Kollegen und Kunden weitergeben.

- **Skriptmodul**   Der eigentliche Kern des Moduls ist die *.psm1*-Datei, die sich im Modulordner befindet und genauso heißen muss wie der Modulordner

Manifestdatei für ein Modul

Ihr selbsterstelltes Modul *MeineTools* besitzt (noch) kein Manifest und ist auch nicht dazu verpflichtet. Ein Manifest ist eine zweite Skriptdatei mit der Erweiterung *.psd1*, die man sich wie einen Begleitzettel vorstellen kann und die intern im Grunde aus einer großen Hashtabelle besteht.

Das Manifest legt allgemeine Informationen wie Version, Autor und Copyright fest und bestimmt außerdem, welche Funktionen, Aliase, Variablen und sonstigen Elemente Ihres Moduls öffentlich sein sollen. Auf diesen Angaben beruht teilweise die Autoladefunktion von PowerShell 3.0, sobald ein Modul mehr als nur einen Befehl enthält. Darüber hinaus kann das Manifest Voraussetzungen einfordern, zum Beispiel festlegen, dass das Modul exklusiv in einer 64-Bit-Umgebung oder nur im ISE-Editor läuft.

Neue Manifestdatei anlegen

Fügen Sie auf Wunsch ein neues Manifest mit *New-ModuleManifest* Ihrem Modul hinzu. Dazu erwartet *New-ModuleManifest* mit dem Parameter *-Path* den Namen der Manifestdatei. Diese muss genauso heißen wie der Modulordner und direkt darin liegen, um von PowerShell erkannt zu werden. Die folgenden Zeilen fügen dem Modul *MeineTools* eine Manifestdatei hinzu, die festlegt, dass das Modul die Funktion *Get-SoftwareUpdate* exportiert (verfügbar macht). Außerdem werden eine Reihe weiterer Informationen über Copyright und Autor eingefügt:

```
PS> $module = 'MeineTools'
PS> $path = Join-Path -Path ($env:PSModulePath -split ';')[0] -ChildPath $module

PS> New-ModuleManifest -Path "$path\$module.psd1" -RootModule "$module.psm1" `
-FunctionsToExport Get-SoftwareUpdate -Copyright 'PowerShell Workshop' -Author $env:USERNAME `
-CompanyName 'Microsoft Press' -Description 'Ein Testmodul'
```

Weil die resultierende Manifestdatei PowerShell-Code enthält, kann sie im ISE-Editor angezeigt werden:

```
PS> ise "$path\$module.psd1"
```

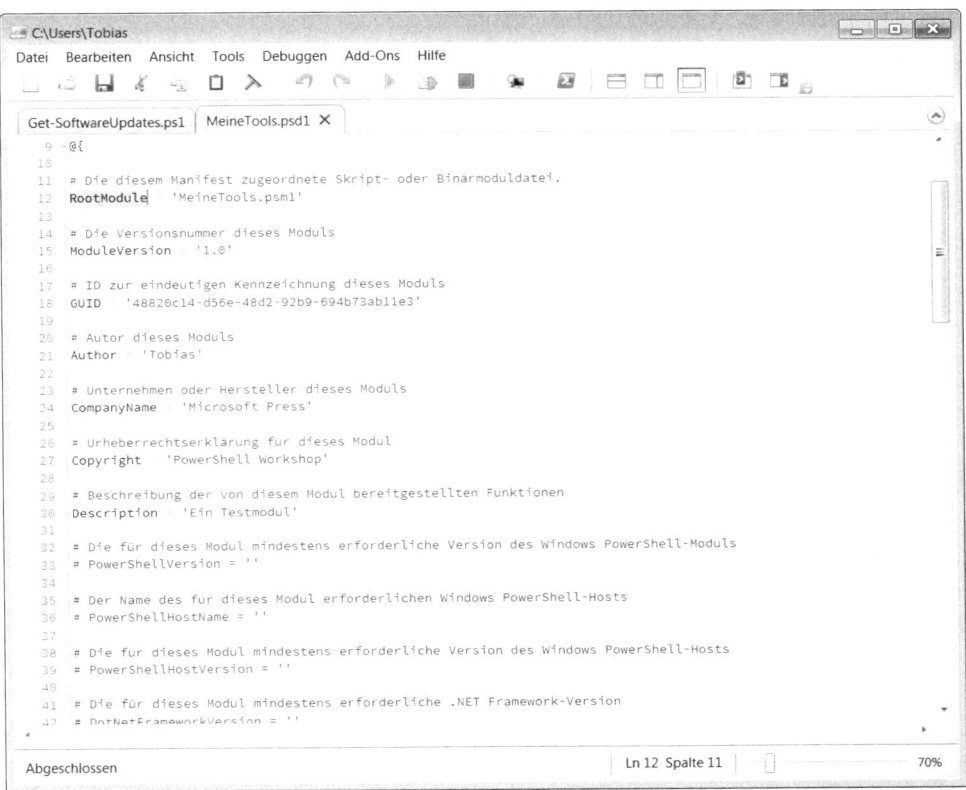

Abbildung 20.3   Eine automatisch erstellte Manifestdatei

ACHTUNG   Der Aufbau von Manifestdateien hat sich in PowerShell 3.0 etwas geändert. Das Skriptmodul wird nun über den Schlüssel *RootModule* festgelegt. Bei PowerShell 2.0 heißt dieser Schlüssel *ModuleToProcess*. Entsprechend hat sich auch der Parametername bei *New-ModuleManifest* geändert. Sie müssen also bei PowerShel 2.0 im Code den Parameter *-RootModule* ersetzen durch *-ModuleToProcess*.

Manifestdateien, die Sie mit PowerShell 2.0 erzeugen, laufen auch unter PowerShell 3.0 – aber nicht umgekehrt. Damit eine Manifestdatei, die unter PowerShell 3.0 angelegt wurde, zu PowerShell 2.0 abwärtskompatibel ist, müssen Sie ihren Inhalt manuell anpassen und darin den Schlüssel *RootModule* ersetzen durch *ModuleToProcess*.

Auch die Natur von *New-ModuleManifest* hat sich geändert: Während bei PowerShell 2.0 die meisten Parameter zwingend erforderlich waren, ist bei PowerShell 3.0 nur noch der Parameter *-Path* unbedingt erforderlich. Sie brauchen jetzt also nicht mehr zwingend sämtliche Informationen im Manifest einzutragen, sondern können sich auf die Angaben beschränken, die für Sie wichtig sind. Informationen, die Sie nicht spezifizieren, werden dennoch in auskommentierter Form ins Manifest übernommen (Abbildung 20.3), sodass Sie diese bei Bedarf später leicht nachtragen können.

Eine Manifestdatei ist technisch gesehen eine Hashtabelle und kann auch so geladen werden:

```
PS> $module = 'MeineTools'
PS> $path = Join-Path -Path ($env:PSModulePath -split ';')[0] -ChildPath $module
PS> $manifest = "$path\$module.psd1"
PS> $content = Get-Content -Path $manifest -raw
PS> $info = Invoke-Expression $content
PS> $info

Name                            Value
----                            -----
Copyright                       PowerShell Workshop
Description                     Ein Testmodul
CompanyName                     Microsoft Press
GUID                            48820c14-d56e-48d2-92b9-694b73ab11e3
Author                          Tobias
FunctionsToExport               Get-SoftwareUpdate
VariablesToExport               *
RootModule                      MeineTools.psm1
AliasesToExport                 *
CmdletsToExport                 *
ModuleVersion                   1.0

PS> $info.FunctionsToExport
Get-SoftwareUpdate
```

HINWEIS   Im Beispiel wird *Get-Content* dazu verwendet, den Inhalt der Manifestdatei zu lesen. Dabei wird der in PowerShell 3.0 neu hinzugekommene Parameter *-Raw* verwendet, um den Text als Ganzes (und nicht zeilenweise) zu lesen. In PowerShell 2.0 liest *Get-Content* immer zeilenweise und unterstützt *-Raw* nicht, sodass Sie dort das Ergebnis an *Out-String* weiterleiten müssen.

Mit dem in PowerShell 3.0 neu hinzugekommenen *Test-ModuleManifest* kann ein Manifest zudem überprüft werden. Stimmen Angaben nicht und fehlen beispielsweise Dateien, die im Manifest genannt werden, erscheinen Fehlermeldungen. Ist alles in Ordnung, werden nur das Modul sowie die von ihm exportierten Befehle angezeigt:

```
PS> Test-ModuleManifest -Path $manifest

ModuleType Name                          ExportedCommands
---------- ----                          ----------------
Script     MeineTools                    Get-SoftwareUpdate
```

Wirkung einer Manifestdatei

Sobald ein Modul ein Manifest besitzt, wird beim Import des Moduls nicht mehr die .psm1-Datei geladen, sondern die *.psd1*-Datei, die Vorrang besitzt. PowerShell überprüft, ob die Voraussetzungen erfüllt sind, die die Manifestdatei anfordert, und schaut dann im Schlüssel *ModuleToProcess* (Power-Shell 2.0 und 3.0) oder *RootModule* (PowerShell 3.0) nach, welche Datei das eigentliche Modul enthält. Diese Vorgänge können Sie auch sichtbar machen, indem Sie bei *Import-Module* den Parameter *-Verbose* angeben:

```
PS> Import-Module -Name meinetools -Verbose
AUSFÜHRLICH: Modul wird aus Pfad
"C:\Users\Tobias\Documents\WindowsPowerShell\Modules\meinetools\meinetools.psd1" geladen.
AUSFÜHRLICH: Modul wird aus Pfad
"C:\Users\Tobias\Documents\WindowsPowerShell\Modules\meinetools\MeineTools.psm1" geladen.
AUSFÜHRLICH: Exportfunktion "Get-SoftwareUpdate".
AUSFÜHRLICH: Funktion "Get-SoftwareUpdate" wird importiert.
```

PowerShell entdeckt also, dass sich im Modulordner eine gleichnamige *.psd1*-Datei befindet, und wertet ihren Inhalt aus. Im Eintrag *RootModule* findet PowerShell den Verweis auf die *.psm1*-Datei und führt dieses Skript aus. Anschließend werden die in *FunctionsToExport* angegebenen Funktionen exportiert und in den Kontext des Aufrufers importiert.

TIPP   Ein Manifest kann nicht nur weitere Voraussetzungen festlegen, die für das Modul erfüllt sein müssen, sondern – da es in *ModuleToProcess* bzw. *RootModule* frei festlegt, was beim Import des Moduls geladen werden soll – nun auch Skripts oder DLL-Dateien laden. Ein Manko einer *.psm1*-Datei ist nämlich, dass diese nicht direkt ausführbar ist. Sie können den Code darin also nicht einfach in den ISE-Editor laden, debuggen und weiterentwickeln. Mithilfe einer Manifestdatei benötigen Sie keine *.psm1*-Datei mehr. Speichern Sie einfach das entsprechende Skript im Modulordner und geben Sie dann im Manifest an, dass dieses Skript geladen werden soll.

Kurz und knapp...

Module sind in sich gekapselte PowerShell-Erweiterungen, Sie mit *Import-Module* nachladen und mit *Remove-Module* wieder spurlos entfernen können. Skripts lassen sich als Modul verpacken, indem sie als Datei mit der Erweiterung **.psm1* gespeichert werden. Damit aus dieser Datei ein Modul wird, muss die Datei zusätzlich in einen Ordner gelegt werden, der genauso heißt wie die Datei. Kopieren Sie diesen Ordner in einen der beiden besonderen PowerShell-*Modules*-Ordner, findet PowerShell die Module automatisch, wenn Sie *Get-Module* mit dem Parameter *-ListAvailable* angeben. Andernfalls müssen Sie bei *Import-Module* den kompletten Pfadnamen zum Modulordner angeben.

Mehr Möglichkeiten ergeben sich, wenn sich auch ein Manifest (eine *.psd1*-Datei, die eine Hashtabelle mit Schlüssel-Wert-Paaren enthält) im Modulordner befindet. Dann wird die Manifestdatei beim Import zum Startpunkt, jedenfalls dann, wenn sie genauso heißt wie der Modulordner. In der Manifestdatei lassen sich die Voraussetzungen und Bestandteile des Moduls wesentlich genauer festlegen. *New-ModuleManifest* generiert die Manifestdatei. Damit ein Modul mit Manifest auch unter PowerShell 2.0 ausführbar ist, muss der Schlüssel *RootModule* in der Manifestdatei durch *ModuleToProcess* ersetzt werden.

ETS-Anweisungen zu Modul hinzufügen

Ein Modul kann nicht nur neue Befehle nachrüsten, sondern auch die notwendigen neuen Einträge für die ETS-Datenbank, damit PowerShell die Ergebnisse der neu hinzugefügten Befehle auch wie gewünscht formatiert. Ein Beispiel soll zeigen, wie das funktioniert. Nehmen Sie an, dass die Funktion *Get-SoftwareUpdate* aus dem Abschnitt »Skript in Modul verwandeln« (Seite 750) nicht Objekte mit vier Eigenschaften liefert, sondern mit sechs:

```
function Get-SoftwareUpdate
{
  $filter = @{
    logname='Microsoft-Windows-Application-Experience/Program-Inventory'
    id=905
  }
  Get-WinEvent -FilterHashtable $filter |
  ForEach-Object {
    $info = 1 | Select-Object Datum, Anwendung, Version, Herausgeber, Sprache, Typ
    $info.Datum = $_.TimeCreated
    Sinfo.Anwendung = $_.Properties[0].Value
    $info.Version = $_.Properties[1].Value
    $info.Herausgeber = $_.Properties[2].Value
    $info.Sprache = $_.Properties[3].Value
    $info.Typ = $_.Properties[4].Value
    $info
  }
}
```

Listing 20.2 Das Skript *Get-SoftwareUpdate2.ps1*

Ohne spezielle ETS-Anweisungen würde PowerShell die Objekte nun nicht mehr als Tabelle formatieren, sondern als Liste:

```
(…)
Datum       : 14.08.2012 11:36:55
Anwencung   : Microsoft Visual Studio 2010 Tools for Office Runtime (x64)
Versicn     : 10.0.31121
Herausgeber : Microsoft Corporation
Sprache     :
Typ         : AddRemoveProgram

Datum       : 14.08.2012 11:36:55
Anwendung   : Microsoft SQL Server Compact 4.0 SP1 x64 ENU CTP1
Version     : 4.0.8872.1
```

```
Herausgeber : Microsoft Corporation
Sprache     : 1033
Typ         : Msi
(…)
```

Erwünscht ist aber vielleicht, dass die Eigenschaften übersichtlicher angezeigt werden, beispielsweise *Datum*, *Anwendung* und *Version* standardmäßig als Tabelle, und zwar mit den abweichenden Spaltenüberschriften *Datum*, *Installiertes Produkt* und *Produktversion*. Dies könnte der Anwender ohne Erweiterung des ETS zwar notfalls von Hand selbst festlegen:

```
PS> Get-SoftwareUpdate | Select-Object -Property Datum, Anwendung, Version

Datum                          Anwendung                              Version
-----                          ---------                              -------
09.11.2012 18:43:10            Wireless Console 3                     3.0.27
09.11.2012 18:43:10            Intel(R) OpenCL CPU Runtime            0.0
09.11.2012 18:43:10            Realtek High Definition Audio Driver   6.0.1.6608
(…)
```

Jetzt werden zwar nur die angegebenen Eigenschaften als Spalten in einer Tabelle angezeigt, aber die Spaltenbreite ist noch immer nicht optimal (die Spalten werden gleichmäßig über die Konsolenbreite verteilt und jede Spalte ist gleich breit). Ferner enthalten die Objekte nach Einsatz von *Select-Object* nicht mehr die übrigen Eigenschaften. Diese sollen aber nicht verschwinden (dann hätte man sie ja von vornherein aus den Ergebnissen ausschließen können), sondern nur versteckt werden, sodass sie bei Bedarf dennoch vorhanden sind. Das gewünschte Standardergebnis soll also beispielsweise folgendermaßen aussehen:

```
PS> Get-SoftwareUpdate

Datum                  Installiertes Produkt              Produktversion
-----                  ---------------------              --------------
09.11.2012 18:43:10 Wireless Console 3                            3.0.27
09.11.2012 18:43:10 Intel(R) OpenCL CPU Runtime                      0.0
09.11.2012 18:43:10 Realtek High Definition Audio Driver       6.0.1.6608
09.11.2012 18:43:10 Intel(R) Processor Graphics              8.15.10.2696
05.11.2012 07:07:21 Snagit 11                                     11.0.1
05.11.2012 07:07:21 Oracle VM VirtualBox 4.1.18                    4.1.18
(…)
```

Dennoch sollen die übrigen versteckten Eigenschaften nach wie vor verfügbar sein:

```
PS> Get-SoftwareUpdate | Select-Object -Property Datum, Version, Typ

Datum                  Version              Typ
-----                  -------              ---
09.11.2012 18:43:10    3.0.27               Msi
09.11.2012 18:43:10    0.0                  AddRemoveProgram
09.11.2012 18:43:10    6.0.1.6608           AddRemoveProgram
09.11.2012 18:43:10    8.15.10.2696         AddRemoveProgram
05.11.2012 07:07:21    11.0.1               Msi
05.11.2012 07:07:21    4.1.18               Msi
```

Damit dies geschieht, werden dem Modul nun noch die notwendigen ETS-Informationen hinzugefügt.

Objekte mit eindeutigem Typnamen versehen

Damit das ETS Ihre mit *Select-Object* selbstproduzierten Ergebnisobjekte überhaupt erkennt und eindeutig zuordnen kann, muss den Objekten im ersten Schritt ein eindeutiger Typname zugewiesen werden. Das geschieht innerhalb von *Get-SoftwareUpdate* mit dieser zusätzlichen Anweisung, die einen weiteren Typnamen in die normalerweise versteckte Eigenschaft *PSTypeNames* einfügt (und über die jedes Objekt verfügt):

```
(...)
$info.PSTypeNames.Insert(0,'mySoftwareUpdateResults')
```

Listing 20.3 Das Skript *Get-SoftwareUpdate3.ps1 mit einem* eindeutigen Typnamen für Objekte

Aus Sicht des ETS heißen die Objekte, die *Get-SoftwareUpdate* zurückliefert, nun *mySoftwareUpdate-Results*. Nun muss die ETS-Datenbank noch um einen passenden Eintrag erweitert werden, der verrät, *wie* solche Objekte formatiert werden sollen. Dazu werden XML-Dateien mit der Erweiterung *.format.ps1xml* eingesetzt:

```xml
<Configuration>

  <!-- ##.##.##.##.##.## Definition des Anzeigeformats für mySoftwareUpdateResults-Objekte
##.##.##.##.##.## -->

  <ViewDefinitions>
    <View>
      <Name>UpdateResult</Name>
      <ViewSelectedBy>
        <TypeName>mySoftwareUpdateResults</TypeName>
      </ViewSelectedBy>
      <TableControl>
        <TableHeaders>
          <TableColumnHeader>
            <Label>Datum</Label>
            <Width>19</Width>
            <Alignment>left</Alignment>
          </TableColumnHeader>
          <TableColumnHeader>
            <Label>Installiertes Produkt</Label>
            <Alignment>left</Alignment>
          </TableColumnHeader>
          <TableColumnHeader>
            <Label>Produktversion</Label>
            <Alignment>right</Alignment>
            <Width>15</Width>
          </TableColumnHeader>
        </TableHeaders>
        <TableRowEntries>
          <TableRowEntry>
            <Wrap/>
            <TableColumnItems>
              <TableColumnItem>
                <PropertyName>Datum</PropertyName>
              </TableColumnItem>
              <TableColumnItem>
                <PropertyName>Anwendung</PropertyName>
              </TableColumnItem>
```

```
          <TableColumnItem>
            <PropertyName>Version</PropertyName>
          </TableColumnItem>
        </TableColumnItems>
      </TableRowEntry>
    </TableRowEntries>
  </TableControl>
 </View>
</ViewDefinitions>
</Configuration>
```

Listing 20.4   Die Datei mit ETS-Formatdefinitionen: *mySoftwareUpdateResult.format.ps1xml*

Aufbau von FormatData-Definitionen

Die *format.ps1xml*-Datei aus Listing 20.4 enthält drei Teile: *ViewSelectedBy*, *TableControl* und *Table-RowEntries*. Diese drei Teile bestimmen, wie das ETS einen bestimmten Objekttyp darstellen soll:

- **ViewSelectedBy**   legt fest, für welchen Objekttyp die nachfolgenden Definitionen gelten sollen. Da die Objekte in diesem Beispiel mit dem Namen *mySoftwareUpdateResults* versehen wurden, wird dieser Name angegeben.

- **TableControl**   Hier werden die Tabellenspalten festgelegt: Name der Spalte, Breite der Spalte und Ausrichtung. Der Name der Tabellenspalte kann also vom Namen der Objekteigenschaft abweichen, wovon in diesem Beispiel auch Gebrauch gemacht wird.

- **TableRowEntries**   bestimmt, wie die Tabellenspalten gefüllt werden. Für jede Spalte wird hier der Name der Eigenschaft angegeben, die in dieser Spalte angezeigt werden soll.

> **PROFITIPP**   Wenn Sie wissen möchten, welche sonstigen Informationen in einer *.format.ps1xml*-Datei erlaubt sind und wie PowerShell die vielen anderen Objekttypen formatiert, werfen Sie einen Blick in diese Dateien. Sie finden diese im Ordner, der in der Variablen *$PSHOME* vermerkt ist. Allerdings ist der Aufbau dieser Dateien nicht ganz trivial.

Formatdefinition in Modul integrieren

Die *.ps1xml*-Datei mit den Formatanweisungen wird als separate Datei in den Modulordner gelegt. Nun müssen sie nur noch die Manifestdatei beauftragen, diese Formatdatei beim Modulimport zu laden. Das geschieht über den Schlüssel *FormatsToProcess*:

```
(…)
# Die Formatdateien (.ps1xml), die beim Importieren dieses Moduls geladen werden sollen
FormatsToProcess = 'mySoftwareUpdateResult.format.ps1xml'
(…)
```

> **HINWEIS**   Sie finden ein Beispiel für ein komplettes statisches Skriptmodul namens *MeineTools* in den Begleitmaterialien zu diesem Buch im Ordner »Kapitel 20\Modulbeispiel statisch«. Darin ist das Modul im Ordner *WindowsPower-Shell\Modules\MeineTools* enthalten. Sie brauchen also nur den Ordner *WindowsPowerShell* in Ihren Dokumente-Ordner zu kopieren, damit das Modul sofort im richtigen Ordner liegt. Falls es schon einen solchen Ordner bei Ihnen gibt, erlauben Sie dem Windows-Explorer einfach, die neuen Daten in den vorhandenen Ordner zu integrieren.

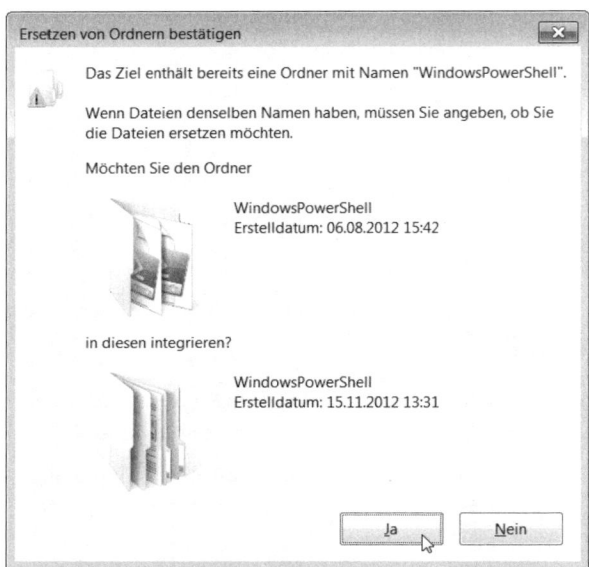

Abbildung 20.4 Erlauben Sie, dass das Modul in den vorhandenen Ordner integriert wird, falls er existiert

Falls Sie das Modul *MeineTools* schon einmal installiert oder angelegt haben, müssen Sie außerdem noch zustimmen, dass seine Bestandteile überschrieben werden. Danach können Sie das neue Modul sofort testen:

```
PS> Import-Module -Name MeineTools -force
```

Volldynamische Skriptmodule

Eigentlich eignen sich Module hervorragend dazu, eigene Funktionen zu organisieren. Anstatt also nützliche Funktionen als separate Skriptdateien quer über die Festplatte zu verstreuen, könnte man diese auch gleich in einem Modulordner speichern – immerhin ist ein Modul nichts weiter als ein gewöhnlicher Ordner. Die Skripts wären so nach wie vor einzeln lad- und erweiterbar, könnten aber ebenso gut insgesamt über das Modul bei Bedarf nachgeladen werden.

Damit dies tatsächlich möglichst bequem funktioniert, sollten dazu allerdings keinerlei Anpassungen an den *.psm1*- und *.psd1*-Dateien des Moduls nötig sein. Ein solches Universalmodul müsste also »selbst erkennen«, welche Skripts sich gerade in seinem Modulordner befinden, und diese beim Import laden. Außerdem sollte es eine einfache Möglichkeit geben, weitere neue leere Modulordner herzustellen, damit man seine Skripts thematisch gliedern kann, also mehrere Module mit unterschiedlichen Namen erhält.

Universeller Modul-Loader als .psm1-Datei

Erster Schritt ist ein volldynamischer Modul-Loader, der selbstständig die Skripts erkennt und lädt, die im Modul lagern. Er könnte im einfachsten Fall so aussehen und würde dann alle PowerShell-

Skrips im Modulordner (Pfadname steht in *$PSScriptRoot*) finden und über ihren jeweils vollständigen Pfadnamen (steht in der Eigenschaft *FullName*) dotsourced nachladen:

```
Get-ChildItem -Path $PSScriptRoot -Filter *.ps1 | ForEach-Object { . $_.FullName }
```

ACHTUNG Sie sollten diese Zeile keinesfalls unbedarft starten, etwa in der Konsole. Außerhalb eines Moduls würden dann einfach alle Skripts im aktuellen Verzeichnis gestartet (*$PSScriptRoot* ist nur in Modulen wirksam, sodass der Pfad leer bleibt und daher das aktuelle Verzeichnis angenommen wird), unter denen sich auch welche befinden können, die das System verändern.

Ein professioneller universeller Modul-Loader muss sich noch um einiges mehr kümmern und könnte so aussehen:

```
# alle Skripts im Rootordner des Moduls finden:
Get-ChildItem -Path $PSScriptRoot -Filter *.ps1 |
Where-Object { $_.Extension -eq '.ps1' } |
# und alle diese Skripts dot-sourced laden:
ForEach-Object {
  $start = Get-Date
  . $_.FullName
  $ende = Get-Date
  # hat der Ladevorgang verdächtig lange gedauert?
  $dauer = ($ende - $start).TotalSeconds

  Write-Verbose ('Ladezeit des Skripts "{0}": {1} Sekunden.' -f $_.Name, $dauer)

  if ($dauer -gt 2)
  {
    Write-Warning ('Sehr lange Ladezeit des Skripts "{0}": {1} Sekunden.' -f $_.Name, $dauer)
    Write-Warning 'Dies ist ein Hinweis, dass im Skript unbeabsichtigte Befehle ausgeführt werden.'
  }
}

# alle Format-Daten im Rootordner des Moduls finden:
Get-ChildItem -Path $PSScriptRoot -Filter *format.ps1xml |
  Where-Object { $_.Extension -eq '.ps1xml' } |
  # und diese laden:
  ForEach-Object { Update-FormatData -PrependPath $_.FullName }
```

Listing 20.5 Das Skript *ModuleLoader.psm1*

Das Problem bei universellen Modulen, die man nachträglich mit Skripts beladen kann, ist nämlich: Kopieren Sie ein Skript in das Modul, das nicht nur Funktionen definiert, sondern diese womöglich gleich aufruft, oder das sonstige Befehle sofort ausführt, würde dies beim Import des Moduls ebenfalls geschehen, ohne dass Sie irgendwelche Ausgaben sehen würden. Deshalb muss der Module-Loader den Start aller Skripts überwachen, und wenn dieser verdächtig lange dauert (im Beispiel zwei Sekunden), sollte eine Warnmeldung erscheinen. Eine weitere Aufgabe, die der Universal-Loader meistern soll: *format.ps1xml*-Dateien sollen ebenfalls automatisch erkannt und dem PowerShell-ETS hinzugefügt werden. Dies erledigt der untere Teil des Skripts mithilfe von *Update-FormatData*.

Falls Sie sich das Skript tatsächlich genau ansehen, fragen Sie sich vielleicht, was diese Zeilen für einen Sinn haben:

```
Get-ChildItem -Path $PSScriptRoot -Filter *.ps1 |
Where-Object { $_.Extension -eq '.ps1' }
```

Wenn *Get-ChildItem* ohnehin einen Dateifilter auf **.ps1* setzt, wieso wird hier mit *Where-Object* noch ein zweites Mal die Dateierweiterung geprüft? Der Grund ist, dass der Dateifilter von *Get-ChildItem* einen etwas sonderbaren Algorithmus hat, der sich am *Dir*-Befehl alter Shells orientiert. Der Filter würde daher nicht nur PowerShell-Skripts (Erweiterung *.ps1*) finden, sondern auch PowerShell-Erweiterungsdateien (Erweiterung *.ps1xml*). Daher die zweite Feinsieb, das auf die ausdrückliche Dateierweiterung *.ps1* besteht.

Modulkopierfunktion

Zusätzlich wäre es schön, wenn das Universalmodul über einen Befehl verfügte, mit dem neue leere Module angelegt werden können. Das leistet die Funktion *New-CustomModule*. Sie wird ebenfalls direkt in der *.psm1*-Datei definiert:

```
# eirgebaute Funktion, um dieses Modul
# unter einem neuen Namen zu verwenden:
function New-CustomModule
{
  param
  (
    [Parameter(Mandatory=$true)]
    $Name,
    $Description,
    $Copyright,
    $Author
  )

  # Pfadname für neues Modul
  $Path = Join-Path -Path (Split-Path -Path $profile) -ChildPath "Modules\$Name"

  # existiert dieser Pfad schon?

  if (Test-Path -Path $Path)
  {
    Write-Warning "Ein Modul namens '$Name' existiert bereits."
    break
  }

  # Ordner anlegen
  $null = New-Item -Path $Path -ItemType Directory -Force

  # eigenes Modul dorthin kopieren
  $ModuleName = Split-Path -Path $PSScriptRoot -Leaf
  Copy-Item -Path $PSScriptRoot\ModuleLoader.psm1 -Destination $Path

  # Manifestdatei anpassen
  $hash = Invoke-Expression( (Get-Content "$PSScriptRoot\$ModuleName.psd1" | Out-String) )
  $hash.Remove('FunctionsToExport')
  $hash.Remove('CmdletsToExport')
  $hash.Remove('VariablesToExport')
  $hash.Remove('AliasesToExport')
  $hash.GUID = [system.guid]::NewGuid().ToString()
```

```
$hash.Author = $Author
$hash.CompanyName = $Company
$hash.Copyright = $Copyright
$hash.Description = $Description
New-ModuleManifest -Path "$Path\$Name.psd1" @hash

# Manifestdatei zu PS2.0 kompatibel machen
(Get-Content -Path "$Path\$Name.psd1" -Raw).Replace('RootModule','ModuleToProcess') |
  Set-Content -Path "$Path\$Name.psd1"

# Modulordner im Explorer öffnen
Invoke-Item -Path $Path
}
```

ACHTUNG   Die Funktion *New-CustomModule* funktioniert nur innerhalb eines Moduls und nur in PowerShell 3.0. Versuchen Sie nicht, den Code separat auszuführen, weil dann die Variable *$PSScriptRoot* leer ist. In PowerShell 2.0 sind die Parameter des Cmdlets *New-ModuleManifest* sämtlich zwingend und nicht optional, sodass die Funktion hier nicht eingesetzt werden sollte. Sobald das volldynamische Modul in wenigen Augenblicken fertiggestellt ist, können Sie *New-CustomModule* in Aktion erleben.

Universelles Manifest als .psd1-Datei

Das Skript benötigt außerdem ein universelles Manifest. Die entsprechende Manifestdatei sieht folgendermaßen aus und ruft beim Modulimport dann die *ModuleLoader.psm1*-Datei automatisch auf:

```
@{
# Die diesem Manifest zugeordnete Skript- oder Binärmoduldatei.
ModuleToProcess = 'ModuleLoader.psm1'

# Die Versionsnummer dieses Moduls
ModuleVersion = '1.0'

# ID zur eindeutigen Kennzeichnung dieses Moduls
GUID = '48820c14-d56e-48d2-92b9-694b73ab11e3'
}
```

Listing 20.6   Die Manifestdatei *UniversalModul.psd1*

Einsatzbereites Universalmodul herstellen

Sie besitzen nun zwei relativ kleine Dateien: das Manifest (*UniversalModul.psd1*) und den Modul-Loader (*ModuleLoader.psm1*). Damit daraus ein einsatzbereites Modul wird, legen Sie einfach einen Ordner namens *UniversalModul* an und kopieren die beiden Dateien hinein.

ACHTUNG   Der Name des Moduls lautet jetzt *UniversalModul* und wird durch den Namen des Ordners bestimmt. Die Manifestdatei muss, wechseln Sie an früherer Stelle bereits erwähnt, stets genauso heißen wie das Modul. Kopieren Sie das Modul noch in einen der Ordner in *$env:PSModulePath,* sodass es jetzt importiert werden kann:

```
PS> Import-Module UniversalModul
```

Sollten Sie das Modul nicht in einen dieser Modulordner, sondern in anderen Ordner kopiert haben, geben Sie beim Import den vollen Pfadnamen zum Modulordner an. Sie finden ein Beispiel für ein komplettes dynamisches Skriptmodul namens *UniversalModul* in den Begleitmaterialien zu diesem Buch im Ordner »Kapitel 20\Modulbeispiel dynamisch«. Darin ist das Modul im Ordner *WindowsPowerShell\Modules\UniversalModul* enthalten. Sie brauchen also nur den Ordner *WindowsPowerShell* in Ihren *Dokumente*-Ordner zu kopieren, damit das Modul sofort im richtigen Ordner liegt. Falls es schon einen solchen Ordner bei Ihnen gibt, erlauben Sie dem Windows-Explorer einfach, die neuen Daten in den vorhandenen Ordner zu integrieren. Das Beispielmodul enthält bereits die bekannte Skriptdatei *Get-SoftwareUpdate3.ps1* (siehe ab Seite 758) sowie eine weitere Skriptdatei, die demonstriert, wie das Universalmodul auf problematische Skripts reagiert:

```
# Beispiel für ein Skript, das so wie es ist,
# NICHT in ein Modul integriert werden sollte, weil
# es SOFORT Befehle ausführt.

# OK: eine Funktionsdefinition
function Some-Command
{
   Start-Sleep -Seconds 3
}

# FALSCH: Funktion wird direkt im Skript aufgerufen
Some-Command

# FALSCH: Befehle werden sofort im Skript aufgerufen
Get-Process
```

Listing 20.7   Das Skript *problematische_skriptdatei.ps1*

Weil das Universalmodul den Importvorgang überwacht, sehen Sie unter Umständen einige Warnungen (Abbildung 20.5).

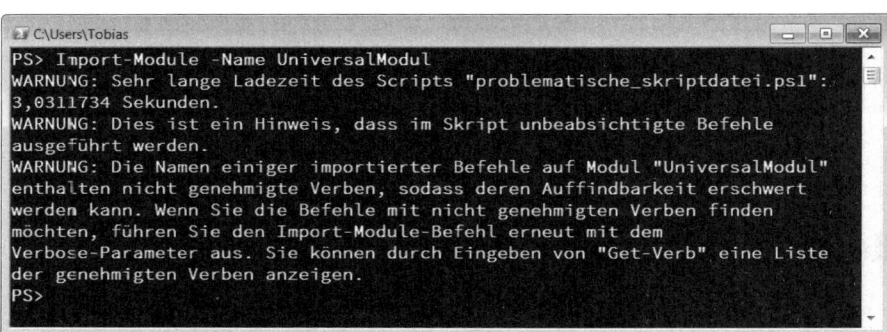

Abbildung 20.5   Warnmeldungen weisen auf Probleme in den Skriptdateien des Moduls hin

Die ersten beiden Warnungen stammen von *ModuleLoader.psm1* und besagen, dass das Skript *problematische_skriptdatei.ps1* ungewöhnlich viel Ladezeit benötigt hat. Dies weist darauf hin, dass das Skript bereits beim Start Befehle ausführt, also innerhalb eines Moduls beim Modulimport. Die dritte Warnung stammt von *Import-Module* und meldet, dass einer der Befehle, die das Modul bereitstellt, im Befehlsnamen ein »nicht genehmigtes« Verb verwendet. Die genehmigten Verben liefert *Get-Verb*. Befehle mit nicht genehmigten Verben funktionieren anstandslos, werden aber von Anwendern möglicherweise nicht so leicht gefunden. Welcher Befehl das nicht genehmigte Verb verwendet, zeigt *Import-Module*, wenn Sie *-Verbose* angeben:

AUSFÜHRLICH: Der Befehl "Some-Command" im Modul "UniversalModul" wurde importiert, lässt sich möglicherweise aber kaum finden, weil sein Name kein genehmigtes Verb enthält. Zum Abrufen einer Liste der genehmigten Verben geben Sie "Get-Verb" ein.

Möchten Sie diese Warnmeldung verhindern, geben Sie bei *Import-Module* den Parameter *-DisableNameChecking* an.

Weitere neue Module herstellen

Das Universalmodul kann nun mit beliebigen Skripts und auch *format.ps1xml*-Dateien gefüllt werden. Es dient als normaler Aufbewahrungsort (Ordner), kann die Funktionen in den Skripts aber auch über *Import-Module* laden. Sicher werden Sie bald dem Modul einen anderen Namen geben oder weitere Module nutzen wollen. Einfach den Modulordner zu kopieren und dann umzubenennen, wäre allerdings keine gute Idee. Die Manifestdatei im Modulordner müsste ebenfalls umbenannt werden, und innerhalb des Manifests sollte ein neues Modul mindestens eine neue eindeutige Kennung erhalten. Diese entsprechenden Aufgaben erledigt jedoch *New-CustomModule*, das bereits Teil des *ModuleLoader.psm1* ist, also im Universalmodul aufgerufen werden kann. Damit erstellen Sie kinderleicht weitere neue Module, zum Beispiel so:

```
PS> New-CustomModule -Name DateisystemTools -Description 'Funktionen rund ums Dateisystem'
-Copyright '2012 by me' -Author 'me'
```

Das neue Modul wird vollautomatisch angelegt und wenig später im Windows-Explorer geöffnet. Sie könnten es jetzt mit Skripts beladen. Die Manifestdatei wurde automatisch umbenannt und inhaltlich aktualisiert:

```
#
# Modulmanifest für das Modul "DateisystemTools"
#
# Generiert von: me
#
# Generiert am: 16.11.2012
#

@{

# Die diesem Manifest zugeordnete Skript- oder Binärmoduldatei.
ModuleToProcess = 'ModuleLoader.psm1'

# Die Versionsnummer dieses Moduls
ModuleVersion = '1.0'

# ID zur eindeutigen Kennzeichnung dieses Moduls
GUID = 'cafd429b-67f9-406c-867d-e1501a911ff2'

# Autor dieses Moduls
Author = 'me'

# Unternehmen oder Hersteller dieses Moduls
CompanyName = 'Unbekannt'

# Urheberrechtserklärung für dieses Modul
Copyright = '2012 by me'
```

```
# Beschreibung der von diesem Modul bereitgestellten Funktionen
Description = 'Funktionen rund ums Dateisystem'

# Die für dieses Modul mindestens erforderliche Version des Windows PowerShell-Moduls
# PowerShellVersion = ''

# Der Name des für dieses Modul erforderlichen Windows PowerShell-Hosts
# PowerShellHostName = ''

# Die für dieses Modul mindestens erforderliche Version des Windows PowerShell-Hosts
# PowerShellHostVersion = ''

# Die für dieses Modul mindestens erforderliche .NET Framework-Version
# DotNetFrameworkVersion = ''

# Die für dieses Modul mindestens erforderliche Version der CLR (Common Language Runtime)
# CLRVersion = ''

# Die für dieses Modul erforderliche Prozessorarchitektur ("Keine", "X86", "Amd64").
# ProcessorArchitecture = ''

# Die Module, die vor dem Importieren dieses Moduls in die globale Umgebung geladen werden müssen
# RequiredModules = @()

# Die Assemblys, die vor dem Importieren dieses Moduls geladen werden müssen
# RequiredAssemblies = @()

# Die Skriptdateien (PS1-Dateien), die vor dem Importieren dieses Moduls in der Umgebung des
Aufrufers ausgeführt werden.
# ScriptsToProcess = @()

# Die Typdateien (.ps1xml), die beim Importieren dieses Moduls geladen werden sollen
# TypesToProcess = @()

# Die Formatdateien (.ps1xml), die beim Importieren dieses Moduls geladen werden sollen
# FormatsToProcess = @()

# Die Module, die als geschachtelte Module des in "RootModule/ModuleToProcess" angegebenen Moduls
importiert werden sollen.
# NestedModules = @()

# Aus diesem Modul zu exportierende Funktionen
FunctionsToExport = '*'

# Aus diesem Modul zu exportierende Cmdlets
CmdletsToExport = '*'

# Die aus diesem Modul zu exportierenden Variablen
VariablesToExport = '*'

# Aus diesem Modul zu exportierende Aliase
AliasesToExport = '*'

# Liste aller Module in diesem Modulpaket.
# ModuleList = @()

# Liste aller Dateien in diesem Modulpaket
# FileList = @()
```

```
# Die privaten Daten, die an das in "RootModule/ModuleToProcess" angegebene Modul übergeben werden
sollen.
# PrivateData = ''

# HelpInfo-URI dieses Moduls
# HelpInfoURI = ''

# Standardpräfix für Befehle, die aus diesem Modul exportiert werden. Das Standardpräfix kann mit
"Import-Module -Prefix" überschrieben werden.
# DefaultCommandPrefix = ''

}
```

ACHTUNG   *New-CustomModule* ist eine Funktion, die von dem Universalmodul bereitgestellt wird und auch in allen Modulen vorhanden ist, die damit angelegt werden. Während die Module, die Sie damit erstellen, abwärtskompatibel zu PowerShell 2.0 sind, ist es die Funktion *New-CustomModule* nicht. Sie funktioniert nur in PowerShell 3.0 korrekt.

Module rückstandslos entfernen

Ein besonderer Vorteil von Modulen ist, dass man sie nicht nur importieren, sondern auch wieder entfernen kann: Mit *Remove-Module* werden alle Befehle, die aus einem Modul importiert wurden, wieder aus der PowerShell-Sitzung gelöscht. Ihre eigenen Module können in der *.psm1*-Datei allerdings natürlich beim Import zusätzlich beliebige andere Dinge verrichten, beispielsweise Menüeinträge im ISE-Editor hinzufügen (Kapitel 28). Solche zusätzlichen Systemveränderungen werden von *Remove-Module* nicht automatisch rückgängig gemacht.

Deshalb kann Ihre *.psm1*-Datei einen Ereignishandler implementieren, der darauf reagiert, wenn das Modul entfernt wird. In diesem Ereignishandler könntn Sie nun also selbst bestimmen, welche weiteren Systemeinstellungen zurückgesetzt werden sollen. Die folgende *.psm1*-Datei gibt beim Import des Moduls eine Meldung aus und beim Entfernen des Moduls eine zweite:

```
# wird beim Import des Moduls ausgeführt

# <hier könnten zunächst weitere Skripts dot-sourced geladen
# oder Funktionen definiert werden>

Write-Host 'Modul ist geladen.' -ForegroundColor Green

$MyInvocation.MyCommand.ScriptBlock.Module.OnRemove = {
    # wird beim Entfernen des Moduls ausgeführt
    Write-Host 'Modul ist wieder entfernt.' -ForegroundColor Red
}
```

Listing 20.8   Das Skript *module_remove.psm1*

Um zu testen, wie sich ein Modul mit diesem Code verhält, fügen Sie den Code entweder in die *.psm1*-Datei eines bestehenden Moduls ein oder Sie laden die *.psm1*-Datei direkt mit *Import-Module* (Abbildung 20.6).

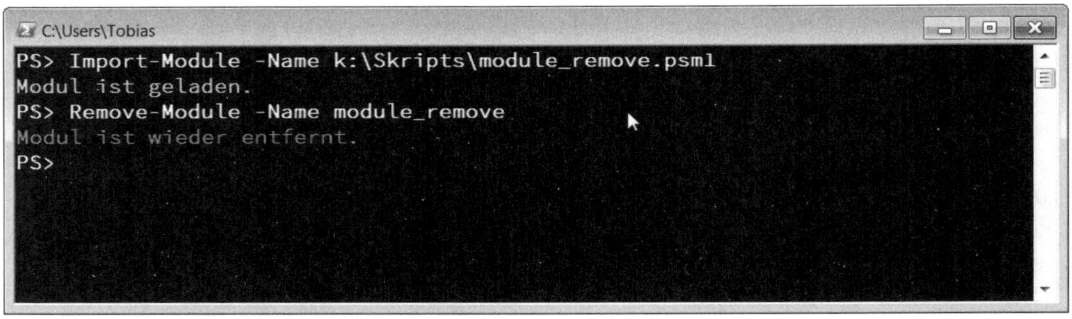

Abbildung 20.6   Ein Modul kann Code ausführen und Aufräumungsarbeiten durchführen, wenn es entfernt wird

Zusammenfassung

Im einfachsten Fall besteht ein Skriptmodul aus einer *.psm1*-Datei, die sich wie ein normales Power-Shell-Skript verhält, wenn sie von *Import-Module* geladen und ausgeführt wird. Normalerweise aber sind Module Ordner, in denen mindestens eine gleichnamige *.psm1*-Datei oder eine gleichnamige Manifestdatei (*.psd1*) liegt.

Ohne Manifestdatei wird die *.psm1*-Datei ausgeführt und könnte beispielsweise Funktionen definieren oder andere Skripts nachladen. Die Variable *$PSScriptRoot* enthält den Stammpfad des Moduls, sodass im Modul liegende Skripts leicht angesprochen werden können.

Bei Einsatz eines Manifests wird die Manifestdatei (also die *.psd1*-Datei) gelesen, die darin enthaltenen Voraussetzungen geprüft und danach die angegebenen Dateien geladen. Ein neues Manifest legt man mit *New-ModuleManifest* an und *Test-ModuleManifest* (PowerShell 3.0) kann die Manifestdatei prüfen. Falls das Modul Dateien benennt, die im Modul nicht existieren, erscheinen dann entsprechende Fehlermeldungen.

Module dürfen darüber hinaus weitere Dateien enthalten, beispielsweise Formatierungsanweisungen für das PowerShell-ETS in Form von *.format.ps1xml*-Dateien. Sie bestimmen, wie die Eigenschaften von Objekten dargestellt werden. Diese ETS-Informationen können entweder statisch über die Manifestdatei (*FormatsToProcess*) oder dynamisch vom Modul-Loaderskript (*.psm1*-Datei und *Update-FormatData*) geladen werden.

Weil sich beim Modulimport im Grunde beliebige Skripts ausführen lassen, kann ein Modul auch volldynamisch selbst erkennen, welche Skripts sich gerade im Modulordner befinden, und diese laden. Solche dynamischen Module eignen sich besonders gut dazu, schnell und einfach Module für bestimmte Zwecke anzulegen und mit den notwendigen Skripts zu beladen. Die *.psm1*- und *.psd1*-Dateien dieser dynamischen Module müssen dafür nicht verändert werden.

Kapitel 21

Gültigkeitsbereiche

In diesem Kapitel:

Sobald Sie nicht lediglich interaktive PowerShell-Befehle einsetzen, sondern auch Skripts schreiben, Funktionen definieren oder eigene Module anlegen, wird das Konzept der *Gültigkeitsbereiche* (Scopes) wichtig. Nicht alles, was Sie an *einem* Ort von PowerShell anlegen, ist auch *anderswo* sichtbar. und das hat auch seinen Sinn. Schließlich wollen Sie verhindern, dass nach dem Ausführen eines PowerShell-Skripts gebrauchte Variablen herumliegen und weiter Speicherplatz belegen oder zu unerwünschten Wechselwirkungen mit anderen Skripts führen. Die Gültigkeitsbereiche von Power-Shell orientieren sich sehr am echten Leben und entsprechen im Grunde »Territorien«:

- **Welt**   entspricht dem PowerShell-Host, also der Anwendung, die Ihren PowerShell-Code ausführt. Dieses Territorium wird auch »global:« genannt.
- **Land**   entspricht einem Skript oder Modul und wird auch »script:« genannt
- **Stadt**   entspricht einem Unterterritorium, beispielsweise einer Funktion oder eines Skripts, das aus einem anderen Skript heraus aufgerufen wird

Was in einem Territorium definiert wird, ist normalerweise nur in diesem Territorium sowie seinen untergeordneten Territorien sichtbar. Definieren Sie zum Beispiel eine Variable in der PowerShell-Konsole (Territorium »Welt«), dann ist diese auch in allen Ländern und Städten in dieser Welt sichtbar, also auch in Skripts und allen darin enthaltenen Funktionen. Es handelt sich um eine *globale* Variable.

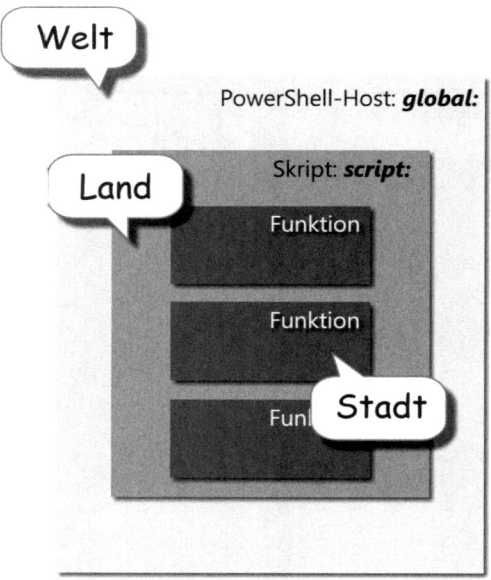

Abbildung 21.1 Gültigkeitsbereiche in PowerShell verhalten sich wie verschachtelte Territorien

Wird die Variable dagegen innerhalb einer Funktion angelegt, gilt sie wiederum nur in diesen und untergeordneten Territorien, nicht aber in übergeordneten. Sie ist deshalb nur innerhalb der Funktion und allen weiteren Funktionen und Skripts sichtbar, die von hier aus aufgerufen werden, aber nicht an anderen Stellen im Skript oder in der PowerShell-Anwendung.

Dieser einfache Grundmechanismus führt zu einer im praktischen Alltag äußerst nützlichen automatischen Abschottung: Nachdem eine Funktion ausgeführt ist, bleiben keine Variablen übrig, die die Funktion angelegt hatte. Und nachdem ein Skript die Ausführung beendet hat, bleiben keine Variablen übrig, die irgendwo innerhalb des Skripts angelegt wurden. Im Alltag braucht man das Konzept der Gültigkeitsbereiche also eigentlich gar nicht genauer zu hinterfragen. Es funktioniert einfach. Anders ist das, wenn Sie selbst Skripts, Module und Funktionen entwerfen. Dann nämlich kann es nötig werden, von den Grundregeln abzuweichen.

Skripts im Aufruferkontext

Reine Arbeitsskripts, die lediglich eine bestimmte Aufgabe erledigen sollen, kommen mit dem Grundverhalten von PowerShell wunderbar zurecht. Durch die Gültigkeitsbereiche räumen die Skripts automatisch hinter sich auf und geben auch automatisch alle Variablen wieder frei, die sie angelegt haben. Manchmal allerdings möchte man Skripts auch als Bibliotheken einsetzen, die dann Funktionen enthalten, die man nachladen möchte. Das ist beispielsweise das Grundprinzip der Skriptmodule aus dem letzten Kapitel. In diesem Fall ist es natürlich völlig unerwünscht, dass das Skript nach erledigter Arbeit wieder alles »vergisst«, denn schließlich sollen die Funktionen, die das Skript angelegt hat, anschließend noch vorhanden sein.

Dotsourcing verstehen

Deshalb kann der Aufrufer bestimmen, ob ein Skript isoliert ausgeführt werden soll oder im Kontext (also im Gültigkeitsbereich) des Aufrufers arbeitet. Ein kleiner Test veranschaulicht das am besten. Legen Sie in der PowerShell-Konsole dazu einerseits eine Variable und andererseits ein Testskript an. Das Testskript soll diese Variable ändern und dann ihren Wert anzeigen:

```
PS> $TestSkript = "$env:TEMP\testscript.ps1"

# eine Variable im globalen Kontext anlegen:
PS> $a = 100

# ein Testskript verfassen:
PS> '
>> $a = 300
>> "A ist: $a"
>> ' | Out-File -FilePath $TestSkript
>>
```

Nun rufen Sie das Skript mit dem Call-Operator & auf. Das entspricht dem Aufruf des Skripts über seinen Pfadnamen:

```
# TestSkript aufrufen
PS> & $TestSkript
A ist: 300

# Variable im globalen Kontext überprüfen:
PS> $a
100
```

Wie erwartet setzt das Skript die Variable *$a* auf den Wert *300*, aber sobald das Skript fertig ist, räumt es hinter sich auf. Die Variable *$a* im globalen Kontext bleibt unverändert *100*. Nun wird das Skript *dotsourced* aufgerufen, also anstelle von *&* mit ».«. Das Skript erledigt genau dieselbe Arbeit, aber diesmal hat sich die Variable *$a* dauerhaft geändert:

```
# TestSkript 'dotsourced' aufrufen:
PS> . $TestSkript
A ist: 300

# Variable im globalen Kontext überprüfen:
PS> $a
300
```

Im ersten Beispiel gab es *zwei* Gültigkeitsbereiche: den der Konsole und den des Skripts. Es gab auch *zwei* Variablen namens *$a*, eine im Gültigkeitsbereich der Konsole und eine im Gültigkeitsbereich des Skripts. Nachdem das Skript mit seiner Ausführung fertig war, wurde sein Gültigkeitsbereich zusammen mit allen darin enthaltenen Variablen auf den elektronischen Müll geworfen, sodass danach alles wieder so war wie vorher.

Im zweiten Beispiel gab es nur *einen* Gültigkeitsbereich, denn der Operator ».« rief das Skript im Kontext (Gültigkeitsbereich) des Aufrufers auf. Das Skript hat also nicht etwa eine eigene Variable *$a* angelegt, sondern die schon vorhandene Variable *$a* überschrieben. Deshalb war diese Änderung dauerhaft.

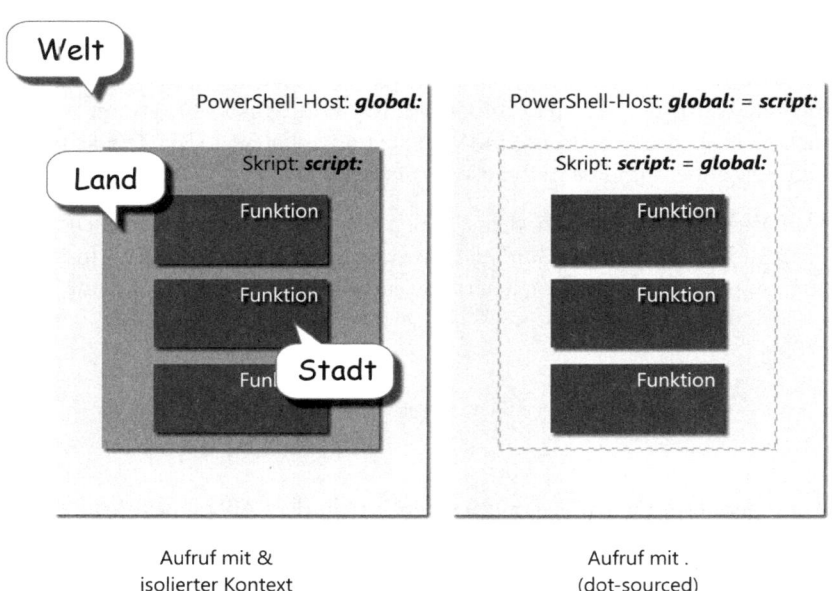

Abbildung 21.2   Unterschied zwischen normalem und »dotsourced« Aufruf

Dasselbe, was im Beispiel mit der Variable demonstriert wurde, gilt auch für Funktionen, Laufwerke und Aliase. Sie alle gelten immer nur in dem Kontext, in dem sie definiert werden (und den untergeordneten Gültigkeitsbereichen). Aus diesem Grund hat der universelle Modul-Loader aus dem letzten Kapitel die PowerShell-Skripts im Modulordner dotsourced aufgerufen. Andernfalls wären die Skripts zwar auch geladen worden, aber anschließend wäre ihr eigener Gültigkeitsbereich sofort wieder zusammen mit allen darin definierten Funktionen gelöscht worden.

ACHTUNG   Die Beispiele in diesem Abschnitt können Sie nur schwer in PowerShell ISE nachvollziehen. Wenn Sie darin ein Skript schreiben und starten, wird es immer automatisch dotsourced ausgeführt, entspricht also nicht ganz den Realbedingungen. Der ISE-Editor ist eine Entwicklungsumgebung, und während man Skripts entwickelt, möchte man nach Testläufen in der Lage sein, den Inhalt von Variablen zu überprüfen oder angelegte Funktionen interaktiv auszuprobieren. Dies alles ist nur möglich, wenn das Skript »dotsourced« aufgerufen wird, weswegen ISE diese Aufrufart automatisch wählt.

Unterschied zwischen Lesen und Schreiben

Es macht bei PowerShell einen fundamentalen Unterschied, ob eine Variable gelesen oder verändert bzw. angelegt wird. Beim Lesen sucht PowerShell die Variable zunächst im aktuellen Gültigkeitsbereich, und wenn sie dort nicht existiert, durchsucht PowerShell sukzessive die übergeordneten Gültigkeitsbereiche. Die Variable, die Sie lesen, befindet sich also nicht zwingend im aktuellen Gültigkeitsbereich. Wird eine Variable dagegen verändert oder neu angelegt, geschieht dies im aktuellen Gültigkeitsbereich. Das kann zu erheblichen Missverständnissen führen, wenn dies nicht verstanden wird. Schauen Sie sich dazu diese Funktion an:

```
function test
{
  "A ist innerhalb $a"
  $a = 12
  "A ist innerhalb $a"
}
```

In der ersten Zeile wird die Variable *$a* abgerufen. Sie ist aber in der Funktion noch gar nicht definiert. Diese Variable ist indes nicht etwa immer *$null*. Ist eine andere Variable namens *$a* in einem der übergeordneten Gültigkeitsbereiche vorhanden, liefert PowerShell stattdessen deren Inhalt:

```
PS> $a = 100
PS> "A ist außerhalb $a"
A ist außerhalb 100

PS> test
A ist innerhalb 100
A ist innerhalb 12

PS> "A ist außerhalb $a"
A ist außerhalb 100
```

Erst wenn die Funktion die Variable *$a* anlegt, bekommt sie Kontrolle über diese Variable. Vorher ist es für die Funktion unmöglich vorherzusagen, welchen Wert *$a* besitzt. Das kann in Skripts zu schwer nachvollziehbaren Fehlern führen, weil es zu ungeplanten Wechselwirkungen zwischen der Außenwelt und der Funktion kommen kann. Das Problem lässt sich aber zuverlässig beheben: Sorgen Sie dafür, dass alle Variablen eines Gültigkeitsbereichs immer initialisiert werden, wenn sie nicht *ausdrücklich* von außen beeinflussbar sein sollen:

```
function test
{
  # Variablen auf Grundwerte setzen, die in der Funktion benötigt werden
  $a = $b = $c = $d = 0

  "A ist innerhalb $a"
  $a = 12
  "A ist innerhalb $a"
}
```

Weil PowerShell die initialisierten Variablen im eigenen Gültigkeitsbereich findet, werden die übergeordneten Gültigkeitsbereiche nicht länger berücksichtigt.

Globale Variablen verwenden

Der Aufrufer eines Skripts oder einer Funktion kann zwar normalerweise nicht in fremde Gültigkeitsbereiche schreiben, aber Sie haben gesehen, wie der Aufrufer mit dem Operator ».« (»dotsourced«) seinen Gültigkeitsbereich mit dem des Skripts oder der Funktion verschmelzen kann. In diesem Beispiel stellt der Skriptblock ein eigenes Territorium dar und die Änderung der Variablen $a auf den Wert *2* gilt nur innerhalb dieses Territoriums. Deshalb liefert der Code den Wert 1:

```
PS> $a = 1

# normaler Aufruf:
PS> & {
 $a = 2
}

PS> $a
1
```

Wird stattdessen ».« eingesetzt, verschmelzen die beiden Territorien und der Skriptblock wird im Aufruferkontext (dessen Territorium) ausgeführt. Entsprechend liefert das Skript den Wert 2:

```
PS> $a = 1

# dotsourced:
PS> . {
 $a = 2
}

PS> $a
2
```

Code in einem Territorium kann andererseits ebenfalls beeinflussen, in welchem Gültigkeitsbereich Änderungen vorgenommen werden. Dazu werden die folgenden Schlüsselbegriffe vor Variablen- oder Funktionsnamen gestellt:

Bereich	Verwendung
global:	Wird immer im globalen Gültigkeitsbereich angelegt, also auf Ebene der PowerShell-Anwendung
script:	Wird im Kontext des Skripts oder Moduls angelegt (*skriptglobale* oder *shared* Variablen und Funktionen)
private:	Wird zwar wie üblich im aktuellen Gültigkeitsbereich angelegt, ist aber nicht von untergeordneten Gültigkeitsbereichen aus sichtbar und gilt also ausschließlich im aktuellen Gültigkeitsbereich
local:	Entspricht dem Standardverhalten

Tabelle 21.1 Gültigkeitsbereiche explizit ansprechen

Globale Variablen

Für Debugging-Zwecke werden häufig globale Variablen eingesetzt. In ihnen kann man Variablen speichern, die man gern nach einem Testlauf weiter untersuchen möchte. Da beispielsweise alle Variablen innerhalb einer Funktion wieder automatisch entsorgt werden, sobald die Funktion fertig ausgeführt ist, können Sie zu Testzwecken innerhalb der Funktion eine globale Variable anlegen, die dann den Wert einer bestimmten Variablen aufbewahrt:

```
function test
{
    $einWert = 99
    $global:debugwert = $einWert
}
```

```
test
```

Nach dem Aufruf der Funktion ist die Variable *$einWert* nicht mehr vorhanden:

```
PS>$einWert
```

Die globale Variable *$debugWert* dagegen ist noch da und kann untersucht werden:

```
$debugWert
99
```

HINWEIS   Sie hätten die Variable auch unter dem Namen *$global:debugWert* abrufen können, aber notwendig ist das nicht. Das Präfix *global:* sorgt dafür, dass die Variable *$debugWert* innerhalb der Funktion nicht im Gültigkeitsbereich der Funktion angelegt wird, sondern im globalen Gültigkeitsbereich. Ist die Funktion beendet, wird ihr Gültigkeitsbereich entsorgt. Der globale Gültigkeitsbereich existiert aber natürlich noch und darin auch die Variable *$debugWert*. Selbst wenn Sie die Variable nicht direkt in diesem Gültigkeitsbereich abrufen würden, fände sie PowerShell beim Lesen ja automatisch in einem der übergeordneten Gültigkeitsbereiche.

Auch Funktionen können gezielt im globalen Gültigkeitsbereich angelegt werden, indem *global:* vor den Funktionsnamen gestellt wird:

```
function global:test { 'Ich existiere, so lange diese PowerShell-Sitzung läuft!' }
```

Generell ist aber der Einsatz von *global:* in Produktivskripts üble Programmierpraxis, weil Sie damit unkontrollierbare »Rückstände« im globalen Kontext hinterlassen, die zu Wechselwirkungen führen können. Es sollte der *Aufrufer* eines Skripts oder Moduls sein, der entscheidet, ob und wie er Variablen und Funktionen ausführen möchte – nicht der *Programmierer*.

Skriptglobale Variablen

Wesentlich alltagstauglicher ist das Präfix *script:*. Es legt Variablen im Kontext eines Skripts an, sodass die Variablen von allen Bereichen des Skripts gemeinsam zum Lesen und Schreiben verwendet werden können. Die folgenden beiden Funktionen *Get-Value* und *Set-Value* arbeiten zusammen. *Set-Value* speichert Informationen an einem Ort, der von *Get-Value* wieder ausgelesen werden kann.

```
$info = 'Undefined'

function Set-Value
{
    param($NewValue)

    $script:info = $NewValue
}

function Get-Value
{
    "Wert ist $info"
}
```

Listing 21.1 Das Skript *scope.ps1*

Das Ergebnis entspricht den Erwartungen:

```
PS> Get-Value
Wert ist Undefined

PS> Set-Value 12

PS> Get-Value
Wert ist 12

PS> Set-Value hallo

PS> Get-Value
Wert ist hallo
```

Verwunderlich ist allenfalls, warum das Präfix *script:* nur in der Funktion *Set-Value* notwendig war. Wenn Sie sich allerdings die beteiligten Gültigkeitsbereiche vor Augen führen, wird dies klar: Jede Funktion besitzt ihren eigenen Gültigkeitsbereich. Hinzu kommt der Gültigkeitsbereich des Skripts (*script:*), in dem die beiden Funktionen ansässig sind. Da die Funktion *Get-Value* in ihrem eigenen Gültigkeitsbereich keine Variable *$info* definiert, wird beim Lesen in den übergeordneten Gültigkeitsbereichen nachgeschaut und im Bereich *script:* dann die Variable gefunden. *Get-Value* findet die richtige Variable also *implizit*.

Die Funktion *Set-Value* dagegen würde beim Schreiben immer die Variable *$a* im eigenen Gültigkeitsbereich anlegen, sodass diese für *Get-Value* unsichtbar wäre. Durch das Präfix *script:* greift *Set-Value* deshalb *explizit* auf die gemeinsam genutzte Variable.

HINWEIS Wie Sie aus dem vorherigen Abschnitt wissen, ist es gute Praxis, in jeder Funktion alle eigenen Variablen zu initialisieren. Würden Sie dies für *Get-Value* durchführen, würde sofort klar, dass darin *$info* gar keine eigene Variable sein kann, denn nun würde *Get-Value* kein Ergebnis mehr liefern:

```
function Get-Value
{
    $info = $null
    "Wert ist $info"
}
```

Richtig wäre also, auch in *Get-Value* explizit auf die Variable im skriptglobalen Kontext zuzugreifen:

```
function Get-Value
{
    $info = $null
    "Wert ist $script:info"
}
```

Nun würde deutlich, dass keine eigene Variable im Spiel ist und folglich auch keine initialisiert werden muss. Die eindeutige Formulierung sieht also so aus:

```
function Get-Value
{
    "Wert ist $script:info"
}
```

Diese Systematik funktioniert nicht anders als die ursprüngliche, ist aber wesentlich leichter lesbar und nachvollziehbar.

Aufruftyp eines Skripts testen

Mithilfe der Gültigkeitsbereiche lässt sich testen, ob ein Skript vom Aufrufer dotsourced aufgerufen wurde oder nicht. Dazu vergleicht man zwei (existierende) Variablen, einmal im globalen und einmal im skriptglobalen Kontext. Sind beide unterschiedlich, dann wurde das Skript nicht dotsourced aufgerufen und verfügt über einen eigenen Gültigkeitsbereich, andernfalls nicht.

Eine Variable, die immer in beiden Gültigkeitsbereichen vorkommt, heißt *$MyInvocation*. Die folgende Funktion *Test-DotSourced* meldet *$true*, wenn das Skript dotsourced aufgerufen wurde, andernfalls *$false*:

```
function Test-DotSourced
{
    $global:MyInvocation -eq $script:MyInvocation
}

if (Test-DotSourced)
{
    'Skript wurde dot-sourced im Aufruferkontext aufgerufen.'
}
else
{
    'Skript wurde isoliert im eigenen Kontext aufgerufen'
}
```

Listing 21.2 Das Skript *Test-DotSourced1.ps1*

Das Ergebnis sieht so aus:

```
PS> C:\Skripts\Test-DotSourced1.ps1
Skript wurde isoliert im eigenen Kontext aufgerufen

PS> & 'C:\Skripts\Test-DotSourced1.ps1'
Skript wurde isoliert im eigenen Kontext aufgerufen

PS> . 'C:\Skripts\Test-DotSourced1.ps1'
Skript wurde dot-sourced im Aufruferkontext aufgerufen.
```

Hierbei stellt sich auch heraus, dass Skripts, die direkt im ISE-Editor ausgeführt werden, *immer* dot-sourced sind. Die Funktionalität in *Test-DotSourced* könnte beispielsweise in einem Bibliotheksskript nützlich sein, mit dem neue Funktionen nachgeladen werden. Hier ein Testskript, das eine Funktion namens *New-Function* definiert. Diese Funktion steht aber natürlich nach Ausführung des Skripts nur zur Verfügung, wenn der Anwender das Skript dotsourced startet. Falls er das nicht macht, erkennt das Skript dies und gibt eine entsprechende Warnung aus (Abbildung 21.3). Das Skript sieht folgendermaßen aus:

```
# prüfen, ob das Skript vom Anwender korrekt aufgerufen wurde:
if ($global:MyInvocation -ne $script:MyInvocation)
{
    Write-Warning 'Starten Sie das Skript dotsourced, um die darin enthaltenen Funktionen nutzen zu
können!'
    break
}

function New-Function
{
  'Ich bin eine neue Funktion!'
}

Write-Host 'Funktion New-Function ist nun einsatzbereit.' -ForegroundColor Green
```

Listing 21.3 Das Skript *Test-DotSourced2.ps1*

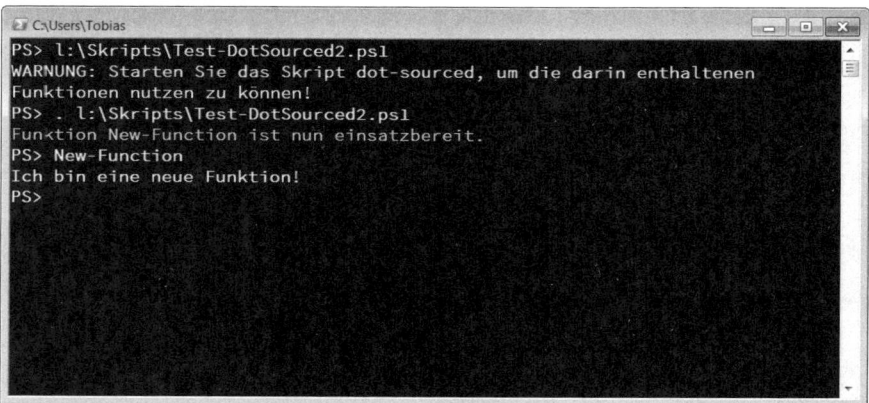

Abbildung 21.3   Das Skript erkennt automatisch, wie es vom Aufrufer gestartet wurde

Aufpassen bei Objekten und Referenzen

Änderungen innerhalb eines Gültigkeitsbereiches wirken sich mitunter völlig überraschend auch ohne besonderes Präfix auf übergeordnete Gültigkeitsbereiche aus – so wie im nächsten Beispiel. Die Funktionen *Set-SettingA* und *Set-SettingB* setzen jeweils eigene Werte in *$mySetting*, einer Hashtabelle. Die Funktion *Get-Setting* liest die gemeinsamen Einstellungen:

```
$mySetting = @{}

function Set-SettingA
{
    param($NewValue)
    $mySetting.SettingA = $NewValue
}

function Set-SettingB
{
    param($NewValue)
    $mySetting.SettingB = $NewValue
}

function Get-Setting
{
  $mySetting
}
```

Listing 21.4 Das Skript *scope_reference.ps1*

Die Funktionen arbeiten wie gewünscht:

```
PS> Set-SettingA 100

PS> Set-SettingB Testwert

PS> Get-Setting

Name                     Value
----                     -----
SettingB                 Testwert
SettingA                 100
```

Wie kommt es aber, dass die Funktionen *Set-SettingA* und *Set-SettingB* ohne das Präfix *script:* auf eine gemeinsam genutzte Variable zugreifen können? Tatsächlich greifen *Set-SettingA* und *Set-SettingB* nur *lesend* auf die Variable *$mySetting* zu, denn diese Variable selbst wird überhaupt nicht geändert. Deshalb lesen die Funktionen diese Variable *implizit* aus dem nächsthöheren Gültigkeitsbereich. In der Variable *$mySetting* befindet sich eine Hashtabelle, also ein Objekt. Erst dessen Eigenschaften werden von der Funktion verändert. Weil das natürlich äußerst verwirrend sein kann, schaffen Sie sehr viel mehr Klarheit, wenn Sie sich wieder an die Grundregeln halten:

- Initialisieren Sie alle eigenen Variablen vor der ersten Verwendung

- Sprechen Sie Variablen außerhalb des eigenen Gültigkeitsbereichs *explizit* und nicht *implizit* an, indem Sie das passende Präfix vor den Variablennamen schreiben

Die Funktion *Set-SettingA* müsste nach diesen Regeln also so aussehen:

```
function Set-SettingA
{
    param($NewValue)
    $mySetting = $null
    $script:mySetting.SettingA = $NewValue
}
```

Jetzt würde sofort klar, dass die Funktion nicht auf die eigene lokale Variable *$mySetting* zugreift, son-
dern auf die des skriptglobalen Bereichs. Weil gar keine eigene lokale Variable verwendet wird, kann
deren Initialisierung entfallen:

```
function Set-SettingA
{
    param($NewValue)
    $script:mySetting.SettingA = $NewValue
}
```

PROFITIPP   Wie wichtig der Zugriff auf den richtigen Gültigkeitsbereich sein kann, zeigt dieser Code:

```
$Path = Split-Path $script:MyInvocation.MyCommand.Definition
"Dieses Skript befindet sich im Ordner $Path"
```

Schreiben Sie diesen Code in ein Skript (und speichern dieses!), dann liefert der Code den Pfadnamen des Ordners, in
dem sich das Skript gerade befindet. Das kann nützlich sein, um andere Dateien anzusprechen, die sich beispielsweise
zusammen mit dem Skript in einem gemeinsamen Ordner befinden und nachgeladen oder angesprochen werden sollen
(Bibliotheksskripts, Bilddateien etc.). Falls Sie den Code sehr nützlich finden, werden Sie ihn vielleicht in eine wiederver-
wendbare Funktion verpacken, so wie *Get-ScriptLocation* hier:

```
function Get-ScriptLocation
{
    Split-Path $MyInvocation.MyCommand.Definition
}

$Path = Get-ScriptLocation
"Dieses Skript befindet sich im Ordner $Path"
```

Listing 21.5   Das Skript *Get-ScriptLocation.ps1*

Allerdings liefert das Skript nun nicht mehr das richtige Ergebnis:

```
Dieses Skript befindet sich im Ordner
```

Der Grund: Die Variable *$MyInvocation* existiert in jedem Gültigkeitsbereich und verrät, wie dieser Gültigkeitsbereich
aufgerufen wurde. Da Sie den Code in eine Funktion verpackten, wurde jetzt innerhalb der Funktion die nächstgelegene
Variable namens *$MyInvocation* ausgelesen, und das war die Variable des Funktionsskriptblocks. *$MyInvocation* verrät
Ihnen so zwar, wer die Funktion *Get-ScriptLocation* aufgerufen hat, aber nicht, wer das Skript gestartet hat (und von wo).
Benötigt wird die Variable *$MyInvocation* aus dem Gültigkeitsbereich des Skripts. Damit die Funktion wie gewünscht
arbeitet, muss also die richtige Variable angesprochen werden:

```
Split-Path $script:MyInvocation.MyCommand.Definition
```

Auf beliebige Gültigkeitsbereiche zugreifen

Über die eben angesprochenen Präfixe aus Tabelle 21.1 (Seite 777) haben Sie Zugriff auf die wesentlichen Standardgültigkeitsbereiche. Darüber hinaus können Sie aber auch – ausgehend vom aktuellen Gültigkeitsbereich – gezielt beliebige *übergeordnete* Gültigkeitsbereiche ansprechen. Dazu muss der Zugriff auf die Variable mit *Get-Variable* und dessen Parameter *-Scope* erfolgen. Benötigt wird dies zwar nur selten, aber das folgende Beispiel zeigt mit der Funktion *Find-VariableScope*, wie es funktioniert:

```
function Find-VariableScope
{
  param
  (
    # Name der Variable, die untersucht werden soll:
    $VariableName='MyInvocation'
  )

  # falls versehentlich mit führendem "$" angegeben, dieses entfernen:
  $VariableName = $VariableName.TrimStart('$')

  # 11 Verschachtelungstiefen testen:
  ForEach ($level in (0..10))
  {
    try
    {
      # existiert die Variable im untersuchten Gültigkeitsbereich (Scope)?
      $variable = Get-Variable $VariableName -Scope $level -ErrorAction SilentlyContinue

      if ($variable -eq $null)
      {
        # nein:
        $value = '[not defined]'
      }
      else
      {
        # ja, Inhalt als Text ausgeben:
        $value = $variable.Value | Out-String
      }
    }
    catch
    {
      # falls ein terminierender Fehler auftritt, ist kein übergeordneter
      # Gültigkeitsbereich mehr vorhanden, also abbrechen:
      break
    }

    # Textmeldung zentriert ausgeben:
    '*' * 70
    $text = "Gültigkeitsbereich Nr. $level, Inhalt der Variable '$VariableName':"
    $text = $text.PadLeft([int]($text.Length + ((70 - $text.Length) / 2)))
    $text
    '*' * 70
    # Inhalt der Variable in diesem Gültigkeitsbereich ausgeben:
    $value
  }
}
```

```
$testvariable = 100
furction testit
{
    $testvariable = 12
    Find-VariableScope testvariable
}

testit
```

Listing 21.6 Das Skript *Find-VariableScope.ps1*

Das Skript enthält eine Funktion namens *testit*, die die Variable *$testvariable* anlegt. Eine gleichnamige Variable ist auch auf Skriptebene definiert. Um herauszufinden, welche gleichnamigen Variablen es aus Sicht der Funktion *testit* gibt, ruft diese intern die Diagnosefunktion *Find-VariableScope* auf.

Find-VariableScope verwendet *Get-Variable*, um die angegebene Variable in allen verfügbaren Gültigkeitsbereichen zu suchen. Die Funktion beginnt im *Scope 0* (dem eigenen Scope) und durchläuft dann alle übergeordneten Scopes. Falls *Get-Variable* einen Nullwert liefert, ist die Variable im Scope nicht definiert. Generiert *Get-Variable* dagegen einen Fehler, ist der oberste Scope erreicht. Das Ergebnis sieht so aus:

```
*********************************************************************
    Gültigkeitsbereich Nr. 0, Inhalt der Variable 'testvariable':
*********************************************************************
[not defined]
*********************************************************************
    Gültigkeitsbereich Nr. 1, Inhalt der Variable 'testvariable':
*********************************************************************
12

*********************************************************************
    Gültigkeitsbereich Nr. 2, Inhalt der Variable 'testvariable':
*********************************************************************
100
```

Innerhalb der Funktion *Find-VariableScope* (Scope 0) gibt es keine Variable *$testvariable*. Im übergeordneten Gültigkeitsbereich (*Scope 1*, dem Gültigkeitsbereich der Funktion *testit*, die *Find-VariableScope* aufgerufen hat), existiert die Variable und hat den Wert 12. Im nächsten Gültigkeitsbereich (*Scope 2*, dem Skript) gibt es die Variable ebenfalls. Hier hat sie den Wert 100. Ein weiterer übergeordneter Gültigkeitsbereich ist nicht vorhanden (das Skript wurde dotsourced ausgeführt, zum Beispiel innerhalb des ISE-Editors).

PROFITIPP   *Find-VariableScope* kann enorm nützlich sein. Prüfen Sie doch einmal die Variable *MyInvocation*! So können Sie genau nachverfolgen, was diese Variable über den Aufrufer eines Gültigkeitsbereichs verrät. Dazu ersetzen Sie im Skript in der Funktion *testit* hinter *Find-VariableScope* das Argument *testvariable* durch *Myinvocation*. Der erste Gültigkeitsbereich wurde aufgerufen durch *Find-VariableScope* (der Name der Funktion also). Das stimmt:

```
*********************************************************************
    Gültigkeitsbereich Nr. 0, Inhalt der Variable 'MyInvocation':
*********************************************************************
```

```
MyCommand             : Find-VariableScope
BoundParameters       : {[VariableName, MyInvocation]}
UnboundArguments      : {}
ScriptLineNumber      : 53
OffsetInLine          : 5
HistoryId             : 128
ScriptName            :
Line                  :     Find-VariableScope MyInvocation

PositionMessage       : In Zeile:53 Zeichen:5
                        +     Find-VariableScope MyInvocation
                        +     ~~~~~~~~~~~~~~~~~~~~~~~~~~~~~~
PSScriptRoot          :
PSCommandPath         :
InvocationName        : Find-VariableScope
PipelineLength        : 1
PipelinePosition      : 1
ExpectingInput        : False
CommandOrigin         : Internal
DisplayScriptPosition :
```

Der zweite Gültigkeitsbereich (Scope 1) wurde aufgerufen von *testit* (wiederum der Name der Funktion):

```
**********************************************************************
     Gültigkeitsbereich Nr. 1, Inhalt der Variable 'MyInvocation':
**********************************************************************
```

```
MyCommand             : testit
BoundParameters       : {}
UnboundArguments      : {}
ScriptLineNumber      : 56
OffsetInLine          : 1
HistoryId             : 128
ScriptName            :
Line                  : testit
PositionMessage       : In Zeile:56 Zeichen:1
                        + testit
                        + ~~~~~~
PSScriptRoot          :
PSCommandPath         :
InvocationName        : testit
PipelineLength        : 1
PipelinePosition      : 1
ExpectingInput        : False
CommandOrigin         : Runspace
DisplayScriptPosition :
```

Der dritte und letzte Gültigkeitsbereich zeigt in *MyCommand* den Quellcode des Skripts (falls es noch nicht gespeichert wurde) oder den Pfadnamen des Skripts.

```
**********************************************************************
     Gültigkeitsbereich Nr. 2, Inhalt der Variable 'MyInvocation':
**********************************************************************
```

```
MyCommand             : Function Find-VariableScope
                        {
```

```
                          param
                          (
(…)
BoundParameters      : {}
UnboundArguments     : {}
ScriptLineNumber     : 0
OffsetInLine         : 0
HistoryId            : 128
ScriptName           :
Line                 :
PositionMessage      :
PSScriptRoot         :
PSCommandPath        :
InvccationName       :
PipelineLength       : 2
PipelinePosition     : 1
ExpectingInput       : False
CommandOrigin        : Internal
DisplayScriptPosition :
```

Mit diesem Wissen könnte man also auch eine ganz andere Analysefunktion herstellen, die die Verschachtelungstiefe einer Funktion bestimmt:

```
function Get-NestedDepth
{
  ForEach ($level in (1..100))
  {
    try
    {
      $variable = Get-Variable MyInvocation -Scope $level -ErrorAction SilentlyContinue
    }
    catch { return ($level-=2) }
  }
}
```

Listing 21.7 Das Skript *Get-NestedDepth.ps1*

Wie *Get-NestedDepth* funktioniert, zeigt dieses Beispiel, das die Funktion dazu einsetzt, die aktuelle Verschachtelungstiefe zu bestimmen und gleichzeitig einen Schutz vor Endlosschleifen implementiert. *Test-Recurse* ruft sich selbst auf, bricht aber nach 10 Verschachtelungen ab:

```
function Test-Recurse
{
    $tiefe = Get-NestedDepth
    'Verschachtelungstiefe: {0}' -f $tiefe

    # ab einer Verschachtelungstiefe von 10 abbrechen:
    if ($tiefe -ge 10)
    {
        break
    }
    # Funktion ruft sich selbst auf und führt normalerweise
    # zu einer Endlosschleife:
    Test-Recurse
}
```

Das Ergebnis sieht erwartungsgemäß so aus:

```
PS> Test-Recurse
Verschachtelungstiefe: 1
Verschachtelungstiefe: 2
Verschachtelungstiefe: 3
Verschachtelungstiefe: 4
Verschachtelungstiefe: 5
Verschachtelungstiefe: 6
Verschachtelungstiefe: 7
Verschachtelungstiefe: 8
Verschachtelungstiefe: 9
Verschachtelungstiefe: 10
```

Gültigkeitsbereiche in Modulen

In Skriptmodulen (Kapitel 20) gelten grundsätzlich dieselben Regeln für Gültigkeitsbereiche. Allerdings bildet hier das Modul (bzw. seine *.psm1*-Datei) die skriptglobale Ebene. Der Präfix *script:* bezieht sich also auf Variablen, die in der *.psm1*-Datei angelegt wurden bzw. auf dieser Ebene. Das kann problematisch werden, wenn ein Modul Funktionen beinhalten soll, die sich auf den Kontext (Gültigkeitsbereich) des Aufrufers beziehen.

Die Funktion *Get-ScriptLocation* beispielsweise bestimmt den Speicherort eines Skripts, indem sie auf skriptglobaler Ebene den Inhalt von *$MyInvocation* prüft (Listing 21.5; Seite 782). Würde man diese Funktion in ein Modul aufnehmen, beispielsweise das *UniversalModul* aus Kapitel 20, würde die Funktion jetzt nur feststellen können, in welchem Ordner sich die *.psm1*-Datei des Moduls befindet – weil sich der skriptglobale Kontext auf das Modul bezieht und nicht auf den Aufrufer der Funktionen aus dem Modul.

Auf den Aufruferkontext zugreifen

Damit ein Skript innerhalb eines Moduls Variablen aus dem Kontext des Aufrufers ansprechen kann, muss die Variable *$PSCmdlet* eingesetzt werden, die in *SessionState* Zugriff auf den Kontext des Aufrufers bietet. Diese automatische Variable blendet PowerShell nicht in simplen Funktionen ein, sondern nur in erweiterten Funktionen: Diese müssen das Attribut *[CmdletBinding()]* verwenden:

```
function Get-ScriptLocation
{
    [CmdletBinding()]
    param()
    Split-Path
$PSCmdlet.SessionState.PSVariable.Get('script:MyInvocation').Value.MyCommand.Definition
}
```

Get-ScriptLocation funktioniert nun überall: als normale Funktion außerhalb eines Moduls, verschachtelt in anderen Funktionen und auch als Teil eines Skriptmoduls. *$PSCmdlet* gewährt in allen Fällen Zugriff auf die Variable im Kontext desjenigen, der *Get-ScriptLocation* aufruft. Die Methode *Get()* beschafft dann innerhalb dieses Kontextes die Variable *$MyInvocation* als skriptglobale Variable.

Auf den Modulkontext zugreifen

Auch der umgekehrte Fall ist erstaunlicherweise möglich. Normalerweise sind alle Variablen innerhalb des Moduls skriptglobal, also von außerhalb nicht zugänglich. Hier ein Beispielmodul:

```
$wert = 0

function Increment
{
    $script:wert++
    "Wert ist nun $wert"
}

function Decrement
{
    $script:wert--
    "Wert ist nun $wert"
}
```

Listing 21.8   Das Skriptmodul *module_scope.psm1*

Speichern Sie diesen Code nicht als Skript (*.ps1*), sondern als Skriptmodul (*.psm1*). Ein Skriptmodul kann nicht direkt aufgerufen, aber mit *Import-Module* importiert werden:

```
PS> Import-Module l:\skripts\module_scope.psm1
```

Anschließend stehen die Testbefehle *Increment* und *Decrement* zur Verfügung, die den Inhalt der internen Modulvariable *$wert* um jeweils eins erhöhen oder verringern:

```
PS> Increment
Wert ist nun 1

PS> Increment
Wert ist nun 2

PS> Decrement
Wert ist nun 1

PS> Decrement
Wert ist nun 0

PS> Decrement
Wert ist nun -1
```

Die Variable *$wert* ist im Gültigkeitsbereich des Moduls definiert. Die Außenwelt kann diesen Gültigkeitsbereich weder sehen noch ändern, denn sie hat ihren eigenen:

```
PS> $wert

PS> $wert = 100
PS> Increment
Wert ist nun 0

PS> Increment
Wert ist nun 1
```

Hier wurde also im Aufruferkontext eine ganz andere Variable *$wert* angelegt, von der sich das Modul unbeeindruckt zeigt. Dennoch ist es auch der Außenwelt möglich, auf den Gültigkeitsbereich des Moduls zuzugreifen. Dazu wird das geladene Modul benötigt, das *Get-Module* liefert:

```
PS> $module = Get-Module -Name module_scope
PS> & $module Set-Variable wert 30000
PS> Increment
Wert ist nun 30001
```

Anschließend kann der Call-Operator *&* im Gültigkeitsbereich des Moduls (*$module*) beliebige Änderungen vornehmen. Diesmal wurde tatsächlich mit *Set-Variable* der Wert der Variable *$wert* innerhalb des Moduls geändert, sodass sich die Änderung auf *Increment* und *Decrement* auswirkt.

Zusammenfassung

Variablen, Aliase, Funktionen und Laufwerke werden jeweils in Gültigkeitsbereichen angelegt. Sie sind nur in diesem Gültigkeitsbereich sowie allen untergeordneten Gültigkeitsbereichen sichtbar. In übergeordneten Gültigkeitsbereichen sind diese nicht sichtbar. Auf diese Weise funktioniert die automatische Abschottung: Weil Skripts alle Variablen und Funktionen in einem eigenen Gültigkeitsbereich anlegen, kann dieser restlos entsorgt werden, sobald das Skript beendet ist. Auch Variablen innerhalb von Funktionen gelten nur so lange, bis die Funktion wieder beendet ist. Das Standardverhalten von PowerShell zeigt für die meisten Alltagsaufgaben genau das richtige Verhalten und braucht dann nicht angepasst zu werden.

Der Nutzer eines Skripts hat darüber hinaus die Möglichkeit, mit dem ».«-Operator ein Skript in seinem eigenen Gültigkeitsbereich auszuführen (*dotsourced*). So bleiben alle Variablen und Funktionen auf skriptglobaler Ebene erhalten. Das nutzt man, um Bibliotheksskripts nachzuladen oder ein Skript zu debuggen. Der ISE-Editor führt deshalb Skripts grundsätzlich *dotsourced* aus.

Der Entwickler eines Skripts kann über die Schlüsselbegriffe *script:* und *global:* ebenfalls Einfluss nehmen und gezielt skriptglobale oder globale Variablen ansprechen. Noch feingliedriger ist die Kontrolle mit *Get-Variable* und *Set-Variable*, denn diese Cmdlets bieten mit dem Parameter *-Scope* die Möglichkeit, auf jeden beliebigen übergeordneten Gültigkeitsbereich zuzugreifen.

In Skriptmodulen herrschen zwar grundsätzlich dieselben Regeln, aber die Gültigkeitsbereiche innerhalb eines Moduls sind normalerweise von denen der Außenwelt getrennt. Dennoch ist es dem Modul möglich, über die automatische Variable *$PSCmdlet* auch auf die Gültigkeitsbereiche der Außenwelt zuzugreifen, die das Modul gerade geladen hat. Auch umgekehrt kann der Außenbereich mit dem Call-Operator *&* auf die normalerweise geschützten Variablen und Funktionen des Moduls zugreifen.

Kapitel 22

Sicherheit und Signaturen

Falls Sie beim morgendlichen Jogging durch den Park einen Schokoriegel fänden und dieser wäre noch originalverpackt: Was würden Sie tun? Sicher nicht dasselbe, als wenn die Verpackung bereits aufgerissen wäre. Zwar könnte der Schokoriegel in beiden Fällen identisch sein, aber die Originalverpackung gibt Ihnen die Gewissheit, dass der Inhalt unversehrt ist. Jedenfalls, wenn Sie demjenigen vertrauen, der den Schokoriegel verpackt hat.

Dieses Szenario beschreibt im Wesentlichen, worum es bei Skriptsignaturen geht: Skripts werden signiert (»eingeschweißt«), damit Anwender später feststellen können, ob sie von einer vertrauenswürdigen Quelle stammen und der Inhalt unversehrt ist. Signaturen sind freiwillig und nicht bei jedem Skript erforderlich, aber mindestens sicherheitsrelevante Skripts sollten mit einer Signatur versehen werden.

Ein Zertifikat auswählen

Damit ein Skript signiert werden kann, ist ein digitales Zertifikat erforderlich, sozusagen eine digitale Identität. Es muss sich um ein Zertifikat mit dem Verwendungszweck *Codesignatur* handeln. Die Auswahl des richtigen Zertifikates bestimmt, wie vertrauenswürdig die Signatur später ist:

- **Öffentliche Zertifizierungsstelle**   Erwerben Sie ein Codesignaturzertifikat von einer öffentlichen Zertifizierungsstelle wie VeriSign oder Thawte, kostet dies Geld und Aufwand, denn dann müssen Sie in einem aufwändigen Verfahren Ihre Identität belegen. Dafür wird Ihren Signaturen später weltweit Vertrauen geschenkt.

- **Unternehmenszertifikat**   Betreibt Ihr Unternehmen eine eigene Public Key-Infrastruktur (PKI) und kann eigene Zertifikate ausstellen, erhalten Sie ein Zertifikat (vermutlich) schneller und günstiger. Allerdings wird man Ihren Signaturen dann nur innerhalb des Unternehmens vertrauen.

- **Selbstsigniert**   Stellen Sie sich mithilfe eines der vielen kostenlosen Tools oder eines PowerShell-Skripts ein eigenes Codesignaturzertifikat aus, nennt man dies auch *selbstsigniert*, und Signaturen mit solch einem Zertifikat gelten zunächst nirgends als vertrauenswürdig – schließlich könnte sich jeder solch ein Zertifikat ausstellen. Administratoren können allerdings auch selbstsignierte Zertifikate für vertrauenswürdig erklären.

Eine Signatur verfolgt mehrere Aufgaben, und ob sie vertrauenswürdig ist oder nicht, ist für einige davon völlig unerheblich: Auch eine nicht vertrauenswürdige Signatur verrät, ob ein Skript seither verändert (manipuliert) wurde, und kann deshalb Basis für Sicherheitsaudits sein. Daher ist es besser, ein Skript im Zweifelsfall mit einem selbstsignierten Zertifikat zu signieren als gar nicht.

Installiertes Zertifikat auswählen

Ob Sie über Codesignaturzertifikate verfügen, kann PowerShell für Sie ermitteln, denn sämtliche Zertifikate liegen im virtuellen Laufwerk *cert:* vor:

```
PS> Get-ChildItem -Path cert: -CodeSigningCert -Recurse

    Verzeichnis: Microsoft.PowerShell.Security\Certificate::CurrentUser\My
```

```
Thumbprint                                Subject
----------                                -------
FD2B5A39797DA9A872B797656B9F1345EC10D5EA  CN=scriptinternals
AD48057E13FE40ADC62929666553536A84E91E3A  CN=Testzertifikat
0FA862FC2E05CF09E095C14359636B35CDE7AEAE  CN=Test
```

Ihre persönlichen Zertifikate befinden sich im Ordner *cert:\currentuser\my*, sodass es meist genügt, direkt in diesem Ordner nachzuschauen:

```
PS> Get-ChildItem -Path cert:\currentuser\my -CodeSigningCert
```

ACHTUNG   Wo liegt wohl der Unterschied zwischen *Get-ChildItem -Path cert:\CurrentUser\My* und *Get-ChildItem -Path cert:CurrentUser\My*?

Schauen Sie genau hin. Die erste Pfadangabe ist *absolut* und funktioniert deshalb immer, unabhängig davon, in welchem Verzeichnis Sie sich gerade befinden. Die zweite Pfadangabe ist *relativ* und schlägt fehl, wenn Sie das aktuelle Verzeichnis auf einen Unterordner des Zertifikatspeichers eingestellt haben. Sie sollten deshalb immer hinter *cert:* einen Backslash (»\«) angeben.

Wahrscheinlich werden Sie anfangs keine Codesignaturzertifikate finden und könnten sich im nächsten Abschnitt zuerst ein selbstsigniertes Zertifikat erstellen. Liegen mehrere Zertifikate zur Auswahl vor, müssen Sie sich für eines davon entscheiden. Verwenden Sie zum Beispiel zur Auswahl den Namen des Zertifikats:

```
PS> $zertifikat = Get-ChildItem -Path cert:\CurrentUser\My | Where-Object { $_.Subject -like
'CN=Test' }
```

Die Details des ausgewählten Zertifikats lassen sich dann über *Select-Object* anzeigen:

```
PS> $zertifikat | Select-Object -Property *
```

```
PSPath               : Microsoft.PowerShell.Security\Certificate::CurrentUser
                       \My\3616A01D5F128362D95ABE9E5164E8CCB8B0C495
PSParentPath         : Microsoft.PowerShell.Security\Certificate::CurrentUser
                       \My
PSChildName          : 3616A01D5F128362D95ABE9E5164E8CCB8B0C495
PSDrive              : Cert
PSProvider           : Microsoft.PowerShell.Security\Certificate
PSIsContainer        : False
EnhancedKeyUsageList : {}
DnsNameList          : {}
SendAsTrustedIssuer  : False
Archived             : False
Extensions           : {System.Security.Cryptography.Oid,
                       System.Security.Cryptography.Oid,
                       System.Security.Cryptography.Oid}
FriendlyName         :
IssuerName           : System.Security.Cryptography.X509Certificates
                       .X500DistinguishedName
NotAfter             : 12.11.2013 08:10:59
NotBefore            : 12.11.2012 08:10:59
HasPrivateKey        : True
(...)
```

PROFITIPP   Sie können die Zertifikatdetails auf Wunsch auch mit internen Systemfunktionen als Dialogfeld öffnen:

```
$name = 'Test'
$zertifikat = Get-ChildItem -Path cert:\CurrentUser\My | Where-Object { $_.Subject -like
"CN=$Name" }
Add-Type -AssemblyName System.Security
[System.Security.Cryptography.x509Certificates.X509Certificate2UI]::DisplayCertificate($zertifikat)
```

Listing 22.1   Das Skript *showcert.ps1*

Das Dialogfeld verrät zum Beispiel, ob für das Zertifikat ein privater Schlüssel existiert (Sie also damit signieren können) und ob das Zertifikat auf dem System als vertrauenswürdig gilt (Abbildung 22.1). Ob Letzteres der Fall ist, erkennen Sie daran, ob eine fettgedruckte Warnung »Dieses ... ist nicht vertrauenswürdig« erscheint. Unterbleibt diese Angabe wie in dem Dialogfeld hier, gilt das Zertifikat als vertrauenswürdig.

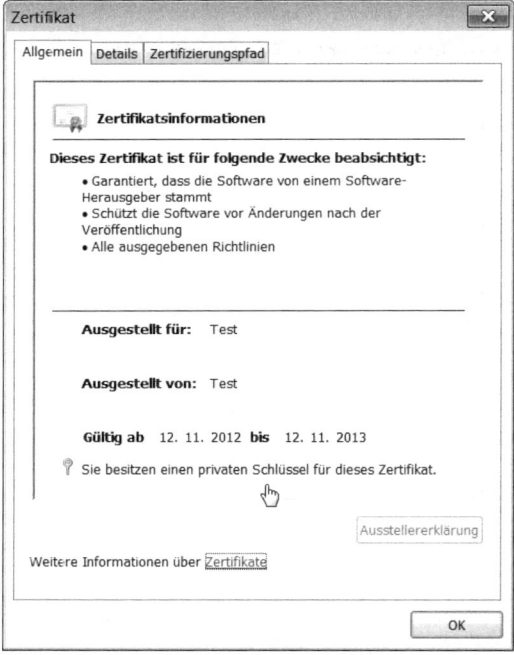

Abbildung 22.1   Ausgewähltes Zertifikat im Dialogfeld anzeigen

Ob ein Zertifikat vertrauenswürdig ist, prüft die Methode *Verify()*. Für die Signierung von Skripts ist es unerheblich, ob das Zertifikat vertrauenswürdig ist. Die ExecutionPolicy in den Einstellungen *RemoteSigned* und *AllSigned* dagegen akzeptiert nur vertrauenswürdige Signaturen.

```
function Test-Certificate
{
  param
  (
    [System.Security.Cryptography.X509Certificates.X509Certificate2]
    $Certificate
  )
```

```
$ok = $zertifikat.Verify()

if (-not $ok)
{
  Add-Type -AssemblyName System.Security
  $chain = New-Object System.Security.Cryptography.X509Certificates.X509Chain
  $chain.Build($zertifikat)
  $reason = $chain.ChainStatus
  $reason
}
else
{
  $rv = 1 | Select-Object -Property Status, StatusInformation
  $rv.Status = 'OK'
  $rv.StatusInformation = 'Trusted by local system.'
  $rv
}
}

$name = 'Test'
$zertifikat = Get-ChildItem -Path cert:\CurrentUser\My | Where-Object { $_.Subject -like
"CN=$Name" }
Test-Certificate -Certificate $zertifikat

                    Status StatusInformation
                    ------ -----------------
              UntrustedRoot Eine Zertifikatkette wurde zwar ve...
```

Listing 22.2 Das Skript *Test-Certificate.ps1*

Auch ein Dialogfeld mit den vorhandenen Zertifikaten kann angezeigt werden (Abbildung 22.2). Es bietet diejenigen Zertifikate an, die Sie vorher mit *Get-ChildItem* gefunden haben. Mit einem Klick auf ein Zertifikat gelangen Sie zu dem Dialogfeld mit der Detaildarstellung aus Abbildung 22.1.

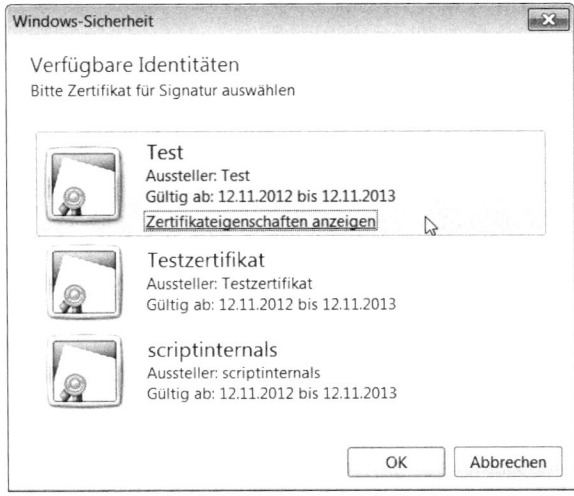

Abbildung 22.2 Ein Codesignaturzertifikat per Dialogfeld auswählen

Die folgende Funktion *Get-CodesigningCertificate* zeigt beispielsweise alle Codesignaturzertifikate an,
die sich in Ihrem persönlichen Zertifikatspeicher befinden:

```
function Get-CodesigningCertificate
{
  param
  (
    $titel = 'Verfügbare Identitäten',

    $text = 'Bitte Zertifikat für Signatur auswählen'
  )

  # Zertifikate ermitteln:
  # hier anpassen und mit Where-Object ergänzen,
  # falls nur bestimmte Zertifikate angezeigt werden sollen:
  $zertifikate = Get-ChildItem cert:\currentuser\my -Codesigning

  # Zertifikatcontainer beschaffen und füllen:
  Add-Type -AssemblyName System.Security
  $container = New-Object System.Security.Cryptography.X509Certificates.X509Certificate2Collection
  $container.AddRange($zertifikate)

  # Auswahlfeld anzeigen:

[System.Security.Cryptography.x509Certificates.X509Certificate2UI]::SelectFromCollection($contain
er, $titel, $text, 0)
}
```

Listing 22.3   Das Skript *Get-CodesigningCertificate.ps1*

PROFITIPP   Möchten Sie sämtliche Zertifikate eines Zertifikatspeichers anzeigen (also auch Nicht-Codesignaturzer-
tifikate), geht es noch einfacher:

```
Add-Type -AssemblyName System.Security

$Store = New-Object System.Security.Cryptography.X509Certificates.x509Store("My", "CurrentUser")
$store.Open("ReadOnly")
$zertifikate = $store.Certificates
$store.Close()

[System.Security.Cryptography.x509Certificates.X509Certificate2UI]::SelectFromCollection($zerti-
fikate, "Ihre Zertifikate", "Bitte wählen", 0)
```

Listing 22.4   Das Skript *certdialog.ps1*

PFX-Dateien für die Signierung laden

Falls Sie Skriptdateien signieren möchten, ohne dafür ein Zertifikat auf Ihrem Computer fest zu installieren, kann das Zertifikat auch aus einer PFX-Datei (Personal Information Exchange File) geladen
werden:

```
$Path = 'C:\my_cert.pfx'
$zertifikat = Get-PfxCertificate -FilePath $Path
```

Sie können PFX-Dateien aus installierten Zertifikaten selbst herstellen, sofern das installierte Zertifikat sich exportieren lässt. Wie eigene exportierbare Zertifikate hergestellt werden, erfahren Sie etwas später in diesem Kapitel.

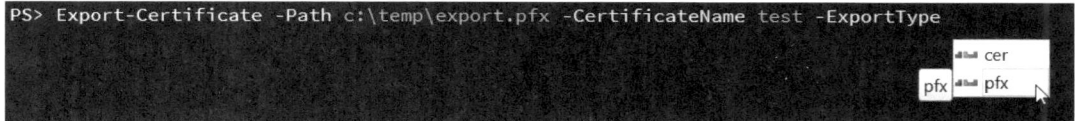

Abbildung 22.3   Installierte Zertifikate als CER- oder PFX-Datei exportieren

Die folgende Funktion *Export-Certificate* exportiert installierte Zertifikate sowohl als PFX-Datei (mit privatem Schlüssel, sodass damit signiert werden kann) als auch als CER-Datei (ohne privaten Schlüssel):

```
function Export-Certificate
{
  param
  (
    [Parameter(Mandatory=$true,HelpMessage='pfx file name')]
    $Path = "$HOME\Certificate.pfx",

    [Parameter(Mandatory=$true,HelpMessage='name of installed certificate')]
    $CertificateName,

    [System.Security.SecureString]
    $Password = $null,

    [ValidateSet('cer', 'pfx')]
    $ExportType
  )

  # installiertes Zertifikat auswählen:
  $cert = @(Get-ChildItem cert:\ -Recurse -CodeSigningCert |
    Where-Object { $_.Subject -eq "CN=$CertificateName" })[0]

  # falls ein Zertifikat mit dem angegebenen Namen gefunden wurde,
  # dieses als Datei exportieren:

  if ($cert)
  {
    # wie lautet die Dateierweiterung des angegebenen Dateipfads?
    $ext = [System.IO.Path]::GetExtension($Path).TrimStart('.')

    # falls kein besonderer Exporttyp angegeben wurde, automatisch
    # aus Dateierweiterung festlegen:

    if ($ExportType -eq $null)
    {
      # wurde eine gültige Dateierweiterung angegeben?

      if ('cer', 'pfx' -contains $ext)
      {
        # ja, also diesen Exporttyp wählen:
```

```
      $ExportType = $ext
    }
    elseif ($cert.hasPrivateKey)
    {
      # ja, also pfx-Export:
      $ExportType = 'pfx'
      $Path += '.pfx'
    }
    else
    {
      # nein, also cer-Export:
      $ExportType = 'cer'
      $Path += '.cer'
    }
  }

  # tatsächliche Export-Dateierweiterung festlegen:
  $Path = [System.IO.Path]::ChangeExtension($Path, $ExportType)

  # Exportvorgang versuchen:
  try
  {
    # falls pfx-Export und kein Kennwort festgelegt, dieses erfragen:

    if ($ExportType -eq 'pfx' -and $Password -eq $null)
    {
      $Password = Read-Host -AsSecureString -Prompt 'Enter password to protect pfx-file'
    }
    else
    {
      $Password = $null
    }

    # Zertifikat in Datei exportieren:
    $bytes = $cert.Export($ExportType, $Password)
    $filestream = New-Object System.IO.FileStream($Path, 'Create')
    $filestream.Write($bytes, 0, $bytes.Length)
    $filestream.Close()

    # Datei zurückliefern:
    Get-Item -Path $path
  }
  catch
  {
    # falls Export fehlschlägt: Darf Zertifikat überhaupt exportiert werden?
    Write-Warning "Certificate '$CertificateName' cannot be exported. It may not be marked as
exportable."
  }
}
else
{
  Write-Warning "No certificate found with name '$CertificateName'."
}
}
```

Listing 22.5   Das Skript *Export-Certificate.ps1*

Selbstsigniertes Zertifikat herstellen

Um ein Zertifikat selbst herzustellen, benötigen Sie entweder ein passendes Werkzeug wie beispielsweise das kostenlose Tool *makecert.exe*. Oder Sie verwenden ein PowerShell-Skript und greifen direkt auf die notwendigen Systemfunktionen zu. Das funktioniert allerdings nicht bei Windows XP, sondern erst ab Windows Vista/Server 2008.

makecert.exe nutzen

Ist *makecert.exe* auf Ihrem Computer installiert, zum Beispiel als Teil eines der kostenlosen Microsoft SDKs (Software Development Kit), generiert das folgende Skript ein selbstsigniertes Zertifikat unter dem Namen *PSTestzertifikat*. Passen Sie den Pfadnamen zu *makecert.exe* gegebenenfalls an.

```
$name = 'PSTestzertifikat'
$path = "$env:ProgramFiles\Microsoft Visual Studio 8\SDK\v2.0\Bin\makecert.exe"

if (Test-Path -Path $Path)
{
    $argumente = ('-pe -r -n "CN={0}" -eku 1.3.6.1.5.5.7.3.3 -ss "my"' -f $name)
    Start-Process -FilePath $Path -ArgumentList $argumente
}
else
{
    Write-Warning "
    makecert.exe unter folgendem Pfad nicht gefunden:
    '$Path'.
    Bitte überprüfen Sie den Pfad und passen Sie ihn gegebenenfalls an."
}
```

Listing 22.6 Das Skript *makecert.ps1*

Das Zertifikat wird automatisch im Zertifikatspeicher *\CurrentUser\My* abgelegt. Von dort können Sie es nun wie im letzten Abschnitt gezeigt über das Laufwerk *cert:* von PowerShell aus ansprechen.

PowerShell-Funktion nutzen

Verfügen Sie mindestens über Windows Vista/Windows Server 2008, dann kann PowerShell auch auf interne Windows-Schnittstellen zugreifen, um Testzertifikate selbst herzustellen. Sie brauchen dann also keine externen Tools wie *makecert.exe* mehr und können darüber hinaus bei der Zertifikaterstellung quasi »zusehen«.

Die folgende Funktion *New-SelfsignCertificate* zeigt, wie das funktioniert: Mit ihr generieren Sie Testzertifikate unterschiedlicher Verwendungszwecke und sehen im Quellcode genau, welche Schritte dabei intern nötig sind. Das generierte Testzertifikat liegt anschließend in *cert:\currentuser\my*.

Abbildung 22.4　Ein selbstsigniertes Testzertifikat für Codesignaturen anlegen

Geben Sie -*CreateTrust* an, wird das Zertifikat auf dem lokalen Computer als vertrauenswürdig gekennzeichnet, wozu der Aufrufer Administrator sein muss. Ein Sicherheitsdialogfeld, wie in Abbildung 22.5 erscheint, macht deutlich: Zertifikate anlegen kann jeder, aber als vertrauenswürdig erklären kann sie nur jemand mit Administratorrechten.

Abbildung 22.5　Soll ein Zertifikat als vertrauenswürdig gekennzeichnet werden, sind Administratorrechte nötig

---

ACHTUNG　　Wenn Sie das Zertifikat später als Datei exportieren wollen, geben Sie den Parameter -*PrivateKeyExportable* an.

```
function New-SelfsignCertificate
{
  [CmdletBinding()]
  param
  (
```

```
    [string][Parameter(Mandatory=$true)]$Name,

    [switch]$CreateTrust,


[ValidateSet('ServerAuthentication','ClientAuthentication','CodeSigning','Email','Timestamp','OCS
PSign')]
    $Purpose = 'CodeSigning',

    [datetime]$NotBefore = (Get-Date).AddDays(-1),
    [datetime]$NotAfter = $NotBefore.AddDays(365),

    [int][ValidateSet('1024', '2048')]$KeyLength = 1024,

    [switch]$PrivateKeyExportable
  )

  # Unterstützt die Windows-Version das Anlegen von Zertifikaten?
  $OSversion = ([System.Version]((Get-WmiObject Win32_OperatingSystem).Version)).Major

  if ($OSversion -lt 6)
  {
    Write-Warning 'With this version of windows, you cannot create certificates.'
    return
  }

  # Hashtable mit den Codes der Verwendungszwecke:
  $purposeCode = @{
    ServerAuthentication='1.3.6.1.5.5.7.3.1'
    ClientAuthentication='1.3.6.1.5.5.7.3.2'
    CodeSigning='1.3.6.1.5.5.7.3.3'
    Email='1.3.6.1.5.5.7.3.4'
    Timestamp='1.3.6.1.5.5.7.3.8'
    OCSPSign='1.3.6.1.5.5.7.3.9'
  }

  # DistinguishedName für Zertifikat herstellen:
  $subject = "CN=$name"
  $SubjectDN = New-Object -ComObject X509Enrollment.CX500DistinguishedName
  $SubjectDN.Encode($Subject, 0x0)

  # Verwendungszweck hinterlegen:
  $OID = New-Object -ComObject X509Enrollment.CObjectID
  $OID.InitializeFromValue($purposeCode.$purpose)
  $OIDs = New-Object -ComObject X509Enrollment.CObjectIDs
  $OIDs.Add($OID)

  # Privaten Schlüssel erzeugen:
  $EKU = New-Object -ComObject X509Enrollment.CX509ExtensionEnhancedKeyUsage
  $EKU.InitializeEncode($OIDs)
  $PrivateKey = New-Object -ComObject X509Enrollment.CX509PrivateKey
  $PrivateKey.ProviderName = 'Microsoft Base Cryptographic Provider v1.0'
  $PrivateKey.KeySpec = 0x2
  $PrivateKey.Length = $KeyLength
  $PrivateKey.MachineContext = 0x0

  if ($PrivateKeyExportable)
```

```
  $PrivateKey.ExportPolicy = 0x1
}
$PrivateKey.Create()

# Zertifikatanforderung herstellen:
$Cert = New-Object -ComObject X509Enrollment.CX509CertificateRequestCertificate
$Cert.InitializeFromPrivateKey(0x1,$PrivateKey,'')
$Cert.Subject = $SubjectDN
$Cert.Issuer = $Cert.Subject
$Cert.NotBefore = $NotBefore
$Cert.NotAfter = $NotAfter
$Cert.X509Extensions.Add($EKU)
$Cert.Encode()

# Zertifikat gemäß Request herstellen und installieren
$Request = New-Object -ComObject X509Enrollment.CX509enrollment
$Request.InitializeFromRequest($Cert)
$endCert = $Request.CreateRequest(0x1)
$Request.InstallResponse(0x2,$endCert,0x1,'')

# Vertrauen auf lokalem Computer herstellen, indem Zertifikat
# als Stammzertifizierungsstelle und vertrauenswürdiger
# Herausgeber eingetragen wird:

if ($CreateTrust)
{
   [byte[]]$bytes = [System.Convert]::FromBase64String($endCert)

   ForEach ($Container in 'Root', 'TrustedPublisher')
   {
      $x509store = New-Object Security.Cryptography.X509Certificates.X509Store $Container,
'CurrentUser'
      $x509store.Open([Security.Cryptography.X509Certificates.OpenFlags]::ReadWrite)
      $x509store.Add([Security.Cryptography.X509Certificates.X509Certificate2]$bytes)
      $x509store.Close()
   }
}
}
```

Listing 22.7　Das Skript *New-SelfSignCertificate.ps1*

PowerShell-Skripts signieren

Für die Signierung von PowerShell-Skripts sind zwei Dinge nötig: ein gültiges Codesignaturzertifikat und natürlich ein Skript, das Sie signieren möchten. Den Rest erledigt das Cmdlet *Set-Authenticode-Signature*. Beschaffen Sie sich zunächst ein Codesignaturzertifikat mit einer der Methoden aus dem Abschnitt »Ein Zertifikat auswählen« (Seite 792) und speichern Sie dieses in der Variablen *$zertifikat*. Danach signieren Sie damit ein Skript. Passen Sie im folgenden Beispiel lediglich den Pfadnamen hinter *-FilePath* an, damit er auf ein vorhandenes Skript verweist:

```
PS> Set-AuthenticodeSignature -Certificate $zertifikat -FilePath C:\temp\h96.ps1
```

```
Verzeichnis: C:\temp


SignerCertificate                       Status                        Path
-----------------                       ------                        ----
3616A01D5F128362D95ABE9E5164E8CCB8B0C495 Valid                        h96.ps1
```

Wenn Sie die Skriptdatei anschließend öffnen, erscheint am Ende des Skripts die Signatur als Kommentarblock, den PowerShell bei der Ausführung ignoriert. Dieser Block ist immer ungefähr gleich groß, unabhängig von der Länge des signierten Skripts, denn er enthält immer dieselben beiden Dinge:

- **Hashwert** Eine Art Quersumme des Skriptcodes, auch *Hash* genannt. Mit ihm kann überprüft werden, ob sich der Skriptcode seit der Signierung verändert hat. Der Hash ist mit dem privaten Schlüssel des Zertifikats verschlüsselt, sodass er nicht gefälscht oder angepasst werden kann.

- **Zertifikat-Daten** Die Information über denjenigen, der das Skript signiert hat, befindet sich ebenfalls in verschlüsselter Form im Signaturblock, sodass geprüft werden kann, von wem das Skript signiert wurde

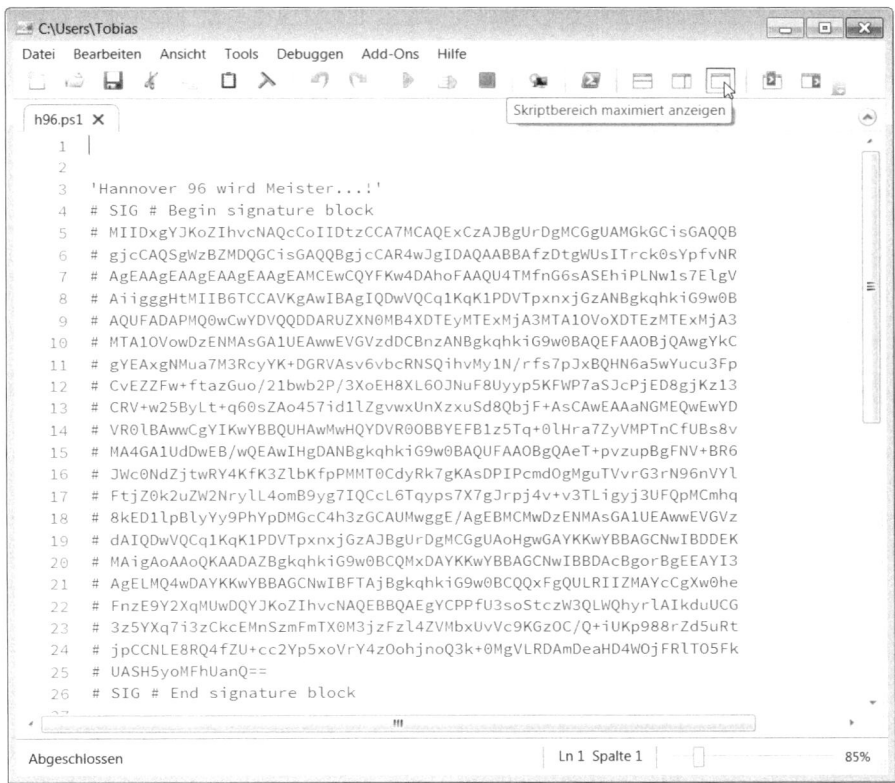

Abbildung 22.6 Die Signatur erscheint am Skriptende als Kommentarblock

Mehrere Skripts und ganze Ordnerstrukturen signieren

Set-AuthenticodeSignature kann nicht nur einzelne Skripts signieren, sondern auch mehrere oder gar alle Skripts eines Computers in einem Arbeitsgang. Das kann man sich zunutze machen, um einen Computer zu »versiegeln«. Später lässt sich dann binnen Sekunden prüfen, welche Skripts sich seit der letzten »Versiegelung« geändert haben. Dazu sucht man mit *Get-ChildItem* zunächst alle Skriptdateien, die signiert werden sollen, und liefert diese dann über die Pipeline an *Set-AuthenticodeSignature*. Die folgende Zeile stattet alle Skripts im Ordner *c:\skripts* (und allen seinen Unterordnern) mit einer neuen Signatur aus (vorhandene Signaturen werden dabei überschrieben).

> **HINWEIS**   Passen Sie den Pfadnamen *c:\skripts* an, sodass er auf einen Ordner verweist, der tatsächlich Power-Shell-Skripts enthält. Speichern Sie ebenso wieder zunächst das Zertifikat, mit dem signiert werden soll, in *$zertifikat*!

```
PS> Get-ChildItem -Path C:\skripts -Filter *.ps1 -Recurse | Set-AuthenticodeSignature -Certificate
$zertifikat

    Verzeichnis: C:\skripts

SignerCertificate                          Status            Path
-----------------                          ------            ----
F3F323842443EF7F49B11D86BF843B276989BFB7   UnknownError      Add-Font.ps1
F3F323842443EF7F49B11D86BF843B276989BFB7   UnknownError      ADGruppen.ps1
F3F323842443EF7F49B11D86BF843B276989BFB7   UnknownError      base64.ps1
(…)
```

Das Cmdlet meldet nun für alle Skripts einen der folgenden beiden Status:

- **Valid**   Skript ist mit einem vertrauenswürdigen Zertifikat signiert

- **UnknownError**   Skript ist mit einem nicht vertrauenswürdigen Zertifikat signiert

Die Status sind abhängig von dem Zertifikat, das Sie verwendet haben. Konkret spiegelt sich dabei wider, ob das Zertifikat auf Ihrem Computer als vertrauenswürdig gilt oder nicht.

> **HINWEIS**   Eine Signatur stellt eine Änderung am Dateiinhalt einer Skriptdatei dar und ist demzufolge nur erlaubt, wenn Sie über Schreibrechte verfügen. Dateien, die Sie nicht ändern dürfen, können auch nicht signiert werden und führen zu einer Fehlermeldung. Eine Besonderheit sind Skriptdateien, die mit dem ISE-Editor von PowerShell 2.0 erstellt wurden. Diese lassen sich ebenfalls nicht signieren, weil sie ausgerechnet im einzigen Encoding-Verfahren gespeichert sind, das von *Set-AuthenticodeSignature* nicht unterstützt wird: *Unicode Big Endian*. Bei PowerShell 3.0 ist der Fehler inzwischen behoben. Ein erster Hinweis bei der Signierung auf einen derartigen Fehler sind »Löcher« in den Ergebnissen:

```
(…)
F3F323842443EF7F49B11D86BF843B276989BFB7   UnknownError      CIMDataType.ps1
F3F323842443EF7F49B11D86BF843B276989BFB7   UnknownError      closure.ps1
                                           UnknownError      comment.ps1
F3F323842443EF7F49B11D86BF843B276989BFB7   UnknownError      CommonParameters...
F3F323842443EF7F49B11D86BF843B276989BFB7   UnknownError      compactpath.ps1
(…)
```

Die Datei *comment.ps1* wurde mit PowerShell 2.0 ISE gespeichert und verwendet das Encoding *Unicode Big Endian*. Diese Datei kann erst signiert werden, wenn man sie unter Einsatz eines anderen Encoding-Verfahrens speichert, zum Beispiel *Unicode* oder *UTF8*:

```
PS> $Path = 'C:\skripts\comment.ps1'
PS> (Get-Content -Path $Path) | Set-Content -Path $Path -Encoding UTF8
```

Signaturen mit einem Zeitstempel versehen

Eine Signatur ist nur so lange gültig wie das Zertifikat, mit dem die Signatur erstellt wurde. Läuft das Zertifikat ab, dann laufen auch alle Signaturen ab, die damit angelegt wurden. Das klingt zwar logisch, ist es aber nicht. Wer am Kiosk Bier einkauft, muss zum Zeitpunkt des Kaufs mit einem gültigen Personalausweis sein Alter nachweisen. Läuft der Ausweis später ab, bleibt der Kauf gültig, denn wichtig war nur, ob der Ausweis zum Zeitpunkt der Überprüfung gültig war.

Dasselbe gilt in der IT: Dort kann man es sich nicht leisten, dass Signaturen plötzlich und unerwartet ungültig werden, nur weil ein einstmals gültiges Zertifikat ausgelaufen ist. Deshalb kann man für die Signierung einen *Zeitstempel* (Time Stamp) verwenden. Die Signatur gilt dann als valide, wenn das Zertifikat zum Zeitpunkt der Signatur gültig war. Technisch wird dazu die URL einer vertrauenswürdigen Zertifizierungsstelle angegeben. Zum Zeitpunkt der Signatur wird das für die Signatur eingesetzte Zertifikat via Internet der Zertifizierungsstelle vorgelegt. Ist es gültig, bestätigt dies die Zertifizierungsstelle durch ihren Zeitstempel. Um also Skripts mit Zeitstempel zu signieren, benötigen Sie eine Internetverbindung und die URL eines entsprechenden Diensts:

```
PS> Get-ChildItem -Path c:\skripts -Filter *.ps1 -Recurse | Set-AuthenticodeSignature -Certificate `
    $zertifikat -TimestampServer http://timestamp.verisign.com/scripts/timstamp.dll
```

PROFITIPP   *Set-AuthenticodeSignature* kann alle Dateitypen signieren, die über eine entsprechende Schnittstelle verfügen, also auch ausführbare Dateien, DLLs und natürlich PowerShell-Module (*.psm1*- und *.psd1*-Dateien).

Signaturen überprüfen

Eine wesentliche Aufgabe von Signaturen ist, zu prüfen, ob sich ein Skript seit der Signatur verändert hat (manipuliert wurde). Die Signatur übernimmt dabei sozusagen die Rolle eines »Garantieverschlusses«, wie er sich im Alltag zum Beispiel bei Lebensmittelverpackungen finden lässt. Mit *Get-AuthenticodeSignature* wird der aktuelle Signaturzustand eines Skripts überprüft. Genau wie bei *Set-AuthenticodeSignature* lassen sich auch Ergebnisse von *Get-ChildItem* in das Cmdlet pipen, um so ganze Ordnerstrukturen einem Sicherheitsaudit zu unterziehen.

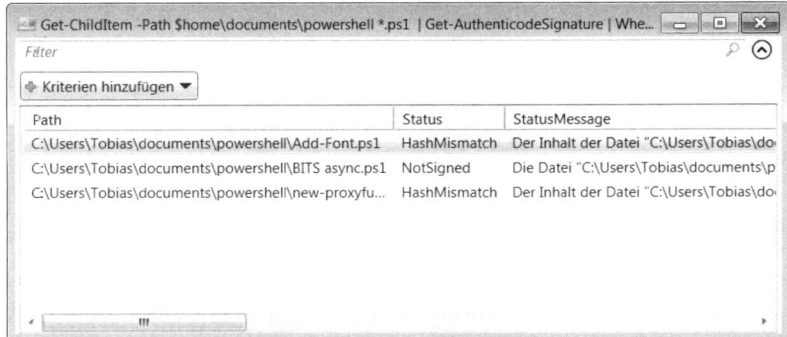

Abbildung 22.7   Sicherheitsaudit: Veränderte und unsignierte Skripts finden

Die folgende Zeile überprüft sämtliche Skripts in Ihrem Benutzerprofil und meldet alle Skripts, die seit der letzten Signatur verändert wurden (oder nicht signiert sind, was eine Überprüfung unmöglich macht):

```
Get-ChildItem -Path $HOME -Filter *.ps1 -Recurse  |
  Get-AuthenticodeSignature |
  Where-Object { 'Valid', 'UnknownError' -notcontains $_.Status } |
  Select-Object -Property Path, Status, StatusMessage |
  Out-GridView
```

Listing 22.8   Das Skript *securityaudit.ps1*

Get-AuthenticodeSignature liefert in seiner Eigenschaft *Status* eine Kurzmeldung und in *StatusMessage* eine ausführliche Statusbeschreibung. Das Beispielskript meldet nur Skripts, die verändert wurden, überprüft aber nicht, ob die Signatur auch vertrauenswürdig ist. Ein Angreifer könnte also Änderungen an einem Skript vornehmen und das Skript danach mit einem beliebigen Zertifikat neu signieren. Dies können Sie ausschließen, wenn das Prüfskript nur den Status *Valid* akzeptiert und *Unknown-Error* als Fehler wertet. Dann allerdings müssen Sie sich selbst ebenfalls ein vertrauenswürdiges Zertifikat besorgen oder es mit Administratorrechten für vertrauenswürdig erklären.

Status	Originalmeldung	Beschreibung
NotSigned	Die Datei "xyz" ist nicht digital signiert. Das Skript wird auf dem System nicht ausgeführt. Weitere Informationen erhalten Sie in "about_Execution_Policies" unter "http://go.microsoft.com/fwlink/?LinkID=135170".	Die Datei enthält keine digitale Signatur. Signieren Sie die Datei mit *Set-AuthenticodeSignature*.
UnknownError	Eine Zertifikatkette wurde zwar verarbeitet, endete jedoch mit einem Stammzertifikat, das beim Vertrauensanbieter nicht als vertrauenswürdig gilt	Das verwendete Zertifikat ist unbekannt. Fügen Sie den Herausgeber des Zertifikats in den Speicher für vertrauenswürdige Stammzertifizierungsstellen ein.

Tabelle 22.1   Statusmeldungen der Signaturüberprüfung und ihre Ursachen

Status	Originalmeldung	Beschreibung
HashMismatch	Der Inhalt der Datei "xyz" wurde möglicherweise manipuliert, da der Hash der Datei nicht mit dem in der digitalen Signatur gespeicherten Hash übereinstimmt. Das Skript wird auf dem System nicht ausgeführt. Weitere Informationen erhalten Sie mit "get-help about_signing".	Der Inhalt der Datei wurde verändert. Wenn Sie selbst den Inhalt verändert haben, signieren Sie die Datei neu.
Valid	Signatur wurde überprüft	Der Dateiinhalt stimmt mit der Signatur überein, und die Signatur ist gültig

Tabelle 22.1 Statusmeldungen der Signaturüberprüfung und ihre Ursachen *(Fortsetzung)*

Die manuelle Überprüfung – so wie gerade beschrieben – hat viele Vorzüge, weil Sie selbst bestimmen, wann die Konsequenzen der Sicherheitsüberprüfung von Ihnen auch umgesetzt werden können. Sofortige Konsequenzen entstehen dagegen, wenn Sie die Überprüfung von Skriptsignaturen über die ExecutionPolicy automatisch durchführen lassen. Wird die ExecutionPolicy mit *Set-ExecutionPolicy* auf *AllSigned* eingestellt, dann müssen sämtliche Skripts immer und überall gültig signiert sein, oder PowerShell verweigert die Ausführung.

Dies klingt gut, kann aber einen unbeherrschbaren Verwaltungsaufwand nach sich ziehen. Power-Shell-Skripts werden an vielen verschiedenen Stellen ausgeführt – als Profilskript innerhalb von PowerShell, als Anmeldeskript, im Rahmen von Gruppenrichtlinien, als Teil der Windows-Problemlöse-Assistenten, innerhalb von Anwendungen wie *Microsoft Exchange Server*, *Microsoft SQL Server* oder *Internet Information Services* (*IIS*) und natürlich auch als Automationslösung für verschiedenste Anwender. In einem solchen Ökosystem die Ausführungsrichtlinie auf *AllSigned* festzulegen, darf zumindest als gewagt eingestuft werden. Für Geldautomaten und andere hochspezialisierte geschäftskritische Einzelserver kann dies dagegen unter gewissen Umständen praktikabel sein.

PROFITIPP   Die Einstellung *AllSigned* setzt nicht nur voraus, dass das Skript signiert und unverändert ist, sondern auch, dass das Zertifikat als vertrauenswürdig gilt. Dies ist der Fall, wenn es von einer vertrauenswürdigen Stammzertifizierungsstelle ausgegeben wurde. Selbstsignierte Zertifikate können zu Testzwecken von Hand als vertrauenswürdig eingestuft werden, wenn Sie Administratorrechte besitzen:

```
# persönliches Zertifikat auswählen:
$name = 'Test1'
$zertifikat = Get-ChildItem -Path cert:\CurrentUser\My | Where-Object { $_.Subject -eq "CN=$name"
}

# Zertifikatherausgeber für grundsätzlich vertrauensvoll erklären
$Store = New-Object system.security.cryptography.X509Certificates.x509Store("root", "CurrentUser")
$Store.Open("ReadWrite")
$Store.Add($zertifikat)
$Store.Close()

# Zertifikate dieses Herausgebers aktivieren:
$Store = New-Object system.security.cryptography.X509Certificates.x509Store("TrustedPublisher",
"CurrentUser")
$Store.Open("ReadWrite")
$Store.Add($zertifikat)
$Store.Close()
```

Zusammenfassung

Signaturen funktionieren wie eine Garantieverpackung, das heißt, diese bestätigen, dass das Skript seit der Signierung nicht verändert wurde, und belegen, wer das Skript signiert hat. Eine Signatur kann damit bei betriebskritischen oder sicherheitsrelevanten Skripts für erheblichen Sicherheitsgewinn sorgen. Für die Signierung, die mit *Set-AuthenticodeSignature* durchgeführt wird, ist ein digitales Zertifikat mit dem Verwendungszweck *Codesignatur* notwendig, das sich aus verschiedenen Quellen beziehen oder selbst herstellen lässt. Um ein Zertifikat als vertrauenswürdig einzustufen, werden Administratorrechte benötigt.

Technisch ist die Signatur ein Kommentarblock, der ans Ende des Skripts eingefügt wird. Daraus kann er zwar von jedermann wieder spurlos entfernt, aber nicht inhaltlich geändert werden, weil die Angaben darin verschlüsselt sind. Anders ausgedrückt führt jede Änderung sowohl im Skript wie auch in der Signatur zu einem *HashMismatch*, wodurch sich der Benutzer vor allem vor bösartigen Veränderungen in Skripts schützen kann. Mit *Get-AuthenticodeSignature* führen Sie einen Sicherheitsaudit durch und können feststellen, ob und welche Skripts nicht gültig signiert sind.

Teil E

Spezielle Techniken

In diesem Teil:

Kapitel 23

Windows PowerShell-Remoting

In diesem Kapitel:

Bisher haben Sie Befehle stets auf dem lokalen Computer ausgeführt. Die Befehle waren zwar vereinzelt in der Lage, Informationen auch von Remotesystemen abzurufen, aber die Befehle selbst wurden auch dabei immer auf Ihrem Computer ausgeführt. Das nennt man auch *klassisches Remoting*.

Für eine robuste und flexible Systemverwaltung ist es aber häufig notwendig, *beliebige* Befehle und sogar ganze Skripts *remote* in der gesamten Unternehmensinfrastruktur auszuführen. Es ist jedenfalls in einer modernen Infrastruktur nicht hinnehmbar, dass nur *bestimmte* Befehle remotefähig sind und die jeweils zugrunde liegende Remoting-Technik nur schwer konfigurier- und verwaltbar ist. Aus diesem Grund wurde das PowerShell-Remoting erfunden. In diesem Kapitel lernen Sie beide Welten kennen: zunächst das klassische Remoting, das es natürlich weiterhin gibt, und dann das neue und einheitlich-universale PowerShell-Remoting.

Klassisches Remoting

Beim klassischen Remoting, wie man es auch aus anderen Skriptsprachen kennt. kümmern sich die einzelnen Befehle selbst darum, Remotesysteme anzusprechen. Auf Cmdlets übertragen heißt das: Hier liegt es ganz im Ermessen des Cmdlet-Herstellers, ob und wie Remotezugriffe erlaubt sind.

Manche Cmdlets wie zum Beispiel *Get-ChildItem* (und die gesamte Familie der *Item*-Cmdlets) unterstützen UNC-Pfadnamen, sodass Sie remote auf Netzwerkfreigaben zugreifen können. Aus Kapitel 2 wissen Sie inzwischen, dass hinter jedem PowerShell-Laufwerk ein Provider steckt, und so ist es in Wahrheit der zugrunde liegende *FileSystem*-Provider, der dies möglich macht.

Andere Cmdlets wie *Get-WmiObject, Get-Process, Set-Service* oder *Restart-Computer* unterstützen Parameter wie *-ComputerName* und gegebenenfalls *-Credential*, mit denen Sie explizit ein oder mehrere Remotesysteme sowie dazugehörige Anmeldedaten angeben und auf diese Weise die Aktion remote ausführen können.

Abbildung 23.1 Klassisches Remoting erfordert auf der Zielseite kein PowerShell

In all diesen Fällen entscheiden die Cmdlets und Provider jeweils selbst, welche Art von Remoting-Technologie sie einsetzen. Die Befehle selbst werden immer auf Ihrem lokalen System ausgeführt, und auf der Gegenseite ist deshalb auch kein PowerShell, sondern nur der Dienst oder die Schnittstelle, die die Daten auf Anfrage zurücksendet. Das klassische Remoting spielt durchaus eine wichtige Rolle, hat aber konzeptbedingte Nachteile:

- **Keine Kontrolle über Remoting-Technologie**   Sie können nicht entscheiden, wie sich ein Cmdlet mit dem Remotesystem verbindet und wissen meist noch nicht einmal, welche Remoting-Technologie dem Cmdlet zugrunde liegt. Es kann daher sein, dass manche Cmdlets erfolgreich Remoteinformationen abrufen können, während andere scheitern – abhängig davon, welche Sicherheitseinstellungen und Dienste in Ihrem Netzwerk und auf den Remotesystemen gerade gelten.

- **Inhomogene und intransparente Anmeldeverfahren**   Weil die eingesetzte Remoting-Technik von Cmdlet zu Cmdlet ganz unterschiedlich sein kann, gilt das auch für die Anmeldemodalitäten. Manche Cmdlets implementieren den Parameter *-Credential*, mit dem Sie sich ausdrücklich am Remotesystem anmelden können. Andere leisten dies nicht, was meist ein Zeichen dafür ist, dass die zugrunde liegende Remoting-Technik dieses Cmdlets keine eigenständige Anmeldung unterstützt und stattdessen zum Beispiel auf *IPC*-Verbindungen aufbaut, die zuvor mit *net use* eingerichtet werden müssen.

- **Selektive Remoting-Fähigkeit**   Sie haben keine Garantie, dass ein bestimmtes Cmdlet auch remote funktioniert. Das Cmdlet selbst muss diese Fähigkeit implementieren, und nur wenige Cmdlets beherrschen dies. Schon gar nicht können Sie eigene Skripts auf diese Weise remote ausführen.

Remotefähige Befehle finden

In PowerShell 3.0 ist es relativ einfach geworden, sich einen Überblick über remotefähige Cmdlets einschließlich ihrer grundsätzlichen Remoting-Technik zu verschaffen. Die folgende Funktion *Get-RemotingCmdlet* hilft dabei:

```
function Get-RemotingCmdlet
{
  # berechnete Spalte: zeigt an, ob in den Parametern eines Cmdlets
  # der Parameter "Credential" vorhanden ist:
  $CredSupport = @{
    Name = 'SupportsCredential'
    Expression = { $_.Parameters.ContainsKey('Credential') }
  }

  # alle Module von Microsoft importieren:
  Get-Module -ListAvailable |
    Where-Object { $_.Author -eq 'Microsoft Corporation' } |
    Import-Module

  # alle importierten Cmdlets auflisten
  # (keine Cmdlets aus nicht geladenen Modulen berücksichtigen,
  # weil erst beim Importieren eines Moduls die nötigen Informationen geladen
  # werden)
  Get-Command -ListImported |
    # nur Cmdlets mit Remotefähigkeit:
    Where-Object RemotingCapability -like '*Command' |
    Select-Object -Property Name, RemotingCapability, $CredSupport |
    Sort-Object -Property RemotingCapability, Name
}
```

Listing 23.1   Das Skript *Get-RemotingCmdlet.ps1*

Es liefert eine umfassende Liste aller remotefähigen Cmdlets. Aus der Spalte *SupportsCredential* geht hervor, ob das Cmdlet den Parameter *-Credential* für die explizite Anmeldung unter einem anderen Benutzerkonto unterstützt:

```
PS> Get-RemotingCmdlet
```

Name	RemotingCapability	SupportsCredential
Add-Computer	SupportedByCommand	True
Clear-EventLog	SupportedByCommand	False
Connect-WSMan	SupportedByCommand	True
Disconnect-WSMan	SupportedByCommand	False
Get-CimAssociatedInstance	SupportedByCommand	False
Get-CimClass	SupportedByCommand	False
Get-CimInstance	SupportedByCommand	False
Get-CimSession	SupportedByCommand	False
Get-Counter	SupportedByCommand	False
Get-EventLog	SupportedByCommand	False
Get-HotFix	SupportedByCommand	True
Get-Process	SupportedByCommand	False
Get-Service	SupportedByCommand	False
Get-WinEvent	SupportedByCommand	True
Get-WSManInstance	SupportedByCommand	True
Invoke-CimMethod	SupportedByCommand	False
Invoke-WSManAction	SupportedByCommand	True
Limit-EventLog	SupportedByCommand	False
New-CimInstance	SupportedByCommand	False
New-CimSession	SupportedByCommand	True
New-EventLog	SupportedByCommand	False
New-WSManInstance	SupportedByCommand	True
Receive-Job	SupportedByCommand	False
Register-CimIndicationEvent	SupportedByCommand	False
Remove-CimInstance	SupportedByCommand	False
Remove-CimSession	SupportedByCommand	False
Remove-Computer	SupportedByCommand	False
Remove-EventLog	SupportedByCommand	False
Remove-WSManInstance	SupportedByCommand	True
Rename-Computer	SupportedByCommand	False
Set-CimInstance	SupportedByCommand	False
Set-Service	SupportedByCommand	False
Set-WSManInstance	SupportedByCommand	True
Show-EventLog	SupportedByCommand	False
Stop-Computer	SupportedByCommand	True
Test-NetworkPort	SupportedByCommand	False
Test-Online	SupportedByCommand	False
Test-Port	SupportedByCommand	False
Test-WSMan	SupportedByCommand	True
Write-EventLog	SupportedByCommand	False
Connect-PSSession	OwnedByCommand	True
Disconnect-PSSession	OwnedByCommand	False
Enter-PSSession	OwnedByCommand	True
Get-PSSession	OwnedByCommand	True
Get-WmiObject	OwnedByCommand	True
Invoke-Command	OwnedByCommand	True
Invoke-WmiMethod	OwnedByCommand	True
New-PSSession	OwnedByCommand	True
New-PSWorkflowSession	OwnedByCommand	True
Receive-PSSession	OwnedByCommand	True
Register-WmiEvent	OwnedByCommand	True

```
Remove-PSSession                    OwnedByCommand                        False
Remove-WmiObject                    OwnedByCommand                        True
Restart-Computer                    OwnedByCommand                        True
Set-WmiInstance                     OwnedByCommand                        True
Test-Connection                     OwnedByCommand                        True
```

Das Ergebnis sind zwei große Gruppen. Die Spalte *RemotingCapability* klärt darüber auf, welche Remoting-Technik unterstützt wird:

RemotingCapability	Beschreibung
None	Cmdlet unterstützt kein Remoting (kann aber mit dem universellen PowerShell-Remoting »lokal auf einem anderen System« remote ausgeführt werden)
OwnedByCommand	Der Hersteller des Cmdlets meldet, dass dieses Cmdlet remotefähig ist
PowerShell	Cmdlet unterstützt kein Remoting (kann aber mit dem universellen PowerShell-Remoting »lokal auf einem anderen System« remote ausgeführt werden)
SupportedByCommand	Das Cmdlet ist »höchstwahrscheinlich« remotefähig, denn es besitzt einen Parameter namens -*ComputerName* (heuristischer Ansatz)

Tabelle 23.1 Die neue Eigenschaft *RemotingCapability* beschreibt, ob und wie ein Cmdlet remotefähig ist

PROFITIPP   Eigentlich ist die Information in *RemotingCapability* etwas schwammig und dient auch gar nicht dazu, festzulegen, welche Remoting-Technik ein Cmdlet verwendet. Sie soll vielmehr Auskunft geben, ob Remoting im Fokus des Cmdlets steht (*OwnedByCommand*) oder nur ein nebensächliches Beiwerk ist, das mit dem eigentlichen Zweck des Cmdlets wenig zu tun hat (*SupportedByCommand*).

Diese Information wird von den PowerShell-Workflows verwendet, um zu entscheiden, ob einem Cmdlet zusätzliches Remoting angeboten wird (ja im Falle von *SupportedByCommand*) oder nicht (bei *OwnedByCommand* wäre dies kaum sinnvoll).

Klassisches Remoting einsetzen

Das klassische Remoting ist eine nützliche Technik – jedenfalls wenn sie funktioniert. Glücklicherweise sind die Systemeinstellungen in Unternehmensnetzwerken üblicherweise bereits vorkonfiguriert, sodass die folgenden Cmdlets – entsprechende Berechtigungen vorausgesetzt – zumindest dort auf Anhieb Remote-Informationen liefern sollten.

```
PS> Get-WmiObject -Class Win32_BIOS -ComputerName testserver
SMBIOSBIOSVersion : MBA41.88Z.0077.B0E.1110141154
(…)

PS> Get-Process -ComputerName testserver

Handles  NPM(K)    PM(K)      WS(K) VM(M)   CPU(s)      Id ProcessName
-------  ------    -----      ----- -----   ------      -- -----------
     76       8     1220       3920    42             1764 armsvc
    320      12     8716      10944    97             3740 Bootcamp
(…)

PS> Get-EventLog -LogName System -EntryType Error -ComputerName testserver
```

```
   Index Time          EntryType   Source        InstanceID Message
   ----- ----          ---------   ------        ---------- -------
   52827 Nov 25 06:49  Error       NetBT         3221229793 Der Name "W...
(…)

PS> Get-Service -ComputerName testserver

Status   Name              DisplayName
------   ----              -----------
Stopped  AppMgmt           Application Management
Running  arXfrSvc          Windows Media Center TV Archive Tra...
Stopped  aspnet_state      ASP.NET State Service
(…)
```

Falls der Remotezugriff bei Ihnen nicht automatisch funktioniert, können Sie sich eventuell mit einem Trick behelfen: Indem Sie in einer PowerShell-Sitzung mit Administratorrechten über den Befehl Enable-PSRemoting -Force -SkipNetworkProfileCheck das PowerShell-eigene Remoting aktivieren, werden auch einige Einstellungen gesetzt, die das klassische Remoting benötigt. Bevor Sie das durchführen, sollten Sie sich allerdings zuerst etwas genauer mit dem PowerShell-eigenen Remoting beschäftigen und diesen Teil über das klassische Remoting zunächst überspringen.

In einem reinen Peer-to-Peer-Netzwerk (Computer sind keine Domänenmitglieder) erzeugen Sie übrigens einen Quasidomänenadministrator, indem Sie auf allen beteiligten Computern ein Administratorkonto anlegen, dem Sie auf allen Systemen denselben Namen und dasselbe Kennwort geben. Melden Sie sich mit diesem Konto an, so hat dieses nun auf allen übrigen Systemen lokale Administratorrechte.

Bequemes Auskunftssystem für remotefähige Cmdlets

Damit Sie schnell einen guten Überblick über alle remotefähigen Cmdlets bekommen und zu diesen Cmdlets sofort die passende Hilfe öffnen können, ist es wieder Zeit für ein kleines Projekt. Das Ziel ist die Funktion *Show-RemotingCmdlet*, die ein GridView öffnet mit allen remotefähigen Cmdlets sowie den wichtigsten Informationen. Das Ergebnis soll aussehen wie in Abbildung 23.2.

Dazu importiert die Funktion zunächst alle Module des Herstellers *Microsoft*. Das ist in PowerShell 3.0 notwendig, weil dort selbst die PowerShell-eigenen Module nur bei Bedarf geladen werden. Danach identifiziert die Funktion alle Cmdlets, die remotefähig sind. In PowerShell 3.0 findet sich, wie bereits vorhin erwähnt, diese Information in der Eigenschaft *RemotingCapability*. Steht hier *OwnedByCommand* oder *SupportedByCommand*, dann ist das Cmdlet remotefähig. Da der Text *Command* in keiner anderen Konstellation enthalten ist, muss die Funktion nur prüfen, ob der Inhalt der Eigenschaft auf *Command* endet.

Für alle diese Cmdlets ruft die Funktion dann über *Get-Help* die Hilfe ab und entnimmt dieser in der Eigenschaft *Synopsis* die Kurzbeschreibung. Nur falls es keine Hilfe für ein Cmdlet gibt, soll keine Synopsis angezeigt werden (weil diese sonst automatisch generiert würde und mehrere Zeilen lang wäre). Ob für ein Cmdlet eine Hilfe vorhanden ist, überprüft die Funktion mit der Eigenschaft *Remarks*. Steht darin der Link auf eine bestimmte Microsoft-URL, dann fehlt die Hilfe.

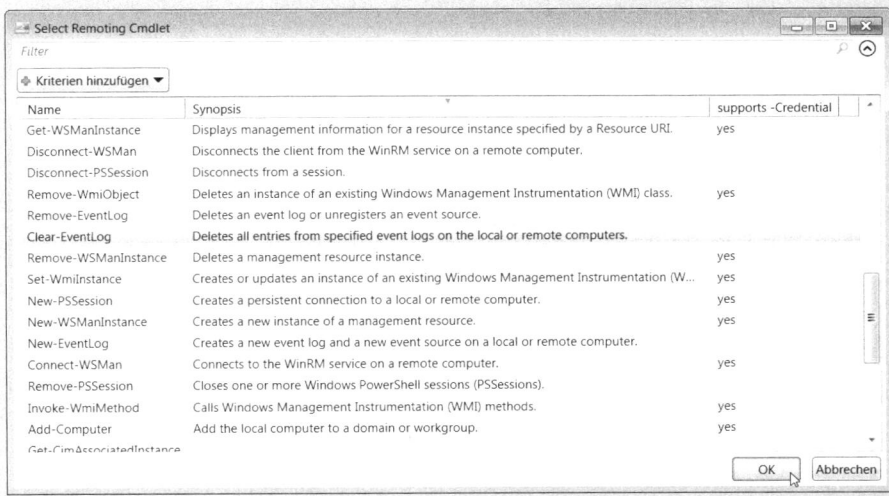

Abbildung 23.2   Alle wichtigen Informationen zu sämtlichen remotefähigen Cmdlets per Klick abrufbar

Die Ergebnisse werden anschließend im GridView angezeigt. Dieses unterstützt seit PowerShell 3.0 den Parameter *-passThru*, sodass es auch als Auswahldialogfeld genutzt werden kann. Wählt der Anwender im Gridview per Klick ein Cmdlet aus (oder auch mehrere bei gedrückt gehaltener $\boxed{\text{Strg}}$-Taste) und klickt auf *OK*, werden für die Auswahl detaillierte Hilfefenster geöffnet (Abbildung 23.3), ebenfalls eine Neuerung in PowerShell 3.0.

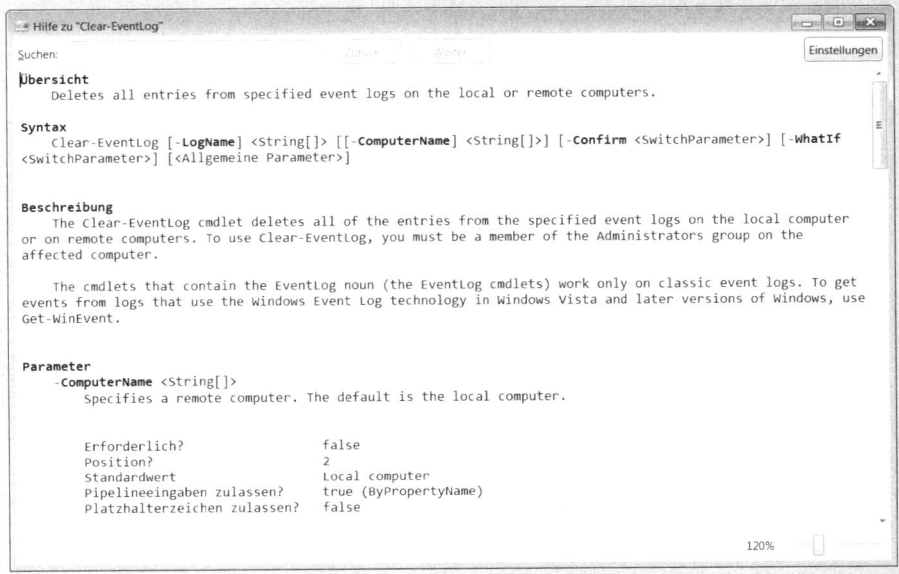

Abbildung 23.3   Hilfethema wird für ausgewähltes Cmdlet angezeigt

```powershell
function Show-RemotingCmdlet
{
  $CredSupport = @{
    Name = 'supports -Credential'
    Expression = {
      if ($_.Parameters.ContainsKey('Credential'))
      {
        'yes'
      }
    }
  }

  # alle Module von Microsoft importieren:
  Write-Progress -Activity 'Finding modules' -Status 'this may take a moment...'
  Get-Module -ListAvailable |
      Where-Object { $_.Author -eq 'Microsoft Corporation' } |
      Import-Module

  $cmdlets = Get-Command -ListImported -CommandType Cmdlet |
      Where-Object RemotingCapability -Like '*Command'
      Write-Progress -Activity 'Finding modules' -Status 'this may take a moment...' -Completed

  $counter = 0

  # alle gefundenen Cmdlets untersuchen:
  $cmdlets |
    Select-Object -Property Name, Synopsis, $CredSupport |
    ForEach-Object {
      $counter++
      Write-Progress -Activity 'Examining Cmdlet' -Status $_.Name -Perc ($counter*100/
$cmdlets.Count)

      # Hilfe für Cmdlet abrufen:
      $help = Get-Help -Name $_.Name

      # Hilfe vorhanden?

      if ($help.Remarks -notlike '*go.microsoft.com*')
      {
        # Beschreibung übernehmen:
        $_.Synopsis = $help.Synopsis
      }


      $_
    } |
    Sort-Object -Property Name |
    # in PowerShell 2.0 wird -PassThru nicht unterstützt:
    Out-GridView -Title 'Select Remoting Cmdlet' -PassThru |
    ForEach-Object {
      # Hilfe für die ausgewählten Cmdlets in Fenster öffnen
      # (erfordert PowerShell 3.0):
      Get-Help -Name $_.Name -ShowWindow
    }
}
```

Listing 23.2 Das Skript *Show-RemotingCmdlet.ps1*

So bietet *Show-RemotingCmdlet* nicht nur eine gute Übersicht, sondern per Klick auch gleich alle notwendigen Detailinformationen. Nebenbei demonstriert die Funktion außerdem die Verwendung von Fortschrittsanzeigen. Wird die Funktion in PowerShell ISE ausgeführt, erscheint dort der übliche grafische Windows-Fortschrittsbalken (Abbildung 23.4). In der PowerShell-Konsole wird die Fortschrittsanzeige dagegen mit Textzeichen simuliert.

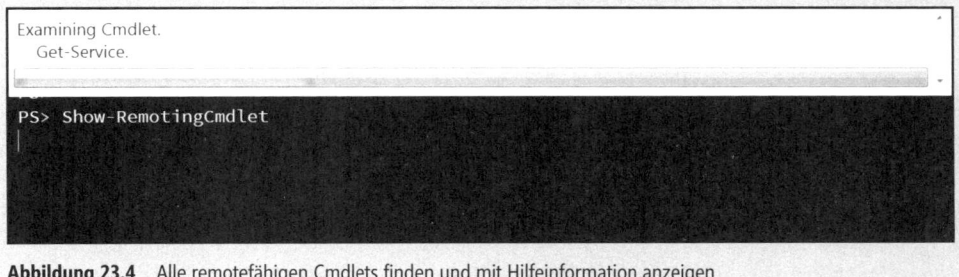

Abbildung 23.4   Alle remotefähigen Cmdlets finden und mit Hilfeinformation anzeigen

Falls Sie stattdessen nur Fehlermeldungen sehen, wird das klassische Remoting indes schnell frustrierend: Die Fehlermeldungen sind oft wenig aussagekräftig, treten nur bei manchen Cmdlets auf und können sich zudem unterscheiden, je nachdem, ob Sie einen Computernamen oder dessen IP-Adresse angegeben haben. All das drückt aber nur aus, dass die Cmdlets ganz unterschiedliche Technologien einsetzen, um die Remote-Informationen abzufragen. Wenn diese Technologien (noch) nicht richtig konfiguriert sind und nicht zur Verfügung stehen, beginnt die Suche: Welche Einstellungen sind notwendig? Welche Technologien verwendet ein Cmdlet hinter den Kulissen überhaupt? Die Cmdlets und deren Hilfe unterstützen Sie leider nicht dabei.

Troubleshooting für klassisches Remoting

Wenn das klassische Remoting bei einzelnen oder allen remotefähigen Cmdlets nicht auf Anhieb funktioniert, ist guter Rat normalerweise teuer, folgt auf den nächsten Seiten jedoch kostenlos (von den Anschaffungskosten dieses Buchs abgesehen). In den folgenden Beispielen wird angenommen, dass das Remotesystem *testserver* heißt und über die IP-Adresse *192.168.2.101* verfügt. Passen Sie diese Angaben entsprechend an, und stellen Sie sicher, dass Ihr Testsystem auch tatsächlich eingeschaltet ist.

Ein wichtiges Diagnosewerkzeug dabei ist außerdem ein Portscanner, der verrät, welche Ports des Remotesystems auf Anfragen antworten. Einen Portscanner kann man mit PowerShell schnell selbst bauen. Die Funktion *Test-NetworkPort* wird in den folgenden Abschnitten verwendet:

```
function Test-NetworkPort
{
  param
  (
    $ComputerName = $env:COMPUTERNAME,

    [int32[]]
    [Parameter(ValueFromPipeline=$true)]
```

```
  $Port = $(137..139 + 443 + 445),

  [int32]
  $Timeout=1000,

  [switch]
  $AllResults
)

process
{
  $count = 0
  ForEach ($PortNumber in $Port)
  {
    $count ++
    $perc = $count * 100 / $Port.Count
    Write-Progress -Activity "Scanning on \\$ComputerName" -Status "Port $PortNumber"
-PercentComplete $perc

    # in PowerShell 2.0 muss [Ordered] entfernt werden
    # dann ist die Reihenfolge der Eigenschaften aber zufällig.
    $result = New-Object PSObject -Property ([Ordered]@{
      Port="$PortNumber"; Open=$False; Type='TCP'; ComputerName=$ComputerName})

    $TCPClient = New-Object System.Net.Sockets.TcpClient
    $Connection = $TCPClient.BeginConnect($ComputerName, $PortNumber, $null, $null)

    try
    {
      if ($Connection.AsyncWaitHandle.WaitOne($Timeout, $false))
      {
        $null = $TCPClient.EndConnect($Connection)
        $result.Open = $true
      }
    }
    catch {} finally { $TCPClient.Close() }

    $result | Where-Object { $AllResults -or $_.Open }
  }
}
}
```

Listing 23.3 Das Skript *Test-NetworkPort.ps1*

Ist der Computername bekannt?

Überprüfen Sie zuerst, ob Ihr Computer den Namen des Remotesystems überhaupt auflösen kann:

```
PS> [System.Net.DNS]::GetHostByName('testserver')
Ausnahme beim Aufrufen von "GetHostByName" mit 1 Argument(en):  "Der angegebene Host ist unbekannt"

PS> ping testserver /n 1
Ping-Anforderung konnte Host "tobiasair" nicht finden. Überprüfen Sie den Namen, und versuchen Sie
es erneut.
```

Kann der Name des Testsystems so wie im Beispiel gerade eben nicht aufgelöst werden, überprüfen
Sie, ob seine IP-Adresse eine Namensauflösung ermöglicht:

```
PS> [System.Net.DNS]::GetHostByAddress('192.168.2.101')
```

```
HostName                  Aliases                  AddressList
--------                  -------                  -----------
TESTSERVER                {}                       {192.168.2.101}
```

Falls auch die IP-Adresse nicht bekannt ist, sollten Sie zunächst prüfen, ob der Remotecomputer tatsächlich online ist und sich im gleichen Netzwerk befindet. Stellen Sie außerdem sicher, dass seine Netzwerkkarte im Netzwerk- und Freigabecenter nicht auf *Öffentliches Netzwerk* eingestellt ist.

Abbildung 23.5 Remote-Administration über öffentliche Netzwerkverbindungen ist unsicher und unzulässig

TIPP Windows 8 und Server 2012 bringen weitere Module mit zusätzlichen Cmdlets mit. Darunter ist auch *Set-NetConnectionProfile*, mit dem Sie das Profil Ihres Netzwerks ändern können. Sie sollten natürlich nur davon Gebrauch machen, wenn die Netzwerkverbindung tatsächlich sicher ist und Sie nicht tatsächlich in einem Internetcafé sitzen, weil die Umstellung die Firewall-Regeln lockert. Das bedeutet gleichzeitig eine größere Angriffsfläche:

```
PS> Set-NetConnectionProfile -NetworkCategory Private
```

Kann die IP-Adresse des Zielsystems erreicht, aber sein Name nicht aufgelöst werden, und haben Sie keine Möglichkeit, die Einstellungen Ihres DNS-Servers zu überprüfen (oder verwenden keinen), dann tragen Sie Namen und IP-Adresse des Remotesystems notfalls statisch in die *hosts*-Datei ein. Diese öffnen Sie mit Administratorrechten von PowerShell aus so:

```
PS> Start-Process -Verb runas -FilePath notepad.exe -ArgumentList
"$env:windir\System32\drivers\etc\hosts"
```

Nach der Aktualisierung sollte das Remotesystem auch über seinen Namen ansprechbar sein:

```
PS> ping testserver

Ping wird ausgeführt für testserver [192.168.2.101] mit 32 Bytes Daten:
Antwort von 192.168.2.101: Bytes=32 Zeit=3ms TTL=128
Antwort von 192.168.2.101: Bytes=32 Zeit=3ms TTL=128
```

HINWEIS   Falls Sie das Testsystem weder per *ping.exe* noch anderweitig erreichen, können die Ursachen dafür vielfältig sein und schließen einen erfolgreichen Remotezugriff nicht aus. Lesen Sie in diesem Fall einfach weiter.

Initialer Port-Scan

Einen guten Eindruck über die Konfiguration des Remotesystems bietet ein Portscan. Ist das Remotesystem noch überhaupt nicht für Remotezugriffe eingerichtet, wird es keinerlei offene Ports melden. Andernfalls listet die folgende Zeile die Ports auf, die das Remotesystem geöffnet hat:

```
PS> Test-NetworkPort -ComputerName testserver
```

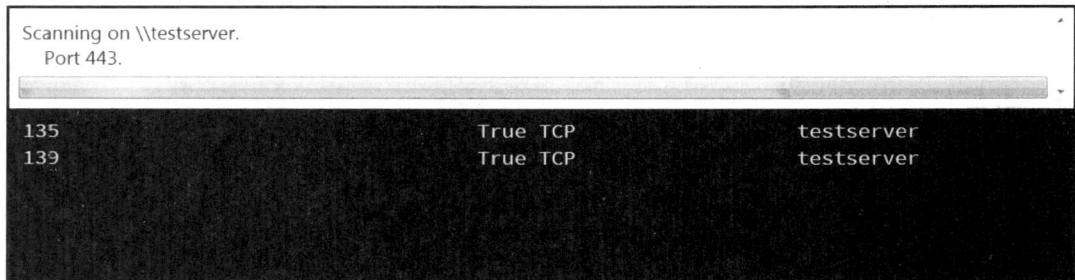

Abbildung 23.6   Port-Scanner prüft die freigegebenen Ports des Systems

Die Bedeutung der offenen Ports verrät Tabelle 23.2.

Port	Funktion
135	WMI
139	Dateifreigabe (Filesharing)
445	WMI
5985	PowerShell-Remoting

Tabelle 23.2   Portnummern und ihre Bedeutung für Remoting-Technologien

---

PROFITIPP   Falls die Dateifreigabe auf dem Remotesystem aktiviert ist (Port 139), können Sie sich über eine sogenannte IPC-Verbindung am System anmelden – entweder anonym oder unter Angabe eines Benutzernamens und Kennworts. Einige Cmdlets verwenden diese Anmeldung für ihr Remoting:

```
PS> net use \\192.168.2.101\IPC$ * /USER:Tobias
Geben Sie das Kennwort für \\192.168.2.101\IPC$ ein:
Der Befehl wurde erfolgreich ausgeführt.
```

WMI-Remoting einrichten

Die vermutlich wichtigste klassische Remoting-Technologie ist WMI (*Windows Management Instrumentation*, Port 135). Sie greift intern auf DCOM zurück, um das Remotesystem anzusprechen. DCOM verwendet Port 135, um eine erste Verbindung aufzunehmen, und handelt dann dynamische Ports aus, falls kein statischer Endpunkt konfiguriert wurde. Das bedeutet, dass WMI normalerweise von der Firewall blockiert wird. Ob dem so ist, finden Sie mit einer Test-Anfrage heraus:

```
PS> Get-WmiObject -Class Win32_BIOS -ComputerName testserver
Get-WmiObject : Der RPC-Server ist nicht verfügbar. (Exception from HRESULT: 0x800706BA)
```

Die Meldung »RPC-Server ist nicht verfügbar« bedeutet, dass Ihr Computer keine Verbindung mit WMI herstellen konnte – entweder, weil der Remotecomputer tatsächlich nicht vorhanden ist (ausgeschaltet, vertippt, keine Namensauflösung), oder weil dessen Firewall die Anfrage blockiert.

Deshalb muss in der Firewall des Remotesystems die sogenannte »Remoteverwaltungsausnahme« aktiviert werden. Das kann nur direkt auf dem Remotesystem geschehen (beispielsweise per Remote Desktop) und benötigt Administrator-Rechte. Ein veralteter (aber noch funktionierender) Befehlsaufruf dazu ist dieser:

```
PS> netsh firewall set service RemoteAdmin enable
```

Ab Windows 7 können Sie stattdessen auch seinen Nachfolger einsetzen (der allerdings die zu aktivierenden Regeln nicht selbst anlegt):

```
PS> netsh advfirewall firewall set rule group='Remoteverwaltung' new enable=yes
```

Oder auf einem englischsprachigen Windows:

```
PS> netsh advfirewall firewall set rule group='remote administration' new enable=yes
```

Insofern ist selbst bei Windows 7 und 8 nach wie vor die Verwendung des veralteten Befehls *netsh* sehr viel einfacher.

Danach sollte die Remoteabfrage per WMI funktionieren – jedenfalls aber zumindest keinen RPC-Fehler mehr liefern:

```
PS> Get-WmiObject -Class Win32_BIOS -ComputerName testserver

SMBIOSBIOSVersion : MBA41.88Z.0077.B0E.1110141154
Manufacturer      : Apple Inc.
Name              : Default System BIOS
SerialNumber      : C02GW04RDRQ4
Version           : APPLE  - 60
```

TIPP   Falls Sie nun stattdessen einen »Zugriff verweigert/Access denied«-Fehler erhalten, fehlen Ihnen die für den Zugriff notwendigen Berechtigungen. Nutzen Sie dann den Parameter -*Credential*, um sich mit Benutzername und Kennwort auszuweisen. Ist Ihr Computer ein Domänenmitglied und greifen Sie auf ein Nicht-Domänen-Mitglied zu, dann müssen Sie sich immer auf diese Weise ausweisen.

Der Parameter -*Credential* erwartet eigentlich übrigens ein *Credential*-Objekt. Moderne Cmdlets akzeptieren aber auch einen Anmeldenamen und öffnen dann automatisch ein Anmeldefenster. Ist dies unerwünscht, dann können die Anmeldedaten einmal mit *Get-Credential* erfragt und danach mehrfach verwendet werden:

```
PS> $anmeldeinfos = Get-Credential test\user1
```

Alternativ kann ein *Credential*-Objekt auch vollständig synthetisiert werden, sodass keine Kennworteingabeaufforderung erscheint (siehe auch Kapitel 13). Dann aber ist das Kennwort im Klartext im Skript zu sehen:

```
PS> $anmeldeinfos = New-Object -TypeName System.Management.Automation.PSCredential test\user1,
('Fassword' | ConvertTo-SecureString -Force -AsPlainText)
```

Auch mit der WMI verwandte Cmdlets und Befehle, also solche, die dieselbe Remoting-Technik einsetzen, funktionieren nun, etwa das Cmdlet *Get-Hotfix* und der Konsolenbefehl *schtasks.exe*:

```
PS> Get-HotFix -ComputerName testserver -Description Secu*,Sich*

Source        Description       HotFixID    InstalledBy          InstalledOn
------        -----------       --------    -----------          -----------
TESTSERVER    Security Update   KB2425227   Testserver\Tobias    01.08.2012 00:00:00
TESTSERVER    Security Update   KB2479943   Testserver\Tobias    01.08.2012 00:00:00
TESTSERVER    Security Update   KB2491683   NT AUTHORITY\SYSTEM  01.08.2012 00:00:00
TESTSERVER    Security Update   KB2503665   NT AUTHORITY\SYSTEM  01.08.2012 00:00:00
TES¯SERVER    Security Update   KB2506212   Testserver\Tobias    01.08.2012 00:00:00

PS> schtasks /query /S testserver

Ordner: \
Aufgabenname                              Nächste Laufzeit       Status
========================================= ====================== ===============
Microsoft_Hardware_Launch_IPoint_exe      Nicht zutreffend       Bereit

Ordner: \Microsoft\Microsoft Antimalware
Aufgabenname                              Nächste Laufzeit       Status
========================================= ====================== ===============
Microsoft Antimalware Scheduled Scan      02.12.2012 01:58:38    Bereit
(…)
```

Remote-Registrierungszugriff erlauben

Eine weitere Gruppe von Cmdlets benötigt auf dem Remotesystem besondere Dienste. Ob diese noch eingerichtet werden müssen, findet ein Test schnell heraus:

```
PS> Get-Process -ComputerName testserver
Get-Process : Mit dem Remotecomputer konnte keine Verbindung hergestellt werden.

PS> Get-EventLog -LogName system -EntryType Error -ComputerName testserver
Get-EventLog : Der Netzwerkpfad wurde nicht gefunden.
```

Können diese Cmdlets keine Remoteverbindung aufbauen, muss auf dem Remotesystem der Dienst *Remoteregistrierung (RemoteRegistry)* gestartet werden. Da WMI bereits eingerichtet ist, kann der Dienst remote gestartet werden:

```
# Dienst remote ansprechen:
PS> $dienst = Get-WmiObject -Class Win32_Service -Filter 'Name="RemoteRegistry"' -ComputerName
testserver

PS> $dienst
ExitCode : 0
Name     : RemoteRegistry
```

```
ProcessId : 0
StartMode : Manual
State     : Stopped
Status    : OK

# Dienst auf Remotesystem starten:
PS> $dienst.StartService().ReturnValue
0

# jetzt können auch die Cmdlets der Familie "Service" verwendet werden:
PS> Get-Service -Name RemoteRegistry -ComputerName testserver

Status   Name              DisplayName
------   ----              -----------
Running  RemoteRegistry    Remote Registry

# Dienst auf automatischen Start stellen:
PS> Set-Service -Name RemoteRegistry -ComputerName testserver -StartupType Automatic
```

Sobald der *RemoteRegistry*-Dienst auf dem Remotesystem ausgeführt wird, arbeiten die Cmdlets einwandfrei:

```
PS> Get-Process -ComputerName testserver

Handles  NPM(K)    PM(K)      WS(K) VM(M)   CPU(s)     Id ProcessName
-------  ------    -----      ----- -----   ------     -- -----------
    256      22     5068      12032    90            1812 AppleMobileDeviceService
     57       6     1616       3716    26            1856 AppleOSSMgr
     82       8     2416       5656    29            1892 AppleTimeSrv
     76       8     1220       3920    42            1764 armsvc
    320      12     8716      10944    97            3740 Bootcamp
(…)

PS> Get-EventLog -LogName system -EntryType Error -ComputerName testserver

 Index Time          EntryType  Source          InstanceID Message
 ----- ----          ---------  ------          ---------- -------
 52827 Nov 25 06:49  Error      NetBT           3221229793 Der Name "WORKGROUP       :1...
 52350 Nov 20 07:40  Error      Disk            3221487627 Der Treiber hat einen Contr...
 52096 Nov 19 07:59  Error      Service Control M... 3221232483 Das Zeitlimit (30000 ms) wu...
 52064 Nov 18 17:54  Error      volsnap         3221618723 Die Schattenkopien von Volu...
 52015 Nov 18 17:04  Error      WinRM              468907 The description for Event I...
(…)
```

> **TIPP**   Alle diese Einstellungen – Einrichten einer der Remoteverwaltungsausnahme und der Autostart für den *RemoteRegistry*-Dienst – können natürlich auch zentral über eine Gruppenrichtlinie gesteuert werden.

Universelles PowerShell-Remoting

Weil klassische Remotezugriffe von der Intelligenz des jeweiligen Cmdlets abhängen und es jedem Cmdlet selbst überlassen ist, welche Technik es hinter den Kulissen für seinen Remotezugriff verwendet, hat man in PowerShell 2.0 eine alternative Remoting-Technik implementiert, mit der sich *jeder beliebige* Befehl auf anderen Systemen auf Basis einer *einheitlichen* Remoting-Technik ausführen lässt. Hierbei übernimmt PowerShell stellvertretend für alle Befehle den Remotezugriff: Es transferiert

Ihren Code mithilfe des *WinRM*-Dienstes zum Zielsystem, führt den Code dort in einer separaten PowerShell-Sitzung aus (zugrunde liegt dieser *wsmprovhost.exe*) und eskortiert die Ergebnisse automatisch zurück zu Ihrem System.

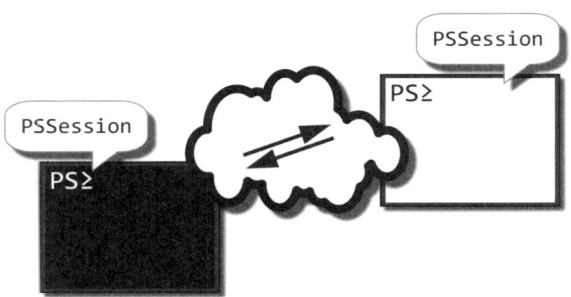

Abbildung 23.7   Grundprinzip des PowerShell-Remotings: Auf beiden Seiten wird PowerShell ausgeführt

PowerShell-Remoting verlangt die folgenden Voraussetzungen und funktioniert danach für beliebige Befehle gleichartig:

- **Auf dem Quellsystem** (von dem die Anfrage stammt) sind innerhalb eines Domänennetzwerks keine besonderen Voraussetzungen nötig. Ohne Domäne oder Cross-Domain muss dem Quellsystem einmalig erlaubt werden, sich auch ohne Kerberos am Zielsystem anzumelden. Der Aufrufer benötigt am Zielsystem Administratorrechte.

- **Auf dem Zielsystem** (auf dem die Anfrage ausgeführt wird) muss PowerShell-Remoting aktiviert sein. Das kann manuell mit *Enable-PSRemoting* oder per Gruppenrichtlinie geschehen.

PowerShell-Remoting einschalten

Innerhalb einer Domänenumgebung genügt ein einziger Befehlsaufruf, um das PowerShell-Remoting einzuschalten: *Enable-PSRemoting*. Der Befehl benötigt volle Administratorrechte und beschreibt dann zunächst, welche Konfigurationsänderungen er vornehmen wird (Abbildung 23.8).

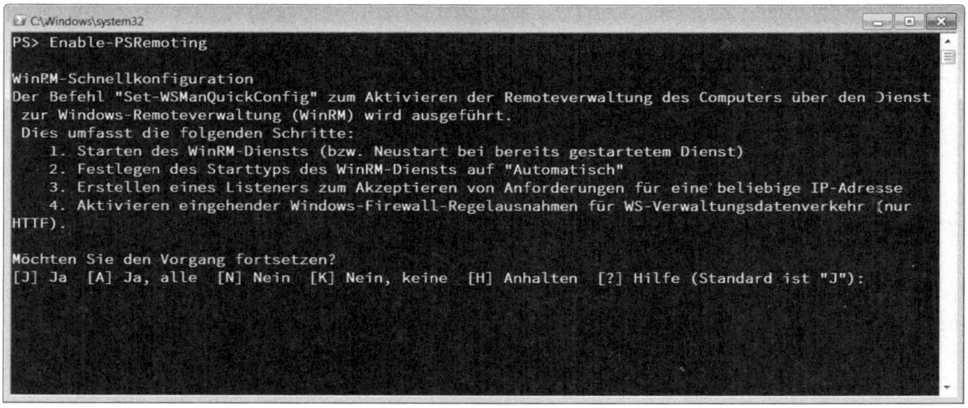

```
C:\Windows\system32
PS> Enable-PSRemoting

WinRM-Schnellkonfiguration
Der Befehl "Set-WSManQuickConfig" zum Aktivieren der Remoteverwaltung des Computers über den Dienst
 zur Windows-Remoteverwaltung (WinRM) wird ausgeführt.
 Dies umfasst die folgenden Schritte:
    1. Starten des WinRM-Diensts (bzw. Neustart bei bereits gestartetem Dienst)
    2. Festlegen des Starttyps des WinRM-Diensts auf "Automatisch"
    3. Erstellen eines Listeners zum Akzeptieren von Anforderungen für eine beliebige IP-Adresse
    4. Aktivieren eingehender Windows-Firewall-Regelausnahmen für WS-Verwaltungsdatenverkehr (nur
HTTF).

Möchten Sie den Vorgang fortsetzen?
[J] Ja  [A] Ja, alle  [N] Nein  [K] Nein, keine  [H] Anhalten  [?] Hilfe (Standard ist "J"):
```

Abbildung 23.8   Mit *Enable-PSRemoting* wird das Remoting auf dem Zielsystem eingeschaltet

Insgesamt werden drei Änderungen durchgeführt:

- **WinRM-Dienst** Dieser Dienst wird gestartet und danach für den Automatikstart konfiguriert. Dieser Dienst empfängt später die Remoteanfragen. Auf Servern läuft dieser Dienst ohnehin.

- **Listener** Es wird für den WinRM-Dienst ein *Listener* eingerichtet, der auf Port 5985 an allen Netzwerkkarten auf Anforderungen wartet, um diese dann zu bearbeiten

- **Firewall** Die Firewall des Systems wird so konfiguriert, dass Anforderungen zum Port 5985 den Listener auch erreichen

Die Änderungen – insbesondere an der Firewall – können nur durchgeführt werden, wenn keines Ihrer Netzwerkprofile im Netzwerk- und Freigabecenter auf *Öffentliches Netzwerk* eingestellt ist. Das war insbesondere bei PowerShell 2.0 ein häufiges Problem, weil virtuelle Netzwerkadapter oft diesen Status haben und sich nicht ändern lassen.

Unter Windows 8 und Windows Server 2012 können Sie den Status mit *Set-NetConnectionProfile* von PowerShell aus ändern (wenn Sie dem Netzwerk vertrauen):

```
PS> Set-NetConnectionProfile -NetworkCategory Private
```

Oder Sie verwenden den neuen Parameter *-SkipNetworkProfileCheck* in PowerShell 3.0:

```
PS> Enable-PSRemoting -SkipNetworkProfileCheck
```

TIPP Geben Sie bei *Enable-PSRemoting* den Parameter *-Force* an, dann entfallen die vielen Sicherheitsabfragen und das Remoting wird sofort aktiviert.

Sobald auf dem Zielsystem das Remoting aktiv ist, können Sie die Verbindung mit *Test-WSMan* testen:

```
PS> Test-WSMan -ComputerName testserver

wsmid           : http://schemas.dmtf.org/wbem/wsman/identity/1/wsmanidentity.xsd
ProtocolVersion : http://schemas.dmtf.org/wbem/wsman/1/wsman.xsd
ProductVendor   : Microsoft Corporation
ProductVersion  : OS: 0.0.0 SP: 0.0 Stack: 3.0
```

Sollte der Test misslingen, schauen Sie sich bitte den folgenden Abschnitt an.

Zusätzliche Einstellungen für Cross-Domain und Peer-to-Peer

Wollen Sie PowerShell-Remoting außerhalb einer Domäne einsetzen (zum Beispiel zu Hause, in einem Peer-to-Peer-Netzwerk oder auch domänenübergreifend), dann sind auch auf dem Quellsystem (das die Anforderung versendet) Konfigurationsarbeiten nötig. Dasselbe gilt, wenn Sie innerhalb einer Domäne zum Ansprechen des Zielsystems IP-Adressen anstelle von Computernamen verwenden möchten.

Als Vorgabe akzeptiert PowerShell-Remoting nämlich nur die besonders sichere Kerberos-Authentifizierung. Sie gewährleistet eine gegenseitige Authentifizierung, bei der nicht nur das Zielsystem weiß, wer sich anmelden will, sondern auch der Anmelder sicher sein kann, es tatsächlich mit dem gewünschten Zielsystem zu tun zu haben. Kerberos setzt eine gemeinsame Domäne voraus und funktioniert nur mit Computernamen, nicht mit IP-Adressen. Deshalb ist PowerShell-Remoting in allen anderen Fällen zunächst nicht möglich. Auf dem Quellsystem muss erst mit Administratorrechten die Erlaubnis erteilt werden, sich auch mit Nicht-Kerberos-Verfahren anmelden zu dürfen. Um diese Einstellung setzen zu können, muss das PowerShell-Remoting vorübergehend aktiviert werden:

```
PS> Enable-PSRemoting -Force
PS> Set-Item wsman:\localhost\client\trustedhosts * -Force
```

Steht also Kerberos nicht zur Verfügung, kontrolliert *TrustedHosts*, mit welchen Computern Sie sich verbinden dürfen – also wem Sie vertrauen. Diese Liste ist also eigentlich nur ein weiterer Sicherheitsgurt für Sie selbst. Indem Sie ein Sternchen in die Liste eintragen, schnallen Sie sich ab und dürfen sich fortan mit jedem beliebigen Computer verbinden. Möchten Sie nicht die volle Freiheit, tragen Sie in *TrustedHosts* Adress- und Namensbereiche ein, wobei Platzhalter erlaubt sind:

```
PS> Set-Item wsman:\localhost\client\trustedhosts server_* -Force
PS> Set-Item wsman:\localhost\client\trustedhosts 10.10.10.* -Force -Concat
PS> Set-Item wsman:\localhost\client\trustedhosts 192.168.2.110 -Force -Concat
PS> Get-ChildItem wsman:\localhost\client
```

In diesem Beispiel dürfen Sie sich anschließend nur noch zu Computern verbinden, deren Namen entweder mit »server_« oder deren IP-Adressen mit »10.10.10.« beginnen. Außerdem ist der Zugang zum System mit der IP-Adresse 192.168.2.110 freigegeben.

PowerShell-Remoting abschalten

Nachdem die Änderung an *TrustedHosts* vorgenommen ist, kann das Remoting auf dem Quellsystem wieder abgeschaltet werden:

```
PS> Disable-PSRemoting -Force
```

Dasselbe gilt natürlich auch für den Fall, dass Sie auf einem Zielsystem das Remoting wieder abschalten und den Zugriff per Remoting unterbinden möchten. *Disable-PSRemoting* macht allerdings nicht die Änderungen rückgängig, die *Enable-PSRemoting* durchgeführt hat, sondern konfiguriert nur die Sicherheitseinstellungen des Remotings so, dass niemand mehr Zugriff erhält.

Der WinRM-Dienst bleibt weiter aktiv. Schließlich kann *Disable-PSRemoting* nicht wissen, ob zwischenzeitlich andere Anwendungen und Dienste installiert wurden, die den Dienst ebenfalls benötigen. Wenn Sie wollen (und sicher sind, dass niemand sonst den Dienst benötigt), können Sie aber jederzeit von Hand mit *Set-Service* und *Stop-Service* den *WinRM*-Dienst in den Ausgangszustand zurückversetzen:

```
PS> Set-Service winrm -StartupType Manual
PS> Stop-Service winrm
```

Auch die Firewall-Ausnahmen an Port *5985* werden aus demselben Grund nicht automatisch entfernt. Falls Sie diese mit PowerShell entfernen wollen, setzen Sie die folgenden Funktionen *Get-FirewallRule*, *Disable-FirewallRule* (und der Vollständigkeit halber) *Enable-FirewallRule* ein:

```
function Get-FirewallRule($rule = '*', $port = '*') {
  try {
    (New-Object -ComObject HNetCfg.FwPolicy2).Rules |
      Where-Object { $_.Name -like $rule } |
      Where-Object { $_.LocalPorts -like $port
  }
```

```
  }
  catch [system.Management.Automation.PSArgumentException] {
    # this handles firewall rules on Windows XP:
    0..2 | ForEach-Object {
      $obj = New-Object -ComObject HnetCfg.FwMgr
    }{
      try {
        $obj.LocalPolicy.GetProfileByType($_).GloballyOpenPorts
      } catch {}} |
      Where-Object { $_.Name -like $rule } |
      Where-Object { $_.Port.toString() -like $port
    }
  }
}

function Disable-FirewallRule([Parameter(Position=0, Mandatory=$true,
ValueFromPipeline=$true)]$rule) {
  process {
    $rule.Enabled = $false
  }
}

function Enable-FirewallRule([Parameter(Position=0, Mandatory=$true,
ValueFromPipeline=$true)]$rule) {
  process {
    $rule.Enabled = $true
  }
}
```

Listing 23.4 Das Skript *firewall.ps1*

Get-FirewallRule ruft Firewallregeln ab und verwendet dazu als Vorgabe einen Ansatz, der ab Windows Vista eingeführt wurde. Nur falls dieser scheitert, greift *Get-FirewallRule* auf einen älteren Ansatz zurück, der bei Windows XP galt. Die Funktion liefert also für alle Windows-Versionen die Firewall-Regeln der Windows-Firewall. Um die vom PowerShell-Remoting verwendeten Regeln zu finden, suchen Sie nach allen Regeln, die Port 5985 betreffen (Abbildung 23.9).

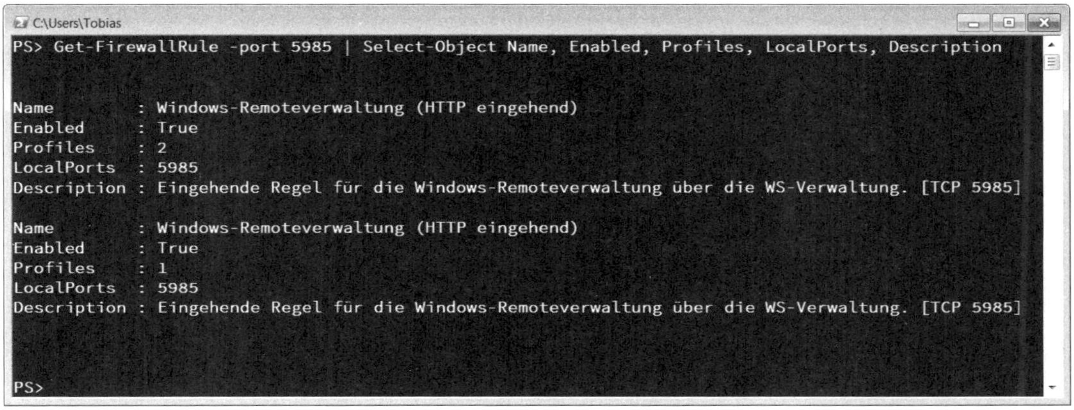

Abbildung 23.9 Firewall-Regeln des PowerShell-Remotings aufspüren

Um diese Regeln zu deaktivieren, leiten Sie das Ergebnis an *Disable-FirewallRule* weiter:

```
Get-FirewallRule -port 5985 | Disable-FirewallRule
```

Diese Anweisung deaktiviert sämtliche Firewall-Regeln an Port 5985. Normalerweise betrifft dies ausschließlich das PowerShell-Remoting, aber natürlich könnten rein theoretisch weitere Regeln festgelegt worden sein, die diesen Port tangieren. Deshalb können Sie die Zeile weiter verfeinern und zum Beispiel nur auf Regeln anwenden, die sich auf das HTTP-Protokoll beziehen:

```
PS> Get-FirewallRule -port 5985 | Where-Object { $_.Protocol -eq 6 }
```

Während *Enable-PSRemoting* nur die Firewall-Ausnahme an Port 5985 (HTTP) aktiviert, können im Zusammenhang mit dem PowerShell-Remoting noch weitere Ausnahmen manuell eingerichtet worden sein. Beispielsweise existiert eine weitere Ausnahme für Port 80 aus Gründen der Abwärtskompatibilität, denn in frühen Versionen nutzte WinRM diesen Port. Auch können Regeln für Port 5986 (HTTPS) vorhanden sein, wenn zusätzlich zu HTTP auch das HTTPS-Protokoll für Remoting-Aufgaben eingesetzt wurde. Spielen Sie im Zweifelsfall einfach etwas mit *Get-FirewallRule*. Alle Regeln, die Port 80 betreffen, finden Sie zum Beispiel so:

```
PS> Get-FirewallRule -Port 80
```

Und wenn Sie alle Regeln sehen möchten, die in Zusammenhang mit dem PowerShell-Remoting stehen, verwenden Sie die folgende Zeile:

```
PS> Get-FirewallRule *Windows?Remote*| Select-Object Name, Enabled, Profiles, LocalPorts
```

Name	Enabled	Profiles	LocalPorts
Windows-Remoteverwaltung - Kompatibilitätsmodus (HTTP eingehend)	False	6	80
Windows-Remoteverwaltung - Kompatibilitätsmodus (HTTP eingehend)	False	1	80
Windows-Remoteverwaltung (HTTP eingehend)	True	2	5985
Windows-Remoteverwaltung (HTTP eingehend)	True	1	5985

Enter-PSSession: Interaktive Remotekonsole

Mit *Enter-PSSession* schalten Sie in den interaktiven Remoting-Modus. In der PowerShell-Konsole wird jetzt vor der Eingabeaufforderung in eckigen Klammern der Name des Zielsystems angezeigt. Alles, was Sie eingeben, wird nun auf dem Remotesystem ausgeführt, und alle Ergebnisse erscheinen wieder in Ihrer Konsole:

```
PS> Enter-PSSession -ComputerName testserver
[testserver]: PS C:\Dokumente und Einstellungen\Administrator\Eigene Dateien>
```

Als Beleg dafür, dass Ihre Konsole nun tatsächlich auf dem Remotesystem ausgeführt wird, rufen Sie die Umgebungsvariable *COMPUTERNAME* sowie die WMI-BIOS-Informationen ab:

```
[testserver]: PS C:\Dokumente und Einstellungen\Administrator\Eigene Dateien> $env:COMPUTERNAME
TESTSERVER
[testserver]: PS C:\Dokumente und Einstellungen\Administrator\Eigene Dateien> Get-WmiObject
Win32_BIOS

SMBIOSBIOSVersion : P03
Manufacturer      : Phoenix Technologies LTD
Name              : Ver 1.00PARTTBLw
```

```
SerialNumber     : 98H340ED2H9300237A30A1
Version          : PTLTD  - 6040000
```

Verlassen Sie die Remotesitzung mit *Exit-PSSession*, dann gelangen Sie zurück zu Ihrer lokalen Sitzung. Der Prompt normalisiert sich wieder, und wenn Sie nun WMI-BIOS-Informationen abrufen, erhalten Sie andere Ergebnisse, die jetzt wieder Ihren eigenen Computer repräsentieren:

```
[testserver]: PS C:\Dokumente und Einstellungen\Administrator\Eigene Dateien> Exit-PSSession
PS> Get-WmiObject Win32_BIOS

SMBIOSBIOSVersion : 02LV.MP00.20081121.hkk
Manufacturer      : Phoenix Technologies Ltd.
Name              : Phoenix SecureCore(tm) NB Version 02LV.MP00.20081121.hkk
SerialNumber      : ZAMA93HS600210
Version           : SECCSD - 6040000
```

Enter-PSSession führt nur interaktive Eingaben remote aus

Enter-PSSession ist ausschließlich dafür gedacht, interaktive Eingaben an ein Remotesystem zu senden. Es ist nicht fähig, Skriptcode oder gar ganze Skripts remote auszuführen. Das folgende Beispiel macht dies deutlich. Am besten versuchen Sie zunächst selbst nachzuvollziehen, was dieses Skript unternimmt:

```
$Datei = "$env:TEMP\testdatei$(Get-Random).txt"
Test-Path -Path $Datei

Enter-PSSession -ComputerName testserver
Get-Date | Out-File -FilePath $Datei
Exit-PSSession

Test-Path -Path $Datei
```

Listing 23.5   Das Skript *fehler1.ps1*

In diesem Skript soll das aktuelle Datum in eine Datei auf dem Remotecomputer *testserver* geschrieben werden. Deshalb hat der Entwickler vor dem entsprechenden Befehl *Enter-PSSession* eingesetzt und kehrt danach mit *Exit-PSSession* zu seinem Computer zurück. Tatsächlich erscheint keine Fehlermeldung (sofern das Remoting generell funktioniert). Das Skript prüft allerdings auch an Anfang und Ende, ob es die Datei gibt. Hier sollte in beiden Fällen *$false* gemeldet werden, aber das zweite Ergebnis ist *$true*: Die Datei wurde nicht auf dem Remotesystem erstellt, sondern auf dem eigenen.

Der gesamte Skriptcode wird lokal ausgeführt. *Enter-PSSession* baut zwar kurzfristig die Remoting-Verbindung auf (erkennbar an einer leichten Verzögerung), aber weil diese nur Tastatureingaben ans Remotesystem leitet, wird sie unverrichteter Dinge wieder geschlossen.

ACHTUNG   Sobald Sie eine Remotesitzung »entern«, gelten andere Gesetze als vorher: Weil nun Ihre Eingaben ans Remotesystem gesendet werden und Ergebnisse textbasiert zu Ihnen zurückgesendet werden, dürfen Sie auf keinen Fall Befehle ausführen, die Fenster öffnen oder sonstige Eingaben erfordern. Weil diese niemand sehen würde (auch nicht ein angemeldeter Anwender am Remotesystem), würde dies Ihre gesamte Remoting-Sitzung blockieren – bis Sie sich zum Beispiel von einer zweiten Sitzung aus auf dem Remotesystem anmelden und den blockierenden Prozess mit *Stop-Process* killen.

Kontrolle: Wer besucht meinen Computer?

Möchten Sie feststellen, wer gerade aktive PowerShell-Remoting-Sitzungen auf Ihrem Computer ausführt, dann suchen Sie den jeweils zugrunde liegenden Hosting-Prozess namens *wsmprovhost.exe* und
bestimmen dessen Eigentümer. Die folgende Funktion *Get-RemoteSessionUser* liefert das gewünschte
Ergebnis:

```
function Get-RemoteSessionUser
{
  param
  (
      $ComputerName,
      $Credential
  )

  Get-WmiObject -Class Win32_Process -Filter 'Name="wsmprovhost.exe"' @PSBoundParameters |
    ForEach-Object {
      $owner = $_.GetOwner()

      $rv = $_ | Select-Object -Property User, StartTime, ID
      $rv.StartTime = $_.ConvertToDateTime($_.CreationDate)
      $rv.User = '{0}\{1}' -f $owner.Domain, $owner.User
      $rv.ID = $_.ProcessID
      $rv
    }
}
```

Listing 23.6   Das Skript *Get-RemoteSessionUser.ps1*

Sie dürfen *Get-RemoteSessionUser* lokal und remote aufrufen, können also auch feststellen, welche
Remotesitzungen es auf anderen Computern gerade gibt. Voraussetzung ist, dass Sie über Administrator-Rechte verfügen.

```
PS> Get-RemoteSessionUser

User                       StartTime                          ID
----                       ---------                          --
powertheshell\Administrator   25.11.2012 13:34:40           5552
TobiasAir1\Tobias             25.11.2012 13:44:33           7152
```

Remoting-Unterstützung im ISE-Editor

Auch der ISE-Skripteditor unterstützt interaktives Remoting: Mit *Datei/Neue Remote-PowerShell-
Registerkarte* (oder ⌷Strg⌷+⌷⇧⌷+⌷R⌷) öffnet sich ein Dialogfeld, in das Sie den Namen des Zielsystems
und den Benutzernamen eintragen (Abbildung 23.10).

Abbildung 23.10 Verbindung zu einem Remotesystem im ISE-Editor herstellen

Die eigentliche Anmeldung am Zielsystem erfolgt danach. Anschließend zeigt der ISE-Editor eine neue Registerkarte mit dem Namen des Zielsystems an. Alle Skripts, die auf dieser Registerkarte ausgeführt werden, führt PowerShell in Wirklichkeit auf dem Zielsystem aus. So kann man Skripts auch auf Remotesystemen erstellen, auf denen möglicherweise besondere Bedingungen bestehen. Allerdings sind alle Debugging-Techniken bei Remoteskripting abgeschaltet. Sie können also weder Haltepunkte setzen noch das Skript schrittweise ausführen.

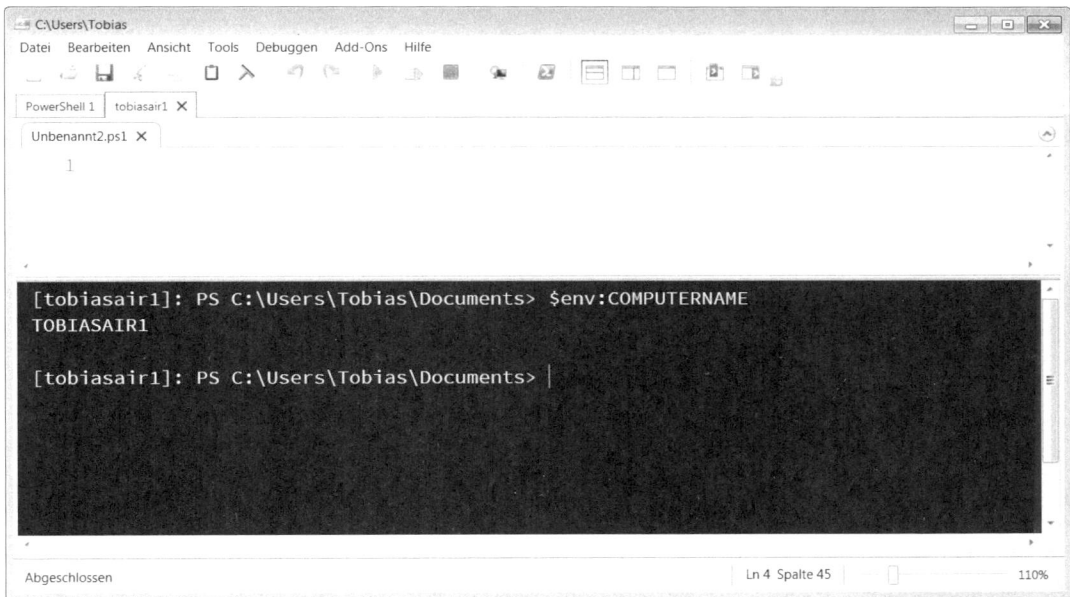

Abbildung 23.11 Mit dem ISE-Editor Skripts auf einem Remotesystem entwickeln

HINWEIS   Sobald Sie in einer Remote-PowerShell-Registerkarte ein Skript ausführen, wird es auch tatsächlich auf dem Remotesystem gestartet. Weil *Enter-PSSession* keine Skripts, sondern nur interaktive Befehle remote ausführt, steckt dahinter ein anderes Cmdlet, das Sie gleich genauer kennenlernen werden: *Invoke-Command*.

Invoke-Command: Remoteausführung von PowerShell-Code

Code und ganze Skripts werden mit *Invoke-Command* remote ausgeführt. Dazu überträgt *Invoke-Command* den Code zuerst ans Zielsystem. Dort wird eine unsichtbare PowerShell-Sitzung gestartet, ganz ähnlich wie bei *Enter-PSSession*. Der Code wird nun in dieser Sitzung ausgeführt, läuft also (aus seiner Sicht) lokal. Alle Ergebnisse transportiert das PowerShell-Remoting wieder zurück zu Ihnen. Die folgende Zeile führt beispielsweise den Befehl *Get-Service* auf dem Computer *testserver* aus. Das Ergebnis, nämlich die Dienste dieses Computers, werden automatisch zurück zu Ihnen geliefert:

```
PS> Invoke-Command -ScriptBlock { Get-Service } -ComputerName testserver
```

Der Code in geschweiften Klammern wird also auf dem Remotesystem ausgeführt. *Get-Service* wäre auch selbst in der Lage gewesen, die Informationen remote zu beschaffen, sofern Sie die Voraussetzungen für das klassische Remoting wie in Abschnitt »Troubleshooting für klassisches Remoting« (Seite 819) beschrieben erfüllt haben:

```
PS> Get-Service -ComputerName testserver
```

Allerdings bietet *Get-Service* keinen Parameter *-Credential*, mit dem Sie sich auch unter anderem Namen anmelden könnten. PowerShell-Remoting unterstützt diese Anmeldung grundsätzlich immer:

```
PS> Invoke-Command -ScriptBlock { Get-Service } -ComputerName testserver -Credential test\user
```

Darüber hinaus ist das PowerShell-Remoting universell einsetzbar und nicht auf bestimmte remotefähige Befehle beschränkt. Jeder Befehl kann remote ausgeführt werden, sogar native Befehle wie beispielsweise *netstat* oder *ipconfig*:

```
PS> Invoke-Command -ScriptBlock { netstat } -ComputerName testserver

Active Connections

  Proto  Local Address          Foreign Address        State
  TCP    127.0.0.1:5354         testserver:49155       ESTABLISHED
  TCP    127.0.0.1:27015        testserver:49188       ESTABLISHED
  TCP    127.0.0.1:49155        testserver:5354        ESTABLISHED
  TCP    127.0.0.1:49188        testserver:27015       ESTABLISHED
  TCP    192.168.2.101:5985     192.168.2.109:59882    ESTABLISHED
  TCP    192.168.2.101:5985     192.168.2.109:59996    TIME_WAIT
(...)
```

TIPP   *Invoke-Command* unterstützt auch den Parameter *-FilePath*, den Sie anstelle von *-ScriptBlock* einsetzen können, um ganze Skripts remote auszuführen. Das Skript liegt dazu typischerweise auf Ihrem lokalen Computer. Sein Inhalt (nicht die Skriptdatei) wird dann an das Remotesystem übermittelt und dort ausgeführt.

Lokale Variablen und Abhängigkeiten

Sobald Sie Code remote ausführen, beginnt das Verwirrspiel, das Sie vielleicht schon einmal mit Remotedesktops erlebt haben: Wo genau befindet man sich eigentlich gerade? Der Code, der remote ausgeführt wird, läuft eigentlich lokal auf dem Remotesystem. Das bedeutet auch, dass alle Befehle, Module, Cmdlets und sonstigen Abhängigkeiten, die Sie darin verwenden, auf dem Zielsystem auch tatsächlich vorhanden sein müssen. Rufen Sie beispielsweise *robocopy.exe* mit *Invoke-Command* remote auf, muss dieses Tool auf dem Zielsystem existieren.

Besonders herausfordernd wird dies, wenn Sie dem Skriptblock, der remote ausgeführt werden soll, Argumente übergeben wollen. Das folgende Skript scheitert daran:

```
function Get-ErrorEvent
{
  param
  (
    [Parameter(Mandatory=$true)]
    $ComputerName,

    $LogName='System'
  )

  $code = { Get-EventLog -LogName $LogName -EntryType Error |
           Export-Csv $env:TEMP\result.csv -NoTypeInformation -Encoding UTF8 -UseCulture }
  Invoke-Command -ScriptBlock $code -ComputerName $ComputerName
}
```

Listing 23.7 Das Skript *fehler2.ps1*

Wenn Sie es aufrufen, erhalten Sie folgende Fehlermeldung:

```
PS> Get-ErrorEvent -ComputerName testserver -LogName System
Das Argument kann nicht an den Parameter "LogName" gebunden werden, da es NULL ist.
    + CategoryInfo          : InvalidData: (:) [Get-EventLog], ParameterBindingVal
    idationException
    + FullyQualifiedErrorId : ParameterArgumentValidationErrorNullNotAllowed,Micro
    soft.PowerShell.Commands.GetEventLogCommand
```

Offenbar ist das Argument *$LogName* nicht im Skriptblock angekommen, und das ist bei näherer Betrachtung einleuchtend: Der Skriptblock wurde zuerst an das Remotesystem gesendet und dann dort in einer ganz anderen PowerShell-Sitzung ausgeführt. Ihre lokalen Variablen existieren dort nicht. Sie müssen also lokale Variablen an den Skriptblock übergeben, bevor er zum Remotesystem gesendet wird. In PowerShell 2.0 werden dafür Argumente eingesetzt:

```
function Get-ErrorEvent
{
  param
  (
    [Parameter(Mandatory=$true)]
    $ComputerName,

    $LogName='System'
  )

    $code =
    {
      param($LogName)

      Get-EventLog -LogName $LogName -EntryType Error |
        Export-Csv $env:TEMP\result.csv -NoTypeInformation -Encoding UTF8 -UseCulture
    }

  Invoke-Command -ScriptBlock $code -ComputerName $ComputerName -ArgumentList $LogName
}
```

Listing 23.8 Das PowerShell 2.0-kompatible Skript *lösung1.ps1*

Ab PowerShell 3.0 besteht zusätzlich die Möglichkeit, lokale Variablen im Skriptblock mit dem Präfix *Using:* zu kennzeichnen. In diesem Fall wird der aktuelle Inhalt der Variablen im Skriptblock festgehalten:

```
function Get-ErrorEvent
{
  param
  (
    [Parameter(Mandatory=$true)]
    $ComputerName,

    $LogName='System'
  )

    $code =
    {
      Get-EventLog -LogName $Using:LogName -EntryType Error |
        Export-Csv $env:TEMP\result.csv -NoTypeInformation -Encoding UTF8 -UseCulture
    }

  Invoke-Command -ScriptBlock $code -ComputerName $ComputerName
}
```

Listing 23.9   Das Skript *lösung2.ps1* mit PowerShell 3.0-Technologie

Das Skript in Listing 23.9 ist nun allerdings nicht mehr kompatibel zu PowerShell 2.0, die Variante in Listing 23.8 hingegen schon.

Die verbesserten Funktionen laufen nun ohne Fehlermeldung. Allerdings stellt sich die nächste Frage: Wie gelangen die Daten, die die Funktion in eine CSV-Datei geschrieben hat, zurück zu Ihnen? Hierbei wird anfangs oft vergessen, dass Remoting keine Einbahnstraße ist. PowerShell-Remoting bringt die Ergebnisse zu Ihnen zurück, wenn Sie das zulassen – und die Ergebnisse also nicht vorher auf dem Zielsystem verarbeiten. Es genügt deshalb, *Export-CSV* einfach aus dem Skriptblock ins lokale Skript zu verschieben:

```
function Get-ErrorEvent
{
  param
  (
    [Parameter(Mandatory=$true)]
    $ComputerName,

    $LogName='System'
  )

    $code =
    {
      param($LogName)

      Get-EventLog -LogName $LogName -EntryType Error
    }

  Invoke-Command -ScriptBlock $code -ComputerName $ComputerName -ArgumentList $LogName |
        Export-Csv $env:temp\result.csv -NoTypeInformation -Encoding UTF8 -UseCulture
}
```

Listing 23.10   Das Skript *lösung3.ps1* liefert die Daten zurück in eine auf dem eigenen System angelegte Datei

Das hat gleich noch einen zweiten Vorteil: Da die CSV-Datei nun auf Ihrem eigenen System angelegt wird, verwendet PowerShell mit dem Parameter *-UseCulture* Ihre eigenen kulturspezifischen Trennzeichen, also in Deutschland das Semikolon. Hätten Sie die CSV-Dateien jeweils auf den Remotesystemen erzeugt, wären die dortigen Kultureinstellungen verwendet worden, und bei einem multinationalen Unternehmen hätten Sie CSV-Dateien mit verschiedenen Trennzeichen erzeugt.

Denn natürlich ist Ihre neue Funktion *Get-ErrorEvent* automatisch fähig zur Parallelverarbeitung – das bietet PowerShell-Remoting automatisch. Sie dürften dem Parameter *-ComputerName* also auch eine Liste von kommaseparierten Computernamen übergeben. Dies wirft aber das nächste Problem auf: Wenn die Ergebnisse von verschiedenen Computern zu Ihnen zurückkehren, woher weiß man dann, welches Ergebnis von welchem Computer stammt? Die folgende Funktion *Get-SystemInfo* liest aus der Registrierungsdatenbank des Remotesystems einige Systeminformationen:

```
function Get-SystemInfo
{
  param
  (
    $ComputerName,

    $Credential
  )

  $code = {
    Get-ItemProperty -Path 'HKLM:\SOFTWARE\Microsoft\Windows NT\CurrentVersion' |
      Select-Object -Property ProductName, ProductID, CSDVersion
  }

  Invoke-Command -ScriptBlock $code @PSBoundParameters
}
```

Listing 23.11   Das Skript *Get-SystemInfo.ps1*

Rufen Sie die Funktion auf und übergeben mehrere Computernamen, werden die gewünschten Informationen geliefert, und Sie erkennen, dass das Remoting die Ergebnisse automatisch um einige weitere Eigenschaften ergänzt hat, sozusagen die Absenderadresse:

```
PS> Get-SystemInfo -ComputerName testserver, storage1

ProductName     : Windows 7 Ultimate
ProductId       : 00426-069-1264895-86657
CSDVersion      : Service Pack 1
PSComputerName  : testserver
RunspaceId      : 2c8d7d8f-3326-4dcc-8426-1a27db96a325

ProductName     : Microsoft Windows Server 2003
ProductId       : 78498-OEM-4211965-00021
CSDVersion      : Service Pack 2
PSComputerName  : storage1
RunspaceId      : e0039f54-1fef-43e9-b147-ad6026863692
```

Die Eigenschaft *PSComputerName* ist ausgesprochen nützlich, die übrigen erweiterten Eigenschaften indes weniger. Es hindert Sie aber niemand daran, die Ergebnisse, die das Remoting zu Ihrem lokalen

System zurücktransportiert hat, anschließend noch mit *Select-Object* zurechtzustutzen. Hier der entsprechende Ausschnitt:

```
Invoke-Command -ScriptBlock $code @PSBoundParameters |
    Select-Object -Property ProductName, ProductID, CSDVersion, PSComputerName
```

Listing 23.12 Das Skript *Get-SystemInfo2.ps1*

Bei PowerShell 3.0 sieht das Ergebnis nun gut aus. Bei PowerShell 2.0 hingegen wäre die Eigenschaft *PSComputerName* jetzt verschwunden. Aufgrund eines Bugs ging hier nur »alles oder nichts«.

```
PS> Get-SystemInfo -ComputerName testserver, storage1

ProcuctName          ProductId           CSDVersion           PSComputerName
-----------          ---------           ----------           --------------
Windows 7 Ultimate   00426-069-1264895... Service Pack 1      testserver
Microsoft Windows... 78498-OEM-4211965... Service Pack 2      storage1
```

Der Bug lässt sich allerdings mithilfe einer berechneten Eigenschaft umgehen, was nicht nur ein abwärtskompatibles Skript liefert, sondern auch die Gelegenheit, der Eigenschaft einen besseren Namen zu geben:

```
function Get-SystemInfo
{
  param
  (
    $ComputerName,

    $Credential
  )

  $absender = @{
    Name = 'ComputerName'
    Expression = { $_.PSComputerName }
  }

  $code = {
    Get-ItemProperty -Path 'HKLM:\SOFTWARE\Microsoft\Windows NT\CurrentVersion' |
      Select-Object -Property ProductName, ProductID, CSDVersion
  }

  Invoke-Command -ScriptBlock $code @PSBoundParameters |
    Select-Object -Property ProductName, ProductID, CSDVersion, $absender
}
```

Listing 23.13 Das Skript *Get-SystemInfo3.ps1* mit der Lösung für PowerShell 2.0 und 3.0

Erneut ist es Zeit für ein kleines Projekt. Skriptautomation ist zwar eine feine Sache, lohnt sich aber nur, wenn man Aufgaben häufig wiederholt. Für kurze und weniger häufige Aufgaben ist der Griff zur Maus immer noch einfacher, insbesondere im Zeitalter von Remotedesktops. Tatsächlich gibt es Situationen, in denen der Remotedesktopzugriff unverzichtbar ist, zum Beispiel dann, wenn andere Formen des Remotings zuerst aktiviert werden müssen. Dazu zählt auch das sogenannte *CredSSP*, von dem im nächsten Abschnitt die Rede sein wird. Quasi zur Vorbereitung soll nun eine Funktion namens *Set-RemoteDesktop* entstehen, die den Remotedesktop auf Zielsystemen ein- und ausschalten kann:

```
function Set-RemoteDesktop
{
  param
  (
    $ComputerName,

    $Credential,

    [switch]
    $Disable
  )

  # diesen Parameter nicht an Invoke-Command weitergeben
  $null = $PSBoundParameters.Remove('Disable')

  $code = {
    param([bool]$Disable)

    $key = 'HKLM:\SYSTEM\CurrentControlSet\Control\Terminal Server'
    if ($Disable) {
        $Value = 1
    }
    else {
        $Value = 0
    }
    Set-ItemProperty -Path $key -Name fDenyTSConnections -Value ([int]$Value) -Type DWORD

    if ($Disable)
    {
      netsh.exe advfirewall firewall set rule group="Remotedesktop" new enable=no
      Write-Warning "Remote Desktop disabled on \\$env:COMPUTERNAME"
    }
    else
    {
      netsh.exe advfirewall firewall set rule group="Remotedesktop" new enable=yes
      Write-Warning "Remote Desktop enabled on \\$env:COMPUTERNAME"
    }
  }

  Invoke-Command -ScriptBlock $code @PSBoundParameters -ArgumentList $Disable
}
```

Listing 23.14 Das Skript *Set-RemoteDesktop.ps1*

Double-Hop und CredSSP: Anmeldeinfos weiterreichen

Zwar wird Remotecode auf dem Zielsystem im Namen des Aufrufers ausgeführt, aber dessen Identität darf vom Remotecode aus Sicherheitsgründen nicht an Dritte weitergegeben werden. Das ist auch gut so, denn Sie möchten sicher nicht, dass Remotecode in Ihrem Namen beliebige Dinge unternehmen dürfte.

Es führt aber auch zu entsprechenden Einschränkungen, dener Sie sich bewusst sein müssen: Jegliche Aktion, die eine transparente Neuanmeldung erforderlich machen würde, scheitert im Remotecode. Dies wird auch als »Double-Hop«-Problem bezeichnet, weil Ihre Anmeldedaten dazu zweimal springen müssten: einmal von Ihrem lokalen System zum Remotesystem (was erlaubt ist) und ein zweites Mal bei der im Skriptcode auf dem Remotesystem stattfindenden Authentifizierung (was nicht erlaubt ist).

Hier ein Beispiel: Angenommen, Sie besitzen Administratorrechte auf den Servern *testserver* und *storage1*:

```
PS> Get-WmiObject -Class Win32_OperatingSystem -ComputerName testserver, storage1 |
    Select-Object -ExpandProperty Caption

Microsoft Windows 7 Ultimate
Microsoft(R) Windows(R) Server 2003 für Small Business Server
```

Wenn Sie aber versuchen, von *testserver* aus auf *storage1* zuzugreifen, gelingt dies nicht:

```
PS> Invoke-Command { Get-WmiObject -Class Win32_OperatingSystem -ComputerName storage1 | Select-
Object -ExpandProperty Caption } -ComputerName testserver
```

Listing 23.15 Das Skript *credssp1.ps1*

```
Zugriff verweigert (Ausnahme von HRESULT: 0x80070005 (E_ACCESSDENIED))
```

Das ist erst möglich, sobald Sie die Anmeldedaten explizit übergeben oder anfordern. Das Skript kann das nicht transparent durchführen und die aktuelle Identität »durchschleifen«:

```
PS> Invoke-Command {
  param($Credential)
  Get-WmiObject -Class Win32_OperatingSystem -ComputerName storage1 -Credential $Credential |
    Select-Object -ExpandProperty Caption
  } -ComputerName testserver -ArgumentList (Get-Credential "$env:USERDOMAIN\$env:USERNAME")
Microsoft(R) Windows(R) Server 2003 für Small Business Server
```

Ähnliches gilt für alle übrigen Befehle, die normalerweise eine transparente Authentifizierung erfordern: Diese können remote nur ausgeführt werden, wenn es gelingt, die Anmeldedaten explizit über Argumente anzugeben. Das ist mühsam und für manche Befehle unter Umständen auch gar nicht möglich, weil sie gar keine Parameter für eine explizite Anmeldung anbieten. Deshalb kann man den Schutz lockern und die Weitergabe der aktuellen Identität für nachgelagerte Anmeldungen mit einer Technik namens *CredSSP* erlauben. Weil das die Sicherheit beeinträchtigt, darf so etwas nur zwischen besonders vertrauenswürdigen Computern geschehen und muss zunächst auf beiden Seiten eingerichtet werden.

Auf dem Quellcomputer (der die Anfrage sendet) schalten Sie CredSSP mit *Enable-WSManCredSSP* und der Rolle *Client* frei. Dafür sind Administratorrechte notwendig:

```
PS> Enable-WSManCredSSP -Role Client -DelegateComputer testserver
```

```
C:\Windows\system32
PS> Enable-WSManCredSSP -Role Client -DelegateComputer tobiasair1

CredSSP-Authentifizierungskonfiguration für die WS-Verwaltung
Die CredSSP-Authentifizierung ermöglicht das Senden von
Benutzeranmeldeinformationen an einen Remotecomputer. Wenn Sie die
CredSSP-Authentifizierung für eine Verbindung mit einem für bösartige Zwecke
verwendeten oder gefährdeten Computer verwenden, verfügt dieser Computer über
Zugriff auf Ihren Benutzernamen und Ihr Kennwort. Weitere Informationen finden Sie
 im Hilfethema zu "Enable-WSManCredSSP".
Möchten Sie die CredSSP-Authentifizierung aktivieren?
[J] Ja  [N] Nein  [H] Anhalten  [?] Hilfe (Standard ist "J"): j


cfg         : http://schemas.microsoft.com/wbem/wsman/1/config/client/auth
lang        : de-DE
Basic       : true
Digest      : true
Kerberos    : true
Negotiate   : true
Certificate : true
CredSSP     : true

PS>
```

Abbildung 23.12 Auf beiden beteiligten Computern muss CredSSP aktiviert werden, denn es lockert die Sicherheit

Auf dem Zielsystem wird *CredSSP* auf diese Weise aktiviert:

```
PS> Enable-WSManCredSSP -Role Server -Force
```

Wieder sind Administratorrechte erforderlich. Wenn Sie die Einstellung auf einem Remotesystem vornehmen wollen, schauen Sie sich die Funktion *Set-RemoteDesktop* von vorhin an (Listing 23.14; Seite 839). Damit aktivieren Sie den Remote Desktop und können darüber den Befehl auch ferngesteuert absetzen. CredSSP ist nämlich genau diejenige Technik, die auch beim Remote Desktop schon dafür sorgt, dass Ihre Anmeldedaten auf dem Remotesystem weitergenutzt werden können. Nachdem *CredSSP* auf beiden Seiten erfolgreich aktiviert wurde, funktioniert Listing 23.15 nun ohne Fehlermeldung, wenn Sie:

- zusätzlich den Parameter *-Authentication Credssp* angeben

- explizit die Anmeldeinformationen mit *-Credential* übergeben

```
PS> Invoke-Command {
      Get-WmiObject -Class Win32_OperatingSystem -ComputerName storage1 |
        Select-Object -ExpandProperty Caption
    } -ComputerName testserver -Authentication Credssp -Credential "$env:USERDOMAIN\$env:USERNAME"
```

```
Microsoft(R) Windows(R) Server 2003 für Small Business Server
```

Listing 23.16 Das Skript *credssp2.ps1*

ACHTUNG   In bestimmten Fällen kommt es immer noch zu einem Fehler. Außerhalb eines Domänennetzwerks und ohne die sichere Kerberos-Authentifizierung ist *CredSSP* erst nach einer weiteren Einstellung aktiv. Auf dem Quellcomputer (der die Verbindung initiiert und seine Anmeldedaten ans Remotesystem übergibt) muss dies nochmals ausdrücklich erlaubt werden. Andernfalls erhalten Sie eine Fehlermeldung wie diese hier:

```
[testserver] Beim Verbinden mit dem Remoteserver "testserver" ist folgender Fehler aufgetreten:
Die Anforderung kann vom WinRM-Client nicht verarbeitet werden. Eine Computerrichtlinie ermöglicht
nicht die Delegierung der Benutzeranmeldeinformationen an den Zielcomputer, da der Computer als
nicht vertrauenswürdig eingestuft wird. (…) Sofern der SPN bereits vorhanden ist, die Identität
```

des Zielcomputers jedoch nicht mit Kerberos überprüft werden kann und die Delegierung der Benutzeranmeldeinformationen zum Zielcomputer nach wie vor zugelassen werden soll, verwenden Sie "**gpedit.msc**", und betrachten Sie die folgende Richtlinie: **Computerkonfiguration -> Administrative Vorlagen -> System -> Delegierung der Anmeldeinformationen -> Aktuelle Anmeldeinformationen mit reiner NTLM-Serverauthentifizierung zulassen.** Stellen Sie sicher, dass die Anwendung aktiviert und mit einem für den Zielcomputer geeigneten SPN konfiguriert ist. Beispiel: Für den Zielcomputernamen "myserver.domain.com" kann der SPN eine der folgenden Bezeichnungen besitzen: WSMAN/myserver.domain.com or **WSMAN/*.domain.com**. Wiederholen Sie die Anforderung nach diesen Änderungen.

Falls Sie sich nicht sofort von der Fehlermeldung abschrecken lassen, ist sie sehr hilfreich und beschreibt akkurat, was zu tun ist. Geben Sie also diesen Befehl in eine PowerShell-Sitzung mit erhöhten Rechten ein:

PS> gpedit.msc

Es öffnet sich der *Editor für lokale Gruppenrichtlinien*. Darin navigieren Sie zu *Computerkonfiguration/Administrative Vorlagen/System/Delegierung von Anmeldeinformationen.*

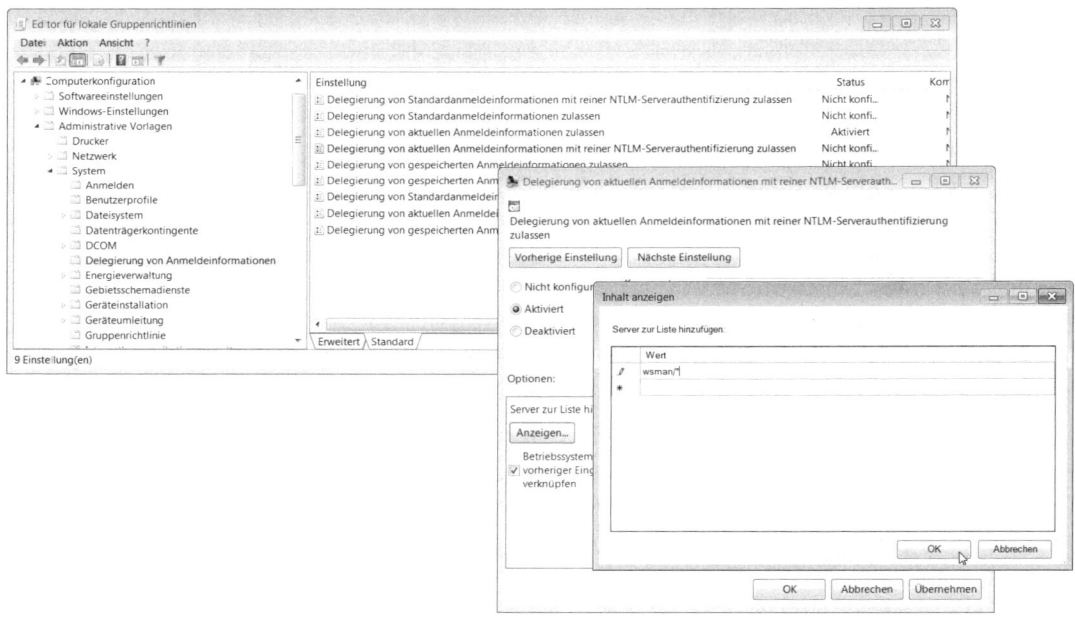

Abbildung 23.13   CredSSP-Verbindungen zu anderen Computern müssen außerhalb der Domäne erlaubt werden

Die notwendige Richtlinie auf der rechten Seite heißt *Delegierung von aktuellen Anmeldeinformationen mit reiner NTLM-Serverauthentifizierung zulassen*. Doppelklicken Sie darauf und aktivieren Sie die Richtlinie. Klicken Sie außerdem auf *Anzeigen*. Ein weiteres Dialogfeld öffnet sich, in dem Sie die Computer angeben, an die Ihre Anmeldedaten bei einer *CredSSP*-Verbindung weitergegeben werden dürfen. Möchten Sie keine Einschränkungen, tragen Sie ein:

wsman/*

Klicken Sie anschließend auf *Hinzufügen*.

Die Einstellung erinnert übrigens etwas an *TrustedHosts*: Diese ist eigentlich nur ein persönlicher Sicherheitsgurt, der verhindern soll, dass Sie versehentlich Ihre Anmeldedaten an nicht vertrauenswürdige Computer weitergeben. Sie schützt nicht vor Angriffen von außen.

New-PSSession: Dauerhafte Remotesitzungen

Jede PowerShell-Sitzung entspricht einer sogenannten *PSSession* und ist also ein Ort, an dem Power-Shell-Code ausgeführt kann. Das gilt für die normale PowerShell-Konsole und den ISE-Editor genauso wie für Remotesitzungen, die Sie mit *Enter-PSSession* oder *Invoke-Command* auf fremden Computern öffnen – nur sind diese nicht sichtbar und werden von *wsmprovhost.exe* bereitgestellt. Geben Sie keine besondere Sitzung an, erzeugt das PowerShell-Remoting kurzerhand eine Einmal-session für den kurzfristigen Gebrauch. Nach dem aktuellen Zugriff wird sie sofort wieder entsorgt:

```
PS> Invoke-Command { $wert=1 } -ComputerName testserver
PS> Invoke-Command { $wert } -ComputerName testserver
PS>
```

Der erste Aufruf definiert eine Variable namens *$wert1*. Diese ist im zweiten Aufruf nicht mehr vorhanden, weil jeder Aufruf seine eigene Sitzung einrichtet und anschließend vernichtet.

Eigene Sitzungen anlegen

Alternativ dürfen Sie mit *New-PSSession* eigene Sitzungen anlegen und können diese dann so oft wie-derverwenden, wie Sie möchten:

```
PS> $session = New-PSSession -ComputerName testserver

PS> Invoke-Command { $wert=1 } -Session $session
PS> Invoke-Command { $wert } -Session $session
1
```

Auffällig ist, dass die Befehle nun viel schneller ausgeführt werden, weil diesmal nicht zuerst eine neue Einmalsession angelegt werden muss. Außerdem bleibt der Zustand der Sitzung über mehrere Auf-rufe hinweg erhalten, sodass der zweite Aufruf den Inhalt der Variablen abrufen kann, die beim ersten Aufruf angelegt wurde. Benötigen Sie die Sitzung nicht mehr, müssen Sie allerdings selbst daran den-ken, die Sitzung wieder mit *Remove-PSSession* zu schließen:

```
PS> Remove-PSSession $session
```

Andernfalls würde die Sitzung auf dem Remotesystem weiter bestehen bleiben, bis irgendwann das eingebaute Timeout die Selbstzerstörung einleitet. Weil das jedoch dauern kann und die Zahl der gleichzeitigen Sitzungen genauso begrenzt ist wie die Ressourcen des Remotesystems, führen nicht freigegebene Sitzungen schnell zu Blockaden.

Wollen Sie alle aktuellen Sitzungen beenden, geben Sie ein Sternchen als Platzhalter an:

```
PS> Remove-PSSession *
```

Sitzungen zu mehreren Computern: Fan-Out

Invoke-Command und *New-PSSession* akzeptieren für den Parameter *-ComputerName* nicht nur Einzelwerte, sondern auch Arrays. Sie können also auch Verbindungen zu mehreren Computern oder ganzen Serverfarmen gleichzeitig herstellen.

Abbildung 23.14   »Fan-Out«: mehrere Sitzungen auf verschiedenen Computern gleichzeitig ansprechen

Alle diese Verbindungen werden parallel genutzt, die Aufgaben also nicht nacheinander, sondern gleichzeitig ausgeführt. Das nennt man auch *Fan-Out* (zu Deutsch *auffächern*):

```
PS> $session = New-PSSession testserver, localhost, storage1
```

Wieder erhalten Sie Fehlermeldungen, falls einer der angegebenen Computer nicht erreicht werden kann. Alle erfolgreich aufgebauten Sitzungen finden sich anschließend in *$session*:

```
PS> $session
```

Id	Name	ComputerName	State	ConfigurationName	Availability
1	Session1	testserver	Opened	Microsoft.PowerShell	Available
2	Session2	localhost	Opened	Microsoft.PowerShell	Available
3	Session3	storage1	Opened	Microsoft.PowerShell	Available

Entsprechend legt der folgende Aufruf auf allen drei Computern einen Registrierungsschlüssel an:

```
PS> Invoke-Command { New-Item -Path HKLM:\Software\Test } -Session $session
```

Werden mehr als 32 Computer angegeben, beschränkt *Invoke-Command* die gleichzeitige Ausführung auf 32 Systeme und stellt die übrigen Aufträge in eine Warteschlange, die erst abgearbeitet wird, wenn die ersten Systeme den Auftrag erfolgreich verarbeitet haben. Es sind also immer nur maximal 32 Aufträge gleichzeitig in Bearbeitung.

Das verhindert, dass Ihr Computer erschlagen wird von den Ergebnisdaten, die wegen der gleichzeitigen Ausführung unter Umständen plötzlich von allen angesprochenen Computern ebenso gleichzeitig zurückgesendet werden (selbstgemachter »Denial-of-Service«-Angriff).

Mit dem Parameter *-ThrottleLimit* haben Sie aber die Freiheit, abweichende Grenzwerte festzulegen. Liefert ein Befehl zum Beispiel nur wenige oder gar keine Daten an Sie zurück, können Sie die Grenze problemlos deutlich nach oben verschieben.

Sitzungen vorübergehend trennen

Neu in PowerShell 3.0 ist die Möglichkeit, sich von einer aktiven PowerShell-Sitzung zu trennen. Die Sitzung läuft dann auf dem Remotesystem weiter, ist aber nicht mehr mit Ihrem Computer verbunden. Sie können sich später erneut mit dieser Sitzung verbinden – entweder von demselben Computer aus oder von woanders.

```
# Sitzung zu Remotesystem herstellen:
$session1 = New-PSSession -ComputerName testserver -Name Aufgabe1

# eine Aufgabe in der Sitzung starten:
Invoke-Command -Session $session1 -ScriptBlock { $resultat = Get-Process }

# von der Sitzung trennen:
Disconnect-PSSession $session1

# zum Beispiel nach Hause gehen und von dort wieder mit der Remotesession verbinden:
$session2 = Get-PSSession -ComputerName testserver -Name Aufgabe1
Connect-PSSession $session2

# Ergebnisse liegen in der Sitzung noch vor:
Invoke-Command { $resultat } -Session $session2

# Sitzung endgültig schließen:
Remove-PSSession $session2
```

HINWEIS Wenn Sie sich mit *Connect-PSSession* erneut mit einer bereits vorhandenen Remotesitzung verbinden, werden Sie innerhalb einer Domäne transparent mit Ihrer aktuellen Identität angemeldet. Sie können sich aber mit *-Credential* auch explizit mit einem bestimmten Benutzerkonto anmelden.

Sofern Sie sich bei Windows 8 mit einer *Microsoft ID* (E-Mail-Adresse) anmelden, müssen Sie sich bei *Connect-PSSession* mit einem gültigen Benutzerkonto ausweisen, das auf dem Remotesystem über Administratorrechte verfügt. Die *Microsoft ID* kann dazu nicht verwendet werden.

Wollen Sie sehen, welche Sitzungen es auf einem Remotecomputer zurzeit gibt, verwenden Sie *Get-PSSession*:

```
PS> Get-PSSession -ComputerName testserver
```

Getrennte Sitzungen verwenden

Vielleicht möchten Sie auch in einer Remotesitzung eine langwierige Aufgabe starten und sich erst später mit der Sitzung verbinden, wenn die Ergebnisse vorliegen. Dazu verwenden Sie *Invoke-Command* mit dem Parameter *-InDisconnectedSession*. Dabei wird automatisch die notwendige Sitzung erzeugt. Sie müssen also keine eigene Sitzung anlegen. Die folgende Zeile legt auf dem Computer *test-*

server eine neue Sitzung an und führt darin sofort einen langwierigen Befehl aus. *Invoke-Command* wartet darauf nicht, sondern liefert nur die Sitzung zurück:

```
Invoke-Command  -ScriptBlock { Get-ChildItem -Path $env:windir -Recurse -ErrorAction
SilentlyContinue -Force -Filter *.dll } -ComputerName testserver -InDisconnectedSession
```

Später können Sie sich jederzeit über den Status der Sitzung mit *Get-PSSession* informieren und sich gegebenenfalls mit der Sitzung verbinden, um die Ergebnisse abzurufen:

```
# Status aller Sitzungen abrufen:
Get-PSSession -computername testserver

# eine bestimmte Sitzung ansprechen und mit ihr verbinden:
$session = Get-PSSession -computername testserver -Name Session3
Connect-PSSession $session

# Ergebnisse der Sitzung abrufen:
Receive-PSSession $session
```

Sie können sich auch interaktiv mit der Sitzung verbinden, aber erst, wenn der Befehl, der darin abgearbeitet wird, beendet ist. Vorher meldet sich die Sitzung als *busy*:

```
Enter-PSSession $session
```

ACHTUNG   Fallen in einer nicht verbundenen Sitzung Ergebnisse an, dann speichert PowerShell nur insgesamt 1MB Daten. Sobald dieser Puffer voll ist, wird der Befehl so lange angehalten, bis die Ergebnisse abgerufen und neuer Platz geschaffen ist. Möchten Sie den Befehl nicht unterbrechen, können Sie auch auf Teile der Ergebnisse verzichten. Die folgende Anweisung sorgt dafür, dass nur die letzten 1 MB Ergebnisse aufbewahrt werden und alle älteren Ergebnisse verfallen:

```
Invoke-Command  -ScriptBlock { Get-ChildItem -Path $env:windir -Recurse -ErrorAction
SilentlyContinue -Force -Filter *.dll } -ComputerName testserver -InDisconnectedSession
-SessionOption @{OutputBufferingMode='Drop'}
```

Wollen Sie dagegen sämtliche Ergebnisse erhalten, aber dennoch nicht riskieren, dass der Befehl wegen zu vieler noch nicht abgerufener Ergebnisse unterbrochen wird, dann speichern Sie die Ergebnisse in einer Variablen. Gezählt werden nämlich nur Daten, die unmittelbar zurückgeliefert werden:

```
Invoke-Command  -ScriptBlock { $resultat = Get-ChildItem -Path $env:windir -Recurse -ErrorAction
SilentlyContinue -Force -Filter *.dll } -ComputerName testserver -InDisconnectedSession
```

Sie müssen sich in diesem Fall nur die Variable merken und sie später auch abrufen, wenn Sie sich mit der Sitzung verbunden haben.

Import-PSSession: Implizites Remoting

Befehle einer Remotesitzung können in die lokale PowerShell-Sitzung importiert werden. Dabei erstellt PowerShell automatisch Proxyfunktionen, die lokal in Ihrer PowerShell-Sitzung laufen und intern die Verbindung zum »echten« Remotebefehl halten. Dies nennt man auch »implizites Remoting«, weil sich der Befehl selbst um das Remoting kümmert und nicht Sie. Voraussetzung für implizites Remoting ist eine vorhandene Sitzung auf dem Remotesystem:

```
$session = New-PSSession -ComputerName testserver
```

Die Remotesession können Sie beispielsweise interaktiv (*Enter-PSSession*) betreten oder mit *Invoke-Command* weitere Module nachladen. Anschließend können diese Module (oder einzelne Cmdlets) in die lokale Sitzung importiert werden:

```
Invoke-Command { Import-Module ActiveDirectory } -Session $session
$ergebnis = Import-PSSession -Session $session -Module ActiveDirectory
$ergebnis.ExportedCommands
```

Sie können nun aus Ihrer lokalen PowerShell-Sitzung heraus die Active Directory-Cmdlets eines Domänencontrollers verwenden, um Benutzerkonten zu administrieren.

```
Get-ADUser -Filter '*'
```

TIPP   Durch das implizite Remoting wird es also oft überflüssig, zusätzliche Verwaltungssoftware zu installieren. *Exchange 2010* beispielsweise unterstützt sowohl die Installation von lokalen Cmdlets als auch das Importieren von Cmdlets direkt vom Server.

Ein Ausweg bei Namensgleichheiten (gleichnamige Cmdlets existieren sowohl in der Remotesitzung als auch in Ihrer lokalen PowerShell-Sitzung) ist die Verwendung des Parameters *-Prefix*. Diesem Parameter übergeben Sie einen beliebigen Text als Präfix, der dann dem Substantiv des Remotebefehls angefügt wird. Hier ein Beispiel, mit dem Sie den Befehl *Get-Process* aus einer Remotesitzung unter dem Namen *Get-RemoteProcess* auch lokal verfügbar machen:

```
PS> $session = New-PSSession -ComputerName testserver
PS> $null = Import-PSSession -Session $session -CommandName Get-Process -Prefix Remote

PS> (Get-Process).Count
74
PS> (Get-RemoteProcess).Count
63
```

HINWEIS   Der Importvorgang selbst verwendet PowerShell-Skripts. Können diese nicht ausgeführt werden, weil Ihre *ExecutionPolicy* dies verbietet, kommt es ebenfalls zu Fehlern.

Die importierten Befehle basieren weiterhin auf der Sitzung, aus der sie importiert wurden. Wird diese Sitzung durch *Remove-PSSession* beendet, entfernt PowerShell auch alle daraus importierten Befehle. Geht die Sitzung dagegen auf der Serverseite verloren, zum Beispiel weil das Remotesystem neu gestartet wurde, versucht PowerShell automatisch, die Sitzung wiederherzustellen, indem eine neue Sitzung eingerichtet wird:

```
PS> Get-RemoteProcess
Neue Sitzung für implizite Remotevorgänge des Befehls "Get-Process" wird erstellt...

Handles  NPM(K)    PM(K)     WS(K) VM(M)   CPU(s)     Id ProcessName
-------  ------    -----     ----- -----   ------     -- -----------
     93       5      856      3148    21     0,08   3712 alg
    575      16    29712     27448   182   735,13   2936 cqvSvc
    797       6     1740      4784    66    11,89    412 csrss
(...)
```

Remotesitzungen als Modul exportieren

Das Importieren von Cmdlets aus einer Remotesitzung ist beeindruckend, aber sicher nicht beeindruckend genug, um es jeden Tag zu wiederholen. Deshalb kann man die Cmdlets, die man aus einer Remotesitzung lokal nutzen möchte, mit *Export-PSSession* automatisch als Modul speichern. Das Modul verhält sich dann wie jedes andere Modul auch: Wenn Sie es importieren, stehen die Befehle bereit, und PowerShell richtet die dafür notwendige Remotesitzung automatisch ein.

Das funktioniert allerdings nur, wenn die Cmdlets, die Sie ursprünglich aus der Sitzung importiert haben, darin auch standardmäßig vorhanden sind. Falls dazu in der Remotesitzung zuerst ein Modul importiert werden muss, funktioniert die Sache nicht. Was auch verständlich ist, denn das generierte Modul stellt nur die Sitzung her, kann aber darin keine besonderen Initialisierungsbefehle geben.

Solche vorbereitenden Initialisierungsbefehle kann man aber über eine Sitzungskonfiguration einrichten. Microsoft Exchange funktioniert auf diese Weise (und Sie lesen im nächsten Abschnitt, wie auch Sie Remotesitzungen vorkonfigurieren können):

```
# Anmeldedaten erfassen:
$cred = Get-Credential "$env:USERDOMAIN\$env:USERNAME"

# Remotesitzung auf dem Exchangeserver öffnen:
$session = New-PSSession -ConfigurationName Microsoft.Exchange -ConnectionUri https://
mycompany.com/powershell/ -Credential $cred -Authentication Basic -AllowRedirection

# Cmdlets festlegen, die exportiert werden sollen:
$commands = 'Get-Mailbox','Get-User'

# Cmdlets aus der Remotesession in ein neues Modul namens "MyExchange" exportieren:
Export-PSSession $session -CommandName $commands -ModuleName MyExchange

# Session kann nun entsorgt werden:
Remove-PSSession $session

# Cmdlets können zusammen mit Remotesitzung aus dem Modul wiederhergestellt werden:
Import-Module MyExchange
```

Sitzungskonfigurationen anlegen und verwalten

Ausnahmslos jede Remotesitzung, die angelegt wird, richtet sich dabei nach den Vorgaben einer Sitzungskonfiguration. Geben Sie keine besondere Sitzungskonfiguration an, verwendet PowerShell die Konfiguration, die in *$PSSessionConfigurationName* festgelegt ist – normalerweise *Microsoft.PowerShell*. Sie enthält also die Standardvorgaben einer Remoting-Sitzung:

```
PS> $PSSessionConfigurationName
http://schemas.microsoft.com/powershell/Microsoft.PowerShell

PS> Get-PSSessionConfiguration | Where-Object { $_.URI -eq $PSSessionConfigurationName } | Select-
Object *
```

```
Architecture                  : 64
Filename                      : %windir%\system32\pwrshplugin.dll
ResourceUri                   : http://schemas.microsoft.com/powershell/microsoft.powershell
MaxConcurrentCommandsPerShell : 1000
Capability                    : {Shell}
xmlns                         : http://schemas.microsoft.com/wbem/wsman/1/config/PluginConfiguration
MaxConcurrentUsers            : 5
Name                          : microsoft.powershell
SupportsOptions               : true
ProcessIdleTimeoutSec         : 0
ExactMatch                    : False
RunAsUser                     :
IdleTimeoutms                 : 7200000
OutputBufferingMode           : Block
PSVersion                     : 3.0
SecurityDescriptorSddl        : O:NSG:BAD:P(A;;GA;;;BA)S:P(AU;FA;GA;;;WD)(AU;SA;GXGW;;;WD)
MaxShellsPerUser              : 25
AutoRestart                   : false
MaxShells                     : 25
MaxIdleTimeoutms              : 2147483647
Uri                           : http://schemas.microsoft.com/powershell/microsoft.powershell
SDKVersion                    : 2
XmlRenderingType              : text
RunAsPassword                 :
MaxProcessesPerShell          : 15
ParentResourceUri             : http://schemas.microsoft.com/powershell/microsoft.powershell
Enabled                       : true
UseSharedProcess              : false
MaxMemoryPerShellMB           : 1024
lang                          : de-DE
Permission                    : VORDEFINIERT\Administratoren AccessAllowed
```

Welche Konfigurationen es sonst noch zur Auswahl gibt, zeigt *Get-PSSessionConfiguration*. Drei Konfigurationen sind die Vorgabe:

```
# Administrator-Rechte erforderlich:
PS> Get-PSSessionConfiguration

Name          : microsoft.powershell
PSVersion     : 3.0
StartupScript :
RunAsUser     :
Permission    : VORDEFINIERT\Administratoren AccessAllowed

Name          : microsoft.powershell.workflow
PSVersion     : 3.0
StartupScript :
RunAsUser     :
Permission    : VORDEFINIERT\Administratoren AccessAllowed

Name          : microsoft.powershell32
PSVersion     : 3.0
StartupScript :
RunAsUser     :
Permission    : VORDEFINIERT\Administratoren AccessAllowed
```

Der Sinn solcher Konfigurationen ist, PowerShell auf dem *Ziel*system für bestimmte Zwecke vorzukonfigurieren. Soll beispielsweise PowerShell-Code auf einem 64-Bit-Zielsystem ausdrücklich in einer 32-Bit-PowerShell-Sitzung ausgeführt werden, verwendet man die Konfiguration *Microsoft.PowerShell32*:

```
PS> Invoke-Command { [Intptr]::Size } -ComputerName tobiasair1 -ConfigurationName
Microsoft.PowerShell
8
PS> Invoke-Command { [Intptr]::Size } -ComputerName tobiasair1 -ConfigurationName
Microsoft.PowerShell32
4
```

Konfigurationen werden also auf dem jeweiligen Zielsystem eingerichtet, zu dem man sich verbinden möchte – auf dem Quellsystem sind sie nicht erforderlich.

PROFITIPP   Sie können die Konfigurationen von Remotecomputern zwar nicht mit *Get-PSSessionConfiguration* untersuchen (außer Sie haben wie oben gezeigt *CredSSP* aktiviert und setzen *Invoke-Command* ein). Es geht aber auch anders:

```
PS> Connect-WSMan testserver
PS> Get-ChildItem -Path wsman:\testserver\plugin\*\Filename |
    Where-Object { $_.Value -like '*pwrshplugin.dll' } | ForEach-Object {Split-Path -Leaf
$_.FSParentPath }

Microsoft.PowerShell
microsoft.powershell.workflow
Microsoft.PowerShell32
```

Konfigurationen haben üblicherweise diese Hauptaufgaben:

- **Sicherheit**   Eine Verbindung soll nur bestimmten Personen möglich sein, oder die Sitzung soll nicht über sämtliche Cmdlets verfügen, sondern nur über eine handverlesene Auswahl

- **Befehlserweiterung**   Eine Verbindung, beispielsweise zu einem *Microsoft Exchange Server*, soll automatisch die notwendigen Module laden und zusätzliche Cmdlets bereitstellen

Neue Konfiguration anlegen

Als Administrator können Sie beliebig viele neue Sitzungskonfigurationen mit *Register-PSSession-Configuration* hinzufügen:

```
PS> Register-PSSessionConfiguration -Name Weltner.Beispiel

WARNUNG: Register-PSSessionConfiguration startet den WinRM-Dienst und alle abhängigen Dienste neu.
Alle WinRM-Sitzungen, die mit Windows PowerShell-Sitzungskonfigurationen verbunden sind, z. B.
"Microsoft.PowerShell", und Sitzungskonfigurationen, die mit dem Register-PSSessionConfiguration-
Cmdlet erstellt wurden, werden getrennt.

Bestätigung
Möchten Sie diese Aktion wirklich ausführen?
Ausführen des Vorgangs "Register-PSSessionConfiguration" für das Ziel "Name:Weltner.Beispiel SDDL:
O:NSG:BAD:P(A;;GA;;;BA)S:P(AU;FA;GA;;;WD)(AU;SA;GXGW;;;WD). Damit lassen Sie die Remoteausführung
von Windows PowerShell-Befehlen auf diesem Computer für ausgewählte Benutzer zu.".
```

```
[J] Ja  [A] Ja, alle  [N] Nein  [K] Nein, keine  [H] Anhalten  [?] Hilfe
(Standard ist "J"):

   WSManConfig: Microsoft.WSMan.Management\WSMan::localhost\Plugin

Type         Keys                          Name
----         ----                          ----
Container    {Name=Weltner.Beispiel}       Weltner.Beispiel

Bestätigung
Möchten Sie diese Aktion wirklich ausführen?
Ausführen des Vorgangs ""Restart-Service"" für das Ziel "Name: WinRM".
[J] Ja  [A] Ja, alle  [N] Nein  [K] Nein, keine  [H] Anhalten  [?] Hilfe
(Standard ist "J"):
```

Anschließend kann die Konfiguration mit *Set-PSSessionConfiguration* genauer festgelegt werden. Möchten Sie zum Beispiel in einer Sitzung automatisch die Cmdlets eines bestimmten Moduls laden, legen Sie die zu ladenden Module mit vollem Pfadnamen durch *-ModulesToImport* fest:

```
PS> Set-PSSessionConfiguration -Name Weltner.Beispiel -ModulesToImport $PSHOME\modules\labhelper
```

Achten Sie darauf, dass sich das Modul an einem Ort befindet, auf den der Nutzer der Remotesitzung später auch Zugriffsrechte hat.

```
$session = New-PSSession -ComputerName 127.0.0.1 -ConfigurationName weltner.beispiel
```

Möchten Sie den Befehlsumfang einer Sitzung aus Sicherheitsgründen einschränken, benötigen Sie ein Skript, das alle unerwünschten Befehle aus der PowerShell-Sitzung ausblendet:

```
# Anwendungsliste löschen
$ExecutionContext.SessionState.Applications.Clear()

# Skriptliste löschen
$ExecutionContext.SessionState.Scripts.Clear()

# Erlaubte Befehle festlegen
$RequiredCommands = "Exit-PSSession", "Get-Command", "Get-FormatData", "Get-Help", "Measure-
Object", "Out-Default", "Select-Object"
$Commands = $RequiredCommands + "Get-Process", "Get-Service", "Where-Object", "ForEach-Object"

# Alle Befehle mit Ausnahme der erlaubten Befehle verstecken
Get-Command | Where-Object {$Commands -notcontains $_.Name} | ForEach-Object
{$_.Visibility="Private"}

# Funktionalität der Shell einschränken. Erlaubt sind: FullLanguage, RestrictedLanguage und
NoLanguage
$ExecutionContext.SessionState.LanguageMode="RestrictedLanguage"
```

Dieses Skript beschränkt die PowerShell-Sitzung auf die Befehle, die in *$RequiredCommands* angegeben sind. Alle übrigen Befehle werden ausgeblendet. Speichern Sie dieses Skript aus Notepad heraus in diesem Ordner: *%windir%\system32\WindowsPowerShell\v1.0\restricted.ps1*. Hierzu benötigen Sie Administratorrechte. Starten Sie Notepad also wieder aus einer PowerShell-Konsole, die mit vollen Administratorrechten läuft. Testen Sie das Beschränkungsskript zuerst in einer normalen PowerShell-Konsole. Öffnen Sie eine PowerShell-Konsole, und geben Sie ein:

```
PS> & $PSHOME\restricted.ps1
```

Wenn Sie alles richtig gemacht haben, ist diese PowerShell-Konsole nun erheblich eingeschränkt. Verfügbar sind nur noch die Befehle, die im Skript als ausdrücklich erlaubt hinterlegt worden waren:

```
PS> Get-Command

CommandType      Name                  Definition
-----------      ----                  ----------
Cmdlet           Exit-PSSession        Exit-PSSession [-Verbose] [-Debug...
Cmdlet           ForEach-Object        ForEach-Object [-Process] <Script...
Cmdlet           Get-Command           Get-Command [[-ArgumentList] <Obj...
Cmdlet           Get-FormatData        Get-FormatData [[-TypeName] <Stri...
Cmdlet           Get-Help              Get-Help [[-Name] <String>] [-Pat...
Cmdlet           Get-Process           Get-Process [[-Name] <String[]>] ...
Cmdlet           Get-Service           Get-Service [[-Name] <String[]>] ...
Cmdlet           Measure-Object        Measure-Object [[-Property] <Stri...
Cmd`et           Out-Default           Out-Default [-InputObject <PSObje...
Cmd`et           Select-Object         Select-Object [[-Property] <Objec...
Cmdlet           Where-Object          Where-Object [-FilterScript] <Scr...
```

Nun brauchen Sie nur noch dieses Skript als Profildatei einer neuen Sitzungskonfiguration zu hinterlegen. Anschließend können Sie mit dieser Konfiguration eingeschränkte Remotesitzungen erzeugen:

```
PS> Register-PSSessionConfiguration -Name Restricted -StartupScript $PSHOME\restricted.ps1 -Force
PS> Enter-PSSession -ComputerName $env:COMPUTERNAME -ConfigurationName Restricted
[demo5]: PS> Get-Command

CommandType      Name                  Definition
-----------      ----                  ----------
Cmdlet           Exit-PSSession        Exit-PSSession [-Verbose] [-Debug] [-ErrorAction...
Cmdlet           ForEach-Object        ForEach-Object [-Process] <ScriptBlock[]> [-Inpu...
Cmdlet           Get-Command           Get-Command [[-ArgumentList] <Object[]>] [-Verb ...
Cmdlet           Get-FormatData        Get-FormatData [[-TypeName] <String[]>] [-Verbos...
Cmdlet           Get-Help              Get-Help [[-Name] <String>] [-Path <String>] [-C...
Cmdlet           Get-Process           Get-Process [[-Name] <String[]>] [-ComputerName ...
Cmdlet           Get-Service           Get-Service [[-Name] <String[]>] [-ComputerName ...
Cmdlet           Measure-Object        Measure-Object [[-Property] <String[]>] [-InputO...
Cmdlet           Out-Default           Out-Default [-InputObject <PSObject>] [-Verbose]...
Cmdlet           Select-Object         Select-Object [[-Property] <Object[]>] [-InputOb...
Cmdlet           Where-Object          Where-Object [-FilterScript] <ScriptBlock> [-Inp...
[demc5]: PS> Exit-PSSession
PS>
```

Berechtigungen auf Sitzungskonfigurationen setzen

Das PowerShell-Remoting setzt normalerweise Administratorrechte auf dem Zielsystem voraus. Die Berechtigungen können jedoch für jede Sitzungskonfiguration neu gesetzt werden:

```
PS> Get-PSSessionConfiguration | Select-Object Name, Permission

Name                          Permission
----                          ----------
microsoft.powershell          VORDEFINIERT\Administratoren AccessAllowed
microsoft.powershell.workflow VORDEFINIERT\Administratoren AccessAllowed
microsoft.powershell32        VORDEFINIERT\Administratoren AccessAllowed
Weltner.Beispiel              VORDEFINIERT\Administratoren AccessAllowed
```

```
PS> Set-PSSessionConfiguration -Name Weltner.Beispiel -ShowSecurityDescriptorUI -Force
```

Es öffnet sich ein Dialogfeld, mit dem die Zugriffsberechtigungen angepasst werden (Abbildung 23.15).

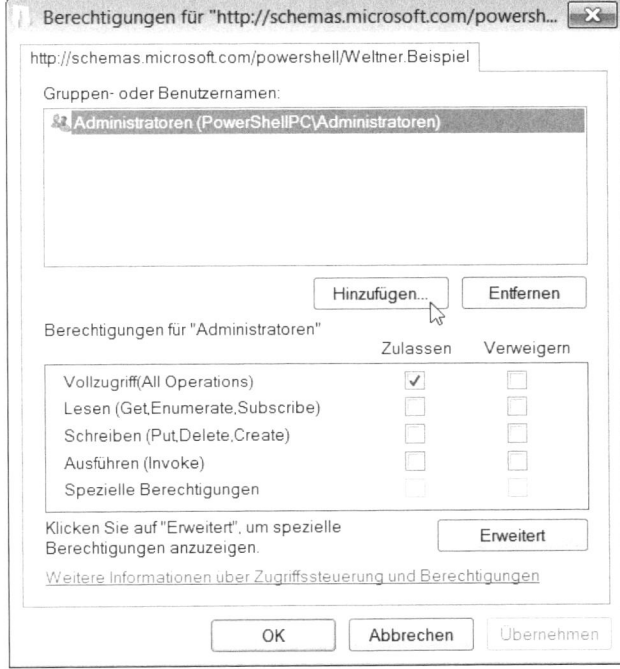

Abbildung 23.15 Zugriffsberechtigung für Sitzungskonfigurationen neu setzen

---

HINWEIS Die Sicherheitseinstellungen gelten nur für die Verbindungsaufnahme. Der Code, der anschließend darüber remote ausgeführt wird, läuft aber nach wie vor im Kontext des Aufrufers. Ein regulärer Anwender verfügt also auf dem Zielsystem über dieselben Berechtigungen wie vorher – möglicherweise über gar keine.

Datentransfer und Performance-Optimierung

Beim PowerShell-Remoting müssen die Ergebnisse des Remotecodes in Textform zurückgeschickt werden. PowerShell ist also gezwungen, die Ergebnisobjekte vorübergehend in Text zu verwandeln und nutzt dazu XML. Diesen Vorgang nennt man *Serialisierung* und er ist sehr aufwändig (und damit zeitintensiv).

Serialisierung

Was bei der Serialisierung geschieht, kann man sich auch ohne Remoting vor Augen führen:

```
PS> $original = Get-Process
PS> $original | Export-Clixml $HOME\gespeichert.xml
PS> $kopie = Import-Clixml $HOME\gespeichert.xml
```

```
PS> $original.count
59

PS> $kopie.count
59
```

Bei der Serialisierung verliert das Objekt alle Methoden und ist nur noch eine Datenkopie. Änderungen an den Eigenschaften eines serialisierten Objekts wirken sich nicht mehr auf das Originalobjekt aus.

HINWEIS   Beim klassischen Remoting ist das anders: Hier werden die Ergebnisobjekte nicht serialisiert und behalten ihre Verbindung zum Originalobjekt. Auch alle Methoden sind weiter vorhanden und funktionstüchtig.

Um die Natur der Originalobjekte mit der der empfangenen deserialisierten Objekte vergleichen zu können, setzen Sie beispielsweise *Get-Process* mit klassischem Remotezugriff und danach mit dem PowerShell-Remoting ein und vergleichen die Ergebnisse:

```
PS> $original = Get-Process -ComputerName testserver
PS> $kopie = Invoke-Command { Get-Process } -ComputerName testserver
```

Die erste Auffälligkeit ist die Geschwindigkeit: Der zweite Aufruf über das PowerShell-Remoting ist wesentlich langsamer. Sie wissen nun auch, warum: Zuerst muss eine Remotesession erzeugt und danach die Ergebnisse ins XML-Format konvertiert werden. Diese serialisierten Objekte müssen danach beim Aufrufer zurück in Objektform gebracht werden. Während der erste Aufruf 0,14 Sekunden benötigte, waren für den zweiten 10,8 Sekunden nötig, also rund 80 Mal mehr Zeit:

```
PS> Measure-Command { $original = Get-Process -ComputerName testserver }

(…)
TotalMilliseconds : 141,001

PS> Measure-Command { $kopie = Invoke-Command { Get-Process } -ComputerName testserver }

(…)
TotalMilliseconds : 10812,4609
```

Eine Analyse der Objekteigenschaften zeigt, dass das PowerShell-Remoting nicht nur Eigenschaften entfernt, sondern auch neue hinzufügt:

```
PS> $prop_orig = $original | Get-Member -MemberType *Property*
PS> $prop_kopie = $kopie | Get-Member -MemberType *Property*
PS> Compare-Object $prop_orig $prop_kopie -Property Name

Name                            SideIndicator
----                            -------------
PSComputerName                  =>
PSShcwComputerName              =>
RunspaceId                      =>
ExitCode                        <=
ExitTime                        <=
StandardError                   <=
StandardInput                   <=
StandardOutput                  <=
```

Die zusätzlich hinzugefügten Eigenschaften helfen Ihnen herauszufinden, von welchem System und über welche Sitzung diese Ergebnisse empfangen wurden, was spätestens dann wichtig wird, wenn Sie gleichzeitig auf mehrere Sitzungen zugreifen.

Optimierungsansätze

Aus den dargelegten Abläufen geht hervor: Je weniger Daten vom Remotecode zurückgesendet werden, desto weniger Arbeit entsteht bei der Serialisierung. Sie sollten deshalb versuchen, so viel Logik wie möglich in den Remotecode zu verlagern, sodass dieser im besten Fall gar keine Ergebnisse oder nur einen Rückgabecode liefert, der meldet, ob die Aktion erfolgreich war oder nicht. Müssen Sie Ergebnisse zurücksenden, dann beschränken Sie diese zuvor mit *Select-Object* auf diejenigen Eigenschaften, an denen Sie tatsächlich Interesse haben. Da bei der Serialisierung alle Objektmethoden verschwinden, nutzen Sie die Originalobjekte auf der Remoteseite und rufen Sie falls notwendig die Objektmethoden auf der Remoteseite (im Remotecode) auf und nicht erst, wenn die Objekte als serialisierte Kopien zu Ihnen zurückgekehrt sind.

WSMan: Ports, Timeouts und andere Remoting-Einstellungen

Sowohl auf der Clientseite als auch auf der Serverseite einer Remoting-Verbindung sind zahlreiche Optionen wählbar. Auf der Clientseite möchten Sie vielleicht eine bestimmte Kultur einstellen, damit Datumsinformationen nicht im Datumsformat des Servers zu Ihnen gelangen, sondern in Ihrem eigenen Datumsformat angezeigt werden. Auf der Serverseite dagegen möchten Sie möglicherweise die Ressourcen beschränken, die eine Remotesitzung dort belegen darf.

Clientseitige Optionen

Eine Übersicht der Optionen bietet die Variable *$PSSessionOption*, denn sie bestimmt die allgemeinen Vorgaben. Ändern Sie die Vorgaben in dieser Variable, dann wirken sich die Änderungen auf alle weiteren Sitzungen aus, die Sie von diesem Computer aus öffnen:

```
PS> $PSSessionOption

MaximumConnectionRedirectionCount : 5
NoCompression                     : False
NoMachineProfile                  : False
ProxyAccessType                   : None
ProxyAuthentication               : Negotiate
ProxyCredential                   :
SkipCACheck                       : False
SkipCNCheck                       : False
SkipRevocationCheck               : False
OperationTimeout                  : 00:03:00
NoEncryption                      : False
UseUTF16                          : False
```

```
IncludePortInSPN                : False
OutputBufferingMode             : None
Culture                         :
UICulture                       :
MaximumReceivedDataSizePerCommand :
MaximumReceivedObjectSize       : 209715200
ApplicationArguments            :
OpenTimeout                     : 00:03:00
CancelTimeout                   : 00:01:00
IdleTimeout                     : -00:00:00.0010000
```

Sie können die Optionen aber auch von Fall zu Fall ändern, indem Sie sich mit *New-PSSessionOption* ein neues individuelles Optionsobjekt geben lassen, es danach anpassen und dann bei der Verbindungsaufnahme angeben.

```
# Kultur auf Spanisch festlegen:
PS> $options = New-PSSessionOption -Culture "es-es"
PS> $session = New-PSSession -ComputerName testserver -SessionOption $options
PS> Invoke-Command $session { Get-Date | Out-String }
```

Serverseitige Optionen

Alle serverseitigen Optionen werden mit dem Laufwerk *wsman:* verwaltet. Es repräsentiert die Remoting-Einstellungen des lokalen Computers, die wirksam werden, wenn sich jemand anderes mit diesem Computer verbindet. Sie sind deshalb nur dann sichtbar, wenn Remoting auf dem Computer aktiviert ist (und Sie über Administratorrechte verfügen):

```
PS> dir wsman:\localhost

    WSManConfig: Microsoft.WSMan.Management\WSMan::localhost

Type             Name                  SourceOfValue   Value
----             ----                  -------------   -----
System.String    MaxEnvelopeSizekb                     500
System.String    MaxTimeoutms                          60000
System.String    MaxBatchItems                         32000
System.String    MaxProviderRequests                  4294967295
Container        Client
Container        Service
Container        Shell
Container        Listener
Container        Plugin
Container        ClientCertificate
```

TIPP   Um die serverseitigen Einstellungen eines Remotesystems zu verwalten, verwenden Sie *Connect-WSMan*:

```
PS> Connect-WSMan -ComputerName testserver
```

Anschließend erscheint dieser Computer ebenfalls in Ihrem lokalen *wsman:*-Laufwerk und kann von dort aus verwaltet werden:

```
PS> Get-ChildItem wsman:
```

Die Einstellungen auf dem *wsman:*-Laufwerk sind in verschiedene Unterordner aufgeteilt:

Unterordner	Zuständigkeit
Client	Einzige nicht serverseitige Einstellung. Hier befindet sich die TrustedHosts-Liste, die angibt, mit welchen Computern sich dieser Client über PowerShell-Remoting verbinden darf, sofern kein Kerberos zur Verfügung steht (außerhalb einer Domäne oder Cross-Domain)
Shell	Ressourcenbegrenzung für Remotesitzungen, beispielsweise maximale Anzahl gleichzeitig geöffneter Shells oder maximal erlaubte Speicherbelegung
Listener	Port, Protokoll und Netzwerkkartenbindung
Plugin	Sitzungskonfigurationen

Tabelle 23.3 Bedeutung der wichtigsten Unterordner auf dem *wsman:*-Laufwerk

Um eine Einstellung zu ändern, verwenden Sie das für Laufwerke zuständige Cmdlet *Set-Item*. Das folgende Beispiel zeigt, wie man die Anzahl gleichzeitig verbundener Anwender vom Vorgabewert 10 auf den Wert 5 absenken kann:

```
# aktuelle Einstellungen anzeigen:
PS> Get-ChildItem -Path WSMan:\localhost\Shell


    WSManConfig: Microsoft.WSMan.Management\WSMan::localhost\Shell

Type            Name                     SourceOfValue   Value
----            ----                     -------------   -----
System.String   AllowRemoteShellAccess                   true
System.String   IdleTimeout                              7200000
System.String   MaxConcurrentUsers                       10
System.String   MaxShellRunTime                          2147483647
System.String   MaxProcessesPerShell                     25
System.String   MaxMemoryPerShellMB                      1024
System.String   MaxShellsPerUser                         30

# Einstellung ändern:
PS> Set-Item -Path WSMan:\localhost\Shell\MaxConcurrentUsers -Value 5
```

Fehler finden und beheben

Falls Sie Schwierigkeiten mit dem Remotezugriff erleben, liegt dies meist an den vielfältigen Sicherheitseinstellungen, die dafür nötig sind und passend konfiguriert sein müssen. Die wichtigsten Fehlkonfigurationen sind in diesem Abschnitt für Sie zusammengefasst.

RPC-Server nicht verfügbar

Hintergrund:

Das von Ihnen im Parameter *-ComputerName* angegebene Zielsystem konnte nicht erreicht werden.

Mögliche Gründe:

- **Falscher Name/falsche IP-Adresse**   Sie haben sich bei der Angabe des Computernamens oder seiner IP-Adresse vertippt

- **Offline**   Das System ist derzeit nicht eingeschaltet

- **Firewall**   Eine Firewall blockiert den Zugang zum Remotesystem

Abhilfe:

- Stellen Sie sicher, dass das System tatsächlich online ist

- Kontrollieren Sie, ob auf dem Zielsystem das PowerShell-Remoting mit *Enable-PSRemoting* aktiviert und dabei die entsprechenden Firewall-Ausnahmen eingerichtet wurden

- Stellen Sie sicher, dass das Netzwerk des Zielsystems nicht auf *Öffentliches Netzwerk* eingestellt ist, weil dann die Firewall-Ausnahmen nicht greifen

- Testen Sie mit dem Cmdlet *Get-WmiObject*, ob das Problem das klassische Remoting, das neue PowerShell-Remoting oder beide Verfahren betrifft:

```
# lokaler Zugriff:
PS> Get-WmiObject Win32_BIOS

# klassisches Remoting:
PS> Get-WmiObject Win32_BIOS -ComputerName storage1

# PowerShell-Remoting:
PS> Invoke-Command { Get-WmiObject Win32_BIOS } -ComputerName storage1

# mit expliziten Anmeldeinformationen:
PS> Get-WmiObject Win32_BIOS -ComputerName storage1 -Credential (Get-Credential)
PS> Invoke-Command { Get-WmiObject Win32_BIOS } -ComputerName storage1 -Credential (Get-
Credential)
```

- Falls das Problem nur das klassische Remoting betrifft, stellen Sie sicher, dass auf dem Zielsystem die Remoteverwaltungsausnahme der Firewall aktiviert ist.

PROFITIPP   Bei der integrierten Windows-Firewall muss für das klassische Remoting die sogenannte *Remoteverwaltungsausnahme* aktiviert sein, damit Remotezugriffe auf Basis von RPC nicht blockiert werden. Durch sie werden die TCP-Ports *135* und *445* geöffnet. Die Remoteverwaltungsausnahme kann über Gruppenrichtlinien eingerichtet werden, beispielsweise über die lokale Gruppenrichtline des Computers:

1. Drücken Sie 🪟+Ⓡ und geben Sie ins Dialogfeld *Ausführen* ein: gpedit.msc ↵ . Es öffnet sich der Editor für lokale Gruppenrichtlinien.

2. Erweitern Sie links in der Baumansicht den Zweig *Richtlinien für Lokaler Computer/Computerkonfiguration/ Administrative Vorlagen/Netzwerk/Netzwerkverbindungen/Windows-Firewall/Standardprofil* bzw. *Domänenprofil*, wenn Sie mit einem Domänennetzwerk verbunden sind.

3. Klicken Sie dann in der rechten Spalte doppelt auf die Richtlinie *Windows-Firewall: Eingehende Remoteverwaltungsausnahme zulassen*. Es öffnet sich ein weiteres Dialogfeld.

4. Wählen Sie darin oben links die Einstellung *Aktiviert* und geben Sie im Textfeld im Bereich *Optionen* darunter ein Sternchen * (beliebige Verbindungen zugelassen) oder einen IP-Adressbereich an. Dann klicken Sie auf *OK* und schließen alle Fenster.

■ Falls das Problem durch explizite Angabe des Parameters *-Credential* gelöst wird, sind Sie entweder augenblicklich nicht mit einem Konto angemeldet, das auf dem Zielsystem Administratorrechte besitzt, oder Sie greifen von einem Nicht-Domänencomputer auf einen Domänencomputer zu. In diesen Fällen müssen die Anmeldeinformationen immer explizit angegeben werden.

Zugriff verweigert

Hintergrund:

Das Zielsystem konnte zwar erreicht werden, hat aber Ihre Anfrage zurückgewiesen, weil Sie auf dem Zielsystem nicht über die notwendigen Berechtigungen verfügen.

Mögliche Gründe:

■ **Kein lokaler Administrator** Bei Remoting-Verbindungen zu Ihrem eigenen Computer (*localhost*) führen Sie die PowerShell-Konsole möglicherweise nicht mit vollen Administratorrechten aus

■ **Keine Remoteberechtigungen** Sie sind mit einem Konto angemeldet, das auf dem Zielsystem nicht über lokale Administratorrechte verfügt

■ **Domänenprobleme** Sie greifen von einem Nicht-Domänencomputer auf einen Domänencomputer zu und haben keine expliziten Anmeldeinformationen angegeben

Abhilfe:

■ Bei Zugriffen auf das eigene (lokale) System: Starten Sie eine PowerShell-Konsole mit vollen Administratorrechten, zum Beispiel, indem Sie die PowerShell-Verknüpfung mit der rechten Maustaste anklicken und *Als Administrator ausführen* wählen

PROFITIPP   Sollten Sie auch danach noch *Zugriff verweigert*-Meldungen erhalten, ist dafür wahrscheinlich ein Bug verantwortlich, der in Zusammenhang mit der Benutzerkontensteuerung auftreten kann. Entweder deaktivieren Sie die Benutzerkontensteuerung, oder Sie melden sich mit dem eingebauten Konto *Administrator* an, das den Sicherheitsbeschränkungen nicht unterliegt. Dazu muss das eingebaute *Administrator*-Konto in der Benutzersteuerung zuerst aktiviert werden, wenn Sie es zur Anmeldung einsetzen möchten. Mit dem Befehl *control userpasswords2* öffnen Sie das entsprechende Dialogfeld und gelangen über die *Registerkarte Erweitert* und einem Klick auf die Schaltfläche *Erweitert* zu den lokalen Benutzerkonten. Per Doppelklick auf *Administrator* sehen Sie dessen Einstellungen und können das Konto so aktivieren. Anschließend weisen Sie dem Konto ein Kennwort zu. Nun können Sie damit eine PowerShell-Konsole öffnen:

```
Runas /user:Administrator powershell
```

Sie werden dann nach dem Kennwort für das angegebene Benutzerkonto gefragt. War die Eingabe korrekt, öffnet sich wenig später eine PowerShell-Konsole unter der Identität des Kontos *Administrator*. Geben Sie darin erneut den Befehl *Enable-PSRemoting* ein.

Erhalten Sie *Zugriff verweigert*-Meldungen, wenn Sie die lokalen PowerShell-Remoting-Einstellungen ändern wollen, können dafür auch die folgenden beiden Registrierungsschlüssel verantwortlich sein:

- *HKEY_LOCAL_MACHINE\SOFTWARE\Microsoft\Windows\CurrentVersion\WSMAN\Plugin*
- *HKEY_LOCAL_MACHINE\SOFTWARE\Microsoft\Windows\CurrentVersion\WSMAN\Service\rootSDDL*

Der erste Schlüssel listet die Sitzungskonfigurationen auf, die auf Ihrem Computer registriert wurden. Enthält eine Sitzungskonfiguration einen ungültigen Sicherheitsbezeichner, zum Beispiel, weil Sie die Sitzungskonfiguration eingerichtet hatten, als Ihr Computer Mitglied einer Domäne war, aber er inzwischen es nicht mehr ist, löschen Sie den entsprechenden Unterschlüssel. Der zweite Schlüssel legt in *rootSDDL* die Standardsicherheit für Sitzungskonfigurationen fest. Er ist nicht immer vorhanden. Auch hier kann eine fehlerhafte Sicherheitsbeschreibung Zugriffsprobleme verursachen.

- Versuchen Sie den Zugriff mit Angabe expliziter Anmeldeinformationen, indem Sie den Parameter *-Credential* nutzen:

```
Invoke-Command { $env:COMPUTERNAME } -ComputerName Server01 -Credential (Get-Credential)
```

Kerberos-Fehlermeldung

Hintergrund:

Sie erhalten eine Fehlermeldung, wenn Sie versuchen, sich mit einem Computer zu verbinden, der nicht Mitglied in Ihrer Domäne ist, oder Sie verwenden gar keine Domäne.

```
PS> Enter-PSSession storage1
Enter-PSSession : Beim Verbinden mit dem Remoteserver ist folgender Fehler aufgetreten: Der WinRM-
Client kann die Anforderung nicht verarbeiten. Wenn das Authentifizierungsschema nicht Kerberos
ist oder der Clientcomputer nicht Mitglied einer Domäne ist, muss der HTTPS-Datentransport
verwendet werden, oder der Zielcomputer muss der TrustedHosts-Konfigurationseinstellung
hinzugefügt werden. Verwenden Sie "winrm.cmd", um TrustedHosts zu konfigurieren. Beachten Sie,
dass Computer in der TrustedHosts-Liste möglicherweise nicht authentifiziert sind. Weitere
Informationen hierzu erhalten Sie, indem Sie den folgenden Befehl ausführen: "winrm help config".
Weitere Informationen finden Sie im Hilfethema "about_Remote_Troubleshooting".
```

Mögliche Gründe:

- **Peer-to-Peer-Netz**   Sie sind kein Domänenmitglied, sondern betreiben ein Peer-to-Peer-Netzwerk

- **Keine Vertrauensstellung**   Das Zielsystem ist nicht Mitglied in Ihrer eigenen Domäne und es bestehen keine Vertrauensstellungen

- **Kein Kerberos**   Sie haben das Zielsystem nicht über dessen Namen angesprochen, sondern über seine IP-Adresse. Kerberos kann nur Computernamen validieren, aber nicht IP-Adressen.

- **Kein Kerberos**   Kerberos steht aufgrund eines Ressourcenengpasses nicht zur Verfügung oder der Domänencontroller ist nicht erreichbar

Abhilfe:

- Konfigurieren Sie die *TrustedHosts*-Liste und nehmen Sie darin alle Computer auf, zu denen Sie Verbindungen herstellen wollen, oder tragen Sie ein Sternchen (*) ein, um selbst entscheiden zu können, mit welchen Computern Sie sich verbinden:

```
PS> Set-Item wsman:\localhost\client\trustedhosts * -Force
```

Öffentliche Netzwerke entdeckt

Hintergrund:

Wenn Sie versuchen, mit *Enable-PSRemoting* das PowerShell-Remoting zu aktivieren, zeigt eine Fehlermeldung öffentliche Netzwerke an und bricht ab.

Mögliche Gründe:

- **Öffentliches Netzwerk**   Eine aktive Netzwerkverbindung ist als öffentlich eingestuft. Für diese Verbindung kann keine Firewall-Ausnahme eingerichtet werden. Bei diesen Verbindungen kann es sich um echte öffentliche Verbindungen (zum Beispiel Verbindungen im Internetcafé), falsch eingestufte Netzwerke (Heim- oder Arbeitsplatznetzwerk wurde noch nicht richtig klassifiziert) und unbekannte Netzwerke handeln (Netzwerk wurde nicht erkannt, beispielsweise Testnetzwerke mit dem Microsoft Loopbackadapter).

Abhilfe:

- Bei PowerShell 3.0: Fügen Sie den Parameter *-SkipNetworkProfileCheck* hinzu

- Öffnen Sie das *Netzwerk- und Freigabecenter* und identifizieren Sie darin die öffentlichen Verbindungen

- Handelt es sich bei dem öffentlichen Netzwerk in Wirklichkeit um ein privates Netzwerk, klicken Sie auf den Verbindungstyp, um ihn zu ändern

- Ist es ein echtes öffentliches Netzwerk, trennen Sie es vorübergehend, bis das PowerShell-Remoting eingerichtet ist. Sind Sie zum Beispiel per WLAN mit einem öffentlichen Netzwerk verbunden, trennen Sie die Verbindung.

- Handelt es sich um ein unbekanntes Netzwerk und können Sie die Verbindung nicht trennen, weil es sich beispielsweise um den *Microsoft Loopbackadapter* handelt, klicken Sie im *Netzwerk- und Freigabecenter* in der linken Spalte auf *Adaptereinstellungen ändern* (bei Vista: *Netzwerkverbindungen verwalten*) und deaktivieren dann per Rechtsklick die Adapter, welche die öffentlichen Netzwerkverbindungen herstellen

`PROFITIPP`   Weder die Remoteverwaltungsausnahme noch die PowerShell-Remoting-Ausnahmen werden in öffentlichen Netzwerken wirksam. Entscheidend ist die Klassifikation des Netzwerks auf der Serverseite, also bei dem System, auf das Sie zugreifen wollen. Stellen Sie also sicher, dass im *Netzwerk- und Freigabecenter* Ihre Netzwerkverbindung richtig eingestuft ist. Dazu klicken Sie im Infobereich der Taskleiste auf das Netzwerksymbol und wählen dann im Dialogfeld *Netzwerk- und Freigabecenter öffnen*. Im Bereich *Aktive Netzwerke anzeigen* wird die Klassifikation des Netzwerks genannt. Steht hier *Öffentliches Netzwerk*, sind keine Remoteverbindungen möglich. Klicken Sie in diesem Fall auf *Öffentliches Netzwerk*, um das Netzwerk umzustellen, falls es sich in Wirklichkeit gar nicht um ein öffentliches Netzwerk, sondern das Arbeits- oder Privatnetzwerk handelt. Diese Umstellung ist nur dann nicht möglich, wenn das Netzwerk nicht identifiziert werden konnte.

Andere Fehler

Hintergrund:

Beim Versuch, eine Remoteverbindung herzustellen, treten andere als die hier beschriebenen Fehler auf.

Mögliche Gründe:

- **Voraussetzungen prüfen**   Wenn Sie klassisches Remoting einsetzen, sind die dafür notwendigen Grundlagen eventuell nicht gegeben

Abhilfe:

- Geben Sie beim Parameter *-ComputerName* anstelle einer IP-Adresse einen Computernamen an
- Stellen Sie sicher, dass auf dem Zielsystem der Dienst *Remoteregistrierung (RemoteRegistry)* ausgeführt wird

Zusammenfassung

Unter dem Begriff *Remoting* versteht man die Ausführung von Code auf einem anderen Computer. Einige Cmdlets unterstützen den Remotezugriff über eigene Wege. Sie rufen solche Cmdlets lokal auf, beauftragen das Cmdlet aber mit seinen Parametern *-ComputerName* und gegebenenfalls *-Credential*, die Daten von einem anderen System abzurufen. Da Sie keinen Einfluss darauf haben, wie das jeweilige Cmdlet diese Informationen beschafft, ist die Diagnose von Fehlern in solch einem Fall schwierig.

Daneben verfügt PowerShell über einen alternativen allgemeinen Remoting-Ansatz. Dazu wird auf dem Remotesystem eine zweite separate PowerShell-Sitzung gestartet und der Code über den WinRM-Dienst via HTTP auf Port 5985 an das Zielsystem gesendet. Dort wird der Code ausgeführt und das Ergebnis als XML serialisiert an den Aufrufer zurückgesendet. Auf diese Weise kann jeder beliebige Code, der lokal ausführbar ist, auch remote auf einem oder mehreren anderen Systemen zur Ausführung gelangen. Dabei wird jedes Mal derselbe Remoting-Mechanismus verwendet. Dieser muss auf dem Zielsystem, also demjenigen System, das Remotecode ausführen soll, mit *Enable-PSRemoting* einmalig eingerichtet werden, wobei in diesem Zusammenhang der WinRM-Dienst konfiguriert, ein Listener und die notwendigen Firewall-Ausnahmen eingerichtet werden.

Der Code wird beim PowerShell-Remoting in Sitzungen ausgeführt, die sich auf dem Remotesystem befinden und vom Prozess *wsmprovhost.exe* zur Ausführung gebracht werden. Sitzungen werden entweder automatisch für einen einzelnen Remoteauftrag oder manuell für einen längeren Zeitraum angelegt. Die Initialisierung dieser Sitzungen erfolgt automatisch und richtet sich dabei nach Sitzungskonfigurationen, die man anpassen, erweitern und berechtigen kann.

Kapitel 24

Hintergrundjobs

PowerShell ist Single-threaded, führt also eine Aufgabe nach der anderen aus. Spätestens wenn viele Aufgaben zu erledigen sind, stellt sich die Frage, ob es bei gleichzeitiger Ausführung nicht schneller ginge als der Reihe nach. Zwar kann eine PowerShell-Sitzung nur immer jeweils eine Aufgabe gleichzeitig erledigen, aber Sie können natürlich auch mehrere Sitzungen gleichzeitig einsetzen. Im simpelsten Fall würden Sie die Aufgabe auf zwei Skripts aufteilen und beide jeweils in einer anderen Power-Shell ausführen.

Beinahe genauso funktionieren Hintergrundjobs: Dabei werden Aufgaben ebenfalls an weitere PowerShell-Sitzungen delegiert, doch bleiben diese miteinander in Verbindung und können folglich die Ergebnisse in der ursprünglichen Sitzung wieder abliefern. Das Prinzip ist ganz ähnlich wie beim Remoting aus dem letzten Kapitel, nur dass diesmal die zusätzlichen Sitzungen nicht auf einem Remotecomputer existieren, sondern auf Ihrem eigenen (Abbildung 24.1).

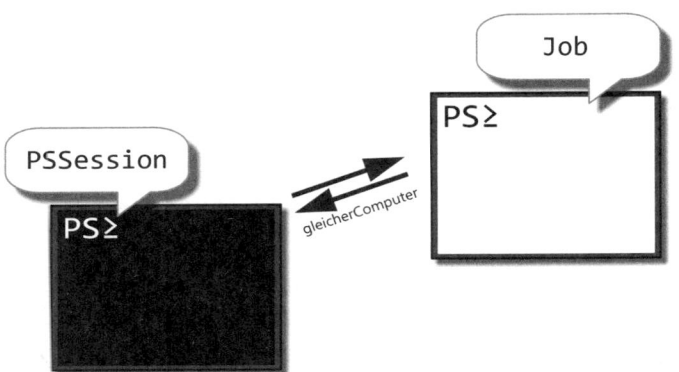

Abbildung 24.1 Hintergrundjobs sind separate PowerShell-Sitzungen auf demselben Computer

Daraus ergeben sich allerdings auch dieselben Einschränkungen: Es müssen für jeden Hintergrundjob separate Sitzungen angelegt und die Ergebnisse über den Weg der Serialisierung an den Aufrufer zurücktransportiert werden. Hintergrundjobs haben deshalb einen nicht zu unterschätzenden Overhead, der den Vorteil der Parallelverarbeitung häufig gleich wieder zunichtemacht. Alternativ dazu kann man allerdings Aufgaben auch in einen separaten PowerShell-Thread verlagern. Dieser ist Teil der aktuellen PowerShell-Sitzung, sodass weder neue Sitzungen nötig werden noch Ergebnisse serialisiert zu werden brauchen. Aus solchen Threads lassen sich sogar besondere Hintergrundjobs ableiten, die in derselben Sitzung laufen wie ihr Aufrufer.

Hintergrundjobs verwenden

Jeder PowerShell-Code kann mit *Start-Job* in einer separaten PowerShell-Sitzung im Hintergrund ausgeführt werden, damit er Ihre aktuelle Sitzung nicht blockiert. Die folgende Zeile listet beispielsweise alle Ereignisprotokolldateien aus allen Unterordnern Ihres Windows-Ordners auf und benötigt dafür viel Zeit:

```
PS> dir $env:windir *.log -Recurse -ea SilentlyContinue
```

Hintergrundjob anlegen

Möchten Sie auf die Ergebnisse nicht warten, sondern lieber inzwischen etwas anderes unternehmen, verfrachten Sie den Aufruf mit *Start-Job* in einen Hintergrundjob:

```
PS> Start-Job { dir $env:windir *.log -Recurse -ea SilentlyContinue }

Id   Name          PSJobTypeName   State     HasMoreData   Location
--   ----          -------------   -----     -----------   --------
2    Job2          BackgroundJob   Running   True          localhost
```

Start-Job erzeugt eine neue unsichtbare PowerShell-Sitzung, führt den Code darin aus und liefert unmittelbar ein Jobobjekt zurück, dessen wichtigstes Kennzeichen seine ID-Nummer ist. Sie können nun also ganz normal weiterarbeiten.

Laufende Hintergrundjobs kontrollieren

Mit *Get-Job* verschaffen Sie sich einen Überblick, wie weit die Hintergrundjobs mit ihrer jeweiligen Aufgabe gediehen sind:

```
PS> Get-Job

Id   Name          PSJobTypeName   State     HasMoreData   Location
--   ----          -------------   -----     -----------   --------
2    Job2          RemoteJob       Running   False         localhost
```

Meldet ein Job in seiner Spalte *State* den Zustand *Running*, dann läuft die Aufgabe noch. Steht in *Has-MoreData* ein *True*, dann sind aber bereits Ergebnisse angefallen, die Sie bereits abrufen könnten. Ist der Job fertig, meldet *Get-Job* in *State* freudig *Completed*:

```
PS> Get-Job

Id   Name          PSJobTypeName   State       HasMoreData   Location
--   ----          -------------   -----       -----------   --------
2    Job2          RemoteJob       Completed   False         localhost
```

TIPP Natürlich werden Sie nicht ständig von Hand prüfen wollen, ob der Hintergrundjob bereits fertig ist. In der Praxis sieht das Szenario anders aus: Wenn Sie drei unabhängige Aufgaben erledigen müssen, verlagern Sie zwei davon in jeweils einen Hintergrundjob und führen die dritte selbst aus. Nachdem die dritte Aufgabe abgeschlossen ist, verwenden Sie *Wait-Job*, um eventuell noch auf die beiden Hintergrundjobs zu warten. Danach können deren Ergebnisse abgerufen werden.

Ergebnisse eines Hintergrundjobs abrufen

Spätestens jetzt sollten Sie die Ergebnisse mit *Receive-Job* unter Angabe der Job-ID abrufen. Was Sie mit diesen Ergebnissen nun unternehmen, ob Sie diese direkt ausgeben oder in eine Variable speichern, steht Ihnen frei:

```
PS> Receive-Job -Id 2
```

```
    Verzeichnis: C:\Windows


Mode                  LastWriteTime      Length Name
----                  -------------      ------ ----
-a---         16.11.2009      11:30        6518 DPINST.LOG
-a---         01.11.2009      09:21        1774 DtcInstall.log
-a---         04.11.2009      12:28         864 PFRO.log
-a---         04.03.2010      15:03       26744 setupact.log
(...)
```

Die Ergebnisse, die ein Job beschafft hat, können nur einmal abgerufen werden, es sei denn, Sie geben den Parameter -*Keep* an.

Hintergrundjobs abschließen

Der Job selbst bleibt in der Jobliste stehen und verschwindet daraus erst, wenn Sie ihn mit *Remove-Job* entsorgen:

```
PS> Remove-Job -Id 2
```

Möglich ist das allerdings erst, wenn der Hintergrundjob abgeschlossen ist. Mit *Stop-Job* brechen Sie Hintergrundjobs vorzeitig ab. Sie können auch den Parameter -*Force* mit *Remove-Job* verwenden.

Parallelverarbeitung für mehr Geschwindigkeit

Einige Cmdlets unterstützen Hintergrundjobs mit einem Parameter namens -*AsJob*. Geben Sie den Parameter an, führt das Cmdlet seine Aufgabe automatisch als Hintergrundjob aus. Eine Übersicht der Cmdlets mit -*AsJob*-Unterstützung erhalten Sie folgendermaßen:

```
PS> Get-Help * -Parameter AsJob
```

```
Name                  Category  Synopsis
----                  --------  --------
Invoke-Command        Cmdlet    Führt Befehle auf lokalen Comput...
Get-WmiObject         Cmdlet    Ruft Instanzen von WMI-Klassen (...
Invoke-WmiMethod      Cmdlet    Ruft Methoden der Windows-Verwal...
Remove-WmiObject      Cmdlet    Löscht eine Instanz einer vorhan...
Set-WmiInstance       Cmdlet    Erstellt oder aktualisiert eine ...
Test-Connection       Cmdlet    Sendet ICMP-Echoanforderungspake...
Restart-Computer      Cmdlet    Startet das Betriebssystem auf d...
Stop-Computer         Cmdlet    Beendet lokale und Remotecompute...
```

Möchten Sie beispielsweise prüfen, welche Systeme in einem IP-Adressbereich online sind (oder genauer gesagt auf ICMP-Echo-Requests antworten), sieht der synchrone und langwierige Ansatz mit *Test-Connection* so aus:

```
PS> $ips = 1..255 | ForEach-Object { "192.168.2.$_" }
PS> Test-Connection $ips -ea SilentlyContinue | Where-Object { $_.ResponseTime -ne $null } |
Select-Object Address, ResponseTime
```

```
Address                                              ResponseTime
-------                                              ------------
192.168.2.103                                                   0
```

```
192.168.2.1                                                              2
192.168.2.108                                                           17
192.168.2.102                                                          242
192.168.2.101                                                          310
192.168.2.100                                                          313
(…)
```

Die Ausführung dauerte in diesem Beispiel stattliche 18,5 Minuten.

Der Parameter -AsJob

Viel schneller bekommen Sie die Ergebnisse mithilfe von Hintergrundjobs, weil die Überprüfung des Adresssegments dann parallel erfolgt und nicht nacheinander. Dazu geben Sie den Parameter *-AsJob* an:

```
PS> $ips = 1..255 | ForEach-Object { "192.168.2.$_" }
PS> $job = Test-Connection $ips -ea SilentlyContinue -AsJob
```

Danach warten Sie auf den Abschluss des Jobs:

```
PS> Wait-Job $job
```

```
Id    Name      PSJobTypeName   State       HasMoreData   Location
--    ----      -------------   -----       -----------   --------
2     Job2      WmiJob          Completed   True          .
```

Jetzt können die Ergebnisse geerntet werden:

```
PS> Receive-Job $job | Where-Object { $_.ResponseTime -ne $null } | Select-Object Address,
ResponseTime
```

```
Address                                                        ResponseTime
-------                                                        ------------
192.168.2.103                                                             0
192.168.2.1                                                               2
192.168.2.108                                                            12
192.168.2.102                                                           207
192.168.2.100                                                           302
192.168.2.101                                                           313
```

Voilà. Dieselben Informationen liegen nun in nur rund 4 Sekunden zur Verfügung, immerhin 280 Mal schneller. Das ist kein Zufall, denn das Timeout jedes einzelnen *Test-Connection*-Aufrufs beträgt genau 4 Sekunden. Weil alle Aufrufe parallel geschahen, lag die Gesamtzeit bei ungefähr diesen 4 Sekunden. Die Ausführungszeit eines Paralleljobs richtet sich also nach der Ausführungszeit des längsten Einzeljobs. Ohne Parallelverarbeitung addieren sich stattdessen die Ausführungszeiten sämtlicher Aufgaben. Bei 255 Adressen und einem Timeout von 4 Sekunden dauert die Aufgabe dann bis zu 17 Minuten – und mit etwas Overhead tatsächlich sogar etwas länger.

HINWEIS Falls Sie die Ergebnisse des Jobs abrufen und anzeigen lassen, fällt Ihnen vielleicht auf, dass die Anzeige dann sehr lange dauert. Das hat nicht etwa damit zu tun, dass der Hintergrundjob seine Arbeit noch nicht abgeschlossen hätte, sondern liegt in der Natur der gelieferten Objekte. Die Objekte lösen nämlich den Computernamen erst beim Anzeigen auf. Das ist der Grund, warum die Anzeige verzögerungsfrei funktioniert, wenn Sie diese auf die Eigenschaften *Address* und *ResponseTime* beschränken. Die Verzögerung tritt nur auf, wenn auch diejenigen Eigenschaften angezeigt werden, die zuerst im Netzwerk aufgelöst werden müssen.

Hintergrundjobs auf Remotecomputern starten

Hintergrundjobs können auch remote auf anderen Computern gestartet werden. Dabei wird lediglich die Sitzung des Hintergrundjobs nicht auf Ihrem Computer gestartet, sondern auf einem anderen. Das Cmdlet *Invoke-Command*, mit dem man wie im letzten Kapitel gezeigt remote Code ausführen kann, unterstützt den Parameter *-AsJob* und kann so Aufgaben auf einem Remotesystem als Hintergrundjob starten. Es verbindet sich also mit einem Remotesystem, legt dort eine Remotesitzung an und startet darin einen Hintergrundjob. Dieser Aufruf ist synchron, verwendet also keine Hintergrundjobs, sodass Sie die Ergebnisse direkt geliefert bekommen:

```
PS> Invoke-Command { powercfg.exe /LIST } -ComputerName testserver

Bestehende Energieschemen
-------------------------
Minimale Batteriebelastung
Durch Server ausgewogene Prozessorleistung und Energieverbrauch
Dauerbetrieb
Pr„sentation
Tragbar/Laptop
Desktop
```

HINWEIS   Wundern Sie sich nicht darüber, dass Sonderzeichen, Umlaute und das *ß* verstümmelt sind. Dies ist eine Nebenwirkung des Remoteabrufs. Falls der Aufruf bei Ihnen nicht funktioniert, schlagen Sie im letzten Kapitel nach. Möglicherweise müssen Sie sich am Remotesystem zuerst anmelden oder die Grundeinstellungen für das PowerShell-Remoting noch konfigurieren.

Nun wird derselbe Befehl als Hintergrundjob auf dem Remotesystem ausgeführt:

```
PS> Invoke-Command { powercfg.exe /LIST } -ComputerName testserver -asJob
```

Id	Name	PSJobTypeName	State	HasMoreData	Location
--	----	-------------	-----	-----------	--------
8	Job8	RemoteJob	Running	True	testserver

Diesmal erhalten Sie ein Jobobjekt zurück, mit dem Sie nun genauso umgehen können wie bei lokalen Hintergrundjobs. Die Spalte (Eigenschaft) *Location* der Jobobjekte zeigt Ihnen jeweils an, wo ein Hintergrundjob ausgeführt wird. Um die Ergebnisse abzurufen, verwenden Sie also wie bei lokalen Hintergrundjobs *Receive-Job*:

```
# Jobs überprüfen:
PS> Get-Job
```

Id	Name	PSJobTypeName	State	HasMoreData	Location
--	----	-------------	-----	-----------	--------
8	Job6	RemoteJob	Completed	True	.
8	Job8	RemoteJob	Completed	True	testserver

```
# Ergebnisse des Jobs mit ID 8 abrufen:
PS> Receive-Job 8


Bestehende Energieschemen
-------------------------
Minimale Batteriebelastung
Durch Server ausgewogene Prozessorleistung und Energieverbrauch
Dauerbetrieb
Pr„sentation
Tragbar/Laptop
Desktop


# Job mit ID 8 abschließen:
PS> Remove-Job 8
```

Weitere Remotejobverfahren

Im vorangegangenen Beispiel wurde der Hintergrundjob von Ihrem eigenen Computer verwaltet und auf einem Remotecomputer ausgeführt. Es gibt weitere Szenarien, bei denen Sie abweichend davon nun aber die Hintergrundjobs auf demselben Remotecomputer verwalten, auf dem sie auch ausgeführt werden:

- **Interaktiv** Verbinden Sie Ihre Konsole zuerst per *Enter-PSSession* mit einem Remotesystem. Alles, was Sie in der Konsole nun unternehmen, geschieht in Wirklichkeit auf dem Remotesystem, mit dem Sie sich verbunden haben. Wenn Sie nun mit *Start-Job* Hintergrundjobs anlegen, werden diese lokal erzeugt, allerdings lokal auf dem Remotesystem.

```
# mit Computer testserver interaktiv verbinden:
PS> Enter-PSSession testserver

# Hintergrundjob lokal auf dem Remotesystem starten:
[testserver]: PS C:\WINDOWS\system32> Start-Job { powercfg /LIST }

Id    Name    PSJobTypeName    State     HasMoreData    Location
--    ----    -------------    -----     -----------    --------
2     Job2    BackgroundJob    Running   True           localhost

# Status des Hintergrundjobs prüfen:
[testserver]: PS C:\WINDOWS\system32> Get-Job 2

Id    Name    PSJobTypeName    State       HasMoreData    Location
--    ----    -------------    -----       -----------    --------
2     Job2    BackgroundJob    Completed   True           localhost

# Ergebnisse des Hintergrundjobs abrufen:
[testserver]: PS C:\WINDOWS\system32> Receive-Job 2


Bestehende Energieschemen
-------------------------
Minimale Batteriebelastung
Durch Server ausgewogene Prozessorleistung und Energieverbrauch
Dauerbetrieb
Präsentation
Tragbar/Laptop
Desktop
```

```
# Hintergrundjob abschließen:
[testserver]: PS C:\WINDOWS\system32> Remove-Job 2

# zurück zum eigenen System wechseln:
[testserver]: PS C:\WINDOWS\system32> Exit-PSSession
PS>
```

- **Programmgesteuert**   Sie können auch *Start-Job* per *Invoke-Command* remote auf einem anderen System ausführen. Wieder wird der Hintergrundjob lokal – aber auf dem Remotesystem – angelegt und ausgeführt:

```
# eine neue Remotesitzung anlegen, die wiederverwendbar ist:
PS> $session = New-PSSession -Computer testserver

# Hintergrundjob auf Remotesystem in der neuen Sitzung anlegen:
PS> Invoke-Command { Start-Job { powercfg.exe /LIST } } -Session $session

Id     Name          PSJobTypeName   State     HasMoreData   Location
--     ----          -------------   -----     -----------   --------
2      Job2          BackgroundJob   Running   True          localhost

# Hintergrundjobs überprüfen:
PS> Invoke-Command { Get-Job } -Session $session

Id     Name          PSJobTypeName   State       HasMoreData   Location
--     ----          -------------   -----       -----------   --------
2      Job2          BackgroundJob   Completed   True          localhost

# Ergebnisse des Hintergrundjobs mit ID 2 abrufen:
PS> Invoke-Command { Receive-Job 2 } -Session $session

Bestehende Energieschemen
-------------------------
Minimale Batteriebelastung
Durch Server ausgewogene Prozessorleistung und Energieverbrauch
Dauerbetrieb
Präsentation
Tragbar/Laptop
Desktop

# Hintergrundjob mit ID 2 abschließen:
PS> Invoke-Command { Remove-Job 2 } -Session $session

# Remotesitzung freigeben:
PS> Remove-PSSession $session
```

Wie Sie sehen, kann es durchaus Vorteile haben, Hintergrundjobs lokal auf einem Remotesystem zu starten und nicht mit *-AsJob* auf dem eigenen Computer zu verwalten. In diesem Fall bleiben nämlich Sonderzeichen, Umlaute und das *ß* im Ergebnistext erhalten, was an der unterschiedlichen Art liegt, wie die Ergebnisse in diesem Fall zu Ihnen transportiert werden.

Wichtig zu verstehen ist allerdings, dass Sie bei dem zuletzt gezeigten Ansatz die Hintergrundjobs in einer Remotesitzung verwalten und diese Remotesitzung deshalb so lange geöffnet halten müssen, bis die Hintergrundjobs darin abgearbeitet sind. Deshalb verwendet der Beispielcode *New-PSSession* und beschafft sich eine eigene Remotesitzung. Hätten Sie stattdessen bei *Invoke-Command* den Parameter *-ComputerName* verwendet, wäre die Sitzung nach dem Aufruf sofort wieder vernichtet worden – einschließlich aller darin laufenden Hintergrundjobs.

Was Sie bei Hintergrundjobs bedenken sollten…

Hintergrundjobs funktionieren gut, solange man sie in angemessenen Szenarien einsetzt:

- **Ressourcen** Jeder Hintergrundjob startet eine neue PowerShell-Sitzung. Das lohnt sich nur, wenn die Aufgabe, die der Hintergrundjob ausführen soll, wesentlich länger dauert als der damit verbundene Overhead.

- **Umgebung** Hintergrundjobs werden in separaten PowerShell-Sitzungen ausgeführt. Ihre lokalen Variablen stehen darin nicht zur Verfügung.

- **Ergebnisse** Die Ergebnisse eines Hintergrundjobs müssen genau wie beim PowerShell-Remoting serialisiert werden, was viel Zeit kostet. Je weniger Daten ein Hintergrundjob produziert, desto schneller wird er ausgeführt.

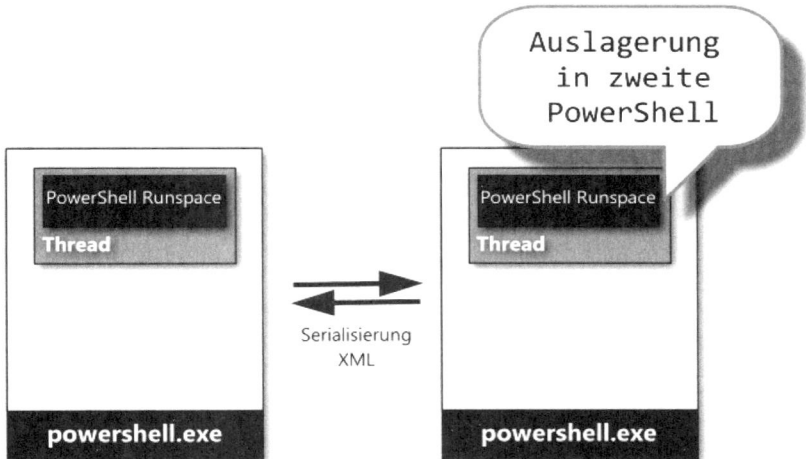

Abbildung 24.2 Hintergrundjobs sind separate PowerShell-Anwendungen, die miteinander kommunizieren

- **Lebensdauer** Alle Hintergrundjobs werden von der Sitzung verwaltet, aus der heraus sie angelegt wurden. Schließen Sie diese Sitzung, gehen auch alle Hintergrundjobs verloren. Benötigen Sie Hintergrundjobs, die unabhängig von der aktuellen PowerShell-Sitzung ausgeführt werden, dann greifen Sie zu geplanten Aufgaben und richten darin ein PowerShell-Skript ein, das von Windows (und nicht von PowerShell) in festgelegten Intervallen automatisch ausgeführt wird, oder verwenden Sie auf Remotesystemen »disconnected Sessions« (siehe letztes Kapitel).

- **Double-Hop** Für einen Hintergrundjob gelten dieselben Einschränkungen wie für Remotesitzungen: Ihre Anmeldedaten können nicht an Dritte weitergegeben werden. Deshalb kann sich der Code in einem Hintergrundjob auch nicht transparent an einem anderen System anmelden, um Remotezugriffe durchzuführen. Wie bei Remotesitzungen müssen Sie auch hier die Anmeldedaten explizit mitgeben:

```
# Hintergrundjob unter anderen Anmeldeinformationen ausführen:
PS> Start-Job { Get-WmiObject Win32_BIOS -ComputerName testserver } -Credential (Get-Credential)
```

```
Id      Name        PSJobTypeName   State     HasMoreData    Location
--      ----        -------------   -----     -----------    --------
2       Job2        BackgroundJob   Running   True           localhost

PS> Receive-Job 2

SMBIOSBIOSVersion : P03
Manufacturer      : Phoenix Technologies LTD
Name              : Ver 1.00PARTTBLw
SerialNumber      : 98H340ED2H9300237A30A1
Version           : PTLTD  - 6040000

PS> Remove-Job 2
```

Alternativ könnten Sie die Anmeldung in den Code hineinverlagern, der in der Hintergrundsitzung ausgeführt wird. Dazu erstellen Sie sich mit .NET selbst ein *Credential*-Objekt (die Hintergründe dazu finden Sie in Kapitel 9). Die Lösung sieht dann so aus und kann unbeaufsichtigt ausgeführt werden:

```
PS> Start-Job { Get-WmiObject Win32_BIOS -Computer testserver -Credential (New-Object
System.Management.Automation.PSCredential('Administrator', ('topSecret99' | ConvertTo-
SecureString -Force -AsPlainText))) }

Id      Name        PSJobTypeName   State     HasMoreData    Location
--      ----        -------------   -----     -----------    --------
8       Job8        BackgroundJob   Running   True           localhost

PS> Get-Job 8

Id      Name        PSJobTypeName   State       HasMoreData    Location
--      ----        -------------   -----       -----------    --------
8       Job8        BackgroundJob   Completed   True           localhost

PS> Receive-Job 8

SMBIOSBIOSVersion : P03
Manufacturer      : Phoenix Technologies LTD
Name              : Ver 1.00PARTTBLw
SerialNumber      : 98H340ED2H9300237A30A1
Version           : PTLTD  - 6040000

PS> Remove-Job 8
```

Lightweight-Threads für Hintergrundjobs

Ein ganz anderes Konzept kann Hintergrundjobs dramatisch beschleunigen. Dabei werden zusätzliche PowerShell-Runspaces *innerhalb* einer PowerShell-Anwendung angelegt, um darin Aufgaben parallel auszuführen. Weil beide Runspaces nur auf unterschiedliche Threads innerhalb *desselben* Prozesses verteilt sind, können die beiden Threads direkt miteinander kommunizieren. Die Ergebnisse müssen nicht aufwändig serialisiert werden, und beide Threads können sich sogar gemeinsame Variablen teilen. Allerdings wird dieser Ansatz von PowerShell nicht mit Cmdlets unterstützt, sodass etwas Programmierarbeit notwendig ist.

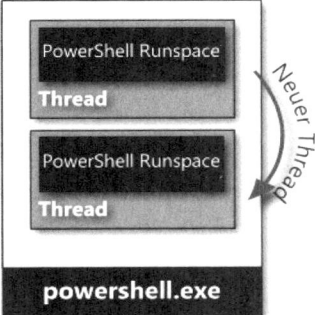

Abbildung 24.3 Hintergrundjob in separatem Thread innerhalb einer PowerShell-Sitzung

Einen separaten Thread erzeugen

PowerShell bringt den Typ *[powershell]* mit und über dessen statische Methode *Create()* lassen sich neue Threads inklusive Runspace anlegen (mehr über die zugrunde liegende Technik und die Arbeit mit Typen erfahren Sie in Kapitel 14). Der folgende Code legt einen neuen Thread an, der Power-Shell-Code ausführt und das Ergebnis dann in der aktuellen PowerShell-Sitzung anzeigt:

```
$code = {
    Start-Sleep -Seconds 2
    "Hello"
}

$newPowerShell = [powershell]::Create().AddScript($code)
$newPowerShell.Invoke()
```

Listing 24.1 Das Skript *thread_basic.ps1*

Der neue Thread läuft synchron, hält also den ursprünglichen Thread an. Deshalb müssen Sie zwei Sekunden auf das Ergebnis warten. Synchrone Threads sind durchaus nützlich, denn damit können Sie beispielsweise den Threading-Modus des neuen Threads selbst festlegen, zum Beispiel, um sicher und zuverlässig Systemdialogfelder zu öffnen (Kapitel 15). Für Parallelverarbeitung sind sie aber ungeeignet. Rufen Sie den Thread jedoch asynchron auf, arbeitet er im Hintergrund und liefert einen Handle zurück, über den Sie den Status des Threads überwachen können:

```
$code = {
  Start-Sleep -Seconds 2
  'Hello'
}

# neuen Thread erzeugen:
$newPowerShell = [powershell]::Create().AddScript($code)

# Thread asynchron starten:
$handle = $newPowerShell.BeginInvoke()

# auf Beendigung warten und währenddessen etwas
# anderes tun:
while ($handle.IsCompleted -eq $false) {
```

```
  Write-Host '.' -NoNewline
  Start-Sleep -Milliseconds 500
}
Write-Host ''

# Ergebnis aus anderem Thread abrufen:
$newPowerShell.EndInvoke($handle)
```

Listing 24.2 Das Skript *async_thread.ps1*

Diesmal kann der Vordergrundthread also weiterarbeiten und zeigt während der Bearbeitung des Hintergrundthreads eine Reihe von Punkten als Fortschrittsanzeige an. Das allein kann man sich bereits zunutze machen, um mit der Funktion *Start-Progress* langwierige Befehle mit einer automatischen Fortschrittsanzeige auszustatten:

```
function Start-Progress
{
  param
  (
    [scriptblock]
    $code
  )

  $newPowerShell = [powershell]::Create().AddScript($code)
  $handle = $newPowerShell.BeginInvoke()

  while ($handle.IsCompleted -eq $false) {
    Write-Host '.' -NoNewline
    Start-Sleep -Milliseconds 500
  }
  Write-Host ''

  $newPowerShell.EndInvoke($handle)

  # zweiten Thread ordnungsgemäß entsorgen:
  $newPowerShell.Runspace.Close()
  $newPowerShell.Dispose()
}
```

Listing 24.3 Das Skript *Start-Progress.ps1*

Übergeben Sie dazu *Start-Progress* beliebigen Code. Er wird im Hintergrundthread ausgeführt, und währenddessen zeigt der Vordergrundthread seine Fortschrittsanzeige an, um dem Anwender zu zeigen, dass etwas geschieht. Sobald der Hintergrundthread den Auftrag bearbeitet hat, erscheinen die Ergebnisse in der Konsole und können natürlich auch in einer Variablen gespeichert werden.

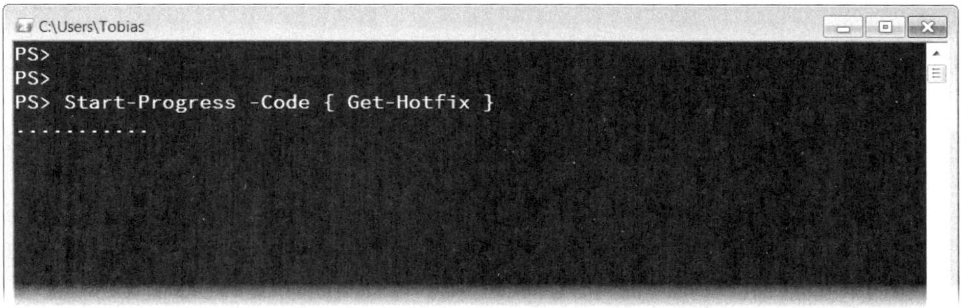

Abbildung 24.4 Länger andauernde Befehle erhalten eine automatische Fortschrittsanzeige

Hintergrundüberwachungen einrichten

Ein separater Hintergrundthread kann nicht nur Aufgaben parallel bearbeiten, sondern auch Überwachungsaufgaben durchführen. Im einfachsten Fall prüft er lediglich die Laufzeit eines Skripts, und wenn das Skript länger benötigt als erlaubt, bricht der Hintergrundthread nicht nur sich selbst ab, sondern beendet den gesamten PowerShell-Prozess. Das ist das Prinzip hinter *Start-Timebomb*. Rufen Sie innerhalb der gewählten Frist nicht rechtzeitig *Stop-Timebomb* auf, wird PowerShell beendet:

```
function Start-Timebomb
{
  param
  (
    [int32]
    [Parameter(Mandatory=$true)]
    [ValidateRange(5,600)]
    $Seconds,

    [scriptblock]
    $Action = { Stop-Process -Id $PID }
  )

  $Wait = "Start-Sleep -seconds $seconds"
  $script:newPowerShell = [powershell]::Create().AddScript($Wait).AddScript($Action)
  $handle = $newPowerShell.BeginInvoke()
  Write-Warning "Timebomb is active and will go off in $Seconds seconds unless you call Stop-
Timebomb before."
}

function Stop-Timebomb
{
  if ($script:newPowerShell -ne $null)
  {
    Write-Host 'Trying to stop timebomb...' -NoNewline
    $script:newPowerShell.Stop()
    $script:newPowerShell.Runspace.Close()
    $script:newPowerShell.Dispose()
    Remove-Variable newPowerShell -Scope script
    Write-Host 'Done!'
  }
```

```
  else
  :
    Write-Warning 'No timebomb found.'
  }
}
```

Listing 24.4   Das Skript *Start-Timebomb.ps1*

Start-Timebomb erwartet mindestens den Parameter *-Seconds*, mit dem Sie die maximale Laufzeit des
Skripts festlegen. Optional kann mit *-Action* auch ein Skriptblock hinterlegt werden, der nach Ablauf
der Frist ausgeführt wird. Als Vorgabe beendet dieser Skriptblock den aktuellen PowerShell-Prozess,
aber wenn Sie möchten, können Sie auch nur einen Protokolleintrag schreiben oder eine Meldung
ausgeben. Der Countdown kann mit *Stop-Timebomb* jederzeit unterbrochen werden. Dazu wird der
Hintergrundthread mit *Stop()* angehalten und entsorgt.

```
PS> $action = { (New-Object -ComObject WScript.Shell).Popup('Das dauert aber lange!', 5, 'Oh je',
16) }
PS> Start-Timebomb -Seconds 10 -Action $action
WARNUNG: Timebomb is active and will go off in 10 seconds unless you call Stop-Timebomb before.
```

Nach genau 10 Sekunden erscheint ein Dialogfeld (Abbildung 24.5).

Abbildung 24.5   Der Überwachungsthread zeigt nach Ablauf des Timeouts ein
Dialogfeld an

ACHTUNG   Der Code im Hintergrundthread wird in einem separaten Runspace ausgeführt. Cmdlets der Familie
Write (wie zum Beispiel *Write-Host*) haben also keinen sichtbaren Effekt, und auch normale Ausgaben laufen ins Leere,
weil die Ergebnisse des Hintergrundthreads vom Vordergrundthread nicht abgerufen werden. Wenn Sie wie im Beispiel
eine eigene Aktion festlegen und PowerShell nicht beenden, müssen Sie natürlich selbst dafür sorgen, den Hintergrundthread anschließend wieder zu entsorgen.

Erneut ist es Zeit für ein Projekt: Diesmal soll ein Hintergrundthread einen Newsticker über die
Titelleiste scrollen lassen (Abbildung 24.6).

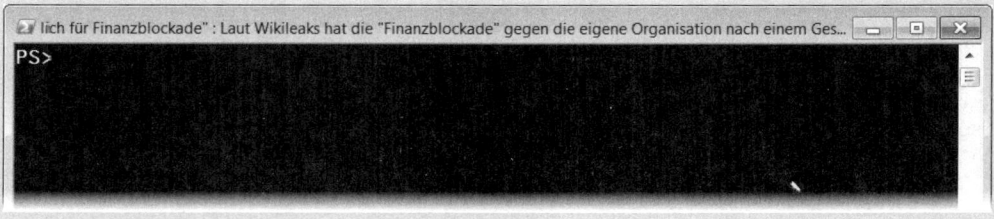

Abbildung 24.6   Ein Newsticker soll in der Titelleiste von PowerShell als Laufschrift erscheinen

Dafür wird zuerst eine Funktion wie *Get-Newsticker* benötigt, die die Newsticker-Informationen aus einem RSS-Feed im Internet liest. Diese bedient sich hier des Heise-Tickers:

```
function Get-NewsTicker
{
  param($URL = 'http://www.heise.de/newsticker/heise-atom.xml')

  $ticker = Invoke-WebRequest -Uri $URL -UseBasicParsing
  $xml = New-Object -TypeName XML
  $xml.LoadXML($ticker.Content)
  $xml.feed.entry |
  ForEach-Object { '{0} : {1}' -f $_.title, $_.summary }
}
```

Listing 24.5 Das Skript *Get-NewsTicker.ps1*

ACHTUNG   Die Funktion nutzt das neue Cmdlet *Invoke-WebRequest* aus PowerShell 3.0 und läuft deshalb nicht in PowerShell 2.0.

HINWEIS   Vielleicht möchten Sie einen anderen Ticker anzeigen. Sie könnten dann zwar über den Parameter *-URL* auch die Internetadresse eines anderen RSS-Feeds angeben, aber dann wären auch noch weitere Änderungen nötig – es sei denn, der gewählte RSS-Feed würde seine Informationen ebenfalls in den Knoten *feed* und *entry* verpacken und die Informationen in *title* und *summary* publizieren. *Get-Newsticker* ist also schon sehr speziell auf den Heise-Ticker zugeschnitten.

Als Nächstes benötigen Sie Code, der die Schlagzeilen über die Titelleiste des PowerShell-Fensters scrollt. Dieser Code könnte so aussehen:

```
$code = {
    param
    (
      # der Text für die Laufschrift:
      $Text,

      # eine Referenz auf den Host ($Host)
      $theHost,

      # die Verzögerung für die Laufschrift:
      $Delay
    )

    # die einzelnen Texte werden mit Get-Random zufällig angeordnet,
    # damit bei jedem Start eine andere Reihenfolge gewählt wird:
    $Text = Get-Random -InputObject $text -count $Text.Length

    # aus den Einzeltexten wird ein Gesamttext gemacht:
    $Text = $Text -join ' '

    # es wird berechnet, wie oft der Text wiederholt werden muss, um mindestens
    # 1600 Zeichen lang zu sein (doppelte Länge der geplanten Anzeigenbreite
    # von 800 Zeichen):
    $TextLength = $Text.Length
```

```
# aufrunden:
$Factor = [Math]::Ceiling((1600 / $TextLength))
$Text = $Text * $Factor

# verdoppeln:
$Text = $Text * 2
# eine Endlosschleife:
do
{
  # in 3er-Schritten von 0 bis Textende:
    For ($x=0; $x -lt $TextLength; $x+=3)
    {
      # in der Titelleiste des Fensters den Anfang des Textes entsprechend verschieben:
      $theHost.UI.RawUI.WindowTitle = $Text.Substring($x,800)
      # eingebaute Verzögerung:
      Start-Sleep -Milliseconds $Delay
    }
  } while ($true)
}
```

Listing 24.6   Das Skript *sync_ticker.ps1*

Starten Sie den Code jetzt direkt, so startet dieser bereits eine Laufschrift:

```
& $code -Text (Get-Newsticker) -theHost $Host -Delay 200
```

Allerdings wäre dann der Vordergrundthread belegt. Deshalb wird der Code so wie in Listing 24.4 (Seite 875) als asynchroner Hintergrundthread gestartet. Das erklärt auch, warum *$code* über den Parameter *-theHost* den PowerShell-Host erfragt, obwohl dieser bereits in *$Host* vorliegt. Dort liegt er nämlich nur im Vordergrundthread vor. Der Hintergrundthread kennt die Variable nicht und erhält sie deshalb über Parameter vom Vordergrundthread übergeben:

```
$script:newPowerShell =
[powershell]::Create().AddScript($Code).AddParameter('Text',$Text).AddParameter('Delay',$Delay
).AddParameter('theHost',$Host)
$handle = $newPowerShell.BeginInvoke()
```

Das Gesamtskript mit *Get-Newsticker*, *Start-Newsticker* und *Stop-Newsticker* finden Sie in den Begleitmaterialien für dieses Kapitel unter dem Namen *Start-Newsticker.ps1*.

InProcess-Jobs einsetzen

Wäre es nicht praktisch, wenn sich die leichten und schnellen Hintergrundthreads auch für Hintergrundjobs einsetzen ließen? Es geht tatsächlich. Mithilfe von Threads (und ein wenig C#-Code) können Sie sich Ihre eigene Alternative zu *Start-Job* programmieren: *Start-JobInProcess* verhält sich genau wie *Start-Job*, wickelt den Hintergrundjob aber in einem Thread innerhalb derselben PowerShell ab. Ansonsten verhält sich alles wie bei Hintergrundjobs.

Das Skript setzt *Add-Type* so wie in Kapitel 15 ein, um etwas C#-Quellcode in einen Typ namens *InProcess.InMemoryJob* zu kompilieren. Dieser Typ ist abgeleitet vom Typ *System.Management.Auto-*

mation.Job, wird also von PowerShell als offizieller Hintergrundjob anerkannt. Wie er den Job erledigt, kann er allerdings selbst entscheiden und nutzt dazu kurzerhand die Threads von eben:

```
$code = @'
using System;
using System.Collections.Generic;
using System.Text;
using System.Management.Automation;
using System.Management.Automation.Runspaces;

namespace InProcess
{
    public class InMemoryJob : System.Management.Automation.Job
    {
        public InMemoryJob(ScriptBlock scriptBlock, string name)
        {
            _powerShell = PowerShell.Create().AddScript(scriptBlock.ToString());
            SetUpStreams(name);
        }

        public InMemoryJob(PowerShell powerShell, string name)
        {
            _powerShell = powerShell;
            SetUpStreams(name);
        }

        private void SetUpStreams(string name)
        {
            _powerShell.Streams.Verbose = this.Verbose;
            _powerShell.Streams.Error = this.Error;
            _powerShell.Streams.Debug = this.Debug;
            _powerShell.Streams.Warning = this.Warning;
            _powerShell.Runspace.AvailabilityChanged +=
              new EventHandler<RunspaceAvailabilityEventArgs>(Runspace_AvailabilityChanged);

            int id = System.Threading.Interlocked.Add(ref InMemoryJobNumber, 1);
            if (!string.IsNullOrEmpty(name))
            {
                this.Name = name;
            }
            else
            {
                this.Name = "InProcessJob" + id;
            }
        }

        void Runspace_AvailabilityChanged(object sender, RunspaceAvailabilityEventArgs e)
        {
            if (e.RunspaceAvailability == RunspaceAvailability.Available)
            {
                this.SetJobState(JobState.Completed);
            }
        }

        PowerShell _powerShell;
        static int InMemoryJobNumber = 0;
```

```csharp
public override bool HasMoreData
{
    get {
        return (Output.Count > 0);
    }
}
public override string Location
{
    get { return "In Process"; }
}

public override string StatusMessage
{
    get { return "A new status message"; }
}

protected override void Dispose(bool disposing)
{
    if (disposing)
    {
        if (!isDisposed)
        {
            isDisposed = true;
            try
            {
                if (!IsFinishedState(JobStateInfo.State))
                {
                    StopJob();
                }

                foreach (Job job in ChildJobs)
                {
                    job.Dispose();
                }
            }
            finally
            {
                base.Dispose(disposing);
            }
        }
    }
}

private bool isDisposed = false;

internal bool IsFinishedState(JobState state)
{
    return (state == JobState.Completed || state == JobState.Failed || state ==
JobState.Stopped);
}

public override void StopJob()
{
    _powerShell.Stop();
    _powerShell.EndInvoke(_asyncResult);
    SetJobState(JobState.Stopped);
}
```

```
        public void Start()
        {
            _asyncResult = _powerShell.BeginInvoke<PSObject, PSObject>(null, Output);
            SetJobState(JobState.Running);
        }
        IAsyncResult _asyncResult;

        public void WaitJob()
        {
            _asyncResult.AsyncWaitHandle.WaitOne();
        }

        public void WaitJob(TimeSpan timeout)
        {
            _asyncResult.AsyncWaitHandle.WaitOne(timeout);
        }
    }

}
'@

Add-Type -TypeDefinition $code

function Start-JobInProcess
{
  [CmdletBinding()]
   param
   (
     [scriptblock] $ScriptBlock,

     $ArgumentList,

     [string] $Name
   )

   function Get-JobRepository
   {
     [cmdletbinding()]
     param()
     $pscmdlet.JobRepository
   }

   function Add-Job
   {
     [cmdletbinding()]
     param
     (
       $job
     )

     $pscmdlet.JobRepository.Add($job)
   }

   if ($ArgumentList)
   {
     $powershell = [powershell]::Create().AddScript($ScriptBlock).AddArgument($argumentlist)
     $MemoryJob = New-Object InProcess.InMemoryJob $powershell, $Name
```

```
  }
  else
  {
    $MemoryJob = New-Object InProcess.InMemoryJob $ScriptBlock, $Name
  }

  $MemoryJob.Start()
  Add-Job $MemoryJob
  $MemoryJob
}
```

Listing 24.7 Das Skript *Start-JobInProcess*

Worin die Unterschiede und Geschwindigkeitsvorteile von *Start-JobInProcess* gegenüber dem offiziellen *Start-Job* liegen, demonstriert ein kleines Testskript. Es erhebt zuerst Testdaten, nämlich alle DLL-Dateien im Windows-Ordner. Diese Testdaten werden dann zuerst an einen klassischen Hintergrundjob gegeben, danach an einen *InProcess*-Job. Beide führen diesen Code aus:

```
$code = {
  Get-Random -InputObject $args -Count $args.Count
}
```

Sie empfangen also dieselben Testdaten, die in *$args* übergeben werden, und geben sie danach in zufälliger Reihenfolge wieder zurück. Das sorgt dafür, dass nur der Overhead des Empfangens und Zurücksendens von Daten verglichen wird. Hier das Testskript:

```
Write-Warning 'Erhebe Beispiel-Daten. Das kann einige Minuten dauern...'
$data = Get-ChildItem $env:windir -Filter *.dll -Recurse -ErrorAction SilentlyContinue

# dieser Code wird von beiden Hintergrundjobs ausgeführt.
# er empfängt große Datenmengen und gibt diese wieder in zufälliger Reihenfolge zurück
# (Provokationstest):
$code = {
  Get-Random -InputObject $args -Count $args.Count
}

Write-Warning 'Messe klassischen Hintergrundjob...'

$dauer = Measure-Command {
  $job = Start-Job -ScriptBlock $code -ArgumentList $data
  Wait-Job $job
  $result = Receive-Job $job
  Remove-Job $job
}

'Klassischer Job: {0:N0} ms' -f $dauer.TotalMilliseconds
'Anzahl Ergebnisse: {0:N0}' -f $result.Count
'Datentypen:'
$result |
Get-Member |
Sort-Object -Property TypeName -Unique |
Select-Object -ExpandProperty TypeName

Write-Warning 'Messe InProcess-Job...'

$dauer = Measure-Command {
```

```
    $job = Start-JobInProcess -ScriptBlock $code -ArgumentList $data
    Wait-Job $job
    $result = Receive-Job $job
    Remove-Job $job
}

'InProcess-Job: {0:N0} ms' -f $dauer.TotalMilliseconds
'Anzahl Ergebnisse: {0:N0}' -f $result.Count
'Datentypen:'
$result |
Get-Member |
Sort-Object -Property TypeName -Unique |
Select-Object -ExpandProperty TypeName
```

Listing 24.8 Das Skript *job_overhead.ps1*

Das Ergebnis des Testlaufs ist überzeugend (Abbildung 24.7).

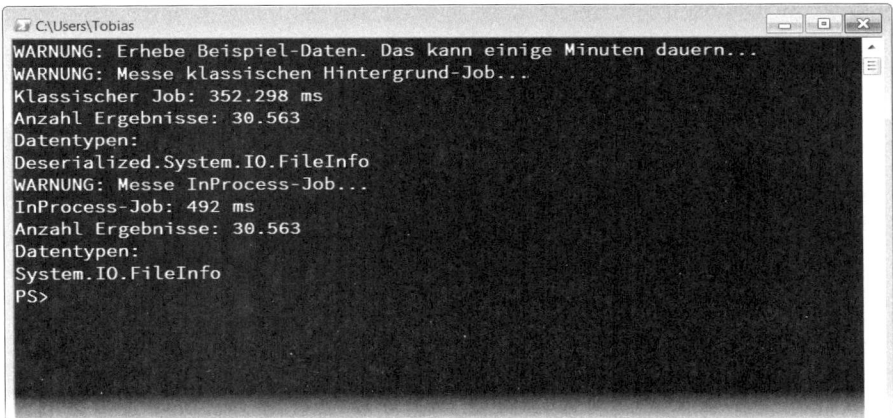

Abbildung 24.7 InProcess-Jobs sind bis zu 700 Mal schneller als klassische Hintergrundjobs

Der klassische Hintergrundjob hat mehr als 300 Sekunden benötigt, der *InProcess*-Job dagegen nur 492 Millisekunden. Er war also rund 700 Mal schneller. Es zeigt sich aber noch mehr: Weil die Ergebnisse vom klassischen Hintergrundjob serialisiert werden mussten, hat sich hier der Typ der Objekte von *System.IO.FileInfo* in *Deserialized.System.IO.FileInfo* geändert. Beim *InProcess*-Job bleibt der Objekttyp unverändert, und die Objekte behalten ihre volle Funktionalität einschließlich aller Methoden.

HINWEIS   Der Geschwindigkeitsvergleich ist etwas unfair, weil nur die Nachteile der klassischen Hintergrundjobs gewertet wurden. Normalerweise ergibt sich eine Mischkalkulation, denn üblicherweise leitet der Hintergrundjob ja nicht nur Daten weiter, sondern erhebt sie auch.

Testen Sie Ihr Wissen!

Haben Sie noch etwas Lust, ein paar Rätsel rund um Hintergrundjobs zu lösen?

Aufgabe   Schauen Sie sich einmal die folgende Ausgabe an. Es fehlt hier die *Command*-Spalte. Wie bekommt man die Spalte zurück?

```
PS> Get-Job

Id     Name          PSJobTypeName  State      HasMoreData     Location
--     ----          -------------  -----      -----------     --------
4      Job4          BackgroundJob  Failed     False           localhost
8      Job8          BackgroundJob  Completed  False           localhost
12     Job12         BackgroundJob  Failed     False           testserver
```

Lösung   Die fehlende Spalte ist nicht etwa eine Besonderheit der Hintergrundjobs. Der Grund dafür ist vielmehr, dass der horizontale Platz in der Konsole nicht ausreicht, um alle Spalten anzuzeigen. Entweder versuchen Sie zuerst, die Spaltenbreiten zu optimieren:

```
PS> Get-Job | Format-Table -AutoSize

Id Name  PSJobTypeName State     HasMoreData Location   Command
-- ----  ------------- -----     ----------- --------   -------
4  Job4  BackgroundJob Failed    False       localhost  Win32_BIOS -Computer...
8  Job8  BackgroundJob Completed False       localhost  Win32_BIOS -Computer...
12 Job12 BackgroundJob Failed    False       testserver dir
```

Oder Sie verbreitern Ihre Konsole über die Konsoleneigenschaften. Das können Sie entweder permanent im Konsolendialogfeld vornehmen (Kapitel 1) oder über PowerShell-Code. Die folgenden Zeilen erweitern die Konsole auf eine Breite von 120 Zeichen:

```
PS> $buffer = $Host.UI.RawUI.BufferSize
PS> $buffer.Width = 120
PS> $Host.UI.RawUI.BufferSize = $buffer
PS> $fenster = $Host.UI.RawUI.WindowSize
PS> $fenster.Width = $buffer.Width
PS> $Host.UI.RawUI.WindowSize = $fenster
PS> Get-Job

Id      Name        PSJobTypeName  State      HasMoreData    Location      Command
--      ----        -------------  -----      -----------    --------      -------
4       Job4        BackgroundJob  Failed     False          localhost     Get-WmiObject
Win32_B...
8       Job8        BackgroundJob  Completed  False          localhost     Get-WmiObject
Win32_B...
12      Job12       BackgroundJob  Failed     False          testserver    dir
```

Aufgabe   Wenn Sie neue Hintergrundjobs anlegen, erhalten diese automatisch eine eindeutige ID. Komischerweise erhöht PowerShell diese ID offenbar in Zweierschritten. Was ist der Grund dafür?

```
PS> Start-Job { dir }

Id      Name        PSJobTypeName  State      HasMoreData    Location
--      ----        -------------  -----      -----------    --------
2       Job2        BackgroundJob  Running    True           localhost
```

```
PS> Start-Job { Get-Process }

Id      Name          PSJobTypeName   State     HasMoreData   Location
--      ----          -------------   -----     -----------   --------
4       Job4          BackgroundJob   Running   True          localhost

PS> Invoke-Command { dir } -ComputerName testserver —AsJob

Id      Name          PSJobTypeName   State     HasMoreData   Location
--      ----          -------------   -----     -----------   --------
6       Job6          RemoteJob       Running   True          testserver

PS> Get-Job
Id      Name          PSJobTypeName   State       HasMoreData   Location
--      ----          -------------   -----       -----------   --------
2       Job2          BackgroundJob   Completed   True          localhost
4       Job4          BackgroundJob   Completed   True          localhost
6       Job6          RemoteJob       Completed   False         testserver
```

Lösung   Zu jedem Hintergrundjob gehört ein untergeordneter Job (Child Job), der die eigentliche Remotesitzung repräsentiert. *Get-Job* versteckt diese untergeordneten Jobs normalerweise. So werden alle Hintergrundjobs angezeigt:

```
PS> Get-Job * | Format-Table Id, Name, State, Location, ChildJobs

         Id Name        State       Location      ChildJobs
         -- ----        -----       --------      ---------
          2 Job2        Completed   localhost     {Job3}
          3 Job3        Completed   localhost     {}
          4 Job4        Completed   localhost     {Job5}
          5 Job5        Completed   localhost     {}
          6 Job6        Completed   testserver    {Job7}
          7 Job7        Completed   testserver    {}
```

Der untergeordnete Job liefert eine Referenz auf die Sitzung, in der dieser Job ausgeführt wird. Bei untergeordneten Jobs handelt es sich um einen anderen Objekttyp als bei Hintergrundjobs:

```
PS> Get-Job * | ForEach-Object { $_.GetType().FullName }
System.Management.Automation.PSRemotingJob
System.Management.Automation.PSRemotingChildJob
System.Management.Automation.PSRemotingJob
System.Management.Automation.PSRemotingChildJob
System.Management.Automation.PSRemotingJob
System.Management.Automation.PSRemotingChildJob
```

Der untergeordnete Job gibt Auskunft über die PowerShell-Sitzung, in welcher der Hintergrundjob ausgeführt wird:

```
PS> Get-Job * | Where-Object { $_.GetType().FullName -eq
'System.Management.Automation.PSRemotingChildJob' } | Select-Object -ExpandProperty Runspace
```

Zusammenfassung

Langwierige Aufgaben können mit *Start-Job* an eine separate PowerShell-Sitzung delegiert werden. Diese führt die Aufgabe dann im Hintergrund aus. Die Ergebnisse lassen sich mit *Receive-Job* zurück in Ihre Sitzung übertragen, sobald sie vorliegen. Dabei werden die Ergebnisobjekte ähnlich wie beim PowerShell-Remoting vorübergehend als XML serialisiert, sodass die empfangenen Objekte nur noch lesbar sind.

Hintergrundjobs können nicht nur dazu verwendet werden, um aufwändige Aufgaben in den Hintergrund zu verlagern. Aufgaben lassen sich durch Hintergrundjobs auch stark beschleunigen, indem man die einzelnen Aufgaben parallelisiert. Einige Cmdlets bieten zu diesem Zweck den Parameter *-AsJob*. Ein besonderes Cmdlet aus dieser Gruppe ist *Invoke-Command*, mit dem Sie im letzten Kapitel bereits Code remote ausgeführt haben. Zusammen mit dem Parameter *-AsJob* kann es Hintergrundjobs auf Remotesystemen einrichten. Schließlich können Hintergrundjobs auch zu Überwachungsaufgaben oder für die Ereignisverarbeitung genutzt werden. Wie dies geschieht, erfahren Sie im nächsten Kapitel.

Viele Nachteile klassischer Hintergrundjobs kann man umgehen, indem der Hintergrundjob nicht in einem separaten PowerShell-Prozess ausgeführt wird, sondern in einen Hintergrundthread innerhalb desselben PowerShell-Prozesses verlagert wird. Dies allerdings wird von PowerShell selbst nicht unterstützt, kann aber mit etwas Programmieraufwand nachgerüstet werden.

Kapitel 25

Ereignisverarbeitung

In diesem Kapitel:

Ereignisse (*Events*) sind besondere Vorkommnisse, die zu einem beliebigen Zeitpunkt passieren können. PowerShell kann auf solche Ereignisse zwar reagieren, aber PowerShell sind Grenzen auferlegt. Aus dem letzten Kapitel wissen Sie, dass PowerShell »single-threaded« ist, also immer nur eine Aufgabe nach der anderen bearbeiten kann. Um auf Events zu reagieren, die ja jederzeit eintreten können, wird deshalb automatisch eine Art »Minihintergrundjob« eingerichtet. Im Gegensatz zu klassischen Hintergrundjobs wird dieser aber innerhalb der aktuellen PowerShell-Sitzung angelegt und kann erst dann auf den Event reagieren, wenn PowerShell gerade sonst nichts zu tun hat. Die Ereignishandler (Event Handler) von PowerShell sind also nicht in der Lage, sofort und verzögerungsfrei auf Events zu reagieren. Damit daraus keine schwerwiegenden Verzögerungen entstehen, warten Events nicht auf die Reaktion.

Ereignisse verwenden

Objekte enthalten Eigenschaften (Informationen) und Methoden (Befehle) – das haben Sie in Kapitel 10 bereits erfahren. Tatsächlich aber können Objekte außerdem noch Events enthalten. Betrachten Sie dies einmal am *Timer*-Objekt von .NET Framework:

```
PS> $timer = New-Object Timers.Timer
PS> $timer | Get-Member -MemberType Event

    TypeName: System.Timers.Timer

Name      MemberType Definition
----      ---------- ----------
Disposed  Event      System.EventHandler Disposed(System.Object, System.EventArgs)
Elapsed   Event      System.Timers.ElapsedEventHandler Elapsed(System.Object, System.Timers...
```

Das *Timer*-Objekt weist zwei Events auf: *Disposed* und *Elapsed*. Das Ereignis *Elapsed* wird ausgelöst, wenn der Timer ähnlich einer Eieruhr in der Küche abgelaufen ist.

Ein Ereignis überwachen

Anders als die Eieruhr beginnt das *Timer*-Objekt also nach Ablauf der eingestellten Zeit nicht von selbst, Alarm zu schlagen, sondern sendet einen Event aus (man bezeichnet dies als Auslösen des Events). Wer auf ihn reagiert und was dann passiert, ist dem Timer egal. Damit tatsächlich etwas geschieht, wenn der Timer abläuft, müssen Sie das Ereignis überwachen und reagieren, wenn es auslöst. Dies geschieht mit dem Cmdlet *Register-ObjectEvent*:

```
PS> $job = Register-ObjectEvent $timer -EventName Elapsed -Action { Write-Host 'Eieruhr
abgelaufen!' }
PS> $job

Id    Name          PSJobTypeName   State        HasMoreData   Location
--    ----          -------------   -----        -----------   --------
8     e7e3fefa-b8e...              NotStarted   False
```

Wie sich herausstellt, produziert *Register-ObjectEvent* einen Hintergrundjob, der allerdings anders als normale Hintergrundjobs nicht in einem separaten PowerShell-Prozess läuft, sondern sich den Prozess mit PowerShell nur teilt. Die Aufgabe des Hintergrundjobs ist es nun, auf das Ereignis zu warten, und wenn es eintritt, den hinterlegten PowerShell-Code auszuführen. Um das in Aktion zu erleben, stellen Sie als Nächstes die Zeit des Timers ein und starten ihn:

```
PS> $timer.Interval = 5000
PS> $timer.Enabled = $true
PS> Eieruhr abgelaufen!
Eieruhr abgelaufen!
Eieruhr abgelaufen!
$tEieruhr abgelaufen!                                                        $t
imer.Enabled Eieruhr abgelaufen!
= $false
```

Ab sofort beginnt der Timer, alle fünf Sekunden auszulösen, und schreibt einen Text in die Konsole. Um den Timer wieder abzuschalten, stellen Sie dessen Eigenschaft *Enabled* zurück auf *$false*. Wie Sie sehen, kann das eine kleinere Herausforderung werden, weil der Timer währenddessen ständig weiter Ausgaben in die Konsole schreibt.

> **HINWEIS** Wäre der Eventhandler in einem echten Hintergrundjob untergebracht, könnte er diese Meldungen gar nicht ausgeben, denn er hätte keine Möglichkeit, mit *Write-Host* in die Konsole zu schreiben. Das hat allerdings auch größere Nachteile: Solange PowerShell mit anderen Dingen beschäftigt ist, wird der Eventhandler auf Eis gelegt und kann nicht reagieren. Der folgende Code gibt alle zwei Sekunden einen Signalton aus (schalten Sie Ihren Lautsprecher ein):

```
$timer = New-Object Timers.Timer
$job = Register-ObjectEvent $timer -EventName Elapsed -Action { [System.Console]::Beep(1000,500) }
$timer.Interval = 2000
$timer.Enabled = $true
```

Listing 25.1 Das Skript *beep.ps1*

Allerdings nur, solange PowerShell sonst nichts zu tun hat. Sobald Sie PowerShell eine andere Aufgabe geben, schweigt der Lautsprecher:

```
PS> Start-Sleep -Seconds 10
```

Nach Ablauf der zehn Sekunden ertönt dafür eine Weile lang ein regelrechtes Signaltongewitter, denn die ausgefallenen Events wurden in Wirklichkeit nur verschoben und werden jetzt nachgeholt.

Ereignisüberwachung wieder abschalten

Möchten Sie die Ereignisüberwachung wieder abschalten, genügt es nicht, einfach den zugehörigen Hintergrundjob mit *Remove-Job* zu entfernen. Zuerst muss der Hintergrundjob mit *Unregister-Event* deaktiviert werden. Alle laufenden Hintergrundjobs, die Ereignisse überwachen, erhalten Sie folgendermaßen:

```
PS> Get-Job | Where-Object { $_.GetType().Name -eq 'PSEventJob' } | Select-Object Id, Name, Command

 Id Name                           Command
 -- ----                           -------
202 51485628-9b9e-4de3-aa6c-78c... Write-Host 'Eieruhr abgela...
```

PROFITIPP   Das Cmdlet *Get-EventSubscriber* listet alle Ereignisse auf, die Sie gerade überwachen:

```
PS> Get-EventSubscriber

SubscriptionId   : 3
SourceObject     : System.Timers.Timer
EventName        : Elapsed
SourceIdentifier : 51485628-9b9e-4de3-aa6c-78c712e23079
Action           : System.Management.Automation.PSEventJob
HandlerDelegate  :
SupportEvent     : False
ForwardEvent     : False
```

Unter Angabe des kryptischen Namens wird die Ereignisüberwachung abgeschaltet, wobei Platzhalterzeichen erlaubt sind:

```
PS> Unregister-Event 51485628*
```

Danach kann der Hintergrundjob unter Angabe seiner ID wieder entfernt werden:

```
PS> Remove-Job 202
```

Auf Events warten

Falls Ihnen das asynchrone Eventhandling etwas zu kompliziert ist, können Sie auch nur auf Events warten. Weil Ihre PowerShell-Sitzung dabei blockiert und in dieser Zeit nichts anderes unternehmen kann, sind für diese simple Form der Überwachung auch keine Hintergrundjobs nötig. Der folgende Code wartet mit *Wait-Event* beispielsweise auf den *Elapsed*-Event des Timers:

```
PS> $timer = New-Object Timers.Timer
PS> Register-ObjectEvent $timer Elapsed -SourceIdentifier Timer.Elapsed
PS> Get-EventSubscriber

SubscriptionId   : 26
SourceObject     : System.Timers.Timer
EventName        : Elapsed
SourceIdentifier : Timer.Elapsed
Action           :
HandlerDelegate  :
SupportEvent     : False
ForwardEvent     : False

PS> $timer.Interval = 5000
PS> $timer.Autoreset = $false
PS> $timer.Enabled = $true
PS> Wait-Event Timer.Elapsed

ComputerName     :
RunspaceId       : 91e6ef97-4396-4f7b-9946-c7652f699907
EventIdentifier  : 116
Sender           : System.Timers.Timer
SourceEventArgs  : System.Timers.ElapsedEventArgs
SourceArgs       : {System.Timers.Timer, System.Timers.ElapsedEventArgs}
SourceIdentifier : Timer.Elapsed
```

```
TimeGenerated    : 11.12.2012 11:59:07
MessageData      :

PS> Unregister-Event Timer.Elapsed
```

Meistens allerdings ist die synchrone Überwachung von Events nicht besonders hilfreich. In diesem Beispiel hätten Sie außerdem ebenso gut *Start-Sleep* einsetzen können.

Hintergrundjobs überwachen

Interessanterweise kann man Hintergrundjobs mit der Ereignisüberwachung überwachen. Ein Hintergrundjob überwacht dabei also quasi einen anderen Hintergrundjob und meldet dessen Ergebnisse zurück, sobald der Job seine Arbeit erledigt hat.

Manuelle Überwachung

Schauen Sie sich das wieder an einem Beispiel an. Dabei soll ein Hintergrundjob auf einem Remotesystem ausgeführt werden und dort alle Protokolldateien im Windows-Ordner finden, was eine Weile dauern kann. Normalerweise müssten Sie also selbst von Zeit zu Zeit mit *Get-Job* prüfen, ob der Job seine Arbeit erledigt hat, und dann mit *Receive-Job* die Ergebnisse abrufen. Das ist relativ lästig:

```
# Remotehintergrundjob starten:
PS> $job = Invoke-Command -Computer storage1 { dir $env:windir *.log -Recurse -ea 0 } -AsJob

# prüfen, ob der Job erledigt ist:
PS> $job

Id   Name      PSJobTypeName   State     HasMoreData   Location
--   ----      -------------   -----     -----------   --------
2    Job2      RemoteJob       Running   True          storage1

# wenn erledigt, Ergebnisse abrufen:
PS> $job

Id   Name      PSJobTypeName   State       HasMoreData   Location
--   ----      -------------   -----       -----------   --------
2    Job2      RemoteJob       Completed   True          storage1

PS> Receive-Job 2

    Verzeichnis: C:\WINDOWS

Mode            LastWriteTime      Length Name            PSComputerName
----            -------------      ------ ----            --------------
-a---      11.03.2010    03:05          0 0.log           storage1
-a---      11.03.2010    03:00     160292 aspnetocm.log   storage1
-a---      11.03.2010    03:00     204129 certocm.log     storage1
(...)

PS> Remove-Job 2
```

Automatische Überwachung

Wenn Sie sich das Jobobjekt mit *Get-Member* näher ansehen, werden Sie entdecken, dass es ein Ereignis namens *StateChanged* enthält:

```
PS> $job | Get-Member -MemberType Event

   ⁻ypeName: System.Management.Automation.PSRemotingJob

Name              MemberType Definition
----              ---------- ----------
StateChanged Event           System.EventHandler`1[System.Management.Automation.J...
```

Dieses Ereignis wird immer dann ausgelöst, wenn sich der Zustand des Hintergrundjobs ändert, wenn er also beispielsweise von *Running* auf *Completed* wechselt. Sie können damit den Hintergrundjob automatisch überwachen lassen, um benachrichtigt zu werden, sobald er seine Arbeit erledigt hat, anstatt ständig selbst nachfragen zu müssen:

```
PS> $job = Invoke-Command -Computer storage1 { dir $env:windir *.log -Recurse -ea 0 } -AsJob
PS> Register-ObjectEvent $job -EventName StateChanged -SourceIdentifier JobEnd -Action {
  if($job.State -eq "Completed")
    {
      Write-Host 'Hintergrundjob ist fertig!' -Back 'White' -Fore 'Red'
      Unregister-Event -SourceIdentifier JobEnd
      Remove-Job -Name JobEnd
    }
} | Out-Null
```

Wenn Sie diesen Code starten, wird erneut der Remotehintergrundjob gestartet, diesmal aber zusätzlich eine Überwachung eingerichtet. Sobald der Hintergrundjob abgearbeitet ist, erscheint diesmal eine Hinweismeldung direkt in Ihrer Konsole:

```
PS> Hintergrundjob ist fertig!
```

Die Überwachung vollbringt aber noch mehr. Mit *Unregister-Event* entfernt sie die Überwachung automatisch wieder und schließt mit *Remove-Job* auch den Überwachungshintergrundjob ab. Anders als in den vorangegangenen Beispielen muss dazu diesmal nicht die kryptische Kennziffer angegeben werden, weil der Überwachungsjob mit dem Parameter *-SourceIdentifier* einen besser zu merkenden eigenen Namen erhalten hat. Jetzt brauchen Sie nur noch die Ergebnisse des Hintergrundjobs abzurufen und den Job danach zu entfernen. Aber auch das lässt sich automatisieren. Das nächste Beispiel gibt anstelle eines Hinweises die Ergebnisse direkt in die Konsole aus und schließt danach den Hintergrundjob ab:

```
$job = Invoke-Command -Computer storage1 { dir $env:windir *.log -Recurse -ea 0 } -AsJob
Register-ObjectEvent $job -EventName StateChanged -SourceIdentifier JobEnd -Action {
  if($job.State -eq "Completed")
    {
      Write-Host 'Hintergrundjob ist fertig!' -Back 'White' -Fore 'Red'
      Write-Host "$(Receive-Job $job | Out-String)"
      Unregister-Event -SourceIdentifier JobEnd
      Remove-Job -Name JobEnd
      Remove-Job $job
    }
} | Out-Null
```

Es funktioniert: Sobald der Hintergrundjob alle Ergebnisse gesammelt hat, werden diese in die Konsole ausgegeben. Alle daran beteiligten Hintergrundjobs werden automatisch entfernt:

```
PS> Get-Job
PS>
```

ACHTUNG Weil der Überwachungscode eigentlich in einer anderen Sitzung ausgeführt wird, hat er keine Möglichkeit, die Ergebnisse des Hintergrundjobs als echte Objekte in Ihre eigene Sitzung zu schreiben. Er kann mit *Write-Host* nur Text ausgeben und muss die Objekte dazu in Text konvertieren. Sind Sie also an den echten Objekten interessiert, sollten Sie die Variante mit der Benachrichtigung einsetzen und die Ergebnisse dann selbst mit *Receive-Job* empfangen.

Ordner überwachen

Wie flexibel die Ereignisüberwachung ist, zeigt sich am nächsten Beispiel. Hier wird ein *FileSystem-Watcher*-Objekt eingesetzt, das automatisch Ereignisse auslöst, wenn sich der Inhalt eines Ordners ändert. Das Beispiel definiert die Befehle *Monitor-Folder*, mit dem die Überwachung eines Ordners aktiviert wird, und *Unmonitor-Folder*, mit dem sie wieder abgeschaltet wird. Beide Funktionen nutzen die neuen Erkenntnisse der vorangegangenen Abschnitte. Wirklich neu ist nur das *System.IO.FileSystemWatcher*-Objekt:

```
function Monitor-Folder {
    param([string]$folder)

    $fsw = New-Object System.IO.FileSystemWatcher
    $fsw.Path = $folder

    $global:folderchange = @()

    $action = {
        [System.Console]::Beep(440,100)
$info = @{}
$info.Path = $eventArgs.FullPath
$info.Type = $eventArgs.ChangeType
$info.Timestamp = (Get-Date)
$global:folderchange += (New-Object PSObject -Property $info)
    }

    Register-ObjectEvent $fsw -EventName Created -Action $action -SourceIdentifier Watch1 | Out-Null
    Register-ObjectEvent $fsw -EventName Changed -Action $action -SourceIdentifier Watch2 | Out-Null
    Register-ObjectEvent $fsw -EventName Deleted -Action $action -SourceIdentifier Watch3 | Out-Null
}

function Unmonitor-Folder {
  Unregister-Event Watch*
  Remove-Job -Name Watch*
}
```

Um den Inhalt Ihres Benutzerprofils zu überwachen, geben Sie beispielsweise diesen Befehl ein:

```
PS> Monitor-Folder $HOME
```

Sobald der Inhalt des Ordners geändert wird, hören Sie für jede Änderung einen dezenten Signalton. In der Variablen *$folderchange* können Sie dann nachschauen, was genau geschehen ist:

```
PS> Monitor-Folder $HOME
PS> "Hallo" > $HOME\test.txt
PS> del $HOME\test.txt
PS> $folderchange


Timestamp                       Path                                        Type
---------                       ----                                        ----
11.03.2010 11:48:39             C:\Users\w7-pc9\test.txt                    Changed
11.03.2010 11:48:39             C:\Users\w7-pc9\test.txt                    Changed
11.03.2010 11:48:44             C:\Users\w7-pc9\test.txt                    Deleted
11.03.2010 11:48:44             C:\Users\w7-pc9\ntuser.dat....              Changed
11.03.2010 11:48:44             C:\Users\w7-pc9\NTUSER.DAT                  Changed
11.03.2010 11:48:44             C:\Users\w7-pc9\NTUSER.DAT                  Changed
11.03.2010 11:48:45             C:\Users\w7-pc9\NTUSER.DAT                  Changed


PS> Unmonitor-Folder
```

HINWEIS   Dieses einfache Beispiel kann immer nur einen Ordner überwachen, weil es intern feste Namen für die Ereignishandler vergibt. Wenn Sie Dateien überwachen, kann es passieren, dass Änderungen an der Datei nicht oder erst mit großer Verzögerung ein entsprechendes Ereignis auslösen. Schuld daran ist nicht PowerShell, sondern die Art, wie Windows diese Dateiänderungen registriert. Je nach Laufwerk, auf dem sich die Datei befindet, und den Caching-Einstellungen kann es zu diesem Phänomen kommen oder auch nicht.

Ein Workaround für dieses Problem ist aber ebenfalls bekannt: Sobald Sie die Eigenschaften einer Datei lesen (nicht den Inhalt), bemerkt Windows sofort Änderungen an der Datei und löst die entsprechenden Ereignisse aus. Für eine zuverlässige und zeitnahe Überwachung einer einzelnen Datei würde es zum Beispiel genügen, die Datei in einem weiteren Hintergrundjob in Intervallen von einigen Sekunden mit *Get-Item* anzustoßen.

Aufgaben regelmäßig durchführen

Möchten Sie bestimmte Aktionen in regelmäßigen Abständen automatisch ausführen, können Sie dazu ganz einfach eine Schleife und eine Verzögerung mit *Start-Sleep* verwenden. Der folgende Code erzeugt beispielsweise alle drei Sekunden einen Signalton (und könnte selbstverständlich alternativ auch sinnvolle Aufgaben erledigen):

```
While ($true) {
  [System.Console]::Beep(500,100)
  Start-Sleep -Seconds 3
}
```

Allerdings generiert PowerShell jetzt wirklich nur noch Signaltöne und verrichtet sonst rein gar nichts. Mit der asynchronen Ereignisüberwachung lässt sich die Aufgabe dagegen auch galant im Hintergrund ausführen. Die beiden folgenden Funktionen *Do-Every* und *Clean-Every* helfen dabei:

```
function Do-Every
{
  param([int] $seconds,[scriptblock] $action )
  $timer = New-Object System.Timers.Timer
```

```
   $timer.Interval = $seconds * 1000
   $timer.Enabled = $true
   Register-ObjectEvent $timer "Elapsed" -SourceIdentifier 'DoEvery' -Action $action
}

function Clean-Every
{
  Unregister-Event DoEvery
  Remove-Job -name DoEvery
}
```

Mit *Do-Every* beauftragen Sie PowerShell, Code regelmäßig im Hintergrund auszuführen:

```
PS> $action = { [System.Console]::Beep(1000,300) }
PS> Do-Every 3 $action
PS> Get-Job

Id     Name           PSJobTypeName   State    HasMoreData   Location
--     ----           -------------   -----    -----------   --------
8      DoEvery                        Running  True
```

Mit *Clean-Every* wird der Hintergrundcode wieder abgeschaltet:

```
PS> Clean-Every
```

HINWEIS   Ob das *Timer*-Objekt und seine Events wirklich optimal dafür geeignet sind, Aufgaben regelmäßig im Hintergrund durchzuführen, darf indes bezweifelt werden, denn Sie haben bereits gesehen, dass die Aufgaben verschoben werden, falls PowerShell gerade beschäftigt ist. Ein besserer Weg hierfür sind sicher zusätzliche Hintergrundthreads, die Sie im letzten Kapitel bereits zur zuverlässigen Hintergrundüberwachung eingesetzt haben. Weil hierbei die Aufgaben wirklich parallel ausgeführt werden, spielt es keine Rolle mehr, ob PowerShell im Vordergrund anderweitig Aufgaben durchführt oder nicht.

WMI-Ereignisse empfangen

Die *Windows-Verwaltungsinstrumentation* (*Windows Management Instrumentation, WMI*) kann Ereignisse auslösen, die über *Register-WmiEvent* empfangen und ausgewertet werden. Beispielsweise ist WMI in der Lage, Ereignisse zu senden, wenn Instanzen neu angelegt, geändert oder entfernt werden. Möchten Sie zum Beispiel darüber informiert werden, sobald ein neues Programm gestartet wird, dann müssen Sie lediglich den Namen der WMI-Klasse kennen, die Programme repräsentiert: *Win32_Process*. Anschließend formulieren Sie eine Überwachungsabfrage:

```
PS> $query = "SELECT * FROM __InstanceCreationEvent WITHIN 2 WHERE TargetInstance ISA
'Win32_Process'"
```

Anschließend übergeben Sie diese Abfrage an *Register-WmiEvent* und legen fest, was beim Auslösen des Ereignisses geschehen soll:

```
PS> Register-WmiEvent -Query $query -Action { Write-Host 'Ein Programm wurde gestartet!'} `
-SourceIdentifier WMI1
```

Sobald Sie nun ein (beliebiges) Programm starten, gibt PowerShell eine Meldung aus. Die Überwachung schalten Sie wieder durch Entfernen des Ereignishandlers und des Hintergrundjobs aus:

```
PS> Unregister-Event WMI1
PS> Remove-Job -Name WMI1
```

Details zum Event erfahren

Das Beispiel von eben funktionierte zwar bereits einwandfrei, verriet aber nicht, welches Programm denn nun genau gestartet wurde. Die Begleitinformationen zu einem Ereignis stehen innerhalb des Skriptblocks, den Sie dem Parameter *-Action* übergeben, in der vordefinierten Variable *$Event*, die in der Eigenschaft *SourceEventArgs* und *NewEvent* die Informationen zurückliefert. Damit können Sie Ihren Ereignishandler etwas cleverer machen:

```
Register-WmiEvent -Query $query -Action { Write-Host "Ein Programm wurde gestartet:
$($Event.SourceEventArgs.NewEvent.TargetInstance.Name)"} -SourceIdentifier WMI1
```

Dieser Handler meldet nun nicht nur, dass ein Programm gestartet wurde, sondern auch, welches. Dabei steht in *$Event.SourceEventArgs.NewEvent.TargetInstance* immer die Instanz des WMI-Objekts zur Verfügung, das ein Ereignis ausgelöst hat, also in diesem Fall ein *Win32_Process*-Objekt. In dessen *Name*-Eigenschaft findet sich der Name des Programms. Möchten Sie lieber alle Informationen über das auslösende Objekt sehen, gehen Sie so vor:

```
PS> Register-WmiEvent -Query $query -Action { Write-Host "Ein Programm wurde gestartet:
$($Event.sourceeventargs.NewEvent.TargetInstance | Select-Object * | Out-String)"}
-SourceIdentifier WMI1
PS> notepad
PS> Ein Programm wurde gestartet:

__GENUS                    : 2
__CLASS                    : Win32_Process
(…)
Caption                    : notepad.exe
CommandLine                : "C:\Windows\system32\notepad.exe"
CreationClassName          : Win32_Process
CreationDate               : 20100311130014.304533+060
CSCreationClassName        : Win32_ComputerSystem
CSName                     : DEMO5
Description                : notepad.exe
ExecutablePath             : C:\Windows\system32\notepad.exe
ExecutionState             :
(…)
WindowsVersion             : 6.1.7600
WorkingSetSize             : 6017024
WriteOperationCount        : 0
WriteTransferCount         : 0
(…)
```

Systemänderungen erkennen

Im letzten Beispiel wurden mit *__InstanceCreationEvent* neu hinzugekommene WMI-Objekte erkannt, beispielsweise neue Prozesse. Wollen Sie benachrichtigt werden, wenn Objekte entfernt werden, verwenden Sie dagegen *__InstanceDeletionEvent*. Was aber, wenn Sie Änderungen an Objekteinstellungen erkennen wollen? Vielleicht möchten Sie wissen, ob ein Dienst von *Start* auf *Stop* oder umgekehrt umgestellt wurde. Da der Dienst vorher und nachher weiterhin vorhanden ist, kommt hier ein *__InstanceModificationEvent* zum Zuge:

```
PS> $query = "SELECT * FROM __InstanceModificationEvent WITHIN 2 WHERE TargetInstance ISA
'Win32_Service'"
PS> Register-WmiEvent -Query $query -Action {
$vorher = $event.SourceEventArgs.NewEvent.PreviousInstance
$nachher = $event.SourceEventArgs.NewEvent.TargetInstance
$difference = $vorher |
  Get-Member -MemberType *property  |
  Select-Object -ExpandProperty Name |
  Where-Object { -not $_.StartsWith('__')} |
  Where-Object { $vorher.$_ -ne $nachher.$_ } |
  ForEach-Object { "$_" }
Write-Host "DIENSTÄNDERUNG $($vorher.Caption)" -Fore 'Blue' -Back 'White'
Write-Host ($vorher, $nachher | Select-Object -Property $difference | Out-String)
Write-Host (Prompt) -NoNewline
} -SourceIdentifier WMI2
```

Ändert sich nun der Zustand eines Diensts, liefert der Ereignishandler nicht nur eine Meldung, sondern zeigt auch genau, welche Einstellungen des Diensts sich geändert haben:

```
PS> Stop-Service wscsvc
PS> DIENSTÄNDERUNG Sicherheitscenter


       AcceptStop           ProcessId           Started State
       ----------           ---------           ------- -----
             True                 388              True Running
            False                   0             False Stopped

PS> Start-Service wscsvc
PS> DIENSTÄNDERUNG Sicherheitscenter


       AcceptStop           ProcessId           Started State
       ----------           ---------           ------- -----
            False                   0             False Stopped
             True                 388              True Running
```

PROFITIPP   Da Ereignishandler ihre Ergebnisse mit *Write-Host* direkt in die Konsole schreiben, führt das normalerweise dazu, dass anschließend der Eingabeprompt verschwunden ist. Fügen Sie die folgende Zeile ans Ende Ihres Ereignishandlers – so wie im letzten Beispiel – dann wird der Prompt restauriert:

```
Write-Host (Prompt) -NoNewline
```

Eigene Ereignisse auslösen

Bisher haben Sie stets auf Ereignisse reagiert, die andere auslösten. Aber auch Ihre eigenen Skripts und Funktionen dürfen mit *New-Event* Ereignisse generieren. Diese Ereignisse können dann in anderen Sitzungen empfangen und behandelt werden. Im einfachsten Fall benötigen Sie dazu einen Ereignishandler, der auf Ihre eigenen Ereignisse lauert, und *New-Event*, um neue Ereignisse auszulösen. Die folgende Zeile legt einen Ereignishandler an, der auf Ereignisse namens *myEvent* reagiert und dann das Wort *Hello* in die Konsole ausgibt:

```
PS> Register-EngineEvent -SourceIdentifier myEvent -Action { Write-Host 'Hello'}
```

Id	Name	PSJobTypeName	State	HasMoreData	Location
3	myEvent		NotStarted	False	

Sobald Sie nun das Ereignis auslösen, schreibt PowerShell das Wort in die Konsole:

```
PS> New-Event myEvent | Out-Null
Hello
```

Automatische Variablenüberwachung einrichten

Wie könnten Sie sich in Kenntnis setzen lassen, wenn sich der Inhalt einer Variablen ändert? Ein entsprechendes Ereignis gibt es nicht. Noch nicht jedenfalls. Im Folgenden soll betrachtet werden, wie sich ein entsprechendes Ereignis generieren ließe: Wann immer einer Variablen ein Wert zugewiesen wird, kann ein sogenannter Validator prüfen, ob der Wert für diese Variable geeignet ist. So etwas geschieht normalerweise unsichtbar hinter den Kulissen, aber Sie können sich diesen Mechanismus zunutze machen.

Dazu wird der Variablen, die Sie überwachen wollen, ein eigener Validator hinzugefügt. Normalerweise ist seine Aufgabe nur, die geplante Zuweisung zu überprüfen, aber weil Sie in diesem Fall wissen, dass der Inhalt der Variable geändert werden soll, können Sie damit natürlich auch Warnungen ausgeben:

```
PS> $test = 1
PS> (Get-Variable test).Attributes.Add((New-Object
System.Management.Automation.ValidateScriptAttribute { $true; Write-Host 'Variable hat sich
geändert!' }))
Variable hat sich geändert!

PS> $test = 2
Variable hat sich geändert!

PS> $test = 5
Variable hat sich geändert!
```

Sie erhalten jetzt bei jeder Variablenzuweisung an die überwachte Variable eine Meldung. Anstatt dieser Meldung könnten Sie aber natürlich mit *New-Event* auch ein Ereignis auslösen und dann wie auf jedes andere Ereignis darauf reagieren. Die folgenden Zeilen implementieren einen Ereignishandler, der auf Ereignisse mit Namen *VariableChange* reagiert, sowie eine Funktion namens *Monitor-Variable*, mit der man Variablen eine Überwachung hinzufügt, die bei Variablenzuweisungen ein Ereignis vom Typ *VariableChange* auslöst:

```
Register-EngineEvent -SourceIdentifier VariableChange -Action { Write-Host ($event.MessageData)
-Fore 'DarkGreen' -Back 'White'} | Out-Null

function Monitor-Variable($variablename) {
  $action = '$true; New-Event -SourceIdentifier VariableChange -MessageData "Neuer Wert $_  für
Variable {0}"' -f $variablename
  (Get-Variable $variablename).Attributes.Add((New-Object
System.Management.Automation.ValidateScriptAttribute ([scriptblock]::Create($action))))
}
```

Ab sofort können Variablen überwacht werden:

```
PS> $wert = 100
PS> Monitor-Variable wert
Neuer Wert 100 für Variable wert

PS> $wert = 200
Neuer Wert 200 für Variable wert

PS> $wert = 500
Neuer Wert 500 für Variable wert
```

Zusammenfassung

Objekte enthalten nicht nur Eigenschaften und Methoden, sondern können auch Ereignisse auslösen. PowerShell kann diese Ereignisse mit *Register-ObjectEvent* überwachen und dann bei Eintreten des Ereignisses Aktionen auslösen. Entweder wartet man mit *Wait-Event* synchron auf den Eintritt des Ereignisses. PowerShell ist dann so lange blockiert, bis das Ereignis eintritt. Oder man greift zur asynchronen Überwachung, indem man mit dem Parameter *-Action* eine Aktion definiert, die dann als Hintergrundjob ausgeführt wird.

Neben den allgemeinen Ereignissen normaler .NET-Objekte gibt es zwei weitere Ereignistypen, auf welche PowerShell reagieren kann: Mit *Register-WmiEvent* überwacht sie spezielle WMI-Ereignisse, die vom WMI-Dienst ausgelöst werden. Mit *Register-EngineEvent* werden Ereignisse überwacht, welche PowerShell selbst auslöst. In aller Regel handelt es sich hierbei um Ereignisse, die ein Skript mit *New-Event* ausgelöst hat.

Kapitel 26

Workflows

Workflows sind neu in PowerShell 3.0 und bilden die Plattform für PowerShell, wenn es für äußerst robuste und langfristig laufende, universelle Aufgaben eingesetzt werden soll, die sich möglicherweise noch dazu zwischen vielen verschiedenen Computern abspielen.

Robust heißt hierbei, dass ein Workflow im Falle eines Fehlers gefahrlos unterbrochen und zu einem späteren Zeitpunkt wieder aufgenommen werden kann. Dazu zählen Aufgaben, die über Neustarts hinweg fortgesetzt werden müssen, beispielsweise bei Installationen, aber auch ungeplante Netzwerkunterbrechungen oder andere Situationen, die eine Fortführung der Aufgabe augenblicklich unmöglich machen.

Langfristig heißt, dass die Aufgabe nicht in wenigen Sekunden erledigt und damit potenziell störanfällig für Unterbrechungen ist. Es bedeutet auch, dass die Aufgabe nicht auf einen Computer festgelegt sein darf oder ihn langfristig blockiert. Stattdessen muss die Aufgabe im Hintergrund laufen, von beliebigen Orten gesteuert werden und geeignete Aufgabenteile parallel ausgeführt werden können.

Universell bedeutet, dass ein Workflow seine Arbeit auf alle dafür notwendigen Computer gleichzeitig verteilen kann. Ein Workflow kann aus bestimmten Teilaufgaben bestehen, die alle gleichzeitig, aber auf verschiedenen Servern ausgeführt werden, um gemeinsam die Aufgabe zu lösen.

Sie werden in diesem Kapitel anhand vieler Beispiele einen ersten Eindruck davon bekommen, wie PowerShell diese Versprechen umsetzt. Vielleicht werden Sie auch das Gefühl bekommen, dass Workflows den bekannten PowerShell-Funktionen ganz ähnlich erscheinen. Das aber wäre eine Illusion – und zwar eine erwünschte.

Workflows sind keine proprietäre PowerShell-Technik, sondern basieren auf der *Windows Workflow Foundation*-Engine. PowerShell hilft lediglich dabei, Workflow-Aktivitäten zu definieren, und versucht dabei natürlich, bestehendes Wissen zu recyceln. Deshalb lassen sich so viele vorhandene PowerShell-Kenntnisse direkt auf Workflows anwenden. So gelingt es PowerShell 3.0, aus relativ harmlos wirkendem PowerShell-Code vollwertige Workflow-Aktivitäten zu generieren. Entsprechend funktionieren Aktivitäten, die mit externen Tools und Anwendungen für diese Engine geschrieben wurden, auch in PowerShell-Workflows – und umgekehrt.

Zur Definition von Workflows stellt PowerShell das Schlüsselwort *workflow* zur Verfügung, das zumindest auf den ersten Blick wie *function* verwendet wird. Auf die doch gewaltigen Unterschiede wird an geeigneter Stelle noch näher eingegangen.

HINWEIS   Workflows sind für Aufgaben gedacht, die die besonderen Vorzüge der Workflows auch benötigen. Sie sind kein Ersatz oder gar die Weiterentwicklung normaler PowerShell-Funktionen.

Parallelverarbeitung mit Workflows

Workflows sollen komplexe und langwierige Aufgaben möglichst schnell lösen. Deshalb sind sie in der Lage, geeignete Aufgaben parallel zu bearbeiten, um Zeit zu sparen. Dazu haben Sie zwei Möglichkeiten:

- Verwenden Sie im Workflow das Schlüsselwort *parallel*, wenn von vornherein feststeht, welche Aufgaben parallel ausgeführt werden sollen

■ Oder nutzen Sie eine klassische *foreach*-Schleife mit dem Parameter *-parallel*, wenn die Schleife alle Elemente gleichzeitig bearbeiten soll

Das Schlüsselwort »parallel«

Der Skriptblock *parallel* führt alle darin vorkommenden Befehle nicht wie bei einer Funktion nacheinander, sondern gleichzeitig aus. Das funktioniert indes nur, wenn die Befehle tatsächlich unabhängig voneinander sind.

Bauen Befehle aufeinander auf – möchten Sie zum Beispiel zuerst eine Protokolldatei einlesen und danach im zweiten Schritt Informationen darin herausfiltern –, setzen Sie das Schlüsselwort *sequence* ein. Die Befehle innerhalb dieses Bereichs werden dann *sequenziell*, das heißt nacheinander ausgeführt, die gesamte Sequenz aber parallel zu den übrigen Befehlen und Sequenzen. Der Workflow *Test-ParallelWorkflow* verdeutlicht dies:

```
workflow Test-ParallelWorkflow
{
  parallel
  {
    Get-Process
    Start-Sleep -Seconds 2
    Start-Sleep -Seconds 4
    Get-EventLog -LogName System -EntryType Error

    sequence
    {
      $data = Get-Content -Path $env:windir\windowsupdate.log -ReadCount 0
      $data -like '*successfully installed*'
    }
  }
}
```

Listing 26.1 Das Skript *Test-ParallelWorkflowDirect.ps1*

Wenn Sie diesen Workflow mit *Test-ParallelWorkflow* starten, sollte die gesamte Ausführung kaum mehr als 4 Sekunden dauern, obwohl allein die beiden *Start-Sleep*-Anweisungen bei einer sequenziellen Ausführung 6 Sekunden benötigt hätten. Allerdings liefert der Workflow seine Ergebnisse in bunter Reihenfolge gemischt, entsprechend so, wie sie von den einzelnen parallel ausgeführten Befehle erzeugt werden.

Damit die Befehle innerhalb eines *parallel*-Blocks Ergebnisse in geregelter Form nach außen geben können, können sie in Variablen gespeichert und dann nacheinander zur Ausgabe gebracht werden. Allerdings haben Befehle im *parallel*-Block normalerweise keinen Zugriff auf Variablen innerhalb des Workflows. Um »Workflow-globale« Variablen anzusprechen, verwenden Sie das Präfix »workflow:«:

```
workflow Test-ParallelWorkflow
{
  parallel
  {
    $workflow:Processes = Get-Process
    Start-Sleep -Seconds 2
```

```
    Start-Sleep -Seconds 4
    $workflow:errors = Get-EventLog -LogName System -EntryType Error

    sequence
    {
      $data = Get-Content -Path $env:windir\windowsupdate.log -ReadCount 0
      $workflow:installations = $data -like '*successfully installed*'
    }
  }

  $processes
  $errors
  $installations
}
```

Listing 26.2 Das Skript *Test-Parallel.ps1*

Jetzt werden die Ergebnisse zuerst gesammelt und dann in der gewünschten Reihenfolge ausgegeben.

ACHTUNG   Vermeiden Sie, innerhalb eines *parallel*-Blocks von verschiedenen Befehlen aus auf dieselben Work-
flow-Variablen zuzugreifen. Weil Sie keinen Einfluss darauf haben, wann und in welcher Reihenfolge die Befehle dies
vornehmen, käme es zu unkontrollierten Parallelzugriffen, was man auch *Race Condition* (kritischer Wettlauf, Wettlauf-
situation) nennt.

Die foreach-Schleife im Parallelmodus

Wissen Sie nicht genau, wie oft eine Aufgabe gleichzeitig durchgeführt werden muss, ist die *foreach*-
Schleife richtig: Diese kann (innerhalb eines Workflows) eine beliebige Anzahl von Elementen parallel bearbeiten, wenn Sie den Parameter *-parallel* hinzufügen.

Das Beispiel *Test-ParallelForeach* simuliert eine Aufgabe, die mit verschiedenen Servern durchgeführt
werden soll. Der Workflow bearbeitet jeden Computer in einer *foreach*-Schleife und für jeden Computer sind 4 Sekunden Bearbeitungszeit notwendig.

```
workflow Test-ParallelForeach
{
  param
  (
    $ComputerName
  )

  foreach -parallel ($Machine in $ComputerName)
  {
    "Beginn $Machine"
    Start-Sleep -Seconds 4
    "Ende $Machine"
  }
}
```

Listing 26.3 Das Skript *Test-ParallelForeach.ps1*

In einer klassischen Schleife würde der folgende Aufruf deshalb 16 Sekunden benötigen – 4 Sekunden pro Computer. Der Workflow mit seiner Parallelschleife schafft das hingegen in kaum mehr als 4 Sekunden, denn er bearbeitet alle Schleifendurchläufe parallel. Entfernen Sie im Listing *-parallel*, um zu sehen, wie eine klassische Schleife arbeiten würde.

```
PS> Test-ParallelForeach -ComputerName server1, server2, server3, server4
Beginn server4
Beginn server3
Beginn server2
Beginn server1
Ende server4
Ende server1
Ende server3
Ende server2
```

TIPP   Die Parallelschleife behandelt also den Inhalt der Schleife wie eine Sequenz, führt die Befehle darin nacheinander aus. Derselbe Effekt hätte also auch so programmiert werden können:

```
workflow Test-ParallelForeachSequence
{
  parallel
  {
    sequence
    {
        "Beginn Server1"
        Start-Sleep -Seconds 4
        "Ende Server1"
    }
    sequence
    {
        "Beginn Server2"
        Start-Sleep -Seconds 4
        "Ende Server2"
    }
    sequence
    {
        "Beginn Server3"
        Start-Sleep -Seconds 4
        "Ende Server3"
    }
    sequence
    {
        "Beginn Server4"
        Start-Sleep -Seconds 4
        "Ende Server4"
    }
  }
}
```

Listing 26.4   Das Skript *Test-ParallelForeachSequence.ps1*

Der Vorteil der Schleife ist also, dass der Code dynamisch auf die Anzahl der Argumente des Anwenders eingehen kann, während hier die Sequenzen fest vorgegeben werden.

Flexibles Remoting

Typische Workflow-Aufgaben sind meist nicht auf einen bestimmten Computer festgelegt, sondern sollen auf vielen Computern remote ausführbar sein. Dabei kann es eine Aufgabe auch erfordern, dass Teilaufgaben von mehreren Servern im Zusammenspiel erledigt werden müssen. Entsprechend lässt sich ein Workflow mithilfe von PowerShell-Remoting aus Kapitel 23 auf beliebigen Computern ausführen, auf Wunsch sogar auf verschiedenen gleichzeitig. So kann ein Workflow intern festlegen, welche Befehle tatsächlich auf dem gewünschten Computer ausgeführt werden und welche auf dem lokalen:

```
workflow Test-RemotingTarget
{
    param($Credential)

    InlineScript
    {
        "Ausführung auf $Using:PSComputername"
        "Beweis: $env:COMPUTERNAME"
    }

    InlineScript
    {
        "Ausführung festgelegt auf $Using:PSComputername"
        "Beweis: $env:COMPUTERNAME"
    } -PSComputerName localhost

    InlineScript
    {
        "Ausführung festgelegt auf $Using:PSComputername"
        "Beweis: $env:COMPUTERNAME"
    } -PSComputerName Server4 -PSCredential $Credential
}
```

```
PS > Test-RemotingTarget -PSComputerName Server6
```

Der Workflow *Test-RemotingTarget* wird primär auf den Computern ausgeführt, die der Aufrufer mit *-PSComputerName* angibt. Allerdings ist dieser Parameter auch für alle inneren Bestandteile des Workflows erlaubt. Der Schlüsselbegriff *InlineScript* steht beispielsweise für einen Block herkömmlichen PowerShell-Code, und dieser Block kann ebenfalls mit *-PSComputerName* fest an einen Computer gebunden werden.

HINWEIS   Im Beispielcode greift der Code im *InlineScript*-Block auf eine Workflow-Variable namens *$PSComputerName* zu. Das ist nur möglich, wenn diese Variable das Präfix »Using:« erhält. Andernfalls können Inlineskripts nur auf ihre eigenen Variablen zugreifen.

Deshalb führt *Test-RemotingTarget* nur den ersten *InlineScript*-Block auf dem gewünschten *Server6* aus. Der zweite wird auf dem lokalen System ausgeführt und der dritte auf *Server4* – unter Angabe alternativer Anmeldedaten. So lassen sich Szenarien abbilden, bei denen verschiedene Systeme in einen Workflow eingebunden sind. Es könnte beispielsweise zuerst auf einem Domänencontroller ein Benutzerkonto angelegt und danach auf dem lokalen System eine Software installiert werden.

Auch der Parameter *-PSCredential* steht überall zur Verfügung und legt ein spezifisches Benutzerkonto für die Anmeldung fest. Ohne den Parameter wird die aktuelle Identität des Aufrufers verwendet.

Persistenz

Ein besonderer Schwerpunkt von Workflows ist ihre Persistenz. Workflows können – wenn sie entsprechend gestaltet werden – jederzeit unterbrochen und später fortgesetzt werden. Nur so werden Workflows zum robusten Fundament, denn je länger (und komplexer) eine Aufgabe ist und je mehr Systeme daran beteiligt sind, umso größer ist die Wahrscheinlichkeit, dass immer wieder Situationen eintreten, an denen die Aufgabe angehalten werden muss.

Workflows unterbrechen sich selbst

Bemerkt ein Workflow beispielsweise eine Bedingung, die die Fortsetzung der Aufgabe zurzeit unmöglich macht, kann er sich mit *Suspend-Workflow* selbst unterbrechen. *Test-LongTask* prüft zum Beispiel, ob das Wochenende vor der Tür steht. Falls ja (Freitag, Samstag oder Sonntag), gibt er eine Meldung aus und unterbricht sich. Andernfalls führt er seine Arbeit durch:

```
workflow Test-LongTask {
  if((Get-Date).DayOfWeek -gt 4)
  {
    Write-Warning -Message "Achtung Wochenende. Zum Fortsetzen: Resume-Job $jobInstanceId
verwenden"
    Suspend-Workflow
  }
  'Hier könnte eine langwierige Aufgabe stehen, die nicht ins Wochenende reichen darf...'
}
```
Listing 26.5 Das Skript *Test-LongTask.ps1*

An einem Werktag würde der Workflow seine Arbeit erledigen:

```
PS> Test-LongTask
Hier könnte eine langwierige Aufgabe stehen, die nicht ins Wochenende reichen darf...
```

An einem Freitag, Samstag oder Sonntag würde er sich anders verhalten:

```
PS> Test-LongTask
WARNUNG: [localhost]:Kann nicht am Wochenende gestartet werden. Resume-Job bc34fd50-0bb1-4e10-
8e6b-6af2d71a08f4 verwenden
```

Id	Name	PSJobTypeName	State	HasMoreData	Location	Command
40	Job40	PSWorkflowJob	Suspended	True	localhost	Test-LongTask

Persistierte Workflows

Unterbrochene Workflows werden von PowerShell wie ein Hintergrundjob behandelt, allerdings mit einem anderen Jobtyp:

```
PS> Get-Job
```

```
Id     Name           PSJobTypeName    State       HasMoreData    Location    Command
--     ----           -------------    -----       -----------    --------    -------
3      05a65e16-62f...                 Running     True                       ...
34     Job34          PSWorkflowJob    Suspended   True           localhost   Test-LongTask
40     Job40          PSWorkflowJob    Suspended   True           localhost   Test-LongTask
44     Job44          BackgroundJob    Running     True           localhost   ...
```

In diesem Beispiel sehen Sie drei verschiedene Jobtypen in der Spalte *PSJobType*:

PSJobType	Beschreibung
kein Eintrag	Ein Eventhandler, der von *Register-ObjectEvent* stammt (Kapitel 25)
BackgroundJob	Ein regulärer Hintergrundjob (Kapitel 24)
PSWorkflowJob	Ein angehaltener Workflow

Tabelle 26.1   Drei verschiedene Einsatzbereiche für Hintergrundjobs

Alle diese Hintergrundjobs werden von der aktuellen PowerShell-Sitzung verwaltet. Sobald Sie PowerShell schließen, sind auch die Hintergrundjobs (einschließlich der angehaltenen Workflows) verloren. Sollen Workflows nicht an eine bestimmte Sitzung oder einen bestimmten Computer gebunden werden, richtet man sie auf einem dedizierten Workflow-Server ein (der rund um die Uhr online ist). Dazu wird das reguläre PowerShell-Remoting aus Kapitel 23 verwendet, allerdings mit einer besonderen Sitzungskonfiguration namens *Microsoft.PowerShell.Workflow*. Diese beiden Aufrufe sind identisch und liefern eine Workflow-Sitzung auf einem dedizierten Server:

```
$session = New-PSSession -ConfigurationName Microsoft.PowerShell.Workflow -ComputerName
WorkflowServer
$session = New-PSWorkflowSession
```

Der hauptsächliche Unterschied zwischen dieser Sitzungskonfiguration und normalen Remotesitzungen ist, dass die Workflow-Sitzung mit der Option *-UseSharedProcess* angelegt wird. Unabhängig davon, wer sich von wo aus mit dieser Sitzung verbindet, erhält Zugriff auf stets dieselbe Sitzung. Man kann sich die Workflow-Sitzung also als einen global zugänglichen gemeinsamen Ort vorstellen, wo alle Workflows sicher geparkt und gesteuert werden können.

Einschränkungen in Workflows

Obwohl sich Workflows auf den ersten Blick anfühlen wie »super-charged« PowerShell-Funktionen, sind sie doch im Grunde etwas ganz anderes. Die Ähnlichkeit zwischen Workflows und Funktionen (Schlüsselwort *function*) ist viel eher das Ergebnis großer Anstrengungen, den zusätzlichen Lernaufwand kleinzuhalten. Anwender sollten so viel Erfahrung wie möglich aus der klassischen Skripting-Welt mit in die Workflow-Welt nehmen können. Das führt allerdings zwangsläufig zu Frustrationen, wenn man Workflows als Ersatz oder selbstverständliche Alternative zu Funktionen betrachten würde: Neben den vielen neuen Dingen, die Workflows besser machen als Funktionen, sind viele bewährte Dinge in Workflows nicht erlaubt.

Verbotene Sprachelemente

Die folgenden Sprachelemente sind in Workflows nicht erlaubt: *begin*, *process*, *end*, *dynamicparam*, *break*, *continue*, *$()*, *trap*. Multiple Zuweisungen, dotsourced-Aufrufe, der Call-Operator (*&*), Parametervalidierung, positionale Parameter und Inline-Hilfe werden ebenfalls nicht unterstützt. Dasselbe gilt für Zuweisungen zu providerbasierten Variablen (zum Beispiel Umgebungsvariablen). Auch der direkte Zugriff auf Objektmethoden und Zuweisungen zu Objekteigenschaften (außer in *InlineScript*-Blöcken) ist verboten, und Variablennamen dürfen nur aus Buchstaben, Ziffern und den Zeichen »-« sowie »_« bestehen – und dies sind nur die wichtigsten Einschränkungen.

Man kann dies alles als Massaker an vielen wichtigen Merkmalen der PowerShell-Sprache bezeichnen, aber es geschieht aus gutem Grund: Workflows sind eigentlich keine PowerShell-Skripts, sondern werden von der Workflow-Engine ausgeführt. Diese hat viele besondere Fähigkeiten, etwa die Parallelverarbeitung sowie die notwendig Robustheit, um Aufgaben jederzeit unterbrechen und fortsetzen zu können.

Dem liegt aber das Verständnis zugrunde, dass dem Code keine Live-Objekte zur Verfügung stehen, sondern ebenso gut serialisierte und konservierte Objekte zum Einsatz kommen. Entsprechend darf sich der Code nicht auf Objektmethoden verlassen (die bei serialisierten Objekten fehlen). Aus dem gleichem Grund muss auf dotsourced-Aufrufe verzichtet werden, die üblicherweise dazu eingesetzt werden, zur Laufzeit neuen Code nachzuladen. Workflows müssen berechenbar sein und unterstützen keinerlei dynamische Bestandteile.

Nicht unterstützte Cmdlets

Zahlreiche Cmdlets werden in Workflows nicht (direkt) unterstützt, hauptsächlich, weil sie in Workflows keinen Sinn ergeben. Auch normalerweise nicht erlaubte Cmdlets können aber stets in einem *InlineScript*-Block auf dem lokalen Computer ausgeführt werden.

Zusammenfassung

Workflows sind in PowerShell das Bestreben, die besonderen Vorzüge von Windows Workflow Foundation (WF) mit möglichst geringem Lernaufwand nutzen zu können. Workflows bestechen durch ihre Robustheit, ihre besondere Eignung für langwierige und parallelisierbare Aufgaben und ihre Universalität: Auf Basis von PowerShell-Remoting führen Workflows Aufgaben auf beliebigen Computern gleichzeitig oder sequenziell durch.

Der Preis hierfür ist jedoch, dass Workflows nur einen Teil der PowerShell-Sprache unterstützen. Sie werden nämlich stets in Windows Workflow Foundation-Aktivitäten übersetzt und können ihrerseits auch Aktivitäten nutzen, die mit anderen Tools und Anwendungen auf dieser Basis hergestellt wurden.

Workflows werden von PowerShell als Hintergrundjob persistiert. Weil Hintergrundjobs immer an eine Sitzung gebunden sind, sollten unternehmensweit agierende Workflows nicht auf einzelnen Clientsystemen eingerichtet werden, sondern auf dedizierten Workflow-Servern. Dabei handelt es sich um ganz normale Windows-Server, die aber ständig verfügbar sein müssen. Die Workflow-Sitzungen, die von ihnen gehostet werden, können dann von beliebigen Systemen dazu verwendet werden, Workflows sicher einzurichten und verwalten zu lassen.

Workflows sind keine Alternative zu klassischen PowerShell-Funktionen und haben auch wenig mit typischen Administratorskripts zu tun. Vielmehr bilden sie die Grundlage für unternehmensweit vernetzte und komplexe Lösungen.

Kapitel 27

Benutzeroberflächen gestalten

PowerShell ist zwar eigentlich eine textbasierte Skriptsprache, aber irgendwann entsteht auch hier der Wunsch nach einfach bedienbaren Oberflächen. Ein Administrator kann zum Beispiel mit Power-Shell fast alle Aspekte moderner IT kontrollieren, wünscht sich aber für seine Skripts vielleicht eine intuitive und einfache Oberfläche, die auch die Kollegen ohne Skripterfahrung bedienen können.

In den vergangenen Kapiteln haben Sie bereits gesehen, dass PowerShell Zugang zu den üblichen Systemdialogfeldern hat. In diesem Kapitel erfahren Sie nun, mit wie wenig Aufwand sich auch völlig eigene Dialogfelder und Oberflächen gestalten lassen.

Windows Presentation Foundation

Windows Presentation Foundation (WPF) ist ein modernerer Ansatz als Windows Forms und macht die Erstellung von anspruchsvollen Dialogfeldern beinahe so leicht, dass auf ein spezielles Entwicklungswerkzeug verzichtet werden kann.

Allerdings setzt WPF mindestens .NET Framework 3.5 voraus. Für PowerShell 3.0 ist das keine Hürde, da es selbst auf .NET Framework 4.0 basiert. Wenn Sie jedoch Skriptcode entwickeln möchten, der problemlos auf allen Installationen von PowerShell 2.0 funktioniert, greifen Sie besser zu den altertümlichen Windows Forms – die aufgrund des umfangreichen Codes, der für sie nötig ist, jedoch nicht im Rahmen dieses Buchs behandelt werden.

ACHTUNG   Damit WPF-Code ausgeführt werden kann und nicht zum Absturz führt, muss PowerShell im sogenannten *STA*-Modus (Single-Threaded Apartment) ausgeführt werden. Das ist die Vorgabe für PowerShell 3.0 und auch der ISE-Editor in PowerShell 2.0 nutzt diesen Modus. Nur die klassische PowerShell-Konsole in PowerShell 2.0 verwendet als Vorgabe den *MTA*-Modus (Multi-Threaded Apartment). Wollen Sie Skripts darin ausführen, die WPF nutzen, dann muss *powershell.exe* ausdrücklich mit dem Parameter -STA gestartet werden. Wie gesagt: Diese Einschränkung betrifft nur noch die inzwischen veraltete PowerShell-Version 2.0. Wollen Sie Skripts, die WPF nutzen, in der klassischen PowerShell-Konsole ausführen, müssen dort allerdings in jedem Fall noch die notwendigen .NET-Assemblys nachgeladen werden:

```
Add-Type -assemblyName PresentationFramework
Add-Type -assemblyName PresentationCore
Add-Type -assemblyName WindowsBase
```

Eigene Fenster öffnen

WPF-Fenster (Abbildung 27.1) lassen sich in wenigen Zeilen Code generieren, weil im Gegensatz zu Windows Forms viel Konfigurationsarbeit entfällt.

Abbildung 27.1   Ein einfaches WPF-Fenster anzeigen

Notwendig sind dazu nur zwei Elemente: ein Fenster und ein Textlabel. Über die Eigenschaft *Content* des Fensterobjekts wird das Textlabel im Fenster verankert. Praktische Eigenschaften wie *SizeToContent* machen es überflüssig, die genauen Dimensionen der einzelnen Elemente anzugeben:

```
# Fenster und Label erzeugen:
$window = New-Object Windows.Window
$label = New-Object Windows.Controls.Label

# Fenster konfigurieren:
$window.Title = 'Ein WPF-Fenster'
$label.Content, $label.FontSize = 'System wird in 15 Minuten neu gestartet...', 40
$window.Content = $label
$window.SizeToContent = 'WidthAndHeight'
$window.Topmost = $true

# Fenster anzeigen
$null = $window.ShowDialog()
```

Listing 27.1 Das Skript *simple_window_wpf.ps1*

Spezialfenster ohne Rahmen

Von hier aus können Sie die beteiligten Objekte und deren Eigenschaften weiter erforschen und auf diese Weise zum Beispiel eine Nachricht auf dem Bildschirm ausgeben, die nach einer gewissen Zeit wieder von selbst verschwindet (Abbildung 27.2).

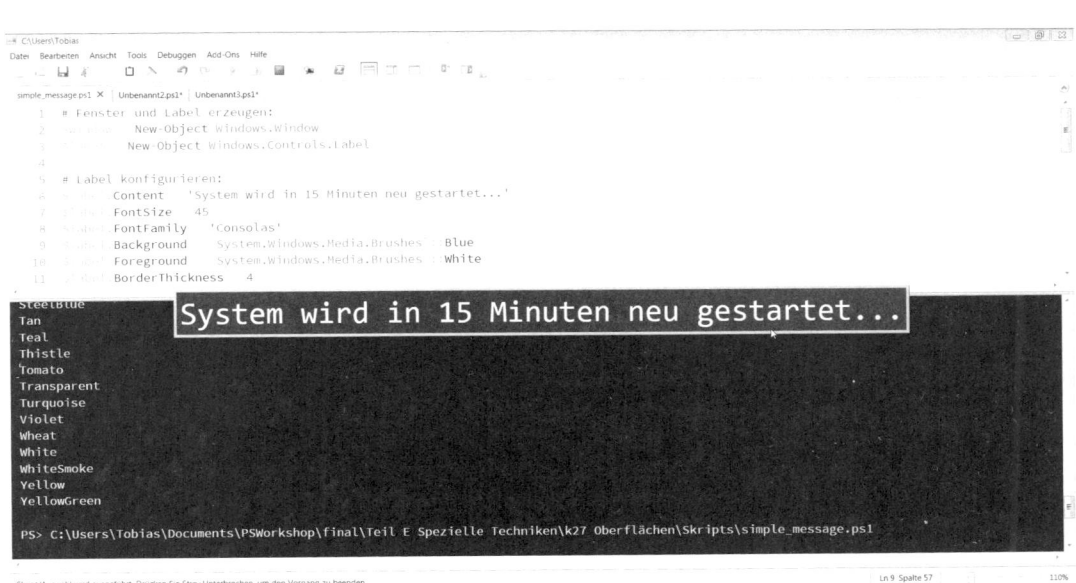

Abbildung 27.2 Eine Nachricht mitten auf dem Bildschirm ausgeben

Hierbei wird das Fenster nicht mit *ShowDialog()* geöffnet (was PowerShell blockieren würde), sondern mit *Show()*. Weil PowerShell allerdings *single-threaded* ist, sich also stets nur um eine Aufgabe kümmern kann, reagiert das Fenster jetzt nicht mehr auf Ereignisse und kann noch nicht einmal verschoben werden. Für eine Meldung mag das sogar erwünscht sein.

```
# Fenster und Label erzeugen:
$window = New-Object Windows.Window
$label = New-Object Windows.Controls.Label

# Label konfigurieren:
$label.Content = 'System wird in 15 Minuten neu gestartet...'
$label.FontSize = 45
$label.FontFamily = 'Consolas'
$label.Background = 'Blue'
$label.Foreground = 'White'
$label.BorderThickness = 4
$label.BorderBrush = 'PowderBlue'

# Fenster konfigurieren:
$window.ResizeMode = 'NoResize'
$window.Content = $label
$window.SizeToContent = 'WidthAndHeight'
$window.Topmost = $true
$window.WindowStartupLocation = 'CenterScreen'
$window.WindowStyle = 'None'

# Fenster modal anzeigen:
$null = $window.Show()

# Fenster nach 4 Sekunden wieder schließen:
Start-Sleep -Seconds 4
$window.Close()
```

Listing 27.2   Das Skript *simple_message.ps1*

TIPP   Falls Sie wissen möchten, wie die Farben heißen, die WPF unterstützt, probieren Sie doch einmal diese Zeile aus:

```
PS> [System.Windows.Media.Brushes].GetProperties() | Select-Object -ExpandProperty Name
```

Transparenz und Bildschirmsperre

Daraus könnte sich eine nützliche Funktion namens *Lock-Screen* ableiten, die ein WPF-Fenster semitransparent bildschirmfüllend in den Vordergrund stellt und so verhindert, dass der Anwender Eingaben machen kann – beispielsweise während eines Installationsvorgangs (Abbildung 27.3).

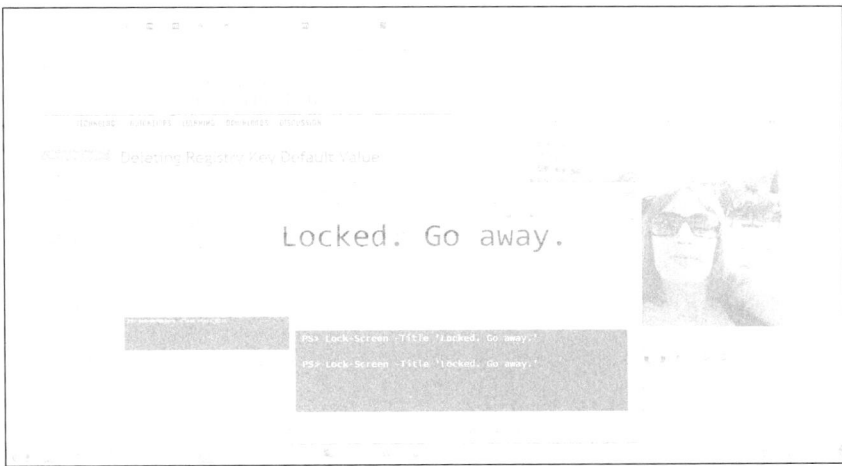

Abbildung 27.3 Bildschirm durch ein halbtransparentes WPF-Overlay vorübergehend sperren

Der Code dafür ist recht überschaubar und aufgrund der sprechenden Eigenschaftennamen beinahe selbsterklärend. Die fettgedruckten Anteile ermöglichen die Transparenz bzw. sorgen für die bildschirmfüllende Größe des Fensters.

```
function Lock-Screen
{
  param
  (
    $Title = 'Access temporarily unavailable',
    $Delay = 10
  )

  $window = New-Object Windows.Window
  $label = New-Object Windows.Controls.Label

  $label.Content = $Title
  $label.FontSize = 60
  $label.FontFamily = 'Consolas'
  $label.Background = 'Transparent'
  $label.Foreground = 'Red'
  $label.HorizontalAlignment = 'Center'
  $label.VerticalAlignment = 'Center'

  $Window.AllowsTransparency = $True
  $Window.Opacity = .7
  $window.WindowStyle = 'None'
  $window.Content = $label
  $window.Left = $window.Top = 0
  $window.WindowState = 'Maximized'
  $window.Topmost = $true

  $null = $window.Show()
  Start-Sleep -Seconds $Delay
  $window.Close()
}
```

Listing 27.3 Das Skript *Lock-Screen.ps1*

Warum WPF so relativ einfach ist

Vergleicht man WPF-Code mit anderen Arten, Fenster zu erzeugen, dann ist er deutlich kürzer und einfacher. Der Grund liegt in der Eigenintelligenz der Controls. Man braucht bei ihnen nicht jedes kleinste Detail festzulegen. Es genügt, nur die Eigenschaften zu definieren, die vom Standard abweichen und an denen man Interesse hat. Darüber hinaus liefert WPF für fast alle Situationen bereits spezialisierte Controls. Selbst eine (zugegebenermaßen sehr primitive) Zeichenanwendung kann man in wenigen Zeilen Code generieren:

```
$window = New-Object Windows.Window
$inkCanvas = New-Object Windows.Controls.InkCanvas

$window.Title = 'Zeichenfläche'
$window.Content = $inkCanvas
$window.Width = 800
$window.Height = 600
$window.WindowStartupLocation = 'CenterScreen'

$inkCanvas.MinWidth = $inkCanvas.MinHeight = 100

$null = $window.ShowDialog()
```

Listing 27.4 Das Skript *draw.ps1*

Alle Zeichenarbeit erledigt das *Windows.Controls.InkCanvas*-Objekt. Mit der Maus (oder bei Touchscreens auch mit dem Finger) malen Sie schon bald erste kleine Kunstwerke (Abbildung 27.4).

Abbildung 27.4 Sogar interaktive Zeichenprogramme kosten nur wenige Zeilen Code

Ereignishandler

Damit WPF-Fenster praktischen Nutzen entfalten, benötigen sie zwei Dinge: Sie müssen auf Ereignisse wie einen Mausklick reagieren können und mehrere Bedienelemente müssen sich einigermaßen einfach auf dem Fenster positionieren lassen. Beides ist sehr leicht möglich. Das nächste Skript *Show-StopService* demonstriert dies und öffnet ein Dialogfeld mit einem Listenfeld. Darin finden sich alle derzeit laufenden Dienste.

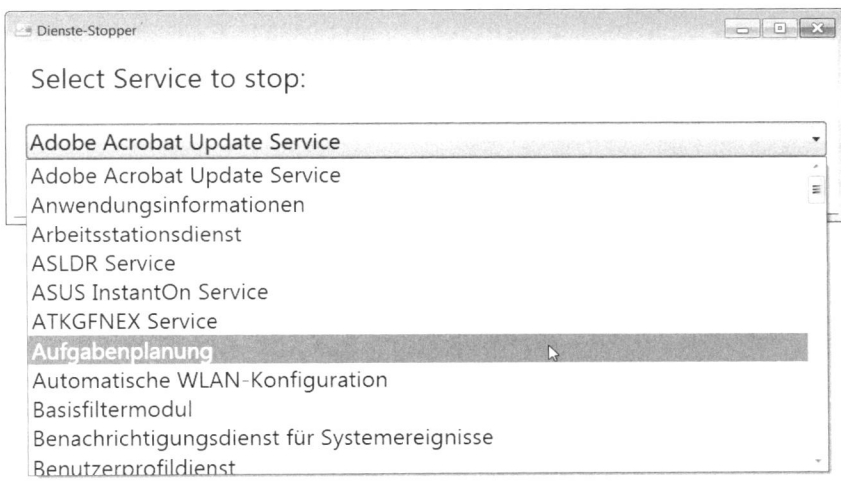

Abbildung 27.5 Dialogfeld zum Stoppen laufender Windows-Dienste

Der Anwender kann in der Liste einen Dienst auswählen und diesen dann per Klick auf die Schaltfläche beenden. Im Democode wird der Dienst natürlich nicht beendet, sondern mit *-WhatIf* nur so getan als ob. Sie finden die entsprechende Meldung in der PowerShell-Konsole. Würde tatsächlich ein Dienst gestoppt, reflektiert dies das Listenfeld sofort, denn es wird nach jedem Klick auf die Schaltfläche aktualisiert.

```
# grafische Elemente:
$window = New-Object Windows.Window
$combobox = New-Object Windows.Controls.Combobox
$button = New-Object Windows.Controls.Button
$label = New-Object Windows.Controls.Label

# Schaltfläche konfigurieren:
$button.Content = 'Stop Service'
$button.Width = 100
$button.HorizontalAlignment = 'Right'
$stopHandler = {
  Stop-Service -DisplayName $combobox.SelectedItem -WhatIf
  & $refreshCombo
}
# beim Klick den gewählten Dienst stoppen:
$button.add_Click($StopHandler)
$button.Margin = '10,10,10,10'
```

```
# Beschriftung konfigurieren:
$label.Content = 'Select Service to stop:'
$label.FontSize = 25
$label.Margin = '10,10,10,10'

# Combobox konfigurieren:
$combobox.Width = 700
$comboBox.Margin = '10,10,10,10'
$combobox.FontSize = 20
$refreshCombo = {
  [Object[]]$inhalt = Get-Service |
              Where-Object { $_.Status -eq 'Running' } |
              ForEach-Object { $_.DisplayName.Substring(0, [Math]::Min($_.DisplayName.Length,
              72)) } |
              Sort-Object
  $combobox.ItemsSource = ($inhalt)
  $combobox.SelectedIndex = 0
  $combobox.MaxWidth = $combobox.Width
}
# Inhalt einlesen:
& $refreshCombo

$stackPanel = New-Object Windows.Controls.StackPanel
$stackPanel.Orientation='Vertical'
$stackPanel.AddChild($label)
$stackPanel.AddChild($combobox)
$stackPanel.AddChild($button)

$window.Title = 'Dienste-Stopper'
$window.SizeToContent = 'WidthAndHeight'
$window.WindowStartupLocation = 'CenterScreen'
$window.Content = $stackPanel

$null = $window.ShowDialog()
```

Listing 27.5 Das Skript *Show-StopService.ps1*

Die im Listing fettgedruckt hervorgehobenen Teile zeigen: WPF liefert nur die Hülle. Sowohl der
Inhalt des Kombinationsfelds als auch die Aktion, die per Klick ausgeführt werden soll, bestehen aus
reinem PowerShell-Code. Deshalb eignet sich dieses Beispiel hervorragend als Vorlage für alle denkbaren einfachen Dialogfelder. Sie könnten das Listenfeld ebenso gut mit den Namen gesperrter
Benutzerkonten füllen und per Mausklick das gewählte Konto entsperren. Die Reaktion auf Ereignisse wie Mausklicks wird von Ereignishandlern übernommen. Die folgende Zeile sorgt zum Beispiel
dafür, dass der Skriptblock in *$StopHandler* ausgeführt wird, wenn die Schaltfläche angeklickt wird:

```
$button.add_Click($StopHandler)
```

Elemente im Fenster anordnen

Sobald mehrere Bedienelemente in einem WPF-Fenster erscheinen sollen, stellt sich die Frage der
Anordnung. Natürlich könnten Sie den Elementen von Hand feste Positionen zuweisen, indem Sie
die Eigenschaften *Top*, *Left*, *Width* und *Height* der Elemente festlegen. Das ist aber nicht nur mühselig,
sondern funktioniert auch nur bei statischen Fenstern, die sich nicht vergrößern lassen.

StackPanels

WPF bietet clevere Alternativen, von denen Sie mit dem StackPanel eine bereits in Listing 27.5 in Aktion erlebt haben. *StackPanels* sind der einfachste Weg, mehrere Elemente in einem Fenster unterzubringen. Sie werden einfach »gestapelt«, entweder horizontal oder vertikal, in der Reihenfolge, in der die Elemente mit *AddChild()* dem StackPanel hinzugefügt werden. Legt man dann noch in der Eigenschaft *Margin* den Abstand der Elemente voneinander fest, lassen sich sehr einfach ansprechende Dialogfelder bauen.

Grids

Häufig sollen Dialogfelder Formulare enthalten, die gitternetzartig aufgebaut sind. Für solche Zwecke ist das Grid verfügbar, bei dem man Spalten und Zeilen definieren kann. Das allerdings erfordert so viele Parameter, dass der Code hierfür unübersichtlich würde. Spätestens jetzt sollte das Design des Fensterinhalts als XAML (Extensible Application Markup Language) verfasst werden.

Abbildung 27.6 Formulare und komplexere Dialogfelder werden am besten mit XAML definiert

Um das Formularfenster aus Abbildung 27.6 zu erstellen, könnte der Code folgendermaßen aussehen:

```
$xaml = @"
<StackPanel xmlns='http://schemas.microsoft.com/winfx/2006/xaml/presentation'>
<Grid>
    <Grid.RowDefinitions>
        <RowDefinition Height="Auto" />
        <RowDefinition Height="Auto" />
        <RowDefinition Height="*" />
        <RowDefinition Height="28" />
    </Grid.RowDefinitions>
    <Grid.ColumnDefinitions>
        <ColumnDefinition Width="Auto" />
        <ColumnDefinition Width="200" />
    </Grid.ColumnDefinitions>
    <Label Grid.Row="0" Grid.Column="0" Content="Name:"/>
    <Label Grid.Row="1" Grid.Column="0" Content="Email:"/>
    <Label Grid.Row="2" Grid.Column="0" Content="Nachricht:"/>
    <TextBox Grid.Column="1" Grid.Row="0" Margin="3" />
    <TextBox Grid.Column="1" Grid.Row="1" Margin="3" />
    <TextBox Grid.Column="1" Grid.Row="2" Margin="3" />
    <Button Grid.Column="1" Grid.Row="3" HorizontalAlignment="Right"
            MinWidth="80" Margin="3" Content="Senden"  />
</Grid>
</StackPanel>
"@
 # XAML einlesen und in Controls verwandeln
```

```
$reader = [System.XML.XMLReader]::Create([System.IO.StringReader] $xaml)
$content = [System.Windows.Markup.XAMLReader]::load($reader)

# Fenster erzeugen und konfigurieren:
$window = New-Object Windows.Window
$window.SizeToContent = 'WidthAndHeight'
$window.ResizeMode = 'NoResize'
$window.Title = 'Formular'

# Nachträgliche Anpassungen per Code:

# aus dem XAML-Content das Stackpanel lesen:
$stackpanel = $Content.Children[0]
# und nachträglich den Rahmen festlegen:
$stackpanel.Margin = '10,20,10,5'

# im Stackpanel auf den Button zugreifen und einen Click-
# Handler einfügen:
$stackpanel.Children[6].add_Click( { $window.Close() })

# der ersten Textbox den Eingabefokus geben:
$stackpanel.Children[3].Focus()

# Content in Fenster laden und Fenster öffnen:
$window.Content = $content
$window.ShowDialog()

# Ergebnisse aus dem Stackpanel in eine Hashtable lesen:
$result = @{}
$result.Name = $stackpanel.Children[3].Text
$result.Email = $stackpanel.Children[4].Text
$result.Nachricht = $stackpanel.Children[5].Text

# Hashtable in ein Objekt verwandeln und zurückgeben:
New-Object PSObject -Property $result
```

Listing 27.6 Das Skript *xaml.ps1*

Deutlich wird, dass man XAML und Code mischen kann: XAML dient im Beispiel dazu, das Grund-
design zu erzeugen. Anschließend greift der Code auf die einzelnen Bedienelemente zu, um sie zu
konfigurieren, Eventhandler hinzuzufügen und nach Anzeige des Fensters die Textfelder auszulesen.
Das Ergebnis könnte dann so aussehen:

```
Email                              Name                      Nachricht
-----                              ----                      ---------
tobias.weltner@email.de            Weltner                   PowerShell rocks!
```

DockPanels

StackPanels sind einfach einzusetzen, erlauben aber keinerlei Kontrolle über die Größe der einzelnen
Bedienelemente. Sie eignen sich also nur dann, wenn die Größe dieser Elemente fest vorgegeben sein
soll. Häufig soll sich die Größe aber dynamisch nach der Fenstergröße richten, und wenn das Fenster
vom Anwender zum Beispiel vergrößert wird, sollen auch die Bedienelemente (oder wenigstens
einige von ihnen) mitwachsen. Das wird mit dem *DockPanel* möglich, das im folgenden Projekt eine
tragende Rolle spielt.

Zeit für ein neues Projekt. Mithilfe von WPF wird ein Dialogfeld angelegt, mit dem Sie auf die Suche nach .NET-Typen gehen können. Es verfügt über ein Textfeld, in das sich ein oder mehrere Suchbegriffe eingeben lassen. Noch während diese eingetippt werden, soll ein Listenfeld diejenigen .NET-Typen in Echtzeit anzeigen, in denen diese Suchbegriffe enthalten sind (Abbildung 27.7).

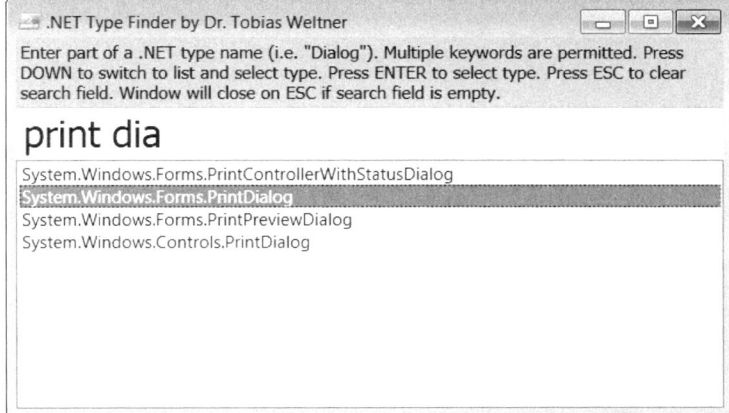

Abbildung 27.7   Komfortabler .NET-Typenfinder mit WPF-Oberfläche

Der Code für *Find-Type* ist relativ umfangreich und eignet sich gut als Vorlage für ähnliche Projekte. Alle entscheidenden Schritte sind darin ausführlich kommentiert:

```
function Find-Type
{
  # falls Variable "$script" noch nicht gefüllt ist,
  # alle .NET Typen ermitteln:
  if (!$script:types)
  {
    # geladene Assemblys bestimmen:
    $assemblies = [AppDomain]::CurrentDomain.GetAssemblies()

    # Anzahl für Fortschrittsbalken merken:
    $all = $assemblies.Count
    $i = 0

    # Variable nun füllen
    $script:types = $assemblies |
        # Fortschrittsbalken anzeigen
        ForEach-Object {
          $prozent = $i * 100 / $all
          Write-Progress -Activity 'Examining assemblies' -Status $_.FullName -PercentComplete
$prozent
          $i++; $_
        } |
        ForEach-Object { try { $_.GetExportedTypes() } catch {} } |
        Where-Object { $_.isPublic} |
        Where-Object { $_.isClass } |
        Where-Object { $_.Name -notmatch
'(Attribute|Handler|Args|Exception|Collection|Expression)$' }|
        Select-Object -ExpandProperty FullName

    # Fortschrittsbalken wieder ausblenden:
```

```
  Write-Progress -Activity 'Examining assemblies' -Completed
}

# Fensterelemente beschaffen:
$window = New-Object Windows.Window
$textBlock = New-Object Windows.Controls.TextBlock
$textBox = New-Object Windows.Controls.TextBox
$listBox = New-Object Windows.Controls.Listbox
$dockPanel = New-Object Windows.Controls.DockPanel

# Fenster konfigurieren:
$window.Width = 500
$window.Height = 300
$window.Title = '.NET Type Finder by Dr. Tobias Weltner'
$window.Content = $dockPanel
$window.Background = 'Orange'
$window.TopMost = $true

# Dockpanel konfigurieren:
$cockPanel.LastChildFill = $true
# Elemente ins Dockpanel aufnehmen:
$dockpanel.AddChild($textBlock)
$dockpanel.AddChild($textBox)
$dockpanel.AddChild($listBox)
# Dockingposition festlegen:
[Windows.Controls.DockPanel]::SetDock($textBlock, 'top')
[Windows.Controls.DockPanel]::SetDock($textbox, 'top')
[Windows.Controls.DockPanel]::SetDock($listbox, 'top')

# TextBlock konfigurieren:
$textBlock.Text = 'Enter part of a .NET type name (i.e. "Dialog"). Multiple keywords are
permitted. Press DOWN to switch to list and select type. Press ENTER to select type. Press ESC to
clear search field. Window will close on ESC if search field is empty.'
$textBlock.TextWrapping = 'Wrap'
$textBlock.Margin = 3
$textBlock.FontFamily = 'Tahoma'
$textblock.Background = 'Orange'

# Textbox konfigurieren:
$textBox.FontFamily = 'Tahoma'
$textBox.FontSize = 26
# wenn der Text in der Textbox sich ändert,
# sofort Liste aktualisieren:
$refreshCode = {
  # aktualisiert den Inhalt der Listbox
  # die Worte in der Listbox werden gesplittet,
  # dann wird daraus ein regulärer Ausdruck erstellt, der nur die Texte
  # wählt, in denen ALLE Suchworte gemeinsam vorkommen:
  $regex = '^(?=.*?({0})).*$' -f ($textbox.Text.Trim() -split '\s{1,}' -join '))(?=.*?(')
  # Inhalt der Listbox sind alle Typen, die dem RegEx entsprechen:
  $listBox.ItemsSource = @($types -match $regex)
}
$textBox.add_TextChanged({ & $refreshCode })
# festlegen, was bei Tastendrücken in der Textbox geschehen soll:
$keyDownCode = {
  Switch ($args[1].Key)
  {
    'Return' { & $refreshCode }
    'Escape'    {
      # wenn ESCAPE gedrückt wird und die Textbox leer ist,
```

```
      # dann Fenster schließen...
      if ($textbox.Text -eq '')
      {
        $window.Close()
      }
      # ...sonst Textboxinhalt leeren:
      else
      {
        $textBox.Text = ''
      }
    }
  }
}
# wenn in der Textbox DOWN gedrückt wird, den Fokus in die ListBox setzen:
$previewkeyDownCode = {
  if ($args[1].Key -eq 'Down')
  {
    & $refreshCode
    $listBox.Focus()
  }
}
# Textbox-Ereignishandler binden:
$textBox.add_KeyDown( $keyDownCode )
$textBox.add_PreviewKeyDown( $previewKeyDownCode )
# Textbox soll nach dem Start eingabebereit sein:
$null = $textBox.Focus()

# Listbox konfigurieren:
# wenn in der ListBox UP gedrückt wird und das oberste Element gewählt ist,
# dann den Fokus in die Textbox setzen:
$previewkeyDownCodeListBox = {
  if (($args[1].Key -eq 'Up') -and ($listbox.SelectedIndex -lt 1))
  {
    $listBox.SelectedIndex=-1
    $textBox.Focus()
  }
}
# festlegen, was bei Tastendrücken in der Listbox geschehen soll:
$keyDownCodeListBox = {
  Switch ($args[1].Key)
  {
    'Return' { $window.Close() }
    'Escape'    { $textBox.Focus() }
  }
}
# Ereignishandler an die Listbox binden:
$listBox.add_previewKeyDown($previewkeyDownCodeListBox)
$listBox.add_KeyDown($keyDownCodeListBox)

# Fenster anzeigen:
$null = $window.ShowDialog()

# ausgewählten Typ zurückgeben
$listBox.SelectedItem
}

Find-Type
```

Listing 27.7 Das Skript *Find-Type.ps1*

Wie die .NET-Typen ermittelt werden und was sich mit ihnen alles unternehmen lässt, war bereits Thema in Kapitel 14. Das Beispiel demonstriert, wie eine komfortable Benutzeroberfläche für eine solche Suchfunktion geschaffen werden kann, die hauptsächlich auf Ereignissen beruht:

- **Fortschrittsanzeigen**   Beim ersten Start müssen die gesamten Typen von .NET Framework zunächst ermittelt werden, was ein paar Augenblicke dauert. Während dieser Zeit meldet eine echte Fortschrittsanzeige den Verlauf. Das Skript demonstriert, wie man diese mit *Write-Progress* steuert und die Fortschrittsanzeige anschließend auch wieder unsichtbar macht.

- **Echtzeitsuche**   Sobald Sie Text ins Suchfeld eingeben, werden Ergebnisse in der Liste angezeigt. Zuständig hierfür ist das *TextChanged()*-Ereignis des Textfelds.

- **Navigation**   Mit den Pfeiltasten können Sie fließend zwischen Textfeld und Listenfeld wechseln. Zuständig hierfür sind die Ereignisse *previewKeyDown()*, mit denen sich auf Sondertasten wie ⬚↑ und ⬚↓ reagieren lässt.

- **Tastaturabkürzungen**   Die Ereignisse *KeyDown()* der verschiedenen Benutzersteuerungselemente erlauben, auf Tasten wie ⬚Esc und ⬚↵ zu reagieren, sodass Sie für Auswahl oder Löschen nicht zur Maus greifen müssen

ACHTUNG   Zwar können Sie *Find-Type* auch in der PowerShell-Konsole starten, doch werden dort sehr viel weniger Typen gefunden. Die klassische Konsole lädt nur die nötigsten Typen automatisch, während ISE (als WPF-Anwendung) auch die Typen für Fenster und Zeichenoperationen geladen hat.

Zusammenfassung

Obwohl PowerShell eigentlich eine textbasierte und fensterlose Welt ist, sind selbsterstellte Dialogfelder und grafische Oberflächen problemlos möglich. PowerShell kann dazu kurzerhand die WPF-Assemblys nachladen, die moderne Anwendungsprogramme für die Gestaltung ihrer Oberflächen verwenden. Zwingend notwendig ist das nur in *powershell.exe*, weil der ISE-Editor selbst auf WPF beruht und die erforderlichen Assemblys bereits automatisch lädt.

In wenigen Codezeilen lassen sich nun Fenster öffnen und Bedienelemente darin positionieren. *Stack-Panels*, *Grids* und *DockPanels* helfen dabei, die Bedienelemente im Fenster zu positionieren. Anspruchsvollere Designs lassen sich über XAML sehr viel übersichtlicher gestalten als über reine Objekte und Manipulation ihrer Eigenschaften.

Damit Dialogfelder auf Klicks und andere Ereignisse reagieren, fügt man Ereignishandler hinzu, die dann ausgeführt werden, sobald das Ereignis eintritt.

WPF ist nicht die einzige Technik, um grafische Oberflächen und Dialogfelder zu gestalten, aber die im Vergleich einfachste, modernste und leistungsfähigste. Alternativ kann PowerShell auch die ältere Windows Forms-Technik verwenden. Letztere ist jedoch erheblich aufwändiger und erfordert sehr viel mehr Code, weswegen man hierfür ohne spezielle Entwicklungswerkzeuge kaum auskommt.

Kapitel 28

Erweiterungen für den ISE-Editor

In diesem Kapitel:

Der ISE-Editor (Integrated Scripting Environment) in PowerShell 3.0 ist ein ernstzunehmendes Entwicklungswerkzeug geworden. Sein IntelliSense, das Code-Folding und viele weitere Funktionalitäten erinnern an kostspielige kommerzielle Entwicklungssysteme. Allerdings fehlen dem ISE-Editor noch viele kleine und größere Extras, die man von anderen Entwicklungsumgebungen kennt und vielleicht vermisst. Sie alle lassen sich aber nachrüsten, denn der ISE-Editor ist über PowerShell in weiten Bereichen programmierbar. In diesem Kapitel erfahren Sie, wie Erweiterungen für PowerShell ISE funktionieren und wie Sie ganz konkret eigene neue Funktionalitäten in das ISE-Add-Ons-Menü aufnehmen.

> **HINWEIS**   Der ISE-Editor kann in Einzelfällen abstürzen, wenn damit grafische Oberflächen auf Basis von WPF entwickelt werden, so wie dies in diesem Kapitel geschehen wird. Auch IntelliSense kann bei längerer Laufzeit von ISE sehr langsam werden. Verantwortlich sind offenbar Unzulänglichkeiten in der *Common Language Runtime* (CLR) 4.0, die in CLR 4.5 inzwischen behoben sind. CLR 4.5 steht als Update im Internet zur Verfügung. Welche CLR-Version Sie aktuell nutzen, verrät diese Zeile:

```
PS> $PSVersionTable.CLRVersion
```

Allerdings verrät die Eigenschaft *CLRVersion* nicht auf den ersten Blick, welche .NET-Version vorhanden ist. CLR 4.5 erkennt man an der Revisionsnummer. Ist sie größer als 17.000, dann verwendet das System Version 4.5:

```
PS> $PSVersionTable.CLRVersion.Revision -gt 17000
```

Das ISE-Objektmodell

Der ISE-Editor ist ein hervorragender PowerShell-Editor für einfache bis mittelkomplexe Skripts, aber wenn Sie tiefer in die PowerShell-Programmierung einsteigen, werden Ihnen möglicherweise Funktionalitäten fehlen. Deshalb verfügt der ISE-Editor über ein öffentliches Objektmodell, in das sich PowerShell-Skripts einklinken können. Auf diese Weise können Sie fehlende Funktionen selbst nachrüsten oder fertige Add-Ons anderer Autoren aus dem Internet herunterladen und installieren.

$psISE – der Zugang zum Objektmodell

Über die Variable *$psISE* macht der ISE-Editor sein Objektmodell offen zugänglich. Darin finden Sie drei grundsätzliche Bereiche:

- **Optionen und Feineinstellungen**   Alle Optionen des ISE-Editors, die normalerweise über sein Menü und seine Dialogfelder verwaltet werden, sind auch über die Eigenschaft *Options* zugänglich. Damit ist es möglich, die Optionen auch automatisiert einzustellen, beispielsweise über ein Profilskript. Wie das funktioniert, erfahren Sie im nächsten Abschnitt.

- **Zugang zu Skripts und Tabs**   Alle aktuell geladenen Skripts organisiert der ISE-Editor in separaten Registerkarten. Diese Registerkarten sind wiederum in *PowerShellTabs* zusammengefasst. Anfangs existiert nur ein solches PowerShellTab, auch *PowerShell-Registerkarte* genannt, aber über *Datei/Neue PowerShell-Registerkarte* bzw. *Datei/Neue Remote-PowerShell-Registerkarte* lassen sich weitere hinzufügen. Diese Registerkarten einschließlich aller darin geladenen Skripts sind über die Eigenschaft *PowerShellTabs* zugänglich. Die Eigenschaften *CurrentFile* und *CurrentPowerShellTab* sind Abkürzungen zum gerade sichtbaren Skript bzw. seiner Registerkarte.

■ **Add-Ons**   Befehlserweiterungen des ISE-Editors können entweder im Menü *Add-Ons* oder als grafisches Panel an den Seiten des Editors integriert werden und stehen dann über das Menü *Tools* zur Auswahl. Das *Add-Ons*-Menü der aktuellen Registerkarte steht über *CurrentPowerShellTab.AddOnsMenu* zur Verfügung. Die grafischen Erweiterungen erreicht man über *CurrentPowerShellTab.HorizontalAddOnTools* bzw. *CurrentPowerShellTab.VerticalAddOnTools*. Jede Registerkarte kann über eigene Erweiterungswerkzeuge verfügen.

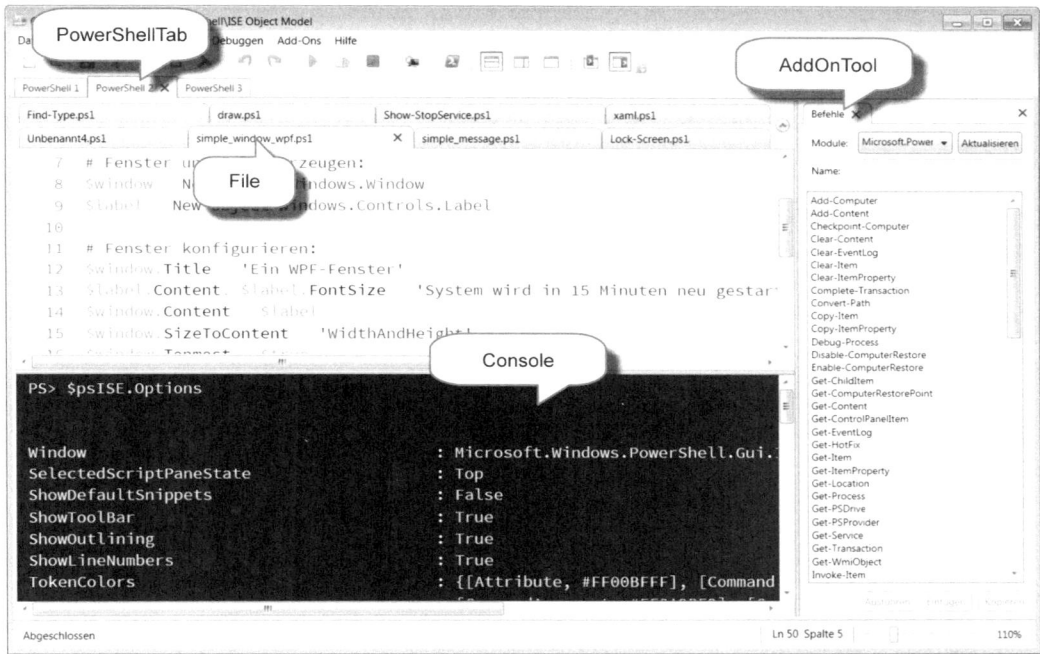

Abbildung 28.1   Der ISE-Editor und die englischen Fachbegriffe des zugrunde liegenden Objektmodells

ISE-Optionen automatisiert setzen

Skripts können ISE-Optionen schnell und einfach setzen. Nützlich ist das, wenn sich die Einstellungen häufiger ändern (weil Sie zum Beispiel für unterschiedliche Arbeiten auch unterschiedliche Editorpräferenzen haben) oder die Einstellungen zentral verteilt werden sollen. Einstellungen lassen sich per Skript aber auch bequem *vorübergehend* ändern, was eine ganze Reihe interessanter Tools ermöglicht.

Standardkonfigurationen und Profilskripts

Ob Sie ein Konfigurationsskript von Hand starten oder die Änderungen aus einem der ISE-Profilskripts heraus vornehmen, ist nicht wichtig, aber falls Sie die Änderungen automatisch wirksam werden lassen wollen, sobald ISE startet, gehören die folgenden Anweisungen in eines dieser beiden Profilskripts:

```
# Einstellungen gelten nur für den aktuellen Anwender (also Sie):
PS> $profile.CurrentUserCurrentHost
C:\Users\Tobias\Documents\WindowsPowerShell\Microsoft.PowerShellISE_profile.ps1

# Einstellungen gelten für alle Benutzer dieses Computers:
PS> $profile.AllUsersCurrentHost
C:\W ndows\System32\WindowsPowerShell\v1.0\Microsoft.PowerShellISE_profile.ps1
```

Ein Unternehmen könnte die Basiseinstellungen von ISE per Skript im Systemordner hinterlegen. Ein Anwender könnte dann mit seinem eigenen Profilskript von diesen Basiseinstellungen abweichen. Das Profilskript des Anwenders wird nach dem Systemskript ausgeführt und hat also Priorität (»last wins«). Alle Einstellungen erfolgen stets auf gleichem Weg: Über die Variable *$psISE* wird die entsprechende Eigenschaft geändert. Das folgende Skript macht davon Gebrauch:

```
# häufig verwendete Editor-Einstellungen:
$psISE.Options.AutoSaveMinuteInterval = 1
$psISE.Options.IntelliSenseTimeoutInSeconds = 1
$psISE.Options.ShowWarningBeforeSavingOnRun = $false
$psISE.Options.Zoom = 100

# Liste zuletzt geöffneter Skriptdateien im Menü "Datei" löschen:
$psISE.Options.MruCount = 0
$psISE.Options.MruCount = 15

# Farben der Token für "Variablen" in der Konsole auf vordefinierte Farbe setzen:
$psISE.Options.ConsoleTokenColors['Variable'] = 'Red'
# Farben der Token für "Variablen" im Editor auf selbstdefinierte Farbe setzen:
$psISE.Options.TokenColors['Variable'] = '#90FF1012'

# Farben der Standardfehlermeldungen ändern
$psISE.Options.ErrorBackgroundColor = 'White'
$psISE.Options.ErrorForegroundColor = 'Red'
```

Listing 28.1 Das Skript *ise_settings.ps1*

Die meisten Einstellungen sind selbsterklärend, und manche dürfen auch kreativ eingesetzt werden: Zwar gibt es keinen Befehl, um die Liste der zuletzt geöffneten Dateien im Menü *Datei* zu löschen, aber wenn man die Länge der Liste vorübergehend auf null setzt, werden die alten Einträge entfernt. Etwas weniger intuitiv sind Änderungen an den Tokenfarben: Hier gibt es zwei Farbsets, eines für den Skriptbereich und ein zweites für die Konsole. Nötig ist das, weil diese beiden Bereiche komplementäre Hintergrundfarben haben und deshalb die Tokenfarben auf den Hintergrund zugeschnitten sein müssen. Im Beispielskript wird die Farbe des Tokens für Variablen jeweils für die Konsole und den Skriptbereich geändert. Eine Namensliste der übrigen Token erhalten Sie so:

```
PS> $psISE.Options.TokenColors
```

```
                        Key Value
                        --- -----
                  Attribute #FF00BFFF
                    Command #FF0000FF
            CommandArgument #FF8A2BE2
           CommandParameter #FF000080
                    Comment #FF006400
                   GroupEnd #FF000000
                 GroupStart #FF000000
```

(...)

Sie können auch die reinen Namen der Token erfragen:

```
PS> $psISE.Options.TokenColors.keys
```

Set-TokenHighlight: Vorübergehende Hervorhebungen

Farbänderungen können durchaus auch *vorübergehend* getroffen werden, etwa, um bei bestimmten Fragestellungen gezielt spezielle Bereiche des Skripts hervorzuheben. Falls Sie zum Beispiel gerade in einem größeren Skript eine fehlende geschlossene Klammer suchen, wäre es hilfreich, den übrigen Code etwas abzublenden (Abbildung 28.2). Die Logik eines Skripts wiederum erschlösse sich besser, wenn kurzzeitig nur die Befehle und wesentlichen Schlüsselworte im Vordergrund stünden.

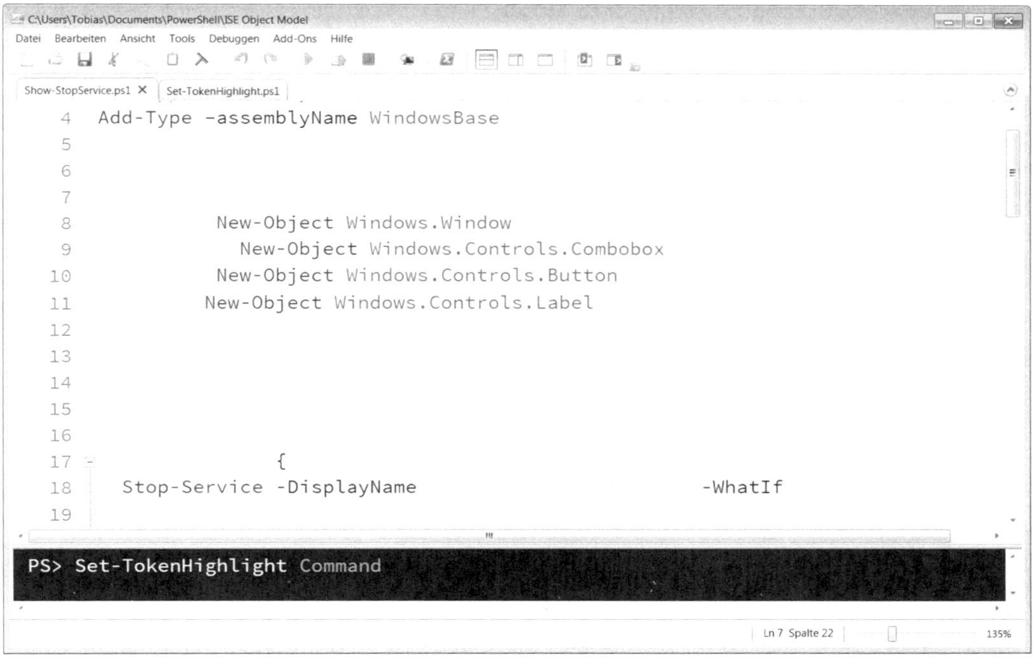

Abbildung 28.2 Mit *Set-TokenHighlight* bestimmte Strukturen eines Skripts gezielt hervorheben

Genau das leistet *Set-TokenHighlight.* Rufen Sie die Funktion ohne Argumente auf, stellt sie die normalen Standardfarben wieder her. Mit *-Group* heben Sie Gruppen von Tokentypen hervor. Definiert sind die Gruppen *Grouping* (für Klammerprobleme), *Command* (für eine Logikübersicht) und *Keyword* (um sich auf die reinen Strukturen eines Skripts zu konzentrieren). Darüber hinaus können Sie mit *-TokenType* aber auch eine eigene Liste von Token zusammenstellen, die hervorgehoben werden sollen. Für beide Parameter erhalten Sie Autovervollständigung und IntelliSense, sodass Sie sich die Gruppen- und Tokennamen nicht zu merken brauchen.

```
function Set-TokenHighlight
{
  [CmdletBinding(DefaultParameterSetName='Set')]
  param
  (
    # Liste der Tokentypen, die hervorgehoben werden sollen
    # wenn kein Tokentyp angegeben wird, werden die Standardfarben
    # wiederhergestellt
    [Parameter(ParameterSetName='Token', Position=0)]
    [System.Management.Automation.PSTokenType[]]
    $TokenType,

    [Parameter(ParameterSetName='Set', Position=0)]
    [ValidateSet('Off','Grouping', 'Command', 'Keyword')]
    $Group,

    # Transparenzgrad der übrigen Token
    # Vorgabe ist 70 (stark abgeblendet)
    # erlaubt ist ein Wert zwischen 10 und 90 (Prozent)
    [ValidateRange(10,90)]
    $Transparency=70
  )

  # Prozentgrad der Durchsichtigkeit umrechnen in die
  # Byte-Skala der Nicht-Durchsichtigkeit, die benötigt wird:
  [int]$Level = (100-$Transparency) * 2.55

  if ($PSCmdlet.ParameterSetName -eq 'Set')
  {
    switch($Group)
    {
      'Command'   { $TokenType = 'Command', 'GroupStart', 'GroupEnd', 'CommandArgument',
'CommandParameter' }
      'Grouping'  { $TokenType = 'GroupStart', 'GroupEnd' }
      'Keyword'   { $TokenType = 'Keyword', 'GroupStart', 'GroupEnd', 'Attribute ,
'CommandArgument' }
      'Off'       {}
    }
  }

  # alle Standardfarben wiederherstellen:
  $psISE.Options.RestoreDefaultTokenColors()

  # wenn überhaupt in $TokenType etwas angegeben wurde...
  if ($TokenType)
  {
    # dann die Namen der Token lesen...
```

```
    ([String[]]$psISE.Options.TokenColors.Keys) |
    # nur diejenigen bearbeiten, die NICHT angegeben wurden...
    Where-Object { $TokenType -notcontains $_ } |
    ForEach-Object {
      # und deren Transparenz neu setzen:
      $color = $psISE.Options.TokenColors[$_]
      $color.A = $Level
      $psISE.Options.TokenColors[$_] = $color
    }
  }
}
```

Listing 28.2 Das Skript *Set-TokenHighlight.ps1*

Set-TokenHighlight verdeutlicht, warum es so sinnvoll gewesen ist, die Einstellungen von ISE automatisierbar zu machen. Die Funktion nutzt nämlich lediglich die Liste der erwünschten Token in *$TokenType* und geht dann sämtliche Tokentypen durch. Ist der aktuelle Tokentyp in *$TokenType* nicht vorhanden (Operator *-notcontains*), dann wird dessen Farbe ausgelesen, die Transparenz (Durchsichtigkeit) kräftig erhöht und die geänderte Farbe wieder zurückgeschrieben. So werden alle Token sehr viel blasser – außer den erwünschten.

PowerShell-Parser und abstrakte Syntaxstruktur

Im Beispiel *Set-TokenHighlight* wurden die Farben der einzelnen PowerShell-Token (Sprachbestandteile) geändert. Indirekt haben Sie damit gezielt mit den Bausteinen des PowerShell-Skripts gearbeitet, den Token also. Sie können aber auch direkt mit den Token arbeiten und das öffnet die Tür für eine Vielzahl praktischer und verblüffender Erweiterungen. Während das Parsing eines Skripts bei anderen Skriptsprachen dem Anwender verschlossen bleibt, lässt sich PowerShell auch hier in die Karten schauen. Der Parser, den PowerShell selbst nutzt, um Skripts zu verstehen (in Token zu verwandeln und danach in größere Zusammenhänge zu setzen), können auch Sie einsetzen.

Skript in Token verwandeln

Der PowerShell-Parser kann beispielsweise über den Typ *System.Management.Automation.PSParser* angesprochen werden. Dieser Typ bietet die statische Methode *Tokenize()*, die beliebigen PowerShell-Code in seine Schlüsselworte zerlegt. Die Funktion *Get-ISEToken* zeigt, wie einfach das geht:

```
function Get-ISEToken
{
  # Inhalt des aktuellen Skripts im ISE-Editor lesen:
  $text = $psISE.CurrentFile.Editor.Text

  # Code in Token zerlegen:
  [System.Management.Automation.PSParser]::Tokenize($text, [ref]$null)
}
```

Listing 28.3 Das Skript *Get-ISEToken.ps1*

Sobald Sie die Funktion ausgeführt haben und die Funktion zur Verfügung steht, rufen Sie im Konsolenbereich von ISE die Funktion auf. Vorausgesetzt, es befindet sich auf der aktuellen Registerkarte ein geöffnetes Skript, dann liefert die Funktion die Token darin zurück:

```
PS> Get-ISEToken

Content      : Function
Type         : Keyword
Start        : 0
Length       : 8
StartLine    : 1
StartColumn  : 1
EndLine      : 1
EndColumn    : 9

Content      : Get-ISEToken
Type         : CommandArgument
Start        : 9
Length       : 12
StartLine    : 1
StartColumn  : 10
EndLine      : 1
EndColumn    : 22

Content      :

Type         : NewLine
Start        : 21
Length       : 2
StartLine    : 1
StartColumn  : 22
EndLine      : 2
EndColumn    : 1

Content      : {
Type         : GroupStart
Start        : 23
Length       : 1
StartLine    : 2
StartColumn  : 1
EndLine      : 2
EndColumn    : 2

Content      :

Type         : NewLine
Start        : 24
Length       : 2
StartLine    : 2
StartColumn  : 2
EndLine      : 3
EndColumn    : 1

Content      : # Inhalt des aktuellen Skripts im ISE-Editor lesen:
Type         : Comment
Start        : 28
Length       : 51
StartLine    : 3
StartColumn  : 3
```

```
EndLine      : 3
EndColumn    : 54

Content      :

Type         : NewLine
Start        : 79
Length       : 2
StartLine    : 3
StartColumn  : 54
EndLine      : 4
EndColumn    : 1

Content      : text
Type         : Variable
Start        : 83
Length       : 5
StartLine    : 4
StartColumn  : 3
EndLine      : 4
EndColumn    : 8

Content      : =
Type         : Operator
Start        : 89
Length       : 1
StartLine    : 4
StartColumn  : 9
EndLine      : 4
EndColumn    : 10
(...)
```

Tools, die auf dem Parser aufsetzen

Aus dem direkten Zugang zum Parser und seiner Möglichkeit, Skriptcode in Token zu zerlegen, ergeben sich unmittelbar zahlreiche Ideen für ISE-Zusatzbefehle:

- **Variablendokumentation**   Für die Skriptdokumentation sollen alle Variablen im Skript gefunden und aufgelistet werden

- **Kommentar entfernen**   Alle Kommentare in einem Skript sollen automatisch entfernt werden

- **Variablen-Refactoring**   Eine Variable soll überall im Skript umbenannt werden

- **Alias-zu-Cmdlet**   Eine Funktion soll alle Aliase finden und diese durch die zugrunde liegenden Befehle ersetzen

Variablendokumentation

Um Variablen zu finden, muss sich *Get-ISEVariable* lediglich auf die Token konzentrieren, die den Typ *Variable* tragen. Schon meldet der Parser, an welchen Textstellen Variablen vorkommen. Die Funktion braucht nun nur noch im Text mit *Substring()* nachzuschlagen, was an dieser Stelle steht, und erfährt so den Variablennamen.

```
function Get-ISEVariable
{
  # Inhalt des aktuellen Skripts im ISE-Editor lesen:
  $text = $psISE.CurrentFile.Editor.Text

  # alle Variablen im Code in finden
  [System.Management.Automation.PSParser]::Tokenize($text, [ref]$null) |
    Where-Object { $_.Type -eq 'Variable' } |
    # Name der Variable finden
    ForEach-Object {
        $rv = 1 | Select-Object -Property Line, Name, Code
        $rv.Name = $text.Substring($_.Start, $_.Length)
        $rv.Line = $_.StartLine

        # die Zeile, in der die Variable steht, als Text lesen:
        $psISE.CurrentFile.Editor.SetCaretPosition($_.StartLine,1)
        $psISE.CurrentFile.Editor.SelectCaretLine()
        $rv.Code = $psISE.CurrentFile.Editor.SelectedText.Trim()

        # Informationen zurückliefern
        $rv
    }
}
```

Listing 28.4 Das Skript *Get-ISEVariable.ps1*

Sobald Sie *Get-ISEVariable* einsetzen, lässt sich das jeweils geöffnete Skript kinderleicht analysieren. Diese Zeile liefert beispielsweise eine Variablenübersicht:

```
PS> Get-ISEVariable | Out-GridView
```

Das Ergebnis ist ein GridView mit den Stellen im Skript, an denen die jeweilige Variable vorkommt, und in der Spalte *Code* steht die jeweilige Zeile des Skripts (Abbildung 28.3).

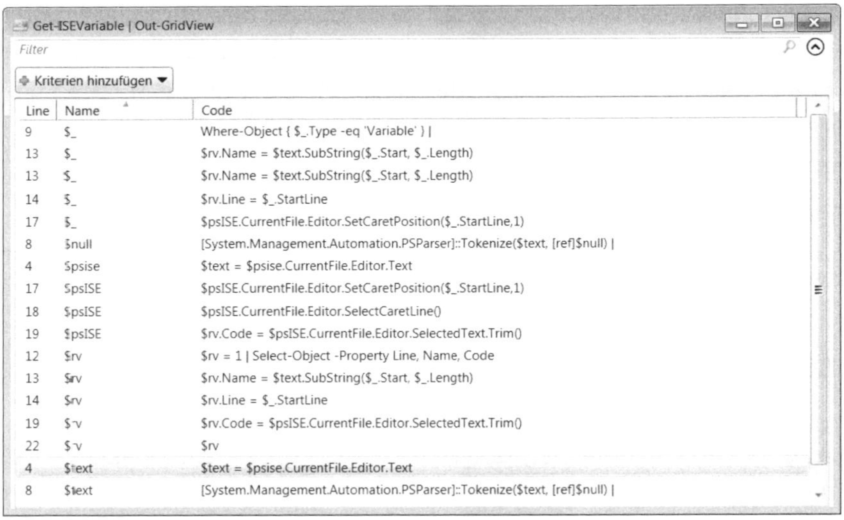

Line	Name	Code
9	$_	Where-Object { $_.Type -eq 'Variable' } |
13	$_	$rv.Name = $text.SubString($_.Start, $_.Length)
13	$_	$rv.Name = $text.SubString($_.Start, $_.Length)
14	$_	$rv.Line = $_.StartLine
17	$_	$psISE.CurrentFile.Editor.SetCaretPosition($_.StartLine,1)
8	$null	[System.Management.Automation.PSParser]::Tokenize($text, [ref]$null) |
4	$psise	$text = $psise.CurrentFile.Editor.Text
17	$psISE	$psISE.CurrentFile.Editor.SetCaretPosition($_.StartLine,1)
18	$psISE	$psISE.CurrentFile.Editor.SelectCaretLine()
19	$psISE	$rv.Code = $psISE.CurrentFile.Editor.SelectedText.Trim()
12	$rv	$rv = 1 | Select-Object -Property Line, Name, Code
13	$rv	$rv.Name = $text.SubString($_.Start, $_.Length)
14	$rv	$rv.Line = $_.StartLine
19	$rv	$rv.Code = $psISE.CurrentFile.Editor.SelectedText.Trim()
22	$rv	$rv
4	$text	$text = $psise.CurrentFile.Editor.Text
8	$text	[System.Management.Automation.PSParser]::Tokenize($text, [ref]$null) |

Abbildung 28.3 Alle Variablen eines Skripts automatisch analysieren

Geht es Ihnen um die Häufigkeitsverteilung, hilft dieser Aufruf:

```
PS> Get-ISEVariable | Group-Object -Property Name -NoElement | Sort-Object -Property Count
-Descending

Count Name
----- ----
    5 $_
    5 $rv
    4 $psISE
    3 $text
    1 $null
```

Variablen, die nur ein einziges Mal in Ihren Skripts vorkommen, sind übrigens in der Regel entweder Systemvariablen wie *$null* – oder Tippfehler.

Kommentare entfernen

Hilfsfunktionen können Skriptcode nicht nur lesen, sondern auch ändern. So lassen sich beispielsweise automatisch alle Kommentare aus einem Skript entfernen. Der Tokentyp *Comment* repräsentiert alle Kommentare und liefert wie alle Token deren genaue Positionen. Eine Funktion muss demzufolge nur diese Token auswerten und die entsprechenden Stellen im Skript entfernen.

Das allerdings wirft ein prinzipielles Problem auf: Sobald Sie das Skript dergestalt ändern, dass Elemente hinzukommen oder wegfallen, ändern sich auch alle übrigen Positionen im Skript, und der Parser müsste eigentlich nach jeder Änderung die Token neu berechnen. Das aber würde sehr viel Zeit kosten. Aber die Abhilfe ist einfach, wenn Elemente lediglich wegfallen: Sie verarbeiten die Elemente rückwärts. Beginnen Sie also die Änderungen nicht mit dem ersten, sondern mit dem letzten Token und arbeiten Sie sich bis zum Skriptanfang durch. Die Positionsänderungen finden dann in einem Bereich statt, der keine Rolle mehr spielt, da es dort nicht mehr zu Verschiebungen kommt.

```
function Remove-ISEComment
{
  # Inhalt des aktuellen Skripts im ISE-Editor lesen:
  $text = $psISE.CurrentFile.Editor.Text

  # für die schnelle Bearbeitung des Textes diesen in einen "StringBuilder" laden:
  $sb = New-Object System.Text.StringBuilder $text

  # alle Kommentare im Code in umgekehrter Reihenfolge finden
  # (letzter Kommentar zuerst):
  $comments = [System.Management.Automation.PSParser]::Tokenize($text, [ref]$null) |
    Where-Object { $_.Type -eq 'Comment' } |
    Sort-Object -Property Start -Descending |
    # alle Textstellen im Editor entfernen
    ForEach-Object {
        $sb.Remove($_.Start, $_.Length)

    }

    # Aktualisierten Text in Editor ersetzen:
    $psISE.CurrentFile.Editor.Text = $sb.toString()
}
```

Listing 28.5 Das Skript *Remove-ISEComment.ps1*

Variablen umbenennen

Möchten Sie Variablen in einem Skript umbenennen, ist es mit einem einfachen Suchen/Ersetzen nicht getan, denn das würde den Text überall ersetzen, also auch innerhalb von Texten. Dank des Parsers lassen sich die tatsächlichen Variablen aber eindeutig identifizieren und umbenennen. Wie schon beim Entfernen der Kommentare müssen die Änderungen auch hier in umgekehrter Reihenfolge geschehen, also von hinten nach vorn, um die Bezüge zu den übrigen Token nicht zu zerstören.

```
function Rename-ISEVariable
{
    param
    (
        [Parameter(Mandatory=$true)]
        $OldName,

        [Parameter(Mandatory=$true)]
        $NewName
    )

    # "$" am Variablenanfang entfernen
    $OldName = $OldName.TrimStart('$')
    $NewName = $NewName.TrimStart('$')


    # Inhalt des aktuellen Skripts im ISE-Editor lesen:
    $text = $psISE.CurrentFile.Editor.Text

    # für die schnelle Bearbeitung des Textes diesen in einen "StringBuilder" laden:
    $sb = New-Object System.Text.StringBuilder $text

    # alle Variablen im Code in umgekehrter Reihenfolge finden
    # (letzte Variable zuerst):
    $variables = [System.Management.Automation.PSParser]::Tokenize($text, [ref]$null) |
      Where-Object { $_.Type -eq 'Variable' } |
      Sort-Object -Property Start -Descending |
      # nur die gewünschte Variable ändern
      Where-Object {
         $text.Substring($_.Start+1, $_.Length-1) -eq $OldName
      } |
      # alle Textstellen im Editor umbenennen
      ForEach-Object {
         $sb.Remove($_.Start+1, $_.Length-1)
         $sb.Insert($_.Start+1, $NewName)
      }

    # Aktualisierten Text in Editor ersetzen:
    $psISE.CurrentFile.Editor.Text = $sb.toString()
}
```

Listing 28.6　Das Skript *Rename-ISEVariable.ps1*

Ab sofort wird es kinderleicht, auch in umfangreichen Skripts nachträglich Variablennamen umzubenennen:

```
PS> Rename-ISEVariable sb StringBuilder
```

Aliase auflösen

Möchte man Aliasnamen in Skripts automatisiert in die zugrunde liegenden Befehlsnamen umwandeln, kommt wieder dasselbe Prinzip zum Zug: Gesucht werden diesmal Token vom Typen *Command*. Und wieder müssen die Token in umgekehrter Reihenfolge bearbeitet werden.

Allerdings sagt der Tokenizer nichts darüber, um was für einen Befehlstyp es sich handelt. Deshalb untersucht *Remove-ISEAlias* jeden gefundenen Befehl mit *Get-Command*. Ist das Ergebnis ein *AliasInfo*-Objekt, dann handelt es sich um einen Alias, und die Eigenschaft *ResolvedCommandName* liefert dann den echten Befehlsnamen:

```
function Remove-ISEAlias
{
  # Inhalt des aktuellen Skripts im ISE-Editor lesen:
  $text = $psISE.CurrentFile.Editor.Text

  # für die schnelle Bearbeitung des Textes diesen in einen "StringBuilder" laden:
  $sb = New-Object System.Text.StringBuilder $text

  # alle Befehle im Code in umgekehrter Reihenfolge finden
  # (letzter Befehl zuerst):
  $befehle = [System.Management.Automation.PSParser]::Tokenize($text, [ref]$null) |
    Where-Object { $_.Type -eq 'Command' } |
    Sort-Object -Property Start -Descending |
      # alle Aliase auflösen
      ForEach-Object {
        $befehl = $text.Substring($_.Start, $_.Length)
        $befehlstyp = @(try {Get-Command $befehl -ErrorAction 0} catch {})[0]

        if ($befehlstyp -is [System.Management.Automation.AliasInfo])
        {
          $sb.Remove($_.Start, $_.Length)
          $sb.Insert($_.Start+1, $befehlstyp.ResolvedCommandName)
        }
      }

  # Aktualisierten Text in Editor ersetzen:
  $psISE.CurrentFile.Editor.Text = $sb.toString()
}
```

Listing 28.7 Das Skript *Remove-ISEAlias.ps1*

PROFITIPP   Der Parser kann noch ganz andere Informationen liefern und offenbart sogar seine interne abstrakte Syntaxstruktur (Abstract Syntax Tree, AST). Während Token nur Befehlsworte repräsentieren, zeigt der AST größere logische Zusammenhänge, zum Beispiel eine komplette Pipeline oder eine Funktion.

```
function Get-AST
{
  $text = $psISE.CurrentFile.Editor.Text
  $ast = [System.Management.Automation.Language.Parser]::ParseInput($text, [ref]$null, [ref]$null)
  $elemente = $ast.FindAll({ $true },$true)

  $elemente
}
```

Listing 28.8 Das Skript *Get-AST.ps1*

Die Funktion *Get-AST* gibt beispielsweise den gesamten AST des aktuell in ISE angezeigten Skripts aus. Mit diesen Informationen könnten Sie wesentlich komplexere Codeverbesserungstools herstellen, die allerdings den ohnehin großzügigen Rahmen dieses Buchs endgültig sprengen würden.

Add-Ons-Menü verwenden

Ihre neuen Hilfsfunktionen für PowerShell ISE sind bereits außerordentlich praktisch und können nach ähnlichem Strickmuster an viele andere Aufgaben angepasst werden. Allerdings möchten Sie die Erweiterungen vielleicht nicht per Befehlseingabe aufrufen, sondern bequem über das Menü. Dies ist möglich. Um beispielsweise die Funktion *Remove-ISEAlias* in das *Add-Ons*-Menü von ISE aufzunehmen, genügt dieser Befehl:

```
PS> $psISE.CurrentPowerShellTab.AddOnsMenu.Submenus.Add('Aliase in Befehle umwandeln', { Remove-
ISEAlias }, 'ALT+A')

Action          DisplayName        Shortcut         Submenus
------          -----------        --------         --------
 Remove-ISEAlias   Aliase in Befehl... System.Windows.I... {}
```

Ab sofort kann *Remove-ISEAlias* nicht nur über das Menü aufgerufen werden, sondern auch über die zugewiesene Tastenkombination ⌊Alt⌋+⌊A⌋. Dabei wird allerdings stets nur der Befehl, der dem Menübefehl hinterlegt wird, in der Konsole (sichtbar) ausgeführt.

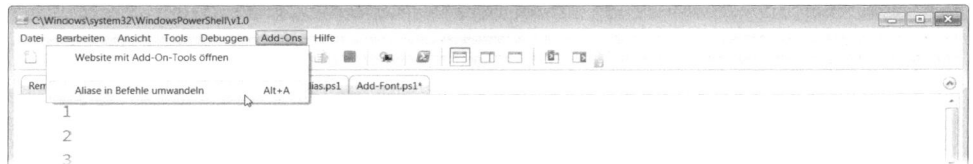

Abbildung 28.4　Einen neuen Befehl ins Add-Ons-Menü aufnehmen

Komplexe Menüs erstellen

Add-Ons-Menüs dürfen verschachtelt werden und können komplexe Menügebilde werden. Allerdings ist es nicht ganz einfach, solche Menüs von Hand herzustellen. Die drei folgenden Funktionen *Find-AddonMenu*, *New-AddonMenu* und *Remove-AddonMenu* machen das sehr viel einfacher, denn sie erzeugen mit nur einer Zeile ganze Menübäume.

```
function Find-AddonMenu
{
    param(
        $Title = '*',
        $MenuItem = $psISE.CurrentPowerShellTab.AddOnsMenu,
        [switch]
        $Recurse
    )

    foreach($item in $MenuItem.SubMenus)
    {
```

```
        if ($Recurse)
        {
          Find-AddonMenu -Title $title -MenuItem $item
        }

        if ($item.DisplayName -like "*$Title*")
        {
            $item
        }
    }
}
}

function New-AddonMenu
{
    param
    (
        [Parameter(Mandatory=$true)]
        $DisplayName,

        [ScriptBlock]
        $Action=$null,

        $Shortcut=$null
    )
    try
    {
        $Parent = $psISE.CurrentPowerShellTab.AddOnsMenu
        $Items = $DisplayName -split '\\'
        for($x=0; $x -lt $Items.Count-1; $x++)
        {
            $name = $Items[$x]
            $item = Find-AddonMenu -Title $name -MenuItem $parent
            if ($item -eq $null)
            {
                $item = $parent.SubMenus.Add($name, $null, $null)
            }
            $parent = $item
        }

        $item = Find-AddonMenu -Title $Items[-1] -MenuItem $parent
        if ($item -ne $null)
        {
            Write-Warning 'Menu item already exists.'
            break
        }

        try
        {
            $parent.SubMenus.Add($Items[-1], $Action, $Shortcut)
        }
        catch
        {
            try
            {
                $parent.SubMenus.Add($Items[-1], $Action, $null)
            }
            catch
            {
                Write-Warning "Unable to create addon menu item: $_"
            }
```

```
            }
        }
        catch
        {
            Write-Warning "Unable to create addon menu item: $_"
        }
    }
}

function Remove-AddonMenu
{
    param
    (
        [Parameter(Mandatory=$true)]
        $DisplayName
    )

    $Parent = $psISE.CurrentPowerShellTab.AddOnsMenu
    $Items = $DisplayName -split '\\'
    $MenuItems = @($psISE.CurrentPowerShellTab.AddOnsMenu)
    for($x=0; $x -lt $Items.Count; $x++)
    {
        $name = $Items[$x]
        $parent = Find-AddonMenu -Title $name -MenuItem $parent
        $MenuItems += $parent
    }

    for($x=$MenuItems.Count -1; $x -gt 0; $x--)
    {
        if ($MenuItems[$x].SubMenus.Count -eq 0)
        {
            $null = $MenuItems[$x-1].Submenus.Remove($MenuItems[$x])
        }
    }
}
```

Listing 28.9   Das Skript *ISE_menu.ps1*

Die folgende Zeile erzeugt beispielsweise in einem Schritt ein verschachteltes Menü:

```
PS> New-AddonMenu -DisplayName 'Codeänderungen\Qualität\Alias entfernen' -Action { Remove-ISEAlias
} -Shortcut 'ALT+R'
```

```
Action              DisplayName          Shortcut             Submenus
------              -----------          --------             --------
Remove-ISEAlias     Alias entfernen      System.Windows.I...  {}
```

Zusammenfassung

ISE kann mit PowerShell automatisiert werden. Über die Variable *$psISE* hat PowerShell Zugriff auf das Add-Ons-Menü, PowerShell-Registerkarten und die geladenen Skripts. Auch alle ISE-Optionen lassen sich darüber lesen und ändern. Gleichzeitig legt PowerShell den Sprachparser offen, mit dessen Hilfe man Skripts in ihre Bausteine zerlegen kann. Beides in Kombination ergibt machtvolle Befehlserweiterungen für den ISE-Editor, mit denen sich die Codequalität steigern, Fehler suchen und finden sowie die tägliche Programmierung erleichtern lassen. Diese Befehle können bequem ins *Add-Ons*-Menü aufgenommen werden, in dem sie dann auch per Tastenkombination ansprechbar sind.

Stichwortverzeichnis

Über den Autor

Dr. Tobias Weltner hat sich als erfolgreicher Computerbuch-Autor einen Namen gemacht und schreibt regelmäßig für verschiedene Computer-Magazine. Als einer der führenden PowerShell- und Skripting-Experten in Deutschland betreibt er die Scripting-Website *www.powertheshell.com*, entwickelt eigene Scripting-Tools und spricht regelmäßig auf Konferenzen von Microsoft.